아사히신문
외지판(조선판)
기사명 색인 _제14권

This publication has been executed with grant from
the Japan Foundation(Support Program for Japanese Studies Organizations),
National Research Foundation of Korea grant funded
by the Korean Government(2017S1A6A3A01079517)
and the fund of the Institute of Japanese Studies, Hallym University.

한림대학교 일본학연구소는 이 책을 간행함에 있어
출판비용의 일부를 일본국제교류기금과 한국연구재단으로부터 지원받았고,
한림대학교 일본학연구소 발전기금을 사용하였습니다.

한림일본학자료총서
아사히신문 외지판 19

아사히신문
외지판(조선판)

기사명 색인 _ 제14권

1935.01. ~ 1935.12.

한림대학교 일본학연구소
서정완 외 22인

〈아사히신문 외지판(조선판) 기사명 색인 -1935.1~12-〉을 간행하며

한림대학교 일본학연구소 소장
서 정 완

1. 〈아사히신문 외지판 기사명 색인〉의 완성: 제19권(「조선판」 제14권)을 간행하며

　1935년 12월부터 1936년 12월까지를 수록하는 『아사히신문 외지판(남선판) 기사명 색인』 첫 번째 권을 간행한 것은 지금으로부터 12년 전인 2012년 3월 31일이었다. 본체 68권과 별권 1권, 총 69권으로 구성된 『朝日新聞外地版 第1期』(ゆまに書房, 2007년)을 텍스트로 정하고 2009년부터 이 작업을 시작했다. 각 연도마다 「대만판」, 「남선판」, 「조선서북판」, 「만주판」이라는 지역별로 구성 되어 있는데, 식민지 조선의 경우, 「남선판」이 크게는 한반도 중부인 서울부터 부산을 주요 배포 대상 지역으로 하고, 「조선서북판」은 평양 등을 주요 배포 대상 지역으로 삼고 있다. 그러나 지면 을 살펴보면 주요 기사는 대부분 중복되고 광고는 거의 같다는 점을 고려해서, 본 연구소는 「남선 판」을 기사명 색인 작성 대상 텍스트로 선택했다. 총 19권 중 1~5권에 「남선판」이라는 명칭이 주 어진 이유이다.

　『朝日新聞外地版 第1期』가 수록하는 1935년 11월부터 1945년 3월까지를 「남선판」 제5권을 2015년 4월에 간행함으로써 일단 「남선판」에 대한 작업은 일단 완료하였다. 연구소는 계속해서 이 사업을 이어가기로 하고, 『朝日新聞外地版 第2期』가 수록하는 1915년부터 1945년 11월까지를 기 사명 색인 추출 대상으로 한 것이 「조선판」이고, 이번에 간행하는 세19권(「조선판 제14권) 긴행으 로 1915년부터 1945년까지 약 30년에 이르는 일제강점기에 일본에서 제작해서 한반도, 대만, 대륙 에 배포된 『朝日新聞外地版』에 대한 기사명 색인 작업이 완료한다.

　여기서 『朝日新聞外地版』에 대해서 잠시 설명하면 다음과 같이 정리할 수 있을 것이다.

　일제강점기 조선에서 일찍부터 일본인에 의한 일본어 신문이 간행되고 있었다.

　그러나 일본 신문의 조선 진출은 이보다 더 빨랐으며, 이는 일본인 독자가 조선에 많이 상주해서 신문에 대한 수요와 시장이 형성되었다는 뜻이며, 동시에 조선에 대한 일본의 야욕을 실천하는 식민지 경영의 실천의 한 부분으로 볼 수 있을 것이다. 을사조약이 체결된 1905년에 25년 앞선 1880년 4월 20일자 「東京日日新聞」에 '조선통신'이라는 코너가 신설되었고, 임오군란이 일어난 1882년에는 조선에 기자를 파견하고 있다. 그로부터 4년 후인 1886년부터 한성(경성)에 통신원을 상주시켰고, 1919년에는 경성지국으로 승격시켰다. 한편 「大阪每日新聞」[1]은 1894년에 부산에 특파원을 파견하였고, 1905년 1월에는 조선에서 신문 판매를 시작하였다. 그리고 같은 해 10월에는 경성지국을 개설하였다. 또한 「東京日日新聞」1882년 3월 3일자에는 "조선신보 조선국 부산 혼마치 2초메 20번지에 위치한 조선신문사에서 오이시 노리오(大石德夫)가 간사 겸 편집·인쇄인으로 발행. 창간호는 1881년 12월 10일자이며, 조선식으로 신사년 10월 19일로 되어 있다."[2]는 내용이 확인된다. 이 「조선신보」[3]가 한반도에서 간행된 첫 번째 일본인에 의한 일본어 신문으로 추정된다. 「아사히신문」 또한 1882년에 한성(경성)에 통신원을 배치하고 그 후에 통신국을 정식으로 설치하였다. 후에 경성지국으로 승격시켰는데 "종래의 우송을 대체하는 새로운 수송경로를 통해서 조선에서 새로운 판매 개척에 나서게 되어"[4] 1906년에 "판매망의 정비확충과 판로 시찰을 위해서"[5] 판매과장을 조선에서 파견하였다. "일본인이 가는 곳에 아사히신문도 가야 한다."[6]가 당시 아사히신문사의 기본입장이었다고 한다.

　「아사히신문 외지판」[7]은 1935년부터 1945년까지 10년 동안 당시 아사히신문사 규슈지사(九州支社, 현 서부본사)에서 식민지 조선, 대만 그리고 만주국과 중국 점령지역에 대한 배포를 목적으로 간행한 신문이다. 구체적으로는 식민지 등 제국의 변방에 거류하는 일본인을 주된 구독 대상으로 하는 신문이다. 규슈지사는 모지(門司)에 있었으며, 당시 모지는 대륙으로 들어가는 현관임과 동시에 제국일본의 건설과 운영을 위한 중요한 생명선이었다. 이러한 「아사히신문 외지판」이 일본이 패전하고 60년이 지난 시점에 복각(復刻)되어 그 전모를 드러냈는데, 이에 관해서 2007년 4월 2일자 「아사히신문 디지털(The Asahi Shinbun Digital)」[8]에 다음과 같은 기사가 게재되었다. 「아사히신문 외지판」에 대한 해설로 볼 수도 있는 내용을 포함하고 있기에 여기에 일부를 발췌하겠다.

---

1) 「大阪每日新聞」은 1911년 3월 1일에 「東京日日新聞」을 합병하는데 그 전해인 1910년 10월 1일자에 「조선교통전도(朝鮮交通全圖)」를 부록으로 달고 있다. 병합으로 보인다.
2) 朝鮮新報　朝鮮國釜山本町一丁目二十番地의朝鮮新聞社にて、大石德夫氏が幹事兼編輯印刷人にて發行。新報의第一號는、日本明治十四年十二月十日附にて、朝鮮曆辛巳年十月十九日と記す。其第一號는一枚摺なり。
3) 홋카이도대학 도서관에 1882(3-5), 1906(9-12), 1907, 1908(1-11) 35개월 치가 마이크로필름으로 소장되어 있다.
4) 『新聞と戦争』(朝日新聞「新聞と戦争」取材班, 朝日新聞出版, 2008), p47.
5) 『新聞と戦争』(상동), p47.
6) 『朝日新聞販賣百年史(大阪編)』, 大阪本社販売百年史編集委員会, 編朝日新聞大阪本社, 1979
7) 1940년까지는 「오사카아사히(大阪朝日)」이라는 제자(題字) 즉 이름이 붙어있었다.
8) http://www.asahi.com

1935년부터 1945년까지 「아사히신문」이 만주국이나 식민지 대만과 조선에 있는 독자를 위해서 인쇄한 「외지판」이 도쿄의 ゆまに書房에 의해서 복각되어 간행된다. 5월 하순에는 제1기분(1935년 12월부터 1936년 말까지)이 간행된다. 「외지판」 원본은 「아사히신문」이 사내용 자료로 기타큐슈(北九州)에 있는 서부본사에서 보관하고 있으며, 일부 연구자들이 열람하는 정도이었다. 전시 하 식민지에서 실제로 무엇이 일어나고 있었는지를 검증하는 데에 소중한 기초자료가 될 것이다.

이번에 복각되는 「외지판」은 시기에 따라서 편집 방법이 바뀌는데, 제1기분은 「조선서북판」, 「남선판」, 「만주판」, 「대만판」이라는 모두 4종류가 각각 A3 사이즈 300페이지짜리 책으로 나온다. 1년에 2회 발행하고 5년으로 완간된다.

「외지판」은 전전(戰前)부터 일본이 아시아를 침략하면서 각지에 진출한 일본인이 주된 구독자였다. 1945년 3월 당시는 서부본사에서 인쇄해서 약 28만 부를 발행했다. 같은 시기 서부본사 발행부수의 1/3이상을 차지하고 있었다. 수송은 선편으로 이루어졌으나, 패전으로 폐간되었다. (중략) 1915년부터 1935년 사이에 조선이나 만주를 대상으로 발행된 판이나 일부 「대만판」은 오사카본사에서 보관하고 있으며, 마이크로필름 형태로 판매되고 있다. 그 뒤를 잇는 전시기 지면이 서부본사에 보관되어 있다는 사실이 연구자들 사이에서 화제가 되어 ゆまに書房이 복각을 계획하고 「아사히신문」이 동의한 것이다.

인용문에서 언급하는 "1915년부터 1935년 사이에 조선이나 만주를 대상으로 발행된 판이나 일부 「대만판」"이라는 것은 가령 1925년 4월 1일에 간행된 「大阪朝日新聞付録朝鮮朝日」와 이것이 1928년 7월 1일부터 「남선판」, 「조선서북판」으로 분할되고, 1933년부터 「만주판」, 「대만판」이 추가로 간행되는데 이들을 말한다.

일본근대사 또는 한국근대사 연구에서 신문자료는 필수라 할 수 있다. 식민지라는 공간에 어떤 사건이 어떻게 보도되었는가, 무엇이 일어났는가를 볼 수 있는 자료이기 때문이다. 여기에는 신문자료가 반드시 '사실'만을 보도하지 않는다는 한계점을 식민권력의 의도를 파악하는 자료가 될 수 있다는 점까지 포함한다. 그러나 기존 식민지연구에서 신문자료를 사용하기 위한 연구인프라가 충분히 구축되었냐고 묻는다면 쉽게 긍정적인 답을 내놓지 못하는 현실이 있다. 「경성일보」[9]조차도 그 중요성에 대한 지적은 있어도 본격적으로 활용하기 위해서는 본문은 물론이고 기사명 색인조차도 만들어진 것이 없다. 이러한 연구인프라의 부재를 미력하나마 한림대학교 일본학연구소가 담당할 수 있는 부분을 찾은 결과가 『아사히신문 외지판 기사명 색인』임을 밝힌다.

그런데 본 연구소가 지난 15년 동안 『아사히신문외지판』에 대한 <기사명색인> 작업을 계속할 수 있었던 배경에는 <제국일본의 문화권력: 학지(學知)와 문화매체>라는 아젠다로 2008년부터 9년간 수행한 한국연구재단 중점연구소 사업과 2017년부터 2024년까지 <포스트제국의 문화권력과 동아시아>라는 아젠다로 7년 동안 수행하는 HK+사업 연구아젠다가 있었다. 본 연구소는 16년 동

---

9) 조선총독부 경무국에서 간행한 『昭和十二年に於ける朝鮮出版警察概要』에 의하면, 1937년 당시 「경성일보」의 발행 부수는 약 3만 부였으나, 1940년부터 「아사히신문」으로 개명한 「오사카 아사히신문 외지판」은 66,000부였다고 한다. 즉 「아사히신문 외지판」의 구독자가 「경성일보」의 2배 이상이었다는 사실은 그만큼 「아사히신문 외지판」이 영향력 있는 언론매체였다는 뜻이 된다.

안 '문화권력' 연구를 일관하게 수행하는 보기 드문 연구집중력을 배경으로, '문화권력' 연구 수행을 위한 연구인플라의 하나로서 <아사히신문 외지판 기사명 색인>을 자리매김하고 있다. 이는 본 연구소가 연구소와 도서관을 결합해서 새로운 연구소의 발전 방향을 제시하고 있는 것과도 맞물린다. 구체적으로는 한국도서관협회에 정식으로 등록된 국내 유일의 일본학 전문도서관인 '일본학도서관'을 연구소 안에 설치하고 운영하고 있다는 점이다. 일본학도서관이 보유한 6만 5천 점이 넘는 일본 관련 전문 서적의 전문성은 국내에서 비교할 대상이 없다고 자부한다. 여기에 지명관(池明觀) 초대 소장, 세키구치 에이치(関口榮一) 교수가 일본학도서관에 기증한 서적, 그리고 본 연구소가 주도해서 한림대학교 일송도서관에 유치한 故 오에 시노부(大江志乃夫) 교수, 故 아베 타카시(阿部猛) 교수의 기증 서적 약 3만 점을 합치면 한림대학교는 10만 점이 넘는 일본학 전문 서적을 보유한 국내에서 유일무이의 기관이다. 특히 『京城日報』, 『京城新報』, 『한성신보(漢城申報)』, 『読売新聞』, 『朝日新聞』, 『朝日新聞外地版』, 『毎日新聞外地版』, 『横浜毎日新聞』, 『仮名読新聞』, 『台湾日日新報』, 『台湾民報』, 『大連新聞』, 『大陸新報』, 『上海新報』, 『帝国大学新聞』, 『占領期琉球諸島新聞集成』, 『占領期新興新聞集成』, 『近代沖縄新聞集成』, 『時局新聞』, 『愛国新聞』, 『図書新聞』, 『日本労働新聞』, 『日本新聞』 등의 신문자료를 갖춘 일본학도서관의 장서는 타의 추종을 불러한다. 아울러 『十五年戦争極秘資料集』, 『十五年戦争重要文献シリーズ』, 『特高警察関係資料集成』, 『出版警察資料』, 『出版警察概観』, 『出版警察報』, 『外事警察資料』, 『外事警察報』, 『外事警察概況』, 『外事月報』, 『外務省警察史』, 『文部省思想統制関連資料集成』, 『情報局関連極秘資料』, 『教化運動』, 『朝鮮公論』, 『言論報國』, 『満蒙』, 『優生学』, 『南洋庁公報』, 『南洋庁統計年鑑』, 『南洋群島』, 『植民地社会事業関係資料集(朝鮮編・台湾編・満州国編)』, 『雑誌朝鮮社会事業』, 『朝鮮治安関係資料集成』, 『朝鮮総督府帝国議会説明資料』, 『満洲開拓関係雑誌集成』, 『特審月報』, 『占領期雑誌資料大系(大衆文化編・文学編)』, 『田健治郎日記』, 『新亜細亜』, 『日本植民地文学精選集(朝鮮編・南洋群島編・樺太編)』, 『映画検閲時報』, 『映画公社旧蔵戦時統制下映画資料集成』, 『伊藤博文文書』, 『木戸孝允関係文書』, 『木戸幸一日記』, 『朝鮮憲兵隊歴史』, 『植民地帝国人物叢書(朝鮮編・満洲編・台湾編・解題)』, 『朝鮮総督府及所属官署職員録』, 『靖国神社忠魂史』, 『在日朝鮮人関係資料集成(戦前編・戦後編)』, 『内閣調査室海外関係史料「焦点」』, 『学園評論』, 『守礼の光』, 『今日の琉球』, 『朝鮮戦争下公安関係資料』, 『文教時報』, 『文教の朝鮮』, 『沖縄教育』, 『文化生活 文化普及会版』, 『占領下の奄美・琉球における教員団体関係史料集成』, 『戦後初期沖縄開放運動資料集』, 『旅行満洲』, 『コレクション・モダン都市文化』, 『会館芸術』, 『戦後博覧会資料集成』, 『買売春問題資料集成戦(前編戦)』, 『同時代史』, 『新異國叢書』, 『植民地朝鮮下におけるハンセン病資料集成』, 『植民地教育史研究年報』, 『地域のなかの軍隊』, 『北海道立文書館所蔵 戦後千島関係資料』, 『満洲総合文化雑誌 藝文 第1期(全22巻)』, 『外務省茗荷谷研修所旧蔵記録 戦中期植民

地行政史料 教育·文化·宗教篇』,『社史で見る日本経済史』,『近世日本国民史』,『日本人』,『日本及日本人』,『亞細亞』,『帝國靑年』,『公文別録』,『戰後日本共産黨關係資料』,『外務省茗荷谷研修所旧蔵記録 戰中期植民地行政史料 教育·文化·宗教篇』등의 근대사를 연구함에 있어서 핵심자료이지만 국내에서는 갖춘 곳이 거의 없다는 점에서도 한림대학교 일본학연구소의 일본학도서관이 공공재로서 유의미한 역할을 할 수 있음을 말해준다.

이들 문헌자료와 디지털 자료의 규모와 질에서 한국의 일본 연구를 대표할 수 있는 인프라를 갖추고 있으며, 이러한 압도적인 자산을 공공재로서 학계와 사회에 발신하고 공헌하려는 노력과 그 의지가 '도서관'이라는 명칭에 담겨 있다.

한편, 내년 2025년이면 대일본제국의 패전과 해체, 동시에 우리의 광복으로부터 80년을 맞이하는데도, 그동안 동아시아에는 '화해와 협력, 공존'이라는 면에서는 결국 성공하지 못한 채로 서로 등을 돌리면서 정치적인 필요성이 있을 때만 손을 잡는 안타까운 현실을 극복하지 못하고 있다. '화해'가 아닌 '쉬운 관계 개선'만 간간히 서로의 정치적 필요성을 위해서 진행되었다고 보는 것이 사실에 가까울 것이다.

분명한 것은, 동아시아의 경계를 어떻게 설정하든, 어느 지역, 어느 나라의 그 누구도 자신을 '동아시아인'이라고 인식하지 않고 있는 현실이 존재한다. 다시 말해서 동아시아에는 유럽 사람들이 갖는 '유럽인'이라는 공통된 인식과 자각 또는 공감대를 갖지 못한 상태에서 '동아시아인'이 아니라, '한국인', '일본인', '중국인', 즉 국민국가 체제에서 국가와 민족으로 결합한 의식 세계로 강한 결속력을 형성하고 있다. 그만큼 '동아시아'는 내셔널리즘이 뿌리 깊음을 일깨워 준다. 이러한 현실 앞에서 인문학은 무엇을 할 수 있으며, 한림대학교 일본학연구소는 어떤 역할을 할 수 있는가에 대한 자문(自問)이 이들 아젠다의 출발점이었다.

이상에서처럼, 연구에 대한 문제의식과 목적 그리고 일본학도서관에 대표되는 일본 연구 관련 지(知)를 발신하고 축적해야 한다는 사명감 속에 1915년부터 1945년까지를 담은 <아사히신문 외지판 기사명 색인>이 만들어졌으며, 이 권을 마지막으로 일단락된다는 것을 보고드린다.

2. 「조선판」 제14권의 구성·내용과 제작 일지

1) 1935년이라는 해

1932년 2월 관동군이 아이신기오로 푸이(愛新覺羅 溥儀)를 이용해서 대일본제국의 괴뢰정부인 만주국을 건설하고, 1934년 3월에는 푸이를 만주국 황제로 만든다. 그러나 국제연맹이 만주국을 주권 국가로 인정하지 않자, 대일본제국은 이에 대한 불만으로 국제연맹 탈퇴라는 강수를 둔다. 결국 국제무대에서 고립되어 가자, 이를 극복하기 위해서 군비 확충을 통한 전쟁 준비와 동시에 교화와 사상통제를 강화한다. 한편 푸이는 황제에 등극한 다음 달인 4월 6일에 일본을 방문하고 야스쿠니신사를 참배한다.

대일본제국은 내적으로는 1935년에 천황기관설과 천황주체설이 충돌해서 일대 파란을 일으킨다. 결국 정부는 천황주체설을 채택하고, 그 결과 대일본제국은 천황이 국가의 주권자임을 명백히 한 해이기도 하다. 7월에 대일본제국 외무성이 조약 등 모든 외교문서에서 국호를 '대일본제국'으로 통일할 것을 결정하는 것도 이 연장선상의 일이라 할 수 있다.

이하, 1935년에 일어난 주요 사건을 게시하면 다음과 같다.

01.01. 국민정부가 화베이(華北)과 만주간의 체신사업 시작.

01.03. 중국, 중공정치국 확대회의에서 마오 쩌둥(毛澤東)의 지도권이 확립됨.

01.13. 독일과 프랑스 국경에 위치한 자르(독일어: Saarbeckengebiet, 프랑스어: Territoire du Bassin de la Sarre)에서 귀속 문제를 둘러싼 주민투표가 실시되어, 압도적 다수로 독일로 귀속으로 가결됨. 3월 7일에 귀속됨.

02.18. 일본, 육군 군인 출신 귀족원 의원인 기쿠치 타케오(菊池武夫)가 귀족원에서 미노베 다쓰키치(美濃部達吉)의 천황기관설(天皇機関説)을 반국체적(反國體的)이라고 규탄.

03.21. 페르시아가 국호를 이란으로 변경.

03.16. 아돌프 히틀러가 베르사유조약을 파기, 나치스 독일의 재군비를 선언.

04.01. 일본, 청년학교령, 청년학교교원양성소령 공포.

04.06. 만주국 황제 푸이가 일보을 방문하고 야스쿠니 신사 참배.

04.07. 일본, 미노베 다쓰키치가 천황기관설로 불경죄로 고발당함.

04.09. 일본, 미노베 다쓰키치의『憲法概要』등 저작 3권이 발매금지 처분을 받으나 시중에서는 구입 희망자가 몰려들어서 서점에 매진됨.

04.15. 일본, 학교를 대상으로 한 라디오방송이 시작됨.

05.14. 필리핀이 독립협정을 비준.

06.01. NHK가 국제방송을 개시.

06.18. 영국·독일해군협정 조인, 내용은 영국이 독일 해군의 확장을 인정.

07.00. 일본, 외무성이 조약 등 외교문서에서 일본의 국호를 '대일본제국'으로 통일할 것을 결정.

08.01. 중국공산당이 항일구국통일전선을 제창.

08.02. 인도통치법이 성립, 인도에서 버마(미얀마)를 분리.

08.31. 미국에서 중립법의 제정됨.

09.15. 하켄크로이츠(Hakenkreuz)가 정식으로 독일 국기가 됨.

09.15. 나치스 독일, 뉘른베르크법 제정(유태인 공민권 정지, 독일인과의 혼인 금지).

10.03. 이탈리아가 에티오피아에 침략 개시. (제2차 에티오피아전쟁)

10.10. 타이완박람회 개최(11월 28일까지)

10.21. 나치스 독일이 국제연맹을 탈퇴함.

11.04. 국민정부가 폐제(幣制) 개혁을 실시.

11.09. 상하이에서 일본인 수병이 살해됨(나카야마 수병 사살사건).

11.09. 베이핑(北平, 후에 베이징) 학생 1만 명이 항일·화베이 분리공작 반대데모(12.9 학생
운동).

12.09. 제2차 런던해군군축회의 개최

1935년은 중국 대륙에서 끊임없이 전투가 계속되는 속에 멀리 유럽에서는 나치스 독일이 아돌프 히틀러를 중심으로 제3제국(das Dritte Reich) 건설을 위한 권력의 강화가 꾸준히 진행되는 해였으며, 특히 뉘른베르크법의 제정은 후에 일어나는 홀로코스트라는 인류의 비극을 낳는다. 한편 동아시아에서는 중국의 항일운동에서 알 수 있듯이, 중국과 일본의 관계가 경직되어 갔으며, 그런 중에 만주국 황제 푸이가 일본을 방문하고 야스쿠니 신사를 참배한 건은 1935년 당시의 동아시아의 국제관계를 여실히 보여주는 상징적 정치적 행위라 할 수 있다. 일본이 외교문서에서 국호를 '대일본제국'으로 통일한 것은 이러한 국제관계 속에서 일본이 어떤 방향으로 나가려는 것은 시사하는 일이라 할 수 있다.

반면에 일본 국내에서는 무엇보다 천황기관설을 둘러싼 갈등과 문제가 1935년을 상징한다.

천황기관설은 대일본제국 헌법에서 확립된 헌법 학설인데, 통치권은 법인이 국가에 있으며, 천황은 일본국 정부의 최고기관의 한 부분이며, 내각을 비롯한 다른 기관의 보필을 받으면서 통치권을 행사한다는 이론이다. 이 천황기관설은 1900년대부터 1935년까지 30여 년 동안 일본 헌법학의 통설로서 자리를 잡으며, 정치 운영의 기초적 이론으로 인정받고 있었다. 구체적으로는 국가학설(國家學說)에 국가법인설(國家法人說)이라는 것이 있는데, 이는 국가를 법률상 하나의 법인으로 인정한다. 즉 국가가 법인이라면, 군주, 의회, 재판소는 국가라는 법인의 산하 기관인 셈이 된다. 이 설명을 일본이라는 국가에 적용하면, 일본국가는 하나의 법인이고 그 결과, 천황은 법인인 일분이라

는 국가의 기관이라는 해석이 나온다. 이에 대립하는 천황주체설(天皇主體說)이라는 것은 대일본제국 헌법에서 주권이 천황에 존재한다고 해석하는 것이며, 서양의 군주주권을 그대로 일본의 천황에 적용한 헌법학술이다. 1890년에 시행된 대일본제국헌법은 4조에서 "천황은 국가의 원수이고 통치권을 총람하고 이 헌법의 조규의 의거, 이를 행한다"라고 명시하고 있다. 이 조문에 대한 해설에서 호즈미 야쓰카(穗積八束), 우에스기 신키치(上杉慎吉)에 대표되는 천황주권을 중시하는 군권(君權, 천화주체설) 학파와 미노베 다쓰키치, 사사키 소이치(佐々木惣一)에 대표되는 입헌(入憲, 천화기관설) 학파로 나뉘어 있었으나, 1913년경에는 천황기관설이 우세했으나, 1935년에 일본 정부가 두 차례에 걸쳐(2월 19일, 9월 18일) 국체명징성명(國體明徵聲明)를 발표하면서 천황의 주권을 중심으로 하는 해석 즉 천황주체설이 공식적으로 채택되었다. 이렇듯 일본 정부에 의한 천황주체설 공식화로 기관설을 배제되었으며, 이를 주도한 우익세력, 군부의 발언권이 강화되었다.

이 천황기관설의 패배와 천황주체설의 승리는 동아시아에 커다란 아픔을 주게 되는 시발점이 되었다. 즉 이 논쟁은 군부에 의한 정치적 주도권을 둘러싼 정쟁이었으며, 천황이 대일본제국의 주권이 되고 통치권, 군 통수권까지 모두 장악하면서 후의 '천황의 군대', '천황의 군대는 항복하지 않는다'는 광기의 세계로 빨려 들어가는 문을 활짝 연 셈이 된다. 천황가에 대한 존엄을 지키고 모독을 금지한 출판법 개정, 학생의 사상을 통제하고 관리하기 위한 문부성 학생부 안에 사상국(思想局) 신설, 외래어 사용을 비판하면서 '일본정신'의 작흥을 지적한 문부대신 마쓰다 겐지의 발언, 말을 정화하고 그 정화를 통해서 사상을 통제하기 위한 국어심의회 설치 등의 1934년에 일어난 일련의 조치는 궁극적으로 천황제의 강화를 위한 연쇄적인 조치였다고 보아야 할 것이다.

이렇게 본다면, 1935년이라는 해는 '메이지헌법'이라 부르는 대일본제국헌법에 명시된 내용 즉 대일본제국의 주권은 천황에 있으며, 천황이 곧 국체라는 내용이 명실상부하게 실행되는 해이며, 이 배경에는 만주사변에 상징되는 대륙에 진출하려는 대일본제국의 야욕과 중국 대륙에서 대립과 갈등이 심화되는 있는 정황이 있었다고 보아야 할 것이며, 나아가서는 이들 일련의 과정은 중일전쟁을 준비하는 과정이었다고 볼 수 있다.

여기서 우리는 중일전쟁이든 태평양전쟁이든 외국과 조약을 체결하거나 전쟁을 시작할 수 있는 권한은 천황에게 있었으며, 군부는 천황 직속이며 천황이 모든 군대의 최고 통수권자였으며, 모든 군대는 '천황의 군대'였다는 점, 즉 군부는 정부는 물론 의회로부터 독립되어 있었다는 점, 국무대신 등 모두 천황이 임명했다는 점 등 그야말로 '신성한 신'으로서 막강한 권한을 가지고 있었다는 점에 주목해야 한다. 그러함에도 연합국에 대한 대일본제국의 항복문서에 서명한 것은 "By Command and in behalf of the Emperor of Japan and the Japanese Government"라는 자격으로 시게미쓰 마모루(重光葵) 당시 외무대신이 서명했다는 점은 어떻게 이해해야 할까? 나아가서 1945

년 8월 15일 이른바 '옥음방송(玉音放送)'에 "항복"이나 "패전"이라는 말은 없으며, 오로지 "포츠담회담 결과를 수용한다"는 말만 있다는 점, 결국 천황은 전쟁에 대한 책임이 면제되고, 극동국제군사재판(도쿄재판)과 국제군사재판(뉘른베르크재판)에서 '평화에 대한 죄'로 A급 전범으로 인정된 도조 히데키(東條英機), 이타가키 세이시로(板垣征四郎) 등 7명이 교수형, 아라키 사다오(荒木貞夫), 기도 코이치(木戶幸一), 고이소 구니아키(小磯國昭) 등 16명이 종신형, 시게미쓰 마모루, 도고 시게노리(東鄕茂德) 2명이 유기 금고형에 처하는 것으로 전쟁에 대한 책임소재가 마무리되었다는 점을 우리는 어떻게 이해해야 할까? 일본 내각의 야스쿠니 신사 참배, 고 아베 전 총리의 식민지에 대한 '침략' 부정을 비롯한 과거사에 대한 부정 또는 합리화는 지금도 이어지고 있다.

2) 「조선판」이 보도하는 1935년

1934년은 소설가 김동리의 시 『백로』가 『조선일보』 신춘문예에 입선했고, 아태준의 첫 단편집 『달밤』이 출간된 해이기도 하다. 또한 조선총독부가 '조선 보물 고적 명승 천연기념물 보존령'를 관보에 고시하고 지정문화재에 대한 번호를 자의적으로 부여한 해이기도 하다. 아래 5월 3일 기사가 바로 이에 관련된 내용이다. 이 1934년 일년 동안 『아사히신문 외지판(조선판)』에 실린 주요 기사가 위 목록이다.

01.06. 반도(半島) 문화의 정수를 모은 대박물관, 공사비 100만엔으로 왜성대(倭城台)에 건설. 시정 25년 기념사업.

01.06. 조선신궁 진좌(鎭座) 10주년 봉축대회

01.08. 농민학교 졸업생을 진흥운동 중심으로, 지도부락설정안(指導部落設定案)에 대한 평남(平南)의 이색적인 답신.

01.08. 면적은 4배로, 팽창하는 대경성(大京城), 인구 56만이 되다, 9개 읍 편입으로.

01.08. 대경성의 표정, 화사하고 밝은 깊이

01.08. 비행기 헌납을 반도 민중에게 호소하다, '헌납회'를 조직.

01.09. 내선일체를 위한 종교운동을 전개, 자력갱생을 정신적으로 강화

01.09. 군화 소리에 동이 트는 군국의 봄, 하늘을 가로지르는 신예 20여 기, 평양 각 부대 관병식

01.09. 15년을 들여서 조선의 민둥산을 퇴치, 총액 5천여 만엔 투입, 궁민(窮民) 구제도.

01.10. 내실 있는 우리 평양을 유람도시로, 모란대를 철저히 손질

01.10. 러일전쟁 30년을 생각하며 일대 공방 연습, 군도(軍都, 군사도시) 평양의 계획.

01.10. 만주 주둔 황군에게 혈서로 신년인사, 위문금과 함께 청년들의 넘쳐나는 열정.

01.11. 청진(淸津) 부민(府民)은 황금 침대에, 지하에 무진장 광상이, 눈부신 조선 북부의 초봄

01.12. 빨갱이의 거두 방치규(方致規)의 전향 감상록, 과거의 잘못된 사상을 청산.

01.12. 갱생운동을 본격적으로 강화, 총독이 훈시, 매우 긴장된 긴급 도지사 회의.

01.12. 농촌진흥

01.13 시내를 누비는 전차(탱크)의 위용, 멀리 구르메(久留米)에서

01.13. 만주 주둔 황군에 혹한 대비 알몸 위문, 평양 부의(府議)

01.15. 농촌진흥운동의 중심 기구 설치.

01.15. 올해야말로 출탄(出炭) 100만톤 실현

01.15. 백두산 상공에서 신비한 뉴스, 선명하게 수신, 본사 나가토모(長友)기와 교신에 성공한 경성무전국.

01.15. 도약, 반도 이야기, 자원개발에 박차를 가하다.

01.19. 반도의 자원개발! 적극적으로 열리는 보고(寶庫).

01.22. 이완용 후작의 위대한 공.

01.30. 기생가(妓生街)에 파문, 전통있는 기성(箕城)권번에 버금가는 새 권번 허가하나.

02.03. 조선 동포에서 불타는 애국의 불꽃, "지원병제도의 길을"이라고 구 한국 장교단이 결의문 제출.

02.08. 10년만에 체포된 폭탄사건의 수괴 박종식(朴宗植), 잔악한 광폭의 흔적,

02.08. 조선왕조 시대를 보여주는 관기(官伎)의 재현, 모란대(牡丹台)에 순 조선식 가옥을 짓고 관광객의 여정을 위한.

02.12. 불타오르는 향토애, 공립 고등보통학교를 낳다, 나이 많은 부호의 사회봉사를 계기로 30만엔 모이다.

02.24. 통치 순직자의 초혼제(招魂祭)를 거행, 시정25주년 기념일에, 총독부 준비 순항.

03.03. 국방헌금이 보여주는 대중의 애국열

03.06. 국경경비에 관한 협정을 만주국의 제의, 월경 토벌을 정식으로 인정케 해서 적극적으로 비적 소탕.

03.08. 고고학자를 망라해서 낙랑문화를 대발굴

03.08. 3,000명을 초대해서 성대한 대축하연 개최, 군국(軍国)의 아름다운 봄을 축하.

03.09. 내지-조선-만주를 잇는 화물의 연대 운송

03.09. 러일전쟁 30주년 기념, 한반도 전체에 울려퍼지는 군국조(軍国調), 하늘과 지상 양쪽

에서 장렬하게 일전을 보임이고 근대적 무기도 망라, 경성의 도심을 진감(震撼).

03.09. 만주사변에서 활약한 햐쿠타케(百武) 신임 제78연대장.

03.10. 종합박물관 후보지, 덕수궁이 가장 유력.

　　　→ 04.21에 총독부 뒤뜰로 내정, 후보는 왜성대, 덕수궁, 총독부 뒤뜰.

03.12. '기생의 수도'에서 호탕한 술에 의한 세금, 평양 세감독(稅監督) 관내의 납세는 만점에 가까운 좋은 성적.

03.13. 육군기념일 그래프 사진 3장 게재 (서북판)

03.13. 육군기념일 화보, 사진 3장 게재 (남선판, 사진은 서북판과 다름)

03.14. 봄꽃이 피는 군도(軍都) 평양의 꽃

03.16. 반도 통치에 공헌한 인재, 1만 수천 명을 표창, 시정 25주년 기념일에.

03.19. 조선 주둔 부대를 충실화, 우수한 부대로 견고하고, 육군 정기 이동에 맞추어서 중앙에서 파견.

03.20. 군과 민이 손을 잡고 민중운동을 일으키다, 연맹 탈퇴 기념일의 군도(軍都) 평양, 비상시 의식을 강조.

03.21. 평양은 명실상부한 전체 조선 1위인 술의 도시.

03.26. 관광도시 평양을 선전.

03.26. 내일 국제연맹 탈퇴 기념일, 조서(詔書) 봉독식(奉読式)을 조선신궁에서 거행.

04.03. 군신(軍神) 히로세(広瀬) 중위의 충렬(忠烈)을 그리게 하는 유고(遺稿), 러일 해전 30주년에 맞추어.

04.06. 항공 공장의 신설, 평양으로 결정, 국경 제1선의 하늘을 지키기 위해,

04.09. 새 가족제도를 위해서 인습의 고리를 끊다, 친족법, 상속법을 개정해서 내년부터 실시.

04.09. 민심 작흥을 철저하게 통제하기 위해 교화(教化) 단체를 총괄 통제하는 전선연합회(全鮮連合會)를 조직.

04.10. 비상시를 배경으로 훌륭한 무도(武道)에 대한 열정, 경기도를 필두고 유단자는 조선 전체에서 3,000명 돌파.

04.11. 만주에 대량 노동 이민 송출, 건설 노동자, 45만 명으로도 부족.

04.18. 평양의 행정구역 8배로 확장, 총인구 19만 명으로, 한반도 제2의 대도시로 약진.

04.27. 평양에서 경성으로, 2개 송전선을 연장, 600만엔 투입해서 내년 가을에 준공.

05.04. 조선인 거리 종로를 매운 일장기, 천황탄생기념일(天長節) 당일의 게양률 90%, 이케다(池田) 경무국장 회심의 보고.

05.15. 만주 거주 조선인을 위해 선정부(鮮政部)를 설치하라, 신징(新京) 거주 유력자들이 만주국 정부에 요망.

05.25. 한반도 근무 경찰관에게 만주사변 관련자에게 공로상 수여, 다른 외지보다 특히 많으며, 6월 상순에 발표 예정.

05.28. 압록강을 넘어 경비선을 확대, 조선 측 희망에 난색을 표명한 만주국의 면목 문제

05.30. 신앙으로 이끌어 일본정신의 발양(発揚)

06.01. 쇠락하는 한반도 문단에 문예부흥의 목소리, 기념도서출판관을 설립해서 우수한 작품을 출판.

06.06. 초등학교 취학아동, 기록갱신을 거듭하며 급증, 시설 충실과 농촌 호경기로 향상 되는 지식수준.

06.07. 군수 인플레로 작열하는 용광로.

06.08. "나를 위해서"라며 감격의 국방헌금, 공방 비행기 헌납의 비격(飛檄)에 각도에서 속속 모이다.

06.09. 3,600명을 모아 도시 교화를 위한 간담회, 정(町), 동(洞)회 평의원을 빠짐없이 동원해서 경성에 펼쳐지는 교화망(敎化網).

06.09. 라디오의 대중화, 조만간 공동청취를 실현.

06.11. 만몽(滿蒙)의 비약에 대비해서 만주어과를 신설, 원산상업고등학교의 학칙 개정.

06.15. 동해안에서 장렬한 해전 23일부터 일주일 동안, 장렬한 상륙연습, 진해요항부(鎭海要港部, 요항부는 해군 기관이며, 함대의 후방을 통괄한 기관), 좌진(佐鎭, 대일본제국 해군의 진수부, 鎭守部府) 연합

06.28. 대구의 '하늘의 공항'은 부(府) 외곽 동촌(東村)으로 결정, 장래 30만 평으로 확장도 가능한 매우 좋은 입지.

06.29. 한반도 북에서 남까지 무더위 속 전투 연습, 평양비행제6연대의 정예기 총출동.

07.05. 전투기 6대, 맹렬한 실탄사격, 평양6연대의 연습,

07.17. 초등교육 보급을 대대적으로 계획, 먼저 내년도에 440개의 간이초등학교를 신설.

07.17. 각 사범학교의 수용인원을 증원, 여자사범학교도 신설, 교원 부족에 대한 응급책.

07.19. 국방 제1선에 불타오르는 국방에 대한 열정, 북선(北鮮) 각지의 방호단(防護団) 방공 연습을 계기로 일제히 활동 개시.

07.22. 반관반민의 대이민회사, 드디어 내년에 신설, 이민 착수는 내후년부터.

08.08. 영화단속령(映画取締令) 드디어 공포, 다음 달 1일부터 실시.

08.09. 경성사범(京城師範)은 곧 2개교로, 지방에서 사범학교 증설, 초등교원 보충책.

08.09. 남선(南鮮) 수해 상황의 최종집계 완료, 사상자 700명, 가옥 손괴 5만 호.

08.15. 스사노오노미코토(素戔嗚尊)가 일본으로 건너온 땅? 강원도 신북면 우두산(牛頭山)에 신사 건립 계획.

08.24. 조선왕조 시대의 풍습, 새 시대에 맞는 개혁을, 「신의례준칙(新儀礼準則)」 성안이 완성되다.

08.25. 군민(軍民) 일치해서 장렬한 연습을, 만주사변 3주년 기념일에 경성에서 대대적인 행사.

08.29. 대박물관 건설이 결정되다, 시정 25주년 기념, 종합문화연구소를 기념사업과 별도로 건설.

08.29. 함흥 일대에서 19사단 추계연습 다음 달 29일부터 17일 동안.

08.29. 만주 이민은 빠를수록 좋다. 안전농촌도 아직 여유가 있다,

09.02. 내선(内鮮)의 일본어-한국어가 완전히 같은 어원, 니시무라(西村) 통역관의 연구, 완성되어 곧 학계에 발표 예정. 융화에 새로운 시점

09.07. 평남(平南)의 민풍(民風) 개선, 더욱 박자를 가하다, 간이(簡易) 염색소와 혼식복(婚式服, 혼인 시 예복)의 장려, 해를 거듭하면서 적극적으로.

09.07. 우량영화의 인정, 추천을 위해서 심사위원회를 두다.

09.13. 우리 무적함대, 가을 하늘 높을 때 부산에

09.14. 신추(新秋)의 원산에서 장렬한 시가전, 정박 중인 3척의 구축함 육전대(陸戰隊)와 학생 의용군의 연습

09.14. 다음 달 10일부터 농지령(農地令)을 실시.

10.04. 우리 경성을 비상시로부터 지키는 방호기구를 설치 (40만 府民 참가하여)

10.06. 조야(朝野)의 명사(名士)가 모여서 고려신사(高麗神社, 고마신사) 봉찬회(奉贊會)를 설립, 1200년 전 고려족(高麗族) 이주의 흔적. 사이타마현(埼玉県) 이루마군(入間郡)을 현창.

10.06. 용납되지 않는 기생의 레코드 녹음, "폐해가 많다"는 이유로 권번에서 금지. 팬은 안타까워 하다.

10.07. 하늘의 정예 16기 가을 하늘을 비상, 평양 비행대의 장거

10.07. 평양근대색: 문화주택

10.10. 눈길을 빼앗는 찬란한 낙랑문화의 재현, 호화로운 진품 속출

10.10. 의연금을 통해서 알 수 있는 내선융화애(内鮮融和愛)

10.10. 평양근대색:백화점

10.12. 부민(府民) 총동원한 정신작흥 주간, 다음 달 7일부터 일주일 동안 대대적으로 거행.

10.14. 조선 일주 비행, 반도 최소의 의미있는 장거,

10.25. 실전을 방불케 한 조치원 평야에서 열띤 공방전을 전개, 여단 대항 연습 종료.

10.31. 이입 신문, 잡지에 대한 통제를 단행, 실시되는 허가제.

10.31. 평양사회교화단체 연합회 조직되다.

10.31. 만주 이민계획 드디어 실행, 중앙당국을 설득해서 내년도 준비 작업에 착수.

11.02. 낙랑 발굴품에 미국이 관심(욕심), 보스턴박물관 동양부장 출토된 진품에 놀라다.

11.08. 정평있는 요쿄쿠(謠曲). 훌륭한 여성의 스포츠, 법원장 부인 다다쓰 쓰네(多田津常) 씨.

11.09. 광고; 본사 경성지국 신사옥 준공.

11.10. 평양 고사포대, 대대로 승격 내년도부터.

11.22. 김옥균 서거 40년, 선구자를 경모하고 불멸의 의혼(義魂)을 이어가다, (11.24에도)

12.02. 시대에 눈을 뜬 무녀(巫女)들의 변신, '국가안태', '내선융화'를 조선신궁에서 기원하다.

12.04. 국경에서 산화한 명예로운 3 경찰관, 야스쿠니신사 합사를 상신.

12.11. 전투기 각 1대를 육군, 해군에 헌납, 나머지는 항공사상보급비로, 문명기(文明琦) 씨 헌금 사용처 결정되다.

12.14. 정신문화운동은 먼저 종교의 부흥, 우가키(宇垣) 통치의 일대 전환을 계획, 혹은 통제를 단행하나

12.22. 호화로운 문화보고서, 세계에 자랑할 수 있는 미술적 출판, 『樂浪彩筺塚』 완성.

12.23. 천손(天孫, 야마토 민족), 조선 두 민족은 뗄 수 없는 관계, 이키섬(壱岐), 대마도, 기타큐슈를 조사한 가토 씨, 새로운 사실을 발견.

12.26. 경무국장 제창으로 무도정신을 고취, 학생에게 그리고 일반청년에게 민심작흥의 일조.

12.27. 19, 20사단 대항 연습, 내년 가을 남선(南鮮)에서 거행.

위에서처럼, 1935년의 『아사히신문 외지판』 주요 기사를 살펴보면, 가정 먼저 눈에 들어오는 것이 '시정 25주년'이라는 이름으로 장식된 총독부의 식민지 경영을 자랑하고 선전하는 내용의 기사이다. 1월 6일 기사에 나오는 한반도 문화의 정수를 모은 '대박물관' 건설 이야기는 건설 후보지가 왜성대(倭城臺)로 보도했으나, 4월 21일에는 후보지가 왜성대, 덕수궁, 총독부 뒤뜰 세 군데였으나, 최종적으로 총독부 뒤뜰로 내정되었다는 기사가 나오고, 8월 29일에는 '대박물관' 건설이 확정되

었고 이와는 별도로 '종합문화연구소' 건설을 병행한다는 기사를 내보내고 있다. '문화'라는 것을 식민통치의 수단이자 내선일체를 정당화하는 데 필요한 문화장치로 이용하고 있음을 확인할 수 있다. 이러한 총독부 정책의 선전은 1월 8일 <팽창하는 대경성> 기사, 1월 10일 평양을 모란대를 중심으로 유람도시로 발전시키겠다는 기사(3월 26일엔 관공도시로 발전시킨다고 함), 1월 11일 청진은 무진장한 광상을 발견해서 앞으로 부유해질 거라는 낙관적 전망을 담은 기사, 4월 18일 평양도 행정구역이 8배로 확장되며, 한반도 제2의 대도시로 약진함을 자랑하고 있다. 이들 기사는 궁극적으로는 내외에 총독부의 성공적인 식민지 통치의 성과를 보여주기 위함이다. 10월 7일과 10일에 <평양근대색(平壤近代色)>이라는 연재에서 각각 '문화주택'과 '백화점'을 등장시키는 것은 식민지의 산업발전, 생활수준 향상을 선전하기 위함이다. 아울러 청진의 광상도 그렇지만, 1월 15일 한반도에 자원을 적극 개발한다는 1월 15일과 19일 기사는 식민지 조선에서 자원개발을 적극적으로 추진하고 있다는 뉴스인데, 산업의 발전은 군비증강을 위한 과정이고 또한 동시에 자원의 찬탈을 의미하기도 한다.

이처럼은 총독부는 조선에 대한 식민지 경영이 성공적이었고, 고로 대한제국의 합병은 정당했다는 것을 경성이나 평양이 도시 규모와 산업의 발전, 그리고 백화점과 문화주택이라는 근대화의 상징으로 증명하려 하고 있는데, 여기에는 농촌진흥이나 일본식 교육제도의 보급이라는 것도 포함될 것이다. 농촌진흥의 경우 연초부터 1월에만 8일, 12일, 15일, 3개의 기사가 등장하며, 8일에는 평남에서 농민학교 졸업생을 진흥운동 중심으로 만들기 위한 지도부락설정안(指導部落設定案)에 대한 기사가 게재되고 있으며, 6월 6일에는 초등학교 취학아동이 급증하고 있는데, 여기에는 시설의 충실과 농촌의 호경기가 있다는 '자랑스러운 식민지 조선의 발달'이라는 시각이 있다. 9월 14일에는 아마도 1934년 10월에 시행령이 나온 조선농지령(朝鮮農地令)으로 보이는 시행 기사가 나온다.

평남의 농민학교의 경우와 마찬가지로 교육 분야는 산업일꾼 만들기도 있지만, 일본식 교육을 도입하고 이식해서 조선인을 교화해서 내선일체를 달성하기 위한 포석이자 실천이라 할 수 있다. 가령 7월 17일에는 초등교육 보급을 대대적으로 계획하고 있으며, 이를 실천하기 위해서 내년 1936년에 440개의 간이초등학교를 신설한다고 한다. 6월 6일, 초등학교 취학아동 급증에 관한 보도에 이어서, 7월 17일에는 초등학생 증가에 따른 교사 확보를 위해서 각 사범학교의 수용인원을 증원하고, 여자사범학교도 신설해서 교원 부족에 대한 응급책을 내놓는다는 보도가 있다. 8월 9일에는 경성사범(京城師範)은 곧 2개학교로 늘리고 지방에는 사범학교 증설한다는 초등교원 보충책을 보도하고 있다.

그러나 이런 교육정책과 병행해서 사상통제, 교화를 위한 대책과 운동을 적극적으로 벌이고 있다는 정황을 많은 기사를 통해서 확인된다. 교육을 통한 점진적이고 중장기적인 교화와는 별도로 당장 통제해야 하는 사상적 흔들림을 총독부가 심각하게 인지하고 있었음을 엿볼 수 있는 대목이다. 이에 해당하는 기사는 연초부터 나오며 1935년 1년을 꾸준히 이어진다.

1월 9일 내선일체를 위한 종교운동을 전개하고 자력갱생을 정신적으로 강화한다는 기사, 3일 후인 1월 12일, 갱생운동을 본격적으로 강화하고 이에 관해서 총독이 훈시했으며, 긴급 도지사회의는 매우 긴장된 분위기였다고 한다. 1월 12일의 기사 <빨갱이의 거두 방치규(方致規)의 전향 감상록, 과거의 잘못된 사상을 청산>은 식민권력이 바라는 갱생의 한 실제 예를 제시한 것으로 보인다. 방치규 선생은 1902년 생이며, 본적 및 주소지는 한국근대사료DB에 의하면 강점기 당시 주소로 함경남도 함흥부(咸興府) 함흥 운흥(雲興) 736 이다[10]. 주요 활동으로는 『시대일보』 1925년 11월 6일 기사

【그림1】 방치규 선생
(출처)한국근대사료DB

<동경무산동맹 정총>에서 '조사부 方致規'가 확인된다. 또한 함흥청년동맹 집행위원장으로 1928년 6월 4일 함흥청년동맹회관에서 제1회 집행위원회를 개최했고. 이때 「함흥 각 학교 맹휴 진상조사보고서」라는 문서를 작성해서 각 청년동맹과 경성청년동맹사무소에 각 1부씩 보냈고, 이와 관련해서 1928년 10월 5일 출판법 위반으로 경성 복심법원에서 '벌금 80원과 노역장유치 80일'의 형에 처한 이력이 국가기록원 '독립운동관련 판결문'에 있다. 또한 1930년에는 치안유지법 위반으로 체포되어 형사과에서 조사받은 기록이 확인되며, 해방 후에도 활동의 흔적이 몇 가지 확인된다. 1946년 6월 15일 『조선일보』에 실린 <독촉국민회, 제1회 중앙상무집행위원회 개최>가 6월 13일에 개최되었다는 기사에서 중앙상무집행위원 명단에 '方致規'가 확인되며, 1950년 9월 11일 『부산일보』 기사 <國土統一 促進 國民大會>라는 기사에 대회위원의 한 사람으로 '方致規'가 확인된다. 1925년 '동경무산동맹'에서 활동한 이력으로 "빨갱이의 거두 방치규"라는 기사가 만들어진 것으로 추정된다.

다시 『아사히신문 외지판』에 돌아와서, 3월 16일 기사에서 반도 통치에 공헌한 인재 1만 수천 명을 표창한다는 기사나 5월 25일 한반도 근무 경찰관에게 만주사변 논공상(論功賞)을 수여한다는 기사 등은 빨갱이의 거두 방치규의 전향, 과거의 잘못된 사상을 청산과 반대로 식민통치에 공이 많은 자에게는 표창한다는, 매와 당근 양쪽을 보여주는 것이라 할 수 있다.

---

10) 국가기록원의 '독립운동관련 판결문'에 의하면 본적지는 함경남도 함흥군 함흥면 사포리 476번지로 되어 있다.

한편 '일본정신' 또는 '민심 작흥'이라는 말로 대표되는 적극적인 교화정책이 꾸준히 추진되고 있음을 보여주는 기사가 있다.

4월 9일 민심 작흥을 철저하게 통제하기 위해서 교화단체를 총괄 통제하는 전선연합회(全鮮連合會)를 조직한다는 기사가 대표적이다. 이는 후에 등장하는 대정익찬회(大政翼賛会)에서 흔히 볼 수 있는 영역별로 산재하는 많은 조직을 총괄하는 전국 조직인 '연맹' 등을 만들어서 통제의 효율성을 추구한 것과 같은 유형이다. 5월 30일 '신앙으로 이끌어 일본정신의 발양(発揚)'은 자세한 기사 내용을 간단하게 제시하면, "일본정신 발양을 위해 도민(道民)의 사상선도에 전력을 경주하고 있는 평남(平南)경찰부에서는 사상선도의 새로운 시도로서 도민의 신앙선도에 노력하기로 했으며, 29일 개최된 경찰서장회의에서도 지사, 경찰간부들이 이를 역설했다"는 내용이다. 여기서 말하는 '신앙 선도'란 조선 고유의 토착민간신앙 등을 정리하고 신사 참배를 요구하는 것이다. 6월 9일에는 경성에서 도시 교화를 위한 간담회, 즉 정(町), 동(洞)회 평의원을 모두 동원해서 3,600명을 모아서 경성에 교화망(教化網)을 구축했다고 한다.

이와 유사한 기사는 9월 7일에 평남에서 민풍(民風) 개선이라는 기사, 10월 12일 경성 부민을 총동원한 '정신작흥' 주간에 관한 기사, 10월 31일 평양에서 사회교화단체 연합회가 조직되었다는 기사 등을 들 수 있다. 12월 2일 기사에서 시대에 눈뜬 무녀(巫女)도 이제는 예전과 달리, '국가안태(國家安泰)', '내선융화'를 조선신궁에서 기원했다는 내용은 신사 참배를 독려하기 위한 것이다.

1935년을 관통하는 교화정책에 관한 마무리는 12월 14일 <정신문화운동은 먼저 종교의 부흥>이라는 제목으로 "농촌진흥운동, 기타 각종 산업의 부흥으로 반도의 물질문명은 급속도로 향상되고 있다, 이에 반해서 정신문화는 종래와 등한시되어 와서, 총독부에서는 이미 보도한 대로 이를 바로잡기 위해서 종교운동으로 반도 민중의 정신문화를 주입하기 위해서 내년 1월 소집한 각 도의 참여관 회의 자문을 구해서 구체안을 마련하기로 했고, 결과에 따라서는 종교에 대해서도 통제를 가할 수 있다"는 우가키(宇垣) 총통의 확고한 의지를 확인할 수 있다.

실제 '통제'에 관해서는 <8월 8일에 영화단속령(映画取締令) 드디어 공포>라는 기사에 이어서, 다음 달 9월 1일부터 실시한다는 기사에 이어서, 9월 7일에 우량영화를 선정하고 추천하는 심사위원회를 설치한다는 기사가 있고, 10월 31일에는 내지에서 발행하고 식민지 조선에 반입되는 신문과 잡지에 대한 통제를 가한다는 기사가 있다. 구체적인 내용을 살펴보면, 전자의 우량영화는 내지에 따라서 9월 1일부터 '國策的映畫統制'를 목적으로 하는 총독부의 활동영사·영화단속규칙에 의거, 사회교화영화는 강제적으로 상영을 명하는 강력한 권한을 발동할 것이나, 이는 흥행자(興行者)에게 심대한 영향을 끼친다, 그래서 당국은 영화의 대중성을 고려해서 우량영화 인정제도를 실행할 때는 어디까지나 공정을 기하겠다."는 내용이다. 이는 사회교회영화의 강제 상영에 대한 불만을

무마하기 위해서, 흥행자에게 어느 정도 사업의 안정성을 보장하기 위해서 영화가 가지는 대중성을 고려해서 우량영화 선정에는 공정을 기하겠다는 내용이다. 한편 후자는 내지에서 발행된 신문이나 잡지 중에 조선과 만주를 대상으로 하는 이른바 '식민지용'이 급격하게 늘고 있는데, 이들 중에는 식민지 통치에 악영향을 미칠 수 있는 것도 많기에 앞으로 총독부 경무국에서 이에 대한 단속을 한다는 내용이다.

참고로 9월 2일에는 내선(內鮮)의 일본어-한국어가 완전히 같은 어원을 가진다는 통역관의 연구가 학계에 발표 예정이고, 이는 융화에 새로운 시점을 제공한다는 희망적인 평가를 덧붙인 기사가 있는데, 이 또한 내선일체, 내선융화를 독려하고 선전하기 위한 목적이라고 보아야 할 것이다. 이러한 '동질성'을 강조하는 기사에는 이 외에도 8월 15일, <스사노오노미코토(素戔嗚尊)가 일본으로 건너온 땅? 강원도 신북면 우두산(牛頭山)에 신사 건립 계획>, 10월 6일 <조야(朝野)의 명사(名士)가 모여서 고마신사(高麗神社, 고마신사) 봉찬회(奉賛會)를 설립, 1200년 전 고려족(高麗族) 이주의 흔적. 사이타마현(埼玉県) 이루마군(入間郡)을 현창> 등이 있다. 언어의 동질성, 고대부터 한반도와 일본열도는 춘천에 있는 우두산을 통해서 연결되어 있다는 동질성, 일본어로 '고마(高麗)신사'라고 하는 신사에는 '고려족'[11]이 넘어온 것이며, 역사적으로 민족적으로도 연결되어 있다는 의미의 동질성을 통해서 내선융화 또는 내선일체가 정당하고 역사적으로 당연한 것으로 설명하려는 의도라할 수 있다. 10월 10일에는 의연금을 통해서 알 수 있는 '내선융화애(內鮮融和愛)'라는 '사랑'까지 등장한다.

이상에서 본 것처럼, 1935년은 문화, 교육, 농촌(농업), 미디어, 그리고 '일본정신'에 대표되는 사상, 종교, 정신에 대한 교화를 다루는 기사가 많고, 실제로 식민권력은 이러한 대상을 통제하고 관리하면서 식민지 사회를 지배하려 한 것이다. 그런데 1935년을 바라볼 때 빼놓을 수 없는 것이 매우 강력한 추진력을 군비확장을 하고 있다는 사실이다.

1월 8일에 <비행기 헌납을 반도 민중에게 호소하다, '헌납회'를 조직>이라는 기사는 군비확장과 '일본정신' 즉 교화정책이 연결되어 있음을 보여준다. 1월 9일에는 평양 이야기인데, "군화 소리에 동이 트는 군국의 봄"이라는 말은 대일본제국, 총독부의 기본입장을 여실히 보여주는 부분이라 하겠다. 평양을 '군도(軍都)'라고 칭하는 것은 당연히 중국대륙을 염두에 둔 전투, 전쟁을 의식하고 있음을 보여준다. 그러면서 1월 10일 기사에서 평양에서 벌어진 공습에 대한 방공훈련은 '러일전쟁 30년'을 염두에 둔다고까지 말하고 있다. 1월 10일 <만주 주둔 황군에게 혈서로 신년 인사, 위문금과 함께 청년들의 넘쳐나는 열정>은 따로 설명이 필요 없을 것이다. 3일 후인 1월 13일에는

---

11) 일본 고문헌을 보면 '高句麗'도 '고마'라고 읽고, '高麗'도 '고마'로 읽기 때문에 '고마(高麗)'의 "고려족"은 바로 고려인이라 단정하기 어렵고, 고구려인일 가능성도 있다.

<시내를 누비는 전차의 위용, 멀리 구르메(久留米)에서>라는 기사가 등장한다. 일본 큐슈에 본거지가 있는 구루메 전차연대는 보병제77연대와 연합훈련을 위해서 27일 오후 2시 40분, 89식 전차 4대, 장갑차 1대가 평양에 들어왔으며, "근대과학의 정수를 모든 장렬한 연합연습"이라고 자평하고 있다. 일본에서 부대를 조선으로 파견해서 합동훈련을 실시할 정도로 군 작전을 위한 수송루트, 군수보급망이 형성되어 있음을 시사한다.

한편 2월 3일에는 <조선 동포에서 불타는 애국의 불꽃, "지원병제도의 길을"이라고 구·한국 장교단이 결의문 제출>이라는 기사가 있고, 3월 3일에는 <국방헌금이 보여주는 대중의 애국열>이라는 기사가 있다. 기사 내용을 간단하게 살펴보면 다음과 같다.

> 만주사변 이래로 전국 각지에서 애국헌금(愛國獻金)이 모였는데, 표창 조례에 따라서 육군성이 사의를 표하기 위해 헌금자 중 100엔 이상을 낸 사람에 대해서 조선군사령부 애국부(愛國部)에서 조사하고 있었는데, 이번에 100엔 이상 헌금한 사람은 725명으로 판명되었다. 계속해서 단체를 조사 중인데 약 2,000 단체에 이를 것 같다는 것이다. 그러면서 만주사변 이후 헌금액이 100만엔을 돌파했는데 100엔을 헌금한 사람이 1,000명에도 못 미친다는 것은 그만큼 모두가 영세한데도 불구하고 많은 사람이 헌금에 참여했다는 뜻이고, 군부에서는 이러한 성의에 감격하고 있다.

2,000단체의 헌금 내역을 밝히지 않고 있어서 사실은 실상은 알 수가 없으나, 2월 3일 기사와 마찬가지로 내선융화가 제대로 진행되어 대중의 지지를 받는 군부라는 프레임으로 선전하고 있음을 알 수 있고, 이 자체가 내선융화의 교화를 위한 하나의 실천일 것이다. 실제로 3월 9일에는 '러일전쟁'을, 3월 9일에는 '만주사변'에서 활약안 연대장을 들면서 강력한 힘을 가진 대일본제국 육군이라는 이미지를 뿌리고 있고, 3월 13일에 '육군기념일'을 축하하는 화보를 싣는 것도 같은 맥락일 것이다. 평양이 군도임을 계속 강조하는 3월 14일 기사, 조선에 주둔하는 부대를 정예로 개편한다는 3월 19일 기사, 군과 민이 손을 잡고 대일본제국이 국제연맹 탈퇴한 기념일을 축하하고 전시에 대비한 의식을 강조하기 위한 민중운동을 전개한다는 기사, 4월 3일에 '군신(軍神)'을 언급하고, 항공기 공장을 평양에 신설한다는 4월 6일 기사는 모두 실질적인 군비확장과 훈련 그리고 민중을 교화해서 군을 지지하는 체제로 만들고 있음을 보여준다. 6월 28일 기사도 대구의 하늘을 지키는 공항을 신설하기로 결정했다는 뉴스이다. 특히 군·민 일치는 8월 25일에도 <군민(軍民) 일치해서 장렬한 연습을, 만주사변 3주년 기념일에 경성에서 대대적인 행사>라는 기사로 반복된다. 7월 19일 <국방 제1선에 불타오르는 국방에 대한 열정, 북선(北鮮) 각지의 방호단(防護団) 방공연습을 계기로 일제히 활동 개시>는 군·민 합동이다. 12월 4일 기사는 비록 군인이 아니지만, 국경에서 산화한 명예로운 3 경찰관에 대한 야스쿠니신사 합사를 상신했다는 보도는 나를 위해 목숨을 바치면 죽은 후에 군신(軍神)이 되어 명예를 지킬 수 있다는 애국심을 고양하기 위함일 것이다. 특히 12월

11일 <전투기 각 1대를 육군, 해군에 헌납, 나머지는 항공사상보급비로, 문명기(文明琦) 씨 헌금 사용처 결정되다>의 기사는 일본명을 사용하지 않는 문명기라는 사람이 대일본제국의 육군과 해군에 각 1대씩 전투기를 헌납했다는 총독부로서는 선전용으로 매우 훌륭한 뉴스거리일 것이다. 실제로 12월 19일에는 <애국기 100대 헌납운동을...문명기 씨 전 조선을 돌다>는 기사가 등장한다. 내선융화를 넘어서 내선일체의 상징적인 존재로 식민권력이 십분 이용하고 있는 구도가 보인다.

한편 1월 13일의 구루메 전차연대처럼 실제 군사훈련에 대한 보도도 계속 이어진다.

6월 15일 <동해안에서 장렬한 해전 23일부터 일주일 동안, 장렬한 상륙연습>이 그것이며, 29일에는 평양 비행제6연대의 정예가 총출동에서 한반도 전체 걸쳐서 전투 훈련을 했으며, 같은 부대가 7월 5일에는 맹렬한 실탄사격을 했다는 보다가 이어진다. 8월 29일에는 함흥 일대에서 19사단이 9월 20일부터 17일부터 훈련을 한다는 예고 기사가 뜨고, 대일본해군의 함대가 부산에 입항했음을 알리는 9월 13일 기사와 함께 다음 날 14일에는 원산에서는 정박 중인 구축한 3척의 육전대(陸戰隊)와 학생 의용군의 합동훈련을 했다는 보도가 나간다. 10월 7일에는 평양 비행대가 정예 16기로 훈련을 한 모습이, 11월 10일에는 평양 비행제6연대를 지키기 위한 고사포대가 대대로 승격한다는 소식을 전한다. 10월 25일에는 조치원 평야에서 실전을 방불케 한 여단 대항 훈련이 있었고, 12월 27일에는 19사단과 20사단이 대항 훈련을 남선(南鮮)에서 실시했다는 기사가 확인된다. 평양 비행제6연대를 중심으로 하는 제공권 확보를 위한 훈련은 실제로 후에 발발하는 중일전쟁에서 커다란 영향을 미쳤다.

1934년과 마찬가지로 1935년도 7월을 중심으로 '중등야구 제2차예선'을 중심으로 야구 기사야기가 상당기간 지면을 차지하고 있다. 이른바 스포츠라는 오락을 제공함으로써 내선융화에 박차를 가하려는 식민권력의 의도도 분명히 있었을 것인데, 이런 평화로운 야구 이야기와 함께 문화, 교육, 농촌, 생활, 미디어 등 다양한 분야에서 실행되는 교화를 위한 여러 정책 뒤에서는 대일본제국의 팽창주의와 군국주의에 입각한 침략의 본성을 보여주는 군비확대와 실전을 방불케 하는 군사훈련, 그리고 민간인을 동원한 군과 민의 일체화를 꾀하는 또 다른 교화가 진행하고 있었다는 실상을 『아사히신문 외지판』 1935년 기사를 통해서 확인할 수 있었다.

마지막으로, 일본의 패전으로 총독부가 문서를 대부분을 소각해서 인멸해버렸고, 한국전쟁으로 다시 한번 소실되어 일제강점기 때 기록이 충분하지 않은 상황에서, 식민지에서 구체적으로 무엇이 일어났으며, 어떤 정책이 어떻게 시행되고, 어떻게 보도되고 있었는가를, 물론 전체는 아니겠으나, 그 한 단면이라도 보충할 수 있는 자료로서 『아사시신문외지판 기사명 색인』이 이용되기를 바란다.

3) 제작 일지

한림대학교 일본학연구소 일본학DB 사업의 일환으로 〈한림일본학자료총서〉로서 간행되는『아사히신문 외지판(조선판) 기사명 색인』조선판 제14권(1935.1~1935.12)은 서정완 연구소장이 총괄기획과 전체 조율과 기획을 담당하고, 심재현 연구원/사서가 기획하고 관리하였다(2023.8까지). 색인 추출작업은 연구보조원 중에서 아래 12명이 맡아주었다.

그리고 본교 학부생으로 구성된 연구보조원이 데이터 입력과 신뢰성 확보를 위한 총 네 차례에 걸친 검증작업을 통해서 오타와 기사 누락을 최소화하기 위해 노력하였다.

작업 참가자는 다음과 같다.

〈아사히신문 외지판(조선판) 기사명 색인 −1935.1~12−〉 작업자 명단			
	1차 입력, 1, 2차 검수자	3차 , 4차 검수자	색인어 일련번호 추출
연구보조원 명단 ( )은 입학년도	김주영(20) 김채연(17) 김혜진(18) 문희찬(16) 설수현(19) 안덕희(16) 안소현(17) 이하림(17) 조성석(16) 조지혜(19)	김선균(18) 김세은(19) 김은경(18) 김채연(17) 김혜진(18) 문희찬(16) 박종후(21) 안덕희(16) 이용승(20) 이하림(17) 조지혜(19)	고성준(18) 김지연(19) 김혜진(18) 박종후(21) 박철웅(18) 백지훈(22) 신현주(20) 여현정(19) 윤석희(18) 이상민(19) 이영석(18) 이하림(17)

마지막으로 이 책을 간행함에 있어서 일본국제교류기금(JapanFoundation)이 함께 해주었다. 깊이 감사드린다.

3. 데이터 현황

『아사히신문 외지판 (조선판) 기사명 색인』은 데이터 검색을 쉽게 할 수 있도록 모든 기사에 일련번호를 부여하고 있으며, 이번 권에서는 257198~269429를 수록하였다. 색인어는 일본어 한자음을 가나다순으로 정리하였으며, 총 2,654개이다.

朝日新聞 外地版(조선판) 기사명 색인 제14권 1935.01.~1935.12.
범 례

1. 본 DB는 『朝日新聞 外地版 朝鮮朝日』 중 1935.01.~1935.11.의 기사를 대상으로 하였다.

2. 본 DB는 일련번호, 판명, 간행일, 면수, 단수, 기사명 순으로 게재하였다. 이때 면수는 제자 (題字)유무를 기준으로 하였으며 제자가 있는 페이지를 1면으로 작성하였다.

3. 신문이 휴간, 결호, 발행불명인 경우 해당날짜와 함께 休刊, 缺號, 發行不明이라 표기하였다.

4. 기사명 입력은 원문의 줄 바꿈을 별도로 표시하지 않고 이어서 입력하였다.

   예) 關東廳移置問題

   旅順より大連へとの議

   第一困難なるは廳舍舍宅の設備 (이하 기사 본문)

   → 關東廳移置問題旅順より大連へとの議第一困難なるは廳舍舍宅の設備

6. 광고 및 訂正, 取消, 正誤 등 신문내용의 수정을 알리는 기사, 라디오 방송 기사는 생략하였다.

7. 연재물기사(번호와 저자명이 기입된 기사)는 '제목(편수)/저자명'의 형태로 입력하였다. 이때 이어지는 부제목은 생략하였다.

   예) 朝鮮道中記(57) 貴妃の靈に遭ふ 顔が四角で腕が達者 これが大邱一番の歌ひ女 大阪にて瓢齊 (이하 기사 본문)

   → 朝鮮道中記(57)/大阪にて瓢齊

8. 연관기사(연계기사)는 '기사명1/기사명2/기사명3'의 형태로 표시한다. 또한, 기사명 전체를 이 탤릭체(기울임꼴)로 변환하였다.

   예) 朝鮮の土を踏むのは今度が最初 家內に教はる積り机上の學問は駄目

   何の事業も無く慚愧の至りです (이하 기사 본문)

   → *朝鮮の土を踏むのは今度が最初家內に教はる積り机上の學問は駄目/何の事業も無く慚愧の至りです*

9. 기사명의 내용과 문맥이 이어지는 기사는 '상위 기사명(하위 기사명/하위 기사명)' 형태로 입력하였다.

10. 괄호로 묶어서 입력한 하위 기사명은 '슬래시(/)'로 구분하였다.

    예) 米穀收用と影響 朝鮮の各地方に於ける 大邱地方 釜山地方 金泉地方 浦項地方 (이하 기사 본문)

    → 米穀收用と影響朝鮮の各地方に於ける(大邱地方/釜山地方/金泉地方/浦項地方)

11. 신문기사에 있는 숫자, !, ?, ' ', " ", 「」등의 기호는 모두 전각으로 입력하였다. 단, 소괄호와 슬래시(/)는 반각으로 입력하였다.

12. 촉음과 요음은 현행 표기법에 맞게 고쳐서 입력하였다.

　예) ちよつと → ちょっと, ニユース → ニュース,　2ケ月 → 2ヶ月

13. 기사명에 사용된 '◆', '……', '='와 같은 기호들은 생략하고 중점은 한글 아래아(‧)로 입력하였다.

14. 한자는 원문에 약자로 표기되어 있어도 모두 정자로 통일해서 입력할 것을 원칙으로 했다. 단 오늘날 일본에서 쓰이는 이체자(異體字)는 원문대로 입력하였다.

15. 이체자(異體字) 중 PC에서 입력이 불가능한 경우 현대에서 통용되는 한자로 표기, 범례에 표기하는 형태를 취하였다.

16. 색인어 중 한자로 시작하는 단어는 기역부터 히읗까지 초성 별로 구분해 한국어 음독을 기준 삼아 나열하였고 이외에 영어 알파벳, 히라가나 및 가타카나로 시작하는 단어는 기타로 구분하였다.

아사히신문 외지판(조선판) 기사명 색인

1935년

1935년 1월 (조선아사히)

일련번호	판명		간행일	면	단수	기사명
257198	朝鮮朝日	西北版	1935-01-06	1	01단	鵜呑主義を排して十分に內容を檢討景氣よくずらりと出揃った平南明年度新事業(農務關係/産業關係/學務關係/土木關係/山林關係/冷害對策)
257199	朝鮮朝日	西北版	1935-01-06	1	01단	半島文化の粹を蒐むる大博物館工費百萬圓で倭城台に建設輝やく不滅の事業(施政二十五年記念事業/施政廿五年史編纂/統治功勞者の表彰)
257200	朝鮮朝日	西北版	1935-01-06	1	04단	朝鮮神宮鎮座十周年奉祝大祭今秋十月盛大に執行される奉贊殿建設や境內擴張など
257201	朝鮮朝日	西北版	1935-01-06	1	04단	半島統治に拓く新生命農村振興、宗敎運動、緬羊增殖三つの重要な會議
257202	朝鮮朝日	西北版	1935-01-06	1	05단	新年の辭朝鮮軍司令官植田謙吉
257203	朝鮮朝日	西北版	1935-01-06	1	06단	春を脅かす惡疫の跳梁高橋平壤府尹も猩紅熱なほ蔓延の雲行
257204	朝鮮朝日	西北版	1935-01-06	1	06단	平壤博物館の記念スタンプ
257205	朝鮮朝日	西北版	1935-01-06	1	07단	僞造紙幣で商店街を荒す咸興署で嚴重搜査
257206	朝鮮朝日	西北版	1935-01-06	1	07단	乙女の春(1)/たゞ神の御胸に信仰に生きる喜びの日を待ちつゝ房宗千枝子さん
257207	朝鮮朝日	西北版	1935-01-06	1	08단	白頭探險隊歡迎の準備茂山の熱狂
257208	朝鮮朝日	西北版	1935-01-06	1	08단	平壤消防組出初式雪中の壯觀
257209	朝鮮朝日	西北版	1935-01-06	1	08단	記錄破りの激增平壤局の年賀郵便
257210	朝鮮朝日	西北版	1935-01-06	1	09단	平壤聯隊觀兵式八日擧行す
257211	朝鮮朝日	西北版	1935-01-06	1	10단	柳京日記
257212	朝鮮朝日	南鮮版	1935-01-06	1	01단	心の田に一層の潤ひを水臭い言葉は解消したいますます元氣な宇垣さん
257213	朝鮮朝日	南鮮版	1935-01-06	1	01단	半島文化の粹を蒐むる大博物館工費百萬圓で倭城台に建設輝やく不滅の事業(施政二十五年記念事業/施政廿五年史編纂/統治功勞者の表彰)
257214	朝鮮朝日	南鮮版	1935-01-06	1	04단	陸軍始觀兵式八日龍山で
257215	朝鮮朝日	南鮮版	1935-01-06	1	04단	新年の辭朝鮮軍司令官植田謙吉
257216	朝鮮朝日	南鮮版	1935-01-06	1	05단	新春風景を描く
257217	朝鮮朝日	南鮮版	1935-01-06	1	05단	朝鮮神宮鎮座十周年奉祝大祭今秋十月盛大に執行される奉贊殿建設や境內擴張など
257218	朝鮮朝日	南鮮版	1935-01-06	1	08단	賀狀も電報もぐんと增加釜山局の取扱
257219	朝鮮朝日	南鮮版	1935-01-06	1	08단	臨時船車運轉
257220	朝鮮朝日	南鮮版	1935-01-06	1	09단	半島統治に拓く新生命農村振興、宗敎運動、緬羊增殖三つの重要な會議
257221	朝鮮朝日	南鮮版	1935-01-06	1	10단	山上で妻を刺殺す夫婦心中企て
257222	朝鮮朝日	南鮮版	1935-01-06	1	10단	もよほし(新年互禮普/舞踊の夕)
257223	朝鮮朝日	南鮮版	1935-01-06	1	10단	鷄林かゞみ

일련번호	판명		간행일	면	단수	기사명
257224	朝鮮朝日	西北版	1935-01-08	1	01단	*農民校の卒業生を振興運動の中心に指導部落設定案に對する平南の異色ある答申/質より量を普遍的な振興策は考へ物と一部で成果を危む*
257225	朝鮮朝日	西北版	1935-01-08	1	01단	乙女の春(2)/新境地の開拓へ明眸に輝く決意明日の樂壇を飾る金孝貞さん
257226	朝鮮朝日	西北版	1935-01-08	1	02단	配線の模樣替へと大機關庫の新設平壤驛改策の前提
257227	朝鮮朝日	西北版	1935-01-08	1	04단	もよほし(平壤在住陸海軍將校婦人新年互禮會/寒稽古)
257228	朝鮮朝日	西北版	1935-01-08	1	04단	水酌み黃海道白川溫泉附近にて本社特派員撮影
257229	朝鮮朝日	西北版	1935-01-08	1	04단	*東北凶作義金/窮民へ同情金ぞくぞくと集まる*
257230	朝鮮朝日	西北版	1935-01-08	1	05단	戰車も加り攻擊演習平壤聯隊で
257231	朝鮮朝日	西北版	1935-01-08	1	06단	平壤新義州間超低空飛行十六、七兩日
257232	朝鮮朝日	西北版	1935-01-08	1	06단	チフス猖獗平南で既に百名突破六萬人に豫防注射を施す
257233	朝鮮朝日	西北版	1935-01-08	1	07단	空前の厖大さ八日初閣議で愈よ正式決定の總督府十年度豫算
257234	朝鮮朝日	西北版	1935-01-08	1	07단	*田村崎巡査奮戰殉職す老頭溝に匪賊襲來/我部隊追擊/長銃携帶の匪賊團現る江岸を嚴戒/人質拉致の賊團を追跡*
257235	朝鮮朝日	西北版	1935-01-08	1	08단	受恩給者調査
257236	朝鮮朝日	西北版	1935-01-08	1	08단	東陽、元山間交通杜絶す
257237	朝鮮朝日	西北版	1935-01-08	1	08단	無實の罪で五年間を鐵窓に信川で捕った七人組强盜が眞犯人と決定す
257238	朝鮮朝日	西北版	1935-01-08	1	10단	柳京日記
257239	朝鮮朝日	南鮮版	1935-01-08	1	01단	*面積は四倍に膨れる大京城人口五十六萬人となる九ヶ邑面の編入で/工業地帶の永登浦住宅地として開けるあちこちはやくも地價昂騰/道路も橋も見事に明粧江華島へ架橋計劃伸びる大京城の足*
257240	朝鮮朝日	南鮮版	1935-01-08	1	01단	施政廿五年新春の大空を駐る大京城の表情A/和やかに明るい深み
257241	朝鮮朝日	南鮮版	1935-01-08	1	04단	東北義捐金
257242	朝鮮朝日	南鮮版	1935-01-08	1	04단	空前の厖大さ八日初閣議で愈よ正式決定の總督府十年度豫算
257243	朝鮮朝日	南鮮版	1935-01-08	1	06단	南鮮を舞台に諸種の大工事三陟炭田も採掘か森氏、總督と事業計劃懇談
257244	朝鮮朝日	南鮮版	1935-01-08	1	07단	松田巡査へ功勞章傳達
257245	朝鮮朝日	南鮮版	1935-01-08	1	07단	年頭に咲く愛國の花
257246	朝鮮朝日	南鮮版	1935-01-08	1	08단	少年乃木會
257247	朝鮮朝日	南鮮版	1935-01-08	1	08단	飛機獻納を半島民衆に呼かく『獻納會』を組織し
257248	朝鮮朝日	南鮮版	1935-01-08	1	08단	梯子乘の演技京城の出初式
257249	朝鮮朝日	南鮮版	1935-01-08	1	08단	新羅丸坐礁事件の取調
257250	朝鮮朝日	南鮮版	1935-01-08	1	09단	釜山消防出初式
257251	朝鮮朝日	南鮮版	1935-01-08	1	09단	乘合自動車の統制をはかる京畿道保安課で

일련번호	판명		간행일	면	단수	기사명
257252	朝鮮朝日	南鮮版	1935-01-08	1	10단	斧を揮って巡査に抵抗深夜の怪青年
257253	朝鮮朝日	南鮮版	1935-01-08	1	10단	人(有賀殖銀頭取)
257254	朝鮮朝日	南鮮版	1935-01-08	1	10단	鷄林かゞみ
257255	朝鮮朝日	西北版	1935-01-09	1	01단	我ら遂に勝てり白頭征頂の感激歡喜に沸く根據地惠山鎭早くも祝賀の計劃
257256	朝鮮朝日	西北版	1935-01-09	1	01단	鎭南浦をあげて港躍進を謳ふ貿易額一億圓突破を記念し近く四つの催し物(美港祝賀會/米獻大會/記者大會/突破祝賀會)
257257	朝鮮朝日	西北版	1935-01-09	1	01단	乙女の春(3)/火と燃ゆる理想希望に顫ふ娘心よ思想と生活と祈りと立間芳子さん
257258	朝鮮朝日	西北版	1935-01-09	1	02단	軍靴の響に明くる軍國の春空に飛び交ふ新銳廿餘機平壤各部隊觀兵式
257259	朝鮮朝日	西北版	1935-01-09	1	04단	もよほし(愛婦平壤支部新年互禮會)
257260	朝鮮朝日	西北版	1935-01-09	1	04단	三部署聯合點檢
257261	朝鮮朝日	西北版	1935-01-09	1	04단	西鮮合電の送電線架設
257262	朝鮮朝日	西北版	1935-01-09	1	04단	咸南の新興水産フィッシュ・ミール新たに一大工場を設けて歐米進出を企つ
257263	朝鮮朝日	西北版	1935-01-09	1	05단	冬日黃海道利洞にて本社特派員撮影
257264	朝鮮朝日	西北版	1935-01-09	1	05단	平壤教化聯合會の窮民同情週間
257265	朝鮮朝日	西北版	1935-01-09	1	06단	全鮮に魁け少年保護の內規頻發する學童らの犯罪に平南で新たに制定
257266	朝鮮朝日	西北版	1935-01-09	1	06단	警官と偽り強盗を働く食刀で脅して奪ふ
257267	朝鮮朝日	西北版	1935-01-09	1	08단	平南奧地四郡への凶作救濟費決る
257268	朝鮮朝日	西北版	1935-01-09	1	08단	內鮮一如の宗教運動を展開自力更生を精神的にも强化參與官會議平南道の提案
257269	朝鮮朝日	西北版	1935-01-09	1	08단	トラック大荒れ無免許運轉手の操縱から通行人ら二名死傷
257270	朝鮮朝日	西北版	1935-01-09	1	08단	沸る愛國熱
257271	朝鮮朝日	西北版	1935-01-09	1	09단	捕った人妻
257272	朝鮮朝日	西北版	1935-01-09	1	10단	青年の自殺未遂
257273	朝鮮朝日	西北版	1935-01-09	1	10단	柳京日記
257274	朝鮮朝日	南鮮版	1935-01-09	1	01단	更新沙防事業十五年かゝりで鮮內の禿山を退治總額五千餘萬圓を投じ窮民も救はれる/洛東江の沿岸を水禍から永久救ふ六萬町步に及ぶ大沙防工事
257275	朝鮮朝日	南鮮版	1935-01-09	1	01단	施政廿五年新春の大空を駐る北漢山の偉容B/白銀輝く新鮮な魅力
257276	朝鮮朝日	南鮮版	1935-01-09	1	02단	中等教育研究會
257277	朝鮮朝日	南鮮版	1935-01-09	1	03단	公私中等學校長會議
257278	朝鮮朝日	南鮮版	1935-01-09	1	04단	褒狀を下賜
257279	朝鮮朝日	南鮮版	1935-01-09	1	04단	猛獸國を脅かした奇病の正體判る猛烈な傳染病出血性敗血症昌慶苑の謎解く

일련번호	판명		간행일	면	단수	기사명
257280	朝鮮朝日	南鮮版	1935-01-09	1	04단	海軍國防費に一萬圓寄附またまた中根氏が
257281	朝鮮朝日	南鮮版	1935-01-09	1	05단	輝く功勞章三警官に授與さるそれぞれ傳達式を擧行(豊田警部補/飯田巡査部長/松田巡査)
257282	朝鮮朝日	南鮮版	1935-01-09	1	05단	慶南道豫算緊縮一點張り
257283	朝鮮朝日	南鮮版	1935-01-09	1	05단	武者修業團北鮮、滿洲へ
257284	朝鮮朝日	南鮮版	1935-01-09	1	06단	十月一日から實施三邑の府制
257285	朝鮮朝日	南鮮版	1935-01-09	1	06단	十日から辯論陣京城土木談合事件
257286	朝鮮朝日	南鮮版	1935-01-09	1	07단	霜を踏んで勇壯な繪卷二十師團の觀兵式
257287	朝鮮朝日	南鮮版	1935-01-09	1	07단	水と火の間違から起った劇場珍事原因は不良消火栓からだと府へ損害賠償請求
257288	朝鮮朝日	南鮮版	1935-01-09	1	08단	飛込み自殺
257289	朝鮮朝日	南鮮版	1935-01-09	1	09단	四百名大擧し面事務所を襲擊さんざん暴行を働く學校問題に激昂し
257290	朝鮮朝日	南鮮版	1935-01-09	1	09단	毛皮の大密輸團仁川、大連を根據に
257291	朝鮮朝日	南鮮版	1935-01-09	1	09단	馬の鼻疽京城附近でさらに蔓延
257292	朝鮮朝日	南鮮版	1935-01-09	1	10단	屠蘇氣分に乘じて荒し廻はる五人組泥棒
257293	朝鮮朝日	南鮮版	1935-01-09	1	10단	鷄林かゞみ
257294	朝鮮朝日	南鮮版	1935-01-09	1	10단	人(今井田政務總監/篠田李王職長官/森矗昶氏(昭和肥料社長)/安井專賣局長/牛島內務局長)
257295	朝鮮朝日	西北版	1935-01-10	1	01단	名實備はる我らの平壤を遊覽都市に牡丹台を徹底的に手入れ逍遙道路に花のトンネル
257296	朝鮮朝日	西北版	1935-01-10	1	01단	日露役卅年を偲び一大攻防演習當時の戰跡で壯烈な白兵戰軍都平壤の計劃
257297	朝鮮朝日	西北版	1935-01-10	1	01단	實現する工藝校授産場と工業補習校を合併平壤で明年度から
257298	朝鮮朝日	西北版	1935-01-10	1	01단	花々しい活躍を豫算增額の平壤商議所
257299	朝鮮朝日	西北版	1935-01-10	1	02단	乙女の春(4)/哀しい生活の停滯動きのない人生を憎む家庭の合理化を說く伊藤敏子さん
257300	朝鮮朝日	西北版	1935-01-10	1	03단	平壤郵便局電話課獨立實現を見るか
257301	朝鮮朝日	西北版	1935-01-10	1	04단	保線區倉庫改築
257302	朝鮮朝日	西北版	1935-01-10	1	04단	郵便所新設
257303	朝鮮朝日	西北版	1935-01-10	1	04단	平壤署に專任刑事犯罪檢擧の萬全を期す
257304	朝鮮朝日	西北版	1935-01-10	1	04단	樂浪古墳を春にも發掘今年は學界注目の焦點樂浪郡治址を
257305	朝鮮朝日	西北版	1935-01-10	1	05단	鎭南浦港懸案の碎氷船愈よ建造三十五萬圓を投じて正式注文の運びへ
257306	朝鮮朝日	西北版	1935-01-10	1	05단	平壤局管內郵便局增員
257307	朝鮮朝日	西北版	1935-01-10	1	05단	緊張感で病氣も征服心强い江岸第一線上野咸南警務課長視察談
257308	朝鮮朝日	西北版	1935-01-10	1	06단	二世劍道團來壤

일련번호	판명		간행일	면	단수	기사명
257309	朝鮮朝日	西北版	1935-01-10	1	06단	雪の滿洲から徒步でとぼとぼと一攫千金の夢破れて平壤に辿りついた放浪二人男
257310	朝鮮朝日	西北版	1935-01-10	1	07단	スケーターは嘆く
257311	朝鮮朝日	西北版	1935-01-10	1	07단	金から銀へ密輸の鞍替安東縣から持ち込んで鮮內で賣り捌く
257312	朝鮮朝日	西北版	1935-01-10	1	08단	覆面の强盜
257313	朝鮮朝日	西北版	1935-01-10	1	08단	明年夏の滿洲博覽會朝鮮も參加
257314	朝鮮朝日	西北版	1935-01-10	1	08단	ボ氏病院全燒す全州の火事
257315	朝鮮朝日	西北版	1935-01-10	1	08단	在滿皇軍へ血書の新年挨拶慰問金に添へて靑年の溢るゝ熱情
257316	朝鮮朝日	西北版	1935-01-10	1	09단	獄窓に狂ふ轉向の苦悶から治違法違反の元記者
257317	朝鮮朝日	西北版	1935-01-10	1	09단	情けの鏡餅
257318	朝鮮朝日	西北版	1935-01-10	1	09단	賭博一齊檢擧
257319	朝鮮朝日	西北版	1935-01-10	1	10단	不義の妻を刺殺し自殺を計る
257320	朝鮮朝日	西北版	1935-01-10	1	10단	柳京日記
257321	朝鮮朝日	南鮮版	1935-01-10	1	01단	初春うれしや朝鮮林檎萬歲！關釜聯絡切符はプレミアム付猪突景氣いろいろ
257322	朝鮮朝日	南鮮版	1935-01-10	1	01단	第二十師團の陸軍始觀兵式(八日龍山練兵場にて中央は植田軍司令官)
257323	朝鮮朝日	南鮮版	1935-01-10	1	02단	四港灣の改修工事愈よ十年度から着手
257324	朝鮮朝日	南鮮版	1935-01-10	1	03단	鐵道局理事後任の詮考
257325	朝鮮朝日	南鮮版	1935-01-10	1	03단	電氣技術員五道に配置
257326	朝鮮朝日	南鮮版	1935-01-10	1	03단	跳躍・半島物語(１)/施政廿五年今や綻びる蕾今後立派な實を結ばせたい宇垣總督の話
257327	朝鮮朝日	南鮮版	1935-01-10	1	04단	人(小林鎭海要港部司令官)
257328	朝鮮朝日	南鮮版	1935-01-10	1	04단	冬日黃海道利洞にて本社特派員撮影
257329	朝鮮朝日	南鮮版	1935-01-10	1	05단	鮮銀券發行高著しく縮小
257330	朝鮮朝日	南鮮版	1935-01-10	1	05단	大邱物價調査會設置聯隊の不買問題から
257331	朝鮮朝日	南鮮版	1935-01-10	1	06단	東北地方義金の波引續き京城支局へ
257332	朝鮮朝日	南鮮版	1935-01-10	1	07단	前年度より五百萬圓增額鐵道局の建設改良豫算(建設/改良)
257333	朝鮮朝日	南鮮版	1935-01-10	1	07단	在滿皇軍へ血書の新年挨拶慰問金に添へて靑年の溢るゝ熱情
257334	朝鮮朝日	南鮮版	1935-01-10	1	08단	滿洲のベストさらに續發
257335	朝鮮朝日	南鮮版	1935-01-10	1	09단	國防飛行機獻納會發會式擧行
257336	朝鮮朝日	南鮮版	1935-01-10	1	09단	金泉に高女校新設四月から開校
257337	朝鮮朝日	南鮮版	1935-01-10	1	09단	國防費寄託
257338	朝鮮朝日	南鮮版	1935-01-10	1	09단	京師附屬普校校舍を使用新設女子師範
257339	朝鮮朝日	南鮮版	1935-01-10	1	10단	ボ氏病院全燒す全州の火事
257340	朝鮮朝日	南鮮版	1935-01-10	1	10단	覆面の强盜
257341	朝鮮朝日	南鮮版	1935-01-10	1	10단	不義の妻を刺殺し自殺を計る

일련번호	판명		간행일	면	단수	기사명
257342	朝鮮朝日	南鮮版	1935-01-10	1	10단	保險金橫領京城で捕る
257343	朝鮮朝日	南鮮版	1935-01-10	1	10단	三千餘圓詐取
257344	朝鮮朝日	南鮮版	1935-01-10	1	10단	鷄林かゞみ
257345	朝鮮朝日	西北版	1935-01-11	1	01단	淸津府民達は黃金のベッドに地下にうなる無盡の鑛床眩しい北鮮の初春(靑金/豪勢/宇垣)
257346	朝鮮朝日	西北版	1935-01-11	1	01단	膨らんだ船腹淸津、雄基兩港の初荷景氣幸先よいスタート/平壤栗も好調內地から注文殺到近年にまれな景氣
257347	朝鮮朝日	西北版	1935-01-11	1	01단	凍らぬ鴨綠江面食ふ永上交通
257348	朝鮮朝日	西北版	1935-01-11	1	02단	明年から一期に朝鮮入營兵
257349	朝鮮朝日	西北版	1935-01-11	1	02단	百四十ヶ面に指導員設置平南道に計劃
257350	朝鮮朝日	西北版	1935-01-11	1	03단	乙女の春(5)/映畫は好きだけど一人で行くの嫌ひ理想の夫はスポーツ・マン結婚準備にお忙しい矢本道子さん
257351	朝鮮朝日	西北版	1935-01-11	1	04단	元山の寒楷古
257352	朝鮮朝日	西北版	1935-01-11	1	04단	もよほし(新義州愛國婦人會分會新年互禮會)
257353	朝鮮朝日	西北版	1935-01-11	1	04단	內鮮滿旅客誘致打合會
257354	朝鮮朝日	西北版	1935-01-11	1	04단	對滿貿易促進に雄基商工會起つ
257355	朝鮮朝日	西北版	1935-01-11	1	04단	要求通り割當か平南の水組費
257356	朝鮮朝日	西北版	1935-01-11	1	05단	東滿平壤を繫ぐ直線の保稅通路物資輸出の大飛躍に備へて設定の要望昂まる
257357	朝鮮朝日	西北版	1935-01-11	1	06단	平壤部隊の陸軍始觀兵式八日
257358	朝鮮朝日	西北版	1935-01-11	1	07단	救急藥補充
257359	朝鮮朝日	西北版	1935-01-11	1	07단	四千人殖える淸津の人口
257360	朝鮮朝日	西北版	1935-01-11	1	08단	長津江平壤間送電線架設認可となる
257361	朝鮮朝日	西北版	1935-01-11	1	08단	結婚費稼ぎに佩劍を盜む巡査宅を襲うた强盜
257362	朝鮮朝日	西北版	1935-01-11	1	08단	奇特の義金(平壤/羅津/元山)
257363	朝鮮朝日	西北版	1935-01-11	1	09단	夫を嫌って殺害を企つ團子汁へ曹達を混入
257364	朝鮮朝日	西北版	1935-01-11	1	09단	寒蠅退治新義州署が懸賞て
257365	朝鮮朝日	西北版	1935-01-11	1	09단	山中で强盜
257366	朝鮮朝日	西北版	1935-01-11	1	09단	東洋一の大燈台花の日本海時代を照らし羅津大草島に建設
257367	朝鮮朝日	西北版	1935-01-11	1	10단	ガソリン爆發し職エ一名重傷飛行隊の珍事
257368	朝鮮朝日	西北版	1935-01-11	1	10단	柳京日記
257369	朝鮮朝日	南鮮版	1935-01-11	1	01단	春巡る昌慶苑死んだ猛獸の後釜も捜して又賑かになります
257370	朝鮮朝日	南鮮版	1935-01-11	1	01단	自力更生に一段の拍車を宇垣總督から訓示本年の初局長會議
257371	朝鮮朝日	南鮮版	1935-01-11	1	01단	跳躍・半島物語(2)/衛生方面もえらい違ひだ掃除など內地より行届いてる銃器と學校教練(宇垣總督の話)
257372	朝鮮朝日	南鮮版	1935-01-11	1	02단	鮮滿電信電話整備擴張す直通線の新設など遞信局の新事業
257373	朝鮮朝日	南鮮版	1935-01-11	1	03단	銀幕も非常時トーキーどしどし前進樂屋裏をのぞく

일련번호	판명		간행일	면	단수	기사명
257374	朝鮮朝日	南鮮版	1935-01-11	1	03단	郵便所新設の調査
257375	朝鮮朝日	南鮮版	1935-01-11	1	04단	街のオアシス兒童遊戯場京城に出來た
257376	朝鮮朝日	南鮮版	1935-01-11	1	04단	修身敎科書內戊申詔書の振假名に誤り
257377	朝鮮朝日	南鮮版	1935-01-11	1	05단	金組理事異動
257378	朝鮮朝日	南鮮版	1935-01-11	1	05단	初等敎員の大量生産を行ふ女師新設や學級を增設して
257379	朝鮮朝日	南鮮版	1935-01-11	1	05단	貧困者に施與
257380	朝鮮朝日	南鮮版	1935-01-11	1	06단	盈德地方に有望な金山ぞくぞく發見さる
257381	朝鮮朝日	南鮮版	1935-01-11	1	06단	會員組織に變更金剛山協會
257382	朝鮮朝日	南鮮版	1935-01-11	1	06단	セ男爵の訪日飛行まづ京城へ
257383	朝鮮朝日	南鮮版	1935-01-11	1	07단	空の難所秋風嶺に觀測支所設置
257384	朝鮮朝日	南鮮版	1935-01-11	1	07단	バラバラ死體を黑燒にして埋む病氣の本夫を密かに殺害し姦夫婦の慘劇露見
257385	朝鮮朝日	南鮮版	1935-01-11	1	07단	女給のご難
257386	朝鮮朝日	南鮮版	1935-01-11	1	08단	大田大隊の猛訓練行軍や演習
257387	朝鮮朝日	南鮮版	1935-01-11	1	08단	學校敷地問題さわぎさらに陳情
257388	朝鮮朝日	南鮮版	1935-01-11	1	08단	東洋一の大燈台花の日本海時代を照らし羅津大草島に建設
257389	朝鮮朝日	南鮮版	1935-01-11	1	08단	氷上ホッケー全京城チーム
257390	朝鮮朝日	南鮮版	1935-01-11	1	09단	明年夏の滿洲博覽會朝鮮も參加
257391	朝鮮朝日	南鮮版	1935-01-11	1	09단	山林內て心中を計る晴れて添へず
257392	朝鮮朝日	南鮮版	1935-01-11	1	10단	飛降り危險商業生負傷
257393	朝鮮朝日	南鮮版	1935-01-11	1	10단	朝鮮劇場の映寫室燒く
257394	朝鮮朝日	南鮮版	1935-01-11	1	10단	老婆の轢死體
257395	朝鮮朝日	南鮮版	1935-01-11	1	10단	もよほし(本社京城支局來訪)
257396	朝鮮朝日	南鮮版	1935-01-11	1	10단	人(植田朝鮮軍司令官/宋鎭禹氏(東亞日報社長)/山上逸氏(朝鮮銀行祕書課長)/趙俊鎬氏(東亞證券社長)/長谷井市松氏(朝鮮銀行總裁祕書))
257397	朝鮮朝日	南鮮版	1935-01-11	1	10단	鷄林かゞみ
257398	朝鮮朝日	西北版	1935-01-12	1	01단	赤の巨頭方致規の轉向感想錄過去の誤った思想を淸算飄然、新生活に入る/半島文化の進展に自己の非を自覺切々の家庭愛に泣く/更生を喜ぶ一般への影響も大刑務所長談
257399	朝鮮朝日	西北版	1935-01-12	1	01단	更生運動を本格的に强化總督から訓示、頗る緊張した緊急道知事會議(總督府の諮問案)
257400	朝鮮朝日	西北版	1935-01-12	1	01단	乙女の春(6)/算盤はじくソプラノ歌手女だって商賣できてよ父祖の業を繼ぐ池田登美子さん
257401	朝鮮朝日	西北版	1935-01-12	1	02단	無煙炭合同の前途は多難各會社の評價意外に高く專ら悲觀說傳はる
257402	朝鮮朝日	西北版	1935-01-12	1	04단	學生武道の振興に努む平南警察部で
257403	朝鮮朝日	西北版	1935-01-12	1	05단	新鐵道の敷設を陳情海州邑長ら
257404	朝鮮朝日	西北版	1935-01-12	1	05단	平壤府電讓渡問題火力と水力の得失を究めよ感情や電價に捉はれるな西鮮合電の第一矢

일련번호	판명		간행일	면	단수	기사명
257405	朝鮮朝日	西北版	1935-01-12	1	06단	平南奥地の凶作救濟策
257406	朝鮮朝日	西北版	1935-01-12	1	07단	拍子拔けの氷上警戒陣解氷で密輸者悲鳴
257407	朝鮮朝日	西北版	1935-01-12	1	07단	新義州府議三名增員か近づく改選
257408	朝鮮朝日	西北版	1935-01-12	1	07단	産地の不作に特産輸出振はず淸津港の昨年實績
257409	朝鮮朝日	西北版	1935-01-12	1	08단	狂ふお天氣調子はづれの溫かさ平壤に濃霧襲ふ
257410	朝鮮朝日	西北版	1935-01-12	1	08단	國防義會獻金式
257411	朝鮮朝日	西北版	1935-01-12	1	08단	煙草の銀紙で機關銃獻納新義州で計劃
257412	朝鮮朝日	西北版	1935-01-12	1	09단	平壤産の食器第一回製品近く市場へ
257413	朝鮮朝日	西北版	1935-01-12	1	09단	匪賊、咸北に侵入農夫を拉致追擊交戰して奪還
257414	朝鮮朝日	西北版	1935-01-12	1	09단	塵芥運搬車
257415	朝鮮朝日	西北版	1935-01-12	1	09단	人(藤原喜藏氏(平南道知事)/高橋平壤府尹)
257416	朝鮮朝日	西北版	1935-01-12	1	10단	列車と衝突牛車引き卽死
257417	朝鮮朝日	西北版	1935-01-12	1	10단	柳京日記
257418	朝鮮朝日	南鮮版	1935-01-12	1	01단	更生運動を本格的に强化總督から訓示、頗る緊張した緊急道知事會議(總督府の諮問案)
257419	朝鮮朝日	南鮮版	1935-01-12	1	01단	鎭海航空隊は五月に完成半島の防空に新威力を小林司令官語る
257420	朝鮮朝日	南鮮版	1935-01-12	1	01단	植田軍司令官南鮮初巡視
257421	朝鮮朝日	南鮮版	1935-01-12	1	02단	跳躍・半島物語(3)/二男三男も農への目覺め萬事において遲れてゐるがそれだけ働き甲斐(宇垣總督の話)
257422	朝鮮朝日	南鮮版	1935-01-12	1	03단	長岡關東局總長
257423	朝鮮朝日	南鮮版	1935-01-12	1	04단	醫博に城大病院の尹基寧氏
257424	朝鮮朝日	南鮮版	1935-01-12	1	04단	咸安電を買收朝鮮瓦電が
257425	朝鮮朝日	南鮮版	1935-01-12	1	04단	南鮮に二、三ヶ所結核療養所設立亡國病退治のプランをたつ
257426	朝鮮朝日	南鮮版	1935-01-12	1	04단	銀紙蒐め慶南道內で
257427	朝鮮朝日	南鮮版	1935-01-12	1	05단	善男善女の地搗き
257428	朝鮮朝日	南鮮版	1935-01-12	1	05단	水害耕地復舊資金慶北で貸與
257429	朝鮮朝日	南鮮版	1935-01-12	1	06단	水害復舊低資慶南の割當
257430	朝鮮朝日	南鮮版	1935-01-12	1	06단	暖氣續きで海の泣き笑ひ鱈、海鼠はすっかり駄目慶南水産界ABC
257431	朝鮮朝日	南鮮版	1935-01-12	1	07단	順化院增築鐵筋三階建
257432	朝鮮朝日	南鮮版	1935-01-12	1	07단	インチキな穀物膨脹器各地でのさばる
257433	朝鮮朝日	南鮮版	1935-01-12	1	07단	本社光州通信所の電話開設
257434	朝鮮朝日	南鮮版	1935-01-12	1	08단	米穀自治統制最後の陳情
257435	朝鮮朝日	南鮮版	1935-01-12	1	08단	高價な骨董品の賣買の裏に不正釜山の商人檢擧さる
257436	朝鮮朝日	南鮮版	1935-01-12	1	08단	行巖灣防波堤築造を期す/鰮漁も不漁
257437	朝鮮朝日	南鮮版	1935-01-12	1	09단	釜山府內衛生施設の萬全を計る
257438	朝鮮朝日	南鮮版	1935-01-12	1	10단	牡ライオンも奇病で瀕死昌慶苑の悩み

일련번호	판명		간행일	면	단수	기사명
257439	朝鮮朝日	南鮮版	1935-01-12	1	10단	釜山本町放送局間の道路工事着手
257440	朝鮮朝日	南鮮版	1935-01-12	1	10단	人(藤原喜藏氏(平南道知事)/高橋平壤府尹)
257441	朝鮮朝日	南鮮版	1935-01-12	1	10단	鷄林かゞみ
257442	朝鮮朝日	西北版	1935-01-13	1	01단	粟も食へない農村の窮乏ぶり麥粉で僅かに糊口を凌ぐ一變した輸入狀況
257443	朝鮮朝日	西北版	1935-01-13	1	01단	實補校と實女校を新たに設くる案中等校の入學難緩和のため平壤教育會で計劃/入學試驗の日取繰上げ
257444	朝鮮朝日	西北版	1935-01-13	1	01단	國境警備警官の家族に御仁慈東伏見宮大妃殿下から防寒着など下賜
257445	朝鮮朝日	西北版	1935-01-13	1	02단	諮問案をそれぞれ答申臨時知事會議終る
257446	朝鮮朝日	西北版	1935-01-13	1	03단	平壤府豫算査定
257447	朝鮮朝日	西北版	1935-01-13	1	03단	乙女の春(7)/藝ごとは何でもござれでもあたし、ほんの子供よ結婚なんてホゝゝ菊名文子さん
257448	朝鮮朝日	西北版	1935-01-13	1	04단	府營プール設置
257449	朝鮮朝日	西北版	1935-01-13	1	04단	種牛增殖は一焦打切る今後は改良に
257450	朝鮮朝日	西北版	1935-01-13	1	04단	雄羅隧道近く開通式半島一の歷史難工いよいよ竣工の喜び
257451	朝鮮朝日	西北版	1935-01-13	1	05단	家路へ黃海道星場にて本社特派員撮影
257452	朝鮮朝日	西北版	1935-01-13	1	05단	特別警戒の成績
257453	朝鮮朝日	西北版	1935-01-13	1	06단	舊年末警戒
257454	朝鮮朝日	西北版	1935-01-13	1	06단	平南の流感猛威を揮ふ死亡者すでに八百餘名麻疹も流行
257455	朝鮮朝日	西北版	1935-01-13	1	07단	軍都だより
257456	朝鮮朝日	西北版	1935-01-13	1	07단	功勞警官を表彰
257457	朝鮮朝日	西北版	1935-01-13	1	07단	市內を練る戰車の威容はるばる久留米から
257458	朝鮮朝日	西北版	1935-01-13	1	07단	朝鮮人警官內地視察へ
257459	朝鮮朝日	西北版	1935-01-13	1	07단	精價高に抗議平壤製菓組合起つ
257460	朝鮮朝日	西北版	1935-01-13	1	07단	抑留漁船釋放さる
257461	朝鮮朝日	西北版	1935-01-13	1	08단	軍部の好意で圓滿に解決平壤公會堂敷地問題
257462	朝鮮朝日	西北版	1935-01-13	1	08단	在皇軍へ耐寒裸體慰問平壤府議中山雷三翁
257463	朝鮮朝日	西北版	1935-01-13	1	09단	平南傳染病發生敷
257464	朝鮮朝日	西北版	1935-01-13	1	09단	刑務所の新規事業
257465	朝鮮朝日	西北版	1935-01-13	1	10단	郵便局員を惱ました賀狀京城が刑場に
257466	朝鮮朝日	西北版	1935-01-13	1	10단	電線泥捕る
257467	朝鮮朝日	西北版	1935-01-13	1	10단	人(黑湖憲兵隊尉(平壤憲兵分隊長))
257468	朝鮮朝日	西北版	1935-01-13	1	10단	柳京日記
257469	朝鮮朝日	南鮮版	1935-01-13	1	01단	新春の脈話黃金の沙漠眩しいベッド淸津地方の地下に唸る無盡の一大鑛床(靑金/豪勢/宇垣)
257470	朝鮮朝日	南鮮版	1935-01-13	1	01단	國境警備警官の家族に御仁慈東伏見宮大妃殿下から防寒着など下賜
257471	朝鮮朝日	南鮮版	1935-01-13	1	01단	跳躍・半島物語(4)/伸びる餘地は南よりも北へ國語も大槪の人に判って來た感心な爺さんの事

일련번호	판명		간행일	면	단수	기사명
257472	朝鮮朝日	南鮮版	1935-01-13	1	02단	風禍の濟州島を取卷く防風林蜿蜒六十里に亙って
257473	朝鮮朝日	南鮮版	1935-01-13	1	04단	朝鮮人巡査教習生募集
257474	朝鮮朝日	南鮮版	1935-01-13	1	04단	諮問案をそれぞれ答申臨時知事會議終る
257475	朝鮮朝日	南鮮版	1935-01-13	1	06단	八分通り竣工京城電話局
257476	朝鮮朝日	南鮮版	1935-01-13	1	06단	知事の大異動愈よ斷行か
257477	朝鮮朝日	南鮮版	1935-01-13	1	06단	借金苦に惱む警察官に快報！共濟組合に金融部を設けどしどし貸出す
257478	朝鮮朝日	南鮮版	1935-01-13	1	07단	湖南地方分會長會議
257479	朝鮮朝日	南鮮版	1935-01-13	1	07단	郵便局員を惱ました賀狀京城が刑場に
257480	朝鮮朝日	南鮮版	1935-01-13	1	08단	巨濟警察署を長承浦へ移轉腐朽改築を機會に寢耳に水で島民の驚き
257481	朝鮮朝日	南鮮版	1935-01-13	1	08단	貨物の盜難拔取り防止全鮮鐵道で週間を
257482	朝鮮朝日	南鮮版	1935-01-13	1	08단	拳銃類盜まる
257483	朝鮮朝日	南鮮版	1935-01-13	1	09단	飛下り重傷
257484	朝鮮朝日	南鮮版	1935-01-13	1	09단	郵便所に怪盜侵入す
257485	朝鮮朝日	南鮮版	1935-01-13	1	10단	京城の火事
257486	朝鮮朝日	南鮮版	1935-01-13	1	10단	スポーツ(さらに延期氷上競技大會/京畿道陸協スケジュル)
257487	朝鮮朝日	南鮮版	1935-01-13	1	10단	廉仲模氏
257488	朝鮮朝日	南鮮版	1935-01-13	1	10단	人(渡邊農林局長/谷多喜磨氏(朝鮮信託社長)/有賀光豊氏(殖銀頭取)/佐藤政太郎氏)
257489	朝鮮朝日	南鮮版	1935-01-13	1	10단	鷄林かゞみ
257490	朝鮮朝日	西北版	1935-01-15	1	01단	今年こそは出炭百萬トン實現無煙炭界好況に宿望成るか早くも意氣込む平壤商議所
257491	朝鮮朝日	西北版	1935-01-15	1	01단	農村振興運動の中心機關設置本府と道に一課を新設して機構の改革を斷行
257492	朝鮮朝日	西北版	1935-01-15	1	01단	平壤醫專の移管を要望ちかく道會で決議
257493	朝鮮朝日	西北版	1935-01-15	1	01단	乙女の春(8)/煩瑣な家事にも伴ふ創造の喜び植民地女性への非難は心外
257494	朝鮮朝日	西北版	1935-01-15	1	03단	府營バスの路線を増設黑字景氣に
257495	朝鮮朝日	西北版	1935-01-15	1	04단	人(藤原平南知事)
257496	朝鮮朝日	西北版	1935-01-15	1	04단	面協議員補選
257497	朝鮮朝日	西北版	1935-01-15	1	04단	大榮丸事件圓滿解決す
257498	朝鮮朝日	西北版	1935-01-15	1	04단	西鮮の雪便り活氣づくスキー場平鐵をさゝ宣傳準備
257499	朝鮮朝日	西北版	1935-01-15	1	05단	知事會議最初の記念撮影(中央は宇垣總督と今井田總監)
257500	朝鮮朝日	西北版	1935-01-15	1	05단	東部鮮滿商工聯合會新興の意氣高らかに雄基で盛大な發會式
257501	朝鮮朝日	西北版	1935-01-15	1	05단	支那人と結託して不正行爲の容疑現職警官罷免さる/警務當局談
257502	朝鮮朝日	西北版	1935-01-15	1	07단	白雪に血塗る頻々たる傷害沙汰
257503	朝鮮朝日	西北版	1935-01-15	1	08단	これは詐欺容疑

일련번호	판명		간행일	면	단수	기사명
257504	朝鮮朝日	西北版	1935-01-15	1	08단	雄羅隧道見事完通す現場で盛大に擧式
257505	朝鮮朝日	西北版	1935-01-15	1	08단	勇躍、平壤へ
257506	朝鮮朝日	西北版	1935-01-15	1	08단	貧窮者救濟
257507	朝鮮朝日	西北版	1935-01-15	1	08단	不能還附の賀狀ナント二十五萬通泣かされる元山局
257508	朝鮮朝日	西北版	1935-01-15	1	08단	結婚を嫌ひ娘・死の抗議
257509	朝鮮朝日	西北版	1935-01-15	1	08단	恐しい迷信
257510	朝鮮朝日	西北版	1935-01-15	1	09단	輸轉機賣却大阪朝日新聞社門司支局
257511	朝鮮朝日	西北版	1935-01-15	1	09단	學校寺院を片つ端から荒す不敵の怪盗捕はる
257512	朝鮮朝日	西北版	1935-01-15	1	10단	滿鐵旅客課長鞄を盜まる
257513	朝鮮朝日	西北版	1935-01-15	1	10단	柳京日記
257514	朝鮮朝日	南鮮版	1935-01-15	1	01단	白頭山上空から本社長友機との交信に成功した京城無電局神祕のニュース鮮かにキャッチ
257515	朝鮮朝日	南鮮版	1935-01-15	1	01단	跳躍・半島物語(5)/資源開發に拍車をかける南綿北羊、鑛工進展など滿洲移民も大量に
257516	朝鮮朝日	南鮮版	1935-01-15	1	03단	農村振興運動の中心機關設置本府、道に一課を新設
257517	朝鮮朝日	南鮮版	1935-01-15	1	03단	濟州、釜山間に短波無線通信電報のスピード化
257518	朝鮮朝日	南鮮版	1935-01-15	1	04단	朴贊珠姫東上
257519	朝鮮朝日	南鮮版	1935-01-15	1	05단	知事會議最初の記念撮影(中央は宇垣總督と今井田總監)
257520	朝鮮朝日	南鮮版	1935-01-15	1	05단	新設の金泉高女
257521	朝鮮朝日	南鮮版	1935-01-15	1	06단	水鐵里簡易停車場新設
257522	朝鮮朝日	南鮮版	1935-01-15	1	06단	鮮滿聯絡運賃の引下を要望する內陸稅關の設置實現も陳情朝鮮貿易協會から
257523	朝鮮朝日	南鮮版	1935-01-15	1	07단	大々的に各種の催し陸軍記念日
257524	朝鮮朝日	南鮮版	1935-01-15	1	07단	さらに劇團から歌姫ら引拔き朝鮮に觸手延ばす大阪の吉本興業部
257525	朝鮮朝日	南鮮版	1935-01-15	1	07단	商工從業員表彰式
257526	朝鮮朝日	南鮮版	1935-01-15	1	07단	兩地方法院思想部增員
257527	朝鮮朝日	南鮮版	1935-01-15	1	07단	支那人と結託して不正行爲の容疑現職刑事罷免さる
257528	朝鮮朝日	南鮮版	1935-01-15	1	08단	借家の消毒釜山で行ふ
257529	朝鮮朝日	南鮮版	1935-01-15	1	08단	詐取された百萬圓の硯約千年前の由綠の名器無事持主のもとへ
257530	朝鮮朝日	南鮮版	1935-01-15	1	09단	輸轉機賣却大阪朝日新聞社門司支局
257531	朝鮮朝日	南鮮版	1935-01-15	1	09단	飛行場誘致等大邱で協議
257532	朝鮮朝日	南鮮版	1935-01-15	1	09단	盜掘品を買受け轉賣不正骨董商
257533	朝鮮朝日	南鮮版	1935-01-15	1	09단	夫婦喧嘩が列車を停むとんだ珍事
257534	朝鮮朝日	南鮮版	1935-01-15	1	10단	牡ライオンもつひに死ぬ昌慶苑動物園で
257535	朝鮮朝日	南鮮版	1935-01-15	1	10단	旅館に捨子
257536	朝鮮朝日	南鮮版	1935-01-15	1	10단	夫の罪を恥ぢて縊死
257537	朝鮮朝日	南鮮版	1935-01-15	1	10단	鷄林かゞみ

일련번호	판명		간행일	면	단수	기사명
257538	朝鮮朝日	西北版	1935-01-16	1	01단	*得意は鴨緑江節古武士の風格縣會一致で本省に榮進運動藤田新咸南知事/咸南知事の振當て纏る中央と本府の意見合はず成行を注目さる/誠意で當る劍道もやる*
257539	朝鮮朝日	西北版	1935-01-16	1	01단	北鮮の粘土がスマートな洋食器に『高嶺土』の外國進出
257540	朝鮮朝日	西北版	1935-01-16	1	01단	平壤上流の大同江に掘割を東拓より改修の陳情
257541	朝鮮朝日	西北版	1935-01-16	1	01단	乙女の春(9)/主人となればおでんやまでもお互ひに理解を持って喜びの日も間近か常塚滿江さん
257542	朝鮮朝日	西北版	1935-01-16	1	02단	窮救土木平南割當七十六萬圓
257543	朝鮮朝日	西北版	1935-01-16	1	03단	總督府異動(道事務官　小島高信/同府稅務監督局事務官　渡部肆三/總督府理事官　島山進/總督府遞信事務官　矢野桃郎/總督府囑　水橋武比古)
257544	朝鮮朝日	西北版	1935-01-16	1	03단	北鮮の大雪天地たゞ白一色自動車交通、各地で杜絶
257545	朝鮮朝日	西北版	1935-01-16	1	04단	辭令(東京)
257546	朝鮮朝日	西北版	1935-01-16	1	04단	夜學講習所申込が少い
257547	朝鮮朝日	西北版	1935-01-16	1	04단	鼻疽を防ぐ
257548	朝鮮朝日	西北版	1935-01-16	1	05단	府議選への暗躍に警告
257549	朝鮮朝日	西北版	1935-01-16	1	05단	危ない！薄氷墜ちた愛兒を救はんとして哀れ母子三人溺死
257550	朝鮮朝日	西北版	1935-01-16	1	06단	平壤の防火宣傳毎月二十日を期して
257551	朝鮮朝日	西北版	1935-01-16	1	07단	軍隊日記
257552	朝鮮朝日	西北版	1935-01-16	1	07단	結婚と離婚
257553	朝鮮朝日	西北版	1935-01-16	1	07단	咸北穩城にまたも匪賊襲ふ警官隊の猛射に潰走
257554	朝鮮朝日	西北版	1935-01-16	1	07단	上海から林檎の注文吉報に勇む
257555	朝鮮朝日	西北版	1935-01-16	1	08단	有權者名簿作成
257556	朝鮮朝日	西北版	1935-01-16	1	08단	一杯機嫌の傷害沙汰が多い土地熱の蔭に躍る惡の華北鮮の犯罪相
257557	朝鮮朝日	西北版	1935-01-16	1	08단	一萬五千名が北鮮を來訪昨年中の視察團調べ
257558	朝鮮朝日	西北版	1935-01-16	1	09단	迷信から犢を密殺
257559	朝鮮朝日	西北版	1935-01-16	1	09단	婚禮に招かれ三十名中毒二名はつひに死亡原因は豚肉の腐敗から？
257560	朝鮮朝日	西北版	1935-01-16	1	10단	輪禍に備ふ
257561	朝鮮朝日	西北版	1935-01-16	1	10단	若い女が自殺を企つ
257562	朝鮮朝日	西北版	1935-01-16	1	10단	柳京日記
257563	朝鮮朝日	南鮮版	1935-01-16	1	01단	李王殿下御渡台
257564	朝鮮朝日	南鮮版	1935-01-16	1	01단	定期航空より大型高速船建造を急げいろんな難點を擧げて地元、釜山の希望
257565	朝鮮朝日	南鮮版	1935-01-16	1	01단	跳躍・半島物語(6)/內房を脱けて明眼な天地へ大分變ってきた朝鮮婦人國境警備は嚴重に
257566	朝鮮朝日	南鮮版	1935-01-16	1	04단	降った降った待望の雪スキーヤーの歡聲
257567	朝鮮朝日	南鮮版	1935-01-16	1	04단	國境警備の警官を慰問淸酒を配る
257568	朝鮮朝日	南鮮版	1935-01-16	1	04단	池田警務局長滿洲國入りか總務廳長の後任に

일련번호	판명		간행일	면	단수	기사명
257569	朝鮮朝日	南鮮版	1935-01-16	1	05단	李完用侯十年祭盛大に執行
257570	朝鮮朝日	南鮮版	1935-01-16	1	05단	朝鮮に今度は石油が出る？素晴しい資料を發見
257571	朝鮮朝日	南鮮版	1935-01-16	1	06단	鐵道局の後任理事澤氏に決定
257572	朝鮮朝日	南鮮版	1935-01-16	1	07단	慶南道內の優良兒表彰
257573	朝鮮朝日	南鮮版	1935-01-16	1	07단	總督府異動(朝鮮總督府事務官 澤慶治郎/道事務官 小島高信/同府稅務監督局事務官 渡部肆三/總督府理事官 島山進/總督府遞信事務官 矢野桃郎/總督府囑 水橋武比古)
257574	朝鮮朝日	南鮮版	1935-01-16	1	07단	藤木本社員一行白頭征服から歸る總督らの歡迎會や放送など感激的な幾シーン/鐵道局の飯山氏負傷山岳寫眞撮影中
257575	朝鮮朝日	南鮮版	1935-01-16	1	07단	宗教を通じて精神文化を注入廣く各方面の意見を聽く
257576	朝鮮朝日	南鮮版	1935-01-16	1	08단	二十師管下入營兵十九日釜山着
257577	朝鮮朝日	南鮮版	1935-01-16	1	08단	故廉仲漠氏告別式
257578	朝鮮朝日	南鮮版	1935-01-16	1	08단	水夫燒死ぬ播州丸の火事
257579	朝鮮朝日	南鮮版	1935-01-16	1	08단	赤の分子大檢擧浦項慶州兩署で
257580	朝鮮朝日	南鮮版	1935-01-16	1	09단	強盜逮捕さる
257581	朝鮮朝日	南鮮版	1935-01-16	1	09단	大邱荒しの竊盜團捕はる操る乞食の親分
257582	朝鮮朝日	南鮮版	1935-01-16	1	10단	十戶を燒く水原の火事
257583	朝鮮朝日	南鮮版	1935-01-16	1	10단	拳銃賊捕る
257584	朝鮮朝日	南鮮版	1935-01-16	1	10단	密航團送還
257585	朝鮮朝日	南鮮版	1935-01-16	1	10단	若い女が自殺を企つ
257586	朝鮮朝日	南鮮版	1935-01-16	1	10단	もよほし(新任披露宴)
257587	朝鮮朝日	南鮮版	1935-01-16	1	10단	人(植田軍司令官/澤崎修氏(京南鐵道專務)/林財務局長/高津京電監査役/湯村農産課長/故佐藤政太郎氏(柔道教師))
257588	朝鮮朝日	南鮮版	1935-01-16	1	10단	鷄林かゞみ
257589	朝鮮朝日	西北版	1935-01-17	1	01단	ぶり返した寒さ大同江漸く凍るだが、まだスケートは危險
257590	朝鮮朝日	西北版	1935-01-17	1	01단	わが國初めてレプラ患者の刑務所全南小鹿島の更生園内に療養がてらの別莊
257591	朝鮮朝日	西北版	1935-01-17	1	01단	農民校を各郡に設く社會主事も全郡に平南の更生陣強化
257592	朝鮮朝日	西北版	1935-01-17	1	01단	乙女の春(１０)/お母さんの命なら何處だって嫁くわでも結婚なんて可笑しくて花嫁修業が御日課三井信子さん
257593	朝鮮朝日	西北版	1935-01-17	1	03단	擧究的な行政官管理局長に榮轉の萩原前咸南知事
257594	朝鮮朝日	西北版	1935-01-17	1	04단	武道寒稽古
257595	朝鮮朝日	西北版	1935-01-17	1	04단	府稅の六割が滯納その額實に十五萬圓整理に追はれる平壤府當局
257596	朝鮮朝日	西北版	1935-01-17	1	04단	旅費を惠む/貧者に施米
257597	朝鮮朝日	西北版	1935-01-17	1	05단	參與官會議宗教問題協議
257598	朝鮮朝日	西北版	1935-01-17	1	05단	色服獎勵意外の好績咸北に於る着用者すでに七割を越す
257599	朝鮮朝日	西北版	1935-01-17	1	05단	國防兵器獻納式
257600	朝鮮朝日	西北版	1935-01-17	1	06단	山地は靑息海邊は歡聲悲喜交錯の咸南北靑/言語に絶する窮乏ぶり平南奧地の凶作

일련번호	판명		간행일	면	단수	기사명
257601	朝鮮朝日	西北版	1935-01-17	1	06단	部落を擧げて禁酒・禁煙
257602	朝鮮朝日	西北版	1935-01-17	1	07단	松葉賣りを取締る
257603	朝鮮朝日	西北版	1935-01-17	1	07단	窮狀を要路に訴ふ平壤借地人組合聯合會
257604	朝鮮朝日	西北版	1935-01-17	1	07단	大吹雪で列車不通雄基、阿吾地間
257605	朝鮮朝日	西北版	1935-01-17	1	07단	阿片を密賣
257606	朝鮮朝日	西北版	1935-01-17	1	08단	産業部を各道に設置行政機構の改革に伴ひ部長は參與官兼任
257607	朝鮮朝日	西北版	1935-01-17	1	08단	指導者を養成して産繭に拍車十萬石突破を目指す咸南/桑樹を改良し樹力を增進
257608	朝鮮朝日	西北版	1935-01-17	1	09단	花の妓生の生活のぞき昨年は大景氣
257609	朝鮮朝日	西北版	1935-01-17	1	10단	婚禮の中毒騒ぎ定州にも波及
257610	朝鮮朝日	西北版	1935-01-17	1	10단	追ひ詰められ刃物で斬る賊も袋叩き
257611	朝鮮朝日	西北版	1935-01-17	1	10단	柳京日記
257612	朝鮮朝日	南鮮版	1935-01-17	1	01단	わが國初めてレプラ患者の刑務所全南小鹿島の更生園內に療養がてらの別莊
257613	朝鮮朝日	南鮮版	1935-01-17	1	01단	産業部を各道に設置行政機構の改革に伴ひ部長は參與官兼任
257614	朝鮮朝日	南鮮版	1935-01-17	1	01단	參與官會議宗教問題協議
257615	朝鮮朝日	南鮮版	1935-01-17	1	01단	京畿道中等學校長會議
257616	朝鮮朝日	南鮮版	1935-01-17	1	02단	施政二十五周年記念の事業を司法當局でも計劃
257617	朝鮮朝日	南鮮版	1935-01-17	1	02단	跳躍・半島物語(7)/恐ろしかった南大門の爆彈騒ぎ着々奏功した文化政治貴族院議員柴田善三郎氏談
257618	朝鮮朝日	南鮮版	1935-01-17	1	03단	滿洲國入り警察官考査異動も行ふ
257619	朝鮮朝日	南鮮版	1935-01-17	1	04단	光州地方銀世界
257620	朝鮮朝日	南鮮版	1935-01-17	1	04단	年長の兒童に入學の優先權を普通學校の學級增加できず收容難に惱む京城
257621	朝鮮朝日	南鮮版	1935-01-17	1	05단	偉功たて〻
257622	朝鮮朝日	南鮮版	1935-01-17	1	05단	釜山放送局七月ごろ完成會員と聽取者募集
257623	朝鮮朝日	南鮮版	1935-01-17	1	07단	蜘蛛の巣の如く各署間に張りめぐらす警備專用電話網
257624	朝鮮朝日	南鮮版	1935-01-17	1	07단	大邱府廳舍改築の研究
257625	朝鮮朝日	南鮮版	1935-01-17	1	07단	海雲台溫泉に警察官療養所を新設慶南後援會で各種の事業
257626	朝鮮朝日	南鮮版	1935-01-17	1	08단	葬儀出す間際おや、他人の娘だ鐵道自殺した美女を見てあわてた親爺さん
257627	朝鮮朝日	南鮮版	1935-01-17	1	09단	製菓會社員行方不明に安東出張中
257628	朝鮮朝日	南鮮版	1935-01-17	1	10단	釜山水上署移轉先稅關南側に
257629	朝鮮朝日	南鮮版	1935-01-17	1	10단	釜山地方本格的寒さ
257630	朝鮮朝日	南鮮版	1935-01-17	1	10단	墮胎發覺す
257631	朝鮮朝日	南鮮版	1935-01-17	1	10단	人(植田軍司令官/伊森貯銀頭取/山口前殖銀産業金融課長/田淵東拓理事/白石朝窒總務、永里副總務一行/久保田長津江水電專務)

일련번호	판명		간행일	면	단수	기사명
257632	朝鮮朝日	南鮮版	1935-01-17	1	10단	鷄林かゞみ
257633	朝鮮朝日	西北版	1935-01-18	1	01단	大平壤の建設へ盛り澤山の土木事業新規要求豫算五十餘萬圓(都市計劃係り/江岸道路改修/區別整理/排水設備/バス道路鋪裝/道路鋪裝/水道擴張/市區改正)
257634	朝鮮朝日	西北版	1935-01-18	1	01단	羅津港出入船の燃料自給は易々近く優良炭田の稼行開始で北鮮炭の前途洋々
257635	朝鮮朝日	西北版	1935-01-18	1	01단	小産業組合制令案成る三局間の暗雲解消しちかく實施の運び
257636	朝鮮朝日	西北版	1935-01-18	1	02단	荷物事故防止週間
257637	朝鮮朝日	西北版	1935-01-18	1	02단	乙女の春(１１)/兄さんは嚴格だし家庭って窮屈ねところがお好きは司法官無邪氣で賑かな長富美惠子さん
257638	朝鮮朝日	西北版	1935-01-18	1	03단	水禍に挺身消防組員に響れ紀元節に二百五十名表彰
257639	朝鮮朝日	西北版	1935-01-18	1	04단	一面一校の完成を急ぐ平南の普通校
257640	朝鮮朝日	西北版	1935-01-18	1	04단	平壤、京城間飛行演習廿六日から
257641	朝鮮朝日	西北版	1935-01-18	1	05단	土幕民收容のモダン細民住宅十一年度には實現平壤の玄關口美化
257642	朝鮮朝日	西北版	1935-01-18	1	05단	西城普校近く着工
257643	朝鮮朝日	西北版	1935-01-18	1	05단	十五萬圓を起債し初等學校を增築學童激增の平壤
257644	朝鮮朝日	西北版	1935-01-18	1	06단	牝牛品評會
257645	朝鮮朝日	西北版	1935-01-18	1	06단	平南の棉作獎勵
257646	朝鮮朝日	西北版	1935-01-18	1	06단	盛り返した嚴寒に凶作地の危機迫る餓死線上の同胞を救へと平壤の各團體蹶起
257647	朝鮮朝日	西北版	1935-01-18	1	07단	暗黑街の變死者(新義州)
257648	朝鮮朝日	西北版	1935-01-18	1	07단	自動車轉落五名重輕傷
257649	朝鮮朝日	西北版	1935-01-18	1	07단	短刀で傷く
257650	朝鮮朝日	西北版	1935-01-18	1	08단	果樹園强盜は情夫の所爲秋風を吹かされて憤慨爆藥を仕掛けて脅す
257651	朝鮮朝日	西北版	1935-01-18	1	08단	氷が破れ墜落溺死今冬最初の大同江犧牲者
257652	朝鮮朝日	西北版	1935-01-18	1	08단	往時を偲ぶを雪中行軍を決行日露役三十周年を記念し鄕軍寺洞分會員
257653	朝鮮朝日	西北版	1935-01-18	1	09단	少年の殺人未遂足を踏んだが因で喧嘩敎會堂に血塗る
257654	朝鮮朝日	西北版	1935-01-18	1	09단	拾った實包爆發一名重傷す
257655	朝鮮朝日	西北版	1935-01-18	1	10단	正月の小遣を凶作義金に釜山第二校生
257656	朝鮮朝日	西北版	1935-01-18	1	10단	要塞法違反？某英人取調へ
257657	朝鮮朝日	西北版	1935-01-18	1	10단	柳京日記
257658	朝鮮朝日	南鮮版	1935-01-18	1	01단	白頭征服苦心と魅惑大使命を果して凱旋した我が社四氏語る/カメラの白頭山本社寫眞班丸山四郎/スキーの視角から本社特派記者藤木九三/快い思ひ出本社機關士永田紀芳/大白頭の空本社飛行士長友重光/藤木氏講演山岳會例會で

일련번호	판명		간행일	면	단수	기사명
257659	朝鮮朝日	南鮮版	1935-01-18	1	01단	二千年前既に北九州と校通があった慶南金海郡貝塚で發見した甕棺貴重な資料
257660	朝鮮朝日	南鮮版	1935-01-18	1	01단	小産業組合制令案成る三局間の暗雲解消しちかく實施の運び
257661	朝鮮朝日	南鮮版	1935-01-18	1	01단	京城商議豫算十一萬圓程度
257662	朝鮮朝日	南鮮版	1935-01-18	1	02단	跳躍・半島物語(8)/韓國宮廷深くロシア公使夫人の怪腕日清役に大勝、築いた礎石安達謙藏氏の談
257663	朝鮮朝日	南鮮版	1935-01-18	1	03단	植田軍司令官南鮮初巡視(釜山/統營/晉州)
257664	朝鮮朝日	南鮮版	1935-01-18	1	04단	國境警備陣へ暖い贈り物
257665	朝鮮朝日	南鮮版	1935-01-18	1	04단	寒波の急襲大邱地方やうやく眞冬を取り戻す
257666	朝鮮朝日	南鮮版	1935-01-18	1	05단	水禍に挺身消防組員に響れ紀元節に二百五十名表彰
257667	朝鮮朝日	南鮮版	1935-01-18	1	06단	清州邑長辭表提出
257668	朝鮮朝日	南鮮版	1935-01-18	1	08단	これは認識不足米國から妙な飛行機賣込に京畿道で持て餘す
257669	朝鮮朝日	南鮮版	1935-01-18	1	08단	東京火保異動
257670	朝鮮朝日	南鮮版	1935-01-18	1	09단	正月の小遣を凶作義金に釜山第二校生
257671	朝鮮朝日	南鮮版	1935-01-18	1	09단	廿の靑年が胃癌で死亡九大で解剖に附し經過を學界へ發表
257672	朝鮮朝日	南鮮版	1935-01-18	1	10단	拾った實包爆發一名重傷す
257673	朝鮮朝日	南鮮版	1935-01-18	1	10단	要塞法違反？某英人取調へ
257674	朝鮮朝日	南鮮版	1935-01-18	1	10단	王陵の盜掘團十名捕はる
257675	朝鮮朝日	南鮮版	1935-01-18	1	10단	人(林財務局長/牟田金組聯合理事/檜山英一氏(日本電報通信社釜山支局員))
257676	朝鮮朝日	南鮮版	1935-01-18	1	10단	籾摺場に怪盜
257677	朝鮮朝日	西北版	1935-01-19	1	01단	西北鮮の大雪
257678	朝鮮朝日	西北版	1935-01-19	1	01단	咸南鰯油統制漸く威力を示す宿敵北海道物を斷然押へて阪神市場に唱霸
257679	朝鮮朝日	西北版	1935-01-19	1	01단	靴下ゴム靴の特定運賃獲得へ平南産業課が業者と謀り鐵道側へ猛運動
257680	朝鮮朝日	西北版	1935-01-19	1	02단	參與官會議終る
257681	朝鮮朝日	西北版	1935-01-19	1	02단	乙女の春(12)/長唄が唯一の慰め名取り目指してご精進趣味の生活を高調鹽谷道子さん
257682	朝鮮朝日	西北版	1935-01-19	1	03단	農村電化着々進む
257683	朝鮮朝日	西北版	1935-01-19	1	03단	咸南藥草着色圖譜
257684	朝鮮朝日	西北版	1935-01-19	1	04단	度量衡器取締り
257685	朝鮮朝日	西北版	1935-01-19	1	04단	漁村更生の新計劃二つ巡廻映畫班新設といわのり養殖奬勵
257686	朝鮮朝日	西北版	1935-01-19	1	05단	公益質屋や託兒所新設社會係の增員も要望平南明年度新規社會事業
257687	朝鮮朝日	西北版	1935-01-19	1	05단	平壤府廳の臨時雇募集
257688	朝鮮朝日	西北版	1935-01-19	1	05단	黑潮異變日本海の亂調子に悲鳴を揚げる魚群
257689	朝鮮朝日	西北版	1935-01-19	1	06단	氷破れて五名河中へつひに二名溺死す

일련번호	판명		간행일	면	단수	기사명
257690	朝鮮朝日	西北版	1935-01-19	1	06단	獄裡の赤誠引きも切らぬ國防獻金
257691	朝鮮朝日	西北版	1935-01-19	1	07단	無智が生んだ悲慘な妻の貞節右足を斷って血と肉を瀕死の夫に服ます
257692	朝鮮朝日	西北版	1935-01-19	1	08단	雄羅隧道開通式廿八日行ふ
257693	朝鮮朝日	西北版	1935-01-19	1	08단	汽車を停めた男に罰金
257694	朝鮮朝日	西北版	1935-01-19	1	08단	留置場破りの赤の首魁か有力な容疑者捕る
257695	朝鮮朝日	西北版	1935-01-19	1	08단	公金横領捕る
257696	朝鮮朝日	西北版	1935-01-19	1	09단	三人組強盗飲食店に押入る病人を脅して強奪
257697	朝鮮朝日	西北版	1935-01-19	1	10단	沙金を密輸
257698	朝鮮朝日	西北版	1935-01-19	1	10단	實父を一撃不孝者捕る
257699	朝鮮朝日	西北版	1935-01-19	1	10단	柳京日記
257700	朝鮮朝日	南鮮版	1935-01-19	1	01단	半島の資源開發！積極的に開かるゝ寶庫日本商議からの快報に産業審議會設置か/實需時代へ一躍寵兒となった重晶石軍需景氣に躍る鑛物/大火力發電日本電力での計劃朝鮮から石炭需給を機に
257701	朝鮮朝日	南鮮版	1935-01-19	1	01단	跳躍・半島物語(9)/合併當時の慘めな生活こちらの意思が徹らず困った貴族院議員宇佐美勝夫氏談
257702	朝鮮朝日	南鮮版	1935-01-19	1	04단	慶北道廳異動
257703	朝鮮朝日	南鮮版	1935-01-19	1	04단	參與官會議終る
257704	朝鮮朝日	南鮮版	1935-01-19	1	04단	釜山遞信分掌局增員
257705	朝鮮朝日	南鮮版	1935-01-19	1	05단	李氏に功勞章
257706	朝鮮朝日	南鮮版	1935-01-19	1	05단	時局問題講演會
257707	朝鮮朝日	南鮮版	1935-01-19	1	05단	軍馬を繞る佳語昔懐しむ除隊兵がはるばる人蔘代を
257708	朝鮮朝日	南鮮版	1935-01-19	1	05단	東北凶作義捐金寄託
257709	朝鮮朝日	南鮮版	1935-01-19	1	06단	酷寒猛襲に結氷した漢江まだスケートは禁止(春塘池は一般に公開)
257710	朝鮮朝日	南鮮版	1935-01-19	1	06단	海苔の凶作から糊せぬ三千餘名全滅の慘狀に陷った洛東下流當局、救濟策を協議
257711	朝鮮朝日	南鮮版	1935-01-19	1	07단	高敞高普生徒の盟休
257712	朝鮮朝日	南鮮版	1935-01-19	1	07단	スポーツ(アイス・ホッケー聯盟試合/京仁間驛傳競走)
257713	朝鮮朝日	南鮮版	1935-01-19	1	08단	毒殺してバラバラに黑燒にして埋沒す深川怪事件の詳報
257714	朝鮮朝日	南鮮版	1935-01-19	1	08단	劇と映畵(京城)
257715	朝鮮朝日	南鮮版	1935-01-19	1	10단	姜進に十年の判決
257716	朝鮮朝日	南鮮版	1935-01-19	1	10단	サイドカーと自動車衝突巡査ら重傷
257717	朝鮮朝日	南鮮版	1935-01-19	1	10단	舊正月を前に強盗頻出す金貸襲はる
257718	朝鮮朝日	南鮮版	1935-01-19	1	10단	四人組の強盗捕はる
257719	朝鮮朝日	南鮮版	1935-01-19	1	10단	老婆の轢死
257720	朝鮮朝日	南鮮版	1935-01-19	1	10단	公金横領捕る
257721	朝鮮朝日	南鮮版	1935-01-19	1	10단	本社京城支局來訪

일련번호	판명		간행일	면	단수	기사명
257722	朝鮮朝日	南鮮版	1935-01-19	1	10단	人(金時權氏(慶北産業部長)/松山靜江さん(鐵道局陸運係長松山源氏夫人))
257723	朝鮮朝日	西北版	1935-01-20	1	01단	羅南を中心に一部ダイヤ更改今秋の雄羅鐵道開通を期し快速機關車も駛る
257724	朝鮮朝日	西北版	1935-01-20	1	01단	無煙炭出炭百万噸祝賀會花の四月に今月末、關係者が打寄って開催準備の協議會
257725	朝鮮朝日	西北版	1935-01-20	1	01단	東洋紡の敷地買收圓滿折衝を終る鐘紡も解氷を待って着工奏づ平壤の躍進譜
257726	朝鮮朝日	西北版	1935-01-20	1	01단	心細い新規事業新義州府豫算
257727	朝鮮朝日	西北版	1935-01-20	1	02단	鑛滓運搬の輕鐵奪合ひ
257728	朝鮮朝日	西北版	1935-01-20	1	02단	乙女の春(１３)/豊かな音樂的天分お母さんなんかなりたくない「十九の春」を懷しむ中田政江さん
257729	朝鮮朝日	西北版	1935-01-20	1	03단	羅津の自動式電話三月上旬開局
257730	朝鮮朝日	西北版	1935-01-20	1	04단	城津の人口激增
257731	朝鮮朝日	西北版	1935-01-20	1	04단	萩原咸南知事の拓務省入り總監、東京で政治的折衝
257732	朝鮮朝日	西北版	1935-01-20	1	04단	鴨綠江凍る氷質不良で採氷業弱る
257733	朝鮮朝日	西北版	1935-01-20	1	04단	出初式茂山消防組
257734	朝鮮朝日	西北版	1935-01-20	1	05단	清津奧地で山羊を射止む北鐵局谷山氏のお手柄
257735	朝鮮朝日	西北版	1935-01-20	1	05단	平壤と京城にナイト・クラブを觀光客誘致に近代施設の必要を叫ぶ耳寄りな釜山の提唱
257736	朝鮮朝日	西北版	1935-01-20	1	06단	家具工爭議妥協成立す
257737	朝鮮朝日	西北版	1935-01-20	1	07단	理事官配置要望の聲平壤府議間に
257738	朝鮮朝日	西北版	1935-01-20	1	07단	雪深き山中に苦心の大捕物僞造紙幣團の本據咸興署刑事隊の活躍に發かる
257739	朝鮮朝日	西北版	1935-01-20	1	08단	退學者の母校愛開城商業の運動場擴張に汗の結晶を投出す
257740	朝鮮朝日	西北版	1935-01-20	1	08단	四戸を燒く鎭南浦の火事
257741	朝鮮朝日	西北版	1935-01-20	1	08단	機關車の散步ひとりでにフラフラと平壤驛構內で轉覆大破
257742	朝鮮朝日	西北版	1935-01-20	1	09단	兵營たより
257743	朝鮮朝日	西北版	1935-01-20	1	09단	盜んだ金で賭博を開く
257744	朝鮮朝日	西北版	1935-01-20	1	10단	密輸顯はれ銀塊を投棄拾った男が祕かに賣る
257745	朝鮮朝日	西北版	1935-01-20	1	10단	會(麻藥豫防協會平壤支部)
257746	朝鮮朝日	西北版	1935-01-20	1	10단	柳京日記
257747	朝鮮朝日	南鮮版	1935-01-20	1	01단	南山の一角に壯麗な神苑美を朝鮮神宮の奉獻木二萬餘本近く植栽に着手
257748	朝鮮朝日	南鮮版	1935-01-20	1	01단	清水圖書課長內務省へ榮轉後に白石慶南警察部長？巖城氏が朝鮮入り/萩原咸南知事の拓務省入り總監、東京で政治の折衝
257749	朝鮮朝日	南鮮版	1935-01-20	1	01단	跳躍・半島物語(１０)/犧牲となって仆れた伊藤公日韓併合に、確固たる信念石塚英藏氏の談
257750	朝鮮朝日	南鮮版	1935-01-20	1	04단	人(藤原喜藏氏(平南知事)/澤慶治郎氏(新任鐵道局理事)/澤崎修氏(京南鐵道常務))

일련번호	판명		간행일	면	단수	기사명
257751	朝鮮朝日	南鮮版	1935-01-20	1	04단	植田軍司令官釜山を視察
257752	朝鮮朝日	南鮮版	1935-01-20	1	04단	山には散歩道京城を圍む綠帶人も鳥獸も自由に樂しく明粧整ふ風致地區
257753	朝鮮朝日	南鮮版	1935-01-20	1	05단	京城への觀光客誘致
257754	朝鮮朝日	南鮮版	1935-01-20	1	05단	釜山普校入學兒詮考
257755	朝鮮朝日	南鮮版	1935-01-20	1	06단	炊事場燒く
257756	朝鮮朝日	南鮮版	1935-01-20	1	06단	白頭山は鮮滿の寒氣製造地帶京大遠征隊員西堀理學士の興味ぶかい講演
257757	朝鮮朝日	南鮮版	1935-01-20	1	06단	大規模の製紙を開始愈よ京城刑務所で
257758	朝鮮朝日	南鮮版	1935-01-20	1	07단	捨子の都大邱にますます增加昨年中にナンと五十餘名
257759	朝鮮朝日	南鮮版	1935-01-20	1	08단	鬱陵島に降雪しきり交通も杜絶
257760	朝鮮朝日	南鮮版	1935-01-20	1	09단	二十師管下入營兵着く
257761	朝鮮朝日	南鮮版	1935-01-20	1	09단	狐で化かす巧みな金の密輸國境方面へ手配捜査
257762	朝鮮朝日	南鮮版	1935-01-20	1	10단	各地で攻防演習久留米戰車隊を迎へて
257763	朝鮮朝日	南鮮版	1935-01-20	1	10단	六萬圓の社金橫領三人共謀し空券を發行
257764	朝鮮朝日	南鮮版	1935-01-20	1	10단	鷄林かゞみ
257765	朝鮮朝日	西北版	1935-01-22	1	01단	平壤府內の交通を刷新府電明年度新規事業要求額四十萬圓突破(變電所新設/電車更新/電車車庫/バス增置/バス車庫)
257766	朝鮮朝日	西北版	1935-01-22	1	01단	飛躍の新漁場を沿海州に求む咸南水試場が新年度より基本調査に乘出す/道內水産の施設も整備新たに三事業を計劃
257767	朝鮮朝日	西北版	1935-01-22	1	02단	乙女の春(14)/平壤は好きよでも出步くのが嫌ひだから編物や洋琴などを福田正子さん
257768	朝鮮朝日	西北版	1935-01-22	1	03단	平壤府議選準備すゝむ
257769	朝鮮朝日	西北版	1935-01-22	1	03단	氷上警戒陣活躍を始む
257770	朝鮮朝日	西北版	1935-01-22	1	04단	平壤署人事相談所成績
257771	朝鮮朝日	西北版	1935-01-22	1	04단	鎭南浦の新名所府營大遊園地風光絶佳の大同江畔に生れ出る歡樂鄕
257772	朝鮮朝日	西北版	1935-01-22	1	05단	開城珠算大會
257773	朝鮮朝日	西北版	1935-01-22	1	05단	消防映畵會
257774	朝鮮朝日	西北版	1935-01-22	1	05단	白巖驛電信取扱
257775	朝鮮朝日	西北版	1935-01-22	1	05단	同情週間
257776	朝鮮朝日	西北版	1935-01-22	1	06단	難局に立つ平北明年豫算歲入の減少に苦慮
257777	朝鮮朝日	西北版	1935-01-22	1	06단	をどる金鑛にほゝ笑む農村平南大同郡下の景氣
257778	朝鮮朝日	西北版	1935-01-22	1	06단	學資稼ぎに廣告ビラ配布
257779	朝鮮朝日	西北版	1935-01-22	1	07단	鮮滿股に無錢飲食
257780	朝鮮朝日	西北版	1935-01-22	1	07단	軍都に相應しい少國民の結盟華頂健兒團組織さる
257781	朝鮮朝日	西北版	1935-01-22	1	07단	爆藥で重傷
257782	朝鮮朝日	西北版	1935-01-22	1	08단	橫領に一年
257783	朝鮮朝日	西北版	1935-01-22	1	08단	鎭南浦林檎の轉向上海市場を狙って業者に米國種の栽培を獎勵

일련번호	판명		간행일	면	단수	기사명
257784	朝鮮朝日	西北版	1935-01-22	1	09단	列車事故
257785	朝鮮朝日	西北版	1935-01-22	1	09단	十五戸全半焼平壌倉田里の火事/道廳撞球場焼く
257786	朝鮮朝日	西北版	1935-01-22	1	09단	人(寺洞海軍鑛業部江阪德藏少將/倉島平壌遞信分掌局長)
257787	朝鮮朝日	西北版	1935-01-22	1	10단	柳京日記
257788	朝鮮朝日	南鮮版	1935-01-22	1	01단	大邱飛行場は愈よ明年に實現二つの航空路を開設する早速、準備に着手
257789	朝鮮朝日	南鮮版	1935-01-22	1	01단	地方税制の整理案要項内務局の原案成る
257790	朝鮮朝日	南鮮版	1935-01-22	1	01단	跳躍半島物語(１１)/李完用侯の偉大なる功業舌を巻かせたその度胸のよさ俵孫一氏の談
257791	朝鮮朝日	南鮮版	1935-01-22	1	03단	釜山港内に制水堤新設に決る
257792	朝鮮朝日	南鮮版	1935-01-22	1	03단	童心に輝やく感激の一錢獻金ぞくぞく朝鮮愛國部へ/こゝにも赤誠
257793	朝鮮朝日	南鮮版	1935-01-22	1	04단	辻強盜に襲はる
257794	朝鮮朝日	南鮮版	1935-01-22	1	05단	豪華、慶會樓のスケート・リンク
257795	朝鮮朝日	南鮮版	1935-01-22	1	05단	琴湖江改修護岸工事に收用令適用
257796	朝鮮朝日	南鮮版	1935-01-22	1	06단	國際危局を狙ひ暗躍する赤色團既に各地で五十餘名を檢擧慶北警察部の活動
257797	朝鮮朝日	南鮮版	1935-01-22	1	07단	感心な舍音頌德碑たてゝ小作人が御恩返し
257798	朝鮮朝日	南鮮版	1935-01-22	1	08단	半島の護りに廿師管下千三百餘名元氣一ぱいで入營
257799	朝鮮朝日	南鮮版	1935-01-22	1	08단	犯人は生徒落第を懸念し、共犯三名か中央高普放火事件
257800	朝鮮朝日	南鮮版	1935-01-22	1	09단	全南聯合演習
257801	朝鮮朝日	南鮮版	1935-01-22	1	09단	鐵道員を裝うて盜み廻る釜山の旅館で御用
257802	朝鮮朝日	南鮮版	1935-01-22	1	10단	電車に飛込自殺
257803	朝鮮朝日	南鮮版	1935-01-22	1	10단	橋下に嬰兒死體
257804	朝鮮朝日	南鮮版	1935-01-22	1	10단	ふぐで死ぬ
257805	朝鮮朝日	南鮮版	1935-01-22	1	10단	轢かれ重傷
257806	朝鮮朝日	南鮮版	1935-01-22	1	10단	鷄林かゞみ
257807	朝鮮朝日	西北版	1935-01-23	1	01단	大同江底は眩し悠々と眠る黃金時價數千萬圓に上る沙金層採取の手が伸びぬ
257808	朝鮮朝日	西北版	1935-01-23	1	01단	國境の奧深く伸びる討伐陣警備警官先づ百名の外事兼任實現す/新任挨拶に空から訪れ巖佐關東軍憲兵司令官半年ぶりに京城へ
257809	朝鮮朝日	西北版	1935-01-23	1	03단	新義州の模範從業員表彰式
257810	朝鮮朝日	西北版	1935-01-23	1	03단	乙女の春(１５)/こゝにも嬉し半島謳歌の心意氣溫い兩親の愛に包まれてすくすく伸びる大竹道子さん
257811	朝鮮朝日	西北版	1935-01-23	1	04단	耐寒演習
257812	朝鮮朝日	西北版	1935-01-23	1	04단	簡易校十四初等校八つ平南道に新設
257813	朝鮮朝日	西北版	1935-01-23	1	04단	東北凶作義金
257814	朝鮮朝日	西北版	1935-01-23	1	04단	江界木材會社設立

일련번호	판명		간행일	면	단수	기사명
257815	朝鮮朝日	西北版	1935-01-23	1	04단	大都市の府尹は知事級の人を三、四年位の任期制として各方面に意見擡頭
257816	朝鮮朝日	西北版	1935-01-23	1	05단	早くも政戰の火蓋切らる未曾有の激戰を豫想される平壤府會議員の改選
257817	朝鮮朝日	西北版	1935-01-23	1	05단	空の精銳耐寒演習の各務原機續々と平壤へ飛來
257818	朝鮮朝日	西北版	1935-01-23	1	05단	警官への大福音平南の計劃
257819	朝鮮朝日	西北版	1935-01-23	1	06단	躍進の平壤に壯麗の近代粧機關庫、公會堂、學校など大建築群の出現/平壤府電が發電所を計劃送電線を繞る合電との交涉微妙に展開せん
257820	朝鮮朝日	西北版	1935-01-23	1	07단	軍都の靑訓大擴充を計る有志が後援會を組織
257821	朝鮮朝日	西北版	1935-01-23	1	07단	線路手殉職
257822	朝鮮朝日	西北版	1935-01-23	1	07단	零下25度江界地方
257823	朝鮮朝日	西北版	1935-01-23	1	08단	平壤署寒稽古納會
257824	朝鮮朝日	西北版	1935-01-23	1	08단	新義州商學級增加實現愈よ濃厚
257825	朝鮮朝日	西北版	1935-01-23	1	08단	高句麗城趾を花の名所に平壤府が買收と決る
257826	朝鮮朝日	西北版	1935-01-23	1	09단	ばらばらな慘殺死體寬甸縣で發見
257827	朝鮮朝日	西北版	1935-01-23	1	09단	勞銀値上げ再び要求か船運勞働組合
257828	朝鮮朝日	西北版	1935-01-23	1	10단	乘組員二名溺死咸北丸沈沒
257829	朝鮮朝日	西北版	1935-01-23	1	10단	平壤觀光客殖ゆ
257830	朝鮮朝日	西北版	1935-01-23	1	10단	人(植原新任平壤憲兵隊長/高橋平壤府尹)
257831	朝鮮朝日	西北版	1935-01-23	1	10단	柳京日記
257832	朝鮮朝日	南鮮版	1935-01-23	1	01단	國境の奧深く伸びる討伐陣警備警官先づ百名の外事兼任實現す/新任挨拶に空から訪れ嚴佐關東軍憲兵司令官半年ぶりに京城へ
257833	朝鮮朝日	南鮮版	1935-01-23	1	01단	跳躍半島物語(１２)/二千餘萬圓の剩餘金はまさに金字塔農業とともに工業の發達を前總督齋藤實子の談
257834	朝鮮朝日	南鮮版	1935-01-23	1	03단	慶北道異動(會計課長 下山瀧三郎/聞慶郡內務主任 森芳介/醴泉郡庶務主任 佐々木武/尙州郡囑 岡崎憲一)
257835	朝鮮朝日	南鮮版	1935-01-23	1	03단	黃海道へ二百戶移住更に慶北道內から
257836	朝鮮朝日	南鮮版	1935-01-23	1	04단	滿洲國ゆき警官の詮考
257837	朝鮮朝日	南鮮版	1935-01-23	1	04단	忠南邑面議員總改選
257838	朝鮮朝日	南鮮版	1935-01-23	1	04단	金剛山保勝施設に種々工作を加ふ協會の資金增額で
257839	朝鮮朝日	南鮮版	1935-01-23	1	05단	南漢山の古美術建築保存指定申請
257840	朝鮮朝日	南鮮版	1935-01-23	1	05단	釜山放送局出資者募集
257841	朝鮮朝日	南鮮版	1935-01-23	1	05단	圖書課長後任と警察部長異動
257842	朝鮮朝日	南鮮版	1935-01-23	1	05단	慶南農村振興施設の具體案協議
257843	朝鮮朝日	南鮮版	1935-01-23	1	06단	人夫ヤーイ慶南道內の土木工事で當局、狩集めに大童
257844	朝鮮朝日	南鮮版	1935-01-23	1	06단	共生寒行
257845	朝鮮朝日	南鮮版	1935-01-23	1	06단	新春眼かに謳歌する酒景氣馬山はじめ大邱稅監局管內の賣行すこぶる好調

일련번호	판명		간행일	면	단수	기사명
257846	朝鮮朝日	南鮮版	1935-01-23	1	08단	スポーツ(女子氷上競技)
257847	朝鮮朝日	南鮮版	1935-01-23	1	08단	趙澤元氏新作舞踊の發表會
257848	朝鮮朝日	南鮮版	1935-01-23	1	08단	大罪の報い？夫毒殺の四十女が警察で畸形兒を産む
257849	朝鮮朝日	南鮮版	1935-01-23	1	08단	警察傳書鳩數々の御手柄
257850	朝鮮朝日	南鮮版	1935-01-23	1	09단	一萬六千圓の手形を紛失
257851	朝鮮朝日	南鮮版	1935-01-23	1	09단	麻藥中毒患者療養所釜山に新設
257852	朝鮮朝日	南鮮版	1935-01-23	1	10단	土木談合事件辯論終了判決は來月半
257853	朝鮮朝日	南鮮版	1935-01-23	1	10단	自殺婦人の身許わかる新婚の夢破れ
257854	朝鮮朝日	南鮮版	1935-01-23	1	10단	大金盜まる
257855	朝鮮朝日	南鮮版	1935-01-23	1	10단	大邱の火事
257856	朝鮮朝日	南鮮版	1935-01-23	1	10단	人(植田車司令官/安井專賣局長/兒島高信氏(總督府會計課長)/淸水圖書課長/田淵東拓理事)
257857	朝鮮朝日	南鮮版	1935-01-23	1	10단	鷄林かゞみ
257858	朝鮮朝日	西北版	1935-01-24	1	01단	混保制度の運用期待に背き不振格付作用を發揮するのみ恩惠薄い北鮮商人
257859	朝鮮朝日	西北版	1935-01-24	1	01단	半島が生んだ世界的提琴家桂貞植君近く歸朝鄕里平壤の喜び晴れの歡迎演奏會を開く
257860	朝鮮朝日	西北版	1935-01-24	1	01단	明朖女性陣(１)/會を通じて生活の合理化を神の國の建設を目指す友の會のつどひ
257861	朝鮮朝日	西北版	1935-01-24	1	02단	土木事業は何れも大鉈各課要求の激增で編成難の平南豫算
257862	朝鮮朝日	西北版	1935-01-24	1	04단	知事警察部長會議の日程
257863	朝鮮朝日	西北版	1935-01-24	1	04단	施設を完備新義州飛行場無電や照明設備など
257864	朝鮮朝日	西北版	1935-01-24	1	04단	長久丸新たに就航日本海航路に
257865	朝鮮朝日	西北版	1935-01-24	1	04단	麻藥協會協議會
257866	朝鮮朝日	西北版	1935-01-24	1	05단	積極方針で臨む三百五十萬圓を目標に編成躍進の平壤明年豫算
257867	朝鮮朝日	西北版	1935-01-24	1	05단	府議選立候補者
257868	朝鮮朝日	西北版	1935-01-24	1	05단	虛禮を廢し東北へ義金
257869	朝鮮朝日	西北版	1935-01-24	1	05단	同情翕然と集る飢餓線上の奧地へ平南の各官廳より義金
257870	朝鮮朝日	西北版	1935-01-24	1	06단	奇特の警官
257871	朝鮮朝日	西北版	1935-01-24	1	06단	北鮮の大吹雪各地の交通杜絶す
257872	朝鮮朝日	西北版	1935-01-24	1	07단	そばや從業員賃銀値上を要求
257873	朝鮮朝日	西北版	1935-01-24	1	07단	山野を伴に學生の實習指導校舍なしの農民校十一年度から平南で實施
257874	朝鮮朝日	西北版	1935-01-24	1	07단	土沙崩潰し人夫七名壓死平元線工事場の慘
257875	朝鮮朝日	西北版	1935-01-24	1	08단	旅役者ご難天然痘と決定
257876	朝鮮朝日	西北版	1935-01-24	1	08단	轉落轢死
257877	朝鮮朝日	西北版	1935-01-24	1	08단	平南の民風改善成績大いに揚がる
257878	朝鮮朝日	西北版	1935-01-24	1	08단	鐘紡元山進出絕望に歸す咸南知事へ正式回答
257879	朝鮮朝日	西北版	1935-01-24	1	08단	スリを檢擧

일련번호	판명		간행일	면	단수	기사명
257880	朝鮮朝日	西北版	1935-01-24	1	10단	殺人放火犯人捕る顔を知られ兇刃を揮ふ
257881	朝鮮朝日	西北版	1935-01-24	1	10단	情痴の慘劇富豪宅を襲ひ妾を斬る
257882	朝鮮朝日	西北版	1935-01-24	1	10단	人(戶津學氏(殖産銀行系成業社專務))
257883	朝鮮朝日	西北版	1935-01-24	1	10단	柳京日記
257884	朝鮮朝日	南鮮版	1935-01-24	1	01단	京城府內のネオン街異變カフエ營業場所を制限移轉も命ずるか
257885	朝鮮朝日	南鮮版	1935-01-24	1	01단	大京城の防火陣完備梯子自動車も購入消防署を移築する
257886	朝鮮朝日	南鮮版	1935-01-24	1	01단	釜山職業學校道移管困難
257887	朝鮮朝日	南鮮版	1935-01-24	1	01단	跳躍半島物語(１３)/期して待つ滿洲への發展教育に、産業に霄壤の差水野鍊太郎氏の談
257888	朝鮮朝日	南鮮版	1935-01-24	1	02단	學校費負擔輕減の陳情
257889	朝鮮朝日	南鮮版	1935-01-24	1	02단	北濱では早くも爭奪戰釜山の兩埋築地と幹線道路地帶處分
257890	朝鮮朝日	南鮮版	1935-01-24	1	03단	京畿道中等學校長會議
257891	朝鮮朝日	南鮮版	1935-01-24	1	04단	知事警察部長會議の日程
257892	朝鮮朝日	南鮮版	1935-01-24	1	04단	大同江底は眩し悠々眠る黃金時價數千萬圓に上る沙金屬採取の手が伸びぬ
257893	朝鮮朝日	南鮮版	1935-01-24	1	05단	賑ふ昭陽江
257894	朝鮮朝日	南鮮版	1935-01-24	1	05단	古都・新羅祭の燈籠破壞から發覺朝鮮共産黨の再建を企てた慶北赤色團の全貌/檢擧された主なる關係者/農民夜學校や漁港勞働者に魔手危局の訪れを待つ
257895	朝鮮朝日	南鮮版	1935-01-24	1	06단	自動車運轉手試驗
257896	朝鮮朝日	南鮮版	1935-01-24	1	07단	巖佐關東局警務部長
257897	朝鮮朝日	南鮮版	1935-01-24	1	07단	犬死せぬワン公野犬群の毛皮を國境警備兵へ送る
257898	朝鮮朝日	南鮮版	1935-01-24	1	07단	商工從業員表彰式
257899	朝鮮朝日	南鮮版	1935-01-24	1	09단	無煙炭合同三月中成立か
257900	朝鮮朝日	南鮮版	1935-01-24	1	10단	京城商議の十年度豫算
257901	朝鮮朝日	南鮮版	1935-01-24	1	10단	山中で凍死
257902	朝鮮朝日	南鮮版	1935-01-24	1	10단	慶州の火事
257903	朝鮮朝日	南鮮版	1935-01-24	1	10단	もよほし(郵便切手展覽會)
257904	朝鮮朝日	南鮮版	1935-01-24	1	10단	人(戶津學氏(殖産銀行系成業社專務)/矢鍋朝鮮金組聯合會長)
257905	朝鮮朝日	西北版	1935-01-25	1	01단	綺麗どころの紹介や夜の情緒も宣傳遊覽客よ、平壤へお出でと觀光協會の新活躍/名所古蹟を走る遊覽バスちかく實施の計劃/雪は上々蝀龍窟スキー場平鐵でスキー貸出し
257906	朝鮮朝日	西北版	1935-01-25	1	01단	今井田總監議會出席のため東上
257907	朝鮮朝日	西北版	1935-01-25	1	02단	明朖女性陣(２)/明けて目出たき長唄ご連中結婚なんか蹴飛ばして鼻息荒きお稽古ぶり
257908	朝鮮朝日	西北版	1935-01-25	1	03단	圖書課長に柳生氏拔擢異動發令さる
257909	朝鮮朝日	西北版	1935-01-25	1	04단	地稅好成績
257910	朝鮮朝日	西北版	1935-01-25	1	04단	早くも運動展開平壤府議選の立候補者すでに六名に上る
257911	朝鮮朝日	西北版	1935-01-25	1	04단	水組貯水池買收の縺れ不服の地主總督へ訴願

일련번호	판명		간행일	면	단수	기사명
257912	朝鮮朝日	西北版	1935-01-25	1	05단	*戦車の活躍/平壤の日程*
257913	朝鮮朝日	西北版	1935-01-25	1	05단	南陽商工會設立さる
257914	朝鮮朝日	西北版	1935-01-25	1	05단	正月休みを廢し健全な勤勞獎勵放歌痛飲の惡習打破方を平南で各郡に通達
257915	朝鮮朝日	西北版	1935-01-25	1	06단	感謝の獻金
257916	朝鮮朝日	西北版	1935-01-25	1	06단	廣告取締規則制定
257917	朝鮮朝日	西北版	1935-01-25	1	07단	新借地組合
257918	朝鮮朝日	西北版	1935-01-25	1	07단	自動車事故は大半運轉手の不注意平壤署で嚴重訓戒
257919	朝鮮朝日	西北版	1935-01-25	1	07단	三人強盜は少年の所業
257920	朝鮮朝日	西北版	1935-01-25	1	07단	椰子薰る南國の匂ひを北鮮の家庭に運ぶ台灣産の果實がふんだんに今春より清津港で植物檢査
257921	朝鮮朝日	西北版	1935-01-25	1	07단	平南府尹、郡守會議
257922	朝鮮朝日	西北版	1935-01-25	1	08단	軍車とバス衝突
257923	朝鮮朝日	西北版	1935-01-25	1	08단	強盜の目的で押入り兇行平南の強盜捕はる
257924	朝鮮朝日	西北版	1935-01-25	1	09단	姦婦の夫殺し(未遂)情夫と共謀で
257925	朝鮮朝日	西北版	1935-01-25	1	09단	助役の挺身醉漢の命を救ふあはや轢死の間一髮
257926	朝鮮朝日	西北版	1935-01-25	1	09단	一萬六千圓持って失踪
257927	朝鮮朝日	西北版	1935-01-25	1	10단	強盜捕はる
257928	朝鮮朝日	西北版	1935-01-25	1	10단	柳京日記
257929	朝鮮朝日	南鮮版	1935-01-25	1	01단	宇垣總督を中に麗しい國際眼話在城八ヶ國外交團たちが感謝と慰安の集ひ
257930	朝鮮朝日	南鮮版	1935-01-25	1	02단	跳躍半島物語(14)/一段の進展を願ってやまぬ兒玉拓相の談
257931	朝鮮朝日	南鮮版	1935-01-25	1	03단	*全鮮擧げて塗潰す軍國色近づく奉天會戰三十周年！各地で記念の催し/陸軍展覽會京城で開催する/國防デー京城の計劃*
257932	朝鮮朝日	南鮮版	1935-01-25	1	04단	昌原消防組に感謝狀を
257933	朝鮮朝日	南鮮版	1935-01-25	1	05단	今井田總監議會出席のため東上
257934	朝鮮朝日	南鮮版	1935-01-25	1	05단	出版法改正を見ず去るのは殘念內務省に返り咲く清水圖書課長の談
257935	朝鮮朝日	南鮮版	1935-01-25	1	06단	各務ヶ原十機が壯烈な耐寒演習來月上旬京城、平壤の上空で
257936	朝鮮朝日	南鮮版	1935-01-25	1	07단	圖書課長に柳生氏拔擢異動發令さる(全羅南道警察部長 柳生繁雄/警視廳消防司令　嚴城彌太郎/忠清南道警察部長 古市進)
257937	朝鮮朝日	南鮮版	1935-01-25	1	07단	釜山商議十年度豫算
257938	朝鮮朝日	南鮮版	1935-01-25	1	08단	市街美化に牛糞取除け風變りの組合釜山に生れました
257939	朝鮮朝日	南鮮版	1935-01-25	1	08단	借金逃れの僞強盜頻出舊年末をひかへて
257940	朝鮮朝日	南鮮版	1935-01-25	1	08단	強盜捕はる
257941	朝鮮朝日	南鮮版	1935-01-25	1	08단	生きとし生けるもの京城松竹座で

일련번호	판명		간행일	면	단수	기사명
257942	朝鮮朝日	南鮮版	1935-01-25	1	09단	東北地方缺食兒童へ義金を寄託
257943	朝鮮朝日	南鮮版	1935-01-25	1	10단	神宮奉讚氷上競技廿六日擧行
257944	朝鮮朝日	南鮮版	1935-01-25	1	10단	一萬六千圓持って失踪
257945	朝鮮朝日	南鮮版	1935-01-25	1	10단	自動車轢逃げ
257946	朝鮮朝日	南鮮版	1935-01-25	1	10단	聾男の轢死
257947	朝鮮朝日	南鮮版	1935-01-25	1	10단	溜池に身投
257948	朝鮮朝日	南鮮版	1935-01-25	1	10단	ふぐで死ぬ
257949	朝鮮朝日	南鮮版	1935-01-25	1	10단	本社京城支局來訪
257950	朝鮮朝日	南鮮版	1935-01-25	1	10단	人(伊森貯銀頭取/谷朝信社長/森朝郵社長/中原殖銀平壤支店長/淸水圖書課長)
257951	朝鮮朝日	西北版	1935-01-26	1	01단	北鮮鐵道全線に大規模の補强工作まづ東部線を改修新たに重量機關車も活躍
257952	朝鮮朝日	西北版	1935-01-26	1	01단	樂浪宣揚の出版物刊行解說書や出土品寫眞帳など保存會の新事業
257953	朝鮮朝日	西北版	1935-01-26	1	01단	明眸女性陣(3)/織手に奏づコロリン・シャン文字どほり琴瑟相和す圓滿家庭第一課
257954	朝鮮朝日	西北版	1935-01-26	1	02단	鴨綠江の水運行政を統制日滿共同委員會新設
257955	朝鮮朝日	西北版	1935-01-26	1	04단	もよほし(育兒講座)
257956	朝鮮朝日	西北版	1935-01-26	1	04단	*清津の預金激增を示す/平南貯金獎勵好績*
257957	朝鮮朝日	西北版	1935-01-26	1	05단	淸津觀光協會創立に決す來月中旬總會を開き花々しい活動開始
257958	朝鮮朝日	西北版	1935-01-26	1	05단	軍部から增額の要求平壤公會堂敷地問題
257959	朝鮮朝日	西北版	1935-01-26	1	05단	更生の咸南端川に署長さんの頌德碑新滿面民が擧って釀し川崎現咸興署長の勞に酬ゆ
257960	朝鮮朝日	西北版	1935-01-26	1	07단	農事改良資金割當
257961	朝鮮朝日	西北版	1935-01-26	1	07단	訓示攻めを改めて實地視察に重點更生指導に從來の型を破る平南府尹郡守會議
257962	朝鮮朝日	西北版	1935-01-26	1	07단	日本海航路國營の前提？最近の貨客輸送の狀況につき北鮮鐵へ調查依賴
257963	朝鮮朝日	西北版	1935-01-26	1	07단	裏日本の時化第十七眞盛丸は一部破損聯絡船も大難航
257964	朝鮮朝日	西北版	1935-01-26	1	08단	咸南道廳の周圍を小植物園化す道內植物を移植して
257965	朝鮮朝日	西北版	1935-01-26	1	08단	轉轍手殉職雪に辷って
257966	朝鮮朝日	西北版	1935-01-26	1	09단	無料で一年間軍人に開放奇特な映畫館
257967	朝鮮朝日	西北版	1935-01-26	1	09단	醉って轢死
257968	朝鮮朝日	西北版	1935-01-26	1	09단	咸興と洪原相つぎ火事騷ぎ工場や吳服店を燒く
257969	朝鮮朝日	西北版	1935-01-26	1	10단	洋服工燒死火を失して
257970	朝鮮朝日	西北版	1935-01-26	1	10단	兵營だより
257971	朝鮮朝日	西北版	1935-01-26	1	10단	柳京日記
257972	朝鮮朝日	西北版	1935-01-26	1	10단	女給の厭世自殺

일련번호	판명		간행일	면	단수	기사명
257973	朝鮮朝日	南鮮版	1935-01-26	1	01단	春・展けば高鳴る蠟盤合戰目白押の各社の進出に半島映畫のトーキー化にも渦紋協定もぐらぐら
257974	朝鮮朝日	南鮮版	1935-01-26	1	01단	總督府お台所は空前の裕福さ十年度歲入著しく增
257975	朝鮮朝日	南鮮版	1935-01-26	1	01단	久留米戰車隊龍山へ聯合耐寒演習
257976	朝鮮朝日	南鮮版	1935-01-26	1	03단	鎭海の歡兵式
257977	朝鮮朝日	南鮮版	1935-01-26	1	03단	水害が崇って新事業オヂャン慶北の十年度豫算八百萬圓そこそこ/京城府豫算前年どほり
257978	朝鮮朝日	南鮮版	1935-01-26	1	04단	參政權獲得建白書提出
257979	朝鮮朝日	南鮮版	1935-01-26	1	04단	新顔も相當定員三名增加さる釜山府議の總改選
257980	朝鮮朝日	南鮮版	1935-01-26	1	04단	二六會組織社會事業の調查硏究に
257981	朝鮮朝日	南鮮版	1935-01-26	1	05단	全鮮一を誇る釜山中央卸賣市場いよいよ四月から開業
257982	朝鮮朝日	南鮮版	1935-01-26	1	05단	廣範圍にわたり統治功勞者表彰敍位、敍勳や褒賞の授與など顯はれる孝子節婦
257983	朝鮮朝日	南鮮版	1935-01-26	1	06단	慶南七河川災害復舊工事に着手
257984	朝鮮朝日	南鮮版	1935-01-26	1	06단	儀禮準則普及に講演會を開く
257985	朝鮮朝日	南鮮版	1935-01-26	1	06단	國防獻金の銀紙蒐め釜山でも
257986	朝鮮朝日	南鮮版	1935-01-26	1	07단	書堂をモダンに漢學本位の教材を廢止して就學難解決の鍵！
257987	朝鮮朝日	南鮮版	1935-01-26	1	07단	西大門公設市場開場式
257988	朝鮮朝日	南鮮版	1935-01-26	1	07단	京城郊外への自動車道路年末には全部完成
257989	朝鮮朝日	南鮮版	1935-01-26	1	08단	初等教育の改善講習會
257990	朝鮮朝日	南鮮版	1935-01-26	1	08단	舊歲末同情金募集
257991	朝鮮朝日	南鮮版	1935-01-26	1	08단	實兄殺しに死刑求刑
257992	朝鮮朝日	南鮮版	1935-01-26	1	08단	娼妓の服毒
257993	朝鮮朝日	南鮮版	1935-01-26	1	08단	船火事
257994	朝鮮朝日	南鮮版	1935-01-26	1	09단	武技大會
257995	朝鮮朝日	南鮮版	1935-01-26	1	09단	慶南窮民救濟事業工事の內譯
257996	朝鮮朝日	南鮮版	1935-01-26	1	09단	嬰兒殺しに情の判決
257997	朝鮮朝日	南鮮版	1935-01-26	1	10단	氷の中から死體浮上る漢江の騷ぎ
257998	朝鮮朝日	南鮮版	1935-01-26	1	10단	控訴申立て
257999	朝鮮朝日	南鮮版	1935-01-26	1	10단	約一萬圓の詐欺を働く登記證を僞造
258000	朝鮮朝日	南鮮版	1935-01-26	1	10단	寢台に小切手
258001	朝鮮朝日	南鮮版	1935-01-26	1	10단	もよほし(朝鮮藥學會例會)
258002	朝鮮朝日	南鮮版	1935-01-26	1	10단	鷄林かゞみ
258003	朝鮮朝日	西北版	1935-01-27	1	01단	平壤新規要求事業百萬圓の激增府勢躍進を語る膨脹ぶり徹宵、查定を急ぐ
258004	朝鮮朝日	西北版	1935-01-27	1	01단	朝窒本宮工場二倍大に擴張將來に備へ當初計劃を變更敷地買收に着手
258005	朝鮮朝日	西北版	1935-01-27	1	01단	明朖女性陣(4)/神に捧ぐる祈りのひとゝき信仰に根ざす希望の生活紅唇に說く福音

일련번호	판명		간행일	면	단수	기사명
258006	朝鮮朝日	西北版	1935-01-27	1	02단	鳩を驅使しスキーで活躍國境第一線の中樞惠山署、匪賊に待機
258007	朝鮮朝日	西北版	1935-01-27	1	04단	國境警備慰問の夕新義州公會堂でAKとの交歡放送
258008	朝鮮朝日	西北版	1935-01-27	1	04단	平壤に藥令市ちかく實現
258009	朝鮮朝日	西北版	1935-01-27	1	05단	平北道廳に振興課新設豫算を要求
258010	朝鮮朝日	西北版	1935-01-27	1	05단	西鮮各地に頻々・消燈騷ぎ堪りかねて警察部から警告 故障續出の西鮮合電
258011	朝鮮朝日	西北版	1935-01-27	1	06단	巨船を繫ぐ海の怪物淸津港の新異彩四つの大浮標
258012	朝鮮朝日	西北版	1935-01-27	1	07단	亡き恩師の頌德碑建設
258013	朝鮮朝日	西北版	1935-01-27	1	08단	溫い義金を窮民に頒つ
258014	朝鮮朝日	西北版	1935-01-27	1	08단	轡を竝べて起つ平壤人は氣が早い府議改選前奏曲
258015	朝鮮朝日	西北版	1935-01-27	1	08단	國勢調査
258016	朝鮮朝日	西北版	1935-01-27	1	08단	道議補選
258017	朝鮮朝日	西北版	1935-01-27	1	09단	戰車平壤へ
258018	朝鮮朝日	西北版	1935-01-27	1	09단	慘報しきり凶作に喘ぐ窮民六千咸北城津郡下の調査
258019	朝鮮朝日	西北版	1935-01-27	1	09단	三名重傷二名卽死トラック轉落
258020	朝鮮朝日	西北版	1935-01-27	1	10단	*開城の目拔燒く損害一萬圓/專賣支局の小火*
258021	朝鮮朝日	西北版	1935-01-27	1	10단	人(下村平南道警察部長)
258022	朝鮮朝日	西北版	1935-01-27	1	10단	柳京日記
258023	朝鮮朝日	南鮮版	1935-01-27	1	01단	*起てよ！農村 足竝み揃へて乘出す振興運動まづ中堅人物の養成/一役買ふ宗教僧侶の反省を促がし精神文化の向上に邁進する/農村振興の懸賞論文兒童から募る/慶南獨特の農民道場や短期養成所*
258024	朝鮮朝日	南鮮版	1935-01-27	1	02단	*動いた人々 凄い切れ味を本府圖書課長へ榮轉の柳生氏の功績/精一杯活動新全南內務部長矢野氏の談/愉快な思出新全南警察部長古市氏の談*
258025	朝鮮朝日	南鮮版	1935-01-27	1	03단	李完用侯十周忌追悼會京城で執行
258026	朝鮮朝日	南鮮版	1935-01-27	1	04단	京城府廳に庶務課新設
258027	朝鮮朝日	南鮮版	1935-01-27	1	04단	大邱商議豫算
258028	朝鮮朝日	南鮮版	1935-01-27	1	04단	京畿道の消防沿革史近く編纂着手
258029	朝鮮朝日	南鮮版	1935-01-27	1	04단	府立順化院增築に着工
258030	朝鮮朝日	南鮮版	1935-01-27	1	04단	工業朝鮮の絢爛たる映像各種企業の目覺ましい進出に前途ますます多幸
258031	朝鮮朝日	南鮮版	1935-01-27	1	05단	京城公普校の授業料値下
258032	朝鮮朝日	南鮮版	1935-01-27	1	05단	朝鮮、九州間を一枚の切符でKSKと九州線、朝鐵の連帶いよいよ實現
258033	朝鮮朝日	南鮮版	1935-01-27	1	06단	府當局も二の足踏む財源難から手がつかぬ大邱府營綜合運動場
258034	朝鮮朝日	南鮮版	1935-01-27	1	06단	東北地方へ兒童の義金
258035	朝鮮朝日	南鮮版	1935-01-27	1	06단	國際美談支那紙も讚へたわが船員の活動激浪と闘ひ遭難船を救ふ勇敢な共同丸

일련번호	판명		간행일	면	단수	기사명
258036	朝鮮朝日	南鮮版	1935-01-27	1	07단	酷寒衝いて壯烈な戰鬪戰車隊との聯合演習
258037	朝鮮朝日	南鮮版	1935-01-27	1	07단	われらの「朝鮮號」全國からひろく募金していよいよ獻納運動
258038	朝鮮朝日	南鮮版	1935-01-27	1	07단	鐵路を彩った怪奇とナンセンス迷信からの三事故
258039	朝鮮朝日	南鮮版	1935-01-27	1	08단	海苔全滅で對策を陳情
258040	朝鮮朝日	南鮮版	1935-01-27	1	08단	龍山各部隊耐寒演習
258041	朝鮮朝日	南鮮版	1935-01-27	1	09단	模型戰車の模擬演習陸軍記念日京城府內で
258042	朝鮮朝日	南鮮版	1935-01-27	1	09단	またまた痘瘡猖獗！患者既に五十餘名
258043	朝鮮朝日	南鮮版	1935-01-27	1	10단	專賣支局の小火
258044	朝鮮朝日	南鮮版	1935-01-27	1	10단	飛降り負傷
258045	朝鮮朝日	南鮮版	1935-01-27	1	10단	本社京城支局來訪
258046	朝鮮朝日	南鮮版	1935-01-27	1	10단	人(滿洲國間島省長蔡雲外氏および松下同總務廳長)
258047	朝鮮朝日	南鮮版	1935-01-27	1	10단	鷄林かゞみ
258048	朝鮮朝日	西北版	1935-01-29	1	01단	明眼女性陣(5)/向上したレコード趣味流行歌には深みがない復活した洋樂物
258049	朝鮮朝日	西北版	1935-01-29	1	01단	牡丹台の新粧構內各所に標示板や案內圖眺望廣場や小動物園も設置博物館も內容整備
258050	朝鮮朝日	西北版	1935-01-29	1	01단	モーター付きの畫舫も造る鎭南浦と手を握り遊覽施設を充實
258051	朝鮮朝日	西北版	1935-01-29	1	02단	南浦米檢所廳舍新築か
258052	朝鮮朝日	西北版	1935-01-29	1	03단	蘆田川の改修を陳情
258053	朝鮮朝日	西北版	1935-01-29	1	03단	國防婦人會羅南に生る名流夫人を網羅しちかく創立總會
258054	朝鮮朝日	西北版	1935-01-29	1	03단	金組設置の陳情
258055	朝鮮朝日	西北版	1935-01-29	1	03단	戰車の市內行進平壤に着く
258056	朝鮮朝日	西北版	1935-01-29	1	04단	農事功勞者
258057	朝鮮朝日	西北版	1935-01-29	1	04단	選擧人名簿作成
258058	朝鮮朝日	西北版	1935-01-29	1	04단	淸津漁港築造七月には完成豫定より三ヶ月遲る
258059	朝鮮朝日	西北版	1935-01-29	1	05단	淸川江の鮎が減る平南、北兩當局が對策を協議
258060	朝鮮朝日	西北版	1935-01-29	1	05단	方面委員や託兒所設置新年度に要求の平壤の社會施設
258061	朝鮮朝日	西北版	1935-01-29	1	05단	助興稅好績
258062	朝鮮朝日	西北版	1935-01-29	1	05단	優良部落視察
258063	朝鮮朝日	西北版	1935-01-29	1	06단	咸北に女高普を設く新年度豫算に計上
258064	朝鮮朝日	西北版	1935-01-29	1	07단	拳銃を胸に自殺を計る
258065	朝鮮朝日	西北版	1935-01-29	1	07단	生みの親古川署長を慕ふ更生園兒ら心こめた京城からの贈物にいぢらしいお禮狀
258066	朝鮮朝日	西北版	1935-01-29	1	08단	窮民へ贈る
258067	朝鮮朝日	西北版	1935-01-29	1	08단	平北厚昌に匪賊現はる避難民の幼兒を拉致
258068	朝鮮朝日	西北版	1935-01-29	1	08단	平壤の火事二戶を燒く放火の容疑濃厚
258069	朝鮮朝日	西北版	1935-01-29	1	08단	拳銃も混る平壤の落し物
258070	朝鮮朝日	西北版	1935-01-29	1	08단	毒藥を呷り夫の後を追ふ

일련번호	판명		간행일	면	단수	기사명
258071	朝鮮朝日	西北版	1935-01-29	1	08단	少年の盗み
258072	朝鮮朝日	西北版	1935-01-29	1	09단	着物に附着の血液を鑑定解決の鍵を法醫學に待つ强盗傷人の容疑者
258073	朝鮮朝日	西北版	1935-01-29	1	09단	竊盗捕はる
258074	朝鮮朝日	西北版	1935-01-29	1	10단	老爺轢かる
258075	朝鮮朝日	西北版	1935-01-29	1	10단	二人組强盗食刀で脅迫
258076	朝鮮朝日	西北版	1935-01-29	1	10단	柳京日記
258077	朝鮮朝日	南鮮版	1935-01-29	1	01단	高層建築物に木造は許可せぬ和信デパートの大火に鑑み各方面にショック/果物小屋の蠟燭から燃え移る塀を傳って二階へ/損害五十萬圓/京城連鎖店を假營業所に善後策決る
258078	朝鮮朝日	南鮮版	1935-01-29	1	01단	國境警備慰問の夕新義州公會堂でAKとの交歡放送
258079	朝鮮朝日	南鮮版	1935-01-29	1	01단	建國祭大々的に擧行/紀元節に表彰
258080	朝鮮朝日	南鮮版	1935-01-29	1	02단	蔡間島省長一行
258081	朝鮮朝日	南鮮版	1935-01-29	1	03단	仁川府豫算どう切盛る？
258082	朝鮮朝日	南鮮版	1935-01-29	1	04단	全北の表彰兒童
258083	朝鮮朝日	南鮮版	1935-01-29	1	04단	府營として愈よ實現せん校舍敷地は山根町公設運動場新設の仁川中學校
258084	朝鮮朝日	南鮮版	1935-01-29	1	04단	十月から開局自動交換機取付にかゝる京城中央電話局
258085	朝鮮朝日	南鮮版	1935-01-29	1	05단	沙漠と化した美田飢餓線に喘ぐ六千名土沙取除けに猛運動を起す
258086	朝鮮朝日	南鮮版	1935-01-29	1	05단	京城南部幹線道路改修明年度着手
258087	朝鮮朝日	南鮮版	1935-01-29	1	05단	天然痘二名慶北に發生
258088	朝鮮朝日	南鮮版	1935-01-29	1	06단	我家の更生兒童から募る懸賞の綴り方
258089	朝鮮朝日	南鮮版	1935-01-29	1	06단	十年度內に全部を完成慶北の一面一校計劃
258090	朝鮮朝日	南鮮版	1935-01-29	1	06단	當局を手古摺らす特殊療術取締り弊害も多く捨ておけずと內地と步調を合せ
258091	朝鮮朝日	南鮮版	1935-01-29	1	07단	慶北の農家更生道內全部落を指定して
258092	朝鮮朝日	南鮮版	1935-01-29	1	08단	後家さんに再婚を勸める犯罪封じに粹な計ひ
258093	朝鮮朝日	南鮮版	1935-01-29	1	08단	不正株屋一齊檢擧京城で行ふ
258094	朝鮮朝日	南鮮版	1935-01-29	1	09단	夜の京城を荒す一本足の男女學生を脅かした少年スリ二名も捕はる
258095	朝鮮朝日	南鮮版	1935-01-29	1	09단	貧しき人々へ
258096	朝鮮朝日	南鮮版	1935-01-29	1	10단	幹線道路の鋪裝工事慶南で行ふ
258097	朝鮮朝日	南鮮版	1935-01-29	1	10단	人(大串朝鮮軍參謀長/淸水新任內務省警察講習所敎授/荻田德太郎氏(全北參禮消防組頭、同米穀組合長))
258098	朝鮮朝日	南鮮版	1935-01-29	1	10단	鷄林かゞみ
258099	朝鮮朝日	南鮮版	1935-01-29	1	10단	棉花講習會
258100	朝鮮朝日	西北版	1935-01-30	1	01단	軍官學校の一味半島に潛入暗躍兇惡の陰謀、未然に發覺三十五名を逮捕す

일련번호	판명		간행일	면	단수	기사명
258101	朝鮮朝日	西北版	1935-01-30	1	01단	働き手を失った困窮の家に春廻る溫かい乙女の情けに蘇った入營兵の遺家族
258102	朝鮮朝日	西北版	1935-01-30	1	01단	雄羅隧道貫通祝賀會羅津で盛大に擧行
258103	朝鮮朝日	西北版	1935-01-30	1	01단	平壤の市場充實八ヶ所新設
258104	朝鮮朝日	西北版	1935-01-30	1	02단	水禍防止に防水堤工事明十年度の普通江改修
258105	朝鮮朝日	西北版	1935-01-30	1	02단	地軸を搖がす戰車の驀進平壤の步戰聯合演習
258106	朝鮮朝日	西北版	1935-01-30	1	03단	次期總改選から戶別訪問禁止か大都市からの要望に對し本府當局の意向
258107	朝鮮朝日	西北版	1935-01-30	1	04단	消防隊充實
258108	朝鮮朝日	西北版	1935-01-30	1	04단	平壤の人口十五萬八千
258109	朝鮮朝日	西北版	1935-01-30	1	04단	明服女性陣(6)/氣むづかしやの角を折った生花の功德家庭愛を培ふ自然への愛華道生の坊の卷
258110	朝鮮朝日	西北版	1935-01-30	1	05단	都市生活を明く健康に平壤の惡疫一掃計劃
258111	朝鮮朝日	西北版	1935-01-30	1	06단	爆破作業中十一名死傷咸南の道路工事場で
258112	朝鮮朝日	西北版	1935-01-30	1	06단	平壤の小火
258113	朝鮮朝日	西北版	1935-01-30	1	07단	府營葬齋場と牛皮乾燥場を新設平壤の新公營事業
258114	朝鮮朝日	西北版	1935-01-30	1	07단	妓生街に渦紋傳統の箕城券と相竝んで新券番許可さるか
258115	朝鮮朝日	西北版	1935-01-30	1	07단	花街に降った金
258116	朝鮮朝日	西北版	1935-01-30	1	08단	一部落が自作農に低資融通で
258117	朝鮮朝日	西北版	1935-01-30	1	08단	本屋さんの看板爭ひ訴訟沙汰に
258118	朝鮮朝日	西北版	1935-01-30	1	09단	貧しき人へ義金を配る一人當り五圓
258119	朝鮮朝日	西北版	1935-01-30	1	10단	二人共謀で各地を荒す
258120	朝鮮朝日	西北版	1935-01-30	1	10단	人(下村進氏(平南道警察部長))
258121	朝鮮朝日	西北版	1935-01-30	1	10단	柳京日記
258122	朝鮮朝日	南鮮版	1935-01-30	1	01단	軍官學校の一味半島に潜入暗躍兇惡の陰謀、未然に發覺三十五名を逮捕す
258123	朝鮮朝日	南鮮版	1935-01-30	1	01단	想ひ出を盛って電波に乘せる仁川の夕べ日本海戰三十周年記念に
258124	朝鮮朝日	南鮮版	1935-01-30	1	01단	壓縮また壓縮結局七百萬圓台に京畿道十年度豫算
258125	朝鮮朝日	南鮮版	1935-01-30	1	01단	國防獻金殘額使途を釜山で考究
258126	朝鮮朝日	南鮮版	1935-01-30	1	02단	朝鮮神宮入營奉告祭
258127	朝鮮朝日	南鮮版	1935-01-30	1	02단	中等入學の準備敎育取締り申合せが守られぬ
258128	朝鮮朝日	南鮮版	1935-01-30	1	03단	特典つきで聽取者募集釜山放送局
258129	朝鮮朝日	南鮮版	1935-01-30	1	04단	若妻の自殺
258130	朝鮮朝日	南鮮版	1935-01-30	1	04단	次期總改選から戶別訪問禁止か大都市からの要望に對し本府當局の意向/京城府議選有權者調査
258131	朝鮮朝日	南鮮版	1935-01-30	1	04단	殘骸の中に復興着々進む火災の和信デパート
258132	朝鮮朝日	南鮮版	1935-01-30	1	05단	色服の獎勵慶南で好成績
258133	朝鮮朝日	南鮮版	1935-01-30	1	07단	鹿子絞りで絞り出すお金水害罹災民救濟に慶南道內で講習會

일련번호	판명		간행일	면	단수	기사명
258134	朝鮮朝日	南鮮版	1935-01-30	1	07단	市街地建築物取締を統制防火、衛生、耐風などから當局本腰で乘出す
258135	朝鮮朝日	南鮮版	1935-01-30	1	07단	銀幕から招く觀光團逞しさ半島の姿を撮影し內地で上映宣傳
258136	朝鮮朝日	南鮮版	1935-01-30	1	08단	スポーツ(神宮氷上競技優勝の記錄/專門校聯合武道納會)
258137	朝鮮朝日	南鮮版	1935-01-30	1	08단	脅威の痘禍濟州島內に續發す鮮內の患者百名を突破
258138	朝鮮朝日	南鮮版	1935-01-30	1	09단	巡査派出所改築
258139	朝鮮朝日	南鮮版	1935-01-30	1	09단	西大門公設市場落成式
258140	朝鮮朝日	南鮮版	1935-01-30	1	10단	馬の鼻疽またまた發生
258141	朝鮮朝日	南鮮版	1935-01-30	1	10단	本社京城支局來訪
258142	朝鮮朝日	南鮮版	1935-01-30	1	10단	もよほし(方面事業功勞章傳達式)
258143	朝鮮朝日	南鮮版	1935-01-30	1	10단	人(荻原鐵道局庶務課長/池田警務局長/藤山大日本製糖社長高見取締役/山口殖銀産業金融課長/西龜總督府衛生課長/淸水前總督府警務局圖書課長)
258144	朝鮮朝日	南鮮版	1935-01-30	1	10단	鷄林かゞみ
258145	朝鮮朝日	南鮮版	1935-01-30	1	10단	劇と映畵(京城 松竹座)
258146	朝鮮朝日	西北版	1935-01-31	1	01단	平元線全通と高工設置に邁進一段落の平南五事業期成會鉾を轉じて新運動
258147	朝鮮朝日	西北版	1935-01-31	1	01단	有望な北鮮へ積極的に融資東拓の態度決まる
258148	朝鮮朝日	西北版	1935-01-31	1	01단	明眼女性陣(7)/初春のどか素囃子問答泣かされたお手々の痛さ復興する古典趣味
258149	朝鮮朝日	西北版	1935-01-31	1	02단	前府尹らに慰勞金贈呈平壤府會
258150	朝鮮朝日	西北版	1935-01-31	1	03단	海關設置協定
258151	朝鮮朝日	西北版	1935-01-31	1	04단	超過保險に警告
258152	朝鮮朝日	西北版	1935-01-31	1	04단	平壤商議所十年度調査事項
258153	朝鮮朝日	西北版	1935-01-31	1	04단	北鮮、內地間直通貨物値下げ二月特定運賃發表
258154	朝鮮朝日	西北版	1935-01-31	1	05단	沙里院に公會堂建設に決す
258155	朝鮮朝日	西北版	1935-01-31	1	05단	平壤各商店集金日統一成績注目さる
258156	朝鮮朝日	西北版	1935-01-31	1	05단	大同江岸に築く工場街鑛滓で十八萬坪を埋立つ鎭南浦製鍊所の計劃
258157	朝鮮朝日	西北版	1935-01-31	1	06단	修築の完成を待ち羅津を開港に同時に稅關も設置
258158	朝鮮朝日	西北版	1935-01-31	1	06단	思ひ出の戰蹟で壯烈な模擬戰近代兵器の威力を發揮す平壤の日露役三十年記念
258159	朝鮮朝日	西北版	1935-01-31	1	07단	無煙炭の需要益々加はる豆炭の賣行き旺盛で
258160	朝鮮朝日	西北版	1935-01-31	1	07단	派出所新設と警察署新築平南より豫算要求
258161	朝鮮朝日	西北版	1935-01-31	1	07단	お座敷が轟然・爆發咸興の料亭ビックリ溫突の石炭に爆藥混入か
258162	朝鮮朝日	西北版	1935-01-31	1	07단	公金拐帶滿洲で捕る
258163	朝鮮朝日	西北版	1935-01-31	1	08단	同盟罷工數
258164	朝鮮朝日	西北版	1935-01-31	1	08단	人(土居泰助氏(新任殖産銀行平壤支店長))

일련번호	판명		간행일	면	단수	기사명
258165	朝鮮朝日	西北版	1935-01-31	1	08단	有力な容疑者二名を捕ふ平南成川の殺人放火
258166	朝鮮朝日	西北版	1935-01-31	1	08단	二人組強盗
258167	朝鮮朝日	西北版	1935-01-31	1	08단	豚疫に備ふ
258168	朝鮮朝日	西北版	1935-01-31	1	09단	南浦官民懇親會
258169	朝鮮朝日	西北版	1935-01-31	1	09단	機關車衝突平壤驛構內で
258170	朝鮮朝日	西北版	1935-01-31	1	09단	また天然痘平壤府內に
258171	朝鮮朝日	西北版	1935-01-31	1	10단	密輸者を詐る
258172	朝鮮朝日	西北版	1935-01-31	1	10단	郵便集配人が盗んで逃ぐ
258173	朝鮮朝日	西北版	1935-01-31	1	10단	乘客の奇禍
258174	朝鮮朝日	西北版	1935-01-31	1	10단	柳京日記
258175	朝鮮朝日	南鮮版	1935-01-31	1	01단	高らかに奏づ藥草朝鮮の腺歌有望な天然資源として議會で折紙づき！
258176	朝鮮朝日	南鮮版	1935-01-31	1	01단	宗教復興運動當局いよいよ乘り出す各派代表と懇談會
258177	朝鮮朝日	南鮮版	1935-01-31	1	01단	滿洲國稅關鮮內出張所淸津、雄基、羅津の三港に愈よ設置に決まる
258178	朝鮮朝日	南鮮版	1935-01-31	1	02단	大邱府豫算主なる事業
258179	朝鮮朝日	南鮮版	1935-01-31	1	02단	猛獸の死因を繞って學界の對立投げかける？？
258180	朝鮮朝日	南鮮版	1935-01-31	1	03단	釜山特別經濟豫算の査定
258181	朝鮮朝日	南鮮版	1935-01-31	1	03단	慶北道會
258182	朝鮮朝日	南鮮版	1935-01-31	1	03단	明確となった半島の進むべき途農村更生三十ヶ年計劃が樹てた統治の根本方針/漁村更生に運動方針を變へて水産組合令を制定
258183	朝鮮朝日	南鮮版	1935-01-31	1	04단	もよほし(鏡開き式/朝鮮農會通常總會)
258184	朝鮮朝日	南鮮版	1935-01-31	1	04단	忠南官選道議員
258185	朝鮮朝日	南鮮版	1935-01-31	1	04단	愛國機朝鮮教員號全鮮に呼びかけ獻納
258186	朝鮮朝日	南鮮版	1935-01-31	1	05단	曾尸茂梨神社を建設春川牛頭山に
258187	朝鮮朝日	南鮮版	1935-01-31	1	05단	故釘本氏の功勞を記念
258188	朝鮮朝日	南鮮版	1935-01-31	1	05단	鍊列車動く本格的の寒さから盛漁に入った迎日灣
258189	朝鮮朝日	南鮮版	1935-01-31	1	06단	陸軍記念日大邱の催し
258190	朝鮮朝日	南鮮版	1935-01-31	1	06단	新銳兵器も選って參加兩師團對抗大演習
258191	朝鮮朝日	南鮮版	1935-01-31	1	06단	久留米戰車隊大田で演習
258192	朝鮮朝日	南鮮版	1935-01-31	1	06단	利用される本紙縮刷版
258193	朝鮮朝日	南鮮版	1935-01-31	1	06단	東北凶作義損金寄託
258194	朝鮮朝日	南鮮版	1935-01-31	1	07단	水害に光る美談決死的活動の千六百餘名を慶南道で愈よ表彰
258195	朝鮮朝日	南鮮版	1935-01-31	1	07단	僞刑事釜山に出沒
258196	朝鮮朝日	南鮮版	1935-01-31	1	08단	錦江上流改修工事費復活の運動
258197	朝鮮朝日	南鮮版	1935-01-31	1	08단	高層建築物の防火設備完備の警告
258198	朝鮮朝日	南鮮版	1935-01-31	1	08단	怪火原因は子供の遊びから

일련번호	판명		간행일	면	단수	기사명
258199	朝鮮朝日	南鮮版	1935-01-31	1	08단	大邱近郊にふえる新名所公園墓地が生れて新興兩班層の悩みも解消
258200	朝鮮朝日	南鮮版	1935-01-31	1	08단	驛手の奇禍
258201	朝鮮朝日	南鮮版	1935-01-31	1	09단	崖崩れで六名死傷生埋め騒ぎ
258202	朝鮮朝日	南鮮版	1935-01-31	1	09단	京城の火事
258203	朝鮮朝日	南鮮版	1935-01-31	1	09단	鎌で斬付け商品を強奪宵の辻強盜
258204	朝鮮朝日	南鮮版	1935-01-31	1	10단	郵便集配人が盜んで逃ぐ
258205	朝鮮朝日	南鮮版	1935-01-31	1	10단	乘客の危禍
258206	朝鮮朝日	南鮮版	1935-01-31	1	10단	アイスホッケー優勝戰
258207	朝鮮朝日	南鮮版	1935-01-31	1	10단	本社京城支局來訪
258208	朝鮮朝日	南鮮版	1935-01-31	1	10단	人(田淵東拓理事/柳生繁生氏(總督府圖書課長)/岸總督府審議室事務官/高橋陸軍省築城本部長/小泉陸軍省醫務局長/山口殖銀金融課長)
258209	朝鮮朝日	南鮮版	1935-01-31	1	10단	鷄林かゞみ

1935년 2월 (조선아사히)

일련번호	판명		간행일	면	단수	기사명
258210	朝鮮朝日	西北版	1935-02-01	1	01단	*全鮮に魁くる平壤の選擧氣分早くも十一名立候補統制如何では朝鮮人側優勢/名簿確定前でも立候補は適法一部府民の疑惑に對し府當局の聲明*
258211	朝鮮朝日	西北版	1935-02-01	1	01단	躍る北鮮の姿を映畫に內鮮各地に紹介
258212	朝鮮朝日	西北版	1935-02-01	1	01단	對滿鮮魚輸送出荷組合組織
258213	朝鮮朝日	西北版	1935-02-01	1	02단	鍊金祕聞(上)/黃金熱の狂騰なんと賞與が百割物凄い鎭南浦製鍊所の躍進
258214	朝鮮朝日	西北版	1935-02-01	1	03단	日本海利用軍用食糧輸送
258215	朝鮮朝日	西北版	1935-02-01	1	03단	*飢饉救濟義金募集/窮民を賑す*
258216	朝鮮朝日	西北版	1935-02-01	1	03단	多獅島築港實現後の計劃
258217	朝鮮朝日	西北版	1935-02-01	1	04단	滿洲國稅關鮮內出張所淸津、雄基、羅津の三港に愈よ設置に決まる
258218	朝鮮朝日	西北版	1935-02-01	1	04단	素晴らしい紙面愈よ十一日紀元節より三重四重の讀者大奉仕門司で朝刊夕刊發行大阪朝日新聞社九州志社
258219	朝鮮朝日	西北版	1935-02-01	1	06단	スキー大會半島代表決る
258220	朝鮮朝日	西北版	1935-02-01	1	07단	府民に呼びかけ圖書寄贈を求む巡廻制や特別閱覽制も設く平壤圖書館の充實計劃
258221	朝鮮朝日	西北版	1935-02-01	1	08단	痴情の果か人妻を殺して自殺
258222	朝鮮朝日	西北版	1935-02-01	1	08단	阿片を密賣
258223	朝鮮朝日	西北版	1935-02-01	1	09단	金塊密輸出
258224	朝鮮朝日	西北版	1935-02-01	1	09단	悩みの母性愛離すに忍びず育てもならずこっそり兄の許へ
258225	朝鮮朝日	西北版	1935-02-01	1	10단	不義の兒を捨つ
258226	朝鮮朝日	西北版	1935-02-01	1	10단	悲戀の女給自殺を企つ
258227	朝鮮朝日	西北版	1935-02-01	1	10단	柳京日記
258228	朝鮮朝日	南鮮版	1935-02-01	1	01단	*外鹽輸入に絡む贈賄事件暴露す仁川鹽共販組合の幹部ほか多數を召喚取調べ/數年來連續的に各方面異常な衝動*
258229	朝鮮朝日	南鮮版	1935-02-01	1	01단	料理獻立を各家庭へ配る一段の緊張を促す釜山の建國祭行事
258230	朝鮮朝日	南鮮版	1935-02-01	1	01단	敎育の父一部落の敎育に全心魂と私財を抛つ
258231	朝鮮朝日	南鮮版	1935-02-01	1	02단	豫算を可決朝鮮農會總會
258232	朝鮮朝日	南鮮版	1935-02-01	1	03단	氣分漸く高潮す大邱府議改選
258233	朝鮮朝日	南鮮版	1935-02-01	1	03단	大邱職紹所敷地決まる
258234	朝鮮朝日	南鮮版	1935-02-01	1	03단	沸る同胞愛を綴って義金東北凶作地へ
258235	朝鮮朝日	南鮮版	1935-02-01	1	03단	鹽の自給自足五年後には實現明年から鹽田の第二次築造
258236	朝鮮朝日	南鮮版	1935-02-01	1	04단	植田將軍へまた童心の贈物石器を文鎭にと滋賀懸柏原校兒童から
258237	朝鮮朝日	南鮮版	1935-02-01	1	04단	素晴らしい紙面愈よ十一日紀元節より三重四重の讀者大奉仕門司で朝刊夕刊發行大阪朝日新聞社九州志社
258238	朝鮮朝日	南鮮版	1935-02-01	1	04단	甲子園の花形鐵道球團へ五選手入部
258239	朝鮮朝日	南鮮版	1935-02-01	1	05단	驛員の警察眼事故防止週間の最中貨物竊盜犯人を捕ふ

일련번호	판명		간행일	면	단수	기사명
258240	朝鮮朝日	南鮮版	1935-02-01	1	06단	結氷爆破演習
258241	朝鮮朝日	南鮮版	1935-02-01	1	06단	本府水試場長長友氏勇退
258242	朝鮮朝日	南鮮版	1935-02-01	1	06단	スキー大會半島代表決る
258243	朝鮮朝日	南鮮版	1935-02-01	1	06단	家内工業に先づ開拓の道を生産大都市への飛躍を期する大邱
258244	朝鮮朝日	南鮮版	1935-02-01	1	07단	猛獸の死因爭ひへ飛び出した新設獸醫學會でロッツ病を主張三巴の論戰展開か
258245	朝鮮朝日	南鮮版	1935-02-01	1	08단	慶南道警察部異動
258246	朝鮮朝日	南鮮版	1935-02-01	1	08단	三木氏個展
258247	朝鮮朝日	南鮮版	1935-02-01	1	09단	受信機販賣に凄い合戰か釜山放送局設置で
258248	朝鮮朝日	南鮮版	1935-02-01	1	09단	釜山の火事
258249	朝鮮朝日	南鮮版	1935-02-01	1	09단	三棟を燒く
258250	朝鮮朝日	南鮮版	1935-02-01	1	10단	街の惡を掃く
258251	朝鮮朝日	南鮮版	1935-02-01	1	10단	もよほし(京城府第二教育部會懇談會)
258252	朝鮮朝日	南鮮版	1935-02-01	1	10단	人(大竹總督府保安課長/鹽田總督府文書課長/藤川京南鐵道副社長/橋本博史博士)
258253	朝鮮朝日	南鮮版	1935-02-01	1	10단	鷄林かゞみ
258254	朝鮮朝日	西北版	1935-02-02	1	01단	半島・誇りの代表スケートの金、李兩君榮えの國際オリンピックへ(金正淵君/李聖德君)
258255	朝鮮朝日	西北版	1935-02-02	1	01단	平南の面廢合來月より實施六ヶ面を廢止、一ヶ面新設懸案漸く解決す
258256	朝鮮朝日	西北版	1935-02-02	1	01단	多獅島築港の前途は洋々奥地特産を奪はれ鎭南浦は一大脅威/實地測量にいよいよ着手
258257	朝鮮朝日	西北版	1935-02-02	1	02단	北鮮紹介の繪葉書北線管理局の手で作成
258258	朝鮮朝日	西北版	1935-02-02	1	03단	新義州府市區改正
258259	朝鮮朝日	西北版	1935-02-02	1	03단	平壤高射隊耐寒演習四日から實施
258260	朝鮮朝日	西北版	1935-02-02	1	03단	神宮へ獻木平南より八本
258261	朝鮮朝日	西北版	1935-02-02	1	04단	十一日から門司で朝刊、夕刊發行準備すべて成る大阪朝日新聞社九州支社
258262	朝鮮朝日	西北版	1935-02-02	1	04단	人口激增でディゼルエンヂンを装備清津の給水設備强化
258263	朝鮮朝日	西北版	1935-02-02	1	05단	東北義金愛婦清津分會
258264	朝鮮朝日	西北版	1935-02-02	1	05단	一萬圓の夢
258265	朝鮮朝日	西北版	1935-02-02	1	06단	名流夫人ら更生園慰問
258266	朝鮮朝日	西北版	1935-02-02	1	06단	密輸は盡きず依然盛んな燒酎と沙糖鑵詰類も新登場
258267	朝鮮朝日	西北版	1935-02-02	1	07단	教育の父一部落の教育に全心魂と私財を拋つ
258268	朝鮮朝日	西北版	1935-02-02	1	07단	密輸に失敗死體となり發見對岸官憲に射殺されたか新義州の綿布商人
258269	朝鮮朝日	西北版	1935-02-02	1	07단	狂言强盗
258270	朝鮮朝日	西北版	1935-02-02	1	08단	朝室專用鐵道認可
258271	朝鮮朝日	西北版	1935-02-02	1	08단	電線泥捕る

일련번호	판명		간행일	면	단수	기사명
258272	朝鮮朝日	西北版	1935-02-02	1	08단	*精米所の出火負傷者三名を出す/義州鑛山の製鍊所燒く*
258273	朝鮮朝日	西北版	1935-02-02	1	09단	モヒ患撲滅
258274	朝鮮朝日	西北版	1935-02-02	1	09단	本社九州支社長原田氏着任
258275	朝鮮朝日	西北版	1935-02-02	1	09단	悲戀の自殺
258276	朝鮮朝日	西北版	1935-02-02	1	09단	紳士賭博
258277	朝鮮朝日	西北版	1935-02-02	1	09단	人(周境炳氏(滿洲國洮南鐵路局長)/梅崎第二十師團長)
258278	朝鮮朝日	西北版	1935-02-02	1	10단	柳京日記
258279	朝鮮朝日	西北版	1935-02-02	1	10단	「水戶黃門」上映
258280	朝鮮朝日	南鮮版	1935-02-02	1	01단	一大移民會社を愈よ創設の計劃十年度から着手される滿洲國移民具體化
258281	朝鮮朝日	南鮮版	1935-02-02	1	01단	京城府義選漸く色めく三氏が立候補屆出
258282	朝鮮朝日	南鮮版	1935-02-02	1	01단	李王垠殿下四日台灣より御歸來
258283	朝鮮朝日	南鮮版	1935-02-02	1	01단	滿洲國皇帝へ朝鮮から獻上
258284	朝鮮朝日	南鮮版	1935-02-02	1	01단	九ヶ邑面編入で膨れる京城府
258285	朝鮮朝日	南鮮版	1935-02-02	1	01단	全北の面廢合名稱及び區域の變更
258286	朝鮮朝日	南鮮版	1935-02-02	1	02단	內鮮提携し佛敎の普及開拓具體案を練って
258287	朝鮮朝日	南鮮版	1935-02-02	1	02단	東北義捐金寄託
258288	朝鮮朝日	南鮮版	1935-02-02	1	03단	特科兵の入營奉告祭
258289	朝鮮朝日	南鮮版	1935-02-02	1	03단	中堅人物養成講習會
258290	朝鮮朝日	南鮮版	1935-02-02	1	03단	朝鮮神宮の莊嚴な御木引式三月一日から學童らの奉仕で神苑植樹工作進む
258291	朝鮮朝日	南鮮版	1935-02-02	1	04단	鮮銀新理事
258292	朝鮮朝日	南鮮版	1935-02-02	1	04단	十一日から門司で朝刊、夕刊發行準備すべて成る大阪朝日新聞社九州支社
258293	朝鮮朝日	南鮮版	1935-02-02	1	04단	金刀比羅丸遭難したか
258294	朝鮮朝日	南鮮版	1935-02-02	1	05단	大邱府西部プール建設
258295	朝鮮朝日	南鮮版	1935-02-02	1	05단	義勇團慶南で組織
258296	朝鮮朝日	南鮮版	1935-02-02	1	06단	可及的、民間の希望に副ひたい籾强制檢查に對し總督府側の方針
258297	朝鮮朝日	南鮮版	1935-02-02	1	06단	さすがゴールドラッシュ時代一月中に實に一千百餘件殺到する鑛區出願
258298	朝鮮朝日	南鮮版	1935-02-02	1	06단	酒場で殺さる
258299	朝鮮朝日	南鮮版	1935-02-02	1	06단	拗るひかり進行中二度までも連結機が分離、停車
258300	朝鮮朝日	南鮮版	1935-02-02	1	07단	要塞法違反マ氏起訴さる
258301	朝鮮朝日	南鮮版	1935-02-02	1	08단	酒の密造激增し取締に大童
258302	朝鮮朝日	南鮮版	1935-02-02	1	08단	確證を握る全貌近く明るみへ鹽共販の被疑事件
258303	朝鮮朝日	南鮮版	1935-02-02	1	08단	線路內で園遊會
258304	朝鮮朝日	南鮮版	1935-02-02	1	08단	强盜頻出物騷な舊年末
258305	朝鮮朝日	南鮮版	1935-02-02	1	08단	列車內に捨子
258306	朝鮮朝日	南鮮版	1935-02-02	1	09단	鐵道員に化け箱乘を働く自轉車の竊盜リレー

일련번호	판명		간행일	면	단수	기사명
258307	朝鮮朝日	南鮮版	1935-02-02	1	09단	本社京城支局來訪
258308	朝鮮朝日	南鮮版	1935-02-02	1	10단	强盜捕はる
258309	朝鮮朝日	南鮮版	1935-02-02	1	10단	本社九州支社長原田氏着任
258310	朝鮮朝日	南鮮版	1935-02-02	1	10단	もよほし(レコード鐵實の夕)
258311	朝鮮朝日	南鮮版	1935-02-02	1	10단	人(難波憲兵司令官/池田警務局長/大竹十郎氏(總督府保安課長)/西本社光州通信所記者/森朝郵社長母堂)
258312	朝鮮朝日	西北版	1935-02-03	1	01단	國際幹線保全の鐵道警備演習十九師團、北鐵管理局聯合で來る廿日より擧行
258313	朝鮮朝日	西北版	1935-02-03	1	01단	商圈擴張に咸興側も蹶起咸南奥地の開拓に先發精査隊を派す
258314	朝鮮朝日	西北版	1935-02-03	1	01단	平壤の下水改良三十萬圓計上
258315	朝鮮朝日	西北版	1935-02-03	1	01단	清津第二公普設立に決る高女も增築
258316	朝鮮朝日	西北版	1935-02-03	1	02단	府立博物館を飾る塼槨墳解氷を待って移築
258317	朝鮮朝日	西北版	1935-02-03	1	02단	鍊金祕聞(中)/鑛滓から産み出す一千萬圓の黄金産金界近來の快ニュース
258318	朝鮮朝日	西北版	1935-02-03	1	04단	少年航空兵合格者發表
258319	朝鮮朝日	西北版	1935-02-03	1	04단	玉石採取に千圓を補助
258320	朝鮮朝日	西北版	1935-02-03	1	04단	咸興道立病院賄ひ直營獨特の制度と獻立で四月一日より實施
258321	朝鮮朝日	西北版	1935-02-03	1	05단	アスリートの悩み公認競技場問題平壤で八萬四千圓を計上今年こそは實現か
258322	朝鮮朝日	西北版	1935-02-03	1	05단	山農指導打合會
258323	朝鮮朝日	西北版	1935-02-03	1	05단	捗る隧道工事結氷期の勞銀安に惠まれ滿浦線は大半竣工
258324	朝鮮朝日	西北版	1935-02-03	1	06단	スケート大會
258325	朝鮮朝日	西北版	1935-02-03	1	07단	咸南警察界近く大搖れ警部署長の滿洲入に伴ひ十二、三日ごろ發令
258326	朝鮮朝日	西北版	1935-02-03	1	07단	世に出る大同江の祕境斷崖に群れ遊ぶ數千の鷗江口の絶景・德島
258327	朝鮮朝日	西北版	1935-02-03	1	08단	近代兵器を驅使し當時を偲ぶ一戰羅南の三十年記念の催し
258328	朝鮮朝日	西北版	1935-02-03	1	08단	平師講習料學級增加
258329	朝鮮朝日	西北版	1935-02-03	1	08단	受驗者殺到平壤師範
258330	朝鮮朝日	西北版	1935-02-03	1	08단	裸か仁義中山氏の壯擧成功を祈る新義州の今田老人
258331	朝鮮朝日	西北版	1935-02-03	1	08단	水組電力契約更改
258332	朝鮮朝日	西北版	1935-02-03	1	09단	清津の怪火刑務所製品を燒く
258333	朝鮮朝日	西北版	1935-02-03	1	09단	たゞ一發で見事仕止む開城神社にぬくて出現
258334	朝鮮朝日	西北版	1935-02-03	1	10단	嘆きの水飢饉平南立石面
258335	朝鮮朝日	西北版	1935-02-03	1	10단	鐵道局納品の不正が發覺雜貨商取調
258336	朝鮮朝日	西北版	1935-02-03	1	10단	柳京日記
258337	朝鮮朝日	南鮮版	1935-02-03	1	01단	朝鮮同胞にも燃ゆる愛國の焰志願兵制度の途をと舊韓國將校團が決議文提出

일련번호	판명		간행일	면	단수	기사명
258338	朝鮮朝日	南鮮版	1935-02-03	1	01단	ゆかしき女性兵士へ匿名で、慰問のかずかず細腕で稼いだ金で
258339	朝鮮朝日	南鮮版	1935-02-03	1	01단	半島の護りを神前に誓ふ
258340	朝鮮朝日	南鮮版	1935-02-03	1	02단	一、二ケ月先の天氣概況豫想仁川觀測所で發表
258341	朝鮮朝日	南鮮版	1935-02-03	1	03단	アジア民族の結成に極力はかる日支の親善范總領事の言に力を得て積極的工作進む
258342	朝鮮朝日	南鮮版	1935-02-03	1	04단	朝鮮農會改正役員
258343	朝鮮朝日	南鮮版	1935-02-03	1	04단	輿論を喚起し實現を期す錦江の鐵橋架設問題
258344	朝鮮朝日	南鮮版	1935-02-03	1	04단	水害に活動の消防關係者それぞれ表彰
258345	朝鮮朝日	南鮮版	1935-02-03	1	04단	兩博覽會へ慶南物産出品
258346	朝鮮朝日	南鮮版	1935-02-03	1	05단	金組理事異動
258347	朝鮮朝日	南鮮版	1935-02-03	1	05단	助成金交付優良社會事業團體に
258348	朝鮮朝日	南鮮版	1935-02-03	1	05단	三名つぎつぎ氷中へ愛兒を助けんした母、老爺哀れ、溺死を遂ぐ
258349	朝鮮朝日	南鮮版	1935-02-03	1	05단	クリスマスの返禮が來ました
258350	朝鮮朝日	南鮮版	1935-02-03	1	06단	坑夫十一名生埋となる四名だけ救出さる金井金山の珍事
258351	朝鮮朝日	南鮮版	1935-02-03	1	06단	群山港に水産奬勵館設立の要望
258352	朝鮮朝日	南鮮版	1935-02-03	1	06단	節分祭
258353	朝鮮朝日	南鮮版	1935-02-03	1	06단	窮民たちへ餅代を給與約七萬人に
258354	朝鮮朝日	南鮮版	1935-02-03	1	07단	銅鑛調査東萊郡地方で
258355	朝鮮朝日	南鮮版	1935-02-03	1	07단	騎兵隊耐寒演習
258356	朝鮮朝日	南鮮版	1935-02-03	1	07단	鐵道局納品の不正が發覺雜貨商取調
258357	朝鮮朝日	南鮮版	1935-02-03	1	07단	*贈收賄の容疑いよいよ濃厚となる進展する外鹽移入疑獄事件/檢事當局談*
258358	朝鮮朝日	南鮮版	1935-02-03	1	08단	短期兵身體檢査
258359	朝鮮朝日	南鮮版	1935-02-03	1	08단	申飛行士が鄉土訪問飛行大邱府では陸軍機拂下
258360	朝鮮朝日	南鮮版	1935-02-03	1	08단	お尋ね者の僞刑事捕はる三年間に亙る惡事
258361	朝鮮朝日	南鮮版	1935-02-03	1	09단	イルズ孃の訪日飛行中止
258362	朝鮮朝日	南鮮版	1935-02-03	1	09단	橫領稅務署長公判
258363	朝鮮朝日	南鮮版	1935-02-03	1	09단	若妻殺し公判廷期
258364	朝鮮朝日	南鮮版	1935-02-03	1	10단	三人組强盜一人は逃走
258365	朝鮮朝日	南鮮版	1935-02-03	1	10단	十回も放火す騷ぎが面白さに
258366	朝鮮朝日	南鮮版	1935-02-03	1	10단	橫領書記が酌婦と心中新京郊外で
258367	朝鮮朝日	南鮮版	1935-02-03	1	10단	殺され損强盜のはなし
258368	朝鮮朝日	南鮮版	1935-02-03	1	10단	人(柳生新任總督府圖書課長/安井專賣局長/大竹總督府保安課長)
258369	朝鮮朝日	西北版	1935-02-05	1	01단	期日告示前の立候補は許さぬ取締上の不便、迷惑から現在までの届出は無效府邑面議員の選擧に改革
258370	朝鮮朝日	西北版	1935-02-05	1	01단	良港第一主義で港更生を策す四面楚歌の鎭南浦港灣研究會を組織

일련번호	판명		간행일	면	단수	기사명
258371	朝鮮朝日	西北版	1935-02-05	1	02단	永井課長一行三港を視察
258372	朝鮮朝日	西北版	1935-02-05	1	02단	咸南道知事湯村氏に決定/貫祿十分湯村新知事
258373	朝鮮朝日	西北版	1935-02-05	1	02단	鍊金祕聞(下)/空へ吐き出す煙から金を採る鎔鑛爐の煙突に收塵裝置
258374	朝鮮朝日	西北版	1935-02-05	1	04단	朝鮮産業博施政二十五年記念に
258375	朝鮮朝日	西北版	1935-02-05	1	04단	平南道會十六日から
258376	朝鮮朝日	西北版	1935-02-05	1	05단	端から端へ國境を駛る横斷自動車道路工事大いに進む
258377	朝鮮朝日	西北版	1935-02-05	1	05단	凶作救護品無賃輸送
258378	朝鮮朝日	西北版	1935-02-05	1	05단	見事・金的を射る刻苦の李根哲少年半島最初の航空兵合格者
258379	朝鮮朝日	西北版	1935-02-05	1	06단	東紡誘致經過
258380	朝鮮朝日	西北版	1935-02-05	1	06단	期待される水産教育の强化漁村の普校卒業生指導要綱咸南學務課で作成
258381	朝鮮朝日	西北版	1935-02-05	1	06단	路面改修に補助
258382	朝鮮朝日	西北版	1935-02-05	1	07단	天然痘患者九名を發見なほ續發の形勢咸南西湖津の戰慄
258383	朝鮮朝日	西北版	1935-02-05	1	07단	平北江界の殺人放火犯自宅に潛伏中を捕る
258384	朝鮮朝日	西北版	1935-02-05	1	07단	國境守備兵に力强き支援梅崎師團長三氏を招く
258385	朝鮮朝日	西北版	1935-02-05	1	08단	福島會頭へ謝電
258386	朝鮮朝日	西北版	1935-02-05	1	08단	貨車脱線す
258387	朝鮮朝日	西北版	1935-02-05	1	08단	惱みの敬老會多過ぎる開城の高齡者豫算が足らず思案投首
258388	朝鮮朝日	西北版	1935-02-05	1	08단	面廢合後の對策を急ぐ
258389	朝鮮朝日	西北版	1935-02-05	1	08단	府營プール敷地行惱む
258390	朝鮮朝日	西北版	1935-02-05	1	09단	放火と決る淸津刑務所門前の火事
258391	朝鮮朝日	西北版	1935-02-05	1	09단	牡丹台の水害修築
258392	朝鮮朝日	西北版	1935-02-05	1	10단	孤兒を慰問
258393	朝鮮朝日	西北版	1935-02-05	1	10단	龍登へスキー列車團體客募集
258394	朝鮮朝日	西北版	1935-02-05	1	10단	一審覆へり地主の勝訴土地明渡しの損害賠償
258395	朝鮮朝日	西北版	1935-02-05	1	10단	わが警官隊匪賊を追撃
258396	朝鮮朝日	南鮮版	1935-02-05	1	01단	期日告示前の立候補は許さぬ取締り上の不便、迷惑から現在までの届出は無效府邑面議員の選擧に改革/三氏の届出無效/釜山の届出
258397	朝鮮朝日	南鮮版	1935-02-05	1	01단	咸南道知事湯村氏に決定/貫祿十分湯村新知事/異動雜話
258398	朝鮮朝日	南鮮版	1935-02-05	1	01단	戰車の驚異大田の演習
258399	朝鮮朝日	南鮮版	1935-02-05	1	04단	朝鮮産業博施政二十五年記念に
258400	朝鮮朝日	南鮮版	1935-02-05	1	04단	漢江橋上に水上公園京城にまた新名所
258401	朝鮮朝日	南鮮版	1935-02-05	1	04단	全南北道酒類品評會
258402	朝鮮朝日	南鮮版	1935-02-05	1	04단	いかがはしい廣告を一掃看板、飾窓、宣傳マッチ等々商賣戰線異狀あり
258403	朝鮮朝日	南鮮版	1935-02-05	1	05단	全北農試分場設置の計劃
258404	朝鮮朝日	南鮮版	1935-02-05	1	05단	各務ケ原六機耐寒演習兩市上空で

일련번호	판명		간행일	면	단수	기사명
258405	朝鮮朝日	南鮮版	1935-02-05	1	05단	果して如何なる裁断が下される？二十日前後、社會の關心集めて京城土木談合事件の控訴判決
258406	朝鮮朝日	南鮮版	1935-02-05	1	06단	慶南道中等校入試の期日
258407	朝鮮朝日	南鮮版	1935-02-05	1	06단	和かな風景京城の舊正月
258408	朝鮮朝日	南鮮版	1935-02-05	1	06단	火魔は甜める百萬圓！京城府で三年間に火事が七百五十件
258409	朝鮮朝日	南鮮版	1935-02-05	1	06단	郵便所長會議
258410	朝鮮朝日	南鮮版	1935-02-05	1	07단	本紙連載二つの映畫釜山で上映
258411	朝鮮朝日	南鮮版	1935-02-05	1	07단	飛降り卽死
258412	朝鮮朝日	南鮮版	1935-02-05	1	07단	京城實業球團堅める新陳容
258413	朝鮮朝日	南鮮版	1935-02-05	1	08단	美はしい人情の花
258414	朝鮮朝日	南鮮版	1935-02-05	1	08단	兩府廳でも雜品納入の不正峻烈な取調べ進む
258415	朝鮮朝日	南鮮版	1935-02-05	1	08단	愈よ明白に鹽疑獄事件
258416	朝鮮朝日	南鮮版	1935-02-05	1	08단	四名は卽死八重輕傷を負ふ慶北金井金山慘事の詳報
258417	朝鮮朝日	南鮮版	1935-02-05	1	08단	モヒ密賣團一味捕はる
258418	朝鮮朝日	南鮮版	1935-02-05	1	09단	申飛行士の後援會組織
258419	朝鮮朝日	南鮮版	1935-02-05	1	10단	裁判長を惱ませた啞の公判
258420	朝鮮朝日	南鮮版	1935-02-05	1	10단	六戸を燒く大邱の火事
258421	朝鮮朝日	南鮮版	1935-02-05	1	10단	スキー遊びの少年落命す
258422	朝鮮朝日	南鮮版	1935-02-05	1	10단	人(植田軍司令官)
258423	朝鮮朝日	西北版	1935-02-06	1	01단	鴨綠江を挾んで三巴の商戰展開延びゆく鐵路を繞り守る新義州・進む平壤、咸興
258424	朝鮮朝日	西北版	1935-02-06	1	01단	處女墳を片つ端から發掘平壤郊外の高句麗遺跡期待される出土品
258425	朝鮮朝日	西北版	1935-02-06	1	01단	御下賜品と聖旨を傳達中島侍從武官から派遣部隊へ
258426	朝鮮朝日	西北版	1935-02-06	1	01단	巢立つ花形選手(1)/戰友、袂を分って行く手や・いづこ若き日を飾る輝やく戰績
258427	朝鮮朝日	西北版	1935-02-06	1	02단	健康目ざし新規事業の山咸南の衛生施設改善
258428	朝鮮朝日	西北版	1935-02-06	1	04단	もよほし(第一回全平壤卓球大會/沙里院農校記念式)
258429	朝鮮朝日	西北版	1935-02-06	1	04단	防波堤と岸壁の築造促進を建議城津より港灣協會へ
258430	朝鮮朝日	西北版	1935-02-06	1	05단	警察後援會平壤で組織
258431	朝鮮朝日	西北版	1935-02-06	1	06단	無産兒童へ贈る愛の學校篤志家の情けに生る
258432	朝鮮朝日	西北版	1935-02-06	1	06단	朝鮮女性の燃ゆる向學熱
258433	朝鮮朝日	西北版	1935-02-06	1	07단	窮民一萬を突破咸北城津郡下の飢饉慘狀いよいよ激化
258434	朝鮮朝日	西北版	1935-02-06	1	08단	日本紡績も平壤へ食指敷地の斡旋を依賴
258435	朝鮮朝日	西北版	1935-02-06	1	08단	咸南の痘禍また三名の新患者
258436	朝鮮朝日	西北版	1935-02-06	1	08단	窮民救濟
258437	朝鮮朝日	西北版	1935-02-06	1	08단	指を斷って惡を淸算この指ゆゑに罪を犯す竊盜少年の悔悟
258438	朝鮮朝日	西北版	1935-02-06	1	09단	平南道辭令
258439	朝鮮朝日	西北版	1935-02-06	1	09단	鴨綠江採氷

일련번호	판명		간행일	면	단수	기사명
258440	朝鮮朝日	西北版	1935-02-06	1	10단	平南三郡冷害對策
258441	朝鮮朝日	西北版	1935-02-06	1	10단	匪賊に備ふ
258442	朝鮮朝日	西北版	1935-02-06	1	10단	平南犯罪數
258443	朝鮮朝日	西北版	1935-02-06	1	10단	新義州にも飛火
258444	朝鮮朝日	西北版	1935-02-06	1	10단	看守の佩劍を奪って強盜各地を荒す
258445	朝鮮朝日	西北版	1935-02-06	1	10단	人(團元格郎氏(平壤每日新聞社記者))
258446	朝鮮朝日	南鮮版	1935-02-06	1	01단	議會から拍手を浴びて朴春琴君の大見得人口問題、鮮米擁護で熱辯
258447	朝鮮朝日	南鮮版	1935-02-06	1	01단	市街地道路に防火線を指定沿線の建築物はすべてを耐火構造にさせる
258448	朝鮮朝日	南鮮版	1935-02-06	1	01단	龍頭山の綠化常盤樹と植ゑ替へて
258449	朝鮮朝日	南鮮版	1935-02-06	1	01단	御下賜品聖旨を傳達中島侍從武官から派遣部隊へ
258450	朝鮮朝日	南鮮版	1935-02-06	1	01단	ライオン、虎や珍動物も來る昌慶苑の春近し
258451	朝鮮朝日	南鮮版	1935-02-06	1	02단	二十師團總出演習耐寒訓練に
258452	朝鮮朝日	南鮮版	1935-02-06	1	03단	戶別訪問禁止の陳情府議改選に
258453	朝鮮朝日	南鮮版	1935-02-06	1	03단	大邱測候所移轉府外院坐洞に
258454	朝鮮朝日	南鮮版	1935-02-06	1	03단	*煙草をめぐる話題二つ日本から朝鮮へ三百餘年前に煙草は渡った學說を覆へす資料/朝鮮民謠タンバクヤこれが正譯*
258455	朝鮮朝日	南鮮版	1935-02-06	1	04단	制服の學生はカフエから閉出し大痛手の業者たちとウィンクするおでんや、喫茶店
258456	朝鮮朝日	南鮮版	1935-02-06	1	05단	鐵道當局の無理解非難釜山棧橋通擴張鋪裝
258457	朝鮮朝日	南鮮版	1935-02-06	1	05단	本格的な結核療養所朝鮮でははじめて馬山附近に建設する
258458	朝鮮朝日	南鮮版	1935-02-06	1	05단	露店營業を徹底的取締る
258459	朝鮮朝日	南鮮版	1935-02-06	1	06단	釜山の道路鋪裝と改修
258460	朝鮮朝日	南鮮版	1935-02-06	1	06단	暖かすぎて氷、顏負けスケート禁止
258461	朝鮮朝日	南鮮版	1935-02-06	1	07단	米屋さんの情
258462	朝鮮朝日	南鮮版	1935-02-06	1	07단	藝妓が謎の自殺
258463	朝鮮朝日	南鮮版	1935-02-06	1	07단	*三百尺の巖頭から海へ抱合心中中腹の松の木に四日間ぶらり附近青年團らの決死作業に奇蹟、男は救はる/死場所求め京城から長崎へ晴れて添へぬを悲しみ*
258464	朝鮮朝日	南鮮版	1935-02-06	1	08단	內地渡航を極力阻止する警察官を增置して一步手前で禁足！
258465	朝鮮朝日	南鮮版	1935-02-06	1	09단	痘瘡ますます蔓延
258466	朝鮮朝日	南鮮版	1935-02-06	1	10단	巡査の御難入浴中に官服盜まる
258467	朝鮮朝日	南鮮版	1935-02-06	1	10단	夫婦で搭鬪強盜を捕ふ
258468	朝鮮朝日	南鮮版	1935-02-06	1	10단	看守の佩劍を奪って強盜各地を荒す
258469	朝鮮朝日	南鮮版	1935-02-06	1	10단	新義州にも飛火
258470	朝鮮朝日	南鮮版	1935-02-06	1	10단	もよほし(國境の夕)
258471	朝鮮朝日	南鮮版	1935-02-06	1	10단	人(青木秀雄氏/西田敬三氏)
258472	朝鮮朝日	南鮮版	1935-02-06	1	10단	鷄林かゞみ

일련번호	판명		간행일	면	단수	기사명
258473	朝鮮朝日	西北版	1935-02-07	1	01단	春窮期の克服に社倉六百を新設粟を貯藏にして細農解放咸南の新社會政策/言語に絶する凶作地の慘狀行き渡らぬ救濟策に咸南道内で義金募集に決す/電力需要激增鑛山景氣で
258474	朝鮮朝日	西北版	1935-02-07	1	01단	土木出張所存續の運動築港計劃實現促進のため鎭南浦で開始す
258475	朝鮮朝日	西北版	1935-02-07	1	01단	北鮮開拓事業打合會
258476	朝鮮朝日	西北版	1935-02-07	1	02단	巢立つ花形選手(２)/明眼映ゆるミス・半島の飛躍感傷を擲って新首都へ！
258477	朝鮮朝日	西北版	1935-02-07	1	03단	土木出張所長會議
258478	朝鮮朝日	西北版	1935-02-07	1	04단	咸興の人口
258479	朝鮮朝日	西北版	1935-02-07	1	04단	惠山署長に鹽谷氏拔擢江原道春川署長
258480	朝鮮朝日	西北版	1935-02-07	1	04단	平壤高女の入學難
258481	朝鮮朝日	西北版	1935-02-07	1	04단	副業に蘇る平南農村の朗色更生の鼻息に吹飛ばされ酒屋も飲食店も閉店騷ぎ
258482	朝鮮朝日	西北版	1935-02-07	1	05단	我らのお正月
258483	朝鮮朝日	西北版	1935-02-07	1	05단	貨物車脫線
258484	朝鮮朝日	西北版	1935-02-07	1	05단	平元線にまた新スキー場溫泉は近くスロープも絶好
258485	朝鮮朝日	西北版	1935-02-07	1	07단	行政方針にも根本的な大改革振興運動の徹底を期して東洋道德を基準に
258486	朝鮮朝日	西北版	1935-02-07	1	07단	首相以下議員連平壤肉に舌鼓半島の認識は食べ物からと東京で朝鮮の夕
258487	朝鮮朝日	西北版	1935-02-07	1	08단	平壤府議選新立候補者
258488	朝鮮朝日	西北版	1935-02-07	1	08단	取調中の容疑者毆られて死亡巡査部長送局さる
258489	朝鮮朝日	西北版	1935-02-07	1	08단	沙里院運河の受益者負擔撤收に着手
258490	朝鮮朝日	西北版	1935-02-07	1	09단	國旗揭揚の獎勵に努む
258491	朝鮮朝日	西北版	1935-02-07	1	09단	春とは名のみ平壤の寒さだが次第に暖くなると嬉しい測候所の託宣
258492	朝鮮朝日	西北版	1935-02-07	1	09단	更生團に寄附
258493	朝鮮朝日	西北版	1935-02-07	1	10단	米や粟に水を濕めし數量を僞る
258494	朝鮮朝日	西北版	1935-02-07	1	10단	また新患一名平壤の天然痘
258495	朝鮮朝日	西北版	1935-02-07	1	10단	火遊びから火事
258496	朝鮮朝日	西北版	1935-02-07	1	10단	各務ヶ原の四機飛來す
258497	朝鮮朝日	西北版	1935-02-07	1	10단	人(田浦德川署長/下村平南警察部長/柳本平南道產業課長)
258498	朝鮮朝日	南鮮版	1935-02-07	1	01단	行政方針にも根本的な大改革振興運動の徹底を期して東洋道德を基準に
258499	朝鮮朝日	南鮮版	1935-02-07	1	01단	京城のネオン街を「明るい社交場に」業者は大恐慌、女給さんは萬歲カフェ取締のお布れ施行さる
258500	朝鮮朝日	南鮮版	1935-02-07	1	01단	我らのお正月
258501	朝鮮朝日	南鮮版	1935-02-07	1	03단	土木出張所長會議

일련번호	판명		간행일	면	단수	기사명
258502	朝鮮朝日	南鮮版	1935-02-07	1	04단	英總領事更迭
258503	朝鮮朝日	南鮮版	1935-02-07	1	04단	北鮮開拓事業打合會
258504	朝鮮朝日	南鮮版	1935-02-07	1	04단	紀元の佳節京城の催し旗行列や「建國の夕」開催/鎮海の建國祭
258505	朝鮮朝日	南鮮版	1935-02-07	1	04단	昂まる選擧氣分府邑會、面協議會員總改選に早くも光る警務局の目!
258506	朝鮮朝日	南鮮版	1935-02-07	1	05단	大邱に工業協會いよいよ結成
258507	朝鮮朝日	南鮮版	1935-02-07	1	05단	全北中等校入試の期日
258508	朝鮮朝日	南鮮版	1935-02-07	1	05단	猛獸斃死の病原を燒る學界の爭ひ必勝を期す本府細菌檢查室更に不明菌追及
258509	朝鮮朝日	南鮮版	1935-02-07	1	05단	少年赤十字團から慰問の繪や雜誌在滿皇軍へおくる
258510	朝鮮朝日	南鮮版	1935-02-07	1	05단	納稅篤行者と教育功勞者表彰
258511	朝鮮朝日	南鮮版	1935-02-07	1	06단	工産品として有望な藥草全南松汀里には薄荷會社北鮮で菎麻子を獎勵
258512	朝鮮朝日	南鮮版	1935-02-07	1	06단	焚火しつゝ眠って燒死
258513	朝鮮朝日	南鮮版	1935-02-07	1	07단	全州の人口
258514	朝鮮朝日	南鮮版	1935-02-07	1	07단	天然氷採取を嚴重取締る
258515	朝鮮朝日	南鮮版	1935-02-07	1	07단	飛込み自殺
258516	朝鮮朝日	南鮮版	1935-02-07	1	07단	首相以下議員連平壤肉に舌鼓半島の認識は食べ物からと東京で朝鮮の夕
258517	朝鮮朝日	南鮮版	1935-02-07	1	07단	惠山署長に鹽谷氏拔擢江原道春川署長
258518	朝鮮朝日	南鮮版	1935-02-07	1	08단	面事務所襲擊の十一名送局さる
258519	朝鮮朝日	南鮮版	1935-02-07	1	08단	平元線に新スキー場
258520	朝鮮朝日	南鮮版	1935-02-07	1	08단	また新患一名平壤の天然痘
258521	朝鮮朝日	南鮮版	1935-02-07	1	09단	各務ヶ原の四機飛來す
258522	朝鮮朝日	南鮮版	1935-02-07	1	09단	雉と間違へ鐵砲で撃たる
258523	朝鮮朝日	南鮮版	1935-02-07	1	09단	取調中の容疑者毆られて死亡巡查部長送局さる
258524	朝鮮朝日	南鮮版	1935-02-07	1	09단	貨物車脫線
258525	朝鮮朝日	南鮮版	1935-02-07	1	10단	米や粟に水を濕めし數量を僞る
258526	朝鮮朝日	南鮮版	1935-02-07	1	10단	火遊びから火事
258527	朝鮮朝日	南鮮版	1935-02-07	1	10단	十日過ぎ送局仁川外鹽疑獄
258528	朝鮮朝日	南鮮版	1935-02-07	1	10단	もよほし(工事區長事務打合會)
258529	朝鮮朝日	南鮮版	1935-02-07	1	10단	人(西田敬三氏(總督府水産試驗場長)/河野義雄氏(釜山鐵事務所營業係書記))
258530	朝鮮朝日	南鮮版	1935-02-07	1	10단	鷄林かゞみ
258531	朝鮮朝日	西北版	1935-02-08	1	01단	十四年目に捕った爆彈事件の首魁殘虐あくなき狂暴の跡!朴宗植送局さる/三百の警官と雪中で亂戰悲壯・三警官、兇手に斃る碧潼事件も彼の仕業/取調に苦心最初は頑强に否認

일련번호	판명		간행일	면	단수	기사명
258532	朝鮮朝日	西北版	1935-02-08	1	02단	巣立つ花形選手(3)/母校の運動史を飾る華かな思ひ出家庭に入る人、更に進む人
258533	朝鮮朝日	西北版	1935-02-08	1	03단	半島青年の入所を勧誘青年訓練所
258534	朝鮮朝日	西北版	1935-02-08	1	04단	國産自動車宣傳隊
258535	朝鮮朝日	西北版	1935-02-08	1	04단	內鮮、日滿聯絡に日本海を利用航空輸送についても研究內田鐵相議會で答辯
258536	朝鮮朝日	西北版	1935-02-08	1	04단	輸入關稅引下げは密輸嚴戒が先決加藤滿洲國政商科長談
258537	朝鮮朝日	西北版	1935-02-08	1	05단	國産第一を目標に進む奬勵道に新編入の平南緬羊增殖計劃
258538	朝鮮朝日	西北版	1935-02-08	1	05단	十ヶ年計劃で漁村を更生漁業團體を總動員し振興運動の傘下へ
258539	朝鮮朝日	西北版	1935-02-08	1	06단	醫專入試
258540	朝鮮朝日	西北版	1935-02-08	1	07단	外套泥捕はる
258541	朝鮮朝日	西北版	1935-02-08	1	07단	李朝を偲ぶ官妓の再現牡丹台に純朝鮮家屋を建て觀光客の旅情慰安
258542	朝鮮朝日	西北版	1935-02-08	1	07단	部落擧って盛んに盜掘寺洞炭坑を背面から憲兵隊で實情調査
258543	朝鮮朝日	西北版	1935-02-08	1	07단	飲食店調査
258544	朝鮮朝日	西北版	1935-02-08	1	08단	滿洲守備隊通譯の機密書類盜まる平北熙川驛通過の車中で
258545	朝鮮朝日	西北版	1935-02-08	1	08단	筏流しの景觀花の五月から鴨綠江の向ふを張る大同江奧地の伐採すゝむ
258546	朝鮮朝日	西北版	1935-02-08	1	08단	ルンペン母子哀れ失火で燒死溫突を焚き過ぎて
258547	朝鮮朝日	西北版	1935-02-08	1	10단	峠の上から自動車落つ
258548	朝鮮朝日	西北版	1935-02-08	1	10단	下關水産市況
258549	朝鮮朝日	西北版	1935-02-08	1	10단	西湖津の天然痘また二名發生
258550	朝鮮朝日	南鮮版	1935-02-08	1	01단	全半島を擧げて軍國色に染める奉天大會戰の卅周年を迎へ花やかな行事決る/木浦の建國祭行事/花電車五台で佳節を飾る得意のイルミネイションも京城電氣の準備進む/輝く消防組を紀元節に表彰慶南各署で
258551	朝鮮朝日	南鮮版	1935-02-08	1	01단	內鮮、日滿聯絡に日本海を利用航空輸送についても研究內田鐵相議會で答辯
258552	朝鮮朝日	南鮮版	1935-02-08	1	01단	十ヶ年計劃で漁村を更生漁業團體を總動員し振興運動の傘下へ
258553	朝鮮朝日	南鮮版	1935-02-08	1	01단	釜山第二部特別經濟豫算
258554	朝鮮朝日	南鮮版	1935-02-08	1	02단	府營住宅の買收は一先づ中止居住者の不安を除くため釜山府が否定の通牒
258555	朝鮮朝日	南鮮版	1935-02-08	1	03단	間借りから廳舍新築へ馬山稅務署
258556	朝鮮朝日	南鮮版	1935-02-08	1	03단	釜山職紹所評議員を設く
258557	朝鮮朝日	南鮮版	1935-02-08	1	04단	國産自動車宣傳隊
258558	朝鮮朝日	南鮮版	1935-02-08	1	04단	粟相場の暴騰で熊本粟が鮮內へ三ヶ月間に約四千五百石異例の現象注目さる

일련번호	판명		간행일	면	단수	기사명
258559	朝鮮朝日	南鮮版	1935-02-08	1	04단	糖價引下げ期成會組織茶會長の報告
258560	朝鮮朝日	南鮮版	1935-02-08	1	05단	漁船轉覆し二名が行方不明慶北盈德郡沖合で猛烈な突風に襲はる
258561	朝鮮朝日	南鮮版	1935-02-08	1	05단	警察と稅關兼任を廢止京畿と咸北で
258562	朝鮮朝日	南鮮版	1935-02-08	1	05단	峠の上から自動車落つ
258563	朝鮮朝日	南鮮版	1935-02-08	1	06단	村上畫伯の個展
258564	朝鮮朝日	南鮮版	1935-02-08	1	07단	忠南警察部長巖城氏着任
258565	朝鮮朝日	南鮮版	1935-02-08	1	07단	滿洲守備隊の通譯機密書類を盜まる平北熙川驛通過の車中で國際スパイの仕業か
258566	朝鮮朝日	南鮮版	1935-02-08	1	07단	馬山の話題療養所續出
258567	朝鮮朝日	南鮮版	1935-02-08	1	07단	大繁昌の無免許床屋嚴重取締る
258568	朝鮮朝日	南鮮版	1935-02-08	1	08단	八戶を全燒溫突の過熱から釜山の火事
258569	朝鮮朝日	南鮮版	1935-02-08	1	08단	ルンペン母子哀れ失火で燒死溫突を焚き過ぎて
258570	朝鮮朝日	南鮮版	1935-02-08	1	08단	下關水産市況
258571	朝鮮朝日	南鮮版	1935-02-08	1	09단	全南務安郡に痲疹が猖獗八百五十名發病し大黑山島特に劇甚
258572	朝鮮朝日	南鮮版	1935-02-08	1	09단	西湖津の天然痘また二名發生
258573	朝鮮朝日	南鮮版	1935-02-08	1	10단	もよほし(奧村曾祖追悼會)
258574	朝鮮朝日	南鮮版	1935-02-08	1	10단	人(高尾慶北警察部長/湯村咸南知事/松本王子製紙專務/長鄕元山土木出張所長/武居裡里土木出張所長/山口農林局理事官)
258575	朝鮮朝日	南鮮版	1935-02-08	1	10단	鷄林かゞみ
258576	朝鮮朝日	西北版	1935-02-09	1	01단	大平壤建設の研究機關を設置官廳、民間の首腦を網羅し諸懸案解決へ邁進
258577	朝鮮朝日	西北版	1935-02-09	1	01단	知事、部長級近くまた一搖れ渡邊農林局長は東拓入り後任は渡邊學務か/農産課長の後任は山澤商工に內定部長異動は十名程度/萩原氏赴任十四日夜京城發
258578	朝鮮朝日	西北版	1935-02-09	1	01단	巢立つ花形選手(4)/金選手の弟もゐる大空へ搏く幾俊秀
258579	朝鮮朝日	西北版	1935-02-09	1	02단	佳節を卜し功勞者表彰
258580	朝鮮朝日	西北版	1935-02-09	1	03단	平壤圖書館入館者
258581	朝鮮朝日	西北版	1935-02-09	1	03단	工人を養成平壤に生れる職業學校
258582	朝鮮朝日	西北版	1935-02-09	1	04단	江界農校校舍新築
258583	朝鮮朝日	西北版	1935-02-09	1	04단	平南地方費歲入
258584	朝鮮朝日	西北版	1935-02-09	1	04단	農村更生に賴もしこの心意氣本府からの表彰を斷わって平南獨得の新妙案
258585	朝鮮朝日	西北版	1935-02-09	1	05단	國境・冬の警備陣を固む新警官六十名を配置
258586	朝鮮朝日	西北版	1935-02-09	1	06단	半島一の大スキー場三防を凌ぐ豪勢さまた平元沿線で發見
258587	朝鮮朝日	西北版	1935-02-09	1	07단	金は奪ったが追ひつめられて谷底へ轉落孤軍奮鬪の追剝捕はる
258588	朝鮮朝日	西北版	1935-02-09	1	08단	これは痛い

일련번호	판명		간행일	면	단수	기사명
258589	朝鮮朝日	西北版	1935-02-09	1	08단	採用は嚴選訓育は嚴格意氣込む平南農民校
258590	朝鮮朝日	西北版	1935-02-09	1	08단	難破船救助知事より表彰
258591	朝鮮朝日	西北版	1935-02-09	1	08단	江東輕鐵竣工
258592	朝鮮朝日	西北版	1935-02-09	1	09단	自動車連ねて府議の自宅訪問助興稅撤廢の陳情に
258593	朝鮮朝日	西北版	1935-02-09	1	09단	蕎麥屋騷動業者の値上げに從業員から橫槍
258594	朝鮮朝日	西北版	1935-02-09	1	10단	下關水産市況(九日)
258595	朝鮮朝日	南鮮版	1935-02-09	1	01단	機關を擴充して積極的に體育獎勵近く體育課及び主事を設置醫學方面の研究も開始す
258596	朝鮮朝日	南鮮版	1935-02-09	1	01단	知事、部長級近くまた一搖れ渡邊農林局長は東拓入り後任は渡邊學務か/農産課長の後任は山澤商工に內定部長異動は十名程度/萩原氏赴任十四日夜京城發
258597	朝鮮朝日	南鮮版	1935-02-09	1	01단	肉彈三勇士の銅像を龍山に建設
258598	朝鮮朝日	南鮮版	1935-02-09	1	02단	寶物カメラ探訪(1)/光芒放つ寶物群原色版の夢を盛って
258599	朝鮮朝日	南鮮版	1935-02-09	1	03단	地主が私費で小作人敎養中柴農場栽塾
258600	朝鮮朝日	南鮮版	1935-02-09	1	04단	二戶を全半燒
258601	朝鮮朝日	南鮮版	1935-02-09	1	04단	大邱官民が工場を誘致調査會を結成
258602	朝鮮朝日	南鮮版	1935-02-09	1	04단	篤志の父子を龍山鄕軍分會が表彰/水害功勞者佳節に表彰
258603	朝鮮朝日	南鮮版	1935-02-09	1	05단	風邪ご用心大邱に酷寒/馬山に死者續出
258604	朝鮮朝日	南鮮版	1935-02-09	1	06단	惠れぬ行旅病者へ舊正月にお餅を贈る全州女高普生徒の心盡し
258605	朝鮮朝日	南鮮版	1935-02-09	1	06단	飯田氏立つ釜山の府議戰
258606	朝鮮朝日	南鮮版	1935-02-09	1	06단	總督府廳舍に新たな明粧局課長室には繪畫を飾り庭園も一段の美化
258607	朝鮮朝日	南鮮版	1935-02-09	1	06단	寒風を衝き壯烈な白兵戰龍山部隊の耐寒訓練
258608	朝鮮朝日	南鮮版	1935-02-09	1	07단	高福樓全燒光州の朝火事
258609	朝鮮朝日	南鮮版	1935-02-09	1	07단	疑獄に怯えた料亭を荒す
258610	朝鮮朝日	南鮮版	1935-02-09	1	08단	貧困家庭へ白米を配給釜山救世軍
258611	朝鮮朝日	南鮮版	1935-02-09	1	08단	炭火で窒息死
258612	朝鮮朝日	南鮮版	1935-02-09	1	08단	矯風會事務所で賭博を開帳
258613	朝鮮朝日	南鮮版	1935-02-09	1	08단	下關の旅館で苦悶の美人睡眠劑で自殺を企つ原因は謎、京城の人妻/結婚間のない溫和しい人死因が判らぬ
258614	朝鮮朝日	南鮮版	1935-02-09	1	09단	もよほし(釜山府の昭和十年度弟二部特別經濟豫算を附議する二部會/帝國在鄕軍人會大邱聯合分會/十一日の吉辰を卜して京畿道の各穗社會事業團體へ賜った御下賜金傳達式竝に功勞者表彰式)
258615	朝鮮朝日	南鮮版	1935-02-09	1	09단	本社京城支局來訪
258616	朝鮮朝日	南鮮版	1935-02-09	1	09단	人(穗積總督府殖産局長/山澤總督府商工課長/田淵東拓理事/森朝鄭社長/村田省藏氏(大阪商船社長)/平安南道警察官內地視察團)
258617	朝鮮朝日	南鮮版	1935-02-09	1	10단	下關水産市況(九日)

일련번호	판명		간행일	면	단수	기사명
258618	朝鮮朝日	南鮮版	1935-02-09	1	10단	鷄林かゞみ
258619	朝鮮朝日	南鮮版	1935-02-09	1	10단	給仕募集
258620	朝鮮朝日	西北版	1935-02-10	1	01단	軍需景氣に棹し火藥製造を開始近く工場建設に着手朝鮮窒素の新事業
258621	朝鮮朝日	西北版	1935-02-10	1	01단	手古摺る牛の密輸入國境三道に監視所を設け鮮内侵人を阻む
258622	朝鮮朝日	西北版	1935-02-10	1	01단	國籍法施行時期尙早で當分持越し
258623	朝鮮朝日	西北版	1935-02-10	1	01단	巢立つ花形選手(６)/彗星的に出現忽ち西鮮の霸を握る
258624	朝鮮朝日	西北版	1935-02-10	1	02단	佳節に表彰/十六ミリで緬羊熱を吹込む平南畜産會の計劃
258625	朝鮮朝日	西北版	1935-02-10	1	03단	愈よ明日から朝、夕刊を發行本社九州支社の大飛躍
258626	朝鮮朝日	西北版	1935-02-10	1	04단	勤續教育表彰
258627	朝鮮朝日	西北版	1935-02-10	1	04단	江界に農林學校設立認可さる
258628	朝鮮朝日	西北版	1935-02-10	1	04단	緬羊獎勵郡
258629	朝鮮朝日	西北版	1935-02-10	1	04단	窮救事業費削減の憂目
258630	朝鮮朝日	西北版	1935-02-10	1	05단	一部從業員罷業を開始そば屋異變
258631	朝鮮朝日	西北版	1935-02-10	1	05단	咸興警察署新築に決す府內の中樞を選んで
258632	朝鮮朝日	西北版	1935-02-10	1	05단	入學區變更
258633	朝鮮朝日	西北版	1935-02-10	1	06단	養鷄老大國の惱み愈よ深刻化技術員の增置も見込みなく換回に腐心の平南
258634	朝鮮朝日	西北版	1935-02-10	1	07단	原田本社支社長就任披露會多數の知名士を招いてきのふ盛大に開催
258635	朝鮮朝日	西北版	1935-02-10	1	07단	下關水産市況(九日)
258636	朝鮮朝日	西北版	1935-02-10	1	08단	漂流十六日第三淸運丸、島根懸で救はる美しい船長の心情
258637	朝鮮朝日	西北版	1935-02-10	1	09단	朴大烈收容
258638	朝鮮朝日	西北版	1935-02-10	1	10단	淸津の放火犯人四名捕はる
258639	朝鮮朝日	南鮮版	1935-02-10	1	01단	全鮮で一番安い慶南の普通學校授業料を新學年から卅一錢に輕減教育費の負擔緩和
258640	朝鮮朝日	南鮮版	1935-02-10	1	01단	レコードの氾濫一年半に百萬枚も半島の大衆娛樂層へ喰入る/軍官學校事件求刑
258641	朝鮮朝日	南鮮版	1935-02-10	1	01단	慶南北一圓に藥草王國を實現慶南除蟲菊組合生る
258642	朝鮮朝日	南鮮版	1935-02-10	1	01단	廿三日に控訴審判決土木談合事件/棉花共販不正事件の判決
258643	朝鮮朝日	南鮮版	1935-02-10	1	02단	原田本社支社長就任披露會多數の知名士を招いてきのふ盛大に開催
258644	朝鮮朝日	南鮮版	1935-02-10	1	03단	工業組合令今秋に公布
258645	朝鮮朝日	南鮮版	1935-02-10	1	04단	全北道會
258646	朝鮮朝日	南鮮版	1935-02-10	1	04단	十日夜から花電車動く
258647	朝鮮朝日	南鮮版	1935-02-10	1	04단	愈よ明日から朝、夕刊を發行本社九州知事の大飛躍
258648	朝鮮朝日	南鮮版	1935-02-10	1	05단	變態氣候の祟り慶北地方に流感猖獗を極め現患五千名を突破
258649	朝鮮朝日	南鮮版	1935-02-10	1	05단	慶南警察部異動

일련번호	판명		간행일	면	단수	기사명
258650	朝鮮朝日	南鮮版	1935-02-10	1	05단	立候補四名中島氏も立つ
258651	朝鮮朝日	南鮮版	1935-02-10	1	05단	二百萬圓で交通網充實京城電氣の今期新事業
258652	朝鮮朝日	南鮮版	1935-02-10	1	06단	百十二名の警察官增員
258653	朝鮮朝日	南鮮版	1935-02-10	1	06단	慶南スリッパ大阪で好評松板屋の大量注文に産地大歡び/木浦林檎も上海から注文/棉種子需要各方面から
258654	朝鮮朝日	南鮮版	1935-02-10	1	07단	濟州島の天然痘續發
258655	朝鮮朝日	南鮮版	1935-02-10	1	07단	勤續教育表彰
258656	朝鮮朝日	南鮮版	1935-02-10	1	08단	下關水産市況(九日)
258657	朝鮮朝日	南鮮版	1935-02-10	1	08단	悲戀心中の友を追って自殺祕密を洩らしたとの自責から「唯一の同情者」北川種子さん
258658	朝鮮朝日	南鮮版	1935-02-10	1	09단	放火犯人送局
258659	朝鮮朝日	南鮮版	1935-02-10	1	09단	花嫁さんびっくり睡眠劑から飛んだ騒ぎ
258660	朝鮮朝日	南鮮版	1935-02-10	1	09단	眉つば物の石油旅館の主人を取調べ
258661	朝鮮朝日	南鮮版	1935-02-10	1	09단	もよほし(浦項邑ではの十一日紀元節)
258662	朝鮮朝日	南鮮版	1935-02-10	1	10단	郵便所長の盗難
258663	朝鮮朝日	南鮮版	1935-02-10	1	10단	鷄林かゞみ
258664	朝鮮朝日	西北版	1935-02-12	1	01단	紀元の佳節を壽ぐ各地の盛大な催し(平壤/淸津/羅南/茂山)
258665	朝鮮朝日	西北版	1935-02-12	1	01단	羅津、新潟線の受命船行き惱む遞信、本府各別の決定案に再檢討說持ち上る
258666	朝鮮朝日	西北版	1935-02-12	1	01단	自らの田を耕やす喜び咸南の自作農創定着々實績あがる
258667	朝鮮朝日	西北版	1935-02-12	1	01단	明太市協議會
258668	朝鮮朝日	西北版	1935-02-12	1	02단	郵便所設置
258669	朝鮮朝日	西北版	1935-02-12	1	02단	巢立つ花形選手(6)/殘る一抹の寂寞感獨り輝く記錄と榮譽
258670	朝鮮朝日	西北版	1935-02-12	1	03단	工業實習校を三年制とす
258671	朝鮮朝日	西北版	1935-02-12	1	03단	平壤師範學級增加附屬校新設は望み薄
258672	朝鮮朝日	西北版	1935-02-12	1	04단	知事級の更送相當大搖れか一部の椅子替へを機會に官界の空氣を一新
258673	朝鮮朝日	西北版	1935-02-12	1	05단	平北明年豫算彈力性に富む
258674	朝鮮朝日	西北版	1935-02-12	1	05단	鐘紡は今春から東洋紡は九月ごろ工場建設に着手
258675	朝鮮朝日	西北版	1935-02-12	1	05단	埋立地に引込線敷設
258676	朝鮮朝日	西北版	1935-02-12	1	06단	有望な金鑛また發見さる
258677	朝鮮朝日	西北版	1935-02-12	1	06단	亡夫の遺志を繼ぎ若き地主の發心率先、一萬圓を育英事業に女高普建設の蔭に咲く美談
258678	朝鮮朝日	西北版	1935-02-12	1	07단	蕎麥屋爭議解決す從業員の要求徹る
258679	朝鮮朝日	西北版	1935-02-12	1	07단	燃ゆる義心
258680	朝鮮朝日	西北版	1935-02-12	1	07단	四十五萬圓で舊港の設備改善鎮南浦第二期築港早くも狹隘を告ぐ
258681	朝鮮朝日	西北版	1935-02-12	1	08단	幼兒を苛む試驗地獄平壤の普通學校の收容力わづかに一割五分
258682	朝鮮朝日	西北版	1935-02-12	1	08단	烈風のため道路埋沒す

일련번호	판명		간행일	면	단수	기사명
258683	朝鮮朝日	西北版	1935-02-12	1	08단	僞學生取締り
258684	朝鮮朝日	西北版	1935-02-12	1	08단	墮胎發覺
258685	朝鮮朝日	西北版	1935-02-12	1	09단	失戀自殺
258686	朝鮮朝日	西北版	1935-02-12	1	09단	困った息子一萬圓持出しだだら遊び
258687	朝鮮朝日	西北版	1935-02-12	1	09단	鼻疽發生す
258688	朝鮮朝日	西北版	1935-02-12	1	09단	スキー賑ふ
258689	朝鮮朝日	西北版	1935-02-12	1	10단	製鍊會社職制決る
258690	朝鮮朝日	西北版	1935-02-12	1	10단	もよほし(巖出少尉告別式/咸北道內府尹郡守會議/平壤遞信分筆局、郵便局員および家族慰安會/平壤遞信分筆局管內各電信、電話、技術官擔當區主任打合會/開城府內初等學校長會)
258691	朝鮮朝日	西北版	1935-02-12	1	10단	人(萩原彦三氏(拓務省管理局長)/柳本朝光氏(平南道産業課長)/北野喜多氏(平南水産技手))
258692	朝鮮朝日	西北版	1935-02-12	1	10단	柳京日記
258693	朝鮮朝日	南鮮版	1935-02-12	1	01단	佳節に高鳴る建國の大精神京城初め全半島に國旗の林、人の波/響れの人々各地で輝く表彰
258694	朝鮮朝日	南鮮版	1935-02-12	1	01단	近く斷行される知事級の更送一部の椅子替へを機會とし官界の空氣を一新
258695	朝鮮朝日	南鮮版	1935-02-12	1	01단	寶物カメラ探訪(2)/美しい懷古的情緒を東部京城に漂はす東大門
258696	朝鮮朝日	南鮮版	1935-02-12	1	05단	九年の鮮米道別實收高
258697	朝鮮朝日	南鮮版	1935-02-12	1	05단	二百萬圓程度に第二豫備金を增額か災害の頻發で間に合はぬ
258698	朝鮮朝日	南鮮版	1935-02-12	1	07단	敬神の兩氏に褒狀を授與朝鮮神宮で
258699	朝鮮朝日	南鮮版	1935-02-12	1	07단	燦然と光彩を放つ新しい文化の尖兵九州支社發行の處女朝刊が佳節の半島へ躍込む
258700	朝鮮朝日	南鮮版	1935-02-12	1	08단	九分通り再出馬京城の現府議
258701	朝鮮朝日	南鮮版	1935-02-12	1	08단	忠北の諸名士から灑がれた讚辭(知事 南宮營/道會副議長 閔泳殼/忠北教育會/淸州郡守 摺澤勁四郎/道會議員朝鮮農會議員 松木彬/中鮮運輸事務取締役 市川幸右慰門/淸州穀物商組合會 藤井廣吉/大田電氣淸州支店 川島由三郎)
258702	朝鮮朝日	南鮮版	1935-02-12	1	09단	僞造の紙貨弊は不鮮明で拙劣な代物北鮮で盛んに行使
258703	朝鮮朝日	南鮮版	1935-02-12	1	10단	人(梶山昌雄氏(本社京城通信局員)/中島主四郎氏(鎭海松原通り本紙前販賣店主))
258704	朝鮮朝日	南鮮版	1935-02-12	1	10단	鷄林かゞみ
258705	朝鮮朝日	西北版	1935-02-13	1	01단	多雨に本づく平南奧地の慘狀農作物被害四割から六割伸びる救濟の手(寧遠郡/孟山郡/陽德郡)
258706	朝鮮朝日	西北版	1935-02-13	1	03단	北鮮開拓事業實行期へ第一步高く揭ぐる二つの新使命！一路、理想鄕實現へ
258707	朝鮮朝日	西北版	1935-02-13	1	04단	巢立つ花形選手(7)/燦然・輝く運動史指導者としての功績は大きい

일련번호	판명		간행일	면	단수	기사명
258708	朝鮮朝日	西北版	1935-02-13	1	05단	火に備へる高層建築救命袋や避難梯子を
258709	朝鮮朝日	西北版	1935-02-13	1	06단	電話週間
258710	朝鮮朝日	西北版	1935-02-13	1	06단	轉錦門復興古蹟保存會で評議
258711	朝鮮朝日	西北版	1935-02-13	1	07단	走る！輕快列車平壤、南浦間
258712	朝鮮朝日	西北版	1935-02-13	1	07단	敬神と愛國感心な二少年
258713	朝鮮朝日	西北版	1935-02-13	1	07단	安昌浩歸る
258714	朝鮮朝日	西北版	1935-02-13	1	07단	近來の怪事件新義州の料亭女將殺し依然目鼻がつかぬ(お小夜さんと義母おもんさん)
258715	朝鮮朝日	西北版	1935-02-13	1	08단	拔劍して戰友を傷く兵士あはや亂鬪沙汰
258716	朝鮮朝日	西北版	1935-02-13	1	08단	下關水産市況(十二日)
258717	朝鮮朝日	西北版	1935-02-13	1	09단	學校費を使ひ込む高飛び途上で捕はる
258718	朝鮮朝日	西北版	1935-02-13	1	09단	飛行聯隊野外演習
258719	朝鮮朝日	西北版	1935-02-13	1	10단	置き忘れた公金を失敬書記さんの出來こゝろ
258720	朝鮮朝日	西北版	1935-02-13	1	10단	またも四名咸南の天然痘
258721	朝鮮朝日	西北版	1935-02-13	1	10단	タクシー內で自殺を企つ
258722	朝鮮朝日	西北版	1935-02-13	1	10단	柳京日記
258723	朝鮮朝日	南鮮版	1935-02-13	1	01단	佳節のグラフ
258724	朝鮮朝日	南鮮版	1935-02-13	1	01단	一千萬圓を投じ仁川港を大擴張六月上旬に起工式を擧行し全府民擧って祝福
258725	朝鮮朝日	南鮮版	1935-02-13	1	01단	本府土木出張所を仁川と麗水に新設技術員の新配置をめぐって相當廣範圍の異動
258726	朝鮮朝日	南鮮版	1935-02-13	1	01단	松田鮮銀理事勇退は確實後任は河口本店支配人有力
258727	朝鮮朝日	南鮮版	1935-02-13	1	01단	定例局長會議
258728	朝鮮朝日	南鮮版	1935-02-13	1	02단	寶物カメラ探訪(3)/新羅時代の最傑作全南華嚴寺の舍利塔
258729	朝鮮朝日	南鮮版	1935-02-13	1	04단	朝鮮人側も初めて立つ釜山の府議戰
258730	朝鮮朝日	南鮮版	1935-02-13	1	05단	浦項へ移轉慶北漁業組合聯合會事務所も新築
258731	朝鮮朝日	南鮮版	1935-02-13	1	05단	府民館蓋明けに寶塚の歌劇を招く觀光協會が大枚三萬圓を苦面し乗込む美少女百餘名
258732	朝鮮朝日	南鮮版	1935-02-13	1	06단	人(池水宗次郎氏(電通釜山支局長萩原久雄氏義父))
258733	朝鮮朝日	南鮮版	1935-02-13	1	06단	鉛白粉を一掃近く法規改正
258734	朝鮮朝日	南鮮版	1935-02-13	1	06단	住宅地を種に一萬圓詐取百餘名から
258735	朝鮮朝日	南鮮版	1935-02-13	1	07단	半島獨特の同族部落交通網の發達で辿る崩潰の過程二十戶以上が一萬五千集團善生氏苦心の研究
258736	朝鮮朝日	南鮮版	1935-02-13	1	07단	タクシー內で自殺を企つ
258737	朝鮮朝日	南鮮版	1935-02-13	1	08단	大邱師範の受驗地獄十三人に一人の高率他校から机を借るさわぎ
258738	朝鮮朝日	南鮮版	1935-02-13	1	08단	慶北道內に沸る愛國熱國防義會募集の慰問袋一萬二千個を突破
258739	朝鮮朝日	南鮮版	1935-02-13	1	08단	全鮮一齊に電話强調週間十八日から
258740	朝鮮朝日	南鮮版	1935-02-13	1	09단	仁川の晝火事

일련번호	판명		간행일	면	단수	기사명
258741	朝鮮朝日	南鮮版	1935-02-13	1	10단	拾った通帳で預金の引出し
258742	朝鮮朝日	南鮮版	1935-02-13	1	10단	鷄林かゞみ
258743	朝鮮朝日	南鮮版	1935-02-13	1	10단	下關水産市況(十二日)
258744	朝鮮朝日	西北版	1935-02-14	1	01단	立候補の届出告示前は認めぬ差當り府邑會議員から適用府令愈よ公布さる(改正案の要項)
258745	朝鮮朝日	西北版	1935-02-14	1	01단	國際橋架設はまづ北鮮側から新年度は慶源、次は穩城西鮮側は十二年度以降に
258746	朝鮮朝日	西北版	1935-02-14	1	01단	咸南の緬羊増殖に拍車道立種羊場を設け獎勵郡を増加す
258747	朝鮮朝日	西北版	1935-02-14	1	01단	里潮に踊るアレグロ(1)/たぎる景氣だ北鮮時代だ！歡びに日本海の黎明出船賑ふ淸津港
258748	朝鮮朝日	西北版	1935-02-14	1	04단	更生園を法人に
258749	朝鮮朝日	西北版	1935-02-14	1	04단	靖國神社に合祀の光榮殉職警官九氏
258750	朝鮮朝日	西北版	1935-02-14	1	04단	金肥消費額物凄い膨脹平南で三百萬圓突破
258751	朝鮮朝日	西北版	1935-02-14	1	05단	徴檢告示
258752	朝鮮朝日	西北版	1935-02-14	1	05단	平壤機五機京城へ安着
258753	朝鮮朝日	西北版	1935-02-14	1	05단	拓相、誠意を披瀝涙ある解決を日露役・城津在留民被害救濟請願委員會で採擇
258754	朝鮮朝日	西北版	1935-02-14	1	06단	期待される都計研究會躍進平壤に備へてまづ土木課內に調査係り
258755	朝鮮朝日	西北版	1935-02-14	1	06단	刑事講習會
258756	朝鮮朝日	西北版	1935-02-14	1	07단	開城の強盜捕る
258757	朝鮮朝日	西北版	1935-02-14	1	07단	包圍隊形で盛んに追撃す警官、守備隊聯合で賊團は東北革命軍の一隊
258758	朝鮮朝日	西北版	1935-02-14	1	08단	下關水産市況(十三日)
258759	朝鮮朝日	西北版	1935-02-14	1	08단	羅津の用地買收本府の裁定下る總額で廿五萬圓の値上り三年越の紛爭解決
258760	朝鮮朝日	西北版	1935-02-14	1	08단	羅津警察署獨立廳舍に四月早々着工
258761	朝鮮朝日	西北版	1935-02-14	1	09단	錢路を血塗る
258762	朝鮮朝日	西北版	1935-02-14	1	09단	爆彈騷ぎ人騷がせな忘れ物震ひあがった特急寢台車
258763	朝鮮朝日	西北版	1935-02-14	1	10단	柳京日記
258764	朝鮮朝日	南鮮版	1935-02-14	1	01단	立候補の届出告示前は認めぬ差當り府邑會議員から適用府令愈よ公布さる(改正案の要項)
258765	朝鮮朝日	南鮮版	1935-02-14	1	01단	惠まれぬ患者群が南海に築く樂園今秋までに四千近く收容し自給自足の小鹿島
258766	朝鮮朝日	南鮮版	1935-02-14	1	01단	寶物カメラ探訪(4)/絢爛目を奪ふ壁畫全南無爲寺の極樂殿
258767	朝鮮朝日	南鮮版	1935-02-14	1	03단	慶南府尹郡守會議
258768	朝鮮朝日	南鮮版	1935-02-14	1	04단	忠南道會
258769	朝鮮朝日	南鮮版	1935-02-14	1	04단	鮮銀券發行高
258770	朝鮮朝日	南鮮版	1935-02-14	1	04단	簡保積立金の各道貸付額決る
258771	朝鮮朝日	南鮮版	1935-02-14	1	04단	自力更生で貯金鰻上り廿一日から大獎勵

일련번호	판명		간행일	면	단수	기사명
258772	朝鮮朝日	南鮮版	1935-02-14	1	05단	希望の空へ巣立つ鳳雛學園に描く時代の色大邱中等學校の志望調べ/鑛業花やか有卦に入る京城電氣學校/忠南中等校の入試/初等教育を充實京城府の普通學校教育費明年度は九十九萬圓/簡易學校を增設の京畿道
258773	朝鮮朝日	南鮮版	1935-02-14	1	05단	ロータリーが釜山に支部朝鮮で二番目
258774	朝鮮朝日	南鮮版	1935-02-14	1	06단	御自慢の府民館は早くも十月に開くモダン夫婦の結婚式も歡迎大京城にふさはしい建築美
258775	朝鮮朝日	南鮮版	1935-02-14	1	06단	米と粟の輸移出入高
258776	朝鮮朝日	南鮮版	1935-02-14	1	07단	痛快強盗の厄日兇器を揮った揚句、捻伏せらる京城と金泉で曉の素人捕物陣/忠南の強盗捕はる
258777	朝鮮朝日	南鮮版	1935-02-14	1	08단	慶南の緊縮豫算
258778	朝鮮朝日	南鮮版	1935-02-14	1	08단	下關水産市況(十三日)
258779	朝鮮朝日	南鮮版	1935-02-14	1	10단	警察制度を確立の恩人大庭大將を悼む前田少將
258780	朝鮮朝日	南鮮版	1935-02-14	1	10단	人(植田朝鮮軍司令官/有賀殖銀頭取/湯村咸南知事/穗積總督府殖産局長/大串軍參謀長、富田參謀とともに十六日歸任の豫定)
258781	朝鮮朝日	南鮮版	1935-02-14	1	10단	鷄林かゞみ
258782	朝鮮朝日	西北版	1935-02-15	1	01단	冬季氣流調査最初の試驗飛行愼飛行士の操縱で愈よ決行北鮮航空路開拓の前提
258783	朝鮮朝日	西北版	1935-02-15	1	01단	奧地商圈の擴張はたゞ努力の問題咸興は保守的過ぎた商議所經濟視察團の土産話
258784	朝鮮朝日	西北版	1935-02-15	1	01단	里潮に踊るアレグロ(2)/鐵路聯絡から航空時代へ！鮮滿結ぶ空の通路人に魁くる旺盛な特産輸送
258785	朝鮮朝日	西北版	1935-02-15	1	02단	無煙炭合同本省も諒解具體案作成を急ぐ
258786	朝鮮朝日	西北版	1935-02-15	1	04단	陣地攻擊戰
258787	朝鮮朝日	西北版	1935-02-15	1	04단	平南道會全鮮に魁け十六日から
258788	朝鮮朝日	西北版	1935-02-15	1	04단	朝鮮チフスは小兒にも感染遠城寺博士の新研究
258789	朝鮮朝日	西北版	1935-02-15	1	05단	鍊運賃割引
258790	朝鮮朝日	西北版	1935-02-15	1	05단	交通事故防止宣傳
258791	朝鮮朝日	西北版	1935-02-15	1	05단	新興道のために大いに努力する湯村新咸南知事語る
258792	朝鮮朝日	西北版	1935-02-15	1	06단	北鮮武道大會
258793	朝鮮朝日	西北版	1935-02-15	1	06단	佐世保機元山へ
258794	朝鮮朝日	西北版	1935-02-15	1	06단	鰯油統制に改革の烽火地方事情を參酌しまづ建値を道別に
258795	朝鮮朝日	西北版	1935-02-15	1	07단	咸興、興南間に快適な自動車路今秋までには完成
258796	朝鮮朝日	西北版	1935-02-15	1	07단	さらに五名發生咸南の痘禍やまず
258797	朝鮮朝日	西北版	1935-02-15	1	07단	三輛脫線し一輛は轉覆白茂線の珍事
258798	朝鮮朝日	西北版	1935-02-15	1	08단	血痕目あてに追擊を續く匪賊團奧地へ遁走/丹下警察部長現場へ向ふ
258799	朝鮮朝日	西北版	1935-02-15	1	09단	下關水産市況(十四日)
258800	朝鮮朝日	西北版	1935-02-15	1	09단	栗里炭鑛の盜掘男捕る

일련번호	판명		간행일	면	단수	기사명
258801	朝鮮朝日	西北版	1935-02-15	1	10단	美人局捕はる
258802	朝鮮朝日	西北版	1935-02-15	1	10단	柳京日記
258803	朝鮮朝日	南鮮版	1935-02-15	1	01단	各歷史教科書に特殊事情を加味臨時調査委員會を設けて新しく本府で編纂
258804	朝鮮朝日	南鮮版	1935-02-15	1	01단	無煙炭合同本省も諒解具體案作成を急ぐ
258805	朝鮮朝日	南鮮版	1935-02-15	1	01단	寶物カメラ探訪(５)/寺刹建立の先驅咸南釋王寺の應眞殿
258806	朝鮮朝日	南鮮版	1935-02-15	1	03단	忠北道會
258807	朝鮮朝日	南鮮版	1935-02-15	1	03단	受信機をたゞ直し値下げは取止め聽取者の希望を叶へた上に大儲けの放送協會
258808	朝鮮朝日	南鮮版	1935-02-15	1	04단	慶南の道會三月二日から
258809	朝鮮朝日	南鮮版	1935-02-15	1	04단	鮮銀株主總會
258810	朝鮮朝日	南鮮版	1935-02-15	1	04단	全州と光州に商工會議所十月頃に實現
258811	朝鮮朝日	南鮮版	1935-02-15	1	04단	冬季氣流調査最初の試驗飛行愼飛行士の操縱で愈よ決行北鮮航空路を開拓
258812	朝鮮朝日	南鮮版	1935-02-15	1	05단	在滿皇軍へ銃後の支援裡里官民から慰問品を贈る
258813	朝鮮朝日	南鮮版	1935-02-15	1	05단	慶北農會が賞品を授與各種品評會へ
258814	朝鮮朝日	南鮮版	1935-02-15	1	06단	暴騰！また暴騰！九百六十圓もの高値を唱へ京城は耳の受難都市
258815	朝鮮朝日	南鮮版	1935-02-15	1	06단	十八名を退職處分に巧緻を極む慶北線不正事件
258816	朝鮮朝日	南鮮版	1935-02-15	1	07단	緊縮の中に異彩を放つ窮民救濟や農民道場慶南の豫算は六百十萬圓/中堅人物を道場で養成
258817	朝鮮朝日	南鮮版	1935-02-15	1	07단	軍人さんも碎けて假裝の進軍軍事知識の普及をねらひ陸軍記念日の珍趣向
258818	朝鮮朝日	南鮮版	1935-02-15	1	07단	外鹽事務が澁滯
258819	朝鮮朝日	南鮮版	1935-02-15	1	08단	リレー式に洋服を窮取六名捕はる
258820	朝鮮朝日	南鮮版	1935-02-15	1	09단	下關水産市況(十四日)
258821	朝鮮朝日	南鮮版	1935-02-15	1	09단	銳利な小刀で貨物を拔さ取る荷主泣かせの怪盜京城驛で逮捕さる
258822	朝鮮朝日	南鮮版	1935-02-15	1	09단	釜山の赤貝東京で好評
258823	朝鮮朝日	南鮮版	1935-02-15	1	10단	嫉妬の放火
258824	朝鮮朝日	南鮮版	1935-02-15	1	10단	辻褄の合はぬ刃傷
258825	朝鮮朝日	南鮮版	1935-02-15	1	10단	本社京城支局來訪
258826	朝鮮朝日	南鮮版	1935-02-15	1	10단	鷄林かゞみ
258827	朝鮮朝日	西北版	1935-02-16	1	01단	新たに生れ出る二つの工場地帶大同、普通兩江の改修で大平壤建設へ拍車
258828	朝鮮朝日	西北版	1935-02-16	1	01단	解氷を待ち一齊に着工待望の大羅津建設
258829	朝鮮朝日	西北版	1935-02-16	1	01단	北鮮の重要工業破壞の大陰謀破壞ら五十餘名送局咸北のビラ撒き事件解禁/裏切者は暗殺に極端な祕密主義から檢擧に多大の苦心/桃色工作で黨員を激勵四名の女活躍/首魁玄の人物/淸津署で取調中二幹部逃走今に行方不明

일련번호	판명		간행일	면	단수	기사명
258830	朝鮮朝日	西北版	1935-02-16	1	03단	煉炭業者本府へ陳情無煙炭供給の圓滑に就いて
258831	朝鮮朝日	西北版	1935-02-16	1	03단	火田民整理五年計劃で斷行本府の方針決定す
258832	朝鮮朝日	西北版	1935-02-16	1	04단	燈竿新設
258833	朝鮮朝日	西北版	1935-02-16	1	04단	講堂新築の陳情
258834	朝鮮朝日	西北版	1935-02-16	1	04단	兵器廠出張所近く開所式
258835	朝鮮朝日	西北版	1935-02-16	1	05단	釜山の林檎倉庫好成績
258836	朝鮮朝日	西北版	1935-02-16	1	05단	前年に比し四十萬圓の膨脹平南の明年度豫算
258837	朝鮮朝日	西北版	1935-02-16	1	05단	東北に彷彿北鮮山農村の凶作娘賣りの哀話も頻々！
258838	朝鮮朝日	西北版	1935-02-16	1	06단	薩摩諸葛出荷組合
258839	朝鮮朝日	西北版	1935-02-16	1	06단	轉錦門愈よ再建搏榔墳も移築さる舊跡保存會協議會で可決
258840	朝鮮朝日	西北版	1935-02-16	1	06단	指導部落擴充打合
258841	朝鮮朝日	西北版	1935-02-16	1	07단	新朝無躍進
258842	朝鮮朝日	西北版	1935-02-16	1	07단	審理十一時間清津法院に展開された無軌道桃色犯罪
258843	朝鮮朝日	西北版	1935-02-16	1	08단	下關水産市況(十五日)
258844	朝鮮朝日	西北版	1935-02-16	1	08단	死傷十四名拉致された者十名平北東興邑の匪禍
258845	朝鮮朝日	西北版	1935-02-16	1	08단	朝鮮總督府異動
258846	朝鮮朝日	西北版	1935-02-16	1	09단	血を見た喧譁相手を毆殺
258847	朝鮮朝日	西北版	1935-02-16	1	09단	元山本町校廿年記念祭
258848	朝鮮朝日	西北版	1935-02-16	1	10단	棍棒で一擊五十圓を奪ふ
258849	朝鮮朝日	西北版	1935-02-16	1	10단	モヒ患救濟
258850	朝鮮朝日	西北版	1935-02-16	1	10단	柳京日記
258851	朝鮮朝日	南鮮版	1935-02-16	1	01단	草根木皮を食べ露命を繋ぐ惨狀洛東江下流の海苔大凶作で飢餓地獄の三千人
258852	朝鮮朝日	南鮮版	1935-02-16	1	01단	整備される檢察陣犯罪の捜査線に伸びる科學の觸手人間と機械の精銳そろへて待機の京畿道刑事課/兒變に備へ悲壯な背水の陣京城の全警察官に血液型の一齊檢査/高等警察の刷新を斷行各道で講習會/警察參考館四月に着工/五地方法院に思想部を設ける治維法改正案實施に伴ひ保護監察制度に新味/生活の設計共濟組合が遊資を融通
258853	朝鮮朝日	南鮮版	1935-02-16	1	02단	北鮮の重要工業破壞の大陰謀首魁ら五十餘名送局咸北のビラ撒き事件解禁/裏切者は暗殺に極端な祕密主義から檢擧に多大の苦心/桃色工作で黨員を激勵四名の女活躍/首魁玄の人物/清津署で取調中二幹部逃走今に行方不明
258854	朝鮮朝日	南鮮版	1935-02-16	1	04단	麗水
258855	朝鮮朝日	南鮮版	1935-02-16	1	05단	心田開發も實行の域へ久し振りに記者團と會ひ宇垣さん縱橫に語る(豫算通過は結構/各機關が大車輪)
258856	朝鮮朝日	南鮮版	1935-02-16	1	05단	滿洲移民が愈よ具體化田中課長東上
258857	朝鮮朝日	南鮮版	1935-02-16	1	05단	土地賣買の新判例第一の契約を祕密にして第二の契約を結んだ事件詐欺罪を構成せぬ

일련번호	판명		간행일	면	단수	기사명
258858	朝鮮朝日	南鮮版	1935-02-16	1	06단	安全農村料理の美味に舌鼓み營口の白衣同胞達からお禮心にお米の贈り物
258859	朝鮮朝日	南鮮版	1935-02-16	1	07단	意外のお達しから叩頭戰はお預け府邑議選擧暫く裏面の策動へ
258860	朝鮮朝日	南鮮版	1935-02-16	1	08단	釜山職業學校道移管に決る
258861	朝鮮朝日	南鮮版	1935-02-16	1	09단	娘殺しに二年の求刑慶南生れの男
258862	朝鮮朝日	南鮮版	1935-02-16	1	09단	人殺しを密告
258863	朝鮮朝日	南鮮版	1935-02-16	1	10단	不良支那人を本國へ送還
258864	朝鮮朝日	南鮮版	1935-02-16	1	10단	京畿道の强盜
258865	朝鮮朝日	南鮮版	1935-02-16	1	10단	朝鮮總督府異動
258866	朝鮮朝日	南鮮版	1935-02-16	1	10단	鷄林かゞみ
258867	朝鮮朝日	南鮮版	1935-02-16	1	10단	下關水産市況(十五日)
258868	朝鮮朝日	西北版	1935-02-17	1	01단	日露役當時の塹壕の跡發見三十年を迎へて追憶あらた記念碑建立を計劃
258869	朝鮮朝日	西北版	1935-02-17	1	01단	警察官慰問の旅咸北の第一線へ池田局長乘出す
258870	朝鮮朝日	西北版	1935-02-17	1	01단	平南道會第一日
258871	朝鮮朝日	西北版	1935-02-17	1	01단	里潮に踊るアレグロ(３)/お客の爭奪に火花を散らす景氣を漁る視察團を繞って物凄いホテル合戰
258872	朝鮮朝日	西北版	1935-02-17	1	02단	公設市場の內容を充實
258873	朝鮮朝日	西北版	1935-02-17	1	02단	平南の人口百三十八萬人
258874	朝鮮朝日	西北版	1935-02-17	1	04단	國境將兵に慰問品を送る
258875	朝鮮朝日	西北版	1935-02-17	1	04단	褒賞授與式
258876	朝鮮朝日	西北版	1935-02-17	1	04단	安井專賣局長來壤
258877	朝鮮朝日	西北版	1935-02-17	1	05단	製材工場新設
258878	朝鮮朝日	西北版	1935-02-17	1	05단	東部海岸で高層氣象を觀測四測候所に國庫補助
258879	朝鮮朝日	西北版	1935-02-17	1	06단	救急箱配置
258880	朝鮮朝日	西北版	1935-02-17	1	06단	電話强調週間
258881	朝鮮朝日	西北版	1935-02-17	1	06단	北鮮移住不成績當局、對策に腐心す
258882	朝鮮朝日	西北版	1935-02-17	1	06단	水産組合の會社組織に業者結束して起つ生活上の一大脅威だと道當局へ反對運動
258883	朝鮮朝日	西北版	1935-02-17	1	07단	下關水産市況(十六日)
258884	朝鮮朝日	西北版	1935-02-17	1	08단	自動車開通价川、寧遠間
258885	朝鮮朝日	西北版	1935-02-17	1	08단	畜牛去勢
258886	朝鮮朝日	西北版	1935-02-17	1	09단	匪賊追擊隊一應引揚ぐ
258887	朝鮮朝日	西北版	1935-02-17	1	09단	日滿國境に躍るスパイ團無電で機密の放送を計劃羅津で首魁？捕る
258888	朝鮮朝日	西北版	1935-02-17	1	10단	凶作義金集る
258889	朝鮮朝日	西北版	1935-02-17	1	10단	咸興水組の水騷動解決
258890	朝鮮朝日	西北版	1935-02-17	1	10단	飛び降りて

일련번호	판명		간행일	면	단수	기사명
258891	朝鮮朝日	南鮮版	1935-02-17	1	01단	*文明の嘆き街頭の輪禍に天國行が激増全鮮の犠牲者を合祀して今春盛大な慰靈祭を擧行/出盛りの夕方に跳梁する交通魔京畿道一年間の事故ニ千件首位を占める京城/自動車業者に銀行の融資交通事業令の實施に伴ひ實現する財團の賜物/最初の取締會議/二割の増加運轉手志願*
258892	朝鮮朝日	南鮮版	1935-02-17	1	01단	光榮の高齢者
258893	朝鮮朝日	南鮮版	1935-02-17	1	02단	寶物カメラ探訪(6)/古都の香りを放つ莊重、平壤の普通門
258894	朝鮮朝日	南鮮版	1935-02-17	1	04단	清州
258895	朝鮮朝日	南鮮版	1935-02-17	1	04단	軍司令官の日程
258896	朝鮮朝日	南鮮版	1935-02-17	1	04단	慶北の鰊漁は空前の不漁必要な保護養殖案に東海岸各道の態度が疑問
258897	朝鮮朝日	南鮮版	1935-02-17	1	05단	生きた實例(會頭令息の奇禍/念入り三重衝突/列車から墜死す/線路で騒ぎ負傷)
258898	朝鮮朝日	南鮮版	1935-02-17	1	05단	歴史教科書の委員會顔觸れ
258899	朝鮮朝日	南鮮版	1935-02-17	1	05단	舍利塔研究の新光明千年前の銘記石を全南寶林寺から發見確實な建立年代初めて判明す
258900	朝鮮朝日	南鮮版	1935-02-17	1	07단	好い鐘ないか石鼓殿移轉で全國へ問合せ
258901	朝鮮朝日	南鮮版	1935-02-17	1	07단	總督のお聲掛りで石油の專門的調査耳よりな試掘願ひの殺到から事業家食指を動かす
258902	朝鮮朝日	南鮮版	1935-02-17	1	08단	授業料値上げ京城の公普が府外居住者に
258903	朝鮮朝日	南鮮版	1935-02-17	1	08단	全州兩班の爭ひ前中樞院參議李康元氏勝ち土地を神社へ寄附
258904	朝鮮朝日	南鮮版	1935-02-17	1	08단	全北の異動
258905	朝鮮朝日	南鮮版	1935-02-17	1	09단	下關水産市況(十六日)
258906	朝鮮朝日	南鮮版	1935-02-17	1	09단	扶餘陳列所の施設を充實
258907	朝鮮朝日	南鮮版	1935-02-17	1	10단	只乗り只泊り厚顔しい男京城で捕はる
258908	朝鮮朝日	南鮮版	1935-02-17	1	10단	爆破作業中二名が重傷
258909	朝鮮朝日	南鮮版	1935-02-17	1	10단	京城の火事
258910	朝鮮朝日	南鮮版	1935-02-17	1	10단	嬰兒殺し
258911	朝鮮朝日	南鮮版	1935-02-17	1	10단	公金拐帶の給仕捕はる
258912	朝鮮朝日	南鮮版	1935-02-17	1	10단	本社京城支局來訪
258913	朝鮮朝日	南鮮版	1935-02-17	1	10단	鶏林かゞみ
258914	朝鮮朝日	西北版	1935-02-19	1	01단	屑林檎の加工品歐洲進出を狙ふ採算可能の見極めがつけば明年から企業化
258915	朝鮮朝日	西北版	1935-02-19	1	01단	東拓が支店を設け滿洲で大飛躍近く産業開拓使を特派して處女地の資源を調査
258916	朝鮮朝日	西北版	1935-02-19	1	01단	米倉の入庫高
258917	朝鮮朝日	西北版	1935-02-19	1	01단	里潮に踊るアレグロ(4)/北鮮一を謳ひ黄金の唸る山清巖金山の無氣味な坑道で儲け話のモグラ問答
258918	朝鮮朝日	西北版	1935-02-19	1	02단	平南道會(十八日)

일련번호	판명		간행일	면	단수	기사명
258919	朝鮮朝日	西北版	1935-02-19	1	02단	卒業を前に先づ實際を平壤高女四年生の社會見學
258920	朝鮮朝日	西北版	1935-02-19	1	03단	犯罪相にも色濃く現れる鑛山景氣新義州檢事局が受理の事件は窮盜や傷害が筆頭
258921	朝鮮朝日	西北版	1935-02-19	1	04단	廿日に赴任湯村咸南知事
258922	朝鮮朝日	西北版	1935-02-19	1	04단	赤十字主義を間島奧地へ
258923	朝鮮朝日	西北版	1935-02-19	1	04단	華頂寺健兒團軍都に生る
258924	朝鮮朝日	西北版	1935-02-19	1	05단	女給さんの增加を陳情平壤內地人飮食店組合から
258925	朝鮮朝日	西北版	1935-02-19	1	05단	內鮮人に警鐘中華民國人の納稅組合生る
258926	朝鮮朝日	西北版	1935-02-19	1	05단	無煙炭合同の資産評價は順調本府は原案で押切る
258927	朝鮮朝日	西北版	1935-02-19	1	05단	電話交換の仕事振り公開沙里院局で
258928	朝鮮朝日	西北版	1935-02-19	1	06단	痲藥中毒豫防協會
258929	朝鮮朝日	西北版	1935-02-19	1	06단	西鮮各港が俄かに活港東北關東の凶作で鮮米の積取が增加
258930	朝鮮朝日	西北版	1935-02-19	1	06단	元山だより
258931	朝鮮朝日	西北版	1935-02-19	1	07단	元山商工會議所役員會
258932	朝鮮朝日	西北版	1935-02-19	1	07단	開城の畫火事
258933	朝鮮朝日	西北版	1935-02-19	1	07단	醫學文獻にもなく全身黃色い奇病平壤道立病院で初めて診斷の先天的な全身性黃疸
258934	朝鮮朝日	西北版	1935-02-19	1	08단	平壤驛改築はまだ決らぬ扇形機關庫は四月に着工吉永平鐵所長のお土産話
258935	朝鮮朝日	西北版	1935-02-19	1	08단	東大の籠球チーム招聘
258936	朝鮮朝日	西北版	1935-02-19	1	08단	郵便自動車と自轉車が衝突
258937	朝鮮朝日	西北版	1935-02-19	1	09단	預金部資金の融通規則發布
258938	朝鮮朝日	西北版	1935-02-19	1	10단	寄附金集り閉校を免る元山の兩普校
258939	朝鮮朝日	西北版	1935-02-19	1	10단	もよほし(宇垣總督の招宴)
258940	朝鮮朝日	西北版	1935-02-19	1	10단	下關水産市況(十八日)
258941	朝鮮朝日	南鮮版	1935-02-19	1	01단	貨物は階下から旅客は二階から乘船大改築の設計ほぼ成った釜山港第一棧橋
258942	朝鮮朝日	南鮮版	1935-02-19	1	01단	民衆警察を示す力强い施設が增加地方の實情に卽した指導で極力助成に努める
258943	朝鮮朝日	南鮮版	1935-02-19	1	01단	寶物カメラ探訪(7)/碧流に丹彩の柱影古都柳京の浮碧樓
258944	朝鮮朝日	南鮮版	1935-02-19	1	02단	京畿道の畓は九割が舍音管理農地令で弊害を防止
258945	朝鮮朝日	南鮮版	1935-02-19	1	04단	天安
258946	朝鮮朝日	南鮮版	1935-02-19	1	04단	社會事業團が聯盟を組織
258947	朝鮮朝日	南鮮版	1935-02-19	1	04단	美果を結ぶ全北育英會
258948	朝鮮朝日	南鮮版	1935-02-19	1	04단	兩鐵道局の打合會
258949	朝鮮朝日	南鮮版	1935-02-19	1	05단	夏に備へる農村
258950	朝鮮朝日	南鮮版	1935-02-19	1	05단	急設電話の申請は受付期を繰上げ全鮮で廿五日から十五日間遲れぬやう御注意
258951	朝鮮朝日	南鮮版	1935-02-19	1	05단	デパートのお客へ贈る避難心得十ヶ條京城消防署が訓練を督勵

일련번호	판명		간행일	면	단수	기사명
258952	朝鮮朝日	南鮮版	1935-02-19	1	05단	國防獻金を四萬圓寄託文明琦氏から
258953	朝鮮朝日	南鮮版	1935-02-19	1	06단	貧しき村里を淨化する碧い眼の天女京城府外恩平面に結ばれた國際愛の家庭
258954	朝鮮朝日	南鮮版	1935-02-19	1	07단	今夏までに二制令發布
258955	朝鮮朝日	南鮮版	1935-02-19	1	07단	儀禮準則の主旨を徹底
258956	朝鮮朝日	南鮮版	1935-02-19	1	07단	仕事慾から罪に問はる沙防事業で
258957	朝鮮朝日	南鮮版	1935-02-19	1	08단	製鍊會社の鎔鑛爐明年から燃える將來は一日五百噸を處理
258958	朝鮮朝日	南鮮版	1935-02-19	1	08단	僞の大富豪料亭を荒す
258959	朝鮮朝日	南鮮版	1935-02-19	1	08단	徹底的に籾乾燥今年の麥ク米で聲價を回復
258960	朝鮮朝日	南鮮版	1935-02-19	1	09단	下關水産市況(十八日)
258961	朝鮮朝日	南鮮版	1935-02-19	1	09단	漁獲物用筵の規格を統一明年度から慶南で實施
258962	朝鮮朝日	南鮮版	1935-02-19	1	09단	京城
258963	朝鮮朝日	南鮮版	1935-02-19	1	09단	もよほし(精農家養成講習會/慶南道農會/公普卒業生の打合會/門奈氏個展/京城、龍山兩憲兵分隊對抗武道大會/生活改善講演會/朝鮮農會主催棉作講習會/京城管絃樂團第一回發表演奏會/總督府施政二十五周年を記念する第二回の全鮮工業祭生産品展覧會、百貨卽賣會)
258964	朝鮮朝日	南鮮版	1935-02-19	1	10단	人(篠田李王職長官/佐伯京畿道警察部長/矢野總督祕書官/田淵東拓理事)
258965	朝鮮朝日	南鮮版	1935-02-19	1	10단	鷄林かゞみ
258966	朝鮮朝日	西北版	1935-02-20	1	01단	平南の土木界は黃金時代を現出解氷期を待って一せいに動く、動く一千萬圓
258967	朝鮮朝日	西北版	1935-02-20	1	01단	鮮滿の聯絡電話が明春圓滑になる遞信局と滿電が手を携へて互ひに三回線增設
258968	朝鮮朝日	西北版	1935-02-20	1	01단	急設電話の申請は受付期を繰上げ全鮮で廿五日から十五日間
258969	朝鮮朝日	西北版	1935-02-20	1	01단	里潮に踊るアレグロ(5)/超近代の色調感で凄い滿鐵社宅街今や都市創造の激流渦卷く大羅津を飾る威容
258970	朝鮮朝日	西北版	1935-02-20	1	02단	今夏までに二制令發布
258971	朝鮮朝日	西北版	1935-02-20	1	03단	元山の人口二千人增加
258972	朝鮮朝日	西北版	1935-02-20	1	03단	學校增築費に千圓を寄附美談の老母
258973	朝鮮朝日	西北版	1935-02-20	1	04단	凶作義金を贈る城津の美擧
258974	朝鮮朝日	西北版	1935-02-20	1	04단	黑字に躍る一月の平鐵
258975	朝鮮朝日	西北版	1935-02-20	1	04단	藤木鶴山氏が丹誠の宇垣大將の立像白高麗燒の原型成る
258976	朝鮮朝日	西北版	1935-02-20	1	05단	平南道會(十八日)寄附金募集で一波瀾起る
258977	朝鮮朝日	西北版	1935-02-20	1	05단	快適な自動車の專用道路を建設先づ新興の羅津、淸津間に會社設立を目論む
258978	朝鮮朝日	西北版	1935-02-20	1	07단	元山の種痘
258979	朝鮮朝日	西北版	1935-02-20	1	07단	自動車墜落し八名重輕傷平南城陽面の峠で四十尺の斷崖から

일련번호	판명		간행일	면	단수	기사명
258980	朝鮮朝日	西北版	1935-02-20	1	08단	漁區の半ば以上をぜひ獲得したい然し前途樂觀を許さぬと有賀日魯重役淸津で語る
258981	朝鮮朝日	西北版	1935-02-20	1	08단	無煙炭の大進出各工場が歡迎
258982	朝鮮朝日	西北版	1935-02-20	1	08단	巡査の拳銃を盜んだ男逮捕
258983	朝鮮朝日	西北版	1935-02-20	1	09단	疑似豚コレラ
258984	朝鮮朝日	西北版	1935-02-20	1	09단	貨物拔取り發覺大同署が運送店員を引致し被害數萬圓の見込み
258985	朝鮮朝日	西北版	1935-02-20	1	09단	丸星の店員大金を拐帶
258986	朝鮮朝日	西北版	1935-02-20	1	09단	僞の大富豪料亭を荒す
258987	朝鮮朝日	西北版	1935-02-20	1	10단	元山だより
258988	朝鮮朝日	西北版	1935-02-20	1	10단	十萬擔內外の精製糖を增産日糖平壤工場
258989	朝鮮朝日	西北版	1935-02-20	1	10단	人質捨てゝ匪賊逃走す
258990	朝鮮朝日	西北版	1935-02-20	1	10단	下關水産市況(十九日)
258991	朝鮮朝日	南鮮版	1935-02-20	1	01단	燃料と肥料を全農家に與へる名案、農用林地を設定し經濟更生の大福音
258992	朝鮮朝日	南鮮版	1935-02-20	1	01단	半島を舞台に米露の石油合戰サ聯祕かに販賣狀況を調べ必然的に値下げか
258993	朝鮮朝日	南鮮版	1935-02-20	1	01단	寶物カメラ探訪(8)/お伽の國の夢幻美開城觀音寺の大雄殿
258994	朝鮮朝日	南鮮版	1935-02-20	1	02단	慶北農會豫算
258995	朝鮮朝日	南鮮版	1935-02-20	1	04단	もよほし(經濟座談會)
258996	朝鮮朝日	南鮮版	1935-02-20	1	04단	「重要懸案を殘し去るのは殘念」全南官民から痛惜される矢島新任農林局長
258997	朝鮮朝日	南鮮版	1935-02-20	1	04단	自動車取締り評定
258998	朝鮮朝日	南鮮版	1935-02-20	1	04단	京城、東京間で無線の電信試驗初めて四月中旬に
258999	朝鮮朝日	南鮮版	1935-02-20	1	05단	初お目見え模擬自動交換機が京城局で
259000	朝鮮朝日	南鮮版	1935-02-20	1	05단	東拓が支店を設け滿洲で大飛躍近く產業開拓使を特派して處女地の資源調査
259001	朝鮮朝日	南鮮版	1935-02-20	1	06단	釜山牧ノ島へ乘入れ試運轉新造電車で
259002	朝鮮朝日	南鮮版	1935-02-20	1	07단	無電改正案は五月頃公布
259003	朝鮮朝日	南鮮版	1935-02-20	1	07단	產業興隆の反面に頻繁な爆藥事故取扱方法の周知を計ると共に責任者は嚴罰に處す
259004	朝鮮朝日	南鮮版	1935-02-20	1	07단	牛を殺す男
259005	朝鮮朝日	南鮮版	1935-02-20	1	08단	明秋釜山で產業博開く
259006	朝鮮朝日	南鮮版	1935-02-20	1	08단	春の昌慶苑へ猛獸連の御入來北米からは珍らしいプーマも賑やかな復興だより
259007	朝鮮朝日	南鮮版	1935-02-20	1	08단	今頃やつと「おめでたう」年賀狀異變
259008	朝鮮朝日	南鮮版	1935-02-20	1	08단	東大の籠球チーム招聘
259009	朝鮮朝日	南鮮版	1935-02-20	1	08단	下關水産市況(十九日)
259010	朝鮮朝日	南鮮版	1935-02-20	1	09단	怯える人心全南光州郡一帶に强盜頻りに出沒す
259011	朝鮮朝日	南鮮版	1935-02-20	1	10단	昨曉京城の各所で怪火

일련번호	판명		간행일	면	단수	기사명
259012	朝鮮朝日	南鮮版	1935-02-20	1	10단	二千俵の公俵燒く
259013	朝鮮朝日	南鮮版	1935-02-20	1	10단	夫婦喧嘩から妻を撲殺す
259014	朝鮮朝日	南鮮版	1935-02-20	1	10단	人(越智好平大佐(鎭海要港部參謀長)/池田義廣大尉(鎭海灣要港司令部一等主計))
259015	朝鮮朝日	南鮮版	1935-02-20	1	10단	鷄林かゞみ
259016	朝鮮朝日	西北版	1935-02-21	1	01단	燃え盛る鄉土愛公立高普を生む老富豪の社會奉仕を機緣に淨財卅萬圓集まる
259017	朝鮮朝日	西北版	1935-02-21	1	01단	半島を舞台に米露の石油合戰サ職祕かに販賣狀況を調べ必然的に値下げか
259018	朝鮮朝日	西北版	1935-02-21	1	01단	滿洲稅關の出張所北鮮三港に設置日滿協定案の內容
259019	朝鮮朝日	西北版	1935-02-21	1	02단	黑潮に踊るアレグロ(６)/旅人が眞つ先きに求める「頭の缺感」國際港淸津の散髮屋さんが男冥利に腕の競爭
259020	朝鮮朝日	西北版	1935-02-21	1	03단	工事遅れる
259021	朝鮮朝日	西北版	1935-02-21	1	03단	二百名增す好況の平鐵
259022	朝鮮朝日	西北版	1935-02-21	1	04단	函館の鮮滿視察團日程
259023	朝鮮朝日	西北版	1935-02-21	1	04단	咸南警察部異動
259024	朝鮮朝日	西北版	1935-02-21	1	04단	産業興隆の反面に頻繁な爆落事故取扱方法の周知を計ると共に責任者は嚴罰に處す
259025	朝鮮朝日	西北版	1935-02-21	1	05단	無電改正案は五月頃公布
259026	朝鮮朝日	西北版	1935-02-21	1	05단	今頃やっと「おめでたう」年賀狀異變
259027	朝鮮朝日	西北版	1935-02-21	1	05단	平壤府の工場調査
259028	朝鮮朝日	西北版	1935-02-21	1	06단	「生への祈願」萬歲橋の奇習
259029	朝鮮朝日	西北版	1935-02-21	1	07단	平南道會(十九日)平壤醫院の取扱ひ攻擊
259030	朝鮮朝日	西北版	1935-02-21	1	08단	五傑賞四つ王座を占む女子陸上競技界に平壤女高普の譽れ
259031	朝鮮朝日	西北版	1935-02-21	1	08단	咸南の郡守會議
259032	朝鮮朝日	西北版	1935-02-21	1	08단	賑ふ三防スキー場
259033	朝鮮朝日	西北版	1935-02-21	1	08단	毛皮專門に取込み詐欺
259034	朝鮮朝日	西北版	1935-02-21	1	08단	ジャワ玉蜀黍を日穀が輸入
259035	朝鮮朝日	西北版	1935-02-21	1	09단	平壤驛待合室へ自動車突入
259036	朝鮮朝日	西北版	1935-02-21	1	09단	子寶欲しさの餘り乞食志願者が殖える平壤の笑へぬナンセンス
259037	朝鮮朝日	西北版	1935-02-21	1	09단	「喜樂」襲はる
259038	朝鮮朝日	西北版	1935-02-21	1	09단	平壤の火事損害一萬圓
259039	朝鮮朝日	西北版	1935-02-21	1	10단	飛んだ儲話インチキ賭博で二千圓詐取
259040	朝鮮朝日	西北版	1935-02-21	1	10단	前德川署畏島ノ江氏盜まる
259041	朝鮮朝日	西北版	1935-02-21	1	10단	病苦から自殺
259042	朝鮮朝日	西北版	1935-02-21	1	10단	列車に投石
259043	朝鮮朝日	西北版	1935-02-21	1	10단	下關水産市況(二十日)
259044	朝鮮朝日	南鮮版	1935-02-21	1	01단	鮮內金組の業績斷然內地を凌ぐ預金一億二千萬圓を超え郵便貯金の約三倍

일련번호	판명		간행일	면	단수	기사명
259045	朝鮮朝日	南鮮版	1935-02-21	1	01단	鮮滿の聯絡電話が明春圓滑になる遞信局と滿電が手を携へて互ひに三回線增設
259046	朝鮮朝日	南鮮版	1935-02-21	1	01단	寶物カメラ探訪(９)/古風な都市開城で一入目立つ南大門
259047	朝鮮朝日	南鮮版	1935-02-21	1	02단	御眞綿拜受の高齢者決る
259048	朝鮮朝日	南鮮版	1935-02-21	1	04단	もよほし(定時總會二つ)
259049	朝鮮朝日	南鮮版	1935-02-21	1	04단	全北の豫算
259050	朝鮮朝日	南鮮版	1935-02-21	1	04단	新設計劃資金は前年の半分
259051	朝鮮朝日	南鮮版	1935-02-21	1	04단	邑面職員を全鮮的に大增員農村振興陣を强化
259052	朝鮮朝日	南鮮版	1935-02-21	1	05단	裡里農林の誇る分列式軍司令官閱兵
259053	朝鮮朝日	南鮮版	1935-02-21	1	05단	快適な自動車の專用道路を建設先づ新興の羅津、淸津間に會社設立を目論む
259054	朝鮮朝日	南鮮版	1935-02-21	1	05단	燃える愛國熱全州の國防義會へ農業學校生徒擧って參加
259055	朝鮮朝日	南鮮版	1935-02-21	1	06단	待望の農業校南原に新設
259056	朝鮮朝日	南鮮版	1935-02-21	1	06단	大京城の地圖を作る四月から測量
259057	朝鮮朝日	南鮮版	1935-02-21	1	07단	大演習に備へ地形の測量裡里附近で
259058	朝鮮朝日	南鮮版	1935-02-21	1	07단	阿片中毒者の根絶を期す委員會を組織
259059	朝鮮朝日	南鮮版	1935-02-21	1	07단	醫學文獻にもなく全身黃色い奇病平壤道立病院で初めて診斷の先天的な全身性黃疸
259060	朝鮮朝日	南鮮版	1935-02-21	1	07단	磯野氏淸州邑長に內定
259061	朝鮮朝日	南鮮版	1935-02-21	1	08단	金堤署の賭博檢擧
259062	朝鮮朝日	南鮮版	1935-02-21	1	08단	五千萬圓突破へ一萬局員が街頭へ進出し郵便貯金の大勸誘
259063	朝鮮朝日	南鮮版	1935-02-21	1	08단	綱引大賑ひ
259064	朝鮮朝日	南鮮版	1935-02-21	1	08단	月の漢江河原あはや血の雨
259065	朝鮮朝日	南鮮版	1935-02-21	1	09단	下關水産市況(二十日)
259066	朝鮮朝日	南鮮版	1935-02-21	1	09단	叭の增産好成績
259067	朝鮮朝日	南鮮版	1935-02-21	1	09단	京南鐵道だけ私鐵買收を容認さる
259068	朝鮮朝日	南鮮版	1935-02-21	1	10단	死者を見て激昂運轉手を毆る慶北豊山面で
259069	朝鮮朝日	南鮮版	1935-02-21	1	10단	賭博に負け强盗の狂言
259070	朝鮮朝日	南鮮版	1935-02-21	1	10단	人(植田軍司令官)
259071	朝鮮朝日	南鮮版	1935-02-21	1	10단	鷄林かゞみ
259072	朝鮮朝日	西北版	1935-02-22	1	01단	燃料と肥料を全農家に與へる名案、農用林地を設定し經濟更生の大福音
259073	朝鮮朝日	西北版	1935-02-22	1	01단	鮮內金組の業績は斷然內地を凌ぐ預金一億二千萬圓を突破し郵便貯金の約三倍
259074	朝鮮朝日	西北版	1935-02-22	1	01단	中小工業を視察したい鮮內經濟事情を調事中の高橋龜吉氏平壤で語る
259075	朝鮮朝日	西北版	1935-02-22	1	01단	黑潮に踊るアレグロ/日本海時代の寵兒北鮮三港は輝く海陸に足並揃へて吹き鳴らす豪快は進軍ラッパ
259076	朝鮮朝日	西北版	1935-02-22	1	03단	平南道會(廿一日)鄉土愛の寄附採納を可決
259077	朝鮮朝日	西北版	1935-02-22	1	03단	三月頃發令か輸入玉蜀黍關稅引下げ

일련번호	판명		간행일	면	단수	기사명
259078	朝鮮朝日	西北版	1935-02-22	1	04단	日露役の勇士百廿四名
259079	朝鮮朝日	西北版	1935-02-22	1	04단	古賀大佐の忠魂碑建設思ひ出の羅南騎兵聯隊內に
259080	朝鮮朝日	西北版	1935-02-22	1	04단	樂浪發掘に『廢墟』の歎き無責任な發掘は史蹟を亡すと地元平壤に反對の聲
259081	朝鮮朝日	西北版	1935-02-22	1	05단	盛大な商工祭今秋に催す平壤會議所が
259082	朝鮮朝日	西北版	1935-02-22	1	05단	有賀氏一行浦潮へ
259083	朝鮮朝日	西北版	1935-02-22	1	06단	約六十萬圓平壤府の明年度土木營繕費
259084	朝鮮朝日	西北版	1935-02-22	1	06단	規則改正をよそに激化する府議戰平壤で廿六名立つ
259085	朝鮮朝日	西北版	1935-02-22	1	06단	未教育補充兵の訓練に努力
259086	朝鮮朝日	西北版	1935-02-22	1	06단	大同江の誘惑身投げ二つ
259087	朝鮮朝日	西北版	1935-02-22	1	07단	平壤に放火頻りたった一週間に七件も續き犯人はまだ判らぬ
259088	朝鮮朝日	西北版	1935-02-22	1	07단	卒業生敷より五倍の求人明朖・會寧商業
259089	朝鮮朝日	西北版	1935-02-22	1	07단	滿鐵新社員の北鮮視察日程
259090	朝鮮朝日	西北版	1935-02-22	1	07단	軍犬も演習へ
259091	朝鮮朝日	西北版	1935-02-22	1	08단	平壤農業が寄宿舍新築
259092	朝鮮朝日	西北版	1935-02-22	1	08단	淸海港の大型模型
259093	朝鮮朝日	西北版	1935-02-22	1	08단	警察官指導の模範部落を設く平南各署の新施設
259094	朝鮮朝日	西北版	1935-02-22	1	08단	府外居住者の教育費を增加平壤府で考慮
259095	朝鮮朝日	西北版	1935-02-22	1	09단	目標は八千萬斤平南の堆肥增産行進早くも達成祝賀會の準備
259096	朝鮮朝日	西北版	1935-02-22	1	09단	軍事講演會
259097	朝鮮朝日	西北版	1935-02-22	1	09단	死ぬのが當り前送電線鐵柱に登り腰かけるなり忽ち感電
259098	朝鮮朝日	西北版	1935-02-22	1	09단	爆彈投げ二犯人公判へ
259099	朝鮮朝日	西北版	1935-02-22	1	10단	盜んだ金で豪遊中捕はる喜樂を襲った二人組の强盜
259100	朝鮮朝日	西北版	1935-02-22	1	10단	下關水産市況(廿一日)
259101	朝鮮朝日	西北版	1935-02-22	1	10단	柴足面の强盜逮捕
259102	朝鮮朝日	南鮮版	1935-02-22	1	01단	內鮮滿ブロック自由自在の通話時代の花形電送寫眞も含め遞信當局の大計劃
259103	朝鮮朝日	南鮮版	1935-02-22	1	01단	鑛山監督局明後年度に新設凄まじい鑛山事業の勃興でとても手が廻らぬ
259104	朝鮮朝日	南鮮版	1935-02-22	1	01단	京城の呼物は各聯隊の市街戰近づく陸軍記念日にDK得意の實況放送/丁子屋で陸軍展軍部が後授
259105	朝鮮朝日	南鮮版	1935-02-22	1	01단	中島侍從武官廿六日來城
259106	朝鮮朝日	南鮮版	1935-02-22	1	02단	お蝶夫人の相手役に新人原女史の指導に憧れの舞臺へ樂壇に咲いた佳話/大役を旨くやりたい喜び語る金君
259107	朝鮮朝日	南鮮版	1935-02-22	1	03단	自動車取締の改正案討議保安課長會議
259108	朝鮮朝日	南鮮版	1935-02-22	1	04단	新刊紹介/「わかり易い朝鮮語會話」
259109	朝鮮朝日	南鮮版	1935-02-22	1	04단	滿洲大移民の候補地調べ福島氏を派遣
259110	朝鮮朝日	南鮮版	1935-02-22	1	04단	晝のお辨當を缺食兒童へ釜山に卅二人

일련번호	판명		간행일	면	단수	기사명
259111	朝鮮朝日	南鮮版	1935-02-22	1	04단	卅の鑛山に動力を統制産金獎勵の一斷面
259112	朝鮮朝日	南鮮版	1935-02-22	1	05단	名殘りの貨車廢棄
259113	朝鮮朝日	南鮮版	1935-02-22	1	05단	國境三道の大空に快翔する警察機匪賊襲擊事件頻發の警報に春ひらく警備の花
259114	朝鮮朝日	南鮮版	1935-02-22	1	06단	纖維工業の地鎭祭擧行
259115	朝鮮朝日	南鮮版	1935-02-22	1	06단	渾河口へ匪賊現はる
259116	朝鮮朝日	南鮮版	1935-02-22	1	07단	怪火に續き盟休の不祥事件惱みの京城中央高普
259117	朝鮮朝日	南鮮版	1935-02-22	1	07단	大京城を繞って繁榮を競ふ衛星都市力强く數字は語る「躍進の跡」/赤い灯影にも動く非合法戰術龍山署取締りに手を燒く
259118	朝鮮朝日	南鮮版	1935-02-22	1	08단	生活苦から自殺を企つ
259119	朝鮮朝日	南鮮版	1935-02-22	1	08단	小學校も增築京城の第一教育部豫算は百四十五萬圓と決る
259120	朝鮮朝日	南鮮版	1935-02-22	1	08단	天然痘畿道で猛威を揮ふ
259121	朝鮮朝日	南鮮版	1935-02-22	1	08단	各地だより(釜山/全州)
259122	朝鮮朝日	南鮮版	1935-02-22	1	09단	下關水産市況(廿一日)
259123	朝鮮朝日	南鮮版	1935-02-22	1	09단	製鍊會社探掘鑛山
259124	朝鮮朝日	南鮮版	1935-02-22	1	10단	全鮮で種痘
259125	朝鮮朝日	南鮮版	1935-02-22	1	10단	もよほし(京城、仁川會議所懇談會/伊東佰一周忌/林染功勞者表彰)
259126	朝鮮朝日	南鮮版	1935-02-22	1	10단	鷄林かゞみ
259127	朝鮮朝日	西北版	1935-02-23	1	01단	冷害の奧地方へ友情の慈雨注ぐ平南の兒童四萬が醵金し學用品寄贈の美擧
259128	朝鮮朝日	西北版	1935-02-23	1	01단	內鮮滿ブロックに自由自在の通話時代の花形電送寫眞も含め遞信當局の大計劃
259129	朝鮮朝日	西北版	1935-02-23	1	01단	厖大な要求に大鉈を揮ふ平壤府の明年度豫算案は三月中旬に內示會
259130	朝鮮朝日	西北版	1935-02-23	1	01단	滿洲大移民の候補地調べ福島氏を派遣
259131	朝鮮朝日	西北版	1935-02-23	1	01단	空の邪魔物を除く新研究四無電局參加
259132	朝鮮朝日	西北版	1935-02-23	1	02단	お蝶夫人の相手役に新人原女史の指導に憧れの舞臺へ樂壇に咲いた佳話/大役を旨くやりたい喜び語る金君
259133	朝鮮朝日	西北版	1935-02-23	1	03단	滿洲國稅關の進出遲れる
259134	朝鮮朝日	西北版	1935-02-23	1	03단	今秋、羅津を開港に指定
259135	朝鮮朝日	西北版	1935-02-23	1	04단	東拓定時總會
259136	朝鮮朝日	西北版	1935-02-23	1	04단	南浦の大通り化粧を施す
259137	朝鮮朝日	西北版	1935-02-23	1	04단	新京と奉天に稅關けよ設貿易協會要望
259138	朝鮮朝日	西北版	1935-02-23	1	05단	指導部落に緬羊を獎勵金組平壤支部
259139	朝鮮朝日	西北版	1935-02-23	1	05단	國境三道の大空に快翔する警察機匪賊襲擊事件頻發の警報に春ひらく警備の花
259140	朝鮮朝日	西北版	1935-02-23	1	06단	緬羊北鮮の點景
259141	朝鮮朝日	西北版	1935-02-23	1	06단	鑛山監督局明後年度に新設凄まじい鑛山事業の勃興でとても手が廻らぬ

일련번호	판명		간행일	면	단수	기사명
259142	朝鮮朝日	西北版	1935-02-23	1	06단	碧い眼の女神お友達の女醫と一緒に貧しい人々を無料診療
259143	朝鮮朝日	西北版	1935-02-23	1	08단	卅の鑛山に動力を統制産金獎勵の一斷面
259144	朝鮮朝日	西北版	1935-02-23	1	08단	平壤牡丹台の松林に危機松毛蟲を驅除
259145	朝鮮朝日	西北版	1935-02-23	1	08단	農閑期を利用叭の大獎勵平南は好成績
259146	朝鮮朝日	西北版	1935-02-23	1	09단	面事務所取合ひ
259147	朝鮮朝日	西北版	1935-02-23	1	09단	自動車取締の改正案討議保安課長會議
259148	朝鮮朝日	西北版	1935-02-23	1	09단	幼兒を奪ふ平南に麻疹猖獗羅病五千人に上る
259149	朝鮮朝日	西北版	1935-02-23	1	10단	阿片中毒者の根絶を期す委員會を組織
259150	朝鮮朝日	西北版	1935-02-23	1	10단	先妻の子供を毒殺企つ
259151	朝鮮朝日	西北版	1935-02-23	1	10단	夫婦喧嘩から我が家丸燒け
259152	朝鮮朝日	西北版	1935-02-23	1	10단	汽車見物の少年が重傷
259153	朝鮮朝日	西北版	1935-02-23	1	10단	盛んに歩く「步かう會」
259154	朝鮮朝日	西北版	1935-02-23	1	10단	下關水産市況(廿二日)
259155	朝鮮朝日	南鮮版	1935-02-23	1	01단	飢餓線の窮民に光る恩賜救療藥每年五萬圓內外を支出しいつまでも續ける
259156	朝鮮朝日	南鮮版	1935-02-23	1	01단	補習學校へ吹込む農民道場の精神修業年限も一年に短縮して教養のある中堅靑年を養成
259157	朝鮮朝日	南鮮版	1935-02-23	1	01단	蒼黑い顔の解消含鉛白粉禁止のお布令を內地より一足先きに發布
259158	朝鮮朝日	南鮮版	1935-02-23	1	01단	寶物カメラ探訪(１０)/考古學者を喜ばす江原淸平寺の極樂殿
259159	朝鮮朝日	南鮮版	1935-02-23	1	04단	人(矢島農林局長/植田朝鮮軍司令官)
259160	朝鮮朝日	南鮮版	1935-02-23	1	04단	農業移民は四月に完了總數八百戶
259161	朝鮮朝日	南鮮版	1935-02-23	1	04단	全鮮刑務所の合同卽賣展五月に京城で
259162	朝鮮朝日	南鮮版	1935-02-23	1	04단	五十六萬圓釜山の第一部教育豫算
259163	朝鮮朝日	南鮮版	1935-02-23	1	05단	搬送式電話線開通遲れる
259164	朝鮮朝日	南鮮版	1935-02-23	1	05단	上田元主任に一年半を求刑
259165	朝鮮朝日	南鮮版	1935-02-23	1	05단	肉彈三勇士記念の演習
259166	朝鮮朝日	南鮮版	1935-02-23	1	05단	旅人の情、刑事の情埠頭に姉妹蘇る洛東江の水害餘譚
259167	朝鮮朝日	南鮮版	1935-02-23	1	06단	準備を急ぐ自動交換裝置
259168	朝鮮朝日	南鮮版	1935-02-23	1	06단	凄いぞ、半島の胃袋一年に食べる獸類六十萬頭
259169	朝鮮朝日	南鮮版	1935-02-23	1	07단	談合事件公判廿五日に延期
259170	朝鮮朝日	南鮮版	1935-02-23	1	07단	腦脊髓膜炎も流行
259171	朝鮮朝日	南鮮版	1935-02-23	1	07단	傳染病の冬去年より多い
259172	朝鮮朝日	南鮮版	1935-02-23	1	07단	逃げた妻に面あて自殺
259173	朝鮮朝日	南鮮版	1935-02-23	1	07단	生活苦から自殺
259174	朝鮮朝日	南鮮版	1935-02-23	1	08단	各地だより(大田/釜山/江景/全州)
259175	朝鮮朝日	南鮮版	1935-02-23	1	08단	一夜にボヤ四つ
259176	朝鮮朝日	南鮮版	1935-02-23	1	08단	映畵もどきで怪盜を追跡三署員總動員で無等山狩り指名犯人の捕物陣

일련번호	판명		간행일	면	단수	기사명
259177	朝鮮朝日	南鮮版	1935-02-23	1	08단	鰊から鰯へ東海岸漁獲地位を顚倒
259178	朝鮮朝日	南鮮版	1935-02-23	1	08단	選擧潛行運動嚴重取締る
259179	朝鮮朝日	南鮮版	1935-02-23	1	09단	合百相場の四十數名を檢擧
259180	朝鮮朝日	南鮮版	1935-02-23	1	09단	もよほし(工業協會相談會/痲藥豫防協會蔚山支部/蔚山橋起工式/保險事務打合會/釜山漁業組合總代會/簡保健康相談所/工場診斷)
259181	朝鮮朝日	南鮮版	1935-02-23	1	10단	下關水産市況(廿二日)
259182	朝鮮朝日	南鮮版	1935-02-23	1	10단	鷄林かゞみ
259183	朝鮮朝日	西北版	1935-02-24	1	01단	北鮮の活天地に勃興の化學工業長津江水電の送電を合圖に全工場一齊に動く
259184	朝鮮朝日	西北版	1935-02-24	1	01단	補習學校へ吹込む農民道場の精神修業年限も一年に短縮して敎養のある中堅靑年を養成
259185	朝鮮朝日	西北版	1935-02-24	1	01단	蒼黑い顔の解消含鉛白粉禁止のお布令を內地より一足先きに發布
259186	朝鮮朝日	西北版	1935-02-24	1	02단	咸興府會
259187	朝鮮朝日	西北版	1935-02-24	1	02단	更生農村の姿(上)/指導者の吹く笛に不退轉の勇猛心腐敗の極にあった一寒村に轟き渡る勝利の歌
259188	朝鮮朝日	西北版	1935-02-24	1	03단	三地三巴で商圈を擴張
259189	朝鮮朝日	西北版	1935-02-24	1	04단	平壤の雛祭
259190	朝鮮朝日	西北版	1935-02-24	1	04단	鐘紡工場で天柞蠶絲の試織成功すれば朝鮮に新工場
259191	朝鮮朝日	西北版	1935-02-24	1	04단	平北の慘話
259192	朝鮮朝日	西北版	1935-02-24	1	04단	奧地三郡の冷害地草根木皮を常食平南警察部で治安を憂慮す
259193	朝鮮朝日	西北版	1935-02-24	1	05단	農業移民は四月に完了總數八百戶
259194	朝鮮朝日	西北版	1935-02-24	1	05단	平南道會(廿一日續)冷害地授業料減額を表明
259195	朝鮮朝日	西北版	1935-02-24	1	06단	平壤の中學と農業移轉改築に決る兩校とも校舍狹隘
259196	朝鮮朝日	西北版	1935-02-24	1	06단	鑛山勞働者の犯罪俄かに殖える平南から鑛山專任警察官の增員を本府へ申請/告示前の運動嚴重に處罰平壤署長の談
259197	朝鮮朝日	西北版	1935-02-24	1	07단	江岸使用を陳情
259198	朝鮮朝日	西北版	1935-02-24	1	08단	府外居住者の負擔額決る平壤の敎育費
259199	朝鮮朝日	西北版	1935-02-24	1	08단	襲ふ共匪と交戰大北溝で滿警、自衛團四名戰死傷、五名拉致さる
259200	朝鮮朝日	西北版	1935-02-24	1	08단	平壤各校の卒業式
259201	朝鮮朝日	西北版	1935-02-24	1	09단	國境警察官へ寄せる慰勞金
259202	朝鮮朝日	西北版	1935-02-24	1	09단	僞造紙幣を北鮮でバラ撒く素人眼で鑑別できる
259203	朝鮮朝日	西北版	1935-02-24	1	09단	踏切番轢殺の運轉手に求刑
259204	朝鮮朝日	西北版	1935-02-24	1	10단	西鮮合電の賣電殖える
259205	朝鮮朝日	西北版	1935-02-24	1	10단	下關水産市況(廿三日)
259206	朝鮮朝日	西北版	1935-02-24	1	10단	傳染病の冬去年より多い

일련번호	판명		간행일	면	단수	기사명
259207	朝鮮朝日	南鮮版	1935-02-24	1	01단	日露戰役の勇士千九百名を優遇陸軍記念日の祝宴に招き輝く武勳を讚へる
259208	朝鮮朝日	南鮮版	1935-02-24	1	01단	光榮の高齡者は二千五、六百名位か各道の調査殆んど終る
259209	朝鮮朝日	南鮮版	1935-02-24	1	01단	確實な資源調査で內地資本を誘ふ事業家を安心させる
259210	朝鮮朝日	南鮮版	1935-02-24	1	01단	寶物カメラ探訪(11)/半島最古の構造美慶北浮石寺の無量壽殿
259211	朝鮮朝日	南鮮版	1935-02-24	1	02단	仁川中學を今春から開校
259212	朝鮮朝日	南鮮版	1935-02-24	1	03단	漁獲物用莚の自由販賣陳情
259213	朝鮮朝日	南鮮版	1935-02-24	1	04단	もよほし(釜山齒科醫師會愁會/釜山瑟宋會二月例會)
259214	朝鮮朝日	南鮮版	1935-02-24	1	04단	農村振興の第一線を大增員擴充豫算は百卅萬圓
259215	朝鮮朝日	南鮮版	1935-02-24	1	04단	天然氷會社合同談進む
259216	朝鮮朝日	南鮮版	1935-02-24	1	05단	京電の發電力現在の倍加今秋楊平にも文化の光
259217	朝鮮朝日	南鮮版	1935-02-24	1	05단	內地博覽會で特産を宣傳慶南から出品
259218	朝鮮朝日	南鮮版	1935-02-24	1	05단	統治殉職者の招魂祭を擧行施政二十五周年の記念日に總督府の準備進む
259219	朝鮮朝日	南鮮版	1935-02-24	1	05단	來月、京城へ長距離飛行各務原飛行隊
259220	朝鮮朝日	南鮮版	1935-02-24	1	06단	地方學第一課から手解きを受ける榮進二重奏の幸運に近藤新全南知事語る
259221	朝鮮朝日	南鮮版	1935-02-24	1	06단	大仕掛けの金塊密輸か京城地金市場の取引激減す
259222	朝鮮朝日	南鮮版	1935-02-24	1	07단	大沙防工事を施し水害の恐怖一掃洛東江流域に八百八十萬圓で今春から十年計劃
259223	朝鮮朝日	南鮮版	1935-02-24	1	07단	無等山麓で遂に强盜を逮捕前後九回の荒稼ぎ
259224	朝鮮朝日	南鮮版	1935-02-24	1	07단	中央高普生を五十三名釋放
259225	朝鮮朝日	南鮮版	1935-02-24	1	08단	各地便り(京城/大田)
259226	朝鮮朝日	南鮮版	1935-02-24	1	08단	遞信辭令
259227	朝鮮朝日	南鮮版	1935-02-24	1	08단	國境警察官を慰問の僧侶河野雪巖師
259228	朝鮮朝日	南鮮版	1935-02-24	1	08단	立石炭鑛に馬鼻疽流行
259229	朝鮮朝日	南鮮版	1935-02-24	1	08단	新刊紹介(宇垣一成論(井上收氏著))
259230	朝鮮朝日	南鮮版	1935-02-24	1	09단	人(大竹警務局保安課長/ジョン・アルモット博士(國際キリスト敎聯盟會長)/富士平平氏/吉田鐵道局長/河合朝運重役/木村貯蓄銀行常務/村田大阪商船社長/近藤新全南知事/棟居總督府審議室事務官/矢島新農林局長)
259231	朝鮮朝日	南鮮版	1935-02-24	1	10단	下關水産市況(廿三日)
259232	朝鮮朝日	南鮮版	1935-02-24	1	10단	鷄林かゞみ
259233	朝鮮朝日	西北版	1935-02-26	1	01단	日滿聯合の産業チーム親善の花を咲かせにと時局を語る竹內城北知事
259234	朝鮮朝日	西北版	1935-02-26	1	01단	日露戰役の勇士千九百名を優遇陸軍記念日の祝宴に招き輝く武勳を讚へる
259235	朝鮮朝日	西北版	1935-02-26	1	01단	恩賜積立金で冷害地方を救ふ罹災者皇恩に感泣
259236	朝鮮朝日	西北版	1935-02-26	1	01단	更生農村の姿(中)/「村の英雄」が說く働け宗の大地愛地主、區長、巡査さんが揃って指導者の名トリオ

일련번호	판명		간행일	면	단수	기사명
259237	朝鮮朝日	西北版	1935-02-26	1	02단	『初年生のつもりで地方行政を勉強』令息、令嬢販やかに湯村新任知事の咸興入り
259238	朝鮮朝日	西北版	1935-02-26	1	02단	平南道會(廿三日)福島會頭へ謝電を打つ
259239	朝鮮朝日	西北版	1935-02-26	1	03단	日露戰役記念展
259240	朝鮮朝日	西北版	1935-02-26	1	04단	確實な資源調査で內地資本を誘ふ事業家を安心させる
259241	朝鮮朝日	西北版	1935-02-26	1	05단	百六が筆頭咸北の高齡者
259242	朝鮮朝日	西北版	1935-02-26	1	05단	またも一萬圓ポンと投げ出す咸興女子普通學校建築資金に若い地主君の義擧
259243	朝鮮朝日	西北版	1935-02-26	1	05단	責任トン數一致を見ず滿洲行ゴム靴運賃特割
259244	朝鮮朝日	西北版	1935-02-26	1	05단	輝く勳功
259245	朝鮮朝日	西北版	1935-02-26	1	06단	統治殉職者の招魂祭を擧行施政二十五周年の記念日に總督府の準備進む
259246	朝鮮朝日	西北版	1935-02-26	1	06단	都市美の建設へ緊縮の中に新事業を盛る咸興の明年度豫算
259247	朝鮮朝日	西北版	1935-02-26	1	07단	中間搾取を極力防止す漁業更新期に
259248	朝鮮朝日	西北版	1935-02-26	1	08단	郵便所員が貯金を橫領七回に六百數十圓
259249	朝鮮朝日	西北版	1935-02-26	1	08단	花代四割の値上げ陳情平壤賑町遊廓
259250	朝鮮朝日	西北版	1935-02-26	1	08단	人口の增加年に七百名物凄い平壤の躍進
259251	朝鮮朝日	西北版	1935-02-26	1	08단	痘禍の咸南
259252	朝鮮朝日	西北版	1935-02-26	1	08단	元山だより
259253	朝鮮朝日	西北版	1935-02-26	1	09단	國境警察官を慰問の僧侶河野雪巖師
259254	朝鮮朝日	西北版	1935-02-26	1	09단	種緬羊を輸入繁殖を計る平北道農會
259255	朝鮮朝日	西北版	1935-02-26	1	09단	平北龍川郡の農倉滿庫
259256	朝鮮朝日	西北版	1935-02-26	1	10단	犬を盜む
259257	朝鮮朝日	西北版	1935-02-26	1	10단	雄基の火事
259258	朝鮮朝日	西北版	1935-02-26	1	10단	凍る大同江で幼兒を救ふ勇敢な靑年を知事から表彰
259259	朝鮮朝日	西北版	1935-02-26	1	10단	貞柏炭鑛で二名死傷す
259260	朝鮮朝日	西北版	1935-02-26	1	10단	下關水産市況(廿五日)
259261	朝鮮朝日	南鮮版	1935-02-26	1	01단	金色の光、銀色の光早春の信號だ女人のステップも輕い
259262	朝鮮朝日	南鮮版	1935-02-26	1	01단	日銀の發券權統一に半島財界は反對內鮮の金融情勢は異ると擧げられる三難點/簡單にゆくまいだが贊成の向きもある鮮銀當局の談
259263	朝鮮朝日	南鮮版	1935-02-26	1	01단	寶物カメラ探訪(11)/破れ寺に底光り慶北鳳停寺の極樂殿
259264	朝鮮朝日	南鮮版	1935-02-26	1	04단	京城府辭令(二十一日付)
259265	朝鮮朝日	南鮮版	1935-02-26	1	04단	國境警備の警官に慰問袋全州兩團體
259266	朝鮮朝日	南鮮版	1935-02-26	1	04단	蔚山橋の起工式
259267	朝鮮朝日	南鮮版	1935-02-26	1	04단	慶南の麻類規格を統一販路の擴張に拍車
259268	朝鮮朝日	南鮮版	1935-02-26	1	05단	京畿道會三月十一日から
259269	朝鮮朝日	南鮮版	1935-02-26	1	05단	海苔と錬瓦を小鹿島で生産四千餘名の大世帶の樂園に經濟彈力を持たす
259270	朝鮮朝日	南鮮版	1935-02-26	1	06단	起債を遞減慶北の豫算

일련번호	판명		간행일	면	단수	기사명
259271	朝鮮朝日	南鮮版	1935-02-26	1	06단	保安課長會議
259272	朝鮮朝日	南鮮版	1935-02-26	1	06단	郵便振替貯金增す
259273	朝鮮朝日	南鮮版	1935-02-26	1	07단	三千噸の巨船五隻を橫付け今春着工の第二船渠修築で施設完備の仁川港
259274	朝鮮朝日	南鮮版	1935-02-26	1	07단	大掛りな紅蔘の國際密輸團を檢擧開城の巢窟を衝く
259275	朝鮮朝日	南鮮版	1935-02-26	1	07단	巡査手帖と佩劍を盜む巡査の留守宅から
259276	朝鮮朝日	南鮮版	1935-02-26	1	08단	癩豫防令は內地と大差ない西龜衛生課長語る
259277	朝鮮朝日	南鮮版	1935-02-26	1	08단	府昇格の三邑近く懇談會
259278	朝鮮朝日	南鮮版	1935-02-26	1	08단	少年疑問の死釜山署で解剖
259279	朝鮮朝日	南鮮版	1935-02-26	1	09단	全州國防義會
259280	朝鮮朝日	南鮮版	1935-02-26	1	09단	自動車に衝突右眼失明
259281	朝鮮朝日	南鮮版	1935-02-26	1	10단	愛讀者を招き「凡兒」を上映釜山で開催
259282	朝鮮朝日	南鮮版	1935-02-26	1	10단	鷄林がゞみ
259283	朝鮮朝日	南鮮版	1935-02-26	1	10단	下關水産市況(廿五日)
259284	朝鮮朝日	西北版	1935-02-27	1	01단	花爛漫の四月に謳へ、竣工の歡び貿易額も一億圓を突破し榮える大鎭南浦港
259285	朝鮮朝日	西北版	1935-02-27	1	01단	南浦林檎が達者で倫敦安着の吉報次は歐洲市場で米國林檎と販賣戰の一騎打へ
259286	朝鮮朝日	西北版	1935-02-27	1	01단	高橋府尹の抱負を盛る豫算總額は約三百十萬圓三月中旬に內示會/大體從來の方針を踏襲謙遜する府尹
259287	朝鮮朝日	西北版	1935-02-27	1	02단	開城府會
259288	朝鮮朝日	西北版	1935-02-27	1	02단	更生農村の姿(下)/共存共榮の新精神全部落に脈搏つ鷄鳴に起き、月影踏んで歸り靑年朝鮮の縮圖だ
259289	朝鮮朝日	西北版	1935-02-27	1	03단	在滿將士へ雜誌を贈る平壤各校から
259290	朝鮮朝日	西北版	1935-02-27	1	04단	江原道會
259291	朝鮮朝日	西北版	1935-02-27	1	04단	栗里に電信電話開通
259292	朝鮮朝日	西北版	1935-02-27	1	04단	淸津、寧北間の直通貨物列車運轉始まる
259293	朝鮮朝日	西北版	1935-02-27	1	04단	大同江に春の訪れ解氷新記錄
259294	朝鮮朝日	西北版	1935-02-27	1	04단	健康に應じ訓練を手心平南の各中等學校が病弱生徒への氣遣ひ
259295	朝鮮朝日	西北版	1935-02-27	1	05단	健氣な慰問茂山の各校
259296	朝鮮朝日	西北版	1935-02-27	1	05단	凄いぞ、半島の胃袋一年に食べる獸類六十萬頭
259297	朝鮮朝日	西北版	1935-02-27	1	05단	夜の南浦を飾る鈴蘭燈約二百基を建てる
259298	朝鮮朝日	西北版	1935-02-27	1	06단	平南畜産技手會議
259299	朝鮮朝日	西北版	1935-02-27	1	06단	藤岡氏當選元山會議所の新副會頭
259300	朝鮮朝日	西北版	1935-02-27	1	07단	國境警備の警官に慰問袋全州兩團體
259301	朝鮮朝日	西北版	1935-02-27	1	07단	大賣炭鑛賃銀値上げ
259302	朝鮮朝日	西北版	1935-02-27	1	07단	北鮮一のモダン廳舍淸津署を新築
259303	朝鮮朝日	西北版	1935-02-27	1	07단	大掛りな紅蔘の國際密輸團を檢擧開城の巢窟を衝く

일련번호	판명		간행일	면	단수	기사명
259304	朝鮮朝日	西北版	1935-02-27	1	08단	留學生を潜入させ赤化のたくらみ浦潮の新韓村靑年會から假面を被る新戰術
259305	朝鮮朝日	西北版	1935-02-27	1	08단	平鐵春の陣客車を増結
259306	朝鮮朝日	西北版	1935-02-27	1	08단	多獅島臨港鐵道五月に創立
259307	朝鮮朝日	西北版	1935-02-27	1	08단	咸南の漁村振興座談會
259308	朝鮮朝日	西北版	1935-02-27	1	08단	元山だより
259309	朝鮮朝日	西北版	1935-02-27	1	09단	痘禍平壤へ/元山の種痘
259310	朝鮮朝日	西北版	1935-02-27	1	09단	趙選手カフェーで重傷
259311	朝鮮朝日	西北版	1935-02-27	1	09단	下關水産市況(廿六日)
259312	朝鮮朝日	西北版	1935-02-27	1	10단	平壤專賣支局耕作面積増加
259313	朝鮮朝日	西北版	1935-02-27	1	10단	貨物扱取りの全貌判明す被害約六千圓
259314	朝鮮朝日	西北版	1935-02-27	1	10단	辻強盜捕はる
259315	朝鮮朝日	西北版	1935-02-27	1	10단	もよほし(運炭輕便鐵道開通祝賀式/消防講習會/更生園記念式)
259316	朝鮮朝日	西北版	1935-02-27	1	10단	人(澤村伍郎氏/中原平壤專賣支局長/氏家長明少將(佐世保海軍工廠長))
259317	朝鮮朝日	南鮮版	1935-02-27	1	01단	北鮮の活天地に勃興の化學工業長津江水電の送電を合圖に全工場一齊に動く
259318	朝鮮朝日	南鮮版	1935-02-27	1	01단	軍司令部で聖旨を傳達中島侍從武官入城
259319	朝鮮朝日	南鮮版	1935-02-27	1	01단	寶物カメラ探訪(１３)/東洋一の大梵鐘慶州奉德寺の逸品
259320	朝鮮朝日	南鮮版	1935-02-27	1	02단	米穀自治管理案を對岸の火災視鮮內米穀商の商圏脅威は殆んどないと觀測
259321	朝鮮朝日	南鮮版	1935-02-27	1	03단	上野敎授城大法文學部長に推薦さる
259322	朝鮮朝日	南鮮版	1935-02-27	1	04단	仁川府會
259323	朝鮮朝日	南鮮版	1935-02-27	1	04단	慶南府尹郡守會談
259324	朝鮮朝日	南鮮版	1935-02-27	1	04단	釜山會議所議員選擧の準備
259325	朝鮮朝日	南鮮版	1935-02-27	1	04단	全北の簡易消防組縱橫に社會奉仕總數百卅四團體も組織され四月に聯合大演習
259326	朝鮮朝日	南鮮版	1935-02-27	1	05단	四百廿三萬圓京城の豫算査定を終る
259327	朝鮮朝日	南鮮版	1935-02-27	1	05단	今秋は完城か馬山の結核療養所
259328	朝鮮朝日	南鮮版	1935-02-27	1	05단	戰死警官の遺品畏し・新御府へ國境警備線の感激
259329	朝鮮朝日	南鮮版	1935-02-27	1	06단	入試初まる釜山高女がトップを切り幸運を求める爭ひ
259330	朝鮮朝日	南鮮版	1935-02-27	1	06단	口論から殺人
259331	朝鮮朝日	南鮮版	1935-02-27	1	07단	歷史敎科書の大綱を協議第一回委員會
259332	朝鮮朝日	南鮮版	1935-02-27	1	07단	土幕民の文化村京城郊外へ二千戶移轉させ結構な施設の數々
259333	朝鮮朝日	南鮮版	1935-02-27	1	07단	女兒の怪死體を京城郊外裏山で發見
259334	朝鮮朝日	南鮮版	1935-02-27	1	07단	詐欺を働く僞騎兵中尉釜山で捕はる
259335	朝鮮朝日	南鮮版	1935-02-27	1	08단	汽車から飛び降り重傷
259336	朝鮮朝日	南鮮版	1935-02-27	1	08단	朝日映畫の夕

일련번호	판명		간행일	면	단수	기사명
259337	朝鮮朝日	南鮮版	1935-02-27	1	09단	鮮米輸移出高
259338	朝鮮朝日	南鮮版	1935-02-27	1	10단	もよほし(婦人報國祭/慶南の植樹デー/大田の陸軍記念日行事)
259339	朝鮮朝日	南鮮版	1935-02-27	1	10단	人(田中總督府外事課長/富本總督府商工課長/池田警務局長/矢島新農林局長/高尾新京駐在總督府事務官/伊藤泰吉氏(新仕慶北道警察部長))
259340	朝鮮朝日	南鮮版	1935-02-27	1	10단	下關水産市況(廿六日)
259341	朝鮮朝日	南鮮版	1935-02-27	1	10단	鷄林かゞみ
259342	朝鮮朝日	西北版	1935-02-28	1	01단	平南の兩道立醫院大衆病棟を新築病室の格下げを斷行して患者の優遇を計る
259343	朝鮮朝日	西北版	1935-02-28	1	01단	飢餓線の窮民にも光る恩賜救療藥每年五萬圓內外を支出していつまでも續ける
259344	朝鮮朝日	西北版	1935-02-28	1	01단	戰死警官の遺品晃し・新御府へ國境警備線の感激
259345	朝鮮朝日	西北版	1935-02-28	1	01단	港南浦を語る(１)/國際經濟の戰場へ船出のドラ鳴る朝鮮全體の立場から達觀し百年の大計樹てよ
259346	朝鮮朝日	西北版	1935-02-28	1	03단	陸軍記念日に古老座談會元山の行事
259347	朝鮮朝日	西北版	1935-02-28	1	03단	平南の養蠶場十五萬坪を擴張明年度から大裝勵
259348	朝鮮朝日	西北版	1935-02-28	1	04단	人(柳本朝光氏(平南道産業課長))
259349	朝鮮朝日	西北版	1935-02-28	1	04단	軍司令部で聖旨を傳達中島侍從武官入城/電話週間で交換孃に感謝平壤局好成績
259350	朝鮮朝日	西北版	1935-02-28	1	04단	津田海軍中將北鮮を視察
259351	朝鮮朝日	西北版	1935-02-28	1	05단	愼飛行士羅南へ飛來冬の氣流調査
259352	朝鮮朝日	西北版	1935-02-28	1	05단	南陽附近一部通話中止
259353	朝鮮朝日	西北版	1935-02-28	1	06단	米穀自治管理案を對岸の火災視鮮內米穀商の商圈脅威は殆んどないと觀測
259354	朝鮮朝日	西北版	1935-02-28	1	06단	靴下の滿洲進出に高率關稅の悩み輸出の實情を詳しく調べて近く引下げを陳情/滿浦鎭線に專用貨車を要望平壤商工會議所から
259355	朝鮮朝日	西北版	1935-02-28	1	06단	急設電話の申込み殺到平壤局大騷ぎ
259356	朝鮮朝日	西北版	1935-02-28	1	08단	第一に探炭の機械化實行加藏氏語る
259357	朝鮮朝日	西北版	1935-02-28	1	08단	平壤に大豆工場野口氏の計劃進む滿浦鑛線の開通を利用して滿洲奧地から大量輸送する
259358	朝鮮朝日	西北版	1935-02-28	1	09단	鮮海丸救助に祐捷丸急派
259359	朝鮮朝日	西北版	1935-02-28	1	09단	執拗な恐喝公文書僞造で罰金まで騙取
259360	朝鮮朝日	西北版	1935-02-28	1	09단	匪賊と血戰し絶讚を博す勇敢な國境警察官
259361	朝鮮朝日	西北版	1935-02-28	1	10단	犬殺し捕はる
259362	朝鮮朝日	西北版	1935-02-28	1	10단	元山だより
259363	朝鮮朝日	西北版	1935-02-28	1	10단	下關水産市況(廿七日)
259364	朝鮮朝日	南鮮版	1935-02-28	1	01단	爆擊機唸り戰車轟く豪華な戰爭繪卷日露戰役卅周年を記念し京城を飾る市街戰

일련번호	판명		간행일	면	단수	기사명
259365	朝鮮朝日	南鮮版	1935-02-28	1	01단	搖れ通しの官界米穀部新設を繞り又も部長級に廣範圍の異動
259366	朝鮮朝日	南鮮版	1935-02-28	1	01단	官吏の勉强不足は宴會が多いため總督が局長會議で投げた頂門の一針
259367	朝鮮朝日	南鮮版	1935-02-28	1	01단	寶物カメラ探訪(１４)/山奧に雅致の極み全北百丈庵の石塔
259368	朝鮮朝日	南鮮版	1935-02-28	1	03단	陸軍記念日に防空の演習京城防護聯盟
259369	朝鮮朝日	南鮮版	1935-02-28	1	03단	前年度より百廿萬圓減全南の豫算
259370	朝鮮朝日	南鮮版	1935-02-28	1	04단	大田
259371	朝鮮朝日	南鮮版	1935-02-28	1	04단	中島侍從武官(軍司令部玄關にて)
259372	朝鮮朝日	南鮮版	1935-02-28	1	04단	水道擴張計劃調査を始む京城の區城擴張で大水源地を設ける
259373	朝鮮朝日	南鮮版	1935-02-28	1	05단	瓦斯經營の府會懇談會一日に大邱で
259374	朝鮮朝日	南鮮版	1935-02-28	1	05단	特別警戒の高等課長會議四日に開く
259375	朝鮮朝日	南鮮版	1935-02-28	1	06단	內外鑛業へ東拓卅萬圓貸出
259376	朝鮮朝日	南鮮版	1935-02-28	1	06단	朝鮮敎育會館帝都に竣工渡邊學務局長東上す
259377	朝鮮朝日	南鮮版	1935-02-28	1	06단	貯藏籾の解除後も米價は變るまい先賣り多く、先高を見越して賣叩くと觀られぬ
259378	朝鮮朝日	南鮮版	1935-02-28	1	06단	南鮮の水害地方へ內地の義金集る八尾本社京城支局長から再び總督府へ傳達
259379	朝鮮朝日	南鮮版	1935-02-28	1	06단	漢銀異動
259380	朝鮮朝日	南鮮版	1935-02-28	1	07단	通行人につき色服と斷髮調べ京畿の主要道路であすの午後初めての試み/慶北の色服八割八分普及
259381	朝鮮朝日	南鮮版	1935-02-28	1	08단	電話急設の申込み殺到中央局大騷ぎ
259382	朝鮮朝日	南鮮版	1935-02-28	1	08단	百四十三萬圓前年より緊縮慶南の豫算
259383	朝鮮朝日	南鮮版	1935-02-28	1	08단	若妻殺しに死刑を求む大邱の控訴公判で被告泣いて命乞ひ
259384	朝鮮朝日	南鮮版	1935-02-28	1	09단	朝日映畫の夕
259385	朝鮮朝日	南鮮版	1935-02-28	1	09단	前田榮之助に一年半の判決
259386	朝鮮朝日	南鮮版	1935-02-28	1	09단	京電の軌道移轉四月から續ける
259387	朝鮮朝日	南鮮版	1935-02-28	1	10단	もよほし(本社京城支局來訪/醫谷惠山警察署長/江頭京城府水道課長)
259388	朝鮮朝日	南鮮版	1935-02-28	1	10단	人(近藤新全南知事/伊藤京畿道金融組合理事/安井專賣局長/梅騎第二十師團長/碓井總督府土地改良課長/一杉新任警務局上海派遣員)
259389	朝鮮朝日	南鮮版	1935-02-28	1	10단	下關水産市況(廿七日)
259390	朝鮮朝日	南鮮版	1935-02-28	1	10단	鷄林かゞみ

1935년 3월 (조선아사히)

일련번호	판명		간행일	면	단수	기사명
259391	朝鮮朝日	西北版	1935-03-01	1	01단	日紡平壤工場は四月に用地買收纖維工業の王國目指して競ひ立つ三大紡績
259392	朝鮮朝日	西北版	1935-03-01	1	01단	搖れ通しの官界米穀部新設を繞り又も部長級に廣範圍の異動
259393	朝鮮朝日	西北版	1935-03-01	1	01단	官吏の勉强不足は宴會が多いため總督が局長會議で投げた頂門の一針
259394	朝鮮朝日	西北版	1935-03-01	1	01단	特別警戒の高等課長會議四日に開く
259395	朝鮮朝日	西北版	1935-03-01	1	01단	三等炭鑛の施設を充實
259396	朝鮮朝日	西北版	1935-03-01	1	02단	港南浦の語る(２)/第三期築港の實現口を揃へて要望海陸聯絡施設の改善促進も當面の緊急問題だ
259397	朝鮮朝日	西北版	1935-03-01	1	03단	プロペラ船を春から運轉東滿奧地に
259398	朝鮮朝日	西北版	1935-03-01	1	04단	人(菊名仙吉氏(平壤繁榮會長)/津森平壤商工會議所理事/松井民次郎氏(平壤府會副議長))
259399	朝鮮朝日	西北版	1935-03-01	1	04단	明年度に圖書館設立南浦の新施設
259400	朝鮮朝日	西北版	1935-03-01	1	04단	養鼈小作を平南に普及
259401	朝鮮朝日	西北版	1935-03-01	1	04단	新舊兩市街にプールを設ける齋藤氏の寄附金一萬圓で平壤府體育を獎勵
259402	朝鮮朝日	西北版	1935-03-01	1	05단	警備線へ愛の礫寄託義金を國境へ分配/兵隊さんへ童心の義金/放送に感激東京から慰問
259403	朝鮮朝日	西北版	1935-03-01	1	05단	花曇りの柳京を機上で空の散步「春の遊覽飛行」初計劃進む
259404	朝鮮朝日	西北版	1935-03-01	1	06단	無煙塊炭は好評
259405	朝鮮朝日	西北版	1935-03-01	1	06단	支那へ遠征平壤蹴球團
259406	朝鮮朝日	西北版	1935-03-01	1	06단	平南の面廢合一日から實施さる
259407	朝鮮朝日	西北版	1935-03-01	1	07단	南浦無煙炭の積込一時休止
259408	朝鮮朝日	西北版	1935-03-01	1	07단	骨牌稅の大脫稅平壤、鎭南浦兩稅務署活動し一味十五名を檢擧
259409	朝鮮朝日	西北版	1935-03-01	1	08단	無盡藏の石灰石平北松面で發見さる
259410	朝鮮朝日	西北版	1935-03-01	1	08단	平壤專賣支局の收納殖える
259411	朝鮮朝日	西北版	1935-03-01	1	08단	鴨綠江上の步行を禁止解氷期迫る
259412	朝鮮朝日	西北版	1935-03-01	1	08단	春を告げる濃霧の襲來變態的氣候
259413	朝鮮朝日	西北版	1935-03-01	1	09단	自轉車盜難の防止を宣傳
259414	朝鮮朝日	西北版	1935-03-01	1	09단	學校へ投石一生徒重傷
259415	朝鮮朝日	西北版	1935-03-01	1	09단	內地人專門に貴金屬類を盜む平壤の怪盜捕はる
259416	朝鮮朝日	西北版	1935-03-01	1	10단	武裝共匪大擧襲擊す對岸小岔山へ
259417	朝鮮朝日	西北版	1935-03-01	1	10단	家出の人妻飛込み自殺汗浦驛構內で
259418	朝鮮朝日	西北版	1935-03-01	1	10단	學校荒し逮捕さる
259419	朝鮮朝日	西北版	1935-03-01	1	10단	痘禍元山を侵す
259420	朝鮮朝日	西北版	1935-03-01	1	10단	下關水産市況(廿七日)
259421	朝鮮朝日	南鮮版	1935-03-01	1	01단	秋の湖南地方に近代科學戰開く兩師團對抗演習に動員の將兵凡そ一萬五千

일련번호	판명		간행일	면	단수	기사명
259422	朝鮮朝日	南鮮版	1935-03-01	1	01단	横領した公債の穴埋めに犯行內濟で月賦返濟の恩を仇に五萬圓詐取の動機/流石は本町署銳い警察眼犯行後僅か六時間で早くも眞犯人を逮捕/良心の苛責を酒で紛らす人目をひく家族の嘆き/犯人の罪名
259423	朝鮮朝日	南鮮版	1935-03-01	1	02단	寶物カメラ探訪(15)/荒い獨自の境地黃海成佛寺の極樂殿
259424	朝鮮朝日	南鮮版	1935-03-01	1	04단	上許法文宮部長發令
259425	朝鮮朝日	南鮮版	1935-03-01	1	04단	早速罹災者に義金を分配渡邊局長語る
259426	朝鮮朝日	南鮮版	1935-03-01	1	05단	聯絡船中で女兒を分娩
259427	朝鮮朝日	南鮮版	1935-03-01	1	05단	小學校單位に靑年團改組活動を促す
259428	朝鮮朝日	南鮮版	1935-03-01	1	05단	今春から取り掛る京城橫の大動脈若草觀音を擴げて新盛り場展開の運動始まる
259429	朝鮮朝日	南鮮版	1935-03-01	1	06단	仁川中學は新學年から開校けふ正式の認可申請
259430	朝鮮朝日	南鮮版	1935-03-01	1	06단	失業者一年に四萬人も減る好景氣到來の利き目現はれ生活苦解消に吉兆
259431	朝鮮朝日	南鮮版	1935-03-01	1	06단	大邱豫算內示會
259432	朝鮮朝日	南鮮版	1935-03-01	1	07단	醫師試驗に死物狂ひの志願資格引上げ前の合格狙ひ願書旣に百五十件
259433	朝鮮朝日	南鮮版	1935-03-01	1	07단	死を急ぐ群生活苦の靑年夫婦喧譁の妻
259434	朝鮮朝日	南鮮版	1935-03-01	1	07단	肥料配合所と二つの農倉慶南農會の二大新事業
259435	朝鮮朝日	南鮮版	1935-03-01	1	08단	二月中の對外貿易額
259436	朝鮮朝日	南鮮版	1935-03-01	1	08단	釜山府立病院起工式擧行今秋に移轉
259437	朝鮮朝日	南鮮版	1935-03-01	1	08단	地方事情に副ひ列車時刻改正一日から實施す
259438	朝鮮朝日	南鮮版	1935-03-01	1	08단	もよほし(本社京城支局來訪)
259439	朝鮮朝日	南鮮版	1935-03-01	1	09단	朝日映畵の夕
259440	朝鮮朝日	南鮮版	1935-03-01	1	09단	人(渡邊學務局長/富田軍參謀/野尻大佐(弟十九師團司令部附)/鹽澤海軍航空本部長/氏家佐世保海軍工廠長/尾崎信次氏(尾崎總督府農産課長令息))
259441	朝鮮朝日	南鮮版	1935-03-01	1	09단	夫婦喧嘩の妻自宅に放火自殺をしそこねて狂亂の姿で警察へ
259442	朝鮮朝日	南鮮版	1935-03-01	1	09단	慶北安東目指して滿洲安東へ汽車の旅同一地名の生んだ罪な話
259443	朝鮮朝日	南鮮版	1935-03-01	1	10단	貯水槽新設
259444	朝鮮朝日	南鮮版	1935-03-01	1	10단	下關水産市況(廿七日)
259445	朝鮮朝日	西北版	1935-03-02	1		缺號
259446	朝鮮朝日	南鮮版	1935-03-02	1		缺號
259447	朝鮮朝日	西北版	1935-03-03	1	01단	明年度に國境の産業道路を完城新義州、惠山鎭間を結んで蜿蜒二百里に亙る
259448	朝鮮朝日	西北版	1935-03-03	1	01단	貴重な手小荷物は嚴重に手續勵行各銀行と大金現送を打合せ五萬圓事件に緊張の鐵道局
259449	朝鮮朝日	西北版	1935-03-03	1	01단	光榮の長壽者全鮮で二千三百卅九名

일련번호	판명		간행일	면	단수	기사명
259450	朝鮮朝日	西北版	1935-03-03	1	01단	港南浦を語る(4)/米の集散港としてその前途は洋々業者の一致協力で取人所に繁榮を取戻したい
259451	朝鮮朝日	西北版	1935-03-03	1	02단	普通學校の學級を增す
259452	朝鮮朝日	西北版	1935-03-03	1	03단	府外居住者は絶對に反對
259453	朝鮮朝日	西北版	1935-03-03	1	04단	貯蓄銀行職制改廢
259454	朝鮮朝日	西北版	1935-03-03	1	04단	黃海道會
259455	朝鮮朝日	西北版	1935-03-03	1	04단	運賃引下げを鐵道局へ請願平壤ゴム業者
259456	朝鮮朝日	西北版	1935-03-03	1	04단	觀光季節に柳京の宣傳箕城檢番と平鐵に畫舫の寄附を交涉
259457	朝鮮朝日	西北版	1935-03-03	1	05단	羅津沖で坐礁した鮮海丸(既報)
259458	朝鮮朝日	西北版	1935-03-03	1	05단	救濟の片手落ちに不滿の聲昂まる莫大な國費救濟の南鮮より西北鮮冷害が深刻/悲慘な地獄圖繪江原三郡の冷害に離村する者續出
259459	朝鮮朝日	西北版	1935-03-03	1	07단	嬉しい滿期除隊第廿師團の管內で千人がむすぶ故鄕の夢
259460	朝鮮朝日	西北版	1935-03-03	1	07단	鐵道警備演習
259461	朝鮮朝日	西北版	1935-03-03	1	08단	泳げるため身投げ失敗
259462	朝鮮朝日	西北版	1935-03-03	1	08단	氣紛れ陽氣七名を狂はす西鮮に自殺者續出
259463	朝鮮朝日	西北版	1935-03-03	1	08단	斷崖を登り損ねて予供重傷
259464	朝鮮朝日	西北版	1935-03-03	1	08단	思想專門の學生監各校配屬を提案學生の思想惡化に手を燒き平南警察部から部長會議へ
259465	朝鮮朝日	西北版	1935-03-03	1	08단	各種品評會に賞品を授與平南道農會
259466	朝鮮朝日	西北版	1935-03-03	1	09단	銀塊の密輸二組捕はる
259467	朝鮮朝日	西北版	1935-03-03	1	09단	肖像畫家と觸込み手付金を詐取西鮮の名士連から
259468	朝鮮朝日	西北版	1935-03-03	1	10단	下關水産市況(二日)
259469	朝鮮朝日	南鮮版	1935-03-03	1	01단	國防獻金が描く大衆層の愛國熱事變以來百萬圓を突破し赤誠に軍部の感激
259470	朝鮮朝日	南鮮版	1935-03-03	1	01단	東洋一の大燈台五十萬圓を投じ二年計劃で羅津港頭に建てる
259471	朝鮮朝日	南鮮版	1935-03-03	1	01단	朝鮮人知事近く大異動中樞院參議四名の補充を繞って斷行
259472	朝鮮朝日	南鮮版	1935-03-03	1	01단	京仁運河を永井府尹提唱
259473	朝鮮朝日	南鮮版	1935-03-03	1	01단	寶物カメラ探訪(17)/放膽な技巧の冴え全南華嚴寺の石燈籠
259474	朝鮮朝日	南鮮版	1935-03-03	1	03단	小學校費を可決
259475	朝鮮朝日	南鮮版	1935-03-03	1	03단	水害救濟に本府へ謝電慶南道會可決
259476	朝鮮朝日	南鮮版	1935-03-03	1	04단	航空郵便激增
259477	朝鮮朝日	南鮮版	1935-03-03	1	04단	春は急ぎ足暖い釜山地方
259478	朝鮮朝日	南鮮版	1935-03-03	1	04단	工業發展の暗礁極端に地價暴騰し事業家は誰も投資に二の足
259479	朝鮮朝日	南鮮版	1935-03-03	1	05단	朝日映畫會全州で好評
259480	朝鮮朝日	南鮮版	1935-03-03	1	05단	米穀部は臨時的
259481	朝鮮朝日	南鮮版	1935-03-03	1	05단	痲藥豫防協會の蔚山支部發會式

일련번호	판명		간행일	면	단수	기사명
259482	朝鮮朝日	南鮮版	1935-03-03	1	06단	身投げ靑年救ひを求む釜山大橋で
259483	朝鮮朝日	南鮮版	1935-03-03	1	06단	僻陬地の警察官へ育兒の嘆き緩和警察協會が獎學資金の給與標準を擴げる/福利を增進慶南支部計劃
259484	朝鮮朝日	南鮮版	1935-03-03	1	06단	陳內茂吉氏ら七名は上告談合事件の實刑組
259485	朝鮮朝日	南鮮版	1935-03-03	1	07단	巣立つ少年を職場は招く釜山職紹へ大口求人
259486	朝鮮朝日	南鮮版	1935-03-03	1	07단	インチキ賭博常習犯逮捕七千圓捲上ぐ
259487	朝鮮朝日	南鮮版	1935-03-03	1	08단	モヒ密輸を西大門署檢擧
259488	朝鮮朝日	南鮮版	1935-03-03	1	08단	全北の面廢合十一面が解消する
259489	朝鮮朝日	南鮮版	1935-03-03	1	08단	火事騒ぎ見たさに十三軒に火つけまだ十二歳の少女
259490	朝鮮朝日	南鮮版	1935-03-03	1	08단	人(島田繫太郎中將(軍司令部出任)/本社京城支局來訪)
259491	朝鮮朝日	南鮮版	1935-03-03	1	08단	各地だより(大田/晉州/統營/釜山)
259492	朝鮮朝日	南鮮版	1935-03-03	1	09단	朝日映畫の夕
259493	朝鮮朝日	南鮮版	1935-03-03	1	09단	春・自殺頻り
259494	朝鮮朝日	南鮮版	1935-03-03	1	09단	もよほし(軍事映畫會/全南女子中等教育研究會/指導始の會)
259495	朝鮮朝日	南鮮版	1935-03-03	1	10단	下關水産市況(二日)
259496	朝鮮朝日	南鮮版	1935-03-03	1	10단	鷄林かゞみ
259497	朝鮮朝日	西北版	1935-03-05	1	01단	國防獻金が描く大衆層の愛國熱事變以來百萬圓を突破す赤誠に軍部の感激
259498	朝鮮朝日	西北版	1935-03-05	1	01단	軍都の空と地に十字火の洗體陸軍記念日まで四日續けて高調する軍國氣分
259499	朝鮮朝日	西北版	1935-03-05	1	01단	港南浦を語る(5)/工業都市の繁榮に必要な水が不足たとひ數百萬圓を要しても大同江の上流かれ引水せよ
259500	朝鮮朝日	西北版	1935-03-05	1	02단	思ひ切った緊縮咸南明年度豫算は百九十萬圓の激減
259501	朝鮮朝日	西北版	1935-03-05	1	04단	開城教育部會
259502	朝鮮朝日	西北版	1935-03-05	1	04단	勤勞の結晶を國防に醵金檢山公普兒童
259503	朝鮮朝日	西北版	1935-03-05	1	04단	元山法秀寺裏山を美しい遊園地に模擬の西國靈地を設けて一面に櫻を植ゑる
259504	朝鮮朝日	西北版	1935-03-05	1	05단	內容外觀とも堂々の建物平壤公會堂
259505	朝鮮朝日	西北版	1935-03-05	1	05단	國境警備の協定を滿洲國へ提議越境討伐を正式に認めさせ積極的に匪禍掃蕩/警備を強化丹下部長語る
259506	朝鮮朝日	西北版	1935-03-05	1	05단	芙蓉堂保存考古館にする
259507	朝鮮朝日	西北版	1935-03-05	1	07단	僻陬地の警察官へ育兒の嘆き緩和警察協會が獎學資金の給與標準を擴げる/警備電話を自力で架設平南警察部が南浦まで/警察機二機空の護りに着く近く晴れの試驗飛行
259508	朝鮮朝日	西北版	1935-03-05	1	07단	江界と龜城に土木管區
259509	朝鮮朝日	西北版	1935-03-05	1	07단	屑林檎加工の乾果固パンより勝る南浦産組製造に見事成功し軍部へ試驗を申請
259510	朝鮮朝日	西北版	1935-03-05	1	08단	元山だより
259511	朝鮮朝日	西北版	1935-03-05	1	08단	大同江の新景物解氷すれば筏流し
259512	朝鮮朝日	西北版	1935-03-05	1	09단	アサヒ・スポーツ三月一日號

일련번호	판명		간행일	면	단수	기사명
259513	朝鮮朝日	西北版	1935-03-05	1	09단	サーヴィスの祕傳を講習
259514	朝鮮朝日	西北版	1935-03-05	1	09단	植物檢査所新築
259515	朝鮮朝日	西北版	1935-03-05	1	10단	鴨綠江に春早くも流氷
259516	朝鮮朝日	西北版	1935-03-05	1	10단	紅匪六道溝へ襲擊の情報
259517	朝鮮朝日	西北版	1935-03-05	1	10단	公北の熊狩り
259518	朝鮮朝日	西北版	1935-03-05	1	10단	下關水産市況(四日)
259519	朝鮮朝日	南鮮版	1935-03-05	1	01단	制限速度を緩和し流線型時代を實現自動車法規實施に先立ち京畿道の準備成る/色盲や近眼は運轉手になれぬ難しくなる免許條件/自動車の警笛硬音を制限
259520	朝鮮朝日	南鮮版	1935-03-05	1	01단	來月六日に命名式擧行文氏の獻納機
259521	朝鮮朝日	南鮮版	1935-03-05	1	02단	山林文化展今春京城で
259522	朝鮮朝日	南鮮版	1935-03-05	1	02단	十八年の長期間に良馬を增殖する洋種の內地馬を中心として明後年度から着手
259523	朝鮮朝日	南鮮版	1935-03-05	1	03단	米穀自治管理法は鮮米に影響なし衆院委員會で河野代議士政府の急所を突く
259524	朝鮮朝日	南鮮版	1935-03-05	1	03단	鮮光スリッパ米國で大持て廿三萬足の大量注文を受け有卦に入る組合員
259525	朝鮮朝日	南鮮版	1935-03-05	1	04단	全大邱勝つ
259526	朝鮮朝日	南鮮版	1935-03-05	1	04단	忠北の事務檢閱
259527	朝鮮朝日	南鮮版	1935-03-05	1	04단	喧嘩から毆殺
259528	朝鮮朝日	南鮮版	1935-03-05	1	05단	赤十字社巡廻診療
259529	朝鮮朝日	南鮮版	1935-03-05	1	05단	純情を綴って皇軍を慰問慶北初等學校
259530	朝鮮朝日	南鮮版	1935-03-05	1	05단	仲直りした支那へ經濟使節を特派京城會議所の親善促進工作
259531	朝鮮朝日	南鮮版	1935-03-05	1	05단	各地だより(大邱/全州/馬山/釜山/京城)
259532	朝鮮朝日	南鮮版	1935-03-05	1	06단	故釘本翁の胸像を建設
259533	朝鮮朝日	南鮮版	1935-03-05	1	06단	東洋一の妙音を電波に乘せる慶州奉德寺の大梵鍾を世に出す企て進む
259534	朝鮮朝日	南鮮版	1935-03-05	1	06단	懷德隧道で飛込み自殺
259535	朝鮮朝日	南鮮版	1935-03-05	1	06단	可愛い雛祭釜山の各幼稚園合同で
259536	朝鮮朝日	南鮮版	1935-03-05	1	07단	十七都市の明粧下調べ市街地計劃令の準備
259537	朝鮮朝日	南鮮版	1935-03-05	1	07단	急設電話は例年の二倍二千九百個を增設
259538	朝鮮朝日	南鮮版	1935-03-05	1	08단	慶北道會原案通り可決
259539	朝鮮朝日	南鮮版	1935-03-05	1	08단	童心は輝く
259540	朝鮮朝日	南鮮版	1935-03-05	1	08단	普成專門へ一萬圓寄附
259541	朝鮮朝日	南鮮版	1935-03-05	1	08단	もよほし(申和會總會/米穀自治管理法協議會/邦樂と舞踊の夕/鐵道局々友會釜山支部慰安會/大邱の地久節祝賀式/大邱の陸軍記念日祝賀會/赤十字篤志看護婦會)
259542	朝鮮朝日	南鮮版	1935-03-05	1	09단	アサヒ・スポーツ三月一日號

일련번호	판명		간행일	면	단수	기사명
259543	朝鮮朝日	南鮮版	1935-03-05	1	09단	人(倉橋工政會常務理事/田淵東拓理事/棟居總督府番議室事務官/小川新三芽物産京城支店長/高橋前三井物産京城支店長/木村櫻麥酒社長/梅崎第二十師團長/本社京城支局來訪/島田繁太郎中將(海軍軍令部出仕))
259544	朝鮮朝日	南鮮版	1935-03-05	1	09단	下關水産市況(四日)
259545	朝鮮朝日	南鮮版	1935-03-05	1	09단	朝日映畫の夕
259546	朝鮮朝日	南鮮版	1935-03-05	1	10단	鷄林かゞみ
259547	朝鮮朝日	西北版	1935-03-06	1	01단	鮮內重要物産の輸出檢查を施行ゴム靴と靴下統制に關し業者の意見を徵す
259548	朝鮮朝日	西北版	1935-03-06	1	01단	港南浦を語る(6)/多獅島築港計劃は致命的の大打擊平壤と全く一心同體となり港灣施設を完備せよ
259549	朝鮮朝日	西北版	1935-03-06	1	02단	肉彈三勇士を偲び廟行鎭の激戰再現半月島に鐵條網の陣地を築き生みの親松下大尉指揮/演習後の兵隊さん次は御馳走攻め經理部苦心の獻立
259550	朝鮮朝日	西北版	1935-03-06	1	04단	竹內知事の初巡視
259551	朝鮮朝日	西北版	1935-03-06	1	04단	平壤女高普の寄附金募集
259552	朝鮮朝日	西北版	1935-03-06	1	05단	蛤で醬油製造赤松漁組研究
259553	朝鮮朝日	西北版	1935-03-06	1	05단	大衆向物産の指導に努力工業試驗所
259554	朝鮮朝日	西北版	1935-03-06	1	05단	十八年の長期間に良馬を增殖する洋種の內地馬を中心として明後年度から着手
259555	朝鮮朝日	西北版	1935-03-06	1	06단	冷害罹災民の救濟進捗す平南の義金相次ぐ/咸南端川郡の悲慘な凶作救濟を陳情
259556	朝鮮朝日	西北版	1935-03-06	1	07단	急設電話は例年の二倍二千九百個を增設
259557	朝鮮朝日	西北版	1935-03-06	1	08단	池田警務局長北鮮視察
259558	朝鮮朝日	西北版	1935-03-06	1	08단	養鷄を獎勵平南江東金組
259559	朝鮮朝日	西北版	1935-03-06	1	08단	平壤府の土地賣却
259560	朝鮮朝日	西北版	1935-03-06	1	08단	モヒ患者が北鮮に激增犯罪も殖える
259561	朝鮮朝日	西北版	1935-03-06	1	08단	平壤神社で殿蹟を發見考古學界より期待
259562	朝鮮朝日	西北版	1935-03-06	1	09단	箱止め景氣平壤の兩券番
259563	朝鮮朝日	西北版	1935-03-06	1	09단	色盲や近眼は運轉手になれぬ難しくなる免許條件
259564	朝鮮朝日	西北版	1935-03-06	1	09단	バッテリーの缺陷が解消霸者平壤實業
259565	朝鮮朝日	西北版	1935-03-06	1	10단	巷の惡の花
259566	朝鮮朝日	西北版	1935-03-06	1	10단	下關水産市況(五日)
259567	朝鮮朝日	南鮮版	1935-03-06	1	01단	米穀部の新設は殆んど見込薄總監ら折衝效なく財源難で大藏省難色を示す
259568	朝鮮朝日	南鮮版	1935-03-06	1	01단	心田開發の意見を徵す內鮮佛教代表者を總督官邸に招いて
259569	朝鮮朝日	南鮮版	1935-03-06	1	01단	漁組中央金庫設置準備進む
259570	朝鮮朝日	南鮮版	1935-03-06	1	01단	專賣局異動
259571	朝鮮朝日	南鮮版	1935-03-06	1	01단	二千五百卅二名全鮮の高齡者/移動警戒に主力を注ぐ
259572	朝鮮朝日	南鮮版	1935-03-06	1	02단	紅卐會が鮮內へ布教

일련번호	판명		간행일	면	단수	기사명
259573	朝鮮朝日	南鮮版	1935-03-06	1	02단	鐘紡工場を大邱へ誘致門脇府尹ら上阪す
259574	朝鮮朝日	南鮮版	1935-03-06	1	02단	日本人を見習へ清潔を實行せよ在鮮華僑連の新生活運動を盟主范總領事に聽く
259575	朝鮮朝日	南鮮版	1935-03-06	1	03단	漁業組合の內容を充實慶南の振興策
259576	朝鮮朝日	南鮮版	1935-03-06	1	03단	瓦斯事業令五月に發布
259577	朝鮮朝日	南鮮版	1935-03-06	1	04단	謄寫用インク除去器發明平山一等計手
259578	朝鮮朝日	南鮮版	1935-03-06	1	04단	早い南鮮の春は黑潮に乘って漁夫達は櫓の音も輕く海の幸、求めて多島海へ
259579	朝鮮朝日	南鮮版	1935-03-06	1	04단	忠北郡守會議
259580	朝鮮朝日	南鮮版	1935-03-06	1	04단	大邱府會
259581	朝鮮朝日	南鮮版	1935-03-06	1	05단	肥料統制令本府で審議
259582	朝鮮朝日	南鮮版	1935-03-06	1	06단	小鹿島樂園で衣類も織る一年にザッと四萬圓
259583	朝鮮朝日	南鮮版	1935-03-06	1	06단	國境警備の協定を滿洲國へ提議越境討伐を正式に認めさせ積極的に匪禍掃蕩
259584	朝鮮朝日	南鮮版	1935-03-06	1	07단	營口移民の移住お流れ
259585	朝鮮朝日	南鮮版	1935-03-06	1	07단	加藤畫伯の個展
259586	朝鮮朝日	南鮮版	1935-03-06	1	07단	懷德驛の轢死體は大邱俯聽の麗人嫁入り前に謎の自殺
259587	朝鮮朝日	南鮮版	1935-03-06	1	08단	道路賦役問題發言を停止全北の道會
259588	朝鮮朝日	南鮮版	1935-03-06	1	08단	五萬圓事件の犯人を送局
259589	朝鮮朝日	南鮮版	1935-03-06	1	08단	躍進の全南農村更生計劃を擴充し指導諸機關も統制
259590	朝鮮朝日	南鮮版	1935-03-06	1	08단	全校赤化の祕密結社を組織中央高普盟休事件首謀者の取調中に發覺す
259591	朝鮮朝日	南鮮版	1935-03-06	1	09단	朝日映畵の夕
259592	朝鮮朝日	南鮮版	1935-03-06	1	09단	ラグビー定期戰(七日/九日)
259593	朝鮮朝日	南鮮版	1935-03-06	1	09단	愛人と添へぬ嘆きから自殺
259594	朝鮮朝日	南鮮版	1935-03-06	1	09단	首謀者七名を無期停學京城中東學校
259595	朝鮮朝日	南鮮版	1935-03-06	1	10단	若妻殺しに死刑の判決
259596	朝鮮朝日	南鮮版	1935-03-06	1	10단	下關水産市況(五日)
259597	朝鮮朝日	南鮮版	1935-03-06	1	10단	鷄林かゞみ
259598	朝鮮朝日	西北版	1935-03-07	1	01단	兩府民合流し懸案實現を急ぐ新機關を設け猛運動
259599	朝鮮朝日	西北版	1935-03-07	1	01단	美談を織交せ純情の義金集る冷害地の兒童達へ近く學用品を配給
259600	朝鮮朝日	西北版	1935-03-07	1	01단	新義州の人口
259601	朝鮮朝日	西北版	1935-03-07	1	01단	滿浦鎭の地價暴騰す
259602	朝鮮朝日	西北版	1935-03-07	1	02단	肥料統制令本府で審議
259603	朝鮮朝日	西北版	1935-03-07	1	02단	長興に咸南農政の實驗地帶を築く明年度農事試驗所を新築し各種機關を續々移轉
259604	朝鮮朝日	西北版	1935-03-07	1	03단	早くも南浦に初荷の賑ひ珍らしい暖氣續きで鮫鱇網漁業も待機
259605	朝鮮朝日	西北版	1935-03-07	1	03단	孤兒らも春蘇る街の人情美談

일련번호	판명		간행일	면	단수	기사명
259606	朝鮮朝日	西北版	1935-03-07	1	03단	大同江改修費今後が多い
259607	朝鮮朝日	西北版	1935-03-07	1	03단	簡易氣象報知機を二つ沿岸に設く南浦、漢川兩漁組が自費で海難を防止
259608	朝鮮朝日	西北版	1935-03-07	1	04단	戰鬪機六機が空の猛訓練
259609	朝鮮朝日	西北版	1935-03-07	1	04단	火田民更生の大評定開く愈よ本格的指導へ
259610	朝鮮朝日	西北版	1935-03-07	1	05단	咸南の藥草年産卅萬斤
259611	朝鮮朝日	西北版	1935-03-07	1	05단	國境警備へ慰問の電報平北の道會
259612	朝鮮朝日	西北版	1935-03-07	1	05단	新規事業は約六十萬圓黃海道の豫算
259613	朝鮮朝日	西北版	1935-03-07	1	05단	小作權判定を初めて請求地主と小作人合議で
259614	朝鮮朝日	西北版	1935-03-07	1	06단	米穀部の新設は殆んど見込薄總監ら折衝效なく財源難で大藏省難色を示す
259615	朝鮮朝日	西北版	1935-03-07	1	06단	平壤驛乘降客全鮮第二位
259616	朝鮮朝日	西北版	1935-03-07	1	06단	輯安縣を襲ひ人質二名を拉致交戰、一名を奪還す/紅匪、拉致者に身代金を要求す釋放された鄭君語る
259617	朝鮮朝日	西北版	1935-03-07	1	07단	爆擊場の干潟地に無盡藏の貝類不況の漁村救濟に平南から採取許可を交涉
259618	朝鮮朝日	西北版	1935-03-07	1	07단	市街戰催す新義州の行事/軍犬の市內行進
259619	朝鮮朝日	西北版	1935-03-07	1	08단	トロッコ落ち斜鑛の三名卽死長津江水電工事場の珍事
259620	朝鮮朝日	西北版	1935-03-07	1	08단	瓦斯事業令五月に發布
259621	朝鮮朝日	西北版	1935-03-07	1	08단	再び羅南へ愼飛行士飛來
259622	朝鮮朝日	西北版	1935-03-07	1	09단	西電火力發電の準備を進む
259623	朝鮮朝日	西北版	1935-03-07	1	09단	渡航沈沒し一名溺死す
259624	朝鮮朝日	西北版	1935-03-07	1	09단	漁組中央金庫設置準備進む
259625	朝鮮朝日	西北版	1935-03-07	1	09단	飛込み自殺
259626	朝鮮朝日	西北版	1935-03-07	1	09단	素行の惡い先生を嚴戒府尹から通牒
259627	朝鮮朝日	西北版	1935-03-07	1	10단	全部が就職春川農業學校
259628	朝鮮朝日	西北版	1935-03-07	1	10단	平南の果實生産高
259629	朝鮮朝日	西北版	1935-03-07	1	10단	もよほし(平鐵荷主懇談會)
259630	朝鮮朝日	西北版	1935-03-07	1	10단	下關水産實況(六日)
259631	朝鮮朝日	南鮮版	1935-03-07	1	01단	航空標識を改良空の不安を除く長尾航空官ら實地を視察六月末に完成する
259632	朝鮮朝日	南鮮版	1935-03-07	1	01단	半島襲ふ天災に科學の防衛陣仁川觀測所に權威者が集まり氣像速報の大評定
259633	朝鮮朝日	南鮮版	1935-03-07	1	01단	特色は資源開發全南明年度の豫算
259634	朝鮮朝日	南鮮版	1935-03-07	1	01단	白米値下げ
259635	朝鮮朝日	南鮮版	1935-03-07	1	02단	五圓の新紙幣約二千萬圓春にお目見得
259636	朝鮮朝日	南鮮版	1935-03-07	1	02단	盟休事件の頻發は遺憾局長會議で總督注意を促す
259637	朝鮮朝日	南鮮版	1935-03-07	1	02단	求職少年の痛切な願ひ一般商店の御主人に釜山職紹考慮を望む
259638	朝鮮朝日	南鮮版	1935-03-07	1	03단	法文學部科目必修を增す城大の大改革

일련번호	판명		간행일	면	단수	기사명
259639	朝鮮朝日	南鮮版	1935-03-07	1	04단	仁川の人口
259640	朝鮮朝日	南鮮版	1935-03-07	1	04단	記念の放送陸軍記念日前の三日間
259641	朝鮮朝日	南鮮版	1935-03-07	1	04단	現職檢事に絡まる奇怪詐欺事件晉州署斷乎檢擧に乗り出し急速に進展の雲行
259642	朝鮮朝日	南鮮版	1935-03-07	1	05단	主な郵便局で記念スタンプ
259643	朝鮮朝日	南鮮版	1935-03-07	1	05단	公普卒業生を個別に指導
259644	朝鮮朝日	南鮮版	1935-03-07	1	05단	警察官や消防手に低利で融通するお得兼ねの共濟組合金融部四月から店びらき
259645	朝鮮朝日	南鮮版	1935-03-07	1	05단	驅逐隊の巡航日程
259646	朝鮮朝日	南鮮版	1935-03-07	1	05단	水産額激增
259647	朝鮮朝日	南鮮版	1935-03-07	1	06단	朝鮮酒の密造多いのに顔負け大邱稅監局の檢擧ナンと二千八百件
259648	朝鮮朝日	南鮮版	1935-03-07	1	06단	各地だより(光州/京城/釜山)
259649	朝鮮朝日	南鮮版	1935-03-07	1	07단	木浦の工業品展
259650	朝鮮朝日	南鮮版	1935-03-07	1	07단	釜山の會社數
259651	朝鮮朝日	南鮮版	1935-03-07	1	07단	曉山鑛山へ送電を急ぐ
259652	朝鮮朝日	南鮮版	1935-03-07	1	08단	日備勞働者の失業が減る全南の調べ
259653	朝鮮朝日	南鮮版	1935-03-07	1	08단	基金卅萬圓の寄附を募る體協の計劃
259654	朝鮮朝日	南鮮版	1935-03-07	1	08단	濟州島通ひ便利になる鶴島丸就航
259655	朝鮮朝日	南鮮版	1935-03-07	1	08단	二人組强盜現金を强奪
259656	朝鮮朝日	南鮮版	1935-03-07	1	08단	他人の惡事を恥ぢ純情・死の淸算麗人自殺の眞相判る
259657	朝鮮朝日	南鮮版	1935-03-07	1	09단	朝日映畫の夕
259658	朝鮮朝日	南鮮版	1935-03-07	1	09단	痘瘡更に猖獗
259659	朝鮮朝日	南鮮版	1935-03-07	1	09단	人(近藤全南知事/田淵東拓理事/伊森朝鮮新聞副社長/石森朝鮮新聞副社長/黑田聲氏/三將凱旋/本事京城支局來訪/芳林滿洲國民政部囑託同上)
259660	朝鮮朝日	南鮮版	1935-03-07	1	10단	下關水産市況(六日)
259661	朝鮮朝日	南鮮版	1935-03-07	1	10단	鷄林かゞみ
259662	朝鮮朝日	南鮮版	1935-03-07	1	10단	もよほし(京城商工會議所議員會/重田不二子孃音樂會)
259663	朝鮮朝日	西北版	1935-03-08	1	01단	考古學者を網羅し樂浪文化の大發掘遺跡は現場へ永久に保存博物館分館も設く
259664	朝鮮朝日	西北版	1935-03-08	1	01단	*朝鮮人兒童は深刻な就學難簡易實習の工業昇格說擡頭早急實現を期待さる/就學難緩和に學級を增加平壤府の初等學校*
259665	朝鮮朝日	西北版	1935-03-08	1	01단	北鮮の定期航空明春から開く全鮮一の咸興飛行場颯爽と檜舞台へ登場
259666	朝鮮朝日	西北版	1935-03-08	1	04단	島田中將
259667	朝鮮朝日	西北版	1935-03-08	1	04단	咸興醫院分院北靑に設く七、八月頃に開院か
259668	朝鮮朝日	西北版	1935-03-08	1	04단	咸興署新築の寄附金集る
259669	朝鮮朝日	西北版	1935-03-08	1	04단	黃金景氣で俄かに裕福平南龍兵面

일련번호	판명		간행일	면	단수	기사명
259670	朝鮮朝日	西北版	1935-03-08	1	05단	五圓の新紙幣約二千萬圓春にお目見得
259671	朝鮮朝日	西北版	1935-03-08	1	05단	羅津局の電話自動交換に
259672	朝鮮朝日	西北版	1935-03-08	1	05단	中堅靑年の胸奧に土の精神を鼓吹一年に二百八十名養成する農業修練道場の誕生
259673	朝鮮朝日	西北版	1935-03-08	1	05단	流石は妓生の本場斷然助興稅の納め頭好景氣に躍る平壤花柳街
259674	朝鮮朝日	西北版	1935-03-08	1	06단	警察官や消防手に低利で融通するお待兼ねの共濟組合金融部四月から店びらき
259675	朝鮮朝日	西北版	1935-03-08	1	07단	航空標識を改良し空の不安を除く六月末に完成の豫定
259676	朝鮮朝日	西北版	1935-03-08	1	07단	寄附がないと入學できぬ貧乏世帶の不祥事
259677	朝鮮朝日	西北版	1935-03-08	1	07단	値上げ撤回黑船の運賃
259678	朝鮮朝日	西北版	1935-03-08	1	07단	上層氣流の觀測を繼續元山測候所
259679	朝鮮朝日	西北版	1935-03-08	1	08단	主な郵便局で記念スタンプ
259680	朝鮮朝日	西北版	1935-03-08	1	08단	形勝の妙香山へ探勝客を誘ふ今夏キャンプ村を設け蝀龍窟にも新設備
259681	朝鮮朝日	西北版	1935-03-08	1	08단	元山だより
259682	朝鮮朝日	西北版	1935-03-08	1	09단	人夫卅二名海中へ落つ三名は遂に行方不明
259683	朝鮮朝日	西北版	1935-03-08	1	09단	韓昌達氏を公判に回付
259684	朝鮮朝日	西北版	1935-03-08	1	10단	特急『のぞみ』消毒の騷ぎ癩患者を發見
259685	朝鮮朝日	西北版	1935-03-08	1	10단	棍棒で毆殺
259686	朝鮮朝日	西北版	1935-03-08	1	10단	人(吉永平壤鐵道事務所長/高橋平壤府尹)
259687	朝鮮朝日	西北版	1935-03-08	1	10단	下關水産市況(七日)
259688	朝鮮朝日	南鮮版	1935-03-08	1	01단	三千餘名を招き盛んな大祝賀宴武勳輝く老勇士を中心に軍國の麗春を壽ぐ/鍾路の遭遇戰催淚ガスを使ふ高普生防護に活躍
259689	朝鮮朝日	南鮮版	1935-03-08	1	01단	九一式戰鬪機の威容
259690	朝鮮朝日	南鮮版	1935-03-08	1	02단	日露戰役を偲び眞に迫る出品けふ丁子屋で陸軍展開く
259691	朝鮮朝日	南鮮版	1935-03-08	1	03단	殉敎の意氣に燃え起きて、心田開發に內鮮佛敎代表を官邸に招き總督、奮起を力說す
259692	朝鮮朝日	南鮮版	1935-03-08	1	04단	孫文氏慰靈祭
259693	朝鮮朝日	南鮮版	1935-03-08	1	04단	「文明琦號」の獻納式擧行廿一日京城で
259694	朝鮮朝日	南鮮版	1935-03-08	1	04단	昭和金山會社花々しく登場宜寧金山初め縣鑛區を買收五月中に創立總會
259695	朝鮮朝日	南鮮版	1935-03-08	1	04단	あす豫算府會京城の一般豫算は總額四百十四萬圓
259696	朝鮮朝日	南鮮版	1935-03-08	1	04단	詩集の結ぶ親交宇垣さんの贈物「詩次故」に袁金鎧氏自作の返禮
259697	朝鮮朝日	南鮮版	1935-03-08	1	05단	署長會議を各道で開く
259698	朝鮮朝日	南鮮版	1935-03-08	1	05단	對滿投資の斡旋に努力
259699	朝鮮朝日	南鮮版	1935-03-08	1	06단	賑やかな家庭羅南時代からお馴染みの持永新任憲兵司令官
259700	朝鮮朝日	南鮮版	1935-03-08	1	07단	登校の生徒僅か十四名中東學校盟休

일련번호	판명		간행일	면	단수	기사명
259701	朝鮮朝日	南鮮版	1935-03-08	1	07단	淸州學祖補選の當選者
259702	朝鮮朝日	南鮮版	1935-03-08	1	07단	各務ヶ原の八機歸還飛行
259703	朝鮮朝日	南鮮版	1935-03-08	1	07단	希望の門ひらく今年は内地より餘程早い入試案内の告知板(男子の部/女子の部)
259704	朝鮮朝日	南鮮版	1935-03-08	1	08단	愛國靑年の獻金
259705	朝鮮朝日	南鮮版	1935-03-08	1	08단	飛行延期で寄附を返す會議所面食ふ
259706	朝鮮朝日	南鮮版	1935-03-08	1	08단	匿名婦人の美擧
259707	朝鮮朝日	南鮮版	1935-03-08	1	08단	若妻殺し被告六日上告す
259708	朝鮮朝日	南鮮版	1935-03-08	1	08단	犯行を否認放火事件公判
259709	朝鮮朝日	南鮮版	1935-03-08	1	09단	朝日映畫の夕
259710	朝鮮朝日	南鮮版	1935-03-08	1	09단	トラックに轢かれ少年卽死
259711	朝鮮朝日	南鮮版	1935-03-08	1	09단	千餘圓盜まる
259712	朝鮮朝日	南鮮版	1935-03-08	1	09단	京城に傳染病蔓延
259713	朝鮮朝日	南鮮版	1935-03-08	1	09단	總督官邸附近の火事さわぎ
259714	朝鮮朝日	南鮮版	1935-03-08	1	09단	もよほし(消防協會評議員會/京城鄕軍映畫會/後藤燈心師講演會)
259715	朝鮮朝日	南鮮版	1935-03-08	1	10단	人(永井間島總領事/堂本新總督府商工課長/氏家佐世保海軍工廠長/島田海軍中將(軍令部出仕)/朝鮮綿業團)
259716	朝鮮朝日	南鮮版	1935-03-08	1	10단	下關水産市況(七日)
259717	朝鮮朝日	南鮮版	1935-03-08	1	10단	鷄林かゞみ
259718	朝鮮朝日	西北版	1935-03-09	1	01단	内鮮滿を一丸に貨物の連帶運輸新しく三コースを編入し結局四月に實施か
259719	朝鮮朝日	西北版	1935-03-09	1	01단	待望の運河工事解氷を待って着手大同江水運の革命時代來る
259720	朝鮮朝日	西北版	1935-03-09	1	01단	殉敎の意氣に燃え起て、心田開發に内鮮佛敎代表を官邸に招き總督、奮起を力說す
259721	朝鮮朝日	西北版	1935-03-09	1	02단	平壤、南浦間の道路を擴張
259722	朝鮮朝日	西北版	1935-03-09	1	02단	明朖を條件の入試に憂鬱平壤公普の志望者三割まで篩ひ落しの憂目
259723	朝鮮朝日	西北版	1935-03-09	1	04단	池田警務局長視察を終る
259724	朝鮮朝日	西北版	1935-03-09	1	04단	署長會議を各道で開く
259725	朝鮮朝日	西北版	1935-03-09	1	04단	國境商人を招待し新趣向の見本市平壤の商圈擴張に卸商組合の目論見
259726	朝鮮朝日	西北版	1935-03-09	1	05단	内地人側の生活を改善近く大宣傳
259727	朝鮮朝日	西北版	1935-03-09	1	05단	淸津の陸軍記念日行事
259728	朝鮮朝日	西北版	1935-03-09	1	05단	入學難激化
259729	朝鮮朝日	西北版	1935-03-09	1	05단	羅南飛行場早速手入れ空路開設準備
259730	朝鮮朝日	西北版	1935-03-09	1	06단	船卸し捗る暖い大同江
259731	朝鮮朝日	西北版	1935-03-09	1	06단	寄る邊なき老婆を救ふ奇特な巡査

일련번호	판명		간행일	면	단수	기사명
259732	朝鮮朝日	西北版	1935-03-09	1	06단	最初の火藥工場鮮內全需要を供給の抱負で野口氏興南に設く
259733	朝鮮朝日	西北版	1935-03-09	1	06단	新朝無炭開き
259734	朝鮮朝日	西北版	1935-03-09	1	06단	賑やかな家庭羅南時代からお馴染みの持永新任憲兵司令官
259735	朝鮮朝日	西北版	1935-03-09	1	06단	詩集の結ぶ親交宇垣さんの贈物「詩次故」に袁金鎧氏自作の返禮
259736	朝鮮朝日	西北版	1935-03-09	1	07단	江西農場へ全南から移民
259737	朝鮮朝日	西北版	1935-03-09	1	07단	平壤飛行隊の爆彈を盗む絶えぬ命知らずの男
259738	朝鮮朝日	西北版	1935-03-09	1	08단	冷害罹災民へ食料を配給
259739	朝鮮朝日	西北版	1935-03-09	1	08단	拳銃で脅迫し娘を拉致す
259740	朝鮮朝日	西北版	1935-03-09	1	09단	韓時殷氏を相手に告訴狀を提起す善政碑保管の縺れ
259741	朝鮮朝日	西北版	1935-03-09	1	09단	季節に備へ陣容を充實平壤三チーム
259742	朝鮮朝日	西北版	1935-03-09	1	10단	奥地冷害から乞食殖える
259743	朝鮮朝日	西北版	1935-03-09	1	10단	無期懲役義妹殺し判決
259744	朝鮮朝日	西北版	1935-03-09	1	10단	もよほし(農業巡廻展/戦病死者慰靈祭)
259745	朝鮮朝日	西北版	1935-03-09	1	10단	下官水産市況(八日)
259746	朝鮮朝日	南鮮版	1935-03-09	1	01단	日露戰役卅周年全半島に高嗚る軍國調(空陸相呼應して壯烈・この一戰近代兵器も網羅し京城の都心を震撼/人氣者の兵隊さん珍しい假裝行列本社から奉天陷落の號外やビラ五萬枚を寄贈)
259747	朝鮮朝日	南鮮版	1935-03-09	1	01단	日露戰後三十年滿家は天日に輝く(上)/我が居留民三千が南山籠城の決意政府へ日露開戰の請願電報進辰馬氏の回顧談
259748	朝鮮朝日	南鮮版	1935-03-09	1	03단	賀田氏を官選
259749	朝鮮朝日	南鮮版	1935-03-09	1	04단	豫算を可決全北の道會
259750	朝鮮朝日	南鮮版	1935-03-09	1	04단	配合肥料の普及を計る
259751	朝鮮朝日	南鮮版	1935-03-09	1	04단	戦歴輝く猛將軍雄辯家で部下思ひ三宅新任第廿師團長の逸話/兩師團長同時に勇退繁忙を極める軍司令部/滿洲事變に活躍洋々の前途を持つ百武新任第七十八聯隊長
259752	朝鮮朝日	南鮮版	1935-03-09	1	06단	草間博士が水源地調査
259753	朝鮮朝日	南鮮版	1935-03-09	1	06단	農村振興の二大會議を開く總督の就任後二回目
259754	朝鮮朝日	南鮮版	1935-03-09	1	06단	更生へ拍車京畿道豫算
259755	朝鮮朝日	南鮮版	1935-03-09	1	07단	列車を停め危機を免る故障發見の兩名を表彰
259756	朝鮮朝日	南鮮版	1935-03-09	1	08단	師範學校の職員を増す
259757	朝鮮朝日	南鮮版	1935-03-09	1	08단	滿洲熱に浮かされ自由移民殖える近く取締りを斷行
259758	朝鮮朝日	南鮮版	1935-03-09	1	08단	内部の事情を熟知の者か三中井の怪盗
259759	朝鮮朝日	南鮮版	1935-03-09	1	09단	朝日映畫の夕
259760	朝鮮朝日	南鮮版	1935-03-09	1	09단	黃乙秀君拳鬪會を組織
259761	朝鮮朝日	南鮮版	1935-03-09	1	09단	もよほし(生産品展示會/城大學友會講演會/慶北道各郡農業技術員打合會)

일련번호	판명		간행일	면	단수	기사명
259762	朝鮮朝日	南鮮版	1935-03-09	1	10단	人(渡邊新任東拓理事/藤京城製菓社長/西崎總督府理財課長/本社京城支局來訪)
259763	朝鮮朝日	南鮮版	1935-03-09	1	10단	下官水産市況(八日)
259764	朝鮮朝日	南鮮版	1935-03-09	1	10단	鷄林かゞみ
259765	朝鮮朝日	西北版	1935-03-10	1	01단	技術者を養成の高工設立を要望平壤、南浦兩府民が提携し新機關設け猛運動/乙種工業設立の折衝平壤の新計劃
259766	朝鮮朝日	西北版	1935-03-10	1	01단	考古學界待望の古代文化の遺跡樂浪郡治址空前の大發掘で平壤に殖える新史蹟
259767	朝鮮朝日	西北版	1935-03-10	1	01단	早春の斷片(平壤樂浪博物館にて)
259768	朝鮮朝日	西北版	1935-03-10	1	04단	新北靑郵便所新設
259769	朝鮮朝日	西北版	1935-03-10	1	04단	農村振興の二大會議を開く總督の就任後二回目
259770	朝鮮朝日	西北版	1935-03-10	1	04단	國境慰問品は無賃で輸送
259771	朝鮮朝日	西北版	1935-03-10	1	04단	重要案實現を要路へ打電平北道會(八日)
259772	朝鮮朝日	西北版	1935-03-10	1	04단	北鮮視察團
259773	朝鮮朝日	西北版	1935-03-10	1	04단	戰歷輝く猛將軍雄辯家で部下思ひ三宅新任第廿師團長の逸話/兩師團長同時に勇退繁忙を極める軍司令部
259774	朝鮮朝日	西北版	1935-03-10	1	05단	低利債に借替を交渉府債難の平壤
259775	朝鮮朝日	西北版	1935-03-10	1	05단	春は招く咸興へ五千の勞働者大豆工場や鐵道複線工事も一齊に仕事初めだ
259776	朝鮮朝日	西北版	1935-03-10	1	06단	滿洲熱に浮かされ自由移民殖える近く取締りを斷行
259777	朝鮮朝日	西北版	1935-03-10	1	06단	鹽用叺のお得意を血眼で奪ひ合ふ道農會と南浦組合
259778	朝鮮朝日	西北版	1935-03-10	1	06단	靴下の丸染め工場を設けて獎勵年額數十萬圓浮く
259779	朝鮮朝日	西北版	1935-03-10	1	07단	朔州と九曲へ電力を供給新義州電氣
259780	朝鮮朝日	西北版	1935-03-10	1	08단	羅津と城津へ東拓社員駐在
259781	朝鮮朝日	西北版	1935-03-10	1	08단	お葬式の簡易化府營葬齋場を設け從來の半額で營む
259782	朝鮮朝日	西北版	1935-03-10	1	08단	江東へ延長し貨客を扱ふ東拓鑛業輕鐵
259783	朝鮮朝日	西北版	1935-03-10	1	08단	大同江利用の運炭減少か
259784	朝鮮朝日	西北版	1935-03-10	1	09단	三百の紅軍匪再襲擊を豪語す不安に戰く東興部落
259785	朝鮮朝日	西北版	1935-03-10	1	10단	實兄殺しに死刑を求む
259786	朝鮮朝日	西北版	1935-03-10	1	10단	下官水産市況(九日)
259787	朝鮮朝日	南鮮版	1935-03-10	1	01단	鮮航同盟の商圈へ食込む小型機船直接生產地買ひを目指して近く四十隻に殖える
259788	朝鮮朝日	南鮮版	1935-03-10	1	01단	選擧取締りを嚴重化する全鮮の方針を統一
259789	朝鮮朝日	南鮮版	1935-03-10	1	01단	小學校を增改築釜山の二年繼續事業
259790	朝鮮朝日	南鮮版	1935-03-10	1	01단	海苔と牡蠣の增産を獎勵
259791	朝鮮朝日	南鮮版	1935-03-10	1	01단	間島の鮮農へ救濟費交附
259792	朝鮮朝日	南鮮版	1935-03-10	1	02단	朝鮮神宮を神木で綠化
259793	朝鮮朝日	南鮮版	1935-03-10	1	02단	日露戰後三十年滿家は天日に輝く(下)/水兵に鱈復飮まし露艦から脫出す開戰直前、見事スパイを看破裏面史を洩らす加藤灌覺氏

일련번호	판명		간행일	면	단수	기사명
259794	朝鮮朝日	南鮮版	1935-03-10	1	03단	貿易を打診張經濟使節が數日中に來城
259795	朝鮮朝日	南鮮版	1935-03-10	1	03단	最初の火藥工場鮮內全需要を供給の抱負で野口氏興南に設く
259796	朝鮮朝日	南鮮版	1935-03-10	1	04단	朝鮮人官吏の登用に努力八日の衆議院委員會席上今井田總監の答辯
259797	朝鮮朝日	南鮮版	1935-03-10	1	04단	豆類收穫高
259798	朝鮮朝日	南鮮版	1935-03-10	1	04단	綜合博物館候補地德壽宮が最有力倭城台へ誘致猛運動起る
259799	朝鮮朝日	南鮮版	1935-03-10	1	06단	いくら養成しても先生が足らぬ大擧內地から手助け賴むと教育界の危險信號
259800	朝鮮朝日	南鮮版	1935-03-10	1	06단	輕爆擊機六機京城へ飛來
259801	朝鮮朝日	南鮮版	1935-03-10	1	07단	聖恩感謝の執奏方電請全南道會開く
259802	朝鮮朝日	南鮮版	1935-03-10	1	07단	道會の餘暇に熱心な視察忠南道議一行
259803	朝鮮朝日	南鮮版	1935-03-10	1	08단	實父殺しの犯行を否認廿五日に續開
259804	朝鮮朝日	南鮮版	1935-03-10	1	09단	スポーツ(ラグビー定期戰)
259805	朝鮮朝日	南鮮版	1935-03-10	1	09단	もよほし(ロータリー倶樂部釜山支部)
259806	朝鮮朝日	南鮮版	1935-03-10	1	09단	人(池田警務局長/木村朝鮮貯銀商務/小林鎭海要港部司令官/三戸海軍艦政本部員/滿洲國協和會視察團一行九十名/本社京城支局來訪)
259807	朝鮮朝日	南鮮版	1935-03-10	1	09단	朝日映畫の夕
259808	朝鮮朝日	南鮮版	1935-03-10	1	10단	下關水産市況(九日)
259809	朝鮮朝日	南鮮版	1935-03-10	1	10단	鷄林かゞみ
259810	朝鮮朝日	西北版	1935-03-12	1	01단	「妓生の都」を控へ豪勢な酒の稅金平壤稅監局管內の納稅は滿點に近い好成績/酒代値上げ平壤の料理屋
259811	朝鮮朝日	西北版	1935-03-12	1	01단	重寶な非常報知機百ヶ所に備へる赤を押せば消防組、靑は警察これで府民も安心
259812	朝鮮朝日	西北版	1935-03-12	1	01단	お土産どっさり歸任した高橋府尹「驛前の買收は近く解決」
259813	朝鮮朝日	西北版	1935-03-12	1	01단	異動は少い平壤軍部關係
259814	朝鮮朝日	西北版	1935-03-12	1	02단	哲人提琴家歸る學資を稼ぎつゝ滯歐十二年平壤出身の桂貞植君
259815	朝鮮朝日	西北版	1935-03-12	1	03단	府外居住者の寄附金に便法
259816	朝鮮朝日	西北版	1935-03-12	1	03단	平壤放送局誘致を急ぐ國境の聽取者も待望
259817	朝鮮朝日	西北版	1935-03-12	1	04단	人(增水法務局長)
259818	朝鮮朝日	西北版	1935-03-12	1	04단	社會敎化に一段の拍車平南六萬圓を計上
259819	朝鮮朝日	西北版	1935-03-12	1	05단	平南の雜穀收穫高
259820	朝鮮朝日	西北版	1935-03-12	1	05단	春、柳芽ぐむ(平壤上需里にて)
259821	朝鮮朝日	西北版	1935-03-12	1	05단	いくら養成しても先生が足らぬ大擧內地から手助け賴むと教育界の危險信號
259822	朝鮮朝日	西北版	1935-03-12	1	06단	農業校敷地を特殊會社へ賣る移轉改築の準備工作
259823	朝鮮朝日	西北版	1935-03-12	1	06단	溫井里爆擊場內の貝採取は許可か産業開發に軍も同意
259824	朝鮮朝日	西北版	1935-03-12	1	06단	闊葉樹利用の平壤土産

일련번호	판명		간행일	면	단수	기사명
259825	朝鮮朝日	西北版	1935-03-12	1	07단	新鋭警備船を近く廻航
259826	朝鮮朝日	西北版	1935-03-12	1	07단	平壤觀光協會の擴大强化を計る名勝舊蹟を大に宣傳
259827	朝鮮朝日	西北版	1935-03-12	1	08단	天津粟を輸入燒酎を造る
259828	朝鮮朝日	西北版	1935-03-12	1	08단	咸北の女高普設立に決る新學年から羅南に
259829	朝鮮朝日	西北版	1935-03-12	1	08단	話の種オモニ學校初卒業式立派な國語の答辯
259830	朝鮮朝日	西北版	1935-03-12	1	08단	各驛の構內に花壇を造る平鐵の旅客優遇案
259831	朝鮮朝日	西北版	1935-03-12	1	08단	飛込み自殺
259832	朝鮮朝日	西北版	1935-03-12	1	08단	金塊密輸出の婦人を逮捕
259833	朝鮮朝日	西北版	1935-03-12	1	09단	夫婦喧嘩から妻を慘殺す忽ち平壤署に捕はる
259834	朝鮮朝日	西北版	1935-03-12	1	09단	平壤の火事
259835	朝鮮朝日	西北版	1935-03-12	1	10단	乞食の公園立入を禁止
259836	朝鮮朝日	西北版	1935-03-12	1	10단	線路で寢込み轢殺さる
259837	朝鮮朝日	西北版	1935-03-12	1	10단	下關水産市況(十一日)
259838	朝鮮朝日	西北版	1935-03-12	1	10단	賭博に負けて腹癒せの暴行
259839	朝鮮朝日	南鮮版	1935-03-12	1	01단	五千八百萬圓で更新の沙防事業約八割まで勞銀に撒布し窮民群へ救ひの手(國費沙防事業/一般道費沙防事業/洛東流域沙防事業)
259840	朝鮮朝日	南鮮版	1935-03-12	1	01단	農村振興戰線に空前の大會議島郡守初め總數約三百名を四月卅日招集に決る
259841	朝鮮朝日	南鮮版	1935-03-12	1	01단	京城の陸軍記念日グラフ
259842	朝鮮朝日	南鮮版	1935-03-12	1	02단	*就職難の反映？京城の專門學校志願者が今年は總じて減少/合格者氏名をラヂオで放送*
259843	朝鮮朝日	南鮮版	1935-03-12	1	04단	慶北署長會議
259844	朝鮮朝日	南鮮版	1935-03-12	1	04단	新設の少年刑務所京城近郊に決る約八百人を收容ししっかり農業に從事させる
259845	朝鮮朝日	南鮮版	1935-03-12	1	04단	國境警官へ慰問金
259846	朝鮮朝日	南鮮版	1935-03-12	1	05단	少年救護法十一年度實施
259847	朝鮮朝日	南鮮版	1935-03-12	1	05단	半島の山野を跋涉一年間狩獵の旅獲物は現場で剝製し瑞典へベルグマン博士一行の快擧
259848	朝鮮朝日	南鮮版	1935-03-12	1	06단	實業補習の單獨法令を制定學務局長中央と折衝
259849	朝鮮朝日	南鮮版	1935-03-12	1	07단	水害の罹災民が黃海道へ移住慶南から一千五百名
259850	朝鮮朝日	南鮮版	1935-03-12	1	07단	質問で騷ぐ京城豫算府會
259851	朝鮮朝日	南鮮版	1935-03-12	1	07단	農村偏重の豫算排擊の聲揚る寧ろ重工業主義に改めよと本府內に異論擡頭
259852	朝鮮朝日	南鮮版	1935-03-12	1	08단	慶南の警察官異動
259853	朝鮮朝日	南鮮版	1935-03-12	1	08단	水の便惡く六十四戶を燒失慘憺たる忠北の大火
259854	朝鮮朝日	南鮮版	1935-03-12	1	08단	釜山のチンビラ竊盜團檢擧
259855	朝鮮朝日	南鮮版	1935-03-12	1	08단	國境慰問品は無賃で運送
259856	朝鮮朝日	南鮮版	1935-03-12	1	08단	工業協會懸賞論文
259857	朝鮮朝日	南鮮版	1935-03-12	1	09단	朝日映畵の夕日程變更

일련번호	판명		간행일	면	단수	기사명
259858	朝鮮朝日	南鮮版	1935-03-12	1	10단	下關水産市況(十一日)
259859	朝鮮朝日	南鮮版	1935-03-12	1	10단	鷄林かゞみ
259860	朝鮮朝日	西北版	1935-03-13	1	01단	陸軍記念日グラフ
259861	朝鮮朝日	西北版	1935-03-13	1	01단	春は黑ダイヤの百萬噸突破祝ひ秋は賑やかな商工祭擧行躍進平壤の豪華版
259862	朝鮮朝日	西北版	1935-03-13	1	02단	主婦養成に主力を注ぐ平壤高女校
259863	朝鮮朝日	西北版	1935-03-13	1	02단	國境猟奇巡り(１)/半鹹湖に息づく不死身の大鮒霧氷の花咲く眞冬の凍土に怪火が燃え續ける
259864	朝鮮朝日	西北版	1935-03-13	1	05단	軍部の言値で圓滿買收か公會堂敷地
259865	朝鮮朝日	西北版	1935-03-13	1	06단	農村振興戰線に空前の大會議島郡守初め總數約三百名を四月卅日招集に決る
259866	朝鮮朝日	西北版	1935-03-13	1	06단	平壤驛改築の設計本年度內に着手吉永平鐵所長語る
259867	朝鮮朝日	西北版	1935-03-13	1	07단	錚々の天保錢組滿洲事變に轉戰輝く武勳加納新少將咸興へ
259868	朝鮮朝日	西北版	1935-03-13	1	07단	練達の名裁判長キネマが唯一の娛樂末廣新任平壤覆審法院長
259869	朝鮮朝日	西北版	1935-03-13	1	09단	農事試驗場誘致の爭ひ
259870	朝鮮朝日	西北版	1935-03-13	1	09단	平壤農業校の移轉實現を急ぐ東大院里附近が有力
259871	朝鮮朝日	西北版	1935-03-13	1	09단	馬賊襲擊し少年を拉致
259872	朝鮮朝日	西北版	1935-03-13	1	09단	娼妓の自殺
259873	朝鮮朝日	西北版	1935-03-13	1	09단	下關水産市況(十二日)
259874	朝鮮朝日	西北版	1935-03-13	1	09단	大阪朝日新聞縮刷版二月號
259875	朝鮮朝日	西北版	1935-03-13	1	10단	咸北の山火事
259876	朝鮮朝日	西北版	1935-03-13	1	10단	樂浪小話
259877	朝鮮朝日	南鮮版	1935-03-13	1	01단	六億斤に增産し食鹽を自給自足明年度から五ヶ年計劃で專賣局の鹽田擴張
259878	朝鮮朝日	南鮮版	1935-03-13	1	01단	痲藥中毒者蘇り明朖人生の讃歌發祥地全南に全く跡を絶ち全鮮一の授産施設
259879	朝鮮朝日	南鮮版	1935-03-13	1	01단	陸軍記念日畫報
259880	朝鮮朝日	南鮮版	1935-03-13	1	02단	人情聯隊長離鮮を惜まる
259881	朝鮮朝日	南鮮版	1935-03-13	1	04단	京畿道會始まる
259882	朝鮮朝日	南鮮版	1935-03-13	1	04단	伊達府尹が見榮を切る京城府會(十一日)
259883	朝鮮朝日	南鮮版	1935-03-13	1	04단	十ヶ所に託兒所設置
259884	朝鮮朝日	南鮮版	1935-03-13	1	05단	慶南北兩道新淸酒品評會
259885	朝鮮朝日	南鮮版	1935-03-13	1	05단	郵便貯金鰻上り月末までに五千滿圓突破か
259886	朝鮮朝日	南鮮版	1935-03-13	1	05단	謹嚴な荻氏明朖の山根氏榮轉司法官の素描(荻昌德氏)
259887	朝鮮朝日	南鮮版	1935-03-13	1	05단	師範數校を增設初等教員の拂底に十一年度から根本的補充策
259888	朝鮮朝日	南鮮版	1935-03-13	1	06단	人口卅九萬人京城は流石大世帶
259889	朝鮮朝日	南鮮版	1935-03-13	1	06단	雨量觀測の組織を擴充
259890	朝鮮朝日	南鮮版	1935-03-13	1	06단	戶別訪問禁止を陳情甲子俱樂部

일련번호	판명		간행일	면	단수	기사명
259891	朝鮮朝日	南鮮版	1935-03-13	1	07단	大同團結し窮況を打開鎭海の鱈漁業者が百萬圓の會社創立
259892	朝鮮朝日	南鮮版	1935-03-13	1	07단	日滿實業協會支部を設く來月早々に發會式
259893	朝鮮朝日	南鮮版	1935-03-13	1	07단	長陽丸の原棉を燒く仁川で荷役中
259894	朝鮮朝日	南鮮版	1935-03-13	1	08단	大地を踏しめ發達に盡す堂本新任商工課長初登廳抱負を語る
259895	朝鮮朝日	南鮮版	1935-03-13	1	08단	慶北安心の池中に白骨の首を發見慶山署大活動を始む
259896	朝鮮朝日	南鮮版	1935-03-13	1	08단	祈祺師に化け千二百圓詐取
259897	朝鮮朝日	南鮮版	1935-03-13	1	09단	大阪朝日新聞縮刷版二月號
259898	朝鮮朝日	南鮮版	1935-03-13	1	09단	阪西脩廣氏に一年求刑
259899	朝鮮朝日	南鮮版	1935-03-13	1	09단	人(眞島元三郎氏/北河義雄氏/本社京城支局來訪)
259900	朝鮮朝日	南鮮版	1935-03-13	1	09단	朝日映畫の夕
259901	朝鮮朝日	南鮮版	1935-03-13	1	10단	朝鮮海峽に身投自殺か昌慶丸に主なき所持品
259902	朝鮮朝日	南鮮版	1935-03-13	1	10단	下關水産市況(十二日)
259903	朝鮮朝日	南鮮版	1935-03-13	1	10단	鷄林かゞみ
259904	朝鮮朝日	西北版	1935-03-14	1	01단	水禍の載寧平野安全耕作の歡び明年度載寧江改修工事の最終コースを完成
259905	朝鮮朝日	西北版	1935-03-14	1	01단	寄附金徵收は教育上に惡影響第一教育部會の懇會席上各議員から猛反對
259906	朝鮮朝日	西北版	1935-03-14	1	01단	高橋府尹初の腕試し府會懇談會へ內示
259907	朝鮮朝日	西北版	1935-03-14	1	01단	國境猟奇巡り(２)/國境の冬を呪ひ咽び泣く夜嵐西水羅の佗しい旅籠の一室獵奇の寶庫を覗く
259908	朝鮮朝日	西北版	1935-03-14	1	03단	商業專修學校設立に決る入學難緩和策
259909	朝鮮朝日	西北版	1935-03-14	1	04단	鮮滿對抗陸上競技大會
259910	朝鮮朝日	西北版	1935-03-14	1	04단	春二題
259911	朝鮮朝日	西北版	1935-03-14	1	05단	兩都市有志が十六日會合新機關を結成
259912	朝鮮朝日	西北版	1935-03-14	1	05단	春開く軍都の花近づく三大行事に軍民合作の盛大な祝賀計劃
259913	朝鮮朝日	西北版	1935-03-14	1	06단	府營電氣を合電は買收の肚府會の作戰注目さる
259914	朝鮮朝日	西北版	1935-03-14	1	07단	平壤粟講習會
259915	朝鮮朝日	西北版	1935-03-14	1	08단	半島の山野を跋涉一年間狩獵の旅瑞典べ博士の壯擧
259916	朝鮮朝日	西北版	1935-03-14	1	09단	內地渡航に便宜を計る
259917	朝鮮朝日	西北版	1935-03-14	1	09단	酒の品質を一定が必要淸水技師語る
259918	朝鮮朝日	西北版	1935-03-14	1	09단	下關水産市況(十三日)
259919	朝鮮朝日	西北版	1935-03-14	1	10단	紛失赤行豪は落し物と判る
259920	朝鮮朝日	西北版	1935-03-14	1	10단	咸北の山火事六十町步燒く
259921	朝鮮朝日	西北版	1935-03-14	1	10단	樂浪小話
259922	朝鮮朝日	南鮮版	1935-03-14	1	01단	十月に五日間奉祝大祭を執行朝鮮神宮の鎭座十周年に賑やかな記念事業
259923	朝鮮朝日	南鮮版	1935-03-14	1	01단	春の北鮮は招く一萬の勞働者歡喜の大進軍滿浦鎭線の建設工事に大量賣込み成功

일련번호	판명		간행일	면	단수	기사명
259924	朝鮮朝日	南鮮版	1935-03-14	1	01단	急設電話の受付は記錄破りの激增全鮮で七千七百餘個
259925	朝鮮朝日	南鮮版	1935-03-14	1	01단	浮浪者收容だけで患者根絶は至難今秋の計劃一段落を前に早くも擴充考慮さる/患者慰安の花園を造る小鹿島更生園
259926	朝鮮朝日	南鮮版	1935-03-14	1	02단	起訴か否か一兩日に決める現職檢事の不正事件
259927	朝鮮朝日	南鮮版	1935-03-14	1	03단	驛長異動
259928	朝鮮朝日	南鮮版	1935-03-14	1	04단	人事行政を痛烈に攻擊京城府會(第三日)
259929	朝鮮朝日	南鮮版	1935-03-14	1	04단	唯一の府營鐵道で貨物の船車聯絡近く着工、國鐵線に接續させ便利になる群山港
259930	朝鮮朝日	南鮮版	1935-03-14	1	04단	各地だより(釜山)
259931	朝鮮朝日	南鮮版	1935-03-14	1	05단	南へ伸びる京城の足春暖で廣津橋の工事捗る
259932	朝鮮朝日	南鮮版	1935-03-14	1	05단	駿馬勢揃ひ春の釜山競馬
259933	朝鮮朝日	南鮮版	1935-03-14	1	07단	辯護士規則獨自の改正今夏までに具體案
259934	朝鮮朝日	南鮮版	1935-03-14	1	07단	四百卅八萬圓の金塊を密輸出巧妙な手口で警戒線を潜る産金時代の惡の華
259935	朝鮮朝日	南鮮版	1935-03-14	1	07단	自動車轉覆し七名重輕傷京城府外龍頭里で
259936	朝鮮朝日	南鮮版	1935-03-14	1	07단	女流畫家の初作品展三越で開く
259937	朝鮮朝日	南鮮版	1935-03-14	1	07단	もよほし(貿易振興座談會/釜山レコード同好會/總督府警官講習所卒業式/京城自動車協會聯合會)
259938	朝鮮朝日	南鮮版	1935-03-14	1	08단	建議案デ一慶南道會終る
259939	朝鮮朝日	南鮮版	1935-03-14	1	08단	艀專用の浮棧橋設置釜山埋立地に
259940	朝鮮朝日	南鮮版	1935-03-14	1	09단	朝日映畫の夕
259941	朝鮮朝日	南鮮版	1935-03-14	1	09단	五萬圓犯人を公判へ廻付
259942	朝鮮朝日	南鮮版	1935-03-14	1	09단	人(門脇大邱府尹/渡邊東拓理事/牛丸海軍中將、洪海軍少將/熊本師範修學旅行團/旅順高女修學旅行團/本社京城支局來訪)
259943	朝鮮朝日	南鮮版	1935-03-14	1	10단	長陽丸の損失八萬六千圓
259944	朝鮮朝日	南鮮版	1935-03-14	1	10단	下關水産市況(十三日)
259945	朝鮮朝日	南鮮版	1935-03-14	1	10단	鷄林かゞみ
259946	朝鮮朝日	西北版	1935-03-15	1	01단	猖撅する麻疹は幼兒の生命取り一ケ月の發生五千名突破死亡率一割に上る
259947	朝鮮朝日	西北版	1935-03-15	1	01단	極力緊縮の中にも苦心の新規事業新興產業道の面目躍動する咸南の明年度豫算
259948	朝鮮朝日	西北版	1935-03-15	1	01단	國境猟奇巡り(３)深夜の豆滿江を悠々泳ぐ大蛇魚類を呑んで狐島の巖窟に棲息する「國境の主」
259949	朝鮮朝日	西北版	1935-03-15	1	03단	西鮮農村に好景氣の春平南の倉入れ籾から十五萬圓も大金浮く
259950	朝鮮朝日	西北版	1935-03-15	1	04단	人(戶谷平壤署長/倉島至氏(平壤遞信分掌局長)/簔田平壤刑務所長)
259951	朝鮮朝日	西北版	1935-03-15	1	04단	南浦の義金千圓を超ゆ

일련번호	판명		간행일	면	단수	기사명
259952	朝鮮朝日	西北版	1935-03-15	1	04단	驛長異動
259953	朝鮮朝日	西北版	1935-03-15	1	05단	凶作地方へ春窮期來る咸北道當局が三萬餘圓でメリケン粉を配給
259954	朝鮮朝日	西北版	1935-03-15	1	05단	炭鑛景氣に伴ひ拂底の勞働者勞銀は日每に高まるばかり工業都市に一暗影
259955	朝鮮朝日	西北版	1935-03-15	1	06단	急設電話の受付は記錄破りの激增總數七千七百餘個平壤は全鮮第二位
259956	朝鮮朝日	西北版	1935-03-15	1	06단	大脫稅を檢擧手廣い無印紙闘鐵販賣發覺罰金實に六萬六千圓
259957	朝鮮朝日	西北版	1935-03-15	1	07단	內容を充實平壤圖書館
259958	朝鮮朝日	西北版	1935-03-15	1	08단	婦人(定價十錢/三月號)
259959	朝鮮朝日	西北版	1935-03-15	1	08단	大工場進出を遮る敷地難殘るは個人所有地安く手に入れ難い
259960	朝鮮朝日	西北版	1935-03-15	1	09단	秀才の試驗に珍答案續出咸南金組の試驗官爆笑
259961	朝鮮朝日	西北版	1935-03-15	1	09단	平南在住者の恩給廿三萬圓
259962	朝鮮朝日	西北版	1935-03-15	1	09단	平壤各公普卒業式
259963	朝鮮朝日	西北版	1935-03-15	1	10단	女房に叱られ主人自殺
259964	朝鮮朝日	西北版	1935-03-15	1	10단	下關水産市況(十四日)
259965	朝鮮朝日	西北版	1935-03-15	1	10단	樂浪小話
259966	朝鮮朝日	南鮮版	1935-03-15	1	01단	全南へ棉花種子十萬斤の大注文半島の産業親善使節格で近く天津へ鹿島立ち
259967	朝鮮朝日	南鮮版	1935-03-15	1	01단	不作の全南海苔共販高激減す大量生産期の第七回以後も期待を懸けられぬ
259968	朝鮮朝日	南鮮版	1935-03-15	1	01단	春の話題集(お洒落な春の一座金魚孃は踊りが上手/空から櫻の花見四月から實施の遊覽飛行に皆さん、乘りませう/自動車百台を連ね豪勢な觀光振りレゾリュート號で來鮮の碧い眼のお客さん/不當な客引嚴重取締る/商店街を飾る春の賣出し/泡を吹かせてビール合戰サッポロ、キリン兩會社が全釀造能力を發揮/北から集る旅行團鐵道局の悲鳴/櫻の名所を大邱につくる)
259969	朝鮮朝日	南鮮版	1935-03-15	1	04단	京城府會流會
259970	朝鮮朝日	南鮮版	1935-03-15	1	04단	水上署の移轉交渉成立す今月中に新築
259971	朝鮮朝日	南鮮版	1935-03-15	1	05단	張使節來鮮釜山を振り出しに各都市で經濟視察
259972	朝鮮朝日	南鮮版	1935-03-15	1	05단	定例局長會議
259973	朝鮮朝日	南鮮版	1935-03-15	1	05단	內鮮人知事の大異動は必至北鮮製紙、無煙炭合同兩社の創立總會を繞る波紋/知事や參與官最初の滿洲視察對滿事業の資料仕入れに十六日頃出發する
259974	朝鮮朝日	南鮮版	1935-03-15	1	05단	開放される一目千本の櫻總督府後庭
259975	朝鮮朝日	南鮮版	1935-03-15	1	06단	滿洲へ投資に地主階級の移民續々と希望者現れ本府も妙案の斡旋に大乘氣

일련번호	판명		간행일	면	단수	기사명
259976	朝鮮朝日	南鮮版	1935-03-15	1	07단	東一銀行異動
259977	朝鮮朝日	南鮮版	1935-03-15	1	08단	朝鮮馬を改良四、五萬頭殖やす本府と軍部の打合せ
259978	朝鮮朝日	南鮮版	1935-03-15	1	08단	水産會館を建設慶南各水産團體の集合事務所にする
259979	朝鮮朝日	南鮮版	1935-03-15	1	08단	坂西氏に一年の判決言渡し
259980	朝鮮朝日	南鮮版	1935-03-15	1	09단	もよほし(慶北蠶業技手打合會/故孫文氏追悼會/朝鮮神宮祈年祭)
259981	朝鮮朝日	南鮮版	1935-03-15	1	09단	朝日映畫の夕
259982	朝鮮朝日	南鮮版	1935-03-15	1	10단	婦人(定價十錢/三月號)
259983	朝鮮朝日	南鮮版	1935-03-15	1	10단	人(本社京城支局來訪)
259984	朝鮮朝日	南鮮版	1935-03-15	1	10단	下關水産市況(十四日)
259985	朝鮮朝日	南鮮版	1935-03-15	1	10단	鷄林かゞみ
259986	朝鮮朝日	西北版	1935-03-16	1	01단	迫る府電買收に府は反對一本槍合電の送電中止を見越して自家發電で背水の陣/停電の朝鮮記録三月中に海州で廿六時間足立技師調査に來壤
259987	朝鮮朝日	西北版	1935-03-16	1	01단	清津の膨脹豫算
259988	朝鮮朝日	西北版	1935-03-16	1	01단	國境猟奇巡り(４)/池畔の碑文が語る黑白雙龍の搭鬪赤い巖石で掩はれた赤島は花やかなお伽の國
259989	朝鮮朝日	西北版	1935-03-16	1	02단	國立公園の候補牡丹台を美化自然美維持を強調
259990	朝鮮朝日	西北版	1935-03-16	1	03단	好評を博す咸南の籾檢査
259991	朝鮮朝日	西北版	1935-03-16	1	03단	日本海橫斷空路も明春から開設か本社酒井機の犠牲實を結び咸興は「空の分岐點」
259992	朝鮮朝日	西北版	1935-03-16	1	04단	平北道會終る
259993	朝鮮朝日	西北版	1935-03-16	1	04단	張使節來鮮各都市を視察
259994	朝鮮朝日	西北版	1935-03-16	1	05단	春の香り
259995	朝鮮朝日	西北版	1935-03-16	1	05단	議員さんが進んで戶別訪問禁止を要望平壤府會の決議後本府へ
259996	朝鮮朝日	西北版	1935-03-16	1	07단	敷地問題は圓滿に解決
259997	朝鮮朝日	西北版	1935-03-16	1	07단	内鮮人知事の大異動は必至北鮮製紙、無煙炭合同兩社の創立總會を繞る波紋/知事や參與官最初の滿洲視察對滿事業の資料仕入れに前後して出かける
259998	朝鮮朝日	西北版	1935-03-16	1	08단	大寧江右岸の水禍を除く四月から第三次改修
259999	朝鮮朝日	西北版	1935-03-16	1	08단	四戶全半燒江界の火事
260000	朝鮮朝日	西北版	1935-03-16	1	08단	強盗に早變り
260001	朝鮮朝日	西北版	1935-03-16	1	09단	溫突の火で姉妹大火傷
260002	朝鮮朝日	西北版	1935-03-16	1	09단	再び燃える咸北の山火事
260003	朝鮮朝日	西北版	1935-03-16	1	10단	人(藤原平南道知事/永富平壤郵便局電話課長)
260004	朝鮮朝日	西北版	1935-03-16	1	10단	下關水産市況(十五日)
260005	朝鮮朝日	西北版	1935-03-16	1	10단	樂浪小話
260006	朝鮮朝日	南鮮版	1935-03-16	1	01단	半島統治の人柱一萬數千を表彰施政廿五周年の記念日に美しい謝恩の企て

일련번호	판명		간행일	면	단수	기사명
260007	朝鮮朝日	南鮮版	1935-03-16	1	01단	鯖巾着網漁業者も會社創立の準備資本金一千萬圓で强力な漁場の統制を目論む
260008	朝鮮朝日	南鮮版	1935-03-16	1	01단	南鮮に早くも野外饗宴の前奏曲
260009	朝鮮朝日	南鮮版	1935-03-16	1	04단	鮮銀異動
260010	朝鮮朝日	南鮮版	1935-03-16	1	04단	水道栓の改善を力說京城府會(十四日)
260011	朝鮮朝日	南鮮版	1935-03-16	1	04단	國防義會の設立に貢獻惜しまれる山口前高級副官
260012	朝鮮朝日	南鮮版	1935-03-16	1	04단	光州の行政區域四倍に擴がるお待兼ねの府制實施を前に輝く飛躍の第一步
260013	朝鮮朝日	南鮮版	1935-03-16	1	05단	咸安電氣の事業も買收朝鮮瓦斯電氣
260014	朝鮮朝日	南鮮版	1935-03-16	1	05단	高齡者に御眞綿傳達京城府廳て
260015	朝鮮朝日	南鮮版	1935-03-16	1	05단	産業のパノラマ餘興に內鮮の美妓總出演春の朝新主催産業博
260016	朝鮮朝日	南鮮版	1935-03-16	1	06단	廿年後を目指して水源地を大擴張大邱の基礎調査終り亭岾洞の流水利用か
260017	朝鮮朝日	南鮮版	1935-03-16	1	06단	釜山放送局の地鎭祭擧行七月中に竣工
260018	朝鮮朝日	南鮮版	1935-03-16	1	07단	辭令
260019	朝鮮朝日	南鮮版	1935-03-16	1	07단	宗教復興時代に逆行する醜態各教派間の勢力爭ひ激化し法城は卑俗な料亭化
260020	朝鮮朝日	南鮮版	1935-03-16	1	07단	自動車河中へ飛び込む
260021	朝鮮朝日	南鮮版	1935-03-16	1	07단	三重衝突
260022	朝鮮朝日	南鮮版	1935-03-16	1	08단	滿浦線の狗峴嶺は朝鮮の丹那隧道苦心慘憺明夏に完成
260023	朝鮮朝日	南鮮版	1935-03-16	1	08단	米穀硏究會例會
260024	朝鮮朝日	南鮮版	1935-03-16	1	08단	*手續濟み視察團を下關から追返す釜山水上署の憤慨/證明書がない下關側の話*
260025	朝鮮朝日	南鮮版	1935-03-16	1	09단	生徒卅二名を退學に處す中東學校の盟休事件
260026	朝鮮朝日	南鮮版	1935-03-16	1	09단	人(江上正士氏/上田長吉氏/矢野總督府祕書官/大同學院生徒一行/渡邊東拓理事)
260027	朝鮮朝日	南鮮版	1935-03-16	1	10단	もよほし(安藤畵伯作品頒布會)
260028	朝鮮朝日	南鮮版	1935-03-16	1	10단	下關水産市況(十五日)
260029	朝鮮朝日	南鮮版	1935-03-16	1	10단	鷄林かゞみ
260030	朝鮮朝日	南鮮版	1935-03-16	1	10단	朝日映畵の夕
260031	朝鮮朝日	西北版	1935-03-17	1	01단	新銳の警察二機匪賊の荒膽拉ぐ改裝成り試驗飛行も上乘飛ぶぞ、國境の空へ
260032	朝鮮朝日	西北版	1935-03-17	1	01단	廿四機入り亂れ物凄い爆擊戰四月下旬に平壤飛行聯隊が大掛りの演習擧行
260033	朝鮮朝日	西北版	1935-03-17	1	01단	稀有の膨脹雄基の豫算
260034	朝鮮朝日	西北版	1935-03-17	1	01단	國境猟奇巡り(5)/白旗を打ち振り沿海州へ突進ゲ・ペ・ウの劍付銃に圍まれて靑年將校に質問の矢
260035	朝鮮朝日	西北版	1935-03-17	1	02단	*「身命を賭し國家に御奉公」第七十三聯隊長に榮轉の瀨川大左決意を語る/果斷の勇將中野少將榮轉*

일련번호	판명		간행일	면	단수	기사명
260036	朝鮮朝日	西北版	1935-03-17	1	04단	全鮮儒林大會
260037	朝鮮朝日	西北版	1935-03-17	1	04단	國境へ謝電咸南道會(第一日)
260038	朝鮮朝日	西北版	1935-03-17	1	04단	露領から潛入赤化に狂奔平壤治維法違反事件漸く豫審終結公判へ
260039	朝鮮朝日	西北版	1935-03-17	1	05단	豊沛館に明粧を施す咸興の新施設
260040	朝鮮朝日	西北版	1935-03-17	1	05단	半島統治の功勞者一萬數千を表彰施政廿五周年の記念事業に美しい謝恩の企て
260041	朝鮮朝日	西北版	1935-03-17	1	08단	平壤見物の團體
260042	朝鮮朝日	西北版	1935-03-17	1	08단	鎭南浦醫院で痘禍に感染消毒不完全のためか
260043	朝鮮朝日	西北版	1935-03-17	1	08단	北鮮製紙副社長を肯定の藤原さん「發令は四月に入るだらう」京城から歸り意中を語る
260044	朝鮮朝日	西北版	1935-03-17	1	09단	實兄殺し被告死刑の判決直ちに上告す
260045	朝鮮朝日	西北版	1935-03-17	1	10단	下關水産市況(十六日)
260046	朝鮮朝日	西北版	1935-03-17	1	10단	樂浪小話
260047	朝鮮朝日	南鮮版	1935-03-17	1	01단	洛東江流域から水禍征服の壯圖新沙防工事の勞銀撒布で窮民にも春の訪れ/第一線增員
260048	朝鮮朝日	南鮮版	1935-03-17	1	01단	漢口を浚渫して京仁結ぶ運河案千噸級の船舶航行を目標に本府で研究に着手
260049	朝鮮朝日	南鮮版	1935-03-17	1	01단	當面の重要問題を知事會議へ諮問來月に四日間開く
260050	朝鮮朝日	南鮮版	1935-03-17	1	01단	朝鮮人議員の質問目立つ京城府會(十五日)
260051	朝鮮朝日	南鮮版	1935-03-17	1	02단	市場使用條例修正案可決釜山府會(十五日)
260052	朝鮮朝日	南鮮版	1935-03-17	1	02단	斷然十六ミリの黃金時代來る殺到する檢閱の申請に本府映寫機を購入
260053	朝鮮朝日	南鮮版	1935-03-17	1	03단	張使節招聘釜山の座談會
260054	朝鮮朝日	南鮮版	1935-03-17	1	04단	人(鈴木東拓鑛業取締役/藤原王子製紙社長/荻根前京城憲兵隊長)
260055	朝鮮朝日	南鮮版	1935-03-17	1	04단	「箱入りのお醫者」一齊に窮乏線へ百三萬人分を配給
260056	朝鮮朝日	南鮮版	1935-03-17	1	05단	一般經濟は前年より減釜山府の豫算
260057	朝鮮朝日	南鮮版	1935-03-17	1	05단	鑛業王國の眼報アンチモニーの大鑛脈を發見我國の全消費量二千噸をやがて鮮産品で自給自足
260058	朝鮮朝日	南鮮版	1935-03-17	1	06단	郞かな春の軍部榮轉、榮轉の吉報釣瓶打ちで歡送迎忙がしい/上海事變で著聞樂しみは植木弄りと散步今村新第四十旅團長/熱心な讀書家大邱で名參謀の名を博す大野新任高級參謀/大邱官民に深く感謝す片山大佐語る/釣の腕前は玄人はだし吉澤大佐榮轉
260059	朝鮮朝日	南鮮版	1935-03-17	1	06단	卅五名を近く局送り中央高普事件
260060	朝鮮朝日	南鮮版	1935-03-17	1	07단	半島財界が求める胸開く支郡の聲十九日、名士四十餘名が集り張使節の歡迎座談會
260061	朝鮮朝日	南鮮版	1935-03-17	1	08단	春に浮かれて生命を忘れがち線路枕の割寢や通行など列車妨害阻止を宣傳

일련번호	판명		간행일	면	단수	기사명
260062	朝鮮朝日	南鮮版	1935-03-17	1	08단	下關水産市況(十六日)
260063	朝鮮朝日	南鮮版	1935-03-17	1	10단	鷄林かゞみ
260064	朝鮮朝日	西北版	1935-03-19	1	01단	都市計劃に描く卅年後の大平壤明年度に土木課員を增し基本的調査に掛る
260065	朝鮮朝日	西北版	1935-03-19	1	01단	廿一機の海軍機空中戰を決行佐世保鎭守府の下調べ進み今夏元山の上空で
260066	朝鮮朝日	西北版	1935-03-19	1	01단	明太肝油へ內地市場の非難不正品を頻りに移出信用失墜を憂慮さる
260067	朝鮮朝日	西北版	1935-03-19	1	01단	國境猟奇巡り(６)/日本海の孤島に鳴る霧笛信號風速計も切れる烈風の中で猫を咬み殺す大鼠
260068	朝鮮朝日	西北版	1935-03-19	1	03단	今秋着工か東洋紡工場
260069	朝鮮朝日	西北版	1935-03-19	1	04단	元山靑訓生募集
260070	朝鮮朝日	西北版	1935-03-19	1	04단	煙草販賣所改築
260071	朝鮮朝日	西北版	1935-03-19	1	04단	今後燒酎の脫稅を嚴罰
260072	朝鮮朝日	西北版	1935-03-19	1	04단	年收十萬圓以上西鮮には三人所得稅に現れた懷工合
260073	朝鮮朝日	西北版	1935-03-19	1	05단	詩の大同江
260074	朝鮮朝日	西北版	1935-03-19	1	05단	平南の懸案解決に奮ひ立つ新團體平壤と南浦合流し重大事業期成會名乗りを擧ぐ
260075	朝鮮朝日	西北版	1935-03-19	1	07단	雄羅隧道の刻文腕競べ林總裁と宇垣總督
260076	朝鮮朝日	西北版	1935-03-19	1	08단	有望な青年を職場で訓練府が委託する
260077	朝鮮朝日	西北版	1935-03-19	1	08단	隔離病舍の入院料引下げ
260078	朝鮮朝日	西北版	1935-03-19	1	09단	日曜も働き賃銀を獻金
260079	朝鮮朝日	西北版	1935-03-19	1	10단	下關水産市況(十八日)
260080	朝鮮朝日	西北版	1935-03-19	1	10단	樂浪小話
260081	朝鮮朝日	南鮮版	1935-03-19	1	01단	在鮮部隊を充實腕利きで固める陸軍定期異動に中央から繰込む將星の片影
260082	朝鮮朝日	南鮮版	1935-03-19	1	01단	春の德津を舞台に空前の消防繪卷公設、簡易兩組員を總動員し二千五百名の競演
260083	朝鮮朝日	南鮮版	1935-03-19	1	01단	貴社の南京飛行自分の念願京城著の張經濟使節談
260084	朝鮮朝日	南鮮版	1935-03-19	1	01단	名物の虎や大鷲必ず捕獲する朝鮮ホテルで地圖と首引きべ博士狩獵行を語る
260085	朝鮮朝日	南鮮版	1935-03-19	1	02단	李王妃殿下を總裁に奉戴光榮の淑明女高普
260086	朝鮮朝日	南鮮版	1935-03-19	1	03단	原案を可決大邱府第二部會
260087	朝鮮朝日	南鮮版	1935-03-19	1	04단	全南道會終る
260088	朝鮮朝日	南鮮版	1935-03-19	1	04단	忠魂碑建設鎭海在鄕軍人
260089	朝鮮朝日	南鮮版	1935-03-19	1	04단	春季皇靈祭の吉日文明琦號を獻納式後晴れの處女飛行
260090	朝鮮朝日	南鮮版	1935-03-19	1	05단	津田社長が視察後斷案門脇府尹語る
260091	朝鮮朝日	南鮮版	1935-03-19	1	06단	明年度の事業打合せ聯合婦人會
260092	朝鮮朝日	南鮮版	1935-03-19	1	06단	純情の慰問金

일련번호	판명		간행일	면	단수	기사명
260093	朝鮮朝日	南鮮版	1935-03-19	1	06단	繁榮の西大門一帶宛ら「京城の新宿」六百戸の大文化住宅地を計劃道路も縱横に伸びる
260094	朝鮮朝日	南鮮版	1935-03-19	1	06단	キャメルが月末から喫へる
260095	朝鮮朝日	南鮮版	1935-03-19	1	07단	由緒の深い佛像の散逸を極力防ぐ權威者を派遣して全鮮的に保存指定の下調べ
260096	朝鮮朝日	南鮮版	1935-03-19	1	08단	全鮮一の櫻鎭海は月末頃満開觀櫻の用意を急ぐ
260097	朝鮮朝日	南鮮版	1935-03-19	1	08단	議案全部を委員會附託京城府會
260098	朝鮮朝日	南鮮版	1935-03-19	1	09단	總督府辭令
260099	朝鮮朝日	南鮮版	1935-03-19	1	09단	もよほし(龍山借行社主催衛戍講話/釜山高等小學校の教育展と學藝會/光州學士會/忠南道農會通常總會/慶北迎日郡農會賞品復興式)
260100	朝鮮朝日	南鮮版	1935-03-19	1	10단	人(小林中將(鎭海要港部司令官)/增水法務局長/巖城忠南警察部長/本社京城支局來訪/木村はるみさん)
260101	朝鮮朝日	南鮮版	1935-03-19	1	10단	下關水産市況(十八日)
260102	朝鮮朝日	南鮮版	1935-03-19	1	10단	鷄林かゞみ
260103	朝鮮朝日	西北版	1935-03-20	1	01단	在鮮部隊を充實腕利きで固める陸軍定期異動に中央から繰込む將星の片影
260104	朝鮮朝日	西北版	1935-03-20	1	01단	初めて腦溢血の本體を突止む世界醫學界の定說を覆へす平壤醫專久保教授の新研究
260105	朝鮮朝日	西北版	1935-03-20	1	01단	國境猟奇巡り(７)/七彩の卵を生む海鳥の演舞場「孤島の暴君」大鼠に蹂躙され野菜が食へぬ看守君
260106	朝鮮朝日	西北版	1935-03-20	1	03단	衛生展の準備進む
260107	朝鮮朝日	西北版	1935-03-20	1	03단	アリナレの春
260108	朝鮮朝日	西北版	1935-03-20	1	04단	人(梅崎中將前第二十師團長/伊集院文吾氏(京城地方法院判事))
260109	朝鮮朝日	西北版	1935-03-20	1	04단	高工設立の期成會組織
260110	朝鮮朝日	西北版	1935-03-20	1	05단	南浦へ六百五十名全鮮から集まる今秋の米穀大會に早くも旅館の心配
260111	朝鮮朝日	西北版	1935-03-20	1	05단	軍隊に腦炎發生
260112	朝鮮朝日	西北版	1935-03-20	1	06단	國境へ處女飛行警備に着いた警察機
260113	朝鮮朝日	西北版	1935-03-20	1	06단	球場を美装
260114	朝鮮朝日	西北版	1935-03-20	1	06단	軍民手を携へ民衆運動を起す聯盟脱退記念日の軍都平壤非常時意識を强調
260115	朝鮮朝日	西北版	1935-03-20	1	06단	南浦の天然痘八名發生す
260116	朝鮮朝日	西北版	1935-03-20	1	07단	屠殺場を繞る紛擾
260117	朝鮮朝日	西北版	1935-03-20	1	07단	方面委員を二區に置く
260118	朝鮮朝日	西北版	1935-03-20	1	08단	リレー式に金塊密輸出二萬圓に上る
260119	朝鮮朝日	西北版	1935-03-20	1	08단	二戸二棟を放火で燒く
260120	朝鮮朝日	西北版	1935-03-20	1	08단	雛鷄を雌か雄か見分ける名人全國で三人目の榮冠を獲得した尹仲變君

일련번호	판명		간행일	면	단수	기사명
260121	朝鮮朝日	西北版	1935-03-20	1	09단	下關水産市況(十九日)
260122	朝鮮朝日	西北版	1935-03-20	1	09단	*咸興の火事/許應徹ら四名を逮捕*
260123	朝鮮朝日	西北版	1935-03-20	1	10단	樂浪小話
260124	朝鮮朝日	南鮮版	1935-03-20	1	01단	商業空路開拓に財界一致の期待中國總領事館內の話題は本社機で持ち切り
260125	朝鮮朝日	南鮮版	1935-03-20	1	01단	三日間記念デー宇垣總督が「朝鮮の夕」を放送施政廿五周年の催し
260126	朝鮮朝日	南鮮版	1935-03-20	1	01단	*將來南鐵は發展するだらう衆議院買收法案委員會で吉田鐵道局長の答辯/關麗聯絡へ補助金交付*
260127	朝鮮朝日	南鮮版	1935-03-20	1	02단	總督府辭令
260128	朝鮮朝日	南鮮版	1935-03-20	1	02단	*春の磁石は敏感半島讚美のお國言葉販やかに續々繰り込む觀光團/京城の春を飾る賣出し來月廿日から/鐵道局を面食はす豪華な觀光振り特別車輛の手配を賴むとアメリカ婦人からご注文/準備を急ぐお花見列車*
260129	朝鮮朝日	南鮮版	1935-03-20	1	03단	忙しい視察京城の張使節
260130	朝鮮朝日	南鮮版	1935-03-20	1	04단	人(江上正士氏(本府文書課囑託)/富田正身大尉)
260131	朝鮮朝日	南鮮版	1935-03-20	1	04단	坊やは風の子太陽の子坊やのお顔はリンゴ色
260132	朝鮮朝日	南鮮版	1935-03-20	1	05단	淮光州府豫算編成に苦心
260133	朝鮮朝日	南鮮版	1935-03-20	1	06단	禁止は早過ぎる戶別訪問は自由と選擧を前に本府の方針決る
260134	朝鮮朝日	南鮮版	1935-03-20	1	06단	薄荷檢査所を設け優良品種を普及輸出も有望視さる
260135	朝鮮朝日	南鮮版	1935-03-20	1	06단	季節の昌慶苑に漲る春の表情早くも毎日二千人
260136	朝鮮朝日	南鮮版	1935-03-20	1	07단	水防委員會を道單位に設置全鮮の水害防止に
260137	朝鮮朝日	南鮮版	1935-03-20	1	07단	京城郊外に女兒の死體他殺の疑ひ
260138	朝鮮朝日	南鮮版	1935-03-20	1	07단	發動機船滿載の密航團捕はる釜山水陸兩署の活動
260139	朝鮮朝日	南鮮版	1935-03-20	1	08단	紅蔘密輸團六名を檢擧總額二萬圓を突破
260140	朝鮮朝日	南鮮版	1935-03-20	1	08단	少女の奇禍
260141	朝鮮朝日	南鮮版	1935-03-20	1	08단	自動車三重衝突
260142	朝鮮朝日	南鮮版	1935-03-20	1	09단	工業組合令今夏に公布
260143	朝鮮朝日	南鮮版	1935-03-20	1	09단	下關水産市況(十九日)
260144	朝鮮朝日	南鮮版	1935-03-20	1	10단	文明琦號京城着
260145	朝鮮朝日	南鮮版	1935-03-20	1	10단	鷄林かゞみ
260146	朝鮮朝日	西北版	1935-03-21	1	01단	平壤は名實共に全鮮一の酒の都醸造申請高が一萬六千石今秋祝賀會を擧行
260147	朝鮮朝日	西北版	1935-03-21	1	01단	三日間記念デー宇垣總督が「朝鮮の夕」を放送施政廿五周年の催し
260148	朝鮮朝日	西北版	1935-03-21	1	01단	哲人琴家晴れの歸鄕平壤はじめ內鮮各都市で待望の演奏會を開く
260149	朝鮮朝日	西北版	1935-03-21	1	01단	新家庭第一春(1)/月下氷人は藝術奧さんが日本畵で鮮展特選御主人は洋畵精進

일련번호	판명		간행일	면	단수	기사명
260150	朝鮮朝日	西北版	1935-03-21	1	02단	各博覽會へ特産を出品
260151	朝鮮朝日	西北版	1935-03-21	1	03단	平壤神社の境內を造苑本鄕氏調査
260152	朝鮮朝日	西北版	1935-03-21	1	03단	東拓農場へ百戶が移民全南北から
260153	朝鮮朝日	西北版	1935-03-21	1	04단	バナナは魚市場で雜賣
260154	朝鮮朝日	西北版	1935-03-21	1	04단	禁止は早過ぎる戶別訪問は自由と選擧を前に本府の方針決る
260155	朝鮮朝日	西北版	1935-03-21	1	04단	杏花の新名所牡丹台公園內と媚山へ植樹デーに植える
260156	朝鮮朝日	西北版	1935-03-21	1	05단	架橋技術の粹を集める三橋再び着工
260157	朝鮮朝日	西北版	1935-03-21	1	05단	兩都市提携し觀光客誘致
260158	朝鮮朝日	西北版	1935-03-21	1	05단	兒童の義金旣に二千圓
260159	朝鮮朝日	西北版	1935-03-21	1	06단	廿二日から一週間開く平壤豫算府會
260160	朝鮮朝日	西北版	1935-03-21	1	07단	春の出鼻を折る寒さの再襲來冬服も二度の勤め
260161	朝鮮朝日	西北版	1935-03-21	1	07단	清津へ押船到着
260162	朝鮮朝日	西北版	1935-03-21	1	07단	農村振興第一線へ婦人戰士を配置家庭生活改善を指導させる咸南の新しい試み
260163	朝鮮朝日	西北版	1935-03-21	1	08단	操車係員卽死
260164	朝鮮朝日	西北版	1935-03-21	1	09단	南浦支廳の復活は困難法務局長語る
260165	朝鮮朝日	西北版	1935-03-21	1	09단	三道の四百戶間島へ移民
260166	朝鮮朝日	西北版	1935-03-21	1	09단	精米所九軒一齊に休業籾の暴騰で大恐慌
260167	朝鮮朝日	西北版	1935-03-21	1	09단	空家の怪火咸興に頻々
260168	朝鮮朝日	西北版	1935-03-21	1	10단	新版アリラン上映禁止さる
260169	朝鮮朝日	西北版	1935-03-21	1	10단	各地で轉戰卓球選手一行
260170	朝鮮朝日	西北版	1935-03-21	1	10단	人(下村平南道警察部長/戶谷平壤署長/久世正尾氏(京城驛貨物主任)/本社平壤通信部來訪)
260171	朝鮮朝日	西北版	1935-03-21	1	10단	下關水産市況(二十日)
260172	朝鮮朝日	南鮮版	1935-03-21	1	01단	改悛の赤い魂を溫情で保護する全鮮に保護委員卅名を配置思想檢察陣の人間味
260173	朝鮮朝日	南鮮版	1935-03-21	1	01단	職場の呼聲見習店員の勤め口內地から殺到普通學校卒業生の就職を斡旋する大邱職紹の喜び
260174	朝鮮朝日	南鮮版	1935-03-21	1	01단	中堅靑年養成費二萬圓を寄附李挾寧面長の美擧
260175	朝鮮朝日	南鮮版	1935-03-21	1	01단	荒木中佐城大へ
260176	朝鮮朝日	南鮮版	1935-03-21	1	01단	大邱高女を四年に短縮十一年度から
260177	朝鮮朝日	南鮮版	1935-03-21	1	02단	手數料徵收案委員會通過
260178	朝鮮朝日	南鮮版	1935-03-21	1	02단	流行のアパートへ素行調べのメス飲食店料理業の類似行爲を京畿道取締り嚴命
260179	朝鮮朝日	南鮮版	1935-03-21	1	03단	從業員表彰自動車協會
260180	朝鮮朝日	南鮮版	1935-03-21	1	04단	大田學校組合會
260181	朝鮮朝日	南鮮版	1935-03-21	1	04단	金剛山は招く
260182	朝鮮朝日	南鮮版	1935-03-21	1	04단	大邱第一部會も原案を可決
260183	朝鮮朝日	南鮮版	1935-03-21	1	05단	紅蔘密造の全貌判明す京畿道內の一味を片っ端から檢擧か

일련번호	판명		간행일	면	단수	기사명
260184	朝鮮朝日	南鮮版	1935-03-21	1	05단	實業補習學令公布に決る
260185	朝鮮朝日	南鮮版	1935-03-21	1	06단	お花見急行列車京釜線に臨時運轉貨物列車の方は暫く後廻し
260186	朝鮮朝日	南鮮版	1935-03-21	1	06단	鮮展第三部に彫刻を追加近く審査員を決める
260187	朝鮮朝日	南鮮版	1935-03-21	1	07단	幼兒轢殺さる
260188	朝鮮朝日	南鮮版	1935-03-21	1	07단	優秀漁船を仕立て北千島へ進出慶北の流網漁業者
260189	朝鮮朝日	南鮮版	1935-03-21	1	07단	アイト使用の密漁者檢擧四十本使用を自供
260190	朝鮮朝日	南鮮版	1935-03-21	1	07단	白骨の首は狐の仕わざ
260191	朝鮮朝日	南鮮版	1935-03-21	1	08단	少年の自殺未遂
260192	朝鮮朝日	南鮮版	1935-03-21	1	08단	旅館荒し捕はる
260193	朝鮮朝日	南鮮版	1935-03-21	1	08단	もよほし(將星送別會/鎭海の演習/日滿實業協會朝鮮支部/京城神社祈年祭/論山用改修工事竣工式/東海中部線驛長會議/香椎社長就任十周年記念式/京城視察團募集/橫濱復興への出品/天道敎大會/殉職碑除幕式/慶北道主催露林視察團/釜山昔樂協會演奏會/慶南道警察部武道大會)
260194	朝鮮朝日	南鮮版	1935-03-21	1	09단	人(伊森貯銀頭取/中村和彦氏(新任大邱驛長)/モット博士一行(世界キリスト敎靑年會同盟會長、國際キリスト敎聯盟會長)/渡邊總督府學務局長/荻根大佐(關東軍司令部附)/寺坂商工省工藝指導所第一部長/井上遞信局長/川面遞信局監理課長/本社京城支局訪問/富田元鐵道局技師/石川朝子さん(全北道保安課長石川宗四郎氏令孃)/八木禮子さん(全北長水署長八木靜二郎氏次女))
260195	朝鮮朝日	南鮮版	1935-03-21	1	10단	下關水産市況(二十日)
260196	朝鮮朝日	南鮮版	1935-03-21	1	10단	鷄林かゞみ
260197	朝鮮朝日	西北版	1935-03-22	1	01단	道路は都會の顔先づ大通りに揮ふ牡丹刷毛今年の化粧代十一萬圓十五路線を美裝
260198	朝鮮朝日	西北版	1935-03-22	1	01단	觀光季節に備へて旅館の改築競爭鐵道ホテルも部屋數を增しホールを倍に擴げる
260199	朝鮮朝日	西北版	1935-03-22	1	01단	入學難緩和に十學級を增加す平壤第二敎育部會
260200	朝鮮朝日	西北版	1935-03-22	1	01단	新家庭第一春(２)/以心傳心の情愛軍人さんの家庭はほがらか內田中隊長夫妻
260201	朝鮮朝日	西北版	1935-03-22	1	02단	東邊道へ調査員派遣
260202	朝鮮朝日	西北版	1935-03-22	1	03단	商銀異動
260203	朝鮮朝日	西北版	1935-03-22	1	04단	靑郊靑年團の美擧
260204	朝鮮朝日	西北版	1935-03-22	1	04단	最善を盡して御奉公する鈴木新第十九師團長京城で所懷をかたる
260205	朝鮮朝日	西北版	1935-03-22	1	04단	合電の使用炭增加
260206	朝鮮朝日	西北版	1935-03-22	1	04단	鮮展第三部に彫刻を追加近く審査員を決める
260207	朝鮮朝日	西北版	1935-03-22	1	05단	航空郵便激增
260208	朝鮮朝日	西北版	1935-03-22	1	05단	福田高等課長辭表を提出す

일련번호	판명		간행일	면	단수	기사명
260209	朝鮮朝日	西北版	1935-03-22	1	05단	元山へ續く？蝀龍窟の鐘乳洞に初めて點る電燈保勝會主任の校長さんが謎解きに冒險行
260210	朝鮮朝日	西北版	1935-03-22	1	06단	最新式の輕快列車五月から走る面目一新の平南線
260211	朝鮮朝日	西北版	1935-03-22	1	07단	咸興の放火は少年の仕業火事場泥棒が目當て
260212	朝鮮朝日	西北版	1935-03-22	1	08단	平南道廳の改築を要望
260213	朝鮮朝日	西北版	1935-03-22	1	08단	世界一周の無錢旅行雄圖空しく香港から送還さる健脚無雙、咸北生れの柳相垠君
260214	朝鮮朝日	西北版	1935-03-22	1	08단	咸南水産會の新規事業
260215	朝鮮朝日	西北版	1935-03-22	1	08단	四月一日に發會式擧行警察後援會
260216	朝鮮朝日	西北版	1935-03-22	1	08단	平南親交會近く發會式
260217	朝鮮朝日	西北版	1935-03-22	1	09단	アメリカン・フットボール特輯
260218	朝鮮朝日	西北版	1935-03-22	1	09단	「死の傳染病」七名發生す腦脊髓膜炎續出の兆/軍隊に二名
260219	朝鮮朝日	西北版	1935-03-22	1	10단	東拓鑛業の出炭高增加
260220	朝鮮朝日	西北版	1935-03-22	1	10단	樂浪小話
260221	朝鮮朝日	南鮮版	1935-03-22	1	01단	糖業トラストに挑戦の烽火揚る糖價引下げの朝鮮大會で決議を要路へ打電
260222	朝鮮朝日	南鮮版	1935-03-22	1	01단	織物類と酒類の移入税を撤廢明年度から猶豫期間を設け税率を漸減の方針
260223	朝鮮朝日	南鮮版	1935-03-22	1	01단	靖國神社に合祀の殉職警官決る國境に散った五氏
260224	朝鮮朝日	南鮮版	1935-03-22	1	01단	天翔ける愛國心文明琦號の命名式盛大に京城飛行場で擧行
260225	朝鮮朝日	南鮮版	1935-03-22	1	02단	愛護週間の催しきまる
260226	朝鮮朝日	南鮮版	1935-03-22	1	03단	公設市場の統制一段落
260227	朝鮮朝日	南鮮版	1935-03-22	1	03단	あす釜山府會
260228	朝鮮朝日	南鮮版	1935-03-22	1	03단	肥料統制令沙汰止みか内地の雲行を靜觀
260229	朝鮮朝日	南鮮版	1935-03-22	1	04단	專賣局辭令
260230	朝鮮朝日	南鮮版	1935-03-22	1	04단	臨時急行けふから運轉
260231	朝鮮朝日	南鮮版	1935-03-22	1	04단	日本空輸のダイヤ改正四月一日から
260232	朝鮮朝日	南鮮版	1935-03-22	1	05단	刑務所長總入替一齊發令さる
260233	朝鮮朝日	南鮮版	1935-03-22	1	05단	禮砲轟く中に晴れの龍山入りけふ三宅師團長着任/最善を盡して御奉公する鈴木新第十九師團長京城で所懐をかたる
260234	朝鮮朝日	南鮮版	1935-03-22	1	06단	棉作慶南の誇り褒賞授與式を擧行(優良棉作改良稧/棉作改良中堅者/棉花品評會成績)
260235	朝鮮朝日	南鮮版	1935-03-22	1	06단	三中井荒しの怪盜捕はる
260236	朝鮮朝日	南鮮版	1935-03-22	1	06단	小造船所の合同を計る將來各地に大造船所
260237	朝鮮朝日	南鮮版	1935-03-22	1	06단	友達を慘殺少年僧の犯行
260238	朝鮮朝日	南鮮版	1935-03-22	1	07단	公金橫領の元面長五年目に捕はる密陽署苦心の捜査功を奏し惡運盡きた申鉉悳
260239	朝鮮朝日	南鮮版	1935-03-22	1	07단	もよほし(朝鮮藥學會例會/城大卒業式/向井成山氏蒐集品展觀卽賣會/厓州穀檢支所設置要望)

일련번호	판명		간행일	면	단수	기사명
260240	朝鮮朝日	南鮮版	1935-03-22	1	07단	人(植田朝鮮軍司令官/末廣新任平壤地方法院長/伊集院新任京城地方法院判事/秋山第十師團參謀長/那須關東軍司令部附/小出軍醫正/野地中佐/本道戸山學校教官/吉澤福山聯隊區司令官/荻根關東憲兵司令部附/高橋大日本麥酒專務翠野キリン麥酒專務/竹島朝運師長/穗積總督府殖産局長/本社京城支局來訪)
260241	朝鮮朝日	南鮮版	1935-03-22	1	08단	腦脊髓膜炎京城に蔓延累計卅三名
260242	朝鮮朝日	南鮮版	1935-03-22	1	08단	鍾路の火事店員大火傷
260243	朝鮮朝日	南鮮版	1935-03-22	1	08단	フィルム泥棒の元辯士逮捕
260244	朝鮮朝日	南鮮版	1935-03-22	1	09단	アメリカン・フットボール特輯
260245	朝鮮朝日	南鮮版	1935-03-22	1	09단	各地で轉戰卓球選手一行
260246	朝鮮朝日	南鮮版	1935-03-22	1	10단	河川敷使用料徵收に着目
260247	朝鮮朝日	南鮮版	1935-03-22	1	10단	鷄林かゞみ
260248	朝鮮朝日	西北版	1935-03-23	1	01단	征空の感激
260249	朝鮮朝日	西北版	1935-03-23	1	01단	三千噸級の船舶樂に四隻横づけ鎮南浦の第二期築港成り四月下旬に祝賀會
260250	朝鮮朝日	西北版	1935-03-23	1	01단	晴れの羅南入り官民の盛んな歡迎を受けて鈴木師團長着任す
260251	朝鮮朝日	西北版	1935-03-23	1	01단	靖國神社に合祀の殉職警官決る國境に散った五氏
260252	朝鮮朝日	西北版	1935-03-23	1	01단	美しい防空獻金
260253	朝鮮朝日	西北版	1935-03-23	1	02단	注文殺到し品切の盛況鎮南浦林檎
260254	朝鮮朝日	西北版	1935-03-23	1	03단	新家庭第一春(3)/遊藝通の器用人流石に家庭も明朖一天張り道立醫院の鈴木氏
260255	朝鮮朝日	西北版	1935-03-23	1	04단	平南官界に近く大搖れ下馬評に上る顔觸れ
260256	朝鮮朝日	西北版	1935-03-23	1	05단	刑務所長總入替一齊發令さる
260257	朝鮮朝日	西北版	1935-03-23	1	05단	驛前の買收後借地料を値上げ起債財源の捻出策
260258	朝鮮朝日	西北版	1935-03-23	1	06단	京義ほか二線一齊に強化工作雨季までに大半完成
260259	朝鮮朝日	西北版	1935-03-23	1	06단	運賃割引を平鐵に陳情慈城鑛業所
260260	朝鮮朝日	西北版	1935-03-23	1	07단	警備電話の架設費節約妙案みつかる
260261	朝鮮朝日	西北版	1935-03-23	1	07단	平壤のトラック二百台天津へ日支親善が經濟關係に反映大口注文舞び込む
260262	朝鮮朝日	西北版	1935-03-23	1	07단	送電線盜みの工夫逮捕
260263	朝鮮朝日	西北版	1935-03-23	1	08단	遞信辭令(二十日)
260264	朝鮮朝日	西北版	1935-03-23	1	08단	飛行聯隊の枕木を盜む
260265	朝鮮朝日	西北版	1935-03-23	1	08단	夫の毒殺を企つ
260266	朝鮮朝日	西北版	1935-03-23	1	08단	小造船所の合同を計る將來各地に大造船所
260267	朝鮮朝日	西北版	1935-03-23	1	09단	糖業トラスト打破の烽火糖價引下げの朝鮮大會で決議を要路へ打電
260268	朝鮮朝日	西北版	1935-03-23	1	09단	第七十七聯隊の除隊日
260269	朝鮮朝日	西北版	1935-03-23	1	10단	九名に上る南浦の天然痘

일련번호	판명		간행일	면	단수	기사명
260270	朝鮮朝日	西北版	1935-03-23	1	10단	竊盜常習犯捕はる
260271	朝鮮朝日	西北版	1935-03-23	1	10단	人(諸岡榮治氏(商工會社平壤支店長))
260272	朝鮮朝日	西北版	1935-03-23	1	10단	下關水産市況(廿二日)
260273	朝鮮朝日	南鮮版	1935-03-23	1	01단	京城空の感激
260274	朝鮮朝日	南鮮版	1935-03-23	1	01단	春に光る話題の寶玉無心の昆蟲が國際親善の楔瑞典皇太子殿下のお噂に感動・標本を獻上
260275	朝鮮朝日	南鮮版	1935-03-23	1	02단	吉林省の朝鮮人平和境に安住内鮮滿人融和して開發第一線に雄々しい活動
260276	朝鮮朝日	南鮮版	1935-03-23	1	02단	趣味と言へばまあ魚釣りかネ釜山に上陸和やかに三宅第廿師團長語る
260277	朝鮮朝日	南鮮版	1935-03-23	1	03단	鰯油販賣協定大綱成立す
260278	朝鮮朝日	南鮮版	1935-03-23	1	04단	水道費が增加一般は減る釜山府豫算
260279	朝鮮朝日	南鮮版	1935-03-23	1	05단	愛國爺さんが新野飛行士と固い劇的握手平壤の六戰鬪機も亂舞し明朗な空の勇士達の交歡
260280	朝鮮朝日	南鮮版	1935-03-23	1	05단	春競馬の魁け
260281	朝鮮朝日	南鮮版	1935-03-23	1	06단	山の神祕を語る「映畫と講演の夕」廿五日京城社會館で開く
260282	朝鮮朝日	南鮮版	1935-03-23	1	08단	春の玄關口に渦卷く旅客汽車も汽船も滿員驛員は轉手古舞ひ
260283	朝鮮朝日	南鮮版	1935-03-23	1	08단	皇軍慰問金
260284	朝鮮朝日	南鮮版	1935-03-23	1	08단	勳章傳達
260285	朝鮮朝日	南鮮版	1935-03-23	1	08단	空米相場師廿餘名を檢擧す釜山署疾風的の活動
260286	朝鮮朝日	南鮮版	1935-03-23	1	08단	女給の失戀自殺
260287	朝鮮朝日	南鮮版	1935-03-23	1	09단	消防組表彰
260288	朝鮮朝日	南鮮版	1935-03-23	1	09단	大邱神社に砲彈塔建設鄕軍海軍部で
260289	朝鮮朝日	南鮮版	1935-03-23	1	09단	人夫轢殺さる
260290	朝鮮朝日	南鮮版	1935-03-23	1	09단	女房に撲られ我が家に放火
260291	朝鮮朝日	南鮮版	1935-03-23	1	10단	もよほし(京城郵便局創立記念式/日露役追悼法要)
260292	朝鮮朝日	南鮮版	1935-03-23	1	10단	人(山森少佐(全州高普配屬將校)/平井熊三郎氏)
260293	朝鮮朝日	南鮮版	1935-03-23	1	10단	下關水産市況(廿二日)
260294	朝鮮朝日	南鮮版	1935-03-23	1	10단	鷄林かゞみ
260295	朝鮮朝日	西北版	1935-03-24	1	01단	春に光る話題の寶玉無心の昆蟲が國際親善の楔瑞典皇太子殿下のお噂に感動・標本を獻上
260296	朝鮮朝日	西北版	1935-03-24	1	01단	愈よ滿浦線にレールを敷く大小廿の架橋工事/狗見嶺トンネルへ人夫の大量輸送南鮮から千五百名
260297	朝鮮朝日	西北版	1935-03-24	1	01단	新家庭第一春(4)/キツイ精神修養每日三時間も別居生活する坂谷先生は勉强家
260298	朝鮮朝日	西北版	1935-03-24	1	03단	發電調查費は府會の總意平壤府會(第一日)
260299	朝鮮朝日	西北版	1935-03-24	1	04단	沙里院人口

일련번호	판명		간행일	면	단수	기사명
260300	朝鮮朝日	西北版	1935-03-24	1	04단	滿洲國の靴下關稅從價稅に改めよ大阪商品との競爭に不合理商工會議所から要望
260301	朝鮮朝日	西北版	1935-03-24	1	04단	百萬噸突破の祝賀は五月
260302	朝鮮朝日	西北版	1935-03-24	1	05단	皇漢藥の産額全鮮第二位增收期待さる
260303	朝鮮朝日	西北版	1935-03-24	1	05단	張經濟使節を迎へ座談會を開く廿七日視察に來壤
260304	朝鮮朝日	西北版	1935-03-24	1	05단	稅務署新築は結局三ケ所
260305	朝鮮朝日	西北版	1935-03-24	1	05단	西鮮の煉炭製造高增加
260306	朝鮮朝日	西北版	1935-03-24	1	06단	輸出檢査の希望昂まるゴム靴と靴下にも結局規則を適用か
260307	朝鮮朝日	西北版	1935-03-24	1	06단	猛烈な猖獗振り流行性感冒の患者昨年末から一千三百名死亡
260308	朝鮮朝日	西北版	1935-03-24	1	07단	視角を變へて
260309	朝鮮朝日	西北版	1935-03-24	1	07단	平壤醫專の凄い入學難
260310	朝鮮朝日	西北版	1935-03-24	1	08단	孟山郡の冷害地方極度の食糧不足草根木皮も取盡す/一萬六千圓救濟に追加西北鮮冷害へ
260311	朝鮮朝日	西北版	1935-03-24	1	08단	春を孕んで黑船は動く
260312	朝鮮朝日	西北版	1935-03-24	1	09단	人生勉强に旅立つ孤兒春廻る更生園
260313	朝鮮朝日	西北版	1935-03-24	1	09단	紙幣僞造の一味へ求刑
260314	朝鮮朝日	西北版	1935-03-24	1	10단	下關水産市況(廿三日)
260315	朝鮮朝日	西北版	1935-03-24	1	10단	樂浪小話
260316	朝鮮朝日	南鮮版	1935-03-24	1	01단	金のプロペラ插話羅副領事こそ東風の名付親母國訪問の朝日機成功に胸は迫る嬉し涙/一層兩國が仲よくなる羅副領事語る
260317	朝鮮朝日	南鮮版	1935-03-24	1	01단	地質學界のお歷々地下資源を打診五月初旬京城で開催される總會に百餘名來鮮/總會誘致に隱れた美談
260318	朝鮮朝日	南鮮版	1935-03-24	1	01단	警察參考館五月に着工
260319	朝鮮朝日	南鮮版	1935-03-24	1	02단	榮山江の改修更に一進展十萬圓を勞銀に撒布
260320	朝鮮朝日	南鮮版	1935-03-24	1	03단	無煙炭合同は順調に進む殖産局長東上
260321	朝鮮朝日	南鮮版	1935-03-24	1	04단	大邱の櫻開く
260322	朝鮮朝日	南鮮版	1935-03-24	1	04단	大村五機が大邱へ飛來四月六日に
260323	朝鮮朝日	南鮮版	1935-03-24	1	04단	綿蟲殺す寄生蜂を全果樹園へ移殖農事試驗場で養殖に成功し慶北林檎に大福音
260324	朝鮮朝日	南鮮版	1935-03-24	1	04단	副會頭の椅子繞り早くも暗中飛躍河合、戸島兩氏が有力
260325	朝鮮朝日	南鮮版	1935-03-24	1	05단	褒狀を授與淸酒品評會
260326	朝鮮朝日	南鮮版	1935-03-24	1	05단	京畿道內に眠り病流行四十二名罹る
260327	朝鮮朝日	南鮮版	1935-03-24	1	06단	白頭山征服映畫京城へ到着あす本府で皮切り全篇に脈打つ感激
260328	朝鮮朝日	南鮮版	1935-03-24	1	06단	半島入りの兩將軍
260329	朝鮮朝日	南鮮版	1935-03-24	1	06단	魚群のアパート慶南沿岸に築磯を明年度に約十ケ所構築する
260330	朝鮮朝日	南鮮版	1935-03-24	1	06단	今後十萬噸出炭の調査木村氏光州へ

일련번호	판명		간행일	면	단수	기사명
260331	朝鮮朝日	南鮮版	1935-03-24	1	07단	小鹿島へ三百五十名を送る
260332	朝鮮朝日	南鮮版	1935-03-24	1	07단	强盗總溪へ密陽署必死の活動これで道民も安心
260333	朝鮮朝日	南鮮版	1935-03-24	1	08단	山の映畵と講演の會
260334	朝鮮朝日	南鮮版	1935-03-24	1	08단	繼子殺し捕はる
260335	朝鮮朝日	南鮮版	1935-03-24	1	09단	轢殺運轉手を忽ち袋叩き
260336	朝鮮朝日	南鮮版	1935-03-24	1	10단	もよほし(內地産業視察團/朝鮮貿易協會總會)
260337	朝鮮朝日	南鮮版	1935-03-24	1	10단	下關水産市況(廿三日)
260338	朝鮮朝日	南鮮版	1935-03-24	1	10단	夜の女二十餘名を檢擧
260339	朝鮮朝日	南鮮版	1935-03-24	1	10단	人(蜂屋孝之氏(慶北安東邑長)/伊藤祐義氏)
260340	朝鮮朝日	南鮮版	1935-03-24	1	10단	鷄林かゞみ
260341	朝鮮朝日	西北版	1935-03-26	1	01단	觀光都市平壤を步調揃へて宣傳轉錦門復舊や畵舫の建造各團體續々蹶起す
260342	朝鮮朝日	西北版	1935-03-26	1	01단	鈴木第十九師團長の着任(師團司令部正門にて)
260343	朝鮮朝日	西北版	1935-03-26	1	01단	新家庭第一春(５)/名聲の絶頂に潔く轉換の正木由布子さんママさん振り拜見
260344	朝鮮朝日	西北版	1935-03-26	1	03단	電氣豫算で元老の名論平壤府會(第二日)
260345	朝鮮朝日	西北版	1935-03-26	1	03단	畜牛を十年間に十萬頭に增殖牛の咸北目指して
260346	朝鮮朝日	西北版	1935-03-26	1	03단	平壤の淸酒米國へ進出金千代酒場が見本を發送
260347	朝鮮朝日	西北版	1935-03-26	1	04단	人(末廣新任平壤地方法院長/井上遞信局長)
260348	朝鮮朝日	西北版	1935-03-26	1	04단	平北警視級の異動近づく
260349	朝鮮朝日	西北版	1935-03-26	1	05단	淸潔人夫の待遇を改善
260350	朝鮮朝日	西北版	1935-03-26	1	05단	平南五郡へ緬羊を獎勵濠洲産も五月末到着
260351	朝鮮朝日	西北版	1935-03-26	1	05단	匿名の美擧
260352	朝鮮朝日	西北版	1935-03-26	1	06단	船橋里側に警察新設を申請工業的發展に備へて
260353	朝鮮朝日	西北版	1935-03-26	1	06단	漁業指導船建造
260354	朝鮮朝日	西北版	1935-03-26	1	06단	道路品評會
260355	朝鮮朝日	西北版	1935-03-26	1	06단	本府の制肘で彈力を缺く咸南道會で西田議員豫算の弱味を指摘す
260356	朝鮮朝日	西北版	1935-03-26	1	07단	優秀船で初繫留一日の鎭南浦港
260357	朝鮮朝日	西北版	1935-03-26	1	07단	署長ら全署員悉く拉致さる紅土崖の村公署、民家に放火紅軍ますます跳梁
260358	朝鮮朝日	西北版	1935-03-26	1	08단	謎の溺死體解剖に附す
260359	朝鮮朝日	西北版	1935-03-26	1	09단	春の北鮮視察團
260360	朝鮮朝日	西北版	1935-03-26	1	10단	型セーラーに夏服も統一平壤高女で
260361	朝鮮朝日	西北版	1935-03-26	1	10단	舊師範校舍を使用に決る新羅南女高普
260362	朝鮮朝日	西北版	1935-03-26	1	10단	寺洞線電車賃引下げを陳情
260363	朝鮮朝日	西北版	1935-03-26	1	10단	下關水産市況(廿五日)
260364	朝鮮朝日	南鮮版	1935-03-26	1	01단	入試に反映する景氣好轉の吉兆各私立とも志願者殺到し經營難がケシ飛ぶ

일련번호	판명		간행일	면	단수	기사명
260365	朝鮮朝日	南鮮版	1935-03-26	1	01단	流線型機關車が今秋は走るぞ各國の粹を集めて新しい朝鮮獨特の型を作る
260366	朝鮮朝日	南鮮版	1935-03-26	1	01단	あす聯盟脫退記念日詔書奉讀式を朝鮮神宮で擧行夜は講演會を開く
260367	朝鮮朝日	南鮮版	1935-03-26	1	01단	半島育ちの娘は非世話女房型これも晩婚の原因二六會の結婚座談會
260368	朝鮮朝日	南鮮版	1935-03-26	1	03단	議論續出す釜山府會(第一日)
260369	朝鮮朝日	南鮮版	1935-03-26	1	03단	殖銀異動
260370	朝鮮朝日	南鮮版	1935-03-26	1	04단	全州邑會
260371	朝鮮朝日	南鮮版	1935-03-26	1	04단	勇退知事顔觸れ無煙炭合同社長は松村氏か
260372	朝鮮朝日	南鮮版	1935-03-26	1	04단	奇術界の女王天勝一座の全鮮巡業本紙販賣所後援で
260373	朝鮮朝日	南鮮版	1935-03-26	1	05단	五月下旬に海の國防博大邱空前の催し
260374	朝鮮朝日	南鮮版	1935-03-26	1	06단	郵便所開設
260375	朝鮮朝日	南鮮版	1935-03-26	1	06단	木浦府會
260376	朝鮮朝日	南鮮版	1935-03-26	1	07단	寫眞說明((上)香椎社長の自祝宴(下)釜山署優勝旗獲得)
260377	朝鮮朝日	南鮮版	1935-03-26	1	07단	中央高普生徒十四名送局さる全校の赤化に策動
260378	朝鮮朝日	南鮮版	1935-03-26	1	08단	萩の青年宿に多い內鮮結婚
260379	朝鮮朝日	南鮮版	1935-03-26	1	08단	朝日映畵の夕
260380	朝鮮朝日	南鮮版	1935-03-26	1	08단	もよほし(鐵道局局友會釜山支部/慶南道體育協會理事會/朝鮮建築會總會/京畿道保安主任會議)
260381	朝鮮朝日	南鮮版	1935-03-26	1	10단	勳章授與式
260382	朝鮮朝日	南鮮版	1935-03-26	1	10단	人(吉村朝鮮軍獸醫部長/富永京畿道知事/棟居總督府審議室事務官)
260383	朝鮮朝日	南鮮版	1935-03-26	1	10단	下關水産市況(廿五日)
260384	朝鮮朝日	南鮮版	1935-03-26	1	10단	鷄林かゞみ
260385	朝鮮朝日	西北版	1935-03-27	1	01단	電氣化學工場を平壤附近に新設內地某財閥の計劃進捗し近日中に正式發表
260386	朝鮮朝日	西北版	1935-03-27	1	01단	「さあ、働かう」警察官が鍬取って眞劍に農村更生を指導する
260387	朝鮮朝日	西北版	1935-03-27	1	01단	鐵路の近代色
260388	朝鮮朝日	西北版	1935-03-27	1	01단	新家庭第一春(6)/『お歸りなさい』手をつかれるといとしい！結婚三重奏の續篇
260389	朝鮮朝日	西北版	1935-03-27	1	02단	會議所選擧に出馬の人々
260390	朝鮮朝日	西北版	1935-03-27	1	04단	清津郵便局開廳式
260391	朝鮮朝日	西北版	1935-03-27	1	04단	發掘された門跡を保存
260392	朝鮮朝日	西北版	1935-03-27	1	04단	咸南の亞麻栽培本調子に入る奧地の三郡へ十ヶ年計劃で六千町步に大擴張
260393	朝鮮朝日	西北版	1935-03-27	1	05단	藤井議員の失言で大混亂に陷る平壤府會(第四日)
260394	朝鮮朝日	西北版	1935-03-27	1	05단	奇術界の女王天勝一座の全鮮巡業本紙販賣所後援で
260395	朝鮮朝日	西北版	1935-03-27	1	06단	療養所新設天主公教會

일련번호	판명		간행일	면	단수	기사명
260396	朝鮮朝日	西北版	1935-03-27	1	07단	賭博に負け現金を強奪
260397	朝鮮朝日	西北版	1935-03-27	1	07단	三百餘圓詐取
260398	朝鮮朝日	西北版	1935-03-27	1	07단	流線型機關車が今秋は走るぞ各國の粹を集めて新しい朝鮮獨得の型を作る
260399	朝鮮朝日	西北版	1935-03-27	1	08단	無茶な男
260400	朝鮮朝日	西北版	1935-03-27	1	08단	殺人魔に死刑の判決
260401	朝鮮朝日	西北版	1935-03-27	1	09단	村岸店主に八年を求刑
260402	朝鮮朝日	西北版	1935-03-27	1	09단	鮮産愛用から山火事騷ぎ石炭禍に惱む北鮮の列車將來撫順炭を使用
260403	朝鮮朝日	西北版	1935-03-27	1	09단	本社平壤通信部來訪
260404	朝鮮朝日	西北版	1935-03-27	1	10단	撒水自動車店先へ突入子供の惡戲で
260405	朝鮮朝日	西北版	1935-03-27	1	10단	下關水産市況(廿六日)
260406	朝鮮朝日	西北版	1935-03-27	1	10단	樂浪小話
260407	朝鮮朝日	南鮮版	1935-03-27	1	01단	京城の美化工作卅萬米に亘る小下水を改修約二百萬圓を投じ明年度から五年掛で施行/自動車の乘心地もぐっと良くなる主要道路を一齊に鋪裝する/區域擴張に備へて水源地も大擴張先づ明年度下調べ/東大門外で汚物を燒却
260408	朝鮮朝日	南鮮版	1935-03-27	1	01단	山間部との聯絡に劃期的の飛躍竣工近い慶南三橋
260409	朝鮮朝日	南鮮版	1935-03-27	1	02단	初年度の殖産稧は五十組合を新設七月に制令を公布
260410	朝鮮朝日	南鮮版	1935-03-27	1	03단	原案を可決京城府會終る
260411	朝鮮朝日	南鮮版	1935-03-27	1	04단	「海の修學旅行」
260412	朝鮮朝日	南鮮版	1935-03-27	1	04단	知事會議の主な希望案
260413	朝鮮朝日	南鮮版	1935-03-27	1	04단	雲山金鑛の鑛尾米人から買收今後六年間六十萬圓の契約日本精鍊技術の誇り
260414	朝鮮朝日	南鮮版	1935-03-27	1	05단	釜山府會(第二日)
260415	朝鮮朝日	南鮮版	1935-03-27	1	05단	殉職消防手の合同慰靈祭四月廿一日に
260416	朝鮮朝日	南鮮版	1935-03-27	1	05단	新學士さん人生勉强へ城大卒業式
260417	朝鮮朝日	南鮮版	1935-03-27	1	05단	十萬圓で小學校新築全州學校組合
260418	朝鮮朝日	南鮮版	1935-03-27	1	05단	新優良品種で産米を改善
260419	朝鮮朝日	南鮮版	1935-03-27	1	06단	全北茂朱へ送電の三巴
260420	朝鮮朝日	南鮮版	1935-03-27	1	06단	白頭山映畫を宇垣さんも激賞一日に二回映寫し總督府は朝日デー
260421	朝鮮朝日	南鮮版	1935-03-27	1	06단	禿山朝鮮の凱歌本府林業試驗場の改良樹種內地から大量注文
260422	朝鮮朝日	南鮮版	1935-03-27	1	07단	長期にわたり記錄破りの豐漁全南巨次島の鮟鱇網
260423	朝鮮朝日	南鮮版	1935-03-27	1	07단	五氏を表彰京畿道會終る
260424	朝鮮朝日	南鮮版	1935-03-27	1	07단	鎭海の櫻綻ぶ
260425	朝鮮朝日	南鮮版	1935-03-27	1	07단	闇夜の犯罪を追ふ照明燈
260426	朝鮮朝日	南鮮版	1935-03-27	1	08단	會議所總會は木浦で開く
260427	朝鮮朝日	南鮮版	1935-03-27	1	08단	二月中の京城物價

일련번호	판명		간행일	면	단수	기사명
260428	朝鮮朝日	南鮮版	1935-03-27	1	08단	實父殺し被告死刑を求刑
260429	朝鮮朝日	南鮮版	1935-03-27	1	08단	べ博士一行先づ朱乙へ附近山野で小手調べ
260430	朝鮮朝日	南鮮版	1935-03-27	1	08단	關水知事辭表提出
260431	朝鮮朝日	南鮮版	1935-03-27	1	08단	米穀課お流れ
260432	朝鮮朝日	南鮮版	1935-03-27	1	09단	朝日映畫の夕
260433	朝鮮朝日	南鮮版	1935-03-27	1	09단	猩紅熱の死亡率激減一般民衆の自覺と醫師の早期發見の賜物
260434	朝鮮朝日	南鮮版	1935-03-27	1	09단	下關水産市況(廿六日)
260435	朝鮮朝日	南鮮版	1935-03-27	1	10단	もよほし(第一回朝鮮中部新淸酒品評會/大邱商工會議所臨時總會)
260436	朝鮮朝日	南鮮版	1935-03-27	1	10단	鷄林かゞみ
260437	朝鮮朝日	西北版	1935-03-28	1	01단	新卒業生の撒く就職の宣傳ビラ平壤だけで數千通山積し春の裏通りは憂鬱
260438	朝鮮朝日	西北版	1935-03-28	1	01단	雲山金鑛の鑛尾米人から買收今後六年間六十萬圓の契約日本精鍊技術の誇り
260439	朝鮮朝日	西北版	1935-03-28	1	01단	新家庭第一春(7)/平凡の中に幸福「生憎ローマンスもなくて」と淸純な二宮先生夫妻
260440	朝鮮朝日	西北版	1935-03-28	1	02단	藤井議員の發言を禁止平壤府會(第五日)
260441	朝鮮朝日	西北版	1935-03-28	1	03단	非常時日本の意氣を高調詔書奉讀式に續き騎馬隊の市中行進
260442	朝鮮朝日	西北版	1935-03-28	1	04단	人(竹內咸北知事/栗本新一郎氏(前開城少年刑務所長))
260443	朝鮮朝日	西北版	1935-03-28	1	04단	平北前川公普に愛校精神の花創立十五周年を迎へて父兄卒業生の共同奉仕
260444	朝鮮朝日	西北版	1935-03-28	1	04단	知事會議の主な希望案
260445	朝鮮朝日	西北版	1935-03-28	1	05단	お歷々が顔を揃へ優雅な趣味生活南畫院の平壤支部と水莖會何れ劣らぬ凄い鼻息
260446	朝鮮朝日	西北版	1935-03-28	1	05단	平壤の中樞院參議鄭氏父子を訴ふ冤罪を被せられた慰藉料に七萬四千圓を要求
260447	朝鮮朝日	西北版	1935-03-28	1	06단	農事試驗場の敷地を爭奪地價暴騰す
260448	朝鮮朝日	西北版	1935-03-28	1	06단	龍塘浦港に消防組設置
260449	朝鮮朝日	西北版	1935-03-28	1	06단	地恩報謝の寄附福井武次郎氏の美擧
260450	朝鮮朝日	西北版	1935-03-28	1	07단	事故防止週間
260451	朝鮮朝日	西北版	1935-03-28	1	08단	相次ぐ獻金
260452	朝鮮朝日	西北版	1935-03-28	1	08단	容貌滿點は五人教室はまるで花園妓生になるにも受驗地獄
260453	朝鮮朝日	西北版	1935-03-28	1	08단	平南冷害地へ義金の滋雨旣に千二百圓
260454	朝鮮朝日	西北版	1935-03-28	1	08단	勞働者拂底で直營事業に暗影窮民救濟は繰越し
260455	朝鮮朝日	西北版	1935-03-28	1	09단	平壤で放火?
260456	朝鮮朝日	西北版	1935-03-28	1	10단	冷害地に不德漢橫行
260457	朝鮮朝日	西北版	1935-03-28	1	10단	郵便所窓口で現金搔拂ひ
260458	朝鮮朝日	西北版	1935-03-28	1	10단	下關水産市況(廿七日)

일련번호	판명		간행일	면	단수	기사명
260459	朝鮮朝日	西北版	1935-03-28	1	10단	樂浪小話
260460	朝鮮朝日	南鮮版	1935-03-28	1	01단	知事の內鮮比率初めて撤廢斷行歷代總督の不文律を破り人材本意で動かす
260461	朝鮮朝日	南鮮版	1935-03-28	1	01단	タクシー料金のいざこざ解消擴がる明日の大京城に備へメーター制を採用
260462	朝鮮朝日	南鮮版	1935-03-28	1	01단	釜山府會(第三日)
260463	朝鮮朝日	南鮮版	1935-03-28	1	01단	銀幕に躍る白頭山征服の快擧
260464	朝鮮朝日	南鮮版	1935-03-28	1	02단	山岳ファン待望の白頭山寫眞展全鮮各地でひらく先づ京城三越で卅一日から/講演に映畫に山の醍醐味朝鮮山岳會の「山の夕」に渦卷く感激の旋風
260465	朝鮮朝日	南鮮版	1935-03-28	1	03단	總督府辭令
260466	朝鮮朝日	南鮮版	1935-03-28	1	04단	二月末鹽貯藏高
260467	朝鮮朝日	南鮮版	1935-03-28	1	04단	大田電氣事業擴張
260468	朝鮮朝日	南鮮版	1935-03-28	1	05단	宇垣總督久し振りの東上諸會議後五月上旬に
260469	朝鮮朝日	南鮮版	1935-03-28	1	05단	海外派遣員白石氏決る
260470	朝鮮朝日	南鮮版	1935-03-28	1	05단	本府の認可事項は敏速に處理せよ總督、局長會議で注意
260471	朝鮮朝日	南鮮版	1935-03-28	1	06단	非常時日本の意氣を高らか勇壯な靑訓の分列式京城の聯盟脫退記念日
260472	朝鮮朝日	南鮮版	1935-03-28	1	06단	更生鮮展の審査委員決る田邊氏以外は新顏
260473	朝鮮朝日	南鮮版	1935-03-28	1	07단	今村旅團長ら賑かに着任
260474	朝鮮朝日	南鮮版	1935-03-28	1	07단	小鹿島へ六百名輸送
260475	朝鮮朝日	南鮮版	1935-03-28	1	08단	六名を起訴慶南赤化事件
260476	朝鮮朝日	南鮮版	1935-03-28	1	08단	インテリ掏摸逮捕さる
260477	朝鮮朝日	南鮮版	1935-03-28	1	08단	高商出の僞博士朝鮮ホテルに泊り鑛山會社から大金を詐取
260478	朝鮮朝日	南鮮版	1935-03-28	1	08단	釜山で上映の「花咲く樹」愛讀者を優待
260479	朝鮮朝日	南鮮版	1935-03-28	1	09단	朝日映畫の夕
260480	朝鮮朝日	南鮮版	1935-03-28	1	09단	上海朝鮮人會副會長拳銃で射殺さる犯人二名とも捕はる
260481	朝鮮朝日	南鮮版	1935-03-28	1	09단	仁昌普通の金庫を破壞犯人捕はる
260482	朝鮮朝日	南鮮版	1935-03-28	1	09단	もよほし(京畿道自動車運轉手協會/京城商工會議所交通部會)
260483	朝鮮朝日	南鮮版	1935-03-28	1	10단	下關水産市況(廿七日)
260484	朝鮮朝日	南鮮版	1935-03-28	1	10단	人(荒井朝取理事長/本社京城支局來訪)
260485	朝鮮朝日	南鮮版	1935-03-28	1	10단	鷄林かゞみ
260486	朝鮮朝日	西北版	1935-03-29	1	01단	平壤が全鮮一を誇る扇型機關庫機關車廿三輛を收容今夏玄關口に威容を示す
260487	朝鮮朝日	西北版	1935-03-29	1	01단	知事の內鮮比率を初めて撤廢斷行歷代總督の不文律を打破し人材本位で動かす
260488	朝鮮朝日	西北版	1935-03-29	1	01단	電波に躍る靑春交換台から結婚へ彼女のジャンプさすが倉島局長のお骨折で平壤局は美人揃ひ
260489	朝鮮朝日	西北版	1935-03-29	1	02단	プロペラ船で國境を警備
260490	朝鮮朝日	西北版	1935-03-29	1	02단	宇垣總督久し振りの東上諸會議後五月上旬に

일련번호	판명		간행일	면	단수	기사명
260491	朝鮮朝日	西北版	1935-03-29	1	04단	鮮展の來
260492	朝鮮朝日	西北版	1935-03-29	1	04단	發電調査は新議員へ任す平壤府會(第六日)
260493	朝鮮朝日	西北版	1935-03-29	1	04단	ホームスパン製織に平南も乗り出す來年十月頃市場へ
260494	朝鮮朝日	西北版	1935-03-29	1	05단	賣掛傳票への金融を考究金組平南支部
260495	朝鮮朝日	西北版	1935-03-29	1	05단	緬羊の花嫁先發隊到着
260496	朝鮮朝日	西北版	1935-03-29	1	05단	軍都の春を飾る軍旗祭の祝ひ輝く拜受廿周年を記念して特別賑やかに擧行
260497	朝鮮朝日	西北版	1935-03-29	1	06단	朝鮮では二つ目の重寶な自動車起重機一日から鎭南浦港で活動
260498	朝鮮朝日	西北版	1935-03-29	1	06단	校舍增改築の起債認可さる楓井普通學校
260499	朝鮮朝日	西北版	1935-03-29	1	06단	石田少佐羅南へ着任
260500	朝鮮朝日	西北版	1935-03-29	1	07단	放火犯人に八年を求刑
260501	朝鮮朝日	西北版	1935-03-29	1	07단	朱乙を中心に山野を跋涉「山來るだけがんばる」とべ博士羅南で語る/安州農業の洪教諭訪問
260502	朝鮮朝日	西北版	1935-03-29	1	08단	妓生學校の入試
260503	朝鮮朝日	西北版	1935-03-29	1	09단	警察も呆れる夥しい交通事故三時間に六千六百件
260504	朝鮮朝日	西北版	1935-03-29	1	09단	腦脊髓膜炎更に二名發生
260505	朝鮮朝日	西北版	1935-03-29	1	09단	お客を装ひ釣錢を詐取忽ち捕はる
260506	朝鮮朝日	西北版	1935-03-29	1	09단	留置中逃走の犯人捕はる
260507	朝鮮朝日	西北版	1935-03-29	1	10단	怪賊の死因で巡視取調べ
260508	朝鮮朝日	西北版	1935-03-29	1	10단	府電に轢殺さる
260509	朝鮮朝日	西北版	1935-03-29	1	10단	人(山脇金五郎氏(新任三中井デパート平壤支店長))
260510	朝鮮朝日	西北版	1935-03-29	1	10단	樂浪小話
260511	朝鮮朝日	南鮮版	1935-03-29	1	01단	有能官吏割愛は實業界にも必要勇退知事の天降りに關し總督、所信を闡明す
260512	朝鮮朝日	南鮮版	1935-03-29	1	01단	六十萬町步の國有林野を測量十年度は人手を倍に殖やし豫定を一、二年短縮
260513	朝鮮朝日	南鮮版	1935-03-29	1	01단	縱橫に解剖される産金時代の裏表本社京城支局主催の座談會近く本紙上に連載
260514	朝鮮朝日	南鮮版	1935-03-29	1	02단	追加豫算決る流産法案の分は自然消滅
260515	朝鮮朝日	南鮮版	1935-03-29	1	04단	光州學組豫算
260516	朝鮮朝日	南鮮版	1935-03-29	1	04단	いま一息で五千萬圓を超す激增する郵便貯金
260517	朝鮮朝日	南鮮版	1935-03-29	1	04단	總督府辭令
260518	朝鮮朝日	南鮮版	1935-03-29	1	04단	京城の府稅は稀有の增收
260519	朝鮮朝日	南鮮版	1935-03-29	1	05단	釜山府會(第四日)
260520	朝鮮朝日	南鮮版	1935-03-29	1	05단	行政區域擴張急施を要望京城府議から
260521	朝鮮朝日	南鮮版	1935-03-29	1	05단	南鮮に揚る陽春の讚歌一重櫻はもう見頃お花見列軍も待機
260522	朝鮮朝日	南鮮版	1935-03-29	1	06단	農村振興の擴充を討議四月廿九日から開催する指導者の全體會議

일련번호	판명		간행일	면	단수	기사명
260523	朝鮮朝日	南鮮版	1935-03-29	1	06단	竹刀を滿洲國へ一萬本も輸出久留米絣は每日卅反を織る光州刑務所の囚人
260524	朝鮮朝日	南鮮版	1935-03-29	1	07단	美しい國防獻金
260525	朝鮮朝日	南鮮版	1935-03-29	1	08단	もよほし(京城商議委員會/京畿道郡守會議)
260526	朝鮮朝日	南鮮版	1935-03-29	1	08단	人(大石新仕龍山憲兵分隊長/大野新任軍高級參謀/高地朝鮮憲兵隊司令部員/井上遞信局長/末廣新任平壤法院長/吉村軍獸醫部長/吉益大阪訴訟院檢事長/上瀧總督府人事課長/滿洲團協和會內地視察團/渡邊新任釜山刑務所長/吉市全南警察部長/姜同産業部長/世界キリスト教靑年會聯合會總監督ジョン・アール・モット博士/村永新任朝鮮憲兵隊司令官)
260527	朝鮮朝日	南鮮版	1935-03-29	1	08단	四月七日に命名式擧行海軍文明琦號
260528	朝鮮朝日	南鮮版	1935-03-29	1	08단	未來の大商人に餘暇を割いて勉强させる大邱に店員訓練所
260529	朝鮮朝日	南鮮版	1935-03-29	1	08단	春を捨てる男女の自殺
260530	朝鮮朝日	南鮮版	1935-03-29	1	09단	朝日映畫の夕
260531	朝鮮朝日	南鮮版	1935-03-29	1	09단	鮮展の栞
260532	朝鮮朝日	南鮮版	1935-03-29	1	09단	線路の喧嘩列車を停む一人は逃走話の種
260533	朝鮮朝日	南鮮版	1935-03-29	1	10단	下關水産市況(廿八日)
260534	朝鮮朝日	南鮮版	1935-03-29	1	10단	鷄林かゞみ
260535	朝鮮朝日	西北版	1935-03-30	1	01단	朝鮮送電から直接買電を決意西鮮合電の供給に比較し年額約十萬圓浮く
260536	朝鮮朝日	西北版	1935-03-30	1	01단	動く一千萬圓に景氣沸き立つ早くも勞働者續々乘りこむ建設第三年の羅津港
260537	朝鮮朝日	西北版	1935-03-30	1	01단	普校兒童の職業敎育を助長長期の品評會を開く
260538	朝鮮朝日	西北版	1935-03-30	1	03단	精一杯やる新法院長着任
260539	朝鮮朝日	西北版	1935-03-30	1	03단	輕爆廿四機飛び盛大な觀兵式天長節の軍都平壤
260540	朝鮮朝日	西北版	1935-03-30	1	04단	永濱本社員講演
260541	朝鮮朝日	西北版	1935-03-30	1	04단	本府へ四件の意見書提出平壤府會終る
260542	朝鮮朝日	西北版	1935-03-30	1	04단	二百萬本の桑苗を檢收養蠶家の內容充實
260543	朝鮮朝日	西北版	1935-03-30	1	04단	國華デーに造花を賣る
260544	朝鮮朝日	西北版	1935-03-30	1	05단	平南へお嫁入りの緬羊
260545	朝鮮朝日	西北版	1935-03-30	1	05단	薄命の孤兒を助け醫專を卒業さす平壤署の江草巡査
260546	朝鮮朝日	西北版	1935-03-30	1	05단	童心の綴る「更生の姿」道からご褒美
260547	朝鮮朝日	西北版	1935-03-30	1	06단	平壤府のお台所借金で火の車三百卅二萬圓の巨額に上り府民の頭割り廿圓
260548	朝鮮朝日	西北版	1935-03-30	1	06단	安昌鎬が離婚訴訟
260549	朝鮮朝日	西北版	1935-03-30	1	07단	潛行運動の二名に警告
260550	朝鮮朝日	西北版	1935-03-30	1	07단	朱乙溫泉を彩る異國情緒上海、ハルビンから押寄せ外人村を建設する
260551	朝鮮朝日	西北版	1935-03-30	1	07단	熊田元巡査部長八ヶ月來刑

일련번호	판명		간행일	면	단수	기사명
260552	朝鮮朝日	西北版	1935-03-30	1	07단	牛市場跡へ公設市場を設く移轉を待って建築
260553	朝鮮朝日	西北版	1935-03-30	1	07단	放火元教員三年の判決
260554	朝鮮朝日	西北版	1935-03-30	1	08단	兩船會社が演ずるスピード競爭北鮮、新潟間の命令航路に朝郵は新京丸配船
260555	朝鮮朝日	西北版	1935-03-30	1	08단	羅南聯隊の勳章傳達式
260556	朝鮮朝日	西北版	1935-03-30	1	09단	赤誠の國防獻金
260557	朝鮮朝日	西北版	1935-03-30	1	09단	電力需給の基本調査を行ふ十一年度から第二期統制
260558	朝鮮朝日	西北版	1935-03-30	1	09단	人(山脇金五郎氏(新任三中井平壤支店長)/鷲津第三十九旅團長/大沼平壤地方院檢事正/中富新飛行第六聯隊長)
260559	朝鮮朝日	西北版	1935-03-30	1	10단	樂浪小話
260560	朝鮮朝日	南鮮版	1935-03-30	1	01단	歐洲大戰以來の好景氣沸き立つ仁川、鎭南浦兩港の岸壁は凄まじい滯貨の山
260561	朝鮮朝日	南鮮版	1935-03-30	1	01단	植樹デー廿五周年半島の山々を盡く綠化せよ記念植樹初め各種の催しに目覺めゆく鄕土愛/植木市を開く三越裏手で
260562	朝鮮朝日	南鮮版	1935-03-30	1	02단	知事榮進の噂に胸躍らす人々渡邊氏の東拓入りと交換に內地から一人補充か
260563	朝鮮朝日	南鮮版	1935-03-30	1	03단	童心に映る「我家の更生」綴方の御褒美
260564	朝鮮朝日	南鮮版	1935-03-30	1	03단	春を蝕む病魔天然痘と流行性腦脊髓膜炎各地に猛威を揮ふ
260565	朝鮮朝日	南鮮版	1935-03-30	1	04단	巖海邑慶和洞防渡提に給水設備
260566	朝鮮朝日	南鮮版	1935-03-30	1	04단	差當り釜山方面へ圓滑に配給する本府、糖價紛爭を調停
260567	朝鮮朝日	南鮮版	1935-03-30	1	05단	株式を公募明賓産業會社
260568	朝鮮朝日	南鮮版	1935-03-30	1	05단	和順の無煙炭は殆んど無盡藏本府の直接調査で確かめらる全南發展の原動力
260569	朝鮮朝日	南鮮版	1935-03-30	1	05단	曹檢事と關係者の對質訊問を行ふ本格的取調べ始る
260570	朝鮮朝日	南鮮版	1935-03-30	1	06단	內地人女の飛込み自殺大邱附近で
260571	朝鮮朝日	南鮮版	1935-03-30	1	06단	河東海苔は二割の高値出廻り約十二萬圓
260572	朝鮮朝日	南鮮版	1935-03-30	1	07단	居昌署から犯人二名逃走す何れも竊盜犯同士
260573	朝鮮朝日	南鮮版	1935-03-30	1	07단	阿峴里の火事
260574	朝鮮朝日	南鮮版	1935-03-30	1	08단	教育令の改正樞府で可決四月一日から實施
260575	朝鮮朝日	南鮮版	1935-03-30	1	08단	四月十日頃正式の交涉運賃協定問題
260576	朝鮮朝日	南鮮版	1935-03-30	1	08단	映寫技術員に試驗を實施か危い引火事件を防止
260577	朝鮮朝日	南鮮版	1935-03-30	1	08단	人(山脇金五郎氏(新任三中井平壤支店長)/鷲津第三十九旅團長/大沼平壤地方院檢事正/中富新飛行第六聯隊長)
260578	朝鮮朝日	南鮮版	1935-03-30	1	09단	もよほし(香椎會頭の觀櫻宴/慶南道女子棉作練習所入場式/慶北道府尹郡守島司會議)
260579	朝鮮朝日	南鮮版	1935-03-30	1	09단	朝日映畫の夕
260580	朝鮮朝日	南鮮版	1935-03-30	1	10단	下關水産市况(廿九日)
260581	朝鮮朝日	南鮮版	1935-03-30	1	10단	鷄林かゞみ

일련번호	판명		간행일	면	단수	기사명
260582	朝鮮朝日	西北版	1935-03-31	1	01단	歐洲大戰に次ぐ好景氣の交響樂鎭南浦、仁川兩港の岸壁は凄まじい滯貨の山
260583	朝鮮朝日	西北版	1935-03-31	1	01단	知事級の異動大體の顏觸れ決る/朝鮮人入りは二度の勤め安武氏の略歷
260584	朝鮮朝日	西北版	1935-03-31	1	01단	從價稅に改正稅率引下を陳情滿洲國の靴下輸入稅につき平壤商工會議所が
260585	朝鮮朝日	西北版	1935-03-31	1	01단	光榮の高齡者平南百十九名
260586	朝鮮朝日	西北版	1935-03-31	1	03단	建築問題で銳く詰寄る平壤第一部會
260587	朝鮮朝日	西北版	1935-03-31	1	03단	記念植樹廿五周年牡丹台の裏手に杏を植ゑる兒童の愛林歌や愛林舞踊で花やかな野外宴/目拔通りで珍しい綠化市盆栽や草花の種子を卽賣お値段も特に勉强
260588	朝鮮朝日	西北版	1935-03-31	1	04단	平南道辭令(廿八日付)
260589	朝鮮朝日	西北版	1935-03-31	1	04단	冷害救恤品は無料で輸送
260590	朝鮮朝日	西北版	1935-03-31	1	05단	吳博に異彩を放つ朝鮮館
260591	朝鮮朝日	西北版	1935-03-31	1	05단	長山墓地を移轉に決る
260592	朝鮮朝日	西北版	1935-03-31	1	05단	男よりも女が長壽粗食の山間部には少い平南の高齡者調べ
260593	朝鮮朝日	西北版	1935-03-31	1	06단	瀨川大佐羅南へ着任
260594	朝鮮朝日	西北版	1935-03-31	1	06단	西北鮮に地方放送局平壤、咸興有力
260595	朝鮮朝日	西北版	1935-03-31	1	06단	阿部大將視察日割
260596	朝鮮朝日	西北版	1935-03-31	1	07단	學務委員を設置の研究
260597	朝鮮朝日	西北版	1935-03-31	1	07단	鈴木氏ら二日に公判
260598	朝鮮朝日	西北版	1935-03-31	1	07단	豪勢な産金王國投資一億七千萬圓を突破し一年に五倍半の激增
260599	朝鮮朝日	西北版	1935-03-31	1	07단	曹檢事と關係者の對質訊問を行ふ本格的取調べ始る
260600	朝鮮朝日	西北版	1935-03-31	1	08단	プールを設け敎室を增築第一敎育部の新規事業
260601	朝鮮朝日	西北版	1935-03-31	1	08단	朝鮮商工が事業を擴大
260602	朝鮮朝日	西北版	1935-03-31	1	08단	敎育令の改正樞府で可決四月一日から實施
260603	朝鮮朝日	西北版	1935-03-31	1	09단	主要道路の露店を禁止
260604	朝鮮朝日	西北版	1935-03-31	1	09단	阿片の密輸入
260605	朝鮮朝日	西北版	1935-03-31	1	09단	サラリーマンには黑字商人は赤字暖冬の帳尻
260606	朝鮮朝日	西北版	1935-03-31	1	10단	腦脊髓膜炎十一名に上る
260607	朝鮮朝日	西北版	1935-03-31	1	10단	七人組のスリ逮捕さる
260608	朝鮮朝日	西北版	1935-03-31	1	10단	人(藤原喜藏氏)
260609	朝鮮朝日	西北版	1935-03-31	1	10단	樂浪小話
260610	朝鮮朝日	南鮮版	1935-03-31	1	01단	出でよ、半島から日本一の健康兒第六回本社主催表彰會で健康朝鮮の寶搜し(朝鮮地方審査會)
260611	朝鮮朝日	南鮮版	1935-03-31	1	01단	市街地令の狙ふ近代都市の美觀劇場や料理店など住宅地域內には建築できぬ
260612	朝鮮朝日	南鮮版	1935-03-31	1	01단	釜山府會(第五日)/釜山府會(第六日)

일련번호	판명		간행일	면	단수	기사명
260613	朝鮮朝日	南鮮版	1935-03-31	1	02단	黄金狂時代に聽く(1)/水車など使って小規模の精錬支那方面の注目をおそれて産金獎勵はやらぬ
260614	朝鮮朝日	南鮮版	1935-03-31	1	03단	京畿府尹郡守會議
260615	朝鮮朝日	南鮮版	1935-03-31	1	03단	大邱府會(第九日)
260616	朝鮮朝日	南鮮版	1935-03-31	1	04단	四月廿一日に招魂祭を擧行
260617	朝鮮朝日	南鮮版	1935-03-31	1	04단	知事級の異動大體の顔觸れ決る
260618	朝鮮朝日	南鮮版	1935-03-31	1	05단	總督府辭令
260619	朝鮮朝日	南鮮版	1935-03-31	1	05단	中等校の校長さん四月早々に異動相當廣範圍に亙る
260620	朝鮮朝日	南鮮版	1935-03-31	1	06단	仁川と麗水の土木出張所一日に店開き技師級異動も同時に發令
260621	朝鮮朝日	南鮮版	1935-03-31	1	06단	明日から蓋あけ山林文化展
260622	朝鮮朝日	南鮮版	1935-03-31	1	07단	手提金庫を專門に會社商店を荒す少年竊盜犯捕はる
260623	朝鮮朝日	南鮮版	1935-03-31	1	07단	鎭海邑豫算
260624	朝鮮朝日	南鮮版	1935-03-31	1	07단	時效の一年前に李光福捕はる武裝犯人團の首魁逃亡十數年、上海で惡運盡く
260625	朝鮮朝日	南鮮版	1935-03-31	1	07단	朝鮮の施設に驚嘆の瞳賑やかに京城入りの協和會內地視察團
260626	朝鮮朝日	南鮮版	1935-03-31	1	08단	殺した老人の暗葬を企つ
260627	朝鮮朝日	南鮮版	1935-03-31	1	08단	女給の自殺未遂
260628	朝鮮朝日	南鮮版	1935-03-31	1	08단	巡査の家から衣服を騙る
260629	朝鮮朝日	南鮮版	1935-03-31	1	08단	主家の金で遊びまはる
260630	朝鮮朝日	南鮮版	1935-03-31	1	08단	飛込み自殺
260631	朝鮮朝日	南鮮版	1935-03-31	1	09단	朝日映畫の夕
260632	朝鮮朝日	南鮮版	1935-03-31	1	09단	湯川元主事ら公判へ回付
260633	朝鮮朝日	南鮮版	1935-03-31	1	09단	もよほし(湖南旅行俱樂部主催第六回京城觀光團)
260634	朝鮮朝日	南鮮版	1935-03-31	1	10단	人(石塚總督府穀物檢査所技師/小山大阪商船京城出張所長/京城府廳野球部平瀨五郎選手/小丸源左衛門氏(大田刑務所長)/本事京城支局來訪)
260635	朝鮮朝日	南鮮版	1935-03-31	1	10단	下關水産市況(三十日)
260636	朝鮮朝日	南鮮版	1935-03-31	1	10단	鷄林かゞみ

1935년 4월 (조선아사히)

일련번호	판명		간행일	면	단수	기사명
260637	朝鮮朝日	西北版	1935-04-02	1	01단	出でよ、半島から日本一の健康兒第六回本社主催表彰會で健康朝鮮の寶捜し/朝鮮地方審査會
260638	朝鮮朝日	西北版	1935-04-02	1	01단	一目數萬本の杏花の新名所平壤近郊晚達山に發見され平鐵、歡光客を誘致
260639	朝鮮朝日	西北版	1935-04-02	1	01단	狗峴嶺を衝く(1)/國境の心臟貫く大陸への動脈雄々しくも全智能を傾けて自然征服の肉彈戰
260640	朝鮮朝日	西北版	1935-04-02	1	02단	約二百萬圓平壤土木出張所の總事業費
260641	朝鮮朝日	西北版	1935-04-02	1	03단	國境第一線に申分がない大竹新任平北知事/「一生を通じ忘れられぬ」土師新慶南知事夫人のお話/「眞劍に明るい行政をする」安武新任平南知事
260642	朝鮮朝日	西北版	1935-04-02	1	04단	七坪郵便所の通話區域擴張
260643	朝鮮朝日	西北版	1935-04-02	1	06단	總督府辭令
260644	朝鮮朝日	西北版	1935-04-02	1	06단	農事試驗場の移轉地決る
260645	朝鮮朝日	西北版	1935-04-02	1	07단	富籤の悲劇折角の一萬圓は沒收されおまけに十圓の科料
260646	朝鮮朝日	西北版	1935-04-02	1	08단	遞信辭令
260647	朝鮮朝日	西北版	1935-04-02	1	08단	子供の弄火で六戶十棟全燒平南水山面
260648	朝鮮朝日	西北版	1935-04-02	1	08단	平北州內面へ馬賊侵入す拳銃で威嚇二名拉致
260649	朝鮮朝日	西北版	1935-04-02	1	09단	卅五名に互る大異動發令(平南警察署)
260650	朝鮮朝日	西北版	1935-04-02	1	10단	話の種
260651	朝鮮朝日	西北版	1935-04-02	1	10단	人(福島平壤商議會頭/甘蔗平壤稅務監督局長)
260652	朝鮮朝日	西北版	1935-04-02	1	10단	樂浪小話
260653	朝鮮朝日	南鮮版	1935-04-02	1	01단	外地の人事行政伸縮性を與へる鮮台官吏を自由に動かす兒玉拓相の新方針
260654	朝鮮朝日	南鮮版	1935-04-02	1	01단	あす植樹デー世界に類例なき大衆の誇り思ひ出の廿五周年を迎へて矢島農林局長語る
260655	朝鮮朝日	南鮮版	1935-04-02	1	01단	「粉骨碎身して働くつもり」岡崎新任慶北知事/古巢に歸る懐しい氣持慶南にはどっさり置土産孫新任江原道知事/水禍防止に大きい功績勇退の金瑞圭氏
260656	朝鮮朝日	南鮮版	1935-04-02	1	03단	遞信局の廳舍廿萬圓で增改築本年末に竣工する
260657	朝鮮朝日	南鮮版	1935-04-02	1	03단	總督府辭令
260658	朝鮮朝日	南鮮版	1935-04-02	1	04단	京城の記念式
260659	朝鮮朝日	南鮮版	1935-04-02	1	05단	春の東萊溫泉へお花見客繰出す
260660	朝鮮朝日	南鮮版	1935-04-02	1	05단	江原道へも警備船配屬
260661	朝鮮朝日	南鮮版	1935-04-02	1	06단	原案を可決釜山府會終る
260662	朝鮮朝日	南鮮版	1935-04-02	1	06단	「ひかり」延着
260663	朝鮮朝日	南鮮版	1935-04-02	1	06단	遞信辭令
260664	朝鮮朝日	南鮮版	1935-04-02	1	07단	京城太平通で五戶全燒す放火の疑ひ
260665	朝鮮朝日	南鮮版	1935-04-02	1	07단	謎の自殺美人
260666	朝鮮朝日	南鮮版	1935-04-02	1	07단	靑年の自殺未遂
260667	朝鮮朝日	南鮮版	1935-04-02	1	07단	初等校員異動/中等、初等の大動發令

일련번호	판명		간행일	면	단수	기사명
260668	朝鮮朝日	南鮮版	1935-04-02	1	08단	京城三越五階ホール白頭山探檢寫眞展四月四日限り
260669	朝鮮朝日	南鮮版	1935-04-02	1	08단	列車に刎らる
260670	朝鮮朝日	南鮮版	1935-04-02	1	08단	八戸全半燒晋州の火事
260671	朝鮮朝日	南鮮版	1935-04-02	1	08단	新刊紹介(『東方文化史叢書』)
260672	朝鮮朝日	南鮮版	1935-04-02	1	09단	七月末までに無電機裝置新義州無電局
260673	朝鮮朝日	南鮮版	1935-04-02	1	09단	朝日映畫の夕
260674	朝鮮朝日	南鮮版	1935-04-02	1	10단	下關水産市況(一日)
260675	朝鮮朝日	南鮮版	1935-04-02	1	10단	鷄林かゞみ
260676	朝鮮朝日	西北版	1935-04-03	1	01단	笠原平中教諭祕藏の逸品軍神廣瀬中佐の忠烈を偲ぶ遺稿日露海戰卅周年の折も折圖らずも世に現る
260677	朝鮮朝日	西北版	1935-04-03	1	01단	狗峴嶺を衝く(2)/波り鳥を相手に闇に咲く女達嚴冬にも薪がなく職員の家庭はどこも大弱り
260678	朝鮮朝日	西北版	1935-04-03	1	03단	*初等學校教員空前の大異動/中等學校の校長級異動*
260679	朝鮮朝日	西北版	1935-04-03	1	03단	市街地令の狙ふ近代都市の美觀劇場や料理店など住宅地域內には建築できぬ
260680	朝鮮朝日	西北版	1935-04-03	1	04단	淸津魚菜市場を漁組で買收
260681	朝鮮朝日	西北版	1935-04-03	1	05단	中等學校の校長級異動
260682	朝鮮朝日	西北版	1935-04-03	1	05단	蛤五千箱を內地へ移出海底プールを擴げる
260683	朝鮮朝日	西北版	1935-04-03	1	06단	中富大佐着任
260684	朝鮮朝日	西北版	1935-04-03	1	06단	北鮮丸就航
260685	朝鮮朝日	西北版	1935-04-03	1	07단	佳木斯の春に花嫁御寮の氾濫淸津經由で內地から續々曠野の勇士の愛の手に
260686	朝鮮朝日	西北版	1935-04-03	1	07단	匪賊五十餘名駐在所を襲擊滿人五名を拉致す
260687	朝鮮朝日	西北版	1935-04-03	1	08단	七月末までに無電機裝置新義州無電局
260688	朝鮮朝日	西北版	1935-04-03	1	08단	山岳ファン待望の白頭山寫眞展本社平壤通信部主催で三中井で開催する
260689	朝鮮朝日	西北版	1935-04-03	1	08단	春窮季細民へ衣食を贈る
260690	朝鮮朝日	西北版	1935-04-03	1	08단	辯護士數名の背任發覺？檢事局活動
260691	朝鮮朝日	西北版	1935-04-03	1	08단	永明寺住職の椅子を繞る紛糾信者まで捲き込まれ險惡化の一路を辿る
260692	朝鮮朝日	西北版	1935-04-03	1	10단	短刀で脅迫し現金を強奪二人組強盜直ちに逮捕
260693	朝鮮朝日	西北版	1935-04-03	1	10단	職工二名が瀕死の火傷
260694	朝鮮朝日	西北版	1935-04-03	1	10단	「水戸黃門」階樂館で上映
260695	朝鮮朝日	西北版	1935-04-03	1	10단	樂浪小話
260696	朝鮮朝日	南鮮版	1935-04-03	1	01단	*麗春は本舞台へ絢爛な櫻花圖繪縱貫鐵道に乘って訪れる新版朝鮮の艶で姿/宛ら不夜城滿開の馬山/花に唆られ浮立つ旅心京城驛は目の廻る忙しさ全く鐵道の書入時*
260697	朝鮮朝日	南鮮版	1935-04-03	1	02단	黃金狂時代に聽く(2)/フーヴァ前米大統領も朔州で働いた匿された先輩技師の妾から假病を便ひ珍電報
260698	朝鮮朝日	南鮮版	1935-04-03	1	04단	大村五機應援に飛來

일련번호	판명		간행일	면	단수	기사명
260699	朝鮮朝日	南鮮版	1935-04-03	1	05단	國華日に櫻花章を賣る
260700	朝鮮朝日	南鮮版	1935-04-03	1	05단	定例局長會議
260701	朝鮮朝日	南鮮版	1935-04-03	1	06단	勸學祭執行朝鮮神宮で
260702	朝鮮朝日	南鮮版	1935-04-03	1	06단	不便な警察官の住宅難を解決共濟組合で本腰の調査進め警官村建設も考慮
260703	朝鮮朝日	南鮮版	1935-04-03	1	07단	發動機船遭難六名が漂流
260704	朝鮮朝日	南鮮版	1935-04-03	1	07단	『第一課から大いに勉強』子福者で引越しは大賑ひ金新任忠北知事語る
260705	朝鮮朝日	南鮮版	1935-04-03	1	07단	中等學校の校長級異動
260706	朝鮮朝日	南鮮版	1935-04-03	1	08단	忠南辭令(三十一日付)
260707	朝鮮朝日	南鮮版	1935-04-03	1	09단	功勞を表彰
260708	朝鮮朝日	南鮮版	1935-04-03	1	09단	「今回で四度目思ひ出が深い」持永憲兵司令官着任
260709	朝鮮朝日	南鮮版	1935-04-03	1	10단	二幼兒燒死群山の火事
260710	朝鮮朝日	南鮮版	1935-04-03	1	10단	下關水産市況(二日)
260711	朝鮮朝日	南鮮版	1935-04-03	1	10단	朝日映畫の夕
260712	朝鮮朝日	南鮮版	1935-04-03	1	10단	人(本社釜山通信部來訪/大野幹平氏(新任慶南道會計課長)/磯崎榮太郎氏(新任慶南道理財課長))
260713	朝鮮朝日	西北版	1935-04-04	1		休刊
260714	朝鮮朝日	南鮮版	1935-04-04	1		休刊
260715	朝鮮朝日	西北版	1935-04-05	1	01단	飜然赤を淸算し明朖・勤勞の道へ策源地咸北內の轉向靑年忽ち三千名を越す
260716	朝鮮朝日	西北版	1935-04-05	1	01단	二百票獲得すれば當選圈內に入る平壤府議戰は候補者快立で大激戰を豫想さる/絶對多數が內鮮逆轉か朝鮮人側の有權者數確實に約五百名多い
260717	朝鮮朝日	西北版	1935-04-05	1	01단	狗峴嶺を衝く(3)/トロを引連れて威張る珍電車巖片の落ちる音に膽を冷し隧道の最難所を行く
260718	朝鮮朝日	西北版	1935-04-05	1	03단	建設事務所の設置を計劃
260719	朝鮮朝日	西北版	1935-04-05	1	04단	羅南の軍旗祭
260720	朝鮮朝日	西北版	1935-04-05	1	04단	記念植樹を視察する宇垣總督(三日京城にて)
260721	朝鮮朝日	西北版	1935-04-05	1	04단	實踐教育に主力を注ぐ新設の商業專修はに廿日頃に開設する/慰勞謝恩會
260722	朝鮮朝日	西北版	1935-04-05	1	05단	「偉大な足跡」を讚へ感謝文を贈る退官の前知事藤原さんに別れ惜む平壤府民
260723	朝鮮朝日	西北版	1935-04-05	1	06단	空からのお花見に氣の早い申込み日本空輸の珍しい遊覽飛行滿開の下旬に實行
260724	朝鮮朝日	西北版	1935-04-05	1	07단	平鐵異動
260725	朝鮮朝日	西北版	1935-04-05	1	07단	平南平坦部に萩林を造成農用林設定に着手
260726	朝鮮朝日	西北版	1935-04-05	1	07단	阿片の密輸一萬五千圓
260727	朝鮮朝日	西北版	1935-04-05	1	07단	鎭南浦會議所議員當選者
260728	朝鮮朝日	西北版	1935-04-05	1	08단	平南道辭令(一日付)

일련번호	판명		간행일	면	단수	기사명
260729	朝鮮朝日	西北版	1935-04-05	1	08단	三戸を全燒古平面の火事
260730	朝鮮朝日	西北版	1935-04-05	1	09단	雨量觀測所六郡に增設
260731	朝鮮朝日	西北版	1935-04-05	1	09단	人(阿部信行大將/三宅第二十師團長/安武直夫氏(新任平南知事)/岸川於菟松氏(新任平南高等課長)/今井安太郎氏(新任江西署長)/野上友良氏(新任平南保安課次席警部))
260732	朝鮮朝日	西北版	1935-04-05	1	09단	朝鮮酒造協會大邱支部主催於第一回淸酒品評會
260733	朝鮮朝日	西北版	1935-04-05	1	10단	樂浪小話
260734	朝鮮朝日	南鮮版	1935-04-05	1	01단	輝く御訪日映畵全鮮最初の謹映本社飯沼機京城へ空輸し銀幕に仰ぐ御英姿
260735	朝鮮朝日	南鮮版	1935-04-05	1	01단	作付段別が殖え實收高は減少九年の棉作に殘る多雨と風水害に祟られた
260736	朝鮮朝日	南鮮版	1935-04-05	1	01단	賑かな新規事業遞信局の本年度豫算
260737	朝鮮朝日	南鮮版	1935-04-05	1	01단	黃金狂時代に聽く(3)/間島にはザラに大豆大の沙金寺內總督時代の産金獎勵費今日見事實を結ぶ
260738	朝鮮朝日	南鮮版	1935-04-05	1	03단	多大の功績尹新京畿參與官/御授助乞ふ朱新任慶南參與官語る
260739	朝鮮朝日	南鮮版	1935-04-05	1	04단	關水氏等の送別會
260740	朝鮮朝日	南鮮版	1935-04-05	1	04단	盛んな記念植樹(上)京城(右端が宇垣總督)(中)釜山(中央が土屋府尹)鮮(鎭)海要塞司部檢閱濟(下)大田(忠南道乾部)
260741	朝鮮朝日	南鮮版	1935-04-05	1	04단	土饅頭解消か本年から總督のお聲掛りで共同墓地の美化工作
260742	朝鮮朝日	南鮮版	1935-04-05	1	06단	仁川府豫算
260743	朝鮮朝日	南鮮版	1935-04-05	1	06단	京城で天勝大一座明日から公演本紙愛讀者を優待
260744	朝鮮朝日	南鮮版	1935-04-05	1	07단	北鮮製紙の重役顔觸れ
260745	朝鮮朝日	南鮮版	1935-04-05	1	07단	街の話題
260746	朝鮮朝日	南鮮版	1935-04-05	1	07단	京城婦人社會見學團
260747	朝鮮朝日	南鮮版	1935-04-05	1	08단	商工新聞催し七日蓋開け
260748	朝鮮朝日	南鮮版	1935-04-05	1	08단	ラヂオ・ビーコンを七發島に設ける霧の魔海で海難防止
260749	朝鮮朝日	南鮮版	1935-04-05	1	09단	就職難で縊死
260750	朝鮮朝日	南鮮版	1935-04-05	1	09단	人(岡崎哲郎氏(新任慶北知事)/金瑞圭氏(前慶北道知事)/石田保道少將(鎭海要塞司令官)/大串軍參謀長/阿部軍事參議官/池田新任永興灣要塞司令官/萩原鐵道局庶務課長/新貝新任總督府警務課長/藤井王子製紙參與/大竹新任平北知事/孫永穆氏(新任江原道知事)/和氣務氏(朝鮮興業株式會社釜社山支店支配人心得兼三浪津管理所長)/大橋前赤十字社朝鮮本部主幹/持永朝鮮憲兵隊司令官/山澤農林局農産課長)
260751	朝鮮朝日	南鮮版	1935-04-05	1	09단	朝鮮酒造協會大邱支部主催於第一回淸酒品評會
260752	朝鮮朝日	南鮮版	1935-04-05	1	10단	下關水産市況(四日)
260753	朝鮮朝日	南鮮版	1935-04-05	1	10단	鷄林かゞみ

일련번호	판명		간행일	면	단수	기사명
260754	朝鮮朝日	西北版	1935-04-06	1	01단	航空廠の新設は愈よ平壤に決定國境第一線の空の護りに一大威力を發揮す/敷地百萬坪を選び師團增設を待望軍部の平壤尊重を確信して昂まる府民の誇り
260755	朝鮮朝日	西北版	1935-04-06	1	01단	狗峴嶺を衝く(4)/怯え切った耳に突然爆破の音機械掘りになって懷しい情緒がすっかり消滅
260756	朝鮮朝日	西北版	1935-04-06	1	02단	滿浦線は東西から工事を進める一氣に路磐完成へ
260757	朝鮮朝日	西北版	1935-04-06	1	04단	第卅九旅團の幹部演習
260758	朝鮮朝日	西北版	1935-04-06	1	04단	便利になる日滿の通信京城新義州間の電信、電話近く增設工事に掛る
260759	朝鮮朝日	西北版	1935-04-06	1	04단	總督府辭令
260760	朝鮮朝日	西北版	1935-04-06	1	05단	北鮮製紙の重役顔觸れ
260761	朝鮮朝日	西北版	1935-04-06	1	05단	銀幕の上に仰ぐ颯爽の御英姿本社機空輸の御訪日映畵を續々と平壤で謹映
260762	朝鮮朝日	西北版	1935-04-06	1	06단	國境警備の僉議資料を送る大地圖とフィルム
260763	朝鮮朝日	西北版	1935-04-06	1	06단	先づ初年度は千町步充當咸南農用林地
260764	朝鮮朝日	西北版	1935-04-06	1	07단	壯烈な防空演習平壤高射砲隊で實施
260765	朝鮮朝日	西北版	1935-04-06	1	07단	兵隊さんを特に優待か平壤電氣調査委員會で研究
260766	朝鮮朝日	西北版	1935-04-06	1	08단	街の話題
260767	朝鮮朝日	西北版	1935-04-06	1	08단	平壤飛行場近く地均し
260768	朝鮮朝日	西北版	1935-04-06	1	08단	咸南の藥草素晴しい値上り道から少額資金を融通し豫賣を絶對に防ぐ
260769	朝鮮朝日	西北版	1935-04-06	1	09단	武裝共匪間島を襲擊放火掠奪す
260770	朝鮮朝日	西北版	1935-04-06	1	10단	雄基の火事三棟を全燒
260771	朝鮮朝日	西北版	1935-04-06	1	10단	樂浪小話
260772	朝鮮朝日	南鮮版	1935-04-06	1	01단	全鮮の郵便貯金五千萬圓を突破郵便局所の大觀誘奏功し多年の目的達成す
260773	朝鮮朝日	南鮮版	1935-04-06	1	01단	夏場運賃の交涉に穀聯側頗る强硬決裂せば自由積取り
260774	朝鮮朝日	南鮮版	1935-04-06	1	01단	皇軍將士に感謝を捧ぐ慰問資金募集の櫻花章を京城の辻々で賣る(大邱)
260775	朝鮮朝日	南鮮版	1935-04-06	1	01단	總督府辭令
260776	朝鮮朝日	南鮮版	1935-04-06	1	02단	土木課長會議主な協議事項
260777	朝鮮朝日	南鮮版	1935-04-06	1	02단	黃金狂時代に聽く(4)/眞劍に稼行せずお祭騷ぎした折角「寶の山」に入りながら旗を券いて引揚げ
260778	朝鮮朝日	南鮮版	1935-04-06	1	03단	李朝五百年間の實錄全く成る史學上の一大業績
260779	朝鮮朝日	南鮮版	1935-04-06	1	04단	朝鮮公論社
260780	朝鮮朝日	南鮮版	1935-04-06	1	04단	鐘紡工場の誘致望み薄府尹近く上阪
260781	朝鮮朝日	南鮮版	1935-04-06	1	05단	春なれば
260782	朝鮮朝日	南鮮版	1935-04-06	1	05단	叺景氣を現出一月以降の全鮮生産枚數は前年の七倍に激增
260783	朝鮮朝日	南鮮版	1935-04-06	1	05단	紐育航路の寄港を電請
260784	朝鮮朝日	南鮮版	1935-04-06	1	05단	不良水組の整理打合せ廿二日から四日間主任官會議を聞く

일련번호	판명		간행일	면	단수	기사명
260785	朝鮮朝日	南鮮版	1935-04-06	1	06단	組合銀行三月末預金貸出高
260786	朝鮮朝日	南鮮版	1935-04-06	1	07단	物言はぬ古美術品卅萬圓をかせぐ慶州博物館の入場者三萬
260787	朝鮮朝日	南鮮版	1935-04-06	1	07단	台灣の大會へ出場に決る(野球チーム)
260788	朝鮮朝日	南鮮版	1935-04-06	1	07단	全南漁村を彩る豊漁の明腺色價格は十割から卅割も上り春の惠みは海から
260789	朝鮮朝日	南鮮版	1935-04-06	1	08단	共犯者八名遂に起訴さる曺檢事は分離取調べ
260790	朝鮮朝日	南鮮版	1935-04-06	1	08단	列車から墜落
260791	朝鮮朝日	南鮮版	1935-04-06	1	08단	話の種
260792	朝鮮朝日	南鮮版	1935-04-06	1	09단	第八十聯隊の鐵道警備演習
260793	朝鮮朝日	南鮮版	1935-04-06	1	09단	金泉高女設立認可さる
260794	朝鮮朝日	南鮮版	1935-04-06	1	10단	電車に刎らる
260795	朝鮮朝日	南鮮版	1935-04-06	1	10단	人(今井田政務總監/關水武氏(前慶南道知事)/孫永穆氏(新任江原道知事)/宋文憲氏(新任京畿道産業課長)/進藤博馬氏(新任慶南道晉州郡守)/朴春琴代議士/林總督府財務局長)
260796	朝鮮朝日	南鮮版	1935-04-06	1	10단	下關水産市況(五日)
260797	朝鮮朝日	南鮮版	1935-04-06	1	10단	鷄林かゞみ
260798	朝鮮朝日	西北版	1935-04-07	1	01단	全鮮の郵便貯金五千萬圓を突破郵便局所の大勸誘奏功し多年の目的達成す
260799	朝鮮朝日	西北版	1935-04-07	1	01단	廿三機勢揃ひ集團飛行の壯擧平壤から大連まで
260800	朝鮮朝日	西北版	1935-04-07	1	01단	晴れの軍旗祭咸興の軍民協力し盛大に十八日擧行
260801	朝鮮朝日	西北版	1935-04-07	1	01단	高秩山に回遊道路新設七月に完成
260802	朝鮮朝日	西北版	1935-04-07	1	02단	平南冷害地へ種穀を配給
260803	朝鮮朝日	西北版	1935-04-07	1	02단	阿部大將羅津視察
260804	朝鮮朝日	西北版	1935-04-07	1	02단	狗峴嶺を衝く(5)/都の人に見せたい素朴な山の美觀待たれる滿浦線開通の日よ希望は伸びる北方へ
260805	朝鮮朝日	西北版	1935-04-07	1	04단	會頭は鈴木氏確實
260806	朝鮮朝日	西北版	1935-04-07	1	04단	李朝五百年間の實錄全く成る史學上の一大業績
260807	朝鮮朝日	西北版	1935-04-07	1	04단	種羊場を新設各郡配置の技術者も養成し本格的に緬羊獎勵/第一期事業
260808	朝鮮朝日	西北版	1935-04-07	1	05단	山間地帶にも農倉を設置先づ黃海道六郡に
260809	朝鮮朝日	西北版	1935-04-07	1	06단	道內六ヶ所に簡易隔離病舍
260810	朝鮮朝日	西北版	1935-04-07	1	06단	市日の賣揚げ四割の激增咸南に百卅一ヶ所
260811	朝鮮朝日	西北版	1935-04-07	1	07단	本月中旬から輸送を開始間島行の移民
260812	朝鮮朝日	西北版	1935-04-07	1	07단	三月中の平壤港貿易額
260813	朝鮮朝日	西北版	1935-04-07	1	07단	電氣化學工場は平南か、平北か一ヶ年の電力約二萬キロを自家發電する模樣
260814	朝鮮朝日	西北版	1935-04-07	1	07단	飛込み自殺
260815	朝鮮朝日	西北版	1935-04-07	1	08단	前間稅課長等四名を送局
260816	朝鮮朝日	西北版	1935-04-07	1	08단	怪盜の死因は果して私刑兩巡視自白す

일련번호	판명		간행일	면	단수	기사명
260817	朝鮮朝日	西北版	1935-04-07	1	09단	本社白頭山探檢寫眞展
260818	朝鮮朝日	西北版	1935-04-07	1	09단	咸南の山火事國有林から發火し強風で燃え擴がる
260819	朝鮮朝日	西北版	1935-04-07	1	10단	木炭鑛でなく單に天然木炭本府で鑑定
260820	朝鮮朝日	西北版	1935-04-07	1	10단	五十四戶に立退き要求
260821	朝鮮朝日	西北版	1935-04-07	1	10단	夫婦喧嘩から妻を絞殺す
260822	朝鮮朝日	西北版	1935-04-07	1	10단	人(三宅第二十師團長/福島商工會議所會頭/一戶草梁土木出張所主事/柳本産業課長)
260823	朝鮮朝日	南鮮版	1935-04-07	1	01단	法醫學會を飾る輝く金字塔蒙古人の血液型特にB型が多い北滿の義人に救はれ佐藤城大教授の貴重な研究
260824	朝鮮朝日	南鮮版	1935-04-07	1	01단	又もリシウムの大鑛脈を發見忠北斗岳山の麓で
260825	朝鮮朝日	南鮮版	1935-04-07	1	01단	內地密航者を嚴重取締る慶南警察部
260826	朝鮮朝日	南鮮版	1935-04-07	1	01단	大村五機京城へ飛來
260827	朝鮮朝日	南鮮版	1935-04-07	1	02단	お花見を兼ねて主婦學の勉強聯合婦人會の社會見學は愈よ十六日蠶島へ/天勝一座大人氣十日迄公演
260828	朝鮮朝日	南鮮版	1935-04-07	1	04단	簡保の模範部落を表彰
260829	朝鮮朝日	南鮮版	1935-04-07	1	04단	事故起しては大變麻雀を御法度鐵道現業員にきついお達し/旅客洪水に初の團體列車
260830	朝鮮朝日	南鮮版	1935-04-07	1	04단	特急「ひかり」に飛込み自殺內地人の男
260831	朝鮮朝日	南鮮版	1935-04-07	1	04단	黃金狂時代に聽く(5)/歐洲大戰當時は金の受難時代內地投資家が失敗したのは理解の足らぬため
260832	朝鮮朝日	南鮮版	1935-04-07	1	05단	副會頭に萬島氏當選
260833	朝鮮朝日	南鮮版	1935-04-07	1	05단	春宵の夢をかもす自慢のネオン塔例年より早い花信に備へて派手な春仕度を急ぐ昌慶苑
260834	朝鮮朝日	南鮮版	1935-04-07	1	06단	花街の爆彈動議料理屋組合の券番創立案俄然本券番へ電擊
260835	朝鮮朝日	南鮮版	1935-04-07	1	07단	中央高普生七名公判へ
260836	朝鮮朝日	南鮮版	1935-04-07	1	07단	嚴野院長方を襲った強盜捕はる
260837	朝鮮朝日	南鮮版	1935-04-07	1	08단	もよほし(關水前慶南道知事留別宴/慶南東萊郡龜浦消防組合/新造船披露宴/朝鮮鷺種業組合中央總會/釜山軟式野球聯盟主催慶南道體育協會後援の釜山春季軟式野球大會/大邱飲食店組合)
260838	朝鮮朝日	南鮮版	1935-04-07	1	09단	人(朱榮煥氏(新任慶南道參與官)/阿部陸軍大將/金忠北知事/森朝郵社長/田中總督府外事課長/鎭海紅梅町東本願寺住職柳說眞師/本社京城支局來訪/安武直夫氏/岡崎慶北道知事/乾明氏(慶南産業課長)/尹泰彬氏(京畿道參與官兼産業部長)/川上松五郎氏(江原道保安課長))
260839	朝鮮朝日	南鮮版	1935-04-07	1	09단	下關水産市況(六日)
260840	朝鮮朝日	南鮮版	1935-04-07	1	10단	鷄林かゞみ
260841	朝鮮朝日	南鮮版	1935-04-07	1	10단	公金拐帶の郡書記捕はる
260842	朝鮮朝日	西北版	1935-04-09	1	01단	櫻見ごろ十五日頃から

일련번호	판명		간행일	면	단수	기사명
260843	朝鮮朝日	西北版	1935-04-09	1	01단	塼槨墳を移轉し觀光客に見せる高句麗時代の遺品も揃へ樂浪博物館を充實/平壤の史蹟を世界的に宣傳英文パンフレットも作成し外人觀光客を誘ふ
260844	朝鮮朝日	西北版	1935-04-09	1	01단	別れて五十年目に天下晴れて再婚松井翁が嬉しい「結びの神」運命の高麗狗綺談
260845	朝鮮朝日	西北版	1935-04-09	1	03단	お花見列車五本を運轉觀光團體を募集し三、四割の運賃割引
260846	朝鮮朝日	西北版	1935-04-09	1	04단	人(堀內朋氏(新任平南道視察官)/島田鎭南捕商銀支店長)
260847	朝鮮朝日	西北版	1935-04-09	1	05단	盛んな藤原さんの惜別宴
260848	朝鮮朝日	西北版	1935-04-09	1	05단	處女地だけに大きい期待樂浪郡治址發掘に來壤の原田東大助教授語る
260849	朝鮮朝日	西北版	1935-04-09	1	05단	十一年度に會議室增築
260850	朝鮮朝日	西北版	1935-04-09	1	06단	北鮮の農耕適地を廿萬町步拂下げ十萬町步は火田民定着用地/高原地帶に稗を植ゑる荒蕪地活用の第一步
260851	朝鮮朝日	西北版	1935-04-09	1	07단	國防獻金
260852	朝鮮朝日	西北版	1935-04-09	1	07단	檄を飛ばして改革の烽火永明寺の紛糾に信者側起つ
260853	朝鮮朝日	西北版	1935-04-09	1	07단	黑ダイヤ百萬噸の突破祝ひは五月各地から炭鑛業者繰り込み平壤空前の大賑ひ
260854	朝鮮朝日	西北版	1935-04-09	1	08단	咸南巡査教習生は優良な農村靑年轉向者は全然ゐない
260855	朝鮮朝日	西北版	1935-04-09	1	08단	時邊利率
260856	朝鮮朝日	西北版	1935-04-09	1	08단	話の種
260857	朝鮮朝日	西北版	1935-04-09	1	09단	東紡誘致に見事成功平壤商議會頭福島氏土産談
260858	朝鮮朝日	西北版	1935-04-09	1	10단	四戶を全燒雄基の火事
260859	朝鮮朝日	西北版	1935-04-09	1	10단	夫を嫌って毒殺を企つ
260860	朝鮮朝日	西北版	1935-04-09	1	10단	面當て自殺
260861	朝鮮朝日	西北版	1935-04-09	1	10단	樂浪小話
260862	朝鮮朝日	南鮮版	1935-04-09	1	01단	新家族制度求め因習の鎖を斷つ親族法や相續法を改定し明年ごろから實施
260863	朝鮮朝日	南鮮版	1935-04-09	1	01단	千五、六百萬圓の石油工場を創設輸入稅だけで百萬圓の儲け今井田政務總監釜山で語る
260864	朝鮮朝日	南鮮版	1935-04-09	1	01단	通信收入の大增收振り遞信局は黑字景氣
260865	朝鮮朝日	南鮮版	1935-04-09	1	01단	選擧取締りの概要を發表京畿道から
260866	朝鮮朝日	南鮮版	1935-04-09	1	02단	黃金狂時代に聽く(6)/産金額は鑛道の長さに正比例交通機關と機械の發達から餘程有利になった
260867	朝鮮朝日	南鮮版	1935-04-09	1	03단	表彰される警察官八百人を超える警察協會が表彰狀と時計を天長節に授與する
260868	朝鮮朝日	南鮮版	1935-04-09	1	04단	衛生宣傳映畫
260869	朝鮮朝日	南鮮版	1935-04-09	1	04단	水防組合第一回打合會
260870	朝鮮朝日	南鮮版	1935-04-09	1	04단	盛んな植樹
260871	朝鮮朝日	南鮮版	1935-04-09	1	04단	新造船の披露宴

일련번호	판명		간행일	면	단수	기사명
260872	朝鮮朝日	南鮮版	1935-04-09	1	05단	寫眞說明((上)七日京城飛行場で命名式を擧行された海軍報國模文明琦號と京城健兒團(下)滲列の文明埼氏(右端)と宇垣總督(文氏の左))
260873	朝鮮朝日	南鮮版	1935-04-09	1	05단	御入京映畫に觀衆の感激本社第三報を京城へ空輸各館で一齊に謹映
260874	朝鮮朝日	南鮮版	1935-04-09	1	06단	勳章輝く老勇士の會京城で發會式
260875	朝鮮朝日	南鮮版	1935-04-09	1	07단	籠球選手來城
260876	朝鮮朝日	南鮮版	1935-04-09	1	07단	黑字に躍る局鐵九年度の發送高約五千萬圓創始以來の素晴しさ
260877	朝鮮朝日	南鮮版	1935-04-09	1	07단	小學校の卒業生は羽が生えて飛ぶ學士さんの就職難尻目に
260878	朝鮮朝日	南鮮版	1935-04-09	1	08단	もよほし(第九回全南聯合靑年團大會/京城朝鮮人辯護士會總會/優良從業員表彰式/京城府女教員會/釋尊降誕會/京城商工會議所工業部會/持永新任朝鮮憲兵司令官披露宴/慶南道警察部主催の中部方面武道大會)
260879	朝鮮朝日	南鮮版	1935-04-09	1	08단	慶南體育協會スケジュール
260880	朝鮮朝日	南鮮版	1935-04-09	1	08단	民心作興の徹底を計る教化團體を統制し全鮮聯合會を組織
260881	朝鮮朝日	南鮮版	1935-04-09	1	09단	人(關水武氏(前慶南道知事)/土師盛貞氏(新任慶南道知事)/宋新任京畿道産業課長/福江總督府警務局理事官/岸川新任平南高等課長/松山遞信局海事課長/池遞信局庶務課長/露木大村海軍航空隊司令官/堤漢城銀行專務/木村貯銀常務/朴春琴代議士/朴商業銀行頭取/朴和信商會主/金新任忠北知事/張新任忠南産業課長/李新任平北參與官/有賀殖銀頭取/米國觀光團/本社京城支局來訪)
260882	朝鮮朝日	南鮮版	1935-04-09	1	09단	釜山の花まつり
260883	朝鮮朝日	南鮮版	1935-04-09	1	10단	五戶を全燒淸凉里の火事
260884	朝鮮朝日	南鮮版	1935-04-09	1	10단	下關水産市況(八日)
260885	朝鮮朝日	南鮮版	1935-04-09	1	10단	鷄林かゞみ
260886	朝鮮朝日	西北版	1935-04-10	1	01단	新家族制度求め因習の鎖を斷つ親族法や相續法を改定し明年ごろから實施
260887	朝鮮朝日	西北版	1935-04-10	1	01단	表彰される警察官八百人を超える警察協會が表彰狀と時計を天長節に授與する
260888	朝鮮朝日	西北版	1935-04-10	1	01단	「官民協力し繁榮に盡したい」安武平南知事門司で語る(十一日着任)
260889	朝鮮朝日	西北版	1935-04-10	1	03단	開城人蔘最低標準價格
260890	朝鮮朝日	西北版	1935-04-10	1	03단	改正の高率運賃は北鮮諸港に打擊急遽大橋運輸課長が滿鐵と起死回生策を交涉
260891	朝鮮朝日	西北版	1935-04-10	1	04단	サイベリヤ丸純客船に改裝
260892	朝鮮朝日	西北版	1935-04-10	1	04단	御訪日の寫眞號外全市民から喝辨定期便で平壤へ空輸
260893	朝鮮朝日	西北版	1935-04-10	1	04단	京義線の六驛來月に着工
260894	朝鮮朝日	西北版	1935-04-10	1	04단	道幹部總出で産繭を獎勵

일련번호	판명		간행일	면	단수	기사명
260895	朝鮮朝日	西北版	1935-04-10	1	05단	今後十年間無肥料で耕作綏稜移民團の忍苦を語る指揮官樋口中尉の話
260896	朝鮮朝日	西北版	1935-04-10	1	05단	黑字に躍る局鐵九年度の發送高約五千萬圓創始以來の素晴しさ
260897	朝鮮朝日	西北版	1935-04-10	1	05단	幼兒の死亡率朝鮮人側が高い一番多いのは呼吸器病
260898	朝鮮朝日	西北版	1935-04-10	1	06단	栗の檢査石數
260899	朝鮮朝日	西北版	1935-04-10	1	06단	土木費削減で人員整理
260900	朝鮮朝日	西北版	1935-04-10	1	06단	けふの話題
260901	朝鮮朝日	西北版	1935-04-10	1	07단	鎭南浦と多獅島の避け難い貿易戰平壤稅關支署の打診を聽く
260902	朝鮮朝日	西北版	1935-04-10	1	07단	咸南鑛業調査
260903	朝鮮朝日	西北版	1935-04-10	1	07단	防止器を付け盜電させぬ平壤府電氣課の新案
260904	朝鮮朝日	西北版	1935-04-10	1	07단	來月五日に開所に決る平北の訓練所
260905	朝鮮朝日	西北版	1935-04-10	1	08단	人夫百卅二名罷業に入る黃州林檎園
260906	朝鮮朝日	西北版	1935-04-10	1	08단	關西大角力來月北鮮へ
260907	朝鮮朝日	西北版	1935-04-10	1	08단	母子の身投げ嬰兒だけ死亡
260908	朝鮮朝日	西北版	1935-04-10	1	09단	女高普の寄附を本式に募集
260909	朝鮮朝日	西北版	1935-04-10	1	09단	指紋採取器を全駐在所に配置犯罪の科學的捜査
260910	朝鮮朝日	西北版	1935-04-10	1	09단	戀の鞘當てから大喧嘩
260911	朝鮮朝日	西北版	1935-04-10	1	09단	密輸團檢擧
260912	朝鮮朝日	西北版	1935-04-10	1	10단	匪賊と交戰警官重傷す
260913	朝鮮朝日	西北版	1935-04-10	1	10단	金の密輸數量二百萬圓超ゆ
260914	朝鮮朝日	西北版	1935-04-10	1	10단	樂浪小話
260915	朝鮮朝日	南鮮版	1935-04-10	1	01단	非常時を背景に素晴しい武道熱京畿道を筆頭に有段者は全鮮で三千名突破/警察武道の精華恒例の警察官武道大會は廿日から二日間擧行
260916	朝鮮朝日	南鮮版	1935-04-10	1	01단	南鐵の國營から飛躍の麗水港群山、木浦兩港の商圈を侵し湖南の物資輸送陣に一變革
260917	朝鮮朝日	南鮮版	1935-04-10	1	01단	金利に現れる內鮮經濟の同化內地の傾向に追隨
260918	朝鮮朝日	南鮮版	1935-04-10	1	02단	代作調査の實行打合せ
260919	朝鮮朝日	南鮮版	1935-04-10	1	03단	本府に給仕君の靑訓を新設
260920	朝鮮朝日	南鮮版	1935-04-10	1	03단	黃金狂時代に聽く(7)/京城の市中にも石英脈がある小金山は現狀を押してゆき自然淘汰すればよい
260921	朝鮮朝日	南鮮版	1935-04-10	1	04단	おめでた
260922	朝鮮朝日	南鮮版	1935-04-10	1	04단	お花見列車ダイヤ決る
260923	朝鮮朝日	南鮮版	1935-04-10	1	04단	あこがれの女子師範各道粒よりの才媛あつめて十五日に輝く入學式を擧行
260924	朝鮮朝日	南鮮版	1935-04-10	1	05단	光州の夜櫻情緒
260925	朝鮮朝日	南鮮版	1935-04-10	1	05단	三月中の內國郵便爲替
260926	朝鮮朝日	南鮮版	1935-04-10	1	06단	各河川流域に水防組合を組織近く府令を公布する

일련번호	판명		간행일	면	단수	기사명
260927	朝鮮朝日	南鮮版	1935-04-10	1	06단	於靑島附近豊漁で賑ふ
260928	朝鮮朝日	南鮮版	1935-04-10	1	07단	土地收用令を大改正する土木課長會議へ諮問
260929	朝鮮朝日	南鮮版	1935-04-10	1	07단	聯絡船が超滿員で列車はガラ空き關釜聯絡缺航の繁閑両面
260930	朝鮮朝日	南鮮版	1935-04-10	1	07단	鐵道局陸上競技場使用禁止/軟式野球大會
260931	朝鮮朝日	南鮮版	1935-04-10	1	08단	裡里署管內の聯合消防演習
260932	朝鮮朝日	南鮮版	1935-04-10	1	08단	鰯資金の殖銀貸出
260933	朝鮮朝日	南鮮版	1935-04-10	1	08단	東海岸の密漁船を徹底的に取締る警備につく快速鷹丸
260934	朝鮮朝日	南鮮版	1935-04-10	1	09단	三戸を全燒大邱の火事
260935	朝鮮朝日	南鮮版	1935-04-10	1	09단	放火事件に溫情の判決
260936	朝鮮朝日	南鮮版	1935-04-10	1	10단	もよほし(龍山の軍旗祭/京中會館落成式/朝鮮神宮奉贊會殿上棟式)
260937	朝鮮朝日	南鮮版	1935-04-10	1	10단	人(竹內第一銀行京城支店長/吉田海軍軍務局長、舜井參與官一行/李範益氏(新任忠南知事)川島警視(新任江界警察署長))/浦項の山陰視察團/陸士鮮滿視察團(一行四百五名)/神戸戰蹟視察團/七田とえ子さん(釜山測候所長七田秀隆氏夫人))
260938	朝鮮朝日	南鮮版	1935-04-10	1	10단	下關水産市況(九日)
260939	朝鮮朝日	南鮮版	1935-04-10	1	10단	鷄林かゞみ
260940	朝鮮朝日	西北版	1935-04-11	1	01단	歐洲市場向きの嗜好を取入れる鎭南浦林檎の品質を改善新味加へて海外へ
260941	朝鮮朝日	西北版	1935-04-11	1	01단	非常時を背景に武道熱の勃興京畿道を筆頭に有段者數は全鮮で三千名突破
260942	朝鮮朝日	西北版	1935-04-11	1	01단	土地收用令を大改正する土木課長會議へ諮問
260943	朝鮮朝日	西北版	1935-04-11	1	02단	匪賊と奮戰の石橋巡査逝く國境警備の花
260944	朝鮮朝日	西北版	1935-04-11	1	02단	警察武道の精華恒例の警察官武道大會は廿日から二日間擧行
260945	朝鮮朝日	西北版	1935-04-11	1	03단	平元線沿線の物資は乏しい森井主任語る
260946	朝鮮朝日	西北版	1935-04-11	1	03단	緬羊講習會七月下旬開く
260947	朝鮮朝日	西北版	1935-04-11	1	04단	平壤稅監局營業稅調定
260948	朝鮮朝日	西北版	1935-04-11	1	04단	農民中堅校三ヶ所新設
260949	朝鮮朝日	西北版	1935-04-11	1	04단	花蔭に踊る朝鮮少女(下關日和山公園にて)
260950	朝鮮朝日	西北版	1935-04-11	1	04단	埋もれた有權者の清き一票を調査朝鮮人側約六百名多くなり選擧戰線に大波紋
260951	朝鮮朝日	西北版	1935-04-11	1	04단	多獅島鐵道會社は六月に創立總會二萬株を本月末公募
260952	朝鮮朝日	西北版	1935-04-11	1	05단	屠殺場の豚毛一手に購入ブラシ組合
260953	朝鮮朝日	西北版	1935-04-11	1	05단	拉賓線利用が滿洲輸送に有利丸ナ米の輸出激增
260954	朝鮮朝日	西北版	1935-04-11	1	06단	花の浮島を電飾し不夜城を現出夜櫻情緖を滿喫させる
260955	朝鮮朝日	西北版	1935-04-11	1	06단	避難農民を琿春へ移民
260956	朝鮮朝日	西北版	1935-04-11	1	06단	更生の丸子母と劇的對面假出獄許さる
260957	朝鮮朝日	西北版	1935-04-11	1	07단	妓生？身投げ

일련번호	판명		간행일	면	단수	기사명
260958	朝鮮朝日	西北版	1935-04-11	1	07단	婦人(定價十錢/四月號)
260959	朝鮮朝日	西北版	1935-04-11	1	07단	滿洲へ大量の勞働移民を送る建設工作の勞働者四十五萬も足らぬ
260960	朝鮮朝日	西北版	1935-04-11	1	08단	街の話題
260961	朝鮮朝日	西北版	1935-04-11	1	08단	京圖線開通の裏に地元商人當外れ目覺しい內地大資本進出に手も足も出ぬ窮境
260962	朝鮮朝日	西北版	1935-04-11	1	08단	「趣味はない野武士だよ」明眼な新任平北知事大竹さん車中で語る
260963	朝鮮朝日	西北版	1935-04-11	1	09단	罵られた腹癒せに十五回も放火まだ十六歲の少年
260964	朝鮮朝日	西北版	1935-04-11	1	09단	名物の林檎王座を占む果樹類の年産額九百萬圓
260965	朝鮮朝日	西北版	1935-04-11	1	10단	人(本社平壤通信部來訪)
260966	朝鮮朝日	西北版	1935-04-11	1	10단	三百町步の桑田を擴張
260967	朝鮮朝日	西北版	1935-04-11	1	10단	十萬圓を活用したい度邊局長語る
260968	朝鮮朝日	西北版	1935-04-11	1	10단	もよほし(全鮮取引所聯合會打合會)
260969	朝鮮朝日	南鮮版	1935-04-11	1	01단	粉の搬出檢查に絕對反對を表明民間は生産檢查を希望し實施までに一波瀾
260970	朝鮮朝日	南鮮版	1935-04-11	1	01단	沙金景氣の爆發舶來ドレッジャーを見捨て國産が幅を利かす
260971	朝鮮朝日	南鮮版	1935-04-11	1	01단	洛東江沿岸組合の起債認可さる總額百七萬九千圓
260972	朝鮮朝日	南鮮版	1935-04-11	1	01단	咲きだした昌慶苑の閼
260973	朝鮮朝日	南鮮版	1935-04-11	1	02단	新京と奉天に中等學校を設立朝鮮同胞の第子弟收容
260974	朝鮮朝日	南鮮版	1935-04-11	1	03단	木浦大阪間の直通電話要望
260975	朝鮮朝日	南鮮版	1935-04-11	1	03단	市內電話開通
260976	朝鮮朝日	南鮮版	1935-04-11	1	03단	獸醫にも試驗を實施六月に第一回
260977	朝鮮朝日	南鮮版	1935-04-11	1	04단	もよほし(全鮮取引所聯合會打合會/時局講演會)
260978	朝鮮朝日	南鮮版	1935-04-11	1	04단	四千株公募京城紡績增資
260979	朝鮮朝日	南鮮版	1935-04-11	1	04단	大作揃ひの陳列
260980	朝鮮朝日	南鮮版	1935-04-11	1	04단	名物の林檎王座を占む果樹類の年産額九百萬圓
260981	朝鮮朝日	南鮮版	1935-04-11	1	04단	黃金狂時代に聽く(8)/持主が輪をかけ大裂裟に宣傳鮮內鑛區は二萬數千に上り搜せばまだ殖える
260982	朝鮮朝日	南鮮版	1935-04-11	1	05단	本月中旬から本式に調查都市計劃の準備急ぐ京城府
260983	朝鮮朝日	南鮮版	1935-04-11	1	05단	あすから開催司法官會議
260984	朝鮮朝日	南鮮版	1935-04-11	1	06단	慶北新舊知事朗かに事務引繼卅餘年の官界生活を終り感慨無量の金瑞圭氏
260985	朝鮮朝日	南鮮版	1935-04-11	1	06단	釜山中等學校野球リーグ戰
260986	朝鮮朝日	南鮮版	1935-04-11	1	07단	滿洲へ大量の勞働移民を送る建設工作の勞働者四十五萬も足らぬ
260987	朝鮮朝日	南鮮版	1935-04-11	1	07단	高靈鑛山人夫同盟罷業す
260988	朝鮮朝日	南鮮版	1935-04-11	1	08단	流行性腦膜炎慶南にも續發
260989	朝鮮朝日	南鮮版	1935-04-11	1	08단	機械商殺し犯人捕はる

일련번호	판명		간행일	면	단수	기사명
260990	朝鮮朝日	南鮮版	1935-04-11	1	08단	十萬圓を活用したい渡邊局長語る
260991	朝鮮朝日	南鮮版	1935-04-11	1	08단	遠い漁場と無電で取引遞信局の新施設で便利になる蝟島と靑山島
260992	朝鮮朝日	南鮮版	1935-04-11	1	09단	丁字屋附近に怪死體發見
260993	朝鮮朝日	南鮮版	1935-04-11	1	09단	騒ぎが面白く四ヶ所に放火ちと狂った男
260994	朝鮮朝日	南鮮版	1935-04-11	1	10단	人(林總督府財務局長/植田朝鮮軍司令官/高濱總督府鑛山課技師/野口朝室社長/本社京城支局來訪)
260995	朝鮮朝日	南鮮版	1935-04-11	1	10단	下關水産市況(十日)
260996	朝鮮朝日	南鮮版	1935-04-11	1	10단	鷄林かゞみ
260997	朝鮮朝日	南鮮版	1935-04-11	1	10단	老婆の自殺
260998	朝鮮朝日	西北版	1935-04-12	1	01단	全鮮不安全畓に代用作物を獎勵早魃の被害を防ぎ米穀生産過剰を緩和する
260999	朝鮮朝日	西北版	1935-04-12	1	01단	資本金一千萬圓の石油會社を設立內鮮有力實業家共同經營で原油を輸入して精製
261000	朝鮮朝日	西北版	1935-04-12	1	01단	鑛業試驗所設置を要望す平壤商工會議所から
261001	朝鮮朝日	西北版	1935-04-12	1	01단	平壤農業の誘致を運動
261002	朝鮮朝日	西北版	1935-04-12	1	01단	貴重な資料續々現はる發掘に着手
261003	朝鮮朝日	西北版	1935-04-12	1	02단	教育費負擔の輕減を計る半途退學をふせぐ
261004	朝鮮朝日	西北版	1935-04-12	1	03단	府議選迫る
261005	朝鮮朝日	西北版	1935-04-12	1	03단	女子鼈業講習所倉里へ移轉
261006	朝鮮朝日	西北版	1935-04-12	1	03단	春だ、春だお花見はどこへ？(晩達山/正方山/黃州林檎畑/三和公園/牡丹台)
261007	朝鮮朝日	西北版	1935-04-12	1	04단	茂山郡部落更生打合會
261008	朝鮮朝日	西北版	1935-04-12	1	04단	平壤驛乘降客激增
261009	朝鮮朝日	西北版	1935-04-12	1	04단	全道普及目指して指導部落を增設第一線の指導者を充實し農村振興運動に拍車
261010	朝鮮朝日	西北版	1935-04-12	1	05단	天勝元山で公演
261011	朝鮮朝日	西北版	1935-04-12	1	05단	街の話題
261012	朝鮮朝日	西北版	1935-04-12	1	05단	買收は急がぬ注目の府電買收問題に關し吉田合電專務語る
261013	朝鮮朝日	西北版	1935-04-12	1	06단	聖書に力づけられ獄中で愛の生活放火以來二年半目に假出獄「話題の女」丸子更生を語る
261014	朝鮮朝日	西北版	1935-04-12	1	06단	仕事を殘し轉任は殘念大河原氏語る
261015	朝鮮朝日	西北版	1935-04-12	1	07단	白頭山寫眞展十四日から三日間咸興三中井で開く
261016	朝鮮朝日	西北版	1935-04-12	1	07단	元山だより
261017	朝鮮朝日	西北版	1935-04-12	1	07단	七、八十名の失職を憂慮合電の火力發電中止で
261018	朝鮮朝日	西北版	1935-04-12	1	08단	「東滿洲には北鮮商品が氾濫」室淸津會議所理事語る
261019	朝鮮朝日	西北版	1935-04-12	1	09단	獸醫にも試驗を實施六月に第一回
261020	朝鮮朝日	西北版	1935-04-12	1	09단	新京と奉天に中等學校を設立朝鮮同胞の子弟收容
261021	朝鮮朝日	西北版	1935-04-12	1	10단	不埒なトラック

일련번호	판명		간행일	면	단수	기사명
261022	朝鮮朝日	西北版	1935-04-12	1	10단	人(服部昇治氏(新任平北保安課長)/三輪和三郎氏(新任元山警察署長)/山本正誠氏(新任元山商業學校長))
261023	朝鮮朝日	西北版	1935-04-12	1	10단	東津水利の副田氏奇禍
261024	朝鮮朝日	西北版	1935-04-12	1	10단	樂浪小話
261025	朝鮮朝日	南鮮版	1935-04-12	1	01단	日滿の直通電話三十回線を敷設遞信省の明年度大計劃に朝鮮も聯絡を折衝
261026	朝鮮朝日	南鮮版	1935-04-12	1	01단	師團對抗演習十月十日から五日間實施陸軍省より公表/兩師團長に最初の腕試し湖南地方一帶に展開
261027	朝鮮朝日	南鮮版	1935-04-12	1	01단	御來訪映畫に觀衆の感激光州で謹映
261028	朝鮮朝日	南鮮版	1935-04-12	1	01단	あす觀櫻會總督官邸で
261029	朝鮮朝日	南鮮版	1935-04-12	1	01단	九年度の捕鯨狀況
261030	朝鮮朝日	南鮮版	1935-04-12	1	02단	けふから開放景福宮址の櫻
261031	朝鮮朝日	南鮮版	1935-04-12	1	02단	事變關係の全部隊近く論功行賞元軍司令官林陸相を初め將兵數千名に上る
261032	朝鮮朝日	南鮮版	1935-04-12	1	02단	黃金狂時代に聽く(8)/最大の悩みは電力が足らぬ內地からの投資を誘ふには有望の證據を示せ
261033	朝鮮朝日	南鮮版	1935-04-12	1	03단	京城辯護士會役員改選
261034	朝鮮朝日	南鮮版	1935-04-12	1	04단	もよほし(朝鮮緬羊協會通常議會/釜山稅關水産製品檢査所落成式)
261035	朝鮮朝日	南鮮版	1935-04-12	1	04단	嚴採の犯人は留置中の男指紋で判明
261036	朝鮮朝日	南鮮版	1935-04-12	1	04단	「神祕金剛山」の山開き近づく
261037	朝鮮朝日	南鮮版	1935-04-12	1	05단	走る列車から兒童墜落す
261038	朝鮮朝日	南鮮版	1935-04-12	1	05단	傳染病なほ猖獗
261039	朝鮮朝日	南鮮版	1935-04-12	1	05단	錚々の辯護陣揃へあくまで論爭土木談合事件の最終審は六月十七日から開廷
261040	朝鮮朝日	南鮮版	1935-04-12	1	06단	在滿の同胞子弟に母國留學の道拓く秀才を呼び寄せて實業校へ入れる金參議の獎學資金十萬圓で永保育英會を組織
261041	朝鮮朝日	南鮮版	1935-04-12	1	07단	麗水水産學校漁撈室全燒
261042	朝鮮朝日	南鮮版	1935-04-12	1	07단	街の話題
261043	朝鮮朝日	南鮮版	1935-04-12	1	07단	外國産の原油を輸入して精製內鮮有力實業家共同經營の石油會社許可さる
261044	朝鮮朝日	南鮮版	1935-04-12	1	08단	全南農業實習學校長會議
261045	朝鮮朝日	南鮮版	1935-04-12	1	08단	婦人(定價十錢/四月號)
261046	朝鮮朝日	南鮮版	1935-04-12	1	08단	既設工場に大影響は與へぬ總督府當局の觀測
261047	朝鮮朝日	南鮮版	1935-04-12	1	09단	京城婦人社會見學團
261048	朝鮮朝日	南鮮版	1935-04-12	1	10단	野外劍道大會
261049	朝鮮朝日	南鮮版	1935-04-12	1	10단	下關水産市況(十一日)
261050	朝鮮朝日	南鮮版	1935-04-12	1	10단	春の商店祭

일련번호	판명		간행일	면	단수	기사명
261051	朝鮮朝日	南鮮版	1935-04-12	1	10단	人(大野元警視總監/伊森貯銀頭取/三井不二興業專務/堀商銀專務九日歸城/藤原北鮮製紙京城駐在專務/三宅第二十師團長/大川朝鐵社長/孫穗氏(新任江原道知事))
261052	朝鮮朝日	西北版	1935-04-13	1	01단	二百萬圓を投じ國境の交通開發二國際橋梁の架設を初め警備道路を建設す
261053	朝鮮朝日	西北版	1935-04-13	1	01단	師團對抗演習十月十日から五日間實施陸軍省より公表
261054	朝鮮朝日	西北版	1935-04-13	1	01단	特産品陳列所平壤に新築立派な四階建てとし商工團體の中心機關
261055	朝鮮朝日	西北版	1935-04-13	1	01단	春の光と風を慕って(平壤郊外觀所見)
261056	朝鮮朝日	西北版	1935-04-13	1	02단	佛教復興を大會で協議
261057	朝鮮朝日	西北版	1935-04-13	1	02단	籾の搬出檢査民間は絶對反對實施までに一波瀾
261058	朝鮮朝日	西北版	1935-04-13	1	03단	小樽北鮮航路笠戶丸就航
261059	朝鮮朝日	西北版	1935-04-13	1	03단	鮮滿旅館協會總會
261060	朝鮮朝日	西北版	1935-04-13	1	04단	城津水産製品檢査
261061	朝鮮朝日	西北版	1935-04-13	1	04단	鎭南浦港の新岸壁利用狀況
261062	朝鮮朝日	西北版	1935-04-13	1	04단	白萬圓の勞銀を凶作地へ撒布罹災者十五萬に上り咸南の救濟計劃着々進捗す
261063	朝鮮朝日	西北版	1935-04-13	1	04단	四十五萬本の桑苗を購入咸北の幹部總出で大々的に植桑獎勵
261064	朝鮮朝日	西北版	1935-04-13	1	05단	沿海州漁場最初の調査北洋丸が近く船出
261065	朝鮮朝日	西北版	1935-04-13	1	05단	在滿の同胞子弟に母國留學の途拓く秀才を呼び寄せて實業校へ入れる金參議の獎學資金十萬圓で永保育英會を組織
261066	朝鮮朝日	西北版	1935-04-13	1	06단	大豆工業會社登記手續終る
261067	朝鮮朝日	西北版	1935-04-13	1	06단	金塊密輸出の裏に蔓る女の群れ平壤署へ續々檢擧
261068	朝鮮朝日	西北版	1935-04-13	1	07단	府民協力して街頭の美化聯合會を組織
261069	朝鮮朝日	西北版	1935-04-13	1	07단	天然痘遂に咸興を侵す
261070	朝鮮朝日	西北版	1935-04-13	1	07단	村田校長の謝恩會開催咸商記念日に
261071	朝鮮朝日	西北版	1935-04-13	1	07단	載寧平野から水禍の恐怖去る二百四十萬圓の巨費を投じ各種工事全く完了
261072	朝鮮朝日	西北版	1935-04-13	1	08단	拐帶犯人捕はる
261073	朝鮮朝日	西北版	1935-04-13	1	08단	大草島燈台本月末から着工建設隊一行羅津へ
261074	朝鮮朝日	西北版	1935-04-13	1	08단	春の競馬は來月四日から
261075	朝鮮朝日	西北版	1935-04-13	1	08단	旱水害の救濟漸く一段落義捐金の交付終る
261076	朝鮮朝日	西北版	1935-04-13	1	09단	本社白頭山探檢寫眞展
261077	朝鮮朝日	西北版	1935-04-13	1	09단	腦脊髓膜炎平南に猖獗
261078	朝鮮朝日	西北版	1935-04-13	1	09단	植樹を行ひ基地を美化
261079	朝鮮朝日	西北版	1935-04-13	1	09단	淸津戶別稅率査定
261080	朝鮮朝日	西北版	1935-04-13	1	09단	咸興と咸南へ天勝一座來演愛讀者を優待
261081	朝鮮朝日	西北版	1935-04-13	1	10단	人(佐々木高治氏(新任咸南內務部長))

일련번호	판명		간행일	면	단수	기사명
261082	朝鮮朝日	西北版	1935-04-13	1	10단	樂浪小話
261083	朝鮮朝日	南鮮版	1935-04-13	1	01단	簡保の新契約數廿萬件を突破す創始五周年の九年度內に大衆層理解の現れ
261084	朝鮮朝日	南鮮版	1935-04-13	1	01단	咲いたぞ、咲いたぞ眩しい花ざかり京城を中心に西から東から鐵道局へ嬉しい花信の殺到/自動車百五台派手な觀光振り世界一周の漫遊團に京城府民もびっくり/産業博見學の團體に割引/豪奢な觀光客
261085	朝鮮朝日	南鮮版	1935-04-13	1	03단	黃金狂時代に聽く(9)/金を呑みこんで密輸出する男一寸鴨綠江を渡ったゞけで失業者がボロ儲け
261086	朝鮮朝日	南鮮版	1935-04-13	1	04단	釜山の手形交換高
261087	朝鮮朝日	南鮮版	1935-04-13	1	04단	全鮮司法官の會議始まる
261088	朝鮮朝日	南鮮版	1935-04-13	1	05단	晴れの軍旗祭大田は十九日
261089	朝鮮朝日	南鮮版	1935-04-13	1	05단	仁川郊外の松島にゴルフ・リンクス新設景勝の地、十五萬坪を買收
261090	朝鮮朝日	南鮮版	1935-04-13	1	05단	在留地徵兵檢查廿師團管下の日取
261091	朝鮮朝日	南鮮版	1935-04-13	1	05단	御來訪映畵全州で謹映
261092	朝鮮朝日	南鮮版	1935-04-13	1	06단	健康優良兒を表彰
261093	朝鮮朝日	南鮮版	1935-04-13	1	06단	もよほし(京城佛教俱樂部聖典講座/京中會館落成式二十五周年祝賀式/同民會評議員會/モスリン座談會/鐵道局局友會釜山支部遠足部/全南物故漁業者慰靈祭/鮮米協會總會/京城商工會議所議員總會/慶南の産婆、看護婦、理髮試驗/全南の「馬の檢疫」/朝鮮電氣協會總會/朝鮮鐵道重役會/朝鮮鐵道株主總會/空中觀測器獻納式/京城府第一、二教育部會/朝鮮鐵道臨會總會/朝鮮消防講習會第四回開講式)
261094	朝鮮朝日	南鮮版	1935-04-13	1	06단	道路損傷稅自動車に賦課地方の土木財源捻出策に明年度から實施か
261095	朝鮮朝日	南鮮版	1935-04-13	1	08단	金、南兩氏は中樞院入り二十日ごろに發令
261096	朝鮮朝日	南鮮版	1935-04-13	1	08단	全北主任級異動
261097	朝鮮朝日	南鮮版	1935-04-13	1	09단	慶州共産黨書類を送局
261098	朝鮮朝日	南鮮版	1935-04-13	1	10단	人(吉田海軍々務局長、窪井參與官/瀧合名會社長/鈴木朝鮮無煙支配人/本社京城支局來訪)
261099	朝鮮朝日	南鮮版	1935-04-13	1	10단	下關水産市況(十二日)
261100	朝鮮朝日	西北版	1935-04-14	1	01단	西鮮三道擧げて鑛山景氣を謳歌本年度鑛區稅五十萬圓の八割まで納入濟み
261101	朝鮮朝日	西北版	1935-04-14	1	01단	日滿聯絡の船舶七隻を橫づけ淸津港修築は六月頃に完成日本海第一の威容
261102	朝鮮朝日	西北版	1935-04-14	1	01단	道路損傷稅自動車に賦課地方の土木財源捻出策に明年度から實施か
261103	朝鮮朝日	西北版	1935-04-14	1	01단	牡丹台の櫻十七日頃滿開
261104	朝鮮朝日	西北版	1935-04-14	1	02단	迫る府議戰の取締り方針平壤署から發表

일련번호	판명		간행일	면	단수	기사명
261105	朝鮮朝日	西北版	1935-04-14	1	03단	新義州電氣各鑛山へ供電
261106	朝鮮朝日	西北版	1935-04-14	1	03단	盛大な平壤神社上棟式
261107	朝鮮朝日	西北版	1935-04-14	1	04단	日鑛の採鑛申請を許可
261108	朝鮮朝日	西北版	1935-04-14	1	04단	冷害地のお友達へ學用品を贈る平南の兒童四萬人の義金積り積って一千三百餘圓
261109	朝鮮朝日	西北版	1935-04-14	1	04단	淸川江漁業取締り實施
261110	朝鮮朝日	西北版	1935-04-14	1	05단	賑かに着任安武平南知事
261111	朝鮮朝日	西北版	1935-04-14	1	05단	憲兵隊長會議
261112	朝鮮朝日	西北版	1935-04-14	1	05단	日滿の直通電話卅回線を敷設遞信省の十一年度大計劃に朝鮮も聯絡を折衝
261113	朝鮮朝日	西北版	1935-04-14	1	05단	健康優良兒を表彰
261114	朝鮮朝日	西北版	1935-04-14	1	05단	在留地徵兵檢查廿師團管下の日取
261115	朝鮮朝日	西北版	1935-04-14	1	06단	警察官待遇の改善を要望平南警察部が本府へ
261116	朝鮮朝日	西北版	1935-04-14	1	07단	宇垣總督から見舞金を贈る故石橋巡查へ
261117	朝鮮朝日	西北版	1935-04-14	1	07단	鐘紡への送電まだ決らぬ山本社長語る
261118	朝鮮朝日	西北版	1935-04-14	1	07단	ゴム靴の本場に不況の風吹く內地産の躍進に壓迫されて太刀打ちが難しい
261119	朝鮮朝日	西北版	1935-04-14	1	08단	滿洲國稅關の進出愈よ近く實施朝鮮側の實行案成る
261120	朝鮮朝日	西北版	1935-04-14	1	08단	平鐵驛舍入札
261121	朝鮮朝日	西北版	1935-04-14	1	08단	駐支サ聯大使檢疫を拒む雄基で一騷ぎ
261122	朝鮮朝日	西北版	1935-04-14	1	08단	もよほし(西鮮郵便所長會議/平壤高女修學旅行)
261123	朝鮮朝日	西北版	1935-04-14	1	08단	人(大河原新任忠南內務部長/小川平南道技師/新井新藏氏(鎭南浦實業家))
261124	朝鮮朝日	西北版	1935-04-14	1	09단	平鐵の貨物取扱高增加
261125	朝鮮朝日	西北版	1935-04-14	1	09단	簡保の積立金借受け激增平壤分掌局管內の融通額五十一萬圓に上る
261126	朝鮮朝日	西北版	1935-04-14	1	10단	黃海道一帶暗黑になる高壓線盜難か
261127	朝鮮朝日	西北版	1935-04-14	1	10단	頭を割られ店員重傷す
261128	朝鮮朝日	西北版	1935-04-14	1	10단	樂浪小話
261129	朝鮮朝日	南鮮版	1935-04-14	1	01단	重大事件檢擧の手柄爭ひを除く犯罪捜査規定を統一して刑事警察を大刷新
261130	朝鮮朝日	南鮮版	1935-04-14	1	01단	半島を代表する健康兒は誰かどこの家庭も學園もすっかり腺かな話題で持切り
261131	朝鮮朝日	南鮮版	1935-04-14	1	01단	海軍協會朝鮮本部發會式を擧行廿一日金組聯合會講堂で「海の非常時」を强調
261132	朝鮮朝日	南鮮版	1935-04-14	1	01단	辭令
261133	朝鮮朝日	南鮮版	1935-04-14	1	01단	「鬼怒」入港で浦項の賑ひ
261134	朝鮮朝日	南鮮版	1935-04-14	1	02단	黃金狂時代に聽く(１０)/今後は鑛山家が分業的にやれ竪坑千尺までは損をしても更に深く掘り進め
261135	朝鮮朝日	南鮮版	1935-04-14	1	03단	仁川中學設立認可さる/廿八日開校式

일련번호	판명		간행일	면	단수	기사명
261136	朝鮮朝日	南鮮版	1935-04-14	1	04단	仁川府會
261137	朝鮮朝日	南鮮版	1935-04-14	1	04단	外鹽不正事件漸く一段落井上氏を起訴
261138	朝鮮朝日	南鮮版	1935-04-14	1	04단	總督府後庭の櫻(十二日から一般に開放)
261139	朝鮮朝日	南鮮版	1935-04-14	1	05단	公會堂の資金一萬圓寄附光州の下山氏
261140	朝鮮朝日	南鮮版	1935-04-14	1	05단	早くも京城で宣傳に着手兒童愛護週間(慶南)
261141	朝鮮朝日	南鮮版	1935-04-14	1	05단	綿織物、滿洲國へ進出振り目立つ內地製品の獨占舞台を奪ひ殆んど三倍の盛況
261142	朝鮮朝日	南鮮版	1935-04-14	1	06단	共産黨の中心人物辯護料を獻金飄然、國體の尊嚴に目覺む
261143	朝鮮朝日	南鮮版	1935-04-14	1	06단	「農村振興の擴充に努力」着任早々洒落を飛ばして土師慶南知事語る
261144	朝鮮朝日	南鮮版	1935-04-14	1	07단	京城春競馬二十日から
261145	朝鮮朝日	南鮮版	1935-04-14	1	07단	社會へ御恩返し今後は教育が必要十萬圓寄附の金漢奎氏談
261146	朝鮮朝日	南鮮版	1935-04-14	1	08단	三年計劃で幹線道路を鋪裝乳劑工場を設ける
261147	朝鮮朝日	南鮮版	1935-04-14	1	08단	四月上旬の米輸移出入高
261148	朝鮮朝日	南鮮版	1935-04-14	1	08단	飛込み自殺
261149	朝鮮朝日	南鮮版	1935-04-14	1	08단	不倫の子を壓殺
261150	朝鮮朝日	南鮮版	1935-04-14	1	09단	スポーツ(マラソン大會參加規定/實業野球聯盟春季リーグ戰)
261151	朝鮮朝日	南鮮版	1935-04-14	1	09단	早くも水の犠牲者
261152	朝鮮朝日	南鮮版	1935-04-14	1	09단	もよほし(釜山府內朝鮮酒造場監評會審査褒賞授與式/釜山府各部會/金新任忠北知事披露宴/武道階級審査/李王職觀櫻會/仁川商議聯合部會/朝鮮農會聯絡打合會/緬羊協會總會)
261153	朝鮮朝日	南鮮版	1935-04-14	1	10단	人(稻井朝鮮水産會主事/油井總督府農政課技師/佐藤滿鐵建設局長/磯野キリン麥酒專務/高橋サッポロ麥酒專務/山本西鮮電氣社長/岡崎朝窒販賣會社支配人/李平北參與官/本社京城支局來訪)
261154	朝鮮朝日	南鮮版	1935-04-14	1	10단	下關水産市況(十三日)
261155	朝鮮朝日	南鮮版	1935-04-14	1	10단	鷄林かゞみ
261156	朝鮮朝日	西北版	1935-04-16	1	01단	咸南の山奥から素晴しい滑石鑛埋藏量凡そ五百六十萬噸東洋屈指の折紙附
261157	朝鮮朝日	西北版	1935-04-16	1	01단	半島を代表する健康兒は誰かどこの家庭も學園もすっかり䏅かな話題で持切り
261158	朝鮮朝日	西北版	1935-04-16	1	01단	廿三機參加し摸擬都市の爆撃飛行第六聯隊の記念祝典來月五日盛大に擧行
261159	朝鮮朝日	西北版	1935-04-16	1	01단	郵便局所でも公金取扱ひ
261160	朝鮮朝日	西北版	1935-04-16	1	02단	平南機業躍進
261161	朝鮮朝日	西北版	1935-04-16	1	02단	北鮮新潟航路閑古鳥鳴く今後船車聯絡に努力
261162	朝鮮朝日	西北版	1935-04-16	1	03단	全鮮に檄飛ばし佛敎界を革新永明寺の後任住持問題から平壤の信者達奮起す

일련번호	판명		간행일	면	단수	기사명
261163	朝鮮朝日	西北版	1935-04-16	1	03단	住宅組合近く建築着手
261164	朝鮮朝日	西北版	1935-04-16	1	04단	もよほし(尚武祭武道大會)
261165	朝鮮朝日	西北版	1935-04-16	1	04단	産業博で平南特産品を卽賣
261166	朝鮮朝日	西北版	1935-04-16	1	04단	西北鮮は南鮮より斷然金廻り活潑銀行預金貸出の筆頭釜山も平壤にお株を奪はる
261167	朝鮮朝日	西北版	1935-04-16	1	04단	平北兩巡査へ輝く功勞章
261168	朝鮮朝日	西北版	1935-04-16	1	04단	全鮮機關區へ事故防止の獎勵改正表彰規程を實施
261169	朝鮮朝日	西北版	1935-04-16	1	05단	總督官邸の觀櫻會
261170	朝鮮朝日	西北版	1935-04-16	1	05단	七坪の電話開通
261171	朝鮮朝日	西北版	1935-04-16	1	05단	鴨綠江も減水苗代は絶望旱や水不足の平北
261172	朝鮮朝日	西北版	1935-04-16	1	06단	平南の生牛八千頭を移出補助費を與へて獎勵
261173	朝鮮朝日	西北版	1935-04-16	1	06단	京城各倉庫の貨物狀況
261174	朝鮮朝日	西北版	1935-04-16	1	07단	綿織物、滿洲國へ進出振り目立つ內地製品の獨占舞台を奪ひ殆んど三倍の盛況
261175	朝鮮朝日	西北版	1935-04-16	1	07단	平南凶作地へ食糧を配給無賃輸送許可さる
261176	朝鮮朝日	西北版	1935-04-16	1	07단	牡丹台觀光團
261177	朝鮮朝日	西北版	1935-04-16	1	07단	百萬噸祝賀會當局も應援福島會頭語る
261178	朝鮮朝日	西北版	1935-04-16	1	07단	貧困兒童を自費で救濟熊耳公普校長
261179	朝鮮朝日	西北版	1935-04-16	1	08단	平南畜産物生産高
261180	朝鮮朝日	西北版	1935-04-16	1	08단	仕事を與へ麻藥患者を根絶咸南の誇る新施設
261181	朝鮮朝日	西北版	1935-04-16	1	08단	半ボギー電車八台を注文平壤府電の乘心地十一月に好くなる
261182	朝鮮朝日	西北版	1935-04-16	1	08단	八名續發す咸興の天然痘/又二名發生南浦は十二名
261183	朝鮮朝日	西北版	1935-04-16	1	09단	故石橋部長の警察葬執行
261184	朝鮮朝日	西北版	1935-04-16	1	09단	花嫁に嫌はれ花婿の自殺
261185	朝鮮朝日	西北版	1935-04-16	1	10단	九州行米豆類運賃を割引
261186	朝鮮朝日	西北版	1935-04-16	1	10단	居直り強盜看視人を亂打
261187	朝鮮朝日	西北版	1935-04-16	1	10단	もよほし(麻藥中毒豫防協會發會式/人蔘優良耕作者褒賞授與式/開城少年消防組演習)
261188	朝鮮朝日	西北版	1935-04-16	1	10단	樂浪小話
261189	朝鮮朝日	南鮮版	1935-04-16	1	01단	スポーツを通じ國際親善の高揚廿三日京城運動場に迎へ日滿競技大會開く
261190	朝鮮朝日	南鮮版	1935-04-16	1	01단	全鮮の河川へ小鮎を移植放流山本本府技師が準備工作に彥根へ赴き實地視察
261191	朝鮮朝日	南鮮版	1935-04-16	1	01단	天長の佳節盛大な觀兵式第二十師團で擧行
261192	朝鮮朝日	南鮮版	1935-04-16	1	01단	土木課長會議本府諮問事項
261193	朝鮮朝日	南鮮版	1935-04-16	1	02단	大體平年作麥作の概況
261194	朝鮮朝日	南鮮版	1935-04-16	1	03단	常設館や劇場に消防員を配置火の用心に當らせる
261195	朝鮮朝日	南鮮版	1935-04-16	1	03단	黃金狂時代に聽く(11)/團體的の盜掘が此頃は殖える高い買値で損をしないのは數へる程しかない

일련번호	판명		간행일	면	단수	기사명
261196	朝鮮朝日	南鮮版	1935-04-16	1	04단	選擧名簿縱覽
261197	朝鮮朝日	南鮮版	1935-04-16	1	04단	「橫の動脈」擴張に着手黃金町通の軌道移轉も
261198	朝鮮朝日	南鮮版	1935-04-16	1	04단	明日から四日間道知事會議を開催
261199	朝鮮朝日	南鮮版	1935-04-16	1	05단	郵便振替貯金增加
261200	朝鮮朝日	南鮮版	1935-04-16	1	05단	總督官邸の觀櫻會
261201	朝鮮朝日	南鮮版	1935-04-16	1	06단	河川增水し交通杜絶す慶北各地に豪雨襲來
261202	朝鮮朝日	南鮮版	1935-04-16	1	06단	洛東江の沙防工事五月上旬に着手慶南北相呼應し十年計劃で流域の水禍を一掃
261203	朝鮮朝日	南鮮版	1935-04-16	1	07단	話の種
261204	朝鮮朝日	南鮮版	1935-04-16	1	07단	鮮航會とは絶對に契約を續行せぬ角フ協會、先づ脱退を宣言し自由港として立つ
261205	朝鮮朝日	南鮮版	1935-04-16	1	08단	慰問袋寄託慶北國防義會
261206	朝鮮朝日	南鮮版	1935-04-16	1	08단	京城の白米値下げ
261207	朝鮮朝日	南鮮版	1935-04-16	1	08단	神宮奉贊殿の盛大な上棟祭
261208	朝鮮朝日	南鮮版	1935-04-16	1	09단	强盜犯人は親戚の靑年
261209	朝鮮朝日	南鮮版	1935-04-16	1	09단	もよほし(殉職警官、消防職員招魂祭/武德祭/朝鮮繩叺協會全鮮總會/南朝鮮鐵道株主總會/修養座談會/京城商議役員會/不二興業株主總會/中堅靑年講習會/新入中等學生講演會/總督の知事招待晩餐會/大般若解紐供養)
261210	朝鮮朝日	南鮮版	1935-04-16	1	09단	大昌織物へ警告を發す西大門署から
261211	朝鮮朝日	南鮮版	1935-04-16	1	10단	人(三宅第二十師團長/今井遞信局電氣課長/穗積總督府殖産局長/石田總督府殖産局鑛山課長/野口朝窒社長/三井不二興業專務/本社京城支局來訪/穗積總督府殖産局長/伊東工學博士/瀨尾伊藤産業專務/田崎朝取支配人/竹內總督府社會課囑託/京城商議西鮮視察團一行/植場拓務省農務課長/本社京城支局來訪)
261212	朝鮮朝日	南鮮版	1935-04-16	1	10단	下關水産市況(十五日)
261213	朝鮮朝日	南鮮版	1935-04-16	1	10단	鷄林かゞみ
261214	朝鮮朝日	西北版	1935-04-17	1		缺號
261215	朝鮮朝日	南鮮版	1935-04-17	1		缺號
261216	朝鮮朝日	西北版	1935-04-18	1	01단	平壤の行政區域八倍に擴張する總人口十九萬に殖え半島第二の大都市に躍進
261217	朝鮮朝日	西北版	1935-04-18	1	01단	好景氣の四重奏お百姓の懷は暖か平南金組三月末の帳尻は黑字
261218	朝鮮朝日	西北版	1935-04-18	1	02단	知事會議開かる先づ管內の狀況報告
261219	朝鮮朝日	西北版	1935-04-18	1	03단	日本海汽船創立を聲明
261220	朝鮮朝日	西北版	1935-04-18	1	04단	豆滿江活況
261221	朝鮮朝日	西北版	1935-04-18	1	04단	北鮮鐵道の二幹部榮轉
261222	朝鮮朝日	西北版	1935-04-18	1	04단	無盡異儀田氏出馬に決る伊藤氏は中止
261223	朝鮮朝日	西北版	1935-04-18	1	04단	少年勞働者を內地農村で歡迎續々舞ひ込む追加の依賴に本府、積極的の斡旋

일련번호	판명		간행일	면	단수	기사명
261224	朝鮮朝日	西北版	1935-04-18	1	04단	各戶一石の貯穀を奬勵咸南で備荒倉庫を建設し春窮期解消へ驀進
261225	朝鮮朝日	西北版	1935-04-18	1	05단	飛行艇迎へ壯烈な警戒演習羅津を彩る軍國色/佐伯の二機廿二日飛來
261226	朝鮮朝日	西北版	1935-04-18	1	05단	珍しい貨車全長二十米
261227	朝鮮朝日	西北版	1935-04-18	1	06단	激戰は免れぬ淸津の府議戰には約四十名立候補か
261228	朝鮮朝日	西北版	1935-04-18	1	06단	農用林地實施打合せ二十四日から林務主任會議
261229	朝鮮朝日	西北版	1935-04-18	1	07단	天勝大一座人氣沸立つ愛讀者を優待
261230	朝鮮朝日	西北版	1935-04-18	1	07단	邑面職員の生活安定を計る平南の共濟會認可
261231	朝鮮朝日	西北版	1935-04-18	1	07단	列車に投石乘客負傷す
261232	朝鮮朝日	西北版	1935-04-18	1	07단	扇型機關庫長門組落札
261233	朝鮮朝日	西北版	1935-04-18	1	08단	けふの話題
261234	朝鮮朝日	西北版	1935-04-18	1	08단	先生の眞心に生徒も發憤若松校の美談
261235	朝鮮朝日	西北版	1935-04-18	1	08단	淸津菜果市場權を二會社で競願知事の裁斷注目さる
261236	朝鮮朝日	西北版	1935-04-18	1	08단	飛込み自殺
261237	朝鮮朝日	西北版	1935-04-18	1	09단	京城春季競馬
261238	朝鮮朝日	西北版	1935-04-18	1	09단	東京大學野球リーグ戰豫想號
261239	朝鮮朝日	西北版	1935-04-18	1	09단	電線盜難から又も大停電載寧一帶暗黑
261240	朝鮮朝日	西北版	1935-04-18	1	09단	本社白頭山探檢寫眞展
261241	朝鮮朝日	西北版	1935-04-18	1	10단	不倫の子を絞殺燒却か
261242	朝鮮朝日	西北版	1935-04-18	1	10단	平壤體育協會スケヂュール
261243	朝鮮朝日	西北版	1935-04-18	1	10단	公私消息(大橋北鮮鐵道運輸課長/安武平南道知事/山本犀藏氏(西鮮合電社長)/永富平壤專賣支局庶務主任/梅木楠見氏(平南農務課技師)/小川敏夫氏(平南農務課技師)/新井孫平氏(平南道土木課長))
261244	朝鮮朝日	南鮮版	1935-04-18	1	01단	國産輕金屬時代の花やかな朝ぼらけ特に軍需工業品を目指し全南明礬石を採掘
261245	朝鮮朝日	南鮮版	1935-04-18	1	01단	全鮮の急設電話割當て決定す總數千四百廿八個
261246	朝鮮朝日	南鮮版	1935-04-18	1	01단	知事會議開かる先づ管內の狀況報告
261247	朝鮮朝日	南鮮版	1935-04-18	1	01단	觀兵式映畵揃って拜觀總督官邸で
261248	朝鮮朝日	南鮮版	1935-04-18	1	01단	新進の學徒新醫博金氏
261249	朝鮮朝日	南鮮版	1935-04-18	1	02단	釜山府戶別稅査定部會
261250	朝鮮朝日	南鮮版	1935-04-18	1	02단	黃金狂時代に聽く(12)/盜掘から偶然に露頭部を發見地方民よりも鑛山勞働者の失敬するのが多い
261251	朝鮮朝日	南鮮版	1935-04-18	1	03단	密陽支廳復活に決る七月頃に開廳
261252	朝鮮朝日	南鮮版	1935-04-18	1	04단	大邱の軍旗祭
261253	朝鮮朝日	南鮮版	1935-04-18	1	04단	古風な綱引きの儀
261254	朝鮮朝日	南鮮版	1935-04-18	1	05단	個人と部落の功績を表彰金組全北支部
261255	朝鮮朝日	南鮮版	1935-04-18	1	05단	總督府辭令
261256	朝鮮朝日	南鮮版	1935-04-18	1	05단	田畑範士が武道大會へ

일련번호	판명		간행일	면	단수	기사명
261257	朝鮮朝日	南鮮版	1935-04-18	1	06단	體育協會で十四萬圓を募集社會體育に乗出す
261258	朝鮮朝日	南鮮版	1935-04-18	1	06단	京城の防犯デー
261259	朝鮮朝日	南鮮版	1935-04-18	1	06단	運賃の本交渉前に停頓狀態に陷る五百噸積機船利用の要求を鮮航同盟會拒絶す
261260	朝鮮朝日	南鮮版	1935-04-18	1	07단	お花見客三萬人ドッと京城へ鐵道は輸送に頭痛鉢卷
261261	朝鮮朝日	南鮮版	1935-04-18	1	07단	選擧告示は廿日に決る翌日から届出受付
261262	朝鮮朝日	南鮮版	1935-04-18	1	07단	大昌織物職工結束固む
261263	朝鮮朝日	南鮮版	1935-04-18	1	08단	宿屋へ押入り悠々と食事二人組捕はる
261264	朝鮮朝日	南鮮版	1935-04-18	1	08단	釋放を種に友人の妻を騙る
261265	朝鮮朝日	南鮮版	1935-04-18	1	08단	東京大學野球リーグ戰豫想號
261266	朝鮮朝日	南鮮版	1935-04-18	1	08단	二千四百圓を費消逃亡す江東漁組理事
261267	朝鮮朝日	南鮮版	1935-04-18	1	09단	京城春季競馬
261268	朝鮮朝日	南鮮版	1935-04-18	1	09단	少女行方不明
261269	朝鮮朝日	南鮮版	1935-04-18	1	09단	會と催(博文寺般若大法會/京城商議商業分會/京城東部敎化委員會/鮮米協會總會/安宅虎雄氏個展/家畜防疫講習會/警察官講習所卒業式/消防講習會)
261270	朝鮮朝日	南鮮版	1935-04-18	1	10단	生活難から女房を慘殺
261271	朝鮮朝日	南鮮版	1935-04-18	1	10단	公私消息(菱本鮮米協會專務理事/竹內第一銀行京城支店長/穗積殖産局長/棟居總督府審議室事務官/高木城大敎授令息/本社京城支局來訪)
261272	朝鮮朝日	南鮮版	1935-04-18	1	10단	下關水産市況(十七日)
261273	朝鮮朝日	南鮮版	1935-04-18	1	10단	鷄林かゞみ
261274	朝鮮朝日	西北版	1935-04-19	1	01단	猛焰渦卷く奧に救ひを求める聲防毒マスクつけた挺身隊決死の救出に努む遊仙十七日永濱特派員發/月明の炭鑛部落に赤き哀悼の燈火死者の合同葬營まる/申譯がない最善の方法を盡す炭鑛主嚴村氏語る/正田保安課長談
261275	朝鮮朝日	西北版	1935-04-19	1	01단	當選圈へ入るには百八十票が必要前回より八百七十一名增加平壤府の有權者數發表さる
261276	朝鮮朝日	西北版	1935-04-19	1	02단	永明寺の住持卅日に選擧
261277	朝鮮朝日	西北版	1935-04-19	1	03단	咸北記念植樹廿一日に實施
261278	朝鮮朝日	西北版	1935-04-19	1	03단	兵隊さんも器用にお芝居平壤の軍旗祭賑ふ(第二守備隊/江界)
261279	朝鮮朝日	西北版	1935-04-19	1	04단	新朝無下旬から事務所開設
261280	朝鮮朝日	西北版	1935-04-19	1	04단	羅南忠魂碑に八勇士合祀
261281	朝鮮朝日	西北版	1935-04-19	1	04단	選擧告示は廿日に決定翌日から届出受付
261282	朝鮮朝日	西北版	1935-04-19	1	05단	農村振興の虎の卷傳授課長級以上の郡守を集め十年計劃の準備工作
261283	朝鮮朝日	西北版	1935-04-19	1	06단	急設電話の割當て決る
261284	朝鮮朝日	西北版	1935-04-19	1	06단	體育協會で十四萬圓を募集社會體育に乗出す
261285	朝鮮朝日	西北版	1935-04-19	1	06단	黑船騷動起る
261286	朝鮮朝日	西北版	1935-04-19	1	07단	田畑範士が武道大會へ

일련번호	판명		간행일	면	단수	기사명
261287	朝鮮朝日	西北版	1935-04-19	1	07단	親分の銀塊を着服
261288	朝鮮朝日	西北版	1935-04-19	1	07단	咸北の山火事
261289	朝鮮朝日	西北版	1935-04-19	1	07단	高利債から免れ立ち上る農村金組平南支部の低利資金は償還成績頗る良好
261290	朝鮮朝日	西北版	1935-04-19	1	07단	街頭へ進出し建築の請負平壤工業實習
261291	朝鮮朝日	西北版	1935-04-19	1	07단	九名近く送局元山赤化事件
261292	朝鮮朝日	西北版	1935-04-19	1	08단	三萬五千圓氣前好く寄附平北産業奬勵館の資金に鑛山王崔昌學氏から
261293	朝鮮朝日	西北版	1935-04-19	1	08단	平壤府內外を近く調査測量都計準備進む
261294	朝鮮朝日	西北版	1935-04-19	1	08단	牡丹台の公園施設國庫補助を要望委員會の方針決る
261295	朝鮮朝日	西北版	1935-04-19	1	08단	滿洲行麥籾で淸津の活況
261296	朝鮮朝日	西北版	1935-04-19	1	09단	數千年前の水石巖を發見考古學上貴重な資料
261297	朝鮮朝日	西北版	1935-04-19	1	09단	京城春季競馬
261298	朝鮮朝日	西北版	1935-04-19	1	10단	平壤材木商へ怪盜侵入す
261299	朝鮮朝日	西北版	1935-04-19	1	10단	平南邑面協議員選擧有權者
261300	朝鮮朝日	西北版	1935-04-19	1	10단	會と催(國防演習と映畵講演會/江界の初筏式/鮮米協會第二回定時總會/癩豫防協會理事會/三宅第二十師團長新任披露宴)
261301	朝鮮朝日	西北版	1935-04-19	1	10단	樂浪小話
261302	朝鮮朝日	南鮮版	1935-04-19	1	01단	日滿直通電話に食ひ込み成功す明年度から百卅萬圓投じ便利になる通話網
261303	朝鮮朝日	南鮮版	1935-04-19	1	01단	大規模な諸設備に感嘆の聲を放つ纛島水源地の婦人見學團「主婦の常識」を勉強
261304	朝鮮朝日	南鮮版	1935-04-19	1	02단	事業を統制して合理的に開發無煙炭合同の成立を祝福し穗積殖産局長語る
261305	朝鮮朝日	南鮮版	1935-04-19	1	03단	水稻代作に甘藷の比較試驗慶北で來月上旬から
261306	朝鮮朝日	南鮮版	1935-04-19	1	03단	日滿競技大會出場の陸上競技選手決定す/實業野球聯盟春季リーグ戰/京城中等學校野球リーグ戰/朝鮮庭球聯盟スケヂュール/釜山體育協會スケヂュール/釜山の庭球選手權大會/大邱釜山記者團對抗野球戰
261307	朝鮮朝日	南鮮版	1935-04-19	1	04단	慶南主任級異動下旬に發令
261308	朝鮮朝日	南鮮版	1935-04-19	1	05단	大邱府會
261309	朝鮮朝日	南鮮版	1935-04-19	1	05단	櫻花の下で軍民の和樂龍山の軍旗祭賑ふ
261310	朝鮮朝日	南鮮版	1935-04-19	1	05단	京城の府議選擧は八十餘名出馬か巧みに潛行運動行ふ氣配に當局の銳い眼光る/滿を持して告示を待つ釜山の選擧界緊張
261311	朝鮮朝日	南鮮版	1935-04-19	1	06단	お上りさん？空のお花見知事會議揷話
261312	朝鮮朝日	南鮮版	1935-04-19	1	06단	夏場運賃交涉重大危機に瀕す本府の調停に期待
261313	朝鮮朝日	南鮮版	1935-04-19	1	07단	特務艦野島仁川入港
261314	朝鮮朝日	南鮮版	1935-04-19	1	07단	喧嘩から重傷

일련번호	판명		간행일	면	단수	기사명
261315	朝鮮朝日	南鮮版	1935-04-19	1	07단	公私消息(植田軍司令官/大竹平北知事/土師慶南知事/安武平南知事/前田利爲侯/島谷汽船社長/池遞信局庶務課長/川西遞信局監理課長/都筑京城商議)
261316	朝鮮朝日	南鮮版	1935-04-19	1	07단	會と催(尚武祭武道大會/大田の除隊式/湖南神職會總會/鐵道の花嫁學校)
261317	朝鮮朝日	南鮮版	1935-04-19	1	08단	疑問の殺人
261318	朝鮮朝日	南鮮版	1935-04-19	1	08단	工藝會社を創立し家內工業を獎勵內地から職人を招く
261319	朝鮮朝日	南鮮版	1935-04-19	1	08단	棉莖利用の製紙工場を設立群山樋口氏等の計劃
261320	朝鮮朝日	南鮮版	1935-04-19	1	09단	臨時利得稅令二十日頃に公布稅收入は卅數萬圓
261321	朝鮮朝日	南鮮版	1935-04-19	1	09단	京城各倉庫の貨物狀況
261322	朝鮮朝日	南鮮版	1935-04-19	1	10단	在滿朝鮮人の就籍を研究
261323	朝鮮朝日	南鮮版	1935-04-19	1	10단	下關水産市況(十八日)
261324	朝鮮朝日	南鮮版	1935-04-19	1	10단	鷄林かゞみ
261325	朝鮮朝日	西北版	1935-04-20	1	01단	伸び行く平壤に建築競爭の壯觀七百五十件の多數に上り約七割までは郊外
261326	朝鮮朝日	西北版	1935-04-20	1	01단	事業を統制して合理的に開發無煙炭合同の成立を祝福し穗積殖産局長語る
261327	朝鮮朝日	西北版	1935-04-20	1	01단	立候補屆出を廿二日から受理平壤府の方針決る
261328	朝鮮朝日	西北版	1935-04-20	1	01단	平壤鄕土藝術(1)/風雅なお土産品二千年前の柳京を偲ばせる拓本と樂浪人形
261329	朝鮮朝日	西北版	1935-04-20	1	03단	十九師團除隊兵
261330	朝鮮朝日	西北版	1935-04-20	1	03단	咸北の昨年度採金八十萬圓
261331	朝鮮朝日	西北版	1935-04-20	1	04단	鴨綠江全部解氷
261332	朝鮮朝日	西北版	1935-04-20	1	04단	滿鐵永年勤續者を表彰
261333	朝鮮朝日	西北版	1935-04-20	1	04단	我が國體の精華を宣揚せよ知事會議第三日に宇垣總督から訓示
261334	朝鮮朝日	西北版	1935-04-20	1	04단	日滿競技大會出場の陸上競技選手決定す/西鮮實業野球リーグ戰
261335	朝鮮朝日	西北版	1935-04-20	1	05단	樂浪のプロムナード
261336	朝鮮朝日	西北版	1935-04-20	1	06단	日滿直通電話に食ひ込み成功明年度から百三十萬圓を投じ便利になる通話網
261337	朝鮮朝日	西北版	1935-04-20	1	06단	電話線延長を再び要望
261338	朝鮮朝日	西北版	1935-04-20	1	07단	死體搬出にはまだ數日を要す遊仙炭鑛の救助隊落磐に行手阻まる
261339	朝鮮朝日	西北版	1935-04-20	1	07단	新京行郵便物四日がかり不便な北鮮
261340	朝鮮朝日	西北版	1935-04-20	1	07단	開城電氣料金値下
261341	朝鮮朝日	西北版	1935-04-20	1	07단	上簇設備を改良し絲質向上を計る平南の蠶種掃立數九萬六千枚を豫想
261342	朝鮮朝日	西北版	1935-04-20	1	08단	取込雜貨を大安賣
261343	朝鮮朝日	西北版	1935-04-20	1	08단	六月末までに二つのプール齋藤氏の寄附で新設

일련번호	판명		간행일	면	단수	기사명
261344	朝鮮朝日	西北版	1935-04-20	1	08단	嬰兒死亡から臨時種痘
261345	朝鮮朝日	西北版	1935-04-20	1	08단	山地帶を除き全道に蔓延咸南の痘禍
261346	朝鮮朝日	西北版	1935-04-20	1	09단	甑山面の火事
261347	朝鮮朝日	西北版	1935-04-20	1	09단	花街の悲戀心中生活難から厭世心を起し女は絶命、男は危篤
261348	朝鮮朝日	西北版	1935-04-20	1	09단	平鐵の勤續者
261349	朝鮮朝日	西北版	1935-04-20	1	10단	滿浦線工事場にチフス發生
261350	朝鮮朝日	西北版	1935-04-20	1	10단	不敬犯人の妻京城へ押送
261351	朝鮮朝日	西北版	1935-04-20	1	10단	話の種
261352	朝鮮朝日	西北版	1935-04-20	1	10단	府電延長の實現を運動美林里期成會
261353	朝鮮朝日	南鮮版	1935-04-20	1	01단	傳統輝く京中魂愛校心の描く「作品」完成しあす感激の三重奏
261354	朝鮮朝日	南鮮版	1935-04-20	1	01단	本府調停效なく交涉遂に決裂す五月以後は無契約となり鮮米は積取り自由
261355	朝鮮朝日	南鮮版	1935-04-20	1	01단	我が國體の精華を宣揚せよ知事會議第三日に宇垣總督から訓示
261356	朝鮮朝日	南鮮版	1935-04-20	1	01단	管理法案は最上の恒久策鮮米實地調査に來鮮の荷見米穀局長語る
261357	朝鮮朝日	南鮮版	1935-04-20	1	03단	大邱有權者
261358	朝鮮朝日	南鮮版	1935-04-20	1	03단	黃金狂時代に聽く(１３)/特殊鑛の現狀は一般に悲觀的總督府の出願料による儲けザッと百數十萬圓
261359	朝鮮朝日	南鮮版	1935-04-20	1	05단	徵兵檢查日割一部變更
261360	朝鮮朝日	南鮮版	1935-04-20	1	05단	總督府辭令
261361	朝鮮朝日	南鮮版	1935-04-20	1	05단	國際貿易港に躍進の釜山商船の紐育定期船入港し業者間に歡聲揚る
261362	朝鮮朝日	南鮮版	1935-04-20	1	07단	昌慶苑夜櫻一日ひのべ
261363	朝鮮朝日	南鮮版	1935-04-20	1	07단	大工場街を縫ふ道路網永登浦に新設する
261364	朝鮮朝日	南鮮版	1935-04-20	1	07단	兵隊さんも大はしゃぎ大邱の軍旗祭
261365	朝鮮朝日	南鮮版	1935-04-20	1	08단	天災地變で悲慘な春窮期例年より却って深刻
261366	朝鮮朝日	南鮮版	1935-04-20	1	09단	久松師を迎へ教化の運動釜山知恩寺
261367	朝鮮朝日	南鮮版	1935-04-20	1	09단	殺人犯人逮捕
261368	朝鮮朝日	南鮮版	1935-04-20	1	09단	儀禮準則講演會
261369	朝鮮朝日	南鮮版	1935-04-20	1	10단	會と催(龍山步兵第七十八、九兩聯隊除隊式/京城商議議員總會/小賣商繁榮講演會/柔道關係物故者慰靈祭/慰靈祭/通信生合格者發表/龍山工兵第二十大隊創立第十六回記念日/全鮮憲兵隊長會議/大田愛讀者慰安映畫會)
261370	朝鮮朝日	南鮮版	1935-04-20	1	10단	公私消息(加藤鮮銀總裁/色部同理事/牧山朝鮮新聞社長/石田總督府鑛山課長/河合朝運專務三男純三氏/田畑柔道範士/森蕃樹氏/小林博氏(釜山府庶務課長)/片桐和三氏(全北益山郡黃登片桐農場主)/和田滋穗氏(總督府農事試驗場南鮮支場長))

일련번호	판명		간행일	면	단수	기사명
261371	朝鮮朝日	南鮮版	1935-04-20	1	10단	下關水産市況(十九日)
261372	朝鮮朝日	西北版	1935-04-21	1	01단	政戰の幕開く全半島を擧げていざ總選擧へ待ちに待った選擧告示廿日一齊行はる
261373	朝鮮朝日	西北版	1935-04-21	1	01단	約七十萬坪に收用令適用か長津江水電から申請
261374	朝鮮朝日	西北版	1935-04-21	1	01단	鐵道の無罪論果して通るか咸鏡線の列車轉覆事件近く第二審を開廷
261375	朝鮮朝日	西北版	1935-04-21	1	01단	朝鮮電氣が增電を計劃淸津郊外で
261376	朝鮮朝日	西北版	1935-04-21	1	02단	平壤鄕土藝術(２)/今賣出しの陶器巧みに現代人の嗜好に投じ觀光客の魅惑唆る
261377	朝鮮朝日	西北版	1935-04-21	1	03단	寺洞線區間を二區に改正委員會で決る
261378	朝鮮朝日	西北版	1935-04-21	1	04단	羅南の除隊式
261379	朝鮮朝日	西北版	1935-04-21	1	04단	得意の餘興に觀衆の喝采羅南の軍旗祭
261380	朝鮮朝日	西北版	1935-04-21	1	04단	平南農事功勞者
261381	朝鮮朝日	西北版	1935-04-21	1	04단	知事會議(第四日)
261382	朝鮮朝日	西北版	1935-04-21	1	05단	漁村の副業に巖海苔を養殖咸南水産會の新事業
261383	朝鮮朝日	西北版	1935-04-21	1	05단	オンドルの煙道や珍しい香爐發掘考古學の貴重な資料續出に發掘隊に歡聲揚る
261384	朝鮮朝日	西北版	1935-04-21	1	05단	軍旗祭グラフ((上)茂山守備隊(下右)平壤步兵七十七聯隊の營門前群衆(下左)同隊のデコレーション)
261385	朝鮮朝日	西北版	1935-04-21	1	05단	二千五百頭の緬羊濠洲から來る六月ごろに咸北へ
261386	朝鮮朝日	西北版	1935-04-21	1	05단	火田民救濟に偉大な功績崔東上面長
261387	朝鮮朝日	西北版	1935-04-21	1	07단	山火事鎭火六百町步燒く
261388	朝鮮朝日	西北版	1935-04-21	1	07단	七萬圓投じ廳舍を新築鎭南浦の穀檢支所
261389	朝鮮朝日	西北版	1935-04-21	1	08단	小作調停の申立激增す徒らに爭議を起さぬやう平南道、各郡へ通牒
261390	朝鮮朝日	西北版	1935-04-21	1	08단	公債僞造の親子に判決
261391	朝鮮朝日	西北版	1935-04-21	1	08단	蝀龍窟內に又新坑道を發見平鐵で近く隧道工事を施し探勝客の便を計る
261392	朝鮮朝日	西北版	1935-04-21	1	08단	義州鑛山の罷業解決す
261393	朝鮮朝日	西北版	1935-04-21	1	09단	天災地變で悲慘な春窮期例年より却って深刻
261394	朝鮮朝日	西北版	1935-04-21	1	09단	龍山鐵道チームを招聘
261395	朝鮮朝日	西北版	1935-04-21	1	09단	會と催(第十九師團管下簡閱點呼/平每主催南鮮女子庭球大會)
261396	朝鮮朝日	西北版	1935-04-21	1	09단	本社白頭山探檢寫眞展
261397	朝鮮朝日	西北版	1935-04-21	1	10단	亂暴な元巡査に四年の判決
261398	朝鮮朝日	西北版	1935-04-21	1	10단	店員斬り支那人靑島で逮捕
261399	朝鮮朝日	西北版	1935-04-21	1	10단	樂浪小話
261400	朝鮮朝日	南鮮版	1935-04-21	1	01단	政戰の幕開く 全半島を擧げていざ總選擧へ！待ちに待った選擧告示廿日一齊行はる/五月廿一日投票卽日開票する京城の有權者數は前回より却って二千人減少

일련번호	판명		간행일	면	단수	기사명
261401	朝鮮朝日	南鮮版	1935-04-21	1	01단	寫眞說明((上)十八日鎭海を視察した植田軍司令官(鎭海要塞司令部檢閱濟)(下)十八日擧行された龍山步兵第七十八、九兩聯隊軍旗祭摸擬店の賑ひ(向って右から大串軍參謀長、一人おいて三宅第二十師團長))
261402	朝鮮朝日	南鮮版	1935-04-21	1	02단	自由積取り小荷主に痛手仁川、木浦、群山は不利
261403	朝鮮朝日	南鮮版	1935-04-21	1	04단	鯖巾着の初漁
261404	朝鮮朝日	南鮮版	1935-04-21	1	04단	早くも湖南に昂まる演習氣分押し寄せる大官達の宿舍に關係道當局の準備
261405	朝鮮朝日	南鮮版	1935-04-21	1	05단	知事會議(第四日)
261406	朝鮮朝日	南鮮版	1935-04-21	1	05단	春川稅務署竣工
261407	朝鮮朝日	南鮮版	1935-04-21	1	05단	河川利用の簡易化を計る本府の許可事項を殆んど知事へ移管
261408	朝鮮朝日	南鮮版	1935-04-21	1	06단	博物館敷地は本府後庭に內定恩賜科學館も合倂し大綜合博物館を建設
261409	朝鮮朝日	南鮮版	1935-04-21	1	06단	鐵道の無罪論果して通るか咸鏡線の列車轉覆事件近く第二審を開廷
261410	朝鮮朝日	南鮮版	1935-04-21	1	06단	十年計劃で漁村の經濟更生近く基礎的實態調査
261411	朝鮮朝日	南鮮版	1935-04-21	1	07단	少年勞働者を內地農村で歡迎續々舞ひ込む追加の依賴に本府、積極的の斡旋/紡績女工二百名依賴全南へ朕報
261412	朝鮮朝日	南鮮版	1935-04-21	1	08단	癩豫防令廿日公布さる
261413	朝鮮朝日	南鮮版	1935-04-21	1	08단	食糧不足で天津粟を輸入六萬六千石の大量
261414	朝鮮朝日	南鮮版	1935-04-21	1	08단	初日大賑ひ京城の春競馬
261415	朝鮮朝日	南鮮版	1935-04-21	1	08단	話の種
261416	朝鮮朝日	南鮮版	1935-04-21	1	08단	下關水産市況(二十日)
261417	朝鮮朝日	南鮮版	1935-04-21	1	09단	大邱の强盜
261418	朝鮮朝日	南鮮版	1935-04-21	1	10단	京城のボヤ
261419	朝鮮朝日	南鮮版	1935-04-21	1	10단	職工卽死
261420	朝鮮朝日	南鮮版	1935-04-21	1	10단	會と催(鮮滿運輸株主總會/朝鮮運輸計算保證社株主總會/緬羊講習會/無盡令發布記念日祝賀會)
261421	朝鮮朝日	南鮮版	1935-04-21	1	10단	公私消息(賀田京城商議會頭/野口朝窒社長/有賀殖銀頭取/田淵東拓理事/長友日本産業水産硏究所長/大川朝鐵社長/本社京城支局來訪)
261422	朝鮮朝日	南鮮版	1935-04-21	1	10단	鷄林かゞみ
261423	朝鮮朝日	西北版	1935-04-23	1	01단	大部分の候補は府電死守を旗印開戰劈頭から色めき立つ平壤府議戰の展望/第一日の午前中に卅一名競び起つ菊名氏出馬で大波紋
261424	朝鮮朝日	西北版	1935-04-23	1	04단	鎭南浦有權者
261425	朝鮮朝日	西北版	1935-04-23	1	04단	中樞院參議發令さる
261426	朝鮮朝日	西北版	1935-04-23	1	04단	台灣の大震災へ義捐金を贈る總督、總監が見舞電報
261427	朝鮮朝日	西北版	1935-04-23	1	04단	非常時警察の使命を强調警察部長會議始まる

일련번호	판명		간행일	면	단수	기사명
261428	朝鮮朝日	西北版	1935-04-23	1	04단	五月中旬に祝賀を延期
261429	朝鮮朝日	西北版	1935-04-23	1	05단	平壌郷土藝術(３)/天下一品の技巧絢爛たる意匠やデザインで断然光る樂浪漆器
261430	朝鮮朝日	西北版	1935-04-23	1	05단	美しい觀火會「火の大同江」を現出する釋尊降誕祭の行事
261431	朝鮮朝日	西北版	1935-04-23	1	05단	知事會議終る
261432	朝鮮朝日	西北版	1935-04-23	1	05단	工業學校が高工より急務山村氏語る
261433	朝鮮朝日	西北版	1935-04-23	1	06단	廣大な藥草園花で埋まる五萬坪開城郊外に設ける
261434	朝鮮朝日	西北版	1935-04-23	1	07단	柔道は京畿道劍道は咸南武道大會で優勝
261435	朝鮮朝日	西北版	1935-04-23	1	07단	サ聯四代表清津を通過
261436	朝鮮朝日	西北版	1935-04-23	1	08단	高瀬船を襲ひ十九名拉致六十餘名の馬賊團
261437	朝鮮朝日	西北版	1935-04-23	1	08단	西平壌の盛土を擴張
261438	朝鮮朝日	西北版	1935-04-23	1	08단	子供の弄火で三戸丸燒け/六戸を全燒金蔡面の火事/十四萬束の松葉を燒く
261439	朝鮮朝日	西北版	1935-04-23	1	08단	道路鋪装は月末に着手
261440	朝鮮朝日	西北版	1935-04-23	1	09단	アサヒ・スポーツ(四月十五日號)
261441	朝鮮朝日	西北版	1935-04-23	1	09단	女房に振られ四人を斬る平南貴城面の惨劇
261442	朝鮮朝日	西北版	1935-04-23	1	09단	鮮內の沙糖消費高
261443	朝鮮朝日	西北版	1935-04-23	1	10단	蛤三千箱大阪へ移出
261444	朝鮮朝日	西北版	1935-04-23	1	10단	劇と映畫(平壌 キネマ)
261445	朝鮮朝日	西北版	1935-04-23	1	10단	樂浪小話
261446	朝鮮朝日	南鮮版	1935-04-23	1	01단	皇太后陛下記念品御下賜重ね重ねの御鴻恩恐懼感激の極み廣く少年救護團體の榮響宇垣總督謹話(光榮の職員)
261447	朝鮮朝日	南鮮版	1935-04-23	1	01단	五十人名乘揚げ早くも定員突破京城の要所に並ぶ立看板戸別訪問に大童/第一日の午前中に十二名競ひ起つ新顔目立つ釜山の府議戰/四名立候補光州邑議戰/懇談會を開き取締り徹底慶南警察部/慶南府邑面議員の定員
261448	朝鮮朝日	南鮮版	1935-04-23	1	01단	寫眞說明((上)廿日蓋開けの京城春競馬(東大門競馬場にて)(中)京城府議戰第一日の廿一日、立候補届出で目白押しの府廳(下)二十一日擧行された京城中學創立二十五周年記念式および校舍、會館落成式)
261449	朝鮮朝日	南鮮版	1935-04-23	1	02단	非常時警察の使命を強調警察部長會議始まる
261450	朝鮮朝日	南鮮版	1935-04-23	1	05단	けふの話題(夢みたいな話/サーヴィスは女に限る/知らぬ間に戸籍で結婚/貸座敷業のカフェー化/どえらい京城驛の儲け/自轉車狂スピード詐欺)
261451	朝鮮朝日	南鮮版	1935-04-23	1	05단	台灣の大震災へ義捐金を送る總督、總監が見舞電報
261452	朝鮮朝日	南鮮版	1935-04-23	1	06단	模擬國家總動員
261453	朝鮮朝日	南鮮版	1935-04-23	1	06단	知事會議終る
261454	朝鮮朝日	南鮮版	1935-04-23	1	06단	總督府辭令
261455	朝鮮朝日	南鮮版	1935-04-23	1	06단	赤ちゃん達の健康しらべ愛護週間行事
261456	朝鮮朝日	南鮮版	1935-04-23	1	07단	柔道は京畿道劍道は咸南武道大會で優勝

일련번호	판명		간행일	면	단수	기사명
261457	朝鮮朝日	南鮮版	1935-04-23	1	07단	會と催(鐵道協會總會/京畿道府郡視學打合會/龍山加藤神祠春季大祭/東洋工業朝鮮大會/群山署落成式/天長節奉祝會/進明女高普開校三十年記念式/京畿道會議員一行十一名/刑務所職員永年勤續者表彰式/全鮮刑務所製品品評會/釜山大倉町通繁榮會/齒科醫師試驗第一部合格者)
261458	朝鮮朝日	南鮮版	1935-04-23	1	08단	母子三人が列車から墜つ京釜線楡川、淸道間で
261459	朝鮮朝日	南鮮版	1935-04-23	1	08단	中樞院參議發令さる
261460	朝鮮朝日	南鮮版	1935-04-23	1	08단	石油船の火事釜山港の騷ぎ
261461	朝鮮朝日	南鮮版	1935-04-23	1	09단	公私消息(朴春琴代議士/石田總務府鑛山課長/越智鎭海要港部參謀長/荷見農林省米穀局長/大村關東軍交通監督部長/藤原北鮮製絲專務/賀田京城商議會頭/立川米倉專務/河合朝運專務/加藤鮮銀總裁/色部同理事/前田利爲少將(陸軍參謀本部計劃部長)/李每申編輯局長/齋藤邦光君(忠北淸州本社通信員齋藤金造氏長男))
261462	朝鮮朝日	南鮮版	1935-04-23	1	09단	淸州の火事
261463	朝鮮朝日	南鮮版	1935-04-23	1	10단	下關水産市場(廿二日)
261464	朝鮮朝日	南鮮版	1935-04-23	1	10단	鷄林かゞみ
261465	朝鮮朝日	西北版	1935-04-24	1	01단	立候補急テンポ定員遙かに突破五百餘名の運動員入亂れ平壤府議戰白熱化/府電問題の總意を決めるこの一戰三十日大演說會を開催して擁護の氣勢を擧ぐ
261466	朝鮮朝日	西北版	1935-04-24	1	01단	平壤靑訓の充實を援助後援會を組織
261467	朝鮮朝日	西北版	1935-04-24	1	01단	警察部長會議(第二日)
261468	朝鮮朝日	西北版	1935-04-24	1	02단	咸南經濟界へ大きい寄與明太漁業の調査成る
261469	朝鮮朝日	西北版	1935-04-24	1	03단	徵兵檢査日割十九師團管內
261470	朝鮮朝日	西北版	1935-04-24	1	04단	平壤蹴球團天津へ遠征
261471	朝鮮朝日	西北版	1935-04-24	1	04단	初代副長に小澤氏就任
261472	朝鮮朝日	西北版	1935-04-24	1	04단	日本海一周飛行の第一コース成功佐伯航空隊の二機飛來し羅津を彩る軍國色/烈風と濠氣に一時惱まされた相澤大尉元氣に語る
261473	朝鮮朝日	西北版	1935-04-24	1	05단	平壤鄕土藝術(４)/新しい民衆藝術囚人達のつくる紙撚細工がフランスへも進出
261474	朝鮮朝日	西北版	1935-04-24	1	05단	台灣震災義金募集に着手應募は金錢に限る
261475	朝鮮朝日	西北版	1935-04-24	1	05단	乳兒愛護週間五月二日から
261476	朝鮮朝日	西北版	1935-04-24	1	05단	發掘の收穫
261477	朝鮮朝日	西北版	1935-04-24	1	06단	尾崎所長天然痘に罹る
261478	朝鮮朝日	西北版	1935-04-24	1	06단	日本精神は日の丸の旗から平南の全警察指導部落へ實費で國旗を配給
261479	朝鮮朝日	西北版	1935-04-24	1	07단	澤山の巢をつくり渡り鳥を歡迎松毛蟲の繁殖になやみ牡丹台公園に妙案
261480	朝鮮朝日	西北版	1935-04-24	1	07단	地元民賦役で道路を改修

일련번호	판명		간행일	면	단수	기사명
261481	朝鮮朝日	西北版	1935-04-24	1	07단	火力發電の調査進捗す
261482	朝鮮朝日	西北版	1935-04-24	1	08단	三百町步燒く咸北の山火事/三井の所有林百町步燒失/咸南も山火事/吸殼の火から六戶を全燒消防手二名負傷
261483	朝鮮朝日	西北版	1935-04-24	1	08단	上層氣象の觀測網を完備航空の安全を期す
261484	朝鮮朝日	西北版	1935-04-24	1	08단	栗母樹の萠芽發生を促進
261485	朝鮮朝日	西北版	1935-04-24	1	09단	知事官舍へ怪盜押入る咸興署躍起の捜査
261486	朝鮮朝日	西北版	1935-04-24	1	10단	商業專修は五月から開校
261487	朝鮮朝日	西北版	1935-04-24	1	10단	公私消息(三宅第二十師團長/本社平壤遞信部來訪/富永繁行氏(平壤專賣支局庶務課長)/小泉顯夫氏(平壤博物館長)/平賀前平壤博物館長/富澤平商普教諭)
261488	朝鮮朝日	西北版	1935-04-24	1	10단	話の種
261489	朝鮮朝日	南鮮版	1935-04-24	1	01단	五十六名出馬し半數以上は新顔前議員達は稍あせり氣味京城府議戰白熱化/出足頗る早く十四名立候補府議戰第一日の大邱/廿七名立つ色めく釜山府議戰/廿二日午後の立候補者
261490	朝鮮朝日	南鮮版	1935-04-24	1	01단	三月中の鮮滿郵便爲替
261491	朝鮮朝日	南鮮版	1935-04-24	1	01단	遊覽飛行賑ふ
261492	朝鮮朝日	南鮮版	1935-04-24	1	02단	馬政計劃の具體案成る廿五日から委員會開催
261493	朝鮮朝日	南鮮版	1935-04-24	1	03단	十五ヶ所に産組を增設慶南の新事業
261494	朝鮮朝日	南鮮版	1935-04-24	1	03단	農村の季節保育所目覺しい增加率五月五日一齊に優良團體を本社の社會事業團から表彰
261495	朝鮮朝日	南鮮版	1935-04-24	1	03단	台灣震災義金募集に着手應募は金錢に限る
261496	朝鮮朝日	南鮮版	1935-04-24	1	04단	平壤蹴球團天津へ遠征
261497	朝鮮朝日	南鮮版	1935-04-24	1	04단	警察部長會議(第二日)
261498	朝鮮朝日	南鮮版	1935-04-24	1	04단	汲取手數料六月に實施
261499	朝鮮朝日	南鮮版	1935-04-24	1	05단	五月に開所大邱店員訓練所
261500	朝鮮朝日	南鮮版	1935-04-24	1	05단	花見シーズンに全鮮に傳染病當局の防疫陣大童
261501	朝鮮朝日	南鮮版	1935-04-24	1	06단	鮮銀の限外發行稅四分位が穩當歸城の加藤總裁談
261502	朝鮮朝日	南鮮版	1935-04-24	1	06단	南鮮七道で鼻疽の檢診
261503	朝鮮朝日	南鮮版	1935-04-24	1	06단	籾の希望檢査に搬出檢査を加味民間側の言分を十分に參酌農林局試案の要項
261504	朝鮮朝日	南鮮版	1935-04-24	1	06단	五年を求刑五萬圓事件公判
261505	朝鮮朝日	南鮮版	1935-04-24	1	07단	臨時利得稅令內容と適用範圍
261506	朝鮮朝日	南鮮版	1935-04-24	1	08단	少年瀕死の重傷
261507	朝鮮朝日	南鮮版	1935-04-24	1	08단	柔道の達者なスリ逮捕さる
261508	朝鮮朝日	南鮮版	1935-04-24	1	08단	悩み絶えぬ京畿の就學難
261509	朝鮮朝日	南鮮版	1935-04-24	1	09단	アサヒ・スポーツ(四月十五日號)
261510	朝鮮朝日	南鮮版	1935-04-24	1	09단	晋州の火事
261511	朝鮮朝日	南鮮版	1935-04-24	1	09단	正量取引制春繭から實施
261512	朝鮮朝日	南鮮版	1935-04-24	1	09단	上告棄却さる業務橫領事件

일련번호	판명		간행일	면	단수	기사명
261513	朝鮮朝日	南鮮版	1935-04-24	1	10단	自警團交戰敵匪を射殺
261514	朝鮮朝日	南鮮版	1935-04-24	1	10단	下鬪水産市況(廿三日)
261515	朝鮮朝日	南鮮版	1935-04-24	1	10단	鷄林かゞみ
261516	朝鮮朝日	西北版	1935-04-25	1	01단	四十六名に上り內地人は出揃ふ朝鮮人はまだ數名出馬か奧さん達もご活動/鎭南浦府議戰極めて平穩邑面議員の選擧は二十三日まで立候補皆無/十三名立つ尖銳化する前哨戰
261517	朝鮮朝日	西北版	1935-04-25	1	01단	平壤鄕土藝術(５)/光榮輝く實用品磨けば磨くほど光澤の出る飛躍途上の平南硯
261518	朝鮮朝日	西北版	1935-04-25	1	02단	警察部長會議(第三日)
261519	朝鮮朝日	西北版	1935-04-25	1	03단	逝く春をせきたて西鮮に豪雨襲來惜しや牡丹台の櫻を散らし落雷で合電は大痛手
261520	朝鮮朝日	西北版	1935-04-25	1	03단	工場地域貸付希望者續出
261521	朝鮮朝日	西北版	1935-04-25	1	04단	會と催(平壤衛生組合聯合會發會式/モスリン宣傳座談會)
261522	朝鮮朝日	西北版	1935-04-25	1	04단	樂山、鳩山水利解散に決る
261523	朝鮮朝日	西北版	1935-04-25	1	04단	日本海一周飛行の勇士
261524	朝鮮朝日	西北版	1935-04-25	1	05단	農村の季節保育所目覺しい增加率五月五日一齊に優良團體を本社の社會事業團から表彰
261525	朝鮮朝日	西北版	1935-04-25	1	06단	技術者の外は電力操作を嚴禁遊仙炭鑛の慘事を重視し本府が各炭鑛の注意喚起
261526	朝鮮朝日	西北版	1935-04-25	1	06단	正量取引制春繭から實施
261527	朝鮮朝日	西北版	1935-04-25	1	06단	身投げの母娘救助さる
261528	朝鮮朝日	西北版	1935-04-25	1	06단	六百町步燒き盛んに燃え續く相つぐ咸南の山火事
261529	朝鮮朝日	西北版	1935-04-25	1	07단	咸南山地帶に亞麻を栽培帝國製麻の豐山工場六月初旬に操業開始
261530	朝鮮朝日	西北版	1935-04-25	1	07단	御自慢の南浦林檎賣出しの大宣傳林檎の花滿開の五月五日に日滿支のお客を招く
261531	朝鮮朝日	西北版	1935-04-25	1	08단	妙香山行の臨時列車運轉釋尊降誕祭に
261532	朝鮮朝日	西北版	1935-04-25	1	08단	十五戶を燒き一名燒死す加山面の火事
261533	朝鮮朝日	西北版	1935-04-25	1	08단	原木三萬尺〆大同江を流す
261534	朝鮮朝日	西北版	1935-04-25	1	08단	籾の希望檢査に搬出檢査を加味民間側の言分を十分に參酌農林局試案の要項
261535	朝鮮朝日	西北版	1935-04-25	1	09단	飛込み自殺(愛兒を慕ふ父/嫌疑を恨む男)
261536	朝鮮朝日	西北版	1935-04-25	1	09단	金村驛一帶に近く點燈する
261537	朝鮮朝日	西北版	1935-04-25	1	10단	平南の水産生産額
261538	朝鮮朝日	西北版	1935-04-25	1	10단	樂浪小話
261539	朝鮮朝日	南鮮版	1935-04-25	1	01단	內地資金を蓄へ預金增大が急務半島經濟界の基礎確立策各方面で力說さる
261540	朝鮮朝日	南鮮版	1935-04-25	1	01단	鮮銀副總裁に松原理事拔擢か天降り人事を極力避けて近く缺員補充を發令/副頭取制を殖銀にも置く職制の改正を斷行

일련번호	판명		간행일	면	단수	기사명
261541	朝鮮朝日	南鮮版	1935-04-25	1	01단	警察部長會議(第三日)
261542	朝鮮朝日	南鮮版	1935-04-25	1	01단	鮮米問題で意見を交換荷見局長招き懇談會を開催
261543	朝鮮朝日	南鮮版	1935-04-25	1	02단	總督府後庭に純日本式情緒
261544	朝鮮朝日	南鮮版	1935-04-25	1	03단	尚武祭武道大會
261545	朝鮮朝日	南鮮版	1935-04-25	1	03단	素晴しい成績京城の春競馬
261546	朝鮮朝日	南鮮版	1935-04-25	1	04단	張、元兩氏中央參議に任命さる
261547	朝鮮朝日	南鮮版	1935-04-25	1	04단	九年度の純剩餘金二千萬圓を越す各事業官廳の黑字謳歌に財務局はホクホク
261548	朝鮮朝日	南鮮版	1935-04-25	1	04단	古谷氏當選
261549	朝鮮朝日	南鮮版	1935-04-25	1	04단	南山を彩る天滿宮の春祭古風な鷽換神事を初め各種催しに大賑ひ
261550	朝鮮朝日	南鮮版	1935-04-25	1	04단	不良水組の整理案協議主任官會議
261551	朝鮮朝日	南鮮版	1935-04-25	1	05단	某紡績會社が新しく進出宮林會長談
261552	朝鮮朝日	南鮮版	1935-04-25	1	05단	放浪患者の取締り强行癩豫防令內容
261553	朝鮮朝日	南鮮版	1935-04-25	1	05단	府へ昇格の三邑は更に府議選施行期日は大體十一月二十一日/五十九名京城の立候補/廿三名立つ/廿三日午後の釜山立候補者
261554	朝鮮朝日	南鮮版	1935-04-25	1	06단	一年に株式會社を百五十四も創立拂込の增加注目さる
261555	朝鮮朝日	南鮮版	1935-04-25	1	06단	廣大な藥草園花で埋まる五萬坪開城郊外に設ける
261556	朝鮮朝日	南鮮版	1935-04-25	1	07단	水量豐富の證據を示す門脇府尹が社長に會見し鐘紡工場誘致を折衝
261557	朝鮮朝日	南鮮版	1935-04-25	1	08단	一流業者を網羅し再生の建築協會五月中旬ごろ創立
261558	朝鮮朝日	南鮮版	1935-04-25	1	08단	小鹿島で運送船を新造
261559	朝鮮朝日	南鮮版	1935-04-25	1	09단	陸軍辭令
261560	朝鮮朝日	南鮮版	1935-04-25	1	09단	公私消息(篠田李王職長官/森朝郵社長/山縣辰馬汽船副社長/ハンスキルク墺太利醫學博士/ナーデー北平ホテル支配人/河合朝運專務、增田同庶務課長/滿洲國童子團一行二十一名/本社京城支局來訪)
261561	朝鮮朝日	南鮮版	1935-04-25	1	09단	會と催(優良店員表彰竝に慰安會/邦、姜兩氏歸鄕歡迎會/仁川工業俱樂部創立發會式/仁川米穀座談會/朝鐵株主總會/朝鐵自動車株主總會)
261562	朝鮮朝日	南鮮版	1935-04-25	1	10단	下關水産市況(廿四日)
261563	朝鮮朝日	南鮮版	1935-04-25	1	10단	けふの話題(模型神社へお賽錢/廣告カード煙草に插入/綺麗な通信團扇を賣る)
261564	朝鮮朝日	西北版	1935-04-26	1	01단	北鮮の密林乾燥猛焰頻りに狂ふ例年より件數遙かに多く打續く晴天の呪ひ/降雨なく鴨綠江に名物の筏流れず新義州の製材業者悲鳴あげ十一工場遂に休業/江原の山火事
261565	朝鮮朝日	西北版	1935-04-26	1	01단	花やかな入場式(二十三日京城運動場で擧行の日滿交歡競技大會)
261566	朝鮮朝日	西北版	1935-04-26	1	03단	鮮銀副總裁松原氏就任理事後任は河口氏有力(加藤總裁談)

일련번호	판명		간행일	면	단수	기사명
261567	朝鮮朝日	西北版	1935-04-26	1	03단	平壤急設電話近く抽籤
261568	朝鮮朝日	西北版	1935-04-26	1	03단	十四府の議員數四百卅二名に決る/政戰旣に酣平南の形勢/候補者を招き取締り懇談/鎭南浦の立候補者
261569	朝鮮朝日	西北版	1935-04-26	1	04단	警察部長會議終る
261570	朝鮮朝日	西北版	1935-04-26	1	04단	五月中旬に北鮮を視察シンジケート團
261571	朝鮮朝日	西北版	1935-04-26	1	04단	羅津から寧北まで十時間で突走る今秋に快速直通列車を運轉
261572	朝鮮朝日	西北版	1935-04-26	1	05단	副頭取制を殖銀にも置く職制の改正を斷行
261573	朝鮮朝日	西北版	1935-04-26	1	05단	平南の春蠶種價格
261574	朝鮮朝日	西北版	1935-04-26	1	05단	咸北の水産活況を豫想
261575	朝鮮朝日	西北版	1935-04-26	1	06단	櫻も若いに限る明春牡丹台へ一萬本增植し「半島の吉野山」現出/腐朽の古代建築物今にも懷れさう本府の修復を待ちきれず地元で寄附を募る
261576	朝鮮朝日	西北版	1935-04-26	1	07단	空から北鮮視察
261577	朝鮮朝日	西北版	1935-04-26	1	07단	平壤見物に續々繰込む
261578	朝鮮朝日	西北版	1935-04-26	1	07단	一流業者を網羅し更生の建築協會五月中旬ごろ創立
261579	朝鮮朝日	西北版	1935-04-26	1	07단	職業的指導の缺陷を除く
261580	朝鮮朝日	西北版	1935-04-26	1	08단	安い北鮮炭で內地を席捲大規模の操作場を滿鐵が雄基に特設
261581	朝鮮朝日	西北版	1935-04-26	1	08단	平壤府內會社調べ
261582	朝鮮朝日	西北版	1935-04-26	1	08단	稅務座談會
261583	朝鮮朝日	西北版	1935-04-26	1	08단	不正根絶の峻嚴な罰則麻藥取締令を公布
261584	朝鮮朝日	西北版	1935-04-26	1	09단	炭業界功勞者三十餘名を表彰百萬噸突破祝賀會を機に平壤商工會議所から
261585	朝鮮朝日	西北版	1935-04-26	1	10단	三チーム招聘運動場びらき
261586	朝鮮朝日	西北版	1935-04-26	1	10단	飛込み自殺
261587	朝鮮朝日	西北版	1935-04-26	1	10단	公私消息(安武平南道知事/大村關東軍交通監督部長/本社平壤通信部來肪)
261588	朝鮮朝日	西北版	1935-04-26	1	10단	平壤稅監局管內淸酒釀造高
261589	朝鮮朝日	西北版	1935-04-26	1	10단	咸鏡線に範浦驛を新設
261590	朝鮮朝日	西北版	1935-04-26	1	10단	救助に飛込み猛火中で燒死海鴨面の火事
261591	朝鮮朝日	南鮮版	1935-04-26	1	01단	施肥の合理化に全鮮の土性調査十餘ヶ所に製造工場設け配合肥料を供給
261592	朝鮮朝日	南鮮版	1935-04-26	1	01단	銀幕に再現する震災の第一報直ちに大阪から京城へ空輸本社獨特の封切り/慘禍の台灣へ注げ同胞愛義捐金募集に着手/伊達府尹見舞電
261593	朝鮮朝日	南鮮版	1935-04-26	1	01단	朝鮮神宮遙拜祭
261594	朝鮮朝日	南鮮版	1935-04-26	1	01단	總督府辭令
261595	朝鮮朝日	南鮮版	1935-04-26	1	02단	床しい國防獻金
261596	朝鮮朝日	南鮮版	1935-04-26	1	02단	肩に愛國の白襷女性も街頭へ非常時の波に乘る國防婦人會先づ京城で發會式

일련번호	판명		간행일	면	단수	기사명
261597	朝鮮朝日	南鮮版	1935-04-26	1	03단	鮮銀副總裁松原氏就任理事後任は河口氏有力(加藤總裁談)
261598	朝鮮朝日	南鮮版	1935-04-26	1	04단	警察部長會議終る
261599	朝鮮朝日	南鮮版	1935-04-26	1	04단	水害防禦規則五月一日公布
261600	朝鮮朝日	南鮮版	1935-04-26	1	04단	京城稅務署で相續稅再調查
261601	朝鮮朝日	南鮮版	1935-04-26	1	04단	十四府の議員數四百卅二名に決る/定員を突破卅四人名乘りを擧ぐ/緊張加はる/候補者を招き取締り示達
261602	朝鮮朝日	南鮮版	1935-04-26	1	05단	花やかな入場式(二十三日京城運動場で擧行の日滿交歡競技大會)
261603	朝鮮朝日	南鮮版	1935-04-26	1	06단	素晴しい害鳥驅逐銃聾の鳥でもビックリ京城電氣の鎌倉君が發明
261604	朝鮮朝日	南鮮版	1935-04-26	1	07단	今夏から京城は水の心配無用藁島水源地の擴張工事が六月末までに竣工
261605	朝鮮朝日	南鮮版	1935-04-26	1	07단	命令航路以外の出入船增加
261606	朝鮮朝日	南鮮版	1935-04-26	1	07단	金仁泰捕はる
261607	朝鮮朝日	南鮮版	1935-04-26	1	07단	會と催(朝鮮消防講習修了式/遞信局武道大會/朝鮮貿易協會理事會/マンドリン演奏會/京城進明高普開校三十年記念展/慶南晉州金融組合定時總會/天長節拜賀式)
261608	朝鮮朝日	南鮮版	1935-04-26	1	08단	既設普校の擴充と學校增設を併用第二次普及策を立案
261609	朝鮮朝日	南鮮版	1935-04-26	1	08단	飲食店で貓自殺
261610	朝鮮朝日	南鮮版	1935-04-26	1	08단	京城府の夜間金庫開設
261611	朝鮮朝日	南鮮版	1935-04-26	1	08단	咸鏡線に範浦驛を新設
261612	朝鮮朝日	南鮮版	1935-04-26	1	08단	不正根絶の峻嚴な罰則麻藥取締令を公布
261613	朝鮮朝日	南鮮版	1935-04-26	1	08단	公私消息(植野殖銀理事/津田鐘紡社長/陸士鮮滿視察團末松中將以下三百七十五名/サットン、ロータリー本部前會長二十三日來城/大串軍參謀長/加藤前殖銀江景支店長/荷見農林省米穀局長/望月恒雅氏(新任慶北道視學官)/本社京城支局來訪/桂基資氏/南宮中樞院參議/山中大吉氏/濱田虎熊氏/片岡喜三郎氏)
261614	朝鮮朝日	南鮮版	1935-04-26	1	10단	獸醫師試驗五月初め實施
261615	朝鮮朝日	南鮮版	1935-04-26	1	10단	下關水産市況(廿五日)
261616	朝鮮朝日	南鮮版	1935-04-26	1	10단	鷄林かゞみ
261617	朝鮮朝日	西北版	1935-04-27	1	01단	平壤から京城へ二送電線を延長六百萬圓投じ明秋に竣工送電會社の大計劃
261618	朝鮮朝日	西北版	1935-04-27	1	01단	嚴かな慰靈祭卅日七十聯隊營庭で執行し一萬五千名が參列
261619	朝鮮朝日	西北版	1935-04-27	1	01단	通譯を全廢中樞院會議に新機軸
261620	朝鮮朝日	西北版	1935-04-27	1	01단	大豆大の雹鎭南浦附近に
261621	朝鮮朝日	西北版	1935-04-27	1	03단	七千百圓鄕軍へ寄附開城府朝鮮人有力者の義擧
261622	朝鮮朝日	西北版	1935-04-27	1	03단	內地人候補者は苦戰を免れぬ朝鮮人側は大體得票平均か平壤の當選率打診/咸興府は廿名/十■名立つ/更に二名出馬

일련번호	판명		간행일	면	단수	기사명
261623	朝鮮朝日	西北版	1935-04-27	1	04단	鐘紡工場の自家發電認可
261624	朝鮮朝日	西北版	1935-04-27	1	04단	豪華を誇る禮官殿跡を發掘早速補强工事施し現場をその儘保存
261625	朝鮮朝日	西北版	1935-04-27	1	05단	咸南山地帶の工業資源を開發先づ科學的に調査
261626	朝鮮朝日	西北版	1935-04-27	1	06단	西鮮三道の租稅千萬圓に迫る酒稅が斷然群を拔く
261627	朝鮮朝日	西北版	1935-04-27	1	06단	旣設普校の擴充と學校增設を倂用第二次普及策を立案
261628	朝鮮朝日	西北版	1935-04-27	1	06단	命令航路以外の出入船增加
261629	朝鮮朝日	西北版	1935-04-27	1	06단	鎭南浦取引所更生に決る解散說や移轉說を解消し米都の復興に邁進
261630	朝鮮朝日	西北版	1935-04-27	1	07단	總督府辭令
261631	朝鮮朝日	西北版	1935-04-27	1	07단	施肥の合理化に全鮮の土性調査十餘ヶ所に製造工場新設し配合肥料供給を急ぐ
261632	朝鮮朝日	西北版	1935-04-27	1	08단	犧牲者遺族へ百圓づつ支給遊仙炭鑛の作業困難を極む
261633	朝鮮朝日	西北版	1935-04-27	1	08단	水害防禦規則五月一日公布
261634	朝鮮朝日	西北版	1935-04-27	1	08단	咸興興南間長距離競走
261635	朝鮮朝日	西北版	1935-04-27	1	09단	郡面委員會定期に開かせる獨特の農村振興課新設を平南から本府へ申請
261636	朝鮮朝日	西北版	1935-04-27	1	09단	獸醫師試驗五月初め實施
261637	朝鮮朝日	西北版	1935-04-27	1	10단	咸北の山火事全部鎭火す
261638	朝鮮朝日	西北版	1935-04-27	1	10단	金時計犯人を指名手配
261639	朝鮮朝日	西北版	1935-04-27	1	10단	列車に刎られ老婆卽死
261640	朝鮮朝日	西北版	1935-04-27	1	10단	樂浪小話
261641	朝鮮朝日	南鮮版	1935-04-27	1	01단	けふ創立卅周年進明女高普の誇り黎明期の女性に新しき道拓く薰化の聖壇に立ち烈々の抱負を貫く老校長
261642	朝鮮朝日	南鮮版	1935-04-27	1	01단	天長節を奉祝し盛大な園遊會四千五百名が參列/將兵五千名參加し晴れの觀兵式天長節を飾る盛觀
261643	朝鮮朝日	南鮮版	1935-04-27	1	01단	摸擬戰に偲ぶ肉彈三勇士龍山工兵大隊
261644	朝鮮朝日	南鮮版	1935-04-27	1	01단	專賣局辭令
261645	朝鮮朝日	南鮮版	1935-04-27	1	02단	總督府辭令
261646	朝鮮朝日	南鮮版	1935-04-27	1	02단	震災慰問金の募集に協力愛國婦人會
261647	朝鮮朝日	南鮮版	1935-04-27	1	02단	外地米生産費の調査會を再開本格的調査の資料を用意し五月上旬に委員東上
261648	朝鮮朝日	南鮮版	1935-04-27	1	03단	京城初等校長會議
261649	朝鮮朝日	南鮮版	1935-04-27	1	03단	通譯を全廢中樞院會議に新機軸
261650	朝鮮朝日	南鮮版	1935-04-27	1	04단	佛國通報艦けふ仁川へ入港
261651	朝鮮朝日	南鮮版	1935-04-27	1	04단	密漁取締りに新銳船活躍江原道の鷹丸
261652	朝鮮朝日	南鮮版	1935-04-27	1	04단	五億圓突破本府の借金
261653	朝鮮朝日	南鮮版	1935-04-27	1	05단	嘆きの光凞門
261654	朝鮮朝日	南鮮版	1935-04-27	1	05단	公醫を繰出し慈愛の巡廻診療近く救療箱の藥品も發送忙しい慶南衛生課

일련번호	판명		간행일	면	단수	기사명
261655	朝鮮朝日	南鮮版	1935-04-27	1	05단	中等野球始まる
261656	朝鮮朝日	南鮮版	1935-04-27	1	06단	頻りに叩頭戰術四十餘名に上るか/嵐の前の靜けさ京城の亂戰に反し京畿道內の府邑出足鈍る/定員に達す/京城十二名超過
261657	朝鮮朝日	南鮮版	1935-04-27	1	06단	若葉の行樂季節に日曜と旗日の二疊打京城郊外の紙上遊覽案內
261658	朝鮮朝日	南鮮版	1935-04-27	1	06단	開港記念日の催し物決る
261659	朝鮮朝日	南鮮版	1935-04-27	1	06단	洛東江の沙防工事五月中旬に着手慶北に三管理所設く/慶南の管理所二ヶ所設置
261660	朝鮮朝日	南鮮版	1935-04-27	1	08단	二十五日釜山署で開いた府議選擧取締懇談會(昨紙參照)
261661	朝鮮朝日	南鮮版	1935-04-27	1	08단	組織を強化鯖巾着網組合
261662	朝鮮朝日	南鮮版	1935-04-27	1	08단	決裂を免る洋灰委員會
261663	朝鮮朝日	南鮮版	1935-04-27	1	09단	九名を起訴慶州赤色事件
261664	朝鮮朝日	南鮮版	1935-04-27	1	09단	身投自殺
261665	朝鮮朝日	南鮮版	1935-04-27	1	09단	大甕の中で幼女の溺死
261666	朝鮮朝日	南鮮版	1935-04-27	1	09단	會と催(全鮮商議事務打合會/天長節奉祝會)
261667	朝鮮朝日	南鮮版	1935-04-27	1	09단	公私消息(朴京畿道議一行十名/東華蹴球團一行/滿洲國陸上競技選手一行/本社京城支局來訪)
261668	朝鮮朝日	南鮮版	1935-04-27	1	09단	下關水産市況(廿六日)
261669	朝鮮朝日	南鮮版	1935-04-27	1	10단	靑年訓練所二ヶ所增設
261670	朝鮮朝日	南鮮版	1935-04-27	1	10단	鷄林かゞみ
261671	朝鮮朝日	西北版	1935-04-28	1	01단	鴨綠江に架ける六つの國際橋梁鮮滿交通量の激增に伴ひ互ひに手を伸べて
261672	朝鮮朝日	西北版	1935-04-28	1	01단	無理押しまでして買收はさせまい本府の電氣統制方針に關し平南道當局の見解
261673	朝鮮朝日	西北版	1935-04-28	1	01단	空前の大會議全鮮から六百餘名列席し更生根本策を討議
261674	朝鮮朝日	西北版	1935-04-28	1	01단	簡保好成績の局所を表彰平壤分掌局で
261675	朝鮮朝日	西北版	1935-04-28	1	02단	開城府會協議事項
261676	朝鮮朝日	西北版	1935-04-28	1	02단	藤井氏辭退/名簿と戶籍名前が違ふ平壤府で研究/平南立候補者/開城更に三名立つ
261677	朝鮮朝日	西北版	1935-04-28	1	03단	春は北へ移る北鮮の櫻漸く滿開
261678	朝鮮朝日	西北版	1935-04-28	1	03단	昔の國防義會偲ぶ珍しい標石發見獎忠壇公園の丘上
261679	朝鮮朝日	西北版	1935-04-28	1	04단	會と催(本年度第一回遠乘會/平南レース俱樂部主催の春季競馬)
261680	朝鮮朝日	西北版	1935-04-28	1	04단	餘熱利用も安くはない
261681	朝鮮朝日	西北版	1935-04-28	1	05단	けふの話題
261682	朝鮮朝日	西北版	1935-04-28	1	05단	國境警備の辛酸を語り合ふ殉職五警察官の遺族等揃って拓相を訪問
261683	朝鮮朝日	西北版	1935-04-28	1	05단	北鮮鐵道に有利に展開
261684	朝鮮朝日	西北版	1935-04-28	1	06단	代書人の看板「書士」と書替へ五月から改稱する

일련번호	판명		간행일	면	단수	기사명
261685	朝鮮朝日	西北版	1935-04-28	1	06단	花だよりの北鮮に時ならぬ牡丹雪朝鮮アルプスは白帽子を被り目覺めるほどの美觀
261686	朝鮮朝日	西北版	1935-04-28	1	06단	列車に刎られ親子三人が重傷隧道で雨宿り中の慘
261687	朝鮮朝日	西北版	1935-04-28	1	06단	專賣局辭令
261688	朝鮮朝日	西北版	1935-04-28	1	07단	絹布共同作業場を新設平南孟山郡に
261689	朝鮮朝日	西北版	1935-04-28	1	08단	海岸地へ移住海苔を養殖黃海の貧農救濟
261690	朝鮮朝日	西北版	1935-04-28	1	08단	每日一・五件づゝの列車事故が發生平鐵管內の昨年度の調査
261691	朝鮮朝日	西北版	1935-04-28	1	08단	寺洞全市を火の海に化す海軍記念日の行事
261692	朝鮮朝日	西北版	1935-04-28	1	08단	女給四人顔に重傷す花見歸りの奇禍
261693	朝鮮朝日	西北版	1935-04-28	1	09단	百萬噸突破祝賀に床しい恩人招待大掛りな準備進む
261694	朝鮮朝日	西北版	1935-04-28	1	09단	水雷敷設艇元山へ寄港
261695	朝鮮朝日	西北版	1935-04-28	1	09단	優良煙草耕作者を表彰
261696	朝鮮朝日	西北版	1935-04-28	1	10단	勤勉手當を臨時に給與
261697	朝鮮朝日	西北版	1935-04-28	1	10단	樂浪小話
261698	朝鮮朝日	南鮮版	1935-04-28	1	01단	借りも借ったり五億圓の大借金利拂ひだけで千五百萬圓繁榮朝鮮の打明話
261699	朝鮮朝日	南鮮版	1935-04-28	1	01단	京城へ平壤から二送電線を延長六百萬圓を投じ明秋に竣工送電會社の大計劃
261700	朝鮮朝日	南鮮版	1935-04-28	1	01단	昔の國防義會偲ぶ珍しい標石發見獎忠壇公園の丘上
261701	朝鮮朝日	南鮮版	1935-04-28	1	02단	軍用犬審査會五月十二日開く
261702	朝鮮朝日	南鮮版	1935-04-28	1	03단	八大河川に監視員配置
261703	朝鮮朝日	南鮮版	1935-04-28	1	03단	大京城から縱橫に伸びる産業道路麻浦線の六キロを最終に美裝工事全く成る
261704	朝鮮朝日	南鮮版	1935-04-28	1	04단	本府後庭の入者場
261705	朝鮮朝日	南鮮版	1935-04-28	1	04단	京城物價騰る
261706	朝鮮朝日	南鮮版	1935-04-28	1	04단	九月十五日頃放送を開始釜山放送局
261707	朝鮮朝日	南鮮版	1935-04-28	1	04단	嚴かな天長節祭宇垣總督初め多數參列し朝鮮神宮で執行
261708	朝鮮朝日	南鮮版	1935-04-28	1	04단	恐ろしい迷信怪祈禱師ら四人で精神病者を嬲殺し
261709	朝鮮朝日	南鮮版	1935-04-28	1	05단	大邱府戶別稅等級確定
261710	朝鮮朝日	南鮮版	1935-04-28	1	05단	戰歿者招魂祭蔚山で執行
261711	朝鮮朝日	南鮮版	1935-04-28	1	05단	各候補者を揃へて奇拔な立會演說五月六日から三日間京城で甲子俱樂部の計劃/大邱の立候補者/大矢氏斷念/全北の形勢
261712	朝鮮朝日	南鮮版	1935-04-28	1	06단	代書人の看板「書士」と書替へ五月から改稱する/死刑の判決巡査部長殺し事件の第二審
261713	朝鮮朝日	南鮮版	1935-04-28	1	06단	アナゴ販賣の統制を實施
261714	朝鮮朝日	南鮮版	1935-04-28	1	06단	近代漁業の禁止區域設定五月から實施
261715	朝鮮朝日	南鮮版	1935-04-28	1	07단	愛國機の獻金豫想に反す一機の獻納さへ難かしいと檄を飛ばし猛運動

일련번호	판명		간행일	면	단수	기사명
261716	朝鮮朝日	南鮮版	1935-04-28	1	07단	道會も本年から通譯を廢止か特有の會議風景解消
261717	朝鮮朝日	南鮮版	1935-04-28	1	07단	空前の大會議全鮮から六百餘名列席し更生根本策を討議
261718	朝鮮朝日	南鮮版	1935-04-28	1	07단	二十六日夕刻の釜山府富平町の火事(二十七日付母紙參照)
261719	朝鮮朝日	南鮮版	1935-04-28	1	08단	覆面の強盜三百圓強奪
261720	朝鮮朝日	南鮮版	1935-04-28	1	08단	下關水産市況(廿七日)
261721	朝鮮朝日	南鮮版	1935-04-28	1	09단	本社白頭山探檢寫眞展
261722	朝鮮朝日	南鮮版	1935-04-28	1	09단	鐘路署のスリ狩り
261723	朝鮮朝日	南鮮版	1935-04-28	1	09단	通學兒童列車から墜つ
261724	朝鮮朝日	南鮮版	1935-04-28	1	09단	五萬圓事件判決卅日に延期
261725	朝鮮朝日	南鮮版	1935-04-28	1	09단	孔子祭役員の僞辭令を賣る
261726	朝鮮朝日	南鮮版	1935-04-28	1	10단	青年の自殺未遂
261727	朝鮮朝日	南鮮版	1935-04-28	1	10단	會と催(仁川中學開校式/不二興業株主總會/金融組合聯合會總會/門鐵管絃樂團演奏會/多獅島臨時鐵道會社創立總會/儒道大會/信徒家族大會/京城府招魂祭/朝鮮鐵道協會總會/京城府町洞總代招待會/天長節拜賀式)
261728	朝鮮朝日	南鮮版	1935-04-28	1	10단	公私消息(野口朝窒社長/鈴木東拓鑛業支配人/山縣辰馬汽船副社長/山川貴族院議員、出淵前駐米大使/榛葉總督府土木課長/西川水原農試技師/井上遞信局長/戶嶋京城商工聯合會長/本社京城支局來訪)
261729	朝鮮朝日	西北版	1935-04-30	1	01단	借りも借ったり五億圓の大借金利拂ひだけで千五百萬圓繁榮朝鮮の打明話
261730	朝鮮朝日	西北版	1935-04-30	1	01단	空陸相呼應して盛大な觀兵式佳節の第七十七聯隊營庭に繰展げる軍國繪卷/輝く警察官の功勞を表彰總數七百九十八名半島警察界の譽れ
261731	朝鮮朝日	西北版	1935-04-30	1	02단	晝夜逆樣の猛訓練成功咸興聯隊で
261732	朝鮮朝日	西北版	1935-04-30	1	02단	外人宣教師に覺醒を求める安武知事が懇談會を機會に日本精神の神髓說明
261733	朝鮮朝日	西北版	1935-04-30	1	03단	總督府辭令
261734	朝鮮朝日	西北版	1935-04-30	1	03단	奇特な寄附
261735	朝鮮朝日	西北版	1935-04-30	1	04단	公私消息(本社平壤通信部來訪/京城日報支局長小西晴溶氏)
261736	朝鮮朝日	西北版	1935-04-30	1	04단	朝夕刊の合送開始その日の本紙がその日中に讀める
261737	朝鮮朝日	西北版	1935-04-30	1	04단	發掘の住居地は太守の居宅か原田助教授近く再び來壤/磚槨墳の移築に着手
261738	朝鮮朝日	西北版	1935-04-30	1	04단	平南警察官表彰
261739	朝鮮朝日	西北版	1935-04-30	1	05단	元山で好評白頭山寫眞展
261740	朝鮮朝日	西北版	1935-04-30	1	05단	子供を愛しませう五月二日から愛護週間平壤の催しきまる
261741	朝鮮朝日	西北版	1935-04-30	1	05단	冷害義金寄託
261742	朝鮮朝日	西北版	1935-04-30	1	06단	朝鮮人側に新人續出す滿鐵も三名を送る/平壤の異議申立は六十四名/立候補難の珍現象呈す
261743	朝鮮朝日	西北版	1935-04-30	1	07단	長白山下の神祕玄菟文化を探る稻葉博士の下檢分に本づき本格的調査を進む

일련번호	판명		간행일	면	단수	기사명
261744	朝鮮朝日	西北版	1935-04-30	1	07단	二十七日行はれた茂山の日露戰役三十周年記念合祀祭
261745	朝鮮朝日	西北版	1935-04-30	1	08단	船橋里署の實現は確實明年度豫算に要求
261746	朝鮮朝日	西北版	1935-04-30	1	08단	府電買收說傳はり合電株跳ね上る思惑買ひを煽って
261747	朝鮮朝日	西北版	1935-04-30	1	08단	極刑を求む情痴殺人事件
261748	朝鮮朝日	西北版	1935-04-30	1	09단	大連天津行定期航路船
261749	朝鮮朝日	西北版	1935-04-30	1	09단	鐵管が破損し瓦斯に引火
261750	朝鮮朝日	西北版	1935-04-30	1	10단	白茂線の混合列車分離五月から實施
261751	朝鮮朝日	西北版	1935-04-30	1	10단	東京市が北鮮紹介所を新設
261752	朝鮮朝日	西北版	1935-04-30	1	10단	樂浪小話
261753	朝鮮朝日	南鮮版	1935-04-30	1	01단	黑字の波に乘り三億圓を突破か本府の明年度豫算編成は久し振りに樂さう
261754	朝鮮朝日	南鮮版	1935-04-30	1	01단	李堈殿下御東上
261755	朝鮮朝日	南鮮版	1935-04-30	1	01단	*天長節に高鳴る勇壯な軍國調第二十師團部隊の觀兵式に拜觀者無限の感激/葉櫻の下で佳節を壽ぐ總督府後庭の園遊會に參會者四千五百名/奉祝宴開催釜山の賑ひ*
261756	朝鮮朝日	南鮮版	1935-04-30	1	02단	*保育園兒童に樂しい一日昌慶苑で運動會/兒童愛護週間の釜山の行事/愛護マークを學校で賣る鎭海の催し*
261757	朝鮮朝日	南鮮版	1935-04-30	1	02단	輝く警察官の功勞を表彰總數七百九十八名半島警察界の響れ(故崔燦吉氏/故禹永勳氏/金東淳氏)
261758	朝鮮朝日	南鮮版	1935-04-30	1	03단	婦人國防線線に碧い眼の闘士「平素の御恩報じに」とトルコ婦人も參加
261759	朝鮮朝日	南鮮版	1935-04-30	1	04단	湖南線に新驛
261760	朝鮮朝日	南鮮版	1935-04-30	1	05단	京城中等野球リーグ戰(昨紙參照)
261761	朝鮮朝日	南鮮版	1935-04-30	1	05단	朝夕刊の合送開始その日の本紙がその日中に讀める
261762	朝鮮朝日	南鮮版	1935-04-30	1	05단	總督府辭令
261763	朝鮮朝日	南鮮版	1935-04-30	1	07단	殖産楔組織の實行打合せ理財課長會議五月三日招集
261764	朝鮮朝日	南鮮版	1935-04-30	1	07단	米の賣惜みで資金の回收澁る銀行の金繰りに影響
261765	朝鮮朝日	南鮮版	1935-04-30	1	07단	十萬人を目指して會員獲得に起つ警務課長會議で具體案練り全鮮に武道精神鼓吹
261766	朝鮮朝日	南鮮版	1935-04-30	1	07단	バス崖下へ十九名が重輕傷お花見歸りの奇禍
261767	朝鮮朝日	南鮮版	1935-04-30	1	07단	けふの話題
261768	朝鮮朝日	南鮮版	1935-04-30	1	08단	廿八ヶ所に水防團を組織慶南で全力を擧げ洛東江の水禍防止
261769	朝鮮朝日	南鮮版	1935-04-30	1	08단	大邱の立候補者
261770	朝鮮朝日	南鮮版	1935-04-30	1	08단	公私消息(忠南知事李範益氏/松井米倉社長/松原鮮銀副總裁/河野衛氏/金井豊七、原志慶治氏/澤崎京南鐵道取締役/玄湖南銀行頭取/荷見農林省米穀局長/田中總督府外事課長/菅村大藏省主計局事務官/吉田海軍省軍務局長/本社京城支局來訪/壹岐幸義氏赤荻興三郎氏、瀨戶多平氏/莊司秀雄氏)

일련번호	판명		간행일	면	단수	기사명
261771	朝鮮朝日	南鮮版	1935-04-30	1	09단	釜山中等野球リーグ戰成績(東萊高普７Ａー６釜山中學/釜山一商１４ー１釜山二商)
261772	朝鮮朝日	南鮮版	1935-04-30	1	09단	會と催(成業社株主總會/簡易保險映畫會/永登浦華僑親睦會務會式/朝鮮藥學會四月例會/京城醫師會臨時總會/總督府社會映畫會/大邱の招魂祭)
261773	朝鮮朝日	南鮮版	1935-04-30	1	10단	義金募集の依賴狀發送
261774	朝鮮朝日	南鮮版	1935-04-30	1	10단	江原道沖合で發動機船坐礁乘組員救はる
261775	朝鮮朝日	南鮮版	1935-04-30	1	10단	四人を嚙む狂犬の疑ひ
261776	朝鮮朝日	南鮮版	1935-04-30	1	10단	鷄林かゞみ

1935년 5월 (조선아사히)

일련번호	판명		간행일	면	단수	기사명
261777	朝鮮朝日	西北版	1935-05-01	1	01단	御東上の李堈殿下
261778	朝鮮朝日	西北版	1935-05-01	1	01단	第一線の職員が農村振興を討議全鮮から六百餘名馳せ参じ空前の大會議開かる
261779	朝鮮朝日	西北版	1935-05-01	1	01단	東洋紡の敷地買收成立す
261780	朝鮮朝日	西北版	1935-05-01	1	01단	冷害防止に早植を奬勵
261781	朝鮮朝日	西北版	1935-05-01	1	02단	未曾有の混戰まだ數名立候補か(元山府/海州邑)
261782	朝鮮朝日	西北版	1935-05-01	1	02단	お顔拜見(1)/安武知事の卷二言目には飛出す台灣の新知識握手もせぬ、外國語も話さぬニッポン主義の權化
261783	朝鮮朝日	西北版	1935-05-01	1	04단	忠魂を弔ふ一萬五千名參列し盛大な慰靈祭執行
261784	朝鮮朝日	西北版	1935-05-01	1	04단	殖産楔組織の實行打合せ理財課長會議五月三日招集
261785	朝鮮朝日	西北版	1935-05-01	1	05단	十萬人を目指して會員獲得に起つ警務課長會義で具體案練り全鮮に武道精神鼓吹
261786	朝鮮朝日	西北版	1935-05-01	1	05단	武裝移民の花嫁行列憧れの大陸へ第一步淸津上陸
261787	朝鮮朝日	西北版	1935-05-01	1	06단	スポーツ(平壤8龍鐵1/四シーズン釜山一商連勝釜山中等野球/東萊高普11A一1釜山二商/釜山一商5一2釜山中學/東萊高普7A一6釜山中學/釜山一商14一1釜山二商/京師13京工3京城中等野球/龍中15A善隣3)
261788	朝鮮朝日	西北版	1935-05-01	1	06단	健康相談所開放
261789	朝鮮朝日	西北版	1935-05-01	1	06단	米の賣惜みで資金の回收澁る銀行の金繰りに影響
261790	朝鮮朝日	西北版	1935-05-01	1	06단	合電の送電線明秋に完成瓮津海州兩鑛山へ供給
261791	朝鮮朝日	西北版	1935-05-01	1	07단	國防獻金
261792	朝鮮朝日	西北版	1935-05-01	1	07단	警備用傳書鳩二十三羽を盜む平南の飼育所から
261793	朝鮮朝日	西北版	1935-05-01	1	07단	平壤消防隊修理工場を設置
261794	朝鮮朝日	西北版	1935-05-01	1	08단	大體半年作丸ナ協會官內小麥作況
261795	朝鮮朝日	西北版	1935-05-01	1	08단	上海假政府の不穩文書押收
261796	朝鮮朝日	西北版	1935-05-01	1	08단	咸南一帶俄かに銀世界山地帶の積雪一尺バスの運轉不能に陷る
261797	朝鮮朝日	西北版	1935-05-01	1	08단	平南九年度林産額
261798	朝鮮朝日	西北版	1935-05-01	1	08단	會寧電氣から受電に決る咸北鷄林炭鑛
261799	朝鮮朝日	西北版	1935-05-01	1	09단	電力聯盟が無煙炭視察調査課長來壤
261800	朝鮮朝日	西北版	1935-05-01	1	09단	九百町步を燒く咸南の山火事鎭火
261801	朝鮮朝日	西北版	1935-05-01	1	09단	五戶を全燒通仙面の火事
261802	朝鮮朝日	西北版	1935-05-01	1	09단	殖銀公共産業貸出用途
261803	朝鮮朝日	西北版	1935-05-01	1	10단	鎭南浦港へ山東粟入荷
261804	朝鮮朝日	西北版	1935-05-01	1	10단	自働交換式に改良要望
261805	朝鮮朝日	西北版	1935-05-01	1	10단	アカマツ優良材拂下げ
261806	朝鮮朝日	南鮮版	1935-05-01	1	01단	第一線の職員が農村振興を討議全鮮から六百餘名馳せ参じ空前の大會議開かる
261807	朝鮮朝日	南鮮版	1935-05-01	1	01단	夕刊と共に讀めるその日付の朝刊十時間內外の大短縮を敢行報道陣の威力發揮

일련번호	판명		간행일	면	단수	기사명
261808	朝鮮朝日	南鮮版	1935-05-01	1	01단	鍾路のモダン街に光りの街路樹夜の魅惑も一段と
261809	朝鮮朝日	南鮮版	1935-05-01	1	01단	釜山の候補者/大邱の有權者減る
261810	朝鮮朝日	南鮮版	1935-05-01	1	01단	御東上の李堈殿下
261811	朝鮮朝日	南鮮版	1935-05-01	1	04단	公私消息(柳說眞氏(慶南道鎭海邑一心寺住職))
261812	朝鮮朝日	南鮮版	1935-05-01	1	04단	ザラバ併用
261813	朝鮮朝日	南鮮版	1935-05-01	1	04단	交通整理機を二つ据ゑる京城の中樞に
261814	朝鮮朝日	南鮮版	1935-05-01	1	04단	思ひ出も新たに嚴肅な招魂祭薄ら寒い訓練院の廣張を埋めつくす二萬人(鎭海)
261815	朝鮮朝日	南鮮版	1935-05-01	1	04단	自給肥料の第二次增産へ主任官會議に諮る
261816	朝鮮朝日	南鮮版	1935-05-01	1	05단	旗日のグラフ(1龍山練兵場における第二十師團部隊の觀兵式(馬上閲兵の先頭は植田軍司令官)2陸軍大將の大禮服で朝鮮神宮に參拜した宇垣總督3慶南道廳構内における土師知事の招待奉祝會4釜山公會堂の府主催官民合同奉祝會3、4とも鎭海要塞司令部檢閲濟)
261817	朝鮮朝日	南鮮版	1935-05-01	1	06단	便利になる慶州の遊覽バス
261818	朝鮮朝日	南鮮版	1935-05-01	1	06단	ヒドイ受持ちにお巡りさん悲鳴京城は一人の割當千人以上御苦勞もさぞかし
261819	朝鮮朝日	南鮮版	1935-05-01	1	07단	スポーツ(四シーズン釜山一商連勝釜山中等野球/東萊高普11A一1釜山二商/釜山一商5一2釜山中學/京師13京工3京城中等野球/龍中15A善隣3)
261820	朝鮮朝日	南鮮版	1935-05-01	1	08단	荒莚に包んだ死體漂着
261821	朝鮮朝日	南鮮版	1935-05-01	1	09단	總督の東上六月上旬頃
261822	朝鮮朝日	南鮮版	1935-05-01	1	09단	殉職消防手署葬を執行/消防手ら三命死傷
261823	朝鮮朝日	南鮮版	1935-05-01	1	10단	公金費消で郵便所員檢擧
261824	朝鮮朝日	南鮮版	1935-05-01	1	10단	會と催(釜山の敬老會/春川の獻穀田地鎭祭/忠南長頃穀物商組合定時總會/未教育補充兵の實科教育/工政會朝鮮支部通常總會/天長節拜賀式)
261825	朝鮮朝日	南鮮版	1935-05-01	1	10단	下關水産市況(卅日)
261826	朝鮮朝日	西北版	1935-05-02	1	01단	寫眞說明(1天長節に平壤步兵第七十七聯隊後庭で擧行の觀兵式の分列行進2同日、瑞氣山における安武平南知事招待の園遊會3卅日、京城の金組聯合會會議室で開催された農村振興大會議(壇上は訓示中の宇垣總督)4總督府後庭を埋め盡した宇垣總督夫妻主催天長節奉祝宴)
261827	朝鮮朝日	西北版	1935-05-02	1	01단	黑字の波に乘り三億圓を突破か本府の明年度豫算編成は久し振りに樂さう
261828	朝鮮朝日	西北版	1935-05-02	1	01단	形勢觀望を捨て洞ヶ峠を下る平南の候補者五百八十九名各地に激戰を展開/演說會も續々開かる/元山は定員超過
261829	朝鮮朝日	西北版	1935-05-02	1	03단	府營電氣の擁護を叫ぶ平壤の府政刷新大會
261830	朝鮮朝日	西北版	1935-05-02	1	04단	江界の慰靈祭
261831	朝鮮朝日	西北版	1935-05-02	1	04단	發掘遺物の圖譜を出版

일련번호	판명		간행일	면	단수	기사명
261832	朝鮮朝日	西北版	1935-05-02	1	05단	塼槨墳內に照明裝置施す
261833	朝鮮朝日	西北版	1935-05-02	1	05단	匪賊頻りに出沒高瀨船を襲擊鴨綠江の脅威加はる
261834	朝鮮朝日	西北版	1935-05-02	1	06단	六萬圓投じ事務室を新策平壤會議所の計劃
261835	朝鮮朝日	西北版	1935-05-02	1	06단	牡丹雪降る元山地方にも
261836	朝鮮朝日	西北版	1935-05-02	1	06단	必勝を期し演武大會へ出場各道の精銳百卅九名
261837	朝鮮朝日	西北版	1935-05-02	1	07단	短氣な男煙草屋に放火
261838	朝鮮朝日	西北版	1935-05-02	1	08단	住持の當選に無效の陳情永命寺の紛擾深刻化し本府最後的處置か
261839	朝鮮朝日	西北版	1935-05-02	1	08단	自給肥料の第二次增産へ主任官會議に諮る
261840	朝鮮朝日	西北版	1935-05-02	1	08단	女が唆かして强盜を働く三人組捕はる
261841	朝鮮朝日	西北版	1935-05-02	1	08단	スポーツ(日鐵１５A遞信１０/平壤４龍鐵３/籠球協會スケヂュール)
261842	朝鮮朝日	西北版	1935-05-02	1	08단	名士の講演で花を添へる農村振興會議
261843	朝鮮朝日	西北版	1935-05-02	1	09단	平南平坦部の畑作減收を憂慮さる冷害の上に雨量不足
261844	朝鮮朝日	西北版	1935-05-02	1	10단	海外進出の凱歌を揚ぐ有望の鮮産品
261845	朝鮮朝日	西北版	1935-05-02	1	10단	會と催(「天長節の夕」/聯合演習打合)
261846	朝鮮朝日	西北版	1935-05-02	1	10단	劇と映畫(平壤 階樂館)
261847	朝鮮朝日	南鮮版	1935-05-02	1	01단	外勤巡査を訓練し刑事警察の刷新本月早々十ヶ道で獨自に短期講習會を開く
261848	朝鮮朝日	南鮮版	1935-05-02	1	01단	必勝を期し演武大會へ出場各道の精銳百卅九名
261849	朝鮮朝日	南鮮版	1935-05-02	1	01단	名士の講演で花を添へる農村振興會議
261850	朝鮮朝日	南鮮版	1935-05-02	1	01단	寫眞說明(１三十日、京城訓練院で擧行の盛大な府主催招魂祭２總督府後庭を埋め盡した宇垣總督夫妻主催の天長節奉祝宴３同園遊會を流す東券番の屋台囃し４同模擬店の外交團５三十日、京城の金組聯合會會議室で開催された農村振興大會議(壇上は訓示中の宇垣總督)６大田邑主催天長節奉祝祭７三十日、大邱公設グラウンドの大邱國防義會、鄕軍聯合分會主催招魂祭)
261851	朝鮮朝日	南鮮版	1935-05-02	1	02단	奉祝尚武祭朝鮮神宮で
261852	朝鮮朝日	南鮮版	1935-05-02	1	03단	籾强制檢查の實行案協議五日から農務課長會議開催
261853	朝鮮朝日	南鮮版	1935-05-02	1	03단	地盤に番狂はせ縣人會や町洞會から出馬し到底結束は難しい/猛運動展開/內鮮比率の變動に興味
261854	朝鮮朝日	南鮮版	1935-05-02	1	04단	麗水電氣の增資許可さる
261855	朝鮮朝日	南鮮版	1935-05-02	1	04단	幸福を空に求めて機上で結婚式愼飛行士に春廻る
261856	朝鮮朝日	南鮮版	1935-05-02	1	05단	少年航空兵
261857	朝鮮朝日	南鮮版	1935-05-02	1	06단	仁川中學晴れの開校式
261858	朝鮮朝日	南鮮版	1935-05-02	1	07단	皮肉な貼紙叩頭運動は注文取りの如し
261859	朝鮮朝日	南鮮版	1935-05-02	1	08단	現實的知識に重點を置く近づく海軍記念日に京城中初等學校で講演會
261860	朝鮮朝日	南鮮版	1935-05-02	1	08단	けふの話題

일련번호	판명		간행일	면	단수	기사명
261861	朝鮮朝日	南鮮版	1935-05-02	1	09단	會長辭任の善後策協議京城商工聯合會
261862	朝鮮朝日	南鮮版	1935-05-02	1	09단	紐育航路船の寄港正式に決る毎月一回づつ釜山へ
261863	朝鮮朝日	南鮮版	1935-05-02	1	10단	釜山に天然痘發生
261864	朝鮮朝日	南鮮版	1935-05-02	1	10단	下關水産市況(一日)
261865	朝鮮朝日	南鮮版	1935-05-02	1	10단	鷄林かゞみ
261866	朝鮮朝日	西北版	1935-05-03	1	01단	凶作を豫想して農村に憂色漲る西鮮地方は水不足を告げ苗代に播種できぬ
261867	朝鮮朝日	西北版	1935-05-03	1	01단	黑船の船主四百人揃って簡保加入平壤局の田君、たった一人で全鮮の新記録を作る
261868	朝鮮朝日	西北版	1935-05-03	1	01단	お顔拜見(２)/中富聯隊長の卷『親夫に勸められ寫眞結婚ぢゃ』往年の美丈夫？光頭會へお仲間入りが近い
261869	朝鮮朝日	西北版	1935-05-03	1	02단	農村振興會議終る
261870	朝鮮朝日	西北版	1935-05-03	1	02단	航空郵便の利用をお宣傳一般に周知を計る
261871	朝鮮朝日	西北版	1935-05-03	1	04단	無事故驛表彰
261872	朝鮮朝日	西北版	1935-05-03	1	04단	籾强制檢査の實行案協議五日から農務課長會議開催
261873	朝鮮朝日	西北版	1935-05-03	1	04단	外勤巡査を訓練し刑事警察の刷新本月早々十ヶ道で獨自に短期講習會を開く
261874	朝鮮朝日	西北版	1935-05-03	1	05단	瞼の父を求めて嘆く三十六年長崎の花街に生れた哀戀篇微笑の終局來らず
261875	朝鮮朝日	西北版	1935-05-03	1	05단	無燈火船舶を嚴重取締る小船舶の遭難防止
261876	朝鮮朝日	西北版	1935-05-03	1	05단	幸福を空に求めて機上で結婚式愼飛行士に春廻る
261877	朝鮮朝日	西北版	1935-05-03	1	05단	送電會社の送電線明年末に完成京電と年三萬キ口を本月中旬に賣買契約
261878	朝鮮朝日	西北版	1935-05-03	1	06단	開城人蔘最低標準價格
261879	朝鮮朝日	西北版	1935-05-03	1	07단	悲しき遺骨歸る
261880	朝鮮朝日	西北版	1935-05-03	1	07단	旣往の貸付も利下げ適用金組聯合會で實施
261881	朝鮮朝日	西北版	1935-05-03	1	07단	有馬看守に三年を求刑
261882	朝鮮朝日	西北版	1935-05-03	1	08단	床しい國防獻金
261883	朝鮮朝日	西北版	1935-05-03	1	08단	無免許醫檢擧
261884	朝鮮朝日	西北版	1935-05-03	1	08단	喧嘩の仲裁役を滅多斬
261885	朝鮮朝日	西北版	1935-05-03	1	09단	延平釜浦兩島に臨時郵便所
261886	朝鮮朝日	西北版	1935-05-03	1	09단	咸興高普生廿六名を檢束メーデー不穩計劃暴露か
261887	朝鮮朝日	西北版	1935-05-03	1	09단	惡口を恨み隣家へ放火
261888	朝鮮朝日	西北版	1935-05-03	1	09단	會と催(平鐵事務所野遊會/在鄕軍人茂山分會春季總會)
261889	朝鮮朝日	西北版	1935-05-03	1	10단	死體搬出は殆んど絶望
261890	朝鮮朝日	西北版	1935-05-03	1	10단	積雪一尺交通杜絶す合水、惠山鎭間
261891	朝鮮朝日	西北版	1935-05-03	1	10단	公私消息(鈴木美通中將(第十九師團長)/安武平南知事/大浦秋吉氏(鎭南浦商工社專務))
261892	朝鮮朝日	西北版	1935-05-03	1	10단	樂浪小話

일련번호	판명		간행일	면	단수	기사명
261893	朝鮮朝日	南鮮版	1935-05-03	1	01단	*續發の選擧違反片っ端から摘發今後とも手心を加へずに斷乎、嚴罰の方針/漸く本調子京畿道の府邑議戰/十五名超過/定員の二倍慶北の各邑面/五日前後に全部出揃ふ/定員を突破*
261894	朝鮮朝日	南鮮版	1935-05-03	1	01단	悲しき遺骨歸る
261895	朝鮮朝日	南鮮版	1935-05-03	1	03단	窮民救濟事業一先づ打切りか土木課長會議で意見を徵し最後的に決定する
261896	朝鮮朝日	南鮮版	1935-05-03	1	03단	新水源地は雌馬場里が有望先づ湧水量を調査
261897	朝鮮朝日	南鮮版	1935-05-03	1	04단	會と催(鄕土玩具展覽會/群山署廳舍落成式)
261898	朝鮮朝日	南鮮版	1935-05-03	1	04단	農村振興會議終る
261899	朝鮮朝日	南鮮版	1935-05-03	1	04단	殖銀公共産業貸出用途
261900	朝鮮朝日	南鮮版	1935-05-03	1	04단	テニス・コート擴張に着手
261901	朝鮮朝日	南鮮版	1935-05-03	1	05단	盛んな鎭海の慰靈祭
261902	朝鮮朝日	南鮮版	1935-05-03	1	05단	第九回全鮮蹴球大會
261903	朝鮮朝日	南鮮版	1935-05-03	1	05단	消防署最初の署葬營まる
261904	朝鮮朝日	南鮮版	1935-05-03	1	05단	京城の諸稅負擔額
261905	朝鮮朝日	南鮮版	1935-05-03	1	06단	*最初の府營鐵道で附帶費を輕減群山港の貨物線竣工/四千噸級が入港*
261906	朝鮮朝日	南鮮版	1935-05-03	1	07단	淸く正しく愛兒を育てよ全國各地で一齊に兒童愛護週間初まる
261907	朝鮮朝日	南鮮版	1935-05-03	1	07단	地方稅整理案を改めて練直し臨時調査會を設け本月中旬に第一回委員會開催
261908	朝鮮朝日	南鮮版	1935-05-03	1	08단	罹災水組は六月に全部復舊總工費百卅二萬圓
261909	朝鮮朝日	南鮮版	1935-05-03	1	08단	けふの話題
261910	朝鮮朝日	南鮮版	1935-05-03	1	08단	「隼」捕はる
261911	朝鮮朝日	南鮮版	1935-05-03	1	08단	若妻殺し上告審
261912	朝鮮朝日	南鮮版	1935-05-03	1	09단	本社白頭山探檢寫眞展
261913	朝鮮朝日	南鮮版	1935-05-03	1	09단	五萬圓事件公判
261914	朝鮮朝日	南鮮版	1935-05-03	1	09단	下關水産市況(二日)
261915	朝鮮朝日	南鮮版	1935-05-03	1	10단	醫師試驗の受驗者增加
261916	朝鮮朝日	南鮮版	1935-05-03	1	10단	公私消息(龍山中學旅行團一行百五十名/京城中學旅行團一行五十八名/京城第一高普旅行團/木浦高女旅行團/釜山中學旅行團/平壤師範旅行團/京畿道議視察團一行十二名/加藤鮮銀總裁/河合朝運專務/一松代議士/加藤東京拓殖社長/堀內日窒延岡工場長/高倉代議士/橫堀工學博士/菅村大藏省主計局事務官/本社京城支局來訪)
261917	朝鮮朝日	南鮮版	1935-05-04	1	10단	鷄林かゞみ
261918	朝鮮朝日	西北版	1935-05-04	1	01단	*續發の選擧違反片っ端から摘發今後とも手心を加へずに斷乎、嚴罰の方針/七百名立つ平南の面協議員選擧/鎭南浦候補者/立候補總數は二十八名か/前哨戰遲々/平壤の有權者增加/府政發展の理解を促進*

일련번호	판명		간행일	면	단수	기사명
261919	朝鮮朝日	西北版	1935-05-04	1	01단	西鮮の産業界は轉換期に直面日滿貿易の大動脈を目指し多獅島鐵道を起工/年額卅萬圓減收は免れぬ鎭南浦港へ大打擊
261920	朝鮮朝日	西北版	1935-05-04	1	01단	輕爆擊機大破の現場(昨夕刊參照)
261921	朝鮮朝日	西北版	1935-05-04	1	03단	お顔拜見(３)/山脇さん卷一錢でも百圓でもお客樣は變らぬお口も上手、御商賣も上手彼氏の說く商人道
261922	朝鮮朝日	西北版	1935-05-04	1	04단	歐米出張
261923	朝鮮朝日	西北版	1935-05-04	1	04단	三商業專修六日に開校
261924	朝鮮朝日	西北版	1935-05-04	1	05단	窮民救濟事業一先づ打切りか土木課長會議で意見を徵し最後的に決定する
261925	朝鮮朝日	西北版	1935-05-04	1	06단	利用者增加賑ふ北鮮丸
261926	朝鮮朝日	西北版	1935-05-04	1	06단	第九回全鮮蹴球大會
261927	朝鮮朝日	西北版	1935-05-04	1	06단	平壤稅監局の營業稅決定額
261928	朝鮮朝日	西北版	1935-05-04	1	07단	優秀郵便所表彰
261929	朝鮮朝日	西北版	1935-05-04	1	07단	地方稅整理案を改めて練直し臨時調査會を設け本月中旬に第一回委員會開催
261930	朝鮮朝日	西北版	1935-05-04	1	08단	醫藥に見放された夥しい死亡者咸南山地帶の醫療機關擴充要望の聲揚る
261931	朝鮮朝日	西北版	1935-05-04	1	08단	釋迦降誕祭に割引と增發平鐵の勉强
261932	朝鮮朝日	西北版	1935-05-04	1	08단	ひつこい强請
261933	朝鮮朝日	西北版	1935-05-04	1	08단	けふの話題
261934	朝鮮朝日	西北版	1935-05-04	1	09단	人口增加で家賃鰻上り平壤署調査を開始
261935	朝鮮朝日	西北版	1935-05-04	1	09단	又二名發生鎭南浦の天然痘
261936	朝鮮朝日	西北版	1935-05-04	1	10단	平壤港四月中の貿易額
261937	朝鮮朝日	西北版	1935-05-04	1	10단	會と催(平壤醫專第六回創立記念祭/平壤花祭聯盟主催花祭/飛行第六聯隊の創立記念祭)
261938	朝鮮朝日	西北版	1935-05-04	1	10단	樂浪小話
261939	朝鮮朝日	南鮮版	1935-05-04	1	01단	朝鮮人街の鍾路を埋め盡した日章旗天長節當日の揭揚率九割池田警務局長會心の報告
261940	朝鮮朝日	南鮮版	1935-05-04	1	01단	「探鑛の實際家に智慧を貸さう」ハンマー片手に橫堀博士が產金報國の行脚
261941	朝鮮朝日	南鮮版	1935-05-04	1	01단	消防署最初の署葬(昨紙參照)
261942	朝鮮朝日	南鮮版	1935-05-04	1	02단	博物館建設懇談會
261943	朝鮮朝日	南鮮版	1935-05-04	1	02단	振はぬ選擧(釜山府)
261944	朝鮮朝日	南鮮版	1935-05-04	1	02단	表彰された農事功勞者
261945	朝鮮朝日	南鮮版	1935-05-04	1	03단	農用林地の設定に出鼻を挫く異論人口稠密の南鮮地方では耕地の開墾を妨害
261946	朝鮮朝日	南鮮版	1935-05-04	1	03단	既往の貸付も利下げ適用金組聯合會で實施
261947	朝鮮朝日	南鮮版	1935-05-04	1	03단	絶えぬ痘禍全鮮百卅七名
261948	朝鮮朝日	南鮮版	1935-05-04	1	04단	歐米出張

일련번호	판명		간행일	면	단수	기사명
261949	朝鮮朝日	南鮮版	1935-05-04	1	04단	六十九萬枚春鹽掃立豫想
261950	朝鮮朝日	南鮮版	1935-05-04	1	04단	比叡山天台宗二大寺建立
261951	朝鮮朝日	南鮮版	1935-05-04	1	04단	藥草の種子無料で配給
261952	朝鮮朝日	南鮮版	1935-05-04	1	05단	珍しい高溫で水不足の惱み氣象異變の跡
261953	朝鮮朝日	南鮮版	1935-05-04	1	05단	本紙面の一大刷新最新版を提供夕朝刊の同送とともに朝刊特輯版を發行
261954	朝鮮朝日	南鮮版	1935-05-04	1	05단	本月中旬に京城で公演暹羅舞踊劇團
261955	朝鮮朝日	南鮮版	1935-05-04	1	05단	五戶を全燒春川の火事
261956	朝鮮朝日	南鮮版	1935-05-04	1	05단	喧嘩相手を庖丁で慘殺
261957	朝鮮朝日	南鮮版	1935-05-04	1	06단	送電會社の送電線明年末に完成京電と年三萬キロを本月中旬に賣買契約
261958	朝鮮朝日	南鮮版	1935-05-04	1	06단	小船轉覆し二名溺死す
261959	朝鮮朝日	南鮮版	1935-05-04	1	06단	京城の白米値上げ
261960	朝鮮朝日	南鮮版	1935-05-04	1	06단	新五圓紙幣來月お目見え
261961	朝鮮朝日	南鮮版	1935-05-04	1	07단	けふ落成式大邱公設市場
261962	朝鮮朝日	南鮮版	1935-05-04	1	07단	けふの話題
261963	朝鮮朝日	南鮮版	1935-05-04	1	07단	順化院擴張六月から着手特等病室も設ける
261964	朝鮮朝日	南鮮版	1935-05-04	1	08단	運動競技界(籠球協會スケヂュール/鐵道局々友會ボートレース/京城の陸上競技選手權大會/學年別對抗大會)
261965	朝鮮朝日	南鮮版	1935-05-04	1	08단	聯合會を組織更生を計る慶南の十三水利組合
261966	朝鮮朝日	南鮮版	1935-05-04	1	09단	更生十年計劃具體案協議
261967	朝鮮朝日	南鮮版	1935-05-04	1	09단	弓の練習中少女を射つ
261968	朝鮮朝日	南鮮版	1935-05-04	1	09단	會と催(京城學生聯合演習打合會/貯銀定礎式/工政會朝鮮支部總會/朝鮮工業會總會)
261969	朝鮮朝日	南鮮版	1935-05-04	1	09단	公私消息(九州營農狀況視察團/柳樂達見氏(京城齒科醫專門校長)/增永法務局長/內藤日本電力副社長/伊藤京城商議理事/佐土原三和銀行京城支店次席/兒島總督府會計課長/今村第四十旅團長/武者京電專務/孫營口鹽務署長一行七名/京畿商業修學旅行團一行八十名/第一高女修學旅行團一行百二十名/上內總督府保安課長/本社京城支局來訪/間島梅吉氏波多江千代藏氏、近藤秋次郎氏楊潤植氏、寺原龍山憲兵分隊班長)
261970	朝鮮朝日	南鮮版	1935-05-04	1	10단	下關水産市況(三日)
261971	朝鮮朝日	南鮮版	1935-05-04	1	10단	鷄林かゞみ
261972	朝鮮朝日	西北版	1935-05-05	1	01단	國境を乘越えて凄い銀塊の奔流今春まで僅か七ヶ月間に實に三千四百萬圓
261973	朝鮮朝日	西北版	1935-05-05	1	01단	跳梁する病魔に强力な爆擊陣平壤の衛生組合聯合會初め續々生れる自治組合
261974	朝鮮朝日	西北版	1935-05-05	1	01단	北鮮視察團の顔觸れ決る
261975	朝鮮朝日	西北版	1935-05-05	1	01단	金鵄勳章拜受

일련번호	판명		간행일	면	단수	기사명
261976	朝鮮朝日	西北版	1935-05-05	1	01단	表彰された農事功勞者
261977	朝鮮朝日	西北版	1935-05-05	1	02단	お顔拜見(４)/末廣法院長の卷被告の荒む心を摑む巨大な手名句「人を裁くはこれ至誠」表裏のない私生活
261978	朝鮮朝日	西北版	1935-05-05	1	03단	國防獻金
261979	朝鮮朝日	西北版	1935-05-05	1	03단	代償物品の候補に擧げらる平南の大量特産品
261980	朝鮮朝日	西北版	1935-05-05	1	04단	元山商業へ寄附
261981	朝鮮朝日	西北版	1935-05-05	1	04단	本紙面の一大刷新最新版を提供朝夕刊の同送とともに朝刊特輯版を發行
261982	朝鮮朝日	西北版	1935-05-05	1	05단	滿鐵社員も三名出馬す民間側候補者に脅威/違反發覺か平壤署活動/十一、二名が定員超過か
261983	朝鮮朝日	西北版	1935-05-05	1	06단	平南奧地に降雪
261984	朝鮮朝日	西北版	1935-05-05	1	06단	樂手解雇から偕樂館の紛糾
261985	朝鮮朝日	西北版	1935-05-05	1	06단	稚鼈共同飼育所を百ヶ所に設く春鼈種の配給開始
261986	朝鮮朝日	西北版	1935-05-05	1	06단	强盗逮捕
261987	朝鮮朝日	西北版	1935-05-05	1	07단	開城府の愛護週間催し
261988	朝鮮朝日	西北版	1935-05-05	1	07단	「探鑛の實際家に智惠を貸さう」ハンマー片手に横堀博士が産金報國の行脚
261989	朝鮮朝日	西北版	1935-05-05	1	07단	四社合同は十一月上旬
261990	朝鮮朝日	西北版	1935-05-05	1	07단	重傷に屈せず犯人を逮捕元山署全巡査
261991	朝鮮朝日	西北版	1935-05-05	1	08단	北鮮の工事界活況を呈す
261992	朝鮮朝日	西北版	1935-05-05	1	08단	新五圓紙幣來月お目見得
261993	朝鮮朝日	西北版	1935-05-05	1	08단	三涉炭田の開發はさう心配するな無煙炭合同の經過報告に來壤の石田鑛山課長語る
261994	朝鮮朝日	西北版	1935-05-05	1	08단	女中や男衆に宣傳させる觀光協會の妙案
261995	朝鮮朝日	西北版	1935-05-05	1	09단	咸興の服毒心中千歲旅館に投宿中
261996	朝鮮朝日	西北版	1935-05-05	1	09단	教內赤化の細胞を結成咸興高普事件
261997	朝鮮朝日	西北版	1935-05-05	1	10단	六十九滿枚春鼈掃立豫想
261998	朝鮮朝日	西北版	1935-05-05	1	10단	會と催(江原道(東海岸)咸南、咸北三ヶ道の郵便所長會議/朝鮮みそぎ會/元山第二普通學校野遊會/元山郵便局野遊會/咸北漁大津警察署落成式/元山の花の日/軍用犬協會元山支部總會)
261999	朝鮮朝日	西北版	1935-05-05	1	10단	樂浪小話
262000	朝鮮朝日	南鮮版	1935-05-05	1	01단	不良ブローカーに打ち降す大痛棒鑛業令の規定を發動して跳梁防止に努める
262001	朝鮮朝日	南鮮版	1935-05-05	1	01단	朝鮮にも明年度に無線電話が實現差當り京城に設備
262002	朝鮮朝日	南鮮版	1935-05-05	1	01단	太陽兒へ褒美オンドル育ちの坊やもぐんぐん强くなる
262003	朝鮮朝日	南鮮版	1935-05-05	1	01단	蝟島を描く(１)/梶山昌雄豊漁を祝福して飜る五色の旗一網で千圓や二千圓は容易壯快・石首魚の漁場
262004	朝鮮朝日	南鮮版	1935-05-05	1	04단	京城の臨時春競馬
262005	朝鮮朝日	南鮮版	1935-05-05	1	04단	警務課長會議

일련번호	판명		간행일	면	단수	기사명
262006	朝鮮朝日	南鮮版	1935-05-05	1	04단	工藝會社準備順調に進む
262007	朝鮮朝日	南鮮版	1935-05-05	1	04단	雲巖の鮎全州川へ放流
262008	朝鮮朝日	南鮮版	1935-05-05	1	05단	四十三名立つ(釜山府/淸州邑)
262009	朝鮮朝日	南鮮版	1935-05-05	1	05단	沙防工事の陣容を整備
262010	朝鮮朝日	南鮮版	1935-05-05	1	05단	千二百年前の新羅佛大阪で重要美術品に指定さる
262011	朝鮮朝日	南鮮版	1935-05-05	1	06단	大邱の花祭
262012	朝鮮朝日	南鮮版	1935-05-05	1	06단	山格洞の水量極めて豊富
262013	朝鮮朝日	南鮮版	1935-05-05	1	06단	優良季節保育所をけふ一齊に表彰半島粒選りの十五ヶ所へ輝く慈愛旗を贈る
262014	朝鮮朝日	南鮮版	1935-05-05	1	07단	安東の火事製材工場燒く
262015	朝鮮朝日	南鮮版	1935-05-05	1	07단	篤志の寄附
262016	朝鮮朝日	南鮮版	1935-05-05	1	08단	會と催(軍用犬鑑賞會/朝鮮商工新聞社主催全鮮自轉車競爭大會/朝鮮麵子株式會社創立總會/朝鮮無盡協會總會/滿洲製粉沙里院工場落成式/第三回全鮮刑務所作品々評會/釜山敬老會/朝鮮禊會)
262017	朝鮮朝日	南鮮版	1935-05-05	1	08단	水産市場の冷藏庫竣工
262018	朝鮮朝日	南鮮版	1935-05-05	1	09단	公私消息(蓮沼門三氏(修養團幹部)/京畿道産業視察團/難波前朝鮮憲兵隊司令官/高橋三井物産京城支店長/山縣辰馬汽船副社長/竹內第一銀行京城支店長/荒井朝取理事長/西本總督府水産課長/藤田吳鎭守府司令長官/釜山高女滿洲修學旅行團/大邱中學/安部軍司令官、官邸執事/本社京城支局來訪/新海京城消防署長)
262019	朝鮮朝日	南鮮版	1935-05-05	1	09단	けふの話題
262020	朝鮮朝日	南鮮版	1935-05-05	1	09단	船員と娼妓心中の身許判明
262021	朝鮮朝日	南鮮版	1935-05-05	1	09단	大邱三中井倉庫の火事
262022	朝鮮朝日	南鮮版	1935-05-05	1	10단	下關水産市況(四日)
262023	朝鮮朝日	南鮮版	1935-05-05	1	10단	鷄林かゞみ
262024	朝鮮朝日	西北版	1935-05-07	1	01단	西鮮三道を一丸に林檎の販賣統制不利な市場の同士討に惱み平南が兩道へ交涉/平南林檎の台灣移出を保進安武知事が一肌拔ぐ/多大の效果林檎懇談會
262025	朝鮮朝日	西北版	1935-05-07	1	01단	素晴しい「海のビル」
262026	朝鮮朝日	西北版	1935-05-07	1	04단	戰傷兵を慰問
262027	朝鮮朝日	西北版	1935-05-07	1	04단	滯納税金を代納の美擧
262028	朝鮮朝日	西北版	1935-05-07	1	04단	滿浦線の隧道今秋に完成近く終點からも起工
262029	朝鮮朝日	西北版	1935-05-07	1	04단	閑散な選擧(羅南邑)
262030	朝鮮朝日	西北版	1935-05-07	1	05단	お顔拜見(５)/堀日糖工場長の卷一番痳しいのは子供との別居宛らテレビジョンの官製葉書風變りな通信教育
262031	朝鮮朝日	西北版	1935-05-07	1	05단	驛前買收の起債を協議
262032	朝鮮朝日	西北版	1935-05-07	1	05단	咸南沿岸より數倍の漁獲沿海州の漁場調査に關し梅本場長の土産話

일련번호	판명		간행일	면	단수	기사명
262033	朝鮮朝日	西北版	1935-05-07	1	06단	祈禱繁昌を策し廿一回も放火農村振興運動の普及に伴ひ落目になった巫子
262034	朝鮮朝日	西北版	1935-05-07	1	06단	鐘紡工場許可願ひ提出
262035	朝鮮朝日	西北版	1935-05-07	1	06단	微粉炭機増設
262036	朝鮮朝日	西北版	1935-05-07	1	07단	元山牡蠣の聲價を向上牡蠣漁組認可さる
262037	朝鮮朝日	西北版	1935-05-07	1	08단	平壤授産場の工賃制度良好
262038	朝鮮朝日	西北版	1935-05-07	1	08단	靑訓を振興後援會生る
262039	朝鮮朝日	西北版	1935-05-07	1	09단	京義間直通電話七月末から着工
262040	朝鮮朝日	西北版	1935-05-07	1	09단	遊仙炭鑛へ放水を開始
262041	朝鮮朝日	西北版	1935-05-07	1	10단	就職難幾分緩和さる
262042	朝鮮朝日	西北版	1935-05-07	1	10단	平壤分掌局管內簡保募集高
262043	朝鮮朝日	西北版	1935-05-07	1	10단	淸津光州兩地に健康相談所増設
262044	朝鮮朝日	西北版	1935-05-07	1	10단	吳辯護士收容
262045	朝鮮朝日	西北版	1935-05-07	1	10단	會と催(羅南武德殿上棟式/元山公立中學校開校記念日/元山泉尋常高等小學校修學旅行/元山各官廳會社、銀行等諸團體卓球試合)
262046	朝鮮朝日	南鮮版	1935-05-07	1	01단	地場銀行同士で得意先の爭奪戰二流銀行も利下げに捲込まれ採算割を憂慮さる
262047	朝鮮朝日	南鮮版	1935-05-07	1	01단	鮮米運賃の一本契約が必要鮮航同盟會代表語る
262048	朝鮮朝日	南鮮版	1935-05-07	1	01단	春季柔道大會紅軍優勝す
262049	朝鮮朝日	南鮮版	1935-05-07	1	01단	蝟島を描く(２)/梶山昌雄バラック建てのお手輕銀座漁場から漁場へ漂泊の娘子軍島に殘る狂戀哀話
262050	朝鮮朝日	南鮮版	1935-05-07	1	02단	樂しい花祭り京城の佛教諸團體合同で飛切り賑かに擧行
262051	朝鮮朝日	南鮮版	1935-05-07	1	03단	*前回より少い/九名超過す大矢氏再出馬*
262052	朝鮮朝日	南鮮版	1935-05-07	1	03단	刑務所職員の定員改正實施
262053	朝鮮朝日	南鮮版	1935-05-07	1	03단	京城觀光協會總會
262054	朝鮮朝日	南鮮版	1935-05-07	1	04단	氣腫疽豫防に二萬頭へ注射
262055	朝鮮朝日	南鮮版	1935-05-07	1	04단	新少年刑務所本月下旬に着工し模範的設備を施す
262056	朝鮮朝日	南鮮版	1935-05-07	1	04단	淸水原篠兩氏の死體捜査打切り
262057	朝鮮朝日	南鮮版	1935-05-07	1	04단	十四ヶ所で塵芥しらべ京城の文化的施設
262058	朝鮮朝日	南鮮版	1935-05-07	1	05단	明石將軍の建碑に朝鮮から寄附日韓併合後の治安確立殘した偉大な足跡
262059	朝鮮朝日	南鮮版	1935-05-07	1	05단	死刑確定す若妻殺し被告
262060	朝鮮朝日	南鮮版	1935-05-07	1	05단	農繁期に歸鄕し人夫が足らぬ洛東江沿岸の水害復舊工事狩り集めに大困り
262061	朝鮮朝日	南鮮版	1935-05-07	1	06단	線路の石塊列車を止む
262062	朝鮮朝日	南鮮版	1935-05-07	1	06단	釜山に流腦續發
262063	朝鮮朝日	南鮮版	1935-05-07	1	07단	運動競技界(遞信１１府廳１京城實業野球)
262064	朝鮮朝日	南鮮版	1935-05-07	1	07단	待望の兩手橋三十數萬圓を投じ愈よ今夏から着工

일련번호	판명		간행일	면	단수	기사명
262065	朝鮮朝日	南鮮版	1935-05-07	1	08단	會と催(龍山工兵隊水中爆破演習/京城不動産會社總會/京畿水利組合理事打合會/仁川工俱樂部委員會/仁川商議役員會/慶南道産業組合協會第三回總會/春季競點射擊大會/浦項消防組摸擬火災演習/全州稅務署落成式/龍山野砲聯隊幹部演習/通川署落成式/心田開發講演會/朝鮮電氣協會總會)
262066	朝鮮朝日	南鮮版	1935-05-07	1	08단	超滿員の白堊殿明年度增築に內定
262067	朝鮮朝日	南鮮版	1935-05-07	1	08단	けふの話題
262068	朝鮮朝日	南鮮版	1935-05-07	1	08단	東村産組販賣所を移轉
262069	朝鮮朝日	南鮮版	1935-05-07	1	09단	公私消息(安部慶北道內務部長/三宅第二十師團長/持永憲兵隊司令官/立松大連飛行場長/富永京畿道知事/古市全南、伊藤慶北、下飯坂咸北、兵頭咸南四警察部長/中村大林組常務/堂本總督府商工課長/森朝郵社長/中村大林朝常務/滿洲鐵路總局日本視察團/和田前商銀頭取/本社京城支局來訪/山口治義氏(慶北道警察部柔道教師))
262070	朝鮮朝日	南鮮版	1935-05-07	1	09단	鑛山勞働者の爭議殖える黃金狂時代の裏面相
262071	朝鮮朝日	南鮮版	1935-05-07	1	09단	下關水産市況(六日)
262072	朝鮮朝日	南鮮版	1935-05-07	1	10단	鷄林かゞみ
262073	朝鮮朝日	西北版	1935-05-08	1	01단	立候補も應諾も現職官吏は禁止「民度及び事務上不適當」總督府、通牒を發す/通名投票も有效本人を確認出來れば好い取扱ひの疑義解決
262074	朝鮮朝日	西北版	1935-05-08	1	01단	お顔拜見(6)/米澤さんの卷太鼓腹を抱へて豪傑笑ひ連發事もなげに奧さんのかげ口其實甘い方らしい
262075	朝鮮朝日	西北版	1935-05-08	1	02단	白堊殿明年度增築
262076	朝鮮朝日	西北版	1935-05-08	1	02단	土木課長會議
262077	朝鮮朝日	西北版	1935-05-08	1	03단	平壤署女監八月に移轉
262078	朝鮮朝日	西北版	1935-05-08	1	03단	模擬海戰や美しい花火大會海軍記念日の平壤
262079	朝鮮朝日	西北版	1935-05-08	1	04단	學級增加基金寄附
262080	朝鮮朝日	西北版	1935-05-08	1	04단	鮮やかな落下傘
262081	朝鮮朝日	西北版	1935-05-08	1	05단	長白縣の谷間に王道樂土の縮圖老轉向者の感化で「反逆の村」に更生の凱歌揚る
262082	朝鮮朝日	西北版	1935-05-08	1	05단	海州の衛生展盛況
262083	朝鮮朝日	西北版	1935-05-08	1	05단	迷子の珍獸大同江で捕獲
262084	朝鮮朝日	西北版	1935-05-08	1	05단	直接配電に意見一致す
262085	朝鮮朝日	西北版	1935-05-08	1	06단	大同江に淡水魚增殖
262086	朝鮮朝日	西北版	1935-05-08	1	06단	鑛山監督局平壤に設置か待望の十一年度事業
262087	朝鮮朝日	西北版	1935-05-08	1	07단	「我等の平壤號」獻納の運動起る各團體一齊に立つ
262088	朝鮮朝日	西北版	1935-05-08	1	07단	地場銀行同士で得意先の爭奪戰二流銀行も利下げに捲込まれ採算割を憂慮さる
262089	朝鮮朝日	西北版	1935-05-08	1	08단	ハイキング新綠の靑龍山へ

일련번호	판명		간행일	면	단수	기사명
262090	朝鮮朝日	西北版	1935-05-08	1	08단	痘禍猖獗す鎮南浦と平壤患者續發
262091	朝鮮朝日	西北版	1935-05-08	1	09단	茂山の初筏式
262092	朝鮮朝日	西北版	1935-05-08	1	09단	自殺の虞れ
262093	朝鮮朝日	西北版	1935-05-08	1	10단	土留工事完成
262094	朝鮮朝日	西北版	1935-05-08	1	10단	失戀自殺
262095	朝鮮朝日	西北版	1935-05-08	1	10단	厭世自殺
262096	朝鮮朝日	西北版	1935-05-08	1	10단	驛手の重傷
262097	朝鮮朝日	西北版	1935-05-08	1	10단	樂浪小話
262098	朝鮮朝日	南鮮版	1935-05-08	1	01단	資源開發へ示唆地質學界のナンバー・ワンに『僞はらぬ聲』を聽く(德永博士談/小平技師談/久住技師談/伊木常誠氏談)
262099	朝鮮朝日	南鮮版	1935-05-08	1	02단	五段步以下の細農南鮮地方に多い全鮮で百萬戶を超す
262100	朝鮮朝日	南鮮版	1935-05-08	1	02단	地方稅制調査の委員顔觸れ決る
262101	朝鮮朝日	南鮮版	1935-05-08	1	02단	蝟島を描く(３)/梶山昌雄無電を利用して活潑な商取引だが動力つき漁船の進出から島に射す衰微の影
262102	朝鮮朝日	南鮮版	1935-05-08	1	03단	國防兵器の獻納式擧行十二日釜山で
262103	朝鮮朝日	南鮮版	1935-05-08	1	03단	全北の消防繪卷愈よ十日に決行約三千五百名が參加
262104	朝鮮朝日	南鮮版	1935-05-08	1	04단	學生聯合演習日取
262105	朝鮮朝日	南鮮版	1935-05-08	1	04단	總督夫妻溫陽へ
262106	朝鮮朝日	南鮮版	1935-05-08	1	04단	牛市場問題原案を可決
262107	朝鮮朝日	南鮮版	1935-05-08	1	05단	京城實業野球リーグ戰入場式
262108	朝鮮朝日	南鮮版	1935-05-08	1	05단	淑明女高普十日に校葬
262109	朝鮮朝日	南鮮版	1935-05-08	1	05단	立候補も應諾も現職官吏は禁止「民度及び事務上不適當」總督府通牒を發す/通名投票も有效本人を確認出來れば好い取扱ひの疑義解決
262110	朝鮮朝日	南鮮版	1935-05-08	1	06단	學校荒しの怪盜醉っ拂ったのが運のつき竊盜百數件を自白
262111	朝鮮朝日	南鮮版	1935-05-08	1	06단	少年刑務所仁川郊外に決る敷地は四萬五千坪
262112	朝鮮朝日	南鮮版	1935-05-08	1	07단	彌勒菩薩再建に三千圓喜捨
262113	朝鮮朝日	南鮮版	1935-05-08	1	07단	街頭の輪禍を徹底的に防止京畿道の交通安全デー新しいプラン決る
262114	朝鮮朝日	南鮮版	1935-05-08	1	08단	美人局逮捕
262115	朝鮮朝日	南鮮版	1935-05-08	1	08단	汲取手數料は六月から徵收
262116	朝鮮朝日	南鮮版	1935-05-08	1	09단	三宅第二十師團長は六日大田第三大隊を初巡視した
262117	朝鮮朝日	南鮮版	1935-05-08	1	09단	土木課長會議
262118	朝鮮朝日	南鮮版	1935-05-08	1	10단	けふの話題
262119	朝鮮朝日	南鮮版	1935-05-08	1	10단	會と催(大田敬神婦人會第一回總會/大邱弓道會主催第四回全鮮弓道大會)
262120	朝鮮朝日	南鮮版	1935-05-08	1	10단	公私消息(鈴木東拓鑛業專務/河合朝運專務/裡理農林學校鮮滿旅行團一行九十三名/門脇大邱府尹、阿部慶北內務部長、小倉大邱商工會議所會頭、張稜相の諸氏)

일련번호	판명		간행일	면	단수	기사명
262121	朝鮮朝日	南鮮版	1935-05-08	1	10단	下關水産市況(七日)
262122	朝鮮朝日	西北版	1935-05-09	1	01단	資源開發へ示唆地質學界のナンバー・ワンに『僞はらぬ聲』を聽き(德永博士談/小平技師談/久住技師談/伊木常誠氏談)
262123	朝鮮朝日	西北版	1935-05-09	1	02단	往年の共産主義者共匪掃蕩に奮戰河崎咸興署長の熱誠で轉向し間島に躍る更生の姿
262124	朝鮮朝日	西北版	1935-05-09	1	03단	先づ警察官に日本精神を鼓吹平南巡査教習所の教育方針に大變革
262125	朝鮮朝日	西北版	1935-05-09	1	03단	運動者が殖えて候補者は少い主要都市は定員超過全鮮に眞劍味加はる/選擧違反を摘發平壤署書類のみ送局/咸北の形勢
262126	朝鮮朝日	西北版	1935-05-09	1	04단	平南警察署長會議
262127	朝鮮朝日	西北版	1935-05-09	1	05단	全署員醵金し窮民を救濟好仁署の美擧
262128	朝鮮朝日	西北版	1935-05-09	1	05단	六月に開校咸興女高普
262129	朝鮮朝日	西北版	1935-05-09	1	05단	囚人間に昂まる力强い日本精神平壤刑務所の鐵窓越えて轟渡る時代の足音
262130	朝鮮朝日	西北版	1935-05-09	1	06단	歐洲へ、內地へ滿洲味覺を輸送北鮮鐵道管理局の着目する東滿の雉とスッポン
262131	朝鮮朝日	西北版	1935-05-09	1	06단	年産十五萬噸の洋灰製造を計劃
262132	朝鮮朝日	西北版	1935-05-09	1	07단	吉州が有力北鮮製紙敷地
262133	朝鮮朝日	西北版	1935-05-09	1	07단	信用回復の運動を起す平壤辯護士會
262134	朝鮮朝日	西北版	1935-05-09	1	07단	鮮米運賃の一本契約が必要鮮航同盟會代表語る
262135	朝鮮朝日	西北版	1935-05-09	1	07단	總代排斥の陳情に出發
262136	朝鮮朝日	西北版	1935-05-09	1	08단	著名釜山の買收に着手
262137	朝鮮朝日	西北版	1935-05-09	1	08단	健康兒の申告十日締切り各校とも凄い意氣込
262138	朝鮮朝日	西北版	1935-05-09	1	09단	話の種
262139	朝鮮朝日	西北版	1935-05-09	1	09단	苗代補給水の爭奪始まる春早魃の平北天水畓
262140	朝鮮朝日	西北版	1935-05-09	1	09단	隱蔽患者を五名發見す痘禍の鎭南浦
262141	朝鮮朝日	西北版	1935-05-09	1	10단	女房に無期情夫は死刑夫殺し判決
262142	朝鮮朝日	西北版	1935-05-09	1	10단	選拔武道大會
262143	朝鮮朝日	西北版	1935-05-09	1	10단	少年燒死す九龍面の火事
262144	朝鮮朝日	西北版	1935-05-09	1	10단	樂浪小話
262145	朝鮮朝日	南鮮版	1935-05-09	1	01단	精密な調査を行ひ鑛産を活用せよ朝鮮型の金鑛脈を初め鐵も特殊鑛も將來有望加藤東大教授の講演
262146	朝鮮朝日	南鮮版	1935-05-09	1	01단	皇太后陛下の御歌を奉揭本府その他に
262147	朝鮮朝日	南鮮版	1935-05-09	1	01단	選ばれた誇り本社社會事業團が表彰する季節保育所の事業(馬川託兒所/笛東託兒所/東幕託兒所/亭子里託兒所/秀城村託兒所/沙谷託兒所/嘉陽里託兒所/芝芳里託兒所/孝司洞託兒所/月坪託兒所/宣仁洞託兒所/奉三託兒所/山水託兒所/斗獨託兒所/渴馬託兒所)

일련번호	판명		간행일	면	단수	기사명
262148	朝鮮朝日	南鮮版	1935-05-09	1	02단	廿萬員を投じ米穀會館を建設京城倶樂部の敷地に
262149	朝鮮朝日	南鮮版	1935-05-09	1	03단	蠅取デー
262150	朝鮮朝日	南鮮版	1935-05-09	1	03단	釜山港口五六島に一等燈台を建設二十五馬力の霧信號も併設し明秋濃霧の悩み解消
262151	朝鮮朝日	南鮮版	1935-05-09	1	04단	驅逐艦廻航
262152	朝鮮朝日	南鮮版	1935-05-09	1	05단	吳越同舟の政見發表
262153	朝鮮朝日	南鮮版	1935-05-09	1	05단	內地生れに較べ優るとも劣らぬ朝鮮生れのベビーを打診して原博士がお母さん達へ御注意
262154	朝鮮朝日	南鮮版	1935-05-09	1	06단	甲子園大會に間に合はす釜山放送局
262155	朝鮮朝日	南鮮版	1935-05-09	1	07단	運動者が殖えて候補者は少い各地に渉る眞劍味/言論戰も酣京城の立候補者は六十五、六名止りか
262156	朝鮮朝日	南鮮版	1935-05-09	1	07단	淸州邑
262157	朝鮮朝日	南鮮版	1935-05-09	1	07단	健康兒の申告十日締切り各校とも凄い意氣込
262158	朝鮮朝日	南鮮版	1935-05-09	1	08단	晉州江の鮎密漁取締りを要望
262159	朝鮮朝日	南鮮版	1935-05-09	1	08단	鮮展の作品搬入第一日に二百四十點
262160	朝鮮朝日	南鮮版	1935-05-09	1	08단	ラヂオ聽取者增加
262161	朝鮮朝日	南鮮版	1935-05-09	1	09단	慶南漁組理事任命
262162	朝鮮朝日	南鮮版	1935-05-09	1	09단	會と催(京城觀光協會總會/朝鮮火災保險上棟式/第九回全鮮銀行大會/朝鮮無盡協會總會/慶南道警察部春季射擊大會/浦項榮港期成打合會)
262163	朝鮮朝日	南鮮版	1935-05-09	1	09단	本社白頭山探檢寫眞展
262164	朝鮮朝日	南鮮版	1935-05-09	1	10단	公私消息(三宅第二十師團長/宮本謙助氏(朝鮮金融組合聯合會參事)/木村貯銀常務/信原專賣局事業課長/石田總督府鑛山課長/上田慶南、村西忠北、伴平北、西岡全北各土木課長/小村朝鮮麥酒常務/沙田政友會代議士/本社釜山通信部來訪/山口慶北警察部囑託/朴久余氏)
262165	朝鮮朝日	南鮮版	1935-05-09	1	10단	下關水産市況(八日)
262166	朝鮮朝日	西北版	1935-05-10	1	01단	精密な調査を行ひ鑛産を活用せよ朝鮮型の金鑛脈を初め鐵も特殊鑛も將來有望加藤東大教授の講演
262167	朝鮮朝日	西北版	1935-05-10	1	01단	若葉の流線型
262168	朝鮮朝日	西北版	1935-05-10	1	02단	南浦林檎の加工品今秋から賣出す工場を設けて大々的に製造歐洲進出にも期待/神戸を經由せず南洋へ直送靑森林檎驅逐の作戰
262169	朝鮮朝日	西北版	1935-05-10	1	03단	本紙の輸送時間帶短縮實現か門鐵局から新聞列車改善案を鐵道會議へ提案
262170	朝鮮朝日	西北版	1935-05-10	1	04단	礦峴驛一帶に點燈
262171	朝鮮朝日	西北版	1935-05-10	1	04단	今秋に蠶絲品評會
262172	朝鮮朝日	西北版	1935-05-10	1	05단	平南を視察地質學者一行
262173	朝鮮朝日	西北版	1935-05-10	1	05단	炭層を發見中和面山麓で
262174	朝鮮朝日	西北版	1935-05-10	1	05단	飛降り、飛乗り危険な放れ業徒黨を組んで銀塊の受け渡し鐵道を惱ます密輸團

일련번호	판명		간행일	면	단수	기사명
262175	朝鮮朝日	西北版	1935-05-10	1	05단	平壤と南鮮に電化工場を設置バリューム製造を目指す東拓興業の新計劃
262176	朝鮮朝日	西北版	1935-05-10	1	05단	平南金組配當
262177	朝鮮朝日	西北版	1935-05-10	1	06단	明石將軍の建碑に朝鮮から寄附日韓倂合後の治安確立殘した偉大な足跡
262178	朝鮮朝日	西北版	1935-05-10	1	06단	南陽署新設
262179	朝鮮朝日	西北版	1935-05-10	1	06단	四百名招待祝賀會順序決る
262180	朝鮮朝日	西北版	1935-05-10	1	07단	高段者大會へ晴れの出場劍道の文三段
262181	朝鮮朝日	西北版	1935-05-10	1	07단	平壤の大通りに近代色の氾濫高層建築物續々建つ
262182	朝鮮朝日	西北版	1935-05-10	1	07단	鑛山勞働者の爭議殖える黃金狂時代の裏面相
262183	朝鮮朝日	西北版	1935-05-10	1	08단	平南の在來棉作付段別
262184	朝鮮朝日	西北版	1935-05-10	1	08단	萩籠の製作を研究
262185	朝鮮朝日	西北版	1935-05-10	1	08단	廿萬圓を投じ米穀會館を建設京城俱樂部の敷地に
262186	朝鮮朝日	西北版	1935-05-10	1	09단	恨めしい晴天早くも畑作全體に稀有の凶作を豫想
262187	朝鮮朝日	西北版	1935-05-10	1	09단	有馬看守に實刑
262188	朝鮮朝日	西北版	1935-05-10	1	09단	樂しい野遊會兒童憂護週間に
262189	朝鮮朝日	西北版	1935-05-10	1	10단	長豊炭鑛の一部從業員罷業
262190	朝鮮朝日	西北版	1935-05-10	1	10단	劇と映畫(平壤 キネマ)
262191	朝鮮朝日	西北版	1935-05-10	1	10단	會と催(卓球團體試合/平壤府內町里會長會議/元山の國旗揭揚式/妙香山丸竣工式/鹽の座談會/畫畫講習會/平壤の青年訓練所後援會發會式)
262192	朝鮮朝日	西北版	1935-05-10	1	10단	公私消息(菅村大藏事務官/滿鐵頭門千原中將/本社平壤通信部來訪/神谷茂數氏(平壤醫專産婦人科長))
262193	朝鮮朝日	南鮮版	1935-05-10	1	01단	新綠の京城を飾る二つの學生演習專門校はあす、中等校は廿五日勇しい白兵戰展開
262194	朝鮮朝日	南鮮版	1935-05-10	1	01단	不良水組の監督權を强化けふから改正案實施
262195	朝鮮朝日	南鮮版	1935-05-10	1	01단	立派な施設京師の單級教室
262196	朝鮮朝日	南鮮版	1935-05-10	1	02단	視察行脚に各局長派遣
262197	朝鮮朝日	南鮮版	1935-05-10	1	02단	東洋工業會議八月に京城で
262198	朝鮮朝日	南鮮版	1935-05-10	1	02단	國防獻金
262199	朝鮮朝日	南鮮版	1935-05-10	1	02단	本紙の輸送時間大短縮實現か門鐵局から新聞列車改善案を鐵道會議へ提案
262200	朝鮮朝日	南鮮版	1935-05-10	1	03단	黑字列車走る四月だけの增收五十二萬圓有卦に入る鐵道局/六月一日に盛大な祝賀式鐵道博物館の建設も計劃/十週年迎へた鐵道局
262201	朝鮮朝日	南鮮版	1935-05-10	1	03단	初夏の景物詩
262202	朝鮮朝日	南鮮版	1935-05-10	1	04단	台灣震災義金
262203	朝鮮朝日	南鮮版	1935-05-10	1	04단	各道立病院の恩賜救療成績
262204	朝鮮朝日	南鮮版	1935-05-10	1	04단	電車のダイヤ一部變更
262205	朝鮮朝日	南鮮版	1935-05-10	1	05단	とても苦しい警察官のお台所共濟組合金融部へ借金の申込み殺到

일련번호	판명		간행일	면	단수	기사명
262206	朝鮮朝日	南鮮版	1935-05-10	1	05단	內地の杉材鮮內へ殺到
262207	朝鮮朝日	南鮮版	1935-05-10	1	06단	仁川港四月の貿易狀況
262208	朝鮮朝日	南鮮版	1935-05-10	1	06단	マコ一薰の天下五月中に一億三千萬本製造凋落する高級煙草
262209	朝鮮朝日	南鮮版	1935-05-10	1	07단	夫と姑の毒殺企つ
262210	朝鮮朝日	南鮮版	1935-05-10	1	07단	選擧違反發覺す釜山署書類のみ送局/京畿の候補者
262211	朝鮮朝日	南鮮版	1935-05-10	1	07단	第九回全鮮蹴球大會
262212	朝鮮朝日	南鮮版	1935-05-10	1	07단	乳呑兒を抱へ內地研究の旅忠北會計課員の妻女
262213	朝鮮朝日	南鮮版	1935-05-10	1	07단	風鈴と風鎭各地で大好評
262214	朝鮮朝日	南鮮版	1935-05-10	1	08단	八戶全半燒忠南の火事
262215	朝鮮朝日	南鮮版	1935-05-10	1	08단	內妻殺しに十年を求刑
262216	朝鮮朝日	南鮮版	1935-05-10	1	09단	マイト爆發三名慘死高靈鑛山の珍事
262217	朝鮮朝日	南鮮版	1935-05-10	1	09단	けふの話題
262218	朝鮮朝日	南鮮版	1935-05-10	1	10단	流腦に感染巡査の殉職
262219	朝鮮朝日	南鮮版	1935-05-10	1	10단	會と催(朝鮮書籍印刷株主總會/憲兵隊記念祭)
262220	朝鮮朝日	南鮮版	1935-05-10	1	10단	公私消息(棟居總督府審議室事務官/伊藤京城商議理事/工藤朝鮮貿易協會理事/河合朝運專務、增田庶務課長/木村日本石油顧問/野口朝窒社長/松本前殖産局長/本社京城支局來訪/韓萬熙氏)
262221	朝鮮朝日	南鮮版	1935-05-10	1	10단	下關水産市況(九日)
262222	朝鮮朝日	南鮮版	1935-05-10	1	10단	鷄林かゞみ
262223	朝鮮朝日	西北版	1935-05-11	1	01단	畑作に生色なく夜空焦す雨乞祭三月以來殆んど降雨を見ず平北を襲ふ旱魃禍/平南の井戶は八割まで枯渴河水を飲んで凌ぐ者多く隨所に悲痛な水騷動/流筏を中止アリナレ異變
262224	朝鮮朝日	西北版	1935-05-11	1	01단	北鮮にも博物館建設が急務玄菟、女眞の文化を探求し稻葉博士收穫を語る
262225	朝鮮朝日	西北版	1935-05-11	1	01단	寫眞說明((上)朝鮮憲兵隊創立記念日の殉難者慰靈祭で祭文を艮讀する持永司令官(下)同祭典十九日朝鮮憲兵隊司令部前庭にて)
262226	朝鮮朝日	西北版	1935-05-11	1	03단	視察行脚に各局長派遣
262227	朝鮮朝日	西北版	1935-05-11	1	03단	驅逐隊廻港十九日南浦へ
262228	朝鮮朝日	西北版	1935-05-11	1	04단	公私消息(山田平南道畜産技師/安武平南知事)
262229	朝鮮朝日	西北版	1935-05-11	1	04단	宇品陸軍運輸部出張所復活
262230	朝鮮朝日	西北版	1935-05-11	1	04단	約十萬圓の教育費輕減平壤稅務署管內
262231	朝鮮朝日	西北版	1935-05-11	1	04단	黑字列車走る四月だけの增收五十二萬圓有卦に入る鐵道局/六月一日に盛大な祝賀式十周年記念の催し
262232	朝鮮朝日	西北版	1935-05-11	1	05단	郵便所昇格を陳情
262233	朝鮮朝日	西北版	1935-05-11	1	05단	參詣者一萬賑ふ妙香山
262234	朝鮮朝日	西北版	1935-05-11	1	05단	第九回全鮮蹴球大會

일련번호	판명		간행일	면	단수	기사명
262235	朝鮮朝日	西北版	1935-05-11	1	05단	不良水組の監督權を强化十日から改正案實施
262236	朝鮮朝日	西北版	1935-05-11	1	06단	設施を完備船橋商業專修
262237	朝鮮朝日	西北版	1935-05-11	1	06단	ゴールは迫る平南の府邑面定員を超過躍起の白熱戰展開(鎭南浦府)
262238	朝鮮朝日	西北版	1935-05-11	1	06단	街の話題
262239	朝鮮朝日	西北版	1935-05-11	1	06단	平壤の方面委員本月末から活動
262240	朝鮮朝日	西北版	1935-05-11	1	07단	親子掛りで喧嘩相手に重傷
262241	朝鮮朝日	西北版	1935-05-11	1	07단	とても苦しい警察官のお台所共濟組合金融部へ借金の申込み殺到
262242	朝鮮朝日	西北版	1935-05-11	1	07단	麻藥中毒者の絶滅策を協議
262243	朝鮮朝日	西北版	1935-05-11	1	08단	更に三名發生
262244	朝鮮朝日	西北版	1935-05-11	1	08단	在滿金融機關の改革を斷行本府、各機關と打合
262245	朝鮮朝日	西北版	1935-05-11	1	08단	子供二人列車に刎らる
262246	朝鮮朝日	西北版	1935-05-11	1	08단	七日茂山守備隊巡視の鈴木第十九師團長
262247	朝鮮朝日	西北版	1935-05-11	1	08단	鮮展の入選十三日に發表搬入點數千百九十點
262248	朝鮮朝日	西北版	1935-05-11	1	09단	柳の木ほしさに人殺し
262249	朝鮮朝日	西北版	1935-05-11	1	09단	平壤は火の都毎日數件づつの火事
262250	朝鮮朝日	西北版	1935-05-11	1	09단	匪賊襲擊し二名を拉致
262251	朝鮮朝日	西北版	1935-05-11	1	09단	豚皮利用を考究
262252	朝鮮朝日	西北版	1935-05-11	1	10단	慶源移轉を十月に實行國立種馬牧場
262253	朝鮮朝日	西北版	1935-05-11	1	10단	樂浪小話
262254	朝鮮朝日	西北版	1935-05-11	1	10단	幼女を轢殺
262255	朝鮮朝日	西北版	1935-05-11	1	10단	商賣敵の家に放火
262256	朝鮮朝日	西北版	1935-05-11	1	10단	自動式電話を淸津でも希望
262257	朝鮮朝日	南鮮版	1935-05-11	1	01단	鐵鑛の自給自足百年間は大丈夫年産百萬噸の工場を設け茂山鑛山から採鑛
262258	朝鮮朝日	南鮮版	1935-05-11	1	01단	酒稅を筆頭に一千萬圓の增收九年度の租稅收入
262259	朝鮮朝日	南鮮版	1935-05-11	1	01단	鮮米生産費けふ對策協議
262260	朝鮮朝日	南鮮版	1935-05-11	1	01단	鮮展の入選十三日に發表搬入點數千百九十點
262261	朝鮮朝日	南鮮版	1935-05-11	1	01단	府營燒燻場七月に竣工
262262	朝鮮朝日	南鮮版	1935-05-11	1	02단	京城の花祭賑やかに擧行
262263	朝鮮朝日	南鮮版	1935-05-11	1	02단	寫眞說明((上)朝鮮憲兵隊創立記念日の殉難者慰靈祭で祭文を眼讀する持永司令官(下)同祭典十九日朝鮮憲兵隊司令部前庭にて)
262264	朝鮮朝日	南鮮版	1935-05-11	1	02단	京城に天然痘續發
262265	朝鮮朝日	南鮮版	1935-05-11	1	03단	慶州石室墳から珍しい石柱現る新羅藝術研究の資料
262266	朝鮮朝日	南鮮版	1935-05-11	1	04단	釜山新町名
262267	朝鮮朝日	南鮮版	1935-05-11	1	04단	會期を延長土木課長會議
262268	朝鮮朝日	南鮮版	1935-05-11	1	04단	鐵道技術員會議鮮鐵は六名出席
262269	朝鮮朝日	南鮮版	1935-05-11	1	05단	奉祝大祭ポスター懸賞募集

일련번호	판명		간행일	면	단수	기사명
262270	朝鮮朝日	南鮮版	1935-05-11	1	05단	增築を申請道立大邱醫院
262271	朝鮮朝日	南鮮版	1935-05-11	1	05단	釜山の女給さん百名を殖やせる手痛いづくめのカフェ規則に營業者の喜ぶ一點
262272	朝鮮朝日	南鮮版	1935-05-11	1	05단	總督府辭令
262273	朝鮮朝日	南鮮版	1935-05-11	1	06단	十八萬圓を募集本部武德殿の建築を初め武道振興策を具體化
262274	朝鮮朝日	南鮮版	1935-05-11	1	06단	邑面職員の互助會組織京畿道內に
262275	朝鮮朝日	南鮮版	1935-05-11	1	06단	京義間の電話線本年度中に完成滿鮮間通信に新紀元
262276	朝鮮朝日	南鮮版	1935-05-11	1	06단	入蒙者達を嚴重取締る
262277	朝鮮朝日	南鮮版	1935-05-11	1	07단	飴行商人が天然痘患者
262278	朝鮮朝日	南鮮版	1935-05-11	1	07단	臨時春競馬十八日から開催
262279	朝鮮朝日	南鮮版	1935-05-11	1	07단	公私消息(川面遞信局管理課長/池遞信局庶務課長/村上遞信局經理課長/加藤鮮銀總裁、山上同祕書課長/山本三和銀行京城支店長代理/藤田吳鎭守府司令長官一行七名/佐土原三和銀行今橋支店次席/神戶酒商組合員一行/松野台中州勸業課長/デルクセン駐日ドイツ大使/同井警務局保安課事務官、中村京畿、桑原忠北、安田平北三高等課長/美代農林局技師/古谷大邱取引所理事長/日本東西有力銀行會社團代表一行/京城師範附屬小學校旅行團/元山商業旅行團/鎭南浦觀光團/元山中學旅行團/普成高普見學團/本社京城支局來訪/鵜池海軍御用掛母堂)
262280	朝鮮朝日	南鮮版	1935-05-11	1	08단	飛込自殺
262281	朝鮮朝日	南鮮版	1935-05-11	1	08단	*十名を超過/慶北の各邑候補者/釜山會議所議員選擧有權者名簿*
262282	朝鮮朝日	南鮮版	1935-05-11	1	08단	飛降し損ねて老人死亡
262283	朝鮮朝日	南鮮版	1935-05-11	1	08단	素人治療で病人悶死す
262284	朝鮮朝日	南鮮版	1935-05-11	1	08단	主金橫領發覺
262285	朝鮮朝日	南鮮版	1935-05-11	1	08단	仁川の優良兒
262286	朝鮮朝日	南鮮版	1935-05-11	1	09단	釜山四金組四月末帳尻
262287	朝鮮朝日	南鮮版	1935-05-11	1	09단	畜産界の福音恐ろしい炭疽病の簡易診斷器を考案
262288	朝鮮朝日	南鮮版	1935-05-11	1	09단	けふの話題
262289	朝鮮朝日	南鮮版	1935-05-11	1	09단	會と催(修養講演會/釜山藥業組合春季運動會/朝鮮運送重役會/京城商議役員會/朝鮮穀聯幹事會/大邱署競點射擊)
262290	朝鮮朝日	南鮮版	1935-05-11	1	10단	京畿の農蠶實習全く陣容を一新
262291	朝鮮朝日	南鮮版	1935-05-11	1	10단	鷄林かゞみ
262292	朝鮮朝日	南鮮版	1935-05-11	1	10단	下關水産市況(十日)
262293	朝鮮朝日	西北版	1935-05-12	1	01단	鐵鑛の自給自足百年間は大丈夫年産百萬噸の工場を設け茂山鑛山から採鑛
262294	朝鮮朝日	西北版	1935-05-12	1	01단	*西鮮の旱害總額百萬圓突破か十日以內に降雨がなければ黑船も航行し難い/大同江の減水で待機の筏夫空を仰いで髀肉の嘆*

일련번호	판명		간행일	면	단수	기사명
262295	朝鮮朝日	西北版	1935-05-12	1	01단	初夏・田園の縞模樣
262296	朝鮮朝日	西北版	1935-05-12	1	04단	平鐵軍安東遠征
262297	朝鮮朝日	西北版	1935-05-12	1	04단	基督教を排擊し佛教復興の叫び平南から呼びかく
262298	朝鮮朝日	西北版	1935-05-12	1	04단	更に五千人武德會員を獲得平南で武道精神鼓吹
262299	朝鮮朝日	西北版	1935-05-12	1	04단	新岸壁活況
262300	朝鮮朝日	西北版	1935-05-12	1	05단	水稻代作物八ヶ所で試作
262301	朝鮮朝日	西北版	1935-05-12	1	05단	總督府辭令
262302	朝鮮朝日	西北版	1935-05-12	1	05단	お名殘り府會十三日に開く
262303	朝鮮朝日	西北版	1935-05-12	1	05단	入蒙者達を嚴重取締る
262304	朝鮮朝日	西北版	1935-05-12	1	06단	平壤靴下の統制を斷行生産販賣を合理化
262305	朝鮮朝日	西北版	1935-05-12	1	06단	祝賀會當日運賃を割引平鐵サーヴィス
262306	朝鮮朝日	西北版	1935-05-12	1	06단	三橋大橋起工式
262307	朝鮮朝日	西北版	1935-05-12	1	06단	街の話題(富籤の一萬圓返る/僞造紙幣が眞物に似てる筈)
262308	朝鮮朝日	西北版	1935-05-12	1	07단	麻藥中毒者の收容所新設咸北の計劃
262309	朝鮮朝日	西北版	1935-05-12	1	07단	酒稅を筆頭に一千萬圓の增收九年度の租稅收入
262310	朝鮮朝日	西北版	1935-05-12	1	07단	マコー薫の天下五月中に一億三千萬本製造凋落する高級煙草/平壤專賣支局四月の製造高
262311	朝鮮朝日	西北版	1935-05-12	1	08단	急設電話の抽籤
262312	朝鮮朝日	西北版	1935-05-12	1	08단	鐵道沿線に鐵條網張る密輸團の飛降り飛乘り防止
262313	朝鮮朝日	西北版	1935-05-12	1	08단	今夏から南浦に新しい魅力パラダイスができる
262314	朝鮮朝日	西北版	1935-05-12	1	08단	石器時代の得難い遺物か大同江工事場で發掘
262315	朝鮮朝日	西北版	1935-05-12	1	08단	平南奧地の冷害を防止
262316	朝鮮朝日	西北版	1935-05-12	1	09단	四社合同の社長淸水氏が就任か六月上旬京城で總會
262317	朝鮮朝日	西北版	1935-05-12	1	09단	恐ろしい河豚中毒三名死亡、四名は危篤
262318	朝鮮朝日	西北版	1935-05-12	1	09단	洗滌自動車購入每朝道路を洗ふ
262319	朝鮮朝日	西北版	1935-05-12	1	10단	城津埋立工事人夫同盟罷業
262320	朝鮮朝日	西北版	1935-05-12	1	10단	拐帶犯人逮浦
262321	朝鮮朝日	西北版	1935-05-12	1	10단	平壤農業で牛乳配達を開始
262322	朝鮮朝日	西北版	1935-05-12	1	10단	會と催(開城商工聯合大運動會/開城の釋尊降誕花祭/新義州稅務署新廳舍落成式)
262323	朝鮮朝日	西北版	1935-05-12	1	10단	鷄林かゞみ
262324	朝鮮朝日	南鮮版	1935-05-12	1	01단	都落ちの暴力團見付け次第檢擧警視廳とタイアップして京畿警察部の決意
262325	朝鮮朝日	南鮮版	1935-05-12	1	01단	業者の營業權侵害はせぬ朝鮮石油會社設立に關し本府殖産局の見解
262326	朝鮮朝日	南鮮版	1935-05-12	1	01단	あす初協議地方稅委員會
262327	朝鮮朝日	南鮮版	1935-05-12	1	01단	落成式擧行仁川支廳新廳舍
262328	朝鮮朝日	南鮮版	1935-05-12	1	02단	四氏を表彰無盡協會總會
262329	朝鮮朝日	南鮮版	1935-05-12	1	02단	非常時の意氣高く展開する攻防戰制服の兵隊さん千八百名が風薫る京城を舞臺に

일련번호	판명		간행일	면	단수	기사명
262330	朝鮮朝日	南鮮版	1935-05-12	1	02단	六月十日頃林陸相が來城大串參謀長の歸來談
262331	朝鮮朝日	南鮮版	1935-05-12	1	03단	京城の花祭
262332	朝鮮朝日	南鮮版	1935-05-12	1	04단	徵兵檢查
262333	朝鮮朝日	南鮮版	1935-05-12	1	04단	稅監局長會議六月六日から
262334	朝鮮朝日	南鮮版	1935-05-12	1	04단	稅關長會議
262335	朝鮮朝日	南鮮版	1935-05-12	1	04단	今秋に竣工大邱の兩初等校
262336	朝鮮朝日	南鮮版	1935-05-12	1	05단	傳染病都市の汚名を雪ぐ衛生打合會開催
262337	朝鮮朝日	南鮮版	1935-05-12	1	05단	仁川交通安全デー
262338	朝鮮朝日	南鮮版	1935-05-12	1	05단	電氣興業會社は今秋に事業開始寧越保留炭田の拂下げを受け南鮮へ電力を供給
262339	朝鮮朝日	南鮮版	1935-05-12	1	05단	選擧事務打合會
262340	朝鮮朝日	南鮮版	1935-05-12	1	05단	餘すところ旬日慶南の選擧戰線尖銳化し運動員二千亂れ飛ぶ
262341	朝鮮朝日	南鮮版	1935-05-12	1	06단	驅逐隊三艦十六日仁川入港
262342	朝鮮朝日	南鮮版	1935-05-12	1	06단	鎭海の經濟狀態は良好
262343	朝鮮朝日	南鮮版	1935-05-12	1	06단	犬の國勢調査全鮮に畜犬が百四十萬頭當世流行の軍用犬
262344	朝鮮朝日	南鮮版	1935-05-12	1	06단	京城公益質屋利用狀況
262345	朝鮮朝日	南鮮版	1935-05-12	1	07단	けふの話題(安心できぬ健康體/宇垣さんもトーキーに一役)
262346	朝鮮朝日	南鮮版	1935-05-12	1	07단	簡保四月末契約數
262347	朝鮮朝日	南鮮版	1935-05-12	1	07단	柔田四百町步に稀有の被害急激な氣溫の降下で
262348	朝鮮朝日	南鮮版	1935-05-12	1	07단	朝日經濟年史(昭和十年版)
262349	朝鮮朝日	南鮮版	1935-05-12	1	08단	列車から飛び降り老人死亡
262350	朝鮮朝日	南鮮版	1935-05-12	1	08단	國有林燒く
262351	朝鮮朝日	南鮮版	1935-05-12	1	08단	日滿電話を測量に來鮮近く本省から
262352	朝鮮朝日	南鮮版	1935-05-12	1	09단	鐘紡工場の誘致は有望府尹一行歸る
262353	朝鮮朝日	南鮮版	1935-05-12	1	09단	醫師試驗第一部合格者
262354	朝鮮朝日	南鮮版	1935-05-12	1	09단	公私消息(井上遞信局長/奈良木浦無盡社長/異儀田平壤無盡軍役/村井陸軍技術本部第三部長/柳下第十九師團參謀長/大串朝鮮軍參謀長/森山法制局第一部長/藤島美術學校教授/池田警務局長/平田第二十師團參謀長/本社京城支局來防/櫻井武彥氏(朝鮮時報記者)/美座京城稅務監督局長母堂)
262355	朝鮮朝日	南鮮版	1935-05-12	1	10단	會と催(大生座落成開館式/京城マンドリン合奏團演奏會/釜山鐵道事務所劍道稽古/大田の修養講演會/慶北保安主任會議)
262356	朝鮮朝日	南鮮版	1935-05-12	1	10단	下關水産市況(十一日)
262357	朝鮮朝日	南鮮版	1935-05-12	1	10단	鷄林かゞみ
262358	朝鮮朝日	西北版	1935-05-14	1	01단	嚴選を突破して新人の躍進振り鮮展の入選發表さる/女性も卅八名堂々と入選異彩を放つ米國婦人
262359	朝鮮朝日	西北版	1935-05-14	1	01단	會議所事務打合會

일련번호	판명		간행일	면	단수	기사명
262360	朝鮮朝日	西北版	1935-05-14	1	02단	祝賀會のお客へ宣傳用の招待狀
262361	朝鮮朝日	西北版	1935-05-14	1	03단	平鐵の記念日催し
262362	朝鮮朝日	西北版	1935-05-14	1	03단	鴨綠江の上流で三巴の商戰展開商圈擴張を目指し平壤に雜貨卸賣組合を結成
262363	朝鮮朝日	西北版	1935-05-14	1	04단	本月下旬からゴム工場休業
262364	朝鮮朝日	西北版	1935-05-14	1	04단	農村當面の重要問題を檢討肥料主任官會議始まる
262365	朝鮮朝日	西北版	1935-05-14	1	04단	鑛山監督局の設置を要望せよ商工會議所總會に平壤から提案決る
262366	朝鮮朝日	西北版	1935-05-14	1	04단	初代南陽署長
262367	朝鮮朝日	西北版	1935-05-14	1	04단	四名超過す(清津府)
262368	朝鮮朝日	西北版	1935-05-14	1	05단	六千口突破發展する西鮮の電話加入者
262369	朝鮮朝日	西北版	1935-05-14	1	05단	南浦林檎豊作か
262370	朝鮮朝日	西北版	1935-05-14	1	05단	清津の金比羅祭
262371	朝鮮朝日	西北版	1935-05-14	1	05단	中小工業の助長を計る
262372	朝鮮朝日	西北版	1935-05-14	1	05단	旭ヶ岡廣場に圖書館を新築近く櫻も二百本移植
262373	朝鮮朝日	西北版	1935-05-14	1	06단	平壤の花祭り
262374	朝鮮朝日	西北版	1935-05-14	1	06단	日穀平壤工場米人技師招聘
262375	朝鮮朝日	西北版	1935-05-14	1	06단	平壤稅監局管內營業稅決定
262376	朝鮮朝日	西北版	1935-05-14	1	06단	楮の適地試驗
262377	朝鮮朝日	西北版	1935-05-14	1	06단	三ヶ月間に六千人增加平壤の人口
262378	朝鮮朝日	西北版	1935-05-14	1	07단	六警察署の改築六月から着工廿九の留置場も增築
262379	朝鮮朝日	西北版	1935-05-14	1	07단	簡保勸誘に映畫班巡廻
262380	朝鮮朝日	西北版	1935-05-14	1	07단	地下線泥棒逮捕
262381	朝鮮朝日	西北版	1935-05-14	1	07단	話の種
262382	朝鮮朝日	西北版	1935-05-14	1	08단	敷地賣買に條件
262383	朝鮮朝日	西北版	1935-05-14	1	08단	籾の强制檢査三地で施行五萬石內外
262384	朝鮮朝日	西北版	1935-05-14	1	08단	金から銀へ鞍替の地金商農村の銀製品を買ひ占めドシドシ內地へ發送
262385	朝鮮朝日	西北版	1935-05-14	1	08단	鯉の稚魚を十萬尾養殖
262386	朝鮮朝日	西北版	1935-05-14	1	08단	寄宿舍荒し生徒が逮捕
262387	朝鮮朝日	西北版	1935-05-14	1	08단	銃殺を免れ警察へ驅込む馬賊に襲はれた七名
262388	朝鮮朝日	西北版	1935-05-14	1	09단	朝日經濟年史(昭和十年版)
262389	朝鮮朝日	西北版	1935-05-14	1	09단	女店員のお手柄
262390	朝鮮朝日	西北版	1935-05-14	1	09단	滿人女子を二名拉致す
262391	朝鮮朝日	西北版	1935-05-14	1	10단	住友金山附近にも點燈
262392	朝鮮朝日	西北版	1935-05-14	1	10단	白衣の勇士に慰問の花束將校夫人團
262393	朝鮮朝日	西北版	1935-05-14	1	10단	義金募集に各道へ通牒
262394	朝鮮朝日	西北版	1935-05-14	1	10단	樂浪小話
262395	朝鮮朝日	南鮮版	1935-05-14	1	01단	街の燈台熱と親切を身上に輪禍防ぐ十三年南大門の名物巡査、小原さん/雨で人出が少く交通事故は皆無

일련번호	판명		간행일	면	단수	기사명
262396	朝鮮朝日	南鮮版	1935-05-14	1	01단	嚴選を突破して新人の躍進振り鮮展の入選發表さる/女性も卅八名堂々と入選異彩を放つ米國婦人
262397	朝鮮朝日	南鮮版	1935-05-14	1	01단	農村當面の重要問題を檢討肥料主任官會議始まる
262398	朝鮮朝日	南鮮版	1935-05-14	1	01단	新綠の金剛山久米山莊增築
262399	朝鮮朝日	南鮮版	1935-05-14	1	02단	獎學費補助の範圍を擴大警察協會慶南支部
262400	朝鮮朝日	南鮮版	1935-05-14	1	03단	年次計劃を定め私鐵買收を强行財務局で原案を作成
262401	朝鮮朝日	南鮮版	1935-05-14	1	03단	海軍知識の普及を計る海軍記念日催し
262402	朝鮮朝日	南鮮版	1935-05-14	1	04단	戰線に波瀾倉地氏立つ(釜山府/大田邑)
262403	朝鮮朝日	南鮮版	1935-05-14	1	05단	釜山の兵器獻納式
262404	朝鮮朝日	南鮮版	1935-05-14	1	05단	虛弱幼兒の療養所を設置海雲台溫泉山手に慶北救濟會の計劃
262405	朝鮮朝日	南鮮版	1935-05-14	1	05단	慈雨に歡喜慶南の農村
262406	朝鮮朝日	南鮮版	1935-05-14	1	06단	白衣の勇士に慰問の花束將校夫人團
262407	朝鮮朝日	南鮮版	1935-05-14	1	06단	畜舍取締規則三府で實施
262408	朝鮮朝日	南鮮版	1935-05-14	1	07단	義金募集に各道へ通牒
262409	朝鮮朝日	南鮮版	1935-05-14	1	07단	內鮮の學者百八十名參列皮膚科學會の總會
262410	朝鮮朝日	南鮮版	1935-05-14	1	07단	新通話區域
262411	朝鮮朝日	南鮮版	1935-05-14	1	07단	「母の日」大會京城で開催
262412	朝鮮朝日	南鮮版	1935-05-14	1	08단	二名死傷す高壓線に觸れて
262413	朝鮮朝日	南鮮版	1935-05-14	1	08단	けふの話題(盜んだ金を盜まる)
262414	朝鮮朝日	南鮮版	1935-05-14	1	08단	在滿金融機關の改革を斷行本府、各機關と打合
262415	朝鮮朝日	南鮮版	1935-05-14	1	08단	將校團の義金
262416	朝鮮朝日	南鮮版	1935-05-14	1	08단	高居副會長昇任か
262417	朝鮮朝日	南鮮版	1935-05-14	1	09단	公私消息(田淵東拓理事/松井米倉社長/南東京火災社長/小杉鮮展審査員/中野通運社長/金子大藏省預金部長/龍山中學內地旅行團/東星商業/大田驛觀光團/新見總督府警務課長/國土館劍道科四年生一行/小林千代子さん)
262418	朝鮮朝日	南鮮版	1935-05-14	1	09단	辭令(十三日)
262419	朝鮮朝日	南鮮版	1935-05-14	1	09단	運動競技界(陸上競技大會一等入賞者/四選手處罰)
262420	朝鮮朝日	南鮮版	1935-05-14	1	10단	會と催(貯銀定礎式/京城母の日大會/朝鮮織物會社株主總會/京畿道教育幹事會/交通事故犠牲者慰靈祭/朝鮮專門學校體育聯盟主催陸上運動競技大會/第三回軍用犬審査展覽會/店員訓練所入所式/步兵八十聯隊演習)
262421	朝鮮朝日	南鮮版	1935-05-14	1	10단	下關水産市況(十三日)
262422	朝鮮朝日	南鮮版	1935-05-14	1	10단	鷄林かゞみ
262423	朝鮮朝日	西北版	1935-05-15	1	01단	自給自足を目標に鹽田擴張へ驀進差當り腐朽の鹽庫を整理し一億二千萬キロを生産/南浦の行政區域二倍に擴げる人口も約六千人增加/當面の二問題道路網延長と上水道擴充着々と準備を急ぐ
262424	朝鮮朝日	西北版	1935-05-15	1	01단	鮮展入選作(第一部東洋畵/第二部西洋畵/第三部工藝)

일련번호	판명		간행일	면	단수	기사명
262425	朝鮮朝日	西北版	1935-05-15	1	03단	東朝社見學鎭南浦高女生
262426	朝鮮朝日	西北版	1935-05-15	1	04단	會と催(江界憲兵分隊創立記念祝賀會/羅南野砲兵第二十五聯隊第十九回創立記念祝典)
262427	朝鮮朝日	西北版	1935-05-15	1	04단	北鮮の春酣に會寧で着筏式
262428	朝鮮朝日	西北版	1935-05-15	1	05단	十八名立つ(羅津邑)
262429	朝鮮朝日	西北版	1935-05-15	1	05단	沙里院衛生展盛況
262430	朝鮮朝日	西北版	1935-05-15	1	05단	平壤專賣支局管內の賣捌高
262431	朝鮮朝日	西北版	1935-05-15	1	06단	送電會社から直接買電を可決直ちに總督府へ申請
262432	朝鮮朝日	西北版	1935-05-15	1	06단	濠洲の緬羊花嫁渝ってお輿入れ北羊時代で引張り凧
262433	朝鮮朝日	西北版	1935-05-15	1	07단	更に警察機を一機殖やす充實する平北航空陣
262434	朝鮮朝日	西北版	1935-05-15	1	08단	話の種
262435	朝鮮朝日	西北版	1935-05-15	1	08단	清水飛行士告別式
262436	朝鮮朝日	西北版	1935-05-15	1	08단	折角の降雨もまだ燒石に水各所に深刻な水飢饉
262437	朝鮮朝日	西北版	1935-05-15	1	08단	審査員は語る(朝鮮人の繪に佳作が多い(藤島武二氏/小杉放庵氏)/帝展にもない立派な作品(田邊孝次氏)/傳統に囚はれ新味が不足(前田靑邨氏/野田九浦氏))
262438	朝鮮朝日	西北版	1935-05-15	1	09단	新京丸披露宴
262439	朝鮮朝日	西北版	1935-05-15	1	09단	鑛山買收資料の鑛石紛失すブローカーの妨害か
262440	朝鮮朝日	西北版	1935-05-15	1	10단	十日までに五萬枚掃立平南の春蠶
262441	朝鮮朝日	西北版	1935-05-15	1	10단	署葬を營む殉職坂口巡査
262442	朝鮮朝日	西北版	1935-05-15	1	10단	劇と映畫(平壤 階樂館)
262443	朝鮮朝日	南鮮版	1935-05-15	1	01단	在滿朝鮮人のため鮮政部を設けよ新京在住の有力者達から滿洲國政府へ要望
262444	朝鮮朝日	南鮮版	1935-05-15	1	01단	電車も安全帶を締めて
262445	朝鮮朝日	南鮮版	1935-05-15	1	01단	鮮展入選作(第一部東洋畫/第二部西洋畫/第三部工藝)
262446	朝鮮朝日	南鮮版	1935-05-15	1	03단	面の立候補者は八割に過ぎぬお膝元京畿は定員の三分の一本府も些か呆れ氣味
262447	朝鮮朝日	南鮮版	1935-05-15	1	04단	住友金山附近にも點燈
262448	朝鮮朝日	南鮮版	1935-05-15	1	05단	血書懷中に現役を志願非常時兩靑年
262449	朝鮮朝日	南鮮版	1935-05-15	1	05단	和やかな集り大田の敬老會
262450	朝鮮朝日	南鮮版	1935-05-15	1	05단	單級教室落成式
262451	朝鮮朝日	南鮮版	1935-05-15	1	06단	太郎氏の謝辭があって開宴
262452	朝鮮朝日	南鮮版	1935-05-15	1	06단	運動場候補地次回へ持越す大邱府會混亂
262453	朝鮮朝日	南鮮版	1935-05-15	1	06단	朝鮮神宮へ二百圓奉納
262454	朝鮮朝日	南鮮版	1935-05-15	1	07단	不動産融資損失特別補償法利率
262455	朝鮮朝日	南鮮版	1935-05-15	1	07단	農會を改組し會長は民間から農會令改正を機會に
262456	朝鮮朝日	南鮮版	1935-05-15	1	07단	慶南産組協會總會
262457	朝鮮朝日	南鮮版	1935-05-15	1	07단	京城勞働宿泊所宿泊者
262458	朝鮮朝日	南鮮版	1935-05-15	1	07단	兩公園美化
262459	朝鮮朝日	南鮮版	1935-05-15	1	08단	大田電氣が山田金鑛へ送電

일련번호	판명		간행일	면	단수	기사명
262460	朝鮮朝日	南鮮版	1935-05-15	1	08단	辭令(十三日)
262461	朝鮮朝日	南鮮版	1935-05-15	1	08단	墺太利から大邱へ食料品の注文だが一寸應じかねる
262462	朝鮮朝日	南鮮版	1935-05-15	1	08단	審査員は語る(朝鮮人の繪に佳作が多い(藤島武二氏/小杉放庵氏)/帝展にもない立派な作品(田邊孝次氏)/傳統に囚はれ新味が不足(前田靑邨氏/野田九浦氏))
262463	朝鮮朝日	南鮮版	1935-05-15	1	09단	公私消息(矢野總督祕書官/藤島東京美校敎授/森島獨逸大使館一等書記官/村田陸軍御用係/シャム音樂舞踊團/大田中學旅行團/安州農業旅行團/日本地質學會視察團/本社京城支局來訪)
262464	朝鮮朝日	南鮮版	1935-05-15	1	09단	會と催(晉州稅務署管內印紙稅檢查/朝鮮無盡協會總會/朝鮮化學會例會/朝鮮運送株主總會/金剛山電鐵株主總會/全州の花祭
262465	朝鮮朝日	南鮮版	1935-05-15	1	10단	下關水産市況(十四日)
262466	朝鮮朝日	南鮮版	1935-05-15	1	10단	雞林かゞみ
262467	朝鮮朝日	西北版	1935-05-16	1	01단	在滿朝鮮人のため鮮政部を設けよ新京在住の有力者達から滿洲國政府へ要望
262468	朝鮮朝日	西北版	1935-05-16	1	01단	二千萬圓突破か金銀鑛稼行だけで七十二鑛山豪勢な平南の鑛産額
262469	朝鮮朝日	西北版	1935-05-16	1	01단	農會を改組し會長は民間から農會令改正を機會に
262470	朝鮮朝日	西北版	1935-05-16	1	01단	新綠の金剛山久米山莊增築
262471	朝鮮朝日	西北版	1935-05-16	1	02단	莊重な興南武德殿竣工
262472	朝鮮朝日	西北版	1935-05-16	1	03단	祝賀式を廿五日擧行咸興道立病院
262473	朝鮮朝日	西北版	1935-05-16	1	03단	年次計劃で私鐵を買收
262474	朝鮮朝日	西北版	1935-05-16	1	04단	李埈公妃殿下御歸城
262475	朝鮮朝日	西北版	1935-05-16	1	04단	新通話區域
262476	朝鮮朝日	西北版	1935-05-16	1	04단	鐵道記念日に各地で講演會
262477	朝鮮朝日	西北版	1935-05-16	1	04단	面の立候補者は八割に過ぎぬ黃海と京畿は定員の三分の一本府も些か呆れ氣味
262478	朝鮮朝日	西北版	1935-05-16	1	05단	奧地窮民に勞銀を撒布咸南道路工事
262479	朝鮮朝日	西北版	1935-05-16	1	05단	平南の特用産物生産高
262480	朝鮮朝日	西北版	1935-05-16	1	05단	一億五千萬圓突破を豫想さる鎭南浦港の貿易總額
262481	朝鮮朝日	西北版	1935-05-16	1	05단	保險專門の係員を採用主要郵便局に
262482	朝鮮朝日	西北版	1935-05-16	1	05단	平南の窮民道當局の調査
262483	朝鮮朝日	西北版	1935-05-16	1	06단	樂しい記念祭醫專で擧行
262484	朝鮮朝日	西北版	1935-05-16	1	06단	追加豫算可決現議員最終の平壤府會
262485	朝鮮朝日	西北版	1935-05-16	1	06단	農民の六割まで農業を放棄平南の冷害罹災民
262486	朝鮮朝日	西北版	1935-05-16	1	07단	澁谷氏所有地の小作人紛擾
262487	朝鮮朝日	西北版	1935-05-16	1	07단	一人一題(1)/敎へ子の純情平壤中學校長高力得雄氏
262488	朝鮮朝日	西北版	1935-05-16	1	07단	豫審に回付吳平壤府議
262489	朝鮮朝日	西北版	1935-05-16	1	08단	水飢饉解消咸南の慈兩

일련번호	판명		간행일	면	단수	기사명
262490	朝鮮朝日	西北版	1935-05-16	1	08단	預金支拂ひで商銀側に手落？拐帶された大金に關し平壤無盡會社の主張(商銀支店談)
262491	朝鮮朝日	西北版	1935-05-16	1	08단	日淸戰役の彈丸を發見牡丹台から
262492	朝鮮朝日	西北版	1935-05-16	1	08단	平壤發電所の全送電線停電
262493	朝鮮朝日	西北版	1935-05-16	1	09단	主家の吳服物を女給に賣る
262494	朝鮮朝日	西北版	1935-05-16	1	09단	特に目立ち初犯の起訴四月末の思想犯調べ/死出の旅を飾る費用か/滿洲各地に手配
262495	朝鮮朝日	西北版	1935-05-16	1	10단	會と催(鷄卵品評會/平南府尹郡守會議/平南道農會主催第二回種牛市/巡廻農業展)
262496	朝鮮朝日	西北版	1935-05-16	1	10단	公私消息(小林千代子さん/齋藤淸治氏(平南金組支部長)/板倉邦介氏(鎭南浦公立商工學校長)/神戶金千代會社員松下與兵衛氏外二十八名)
262497	朝鮮朝日	南鮮版	1935-05-16	1	01단	卅四の不良水組更生聯合會成る整理の中心機關として認可けふ初總會を開く
262498	朝鮮朝日	南鮮版	1935-05-16	1	01단	寺內元帥の坐像白堊殿ホールに飾る施政廿五周年の床しい企て
262499	朝鮮朝日	南鮮版	1935-05-16	1	01단	今が盛りの牡丹初夏の昌慶苑
262500	朝鮮朝日	南鮮版	1935-05-16	1	01단	「憂鬱な群像」全く跡を絶つ全南の麻藥患者に蘇った感謝の生活
262501	朝鮮朝日	南鮮版	1935-05-16	1	02단	ほゞ出揃ふ京畿府邑議戰/選擧事務豫行演習
262502	朝鮮朝日	南鮮版	1935-05-16	1	02단	官邸の雨漏りに宇垣さん參る黑字時代の明年度一氣に總督府後庭へ新築/總監官邸も一緒に新築か序でに倭城台官舍街を三角山麓へ移轉も計劃
262503	朝鮮朝日	南鮮版	1935-05-16	1	04단	李埈公妃殿下御歸城
262504	朝鮮朝日	南鮮版	1935-05-16	1	05단	各地から(釜山/全州/京城)
262505	朝鮮朝日	南鮮版	1935-05-16	1	05단	動物愛護デーけふ京城で
262506	朝鮮朝日	南鮮版	1935-05-16	1	06단	溫度の影響大してない倉田技師談
262507	朝鮮朝日	南鮮版	1935-05-16	1	06단	朝鮮物産も賣込み交涉北鐵讓渡代償に
262508	朝鮮朝日	南鮮版	1935-05-16	1	07단	簡保募集の優良局所表彰釜山分掌局で
262509	朝鮮朝日	南鮮版	1935-05-16	1	07단	工業職業兩校の設置を要望
262510	朝鮮朝日	南鮮版	1935-05-16	1	07단	百五十萬圓で美術館も包含か博物館の計劃を變更
262511	朝鮮朝日	南鮮版	1935-05-16	1	07단	地方稅制調査初委員會
262512	朝鮮朝日	南鮮版	1935-05-16	1	07단	紅卍會道院開院式
262513	朝鮮朝日	南鮮版	1935-05-16	1	08단	會と催(全鮮金組議會/社會敎化座談會/京城商議々員總會/朝鮮送電社重役會/朝運重役會/朝銀支店長會議/京畿道漣川農試開場式/忠北警察署長會議/忠南警察署長會議/優良兒童表影式/簡保宣傳映協會)
262514	朝鮮朝日	南鮮版	1935-05-16	1	08단	實父殺しの謎を解くか鑑定書到着
262515	朝鮮朝日	南鮮版	1935-05-16	1	08단	白頭山寫眞展盛況
262516	朝鮮朝日	南鮮版	1935-05-16	1	08단	けふの話題(掏摸クン春の稼ぎ高報告書)

일련번호	판명		간행일	면	단수	기사명
262517	朝鮮朝日	南鮮版	1935-05-16	1	09단	公私消息(池田警務局長/上內警務局保安課長/植野殖銀理事/八田滿鐵副總裁/平手陸軍省經理局長/大竹大藏省銀行局事務官/矢野第一生命社長/中村朝鮮商會社長/許丙氏(台灣實業家)/武者京電專務/中野國際通運社長/貴族院議員滿洲視察團/釜山中學旅行團/三越、三中井從業員八百名/總督府視學委員一行/大串軍參謀長)
262518	朝鮮朝日	南鮮版	1935-05-16	1	09단	缺食兒童へ一握りの米
262519	朝鮮朝日	南鮮版	1935-05-16	1	09단	四月末の郵便貯金
262520	朝鮮朝日	南鮮版	1935-05-16	1	09단	賃銀不拂ひで女工暴る
262521	朝鮮朝日	南鮮版	1935-05-16	1	10단	雞林かゞみ
262522	朝鮮朝日	南鮮版	1935-05-16	1	10단	便所で自殺
262523	朝鮮朝日	南鮮版	1935-05-16	1	10단	下關水産市況(十五日)
262524	朝鮮朝日	西北版	1935-05-17	1	01단	種痘傳來當初の貴重な文獻現るあばたに惱み決行を勸誘七十五年前の手紙
262525	朝鮮朝日	西北版	1935-05-17	1	02단	百五十萬圓で美術館も包含か博物館の計劃を變更
262526	朝鮮朝日	西北版	1935-05-17	1	02단	今秋に延期記念物保存委員會
262527	朝鮮朝日	西北版	1935-05-17	1	02단	五割以上の就學十年計劃で實現平南の初等教育擴充案成り朝鮮人兒童に黎明
262528	朝鮮朝日	西北版	1935-05-17	1	03단	工業平壤の大宣傳祝賀會を機に
262529	朝鮮朝日	西北版	1935-05-17	1	03단	廿五日花やかに運動場開きスポーツ咸興の誇り
262530	朝鮮朝日	西北版	1935-05-17	1	04단	開城府教育會
262531	朝鮮朝日	西北版	1935-05-17	1	04단	東朝社見學の鎭南浦高女生(十四日)
262532	朝鮮朝日	西北版	1935-05-17	1	05단	北鮮一の羅津驛盛大な起工式を擧行
262533	朝鮮朝日	西北版	1935-05-17	1	05단	北鮮三港の將來は有望八田副總裁談
262534	朝鮮朝日	西北版	1935-05-17	1	05단	藤田吳鎭長官來壤
262535	朝鮮朝日	西北版	1935-05-17	1	05단	名勝スタンプ
262536	朝鮮朝日	西北版	1935-05-17	1	06단	平壤府教育部會
262537	朝鮮朝日	西北版	1935-05-17	1	06단	官邸の雨漏りに宇垣さん參る黑字時代の明年度一氣に總督府後庭へ新築/總監官邸も一緒に新築か序でに倭城台官舍街を三角山麓へ移轉も計劃
262538	朝鮮朝日	西北版	1935-05-17	1	06단	國立公園の實現を申請平壤府會可決
262539	朝鮮朝日	西北版	1935-05-17	1	07단	輝く特選十三人に推薦の譽れ
262540	朝鮮朝日	西北版	1935-05-17	1	08단	病魔跳梁は主に西北鮮
262541	朝鮮朝日	西北版	1935-05-17	1	08단	一人一題(2)/米露何ぞや飛行第六聯隊少佐森玉德光氏
262542	朝鮮朝日	西北版	1935-05-17	1	09단	白熱戰展開(海州邑)
262543	朝鮮朝日	西北版	1935-05-17	1	09단	奧地織物の販賣を統制平南で計劃
262544	朝鮮朝日	西北版	1935-05-17	1	09단	獨大使入城
262545	朝鮮朝日	西北版	1935-05-17	1	10단	九州へ手配社金拐帶事件
262546	朝鮮朝日	西北版	1935-05-17	1	10단	聾者轢殺さる
262547	朝鮮朝日	西北版	1935-05-17	1	10단	連行の途中自殺を企つ竊盜容疑者

일련번호	판명		간행일	면	단수	기사명
262548	朝鮮朝日	西北版	1935-05-17	1	10단	樂浪小話
262549	朝鮮朝日	南鮮版	1935-05-17	1	01단	蘊蓄を傾けて晴れの研究發表全國の學者百八十名一堂にあす皮膚科學會總會
262550	朝鮮朝日	南鮮版	1935-05-17	1	01단	蘇る間島(A)/日滿親善の前衛匪賊の歸順工作に果敢な働き名も勇ましい義勇團
262551	朝鮮朝日	南鮮版	1935-05-17	1	02단	慶南の土木事業基礎調査成る明年度から極力實施の計劃工費凡そ三千萬圓
262552	朝鮮朝日	南鮮版	1935-05-17	1	02단	六署の改築は六月から着工廿九の留置場も增築
262553	朝鮮朝日	南鮮版	1935-05-17	1	04단	紐育航路船初入港釜山に沸く歡呼
262554	朝鮮朝日	南鮮版	1935-05-17	1	04단	驅逐隊日程
262555	朝鮮朝日	南鮮版	1935-05-17	1	05단	記念祭催し海戰を偲ぶ鎮海要港部
262556	朝鮮朝日	南鮮版	1935-05-17	1	05단	紅蔘密輸團鐘路署で檢擧
262557	朝鮮朝日	南鮮版	1935-05-17	1	05단	明年度の豫算も緊縮方針を嚴守黑字當て込みの新規要求に財務局で背水の陣/農村振興助成に土木事業を起す窮救事業の方向轉換行ひ普遍的に勞銀撒布
262558	朝鮮朝日	南鮮版	1935-05-17	1	06단	輝く特選十三人に推薦の譽れ
262559	朝鮮朝日	南鮮版	1935-05-17	1	06단	癩患者百餘名會計係を袋叩き感情の衝突から襲ふ
262560	朝鮮朝日	南鮮版	1935-05-17	1	06단	內妻殺しに十年の判決
262561	朝鮮朝日	南鮮版	1935-05-17	1	07단	言論戰白熱(木浦府/南原邑/大田邑/金堤邑)
262562	朝鮮朝日	南鮮版	1935-05-17	1	08단	獨大使入城
262563	朝鮮朝日	南鮮版	1935-05-17	1	08단	東海岸線の全通を促進
262564	朝鮮朝日	南鮮版	1935-05-17	1	08단	龍中５A京師４京城中等野球
262565	朝鮮朝日	南鮮版	1935-05-17	1	09단	名勝スタンプ
262566	朝鮮朝日	南鮮版	1935-05-17	1	09단	南朝鮮電氣新營業區域
262567	朝鮮朝日	南鮮版	1935-05-17	1	09단	大西師を招いて各地で教化講演
262568	朝鮮朝日	南鮮版	1935-05-17	1	09단	各地から(釜山/京城)
262569	朝鮮朝日	南鮮版	1935-05-17	1	10단	公私消息(吉田鐵道局長/服部總督府新京駐在所事務官/大淵滿鐵理事/中村大林組常務/有賀殖銀頭取/田中總督府外事課長/京畿道讓內地視察團/京畿商業旅行團/京城第一高女旅行團/本社京城支局來訪)
262570	朝鮮朝日	南鮮版	1935-05-17	1	10단	會と催(東蓄重役會/義州鑛山總會/性病撲滅大會/朝鮮商工會議所定時總會)
262571	朝鮮朝日	南鮮版	1935-05-17	1	10단	下關水産市況(十六日)
262572	朝鮮朝日	南鮮版	1935-05-17	1	10단	雞林かゞみ
262573	朝鮮朝日	西北版	1935-05-18	1	01단	特選の新人群歡びと苦心を聽く(二重の光榮土屋耕造氏/魂を打込む金鎭甲氏/色彩に苦心藤田正尙氏/餘暇に勉強鄭燦英さん/市場で寫生江口敬四郎氏)
262574	朝鮮朝日	西北版	1935-05-18	1	01단	いざ最後の五分間狂熱の選擧戰線必死に地盤擁護や切崩し平南の戰況を觀る
262575	朝鮮朝日	西北版	1935-05-18	1	01단	一枚の切符で北鮮から門司へ廿日から連帶運輸を開始

일련번호	판명		간행일	면	단수	기사명
262576	朝鮮朝日	西北版	1935-05-18	1	02단	東學系各派全鮮の合同成る勢力の擴大に邁進
262577	朝鮮朝日	西北版	1935-05-18	1	04단	一人一題(3)/投網の境地安田銀行平壤支店長高木好雄氏
262578	朝鮮朝日	西北版	1935-05-18	1	05단	簡閱點呼(七十七聯隊管內/除隊と入營)
262579	朝鮮朝日	西北版	1935-05-18	1	06단	話の種(變のカルピス平壤で賣出し)
262580	朝鮮朝日	西北版	1935-05-18	1	06단	明年度の豫算も緊縮方針を嚴守黑字當て込みの新規要求に財務局で背水の陣
262581	朝鮮朝日	西北版	1935-05-18	1	06단	物價高から人夫の大不足南串面運河と普通江閘門工事遲延は免れぬ
262582	朝鮮朝日	西北版	1935-05-18	1	08단	憲兵隊長會議
262583	朝鮮朝日	西北版	1935-05-18	1	08단	チャーター船廿一日に入港
262584	朝鮮朝日	西北版	1935-05-18	1	08단	黑船船夫にも旱天の嘆き大同江が減水して賃銀は例年の半分
262585	朝鮮朝日	西北版	1935-05-18	1	09단	各官廳一丸に委員會を組織協力して農村指導
262586	朝鮮朝日	西北版	1935-05-18	1	09단	祝賀會日程
262587	朝鮮朝日	西北版	1935-05-18	1	10단	犯罪搜査陣を强化
262588	朝鮮朝日	西北版	1935-05-18	1	10단	飲食店の營業時間制限
262589	朝鮮朝日	西北版	1935-05-18	1	10단	飛込み自殺
262590	朝鮮朝日	西北版	1935-05-18	1	10단	公私消息(倉島至氏(平壤遞信分掌局長)/井上三之助氏(同局保線監督課長)/村林堪作氏(同局工事課長))
262591	朝鮮朝日	西北版	1935-05-18	1	10단	樂浪小話
262592	朝鮮朝日	南鮮版	1935-05-18	1	01단	特選の新人群歡びと苦心を聽く(二重の光榮土屋耕造氏/魂を打込む金鎭甲氏/色彩に苦心藤田正尚氏/餘暇に勉强鄭燦英さん/市場で寫生江口敬四郎氏)
262593	朝鮮朝日	南鮮版	1935-05-18	1	01단	鐵道、稅關一丸に最初の聯絡會議內鮮滿から百餘名列席し荷物輸送陣を整備
262594	朝鮮朝日	南鮮版	1935-05-18	1	01단	動物ゾロゾロ近く引越し賑ふ德壽宮
262595	朝鮮朝日	南鮮版	1935-05-18	1	02단	興味の當落は廿一日中に判る大邱の發表方法決定/激戰を展開慶北の邑議戰/京畿の情勢
262596	朝鮮朝日	南鮮版	1935-05-18	1	04단	「一握りの米」の山
262597	朝鮮朝日	南鮮版	1935-05-18	1	05단	楠公祭遙拜式
262598	朝鮮朝日	南鮮版	1935-05-18	1	06단	在滿同胞へ愛國の宣傳文明琦氏奮起
262599	朝鮮朝日	南鮮版	1935-05-18	1	06단	海軍記念日卜し花々しく決行全府民待望のスポーツ白眉篇本社優勝旗爭奪木浦商店訪問競走
262600	朝鮮朝日	南鮮版	1935-05-18	1	07단	京城男子中等俳球聯盟試合
262601	朝鮮朝日	南鮮版	1935-05-18	1	08단	憲兵隊長會議
262602	朝鮮朝日	南鮮版	1935-05-18	1	08단	「局友」を發禁
262603	朝鮮朝日	南鮮版	1935-05-18	1	09단	お次は郵船廿日に鳴戸丸が釜山へ入港
262604	朝鮮朝日	南鮮版	1935-05-18	1	09단	人夫溺死す

일련번호	판명		간행일	면	단수	기사명
262605	朝鮮朝日	南鮮版	1935-05-18	1	09단	公私消息(藤田吳鎭守府司令長官/山中海軍燃料所長/平手陸軍省經理局長/安井專賣局長/藤島武二畵伯/池遞信局庶務課長/山崎延吉氏/日本シンヂケート銀行團/有賀殖銀頭取/元山商業旅行團/司法官會議出席者)
262606	朝鮮朝日	南鮮版	1935-05-18	1	10단	會と催(全北の二會議/籾懇談會/上院議員祝祭團歡迎會/朴代議士慰勞會/名刀展覽會)
262607	朝鮮朝日	南鮮版	1935-05-18	1	10단	下關水産市況(十七日)
262608	朝鮮朝日	西北版	1935-05-19	1	01단	立候補屆出終り最終の迫擊戰へ本府から專任係官出張し違反を睨む警察眼(咸北の狀況)
262609	朝鮮朝日	西北版	1935-05-19	1	01단	中堅靑年養成し明朖農村を建設農民中堅校や訓練所設立平南の十ヶ年計劃
262610	朝鮮朝日	西北版	1935-05-19	1	01단	蘇る間島(A)/日滿親善の前衛匪賊の歸順工作に果敢な働き名も勇ましい義勇團
262611	朝鮮朝日	西北版	1935-05-19	1	03단	參加申込廿日限り！第九回全鮮蹴球大會メンバーを添へて本社京城支局へ
262612	朝鮮朝日	西北版	1935-05-19	1	04단	平北木炭滿洲進出
262613	朝鮮朝日	西北版	1935-05-19	1	05단	大同江の碧流で模擬軍艦を爆破鑛夫達は作り人形の珍趣向海軍記念日の寺洞
262614	朝鮮朝日	西北版	1935-05-19	1	06단	思ひ出花やか北鮮にお別れ日本海の横斷二百餘回惜しまれる天草丸
262615	朝鮮朝日	西北版	1935-05-19	1	06단	國防獻金千圓を超す
262616	朝鮮朝日	西北版	1935-05-19	1	06단	保山無煙炭積出高
262617	朝鮮朝日	西北版	1935-05-19	1	07단	賑ふ記念祭羅南野砲隊
262618	朝鮮朝日	西北版	1935-05-19	1	07단	一人一題(4)/婚期を逃すな鎭南浦高女校長荒木孝次郎氏
262619	朝鮮朝日	西北版	1935-05-19	1	07단	地主の賣惜みで籾價跳上る原料難に悩む精米所
262620	朝鮮朝日	西北版	1935-05-19	1	08단	アサヒ・スポーツ(五月十五日號)
262621	朝鮮朝日	西北版	1935-05-19	1	08단	旅客緩和に全線に增結五月の北鮮線
262622	朝鮮朝日	西北版	1935-05-19	1	09단	荒っぽい親
262623	朝鮮朝日	西北版	1935-05-19	1	09단	黃海方面で豊漁を謳歌六十一隻出漁
262624	朝鮮朝日	西北版	1935-05-19	1	09단	陳列窓を破り時計類を盜む平壤に竊盜事件頻發
262625	朝鮮朝日	西北版	1935-05-19	1	09단	平南寧遠郡に時ならぬ積雪農作物は枯死
262626	朝鮮朝日	西北版	1935-05-19	1	10단	竊盜を働き贅澤な生活化の皮剝がる
262627	朝鮮朝日	西北版	1935-05-19	1	10단	平壤牛の品質改善
262628	朝鮮朝日	西北版	1935-05-19	1	10단	ドスを揮ひ二人を殺傷喧嘩の意趣晴し
262629	朝鮮朝日	南鮮版	1935-05-19	1	01단	立候補屆出終り最終の迫擊戰へ本府から專任係官出張し違反を睨む警察眼/定員に達す京畿の府邑
262630	朝鮮朝日	南鮮版	1935-05-19	1	01단	精錬會社の買鑛所大邱設置に決る大喜びの商工會議所
262631	朝鮮朝日	南鮮版	1935-05-19	1	01단	蘇る間島(B)/凛たる其の綱領軍部から戰鬪的訓練を受け伸びゆく橫の聯繫
262632	朝鮮朝日	南鮮版	1935-05-19	1	02단	生産費調査委員東上す

일련번호	판명		간행일	면	단수	기사명
262633	朝鮮朝日	南鮮版	1935-05-19	1	04단	京城選擧立會人
262634	朝鮮朝日	南鮮版	1935-05-19	1	04단	瞼に描く父と子卅五年初の對面子は養父へ、實父は妻への義理立ても解けて
262635	朝鮮朝日	南鮮版	1935-05-19	1	05단	三宅師團長の武勳讚へる盛儀廿八日に觀兵式擧行/野砲兵獨特の放れ業競演創立記念日に
262636	朝鮮朝日	南鮮版	1935-05-19	1	06단	參加申込廿日限り！第九回全鮮蹴球大會メンバーを添へて本社京城支局へ
262637	朝鮮朝日	南鮮版	1935-05-19	1	06단	在滿同胞の中堅を養成永保育英會
262638	朝鮮朝日	南鮮版	1935-05-19	1	07단	愛兒を抱いて母さん殺到釜山の審査會
262639	朝鮮朝日	南鮮版	1935-05-19	1	07단	驅逐隊仁川出港
262640	朝鮮朝日	南鮮版	1935-05-19	1	07단	可愛い空の選手本社後援釜山、大阪間放鳩競翔の鳩クン釜山乘込み
262641	朝鮮朝日	南鮮版	1935-05-19	1	08단	段當百貫目標に十年掛りで增産肥料問題の根本對策
262642	朝鮮朝日	南鮮版	1935-05-19	1	08단	重要問題の大綱を協議八田副總裁總監と會見
262643	朝鮮朝日	南鮮版	1935-05-19	1	09단	四月中の內國郵便爲替
262644	朝鮮朝日	南鮮版	1935-05-19	1	09단	京城の十五路線簡易鋪裝を施す十萬圓で本月末から
262645	朝鮮朝日	南鮮版	1935-05-19	1	09단	アサヒ・スポーツ(五月十五日號)
262646	朝鮮朝日	南鮮版	1935-05-19	1	09단	雞林かゞみ
262647	朝鮮朝日	南鮮版	1935-05-19	1	10단	豚疫で斃死
262648	朝鮮朝日	南鮮版	1935-05-19	1	10단	公私消息(池田警務局長/松井米倉社長/增田步七九聯隊長以下將兵/百武步七八聯隊長以下將兵/植田軍司令官)
262649	朝鮮朝日	南鮮版	1935-05-19	1	10단	會と催(繭價協定下打合會/朝鮮都市經營株主總會)
262650	朝鮮朝日	南鮮版	1935-05-19	1	10단	下關水産市況(十八日)
262651	朝鮮朝日	西北版	1935-05-21	1	01단	政戰大團圓大衆の總意乘せて全鮮一齊に投票！卽日開票、當落の運命は廿二日未明に判明
262652	朝鮮朝日	西北版	1935-05-21	1	01단	若鮎を思はす潑刺の健康美本社主催優良兒地方審査會へ七十六名申告さる
262653	朝鮮朝日	西北版	1935-05-21	1	01단	蘇る間島(B)/凜たる其の綱領軍部から戰鬪的訓練を受け伸びゆく橫の聯繫
262654	朝鮮朝日	西北版	1935-05-21	1	04단	刑務所職員の虎の卷を實施
262655	朝鮮朝日	西北版	1935-05-21	1	04단	鎭男浦林檎東京へ進出今秋名士の試食會を催し大いに美味を宣傳
262656	朝鮮朝日	西北版	1935-05-21	1	06단	倒壞した牡丹台凝碧亭(十八日)
262657	朝鮮朝日	西北版	1935-05-21	1	06단	天津栗を十萬本平南へ移植北澤氏の七年計劃
262658	朝鮮朝日	西北版	1935-05-21	1	06단	咸南の山野にビート栽培日糖から出願
262659	朝鮮朝日	西北版	1935-05-21	1	07단	平壤女高普記念式
262660	朝鮮朝日	西北版	1935-05-21	1	07단	白シャツ白鉢卷で汗愛精神を高調修養團の全鮮大會
262661	朝鮮朝日	西北版	1935-05-21	1	08단	一人一題(5)/冷水摩擦の快味殖銀平壤支店長土屋泰助氏
262662	朝鮮朝日	西北版	1935-05-21	1	08단	平南金組理事會議諮問事項
262663	朝鮮朝日	西北版	1935-05-21	1	09단	某平壤府議突然收容さる不敬事件を惹起か

일련번호	판명		간행일	면	단수	기사명
262664	朝鮮朝日	西北版	1935-05-21	1	09단	天勝大一座西鮮で公演愛讀者優待
262665	朝鮮朝日	西北版	1935-05-21	1	10단	無錢飮食し巡査に暴行
262666	朝鮮朝日	西北版	1935-05-21	1	10단	金塊密輸の元刑事自首
262667	朝鮮朝日	西北版	1935-05-21	1	10단	樂浪小話
262668	朝鮮朝日	南鮮版	1935-05-21	1	01단	政戰つひに大詰大衆の總意乘せて全鮮一齊に投票！卽日運命を刻む開票行ひ今夜半に當落判明/當落の分岐點は百十票內外か釜山は八時から投票
262669	朝鮮朝日	南鮮版	1935-05-21	1	01단	穌る間島(C)/死を怖れぬ男家族と水杯、日章旗を擁して匪賊頭目に歸順交涉
262670	朝鮮朝日	南鮮版	1935-05-21	1	04단	納稅すれば投票させる滯納者に便法
262671	朝鮮朝日	南鮮版	1935-05-21	1	04단	若鮎を思はす潑剌の健康美本社主催優良兒地方審査會へ七十六名申告さる
262672	朝鮮朝日	南鮮版	1935-05-21	1	05단	醫師試驗第二部合格者
262673	朝鮮朝日	南鮮版	1935-05-21	1	05단	靑葉の京仁で大はしゃぎ水兵さん見學
262674	朝鮮朝日	南鮮版	1935-05-21	1	06단	白シャツ白鉢卷で汗愛精神を高調修養團の全鮮大會
262675	朝鮮朝日	南鮮版	1935-05-21	1	06단	悲願十三年金色御堂を建立按摩さん達が醵金して杉山撿挍を祀る
262676	朝鮮朝日	南鮮版	1935-05-21	1	08단	每日一隻づつ盟外船が寄港丸仁協會の折衝奏功
262677	朝鮮朝日	南鮮版	1935-05-21	1	08단	釜山の刀劍展
262678	朝鮮朝日	南鮮版	1935-05-21	1	09단	殖銀7A府廳2京城實業野球/遞信6A京電5/善隣11京工8京城中等野球
262679	朝鮮朝日	南鮮版	1935-05-21	1	10단	會と催(海軍記念日祝賀會/蔚山國防義會第二回總會/慶南道警察部殉職警官招魂祭/朝鮮商議總會/京畿道警察署長會議/大楠公六百年法要)
262680	朝鮮朝日	南鮮版	1935-05-21	1	10단	公私消息(三宅第二十師團長/熙滿洲國財政部大臣一行/澁澤第一銀行常務/滿洲國郵政局內地視察團/梁川本社京城支局員/高津京電重役)
262681	朝鮮朝日	南鮮版	1935-05-21	1	10단	下關水産市況(二十日)
262682	朝鮮朝日	西北版	1935-05-22	1	01단	五月晴れに惠まれ活潑な投票振り選擧思想の向上を明示し到る所に明眼風景/續々タクシーで投票場乘込み平壤は宛ら選擧祭り/審判日の本陣雜觀矢繼早に鳴る速報電話のベル聯絡に轉手古舞しつゝ總員徹夜で待機/南鮮地方より北鮮は氣乘薄各道の選擧狀況を視察し室田本府事務官語る
262683	朝鮮朝日	西北版	1935-05-22	1	01단	躍る黑ダイヤ(上)/卅年の短日月に搖ぎなき地盤無煙炭開發史の第一頁を飾る平壤鑛業所の設立
262684	朝鮮朝日	西北版	1935-05-22	1	04단	片桐子一行
262685	朝鮮朝日	西北版	1935-05-22	1	04단	雨季に備へ救援列車待機
262686	朝鮮朝日	西北版	1935-05-22	1	05단	甦る間島(C)/死を怖れぬ男家族と水杯、日章旗を擁して匪賊頭目に歸順交涉

일련번호	판명		간행일	면	단수	기사명
262687	朝鮮朝日	西北版	1935-05-22	1	05단	咸南藁利用副業生産高
262688	朝鮮朝日	西北版	1935-05-22	1	06단	一流商店から三萬圓の取込み咸興署二商人を拘束
262689	朝鮮朝日	西北版	1935-05-22	1	06단	急設電話の增加を陳情
262690	朝鮮朝日	西北版	1935-05-22	1	07단	咸南の畜産共進會
262691	朝鮮朝日	西北版	1935-05-22	1	07단	不治の病を苦に棄鉢の兇行重傷の車大同金組副理事山寺の慘劇を語る
262692	朝鮮朝日	西北版	1935-05-22	1	08단	屑林檎加工の工場を設置今秋から着手
262693	朝鮮朝日	西北版	1935-05-22	1	08단	運動競技界(平鐵４Ａ日鐵３西鮮實業野球/西鮮男子中等庭球大會)
262694	朝鮮朝日	西北版	1935-05-22	1	09단	話の種(八年目に一圓返金/古巣を慕ひ傳書鳩歸る)
262695	朝鮮朝日	西北版	1935-05-22	1	10단	友達の負傷に復讐を企つ海星普校兒童
262696	朝鮮朝日	西北版	1935-05-22	1	10단	劇と映畫
262697	朝鮮朝日	南鮮版	1935-05-22	1	01단	五月晴れに惠まれ活潑な投票振り選擧思想の向上を明示し輝ける一頁を飾る/未明から殺到し投票の先陣爭ひ赭顏の總督、瘦軀の總督はカメラの包圍攻擊/南鮮地方より北鮮は氣乘薄各道の選擧狀況を視察し室田本府事務官語る/夥しい氏名詐稱京城の投票場で發見
262698	朝鮮朝日	南鮮版	1935-05-22	1	01단	審判日の本陣風景矢繼早に鳴る速報電話のベル聯絡に轉手古舞しつゝ總員徹夜で待機
262699	朝鮮朝日	南鮮版	1935-05-22	1	02단	二つの道場改築どちらも三百疊敷の廣さ京畿道の武道振興策
262700	朝鮮朝日	南鮮版	1935-05-22	1	04단	片桐子一行
262701	朝鮮朝日	南鮮版	1935-05-22	1	04단	台灣竝みの扱ひ朝鮮は眞っ平拓務省の事務監督官派遣に越權の沙汰と激昂
262702	朝鮮朝日	南鮮版	1935-05-22	1	04단	七郵便局で記念スタンプ海軍記念日に
262703	朝鮮朝日	南鮮版	1935-05-22	1	05단	胸轟かす候補者納めの叩頭釜山の投票スナップ
262704	朝鮮朝日	南鮮版	1935-05-22	1	05단	鴨戸丸釜山へ入港
262705	朝鮮朝日	南鮮版	1935-05-22	1	05단	戰勝を偲んで祝福の放鳩海軍記念日の京城(鎭海/釜山)
262706	朝鮮朝日	南鮮版	1935-05-22	1	06단	咲き誇る德壽宮の牡丹
262707	朝鮮朝日	南鮮版	1935-05-22	1	06단	京畿警部級異動
262708	朝鮮朝日	南鮮版	1935-05-22	1	07단	簡保四月の新規契約數
262709	朝鮮朝日	南鮮版	1935-05-22	1	07단	朝鮮史既に廿九冊を編修完成後は橫の研究
262710	朝鮮朝日	南鮮版	1935-05-22	1	07단	臨時急行は廿日に中止
262711	朝鮮朝日	南鮮版	1935-05-22	1	08단	北鮮で見本市
262712	朝鮮朝日	南鮮版	1935-05-22	1	08단	地方稅整理要項決定す
262713	朝鮮朝日	南鮮版	1935-05-22	1	09단	運動競技界(男子中等籠球大會豫選成績/國際拳鬪試合/漕艇協會支部事業/釜山實業野球リーグ戰/柔道團體段外者爭霸戰/春季庭球大會)
262714	朝鮮朝日	南鮮版	1935-05-22	1	09단	內地渡航を種に手數料詐取
262715	朝鮮朝日	南鮮版	1935-05-22	1	10단	會と催(天晴會修養講座/仁川敎育會總會/親覺聖人降誕讀法要)

일련번호	판명		간행일	면	단수	기사명
262716	朝鮮朝日	南鮮版	1935-05-22	1	10단	公私消息(伊森賢三氏/京城女師修學旅行團/滿洲國外交部訪日團一行/載寧農業實習學校旅行團)
262717	朝鮮朝日	南鮮版	1935-05-22	1	10단	下關水産市況(廿一日)
262718	朝鮮朝日	南鮮版	1935-05-22	1	10단	鷄林かゞみ
262719	朝鮮朝日	西北版	1935-05-23	1	01단	二萬四千餘名に燦然と輝く榮冠自治史上に鮮かな一線劃し三旬の政戰幕を閉づ/著しく目立つ候補者の自覺選擧違反も前回より激減し全部で二十件內外
262720	朝鮮朝日	西北版	1935-05-23	1	01단	寫眞說明((上)平壤投票場前立看板/(下右)宇垣總督が歷代總督最初の一票を投じに京城投票場/(下左)投票に來た及川道立た平壤醫院長)
262721	朝鮮朝日	西北版	1935-05-23	1	04단	公私消息(矢野惛太氏(第一生命社長))
262722	朝鮮朝日	西北版	1935-05-23	1	04단	平壤新府會は六月中旬に招集副議長に內田氏有力
262723	朝鮮朝日	西北版	1935-05-23	1	05단	躍る黑ダイヤ(中)/大同江中心に數十里の炭田埋藏量實に八億トンを唱へ斷然燃料界の王座
262724	朝鮮朝日	西北版	1935-05-23	1	06단	防止宣傳が利き棄權僅か六分目覺しい新人群の躍進で若返る平壤府會
262725	朝鮮朝日	西北版	1935-05-23	1	06단	晴れの代表を近日中に發表優良兒表彰會地方審査會で申告兒童を愼重審査
262726	朝鮮朝日	西北版	1935-05-23	1	09단	平南の模範林盛んに燃え續く地方民必死の消火も效なく旣に數千町步燒失
262727	朝鮮朝日	西北版	1935-05-23	1	09단	孫財政部大臣協定調印に來鮮緊密化する鮮滿關係
262728	朝鮮朝日	西北版	1935-05-23	1	10단	老婆殺しを山中で逮捕
262729	朝鮮朝日	西北版	1935-05-23	1	10단	南浦に天然痘患者續發
262730	朝鮮朝日	南鮮版	1935-05-23	1	01단	二萬四千餘名に燦然と輝く榮冠自治史上に鮮かな一線劃し三旬の政戰幕を閉づ/著しく目立つ候補者の自覺選擧違反も前回より激減し全部で二十件內外/棄權の取越苦勞を痛快に吹飛ばす不眞面目な無效投票全然なく總督自ら無言の教訓/新議員の初府會京城は六月早々招集
262731	朝鮮朝日	南鮮版	1935-05-23	1	01단	カメラで覗いた投票日風景((1)京城南大門小學校內の投票場(2)歷代總督最初の一票を投じにきた宇垣總督(3)今井田政務總監の投票(4)內鮮人仲よく投票場へ(5)釜山投票場前の有權者長蛇の列(鎭海要塞司令部檢閱濟)(6)大邱投票場附近の雜踏)
262732	朝鮮朝日	南鮮版	1935-05-23	1	04단	慶北署長會義
262733	朝鮮朝日	南鮮版	1935-05-23	1	04단	全鮮を通じ棄權率が低下牛島內務局長語る
262734	朝鮮朝日	南鮮版	1935-05-23	1	05단	晴れの代表を近日中に發表優良兒表彰會地方審査會で申告兒童を愼重審査
262735	朝鮮朝日	南鮮版	1935-05-23	1	08단	三年計劃で優良米增産京畿道で實施
262736	朝鮮朝日	南鮮版	1935-05-23	1	09단	投票日雜觀
262737	朝鮮朝日	南鮮版	1935-05-23	1	09단	中川總督へ見舞電總督、總監から
262738	朝鮮朝日	南鮮版	1935-05-23	1	09단	孫財政部大臣協定調印に來鮮緊密化する鮮滿關係

일련번호	판명		간행일	면	단수	기사명
262739	朝鮮朝日	南鮮版	1935-05-23	1	10단	會と催(仁川朝日釀造株主總會/期鮮物産協會株主總會/京畿道金組理事副理事會議)
262740	朝鮮朝日	南鮮版	1935-05-23	1	10단	下關水産市況(廿二日)
262741	朝鮮朝日	西北版	1935-05-24	1	01단	平南の選擧違反三分の一に減少面の棄權率も一割に過ぎず前回とは隔世の感
262742	朝鮮朝日	西北版	1935-05-24	1	01단	滿浦鎭から對岸へ鐵道橋を架ける明年度工費百萬圓を投じ朝鮮初めての吊橋
262743	朝鮮朝日	西北版	1935-05-24	1	01단	長津江水電は十二月から送電北鮮工業の原動力
262744	朝鮮朝日	西北版	1935-05-24	1	01단	平南陽德の模範林擴張
262745	朝鮮朝日	西北版	1935-05-24	1	01단	個人所得稅の課稅人員
262746	朝鮮朝日	西北版	1935-05-24	1	02단	躍る黑ダイヤ(中)/繁榮謳歌の蔭に尊い育ての親百萬トン出炭祝賀會を機に幾多の功勞を顯彰
262747	朝鮮朝日	西北版	1935-05-24	1	03단	初夏の光と影(平壤下水口里にて)
262748	朝鮮朝日	西北版	1935-05-24	1	04단	平實大勝す
262749	朝鮮朝日	西北版	1935-05-24	1	04단	北鮮で見本市
262750	朝鮮朝日	西北版	1935-05-24	1	04단	ホームスパンの製造に着手
262751	朝鮮朝日	西北版	1935-05-24	1	05단	邑會議員當選者(沙里院邑/城津邑/北靑邑/興南邑)
262752	朝鮮朝日	西北版	1935-05-24	1	05단	初夏に昂まるハイキング熱續々倶樂部を組織
262753	朝鮮朝日	西北版	1935-05-24	1	06단	發展の裏に不良も激增大抵は未成年
262754	朝鮮朝日	西北版	1935-05-24	1	06단	國防機製作費擧って獻金平壤稅監局一周年記念に西鮮の稅務署員から
262755	朝劇朝日	西北版	1935-05-24	1	07단	慘劇の跡
262756	朝鮮朝日	西北版	1935-05-24	1	08단	一人一題(6)/トマト禮讚咸興市場會社社長土谷惟一氏
262757	朝鮮朝日	西北版	1935-05-24	1	08단	坂口巡查部長の遺骨に涙の燒香
262758	朝鮮朝日	西北版	1935-05-24	1	08단	夫を嫌って毒殺を企つ
262759	朝鮮朝日	西北版	1935-05-24	1	09단	種の話(三軒が同時に出火)
262760	朝鮮朝日	西北版	1935-05-24	1	09단	家禽コレラ傳染を警戒輯安縣に流行
262761	朝鮮朝日	西北版	1935-05-24	1	10단	八十件ものスリを働くチンピラ掏摸團
262762	朝鮮朝日	西北版	1935-05-24	1	10단	匪賊の流彈鮮內へ飛來機關銃で擊退
262763	朝鮮朝日	西北版	1935-05-24	1	10단	樂浪小話
262764	朝鮮朝日	南鮮版	1935-05-24	1	01단	新人群の進出で一脈の淸新味月末ごろ招集の釜山初府會は理事者關係が複雜化/素晴しい好成績慶北の投票率向上す/選擧違反に摘發のメス京畿道警察部
262765	朝鮮朝日	南鮮版	1935-05-24	1	01단	恩賜記念救療繼續に決る本府で製劑を急ぐ
262766	朝鮮朝日	南鮮版	1935-05-24	1	02단	大邱の繁華街に華麗な納凉帶夏の夜の散步慾を唆って買物をさせる寸法/道路鋪裝で市街美を增す七月上旬から着工
262767	朝鮮朝日	南鮮版	1935-05-24	1	03단	耳から目から我等の鐵道宣傳鮮內五十ヶ所を巡廻
262768	朝鮮朝日	南鮮版	1935-05-24	1	04단	邑會議員當選者(忠州邑/江景邑/公州邑/天安邑/鳥致院邑/尙州邑/慶州邑/金泉邑/安東邑/金堤邑/南原邑/井州邑/麗水邑/順天邑/羅州邑)

일련번호	판명		간행일	면	단수	기사명
262769	朝鮮朝日	南鮮版	1935-05-24	1	04단	レパント號
262770	朝鮮朝日	南鮮版	1935-05-24	1	04단	商業組合令今秋から實施
262771	朝鮮朝日	南鮮版	1935-05-24	1	04단	非常警戒のスピード化規程を改正
262772	朝鮮朝日	南鮮版	1935-05-24	1	05단	釜山を視察遲羅議員一行
262773	朝鮮朝日	南鮮版	1935-05-24	1	05단	宇垣總督南鮮を視察廿五日に出發
262774	朝鮮朝日	南鮮版	1935-05-24	1	05단	高居氏を會長に推薦京城商工聯合會
262775	朝鮮朝日	南鮮版	1935-05-24	1	06단	龍山を中心に揚り關の聲中等學校と靑訓があす聯合演習實施
262776	朝鮮朝日	南鮮版	1935-05-24	1	06단	細目調印後內容を發表
262777	朝鮮朝日	南鮮版	1935-05-24	1	07단	二戶を全燒釜山の火事
262778	朝鮮朝日	南鮮版	1935-05-24	1	07단	金子預金部長鮮內各地視察
262779	朝鮮朝日	南鮮版	1935-05-24	1	07단	淸州島共産黨近く送局
262780	朝鮮朝日	南鮮版	1935-05-24	1	07단	慶北各地で講演會
262781	朝鮮朝日	南鮮版	1935-05-24	1	08단	國際拳鬪勝負
262782	朝鮮朝日	南鮮版	1935-05-24	1	08단	四月中の郵便爲贊
262783	朝鮮朝日	南鮮版	1935-05-24	1	08단	會と催(忠南郡守會議/忠南警察署長會議/朝鮮藥學會五月例會/大邱商工會議所役員會)
262784	朝鮮朝日	南鮮版	1935-05-24	1	08단	鷄林かゞみ
262785	朝鮮朝日	南鮮版	1935-05-24	1	09단	大楠公展覽會大觀/大阪朝日新聞社
262786	朝鮮朝日	南鮮版	1935-05-24	1	10단	下關水産市況(廿三日)
262787	朝鮮朝日	南鮮版	1935-05-24	1	10단	公私消息(持永朝鮮憲兵隊司令官/野口朝鮮社長/木村朝鮮石油重役/西本總督府水産課長/八田滿鐵副總裁/早苗會員來城/原政友會代護士/一條貴族院議員/貴族院議員視察團/日本皮膚科會員/術藤鐵道局運轉課長/邊村咸南知事/ディルセン獨逸大使/米澤東拓平壤文店長/ソップ大連駐孖獨逸領事)
262788	朝鮮朝日	西北版	1935-05-25	1	01단	*咸南の高原地帶に珍しい校倉式の家古代の遺物を基儘傳へて女眞族の末裔が原始生活/女眞文化研究の貴重な資料稻葉君山博士語る*
262789	朝鮮朝日	西北版	1935-05-25	1	01단	火藥工業會社は明春から操業工場員七百名に上る
262790	朝鮮朝日	西北版	1935-05-25	1	01단	平壤の都計基本調査に着手先づ佳宅地區を選ぶ
262791	朝鮮朝日	西北版	1935-05-25	1	02단	住宅地域內の有害工場
262792	朝鮮朝日	西北版	1935-05-25	1	03단	邑議當選者(會寧邑)
262793	朝鮮朝日	西北版	1935-05-25	1	04단	公私消息(本社平壤通信部來訪)
262794	朝鮮朝日	西北版	1935-05-25	1	04단	一人一題/歩き方修正論平壤土木出張所長八島茂氏
262795	朝鮮朝日	西北版	1935-05-25	1	05단	植田軍司令官視察日程
262796	朝鮮朝日	西北版	1935-05-25	1	05단	平南の天然痘患者五十一名
262797	朝鮮朝日	西北版	1935-05-25	1	05단	內地視察の咸北警察官出發

일련번호	판명		간행일	면	단수	기사명
262798	朝鮮朝日	西北版	1935-05-25	1	05단	北鮮稅關協定の細目調印さる日滿貿易に新紀元/協定の內容/日滿親善上慶賀の至り調印後宇垣總督語る
262799	朝鮮朝日	西北版	1935-05-25	1	05단	徵兵檢查佳話
262800	朝鮮朝日	西北版	1935-05-25	1	06단	往きも歸りも親善貨物を滿載北鮮炭祭も北支へ輸出
262801	朝鮮朝日	西北版	1935-05-25	1	06단	北鮮の春に醉ふマドロス
262802	朝鮮朝日	西北版	1935-05-25	1	06단	新綠の瑞氣山で盛大な石炭內鮮各地から四百餘名出席し百萬噸突破を祝賀/好評を博す燃燒器具展
262803	朝鮮朝日	西北版	1935-05-25	1	07단	中國地方へも丸ナ米進出吳鮮友會と商談成立
262804	朝鮮朝日	西北版	1935-05-25	1	08단	交通安全デー違反件數
262805	朝鮮朝日	西北版	1935-05-25	1	09단	大楠公展覽會大觀
262806	朝鮮朝日	西北版	1935-05-25	1	09단	鑛山監督局は明年度設置せぬ穗積殖産局長語る
262807	朝鮮朝日	西北版	1935-05-25	1	09단	平壤郵便局で記念スタンプ
262808	朝鮮朝日	西北版	1935-05-25	1	10단	列車妨害
262809	朝鮮朝日	西北版	1935-05-25	1	10단	列車に刎られ二名慘死す作業中の土工
262810	朝鮮朝日	西北版	1935-05-25	1	10단	樂浪小話
262811	朝鮮朝日	南鮮版	1935-05-25	1	01단	無統制の産業界に指導方針を確立內鮮有力者の衆智を集め産業調査會を設く
262812	朝鮮朝日	南鮮版	1935-05-25	1	01단	半島警察官に事變の論功行賞他の外地より特に多く六月上旬頃に發表
262813	朝鮮朝日	南鮮版	1935-05-25	1	01단	東鄉元師展廿六日三越で開く
262814	朝鮮朝日	南鮮版	1935-05-25	1	01단	國際都市を彩る萬國模樣K・F・S通學の第二世は母國の空も忘れ顔
262815	朝鮮朝日	南鮮版	1935-05-25	1	02단	近海出動の漁船遭難數
262816	朝鮮朝日	南鮮版	1935-05-25	1	03단	薄倖の野生兒へ注ぐ無限の愛御下賜品の光榮にたゞ感激明進舍の藤井先生
262817	朝鮮朝日	南鮮版	1935-05-25	1	04단	會と催(釜山府內本年度壯丁徵兵檢查)
262818	朝鮮朝日	南鮮版	1935-05-25	1	04단	佐方理事の手腕を期待東拓氣分一新
262819	朝鮮朝日	南鮮版	1935-05-25	1	05단	七十六歳とは思へぬ元氣さ全鮮の新府議中最年長者大邱の高田官吾翁/濟州邑議會當選者
262820	朝鮮朝日	南鮮版	1935-05-25	1	05단	北鮮稅關協定の細目調印さる日滿貿易に新紀元/協定の內容/日滿親善上慶賀の至り調印後宇垣總督語る
262821	朝鮮朝日	南鮮版	1935-05-25	1	06단	漁船建造補助割當
262822	朝鮮朝日	南鮮版	1935-05-25	1	07단	全北警察部異動
262823	朝鮮朝日	南鮮版	1935-05-25	1	08단	十周年祝賀の記念事業決る鐵道歌も懸賞募集
262824	朝鮮朝日	南鮮版	1935-05-25	1	08단	下關水産市况(廿四日)
262825	朝鮮朝日	南鮮版	1935-05-25	1	09단	石油株申込み公募の七十倍物凄い新記錄を作る
262826	朝鮮朝日	南鮮版	1935-05-25	1	09단	全鮮から集る自慢の軍犬あす展覽會
262827	朝鮮朝日	南鮮版	1935-05-25	1	10단	列車から墜落

일련번호	판명		간행일	면	단수	기사명
262828	朝鮮朝日	南鮮版	1935-05-25	1	10단	公私消息(デイルクセン獨大使一行/アウリティ氏(曉日イタリー大使)/稲垣總督府編輯課長/ルシュチュ氏(トルコ大使館附武官)/荒井朝取社長/吉田鐵道局長/野口送電社長/赤井東拓總務課次席/元山商業旅行團/日本皮膚科學會/阿部慶北道内務部長/本社京城支局來訪/榮川重予氏(本社局道通信部主任)/全南水産會議員政選/河村慶平氏(總督府林政課事務官))
262829	朝鮮朝日	西北版	1935-05-26	1	01단	*全能力擧げて築く眩しい黃金の山日鑛鎮南浦製錬所の産金額年末迄に千五百萬圓/鑛業權設定の出願激增す一ケ月に千件を突破*
262830	朝鮮朝日	西北版	1935-05-26	1	01단	水道協會總會清津で開く
262831	朝鮮朝日	西北版	1935-05-26	1	01단	平壤瑞氣山上の石炭祭
262832	朝鮮朝日	西北版	1935-05-26	1	02단	招魂祭擧行
262833	朝鮮朝日	西北版	1935-05-26	1	02단	羅津の四燈台七月末竣工燈台守無用の最新式
262834	朝鮮朝日	西北版	1935-05-26	1	03단	中産階級の更生策樹立
262835	朝鮮朝日	西北版	1935-05-26	1	03단	水産指導船を建造
262836	朝鮮朝日	西北版	1935-05-26	1	03단	開商廉賣會
262837	朝鮮朝日	西北版	1935-05-26	1	03단	南鮮の農民を西北鮮へ移住一戶當り百圓以內を補助し積極的獎勵に着手
262838	朝鮮朝日	西北版	1935-05-26	1	04단	携帶用放送機を平鐵で使用
262839	朝鮮朝日	西北版	1935-05-26	1	04단	咲き誇る藤の花(鎮南浦旭ケ岡所見)
262840	朝鮮朝日	西北版	1935-05-26	1	04단	古墳の人骨青年と鑑定
262841	朝鮮朝日	西北版	1935-05-26	1	05단	平壤の交通量調査
262842	朝鮮朝日	西北版	1935-05-26	1	05단	資源開發の指導方針を確立內鮮有力者の衆智を集め産業調査會を設く
262843	朝鮮朝日	西北版	1935-05-26	1	06단	*春蠶掃立數約六十五萬枚/氣候不順で早くも桑不足掃立數減少か*
262844	朝鮮朝日	西北版	1935-05-26	1	06단	西鮮三道沖合の鰮漁業調査
262845	朝鮮朝日	西北版	1935-05-26	1	06단	鎮南浦蘋果の混合出荷を斷行レツテル不統一の弊害除き一段の飛躍を計る
262846	朝鮮朝日	西北版	1935-05-26	1	06단	平壤を見物獨大使一行
262847	朝鮮朝日	西北版	1935-05-26	1	07단	一人一題/お百姓の眞似咸北知事竹內健郎氏
262848	朝鮮朝日	西北版	1935-05-26	1	07단	發見の砲彈は百年以上經過
262849	朝鮮朝日	西北版	1935-05-26	1	07단	丸ナ米滿洲へ進出
262850	朝鮮朝日	西北版	1935-05-26	1	07단	パルプ造林明年度に實施
262851	朝鮮朝日	西北版	1935-05-26	1	08단	元山港の擴張を要望地元商議から
262852	朝鮮朝日	西北版	1935-05-26	1	08단	*四月だけで七人殺さる國境三道の匪賊禍/匪賊頻りに對岸で掠奪*
262853	朝鮮朝日	西北版	1935-05-26	1	09단	農地令の主旨地主に宣傳小作權確保を期す平南當局
262854	朝鮮朝日	西北版	1935-05-26	1	09단	朝日映畫の夕

일련번호	판명		간행일	면	단수	기사명
262855	朝鮮朝日	西北版	1935-05-26	1	09단	樂浪小話
262856	朝鮮朝日	西北版	1935-05-26	1	10단	四人殺傷犯人送局
262857	朝鮮朝日	西北版	1935-05-26	1	10단	土塊崩れ二名死傷
262858	朝鮮朝日	西北版	1935-05-26	1	10단	漁船建造補助割當
262859	朝鮮朝日	西北版	1935-05-26	1	10단	鳳泉炭鑛の新鑛出炭に着手
262860	朝鮮朝日	西北版	1935-05-26	1	10단	平壤の富豪獵銃で自殺
262861	朝鮮朝日	南鮮版	1935-05-26	1	01단	祝へ海軍記念日敵前上陸を援け畫を欺く大篝火戰捷の思ひ出溯る卅年前仁川デーの手柄話/釜山の祝賀/千圓を獻金全北の川內氏
262862	朝鮮朝日	南鮮版	1935-05-26	1	01단	西北鮮の新天地へ南鮮農民を移住一戶當り百圓以內を補助し積極的獎勵に着手
262863	朝鮮朝日	南鮮版	1935-05-26	1	02단	釜山棧橋の改造案協議佐藤課長調査
262864	朝鮮朝日	南鮮版	1935-05-26	1	03단	咸南高原地帶に校倉式の家屋稻葉博士の女眞文化探求で考古學上に新光明
262865	朝鮮朝日	南鮮版	1935-05-26	1	03단	孫大臣一行廿六日歸滿
262866	朝鮮朝日	南鮮版	1935-05-26	1	04단	宇垣總督南鮮へ
262867	朝鮮朝日	南鮮版	1935-05-26	1	05단	大楠公の忠烈を偲ぶ盛大な祭典朝鮮神宮で執行
262868	朝鮮朝日	南鮮版	1935-05-26	1	06단	暹羅議員團來城
262869	朝鮮朝日	南鮮版	1935-05-26	1	06단	傳染病激增四月の調べ
262870	朝鮮朝日	南鮮版	1935-05-26	1	07단	各地から(釜山/京城/大田)
262871	朝鮮朝日	南鮮版	1935-05-26	1	07단	初等教育普及の調査に着手委員會規定制定さる
262872	朝鮮朝日	南鮮版	1935-05-26	1	07단	洛東江流域に防水團組織近く道令公布
262873	朝鮮朝日	南鮮版	1935-05-26	1	07단	統制と共に弱體强化のため商銀の釜山商銀買收に關し加藤鮮銀總裁語る
262874	朝鮮朝日	南鮮版	1935-05-26	1	07단	防疫週間行事
262875	朝鮮朝日	南鮮版	1935-05-26	1	08단	嘘の寄附募集
262876	朝鮮朝日	南鮮版	1935-05-26	1	08단	列車を飛降り逃走を企つ押送中の犯人
262877	朝鮮朝日	南鮮版	1935-05-26	1	08단	劇藥自殺
262878	朝鮮朝日	南鮮版	1935-05-26	1	09단	印紙稅の集合檢査日割
262879	朝鮮朝日	南鮮版	1935-05-26	1	09단	會と催(刀劍鑑定大會/第四回レコード鑑賞の夕/松平昇、淡谷のり子の獨唱會/鐵道の夕/忠南金融組合理事會議/京畿道女子中等學校對抗陸上競技大會/慶北道公私立初等學校長會議/大邱宮多會では慶南道南旨、慶北道居州兩支部と合同主催で二十五日年後五時より東本町淸之家で大會を開催/蔚山消防組創立滿二十周年祝賀式/朝鮮電氣協會定時總會/慶南道警察部管下春季競點射擊大會/京城南部衛生組合聯合會總會/京城不動産株主總會)
262880	朝鮮朝日	南鮮版	1935-05-26	1	10단	公私消息(石田總督府鑛山課長/矢鍋金組聯合會長/牢田口同總務部長/野口朝窒社長/森山法制局第一部長/井上遞信局長/本社京城支局來訪)

일련번호	판명		간행일	면	단수	기사명
262881	朝鮮朝日	南鮮版	1935-05-26	1	10단	下關水産市況(廿五日)
262882	朝鮮朝日	西北版	1935-05-28	1	01단	鴨緑江を越えて警備線を擴大か朝鮮側の希望に難色示す滿洲國の面目問題/鮮内へ侵入し一名を銃殺匪賊團、咸北で掠奪/三名の賊高瀬舟を襲ふ
262883	朝鮮朝日	西北版	1935-05-28	1	01단	味覺の寵兒西鮮リンゴ(1)/初夏の呼び聲で眞っ靑に太る季節、季節の苦心酬はれ遠く歐洲へ進出
262884	朝鮮朝日	西北版	1935-05-28	1	02단	國井技師を濠洲へ派遣緬羊輸入を監督
262885	朝鮮朝日	西北版	1935-05-28	1	03단	平鐵の交通量調査
262886	朝鮮朝日	西北版	1935-05-28	1	03단	博物館建設を稻葉博士が首唱敷地は咸興が最有力
262887	朝鮮朝日	西北版	1935-05-28	1	03단	燃料協會大會平壤で開催か
262888	朝鮮朝日	西北版	1935-05-28	1	04단	諸兵聯合演習
262889	朝鮮朝日	西北版	1935-05-28	1	04단	巫女取締り署長會議へ指示/平南警察署長會議廿九日から四日間
262890	朝鮮朝日	西北版	1935-05-28	1	04단	簡易國勢調査を十月一日に實施施行規則公布さる/施設の基礎資料目的について本府當局談
262891	朝鮮朝日	西北版	1935-05-28	1	05단	道立咸興醫院の祝賀會
262892	朝鮮朝日	西北版	1935-05-28	1	06단	北鐵買收代償物資
262893	朝鮮朝日	西北版	1935-05-28	1	07단	東京へ高飛び社金拐帶犯人
262894	朝鮮朝日	西北版	1935-05-28	1	07단	參加八チーム組合せ決る本社京城支局主催蹴球大會六月一日に決行
262895	朝鮮朝日	西北版	1935-05-28	1	08단	樂浪遺蹟の盜掘嚴重取締る
262896	朝鮮朝日	西北版	1935-05-28	1	08단	運動場開き盛大に擧行
262897	朝鮮朝日	西北版	1935-05-28	1	09단	八月を求刑藤井前平壤府議の不敬事件
262898	朝鮮朝日	西北版	1935-05-28	1	09단	飛込み自殺
262899	朝鮮朝日	西北版	1935-05-28	1	09단	朝日映畫の夕
262900	朝鮮朝日	西北版	1935-05-28	1	10단	劇と映畫
262901	朝鮮朝日	西北版	1935-05-28	1	10단	會と催(平壤神社遙拜式/平壤郵便局野遊會/永興灣要塞司令部創設三十周年記念式/全鮮脚戲鞦韆大會/平壤南金組座談會/鎭南浦稅務署竣工式)
262902	朝鮮朝日	西北版	1935-05-28	1	10단	樂浪小話
262903	朝鮮朝日	南鮮版	1935-05-28	1	01단	「國の鎭」吹奏裡に嚴かな祝典執行海軍記念日の京城/雨を衝いて陸戰隊の行進釜山を彩る軍國色/乘組員優待/水雷爆破演習仁川の賑ひ
262904	朝鮮朝日	南鮮版	1935-05-28	1	01단	簡易國勢調査を十月一日に實施施行規則公布さる/各般の施設に必要な基礎資料目的について本府當局談
262905	朝鮮朝日	南鮮版	1935-05-28	1	04단	商銀株主總會
262906	朝鮮朝日	南鮮版	1935-05-28	1	04단	三防高原へ蕨狩列車運轉
262907	朝鮮朝日	南鮮版	1935-05-28	1	05단	日露戰役從軍者講演會
262908	朝鮮朝日	南鮮版	1935-05-28	1	05단	荒廢した寺院の改革を斷行宇垣總督自ら視察
262909	朝鮮朝日	南鮮版	1935-05-28	1	05단	譽れの慈愛旗全南の兩託兒所へ近藤知事から傳達

일련번호	판명		간행일	면	단수	기사명
262910	朝鮮朝日	南鮮版	1935-05-28	1	06단	慶南道內で機能を發揮釜山商銀の現狀
262911	朝鮮朝日	南鮮版	1935-05-28	1	06단	參加八チーム組合せ決る本社京城支局主催蹴球大會六月一日に決行
262912	朝鮮朝日	南鮮版	1935-05-28	1	06단	大邱軍勝つ
262913	朝鮮朝日	南鮮版	1935-05-28	1	07단	船舶安全條約へ加盟の手續終る七月から朝鮮も實施
262914	朝鮮朝日	南鮮版	1935-05-28	1	08단	新式家畜車近くお目見得
262915	朝鮮朝日	南鮮版	1935-05-28	1	08단	御褒美に目もくれず戰場宛らの犬々囂々軍用天晴れ報國の一役
262916	朝鮮朝日	南鮮版	1935-05-28	1	09단	大邱稅監局異動
262917	朝鮮朝日	南鮮版	1935-05-28	1	09단	全大邱大勝對釜山庭球試合
262918	朝鮮朝日	南鮮版	1935-05-28	1	10단	愛讀ふ招待の映畫會開催けふから山で
262919	朝鮮朝日	南鮮版	1935-05-28	1	10단	公私消息(平山京城駐在ベルギー名譽領事/矢鍋朝鮮金聯會長、岸田同總務課長/可野樺太廳鑛務課長/上田正樹氏/松本朝鮮製錬社長/中村京畿道高等課長/佐方東拓京城駐在理事/京師演習科旅行團/本社京城支局來訪)
262920	朝鮮朝日	南鮮版	1935-05-28	1	10단	會と催(朝鮮電氣協會定期總會/大邱醫師會定時總會)
262921	朝鮮朝日	南鮮版	1935-05-28	1	10단	下關水産市況(廿七日)
262922	朝鮮朝日	西北版	1935-05-29	1	01단	刑務所同士で囚人の引張合ひ好景氣から犯罪が減少し作業進まず大恐慌(平壤刑務所談)
262923	朝鮮朝日	西北版	1935-05-29	1	01단	出來るだけ多く初等校を增設平南道の積極的方針
262924	朝鮮朝日	西北版	1935-05-29	1	01단	海戰さながら壯烈な水雷爆破海軍記念日を祝し軍民交歡の幾場面
262925	朝鮮朝日	西北版	1935-05-29	1	01단	集成校へ寄附
262926	朝鮮朝日	西北版	1935-05-29	1	02단	味覺の寵兒西鮮リンゴ(２)/太陽の直射で鮮紅色の光澤果樹園業者が氣に病むのは仕向地相場の動き
262927	朝鮮朝日	西北版	1935-05-29	1	03단	冷害地方へ食糧を配給德化有志から/食物を求め乞食に零落
262928	朝鮮朝日	西北版	1935-05-29	1	04단	今春繭値基卅一日に決定
262929	朝鮮朝日	西北版	1935-05-29	1	04단	初夏の展望(平壤牡丹台から)
262930	朝鮮朝日	西北版	1935-05-29	1	05단	六月十日から淸津に復活陸軍運輸部出張所
262931	朝鮮朝日	西北版	1935-05-29	1	05단	咸北へ侵入少年を淡ふ匪賊の一團/咸北對岸へ頻りに出沒
262932	朝鮮朝日	西北版	1935-05-29	1	06단	半島警察官に事變の論功行賞六月上旬頃に發表
262933	朝鮮朝日	西北版	1935-05-29	1	07단	咸南の僻地で西洋瑪瑙を發見東京博物館の裝飾用柱材に花々にしく帝都進出か
262934	朝鮮朝日	西北版	1935-05-29	1	07단	一人一題/齋藤子の贈物平壤商工會議所主事朴尙禧氏
262935	朝鮮朝日	西北版	1935-05-29	1	08단	死體遺棄
262936	朝鮮朝日	西北版	1935-05-29	1	08단	細菌爆擊隊本年の內服藥製造は四十萬人分を突破か/傳染病激增四月の調べ
262937	朝鮮朝日	西北版	1935-05-29	1	09단	確かに良質發見者石川氏語る
262938	朝鮮朝日	西北版	1935-05-29	1	09단	朝日映畫の夕
262939	朝鮮朝日	西北版	1935-05-29	1	10단	船舶安全條約加盟手續終る

일련번호	판명		간행일	면	단수	기사명
262940	朝鮮朝日	西北版	1935-05-29	1	10단	失明者の七割痲毒のため近く豫防宣傳
262941	朝鮮朝日	西北版	1935-05-29	1	10단	訂正
262942	朝鮮朝日	南鮮版	1935-05-29	1	01단	投票率では京城がビリ府議選擧の總決算
262943	朝鮮朝日	南鮮版	1935-05-29	1	01단	指導方針を拋ち將來は嚴罰主義邑面は輕微、府の方は惡質選擧違反の種々相
262944	朝鮮朝日	南鮮版	1935-05-29	1	01단	釜山の海軍記念日
262945	朝鮮朝日	南鮮版	1935-05-29	1	02단	安全農村中心に移民團を收容制限移民實行案決る
262946	朝鮮朝日	南鮮版	1935-05-29	1	04단	全北を視察
262947	朝鮮朝日	南鮮版	1935-05-29	1	04단	放送の獨自性總監から研究を希望
262948	朝鮮朝日	南鮮版	1935-05-29	1	04단	魚雷爆破演習釜山で擧行
262949	朝鮮朝日	南鮮版	1935-05-29	1	05단	行く先々で激勵の言葉總督忠南視察
262950	朝鮮朝日	南鮮版	1935-05-29	1	05단	三宅將軍の顔一入晴やか廿師團觀兵式
262951	朝鮮朝日	南鮮版	1935-05-29	1	05단	北鮮と松江聯絡を實現遞信局長談
262952	朝鮮朝日	南鮮版	1935-05-29	1	06단	各地から(大邱/釜山/京城)
262953	朝鮮朝日	南鮮版	1935-05-29	1	06단	窮乏の農村へ型破りの行脚お歷々が手分けして
262954	朝鮮朝日	南鮮版	1935-05-29	1	06단	藝妓自殺未遂
262955	朝鮮朝日	南鮮版	1935-05-29	1	06단	勇しい演習蔚山消防組
262956	朝鮮朝日	南鮮版	1935-05-29	1	07단	十萬圓增收臨時春競馬
262957	朝鮮朝日	南鮮版	1935-05-29	1	07단	トラホーム患者が多い釜山の徵兵檢査
262958	朝鮮朝日	南鮮版	1935-05-29	1	07단	常騰軍敗る大學專門野球
262959	朝鮮朝日	南鮮版	1935-05-29	1	08단	大田高女のバザー
262960	朝鮮朝日	南鮮版	1935-05-29	1	08단	工場倒壞し聯工負傷す
262961	朝鮮朝日	南鮮版	1935-05-29	1	08단	海員審判を二審制度に改正朝鮮も明年度から
262962	朝鮮朝日	南鮮版	1935-05-29	1	08단	會と催(孫滿洲國財政部大臣招宴/京城眞人社短歌會/金剛山電氣株主總會/B・リーチ氏作陶展覽會/朝鮮放送協會總會/京城國防義會理事評議員會/京城不動産株主總會/全州岬青年雄辯大會/忠北道農會褒員役興式/淸州商工會定時總會)
262963	朝鮮朝日	南鮮版	1935-05-29	1	09단	暴行癩患者十名を送局
262964	朝鮮朝日	南鮮版	1935-05-29	1	10단	下關水産市況(廿八日)
262965	朝鮮朝日	南鮮版	1935-05-29	1	10단	鷄林かゞみ
262966	朝鮮朝日	西北版	1935-05-30	1	01단	投票率では京城がビリ府議選擧の總決算
262967	朝鮮朝日	西北版	1935-05-30	1	01단	咸南十港の貿易額二倍の激增振り上向景氣の好指標
262968	朝鮮朝日	西北版	1935-05-30	1	01단	味覺の寵兒西鮮リンゴ(3)/貴族的な香氣に限りなき愛着酸味の多い歐洲向き中玉も數年に生れよう
262969	朝鮮朝日	西北版	1935-05-30	1	02단	世界中を舞台に天下晴れて交信アマチュアの無線實驗家四氏に最初の許可
262970	朝鮮朝日	西北版	1935-05-30	1	03단	兼二浦邑議當選者(定員十二名)
262971	朝鮮朝日	西北版	1935-05-30	1	04단	伊大使平壤へ
262972	朝鮮朝日	西北版	1935-05-30	1	04단	五警視增員明年度に斷行

일련번호	판명		간행일	면	단수	기사명
262973	朝鮮朝日	西北版	1935-05-30	1	05단	平壤の海軍記念日
262974	朝鮮朝日	西北版	1935-05-30	1	05단	*信仰に導き日本精神を發揚平南の新しい着眼/平南警察署長會議*
262975	朝鮮朝日	西北版	1935-05-30	1	06단	全鮮各驛で手荷物を配達
262976	朝鮮朝日	西北版	1935-05-30	1	06단	功勞輝く皆勤者千二百名を表彰鐵道局十周年記念に
262977	朝鮮朝日	西北版	1935-05-30	1	07단	北鮮と松江聯絡を實現遞信局長談
262978	朝鮮朝日	西北版	1935-05-30	1	07단	水道協會々議淸津で開かる
262979	朝鮮朝日	西北版	1935-05-30	1	08단	公設運動場にプールを設置一月位で完成させる
262980	朝鮮朝日	西北版	1935-05-30	1	08단	平壤で第一聲大西師の講演
262981	朝鮮朝日	西北版	1935-05-30	1	08단	精神異狀の兇行と斷定警官狙擊事件
262982	朝鮮朝日	西北版	1935-05-30	1	09단	種痘の宣傳
262983	朝鮮朝日	西北版	1935-05-30	1	09단	匪賊團のスパイ捕はる
262984	朝鮮朝日	西北版	1935-05-30	1	09단	僞札使ひを袋叩き
262985	朝鮮朝日	西北版	1935-05-30	1	09단	朝日映畫の夕
262986	朝鮮朝日	西北版	1935-05-30	1	10단	二重の表彰列車妨害防止のお手柄
262987	朝鮮朝日	西北版	1935-05-30	1	10단	樂浪小話
262988	朝鮮朝日	南鮮版	1935-05-30	1	01단	*健康朝鮮を代表し中央の檜舞台へ本社の日本一優良兒搜しに颯爽・躍り出た六兒童/男子代表(三名)/女子代表(三名)*
262989	朝鮮朝日	南鮮版	1935-05-30	1	01단	「鐵道の夕」本社から映畫を貸與
262990	朝鮮朝日	南鮮版	1935-05-30	1	01단	功勞輝く皆勤者千二百名を表彰鐵道局十周年記念に
262991	朝鮮朝日	南鮮版	1935-05-30	1	01단	拘留繼續期間二ヶ月每に更新六月二日から實施
262992	朝鮮朝日	南鮮版	1935-05-30	1	02단	寡婦收容所釜山に生る
262993	朝鮮朝日	南鮮版	1935-05-30	1	03단	六月に開設大邱買鑛所
262994	朝鮮朝日	南鮮版	1935-05-30	1	04단	大田鐵道分會總會
262995	朝鮮朝日	南鮮版	1935-05-30	1	04단	蔚山國防義會總會
262996	朝鮮朝日	南鮮版	1935-05-30	1	04단	思はぬ儲け傳染病豫防內服藥各道から注文殺到
262997	朝鮮朝日	南鮮版	1935-05-30	1	05단	海軍記念日のグラフ
262998	朝鮮朝日	南鮮版	1935-05-30	1	05단	世界中を舞台に天下晴れて交信アマチュアの無線實驗家四氏に最初の許可
262999	朝鮮朝日	南鮮版	1935-05-30	1	07단	壯烈な演習鎭海の海軍色
263000	朝鮮朝日	南鮮版	1935-05-30	1	08단	飛込自殺
263001	朝鮮朝日	南鮮版	1935-05-30	1	08단	下水溝から嬰兒の死體
263002	朝鮮朝日	南鮮版	1935-05-30	1	08단	運動競技界(高商１０Ａ齒專０大學專門野球第二部勝戰/遞信１２鐵道３京城實業野球)
263003	朝鮮朝日	南鮮版	1935-05-30	1	08단	各地から(釜山/京城)
263004	朝鮮朝日	南鮮版	1935-05-30	1	09단	會と催(軍事映畫會/大邱商工會議所總會/金組聯合會慶南支部祝賀會/慶南道單級指定學校敎授會/范總領事招待團遊會)
263005	朝鮮朝日	南鮮版	1935-05-30	1	10단	公私消息(伊達京城府尹/高松遞信局海軍課長/篠田李王職長官)

일련번호	판명		간행일	면	단수	기사명
263006	朝鮮朝日	南鮮版	1935-05-30	1	10단	下關水産市況(廿九日)
263007	朝鮮朝日	南鮮版	1935-05-30	1	10단	鷄林かゞみ
263008	朝鮮朝日	西北版	1935-05-31	1	01단	健康朝鮮を代表し中央の檜舞台へ本社の日本一優良兒捜しに颯爽・躍り出た六兒童/男子代表(三名)/女子代表(三名)
263009	朝鮮朝日	西北版	1935-05-31	1	01단	マグネシウム原鑛豊富良質の折紙資本金百萬圓の會社を創立し城津に工場を設置
263010	朝鮮朝日	西北版	1935-05-31	1	01단	祭粢料下賜故石橋巡査部長の餘榮
263011	朝鮮朝日	西北版	1935-05-31	1	03단	松茸台なし模範林燒失で
263012	朝鮮朝日	西北版	1935-05-31	1	04단	會と催(ホーナー・ブルシク博士(滿洲親日家)/植原平壤憲兵隊長)
263013	朝鮮朝日	西北版	1935-05-31	1	04단	家屋新築願三割の增加
263014	朝鮮朝日	西北版	1935-05-31	1	05단	高射機關銃獻納式七日に擧行
263015	朝鮮朝日	西北版	1935-05-31	1	05단	西鮮の山間部へ射す文化の光合電、五期計劃に着手
263016	朝鮮朝日	西北版	1935-05-31	1	05단	「鐵道の夕」本社から映畵を貸與
263017	朝鮮朝日	西北版	1935-05-31	1	05단	六巡査表彰
263018	朝鮮朝日	西北版	1935-05-31	1	05단	面協議會員の當選取消を申請平南楓洞面に一揉め
263019	朝鮮朝日	西北版	1935-05-31	1	06단	味覺の寵兒西鮮リンゴ(4)/妓生の玉の肌は蘋果酸の賜物加工すれば屑も完全品同樣利用の道は廣い/軍用食糧品に好適の回答屑蘋果加工の乾果
263020	朝鮮朝日	西北版	1935-05-31	1	06단	六年間の苦心見事に酬はるアマチュア無電實驗を許可された長瀧氏
263021	朝鮮朝日	西北版	1935-05-31	1	07단	海星校から詰問狀箕林校は否認
263022	朝鮮朝日	西北版	1935-05-31	1	08단	朝日映畵の夕
263023	朝鮮朝日	西北版	1935-05-31	1	08단	視察の先陣安井專賣局長
263024	朝鮮朝日	西北版	1935-05-31	1	08단	四月の判決藤井田府議に
263025	朝鮮朝日	西北版	1935-05-31	1	08단	工場を全燒平壤の火事
263026	朝鮮朝日	西北版	1935-05-31	1	08단	飛降りて慘死
263027	朝鮮朝日	西北版	1935-05-31	1	09단	咸北へ侵入約廿名の匪賊/農民を拉致
263028	朝鮮朝日	西北版	1935-05-31	1	10단	高瀬船に發砲
263029	朝鮮朝日	西北版	1935-05-31	1	10단	元山の火事
263030	朝鮮朝日	西北版	1935-05-31	1	10단	樂浪小話
263031	朝鮮朝日	南鮮版	1935-05-31	1	01단	起工式場は龍眼勿體ないと横槍十周年記念日迎へ黑字景氣躍る鐵路傳ひに逸話の寶庫を開く
263032	朝鮮朝日	南鮮版	1935-05-31	1	01단	ファン待望裡に絶好の四試合本社京城支局主催の豪華版あす全鮮蹴球大會/本社優勝旗は鐵道軍が獲得木浦の商店訪問競走/參加チーム/入賞チーム
263033	朝鮮朝日	南鮮版	1935-05-31	1	04단	蹴球團上京
263034	朝鮮朝日	南鮮版	1935-05-31	1	04단	御物を陳列德壽宮の光彩
263035	朝鮮朝日	南鮮版	1935-05-31	1	05단	全鮮各驛で手荷物を配達

일련번호	판명		간행일	면	단수	기사명
263036	朝鮮朝日	南鮮版	1935-05-31	1	05단	釜山放送局正式に許可さる八月中旬から放送/試驗を開始諸機械完成す
263037	朝鮮朝日	南鮮版	1935-05-31	1	06단	各地から(京城/大田/鎭海)
263038	朝鮮朝日	南鮮版	1935-05-31	1	06단	マグネシウム原鑛豊富良質の折紙資本金百萬圓の會社を創立し城津に工場を設置
263039	朝鮮朝日	南鮮版	1935-05-31	1	06단	廿師團管下除隊兵
263040	朝鮮朝日	南鮮版	1935-05-31	1	07단	海軍報國機獻納の美擧京城の丁子屋
263041	朝鮮朝日	南鮮版	1935-05-31	1	07단	筆頭は井邑名勝スタンプの利用くらべ
263042	朝鮮朝日	南鮮版	1935-05-31	1	07단	五警視増員明年度に斷行
263043	朝鮮朝日	南鮮版	1935-05-31	1	07단	敷地決定す大邱買鑛所
263044	朝鮮朝日	南鮮版	1935-05-31	1	08단	商銀新釜山支店の陣容
263045	朝鮮朝日	南鮮版	1935-05-31	1	08단	西北鮮開拓に多大の期待農地移住規則の要旨
263046	朝鮮朝日	南鮮版	1935-05-31	1	09단	大楠公を語る
263047	朝鮮朝日	南鮮版	1935-05-31	1	09단	豪農を襲ひ八百圓強奪二人組の強盗
263048	朝鮮朝日	南鮮版	1935-05-31	1	09단	上院寺佛像盗まる
263049	朝鮮朝日	南鮮版	1935-05-31	1	09단	天勝大一座南鮮で公演愛讀者優待
263050	朝鮮朝日	南鮮版	1935-05-31	1	09단	鐵道漕艇部選手大連へ遠征
263051	朝鮮朝日	南鮮版	1935-05-31	1	10단	會と催(晉州記念會館落成式/釜山府の衛生活動寫眞會)
263052	朝鮮朝日	南鮮版	1935-05-31	1	10단	下關水産市況(卅日)
263053	朝鮮朝日	南鮮版	1935-05-31	1	10단	鷄林かゞみ

1935년 6월 (조선아사히)

일련번호	판명		간행일	면	단수	기사명
263054	朝鮮朝日	西北版	1935-06-01	1	01단	西鮮三道の蘋果に販賣統制を實現黃海も雙手を擧げて贊成し輸移出の飛躍を計る
263055	朝鮮朝日	西北版	1935-06-01	1	01단	タイル張り鹽田先づ現地試驗を行ひ成功せば廣梁灣千町步に施す
263056	朝鮮朝日	西北版	1935-06-01	1	01단	柳京の初夏
263057	朝鮮朝日	西北版	1935-06-01	1	02단	匿名の獻金每月續けて
263058	朝鮮朝日	西北版	1935-06-01	1	04단	公私消息(植田軍司令官/湯川又夫氏(水原農事試驗場長))
263059	朝鮮朝日	西北版	1935-06-01	1	04단	旗行列行ひ禁酒の宣傳
263060	朝鮮朝日	西北版	1935-06-01	1	04단	案外に好調平南春蠶掃立
263061	朝鮮朝日	西北版	1935-06-01	1	04단	輕快列車動く最新式づくめ
263062	朝鮮朝日	西北版	1935-06-01	1	04단	露油輸入に失敗奇怪な自殺を企つ姜前咸南道議を繞る獵奇事件
263063	朝鮮朝日	西北版	1935-06-01	1	05단	今秋羅津を開港に指定
263064	朝鮮朝日	西北版	1935-06-01	1	05단	朝鮮人會員獲得に努力武德會平南支部
263065	朝鮮朝日	西北版	1935-06-01	1	05단	共同倉庫の設置を力說主要工業品の調査を平南から本府へ回答
263066	朝鮮朝日	西北版	1935-06-01	1	05단	討伐は困難(越境の匪賊/武器を鹵獲/高瀨船に發砲船夫二名重傷)
263067	朝鮮朝日	西北版	1935-06-01	1	06단	忠魂碑前を淸掃する女性日露戰役に戰死した兄の英靈を慰める純情
263068	朝鮮朝日	西北版	1935-06-01	1	06단	一人一題(犯罪と醫學 醫學博士金明學氏)
263069	朝鮮朝日	西北版	1935-06-01	1	07단	元山たより
263070	朝鮮朝日	西北版	1935-06-01	1	07단	罷業の揚句內地引揚げ大同江の筏夫
263071	朝鮮朝日	西北版	1935-06-01	1	08단	生活改善のお手本を示す警察官が率先して
263072	朝鮮朝日	西北版	1935-06-01	1	08단	大楠公展覽會大觀
263073	朝鮮朝日	西北版	1935-06-01	1	09단	西日本廣告欄擴張
263074	朝鮮朝日	西北版	1935-06-01	1	09단	咸南の痘禍
263075	朝鮮朝日	西北版	1935-06-01	1	09단	順川代表上城
263076	朝鮮朝日	西北版	1935-06-01	1	09단	朝日映畫の夕
263077	朝鮮朝日	西北版	1935-06-01	1	09단	「なさけ」發刊免囚保護の機關誌
263078	朝鮮朝日	西北版	1935-06-01	1	10단	花莊山燒く
263079	朝鮮朝日	西北版	1935-06-01	1	10단	維持法違反事件一味へ求刑
263080	朝鮮朝日	西北版	1935-06-01	1	10단	樂浪小話
263081	朝鮮朝日	南鮮版	1935-06-01	1	01단	健康優良兒を語る(1)/正副組長を續け光る萬能選手母子二人の愛の家庭小倉博君
263082	朝鮮朝日	南鮮版	1935-06-01	1	01단	衰微の半島文壇に文藝復興の叫び記念圖書出版館を設立優秀な作品を出版
263083	朝鮮朝日	南鮮版	1935-06-01	1	02단	金組慶南支部記念式
263084	朝鮮朝日	南鮮版	1935-06-01	1	03단	醫師試驗第三部合格者
263085	朝鮮朝日	南鮮版	1935-06-01	1	03단	證券保管事務六月から復活

일련번호	판명		간행일	면	단수	기사명
263086	朝鮮朝日	南鮮版	1935-06-01	1	04단	京城事件に懲り堅く談合を自制建築協會の再建進む
263087	朝鮮朝日	南鮮版	1935-06-01	1	05단	心田開發は大いに結構大西良慶師京城入り
263088	朝鮮朝日	南鮮版	1935-06-01	1	05단	露油輸入に失敗奇怪な自殺を企つ姜前咸南道議を繞る獵奇事件
263089	朝鮮朝日	南鮮版	1935-06-01	1	06단	今井田總監六月中旬に渡滿答禮と移民計劃折衝
263090	朝鮮朝日	南鮮版	1935-06-01	1	07단	本社優勝旗獲得の木浦鐵道軍(昨紙參照)
263091	朝鮮朝日	南鮮版	1935-06-01	1	07단	買鑛を開始長項製鍊所
263092	朝鮮朝日	南鮮版	1935-06-01	1	07단	署長會議へ各係官出張
263093	朝鮮朝日	南鮮版	1935-06-01	1	07단	投票率向上邑面議員選擧の總決算
263094	朝鮮朝日	南鮮版	1935-06-01	1	08단	夫の食事に毒藥を盛る不倫の若妻
263095	朝鮮朝日	南鮮版	1935-06-01	1	08단	會と催(釜山稅關植物檢査事務打合會/全鮮弓道選士權大會、大學、專門學生聯盟弓道大會/刑務所製作品品評會/全北製絲株主總會/鮮滿開拓株主總會/東洋畜産株主總會/新藝術派劇社研究發表試演會/慶北水組打合會/植物檢査事務講習會/朝鮮專門校武道大會/京城商工會議所常議員會/金融組合聯合記念催し)
263096	朝鮮朝日	南鮮版	1935-06-01	1	09단	西日本廣告欄擴張
263097	朝鮮朝日	南鮮版	1935-06-01	1	09단	官舍荒し逮捕
263098	朝鮮朝日	南鮮版	1935-06-01	1	09단	副議長繞り暗躍始まる初府會の動き
263099	朝鮮朝日	南鮮版	1935-06-01	1	09단	公私消息(安井專賣局長/高山東拓總裁、佐方同駐城理事/提漢銀專務/藤原北鮮製紙專務/森朝郵社長/山田京城古市町靑年團副團長/山口殖銀産業金融課長)
263100	朝鮮朝日	南鮮版	1935-06-01	1	10단	山中で切腹神經衰弱の男
263101	朝鮮朝日	南鮮版	1935-06-01	1	10단	鐵道１３A遞信４京城實業野球
263102	朝鮮朝日	南鮮版	1935-06-01	1	10단	下關水産市況(卅一日)
263103	朝鮮朝日	西北版	1935-06-02	1	01단	穀類の暴騰續き飢餓迫る勞働者江東署見かねて各炭鑛へ賃銀引上げを慫慂
263104	朝鮮朝日	西北版	1935-06-02	1	01단	普通江を改修し工場地帶を實現平壤から約三哩の下流まで千噸級の船舶入港(その一/その二)
263105	朝鮮朝日	西北版	1935-06-02	1	01단	健康優良兒を語る(１)/正副組長を續け光る萬能選手母子二人の愛の家庭小倉博君
263106	朝鮮朝日	西北版	1935-06-02	1	02단	多田榮吉氏副議長當選新義州初府會
263107	朝鮮朝日	西北版	1935-06-02	1	03단	新聞列車の實現に善處時間改正を機會に
263108	朝鮮朝日	西北版	1935-06-02	1	04단	公私消息(安武平南道知事)
263109	朝鮮朝日	西北版	1935-06-02	1	04단	前途は明眼咸南選擧の跡
263110	朝鮮朝日	西北版	1935-06-02	1	05단	*咸南府尹郡守會議/警察署長會議*
263111	朝鮮朝日	西北版	1935-06-02	1	05단	土地收用裁決の受理を公告七月中旬までに斷案
263112	朝鮮朝日	西北版	1935-06-02	1	05단	自家發電と買電を併用電化工場の意向
263113	朝鮮朝日	西北版	1935-06-02	1	06단	一人一題(欲しい新町名 羅南邑長山田增市氏)
263114	朝鮮朝日	西北版	1935-06-02	1	06단	黑板博士首班に今秋再び發掘學界注目の樂浪遺蹟

일련번호	판명		간행일	면	단수	기사명
263115	朝鮮朝日	西北版	1935-06-02	1	07단	超短波無線試驗準備進む
263116	朝鮮朝日	西北版	1935-06-02	1	07단	通票授受機小野技手が發明
263117	朝鮮朝日	西北版	1935-06-02	1	08단	蘋果の本場へ試驗場を設置宿望叶ふ鎭南浦
263118	朝鮮朝日	西北版	1935-06-02	1	08단	國家意識に燃え次から次へ轉向平壤刑務所の思想犯
263119	朝鮮朝日	西北版	1935-06-02	1	09단	蛤稚貝の濫獲防止
263120	朝鮮朝日	西北版	1935-06-02	1	09단	平壤博物館內に漆器保存室
263121	朝鮮朝日	西北版	1935-06-02	1	09단	危い練光亭修築を考究
263122	朝鮮朝日	西北版	1935-06-02	1	09단	朝日映畫の夕
263123	朝鮮朝日	西北版	1935-06-02	1	10단	平元線沿線に建築競爭現出
263124	朝鮮朝日	西北版	1935-06-02	1	10단	對岸各地に小匪が散在北村課長談
263125	朝鮮朝日	西北版	1935-06-02	1	10단	話の種
263126	朝鮮朝日	南鮮版	1935-06-02	1	01단	*本社京城支局主催全鮮蹴球大會六月の靑空晴れて花やかな入場式普成專門から優勝旗返還し忽ち切る熱戰の火蓋/鐵道軍勝つ1－0對セブランス戰*
263127	朝鮮朝日	南鮮版	1935-06-02	1	01단	九年度の內國郵便爲替
263128	朝鮮朝日	南鮮版	1935-06-02	1	01단	健康優良兒を語る(1)/病氣知らずの女の桃太郎每學年きまって優等大竹玉枝さん
263129	朝鮮朝日	南鮮版	1935-06-02	1	02단	公平な運賃設定に協力
263130	朝鮮朝日	南鮮版	1935-06-02	1	03단	釜山の燈竿七月から點燈
263131	朝鮮朝日	南鮮版	1935-06-02	1	03단	慶南を視察宇垣總督發熱
263132	朝鮮朝日	南鮮版	1935-06-02	1	03단	改良上簇法を六萬戶に普及慶南の産繭三年計劃
263133	朝鮮朝日	南鮮版	1935-06-02	1	04단	總督府辭令
263134	朝鮮朝日	南鮮版	1935-06-02	1	04단	*副議長選擧相當紛糾か釜山初府會/大邱は三日に開會*
263135	朝鮮朝日	南鮮版	1935-06-02	1	05단	すっかり夏めきプール開き
263136	朝鮮朝日	南鮮版	1935-06-02	1	05단	新聞列車の實現に善處時間改正を機會に
263137	朝鮮朝日	南鮮版	1935-06-02	1	06단	滿開の芍藥を前にして
263138	朝鮮朝日	南鮮版	1935-06-02	1	06단	忠南敎員異動
263139	朝鮮朝日	南鮮版	1935-06-02	1	07단	列車に衝突運轉手慘死
263140	朝鮮朝日	南鮮版	1935-06-02	1	07단	夏はデッキの一休みが危い警告やら自慢やら飛出し交通座談會賑やか
263141	朝鮮朝日	南鮮版	1935-06-02	1	08단	殺された女忠北山中で發見
263142	朝鮮朝日	南鮮版	1935-06-02	1	08단	暗殺犯人兩名上海から護送强盜稼ぎも數件發覺
263143	朝鮮朝日	南鮮版	1935-06-02	1	08단	心田開發行脚に來鮮の淸水寺貫主大西良慶師(向って左)京城驛にて
263144	朝鮮朝日	南鮮版	1935-06-02	1	09단	筏橋に强盜
263145	朝鮮朝日	南鮮版	1935-06-02	1	10단	大邱の火事
263146	朝鮮朝日	南鮮版	1935-06-02	1	10단	五戶を全燒
263147	朝鮮朝日	南鮮版	1935-06-02	1	10단	飛込み自殺
263148	朝鮮朝日	南鮮版	1935-06-02	1	10단	會と催(慶北自動車協會創立總會/女子部卓球大會)

일련번호	판명		간행일	면	단수	기사명
263149	朝鮮朝日	南鮮版	1935-06-02	1	10단	公私消息(伊藤慶北道警察部長/三井榮長氏/荒川大藏省銀行局檢查課長/藤井不二興業社長/小笠殖銀商業金融課長代理/野口台中州知事)
263150	朝鮮朝日	南鮮版	1935-06-02	1	10단	下關水産市況(一日)
263151	朝鮮朝日	西北版	1935-06-04	1	01단	改選期繰上げに總辭職を決行か平壤商議評議員の肚
263152	朝鮮朝日	西北版	1935-06-04	1	01단	野口景氣の咸興にデパートの進出商店街に早くも衝擊
263153	朝鮮朝日	西北版	1935-06-04	1	01단	古代建築物を一齊に腐朽調べ平壤府一日から着手
263154	朝鮮朝日	西北版	1935-06-04	1	01단	甘藷出荷組合總會
263155	朝鮮朝日	西北版	1935-06-04	1	01단	健康優良兒を語る(２)/病氣知らずの女の桃太郎每學年きまって優等大竹玉枝さん
263156	朝鮮朝日	西北版	1935-06-04	1	02단	寧遠材初めて到着
263157	朝鮮朝日	西北版	1935-06-04	1	03단	一人一題(食卓を飾る夢 平壤農業學校長玄間直人氏)
263158	朝鮮朝日	西北版	1935-06-04	1	04단	新工場の規模
263159	朝鮮朝日	西北版	1935-06-04	1	04단	新望樓竣工新義州消防組
263160	朝鮮朝日	西北版	1935-06-04	1	05단	平壤博物館に記念スタンプ
263161	朝鮮朝日	西北版	1935-06-04	1	05단	沙里院初邑會
263162	朝鮮朝日	西北版	1935-06-04	1	06단	載寧江改修の第二期計劃進む工費四百萬圓の豫定
263163	朝鮮朝日	西北版	1935-06-04	1	06단	平壤製材所上棟式
263164	朝鮮朝日	西北版	1935-06-04	1	06단	稅金を代納
263165	朝鮮朝日	西北版	1935-06-04	1	06단	工費十萬圓投じ美林里へ移轉敷地を賣った平南農事試驗場十一月中旬に竣工
263166	朝鮮朝日	西北版	1935-06-04	1	07단	運炭施設に反對の陳情
263167	朝鮮朝日	西北版	1935-06-04	1	07단	韓州北普校長突如留置さる咸興署極祕裡に追及
263168	朝鮮朝日	西北版	1935-06-04	1	08단	慘憺たる燒跡
263169	朝鮮朝日	西北版	1935-06-04	1	08단	僞刑事二人旅館を臨檢客から强奪
263170	朝鮮朝日	西北版	1935-06-04	1	09단	開城人蔘最低標準價格
263171	朝鮮朝日	西北版	1935-06-04	1	09단	須永氏渡滿
263172	朝鮮朝日	西北版	1935-06-04	1	09단	朝日映畵の夕
263173	朝鮮朝日	西北版	1935-06-04	1	10단	勤續局員表彰
263174	朝鮮朝日	西北版	1935-06-04	1	10단	運動競技界(平壤８日鐵７)
263175	朝鮮朝日	西北版	1935-06-04	1	10단	劇と映畵(平壤 偕樂館)
263176	朝鮮朝日	西北版	1935-06-04	1	10단	樂浪小話
263177	朝鮮朝日	南鮮版	1935-06-04	1	01단	本社京城支局主催全鮮蹴球大會 翻る本社旗の下美技快蹴の續出齒科醫專との準優勝戰に朝蹴軍抽籤で勝つ/十割の勝率誇り京商優勝す京城中等野球終る
263178	朝鮮朝日	南鮮版	1935-06-04	1	02단	優勝戰延期晴天を待ち四日に擧行
263179	朝鮮朝日	南鮮版	1935-06-04	1	02단	健康優良兒を語る(３)/冬の眞っ最中も驚く程の薄着ランニングが大得意巖村佳子さん
263180	朝鮮朝日	南鮮版	1935-06-04	1	04단	大西師談話
263181	朝鮮朝日	南鮮版	1935-06-04	1	04단	財源捻出を協議初等教育調査委員會十二日頃に初顔合せ

일련번호	판명		간행일	면	단수	기사명
263182	朝鮮朝日	南鮮版	1935-06-04	1	05단	六月のグラフ(1-日京城鐵道從事員養成所で催された鐵道局直營遠元十周年記念祝賀會2全鮮蹴球大會の花やかな入場式3同第一日セブランス醫專對鐵道局戰の前半セブランス側が敵のゴール直前へ肉薄4一日擧行の京城府營プール開き)
263183	朝鮮朝日	南鮮版	1935-06-04	1	06단	天勝公演日程愛讀者優待
263184	朝鮮朝日	南鮮版	1935-06-04	1	07단	京畿警部補級異動
263185	朝鮮朝日	南鮮版	1935-06-04	1	07단	列車から墜落右足を轢斷さる大興電氣營業主任の奇禍
263186	朝鮮朝日	南鮮版	1935-06-04	1	07단	馬場辯護士強制收容さる
263187	朝鮮朝日	南鮮版	1935-06-04	1	08단	箱詰女歸る釜山で愛の巣
263188	朝鮮朝日	南鮮版	1935-06-04	1	08단	各地から(釜山/京城)
263189	朝鮮朝日	南鮮版	1935-06-04	1	09단	會と催(朝鮮商議常議員會/朝取軍役會/朝鮮電氣協會/龍山鐵道局プール開き/釜山鐵道事務所祝宴/大田鐵道事務所自祝宴)
263190	朝鮮朝日	南鮮版	1935-06-04	1	10단	公私消息(伊藤京城商議理事/森山法制局第一部長/京城女師旅行團/高岡商議視察團/豊住朝運監査役/竹島前朝運社長/山本西鮮電氣社長/岡部貴族院議員/水野釜山商議理事/松本朝鮮製鍊社長/吉田鐵道局長/オウリッチ駐日伊國大使/田中農林局技師)
263191	朝鮮朝日	南鮮版	1935-06-04	1	10단	下關水産市況(三日)
263192	朝鮮朝日	西北版	1935-06-05	1	01단	電氣府營十周年に十萬燈を突破か早から祝賀會の計劃
263193	朝鮮朝日	西北版	1935-06-05	1	01단	細民アパートや託兒所を設置平南と平壤の明年度新規事業近く國庫補助を申請
263194	朝鮮朝日	西北版	1935-06-05	1	01단	船車連帶の輸送實現が急務不便な日本海時代
263195	朝鮮朝日	西北版	1935-06-05	1	02단	健康優良兒を語る(3)/冬の眞っ最中も驚く程の薄着ランニングが大得意巖村佳子さん
263196	朝鮮朝日	西北版	1935-06-05	1	03단	本社優勝杯は本島氏が獲得平壤のゴルフ戰
263197	朝鮮朝日	西北版	1935-06-05	1	04단	新義州電氣新供給區域
263198	朝鮮朝日	西北版	1935-06-05	1	04단	第三明文橋架設に着手
263199	朝鮮朝日	西北版	1935-06-05	1	05단	平南武道大會嚴肅な慰靈祭執行
263200	朝鮮朝日	西北版	1935-06-05	1	05단	七月頃設置滿洲國稅關
263201	朝鮮朝日	西北版	1935-06-05	1	05단	平北前川まで長津線を延長新興鐵道で調査開始
263202	朝鮮朝日	西北版	1935-06-05	1	05단	優雅な休憩所酒巖山に新設
263203	朝鮮朝日	西北版	1935-06-05	1	06단	一人一題(融和の三原則 咸南參與官金泰錫氏)
263204	朝鮮朝日	西北版	1935-06-05	1	06단	半ボギー車中旬頃に到着
263205	朝鮮朝日	西北版	1935-06-05	1	06단	武道を鼓吹し靑少年の鍛鍊平南に漲る日本精神
263206	朝鮮朝日	西北版	1935-06-05	1	07단	話の種
263207	朝鮮朝日	西北版	1935-06-05	1	07단	神バス四台月末から運轉
263208	朝鮮朝日	西北版	1935-06-05	1	08단	五ヶ月間に百六十萬枚咸南の繩叺
263209	朝鮮朝日	西北版	1935-06-05	1	08단	アサヒ・スポーツ(六月一日號)

일련번호	판명		간행일	면	단수	기사명
263210	朝鮮朝日	西北版	1935-06-05	1	09단	輸入粟激增
263211	朝鮮朝日	西北版	1935-06-05	1	09단	安い人造氷を京城へ賣出す既に約二千噸を貯藏
263212	朝鮮朝日	西北版	1935-06-05	1	09단	朝日映畫の夕
263213	朝鮮朝日	西北版	1935-06-05	1	09단	片倉ビルは下旬に竣工
263214	朝鮮朝日	西北版	1935-06-05	1	09단	會と催(簡保宣傳映畫會/報德會聯合會總會)
263215	朝鮮朝日	西北版	1935-06-05	1	10단	綠水の心中
263216	朝鮮朝日	西北版	1935-06-05	1	10단	咸南の産米改良組合好成績
263217	朝鮮朝日	西北版	1935-06-05	1	10단	樂浪小話
263218	朝鮮朝日	南鮮版	1935-06-05	1	01단	明年度、京畿道に學務部を新設か次いで慶北、平南に及ぼし時勢順應の學務行政
263219	朝鮮朝日	南鮮版	1935-06-05	1	01단	佛教復興に前進寺院の廓淸斷行本府、各知事へ嚴達す/調査委員會官民合同で組織
263220	朝鮮朝日	南鮮版	1935-06-05	1	01단	健康優良兒を語る(4)/家庭ではお茶目笑ひの震原地竝ゐる審査員も驚く中上孝子さん
263221	朝鮮朝日	南鮮版	1935-06-05	1	02단	霸者京城の手に輝く本社優勝杯全日本蹴球選手權大會に制霸痛快・萬丈の氣を吐く(優勝試合)
263222	朝鮮朝日	南鮮版	1935-06-05	1	04단	三、四日の降雨量
263223	朝鮮朝日	南鮮版	1935-06-05	1	04단	司法官試補第二次試驗
263224	朝鮮朝日	南鮮版	1935-06-05	1	04단	郵便所長會議京城で開催
263225	朝鮮朝日	南鮮版	1935-06-05	1	05단	ハダカの府尹巨軀に深呼吸よろしく昔おぼえた水府流
263226	朝鮮朝日	南鮮版	1935-06-05	1	05단	豪雨で一先づ愁眉を開く湖南、西鮮はまだ不足
263227	朝鮮朝日	南鮮版	1935-06-05	1	07단	各航路缺航
263228	朝鮮朝日	南鮮版	1935-06-05	1	09단	アサヒ・スポーツ(六月一日號)
263229	朝鮮朝日	南鮮版	1935-06-05	1	09단	西條利八氏副議長當選釜山初府會
263230	朝鮮朝日	南鮮版	1935-06-05	1	09단	會と催(朝鮮貿易協會理事會/京城培材高等普通學校創立五十周年記念式)
263231	朝鮮朝日	南鮮版	1935-06-05	1	10단	投票せぬ有權者袋叩き
263232	朝鮮朝日	南鮮版	1935-06-05	1	10단	麗水赤の一味公判へ回付
263233	朝鮮朝日	南鮮版	1935-06-05	1	10단	公私消息(クロースン香港駐在英國武宮/松山代議士/京城女子實業旅行團/京師旅行團/田中總督府通譯官)
263234	朝鮮朝日	南鮮版	1935-06-05	1	10단	下關水産市況(四日)
263235	朝鮮朝日	西北版	1935-06-06	1	01단	咸興署の新築燒り宙に浮く五千圓大興電氣支店の寄附申出を期成會きっぱり謝絶/異例の巨額森支店長談/誠意がない交涉委員談
263236	朝鮮朝日	西北版	1935-06-06	1	01단	健康優良兒を語る(4)/家庭ではお茶目笑ひの震原地竝ゐる審査員も驚く中上孝子さん
263237	朝鮮朝日	西北版	1935-06-06	1	02단	一人一題(若返りの祕訣 清津稅關長佐々木光雄氏)
263238	朝鮮朝日	西北版	1935-06-06	1	03단	若人一千を動員勇壯な聯合演習元山港を中心に擧行
263239	朝鮮朝日	西北版	1935-06-06	1	04단	寄生蜂繁殖を計る
263240	朝鮮朝日	西北版	1935-06-06	1	05단	國防機製作費平南道議員も獻金

일련번호	판명		간행일	면	단수	기사명
263241	朝鮮朝日	西北版	1935-06-06	1	05단	西鮮への送電は十二月に開始變電所は全國一の規模を誇り躍進平壤の新名所
263242	朝鮮朝日	西北版	1935-06-06	1	06단	內田錄雄氏副議長當選か平壤初府會
263243	朝鮮朝日	西北版	1935-06-06	1	06단	近く送電會社へ直接買電の交渉實現せば十萬圓浮く
263244	朝鮮朝日	西北版	1935-06-06	1	06단	大賑ひの雄基開港記念祭
263245	朝鮮朝日	西北版	1935-06-06	1	08단	三萬町步の甜菜畑を經營咸北神谷農場の計劃
263246	朝鮮朝日	西北版	1935-06-06	1	08단	斷然石炭が首位を占む平南の鑛産額
263247	朝鮮朝日	西北版	1935-06-06	1	08단	第一號塼槨墳十日から發掘
263248	朝鮮朝日	西北版	1935-06-06	1	09단	平鐵管內旅客事故
263249	朝鮮朝日	西北版	1935-06-06	1	09단	理想的驛舍に五十萬圓で改築新平壤驛の設計內容
263250	朝鮮朝日	西北版	1935-06-06	1	10단	夜陰に乘じ送電線盜む七人組捕はる
263251	朝鮮朝日	西北版	1935-06-06	1	10단	列車を停む(1馬を曳く女/2線路に寢る男)
263252	朝鮮朝日	西北版	1935-06-06	1	10단	各地だより(平壤/沙里院)
263253	朝鮮朝日	南鮮版	1935-06-06	1	01단	初等校の就學兒童記錄破りの激增施設充實と農村好景氣で高まる知識の水準/教育機關の擴充今後調査會で努力
263254	朝鮮朝日	南鮮版	1935-06-06	1	01단	釜山初府會終る
263255	朝鮮朝日	南鮮版	1935-06-06	1	01단	譽れの本社慈愛旗芝芳里託兒所へ傳達
263256	朝鮮朝日	南鮮版	1935-06-06	1	02단	健康優良兒を語る(5)/未明に金棒運動夕方に冷水浴美談父性愛は輝く李軫鎬君
263257	朝鮮朝日	南鮮版	1935-06-06	1	03단	再び副議長に高田翁當選大邱初府會
263258	朝鮮朝日	南鮮版	1935-06-06	1	03단	各地から(晉州/大邱)
263259	朝鮮朝日	南鮮版	1935-06-06	1	04단	李堈殿下御歸城
263260	朝鮮朝日	南鮮版	1935-06-06	1	05단	上棟式擧行纖維工業會社
263261	朝鮮朝日	南鮮版	1935-06-06	1	05단	總督全南北を視察
263262	朝鮮朝日	南鮮版	1935-06-06	1	05단	釜山教育部會
263263	朝鮮朝日	南鮮版	1935-06-06	1	05단	會と催(朝鮮酒造協會打合會/京畿道農民デー/春季の朝鮮藥劑師試驗/桂貞植氏ヴァイオリン演奏會/京城南山稻荷社夏季大祭/大田鐵道事務所管內「鐵道の夕」/朝鮮織物會社株主總會/慶北國勢調査事務打合會)
263264	朝鮮朝日	南鮮版	1935-06-06	1	06단	けふの話題
263265	朝鮮朝日	南鮮版	1935-06-06	1	06단	公私消息(森專賣局庶務課長/小林農林省米穀部專務官/高瀬朝運營業課長、增田同庶務課長/西龜總督府衛生課長)
263266	朝鮮朝日	南鮮版	1935-06-06	1	07단	溫泉ホテル溫陽に出來る
263267	朝鮮朝日	南鮮版	1935-06-06	1	07단	保證金詐取を死で清算雲隱れ社員から謎の手紙
263268	朝鮮朝日	南鮮版	1935-06-06	1	07단	地方稅制整理漸進的に實行今井田政務總監語る
263269	朝鮮朝日	南鮮版	1935-06-06	1	08단	慶北府尹郡守會議
263270	朝鮮朝日	南鮮版	1935-06-06	1	08단	厭世自殺
263271	朝鮮朝日	南鮮版	1935-06-06	1	08단	盜掘者卅名にお灸
263272	朝鮮朝日	南鮮版	1935-06-06	1	09단	刃物を翳し法廷へ押かく傷害致死の辯護に憤慨して
263273	朝鮮朝日	南鮮版	1935-06-06	1	09단	强風の犧牲(1漢江/2洛東江)

일련번호	판명		간행일	면	단수	기사명
263274	朝鮮朝日	南鮮版	1935-06-06	1	09단	三少年溺死
263275	朝鮮朝日	南鮮版	1935-06-06	1	09단	ふぐで死亡
263276	朝鮮朝日	南鮮版	1935-06-06	1	10단	下關水産市況(五日)
263277	朝鮮朝日	南鮮版	1935-06-06	1	10단	貓野三毛男君來鮮
263278	朝鮮朝日	西北版	1935-06-07	1	01단	軍需インフレで灼熱する鎔鑛爐鐵都兼二浦の日鐵大擴張五年振りに春蘇る
263279	朝鮮朝日	西北版	1935-06-07	1	01단	送電會社から直接配電を拒絶平壤府電苦境に陷る
263280	朝鮮朝日	西北版	1935-06-07	1	01단	健康優良兒を語る(5)/未明に金棒運動夕方に冷水浴美談父性愛は輝く李軫鎬君
263281	朝鮮朝日	西北版	1935-06-07	1	02단	濠洲の種羊下旬雄基へ
263282	朝鮮朝日	西北版	1935-06-07	1	02단	滿洲特産大豆對歐輸出始まる第一船清津へ入港
263283	朝鮮朝日	西北版	1935-06-07	1	04단	公私消息(八島平壤土木出張所長/甘蔗平壤稅務監督局長/植原平壤憲兵隊長)
263284	朝鮮朝日	西北版	1935-06-07	1	04단	城津小學校落成式
263285	朝鮮朝日	西北版	1935-06-07	1	04단	時の記念日平壤の催し
263286	朝鮮朝日	西北版	1935-06-07	1	05단	腐る平壤商議國境との通話思ふに任せず
263287	朝鮮朝日	西北版	1935-06-07	1	05단	懸案の放送局實現に一路邁進平壤遞信分掌局起つ
263288	朝鮮朝日	西北版	1935-06-07	1	05단	咸南沿岸に凄い鰯景氣昨年同期の三倍以上
263289	朝鮮朝日	西北版	1935-06-07	1	06단	一人一題(冥想の效用 平壤山手小學校長下村昌實氏)
263290	朝鮮朝日	西北版	1935-06-07	1	06단	植田軍司令官
263291	朝鮮朝日	西北版	1935-06-07	1	06단	高山面の救濟見事實を結ぶ
263292	朝鮮朝日	西北版	1935-06-07	1	07단	博物館充實
263293	朝鮮朝日	西北版	1935-06-07	1	07단	死亡は七名豚肉の中毒か
263294	朝鮮朝日	西北版	1935-06-07	1	07단	朝日映畫の夕
263295	朝鮮朝日	西北版	1935-06-07	1	08단	平壤の除隊兵
263296	朝鮮朝日	西北版	1935-06-07	1	08단	夏は招く平壤近郊の遊覽地(妙香山/九月山/東林の瀑布/夢金浦海水浴場)
263297	朝鮮朝日	西北版	1935-06-07	1	09단	運動競技界(西鮮中等學校庭球試合/平鐵４A平實３)
263298	朝鮮朝日	西北版	1935-06-07	1	09단	各地だより(平壤/開城)
263299	朝鮮朝日	西北版	1935-06-07	1	09단	一面一社づつ神祠を建立先づ學組所在地から
263300	朝鮮朝日	西北版	1935-06-07	1	10단	平壤師範演奏會
263301	朝鮮朝日	西北版	1935-06-07	1	10단	樂浪小話
263302	朝鮮朝日	南鮮版	1935-06-07	1	01단	宗教界に大鉈揮ひ明朗な法城建設十日に初打合會を開催し廓清具體案を確立
263303	朝鮮朝日	南鮮版	1935-06-07	1	01단	時事解說放送朝鮮でも聽ける當局、中繼許可に內定
263304	朝鮮朝日	南鮮版	1935-06-07	1	01단	地主と小作人で株式會社を組織全南農村に光る佳話
263305	朝鮮朝日	南鮮版	1935-06-07	1	01단	赤十字社へ千圓を寄附水原の佐藤氏
263306	朝鮮朝日	南鮮版	1935-06-07	1	02단	入賞者決る朝鮮神宮奉贊唱歌
263307	朝鮮朝日	南鮮版	1935-06-07	1	02단	健康優良兒を語る(6)/南國に萌え立つ逞しい三人力光州小學校の人氣者梅崎兼一君

일련번호	판명		간행일	면	단수	기사명
263308	朝鮮朝日	南鮮版	1935-06-07	1	03단	稅監局長會議
263309	朝鮮朝日	南鮮版	1935-06-07	1	03단	各派の活躍副議長候補者の顔觸れ
263310	朝鮮朝日	南鮮版	1935-06-07	1	04단	京電立往生
263311	朝鮮朝日	南鮮版	1935-06-07	1	04단	時の記念日京城の催し
263312	朝鮮朝日	南鮮版	1935-06-07	1	04단	早くも十名釜山商議戰
263313	朝鮮朝日	南鮮版	1935-06-07	1	05단	圖書館大會今秋京城で
263314	朝鮮朝日	南鮮版	1935-06-07	1	05단	榮え輝く優勝旗醫專軍獲得す本社京城支局主催蹴球大會優勝戰に朝蹴軍棄權/法專軍全勝庭球リーグ戰/高商優勝す京城專門野球
263315	朝鮮朝日	南鮮版	1935-06-07	1	06단	各地から(釜山/京城/鎭海)
263316	朝鮮朝日	南鮮版	1935-06-07	1	06단	廿師團管下除隊兵
263317	朝鮮朝日	南鮮版	1935-06-07	1	06단	檢擧より善導へ各道に專任係官を置き高等警察陣を刷新
263318	朝鮮朝日	南鮮版	1935-06-07	1	07단	松永に一年半求刑
263319	朝鮮朝日	南鮮版	1935-06-07	1	08단	また大邱へ買鑛所設置鑛業開發會社
263320	朝鮮朝日	南鮮版	1935-06-07	1	08단	赤の一味十數名檢擧
263321	朝鮮朝日	南鮮版	1935-06-07	1	08단	螢狩り大會大田の讀者慰安
263322	朝鮮朝日	南鮮版	1935-06-07	1	08단	豪奢な邸宅の主實は稀代の金庫破り
263323	朝鮮朝日	南鮮版	1935-06-07	1	09단	在外派遣員會議
263324	朝鮮朝日	南鮮版	1935-06-07	1	09단	捜しあてた弟は留置場で狂ふ身溫情の兄むせび泣く
263325	朝鮮朝日	南鮮版	1935-06-07	1	09단	公私消息(菊池殖銀監事/中野國際通運社長)
263326	朝鮮朝日	南鮮版	1935-06-07	1	10단	京城組合銀行五月末の帳尻/手形交換高
263327	朝鮮朝日	南鮮版	1935-06-07	1	10단	滿洲國から視察團來鮮
263328	朝鮮朝日	南鮮版	1935-06-07	1	10단	會と催(大邱卸商組合臨時總會/釜山特産品販賣組合創立總會)
263329	朝鮮朝日	南鮮版	1935-06-07	1	10단	下關水産市況(六日)
263330	朝鮮朝日	西北版	1935-06-08	1	01단	竣工近き大漁港に競ひ立つ鰯會社貯木場を設け、運河を掘り淸津に築く水産王國
263331	朝鮮朝日	西北版	1935-06-08	1	01단	全鮮一の亞鉛鑛愈よ採掘に着手成川郡の三十餘鑛區
263332	朝鮮朝日	西北版	1935-06-08	1	01단	平壤初府會十日に開く
263333	朝鮮朝日	西北版	1935-06-08	1	01단	溫泉さがし黃州で開始
263334	朝鮮朝日	西北版	1935-06-08	1	02단	平南北地方水不足揷秧は遲れる
263335	朝鮮朝日	西北版	1935-06-08	1	02단	健康優良兒を語る(6)/南國に萌え立つ遲しい三人力光州小學校の人氣者梅崎兼一君
263336	朝鮮朝日	西北版	1935-06-08	1	03단	冷害罹災民へ義金殘額分配
263337	朝鮮朝日	西北版	1935-06-08	1	04단	平南の二會議
263338	朝鮮朝日	西北版	1935-06-08	1	04단	十日に開所式運輸部淸津出張所
263339	朝鮮朝日	西北版	1935-06-08	1	04단	不衛生な家屋道令で改善せよ咸南の府尹、郡守會議へ永興郡守から提案
263340	朝鮮朝日	西北版	1935-06-08	1	04단	處女航海終へて嘉義丸淸津へ入港
263341	朝鮮朝日	西北版	1935-06-08	1	05단	一人一題(漢藥の更生 咸南衛生課長井上八重二氏)

일련번호	판명		간행일	면	단수	기사명
263342	朝鮮朝日	西北版	1935-06-08	1	06단	沙糖輸出の復活を陳情
263343	朝鮮朝日	西北版	1935-06-08	1	06단	近代兵器製作に職工の頭惱動員平壤兵器製造所の獎勵奏功俄然發明熱昂まる
263344	朝鮮朝日	西北版	1935-06-08	1	07단	錬瓦製造を機械力で一新活況の咸興刑務所
263345	朝鮮朝日	西北版	1935-06-08	1	08단	融和美談の清き一票棄權防止の過勞に倒れ面民の介抱で投票
263346	朝鮮朝日	西北版	1935-06-08	1	09단	北鮮新潟航路連帶輸送を開始十日から便利になる
263347	朝鮮朝日	西北版	1935-06-08	1	09단	朝日映畫の夕
263348	朝鮮朝日	西北版	1935-06-08	1	10단	七區に分ち細民を調査
263349	朝鮮朝日	西北版	1935-06-08	1	10단	七名重傷す寓農亭の床墜落
263350	朝鮮朝日	西北版	1935-06-08	1	10단	子女三名を馬賊拉致す
263351	朝鮮朝日	西北版	1935-06-08	1	10단	鐘紡敷地內の小作人操める
263352	朝鮮朝日	西北版	1935-06-08	1	10단	電氣課の怠慢から出火
263353	朝鮮朝日	南鮮版	1935-06-08	1	01단	農村振興事業の大成は近い將來南鮮地方視察の旅を終り宇垣總督の車中談
263354	朝鮮朝日	南鮮版	1935-06-08	1	01단	人を食った味を賣るアイスケーキ屋にも新傾向
263355	朝鮮朝日	南鮮版	1935-06-08	1	01단	季節の寵兒鮎狩り全南の釣場だより
263356	朝鮮朝日	南鮮版	1935-06-08	1	02단	「お國のため」と感激の國防獻金國防飛行機獻納會の飛檄に各道から續々集る
263357	朝鮮朝日	南鮮版	1935-06-08	1	04단	慶南府尹郡守會議
263358	朝鮮朝日	南鮮版	1935-06-08	1	04단	地方課長會議地方稅制整理の實行案協議
263359	朝鮮朝日	南鮮版	1935-06-08	1	04단	雙方の意見聽き調停のつもり鮮米運賃問題の紛糾を憂慮井上遞信局長語る
263360	朝鮮朝日	南鮮版	1935-06-08	1	04단	後藤氏當選仁川府會副議長
263361	朝鮮朝日	南鮮版	1935-06-08	1	05단	心田開發放送直接寺院から
263362	朝鮮朝日	南鮮版	1935-06-08	1	05단	急速濾過裝置中旬から動く水飢饉の不安解消
263363	朝鮮朝日	南鮮版	1935-06-08	1	05단	巡査へ服報貸與品規則改正
263364	朝鮮朝日	南鮮版	1935-06-08	1	05단	第一線から引退の意向釜山の香椎翁
263365	朝鮮朝日	南鮮版	1935-06-08	1	06단	勝者の榮光(本社京城支局主催全鮮蹴球大會優勝チーム京城醫專へ八尾本社京城支局長より優勝旗授與(五日京城運動場))
263366	朝鮮朝日	南鮮版	1935-06-08	1	06단	盛大な見送り入營兵出發す廿師團の千八百名(入營兵の到着時刻)
263367	朝鮮朝日	南鮮版	1935-06-08	1	07단	雌馬場里に新水源地建設
263368	朝鮮朝日	南鮮版	1935-06-08	1	07단	「あなご」販賣統制を實施三道協議會で決定す
263369	朝鮮朝日	南鮮版	1935-06-08	1	07단	トラック墜落五名死傷す醉っ拂ひの惡戲から
263370	朝鮮朝日	南鮮版	1935-06-08	1	08단	鮮米生產費で妥協は至難資料再提出の要求に關し本府農林局の見解(三委員歸鮮)
263371	朝鮮朝日	南鮮版	1935-06-08	1	08단	善感者でも痘瘡に罹り易い數字の示す奇體な現象に專門家も首を捻る

일련번호	판명		간행일	면	단수	기사명
263372	朝鮮朝日	南鮮版	1935-06-08	1	08단	中央高普事件求刑
263373	朝鮮朝日	南鮮版	1935-06-08	1	09단	大豊作豫想慶南の麥作
263374	朝鮮朝日	南鮮版	1935-06-08	1	10단	負擔金全免水害の大渚面に三年間
263375	朝鮮朝日	南鮮版	1935-06-08	1	10단	會と催(晉州國防議會總會)
263376	朝鮮朝日	南鮮版	1935-06-08	1	10단	下關水産市況(七日)
263377	朝鮮朝日	南鮮版	1935-06-08	1	10단	鷄林かゞみ
263378	朝鮮朝日	西北版	1935-06-09	1	01단	大空の討匪行にプス・モス機快翔舊式のサルムソン機では肝腎の嚴冬に微力
263379	朝鮮朝日	西北版	1935-06-09	1	01단	自發的の資金で建立させたい一面一社計劃の實現に關し安武平南知事語る
263380	朝鮮朝日	西北版	1935-06-09	1	01단	大同江流域に「黃葉潛り」發生苗代の被害三千町步
263381	朝鮮朝日	西北版	1935-06-09	1	01단	滿洲特産大豆積取の第一線(六日夜淸津入港のマレヤ號)
263382	朝鮮朝日	西北版	1935-06-09	1	02단	*副議長問題で烈しい競爭淸津初府會/開城初府會*
263383	朝鮮朝日	西北版	1935-06-09	1	03단	肥料配給所西鮮は三ヶ所
263384	朝鮮朝日	西北版	1935-06-09	1	03단	一萬キロは自家發電石灰窒素工場
263385	朝鮮朝日	西北版	1935-06-09	1	04단	平北に降雹
263386	朝鮮朝日	西北版	1935-06-09	1	04단	白服光る六月の街頭((上)平壤大和町(下)平壤外人村)
263387	朝鮮朝日	西北版	1935-06-09	1	04단	十五路線の鋪裝七月中旬に着手面目を一新する平壤
263388	朝鮮朝日	西北版	1935-06-09	1	04단	開城の北郊に生れ出る藥草園唯一の研究所も設置
263389	朝鮮朝日	西北版	1935-06-09	1	05단	一人一題(滿洲の馬賊 第十九師團長鈴木美通氏)
263390	朝鮮朝日	西北版	1935-06-09	1	05단	失職を免る合電從業員
263391	朝鮮朝日	西北版	1935-06-09	1	05단	佃煮用魚が咸南に豊富
263392	朝鮮朝日	西北版	1935-06-09	1	06단	平壤刑務所囚人の教養調べ
263393	朝鮮朝日	西北版	1935-06-09	1	07단	古場、板面間の道路を改修主に冷害罹災民使用
263394	朝鮮朝日	西北版	1935-06-09	1	08단	八百萬斤の增收を豫想さる平南棉作の作柄良好
263395	朝鮮朝日	西北版	1935-06-09	1	08단	荷役を改善兼二浦の日鐵
263396	朝鮮朝日	西北版	1935-06-09	1	08단	鮮內侵入の匪賊全部對岸へ脱出討伐應援隊引揚げ
263397	朝鮮朝日	西北版	1935-06-09	1	08단	平壤の觀光客
263398	朝鮮朝日	西北版	1935-06-09	1	08단	西鮮三道の簡保募集高
263399	朝鮮朝日	西北版	1935-06-09	1	08단	朝日映畫の夕
263400	朝鮮朝日	西北版	1935-06-09	1	09단	府電買收の交涉を斷念新府會も反對
263401	朝鮮朝日	西北版	1935-06-09	1	09단	快速船で密漁を取締る
263402	朝鮮朝日	西北版	1935-06-09	1	10단	燒酎の需要俄かに激增
263403	朝鮮朝日	西北版	1935-06-09	1	10단	郵便局所長異動
263404	朝鮮朝日	西北版	1935-06-09	1	10단	各地から(平壤/開城/沙里院)
263405	朝鮮朝日	南鮮版	1935-06-09	1	01단	*鐵道交通の全貌を一目で分らせる直營十周年記念博物館に內外の資料一千點/黑字の割合に輕いボーナス袋數日後鐵道從業員の懷へザット七十八萬圓*
263406	朝鮮朝日	南鮮版	1935-06-09	1	01단	十周年祝賀會大田鐵道事務所で擧行

일련번호	판명		간행일	면	단수	기사명
263407	朝鮮朝日	南鮮版	1935-06-09	1	01단	寺内伯の坐像九月頃に飾る製作は朝倉文夫氏
263408	朝鮮朝日	南鮮版	1935-06-09	1	01단	三千二百萬圓の商品を賣込み北鐵代償金の物資支拂ひに釜山商人から交渉
263409	朝鮮朝日	南鮮版	1935-06-09	1	03단	三千六百名を集め都市敎化の懇談町洞會評議員を悉く動員して京城に布く敎化網
263410	朝鮮朝日	南鮮版	1935-06-09	1	03단	違約の投票者を袋叩き
263411	朝鮮朝日	南鮮版	1935-06-09	1	04단	高山東拓總裁
263412	朝鮮朝日	南鮮版	1935-06-09	1	04단	鼎巖橋の竣工式十五日盛大に擧行
263413	朝鮮朝日	南鮮版	1935-06-09	1	05단	中旬から受信東萊受信所
263414	朝鮮朝日	南鮮版	1935-06-09	1	05단	郵便局所異動
263415	朝鮮朝日	南鮮版	1935-06-09	1	06단	時の記念日釜山の行事
263416	朝鮮朝日	南鮮版	1935-06-09	1	06단	忠南郡守會議
263417	朝鮮朝日	南鮮版	1935-06-09	1	06단	ラヂオの大衆化近く共同聽取を實現
263418	朝鮮朝日	南鮮版	1935-06-09	1	06단	京城の傳染病增加
263419	朝鮮朝日	南鮮版	1935-06-09	1	06단	會と催(浦項初邑會/釜山府史編集委員會/大邱飛行場設置期成會幹事會/水道協會朝鮮支部總會/遞信局内各課對抗陸上競技大會/朝取宙(重)役會/朝鮮商工會議所常議員會/朝鮮商工會議所總會/京城專賣局販賣所長會議/京城專門學校學生聯盟主催武道大會/全鮮刑務所製作品品評會/仁川商工會議所役員會/京城府公立初等學校職員の田植府外京畿道農事試驗/忠南殉職警察官、消防職員招魂祭)
263420	朝鮮朝日	南鮮版	1935-06-09	1	07단	各地から(京城/釜山/大邱/大田)
263421	朝鮮朝日	南鮮版	1935-06-09	1	07단	少壯屬官の品格向上を計る行政講習所を復活
263422	朝鮮朝日	南鮮版	1935-06-09	1	07단	天然痘一週間に廿七名發生
263423	朝鮮朝日	南鮮版	1935-06-09	1	08단	汚物處理場大規模に建設/愈よ手數料を徵收
263424	朝鮮朝日	南鮮版	1935-06-09	1	09단	天然痘發生で占東公普休校
263425	朝鮮朝日	南鮮版	1935-06-09	1	09단	釜山商議選擧懇談會
263426	朝鮮朝日	南鮮版	1935-06-09	1	09단	公私消息(中村遞信局副事務官/本社京城支局來訪)
263427	朝鮮朝日	南鮮版	1935-06-09	1	10단	下關水産市況(八日)
263428	朝鮮朝日	南鮮版	1935-06-09	1	10단	鷄林かゞみ
263429	朝鮮朝日	西北版	1935-06-11	1	01단	增殖第二年度に早くも一萬頭滿人牧夫の神祕な原始治療素晴しい緬羊咸北
263430	朝鮮朝日	西北版	1935-06-11	1	01단	耳のお掃除(平壤高射砲隊所見)
263431	朝鮮朝日	西北版	1935-06-11	1	01단	滿蒙飛躍に備へ滿洲語科を新設元山商業の學則改正
263432	朝鮮朝日	西北版	1935-06-11	1	02단	赤十字社診療班咸南へ
263433	朝鮮朝日	西北版	1935-06-11	1	02단	米穀大會は九月廿一、二兩日
263434	朝鮮朝日	西北版	1935-06-11	1	03단	平壤港五月中の貿易額
263435	朝鮮朝日	西北版	1935-06-11	1	04단	五十萬人を目標に都計の練り直し平壤の官民有力者を網羅し近く委員會を組織
263436	朝鮮朝日	西北版	1935-06-11	1	04단	道廳の改築豫算八十萬圓を要求平南から本府へ折衝

일련번호	판명		간행일	면	단수	기사명
263437	朝鮮朝日	西北版	1935-06-11	1	04단	雄基を視察來鮮の林陸相
263438	朝鮮朝日	西北版	1935-06-11	1	05단	減收を豫想平南の麥作
263439	朝鮮朝日	西北版	1935-06-11	1	05단	平南農産加工品生産高
263440	朝鮮朝日	西北版	1935-06-11	1	06단	鐵道警備演習
263441	朝鮮朝日	西北版	1935-06-11	1	06단	平壤の工業
263442	朝鮮朝日	西北版	1935-06-11	1	06단	一人一題(登山の醍醐味 商銀平壤支店長鹽谷彌三郎氏)
263443	朝鮮朝日	西北版	1935-06-11	1	07단	新義州電氣供給區域
263444	朝鮮朝日	西北版	1935-06-11	1	07단	兄を諌めに自殺を計る親孝行の靑年
263445	朝鮮朝日	西北版	1935-06-11	1	08단	債券を種に一千圓詐取
263446	朝鮮朝日	西北版	1935-06-11	1	08단	柳京情緒に憧れ京の珍客平壤で一泊大歡迎の準備すゝむ
263447	朝鮮朝日	西北版	1935-06-11	1	08단	運動競技界(平實7日鐵2)
263448	朝鮮朝日	西北版	1935-06-11	1	08단	藝苑座の御難
263449	朝鮮朝日	西北版	1935-06-11	1	08단	門司埠頭で悲戀の一幕平南生れの男
263450	朝鮮朝日	西北版	1935-06-11	1	09단	朝日映畵の夕
263451	朝鮮朝日	西北版	1935-06-11	1	09단	大聖山麓から華麗な古墳發見小泉館長が實地調査
263452	朝鮮朝日	西北版	1935-06-11	1	09단	劇と映畵(平壤 階樂館)
263453	朝鮮朝日	西北版	1935-06-11	1	10단	各地から(平壤/咸興)
263454	朝鮮朝日	西北版	1935-06-11	1	10단	公私消息(安武平南知事)
263455	朝鮮朝日	西北版	1935-06-11	1	10단	樂浪小話
263456	朝鮮朝日	南鮮版	1935-06-11	1	01단	內地と聯絡をとり釜山の紹介宣傳各種の懸案實現を機會に觀光協會を復活
263457	朝鮮朝日	南鮮版	1935-06-11	1	01단	林陸相一行十三日に來城在城中の行動豫定
263458	朝鮮朝日	南鮮版	1935-06-11	1	01단	鋪裝道路決る本年度に完成
263459	朝鮮朝日	南鮮版	1935-06-11	1	01단	朝鮮神宮の奉讚唱歌一等入選作(田島氏談)
263460	朝鮮朝日	南鮮版	1935-06-11	1	02단	西大門刑務所拘置監の落成式(上は增永法務局長の玉串禮)
263461	朝鮮朝日	南鮮版	1935-06-11	1	02단	愛と勤勞の村へスラム街の更生四恩園の尊い努力
263462	朝鮮朝日	南鮮版	1935-06-11	1	03단	京畿道の農民デー
263463	朝鮮朝日	南鮮版	1935-06-11	1	03단	仁川港五月の貿易狀況
263464	朝鮮朝日	南鮮版	1935-06-11	1	04단	稅關長會議第一日
263465	朝鮮朝日	南鮮版	1935-06-11	1	04단	放送プロに新味DK改善案の骨子
263466	朝鮮朝日	南鮮版	1935-06-11	1	04단	拘留期間の通算に異議金昌洙から
263467	朝鮮朝日	南鮮版	1935-06-11	1	05단	軍犬天晴れ大田で實演
263468	朝鮮朝日	南鮮版	1935-06-11	1	05단	慶全線に二工事區新設
263469	朝鮮朝日	南鮮版	1935-06-11	1	05단	晴れの入營兵
263470	朝鮮朝日	南鮮版	1935-06-11	1	06단	春繭初取引
263471	朝鮮朝日	南鮮版	1935-06-11	1	06단	長期年次計劃で農業校を增設卒業生供給難を解消
263472	朝鮮朝日	南鮮版	1935-06-11	1	06단	運動競技界(女子中等對抗陸上競技大會/滿洲對全朝鮮庭球/女子中等籠球豫選/鐵道4A府廳3京城實業野球/ドロン・ゲーム殖銀對京電戰/滿鐵勝つ對京城排球/京電優勝す春季漕艇大會/慶北武道大會/アマチュア拳鬪選手權大會)

일련번호	판명		간행일	면	단수	기사명
263473	朝鮮朝日	南鮮版	1935-06-11	1	07단	腸チフス患者順化院を脱走
263474	朝鮮朝日	南鮮版	1935-06-11	1	07단	けふの話題
263475	朝鮮朝日	南鮮版	1935-06-11	1	08단	各地から(釜山/京城)
263476	朝鮮朝日	南鮮版	1935-06-11	1	09단	沙川事件首魁に十年の判決
263477	朝鮮朝日	南鮮版	1935-06-11	1	09단	會と催(忠南道教育會評議員會/京畿道國勢調査事務打合會/朝鮮汽船重役會/朝鮮農會臨時總會/京城初等教員書道講習會/大邱の慰靈祭/詩吟講習會/遞信局分掌局長會議)
263478	朝鮮朝日	南鮮版	1935-06-11	1	10단	公私消息(大串軍參謀長/三宅第二十師團長、黑田參謀長/片山三成釜山社長/淸水鐵道局工務課長)
263479	朝鮮朝日	南鮮版	1935-06-11	1	10단	下關水産市況(十日)
263480	朝鮮朝日	南鮮版	1935-06-11	1	10단	鷄林かゞみ
263481	朝鮮朝日	西北版	1935-06-12	1	01단	北鮮三港の發展に感嘆の聲を放つ「匪賊は四、五年內に閉熄」林陸相の縱橫談
263482	朝鮮朝日	西北版	1935-06-12	1	01단	入營と除隊で歡送迎の渦卷淸津を彩る軍國風景
263483	朝鮮朝日	西北版	1935-06-12	1	01단	平壤放送局新設に決る明年度に完成の豫定
263484	朝鮮朝日	西北版	1935-06-12	1	01단	*稻葉氏當選平壤府會副議長/平壤教育部會*
263485	朝鮮朝日	西北版	1935-06-12	1	02단	俄かに活況平南沖合漁業
263486	朝鮮朝日	西北版	1935-06-12	1	02단	一人一題(胸を打つ光景 咸南知事湯村辰二郎氏)
263487	朝鮮朝日	西北版	1935-06-12	1	04단	海水浴列車を運轉
263488	朝鮮朝日	西北版	1935-06-12	1	05단	各地だより(咸興/平壤/鎭南浦/沙里院)
263489	朝鮮朝日	西北版	1935-06-12	1	05단	平南九年度の畜牛賣買狀況
263490	朝鮮朝日	西北版	1935-06-12	1	05단	平壤から國境へ電話開通を熱望分掌局から豫算要求
263491	朝鮮朝日	西北版	1935-06-12	1	06단	職工を動員し壯烈な防空演習平壤兵器製造所で擧行
263492	朝鮮朝日	西北版	1935-06-12	1	06단	愛犬を救ひにゆき少女慘死
263493	朝鮮朝日	西北版	1935-06-12	1	06단	工費四百萬圓で大平野を現出米の黃海道に吉報
263494	朝鮮朝日	西北版	1935-06-12	1	06단	*咸南に降雹/平北に又降雹*
263495	朝鮮朝日	西北版	1935-06-12	1	06단	危險な建物の復舊費判明總督府へ報告
263496	朝鮮朝日	西北版	1935-06-12	1	07단	直接買電成らずば自家發電の覺悟新府會、活動を開始
263497	朝鮮朝日	西北版	1935-06-12	1	08단	賣行振はず夥しい貯炭積取り遲る
263498	朝鮮朝日	西北版	1935-06-12	1	08단	警備飛行士藤田氏に決る
263499	朝鮮朝日	西北版	1935-06-12	1	08단	鑛區の減區陳情
263500	朝鮮朝日	西北版	1935-06-12	1	08단	自殺未遂二件
263501	朝鮮朝日	西北版	1935-06-12	1	09단	十餘萬本の楓と栗を植ゑる平壤郊外に新名所
263502	朝鮮朝日	西北版	1935-06-12	1	09단	飛込み自殺
263503	朝鮮朝日	西北版	1935-06-12	1	09단	朝日映畫の夕
263504	朝鮮朝日	西北版	1935-06-12	1	10단	平南特産品の賣り込み期待
263505	朝鮮朝日	西北版	1935-06-12	1	10단	樂浪小話
263506	朝鮮朝日	南鮮版	1935-06-12	1	01단	火力と水力に分ち全鮮の電力調査明年度七十萬圓を計上し三ヶ年計劃で實行

일련번호	판명		간행일	면	단수	기사명
263507	朝鮮朝日	南鮮版	1935-06-12	1	01단	出廻り價格四割方高い慶北の春繭
263508	朝鮮朝日	南鮮版	1935-06-12	1	01단	下水改修工事廿四町洞決る
263509	朝鮮朝日	南鮮版	1935-06-12	1	01단	提示の生産費は絶對に動かせぬ矢島農林局長語る
263510	朝鮮朝日	南鮮版	1935-06-12	1	02단	朝鮮神宮で盛大な奉告祭神道聯盟が執行
263511	朝鮮朝日	南鮮版	1935-06-12	1	02단	嚴かな忠南の招魂祭
263512	朝鮮朝日	南鮮版	1935-06-12	1	02단	簡閲點呼日割(第二十師團管下/第十九師團管下)
263513	朝鮮朝日	南鮮版	1935-06-12	1	04단	王安東省長
263514	朝鮮朝日	南鮮版	1935-06-12	1	04단	けふ京城初府會
263515	朝鮮朝日	南鮮版	1935-06-12	1	04단	全北武道大會
263516	朝鮮朝日	南鮮版	1935-06-12	1	04단	闇のスラム街に知識の黎明來る最小の經費で最大の效果京城の簡易講習會
263517	朝鮮朝日	南鮮版	1935-06-12	1	05단	滿洲見本市慶南から出品
263518	朝鮮朝日	南鮮版	1935-06-12	1	05단	紛糾を起し開場遲し釜山中央市場
263519	朝鮮朝日	南鮮版	1935-06-12	1	05단	十五戶全燒大丼面の火事
263520	朝鮮朝日	南鮮版	1935-06-12	1	05단	丁子屋女工の自殺
263521	朝鮮朝日	南鮮版	1935-06-12	1	06단	肥料配給所八ヶ所新設
263522	朝鮮朝日	南鮮版	1935-06-12	1	06단	嬰兒を生埋め
263523	朝鮮朝日	南鮮版	1935-06-12	1	06단	少年スリ團檢擧
263524	朝鮮朝日	南鮮版	1935-06-12	1	06단	主要十三河川の補强工事に着手雨期を控へ防水陣
263525	朝鮮朝日	南鮮版	1935-06-12	1	06단	時の觀念を强調釜山の記念日
263526	朝鮮朝日	南鮮版	1935-06-12	1	07단	各地から(釜山/大邱/京城)
263527	朝鮮朝日	南鮮版	1935-06-12	1	07단	六千三百名に增給昇級の總花鐵道局十一日に發令
263528	朝鮮朝日	南鮮版	1935-06-12	1	07단	九年度鮮滿間郵便爲替
263529	朝鮮朝日	南鮮版	1935-06-12	1	08단	簡易書堂を間島に普及
263530	朝鮮朝日	南鮮版	1935-06-12	1	08단	全北署長會議
263531	朝鮮朝日	南鮮版	1935-06-12	1	08단	運動競技界(殖銀４Ａ京電３京城實業野球/東洋拳鬪會リンク開き)
263532	朝鮮朝日	南鮮版	1935-06-12	1	08단	公私消息(王玆棟滿洲國安東省長/京城師範旅行團/淑明女高普旅行團/工藤朝鮮貿易協會理事/靑山北鮮製紙建設部長/辻本嘉三郎氏/東原、竹中兩氏/山根金聯教育部長/井上遞信局長/持永朝鮮憲兵隊司令官/滿洲國視察代議士團一行/福島平壤商議會頭、津森同理事/井上遞信局長)
263533	朝鮮朝日	南鮮版	1935-06-12	1	09단	大田の螢狩り賑ふ
263534	朝鮮朝日	南鮮版	1935-06-12	1	09단	會と催(朝鮮工業協會通常總會/第十六回全南武道大會/社會教化講演會/全南警察署長會議/慶南金組理事および副理事打合會/慶南の農民デー)
263535	朝鮮朝日	南鮮版	1935-06-12	1	10단	下關水産市況(十一日)
263536	朝鮮朝日	南鮮版	1935-06-12	1	10단	鷄林かゞみ
263537	朝鮮朝日	西北版	1935-06-13	1	01단	武德會員の募集俄然難關に直面一圓の入會金は負擔過重と各中等校苦境に立つ

일련번호	판명		간행일	면	단수	기사명
263538	朝鮮朝日	西北版	1935-06-13	1	01단	船橋里の警察署新設大いに有望平壤の警備陣充實
263539	朝鮮朝日	西北版	1935-06-13	1	01단	朝鮮婦人が目覺しい活躍元山の「時の記念日」
263540	朝鮮朝日	西北版	1935-06-13	1	01단	平南繭價協定
263541	朝鮮朝日	西北版	1935-06-13	1	01단	アメリカへ輸出を計劃金千代酒造
263542	朝鮮朝日	西北版	1935-06-13	1	02단	簡閱點呼日割(第二十師團管下/第十九師團管下)
263543	朝鮮朝日	西北版	1935-06-13	1	02단	咸南産繭の聲價を發揚處理方法の改革斷行(１輸出向原料繭の販賣政策/２國用的原料繭消費政策/３明紬の生産竝に販賣政策)
263544	朝鮮朝日	西北版	1935-06-13	1	03단	潮湯を新設元山海水浴場
263545	朝鮮朝日	西北版	1935-06-13	1	04단	公私消息(河野節夫氏(平南內務部長)/柳本朝光氏(平南産業課長))
263546	朝鮮朝日	西北版	1935-06-13	1	04단	羅南視察の林陸相(先頭が陸相、次ぎは鈴木第十九師團長、堵列部隊は步兵第七十三聯隊)
263547	朝鮮朝日	西北版	1935-06-13	1	04단	合電の新供給區域
263548	朝鮮朝日	西北版	1935-06-13	1	04단	平南無煙炭の沿革史を編纂
263549	朝鮮朝日	西北版	1935-06-13	1	04단	鄕土藝術調査
263550	朝鮮朝日	西北版	1935-06-13	1	05단	各地から(開城/平壤/元山/沙里院)
263551	朝鮮朝日	西北版	1935-06-13	1	05단	金氏當選す咸興府會副議長
263552	朝鮮朝日	西北版	1935-06-13	1	05단	旱魃で減收平壤附近の農作物豫想
263553	朝鮮朝日	西北版	1935-06-13	1	06단	平南九年度工産額
263554	朝鮮朝日	西北版	1935-06-13	1	06단	五月中の平壤兩驛運賃收入
263555	朝鮮朝日	西北版	1935-06-13	1	06단	思想犯の氾濫で留置場を增築差し當り二十九ヶ所
263556	朝鮮朝日	西北版	1935-06-13	1	06단	啓臨公普の怪火
263557	朝鮮朝日	西北版	1935-06-13	1	06단	一人一題(漢詩の含蓄 咸北內務部長李聖根氏)
263558	朝鮮朝日	西北版	1935-06-13	1	07단	淸津の開港區域擴張に決定二十五日から實施
263559	朝鮮朝日	西北版	1935-06-13	1	07단	東星學院に校舍を寄附
263560	朝鮮朝日	西北版	1935-06-13	1	07단	咸興郊外に血塗れの女十九歲の若妻
263561	朝鮮朝日	西北版	1935-06-13	1	08단	責任事故皆無
263562	朝鮮朝日	西北版	1935-06-13	1	08단	工費百萬圓で七漁港改修明年度豫算に要求
263563	朝鮮朝日	西北版	1935-06-13	1	08단	厚灘面の火事
263564	朝鮮朝日	西北版	1935-06-13	1	09단	大阪朝日新聞縮刷版(五月號)
263565	朝鮮朝日	西北版	1935-06-13	1	09단	*匪賊駐在所に發砲/茂山侵入匪賊の死體が漂着*
263566	朝鮮朝日	西北版	1935-06-13	1	09단	天然痘猖獗筆頭は咸南
263567	朝鮮朝日	西北版	1935-06-13	1	10단	證人訊問で更に擴大か公會堂敷地の詐欺被疑事件
263568	朝鮮朝日	西北版	1935-06-13	1	10단	五月末の郵便貯金
263569	朝鮮朝日	西北版	1935-06-13	1	10단	樂浪小話
263570	朝鮮朝日	南鮮版	1935-06-13	1	01단	各地から(釜山/仁川/大邱/京城)
263571	朝鮮朝日	南鮮版	1935-06-13	1	01단	忠南署長會議
263572	朝鮮朝日	南鮮版	1935-06-13	1	02단	總督府自ら乘出し農民道場を開設短期訓練も大々的に實施し中堅人物養成に拍車

일련번호	판명		간행일	면	단수	기사명
263573	朝鮮朝日	南鮮版	1935-06-13	1	02단	先づ官吏に信仰心を涵養官舍に神棚や佛壇設け心田開發のお手本
263574	朝鮮朝日	南鮮版	1935-06-13	1	02단	入營兵龍山着
263575	朝鮮朝日	南鮮版	1935-06-13	1	02단	慈愛旗輝く嘉陽託兒所
263576	朝鮮朝日	南鮮版	1935-06-13	1	03단	大野氏當選京城府會副議長
263577	朝鮮朝日	南鮮版	1935-06-13	1	04단	高山總裁の滯城は約二週間
263578	朝鮮朝日	南鮮版	1935-06-13	1	04단	萬難を排して十五日から開業紛糾の釜山中央市場
263579	朝鮮朝日	南鮮版	1935-06-13	1	04단	直屬上司の非行を暴く元高敞署巡査强制收容さる
263580	朝鮮朝日	南鮮版	1935-06-13	1	04단	卽行派と尙早派互ひに陳情合戰大邱瓦斯府營問題をめぐり府議の對立表面化
263581	朝鮮朝日	南鮮版	1935-06-13	1	04단	時計商組合の奉仕
263582	朝鮮朝日	南鮮版	1935-06-13	1	05단	本府お歷々の田植振りを放送農民デーにDKから
263583	朝鮮朝日	南鮮版	1935-06-13	1	06단	高靈橋工事六分通り進捗
263584	朝鮮朝日	南鮮版	1935-06-13	1	06단	不埒な集配人居昌署から送局
263585	朝鮮朝日	南鮮版	1935-06-13	1	06단	一家六名が發疹チフス
263586	朝鮮朝日	南鮮版	1935-06-13	1	06단	盲目の幼兒を庖丁で慘殺狂へる母の兇行
263587	朝鮮朝日	南鮮版	1935-06-13	1	06단	第七回九大城大定期蹴球對抗試合
263588	朝鮮朝日	南鮮版	1935-06-13	1	07단	引續き入港の各船荷役を注視仁川埠頭の人夫罷業
263589	朝鮮朝日	南鮮版	1935-06-13	1	07단	金鑛を襲ひ鑛石叺强奪八人組の怪漢
263590	朝鮮朝日	南鮮版	1935-06-13	1	07단	盛場荒しの掏摸を逮捕被害一萬圓？
263591	朝鮮朝日	南鮮版	1935-06-13	1	08단	馬場辯護士起訴
263592	朝鮮朝日	南鮮版	1935-06-13	1	08단	大邱日報社落成式
263593	朝鮮朝日	南鮮版	1935-06-13	1	08단	生埋め嬰兒は不義の子
263594	朝鮮朝日	南鮮版	1935-06-13	1	08단	會と催(天理教講演會/大邱消防組消防演習/釜山中堅靑年指導講習會/京日主催第十二回全鮮庭球選手權大會忠南北道豫選大會/全鮮取引所聯合會總會/國語敎授資料展/朝鮮石油創立總會/鮮銀ゴルフ大會)
263595	朝鮮朝日	南鮮版	1935-06-13	1	09단	話の種
263596	朝鮮朝日	南鮮版	1935-06-13	1	09단	柔劍道とも高商優勝す專門武道大會(劍道/柔道)
263597	朝鮮朝日	南鮮版	1935-06-13	1	09단	公私消息(忠北道會議員滿鮮視察團十名/上村亥八郎氏(南鮮電氣社長)/津下紋太郎氏(日石取締役)/濱野佐一郎氏(日本電氣工業取締役)/大島朝窒取締役/西崎財務局理財課長/瀧脇子爵/久保田長津江水電專務/滿洲國日本敎育視察團)
263598	朝鮮朝日	南鮮版	1935-06-13	1	10단	農繁期託兒所十ケ所新設
263599	朝鮮朝日	南鮮版	1935-06-13	1	10단	下關水産市況(十五日)
263600	朝鮮朝日	南鮮版	1935-06-13	1	10단	鷄林かゞみ
263601	朝鮮朝日	西北版	1935-06-14	1	01단	豫算編成期狙ひ懸案實現を急ぐ實行委員を京城へ派遣し本府に必死の要望
263602	朝鮮朝日	西北版	1935-06-14	1	01단	千六十一名增給と昇級平鐵から發令

일련번호	판명		간행일	면	단수	기사명
263603	朝鮮朝日	西北版	1935-06-14	1	01단	小竹氏當選清津府會副議長
263604	朝鮮朝日	西北版	1935-06-14	1	01단	平壤商議の總意總辭職に一致近く表面化の形勢
263605	朝鮮朝日	西北版	1935-06-14	1	02단	本社主催第廿一回全國中等學校優勝野球大會朝鮮豫選朝鮮中等學校野球大會
263606	朝鮮朝日	西北版	1935-06-14	1	02단	妓生の美擧冷害地へ義金
263607	朝鮮朝日	西北版	1935-06-14	1	02단	指令を待ち直ちに着工平壤公會堂
263608	朝鮮朝日	西北版	1935-06-14	1	03단	眞夏の飲食物中毒に御用心一齊に現場檢査
263609	朝鮮朝日	西北版	1935-06-14	1	03단	安州農業優勝す男子中等庭球大會(準決勝戰/決勝戰)
263610	朝鮮朝日	西北版	1935-06-14	1	04단	春繭共販豫想
263611	朝鮮朝日	西北版	1935-06-14	1	04단	テロ劃策の青年を檢擧
263612	朝鮮朝日	西北版	1935-06-14	1	05단	港都に高鳴る軍國調
263613	朝鮮朝日	西北版	1935-06-14	1	05단	轢殺したり停車したり牛に惱む列車
263614	朝鮮朝日	西北版	1935-06-14	1	06단	恩を仇で返す
263615	朝鮮朝日	西北版	1935-06-14	1	07단	中農の沒落激增平南府尹郡守會議で徹底的に對策を考究
263616	朝鮮朝日	西北版	1935-06-14	1	07단	痘禍は間歇的に流行三年間位猛烈に猖獗し續く五六年は下火
263617	朝鮮朝日	西北版	1935-06-14	1	08단	殘りの五萬圓募集に着手安州高普資金
263618	朝鮮朝日	西北版	1935-06-14	1	08단	危險な射擊場明年度に改善
263619	朝鮮朝日	西北版	1935-06-14	1	09단	元山、大阪間近く直接交信廿日頃に試驗を開始
263620	朝鮮朝日	西北版	1935-06-14	1	09단	モルヒネ密賣の醫生を檢擧
263621	朝鮮朝日	西北版	1935-06-14	1	10단	各地から(開城/平壤/沙里院)
263622	朝鮮朝日	西北版	1935-06-14	1	10단	公私消息(稻葉善之助(府會議長)/松尾六郎(第一教育部副議長)/內田錄雄氏(府議))
263623	朝鮮朝日	南鮮版	1935-06-14	1	01단	御下賜の鷄樂園で見事に成育
263624	朝鮮朝日	南鮮版	1935-06-14	1	01단	法網の裏を搔き刊行物の密移入慶南に檢閱課を獨立せしめ取締の强化を計る
263625	朝鮮朝日	南鮮版	1935-06-14	1	02단	積極的活動へ慶南の各敎化團體一丸に近く聯合會を組織
263626	朝鮮朝日	南鮮版	1935-06-14	1	02단	農村振興歌募集
263627	朝鮮朝日	南鮮版	1935-06-14	1	03단	眞摯な武人肌大野新副議長
263628	朝鮮朝日	南鮮版	1935-06-14	1	04단	廿二名起つ釜山商議選擧
263629	朝鮮朝日	南鮮版	1935-06-14	1	04단	沿岸各港の安全感を增す改正開港規則を發布
263630	朝鮮朝日	南鮮版	1935-06-14	1	04단	海底電話線增設の測量
263631	朝鮮朝日	南鮮版	1935-06-14	1	05단	苗代指導員を袋たゝき
263632	朝鮮朝日	南鮮版	1935-06-14	1	05단	中部橫斷鐵道期成會を結成
263633	朝鮮朝日	南鮮版	1935-06-14	1	05단	137歳の媼長壽の世界記録全鮮の高齡者調べて判明大隈侯の夢想以上
263634	朝鮮朝日	南鮮版	1935-06-14	1	05단	勇しい入隊式大邱で擧行
263635	朝鮮朝日	南鮮版	1935-06-14	1	06단	眠りながら金剛山へ寢台車運轉
263636	朝鮮朝日	南鮮版	1935-06-14	1	06단	人夫出役せず各船とも立往生仁川埠頭の罷業續く

일련번호	판명		간행일	면	단수	기사명
263637	朝鮮朝日	南鮮版	1935-06-14	1	06단	大興電氣の新配電區域
263638	朝鮮朝日	南鮮版	1935-06-14	1	07단	五千尺の山頂に二つの白骨他殺か、遭難か、謎の死因 高嶽山の包む怪奇
263639	朝鮮朝日	南鮮版	1935-06-14	1	07단	京城驛で服毒
263640	朝鮮朝日	南鮮版	1935-06-14	1	07단	愛讀者優待天勝公演日割
263641	朝鮮朝日	南鮮版	1935-06-14	1	08단	母子四人が無殘な死傷蚊帳に引火
263642	朝鮮朝日	南鮮版	1935-06-14	1	08단	念入り衝突自動車暴れ二名重輕傷/牛も大暴れ
263643	朝鮮朝日	南鮮版	1935-06-14	1	08단	各地から(釜山/大田)
263644	朝鮮朝日	南鮮版	1935-06-14	1	09단	大阪朝日新聞縮刷版(五月號)
263645	朝鮮朝日	南鮮版	1935-06-14	1	09단	列車に投石
263646	朝鮮朝日	南鮮版	1935-06-14	1	09단	殖銀優勝す京城實業野球
263647	朝鮮朝日	南鮮版	1935-06-14	1	09단	會と催(衣類整理講習會/船匠講習會/大邱稅務監督局管下稅務署長會議/女子中等學校排球大會/大邱第八十聯隊銃劍術競技大會/大邱中學開校記念日)
263648	朝鮮朝日	南鮮版	1935-06-14	1	10단	下關水産市況(十三日)
263649	朝鮮朝日	南鮮版	1935-06-14	1	10단	鷄林かゞみ
263650	朝鮮朝日	西北版	1935-06-15	1	01단	盛夏の東海岸で壯烈無比の海戰鎭海要港部と佐鎭聯合し廿三日から一週間/松濤園の貸別莊四十棟を開放元山の準備着々進む
263651	朝鮮朝日	西北版	1935-06-15	1	02단	射擊場の貝類採取許可さる大歡びの漁民七百戶
263652	朝鮮朝日	西北版	1935-06-15	1	04단	吉田一等兵の遺骨
263653	朝鮮朝日	西北版	1935-06-15	1	04단	夏の妙香山に平鐵のテント村
263654	朝鮮朝日	西北版	1935-06-15	1	04단	西鮮豫選の初打合會開催
263655	朝鮮朝日	西北版	1935-06-15	1	04단	新規事業の補助六百萬圓を申請第二人道橋と四幹線道路の實現を期す平壤府
263656	朝鮮朝日	西北版	1935-06-15	1	04단	柴蕨と洋毛の交織を具體化咸南高地の農業改新
263657	朝鮮朝日	西北版	1935-06-15	1	05단	新社會施設補助を申請
263658	朝鮮朝日	西北版	1935-06-15	1	05단	平壤驛改築を要望
263659	朝鮮朝日	西北版	1935-06-15	1	05단	東海岸の鰯景氣魚油資金に反映三百五十萬圓の豫想/魚油加工の機械化實行咸北の漁民
263660	朝鮮朝日	西北版	1935-06-15	1	06단	各地から(元山/平壤/沙里院)
263661	朝鮮朝日	西北版	1935-06-15	1	06단	防空機材費に四十圓獻金咸興の妓生から
263662	朝鮮朝日	西北版	1935-06-15	1	06단	謎の原因で苗代枯死す平北吏西面
263663	朝鮮朝日	西北版	1935-06-15	1	06단	話の種
263664	朝鮮朝日	西北版	1935-06-15	1	07단	一人一題(祖父の思ひ出 平壤道立醫院小兒科長遠城寺宗德氏)
263665	朝鮮朝日	西北版	1935-06-15	1	07단	廿日ごろ來壤し大發掘の下調べ黑板博士らの一行
263666	朝鮮朝日	西北版	1935-06-15	1	07단	赤の一味十餘名檢擧平壤署の活動
263667	朝鮮朝日	西北版	1935-06-15	1	08단	農村好景氣で酒の消費殖える酒稅一千五百萬圓を突破甘蔗さんの土産話
263668	朝鮮朝日	西北版	1935-06-15	1	09단	家賃値上げで紛糾

일련번호	판명		간행일	면	단수	기사명
263669	朝鮮朝日	西北版	1935-06-15	1	09단	屋上の捕物
263670	朝鮮朝日	西北版	1935-06-15	1	10단	婦人(定價十錢/六月號)
263671	朝鮮朝日	西北版	1935-06-15	1	10단	千八百圓騙取
263672	朝鮮朝日	西北版	1935-06-15	1	10단	重傷負はせ逃走
263673	朝鮮朝日	西北版	1935-06-15	1	10단	立退要求に借地人對抗
263674	朝鮮朝日	西北版	1935-06-15	1	10단	平壤附近赤痢猖獗
263675	朝鮮朝日	西北版	1935-06-15	1	10단	會と催(元山寶生會/中京吳服商組合鮮滿視察團/局鐵十周年記念映畫會)
263676	朝鮮朝日	西北版	1935-06-15	1	10단	公私消息(總督府池田警務局長、加藤鮮銀總裁/湯村咸南知事)
263677	朝鮮朝日	南鮮版	1935-06-15	1	01단	ようこそ林陸相少國民の歡迎に涙ぐむ武人の情宿願の金剛山探勝も果し賑やかに京城入り
263678	朝鮮朝日	南鮮版	1935-06-15	1	01단	十五日から開業に決定釜山水産會社
263679	朝鮮朝日	南鮮版	1935-06-15	1	01단	群山公會堂で開催の中部橫貫鐵道期成會發會式(昨紙參照)
263680	朝鮮朝日	南鮮版	1935-06-15	1	01단	死刑を求刑實父殺し事件
263681	朝鮮朝日	南鮮版	1935-06-15	1	02단	本社主催第廿一回全國中等學校優勝野球大會朝鮮豫選朝鮮中等學校野球大會
263682	朝鮮朝日	南鮮版	1935-06-15	1	02단	夏晴れの各地に眼かな田植唄總監も局長もシャツ一枚で泥塗れの植付振り(慶南/全南)
263683	朝鮮朝日	南鮮版	1935-06-15	1	03단	日出方面團結團式を擧ぐ
263684	朝鮮朝日	南鮮版	1935-06-15	1	04단	佛軍艦仁川へ入港
263685	朝鮮朝日	南鮮版	1935-06-15	1	05단	海員養成所の同盟休校
263686	朝鮮朝日	南鮮版	1935-06-15	1	05단	京城實業野球リーグ戰に優勝した殖銀チーム(昨紙參照)
263687	朝鮮朝日	南鮮版	1935-06-15	1	06단	北鮮の緬羊に積極的に努力高山東拓總裁語る
263688	朝鮮朝日	南鮮版	1935-06-15	1	07단	在滿鮮農の就籍急轉直下解決かけふ今井田總監渡滿
263689	朝鮮朝日	南鮮版	1935-06-15	1	08단	殉職組員の慰靈祭
263690	朝鮮朝日	南鮮版	1935-06-15	1	08단	尼寺荒しに十年の判決
263691	朝鮮朝日	南鮮版	1935-06-15	1	08단	京城營業倉庫貨物出入狀況
263692	朝鮮朝日	南鮮版	1935-06-15	1	09단	會と催(全鮮柔道團體段外者優勝戰/學生弓道大會/商銀臨時總會/日滿實業協會朝鮮支部總會/朝鮮火災新館上棟式/淺野育英會幹部會/朝運會臨時本部會/朝鮮倉庫金融株主總會/朝信重役會/京城商議巡廻見本市)
263693	朝鮮朝日	南鮮版	1935-06-15	1	10단	公私消息(永里朝窒總務課長/福井縣山炭鑛專務/植村貴族院議員/加藤鮮銀總裁/有賀殖銀頭取/池田警務局長/宇佐美滿鐵總局長/野口朝窒社長/黑田陸軍省徵募課長/本社京城支局來訪)
263694	朝鮮朝日	南鮮版	1935-06-15	1	10단	各地から(大邱/京城)
263695	朝鮮朝日	南鮮版	1935-06-15	1	10단	下關水産市況(十四日)
263696	朝鮮朝日	西北版	1935-06-16	1	01단	鄕土の誇り鏤めて朝鮮一の折紙小倉博君と中上孝子さん中央審査會で選定/「小倉君萬歲」小英雄を絶讚して全校に歡聲の爆發

일련번호	판명		간행일	면	단수	기사명
263697	朝鮮朝日	西北版	1935-06-16	1	02段	本府の調査命令俄然業者に衝擊不振の鎭南浦取引所更生に平壤移轉說が有力
263698	朝鮮朝日	西北版	1935-06-16	1	03段	樂浪古跡を米國へ紹介幻燈に收めて
263699	朝鮮朝日	西北版	1935-06-16	1	04段	入營兵平壤出發
263700	朝鮮朝日	西北版	1935-06-16	1	04段	本府の方針を先づ確める近く委員上城
263701	朝鮮朝日	西北版	1935-06-16	1	04段	京圖線安全を小唄で宣傳滿鐵の試み
263702	朝鮮朝日	西北版	1935-06-16	1	04段	總意纏まれば十一月に總辭職平壤商議近く初會合
263703	朝鮮朝日	西北版	1935-06-16	1	05段	パルプ資材の增殖案成る咸南の林野利用進捗
263704	朝鮮朝日	西北版	1935-06-16	1	05段	三千五百萬本の大栗林を造成明年度から五年計劃
263705	朝鮮朝日	西北版	1935-06-16	1	05段	憂鬱な群像を街頭から一掃都市患者を强制收容
263706	朝鮮朝日	西北版	1935-06-16	1	06段	三百萬俵を目標に增産平南の木炭
263707	朝鮮朝日	西北版	1935-06-16	1	06段	一人一題(非凡の平凡 陸軍運輸部淸津出張所長龍頭繁登氏)
263708	朝鮮朝日	西北版	1935-06-16	1	06段	話の種
263709	朝鮮朝日	西北版	1935-06-16	1	06段	文錄役の砲身博物館へ陳列
263710	朝鮮朝日	西北版	1935-06-16	1	07段	プール二つ平壤に新設
263711	朝鮮朝日	西北版	1935-06-16	1	07段	墓參したら他人の新墓驚いて訴ふ
263712	朝鮮朝日	西北版	1935-06-16	1	07段	各地から(沙里院/江界/淸津/咸興)
263713	朝鮮朝日	西北版	1935-06-16	1	08段	山地開發の有力な三案近日打合會
263714	朝鮮朝日	西北版	1935-06-16	1	08段	四年振りに李元柱逮捕
263715	朝鮮朝日	西北版	1935-06-16	1	08段	司法官や警察官乘せ實地に苦勞を見せる鐵道事故の頻發に惱む平鐵
263716	朝鮮朝日	西北版	1935-06-16	1	09段	三橋川改修總督府へ要望平壤土木出張所から(各組合陳情)
263717	朝鮮朝日	西北版	1935-06-16	1	10段	女中の怪死
263718	朝鮮朝日	西北版	1935-06-16	1	10段	轢死二件
263719	朝鮮朝日	西北版	1935-06-16	1	10段	公私消息(福島莊平氏(平壤商工會議所會頭)/岸川平南道高等課長/上野平壤府內務課長)
263720	朝鮮朝日	西北版	1935-06-16	1	10段	樂浪小話
263721	朝鮮朝日	南鮮版	1935-06-16	1	01段	鄕土の誇り鏤めて朝鮮一の折紙小倉博君と中上孝子さん中央審査會で選定(中上さん/小倉君)
263722	朝鮮朝日	南鮮版	1935-06-16	1	01段	東拓大異動
263723	朝鮮朝日	南鮮版	1935-06-16	1	01段	南鮮勞働者を北鮮へ補給竹內主任語る
263724	朝鮮朝日	南鮮版	1935-06-16	1	02段	出超に轉ず對滿貿易躍進
263725	朝鮮朝日	南鮮版	1935-06-16	1	02段	朖かな農民デー(寫眞上から水原農事試驗場の田植(中折帽が今井田總監、その右が松井朝鮮農會長)/蔚山農業實習學校の田植(鎭海要塞司令部檢閱濟)/水原農事試驗場から田植歌を放送した東里の農民/忠南道農會主催の田植)
263726	朝鮮朝日	南鮮版	1935-06-16	1	03段	卽行か尙早か注目の關ヶ原十七日に府會懇談會開き瓦斯府營の再檢討
263727	朝鮮朝日	南鮮版	1935-06-16	1	04段	ラヂオ聽取者增加
263728	朝鮮朝日	南鮮版	1935-06-16	1	04段	漢江畔に共同艇庫建設

일련번호	판명		간행일	면	단수	기사명
263729	朝鮮朝日	南鮮版	1935-06-16	1	05단	各地から(木浦/大邱/釜山/京城)
263730	朝鮮朝日	南鮮版	1935-06-16	1	05단	米國から吉報優秀な靑年の派遣方を依賴
263731	朝鮮朝日	南鮮版	1935-06-16	1	06단	不平の自殺二人揃って
263732	朝鮮朝日	南鮮版	1935-06-16	1	06단	朝鮮神宮に參拜の林陸相(十三日)
263733	朝鮮朝日	南鮮版	1935-06-16	1	06단	見放された部落に更生の凱歌揚る忠南に民衆警察の美果
263734	朝鮮朝日	南鮮版	1935-06-16	1	08단	釜山實業野球
263735	朝鮮朝日	南鮮版	1935-06-16	1	08단	一面一寺位に寺院を增設心田開發の大衆化/華溪寺起つ境內の酒類販賣を禁止
263736	朝鮮朝日	南鮮版	1935-06-16	1	08단	僞造貨幣の橫行本據は京城附近か
263737	朝鮮朝日	南鮮版	1935-06-16	1	09단	對抗演習に備へ市街の美化工作活氣づく裡里一帶/聯合打合會總督府で開催
263738	朝鮮朝日	南鮮版	1935-06-16	1	09단	公私消息(穗積殖産局長/增田朝運取締役/安井專賣局長/朝鮮藥劑師試驗の學說試驗合格者/休々木直氏)
263739	朝鮮朝日	南鮮版	1935-06-16	1	10단	竊盜團檢擧
263740	朝鮮朝日	南鮮版	1935-06-16	1	10단	會と催(時局座談會/石膏製作品展/慶北道農民デーの田植/慶北道では/第四回釜山陸上競技會選手權大會/大邱在鄕聯合分會南北分會/同東北分會總會)
263741	朝鮮朝日	南鮮版	1935-06-16	1	10단	下關水産市況(十五日)
263742	朝鮮朝日	西北版	1935-06-18	1	01단	衆智を綜合して咸南道政の刷新湯村知事の抱負具體化に審議會設置を考究
263743	朝鮮朝日	西北版	1935-06-18	1	01단	骨質を蝕む謎の風土病長畑技師らの苦心酬はれ正體初めて判る
263744	朝鮮朝日	西北版	1935-06-18	1	01단	豪雨を衝いて意氣高らか中等校、靑訓千餘名參加し咸南の聯合大演習(十五日/十六日)
263745	朝鮮朝日	西北版	1935-06-18	1	02단	地方事務檢閱咸北で實施
263746	朝鮮朝日	西北版	1935-06-18	1	02단	殉職の田原軍曹略歷
263747	朝鮮朝日	西北版	1935-06-18	1	03단	一人一題(絶好の銷夏法 江西署長今井安太郎氏)
263748	朝鮮朝日	西北版	1935-06-18	1	03단	北鮮の上高地風光明眉の朝窒貯水池を今夏鐵道局で宣傳
263749	朝鮮朝日	西北版	1935-06-18	1	04단	平南無煙炭內地移出高
263750	朝鮮朝日	西北版	1935-06-18	1	04단	朝鮮一禮讚の萬歲
263751	朝鮮朝日	西北版	1935-06-18	1	04단	養鷄增殖の具體案を協議
263752	朝鮮朝日	西北版	1935-06-18	1	05단	平南陶土を內地へ移出明年頃から
263753	朝鮮朝日	西北版	1935-06-18	1	05단	日穀玉蜀黍輸入高
263754	朝鮮朝日	西北版	1935-06-18	1	05단	夏の夜の花平壤瑞氣通の兩側に賑やかな夜市を開く
263755	朝鮮朝日	西北版	1935-06-18	1	06단	黑字のお蔭で重いボーナス袋平鐵だけで十三萬圓
263756	朝鮮朝日	西北版	1935-06-18	1	06단	百圓を獻金
263757	朝鮮朝日	西北版	1935-06-18	1	06단	明夏には平壤で瓦斯を使へる合電から本府へ申請
263758	朝鮮朝日	西北版	1935-06-18	1	06단	平壤專賣支局五月の製造高
263759	朝鮮朝日	西北版	1935-06-18	1	06단	日露役の救恤調査して善處
263760	朝鮮朝日	西北版	1935-06-18	1	07단	府營葬祭場平壤で計劃

일련번호	판명		간행일	면	단수	기사명
263761	朝鮮朝日	西北版	1935-06-18	1	07단	武藏山一行淸津で興行
263762	朝鮮朝日	西北版	1935-06-18	1	07단	討匪夏の陣遊動警備隊を增員嚴重な警戒線布く/二巡査に發砲
263763	朝鮮朝日	西北版	1935-06-18	1	08단	唐松の成苗滿洲國へ輸出
263764	朝鮮朝日	西北版	1935-06-18	1	08단	木炭俵に混ぜ鹽の密輸出平鐵で罰金三千圓
263765	朝鮮朝日	西北版	1935-06-18	1	08단	位牌の忘れ物
263766	朝鮮朝日	西北版	1935-06-18	1	08단	國境の關稅制度實情に卽し改正相當內容を緩和か
263767	朝鮮朝日	西北版	1935-06-18	1	09단	平壤局五月の取扱電報
263768	朝鮮朝日	西北版	1935-06-18	1	09단	牛に殺さる
263769	朝鮮朝日	西北版	1935-06-18	1	10단	圖寧線の時刻改正
263770	朝鮮朝日	西北版	1935-06-18	1	10단	富豪の令孃竊盜で檢擧
263771	朝鮮朝日	西北版	1935-06-18	1	10단	簡保團體拂込八月から實施
263772	朝鮮朝日	西北版	1935-06-18	1	10단	各地から(平壤/開城)
263773	朝鮮朝日	西北版	1935-06-18	1	10단	會と催(平南道農會主催「田植」/平川神社臨時大祭/朝鮮南畫院平壤支部作品展)
263774	朝鮮朝日	南鮮版	1935-06-18	1	01단	賣れるぞ賣れるぞ威勢の好い初市御自慢の設備に活氣橫溢し釜山中央市場の開場
263775	朝鮮朝日	南鮮版	1935-06-18	1	01단	全鮮の就學兒童七十五萬を突破始政以來の記錄破り
263776	朝鮮朝日	南鮮版	1935-06-18	1	03단	大田小學校學藝會
263777	朝鮮朝日	南鮮版	1935-06-18	1	04단	製鐵所野球團
263778	朝鮮朝日	南鮮版	1935-06-18	1	04단	中等武道大會
263779	朝鮮朝日	南鮮版	1935-06-18	1	04단	三年も連續して女子の朝鮮一健康兒中上孝子さんの母校木浦小學校の歡び
263780	朝鮮朝日	南鮮版	1935-06-18	1	04단	全鮮に慈雨水不足の憂ひ解消/愁眉を開く慶南の農村
263781	朝鮮朝日	南鮮版	1935-06-18	1	04단	視察行脚に各局長出發
263782	朝鮮朝日	南鮮版	1935-06-18	1	05단	城大の連勝か九大雪辱成るか本社寄贈の優勝楯を繞り廿日にア式蹴球戰/征途に上る九大選手一行
263783	朝鮮朝日	南鮮版	1935-06-18	1	06단	花菖蒲咲く京城昌慶苑
263784	朝鮮朝日	南鮮版	1935-06-18	1	06단	各地から(京城/全州/晉州)
263785	朝鮮朝日	南鮮版	1935-06-18	1	07단	朦朧客引檢擧
263786	朝鮮朝日	南鮮版	1935-06-18	1	08단	勇しい實彈射擊愛國婦人會大邱支部
263787	朝鮮朝日	南鮮版	1935-06-18	1	08단	學校荒し逮捕
263788	朝鮮朝日	南鮮版	1935-06-18	1	08단	日滿有線電話大掛りの實測先發隊釜山へ上陸
263789	朝鮮朝日	南鮮版	1935-06-18	1	08단	陣容を强化仁川穀物協會
263790	朝鮮朝日	南鮮版	1935-06-18	1	08단	前借を倒し戀の逃避行
263791	朝鮮朝日	南鮮版	1935-06-18	1	09단	公私消息(伊達京城府尹/有賀殖銀頭取/安井同祕書課長/京大劍道部一行三十名/本社京城支局來訪/荻原鐵道局庶務課長/小林同經理課長/靑山北鮮製紙建設部長/牟田口金聯庶務部長/京城巡廻見本市團/遞信局監理課員一行/柳生總督府圖書課長/高山東拓總裁)

일련번호	판명		간행일	면	단수	기사명
263792	朝鮮朝日	南鮮版	1935-06-18	1	09단	京城府議に橫領の嫌疑
263793	朝鮮朝日	南鮮版	1935-06-18	1	09단	延禧７醫專６
263794	朝鮮朝日	南鮮版	1935-06-18	1	10단	會と催(東畜臨時總會/仁川商議外國貿易座談會/實彈射擊大會/鄕軍全州分會春季射擊大會/京城商議役員會/朝鮮無煙臨時總會)
263795	朝鮮朝日	南鮮版	1935-06-18	1	10단	下關水産市況(十七日)
263796	朝鮮朝日	南鮮版	1935-06-18	1	10단	鷄林かゞみ
263797	朝鮮朝日	西北版	1935-06-19	1	01단	全鮮の警察官を一齊に健康診斷春秋の二回づつ實施
263798	朝鮮朝日	西北版	1935-06-19	1	01단	狗峴嶺隧道は十一月に全通前川を終端驛に決定
263799	朝鮮朝日	西北版	1935-06-19	1	02단	萬歲橋明粧二ヶ月掛りで
263800	朝鮮朝日	西北版	1935-06-19	1	03단	ホップの栽培實用時代に入る先づ山地帶三郡から
263801	朝鮮朝日	西北版	1935-06-19	1	04단	會と催(元山の簡閱點呼)
263802	朝鮮朝日	西北版	1935-06-19	1	04단	平壤救貧園へ敷地を寄附李牧師の美擧
263803	朝鮮朝日	西北版	1935-06-19	1	04단	密輸の影薄れ貿易額は二割減淸津に異例の現象
263804	朝鮮朝日	西北版	1935-06-19	1	04단	取引先を招待し今秋に見本市平壤卸商組合で準備
263805	朝鮮朝日	西北版	1935-06-19	1	05단	大衆的病棟近日中に着工
263806	朝鮮朝日	西北版	1935-06-19	1	05단	一人一題(眞の最短距離 北鮮鐵道管理局副長小澤宣義氏)
263807	朝鮮朝日	西北版	1935-06-19	1	05단	答申如何は府電に影響電氣統制委員會に注目
263808	朝鮮朝日	西北版	1935-06-19	1	05단	大型漁船の希望者續出
263809	朝鮮朝日	西北版	1935-06-19	1	06단	各地から(元山/平壤/沙里院/開城)
263810	朝鮮朝日	西北版	1935-06-19	1	06단	全鮮火田民の大整理を斷行明年度から五年計劃
263811	朝鮮朝日	西北版	1935-06-19	1	06단	殉職勇士の聯隊葬執行廿三日原隊で
263812	朝鮮朝日	西北版	1935-06-19	1	06단	廿日までに終了の豫定平南の植付
263813	朝鮮朝日	西北版	1935-06-19	1	07단	豆滿江增水し渡船を中止匪賊も越境できぬ
263814	朝鮮朝日	西北版	1935-06-19	1	07단	肺結核療養所六萬圓で新設平壤府の明年度事業
263815	朝鮮朝日	西北版	1935-06-19	1	07단	府電に刎らる
263816	朝鮮朝日	西北版	1935-06-19	1	07단	運動競技界(平女高普優勝排球豫選大會)
263817	朝鮮朝日	西北版	1935-06-19	1	08단	元山の明太市七月十日から開催
263818	朝鮮朝日	西北版	1935-06-19	1	08단	活氣づく工場街賃銀はドシドシ跳ね上り引張り凧の熟練工
263819	朝鮮朝日	西北版	1935-06-19	1	08단	逃亡の具益均上海で捕はる
263820	朝鮮朝日	西北版	1935-06-19	1	08단	乘車券變造
263821	朝鮮朝日	西北版	1935-06-19	1	09단	家禽コレラ終熄愁眉を開く
263822	朝鮮朝日	西北版	1935-06-19	1	09단	棍棒を揮って巡査に重傷强盜に失敗した兇漢
263823	朝鮮朝日	西北版	1935-06-19	1	09단	早慶野球戰號アサヒ・スポーツ(六月十五日號)
263824	朝鮮朝日	西北版	1935-06-19	1	10단	死因を怪み埋葬を中止死體を解剖
263825	朝鮮朝日	西北版	1935-06-19	1	10단	未登錄者檢擧
263826	朝鮮朝日	西北版	1935-06-19	1	10단	劇と映畵(平壤 偕樂館)
263827	朝鮮朝日	南鮮版	1935-06-19	1	01단	電燈の點る家は總戶數の七分强まだ半島の夜は暗い
263828	朝鮮朝日	南鮮版	1935-06-19	1	01단	鐵路の戰士二百名大擧して滿洲へ圖寧線の開通に從事

일련번호	판명		간행일	면	단수	기사명
263829	朝鮮朝日	南鮮版	1935-06-19	1	01단	府議御勉强二班に分れて社會施設視察
263830	朝鮮朝日	南鮮版	1935-06-19	1	01단	棟居事務官東上
263831	朝鮮朝日	南鮮版	1935-06-19	1	01단	宗敎代表招き心田開發の評定具體的實行案を練る
263832	朝鮮朝日	南鮮版	1935-06-19	1	02단	京城初等校增改築今夏から着工
263833	朝鮮朝日	南鮮版	1935-06-19	1	02단	全南多島海の鯖漁各漁場共凄い景況
263834	朝鮮朝日	南鮮版	1935-06-19	1	02단	事業資金を五萬圓貸與慶南各産組へ
263835	朝鮮朝日	南鮮版	1935-06-19	1	03단	防疫週間の催し物決る
263836	朝鮮朝日	南鮮版	1935-06-19	1	04단	蔚珍に電燈供給
263837	朝鮮朝日	南鮮版	1935-06-19	1	04단	中等學校へ弓道を獎勵道場も設ける
263838	朝鮮朝日	南鮮版	1935-06-19	1	04단	學生弓道大會
263839	朝鮮朝日	南鮮版	1935-06-19	1	05단	秋季競馬に新抽籤馬購入
263840	朝鮮朝日	南鮮版	1935-06-19	1	05단	青年運動の黎明左翼表現團體凋落し堅實な靑年團の擡頭
263841	朝鮮朝日	南鮮版	1935-06-19	1	05단	某京城府議の事件解決
263842	朝鮮朝日	南鮮版	1935-06-19	1	05단	各地から(大邱/釜山/馬山)
263843	朝鮮朝日	南鮮版	1935-06-19	1	06단	就學希望兒童全部を收容明年度から十ヶ年計劃で初等教育機關擴充
263844	朝鮮朝日	南鮮版	1935-06-19	1	06단	半島物産を積極的斡旋朝鮮物産協會
263845	朝鮮朝日	南鮮版	1935-06-19	1	06단	十分に短縮釜山大橋跳開
263846	朝鮮朝日	南鮮版	1935-06-19	1	06단	忌はしい違反全鮮に三十四件筆頭は慶南の十件
263847	朝鮮朝日	南鮮版	1935-06-19	1	07단	綜合博物館の設計を懸賞募集敷地及び建設費の增額は七月初め最後的決定
263848	朝鮮朝日	南鮮版	1935-06-19	1	07단	鐵道電話切斷
263849	朝鮮朝日	南鮮版	1935-06-19	1	08단	雨期までに水防團を組織
263850	朝鮮朝日	南鮮版	1935-06-19	1	08단	少年竊盜團檢擧
263851	朝鮮朝日	南鮮版	1935-06-19	1	08단	對滿通信機關五十萬圓で擴充遞信局から要求
263852	朝鮮朝日	南鮮版	1935-06-19	1	08단	愛讀者優待の天勝大一座南鮮で興行
263853	朝鮮朝日	南鮮版	1935-06-19	1	09단	早慶野球戰號アサヒ・スポーツ(六月十五日號)
263854	朝鮮朝日	南鮮版	1935-06-19	1	09단	下關水産市況(十八日)
263855	朝鮮朝日	南鮮版	1935-06-19	1	09단	遮斷機に衝突釜山府電破損
263856	朝鮮朝日	南鮮版	1935-06-19	1	09단	耳の福音京城大阪間の電話線本月內に一回線增設
263857	朝鮮朝日	南鮮版	1935-06-19	1	10단	鷄林かゞみ
263858	朝鮮朝日	西北版	1935-06-20	1	01단	平壤神社の秋祭に花々しく商工祭晝は記念行事夜は提燈行列待たれる空前の賑ひ
263859	朝鮮朝日	西北版	1935-06-20	1	01단	取引所の移轉は急速に具體化かもし本府が解散を命ずれば平壤に新設の計劃
263860	朝鮮朝日	西北版	1935-06-20	1	01단	鐵道局の政策に反對の烽火平壤南浦の非合同派から全鮮會議所へ飛檄
263861	朝鮮朝日	西北版	1935-06-20	1	01단	ヤマメを趁うて(上)/風味若鮎を凌ぐ淸流の貴婦人ズブの素人にも大魚

일련번호	판명		간행일	면	단수	기사명
263862	朝鮮朝日	西北版	1935-06-20	1	04단	公私消息(三宅第二十師團長/大町平壤遞信分掌局監督課企劃主任)
263863	朝鮮朝日	西北版	1935-06-20	1	04단	討匪第一線非常に緊張植原隊長談
263864	朝鮮朝日	西北版	1935-06-20	1	04단	勇壯な白兵戰
263865	朝鮮朝日	西北版	1935-06-20	1	05단	一人一題(人を裁く道 鎭南浦警察署長池內勝太郎氏)
263866	朝鮮朝日	西北版	1935-06-20	1	06단	芥子の栽培は出來るだけ善處咸南北を視察して安井專賣局長語る
263867	朝鮮朝日	西北版	1935-06-20	1	06단	小倉博君の家庭を訪ふ亡父の肖像畫に朝鮮一の報告祭 慈愛深き母と孝行な一人子淨かな歡喜の一瞬
263868	朝鮮朝日	西北版	1935-06-20	1	07단	酒精に引火し五名大火傷信聖學校の珍事
263869	朝鮮朝日	西北版	1935-06-20	1	08단	重大事業委員會二十一日に開催
263870	朝鮮朝日	西北版	1935-06-20	1	08단	東海岸の海戰火蓋を切る軍艦妙高に坐乘し今村統監演習地へ/宮崎中佐一行來元
263871	朝鮮朝日	西北版	1935-06-20	1	08단	男子中等學年對抗競技
263872	朝鮮朝日	西北版	1935-06-20	1	08단	曉の超特急今夏城津へ競技を指導
263873	朝鮮朝日	西北版	1935-06-20	1	08단	北鮮の氣象異變連日細雨に明け暮れ最盛期にガスの中絶
263874	朝鮮朝日	西北版	1935-06-20	1	09단	醉っ拂ひは寺院から閉出し平南の兩部長から嚴重な淨化の通牒
263875	朝鮮朝日	西北版	1935-06-20	1	09단	會と催(草浦洑組合定時總會)
263876	朝鮮朝日	西北版	1935-06-20	1	10단	預金引出して又責任爭ひ結局法廷へ
263877	朝鮮朝日	西北版	1935-06-20	1	10단	各地から(沙里院/平壤)
263878	朝鮮朝日	西北版	1935-06-20	1	10단	天然痘北鮮になほ猖獗
263879	朝鮮朝日	南鮮版	1935-06-20	1	01단	各地から(京城/大邱/淸州/鎭海/釜山/春川)
263880	朝鮮朝日	南鮮版	1935-06-20	1	01단	梅雨の訪れ
263881	朝鮮朝日	南鮮版	1935-06-20	1	02단	利き目觀面の官界刷新策實力ある官吏に豁然開く登龍門人格と手腕第一要件に新しい拔擢制度
263882	朝鮮朝日	南鮮版	1935-06-20	1	02단	玄海の波を蹴る流線型の豪華船七百萬圓投じて二隻を建造し明秋に第一船就航
263883	朝鮮朝日	南鮮版	1935-06-20	1	03단	御婚儀御披露に廿日に御來鮮李鍝公、同妃兩殿下
263884	朝鮮朝日	南鮮版	1935-06-20	1	04단	話の種
263885	朝鮮朝日	南鮮版	1935-06-20	1	05단	京畿府尹郡守會議
263886	朝鮮朝日	南鮮版	1935-06-20	1	05단	京城府議の水道課分室視察
263887	朝鮮朝日	南鮮版	1935-06-20	1	05단	黑字景氣で官廳の成金風鐵道、遞信、專賣三局揃って一齊に改築を要望
263888	朝鮮朝日	南鮮版	1935-06-20	1	06단	二十八日に開場式擧行釜山中央市場
263889	朝鮮朝日	南鮮版	1935-06-20	1	06단	警察署名を使ひ巧妙な僞電渡航證欲しさの狂言
263890	朝鮮朝日	南鮮版	1935-06-20	1	07단	十六日午後五時三十分着「あじあ」で新京へ着いた今井田政務■■■■■■■■
263891	朝鮮朝日	南鮮版	1935-06-20	1	07단	梅雨に誘はれ死を急ぐ娘二人三中井賣子とインテリ女性奇しくも同じ日に(1列車內で服毒/2ボートから入水)

일련번호	판명		간행일	면	단수	기사명
263892	朝鮮朝日	南鮮版	1935-06-20	1	07단	第一日曜を觀覽デー博物館開放
263893	朝鮮朝日	南鮮版	1935-06-20	1	08단	京城府議に違反の嫌疑
263894	朝鮮朝日	南鮮版	1935-06-20	1	08단	府當局から瓦斯府營を言明反對派の態度が見物
263895	朝鮮朝日	南鮮版	1935-06-20	1	08단	「笑ひの慰問使」貓野三毛男君京城着
263896	朝鮮朝日	南鮮版	1935-06-20	1	08단	公私消息(有賀殖銀頭取/大串軍參謀長、持長憲兵隊司令官/本社京城支局來訪)
263897	朝鮮朝日	南鮮版	1935-06-20	1	09단	運動競技界(陸上競技大會一等/鮮鐵軍勝つ對門鐵庭球試合)
263898	朝鮮朝日	南鮮版	1935-06-20	1	09단	會と催(朝鮮藥學會/遞信局分掌局長會議/朝鮮動物愛護會總會/大邱卸商組合役員會/第三回大邱中等學校對抗陸上競技竝に機械體操大會/馬山警察署演武場上棟式/朝鮮工業協會總會/柔道段外者團體戰)
263899	朝鮮朝日	南鮮版	1935-06-20	1	10단	忠南金組理事會議
263900	朝鮮朝日	南鮮版	1935-06-20	1	10단	九年度中の通常郵便物
263901	朝鮮朝日	南鮮版	1935-06-20	1	10단	下關水産市況(十九日)
263902	朝鮮朝日	西北版	1935-06-21	1	01단	旋風時代の北鮮遲れたら罰金付晝夜兼行の工事八月一ぱい完成を目指し淸津漁港の建設譜
263903	朝鮮朝日	西北版	1935-06-21	1	01단	大同江水運のスピード化計劃南浦平壤間を六時間に縮め鐵道と貨物の爭奪戰
263904	朝鮮朝日	西北版	1935-06-21	1	01단	ヤマメを趁うて(中)/野薔薇咲く深山珍鳥の啼寄せ本場の城町へ着く
263905	朝鮮朝日	西北版	1935-06-21	1	04단	市街地計劃令講習會
263906	朝鮮朝日	西北版	1935-06-21	1	04단	官廳內の談話は一切國語を使へ安武知事から嚴達
263907	朝鮮朝日	西北版	1935-06-21	1	04단	賠償金問題で鐘紡の工事遲る拂はねば解決し難い
263908	朝鮮朝日	西北版	1935-06-21	1	05단	堆肥增産を積極的に獎勵
263909	朝鮮朝日	西北版	1935-06-21	1	05단	朝鮮人間に簡易保險普及
263910	朝鮮朝日	西北版	1935-06-21	1	05단	紙撚細工をパリから注文
263911	朝鮮朝日	西北版	1935-06-21	1	06단	柔道國民軍咸北警務課長松岡修二
263912	朝鮮朝日	西北版	1935-06-21	1	06단	電信五回線近日中に着工
263913	朝鮮朝日	西北版	1935-06-21	1	07단	早くも狹隘で增築の必要迫る昨年新築の平壤府廳
263914	朝鮮朝日	西北版	1935-06-21	1	07단	松濤園で臨時郵便事務取扱
263915	朝鮮朝日	西北版	1935-06-21	1	07단	簡易觀測所妙香山に設置
263916	朝鮮朝日	西北版	1935-06-21	1	07단	學校長を神職に一面一社を建立五ケ年計劃で實現
263917	朝鮮朝日	西北版	1935-06-21	1	07단	赤い靑年送局
263918	朝鮮朝日	西北版	1935-06-21	1	08단	軍事功勞者二名を出す元山の譽れ
263919	朝鮮朝日	西北版	1935-06-21	1	08단	共販出廻り十萬貫豫想平壤の春繭
263920	朝鮮朝日	西北版	1935-06-21	1	08단	身投自殺
263921	朝鮮朝日	西北版	1935-06-21	1	09단	金塊密輸繞る犯罪二重奏資金を拐帶
263922	朝鮮朝日	西北版	1935-06-21	1	09단	國防思想普及の講演と映畫
263923	朝鮮朝日	西北版	1935-06-21	1	10단	石鹼の中に金塊を隱匿
263924	朝鮮朝日	西北版	1935-06-21	1	10단	厭世自殺

일련번호	판명		간행일	면	단수	기사명
263925	朝鮮朝日	西北版	1935-06-21	1	10단	會と催(元山鐵道事務所國鐵十周年祝賀會)
263926	朝鮮朝日	西北版	1935-06-21	1	10단	各地から(平壤/元山)
263927	朝鮮朝日	西北版	1935-06-21	1	10단	樂浪小話
263928	朝鮮朝日	南鮮版	1935-06-21	1	01단	明年度豫算の悩み鐵道公債の減額普通財源から補塡すれば新規事業にも影響
263929	朝鮮朝日	南鮮版	1935-06-21	1	01단	映畫を眞に生かす道優良映畫を進んで學童に學校と業者が協力して新しい情操教育
263930	朝鮮朝日	南鮮版	1935-06-21	1	01단	京城府の機構を三部制に改組か本年中には具體化
263931	朝鮮朝日	南鮮版	1935-06-21	1	01단	ラヂオ體操でぐっと能率上る健康禮讚の郵便局員
263932	朝鮮朝日	南鮮版	1935-06-21	1	03단	全鮮取引所總會
263933	朝鮮朝日	南鮮版	1935-06-21	1	03단	鯉の稚魚三百萬尾全鮮河川へ放流今年は滿洲へも進出
263934	朝鮮朝日	南鮮版	1935-06-21	1	03단	京城商工業の實勢調査
263935	朝鮮朝日	南鮮版	1935-06-21	1	03단	淺野育英會給費生決る
263936	朝鮮朝日	南鮮版	1935-06-21	1	04단	麗水公普の落成式
263937	朝鮮朝日	南鮮版	1935-06-21	1	04단	肥料供給の原案可決か朝鮮農會總會
263938	朝鮮朝日	南鮮版	1935-06-21	1	04단	風雅な話題新羅風鈴を眞似て大佛風鈴を賣り出す奈良から大邱へ製作注文
263939	朝鮮朝日	南鮮版	1935-06-21	1	04단	八百萬圓に上る遞信局の新規事業費
263940	朝鮮朝日	南鮮版	1935-06-21	1	05단	蟾津橋本月中に竣工地元で盛大な祝賀會の準備
263941	朝鮮朝日	南鮮版	1935-06-21	1	05단	父子三名燒死
263942	朝鮮朝日	南鮮版	1935-06-21	1	06단	和やかな中に燃ゆる鬪志九大選手歡迎會
263943	朝鮮朝日	南鮮版	1935-06-21	1	06단	暴れ馬幼兒を殺す
263944	朝鮮朝日	南鮮版	1935-06-21	1	06단	人口九千人にお醫者さん一人これでも始政當初の約三倍面目を改めた醫療網
263945	朝鮮朝日	南鮮版	1935-06-21	1	06단	少年竊盜團卅餘名檢擧
263946	朝鮮朝日	南鮮版	1935-06-21	1	07단	各地から(全州/大田/京城/浦項/釜山)
263947	朝鮮朝日	南鮮版	1935-06-21	1	07단	消火よりも豫防を勸告京城消防署
263948	朝鮮朝日	南鮮版	1935-06-21	1	07단	定員に達す釜山商議選擧
263949	朝鮮朝日	南鮮版	1935-06-21	1	07단	無邪氣な話只乘り少年釜山へ戻る
263950	朝鮮朝日	南鮮版	1935-06-21	1	08단	熊本の農家で農業の實習禮山農業生徒
263951	朝鮮朝日	南鮮版	1935-06-21	1	08단	運動競技界(福岡へ遠征城大陸上競技部/京城齒專勝つ對九州齒專陸上競技/延禧9醫專7定期野球決勝戰/東洋拳鬪會道揚竣工式)
263952	朝鮮朝日	南鮮版	1935-06-21	1	09단	公私消息(宇佐美陸軍騎兵監/堀商銀專務/野口朝窯社長/朴商銀頭取/高山東拓總裁/北畠二等獸醫正/吉村軍獸醫部長/九州帝大蹴球團/八幡製鐵野球團/原司法政務次官/渡邊學務局長/田淵前東拓理事/熊谷同京城支店長/笠井同總務課長、鈴木同事業課長/三上東拓參事、秋山同大運支店長、小田同庶務課長)
263953	朝鮮朝日	南鮮版	1935-06-21	1	10단	會と催(朝鮮化學會講演會/京畿道警察部演武場落成武德祭/朝鮮商議工業座談會/ピアノ演奏會)

일련번호	판명		간행일	면	단수	기사명
263954	朝鮮朝日	南鮮版	1935-06-21	1	10단	下關水産市況(二十日)
263955	朝鮮朝日	南鮮版	1935-06-21	1	10단	雞林かゞみ
263956	朝鮮朝日	西北版	1935-06-22	1	01단	向學心の奔騰で痩せ細る教育費平南から醫専と實業校へ國費の助け船要望
263957	朝鮮朝日	西北版	1935-06-22	1	01단	鴨綠江材初めて軍需景氣に登場平壤で兵器材に利用
263958	朝鮮朝日	西北版	1935-06-22	1	01단	一人で一日に一段歩の植付咸州郡婦人田植競爭で素晴しい能率發揮
263959	朝鮮朝日	西北版	1935-06-22	1	01단	本府の意向確めに上城委員會の對策
263960	朝鮮朝日	西北版	1935-06-22	1	02단	ヤマメを趁うて(下)/水さへ漬ければ大漁は請合ひ最高記錄は四百卅尾
263961	朝鮮朝日	西北版	1935-06-22	1	03단	取引所移轉運動方法協議
263962	朝鮮朝日	西北版	1935-06-22	1	03단	第四明文橋工事始まる
263963	朝鮮朝日	西北版	1935-06-22	1	04단	全鮮刑務所製品販賣高
263964	朝鮮朝日	西北版	1935-06-22	1	04단	日本海時代の寵兒嘉義丸の電飾(淸津港にて)
263965	朝鮮朝日	西北版	1935-06-22	1	05단	六十圓の地所九萬圓に跳上る四人が所有權を主張し複雜な羅津の訴訟
263966	朝鮮朝日	西北版	1935-06-22	1	06단	巖海苔養殖は副業に有利咸南で獎勵
263967	朝鮮朝日	西北版	1935-06-22	1	06단	鮮滿呼應して掃匪に起つ鴨綠江上の船舶檢索
263968	朝鮮朝日	西北版	1935-06-22	1	07단	价川線の時間改正
263969	朝鮮朝日	西北版	1935-06-22	1	07단	農村簡易工業化で中産階級を救濟沒落防止の對策決る
263970	朝鮮朝日	西北版	1935-06-22	1	07단	漁船五十餘隻消息を絶つ荒天の漁大津沖合で
263971	朝鮮朝日	西北版	1935-06-22	1	07단	牛の列車妨害
263972	朝鮮朝日	西北版	1935-06-22	1	07단	各地から(平壤/咸興/淸津/開城/元山)
263973	朝鮮朝日	西北版	1935-06-22	1	08단	對岸を掠奪鮮內へ發砲
263974	朝鮮朝日	西北版	1935-06-22	1	08단	珍しい鏡と硯石偶然に農夫が畑から發掘いづれも樂浪の遺物
263975	朝鮮朝日	西北版	1935-06-22	1	08단	季節託兒所咸南に普及
263976	朝鮮朝日	西北版	1935-06-22	1	08단	生活改善の模範を示す開城府教育會
263977	朝鮮朝日	西北版	1935-06-22	1	09단	大同江岸の血煙船夫と部落民が入り亂れ重輕傷廿七名を出す
263978	朝鮮朝日	西北版	1935-06-22	1	09단	支那人勞働者入鮮數減る
263979	朝鮮朝日	西北版	1935-06-22	1	10단	運動競技界(平實１２平鐵１/本島氏優勝米澤氏惜別のゴルフ戰)
263980	朝鮮朝日	西北版	1935-06-22	1	10단	三人兄弟暴る
263981	朝鮮朝日	南鮮版	1935-06-22	1	01단	大切な移入稅は當分撤廢できぬも少しゆとりが生じてから既定方針實施に決る/悲觀材料の山積明年度豫算の財源捻出策に既定豫算も大整理か
263982	朝鮮朝日	南鮮版	1935-06-22	1	01단	存續が否か硫安配給組合
263983	朝鮮朝日	南鮮版	1935-06-22	1	01단	海女の艱笑漁獲は多いし、値段は高い海藻採取の當り年
263984	朝鮮朝日	南鮮版	1935-06-22	1	02단	大田移轉決る公州地方法院

일련번호	판명		간행일	면	단수	기사명
263985	朝鮮朝日	南鮮版	1935-06-22	1	02단	意外仁川港內に一大淺瀨を發見近く浚渫工事を施す
263986	朝鮮朝日	南鮮版	1935-06-22	1	03단	三名超過す釜山商議選擧
263987	朝鮮朝日	南鮮版	1935-06-22	1	03단	表滿洲から參議任命の方針
263988	朝鮮朝日	南鮮版	1935-06-22	1	04단	篠田氏に親任待遇
263989	朝鮮朝日	南鮮版	1935-06-22	1	04단	道路擴張に近く取掛る躍進の西京城
263990	朝鮮朝日	南鮮版	1935-06-22	1	04단	四千キロ走破の岡田君歸る
263991	朝鮮朝日	南鮮版	1935-06-22	1	05단	西洋松茸を本式に栽培沖大邱署長
263992	朝鮮朝日	南鮮版	1935-06-22	1	05단	働く婦人達を優しく激勵今井田總監夫人
263993	朝鮮朝日	南鮮版	1935-06-22	1	05단	邦畫トーキー我が世の春新景氣に醉ふ銀幕陳
263994	朝鮮朝日	南鮮版	1935-06-22	1	06단	盟外船積荷意外に多い西海岸諸港
263995	朝鮮朝日	南鮮版	1935-06-22	1	06단	春川電氣の新供給區域
263996	朝鮮朝日	南鮮版	1935-06-22	1	07단	卅萬圓に決定在滿朝鮮人の農耕資金補助
263997	朝鮮朝日	南鮮版	1935-06-22	1	07단	全鮮刑務所ヘラヂオを普及每週二回位聽かせる
263998	朝鮮朝日	南鮮版	1935-06-22	1	07단	五月中の鮮滿郵便爲替
263999	朝鮮朝日	南鮮版	1935-06-22	1	07단	トラックに刎られ死亡
264000	朝鮮朝日	南鮮版	1935-06-22	1	07단	精神異狀者の兇行
264001	朝鮮朝日	南鮮版	1935-06-22	1	07단	溺死體漂着
264002	朝鮮朝日	南鮮版	1935-06-22	1	07단	列車に投石
264003	朝鮮朝日	南鮮版	1935-06-22	1	08단	火藥講習會來月京城で
264004	朝鮮朝日	南鮮版	1935-06-22	1	08단	大邱神社お田植祭
264005	朝鮮朝日	南鮮版	1935-06-22	1	08단	5－1城大先づ一勝本社京城支局後援對九大ア式蹴球戰
264006	朝鮮朝日	南鮮版	1935-06-22	1	09단	濃霧で昌慶丸遲着
264007	朝鮮朝日	南鮮版	1935-06-22	1	09단	優良白繭を出す光州農學校の産繭絲量１６匁６分
264008	朝鮮朝日	南鮮版	1935-06-22	1	09단	各地から(釜山/京城)
264009	朝鮮朝日	南鮮版	1935-06-22	1	09단	雞林かゞみ
264010	朝鮮朝日	南鮮版	1935-06-22	1	10단	會と催(鈴木城大敎授講演會/朝鮮無煙臨時總會/東洋畜産臨時總會/羅神講話會/日本女子中等排球朝鮮中央豫選)
264011	朝鮮朝日	南鮮版	1935-06-22	1	10단	公私消息(衆議院議員一行/李忠南知事)
264012	朝鮮朝日	南鮮版	1935-06-22	1	10단	下關水産市況(廿一日)
264013	朝鮮朝日	西北版	1935-06-23	1	01단	盛夏の水産王國で極彩色の漁港祭數百隻の大小漁船を集め年中行事の皮切り
264014	朝鮮朝日	西北版	1935-06-23	1	01단	平壤移轉も一つの方法內務部長談
264015	朝鮮朝日	西北版	1935-06-23	1	02단	本社主催第廿一回全國中等學校優勝野球大會朝鮮豫選朝鮮中等學校野球大會
264016	朝鮮朝日	西北版	1935-06-23	1	03단	害蟲發生し植付憂慮さる
264017	朝鮮朝日	西北版	1935-06-23	1	03단	重要懸案の實現本府ヘ猛運動實行委員五名を派遣
264018	朝鮮朝日	西北版	1935-06-23	1	04단	十郵便所新築
264019	朝鮮朝日	西北版	1935-06-23	1	04단	遠洋漁業試驗三千圓の缺損貴重な資料を提供
264020	朝鮮朝日	西北版	1935-06-23	1	04단	轟く爆音に歡迎の拍手勇ましい海軍基本演習で元山に漲る軍國色

일련번호	판명		간행일	면	단수	기사명
264021	朝鮮朝日	西北版	1935-06-23	1	05단	乾畓調査に近藤博士內壤
264022	朝鮮朝日	西北版	1935-06-23	1	06단	滿浦線の終端港南浦と元山で爭奪何れ劣らぬ誘致工作
264023	朝鮮朝日	西北版	1935-06-23	1	06단	蓄膿症の話平壤道立醫院醫員水野史郎氏
264024	朝鮮朝日	西北版	1935-06-23	1	07단	傷害致死被告に二年の判決
264025	朝鮮朝日	西北版	1935-06-23	1	07단	三務學校生徒同盟休校を決行四百五十名一齊に
264026	朝鮮朝日	西北版	1935-06-23	1	08단	加藤農場揉める
264027	朝鮮朝日	西北版	1935-06-23	1	09단	朝日映畫の夕
264028	朝鮮朝日	西北版	1935-06-23	1	09단	鴨綠江に匪賊高瀨船を襲ふ/匪賊頭目を射殺
264029	朝鮮朝日	西北版	1935-06-23	1	09단	安東の拳銃强盜捕はる
264030	朝鮮朝日	西北版	1935-06-23	1	09단	監禁して脅迫
264031	朝鮮朝日	西北版	1935-06-23	1	10단	五名死傷の慘工事中の人夫
264032	朝鮮朝日	西北版	1935-06-23	1	10단	松都高普の二生徒家出
264033	朝鮮朝日	西北版	1935-06-23	1	10단	各地から(沙里院/元山/平壤)
264034	朝鮮朝日	西北版	1935-06-23	1	10단	公私消息(鎭南浦府議內地視察團/新興工業座談會出席者)
264035	朝鮮朝日	南鮮版	1935-06-23	1	01단	高松宮殿下功績者を御選獎半島全農村の譽れ
264036	朝鮮朝日	南鮮版	1935-06-23	1	01단	伸びゆく航空路に大邱も仲間入り數地十四萬坪の大飛行場愈よ明年度に實現
264037	朝鮮朝日	南鮮版	1935-06-23	1	01단	全鮮學校評議員七月一日に改選本府の取締方針決る
264038	朝鮮朝日	南鮮版	1935-06-23	1	02단	「葷酒山門に入る許さず」本府から嚴いお達し
264039	朝鮮朝日	南鮮版	1935-06-23	1	03단	宇垣總督謹話
264040	朝鮮朝日	南鮮版	1935-06-23	1	03단	城大連勝の榮え對九大の蹴球戰に本社優勝楯を獲得
264041	朝鮮朝日	南鮮版	1935-06-23	1	04단	本社主催第廿一回全國中等學校優勝野球大會朝鮮豫選朝鮮中等學校野球大會
264042	朝鮮朝日	南鮮版	1935-06-23	1	05단	白頭山映畫淸潭會員觀賞
264043	朝鮮朝日	南鮮版	1935-06-23	1	05단	調査隊遞信局と打合せ
264044	朝鮮朝日	南鮮版	1935-06-23	1	06단	各地から(京城/大田/釜山/群山/麗水)
264045	朝鮮朝日	南鮮版	1935-06-23	1	06단	新安「警察座談會」全南の各里洞每に開催し部落民の常識啓發
264046	朝鮮朝日	南鮮版	1935-06-23	1	06단	今村佐鎭長官慶南北を視察
264047	朝鮮朝日	南鮮版	1935-06-23	1	06단	細菌は亂れ飛ぶ京城の要所に培養基を置き大都會の健康診斷
264048	朝鮮朝日	南鮮版	1935-06-23	1	07단	慶南の植付順調
264049	朝鮮朝日	南鮮版	1935-06-23	1	08단	登錄稅激增
264050	朝鮮朝日	南鮮版	1935-06-23	1	08단	海員養成所六名を退學
264051	朝鮮朝日	南鮮版	1935-06-23	1	08단	モダン味を盜む
264052	朝鮮朝日	南鮮版	1935-06-23	1	08단	貨物泥棒逮捕
264053	朝鮮朝日	南鮮版	1935-06-23	1	09단	會と催(朝鮮工業協會定時總會/朝鮮織物總會/アマチュア映畫の夕/雨宮薫水師名曲の夕/京城救世軍恩賜館開館式/京城東大門署務道場落成式/京畿道警察部署長會議/第二回京畿道女子中等學校對抗陸上競技大會)

일련번호	판명		간행일	면	단수	기사명
264054	朝鮮朝日	南鮮版	1935-06-23	1	09단	衆議院議員視察團
264055	朝鮮朝日	南鮮版	1935-06-23	1	09단	公私消息(牛島總督府內務局長/高山東拓總裁/秋山同大連支店長/佐藤同支社金融課長/小田同庶務課長/棚木同大田支店長/新谷同貨付課長/松原同奉天支店次長/ラ京城駐在米國總領事/河合朝運專務/管原喜祿氏(朝鮮總督府理事官)/本府矢島農村林局長)
264056	朝鮮朝日	南鮮版	1935-06-23	1	10단	下關水産市況(廿二日)
264057	朝鮮朝日	西北版	1935-06-25	1	01단	半島最初の準日本一木浦小學校の中上孝子さん明脹の極線を行く健康朝鮮の浮彫祝福の花吹雪を浴びて全國に誇り輝く/吉報を聞くなり提燈行列の準備スポーツ都市木浦を擧げて花やかに榮譽祝賀/表彰式參列に晴れの上阪旗行列の盛んな見送りで廿四日木浦を出發/「あゝ嬉しい」相好を崩すお父さん嬉し泣きのお母さん
264058	朝鮮朝日	西北版	1935-06-25	1	04단	圖寧線改稱
264059	朝鮮朝日	西北版	1935-06-25	1	04단	更に第二、第三の健康兒を出せ宇垣總督欣然語る
264060	朝鮮朝日	西北版	1935-06-25	1	04단	數年前とは隔世の感竹內木府體育主任談
264061	朝鮮朝日	西北版	1935-06-25	1	06단	防波堤延長猛運動起す淸津港の惱み
264062	朝鮮朝日	西北版	1935-06-25	1	07단	平壤に決定鐵道建設事務所
264063	朝鮮朝日	西北版	1935-06-25	1	07단	北鮮製紙數地吉州に決定藤原副社長から發表
264064	朝鮮朝日	西北版	1935-06-25	1	07단	廉價を武器に京城へ進出平壤の人造氷
264065	朝鮮朝日	西北版	1935-06-25	1	08단	平壤分掌局電話增設數
264066	朝鮮朝日	西北版	1935-06-25	1	08단	長谷川總督の馬車奉納
264067	朝鮮朝日	西北版	1935-06-25	1	08단	三拍子揃へて輻湊貨物を捌く平鐵早手廻しの準備
264068	朝鮮朝日	西北版	1935-06-25	1	08단	移出數增す平南北の畜牛
264069	朝鮮朝日	西北版	1935-06-25	1	09단	農家全部に養豚を獎勵平南の計劃
264070	朝鮮朝日	西北版	1935-06-25	1	09단	十月末回航鎮南浦碎氷船
264071	朝鮮朝日	西北版	1935-06-25	1	09단	工費六萬圓で武德殿を建設平南道廳北方に內定
264072	朝鮮朝日	西北版	1935-06-25	1	09단	圖寧線復舊
264073	朝鮮朝日	西北版	1935-06-25	1	09단	會と催(東京市産業局雄基出張所開所式/簡保宣傳映畫會)
264074	朝鮮朝日	西北版	1935-06-25	1	10단	咸北對岸に牛痘續發す
264075	朝鮮朝日	西北版	1935-06-25	1	10단	各地から(開城/元山/沙里院)
264076	朝鮮朝日	西北版	1935-06-25	1	10단	公私消息(衆議院滿洲國派遣講員團)
264077	朝鮮朝日	南鮮版	1935-06-25	1	01단	爆發する歡喜/「あゝ嬉しい」相好を崩すお父さん嬉し泣きのお母さん/半島最初の準日本一木浦小學校の中上孝子さん明脹の極線を行く健康朝鮮の浮彫祝福の花吹雪を浴びく全國に誇り輝く
264078	朝鮮朝日	南鮮版	1935-06-25	1	01단	更に第二、第三の健康兒を出せ宇垣總督欣然語る
264079	朝鮮朝日	南鮮版	1935-06-25	1	01단	最高の名譽近藤全南知事語る/萬丈の氣を吐く野口木浦府尹談/吉報を聞くなり提燈行列の準備スポーツ都市木浦を擧げて花やかに榮譽祝賀

일련번호	판명		간행일	면	단수	기사명
264080	朝鮮朝日	南鮮版	1935-06-25	1	01단	入選者決る朝鮮神宮奉祝大祭ポスター
264081	朝鮮朝日	南鮮版	1935-06-25	1	06단	會と催(京城線釜山、淸道間の驛長打合せ會議/釜山刑務所觀覽/朝貿協會理事會/釜山朝鮮汽船株主總會/鐵道局電氣局長會議/朝運會京城支部會/長屋勇氏油繪個展/中央物産軍役會/步砲兵聯合演習/城大法文學部夏季講習會/大邱日報社新築落成式/大邱聯隊夜間週間)
264082	朝鮮朝日	南鮮版	1935-06-25	1	07단	驛長異動
264083	朝鮮朝日	南鮮版	1935-06-25	1	08단	日本一を目標組織的な兒童保健運動を全南道內に捲起す/表彰式參列に晴れの上阪旗行列の盛んな見送りで廿四日木浦を出發
264084	朝鮮朝日	南鮮版	1935-06-25	1	08단	九大連勝す對城大定期陸上競技
264085	朝鮮朝日	南鮮版	1935-06-25	1	09단	公私消息(宇垣總督/植田軍司令官/中野代議士/千家尊建氏/宇佐美新任奉天總領事/橋本日石社長/中井東拓新京支店長/山澤總督府商工課長/今井田政務總監/渡邊中央物産社長/森朝郵社長/小林鎭海要港部司令官)
264086	朝鮮朝日	南鮮版	1935-06-25	1	10단	全大邱大勝對全釜山野球
264087	朝鮮朝日	南鮮版	1935-06-25	1	10단	朝鮮商議總會
264088	朝鮮朝日	南鮮版	1935-06-25	1	10단	下關水産市況(廿四日)
264089	朝鮮朝日	西北版	1935-06-26	1	01단	西北鮮四道競って無盡の寶庫爭奪築港擴張運動に火花
264090	朝鮮朝日	西北版	1935-06-26	1	01단	警備網充實平南から本府へ要求
264091	朝鮮朝日	西北版	1935-06-26	1	01단	靑空の下で洗濯棒の狂燥曲
264092	朝鮮朝日	西北版	1935-06-26	1	03단	空に救はれた勇士地上に命の恩人傷しき思ひ出から初めて本官飛行場で劇的の邂逅
264093	朝鮮朝日	西北版	1935-06-26	1	04단	日鑛鐵道免許
264094	朝鮮朝日	西北版	1935-06-26	1	04단	平鐵管內五月中の業績
264095	朝鮮朝日	西北版	1935-06-26	1	04단	自動交換式に明年度から改造平壤分掌局の計劃
264096	朝鮮朝日	西北版	1935-06-26	1	04단	運動競技界(平高普優勝中等陸上競技/稻葉氏優勝監視ゴルフ戰/西鮮の霸權平實軍獲得/平鐵１１安東３/日鐵勝優す庭球西鮮豫選)
264097	朝鮮朝日	西北版	1935-06-26	1	05단	日曜の樂しみ元山入港中の軍艦に乘れる
264098	朝鮮朝日	西北版	1935-06-26	1	05단	新題目加へ實現を期す
264099	朝鮮朝日	西北版	1935-06-26	1	06단	滿洲進出上の惱みを打開咸北水産業の振興策
264100	朝鮮朝日	西北版	1935-06-26	1	07단	「はまなす」咸南で增殖
264101	朝鮮朝日	西北版	1935-06-26	1	08단	各地から(沙里院/元山)
264102	朝鮮朝日	西北版	1935-06-26	1	08단	自力本願で農村を更生さす擴大する安武イズム
264103	朝鮮朝日	西北版	1935-06-26	1	08단	總延長まさに一萬里平壤分掌局の電信電話網
264104	朝鮮朝日	西北版	1935-06-26	1	09단	朝日映畵の夕
264105	朝鮮朝日	西北版	1935-06-26	1	09단	謝恩の美擧元山海星公普
264106	朝鮮朝日	西北版	1935-06-26	1	09단	暴れ馬で二名重傷
264107	朝鮮朝日	西北版	1935-06-26	1	10단	文書僞造檢擧

일련번호	판명		간행일	면	단수	기사명
264108	朝鮮朝日	西北版	1935-06-26	1	10단	劇と映畫(平壤階樂館)
264109	朝鮮朝日	西北版	1935-06-26	1	10단	會と催(稅務署長會議)
264110	朝鮮朝日	西北版	1935-06-26	1	10단	樂浪小話
264111	朝鮮朝日	南鮮版	1935-06-26	1	01단	光榮に輝く師團對抗演習閑院宮樣初め奉り御數方が御來鮮現役陸軍大將も全部觀戰秋の湖南地方空前の盛觀
264112	朝鮮朝日	南鮮版	1935-06-26	1	01단	バスやトラック自家用を取締る營業攪亂に本職悲鳴
264113	朝鮮朝日	南鮮版	1935-06-26	1	01단	慶南府尹郡守會議
264114	朝鮮朝日	南鮮版	1935-06-26	1	01단	相つぐ國防獻金
264115	朝鮮朝日	南鮮版	1935-06-26	1	01단	金剛山にお化粧
264116	朝鮮朝日	南鮮版	1935-06-26	1	02단	古蹟保存の粉糾解決東海中部線の廣軌數設工事
264117	朝鮮朝日	南鮮版	1935-06-26	1	03단	尼港事件の被害者調査
264118	朝鮮朝日	南鮮版	1935-06-26	1	04단	會と催(レコード鑑賞の夕)
264119	朝鮮朝日	南鮮版	1935-06-26	1	04단	今井田總監新京發
264120	朝鮮朝日	南鮮版	1935-06-26	1	04단	釜山の夜店大倉町に開く
264121	朝鮮朝日	南鮮版	1935-06-26	1	04단	數年前とは隔世の感つひに半島から準日本一竹内木府體育主任談
264122	朝鮮朝日	南鮮版	1935-06-26	1	05단	釜山に拓ける三つの海外航路濠洲航路船も寄港
264123	朝鮮朝日	南鮮版	1935-06-26	1	05단	大田局友會射擊會
264124	朝鮮朝日	南鮮版	1935-06-26	1	05단	記錄的の豊作か植付面積四萬町步も增加し農村に服かな豫想
264125	朝鮮朝日	南鮮版	1935-06-26	1	05단	街の話題
264126	朝鮮朝日	南鮮版	1935-06-26	1	06단	釜山消防組に公金橫領の疑ひ山本小頭召喚さる
264127	朝鮮朝日	南鮮版	1935-06-26	1	07단	各地から(京城/光州/浦項/大邱)
264128	朝鮮朝日	南鮮版	1935-06-26	1	07단	機關車と貨車脫線轉覆す湖南線豆溪連山間で
264129	朝鮮朝日	南鮮版	1935-06-26	1	08단	婦人を襲ふ怪盜捕はる
264130	朝鮮朝日	南鮮版	1935-06-26	1	08단	元豆溪郵便所員の公金費消
264131	朝鮮朝日	南鮮版	1935-06-26	1	08단	佐藤靜江女史門下生の第二回ピアノ演奏會
264132	朝鮮朝日	南鮮版	1935-06-26	1	09단	大田の新橋渡初め式擧行
264133	朝鮮朝日	南鮮版	1935-06-26	1	09단	阿片密輸檢擧
264134	朝鮮朝日	南鮮版	1935-06-26	1	09단	運動競技界(大邱商業優勝中等庭球リーグ戰/稅關6實業5釜山實業野球/師範優勝す大邱中等競技/京城第二高女優勝女子中等競技)
264135	朝鮮朝日	南鮮版	1935-06-26	1	10단	海員養成所の盟休解決
264136	朝鮮朝日	南鮮版	1935-06-26	1	10단	下關水産市況(廿五日)
264137	朝鮮朝日	西北版	1935-06-27	1	01단	光榮に輝く師團對抗演習閑院宮樣初め奉り御數方が御來鮮現役陸軍大將も全部觀戰秋の湖南地方空前の盛觀
264138	朝鮮朝日	西北版	1935-06-27	1	01단	空の精銳卅八機爆音高く分列式元山未曾有の大賑ひ
264139	朝鮮朝日	西北版	1935-06-27	1	01단	準日本一の中上孝子さん氣もわくわくと大阪へ初上り本社九州支社へ歡びの挨拶光を撒布する少女
264140	朝鮮朝日	西北版	1935-06-27	1	02단	平壤道立醫院工事入札

일련번호	판명		간행일	면	단수	기사명
264141	朝鮮朝日	西北版	1935-06-27	1	02단	赤く、大きく非常時の花咲く退院迫る重病の二等兵現役免除辭する一等兵咸興聯隊の軍國佳話
264142	朝鮮朝日	西北版	1935-06-27	1	04단	咸北警察署長會議
264143	朝鮮朝日	西北版	1935-06-27	1	04단	一人一題(知己に感激 清津府尹前田茂助氏)
264144	朝鮮朝日	西北版	1935-06-27	1	05단	滿洲移民計劃は無理を避ける今井田總監の土産話
264145	朝鮮朝日	西北版	1935-06-27	1	06단	十數年目の豊作素晴しい咸南の畑作
264146	朝鮮朝日	西北版	1935-06-27	1	06단	卅萬圓增收平南の春繭
264147	朝鮮朝日	西北版	1935-06-27	1	07단	各地から(元山)
264148	朝鮮朝日	西北版	1935-06-27	1	07단	熙川、价古間今秋に營業開始列車時刻も一部改正
264149	朝鮮朝日	西北版	1935-06-27	1	07단	內地選手招きプール開き擧行八月中旬に平壤で
264150	朝鮮朝日	西北版	1935-06-27	1	07단	一般青年に武道を獎勵平壤署乘出す
264151	朝鮮朝日	西北版	1935-06-27	1	08단	教化諸團體心田開發に起つ各地で積極策を協議/寺院の尊嚴保持を懇談
264152	朝鮮朝日	西北版	1935-06-27	1	08단	授業料騙取
264153	朝鮮朝日	西北版	1935-06-27	1	08단	陳列窓破りの少年逮捕
264154	朝鮮朝日	西北版	1935-06-27	1	09단	木炭道營檢査咸北で實施
264155	朝鮮朝日	西北版	1935-06-27	1	09단	けふの話題
264156	朝鮮朝日	西北版	1935-06-27	1	09단	朝日映畵の夕
264157	朝鮮朝日	西北版	1935-06-27	1	10단	木工組合罷業
264158	朝鮮朝日	西北版	1935-06-27	1	10단	親戚から盜む
264159	朝鮮朝日	西北版	1935-06-27	1	10단	公私消息(鷲津旅團長/吉永平鐵事務所長)
264160	朝鮮朝日	西北版	1935-06-27	1	10단	樂浪小話
264161	朝鮮朝日	南鮮版	1935-06-27	1	01단	移民計劃の折衝原案通りに一致滿洲國視察旅行から歸城し今井田總監の土産話
264162	朝鮮朝日	南鮮版	1935-06-27	1	01단	準日本一の中上孝子さん氣もわくわくと大阪へ初上り本社九州支社へ歡びの挨拶光を撒布する少女/表彰式參列の純白の晴れ着木浦小學校の全生徒から心づくしの贈り物
264163	朝鮮朝日	南鮮版	1935-06-27	1	01단	夏への警告水質が汚れて危險なプール京城の檢査を重要資料に取締規則を要望
264164	朝鮮朝日	南鮮版	1935-06-27	1	02단	運動競技界(二十三日)
264165	朝鮮朝日	南鮮版	1935-06-27	1	03단	動物愛護ポスター懸賞募集
264166	朝鮮朝日	南鮮版	1935-06-27	1	04단	地方課長會議
264167	朝鮮朝日	南鮮版	1935-06-27	1	05단	列車轉覆犯人意外八つの子供惡戲から怖しい結果
264168	朝鮮朝日	南鮮版	1935-06-27	1	05단	好成績收む京畿徵兵檢査
264169	朝鮮朝日	南鮮版	1935-06-27	1	05단	工場や商店へ柔劍道を獎勵池田副總長から通牒
264170	朝鮮朝日	南鮮版	1935-06-27	1	06단	中部京城の道路を擴張
264171	朝鮮朝日	南鮮版	1935-06-27	1	07단	非合同派の運動表面化
264172	朝鮮朝日	南鮮版	1935-06-27	1	07단	無罪變じて八年の求刑
264173	朝鮮朝日	南鮮版	1935-06-27	1	07단	街の紳士廿餘命檢擧京城本町署

일련번호	판명		간행일	면	단수	기사명
264174	朝鮮朝日	南鮮版	1935-06-27	1	08단	衛生課長會議七月二十四日から
264175	朝鮮朝日	南鮮版	1935-06-27	1	08단	有線通信機關杜絶しても平氣全鮮鐵道事務所に無線電話機を配置
264176	朝鮮朝日	南鮮版	1935-06-27	1	08단	本府派遣員明年度から大阪に常置
264177	朝鮮朝日	南鮮版	1935-06-27	1	08단	工事崩潰し八名重輕傷長興の珍事
264178	朝鮮朝日	南鮮版	1935-06-27	1	08단	下關水産市況(廿六日)
264179	朝鮮朝日	南鮮版	1935-06-27	1	09단	給仕急募
264180	朝鮮朝日	南鮮版	1935-06-27	1	09단	商銀支配人異動
264181	朝鮮朝日	南鮮版	1935-06-27	1	09단	强盗犯人に五年の判決
264182	朝鮮朝日	南鮮版	1935-06-27	1	09단	各地から(釜山/全州/晉州)
264183	朝鮮朝日	南鮮版	1935-06-27	1	10단	會と催(鐵道局鐵道事務所長、工場長、課長會議/釜山敎化聯盟委員會)
264184	朝鮮朝日	南鮮版	1935-06-27	1	10단	公私消息(宇佐美騎兵監/岡本三德氏(覆審法院檢事長)/本田金聯金融部長/增田朝運庶務課長/白鳥東大名譽敎授/多木製肥副社長/立石京城モータース社長/上田釜山商議理事/八幡製鐵野球團/中村遞信局副事務官/本社京城支局來訪)
264185	朝鮮朝日	南鮮版	1935-06-27	1	10단	雞林かゞみ
264186	朝鮮朝日	西北版	1935-06-28	1	01단	東邊道の資源鮮滿共同で開發總監の渡滿で具體化
264187	朝鮮朝日	西北版	1935-06-28	1	01단	殖える輪禍事故防止聯合會設け大衆の交通觀念强調
264188	朝鮮朝日	西北版	1935-06-28	1	02단	七月十日から假營業開始牡丹江林口間
264189	朝鮮朝日	西北版	1935-06-28	1	02단	一人一題(驛の明暗相 平壤驛長藤田鑛作氏)
264190	朝鮮朝日	西北版	1935-06-28	1	03단	神社へ昇格北鮮の神祠
264191	朝鮮朝日	西北版	1935-06-28	1	03단	卅日雄基へ濠洲の緬羊
264192	朝鮮朝日	西北版	1935-06-28	1	04단	碎けた安武知事外人宜敎師團の園遊會で握手と英語の封切
264193	朝鮮朝日	西北版	1935-06-28	1	04단	化學的設備整へ犯罪捜査に威力平南警察部懸案の刑事課明年度實現を要求
264194	朝鮮朝日	西北版	1935-06-28	1	04단	ヌルデ五倍子人工培養に成功咸南の産業に新分野
264195	朝鮮朝日	西北版	1935-06-28	1	05단	百十三萬圓平南三年間の窮救事業勞銀
264196	朝鮮朝日	西北版	1935-06-28	1	05단	漁船三隻は殆んど絶望咸北の豪雨禍
264197	朝鮮朝日	西北版	1935-06-28	1	06단	巡回農業展平南で今秋開催
264198	朝鮮朝日	西北版	1935-06-28	1	06단	發破研究所明年度創設か
264199	朝鮮朝日	西北版	1935-06-28	1	06단	本社主催全國中等野球豫選朝鮮中等學校野球大會
264200	朝鮮朝日	西北版	1935-06-28	1	07단	旅館難の平壤に全鮮一のホテル齋藤久太郎氏が新築
264201	朝鮮朝日	西北版	1935-06-28	1	08단	朝日映畫の夕
264202	朝鮮朝日	西北版	1935-06-28	1	08단	一號磚槨墳發掘に着手
264203	朝鮮朝日	西北版	1935-06-28	1	08단	九月に完成長津江水電送電線工事
264204	朝鮮朝日	西北版	1935-06-28	1	08단	朝の禮拜に不參加決議義昭學校盟休
264205	朝鮮朝日	西北版	1935-06-28	1	08단	麻雀賭博檢擧
264206	朝鮮朝日	西北版	1935-06-28	1	08단	バスに刎らる

일련번호	판명		간행일	면	단수	기사명
264207	朝鮮朝日	西北版	1935-06-28	1	09단	樂浪郡治址と七層石塔を指定古蹟寶物として保護
264208	朝鮮朝日	西北版	1935-06-28	1	09단	線路に横臥中轢殺さる
264209	朝鮮朝日	西北版	1935-06-28	1	10단	巾着漁船認可
264210	朝鮮朝日	西北版	1935-06-28	1	10단	三務學校の盟休解決す
264211	朝鮮朝日	西北版	1935-06-28	1	10단	幼女慘死
264212	朝鮮朝日	西北版	1935-06-28	1	10단	乞食ゾロゾロ平壤署取調べ
264213	朝鮮朝日	西北版	1935-06-28	1	10단	各地から(平壤/開城/元山)
264214	朝鮮朝日	南鮮版	1935-06-28	1	01단	大邱『空の港』は府外東村に決定將來卅萬坪に擴張しても餘裕綽々の好適地
264215	朝鮮朝日	南鮮版	1935-06-28	1	01단	御下賜金品傳達式
264216	朝鮮朝日	南鮮版	1935-06-28	1	01단	各地から(京城/馬山/釜山/光州/全州)
264217	朝鮮朝日	南鮮版	1935-06-28	1	02단	朝鮮商議總會
264218	朝鮮朝日	南鮮版	1935-06-28	1	02단	簡保委員會廿九日に開催
264219	朝鮮朝日	南鮮版	1935-06-28	1	03단	タッタ六時間で京釜間を突走る來月初め試運轉實施
264220	朝鮮朝日	南鮮版	1935-06-28	1	03단	空氣の汚染度移動式に調べる京城の衛生工作資料
264221	朝鮮朝日	南鮮版	1935-06-28	1	04단	猛火の呪ひ
264222	朝鮮朝日	南鮮版	1935-06-28	1	04단	東亞勸業公司滿洲移民を斡旋移民會社新設は中止
264223	朝鮮朝日	南鮮版	1935-06-28	1	05단	本社主催全國中等野球豫選朝鮮中等學校野球大會
264224	朝鮮朝日	南鮮版	1935-06-28	1	05단	石油詐取
264225	朝鮮朝日	南鮮版	1935-06-28	1	05단	會と催(朝取定期總會/京城商議役員會/朝鮮證券金融重役會/警官講習所卒業式)
264226	朝鮮朝日	南鮮版	1935-06-28	1	06단	慶南水産會の評議員當選者
264227	朝鮮朝日	南鮮版	1935-06-28	1	06단	白頭山映畫各地で好評鐵道局大喜び
264228	朝鮮朝日	南鮮版	1935-06-28	1	06단	就職難の青年身投自殺
264229	朝鮮朝日	南鮮版	1935-06-28	1	06단	公私消息(橋本日石社長/新谷東拓貨付課長/野口朝窒社長/大島同重役/大坪朝石重役/藤原北鮮製紙專務/伊藤慶北白石慶南警察部長/吉田電興專務/小暮海軍大佐/牛島內務局長/山澤農村局農産課長嚴父)
264230	朝鮮朝日	南鮮版	1935-06-28	1	07단	不良寺院に鐵槌京畿道取締りに着手
264231	朝鮮朝日	南鮮版	1935-06-28	1	07단	九年度の純剩餘實に千七百萬圓歳入全面的に好轉/明年度豫算の樂觀は早計林財務局長語る
264232	朝鮮朝日	南鮮版	1935-06-28	1	07단	慈愛旗傳達宣仁洞託兒所へ
264233	朝鮮朝日	南鮮版	1935-06-28	1	08단	貯水池斷水で送電不能に陷る南朝鮮水力電氣の雲巖發電所
264234	朝鮮朝日	南鮮版	1935-06-28	1	08단	列車に刎ねらる
264235	朝鮮朝日	南鮮版	1935-06-28	1	10단	下關水産市況(廿七日)
264236	朝鮮朝日	南鮮版	1935-06-28	1	10단	雞林かゞみ
264237	朝鮮朝日	南鮮版	1935-06-28	1	10단	慶南の豪雨道路一部不通
264238	朝鮮朝日	西北版	1935-06-29	1	01단	平壤船橋里方面に野球場を新設か現在の公設グラウンドは公認競技場に改造
264239	朝鮮朝日	西北版	1935-06-29	1	01단	清津、雄基兩港で共同檢査を實施滿洲國稅關の店開き

일련번호	판명		간행일	면	단수	기사명
264240	朝鮮朝日	西北版	1935-06-29	1	01단	東邊道の鮮農救濟根本策成る在滿機關と協力して
264241	朝鮮朝日	西北版	1935-06-29	1	01단	靜海門線の擴張近く着工
264242	朝鮮朝日	西北版	1935-06-29	1	01단	新線の驛名
264243	朝鮮朝日	西北版	1935-06-29	1	02단	テント村は普賢寺上手に
264244	朝鮮朝日	西北版	1935-06-29	1	03단	プール開き開城で擧行
264245	朝鮮朝日	西北版	1935-06-29	1	04단	會と催(咸北道殉職警官および殉職消防組員の招魂祭)
264246	朝鮮朝日	西北版	1935-06-29	1	04단	職業紹介所の利用者激增全鮮の調べ
264247	朝鮮朝日	西北版	1935-06-29	1	04단	羅津に生れる國際ホテル滿鐵の設計進む
264248	朝鮮朝日	西北版	1935-06-29	1	05단	咸南の亞麻本格的獎勵帝國製麻操業
264249	朝鮮朝日	西北版	1935-06-29	1	05단	半島の北に南に猛夏の戰闘演習飛六の精銳機總出動
264250	朝鮮朝日	西北版	1935-06-29	1	06단	各地から(平壤/江界/沙里院/咸興/元山)
264251	朝鮮朝日	西北版	1935-06-29	1	06단	物凄い激增振り咸興稅監局の酒稅に躍る北鮮景氣を反映
264252	朝鮮朝日	西北版	1935-06-29	1	06단	平南工場調査
264253	朝鮮朝日	西北版	1935-06-29	1	06단	けふの話題
264254	朝鮮朝日	西北版	1935-06-29	1	06단	カフェへ學生御法度平壤署の警告
264255	朝鮮朝日	西北版	1935-06-29	1	06단	南大川沿ひに約廿萬坪を買收吉州の北鮮製紙敷地
264256	朝鮮朝日	西北版	1935-06-29	1	07단	水利組合の必要を痛感
264257	朝鮮朝日	西北版	1935-06-29	1	07단	銀塊拔取犯人意外檢車係制服の儘大膽な犯行
264258	朝鮮朝日	西北版	1935-06-29	1	08단	「空の艦隊」へ眞心こめた慰安雲南の上原巡査部長/海軍將士の慰勞園遊會元山で開催
264259	朝鮮朝日	西北版	1935-06-29	1	08단	免囚保護協會今秋迄に創設
264260	朝鮮朝日	西北版	1935-06-29	1	09단	竊盗犯人逮捕
264261	朝鮮朝日	西北版	1935-06-29	1	09단	朝日映畫の夕
264262	朝鮮朝日	西北版	1935-06-29	1	09단	茂山の奇病第二回調査
264263	朝鮮朝日	西北版	1935-06-29	1	10단	損害卅萬圓平壤の火災
264264	朝鮮朝日	西北版	1935-06-29	1	10단	土地賣却代要求し地主騷ぐ
264265	朝鮮朝日	西北版	1935-06-29	1	10단	飛込み自殺
264266	朝鮮朝日	西北版	1935-06-29	1	10단	埋立工事人夫一部罷業
264267	朝鮮朝日	西北版	1935-06-29	1	10단	半島の宣傳九月に竣工の東京出張所で
264268	朝鮮朝日	西北版	1935-06-29	1	10단	公私消息(渡邊學務局長/米澤喜久松氏/滿鐵宇佐美理事、參謀本部後宮少將)
264269	朝鮮朝日	南鮮版	1935-06-29	1	01단	農村の土木事業窮民救濟事業に代り明年度から登場
264270	朝鮮朝日	南鮮版	1935-06-29	1	01단	交付金制度設け地方財政を確立貧弱道には國庫補助
264271	朝鮮朝日	南鮮版	1935-06-29	1	01단	七月の呼聲に目覺める海釜山附近の海水浴場/每日大賑ひ浦項海水浴場
264272	朝鮮朝日	南鮮版	1935-06-29	1	01단	一面一人づつ職員を殖やす明年度第一線の充實
264273	朝鮮朝日	南鮮版	1935-06-29	1	01단	防犯係設置か防犯課の前提
264274	朝鮮朝日	南鮮版	1935-06-29	1	02단	ウナ電の時間京城から內鮮滿台各地へどの位を要するか
264275	朝鮮朝日	南鮮版	1935-06-29	1	03단	九年度中の小包郵便物

일련번호	판명		간행일	면	단수	기사명
264276	朝鮮朝日	南鮮版	1935-06-29	1	04단	採鹽一割增收
264277	朝鮮朝日	南鮮版	1935-06-29	1	04단	洋行に內定白石警察部長
264278	朝鮮朝日	南鮮版	1935-06-29	1	04단	便宜を計れ在滿朝鮮人就籍で通牒
264279	朝鮮朝日	南鮮版	1935-06-29	1	05단	京釜線に內地人轢死體
264280	朝鮮朝日	南鮮版	1935-06-29	1	05단	二千萬突破九年度末全鮮の人口
264281	朝鮮朝日	南鮮版	1935-06-29	1	05단	幾ら借金しても寺院まで失はぬ京畿道の靑蓮寺繞る訴訟に高等法院の新判例
264282	朝鮮朝日	南鮮版	1935-06-29	1	06단	キャンプ村三ヶ所に開設
264283	朝鮮朝日	南鮮版	1935-06-29	1	06단	夏の贈り物遞信從業員へ
264284	朝鮮朝日	南鮮版	1935-06-29	1	06단	敎へ子の名譽に感激の市川校長東朝の表彰式へ參列
264285	朝鮮朝日	南鮮版	1935-06-29	1	06단	內鮮滿直通電話線の中繼所
264286	朝鮮朝日	南鮮版	1935-06-29	1	07단	工業座談會
264287	朝鮮朝日	南鮮版	1935-06-29	1	07단	飢える軍馬禿山綠化の反面に影を潛める牧草帶
264288	朝鮮朝日	南鮮版	1935-06-29	1	07단	けふの話題
264289	朝鮮朝日	南鮮版	1935-06-29	1	08단	*鮮航同盟會と抗爭を表明仁川卸賣商組合/約四割減少鮮航同盟會の鮮米積取*
264290	朝鮮朝日	南鮮版	1935-06-29	1	08단	警察官の歌一般から募集
264291	朝鮮朝日	南鮮版	1935-06-29	1	08단	內鮮間特殊取扱郵便物
264292	朝鮮朝日	南鮮版	1935-06-29	1	09단	繁昌頭は仁川港
264293	朝鮮朝日	南鮮版	1935-06-29	1	09단	運動競技界(朝鮮神宮奉贊體育大會)
264294	朝鮮朝日	南鮮版	1935-06-29	1	09단	會と催(朝鮮工業協會總會/京電豫算會議/朝信總會/朝鮮神宮大祓式)
264295	朝鮮朝日	南鮮版	1935-06-29	1	09단	公私消息(京城第一部敎育部會議員一行/熊谷東拓京城支店長/今井總督府遞信局電氣課長/小柳新潟市長/小林鎭海要港部司令官/羽左丈一行/今村佐世保鎭守府司令長官/田中總督府外事課長/鹽田同文書課長/崔麟氏(中樞院參議、天道敎道領))
264296	朝鮮朝日	南鮮版	1935-06-29	1	09단	各地から(大邱/京城)
264297	朝鮮朝日	南鮮版	1935-06-29	1	10단	下關水産市況(廿八日)
264298	朝鮮朝日	南鮮版	1935-06-29	1	10단	雞林かゞみ
264299	朝鮮朝日	西北版	1935-06-30	1	01단	靑空にひらく花
264300	朝鮮朝日	西北版	1935-06-30	1	01단	南陽から雄基へ蜿蜒たる防火帶列車の火の粉を防ぐ
264301	朝鮮朝日	西北版	1935-06-30	1	01단	三日電波に躍る準日本一の歡び朝日會館の表彰式から歸鮮し颯爽晴れの京城入り
264302	朝鮮朝日	西北版	1935-06-30	1	01단	油田を鮮內に發見したい元山の工場豫定地を檢分橋本朝石社長語る
264303	朝鮮朝日	西北版	1935-06-30	1	03단	艦隊勇士と柔劍道試合元山で擧行
264304	朝鮮朝日	西北版	1935-06-30	1	04단	會と催(今村佐世保鎭守府司令長官/小林鎭海要港部司令官)
264305	朝鮮朝日	西北版	1935-06-30	1	04단	學校增設で就學難緩和平壤府の計劃
264306	朝鮮朝日	西北版	1935-06-30	1	04단	*ガソリンカーと自動車衝突運轉手は無殘の死/責は何れに？*

일련번호	판명		간행일	면	단수	기사명
264307	朝鮮朝日	西北版	1935-06-30	1	05단	明年度の土木費百八十萬圓を要求
264308	朝鮮朝日	西北版	1935-06-30	1	05단	九月末に竣工咸南の農事試驗場
264309	朝鮮朝日	西北版	1935-06-30	1	05단	北鮮情緒(１)/鐘城の受降樓
264310	朝鮮朝日	西北版	1935-06-30	1	06단	滿浦線その他に保稅通路を要望二重關稅に惱む平壤
264311	朝鮮朝日	西北版	1935-06-30	1	07단	六月末の人蔘最低標準價格
264312	朝鮮朝日	西北版	1935-06-30	1	07단	全員勢揃ひ滿洲國兩稅關
264313	朝鮮朝日	西北版	1935-06-30	1	07단	各地から(平壤/開城)
264314	朝鮮朝日	西北版	1935-06-30	1	08단	平壤醫專に天然痘發生
264315	朝鮮朝日	西北版	1935-06-30	1	08단	本紙不着は盜難と判明新聞泥棒の小荷物運搬夫圖們で捕はる
264316	朝鮮朝日	西北版	1935-06-30	1	08단	合電社員盜難
264317	朝鮮朝日	西北版	1935-06-30	1	09단	朝日映畫の夕
264318	朝鮮朝日	西北版	1935-06-30	1	09단	高壓線に觸れ瀕死の重傷一時停電騷ぎ
264319	朝鮮朝日	西北版	1935-06-30	1	09단	けふの話題
264320	朝鮮朝日	西北版	1935-06-30	1	09단	赤の生徒送局
264321	朝鮮朝日	西北版	1935-06-30	1	10단	水泳服を着て泳ぎませう違反者は處罰
264322	朝鮮朝日	西北版	1935-06-30	1	10단	平南の金組金利を統一七月一日から
264323	朝鮮朝日	西北版	1935-06-30	1	10단	麻布道營檢查九月より實施
264324	朝鮮朝日	西北版	1935-06-30	1	10단	會と催(朝鮮運送元山支部の朝運會/元山の佛教講演會/龜德教授講演會)
264325	朝鮮朝日	南鮮版	1935-06-30	1	01단	全國中等野球朝鮮豫選大會前記中部第一次豫選豪麗無盡の球夏若き者に榮あれ全神經を甲子園へ凝結し緊迫の陣營を觀る/旺んな氣魄今年もダーク・ホース京城師範/若武者の意氣善戰善鬪のチーム京城工業
264326	朝鮮朝日	南鮮版	1935-06-30	1	01단	李鍝公、同妃兩殿下御歸鮮
264327	朝鮮朝日	南鮮版	1935-06-30	1	03단	京城の戰慄夏に狂ふ傳染病一日十五名も新患者續發し上流階級に多い
264328	朝鮮朝日	南鮮版	1935-06-30	1	04단	運動競技界(大邱中等學校蹴球大會)
264329	朝鮮朝日	南鮮版	1935-06-30	1	04단	三日電波に躍る準日本一の歡び朝日會館の表彰式から歸鮮し颯爽晴れの京城入り
264330	朝鮮朝日	南鮮版	1935-06-30	1	04단	千圓を寄附匿名で痲藥豫防協會へ
264331	朝鮮朝日	南鮮版	1935-06-30	1	05단	賑やかな開場式官民約四百名を招き釜山中央市場で擧行
264332	朝鮮朝日	南鮮版	1935-06-30	1	05단	少年溺死
264333	朝鮮朝日	南鮮版	1935-06-30	1	07단	各地から(光州/京城/釜山/大邱/仁川)
264334	朝鮮朝日	南鮮版	1935-06-30	1	07단	遭難漁船救助
264335	朝鮮朝日	南鮮版	1935-06-30	1	07단	街の紳士狩り
264336	朝鮮朝日	南鮮版	1935-06-30	1	07단	海に川に豊漁だより全南の沖合で嬉しや魚群慶南北の巾着網漁船/潑刺の姿め物凄い人出太公望に賑ふ
264337	朝鮮朝日	南鮮版	1935-06-30	1	08단	水産瓶詰業も今後は許可制度取締規則の改正實施

일련번호	판명		간행일	면	단수	기사명
264338	朝鮮朝日	南鮮版	1935-06-30	1	08단	本紙不着は盜難と判明新聞泥棒の小荷物運搬夫圖們で捕はる
264339	朝鮮朝日	南鮮版	1935-06-30	1	09단	五日頃東上生産費調査委員
264340	朝鮮朝日	南鮮版	1935-06-30	1	09단	列車に觸る
264341	朝鮮朝日	南鮮版	1935-06-30	1	09단	靴泥棒逮捕
264342	朝鮮朝日	南鮮版	1935-06-30	1	10단	死産兒遺棄
264343	朝鮮朝日	南鮮版	1935-06-30	1	10단	天勝一座盛況釜山の愛讀者優待
264344	朝鮮朝日	南鮮版	1935-06-30	1	10단	會と催(海軍獻納機祈願式/京城商議北鮮見本市/京城東大門署武道場落成式/大祓式)
264345	朝鮮朝日	南鮮版	1935-06-30	1	10단	公私消息(堀商銀專務/朴同頭取/德山同司計課長/熊谷東拓京城支店長/佐藤同金融課長/森重拓務省企劃課長/橋本朝石社長)
264346	朝鮮朝日	南鮮版	1935-06-30	1	10단	下關水産市況(廿九日)

1935년 7월 (조선아사히)

일련번호	판명		간행일	면	단수	기사명
264347	朝鮮朝日	西北版	1935-07-02	1	01단	全國中等野球朝鮮豫選大會前記中部第一次豫選豪麗無限の球夏若き者に榮あれ全神經を甲子園へ凝結し緊迫の陣營を觀る/旺んな氣魄今年もダーク・ホース京城師範/若武者の意氣善戰善闘のチーム京城工業
264348	朝鮮朝日	西北版	1935-07-02	1	01단	大空を縱橫無盡夜間飛行の快擧飛六最初の大爆擊陳
264349	朝鮮朝日	西北版	1935-07-02	1	02단	朝日會館の健康兒表彰會遠來の麗姿に一入盛んな拍手記念の水兵服姿淸らか參列の孝子さん
264350	朝鮮朝日	西北版	1935-07-02	1	04단	國旗揭揚塔始揚式
264351	朝鮮朝日	西北版	1935-07-02	1	06단	各地から(元山/淸津/咸興/羅南/開城)
264352	朝鮮朝日	西北版	1935-07-02	1	06단	開城府議北鮮視察
264353	朝鮮朝日	西北版	1935-07-02	1	07단	本社の映畵平壤で喝采
264354	朝鮮朝日	西北版	1935-07-02	1	07단	賄ひを直營咸興道立病院
264355	朝鮮朝日	西北版	1935-07-02	1	07단	平壤の銀行間で烈しい預金爭奪金利高で釣る傾向
264356	朝鮮朝日	西北版	1935-07-02	1	08단	既報二十八日東大院里踏切で汽車と自動車の衝突現場
264357	朝鮮朝日	西北版	1935-07-02	1	08단	記錄的輸送濠洲の種羊
264358	朝鮮朝日	西北版	1935-07-02	1	08단	朝日映畵の夕
264359	朝鮮朝日	西北版	1935-07-02	1	08단	自治防疫陣平壤に衛生組合續々と創立
264360	朝鮮朝日	西北版	1935-07-02	1	09단	道廳改築の達成を確信稻葉委員談
264361	朝鮮朝日	西北版	1935-07-02	1	09단	身投を救ったが所持金紛失
264362	朝鮮朝日	西北版	1935-07-02	1	10단	正義女高普動搖
264363	朝鮮朝日	西北版	1935-07-02	1	10단	不正藥種商は告發處分
264364	朝鮮朝日	西北版	1935-07-02	1	10단	人夫六名が落盤で死傷狗峴巖隧道で
264365	朝鮮朝日	西北版	1935-07-02	1	10단	嬰兒殺し
264366	朝鮮朝日	西北版	1935-07-02	1	10단	主金拐帶
264367	朝鮮朝日	西北版	1935-07-02	1	10단	劇と映畵(平壤キネマ)
264368	朝鮮朝日	西北版	1935-07-02	1	10단	樂浪小話
264369	朝鮮朝日	南鮮版	1935-07-02	1	01단	その後に來るもの後任會頭の椅子立石、五島兩氏で爭奪興味滿點の選擧/釜山商議當選者
264370	朝鮮朝日	南鮮版	1935-07-02	1	01단	全國中等野球朝鮮豫選大會前記中部第一次豫選殆んど全選手が甲子園の洗禮守備から攻擊へ巧みな轉換連勝果して成るか京城商業
264371	朝鮮朝日	南鮮版	1935-07-02	1	04단	會と催(愛婦洗濯講習會/學校衛生講習會)
264372	朝鮮朝日	南鮮版	1935-07-02	1	05단	朝日會館の健康兒表彰會遠來の麗姿に一入盛んな拍手記念の水兵服姿淸らか參列の孝子さん/錦を飾って三日朝京城へ
264373	朝鮮朝日	南鮮版	1935-07-02	1	06단	强打者揃ひで勝ちっ放し徹頭徹尾攻擊チーム徽文高普
264374	朝鮮朝日	南鮮版	1935-07-02	1	07단	二千人の昇給再び鐵道局から發表
264375	朝鮮朝日	南鮮版	1935-07-02	1	07단	豫算の大綱總督、總監協議
264376	朝鮮朝日	南鮮版	1935-07-02	1	07단	總督府辭令

일련번호	판명		간행일	면	단수	기사명
264377	朝鮮朝日	南鮮版	1935-07-02	1	08단	運動競技界(女子中等籠球大會/商業７Ａ中學６大邱中等野球/仁商勝つ)
264378	朝鮮朝日	南鮮版	1935-07-02	1	09단	京城學童陸上大會の優勝者
264379	朝鮮朝日	南鮮版	1935-07-02	1	09단	遭難の偵察機まだ發見されず艦隊の掃海作業空し
264380	朝鮮朝日	南鮮版	1935-07-02	1	10단	下關水産市況(一日)
264381	朝鮮朝日	西北版	1935-07-03	1	01단	綠旆目指して卅三校馳參ず全國中等野球朝鮮豫選時の出場校決る
264382	朝鮮朝日	西北版	1935-07-03	1	01단	高工新設より職業學校が急務渡邊學務局長語る
264383	朝鮮朝日	西北版	1935-07-03	1	01단	全國中等野球朝鮮豫選大會前記中部第一次豫選殆んど全選手が甲子園の洗禮守備から攻撃へ巧みな轉換連勝果して成るか京城商業/强打者揃ひで勝ちっ放し徹頭徹尾攻擊チーム徽文高普
264384	朝鮮朝日	西北版	1935-07-03	1	02단	學位授與
264385	朝鮮朝日	西北版	1935-07-03	1	03단	鑛山監督局は十二年度か福島會頭談
264386	朝鮮朝日	西北版	1935-07-03	1	03단	美しき凱旋少女四日歸鄕の孝子さん迎へ木浦の爆發的祝賀
264387	朝鮮朝日	西北版	1935-07-03	1	04단	咸北事務檢閱
264388	朝鮮朝日	西北版	1935-07-03	1	05단	北鮮情緒(２)/會寧燒
264389	朝鮮朝日	西北版	1935-07-03	1	05단	溫情に感動して更生の新生活へ「犯罪人の病院」平壤刑務所假出獄に珍しい方針
264390	朝鮮朝日	西北版	1935-07-03	1	06단	平壤の夜市十日から開く
264391	朝鮮朝日	西北版	1935-07-03	1	06단	强打者揃ひで勝ちっ放し徹頭徹尾攻擊チーム徽文高普
264392	朝鮮朝日	西北版	1935-07-03	1	07단	新しい平壤驛兩側驛に改築地元から理想案建議
264393	朝鮮朝日	西北版	1935-07-03	1	08단	飛込み自殺
264394	朝鮮朝日	西北版	1935-07-03	1	08단	大同江水運の改善案樹立委員會で調査
264395	朝鮮朝日	西北版	1935-07-03	1	09단	現物入札で建値を決定北鮮の魚油
264396	朝鮮朝日	西北版	1935-07-03	1	09단	皮病患者平壤醫專へ
264397	朝鮮朝日	西北版	1935-07-03	1	09단	嫉妬の放火
264398	朝鮮朝日	西北版	1935-07-03	1	09단	天然痘續發
264399	朝鮮朝日	西北版	1935-07-03	1	10단	各地から(江界/沙里院)
264400	朝鮮朝日	西北版	1935-07-03	1	10단	運動競技界(小谷、田崎組優勝平壤中等職員庭球/龍鐵優勝す對平南陸上/李昌根氏優勝平壤のゴルフ戰)
264401	朝鮮朝日	西北版	1935-07-03	1	10단	樂浪小話
264402	朝鮮朝日	南鮮版	1935-07-03	1	01단	綠旆目指して卅三校馳參ず全國中等野球朝鮮豫選時の出場校決る
264403	朝鮮朝日	南鮮版	1935-07-03	1	01단	美しき凱旋少女四日歸鄕の孝子さん迎へ木浦の爆發的祝賀
264404	朝鮮朝日	南鮮版	1935-07-03	1	02단	學術研究の旅城大生滿洲へ
264405	朝鮮朝日	南鮮版	1935-07-03	1	03단	全國中等野球朝鮮豫選大會前記中部第一次豫選傳統の力脈打ち立上る新人群火を吐くばかりの猛練習に今ぞ燃える京中魂京城中學/巨人投手武田魔肩の曲球一戰ごとに技倆躍進善隣商業

일련번호	판명		간행일	면	단수	기사명
264406	朝鮮朝日	南鮮版	1935-07-03	1	03단	社會敎化團體の慶南聯合會生る
264407	朝鮮朝日	南鮮版	1935-07-03	1	03단	農村から都市へ人口集中を防止主要都市で實情調査/定例局長會議
264408	朝鮮朝日	南鮮版	1935-07-03	1	04단	公私消息(宇佐美滿洲國鐵路總局長/植田軍司令官/鈴木東拓事業課長/本社京城支局來訪)
264409	朝鮮朝日	南鮮版	1935-07-03	1	05단	石造殿の陣列替
264410	朝鮮朝日	南鮮版	1935-07-03	1	05단	九年度の稅收入千萬圓の黑字始政以來の記錄破り
264411	朝鮮朝日	南鮮版	1935-07-03	1	05단	明年度移轉京城消防署
264412	朝鮮朝日	南鮮版	1935-07-03	1	06단	自動車墜落乘客三名負傷
264413	朝鮮朝日	南鮮版	1935-07-03	1	06단	釜山の方面委員會
264414	朝鮮朝日	南鮮版	1935-07-03	1	07단	保險金欲しさに自宅に放火
264415	朝鮮朝日	南鮮版	1935-07-03	1	07단	京城府の定期增俸/京畿道の昇給
264416	朝鮮朝日	南鮮版	1935-07-03	1	07단	線路に寢る男重傷
264417	朝鮮朝日	南鮮版	1935-07-03	1	08단	運動競技界(高普２Ａ中學０大邱中等野球/第二高普優勝京城中等職員庭球)
264418	朝鮮朝日	南鮮版	1935-07-03	1	08단	釜山商議の選擧風景
264419	朝鮮朝日	南鮮版	1935-07-03	1	10단	家屋倒壞し少女慘死す
264420	朝鮮朝日	南鮮版	1935-07-03	1	10단	飛降り男重傷
264421	朝鮮朝日	南鮮版	1935-07-03	1	10단	各地から(大邱/全州/仁川)
264422	朝鮮朝日	南鮮版	1935-07-03	1	10단	下關水産市況(二日)
264423	朝鮮朝日	南鮮版	1935-07-03	1	10단	雞林かゞみ
264424	朝鮮朝日	西北版	1935-07-04	1	01단	大咸興の建設譜興南や本宮を合倂し新ブロックの結成
264425	朝鮮朝日	西北版	1935-07-04	1	01단	素晴しい身體だネ模範生になりなさい官邸へ訪問の中上孝子孃に宇垣總督からやさしい祝辭/凜々しい聲で御挨拶の放送總督府でお祝ひの會
264426	朝鮮朝日	西北版	1935-07-04	1	01단	野砲聯合練習
264427	朝鮮朝日	西北版	1935-07-04	1	02단	全國中等野球朝鮮豫選大會前記中部第一次豫選傳統の力脈打ち立上る新人群火を吐くばかりの猛練習に今ぞ燃える京中魂京城中學/巨人投手武田魔肩の曲球一戰ごとに技倆躍進善隣商業
264428	朝鮮朝日	西北版	1935-07-04	1	04단	公私消息(植田朝鮮軍司令官)
264429	朝鮮朝日	西北版	1935-07-04	1	04단	北鮮情緒(３)/上三峰の國際鐵橋
264430	朝鮮朝日	西北版	1935-07-04	1	05단	九月十日頃見本市開催
264431	朝鮮朝日	西北版	1935-07-04	1	06단	福音船進水式
264432	朝鮮朝日	西北版	1935-07-04	1	06단	道路敷地繞り沙里院の粉糾
264433	朝鮮朝日	西北版	1935-07-04	1	07단	松皮を食ひ飢えを凌ぐ咸南端川郡內の細民
264434	朝鮮朝日	西北版	1935-07-04	1	08단	地區改正の書類を提出平壤府から
264435	朝鮮朝日	西北版	1935-07-04	1	09단	平壤分掌局へ三問題を陳情
264436	朝鮮朝日	西北版	1935-07-04	1	09단	實母を殺す札付の不良
264437	朝鮮朝日	西北版	1935-07-04	1	09단	幼兒溺死

일련번호	판명		간행일	면	단수	기사명
264438	朝鮮朝日	西北版	1935-07-04	1	10단	情婦に重傷
264439	朝鮮朝日	西北版	1935-07-04	1	10단	各地から(元山/沙里院)
264440	朝鮮朝日	西北版	1935-07-04	1	10단	會と催(平壤醫專主催音樂部演奏會/鎭南浦警察署尙武會主催第一回武道大會/水泳會/防水演習)
264441	朝鮮朝日	西北版	1935-07-04	1	10단	樂浪小話
264442	朝鮮朝日	南鮮版	1935-07-04	1	01단	沿線各驛を默殺快速列車の驀進京城から釜山まで薰風切る六時間
264443	朝鮮朝日	南鮮版	1935-07-04	1	01단	素晴しい身體だネ模範生になりなさい官邸へ訪問の中上孝子孃に宇垣總督からやさしい祝辭/凜々しい聲で御挨拶の放送總督府でお祝ひの會
264444	朝鮮朝日	南鮮版	1935-07-04	1	01단	御下賜金傳達笛東農村振興會へ
264445	朝鮮朝日	南鮮版	1935-07-04	1	01단	全國中等野球朝鮮豫選大會前記中部第一次豫選若冠山口に呈す剛球投手の名運動場を一つの精神道場に鬪志滿々のプレー仁川商業/雪辱の意氣凄く技倆は頂點盤龍山下の猛練習咸興商業
264446	朝鮮朝日	南鮮版	1935-07-04	1	04단	三艦釜山寄港
264447	朝鮮朝日	南鮮版	1935-07-04	1	05단	地場銀行上期決算
264448	朝鮮朝日	南鮮版	1935-07-04	1	05단	國境警備の充實を期す長尾滿洲國警務司長來城本府と重要打合せ
264449	朝鮮朝日	南鮮版	1935-07-04	1	06단	約八割進捗全鮮の植付
264450	朝鮮朝日	南鮮版	1935-07-04	1	06단	京城防疫週間
264451	朝鮮朝日	南鮮版	1935-07-04	1	06단	瞼の母を慕ふ嘆きのダンサー釜山上陸、濟州島へ
264452	朝鮮朝日	南鮮版	1935-07-04	1	07단	据付けられた自動交換機(京城中央電話局)
264453	朝鮮朝日	南鮮版	1935-07-04	1	08단	家屋倒壞し三兒壓死他の二兒重傷
264454	朝鮮朝日	南鮮版	1935-07-04	1	08단	要塞地帶撮影觀光の米人
264455	朝鮮朝日	南鮮版	1935-07-04	1	08단	怪しい乞食
264456	朝鮮朝日	南鮮版	1935-07-04	1	08단	水防の參謀本部慶南道廳內に委員會設け地方水防團と聯絡
264457	朝鮮朝日	南鮮版	1935-07-04	1	08단	强盜忽ち逮捕
264458	朝鮮朝日	南鮮版	1935-07-04	1	09단	出漁したきり歸らぬ機關長船中で殺害されたか
264459	朝鮮朝日	南鮮版	1935-07-04	1	09단	郵便貯金增加
264460	朝鮮朝日	南鮮版	1935-07-04	1	09단	運動競技界(龍中A組優勝京城少年排球)
264461	朝鮮朝日	南鮮版	1935-07-04	1	09단	「水戶黃門」愛讀者優待に釜山で上映
264462	朝鮮朝日	南鮮版	1935-07-04	1	10단	大金持ち無斷家出
264463	朝鮮朝日	南鮮版	1935-07-04	1	10단	會と催(朝鮮商議役員座談會/釜山松島海水浴場開場式/博洋丸披露/釜山商議初總會)
264464	朝鮮朝日	南鮮版	1935-07-04	1	10단	公私消息(渡邊學務局長/小林鎭海要港部司令官/林財務局長/本社京城支局來訪/伊東竹次郎氏(朝鮮民報社支配人衛藤勇氏岳父))
264465	朝鮮朝日	南鮮版	1935-07-04	1	10단	下關水産市況(三日)

일련번호	판명		간행일	면	단수	기사명
264466	朝鮮朝日	西北版	1935-07-05	1	01단	海軍基本演習感激の終曲篇犠牲者の陰膳に捧げる友情の杯「俺達もやがて行くぞ」と靑年士官涙の訣別
264467	朝鮮朝日	西北版	1935-07-05	1	01단	全國中等野球朝鮮豫選大會前記中部第一次豫選若冠山口に呈す剛球投手の名運動場を一つの精神道場に鬪志滿々のプレー仁川商業/雪辱の意氣凄く技倆は頂點盤龍山下の猛練習咸興商業
264468	朝鮮朝日	西北版	1935-07-05	1	02단	農村指導の神髓兒童の頭へ鼓吹平南で九月から實行
264469	朝鮮朝日	西北版	1935-07-05	1	02단	鐵道建設事務所平壤設置に決定十六日頃から店開き
264470	朝鮮朝日	西北版	1935-07-05	1	04단	放送局誘致協議會
264471	朝鮮朝日	西北版	1935-07-05	1	04단	トラック業統制の會社平南に創立機運
264472	朝鮮朝日	西北版	1935-07-05	1	05단	水防團組織平南各地に
264473	朝鮮朝日	西北版	1935-07-05	1	05단	公立學校に神棚を奉安平南道が通牒
264474	朝鮮朝日	西北版	1935-07-05	1	05단	宇垣總督訪問の中上孝子孃
264475	朝鮮朝日	西北版	1935-07-05	1	06단	松尾兵曹の死體を發見元山へ運ぶ
264476	朝鮮朝日	西北版	1935-07-05	1	06단	匪賊の侵入十七回に及ぶ
264477	朝鮮朝日	西北版	1935-07-05	1	07단	北鮮情緒(４)/琿春市街
264478	朝鮮朝日	西北版	1935-07-05	1	07단	滿浦線に土沙崩潰
264479	朝鮮朝日	西北版	1935-07-05	1	07단	平南タイル鹽田へ進出會社創立の計劃進む
264480	朝鮮朝日	西北版	1935-07-05	1	08단	木工罷業解決
264481	朝鮮朝日	西北版	1935-07-05	1	08단	電話線の淸掃地下ケーブルに改め平壤の市街美を整備
264482	朝鮮朝日	西北版	1935-07-05	1	08단	肥料低資激增
264483	朝鮮朝日	西北版	1935-07-05	1	09단	アサヒ・スポーツ(七月一日號)
264484	朝鮮朝日	西北版	1935-07-05	1	09단	金庫破りの賊淸津を荒す
264485	朝鮮朝日	西北版	1935-07-05	1	09단	天然痘十七名
264486	朝鮮朝日	西北版	1935-07-05	1	09단	栗の試驗林二ヶ所に造成
264487	朝鮮朝日	西北版	1935-07-05	1	10단	各地から(平壤/開城)
264488	朝鮮朝日	西北版	1935-07-05	1	10단	公私消息(平壤電氣調査委員會內田、石隈李基燦の三氏)
264489	朝鮮朝日	西北版	1935-07-05	1	10단	樂浪小話
264490	朝鮮朝日	南鮮版	1935-07-05	1	01단	綜合豫算を編成初豫算會議に司計課長から肚を割って詳細說明
264491	朝鮮朝日	南鮮版	1935-07-05	1	01단	總督の東上で編成にも見透し重要懸案は大體解決
264492	朝鮮朝日	南鮮版	1935-07-05	1	01단	大西良慶師に感動のお布施朝鮮人佛教徒から
264493	朝鮮朝日	南鮮版	1935-07-05	1	01단	全國中等野球朝鮮豫選大會前記中部第一次豫選敵粉碎の爆裂彈打棒三勇士黃金時代再現の悲願二年目堂々苦心の新編成龍山中學/北鮮の惑星烈々必勝の意氣燃え鍛へに鍛へた打擊陳元山中學
264494	朝鮮朝日	南鮮版	1935-07-05	1	02단	五日に決定記念博物館
264495	朝鮮朝日	南鮮版	1935-07-05	1	03단	準日本一の放送學校も家庭も嬉し泣
264496	朝鮮朝日	南鮮版	1935-07-05	1	04단	會と催(京城商議交通部會/釜山公立高等小學校男女合同同窓會總會)

일련번호	판명		간행일	면	단수	기사명
264497	朝鮮朝日	南鮮版	1935-07-05	1	04단	滿員のバスとタクシー衝突二名重輕傷
264498	朝鮮朝日	南鮮版	1935-07-05	1	04단	時速九十キ口鐵路の韋駄天豫想通りの大成功砲彈列車試乘記藤原記者
264499	朝鮮朝日	南鮮版	1935-07-05	1	05단	龍山で急停車復路に事故
264500	朝鮮朝日	南鮮版	1935-07-05	1	06단	宇垣總督訪問の中上孝子孃
264501	朝鮮朝日	南鮮版	1935-07-05	1	08단	アサヒ・スポーツ(七月一日號)
264502	朝鮮朝日	南鮮版	1935-07-05	1	08단	公私消息(三宅第二十師團長/加藤鮮銀總裁/福永政次郎氏(釜山商業實踐學校長、高瀨合名會社代表社員)
264503	朝鮮朝日	南鮮版	1935-07-05	1	09단	寺田辯護士に一年判決
264504	朝鮮朝日	南鮮版	1935-07-05	1	09단	大洞漁組盜難
264505	朝鮮朝日	南鮮版	1935-07-05	1	09단	各地から(釜山/大邱/京城)
264506	朝鮮朝日	南鮮版	1935-07-05	1	10단	下關水産市況(四日)
264507	朝鮮朝日	西北版	1935-07-06	1	01단	羅津と淸津から二本の國際列車今秋十一月に斷行
264508	朝鮮朝日	西北版	1935-07-06	1	01단	平南線の貨物大量輸送を實現平鐵明年度の計劃
264509	朝鮮朝日	西北版	1935-07-06	1	01단	全國中等野球朝鮮豫選大會前記中部第一次豫選敵粉碎の爆裂彈打棒三勇士黃金時代再現の悲願二年目堂々苦心の新編成龍山中學/北鮮の惑星烈々必勝の意氣燃え鍛へに鍛へた打擊陳元山中學
264510	朝鮮朝日	西北版	1935-07-06	1	02단	私設保稅倉庫滿浦鎭に設置朝運平壤支店で調査
264511	朝鮮朝日	西北版	1935-07-06	1	04단	寧遠産組認可
264512	朝鮮朝日	西北版	1935-07-06	1	04단	耐暑耐寒行軍成功
264513	朝鮮朝日	西北版	1935-07-06	1	04단	北鮮製紙起工式吉州で九日擧行
264514	朝鮮朝日	西北版	1935-07-06	1	04단	平壤消防隊の昇格豫算を要求明年度實現を期待
264515	朝鮮朝日	西北版	1935-07-06	1	05단	北鮮情緒(5)/南陽驛
264516	朝鮮朝日	西北版	1935-07-06	1	05단	全關西寫眞聯盟大會入選と佳作
264517	朝鮮朝日	西北版	1935-07-06	1	05단	豫想外の收穫第一號磚槨墳
264518	朝鮮朝日	西北版	1935-07-06	1	06단	棉花の主産地に黑斑病發生す平南六千町步に被害/夜盜蟲の大群平南に發生
264519	朝鮮朝日	西北版	1935-07-06	1	06단	話の種
264520	朝鮮朝日	西北版	1935-07-06	1	08단	素晴しい豊漁咸南の鰮漁業
264521	朝鮮朝日	西北版	1935-07-06	1	08단	咸南の奧地は全く生色なし末永技師の視察談
264522	朝鮮朝日	西北版	1935-07-06	1	08단	蝀龍窟探勝便利になる
264523	朝鮮朝日	西北版	1935-07-06	1	09단	平壤專賣支局の官舍地鎭祭
264524	朝鮮朝日	西北版	1935-07-06	1	09단	チフスから發狂五回も放火若妻、价川署へ檢擧
264525	朝鮮朝日	西北版	1935-07-06	1	09단	選擧違反摘發
264526	朝鮮朝日	西北版	1935-07-06	1	09단	老人轢殺さる
264527	朝鮮朝日	西北版	1935-07-06	1	10단	咸南水組の更生を計る二萬圓投じて
264528	朝鮮朝日	西北版	1935-07-06	1	10단	各地から(淸津/沙里院/平壤)
264529	朝鮮朝日	西北版	1935-07-06	1	10단	三戶を全燒鎭南浦の火事
264530	朝鮮朝日	西北版	1935-07-06	1	10단	匪賊十五名を銃殺

일련번호	판명		간행일	면	단수	기사명
264531	朝鮮朝日	南鮮版	1935-07-06	1	01단	百八十萬圓に增額總督府裏へ建築記念博物館大綱決る
264532	朝鮮朝日	南鮮版	1935-07-06	1	01단	秋の演習に備へ軍民共同の防疫軍醫部から實地調査/御接待方法大綱を決定
264533	朝鮮朝日	南鮮版	1935-07-06	1	01단	全國中等野球朝鮮豫選大會前記西北部第一次豫選遠く夢は馳せる空靑き甲子園昨年そのまゝのバッテリー全軍の意氣高らか新義州商業/精進、涙の一年攻擊にも守備にも寸分の隙なき陣容光成高普
264534	朝鮮朝日	南鮮版	1935-07-06	1	02단	濠洲航路船初寄港四日釜山へ
264535	朝鮮朝日	南鮮版	1935-07-06	1	03단	仁川營口航路本月から開設
264536	朝鮮朝日	南鮮版	1935-07-06	1	04단	京城組合銀行の手形交換高
264537	朝鮮朝日	南鮮版	1935-07-06	1	04단	盛んな軍旗祭龍山騎兵聯隊で九日に擧行
264538	朝鮮朝日	南鮮版	1935-07-06	1	04단	仁川と提携京城荷主協會
264539	朝鮮朝日	南鮮版	1935-07-06	1	04단	大京城實現に反對論出づ永登浦邑の一部から
264540	朝鮮朝日	南鮮版	1935-07-06	1	05단	漢江の水防八日打合會
264541	朝鮮朝日	南鮮版	1935-07-06	1	05단	本社旗に埋まり準日本一の歸鄕沸き返る木浦全市
264542	朝鮮朝日	南鮮版	1935-07-06	1	05단	本社京城支局へ市川校長の謝電
264543	朝鮮朝日	南鮮版	1935-07-06	1	06단	朝鮮神宮大會慶南豫選
264544	朝鮮朝日	南鮮版	1935-07-06	1	06단	嬰兒を絞殺
264545	朝鮮朝日	南鮮版	1935-07-06	1	07단	綠丸の乘客廿五名を救助殊勳の第十六良友丸
264546	朝鮮朝日	南鮮版	1935-07-06	1	07단	僅か五ヶ月間に死者千名を越す命取りの傳染病猖獗
264547	朝鮮朝日	南鮮版	1935-07-06	1	07단	湯川寅吉に十月を求刑
264548	朝鮮朝日	南鮮版	1935-07-06	1	08단	釜山情緒を豐富に盛るJBAK初放送の準備
264549	朝鮮朝日	南鮮版	1935-07-06	1	08단	電車に刎られ母娘死傷の慘釜山郊外で
264550	朝鮮朝日	南鮮版	1935-07-06	1	08단	二人組强盜百六十圓强奪
264551	朝鮮朝日	南鮮版	1935-07-06	1	08단	浮浪僧侶群まづ都會地から一掃
264552	朝鮮朝日	南鮮版	1935-07-06	1	09단	阿片密賣檢擧
264553	朝鮮朝日	南鮮版	1935-07-06	1	09단	惡戲から卽死
264554	朝鮮朝日	南鮮版	1935-07-06	1	09단	自殺未遂
264555	朝鮮朝日	南鮮版	1935-07-06	1	09단	各地から(大田/淸州/京城)
264556	朝鮮朝日	南鮮版	1935-07-06	1	10단	會と催(慶南巡査敎習所修業式/京城紡織株主總會/地場銀行上半期總會)
264557	朝鮮朝日	南鮮版	1935-07-06	1	10단	公私消息(大河內正敏子/有賀殖銀頭取/朝鮮京畿道水原郡主催內地視察團/本社京城支局來訪)
264558	朝鮮朝日	南鮮版	1935-07-06	1	10단	下關水産市況(五日)
264559	朝鮮朝日	南鮮版	1935-07-06	1	10단	雞林かゞみ
264560	朝鮮朝日	西北版	1935-07-07	1	01단	二つの貯水池繞り雄大な高山公園咸南と野口資本の提携で自然美を滿喫さす
264561	朝鮮朝日	西北版	1935-07-07	1	01단	十二日に抽籤京城、平壤、大邱で
264562	朝鮮朝日	西北版	1935-07-07	1	01단	全鮮の公普に御眞影奉安上申平南から總督府へ
264563	朝鮮朝日	西北版	1935-07-07	1	01단	機關銃獻納式十九日擧行

일련번호	판명		간행일	면	단수	기사명
264564	朝鮮朝日	西北版	1935-07-07	1	01단	豫約電話時報機平壤局に据付け
264565	朝鮮朝日	西北版	1935-07-07	1	02단	全國中等野球朝鮮豫選大會前記西北部第一次豫選遠く夢は馳せる空靑き甲子園昨年そのまゝのバッテリー全軍の意氣高らか新義州商業/精進、涙の一年攻擊にも守備にも寸分の隙なき陣容光成高普
264566	朝鮮朝日	西北版	1935-07-07	1	03단	海外市場へ城津材進出
264567	朝鮮朝日	西北版	1935-07-07	1	04단	今井田總監九日黃海道へ
264568	朝鮮朝日	西北版	1935-07-07	1	05단	平壤尚武會五百名參加
264569	朝鮮朝日	西北版	1935-07-07	1	05단	多獅島鐵道の創立總會
264570	朝鮮朝日	西北版	1935-07-07	1	05단	富豪の夫に二萬圓請求虐待された妻
264571	朝鮮朝日	西北版	1935-07-07	1	06단	北鮮情緒(6)/雄基本町通り
264572	朝鮮朝日	西北版	1935-07-07	1	06단	自力更生組合設け一絲亂れぬ活動平南、都市振興に着手
264573	朝鮮朝日	西北版	1935-07-07	1	07단	松尾兵曹の告別式
264574	朝鮮朝日	西北版	1935-07-07	1	08단	東拓安東農監籾代金を拐帶
264575	朝鮮朝日	西北版	1935-07-07	1	08단	平南の教育點呼年二回づつ實施簡易學校も加へて
264576	朝鮮朝日	西北版	1935-07-07	1	09단	別れた妻に瀕死の重傷
264577	朝鮮朝日	西北版	1935-07-07	1	09단	平壤の火事
264578	朝鮮朝日	西北版	1935-07-07	1	09단	上等兵轢死
264579	朝鮮朝日	西北版	1935-07-07	1	09단	各地から(元山/平壤)
264580	朝鮮朝日	西北版	1935-07-07	1	10단	會と催(勤勞講習會/平高女の登山/平壤林間學校/寺洞小學校神祀遷宮式)
264581	朝鮮朝日	西北版	1935-07-07	1	10단	樂浪小話
264582	朝鮮朝日	南鮮版	1935-07-07	1	01단	京城の府域擴張明春まで遷延か市街地計劃令も適用出來ず買收費は嵩むばかり
264583	朝鮮朝日	南鮮版	1935-07-07	1	01단	十二日に抽籤京城、平壤、大邱で
264584	朝鮮朝日	南鮮版	1935-07-07	1	01단	白石部長の後任丹下、下飯坂兩氏が有力本月中旬頃に發令
264585	朝鮮朝日	南鮮版	1935-07-07	1	01단	全國中等野球朝鮮豫選大會前記西北部第一次豫選山本氏を監督に底知れぬ實力心强い地元の聲援沙里院農業/花形投手宋君悲壯な決意宿敵擊破の祕策如何平壤高普
264586	朝鮮朝日	南鮮版	1935-07-07	1	04단	朝鮮日報社落成式
264587	朝鮮朝日	南鮮版	1935-07-07	1	04단	錦江の架橋江景は絕對反對緊急市民大會で決議
264588	朝鮮朝日	南鮮版	1935-07-07	1	04단	全南警察部異動
264589	朝鮮朝日	南鮮版	1935-07-07	1	05단	準日本一歡迎！
264590	朝鮮朝日	南鮮版	1935-07-07	1	05단	人造氷合同新會社を創立
264591	朝鮮朝日	南鮮版	1935-07-07	1	05단	代用作物準備水不足の全南
264592	朝鮮朝日	南鮮版	1935-07-07	1	06단	潭陽の竹皮莚巴里で大持て大量注文殺到の人氣
264593	朝鮮朝日	南鮮版	1935-07-07	1	07단	忠南植付良好
264594	朝鮮朝日	南鮮版	1935-07-07	1	07단	龍山驛員重傷
264595	朝鮮朝日	南鮮版	1935-07-07	1	08단	鮮滿中等學校美術展覽會
264596	朝鮮朝日	南鮮版	1935-07-07	1	08단	實用品一點張り京城の中元賣出し暑さ知らずの繁昌

일련번호	판명		간행일	면	단수	기사명
264597	朝鮮朝日	南鮮版	1935-07-07	1	08단	京城の町洞會全市に行き渡る殘りの六町も發會式
264598	朝鮮朝日	南鮮版	1935-07-07	1	08단	朝鮮の祖母慕ひ浦和から脱走の旅曲馬團の花形少女
264599	朝鮮朝日	南鮮版	1935-07-07	1	09단	銀水騷動京電社員大暴れ
264600	朝鮮朝日	南鮮版	1935-07-07	1	09단	會と催(臨時歴史圖書調査委員會/眞人會記念短歌會/宗教講演會)
264601	朝鮮朝日	南鮮版	1935-07-07	1	10단	平實6城鐵0都市對抗野球
264602	朝鮮朝日	南鮮版	1935-07-07	1	10단	公私消息(池田警務局長/棟居總督府事務官)
264603	朝鮮朝日	南鮮版	1935-07-07	1	10단	下關水産市況(六日)
264604	朝鮮朝日	南鮮版	1935-07-07	1	10단	雞林かゞみ
264605	朝鮮朝日	西北版	1935-07-09	1	01단	大平壤府建設に十四ヶ里を編入名實共に半島第二位
264606	朝鮮朝日	西北版	1935-07-09	1	01단	無盡か、商銀か私設裁判で裁斷拐帶社金の責任爭ひ
264607	朝鮮朝日	西北版	1935-07-09	1	01단	貯水池の用地廿日に收用愈よ土地收用令發動
264608	朝鮮朝日	西北版	1935-07-09	1	01단	黃海各部落を對照的に視察金井田總監
264609	朝鮮朝日	西北版	1935-07-09	1	01단	本府の意向打診委員歸る
264610	朝鮮朝日	西北版	1935-07-09	1	02단	全國中等野球朝鮮豫選大會前記西北部第一次豫選山本氏を監督に底知れぬ實力心强い地元の聲援沙里院農業/花形投手宋君悲壯な決意宿敵擊破の祕策如何平壤高普
264611	朝鮮朝日	西北版	1935-07-09	1	03단	全部認可さる平壤本年度起債
264612	朝鮮朝日	西北版	1935-07-09	1	03단	放送局誘致期成會を起す
264613	朝鮮朝日	西北版	1935-07-09	1	04단	順川農倉はお流れ
264614	朝鮮朝日	西北版	1935-07-09	1	04단	窯業に無煙炭の利用を陳情
264615	朝鮮朝日	西北版	1935-07-09	1	04단	鮮滿中等學校美術展覽會
264616	朝鮮朝日	西北版	1935-07-09	1	05단	各地から(平壤/海州/沙里院/江界)
264617	朝鮮朝日	西北版	1935-07-09	1	05단	金塊密輸逮捕
264618	朝鮮朝日	西北版	1935-07-09	1	05단	北鮮情緒(7)/羅津築港
264619	朝鮮朝日	西北版	1935-07-09	1	07단	最小の經費で最大の效果收む大爆擊飛行を成功裡に終了中富飛六聯隊長談
264620	朝鮮朝日	西北版	1935-07-09	1	08단	農業技術員打合會廿三日から咸南で開催
264621	朝鮮朝日	西北版	1935-07-09	1	08단	殺人未遂の犯人捕はる
264622	朝鮮朝日	西北版	1935-07-09	1	08단	新興鐵道延長期成會を結成咸南中部公職者大會
264623	朝鮮朝日	西北版	1935-07-09	1	09단	行金拐帶犯人忽ち捕はる商銀永興支店出納係
264624	朝鮮朝日	西北版	1935-07-09	1	10단	銀の延棒盗む
264625	朝鮮朝日	西北版	1935-07-09	1	10단	巡査部長重傷
264626	朝鮮朝日	西北版	1935-07-09	1	10단	劇と映畫(平壤偕樂館)
264627	朝鮮朝日	西北版	1935-07-09	1	10단	樂浪小話
264628	朝鮮朝日	南鮮版	1935-07-09	1	01단	心田開發放送に捲起る感激の嵐囚人教化にも異常な效果今後回數を殖やす
264629	朝鮮朝日	南鮮版	1935-07-09	1	01단	新規事業の要求六、七千萬圓か月末迄に全部出揃ふ

일련번호	판명		간행일	면	단수	기사명
264630	朝鮮朝日	南鮮版	1935-07-09	1	01단	全國中等野球朝鮮豫選大會前記西北部第一次豫選血淚の球史護り豪雄今ぞ起つ廻る一星霜新商との決戰こそファン待望の白眉篇平壤中學/健氣な玉碎主義海高健兒の胸を貫く燦たるスポーツ精神海州高普
264631	朝鮮朝日	南鮮版	1935-07-09	1	02단	運輸改善の意見を徵す各地商議から
264632	朝鮮朝日	南鮮版	1935-07-09	1	03단	微笑する街曉の廣場に健康謳ふ掛聲京城の苑南洞會
264633	朝鮮朝日	南鮮版	1935-07-09	1	04단	南海郵便所で市內電話交換
264634	朝鮮朝日	南鮮版	1935-07-09	1	04단	「忠南の夕」の放送プロ決定
264635	朝鮮朝日	南鮮版	1935-07-09	1	04단	寺刹淨化の布令を發す
264636	朝鮮朝日	南鮮版	1935-07-09	1	05단	木浦の準日本一祝賀會
264637	朝鮮朝日	南鮮版	1935-07-09	1	05단	師團對抗演習に遞信事務の完璧記念スタンプも製作
264638	朝鮮朝日	南鮮版	1935-07-09	1	06단	生産費委員會は紛糾を免れぬ十八日頃に委員東上
264639	朝鮮朝日	南鮮版	1935-07-09	1	07단	中小商工業者に親身の相談相手明年度京城に生れる
264640	朝鮮朝日	南鮮版	1935-07-09	1	07단	人夫三名死傷
264641	朝鮮朝日	南鮮版	1935-07-09	1	07단	京釜線の不安箱乘師跳梁
264642	朝鮮朝日	南鮮版	1935-07-09	1	08단	日曜と晴天の二疊打松島海水浴場大賑ひ
264643	朝鮮朝日	南鮮版	1935-07-09	1	08단	妓生の服毒？
264644	朝鮮朝日	南鮮版	1935-07-09	1	08단	各地から(京城/釜山/鎭海)
264645	朝鮮朝日	南鮮版	1935-07-09	1	09단	運動競技界(平實１２Ａ釜鐵１都市對抗野球)
264646	朝鮮朝日	南鮮版	1935-07-09	1	10단	會と催(北鮮製紙吉州工場起工式/朝鮮製錬總會/大河內子講演會/巡廻健兒相談/漢江水死者慰靈祭/遞信分掌局監督課長會議)
264647	朝鮮朝日	南鮮版	1935-07-09	1	10단	公私消息(林滿鐵總裁/加藤鮮銀總裁/高橋拓務省事務官)
264648	朝鮮朝日	南鮮版	1935-07-09	1	10단	下關水産市況(八日)
264649	朝鮮朝日	南鮮版	1935-07-09	1	10단	鷄林かゞみ
264650	朝鮮朝日	西北版	1935-07-10	1	01단	五萬の若き男女に勇し鳶色の團服道郡聯合會を統制機關に心田開發へ總動員
264651	朝鮮朝日	西北版	1935-07-10	1	01단	咸興平野一帶で最初の步飛演習飛六の精銳大舉參加
264652	朝鮮朝日	西北版	1935-07-10	1	01단	南串面の運河下流へ一キロ延長約十五萬圓增額して
264653	朝鮮朝日	西北版	1935-07-10	1	01단	商議總辭職表面化協和クラブが意向を纏める
264654	朝鮮朝日	西北版	1935-07-10	1	01단	素晴しい活況咸南の春繭
264655	朝鮮朝日	西北版	1935-07-10	1	02단	駐在所に神祠大同署で實行
264656	朝鮮朝日	西北版	1935-07-10	1	02단	全國中等野球朝鮮豫選大會前記西北部第一次豫選血淚の球史護り豪雄今ぞ起つ廻る一星霜新商との決戰こそファン待望の白眉篇平壤中學/健氣な玉碎主義海高健兒の胸を貫く燦たるスポーツ精神海州高普
264657	朝鮮朝日	西北版	1935-07-10	1	03단	豫想を裏切る延坪島の漁期
264658	朝鮮朝日	西北版	1935-07-10	1	04단	鐵道運輸成績增加
264659	朝鮮朝日	西北版	1935-07-10	1	04단	五百を突破平南の鑛區
264660	朝鮮朝日	西北版	1935-07-10	1	04단	文祿の役の戰史語る石碑平壤府外から發見

일련번호	판명		간행일	면	단수	기사명
264661	朝鮮朝日	西北版	1935-07-10	1	05단	續々と移出咸南の食用牛
264662	朝鮮朝日	西北版	1935-07-10	1	05단	參內の宇垣總督
264663	朝鮮朝日	西北版	1935-07-10	1	06단	屑繭の海外進出片倉製絲咸興支場で節のある絹絲織製造
264664	朝鮮朝日	西北版	1935-07-10	1	07단	高級品生產平南窯業組合
264665	朝鮮朝日	西北版	1935-07-10	1	07단	牧丹台公園に環狀の遊覽道路明年度に實現の計劃
264666	朝鮮朝日	西北版	1935-07-10	1	08단	國境警備のパノラマ陣列警察參考館近く着工
264667	朝鮮朝日	西北版	1935-07-10	1	08단	不安全畓に代用作物獎勵
264668	朝鮮朝日	西北版	1935-07-10	1	09단	若妻身投げ
264669	朝鮮朝日	西北版	1935-07-10	1	09단	黃金水で普通江の魚族死滅
264670	朝鮮朝日	西北版	1935-07-10	1	09단	樂浪小話
264671	朝鮮朝日	西北版	1935-07-10	1	10단	共匪追擊中一等兵重傷
264672	朝鮮朝日	西北版	1935-07-10	1	10단	各地から(元山/鎭南浦/沙里院)
264673	朝鮮朝日	西北版	1935-07-10	1	10단	運動競技界(卓球大會出場選手/平高普京城行選手)
264674	朝鮮朝日	南鮮版	1935-07-10	1	01단	明年度豫算に盛り澤山の要求學務局の新規事業
264675	朝鮮朝日	南鮮版	1935-07-10	1	01단	サ聯へ輸出の魁北鐵買收物資支拂ひに釜山特産品賣込み成立
264676	朝鮮朝日	南鮮版	1935-07-10	1	01단	「慶南の夕」廿一日放送
264677	朝鮮朝日	南鮮版	1935-07-10	1	01단	全國中等野球朝鮮豫選大會前記西北部第一次豫選「今年こそは」と自信たっぷり投手川崎に加はる腕の冴え守備陳殆んど完璧鎭南浦商工/潑剌の若さ宇野校長の理解で目覺しい上達振り平壤商業
264678	朝鮮朝日	南鮮版	1935-07-10	1	02단	壯烈な演習
264679	朝鮮朝日	南鮮版	1935-07-10	1	02단	日の丸デー京城の催し
264680	朝鮮朝日	南鮮版	1935-07-10	1	03단	鐵工業懇談會十一日に開催
264681	朝鮮朝日	南鮮版	1935-07-10	1	03단	盛夏の朝へ健康の贈物全鮮一齊廿一日から一月間ラヂオ體操會開催/靑い空、碧い海釜山、東萊各中小學校の臨海敎授はじまる/お手輕避暑釜山鐵道事務所の運賃割引/キャンピング客に割引
264682	朝鮮朝日	南鮮版	1935-07-10	1	04단	鐵道運輸成績增加
264683	朝鮮朝日	南鮮版	1935-07-10	1	04단	鹽の値上げ一叺五錢弱
264684	朝鮮朝日	南鮮版	1935-07-10	1	05단	參內の宇垣總督
264685	朝鮮朝日	南鮮版	1935-07-10	1	05단	嚴かな軍旗祭騎兵聯隊で擧行
264686	朝鮮朝日	南鮮版	1935-07-10	1	07단	京畿道の畑作に夜盜蟲發生す被害八千三百町步
264687	朝鮮朝日	南鮮版	1935-07-10	1	08단	朝日映畵の夕
264688	朝鮮朝日	南鮮版	1935-07-10	1	08단	職工三名火傷
264689	朝鮮朝日	南鮮版	1935-07-10	1	08단	ひかりで轢死
264690	朝鮮朝日	南鮮版	1935-07-10	1	08단	元參議の庶子兄弟で竊盜
264691	朝鮮朝日	南鮮版	1935-07-10	1	08단	昨夕刊旣報中學校設立のため私財六十萬圓を提供した京城本町二丁目高村甚一氏
264692	朝鮮朝日	南鮮版	1935-07-10	1	08단	鐵原鐘紡工場同盟休業

일련번호	판명		간행일	면	단수	기사명
264693	朝鮮朝日	南鮮版	1935-07-10	1	08단	掘られたか千圓入の墓口乗車の際に
264694	朝鮮朝日	南鮮版	1935-07-10	1	09단	變造振替で大阪へ商品注文忠南から新手の詐欺
264695	朝鮮朝日	南鮮版	1935-07-10	1	09단	嬰兒壓死
264696	朝鮮朝日	南鮮版	1935-07-10	1	09단	運動競技界(普成專敗る對文理大籠球)
264697	朝鮮朝日	南鮮版	1935-07-10	1	09단	會と催(釜山鐵道事務所水防協議會)
264698	朝鮮朝日	南鮮版	1935-07-10	1	09단	雞林かゞみ
264699	朝鮮朝日	南鮮版	1935-07-10	1	10단	渡航證僞造
264700	朝鮮朝日	南鮮版	1935-07-10	1	10단	公私消息(安部慶北道內務部長)
264701	朝鮮朝日	南鮮版	1935-07-10	1	10단	下關水産市況(九日)
264702	朝鮮朝日	西北版	1935-07-11	1	01단	農村更生の意氣何より頼もしい總督と會見後岡田首相談
264703	朝鮮朝日	西北版	1935-07-11	1	01단	農牧林の倂用で營農法建直し湯村咸南知事、十日の強行軍山地帶行脚の收穫
264704	朝鮮朝日	西北版	1935-07-11	1	01단	今井田總監沙里院を視察
264705	朝鮮朝日	西北版	1935-07-11	1	02단	愛國タオル街頭で賣る
264706	朝鮮朝日	西北版	1935-07-11	1	02단	全國中等野球朝鮮予選大會前記西北部第一次豫選「今年こそは」と自信たっぷり投手川崎に加はる腕の冴え守備陣殆んど完璧鎭南浦商工/潑剌の若さ宇野校長の理解で目覺しい上達振り平壤商業
264707	朝鮮朝日	西北版	1935-07-11	1	03단	轉錦門復舊に三千圓寄附愛息の遺志を實現する母心
264708	朝鮮朝日	西北版	1935-07-11	1	04단	月尾島と松濤園に郵便局出張所
264709	朝鮮朝日	西北版	1935-07-11	1	04단	春窮期緩和に麥の大增産平南でトルコ種獎勵
264710	朝鮮朝日	西北版	1935-07-11	1	04단	滿浦線隧道廿本全通殘るは狗峴嶺
264711	朝鮮朝日	西北版	1935-07-11	1	05단	沸き返る松濤園
264712	朝鮮朝日	西北版	1935-07-11	1	05단	鑛山景氣で伸びる送電線
264713	朝鮮朝日	西北版	1935-07-11	1	06단	陶土の移出大々的に獎勵
264714	朝鮮朝日	西北版	1935-07-11	1	06단	既設道路改修と橋梁架設に努力平南の産業開發工作
264715	朝鮮朝日	西北版	1935-07-11	1	07단	平壤專賣支局六月の販賣高
264716	朝鮮朝日	西北版	1935-07-11	1	08단	殘された道は火力發電のみ認可の猛運動を起す
264717	朝鮮朝日	西北版	1935-07-11	1	08단	清津港六月中の貿易額
264718	朝鮮朝日	西北版	1935-07-11	1	08단	盧榮から盗み
264719	朝鮮朝日	西北版	1935-07-11	1	09단	極めて順調咸南の植付
264720	朝鮮朝日	西北版	1935-07-11	1	09단	火災防止に好成績平壤の火元改造
264721	朝鮮朝日	西北版	1935-07-11	1	09단	內服藥獎勵
264722	朝鮮朝日	西北版	1935-07-11	1	09단	前借踏倒し
264723	朝鮮朝日	西北版	1935-07-11	1	10단	匪賊三十名步哨を狙擊
264724	朝鮮朝日	西北版	1935-07-11	1	10단	二少年溺死
264725	朝鮮朝日	西北版	1935-07-11	1	10단	各地から(平壤/沙里院/鎭南浦)
264726	朝鮮朝日	西北版	1935-07-11	1	10단	樂浪小話
264727	朝鮮朝日	南鮮版	1935-07-11	1	01단	農村更生の意氣何より頼もしい總督と會見後岡田首相談

일련번호	판명		간행일	면	단수	기사명
264728	朝鮮朝日	南鮮版	1935-07-11	1	01단	五千萬圓の内容棚洒しの蒸返しパッとせぬ新規事業/農漁村振興に百萬圓要求明年度積極的に着手/阿房宮増築
264729	朝鮮朝日	南鮮版	1935-07-11	1	01단	慶北の夕十九日放送
264730	朝鮮朝日	南鮮版	1935-07-11	1	02단	全國中等野球朝鮮予選大會前記南鮮第一次豫選全軍を鼓舞する金捕手の闘志主力選手卒業の痛手を克服野望燃ゆる巨人群大邱高普/青山を筆頭に確實な大物打ち駿足強肩の外野陣釜山中學
264731	朝鮮朝日	南鮮版	1935-07-11	1	04단	月尾島と松濤園に郵便局出張所
264732	朝鮮朝日	南鮮版	1935-07-11	1	04단	消防手最初の輝く警察功勞章殉職高濟德君へ下付
264733	朝鮮朝日	南鮮版	1935-07-11	1	04단	鮮銀麗水支店下旬頃に開業
264734	朝鮮朝日	南鮮版	1935-07-11	1	04단	「大邱林檎」三千箱を出荷
264735	朝鮮朝日	南鮮版	1935-07-11	1	05단	建築物取締規則を近く公布
264736	朝鮮朝日	南鮮版	1935-07-11	1	05단	十二日の總會で圓滿に解決か釜山商議の後任會頭をめぐる立石、五島兩氏の對立
264737	朝鮮朝日	南鮮版	1935-07-11	1	06단	痘瘡と流腦漸く終熄南鮮愁眉開く
264738	朝鮮朝日	南鮮版	1935-07-11	1	06단	質屋利下げ一部の反對押切り近く京畿道で斷行/京城公益質屋六月中の状況
264739	朝鮮朝日	南鮮版	1935-07-11	1	07단	各地から(大邱/光州/京城/釜山/馬山)
264740	朝鮮朝日	南鮮版	1935-07-11	1	08단	鰯の大群迎日灣へ襲來
264741	朝鮮朝日	南鮮版	1935-07-11	1	08단	空の難所三ヶ所に觀測設備施す航空氣象陣の強化
264742	朝鮮朝日	南鮮版	1935-07-11	1	09단	朝日映畫の夕
264743	朝鮮朝日	南鮮版	1935-07-11	1	10단	公私消息(池田警務局長)
264744	朝鮮朝日	南鮮版	1935-07-11	1	10단	下關水産市況(十日)
264745	朝鮮朝日	南鮮版	1935-07-11	1	10단	雞林かゞみ
264746	朝鮮朝日	西北版	1935-07-12	1	01단	棉作農家の福音各道に共濟組合設け自治的に價格補償
264747	朝鮮朝日	西北版	1935-07-12	1	01단	お膳立が整へば明年度に實現平壤放送局誘致を急ぐ
264748	朝鮮朝日	西北版	1935-07-12	1	01단	廣梁灣鹽田に輕便鐵道を敷設鮮內自給自足の前提
264749	朝鮮朝日	西北版	1935-07-12	1	01단	全國中等野球朝鮮予選大會前記南鮮第一次豫選全軍を鼓舞する金捕手の闘志主力選手卒業の痛手を克服野望燃ゆる巨人群大邱高普/青山を筆頭に確實な大物打ち駿足強肩の外野陣釜山中學
264750	朝鮮朝日	西北版	1935-07-12	1	03단	植田軍司令官十五日に來壤
264751	朝鮮朝日	西北版	1935-07-12	1	03단	眞夏に積雪二寸平南寧遠郡の農作物殆ど全滅の大被害
264752	朝鮮朝日	西北版	1935-07-12	1	04단	鎭南浦支廳法院復活委員會
264753	朝鮮朝日	西北版	1935-07-12	1	04단	濠洲の緬羊咸南各郡へ配給
264754	朝鮮朝日	西北版	1935-07-12	1	05단	陽德松茸廿日頃平壤へ
264755	朝鮮朝日	西北版	1935-07-12	1	05단	景勝の長德山に卅三番のお札所九月上旬ごろ盛大な開眼式寄進者の位置決る元山に生れる心田開發の靈場
264756	朝鮮朝日	西北版	1935-07-12	1	06단	火焰の中からパッと落下傘平壤機墜落の目撃談
264757	朝鮮朝日	西北版	1935-07-12	1	06단	拐帶金の紛爭遂に訴訟沙汰私設裁判は商銀反對

일련번호	판명		간행일	면	단수	기사명
264758	朝鮮朝日	西北版	1935-07-12	1	07단	沙里院邑會建議案
264759	朝鮮朝日	西北版	1935-07-12	1	08단	元山明太市十四日開市式
264760	朝鮮朝日	西北版	1935-07-12	1	08단	空の難所三ヶ所に觀測設備施す航空氣象陣の強化
264761	朝鮮朝日	西北版	1935-07-12	1	08단	巡廻講習會平南で開催
264762	朝鮮朝日	西北版	1935-07-12	1	08단	咸北の山火事半年に百廿六件
264763	朝鮮朝日	西北版	1935-07-12	1	08단	プール開き廿日鎭南浦で
264764	朝鮮朝日	西北版	1935-07-12	1	09단	無煙炭の良否色澤で鑑別小暮技師苦心の研究
264765	朝鮮朝日	西北版	1935-07-12	1	09단	運動競技界(吉岡選手八月七日に城津へ/文理大籠球部十二日に內壤)
264766	朝鮮朝日	西北版	1935-07-12	1	10단	主金で豪遊
264767	朝鮮朝日	西北版	1935-07-12	1	10단	船遊び中溺死
264768	朝鮮朝日	西北版	1935-07-12	1	10단	各地から(元山/平壤)
264769	朝鮮朝日	南鮮版	1935-07-12	1	01단	兩協會の合併で愈よ叺統制成る一道一社主義で實施
264770	朝鮮朝日	南鮮版	1935-07-12	1	01단	國旗制定の記念奉告祭朝鮮神宮で
264771	朝鮮朝日	南鮮版	1935-07-12	1	01단	棉花の價格補償明年度から實現各道に共濟組合組織
264772	朝鮮朝日	南鮮版	1935-07-12	1	01단	釜山港六月中の貿易額
264773	朝鮮朝日	南鮮版	1935-07-12	1	02단	全北三講習會
264774	朝鮮朝日	南鮮版	1935-07-12	1	02단	南畫院展覽會本社京城支局の後援で十月盛大開催
264775	朝鮮朝日	南鮮版	1935-07-12	1	02단	滿洲武者修業全鮮選拔き弓道の猛者
264776	朝鮮朝日	南鮮版	1935-07-12	1	02단	全國中等野球朝鮮予選大會前記南鮮第一次豫選南鮮を睥睨する名門の貫祿三壘森川、遊擊河村の示す鮮やかな球技の花釜山一商/職員も生徒も渾然たる野球愛注目のダークホース東萊高普
264777	朝鮮朝日	南鮮版	1935-07-12	1	03단	蟾津江竣工式廿四日に擧行
264778	朝鮮朝日	南鮮版	1935-07-12	1	04단	會と催(大邱工業協會總會/大邱商業同窓會)
264779	朝鮮朝日	南鮮版	1935-07-12	1	04단	詰襟の制服お役人に復活かうんと能率を上げる
264780	朝鮮朝日	南鮮版	1935-07-12	1	04단	全北の降雨まだ不十分
264781	朝鮮朝日	南鮮版	1935-07-12	1	04단	潛伏の殺人犯鎭海で捕はる
264782	朝鮮朝日	南鮮版	1935-07-12	1	05단	鳩の通信燈台間の聯絡に本格的訓練
264783	朝鮮朝日	南鮮版	1935-07-12	1	05단	免囚保護協會九月中旬に誕生施政記念事業に創立
264784	朝鮮朝日	南鮮版	1935-07-12	1	06단	各地から(釜山/大邱/仁川/京城/全州)
264785	朝鮮朝日	南鮮版	1935-07-12	1	06단	スリ團檢擧
264786	朝鮮朝日	南鮮版	1935-07-12	1	06단	全南北小作人の水爭ひ
264787	朝鮮朝日	南鮮版	1935-07-12	1	07단	朝日映畫の夕
264788	朝鮮朝日	南鮮版	1935-07-12	1	07단	五月中の簡保新契約數
264789	朝鮮朝日	南鮮版	1935-07-12	1	08단	誣告事件判決
264790	朝鮮朝日	南鮮版	1935-07-12	1	08단	飛降り女重傷
264791	朝鮮朝日	南鮮版	1935-07-12	1	08단	二名共無罪鐵道共組事件
264792	朝鮮朝日	南鮮版	1935-07-12	1	08단	夥しい燃料の無駄使ひを改善大阪から辻元氏を招聘し燃燒のコツ御指南

일련번호	판명		간행일	면	단수	기사명
264793	朝鮮朝日	南鮮版	1935-07-12	1	09단	下關水産市況(十一日)
264794	朝鮮朝日	南鮮版	1935-07-12	1	10단	雞林かゞみ
264795	朝鮮朝日	西北版	1935-07-13	1	01단	半島球界待望の豪華な審組決る全國中等野球朝鮮豫選廿二日から幕開き(中部/湖南/南鮮)
264796	朝鮮朝日	西北版	1935-07-13	1	01단	普通學校の手で續々遺物を發見近く寶物指定の申請
264797	朝鮮朝日	西北版	1935-07-13	1	01단	全國中等野球朝鮮予選大會前記南鮮第一次豫選南鮮を睥睨する名門の貫祿三壘森川、遊擊河村の示す鮮やかな球技の花釜山一商/職員も生徒も渾然たる野球愛注目のダークホース東萊高普
264798	朝鮮朝日	西北版	1935-07-13	1	03단	重要問題陳情
264799	朝鮮朝日	西北版	1935-07-13	1	04단	平壤府議視察
264800	朝鮮朝日	西北版	1935-07-13	1	04단	平壤機墜落の現場
264801	朝鮮朝日	西北版	1935-07-13	1	05단	總監海州視察
264802	朝鮮朝日	西北版	1935-07-13	1	05단	平壤博物館に特別陣列室設く八月に特別觀覽デー
264803	朝鮮朝日	西北版	1935-07-13	1	06단	富田翁胸像廿日除幕式
264804	朝鮮朝日	西北版	1935-07-13	1	06단	平壤土木出張所防水部生る
264805	朝鮮朝日	西北版	1935-07-13	1	06단	平南から白濱へ蛤三千箱を輸送大邱にもプール新設
264806	朝鮮朝日	西北版	1935-07-13	1	07단	六月中の平壤港貿易額
264807	朝鮮朝日	西北版	1935-07-13	1	07단	小西行長軍平壤退去の戰史碑石鑑定で確證さる
264808	朝鮮朝日	西北版	1935-07-13	1	08단	鼻疽の檢疫平北で開始
264809	朝鮮朝日	西北版	1935-07-13	1	08단	愛國を賣物のインチキ歌手獨唱會まで催した揚句に宿料踏倒して逃亡
264810	朝鮮朝日	西北版	1935-07-13	1	08단	武裝共匪七名を拉致す
264811	朝鮮朝日	西北版	1935-07-13	1	09단	淸川江の鮎鑛毒で死滅？
264812	朝鮮朝日	西北版	1935-07-13	1	09단	良質豐富の無煙炭發見中和面山中で
264813	朝鮮朝日	西北版	1935-07-13	1	10단	水泳中溺死
264814	朝鮮朝日	西北版	1935-07-13	1	10단	僞僧侶逮捕
264815	朝鮮朝日	西北版	1935-07-13	1	10단	けふの話題
264816	朝鮮朝日	西北版	1935-07-13	1	10단	名地から(平壤/咸興)
264817	朝鮮朝日	南鮮版	1935-07-13	1	01단	半島球界待望の豪華な放組決る全國中等野球朝鮮豫選廿二日から幕開き(中部/湖南/南鮮)
264818	朝鮮朝日	南鮮版	1935-07-13	1	01단	內輪に見積るも悠々三億圓突破空前の明年度大豫算/景氣上向を示す歳入の增大振り
264819	朝鮮朝日	南鮮版	1935-07-13	1	01단	全國中等野球朝鮮予選大會前記南鮮第一次豫選球界に敢て誇る打擊邱商の威力大會制霸の雄圖を祕めて築き上げる鐵壁陣大邱商業/捨身の戰法連續出場の朴投手に一段加はるスピード晉州高普/危機に動ぜぬ巖見の度胸これぞ士氣の原動力大邱中學
264820	朝鮮朝日	南鮮版	1935-07-13	1	04단	漢江水死者慰靈祭
264821	朝鮮朝日	南鮮版	1935-07-13	1	05단	各地から(京城/釜山/大田/大邱/光州)

일련번호	판명		간행일	면	단수	기사명
264822	朝鮮朝日	南鮮版	1935-07-13	1	05단	新醫學博士木浦の宮崎氏
264823	朝鮮朝日	南鮮版	1935-07-13	1	05단	DKの農村振興歌入選決定
264824	朝鮮朝日	南鮮版	1935-07-13	1	05단	全南に降雨なく半狂亂の農村迷信的の雨乞ひ頻り/木浦で雨乞祭
264825	朝鮮朝日	南鮮版	1935-07-13	1	06단	表彰される官吏三千餘名に上る二十年以上の勤續者
264826	朝鮮朝日	南鮮版	1935-07-13	1	07단	ルンペン講習
264827	朝鮮朝日	南鮮版	1935-07-13	1	07단	靜岡地方の地震京城測候所に感す
264828	朝鮮朝日	南鮮版	1935-07-13	1	07단	朝日映畫の夕
264829	朝鮮朝日	南鮮版	1935-07-13	1	08단	子供は負傷し母親は轢死線路に假睡中
264830	朝鮮朝日	南鮮版	1935-07-13	1	08단	畑作地の開墾大々的に獎勵十年位の年次計劃で
264831	朝鮮朝日	南鮮版	1935-07-13	1	09단	會と催(朝鮮製絲協會役員會/貯銀株主總會/咸南金組理事協議會/京城商議交通部會/金組施設展覽會/遞信局保險監督課長會議/京城府民館上棟式/京城府主催鑛工業懇談會/國體明徵講演會)
264832	朝鮮朝日	南鮮版	1935-07-13	1	10단	公私消息(林滿鐵總裁/池田警務局長/山根金組教育部長/有賀殖銀頭取/加藤仁川荷主代表/植田朝鮮軍司令官)
264833	朝鮮朝日	南鮮版	1935-07-13	1	10단	下關水産市況(十二日)
264834	朝鮮朝日	西北版	1935-07-14	1	01단	目隱しで擔出し練兵場で半殺し平壤若松普校の五年生學校內から浚はる學園の戰慄少年ギャング
264835	朝鮮朝日	西北版	1935-07-14	1	01단	全國中等野球朝鮮予選大會前記南鮮第一次豫選球界に敢て誇る打擊邱商の威力大會制霸の雄圖を祕めて築き上げる鐵壁陣大邱商業/捨身の戰法連續出場の朴投手に一段加はるスピード晉州高普/危機に動ぜぬ巖見の度胸これぞ士氣の原動力大邱中學
264836	朝鮮朝日	西北版	1935-07-14	1	02단	陣列窓破り捕はる
264837	朝鮮朝日	西北版	1935-07-14	1	02단	南畫院展覽會本社京城支局の後援で十月盛大に開催
264838	朝鮮朝日	西北版	1935-07-14	1	03단	鮮內へ侵入百圓を强奪八名の馬賊團
264839	朝鮮朝日	西北版	1935-07-14	1	04단	會と催(咸北道內初等學校長會議/全鮮弓道大會)
264840	朝鮮朝日	西北版	1935-07-14	1	04단	西鮮球界の麗花全國中等野球朝鮮豫選西北部組合せ決定
264841	朝鮮朝日	西北版	1935-07-14	1	05단	黃海農村へ卅萬圓落つ春繭好成績
264842	朝鮮朝日	西北版	1935-07-14	1	05단	運輸改善に期待せず平壤側の態度
264843	朝鮮朝日	西北版	1935-07-14	1	05단	白馬水泳場行きに割引
264844	朝鮮朝日	西北版	1935-07-14	1	05단	鬱陵島か江陵無電を設置松江、羅南定期航空に備へ明年度豫算に要求
264845	朝鮮朝日	西北版	1935-07-14	1	06단	十萬圓投じ元山署を新築本年中に竣工の豫定
264846	朝鮮朝日	西北版	1935-07-14	1	06단	遊覽道路を拓き快適な納涼一周山のホテルにも電燈煌々咸南の高山公園
264847	朝鮮朝日	西北版	1935-07-14	1	07단	咸南山地帶に奇病發生す一種の榮養障碍か
264848	朝鮮朝日	西北版	1935-07-14	1	08단	平壤防衛演習
264849	朝鮮朝日	西北版	1935-07-14	1	09단	各地から(淸津/平壤)

일련번호	판명		간행일	면	단수	기사명
264850	朝鮮朝日	西北版	1935-07-14	1	09단	載寧江本支流改修を要求工事費四百五十萬圓
264851	朝鮮朝日	西北版	1935-07-14	1	10단	落雷で卽死
264852	朝鮮朝日	西北版	1935-07-14	1	10단	運動競技界(國運４Ａ北鐵３)
264853	朝鮮朝日	西北版	1935-07-14	1	10단	會と催(川島內閣書記官一行四名/林財務局長西岡地方課長一行十三名)
264854	朝鮮朝日	南鮮版	1935-07-14	1	01단	水禍の跡に大地は微笑む洛東江の流域に忽然六つの美田沙防人夫から地主さんへ見事ハイジャンプ
264855	朝鮮朝日	南鮮版	1935-07-14	1	01단	*全國中等野球朝鮮予選大會前記湖南第一次豫選俊敏隼の選手群勇しや初出場霸權を狙ふ決死の迫撃戰に校名宛ら新興の意氣新興學校/殆んど五年生の古强者揃ひ外野に光る鄭左翼手光州高普*
264856	朝鮮朝日	南鮮版	1935-07-14	1	03단	振替變造の寫眞機商捕はる
264857	朝鮮朝日	南鮮版	1935-07-14	1	04단	釜山水上署落成
264858	朝鮮朝日	南鮮版	1935-07-14	1	04단	忠北の夕十五日放送
264859	朝鮮朝日	南鮮版	1935-07-14	1	04단	西鮮球界の麗花全國中等野球朝鮮豫選西北部組合せ決定
264860	朝鮮朝日	南鮮版	1935-07-14	1	05단	精神病者を毆殺す
264861	朝鮮朝日	南鮮版	1935-07-14	1	05단	先輩の愛機で鄕土訪問飛行失意の慶北申飛行士が今秋、宿望を決行
264862	朝鮮朝日	南鮮版	1935-07-14	1	06단	大幅値下げ進言抗爭を深刻化す仁穀から聲明書發表
264863	朝鮮朝日	南鮮版	1935-07-14	1	07단	運動家で寫眞は玄人巖尾新遞信局監理課長
264864	朝鮮朝日	南鮮版	1935-07-14	1	08단	各地から(京城/釜山)
264865	朝鮮朝日	南鮮版	1935-07-14	1	08단	鬱陵島か江陵無電を設置松江、羅南定期航空に備へ明年度豫算に要求
264866	朝鮮朝日	南鮮版	1935-07-14	1	08단	スリ團の一味逮捕
264867	朝鮮朝日	南鮮版	1935-07-14	1	08단	朝日映畫の夕
264868	朝鮮朝日	南鮮版	1935-07-14	1	09단	農村土木事業費四百萬圓に內定五割の國庫補助支給
264869	朝鮮朝日	南鮮版	1935-07-14	1	09단	會と催(京城健兒團教導部野營/中央物産株主總會/京城驛貨主懇談會/中等教員講習會/朝鮮繩叺協會總會/佛教勝友會夏季大學/朝取重役會/貯銀株主總會/夏季珠算講習會)
264870	朝鮮朝日	南鮮版	1935-07-14	1	10단	公私消息(今井田政務總監/大河內正敏伯/朝鮮教育會滿支視察團/三井不二興業專務)
264871	朝鮮朝日	南鮮版	1935-07-14	1	10단	下關水産市況(十三日)
264872	朝鮮朝日	西北版	1935-07-16	1	01단	砲丸列車を運轉京義間を八時間に短縮準備工作に九百萬圓投じ十二月頃から實施
264873	朝鮮朝日	西北版	1935-07-16	1	01단	個人所得稅附加稅當分は賦課せぬ道の中樞稅は戶別稅
264874	朝鮮朝日	西北版	1935-07-16	1	01단	*全國中等野球朝鮮予選大會前記湖南第一次豫選俊敏隼の選手群勇しや初出場霸權を狙ふ決死の迫撃戰に校名宛ら新興の意氣新興學校/殆ど五年生の古强者揃ひ外野に光る鄭左翼手光州高普*
264875	朝鮮朝日	西北版	1935-07-16	1	04단	國運１３北鐵一第二回野球戰

일련번호	판명		간행일	면	단수	기사명
264876	朝鮮朝日	西北版	1935-07-16	1	04단	圖佳線開業
264877	朝鮮朝日	西北版	1935-07-16	1	04단	野球寫眞展三中井平壤支店で十七日から開催
264878	朝鮮朝日	西北版	1935-07-16	1	05단	武德殿新築期成會生る寄附募集に着手
264879	朝鮮朝日	西北版	1935-07-16	1	05단	警察部長異動愈よ數日中に發令(丹下郁太郎氏/古川兼秀氏/八木信雄氏)
264880	朝鮮朝日	西北版	1935-07-16	1	06단	飛六の三機廿一日出發國境の演習へ
264881	朝鮮朝日	西北版	1935-07-16	1	07단	新築咸興署は留置場に異色十二月十日竣工
264882	朝鮮朝日	西北版	1935-07-16	1	07단	咸南の移出肝油檢査制度を斷行續出する粗惡品に內地業者から嚴重抗議
264883	朝鮮朝日	西北版	1935-07-16	1	08단	滿浦線利用に保稅通路を要望鎭南浦會議所から
264884	朝鮮朝日	西北版	1935-07-16	1	08단	各地から(平壤/沙里院/淸津)
264885	朝鮮朝日	西北版	1935-07-16	1	09단	銀塊泥棒逮捕
264886	朝鮮朝日	西北版	1935-07-16	1	09단	箭灘江氾濫浸水家屋續出す
264887	朝鮮朝日	西北版	1935-07-16	1	10단	婦人(定價十錢/七月號)
264888	朝鮮朝日	西北版	1935-07-16	1	10단	咸南二郡に夜盜蟲發生被害九百町步
264889	朝鮮朝日	南鮮版	1935-07-16	1	01단	個人所得稅附加稅當分は賦課せぬ道の中樞稅は戶別稅地方稅制整理の要項決定
264890	朝鮮朝日	南鮮版	1935-07-16	1	01단	全國中等野球朝鮮予選大會前記湖南第一次豫選誇高き常勝軍も轉換期に直面投手に鐵腕田中を起用して傳統護り獅子奮迅木浦商業/進境目覺しく霸座を狙ふ寶玉選手小札二壘手光州中學
264891	朝鮮朝日	南鮮版	1935-07-16	1	02단	警察部長異動愈よ數日中に發令(丹下郁太郎氏/古川兼秀氏/八木信雄氏)
264892	朝鮮朝日	南鮮版	1935-07-16	1	03단	忠南警部補異動
264893	朝鮮朝日	南鮮版	1935-07-16	1	03단	大邱飛行場は結局十四萬坪か明年度に航空陣强化
264894	朝鮮朝日	南鮮版	1935-07-16	1	04단	釜山の夜店大賑ひ
264895	朝鮮朝日	南鮮版	1935-07-16	1	04단	心田開發懇談
264896	朝鮮朝日	南鮮版	1935-07-16	1	05단	漢江增水に備へ大京城の水防陣三段構へ計劃成る
264897	朝鮮朝日	南鮮版	1935-07-16	1	06단	運動競技界(新記錄二つ釜山陸上競技/全大邱勝つ對留學生蹴球)
264898	朝鮮朝日	南鮮版	1935-07-16	1	06단	幸運の手紙取締り通牒
264899	朝鮮朝日	南鮮版	1935-07-16	1	07단	殺人犯人逮捕
264900	朝鮮朝日	南鮮版	1935-07-16	1	07단	列車に刎られ幼女慘死
264901	朝鮮朝日	南鮮版	1935-07-16	1	07단	朝日映畵の夕
264902	朝鮮朝日	南鮮版	1935-07-16	1	08단	自殺未遂
264903	朝鮮朝日	南鮮版	1935-07-16	1	08단	各地から(釜山/京城)
264904	朝鮮朝日	南鮮版	1935-07-16	1	09단	忠魂碑建設大邱神社に
264905	朝鮮朝日	南鮮版	1935-07-16	1	09단	會と催(京城府第二教育部會懇談會/教化常會發會式/教化座談會/大河內子講演會/朝鮮製鍊第一回總會/京城風政計劃委員會/體育展覽會/土地改良總會/滿洲講演會)

일련번호	판명		간행일	면	단수	기사명
264906	朝鮮朝日	南鮮版	1935-07-16	1	10단	婦人(定價十錢/七月號)
264907	朝鮮朝日	南鮮版	1935-07-16	1	10단	公私消息(松本朝鮮製錬社長/德川慶光公/林滿鐵總裁/在方東拓理事/原俊一氏(新任東拓大邱支店長)/立石良雄氏)
264908	朝鮮朝日	南鮮版	1935-07-16	1	10단	下關水産市況(十五日)
264909	朝鮮朝日	南鮮版	1935-07-16	1	10단	雞林かゞみ
264910	朝鮮朝日	西北版	1935-07-17	1	01단	浮氣な雨雲もどうやら逃げ腰野球大會中の空模樣
264911	朝鮮朝日	西北版	1935-07-17	1	01단	合同四社の料金一割一分値下げ遞信局より認可さる
264912	朝鮮朝日	西北版	1935-07-17	1	01단	全國中等野球朝鮮予選大會前記湖南第一次豫選誇高き常勝軍も轉換期に直面投手に鐵腕田中を起用して傳統護り獅子奮迅木浦商業/進境目覺しく霸座を狙ふ寶玉選手小礼二壘手光州中學
264913	朝鮮朝日	西北版	1935-07-17	1	02단	表彰された人々
264914	朝鮮朝日	西北版	1935-07-17	1	03단	日本海航路運賃引下げ平均一割五分
264915	朝鮮朝日	西北版	1935-07-17	1	04단	司法主任宿舍四署分を新設
264916	朝鮮朝日	西北版	1935-07-17	1	04단	栗林手入れ平南で勵行
264917	朝鮮朝日	西北版	1935-07-17	1	05단	中京會の平壤見物
264918	朝鮮朝日	西北版	1935-07-17	1	05단	火力發電の調査を行ふ府電委員會
264919	朝鮮朝日	西北版	1935-07-17	1	05단	街の人氣を聽く中等野球こそ武士道の精華異儀田景樹氏談
264920	朝鮮朝日	西北版	1935-07-17	1	06단	二百餘名勤日鑛同盟罷業
264921	朝鮮朝日	西北版	1935-07-17	1	06단	國境の街建設上水道敷設や市街地整備で惠山邑の面目一新
264922	朝鮮朝日	西北版	1935-07-17	1	07단	大阪朝日新聞縮刷版
264923	朝鮮朝日	西北版	1935-07-17	1	07단	暗梁を發見
264924	朝鮮朝日	西北版	1935-07-17	1	08단	大興部女監建物を保存
264925	朝鮮朝日	西北版	1935-07-17	1	08단	死亡の富豪に他殺の疑ひ濃厚死體を發掘して解剖
264926	朝鮮朝日	西北版	1935-07-17	1	09단	記念碑を建設し久野氏の功績を表彰
264927	朝鮮朝日	西北版	1935-07-17	1	09단	各地から(鎭南浦/平壤/沙里院/海州)
264928	朝鮮朝日	西北版	1935-07-17	1	10단	劇と映畫(平壤 偕樂館)
264929	朝鮮朝日	西北版	1935-07-17	1	10단	會と催(平壤遞信分掌局管內簡易保險官傳/納稅思想)
264930	朝鮮朝日	西北版	1935-07-17	1	10단	樂浪小話
264931	朝鮮朝日	南鮮版	1935-07-17	1	01단	湖南に旱魃懸念四道の植付未濟六萬五千町步に上る/全南の水爭ひ
264932	朝鮮朝日	南鮮版	1935-07-17	1	01단	農村振興事業は優先的に認める他の新規事業は後廻し
264933	朝鮮朝日	南鮮版	1935-07-17	1	01단	産業調查委員會具體化の第一步近く初打合會を開催
264934	朝鮮朝日	南鮮版	1935-07-17	1	01단	全國中等野球朝鮮予選大會前記湖南第一次豫選剛球投手を擁し打倒木商の悲願地元グラウンドに邀擊觀衆唸らす雪辱戰大田中學/大敵を恐れず食下る粘り全體に確實な打法全州高普
264935	朝鮮朝日	南鮮版	1935-07-17	1	03단	專賣局六月中の賣渡高
264936	朝鮮朝日	南鮮版	1935-07-17	1	03단	簡保六月中の新規契約
264937	朝鮮朝日	南鮮版	1935-07-17	1	04단	六月末現在のラヂオ聽取者

일련번호	판명		간행일	면	단수	기사명
264938	朝鮮朝日	南鮮版	1935-07-17	1	04단	感激の思ひ出有難い宮様のお言葉準日本一中上李子さん
264939	朝鮮朝日	南鮮版	1935-07-17	1	05단	新裝成れる蟾津橋
264940	朝鮮朝日	南鮮版	1935-07-17	1	05단	朝鮮家屋の屋根麥稈葺きに改造慶南一石二鳥の妙案
264941	朝鮮朝日	南鮮版	1935-07-17	1	06단	學校寄宿舍からチフス發生
264942	朝鮮朝日	南鮮版	1935-07-17	1	07단	朝日映畫の夕
264943	朝鮮朝日	南鮮版	1935-07-17	1	07단	辯護士試驗の委員發表
264944	朝鮮朝日	南鮮版	1935-07-17	1	08단	無病息災の村明年度から表彰京畿の健康增進運動
264945	朝鮮朝日	南鮮版	1935-07-17	1	08단	飲食店營業違反者留置
264946	朝鮮朝日	南鮮版	1935-07-17	1	08단	鐵道雇員慘死
264947	朝鮮朝日	南鮮版	1935-07-17	1	09단	下關水産市況(十六日)
264948	朝鮮朝日	南鮮版	1935-07-17	1	09단	各地から(浦項/京城/大邱/釜山)
264949	朝鮮朝日	南鮮版	1935-07-17	1	09단	大阪朝日新聞縮刷版
264950	朝鮮朝日	南鮮版	1935-07-17	1	10단	會と催(釜山商工會議所初役員會/夏季宗教講座/釜山蹴球大會/大邱童謠會/大邱女教員夏季講習會)
264951	朝鮮朝日	南鮮版	1935-07-17	1	10단	雞林かゞみ
264952	朝鮮朝日	西北版	1935-07-18	1	01단	教育總監更迭で騷然たる陸軍街植田大將の榮轉說も飛出し近づく大異動を鶴首/役員決定
264953	朝鮮朝日	西北版	1935-07-18	1	01단	錦上花を添へる軍樂隊の演奏中等野球西北部豫選の入場式に特別出場/街の人氣を獨占する野球展押すな押すなの大賑ひ
264954	朝鮮朝日	西北版	1935-07-18	1	01단	全國中等野球朝鮮予選大會前記湖南第一次豫選剛球投手を擁し打倒木商の悲願地元グラウンドに邀擊觀衆唸らす雪辱戰大田中學/大敵を恐れず食下る粘り全體に確實な打法全州高普
264955	朝鮮朝日	西北版	1935-07-18	1	04단	總督府辭令
264956	朝鮮朝日	西北版	1935-07-18	1	04단	純眞な力を存分發揮せよ平壤熊谷玄氏談中等野球の思ひ出
264957	朝鮮朝日	西北版	1935-07-18	1	05단	運送改善に重大な回答平壤商議から
264958	朝鮮朝日	西北版	1935-07-18	1	06단	鴨綠江上流豪雨で增水中江との交通杜絶す/咸北の水害
264959	朝鮮朝日	西北版	1935-07-18	1	06단	鴨綠江の人道橋架替へを考究トンネル案が最有力
264960	朝鮮朝日	西北版	1935-07-18	1	08단	平常通り就業日鑛罷業團結束總崩れ
264961	朝鮮朝日	西北版	1935-07-18	1	08단	德田少尉救助の船夫へ感謝
264962	朝鮮朝日	西北版	1935-07-18	1	08단	街頭の輪禍
264963	朝鮮朝日	西北版	1935-07-18	1	09단	病牛肉密賣から中毒騷ぎ
264964	朝鮮朝日	西北版	1935-07-18	1	09단	下宿料踏倒し
264965	朝鮮朝日	西北版	1935-07-18	1	09단	飛降りて重傷
264966	朝鮮朝日	西北版	1935-07-18	1	09단	これは危險平壤の高壓線は手落だらけ
264967	朝鮮朝日	西北版	1935-07-18	1	09단	各地から(海州/淸津/平壤)
264968	朝鮮朝日	西北版	1935-07-18	1	10단	樂浪小話
264969	朝鮮朝日	南鮮版	1935-07-18	1	01단	野球月の興奮感激と興趣の頂角榮光の舞台迫る四つの綠旃に集ふ卅三校若人蜂起の靑春調

일련번호	판명		간행일	면	단수	기사명
264970	朝鮮朝日	南鮮版	1935-07-18	1	01단	全試合經過を打つ續けに速報京城、龍山で四十七ヶ所
264971	朝鮮朝日	南鮮版	1935-07-18	1	01단	*全國中等野球朝鮮予選大會前記湖南第一次豫選超速球を投下す佐利きの鐵腕全校生徒が遲くまで居殘り練習に熱烈な拍手裡里農林/再起第二年目旺盛な攻擊精神モットーは確實第一淸州高普*
264972	朝鮮朝日	南鮮版	1935-07-18	1	04단	生産費調査委員東上
264973	朝鮮朝日	南鮮版	1935-07-18	1	05단	選手茶話會中部は京城、湖南は大田二十一日に開く
264974	朝鮮朝日	南鮮版	1935-07-18	1	05단	近く勇退高山裡里邑長
264975	朝鮮朝日	南鮮版	1935-07-18	1	05단	*財務局に先立ち總監の手で査定豫算編成の新例開く/千七百萬圓土木課の新規事業*
264976	朝鮮朝日	南鮮版	1935-07-18	1	05단	田中外事課長東上
264977	朝鮮朝日	南鮮版	1935-07-18	1	06단	總督府辭令
264978	朝鮮朝日	南鮮版	1935-07-18	1	06단	各地から(釜山/光州/馬山)
264979	朝鮮朝日	南鮮版	1935-07-18	1	07단	仁川商議理事藤谷作次郎氏就任
264980	朝鮮朝日	南鮮版	1935-07-18	1	07단	京釜線で自殺
264981	朝鮮朝日	南鮮版	1935-07-18	1	08단	朝日映畵の夕
264982	朝鮮朝日	南鮮版	1935-07-18	1	08단	怪漢又出沒婦人のハンドバッグを強奪
264983	朝鮮朝日	南鮮版	1935-07-18	1	08단	濟州島の赤四名近く送局
264984	朝鮮朝日	南鮮版	1935-07-18	1	08단	醜行爲の敎員免職
264985	朝鮮朝日	南鮮版	1935-07-18	1	08단	總督と會見後上機嫌の老藏相曰く「統治方針に同感」
264986	朝鮮朝日	南鮮版	1935-07-18	1	09단	妻へ面當て自宅に放火
264987	朝鮮朝日	南鮮版	1935-07-18	1	09단	運動競技界(文理大陸上競技部招聘)
264988	朝鮮朝日	南鮮版	1935-07-18	1	09단	會と催(京城府慰靈祭/日本精神講演會/漢銀定時株主總會/京畿道郡農技術員會)
264989	朝鮮朝日	南鮮版	1935-07-18	1	10단	公私消息(植田軍司令官/上內警務局保安課長/野口朝窒社長/三谷鮮銀支店課次席/大河內正敏氏)
264990	朝鮮朝日	南鮮版	1935-07-18	1	10단	下關水産市況(十七日)
264991	朝鮮朝日	南鮮版	1935-07-18	1	10단	雞林かゞみ
264992	朝鮮朝日	西北版	1935-07-19	1	01단	銀球唸る交響樂戰ひの日は迫る西北部豫選出場の八チーム主將に決意を聽く(光成高 普金主將/平壤商業 宮本主將/海州高普 洪主將/沙里院商業 吳主將/平壤中學 實原主將/平壤高普 宋主將/新義州商業 小畑主將/鎭南浦商工 三明主將)
264993	朝鮮朝日	西北版	1935-07-19	1	01단	*全國中等野球朝鮮予選大會前記湖南第一次豫選超速球を投下す佐利きの鐵腕全校生徒が遲くまで居殘り練習に熱烈な拍手裡里農林/再起第二年目旺盛な攻擊精神モットーは確實第一淸州高普*
264994	朝鮮朝日	西北版	1935-07-19	1	02단	刻々の經過を全市へ速報平壤に十五ヶ所
264995	朝鮮朝日	西北版	1935-07-19	1	04단	林檎運賃割引
264996	朝鮮朝日	西北版	1935-07-19	1	05단	走るニュース板

일련번호	판명		간행일	면	단수	기사명
264997	朝鮮朝日	西北版	1935-07-19	1	05단	步飛聯合演習廿六、七日實施
264998	朝鮮朝日	西北版	1935-07-19	1	05단	機上無電で指揮輕爆の連合演習八月一日から飛六の快擧
264999	朝鮮朝日	西北版	1935-07-19	1	07단	漁業狀況放送咸南北洋丸から
265000	朝鮮朝日	西北版	1935-07-19	1	07단	*報償金代償案の全部的要求へ咸興署新築の大興電氣寄附府政の問題に移す/最近九年間に卅五萬圓の純益木村委員長から指摘*
265001	朝鮮朝日	西北版	1935-07-19	1	07단	部落指導の方針通牒平南道から
265002	朝鮮朝日	西北版	1935-07-19	1	08단	練習の石合戰本物になる負傷者多數
265003	朝鮮朝日	西北版	1935-07-19	1	09단	お膳立次第放送局設置調査に來壤の保坂理事長語る
265004	朝鮮朝日	西北版	1935-07-19	1	10단	日鑛罷業自然解決
265005	朝鮮朝日	西北版	1935-07-19	1	10단	匪賊團放火
265006	朝鮮朝日	西北版	1935-07-19	1	10단	各地から(平壤/海州)
265007	朝鮮朝日	南鮮版	1935-07-19	1	01단	戰ひを前に主將の決意を聽く(上)/中部豫選(仁川商業 有川主將/京城工業 萬岡主將/善隣商業 等々力主將/龍山中學 淸澤主將/京城師範 加城主將)/南鮮豫選(大邱中學 鹽田主將/大邱商業 楠井主將/大邱高普 金主將/釜山一商 宮崎主將/晉州高普 張主將/東萊高普 金主將/釜山中學 小宮主將)
265008	朝鮮朝日	南鮮版	1935-07-19	1	01단	本社中等野球朝鮮豫選參加選手一覽(中部豫選/湖南豫選/西北部豫選)
265009	朝鮮朝日	南鮮版	1935-07-19	1	02단	遞信局の廳舍を移轉新築に內定四十萬圓の豫算要求
265010	朝鮮朝日	南鮮版	1935-07-19	1	02단	衛生課長會議廿四日から三日間
265011	朝鮮朝日	南鮮版	1935-07-19	1	03단	教員講習會慶南各地で
265012	朝鮮朝日	南鮮版	1935-07-19	1	04단	滿洲粟凶作で鮮內品枯れ當分高値續く
265013	朝鮮朝日	南鮮版	1935-07-19	1	05단	南鮮豫選得點刻々に速報大邱で廿八ケ所
265014	朝鮮朝日	南鮮版	1935-07-19	1	05단	仁川港六月の貿易狀況
265015	朝鮮朝日	南鮮版	1935-07-19	1	06단	青年武道大會の出場希望者
265016	朝鮮朝日	南鮮版	1935-07-19	1	06단	府は財源を失ひ道、邑、面は增收地方稅制整理の波紋
265017	朝鮮朝日	南鮮版	1935-07-19	1	07단	荒廢寺院の復舊を計る心田開發促進
265018	朝鮮朝日	南鮮版	1935-07-19	1	08단	朝日映畫の夕
265019	朝鮮朝日	南鮮版	1935-07-19	1	08단	京城府營プール女子專用日
265020	朝鮮朝日	南鮮版	1935-07-19	1	08단	慶南の自作農創定割當決る
265021	朝鮮朝日	南鮮版	1935-07-19	1	08단	就寢中の母子四名大火傷蚊帳に引火して
265022	朝鮮朝日	南鮮版	1935-07-19	1	08단	夏休み列車廿、廿一日運轉
265023	朝鮮朝日	南鮮版	1935-07-19	1	09단	家屋基本調査近く各道着手
265024	朝鮮朝日	南鮮版	1935-07-19	1	09단	台灣、北九州の地震京城測候所に感す
265025	朝鮮朝日	南鮮版	1935-07-19	1	09단	各地から(京城/大邱/蔚山)
265026	朝鮮朝日	南鮮版	1935-07-19	1	10단	會と催(京城府議懇談會/朝鮮製絲協會臨時總會/朝鮮火災總會/福德無盡總會/京城商議商業部會/朝鮮製鍊總會/遞信局野球大會/朝鮮軟式庭球聯想親會)

일련번호	판명		간행일	면	단수	기사명
265027	朝鮮朝日	南鮮版	1935-07-19	1	10단	公私消息(大串軍參謀長/山本改造社長/佐方東拓理事/茂木鍾紡京城工場長/滿洲視察生徒研究團一行三百三十名/吉村朝鮮火災業務契約部長支配人に就任/本社京城支局來訪)
265028	朝鮮朝日	南鮮版	1935-07-19	1	10단	下關水産市況(十八日)
265029	朝鮮朝日	西北版	1935-07-20	1	01단	*大會の劈頭から見逃せぬ好取組球神の祝福は何れた/西北部茶話會廿一日開く野球展の三中井で*
265030	朝鮮朝日	西北版	1935-07-20	1	01단	大人氣の野球寫眞展(平壤三中井ホール)
265031	朝鮮朝日	西北版	1935-07-20	1	01단	本社中等野球朝鮮豫選參加選手一覽(中部豫選/湖南豫選/西北部豫選)
265032	朝鮮朝日	西北版	1935-07-20	1	02단	必勝の意氣凄く颯爽・平壤乘込み平中選手は神前に雪辱祈願沸騰する野球景氣
265033	朝鮮朝日	西北版	1935-07-20	1	03단	甲子園の紫飾に玄海を渡らせよ總督府學務局長朝鮮體育協會長渡邊豐日子氏談中等野球に贈る
265034	朝鮮朝日	西北版	1935-07-20	1	04단	植田軍司令官
265035	朝鮮朝日	西北版	1935-07-20	1	05단	各地から(新義州/平壤)
265036	朝鮮朝日	西北版	1935-07-20	1	07단	二十日から一齊點燈羅津の各燈台
265037	朝鮮朝日	西北版	1935-07-20	1	08단	大同江下流改修を促進
265038	朝鮮朝日	西北版	1935-07-20	1	08단	文玉面の學校評議員再選擧
265039	朝鮮朝日	西北版	1935-07-20	1	08단	發掘の齒から樂浪文化の研究セブランス醫專の校長米國雜誌に發表
265040	朝鮮朝日	西北版	1935-07-20	1	08단	開城水道異變
265041	朝鮮朝日	西北版	1935-07-20	1	09단	愛兒軟ひ母親轢死
265042	朝鮮朝日	西北版	1935-07-20	1	09단	水の特性頻り
265043	朝鮮朝日	西北版	1935-07-20	1	09단	公私消息(林財務局長)
265044	朝鮮朝日	西北版	1935-07-20	1	09단	滿浦線その他に百五十名を增員近く鐵道局から配置
265045	朝鮮朝日	西北版	1935-07-20	1	09단	米倉、倉庫を擴張
265046	朝鮮朝日	西北版	1935-07-20	1	10단	同僚の貯金一萬圓費消平壤驛の合計
265047	朝鮮朝日	西北版	1935-07-20	1	10단	在監中の被告に一萬圓請求訴訟
265048	朝鮮朝日	西北版	1935-07-20	1	10단	樂浪小話
265049	朝鮮朝日	南鮮版	1935-07-20	1	01단	*猛夏に淸凉圈淸鬪純技の球讚圖繪豫選準備全く成る/豫選大會規則/錦上花を添へる少年ラッパ鼓隊京城兩豫選に京商から參加/南鮮茶話會廿一日に開催*
265050	朝鮮朝日	南鮮版	1935-07-20	1	01단	戰ひを前に主將の決意を聽く(下)/中部豫選(京城商業 國行主將/徽文高普 金慶復主將/京城中學 大塚主將/咸興商業 小澤主將/元山中學 富岡主將)/湖南豫選(淸州高普 吳主將/光州中學 國澤主將/光州高普 徐主將/大田中學 加川主將/全州高普 朴主將/新興學校 梁主將/木浦商業 田中主將/裡里農林 西村主將)
265051	朝鮮朝日	南鮮版	1935-07-20	1	03단	觀覽者注意

일련번호	판명		간행일	면	단수	기사명
265052	朝鮮朝日	南鮮版	1935-07-20	1	04단	會と催(講演「大乘佛教と日本精神」/夏季臨海保養所)
265053	朝鮮朝日	南鮮版	1935-07-20	1	05단	幾千萬の耳目へ野球の動員令だ內地各豫選との放送腕比べDKの舌端四統士
265054	朝鮮朝日	南鮮版	1935-07-20	1	05단	響れの本社優勝旗霸者釜山鐵道へ授與
265055	朝鮮朝日	南鮮版	1935-07-20	1	08단	總督府辭令
265056	朝鮮朝日	南鮮版	1935-07-20	1	08단	慶南水産會計役員
265057	朝鮮朝日	南鮮版	1935-07-20	1	08단	朝日映畫の夕
265058	朝鮮朝日	南鮮版	1935-07-20	1	09단	夜間演習週間
265059	朝鮮朝日	南鮮版	1935-07-20	1	09단	「忠南の夕」好成績
265060	朝鮮朝日	南鮮版	1935-07-20	1	10단	國境警察官へ慰問袋贈る愛婦本部から
265061	朝鮮朝日	南鮮版	1935-07-20	1	10단	京城の暴力團十九名を釋放
265062	朝鮮朝日	南鮮版	1935-07-20	1	10단	公私消息(今井田政務總監/三宅第二十師團長)
265063	朝鮮朝日	南鮮版	1935-07-20	1	10단	下關水産市況(十九日)
265064	朝鮮朝日	西北版	1935-07-21	1	01단	*猛夏に淸涼圈淸鬪純技の球讚圖繪四地方一齊に開く/戰ひを前に主將は語る/初日は曇勝ち惡くすると雨のおそれ平壤測候所の打診/行かう、箕林里へお待兼ねの西北部豫選釀出す球の醍醐味*
265065	朝鮮朝日	西北版	1935-07-21	1	01단	*斯界の名流揃へ能樂の海外進出先づ京城で演奏(本社後援)*
265066	朝鮮朝日	西北版	1935-07-21	1	02단	*幾千萬の耳目へ野球の動員令だ內地各豫選との放送腕比べDKの舌端四銃士*
265067	朝鮮朝日	西北版	1935-07-21	1	04단	總督府辭令
265068	朝鮮朝日	西北版	1935-07-21	1	04단	觀覽者注意
265069	朝鮮朝日	西北版	1935-07-21	1	05단	耐寒性桑樹試作好成績
265070	朝鮮朝日	西北版	1935-07-21	1	06단	警察部長の異動十九日發令さる
265071	朝鮮朝日	西北版	1935-07-21	1	07단	總督府辭令
265072	朝鮮朝日	西北版	1935-07-21	1	07단	公會堂敷地九議員反對
265073	朝鮮朝日	西北版	1935-07-21	1	07단	動く司法官平壤覆審法院管內の顔觸
265074	朝鮮朝日	西北版	1935-07-21	1	08단	咸北の水禍
265075	朝鮮朝日	西北版	1935-07-21	1	08단	露代表歸國
265076	朝鮮朝日	西北版	1935-07-21	1	08단	府民の總意で報償金要求廿六日に公職者大會
265077	朝鮮朝日	西北版	1935-07-21	1	08단	活況を示す北鮮經由輸送
265078	朝鮮朝日	西北版	1935-07-21	1	08단	自殺二件
265079	朝鮮朝日	西北版	1935-07-21	1	09단	松濤園潮湯廿日から開業
265080	朝鮮朝日	西北版	1935-07-21	1	09단	勇躍征途へ咸商軍上城
265081	朝鮮朝日	西北版	1935-07-21	1	09단	板間稼ぎ逮捕
265082	朝鮮朝日	西北版	1935-07-21	1	10단	松井氏宅侵入の泥棒捕はる
265083	朝鮮朝日	西北版	1935-07-21	1	10단	公私消息(貴院菊池中將)
265084	朝鮮朝日	西北版	1935-07-21	1	10단	樂浪小話

일련번호	판명		간행일	면	단수	기사명
265085	朝鮮朝日	南鮮版	1935-07-21	1	01단	大會の劈頭から見逃せぬ好取組球神の祝福は何れに/行かう、球場へ待ちに待った中等野球廿二日一齊に始る/試合得點を速報南鮮豫選中釜山で/必勝期して京城乘込み咸南ニチーム/木商軍出發
265086	朝鮮朝日	南鮮版	1935-07-21	1	01단	耳のステーション
265087	朝鮮朝日	南鮮版	1935-07-21	1	04단	總督府辭令
265088	朝鮮朝日	南鮮版	1935-07-21	1	04단	甲子園の紅旆に玄海を渡らせよ總督府學務局長朝鮮體育協會長渡邊豊日子氏談
265089	朝鮮朝日	南鮮版	1935-07-21	1	04단	斯界の名流揃へ能樂の海外進出先づ京城で演奏(本社後援)
265090	朝鮮朝日	南鮮版	1935-07-21	1	05단	慶南警察部長に丹下氏榮轉部長級の異動發令
265091	朝鮮朝日	南鮮版	1935-07-21	1	05단	總督府辭令
265092	朝鮮朝日	南鮮版	1935-07-21	1	05단	光州稅監局長小池氏有力不末頃に發布
265093	朝鮮朝日	南鮮版	1935-07-21	1	05단	洛東江流域の警備電話完成す近づく雨季を待機
265094	朝鮮朝日	南鮮版	1935-07-21	1	06단	京城六月中の物價
265095	朝鮮朝日	南鮮版	1935-07-21	1	07단	地鎭祭擧行鐘紡京城工場
265096	朝鮮朝日	南鮮版	1935-07-21	1	07단	新規事業の要求八千萬圓に上る財務局再檢討を促す
265097	朝鮮朝日	南鮮版	1935-07-21	1	07단	各地から(京城/釜山/密陽/麗水/大邱)
265098	朝鮮朝日	南鮮版	1935-07-21	1	08단	在滿將士慰問金仁邱公普、本社へ寄託
265099	朝鮮朝日	南鮮版	1935-07-21	1	08단	全北の旱害深刻新規事業に痛手地方費の滅收八萬圓
265100	朝鮮朝日	南鮮版	1935-07-21	1	08단	朝日映畫の夕
265101	朝鮮朝日	南鮮版	1935-07-21	1	10단	紳士賭博檢擧
265102	朝鮮朝日	南鮮版	1935-07-21	1	10단	下關水産市況(廿日)
265103	朝鮮朝日	南鮮版	1935-07-21	1	10단	會と催(鑛山技術員講習會/鑛業講演と映畫會/京城商議商業講座/棉作講習會/遞信局の奉納ラヂオ體操/龍山騎兵第二十八聯隊第一中隊耐暑强行軍/龍山第二十師團司令部劍道署中稽古/講演と音樂の夕/漁村指導中堅人物養成講習會)
265104	朝鮮朝日	南鮮版	1935-07-21	1	10단	公私消息(篠田李王職長官/廣瀬朝汽社長/本社京城支局來訪/牛島內務局長/福西總督府土木課技師/海老原總督府林政課事務官/川面遞信省無線課長/城戶鐘紡取締役、片岡同社永登浦工場長)
265105	朝鮮朝日	西北版	1935-07-23	1	01단	全國中等野球朝鮮第一次豫選 西北部と南鮮で雨後の納凉野球季節の暴れん坊に阻まれ中部と湖南は延期/參加選手の和やかな集ひ戰ひを前に開かる
265106	朝鮮朝日	西北版	1935-07-23	1	01단	闘志を持て餘し雨空と睨めつこ元中は階上、咸商は階下吳越同舟で髀肉の嘆
265107	朝鮮朝日	西北版	1935-07-23	1	04단	香奠返し獻金
265108	朝鮮朝日	西北版	1935-07-23	1	04단	他地の經過問合せに汗だく落膽の京城ファン
265109	朝鮮朝日	西北版	1935-07-23	1	05단	産繭百萬石計劃暗礁に乘上ぐ農村振興運動の犠牲
265110	朝鮮朝日	西北版	1935-07-23	1	06단	匪賊と交戰一名を斃す

일련번호	판명		간행일	면	단수	기사명
265111	朝鮮朝日	西北版	1935-07-23	1	06단	紅軍匪から勇敢脱出す平北の楠氏
265112	朝鮮朝日	西北版	1935-07-23	1	06단	步飛聯合演習廿六日に決行
265113	朝鮮朝日	西北版	1935-07-23	1	07단	兒童の健康を蝕む怖しい結核平壤醫專の研究
265114	朝鮮朝日	西北版	1935-07-23	1	07단	長津江水電貯水池用地收用
265115	朝鮮朝日	西北版	1935-07-23	1	07단	山林の濕度調べ未然に火災防止咸南で明年度に實施
265116	朝鮮朝日	西北版	1935-07-23	1	07단	教育機關擴充平南の計劃成る
265117	朝鮮朝日	西北版	1935-07-23	1	08단	永興農業公民校今秋改革を施す農村の中堅青年養成
265118	朝鮮朝日	西北版	1935-07-23	1	08단	平鐵六月中の業績
265119	朝鮮朝日	西北版	1935-07-23	1	08단	平北の自動車一齊値下げ八月から實施
265120	朝鮮朝日	西北版	1935-07-23	1	09단	吉岡選手迎へ羅南で講習會
265121	朝鮮朝日	西北版	1935-07-23	1	09단	劇と映畫(平壤 偕樂館)
265122	朝鮮朝日	西北版	1935-07-23	1	09단	會と催(女子卓球選手權大會/造船工業展/新舊書畫展覽會/朝鮮金組聯合會理事會)
265123	朝鮮朝日	西北版	1935-07-23	1	10단	公私消息(谷前黃海道高等課長/牛島省三氏(內務局長))
265124	朝鮮朝日	西北版	1935-07-23	1	10단	樂浪小話
265125	朝鮮朝日	南鮮版	1935-07-23	1	01단	全國中等野球朝鮮第一次豫選 西北部と南鮮で雨後の納涼野球季節の暴れん坊に阻まれ中部と湖南は延期/參加選手の和やかな集ひ戰ひを前に開かる
265126	朝鮮朝日	南鮮版	1935-07-23	1	01단	鬪志を持て餘し雨空と睨めつこ元中は階上、咸商は階下吳越同舟で髀肉の嘆
265127	朝鮮朝日	南鮮版	1935-07-23	1	04단	總督府辭令
265128	朝鮮朝日	南鮮版	1935-07-23	1	04단	他地の經過問合せに汗だく落膽の京城ファン
265129	朝鮮朝日	南鮮版	1935-07-23	1	05단	産繭百萬石計劃暗礁に乘上ぐ農村振興運動の犧牲
265130	朝鮮朝日	南鮮版	1935-07-23	1	06단	匪賊と交戰一名を斃す
265131	朝鮮朝日	南鮮版	1935-07-23	1	06단	紅軍匪から勇敢脱出す平北の楠氏
265132	朝鮮朝日	南鮮版	1935-07-23	1	06단	忠南の邑面吏員講習會
265133	朝鮮朝日	南鮮版	1935-07-23	1	07단	ラヂオ體操始まる
265134	朝鮮朝日	南鮮版	1935-07-23	1	07단	數日の浸水では大した被害なし中部地方水田の狀況/漢江增水/京畿の水害/安靑橋水浸し/仁川署管內十八戶浸水/交通杜絶す京城纛島間/光州一帶に雨/金化、杏亭間復舊
265135	朝鮮朝日	南鮮版	1935-07-23	1	08단	私設郵便函規則を公布
265136	朝鮮朝日	南鮮版	1935-07-23	1	08단	十月九、十兩日府昇格の祝賀會大田の打合會で決る
265137	朝鮮朝日	南鮮版	1935-07-23	1	09단	朝日映畫の夕
265138	朝鮮朝日	南鮮版	1935-07-23	1	09단	會と催(和洋洗濯講習會/入團式京城府聯合青年團/京城府內青年團結成式/京城運動場テニスコート開き/夏季兒童林間保養所開所式/京畿道地方稅制打合會/女子卓球選手權大會/朝鮮工業展/鐵道局通信競技會/朝鮮教育會夏季大會/新舊書畫展覽會/陸上競技選手豫選會/朝鮮金組聯合會理事會)

일련번호	판명		간행일	면	단수	기사명
265139	朝鮮朝日	南鮮版	1935-07-23	1	10단	公私消息(谷前黃海道高等課長/鮮鐵野球團/城大淸州見學團/牛島省三氏(內務局長)/吉村軍獸醫部長/高校間潮三成鑛業監査役)
265140	朝鮮朝日	南鮮版	1935-07-23	1	10단	下關水産市況(廿二日)
265141	朝鮮朝日	西北版	1935-07-24	1	01단	豪雨を縫ひ救花ひらく 全國中等野球朝鮮第一次豫選 南鮮、湖南競って華麗の戰ひ展開再び襲來の心なき豪雨に中部、西北部は延期/快戰を待機中部の選手群
265142	朝鮮朝日	西北版	1935-07-24	1	04단	會と催(衛生博覽會)
265143	朝鮮朝日	西北版	1935-07-24	1	04단	公私消息(井口米治郎氏(釜山稅關檢査課長))
265144	朝鮮朝日	西北版	1935-07-24	1	05단	中部地方の河川氾濫を嚴戒せよまだ數日間はこの調子仁川觀測所の發表/江原道の被害/京義線初め不通個所續出釜山行六列車引返す/近來ない大雨全鮮各地の降雨量/漢川の堤防遂に決潰列車立往生/避難を急ぐ奉日川里全部落浸水/京城以北の電信不通無電で聯絡/一名行方不明/水防團本部京畿道廳に開設
265145	朝鮮朝日	西北版	1935-07-24	1	07단	産業調査會廿四日打合せ
265146	朝鮮朝日	西北版	1935-07-24	1	07단	長津江水電貯水を開始第一期工事大體成る
265147	朝鮮朝日	西北版	1935-07-24	1	08단	元山防空演習二十六日から
265148	朝鮮朝日	西北版	1935-07-24	1	08단	慶北道議補缺選擧九月二日に施行
265149	朝鮮朝日	西北版	1935-07-24	1	09단	樂浪小話
265150	朝鮮朝日	西北版	1935-07-24	1	09단	八月一日から金利引下げ平壤南北金組
265151	朝鮮朝日	西北版	1935-07-24	1	09단	今井田總監視察
265152	朝鮮朝日	西北版	1935-07-24	1	10단	釜山府尹の職印を僞造
265153	朝鮮朝日	西北版	1935-07-24	1	10단	近く各機關區の無事故表彰
265154	朝鮮朝日	西北版	1935-07-24	1	10단	釜山港の上半期外國貿易額
265155	朝鮮朝日	西北版	1935-07-24	1	10단	拐帶店員逮捕
265156	朝鮮朝日	南鮮版	1935-07-24	1	01단	豪雨を縫ひ救花ひらく 全國中等野球朝鮮第一次豫選 南鮮、湖南競って華麗の戰ひ展開再び襲來の心なき豪雨に中部、西北部は延期/快戰を待機中部の選手群
265157	朝鮮朝日	南鮮版	1935-07-24	1	04단	會と催(衛生博覽會)
265158	朝鮮朝日	南鮮版	1935-07-24	1	04단	公私消息(井口米治郎氏(釜山稅關檢査課長))
265159	朝鮮朝日	南鮮版	1935-07-24	1	05단	中部地方の河川氾濫を嚴戒せよまだ數日間はこの調子仁川觀測所の發表/江原道の被害/京義線初め不通個所續出釜山行六列車引返す/近來ない大雨全鮮各地の降雨量/漢川の堤防遂に決潰列車立往生/避難を急ぐ奉日川里全部落浸水/京城以北の電信不通無電で聯絡/一名行方不明/水防團本部京畿道廳に開設
265160	朝鮮朝日	南鮮版	1935-07-24	1	07단	産業調査會廿四日打合せ
265161	朝鮮朝日	南鮮版	1935-07-24	1	07단	長津江水電貯水を開始第一期工事大體成る
265162	朝鮮朝日	南鮮版	1935-07-24	1	08단	元山防空演習二十六日から

일련번호	판명		간행일	면	단수	기사명
265163	朝鮮朝日	南鮮版	1935-07-24	1	08단	慶北道議補缺選擧九月二日に施行
265164	朝鮮朝日	南鮮版	1935-07-24	1	09단	朝日映畵の夕
265165	朝鮮朝日	南鮮版	1935-07-24	1	09단	釜山府尹の職印を僞造
265166	朝鮮朝日	南鮮版	1935-07-24	1	09단	今井田總監視察
265167	朝鮮朝日	南鮮版	1935-07-24	1	10단	近く各機關區の無事故表彰
265168	朝鮮朝日	南鮮版	1935-07-24	1	10단	釜山港の上半期外國貿易額
265169	朝鮮朝日	南鮮版	1935-07-24	1	10단	拐帶店員逮捕
265170	朝鮮朝日	南鮮版	1935-07-24	1	10단	下關水産市況(廿三日)
265171	朝鮮朝日	西北版	1935-07-25	1	01단	全國中等野球朝鮮第一次豫選 中部も處女球飛び三地方で博擊戰西北部のみ豪雨降り續きまたもや延期さる(中部/湖南/南鮮/西北部)
265172	朝鮮朝日	西北版	1935-07-25	1	02단	ボールスナップ
265173	朝鮮朝日	西北版	1935-07-25	1	04단	心田開發懇談會
265174	朝鮮朝日	西北版	1935-07-25	1	06단	電氣の供給區域大擴張を計る平壤の發展に備へて
265175	朝鮮朝日	西北版	1935-07-25	1	06단	咸北の漁村を五年計劃で更生三つのスローガン
265176	朝鮮朝日	西北版	1935-07-25	1	06단	司法畑の大搖れ久し振りに空氣一新
265177	朝鮮朝日	西北版	1935-07-25	1	07단	鐵腕撫して天候回復を祈る
265178	朝鮮朝日	西北版	1935-07-25	1	08단	合電供給區域擴張
265179	朝鮮朝日	西北版	1935-07-25	1	09단	平南道廳改築費八十二萬圓要求
265180	朝鮮朝日	西北版	1935-07-25	1	10단	平壤放送局期成會生る
265181	朝鮮朝日	西北版	1935-07-25	1	10단	總督府辭令
265182	朝鮮朝日	西北版	1935-07-25	1	10단	けふの話題
265183	朝鮮朝日	南鮮版	1935-07-25	1	01단	全國中等野球朝鮮第一次豫選 中部も處女球飛び三地方で博擊戰西北部のみ豪雨降り續きまたもや延期さる(中部/湖南/南鮮/西北部)
265184	朝鮮朝日	南鮮版	1935-07-25	1	02단	ボールスナップ
265185	朝鮮朝日	南鮮版	1935-07-25	1	04단	心田開發懇談會
265186	朝鮮朝日	南鮮版	1935-07-25	1	06단	危險去る避難民歸宅
265187	朝鮮朝日	南鮮版	1935-07-25	1	06단	司法畑の大搖れ久し振りに空氣一新
265188	朝鮮朝日	南鮮版	1935-07-25	1	07단	球場に聽く/成人敎育野球と府政を語る上原誠治氏
265189	朝鮮朝日	南鮮版	1935-07-25	1	10단	下關水産市況(廿四日)
265190	朝鮮朝日	西北版	1935-07-26	1	01단	全國中等野球朝鮮第一次豫選 木商、一商敗退し大番狂はせ續出西北部も再び球線に躍進四地方一齊に熱鬪(中部/湖南/南鮮/西北部)
265191	朝鮮朝日	西北版	1935-07-26	1	03단	ボールスナップ
265192	朝鮮朝日	西北版	1935-07-26	1	04단	公私消息(白石光治郎氏/丹下郁太郎氏(新任慶南道警察部長))
265193	朝鮮朝日	西北版	1935-07-26	1	05단	球場に聽く/隔世の感大會の變遷を語る兒玉實俊氏
265194	朝鮮朝日	西北版	1935-07-26	1	06단	遞信局の豫算二千萬圓に上る新規事業は八百卅萬圓/親の心子知らず總監編成方針を語る

일련번호	판명		간행일	면	단수	기사명
265195	朝鮮朝日	西北版	1935-07-26	1	07단	産業調査會明年度設置
265196	朝鮮朝日	西北版	1935-07-26	1	07단	寧越炭田附近地價暴騰す土地收用令發動か
265197	朝鮮朝日	西北版	1935-07-26	1	08단	本宮の大豆工場建設を無期延期研究の不備發見さる
265198	朝鮮朝日	西北版	1935-07-26	1	09단	第廿一回全國中等學校優勝野球大會地方豫選展望號
265199	朝鮮朝日	西北版	1935-07-26	1	10단	咸北の移出牛增加
265200	朝鮮朝日	西北版	1935-07-26	1	10단	平南の春繭收穫高
265201	朝鮮朝日	西北版	1935-07-26	1	10단	平壤衛生展八月一日から
265202	朝鮮朝日	南鮮版	1935-07-26	1	01단	全國中等野球朝鮮第一次豫選　木商、一商敗退し大番狂はせ續出西北部も再び球線に躍進四地方一齊に熱鬪(中部/湖南/南鮮/西北部)
265203	朝鮮朝日	南鮮版	1935-07-26	1	03단	ボールスナップ
265204	朝鮮朝日	南鮮版	1935-07-26	1	04단	公私消息(白石光治郎氏/丹下郁太郎氏(新任慶南道警察部長))
265205	朝鮮朝日	南鮮版	1935-07-26	1	05단	球場に聽く/隔世の感大會の變遷を語る兒玉實俊氏
265206	朝鮮朝日	南鮮版	1935-07-26	1	06단	遞信局の豫算二千萬圓に上る新規事業は八百卅萬圓/親の心子知らず總監編成方針を語る
265207	朝鮮朝日	南鮮版	1935-07-26	1	07단	産業調査會明年度設置
265208	朝鮮朝日	南鮮版	1935-07-26	1	07단	寧越炭田附近地價暴騰す土地收用令發動か
265209	朝鮮朝日	南鮮版	1935-07-26	1	08단	汚物調査の委員會組織近く初會合
265210	朝鮮朝日	南鮮版	1935-07-26	1	09단	第廿一回全國中等學校優勝野球大會地方豫選展望號
265211	朝鮮朝日	南鮮版	1935-07-26	1	09단	元巡査の詐欺
265212	朝鮮朝日	南鮮版	1935-07-26	1	09단	朝日映畵の夕
265213	朝鮮朝日	南鮮版	1935-07-26	1	10단	JBAKの試驗放送愈よ始まる
265214	朝鮮朝日	南鮮版	1935-07-26	1	10단	公私消息(八木新任黃海道警察部長/本社京城支局來訪/稻垣關東軍顧問/橫尾農民弘道館長/窪田京城測候所長息女弘子氏)
265215	朝鮮朝日	南鮮版	1935-07-26	1	10단	下關水産市況(廿五日)
265216	朝鮮朝日	西北版	1935-07-27	1	01단	全國中等野球朝鮮第一次豫選　大商に凱歌揚り南鮮の代表決る炎天下に激情の嵐を呼び球戰まさに最高潮(湖南/西北部/南鮮)
265217	朝鮮朝日	西北版	1935-07-27	1	04단	豫備判檢事任命
265218	朝鮮朝日	西北版	1935-07-27	1	05단	球場に聽く/日光浴角度の變った野球觀周防正李氏
265219	朝鮮朝日	西北版	1935-07-27	1	06단	ボールスナップ
265220	朝鮮朝日	西北版	1935-07-27	1	07단	茂山鐵鑛の開發商工省へ建言歸任の途、山陽ホテルで總督上機嫌で語る
265221	朝鮮朝日	西北版	1935-07-27	1	09단	事變の論功行賞二千七百餘名を發表
265222	朝鮮朝日	西北版	1935-07-27	1	10단	林檎統制の具體案協議近く海州で
265223	朝鮮朝日	西北版	1935-07-27	1	10단	平中へ泥棒
265224	朝鮮朝日	南鮮版	1935-07-27	1		缺號

일련번호	판명		간행일	면	단수	기사명
265225	朝鮮朝日	西北版	1935-07-28	1	01단	全國中等野球朝鮮第一次豫選 湖南代表の榮冠大中みごと掌握粒撰り選手の一球一打に大詰めの球技三昧/第二次豫選は三十日から四代表晴れの決戰/選手茶話會廿九日夜開催
265226	朝鮮朝日	西北版	1935-07-28	1	04단	平南河川增水
265227	朝鮮朝日	西北版	1935-07-28	1	06단	ボールスナップ
265228	朝鮮朝日	西北版	1935-07-28	1	08단	肝油の移出檢查業者も贊成問屋筋から費用寄附
265229	朝鮮朝日	西北版	1935-07-28	1	08단	健康兒寫眞衛生展へ出品
265230	朝鮮朝日	西北版	1935-07-28	1	08단	總督歸任
265231	朝鮮朝日	西北版	1935-07-28	1	08단	京城刑務所の囚人脱走す脱獄の常習犯
265232	朝鮮朝日	西北版	1935-07-28	1	09단	淸川、大寧兩江架橋實現を要望平壤土木出張所から
265233	朝鮮朝日	西北版	1935-07-28	1	10단	南鐵二期線長興で猛運動
265234	朝鮮朝日	西北版	1935-07-28	1	10단	秋の國勢調查平壤で下調べ
265235	朝鮮朝日	西北版	1935-07-28	1	10단	安武知事講演
265236	朝鮮朝日	西北版	1935-07-28	1	10단	樂浪小話
265237	朝鮮朝日	南鮮版	1935-07-28	1	01단	全國中等野球朝鮮第一次豫選 湖南代表の榮冠大中みごと掌握粒撰り選手の一球一打に大詰めの球技三昧/第二次豫選は三十日から四代表晴れの決戰/選手茶話會廿九日夜開催
265238	朝鮮朝日	南鮮版	1935-07-28	1	04단	平南河川增水
265239	朝鮮朝日	南鮮版	1935-07-28	1	06단	ボールスナップ
265240	朝鮮朝日	南鮮版	1935-07-28	1	08단	總督歸任
265241	朝鮮朝日	南鮮版	1935-07-28	1	08단	京城刑務所の囚人脱走す脱獄の常習犯
265242	朝鮮朝日	南鮮版	1935-07-28	1	08단	朝日映畫の夕
265243	朝鮮朝日	南鮮版	1935-07-28	1	09단	南鐵二期線長興で猛運動
265244	朝鮮朝日	南鮮版	1935-07-28	1	10단	運動競技界(中等陸上大會)
265245	朝鮮朝日	南鮮版	1935-07-28	1	10단	下關水産市況(廿五日)
265246	朝鮮朝日	西北版	1935-07-30	1	01단	全國中等野球朝鮮第一次豫選 京商、中部に連勝ベスト4勢揃ひ一瞬、舞台は花やかに廻轉第二次豫選の爭霸へ/榮え輝く優勝旗京商ナインへ受與
265247	朝鮮朝日	西北版	1935-07-30	1	04단	ボールスナップ
265248	朝鮮朝日	西北版	1935-07-30	1	06단	博物館建設費は二百萬圓に增額近く設計の縣賞募集
265249	朝鮮朝日	西北版	1935-07-30	1	06단	師範を數校明年度に新設いづれも地方に
265250	朝鮮朝日	西北版	1935-07-30	1	06단	商品陳列場十萬圓で建設平南の準備進む
265251	朝鮮朝日	西北版	1935-07-30	1	07단	球場に聽く/三つの功德京城府尹伊達四雄氏談
265252	朝鮮朝日	西北版	1935-07-30	1	08단	採鹽豫定量を超ゆ
265253	朝鮮朝日	西北版	1935-07-30	1	08단	英艦鎭南浦へ寄港
265254	朝鮮朝日	西北版	1935-07-30	1	08단	航空氣象觀測所三防、咸興、淸津に設置
265255	朝鮮朝日	西北版	1935-07-30	1	08단	古建築物の復舊調查三氏近く來壤
265256	朝鮮朝日	西北版	1935-07-30	1	08단	選擧違反書類送局

일련번호	판명		간행일	면	단수	기사명
265257	朝鮮朝日	西北版	1935-07-30	1	09단	內地野球團の遠征便り
265258	朝鮮朝日	西北版	1935-07-30	1	09단	平北の各河川豪雨で增水被害約十萬圓に上る
265259	朝鮮朝日	西北版	1935-07-30	1	09단	少女を救ひ老人溺死
265260	朝鮮朝日	西北版	1935-07-30	1	09단	樂浪小話
265261	朝鮮朝日	西北版	1935-07-30	1	10단	旅館荒し逮捕
265262	朝鮮朝日	西北版	1935-07-30	1	10단	劇と映畵(平壤 偕樂館)
265263	朝鮮朝日	西北版	1935-07-30	1	10단	話の種
265264	朝鮮朝日	南鮮版	1935-07-30	1	01단	全國中等野球朝鮮第一次豫選 京商、中部に連勝ベスト４勢揃ひ一瞬、舞台は花やかに廻轉第二次豫選の爭霸へ/榮え輝く優勝旗京商ナインへ受與
265265	朝鮮朝日	南鮮版	1935-07-30	1	04단	ボールスナップ
265266	朝鮮朝日	南鮮版	1935-07-30	1	06단	博物館建設費は二百萬圓に增額近く設計の縣賞募集
265267	朝鮮朝日	南鮮版	1935-07-30	1	06단	宗教課を復活學務局から內務局へ社會課を移管か
265268	朝鮮朝日	南鮮版	1935-07-30	1	06단	自動式電話京城で宣傳
265269	朝鮮朝日	南鮮版	1935-07-30	1	07단	球場に聽く/三つの功德京城府尹伊達四雄氏談
265270	朝鮮朝日	南鮮版	1935-07-30	1	07단	防疫淸掃週間釜山で實施
265271	朝鮮朝日	南鮮版	1935-07-30	1	07단	採鹽豫定量を超ゆ
265272	朝鮮朝日	南鮮版	1935-07-30	1	08단	郡島の國費職員百十名を殖やす農村振興運動を擴充
265273	朝鮮朝日	南鮮版	1935-07-30	1	08단	師範を數校明年度に新設いづれも地方に
265274	朝鮮朝日	南鮮版	1935-07-30	1	08단	釜山地方に本格的暑熱海水浴場賑ふ
265275	朝鮮朝日	南鮮版	1935-07-30	1	09단	エロ犯罪釜山に頻發
265276	朝鮮朝日	南鮮版	1935-07-30	1	09단	權技手の死體九里面で發見
265277	朝鮮朝日	南鮮版	1935-07-30	1	09단	鮮滿同胞へ笑ひの慰安淡海一座來鮮
265278	朝鮮朝日	南鮮版	1935-07-30	1	10단	會と催(鮮農總會/京電總會)
265279	朝鮮朝日	南鮮版	1935-07-30	1	10단	公私消息(谷駐滿大使館附參事官/松原鮮銀副總裁/色部同理事/本社京城支局來訪)
265280	朝鮮朝日	南鮮版	1935-07-30	1	10단	下關水産市況(廿九日)
265281	朝鮮朝日	南鮮版	1935-07-30	1	10단	鷄林かゞみ
265282	朝鮮朝日	西北版	1935-07-31	1	01단	球都・甲子園は招く 熱風裂く雄叫び綠地に猛る鬪魂地方代表の誇りを睹けて半島球史に刻む決戰/「正々堂々の戰ひ」參加校代表、宣誓す/１２Ａ―９邱商打棒冴ゆ大中善戰して敗る
265283	朝鮮朝日	西北版	1935-07-31	1	04단	城津港の上半期貿易額
265284	朝鮮朝日	西北版	1935-07-31	1	05단	球場に聽く/天眞爛漫總督府警務局事務官筒井竹雄氏談 全日本の誇り總督府體育主任竹內一氏談
265285	朝鮮朝日	西北版	1935-07-31	1	06단	ボールスナップ
265286	朝鮮朝日	西北版	1935-07-31	1	07단	鴨綠江の增水で約七百戶に浸水雨禍、平北地方を襲ふ/住民避難を始む嚴戒する新義州/淸川江增水
265287	朝鮮朝日	西北版	1935-07-31	1	08단	京商對京師戰槪評主なる勝因は皇行の好投將積委員談/仲好く勇しくエールを合唱その前夜選手茶話會

일련번호	판명		간행일	면	단수	기사명
265288	朝鮮朝日	西北版	1935-07-31	1	08단	乙密台から女給飛降り奇蹟的に助かる
265289	朝鮮朝日	西北版	1935-07-31	1	09단	空の廿三勇士に事變の勳章傳達飛六營庭で擧行
265290	朝鮮朝日	西北版	1935-07-31	1	10단	二萬六千枚平南の夏秋蠶掃立豫想枚數
265291	朝鮮朝日	西北版	1935-07-31	1	10단	校舍寄附に感謝の建碑東星學園の美談
265292	朝鮮朝日	西北版	1935-07-31	1	10단	咸州郡で檄文撒布
265293	朝鮮朝日	南鮮版	1935-07-31	1	01단	*球都・甲子園は招く　熱風裂く雄叫び綠地に猛る鬪魂地方代表の誇りを賭けて半島球史に刻む決戰/「正々堂々の戰ひ」參加校代表、宣誓す/１２Ａ―９邱商打棒冴ゆ大中善戰して敗る*
265294	朝鮮朝日	南鮮版	1935-07-31	1	04단	慶南軟式野球
265295	朝鮮朝日	南鮮版	1935-07-31	1	05단	球場に聽く/天眞爛漫總督府警務局事務官筒井竹雄氏談全日本の誇り總督府體育主任竹內一氏談
265296	朝鮮朝日	南鮮版	1935-07-31	1	06단	ボールスナップ
265297	朝鮮朝日	南鮮版	1935-07-31	1	07단	*鴨綠江の增水で約七百戶に浸水雨禍、平北地方を襲ふ/住民避難を始む嚴戒する新義州/淸川江增水*
265298	朝鮮朝日	南鮮版	1935-07-31	1	08단	*京商對京師戰概評主なる勝因は國行の好投將積委員談/仲好く勇しくエールを合唱その前夜選手茶話會*
265299	朝鮮朝日	南鮮版	1935-07-31	1	08단	本紙愛讀者優待週間釜山の寶來館
265300	朝鮮朝日	南鮮版	1935-07-31	1	09단	公私消息(丹下郁太郎氏(新任慶南道警察部長))
265301	朝鮮朝日	南鮮版	1935-07-31	1	10단	京城第一高女優勝女子中等籠球大會
265302	朝鮮朝日	南鮮版	1935-07-31	1	10단	權技手の面葬
265303	朝鮮朝日	南鮮版	1935-07-31	1	10단	下關水産市況(卅日)

1935년 8월 (조선아사히)

일련번호	판명		간행일	면	단수	기사명
265304	朝鮮朝日	西北版	1935-08-01	1	01단	燦たり我等の代表戦ひ取るこの霸權天晴れ新商ナイン全鮮ファンの歡呼浴びていざ行かん甲子園/邱商對大中戰槪評邱商の打擊一日の長柳委員談/4A－3巨星遂に落つ波瀾萬文、補回戰に入り新商、京商に制勝
265305	朝鮮朝日	西北版	1935-08-01	1	04단	總督急遽東上
265306	朝鮮朝日	西北版	1935-08-01	1	06단	球場に聽く(理想の典型「ボール・バンキング」を說く伊森貯銀頭取/氣魄滿つ法廷と組織が似てゐますね濱田虎熊氏談)
265307	朝鮮朝日	西北版	1935-08-01	1	06단	感謝大阪朝日新聞京城通信局
265308	朝鮮朝日	西北版	1935-08-01	1	06단	ホールスナップ(球を押し戴く/サインで賣買/新商のお守り)
265309	朝鮮朝日	西北版	1935-08-01	1	07단	新商破竹の勢ひ打って打って打ち捲りに邱商に壓倒的大勝
265310	朝鮮朝日	西北版	1935-08-01	1	10단	新商對京商戰槪評勝敗何れも紙一重柳委員談
265311	朝鮮朝日	西北版	1935-08-01	1	10단	救援列車平壤から急行
265312	朝鮮朝日	南鮮版	1935-08-01	1	01단	燦たり我等の代表戦ひ取るこの霸權天晴れ新商ナイン全鮮ファンの歡呼浴びていざ行かん甲子園/邱商對大中戰槪評邱商の打擊一日の長柳委員談/4A－3巨星遂に落つ波瀾萬文、補回戰に入り新商、京商に制勝
265313	朝鮮朝日	南鮮版	1935-08-01	1	04단	總督急遽東上
265314	朝鮮朝日	南鮮版	1935-08-01	1	06단	球場に聽く(理想の典型「ボール・バンキング」を說く伊森貯銀頭取/氣魄滿つ法廷と組織が似てゐますね濱田虎熊氏談)
265315	朝鮮朝日	南鮮版	1935-08-01	1	06단	感謝大阪朝日新聞京城通信局
265316	朝鮮朝日	南鮮版	1935-08-01	1	06단	ホールスナップ(球を押し戴く/サインで賣買/新商のお守り)
265317	朝鮮朝日	南鮮版	1935-08-01	1	07단	新商破竹の勢ひ打って打って打ち捲りに邱商に壓倒的大勝
265318	朝鮮朝日	南鮮版	1935-08-01	1	10단	新商對京商戰槪評勝敗何れも紙一重柳委員談
265319	朝鮮朝日	南鮮版	1935-08-01	1	10단	救援列車平壤から急行
265320	朝鮮朝日	西北版	1935-08-02	1	01단	平壤は名實共に全鮮第二の都市完全に釜山を凌駕す/警察機二機水浸してダメ
265321	朝鮮朝日	西北版	1935-08-02	1	01단	平南奧地の河川氾濫し交通杜絶大同江も刻々に增水/鮮滿見學の學生團體大弱り何れも平壤で足止め/京義線開通の見込み立つ二日午後から
265322	朝鮮朝日	西北版	1935-08-02	1	01단	霸者新商の手に紫紺の大旆輝く小畑主將マイクを通じ全鮮へ熱援感謝の挨拶/無上の榮譽感激の涙あるのみ諏訪原新商校長欣語る/太田投手の投球一段の研究望む優勝戰槪評將積委員談/凱旋の途につく
265323	朝鮮朝日	西北版	1935-08-02	1	04단	排球代表決定
265324	朝鮮朝日	西北版	1935-08-02	1	04단	吉報の着くたび祝賀のざはめき陸軍定期異動の榮轉組/朝鮮軍關係
265325	朝鮮朝日	西北版	1935-08-02	1	05단	平南道廳新築大丈夫だらう安武知事のお土産話
265326	朝鮮朝日	西北版	1935-08-02	1	06단	夏季大學講座元山で開催

일련번호	판명		간행일	면	단수	기사명
265327	朝鮮朝日	西北版	1935-08-02	1	06단	鐵道建設事務所平壤、城津に新設十一日から店開き
265328	朝鮮朝日	西北版	1935-08-02	1	07단	林檎販賣組合新たに組織
265329	朝鮮朝日	西北版	1935-08-02	1	07단	旅館荒し逮捕
265330	朝鮮朝日	西北版	1935-08-02	1	08단	陶器工場內地から誘致
265331	朝鮮朝日	西北版	1935-08-02	1	08단	反戰ビラ撒布者廿四名檢擧北鮮一帶を檢索
265332	朝鮮朝日	西北版	1935-08-02	1	08단	各地から(平壤/鎭南浦/城津)
265333	朝鮮朝日	西北版	1935-08-02	1	10단	平師へ怪盜
265334	朝鮮朝日	西北版	1935-08-02	1	10단	樂浪小話
265335	朝鮮朝日	南鮮版	1935-08-02	1	01단	豫算の編成方針高橋藏相も共鳴新規計上有望視さる
265336	朝鮮朝日	南鮮版	1935-08-02	1	01단	吉報の着くたび祝賀のざはめき陸軍定期異動の榮轉組/朝鮮軍關係
265337	朝鮮朝日	南鮮版	1935-08-02	1	01단	覇者新商の手に紫紺の大旆輝く小畑主將マイクを通じ全鮮へ熱援感謝の挨拶/無上の榮譽感激の涙あるのみ諏訪原新商校長欣然語る/太田投手の投球一段の研究望む優勝戰概評將積委員談/凱旋の途につく
265338	朝鮮朝日	南鮮版	1935-08-02	1	03단	京城の水道使用量增加昨年の記錄突破
265339	朝鮮朝日	南鮮版	1935-08-02	1	03단	死者卅二名江原道の豪雨禍深刻一日正午現在の調査
265340	朝鮮朝日	南鮮版	1935-08-02	1	04단	京城府會
265341	朝鮮朝日	南鮮版	1935-08-02	1	04단	釜山觀光協會役員
265342	朝鮮朝日	南鮮版	1935-08-02	1	05단	內地各方面に朝鮮認識深まる宇垣總督のお土産話
265343	朝鮮朝日	南鮮版	1935-08-02	1	05단	東上の總監下關で語る
265344	朝鮮朝日	南鮮版	1935-08-02	1	06단	今秋釜山で盛大な見本市意氣込む商工業者
265345	朝鮮朝日	南鮮版	1935-08-02	1	06단	ラヂオ體操松島海水浴場で
265346	朝鮮朝日	南鮮版	1935-08-02	1	07단	大膽な僞巡査富豪から三百五十圓捲上ぐ
265347	朝鮮朝日	南鮮版	1935-08-02	1	07단	脱走兵の盜み
265348	朝鮮朝日	南鮮版	1935-08-02	1	08단	各地から(釜山/大田/淸州)
265349	朝鮮朝日	南鮮版	1935-08-02	1	08단	鑛夫行方不明
265350	朝鮮朝日	南鮮版	1935-08-02	1	08단	催眠劑で自殺
265351	朝鮮朝日	南鮮版	1935-08-02	1	08단	線路枕の男を轢殺
265352	朝鮮朝日	南鮮版	1935-08-02	1	08단	街頭の輪禍
265353	朝鮮朝日	南鮮版	1935-08-02	1	09단	下關水産市況(一日)
265354	朝鮮朝日	南鮮版	1935-08-02	1	10단	鷄林かゞみ
265355	朝鮮朝日	西北版	1935-08-03	1	01단	各地から(開城/平壤/沙里院/鎭南浦)
265356	朝鮮朝日	西北版	1935-08-03	1	01단	雌伏實に十星霜甲子園へ出場の歡び新商プレーントラストの抱負を聽く(試合上手の京商に學ぶ江頭教頭談/半島球界の期待に副ふ小原部長談/誇るべきはチームワーク小畑主將談/大物を食ふ力のチーム小田コーチ談)
265357	朝鮮朝日	西北版	1935-08-03	1	02단	水害非常時相逸る心に素っ裸濁流泳ぐ三等客流石一等客は旅館で悠々鐵道職員死物狂ひ
265358	朝鮮朝日	西北版	1935-08-03	1	02단	平北の慘害

일련번호	판명		간행일	면	단수	기사명
265359	朝鮮朝日	西北版	1935-08-03	1	04단	平師附屬普通明年度に實現
265360	朝鮮朝日	西北版	1935-08-03	1	04단	林檎懇談會
265361	朝鮮朝日	西北版	1935-08-03	1	04단	髑髏隊を部下に滿洲事變に偉勳寫眞は玄人はだしで部下思ひ田中新任卅八旅團長田中旅團長/『無藝大食』自ら稱す健啖家高橋新七十六聯隊長
265362	朝鮮朝日	西北版	1935-08-03	1	06단	多獅島築港は明年度實現か平北の諸懸案好轉
265363	朝鮮朝日	西北版	1935-08-03	1	07단	放送技術の調査に着手蘆氏一行來壤
265364	朝鮮朝日	西北版	1935-08-03	1	07단	坑夫壓死
265365	朝鮮朝日	西北版	1935-08-03	1	07단	國境地方の經濟調査會平壤で組織
265366	朝鮮朝日	西北版	1935-08-03	1	08단	七月中旬の煙草賣渡高
265367	朝鮮朝日	西北版	1935-08-03	1	08단	機上の水流調査大寧、淸川兩江の合流地點八月中旬に空中撮影
265368	朝鮮朝日	西北版	1935-08-03	1	08단	面長初め全職員減俸申出づ冷害の平南成龍面
265369	朝鮮朝日	西北版	1935-08-03	1	08단	メリケン粉大拂底小賣値段暴騰
265370	朝鮮朝日	西北版	1935-08-03	1	09단	濠洲緬羊七日雄基へ
265371	朝鮮朝日	西北版	1935-08-03	1	09단	咸南小規模工場工産額
265372	朝鮮朝日	西北版	1935-08-03	1	09단	嬉くて堪らぬ新商太田投手の父君嬉泣き
265373	朝鮮朝日	西北版	1935-08-03	1	09단	建設事務所長顔觸れ內定
265374	朝鮮朝日	西北版	1935-08-03	1	10단	新義州港六月の貿易額
265375	朝鮮朝日	西北版	1935-08-03	1	10단	樂浪小話
265376	朝鮮朝日	南鮮版	1935-08-03	1	01단	強力な統制下に海外貿易へ躍進釜山で輸出協會結成/步飛聯合演習
265377	朝鮮朝日	南鮮版	1935-08-03	1	01단	鐘紡ラミー工場全州設置決る地元の誘致實を結ぶ
265378	朝鮮朝日	南鮮版	1935-08-03	1	01단	社會事業協會名譽會員
265379	朝鮮朝日	南鮮版	1935-08-03	1	01단	雌伏實に十星霜甲子園へ出場の歡び新商プレートラストの抱負を聽く(試合上手の京商に學ぶ江頭敎頭談/半島球界の期待に副ふ小原部長談/誇るべきはチームワーク小畑主將談/大物を食ふ力のチーム小田コーチ談)
265380	朝鮮朝日	南鮮版	1935-08-03	1	02단	肌觸りもよく典型的武人野村新七十九聯隊長野村聯隊長
265381	朝鮮朝日	南鮮版	1935-08-03	1	04단	遞信局兩課長入巷
265382	朝鮮朝日	南鮮版	1935-08-03	1	04단	龍山水防團組織の準備進む
265383	朝鮮朝日	南鮮版	1935-08-03	1	05단	古蹟事務の打合せ會九月下旬開く
265384	朝鮮朝日	南鮮版	1935-08-03	1	05단	聖德太子堂工費十萬圓で京城に建立天台宗の朝鮮開敎
265385	朝鮮朝日	南鮮版	1935-08-03	1	05단	棉花の增産計劃段別も戶數も激增
265386	朝鮮朝日	南鮮版	1935-08-03	1	06단	總督直屬の最高の諮問機關產業調查會の內容
265387	朝鮮朝日	南鮮版	1935-08-03	1	06단	生活難から我子を殺害
265388	朝鮮朝日	南鮮版	1935-08-03	1	06단	寶生流能樂會
265389	朝鮮朝日	南鮮版	1935-08-03	1	07단	名所スタンプ利用を宣傳週間を催して
265390	朝鮮朝日	南鮮版	1935-08-03	1	07단	女給自殺未遂
265391	朝鮮朝日	南鮮版	1935-08-03	1	08단	各地から(京城/釜山)

일련번호	판명		간행일	면	단수	기사명
265392	朝鮮朝日	南鮮版	1935-08-03	1	08단	買上米直送に考慮を要望穀聯から陳情書
265393	朝鮮朝日	南鮮版	1935-08-03	1	08단	僞刑事の暴行
265394	朝鮮朝日	南鮮版	1935-08-03	1	08단	娘の溺死體
265395	朝鮮朝日	南鮮版	1935-08-03	1	09단	朝日映畫の夕
265396	朝鮮朝日	南鮮版	1935-08-03	1	09단	露泉住宅會社で暴行を働く
265397	朝鮮朝日	南鮮版	1935-08-03	1	09단	モヒ密賣送局
265398	朝鮮朝日	南鮮版	1935-08-03	1	09단	公私消息(小島鮮銀監事/渡邊東拓理事/橫尾農民講道官長/小川三井物産京城支店長)
265399	朝鮮朝日	南鮮版	1935-08-03	1	09단	嬉くて堪らぬ新商太田投手の父君嬉泣き
265400	朝鮮朝日	南鮮版	1935-08-03	1	09단	建設事務所長顔觸れ內定
265401	朝鮮朝日	南鮮版	1935-08-03	1	10단	下關水産市況(二日)
265402	朝鮮朝日	南鮮版	1935-08-03	1	10단	鷄林かゝみ
265403	朝鮮朝日	西北版	1935-08-04	1	01단	大豆工場延期を悲觀するは早計朝窒系諸工場續々と新設輝ける咸南の前途
265404	朝鮮朝日	西北版	1935-08-04	1	01단	罹災地へ急救藥一萬人分を本府急送/早水害地方土木事業で救濟第二豫備金を支出/人心安定
265405	朝鮮朝日	西北版	1935-08-04	1	04단	平南の春蘭共販高增加
265406	朝鮮朝日	西北版	1935-08-04	1	05단	京義線の魔所徹底的に復舊平鐵で四日から着手/日滿聯絡飛行當分平壤へ延長新義州は使用不可能
265407	朝鮮朝日	西北版	1935-08-04	1	05단	鐵山市內電話開通
265408	朝鮮朝日	西北版	1935-08-04	1	05단	一齊に點燈羅津の各燈台
265409	朝鮮朝日	西北版	1935-08-04	1	06단	免職に興奮舍宅で自殺永興灣要塞司令官の馬丁
265410	朝鮮朝日	西北版	1935-08-04	1	06단	外人の基督教に宛然、一大敵國朝鮮人の新改革運動
265411	朝鮮朝日	西北版	1935-08-04	1	06단	實弟戰死の報と榮轉發令が同時羅南を去る櫻井大佐
265412	朝鮮朝日	西北版	1935-08-04	1	07단	記念スタンプ
265413	朝鮮朝日	西北版	1935-08-04	1	07단	新商ナイン晴れの凱旋母校で早速祝勝會
265414	朝鮮朝日	西北版	1935-08-04	1	08단	羊毛二次移出八日に積出し
265415	朝鮮朝日	西北版	1935-08-04	1	08단	三百口目標に大童の準備平壤の放送局期成會
265416	朝鮮朝日	西北版	1935-08-04	1	08단	一萬七千圓の竊盜自白
265417	朝鮮朝日	西北版	1935-08-04	1	08단	第二人道橋の內務局案
265418	朝鮮朝日	西北版	1935-08-04	1	09단	各地から(平壤/元山)
265419	朝鮮朝日	西北版	1935-08-04	1	09단	壯途を前に壯熱な編隊飛行飛六の廿三機で擧行
265420	朝鮮朝日	西北版	1935-08-04	1	10단	棉作以外は增收豫想平南の農作物
265421	朝鮮朝日	西北版	1935-08-04	1	10단	羊毛加工工場平壤へ誘致
265422	朝鮮朝日	西北版	1935-08-04	1	10단	樂浪小話
265423	朝鮮朝日	南鮮版	1935-08-04	1	01단	京電馬山鎭海兩支店瓦電へ讓渡成立南鮮の電氣統制强化
265424	朝鮮朝日	南鮮版	1935-08-04	1	01단	勳章傳達式
265425	朝鮮朝日	南鮮版	1935-08-04	1	01단	高普の配屬將校陸軍異動で七名增加
265426	朝鮮朝日	南鮮版	1935-08-04	1	01단	野球大會顧みて興味深い座談會本社京城支局主催で開催近く本紙に連載

일련번호	판명		간행일	면	단수	기사명
265427	朝鮮朝日	南鮮版	1935-08-04	1	02단	殖産契制令案中旬頃に發布
265428	朝鮮朝日	南鮮版	1935-08-04	1	03단	江原道の被害三日現在/罹災者弔慰金江原道から給與
265429	朝鮮朝日	南鮮版	1935-08-04	1	03단	中部以北は豪雨湖南には旱魃禍七月の半島氣象
265430	朝鮮朝日	南鮮版	1935-08-04	1	03단	龍山水防團府會で承認
265431	朝鮮朝日	南鮮版	1935-08-04	1	04단	總督釜山へ避暑
265432	朝鮮朝日	南鮮版	1935-08-04	1	04단	工費六萬圓で武德殿を新築慶南警察部の計劃
265433	朝鮮朝日	南鮮版	1935-08-04	1	04단	近く財務畑の異動/忠南の異動
265434	朝鮮朝日	南鮮版	1935-08-04	1	05단	龍山工兵隊歸る
265435	朝鮮朝日	南鮮版	1935-08-04	1	05단	お客さんと車掌一人二役の使分け京電女車掌君の實習振り
265436	朝鮮朝日	南鮮版	1935-08-04	1	05단	井戶へ身投
265437	朝鮮朝日	南鮮版	1935-08-04	1	06단	一割操短で追っ付かぬ惱みの繭不足
265438	朝鮮朝日	南鮮版	1935-08-04	1	07단	溺死體の首を卷くハンカチ他殺の疑ひ濃厚
265439	朝鮮朝日	南鮮版	1935-08-04	1	07단	釜山のタクシー値下げ要望の聲小型出現で衝擊
265440	朝鮮朝日	南鮮版	1935-08-04	1	07단	水害殉職者慰靈祭を執行
265441	朝鮮朝日	南鮮版	1935-08-04	1	07단	大田電氣の新營業區域
265442	朝鮮朝日	南鮮版	1935-08-04	1	07단	神道聯盟の心田開發座談會
265443	朝鮮朝日	南鮮版	1935-08-04	1	07단	總督府辭令
265444	朝鮮朝日	南鮮版	1935-08-04	1	08단	愛國「水産號」文明琦氏が獻納運動に着手
265445	朝鮮朝日	南鮮版	1935-08-04	1	08단	借入金償還て頭痛鉢卷慶南の各産組
265446	朝鮮朝日	南鮮版	1935-08-04	1	08단	山本小頭の橫領約二萬圓に上る取調べ終り近く送局
265447	朝鮮朝日	南鮮版	1935-08-04	1	08단	竊盜犯人、駐在所から逃走
265448	朝鮮朝日	南鮮版	1935-08-04	1	08단	施政記念日の遞信局の催し
265449	朝鮮朝日	南鮮版	1935-08-04	1	09단	朝日映畫の夕
265450	朝鮮朝日	南鮮版	1935-08-04	1	09단	各地から(京城/大田)
265451	朝鮮朝日	南鮮版	1935-08-04	1	09단	會と催(米穀研究會例會/海軍協會朝鮮本部理事會/仁川議懇談會/警察官講習所)
265452	朝鮮朝日	南鮮版	1935-08-04	1	10단	店員自殺未遂
265453	朝鮮朝日	南鮮版	1935-08-04	1	10단	公私消息(今井田總監夫人/楊外事課事務官/伊藤光州地方法院檢事正/吉谷京電取締役/交野平壤再審法院通專官/東京文理大陸競選手一行/本社京城支局來訪、池新任遞信局保險運用課長、渡邊圓庶務課長一日)
265454	朝鮮朝日	南鮮版	1935-08-04	1	10단	下關水産市況(三日)
265455	朝鮮朝日	南鮮版	1935-08-04	1	10단	鷄林かゞみ
265456	朝鮮朝日	西北版	1935-08-06	1	01단	茂山鐵山開發に新線敷設が有力會寧に至る廣軌鑛山鐵道北鐵で實現に努む
265457	朝鮮朝日	西北版	1935-08-06	1	01단	二百八十萬圓の土木事業を要求水害の平北、江原から/惠山木材業者約廿萬圓の被害多數の木材流失す
265458	朝鮮朝日	西北版	1935-08-06	1	01단	水魔跳梁の國境((上)濁流漲る義州街道(下)焚出し給與)
265459	朝鮮朝日	西北版	1935-08-06	1	02단	ゴム工場蘇る農作物豐作で近年稀な活況
265460	朝鮮朝日	西北版	1935-08-06	1	03단	平壤府廳舍增築を計劃

일련번호	판명		간행일	면	단수	기사명
265461	朝鮮朝日	西北版	1935-08-06	1	04단	鐵道辭令(一日付)
265462	朝鮮朝日	西北版	1935-08-06	1	04단	敎化團體統制し心田開發へ拍車平南の具體案成る
265463	朝鮮朝日	西北版	1935-08-06	1	04단	關野博士偲び記念碑を建つ
265464	朝鮮朝日	西北版	1935-08-06	1	04단	所長の榮轉に惜別の涙平壤刑務所の佳話
265465	朝鮮朝日	西北版	1935-08-06	1	05단	平安神社へ參拜の新商ナイン
265466	朝鮮朝日	西北版	1935-08-06	1	05단	咸南の小作爭議物凄い激增振り半年に二百四十九件
265467	朝鮮朝日	西北版	1935-08-06	1	05단	各地から(平壤/開城/沙里院/元山)
265468	朝鮮朝日	西北版	1935-08-06	1	06단	地價暴騰で野菜畑減段平壤近郊異變
265469	朝鮮朝日	西北版	1935-08-06	1	07단	道勢展覽會催し鄕土藝術の展示咸南で具體案を練る
265470	朝鮮朝日	西北版	1935-08-06	1	07단	減收で高値平南の林檎
265471	朝鮮朝日	西北版	1935-08-06	1	08단	山村の古茂山繁華街と化すセメント景氣で活況
265472	朝鮮朝日	西北版	1935-08-06	1	08단	プロペラ船轉覆郵便物流る
265473	朝鮮朝日	西北版	1935-08-06	1	08단	來て見て驚く國際港淸津漁港祭の大宣傳
265474	朝鮮朝日	西北版	1935-08-06	1	09단	十一月に完成化學工業會社城津工場
265475	朝鮮朝日	西北版	1935-08-06	1	10단	古茂山洋灰工場へ朝電供給
265476	朝鮮朝日	西北版	1935-08-06	1	10단	平南海岸地帶にコレラ豫防注射
265477	朝鮮朝日	西北版	1935-08-06	1	10단	大豆滿載の高瀨舟沈沒三江站で
265478	朝鮮朝日	西北版	1935-08-06	1	10단	列車に刎られ二老人卽死橋梁を通行中
265479	朝鮮朝日	西北版	1935-08-06	1	10단	劇と映畫(平壤 偕樂館)
265480	朝鮮朝日	西北版	1935-08-06	1	10단	公私消息(倉島平壤遞信分掌局長/矢本海州地方法院長)
265481	朝鮮朝日	南鮮版	1935-08-06	1	01단	二百八十萬圓の土木事業を要求水害の江原、平北から/木浦地方の農村農作物枯死の慘府內では氷饑饉
265482	朝鮮朝日	南鮮版	1935-08-06	1	01단	麻藥取締令の施行規則本月中に公布
265483	朝鮮朝日	南鮮版	1935-08-06	1	01단	ストック・ナーゲル發賣
265484	朝鮮朝日	南鮮版	1935-08-06	1	01단	球戰の跡を語る(1)/頭腦を使ふ練習まだまだ不足元中で光る東遊擊手(咸南對京工戰/元中對京師戰)
265485	朝鮮朝日	南鮮版	1935-08-06	1	02단	鮮米自由積取は根本精神に反す橋本鮮航同盟會長談/對策纏らず
265486	朝鮮朝日	南鮮版	1935-08-06	1	02단	李王垠殿下宇都宮へ御着任
265487	朝鮮朝日	南鮮版	1935-08-06	1	04단	公私消息(松原鮮銀副總裁/佐藤鐵道局營業課長/淸水同工務課長/白川靑長子/村田總督府陸軍御用掛)
265488	朝鮮朝日	南鮮版	1935-08-06	1	04단	大田電氣の新供戰區域
265489	朝鮮朝日	南鮮版	1935-08-06	1	04단	氷値下げの斡旋を陳情龍山の食料品組合から
265490	朝鮮朝日	南鮮版	1935-08-06	1	05단	夫人を勞る總督の人間味松島海岸へ避暑
265491	朝鮮朝日	南鮮版	1935-08-06	1	05단	師團對抗演習で苦心の交通訓練本場京城へ全北から出張しゴー・ストップの修練/池田警務局長下檢分に出張
265492	朝鮮朝日	南鮮版	1935-08-06	1	05단	公州地方法院も明年度に大田へ移轉
265493	朝鮮朝日	南鮮版	1935-08-06	1	06단	釜山見本市六日に懇談會
265494	朝鮮朝日	南鮮版	1935-08-06	1	06단	上海コレラ全く誤傳ホッと一安心
265495	朝鮮朝日	南鮮版	1935-08-06	1	07단	物凄い人出松島海水浴場

일련번호	판명		간행일	면	단수	기사명
265496	朝鮮朝日	南鮮版	1935-08-06	1	07단	朝日映畵の夕
265497	朝鮮朝日	南鮮版	1935-08-06	1	08단	けふの話題
265498	朝鮮朝日	南鮮版	1935-08-06	1	08단	京城に腸チフス猖獗す
265499	朝鮮朝日	南鮮版	1935-08-06	1	08단	辻强盜現れ百十圓强奪
265500	朝鮮朝日	南鮮版	1935-08-06	1	08단	八名を縛り在金强奪二人組の强盜
265501	朝鮮朝日	南鮮版	1935-08-06	1	08단	酒場へ暴漢
265502	朝鮮朝日	南鮮版	1935-08-06	1	08단	文理大勝つ對全鮮陸上
265503	朝鮮朝日	南鮮版	1935-08-06	1	09단	各地から(全州/仁川/釜山/京城)
265504	朝鮮朝日	南鮮版	1935-08-06	1	10단	上田政義氏(慶南土木課長)
265505	朝鮮朝日	南鮮版	1935-08-06	1	10단	會と催(綠旗聯盟畫演會/朝火株主總會/赤十字林圓保養所開所式/日本精神顯修講習會/射擊會)
265506	朝鮮朝日	南鮮版	1935-08-06	1	10단	下關水産市況(五日)
265507	朝鮮朝日	南鮮版	1935-08-06	1	10단	鷄林かゞみ
265508	朝鮮朝日	西北版	1935-08-07	1	01단	水魔に奪はれた七十一名の生靈慘・四道最終の調査/「罹災者を救へ」平北で義捐金募集
265509	朝鮮朝日	西北版	1935-08-07	1	01단	等級別で商標を統一鎭南浦林檎今秋から實施
265510	朝鮮朝日	西北版	1935-08-07	1	01단	平壤商圈確保の見本展示會九月五、六兩日に開催
265511	朝鮮朝日	西北版	1935-08-07	1	01단	北水道三ヶ所燈台を要望鎭南浦から
265512	朝鮮朝日	西北版	1935-08-07	1	02단	朝倉府尹上城豫算打合せに
265513	朝鮮朝日	西北版	1935-08-07	1	02단	球戰の跡を語る(1)/頭腦を使ふ練習まだまだ不足元中で光る東遊擊手(咸南對京工戰/元中對京師戰)
265514	朝鮮朝日	西北版	1935-08-07	1	03단	農村靑年の胸に烈々の更生精神平南の精神作興講習會で綴られた直摯の述懷(その一/その二)
265515	朝鮮朝日	西北版	1935-08-07	1	04단	林前滿鐵總裁
265516	朝鮮朝日	西北版	1935-08-07	1	05단	大豆大の降雹西泰面一帶農作物全滅
265517	朝鮮朝日	西北版	1935-08-07	1	05단	學術振興會に樂浪研究所生る今秋遺址の補强工事
265518	朝鮮朝日	西北版	1935-08-07	1	06단	話の種
265519	朝鮮朝日	西北版	1935-08-07	1	07단	軍田品十萬圓關東軍から注文平壤刑務所の軍需景氣
265520	朝鮮朝日	西北版	1935-08-07	1	07단	公會堂敷地に反對の爆彈動議波瀾豫想の平壤府會
265521	朝鮮朝日	西北版	1935-08-07	1	08단	高句麗古墳壁畫を模寫小場所長の手で
265522	朝鮮朝日	西北版	1935-08-07	1	08단	鮮銀支店の咸興設置を要望總督府へ猛運動
265523	朝鮮朝日	西北版	1935-08-07	1	08단	愛國貯金
265524	朝鮮朝日	西北版	1935-08-07	1	09단	アサヒ・スポーツ八月一日號
265525	朝鮮朝日	西北版	1935-08-07	1	09단	鍾紡平壤工場近く着工明夏說は誤傳
265526	朝鮮朝日	西北版	1935-08-07	1	10단	大橋組頭の快癒を祈願平壤消防組
265527	朝鮮朝日	西北版	1935-08-07	1	10단	各地から(平壤)
265528	朝鮮朝日	西北版	1935-08-07	1	10단	樂浪小話
265529	朝鮮朝日	南鮮版	1935-08-07	1	01단	少年の素肌を染める盛夏の色
265530	朝鮮朝日	南鮮版	1935-08-07	1	01단	國體明徵の聲明所屬官廳に移牒し主旨の徹底を期す

일련번호	판명		간행일	면	단수	기사명
265531	朝鮮朝日	南鮮版	1935-08-07	1	01단	身許保證に關す法律實施
265532	朝鮮朝日	南鮮版	1935-08-07	1	01단	優勝旗かざし新商、甲子園へ六日夕新義州を出發
265533	朝鮮朝日	南鮮版	1935-08-07	1	01단	林前滿鐵總裁十二日に來城
265534	朝鮮朝日	南鮮版	1935-08-07	1	01단	時間給水光州の上水道
265535	朝鮮朝日	南鮮版	1935-08-07	1	02단	球戰の跡を語る(２)/愼しむべきは贔屓の引倒しピンチに動ぜぬ龍中の門田、淸澤の度胸を買ふ(仁商對龍中戰/京商對徽文戰)
265536	朝鮮朝日	南鮮版	1935-08-07	1	03단	不積を繼續仁穀依然强硬
265537	朝鮮朝日	南鮮版	1935-08-07	1	04단	解けて流れた京城の氷異變標準値段決る
265538	朝鮮朝日	南鮮版	1935-08-07	1	04단	水稻も棉作も大豊作豫想慶南は頗る順調
265539	朝鮮朝日	南鮮版	1935-08-07	1	04단	謎の溺死體先夫留置さる
265540	朝鮮朝日	南鮮版	1935-08-07	1	05단	滿洲行の鹽魚出荷統制を實施四道打合會で決定
265541	朝鮮朝日	南鮮版	1935-08-07	1	05단	水魔に奪はれた七十一名の生靈慘・四道最終の調査
265542	朝鮮朝日	南鮮版	1935-08-07	1	05단	六百萬圓に上る江原道の春繭共販高/前年より增加慶南の春蠶
265543	朝鮮朝日	南鮮版	1935-08-07	1	06단	溺死體漂着
265544	朝鮮朝日	南鮮版	1935-08-07	1	07단	運動競技界(龍中優勝す全鮮中等水上/全內地對全京城庭球)
265545	朝鮮朝日	南鮮版	1935-08-07	1	07단	麻藥代用品盛んに密賣南鮮を中心に
265546	朝鮮朝日	南鮮版	1935-08-07	1	08단	アサヒ・スポーツ八月一日號
265547	朝鮮朝日	南鮮版	1935-08-07	1	08단	眞夏に衰へず痘瘡の多發記錄本年中に二千突破か
265548	朝鮮朝日	南鮮版	1935-08-07	1	09단	開通は明春京城新人道橋
265549	朝鮮朝日	南鮮版	1935-08-07	1	09단	朝日映畫の夕
265550	朝鮮朝日	南鮮版	1935-08-07	1	10단	各地から(京城/釜山/淸州)
265551	朝鮮朝日	南鮮版	1935-08-07	1	10단	下關水産市況(六日)
265552	朝鮮朝日	南鮮版	1935-08-07	1	10단	鷄林かゞみ
265553	朝鮮朝日	西北版	1935-08-08	1	01단	書堂に神棚奉安敬神觀念の鼓吹平南寒村に朝鮮名を名乘り小板橋翁奉仕の生涯
265554	朝鮮朝日	西北版	1935-08-08	1	01단	必勝の祈願籠め新商ナイン出發家庭では前祝ひの赤飯凄い地元の熱援振り/しっかり頑張れ夜の平壤驛頭に見送って熊谷氏等親身の激勵
265555	朝鮮朝日	西北版	1935-08-08	1	01단	球戰の跡を語る(２)/愼しむべきは贔屓の引倒しピンチに動ぜぬ龍中の門田、淸澤の度胸を買ふ(仁商對龍中戰/京商對徽文戰)
265556	朝鮮朝日	西北版	1935-08-08	1	03단	新義州飛行場復興を給ぐ巖塚技手視察
265557	朝鮮朝日	西北版	1935-08-08	1	04단	管生氏優勝平壤のゴルフ戰
265558	朝鮮朝日	西北版	1935-08-08	1	04단	前年の三割增日鑛鎭南浦製錬所の産金額
265559	朝鮮朝日	西北版	1935-08-08	1	04단	少年の素肌を染める盛夏の色
265560	朝鮮朝日	西北版	1935-08-08	1	05단	平壤に二つ謎の石柱眞か僞か獵奇の傳說
265561	朝鮮朝日	西北版	1935-08-08	1	06단	氷受難の京城へ安い涼味賣出し平壤から大量輸送
265562	朝鮮朝日	西北版	1935-08-08	1	08단	王壽福さんイの一番申込み平壤放送局の資金へ

일련번호	판명		간행일	면	단수	기사명
265563	朝鮮朝日	西北版	1935-08-08	1	08단	日本精神作興に農民讀本制定平南の夜學會で使用
265564	朝鮮朝日	西北版	1935-08-08	1	08단	咸南の亞麻活況を呈す完成年度短縮
265565	朝鮮朝日	西北版	1935-08-08	1	09단	平壤公會堂設計變更總三階建て
265566	朝鮮朝日	西北版	1935-08-08	1	09단	話の種
265567	朝鮮朝日	西北版	1935-08-08	1	09단	兼二浦線の强化を繼續十月末に完成
265568	朝鮮朝日	西北版	1935-08-08	1	10단	主家五人の皆殺し企つ馬鹿にされた飮食店の雇人
265569	朝鮮朝日	西北版	1935-08-08	1	10단	各地から(平壤/鎭南浦)
265570	朝鮮朝日	西北版	1935-08-08	1	10단	樂浪小話
265571	朝鮮朝日	南鮮版	1935-08-08	1	01단	旱天の描く農村明暗相全南の植付不能十萬町步に達す差當り罹災農家七萬戶に蕎麥の代作を獎勵/棉作には絶好大豐作を豫想增産豫定量も突破か/氷の市價鰻上り病院の療養用氷にも支障光州は小賣り中止
265572	朝鮮朝日	南鮮版	1935-08-08	1	01단	球戰の跡を語る(3)/優勝候補の噂に自負する切れ仁商に呈する苦言(善商對京中戰/京商對仁商戰/京師對善商戰)
265573	朝鮮朝日	南鮮版	1935-08-08	1	02단	鮮航同盟會も反省を要す須藤辰馬代表談
265574	朝鮮朝日	南鮮版	1935-08-08	1	03단	能樂の一行十日夕來城
265575	朝鮮朝日	南鮮版	1935-08-08	1	04단	私の後任理事行內から登用松原鮮銀副總裁談
265576	朝鮮朝日	南鮮版	1935-08-08	1	04단	大邱府史編纂
265577	朝鮮朝日	南鮮版	1935-08-08	1	04단	全鮮工業者大會今秋釜山で開催決定
265578	朝鮮朝日	南鮮版	1935-08-08	1	05단	氷買出し受難の京城
265579	朝鮮朝日	南鮮版	1935-08-08	1	05단	明年度の豫算は約三億二千萬圓十日頃に集計を終る
265580	朝鮮朝日	南鮮版	1935-08-08	1	06단	寶文山プール競技會
265581	朝鮮朝日	南鮮版	1935-08-08	1	06단	古蹟の慶北愛護デーに力瘤
265582	朝鮮朝日	南鮮版	1935-08-08	1	06단	各地から(京城/釜山/大邱/仁川/大田)
265583	朝鮮朝日	南鮮版	1935-08-08	1	08단	若い女性襲ふ通り魔捕はる犯行十八件を自白
265584	朝鮮朝日	南鮮版	1935-08-08	1	08단	指定される寶物と古蹟九月中旬に委員會
265585	朝鮮朝日	南鮮版	1935-08-08	1	08단	朝日映畫の夕
265586	朝鮮朝日	南鮮版	1935-08-08	1	09단	會と催(釜日大邱府民講座/轉出將校送別會/火藥講習會修學式/鐵道局講演會/京城府會第二敎育部會)
265587	朝鮮朝日	南鮮版	1935-08-08	1	10단	線路手殉職
265588	朝鮮朝日	南鮮版	1935-08-08	1	10단	公私消息(宇垣總督/野村新任龍山步兵第七十九聯隊長/增田前第七十九聯隊長/內山新任國府台高射砲第二聯隊長/村野新任大邱憲兵隊長/加藤新任釜山憲兵分隊長/奧新任關東軍○○部員/橋本鮮航同盟會長)
265589	朝鮮朝日	南鮮版	1935-08-08	1	10단	下關水産市況(七日)
265590	朝鮮朝日	南鮮版	1935-08-08	1	10단	鷄林かゞみ
265591	朝鮮朝日	西北版	1935-08-09	1	01단	淸川江の氾濫で忽然下流に中洲大寧江右岸、崩落解消禍ひ轉じて福/平北江原へ義金發送朝鮮社會事業協會から
265592	朝鮮朝日	西北版	1935-08-09	1	01단	完成の道路網に磨きを掛ける平南で明年度に改修
265593	朝鮮朝日	西北版	1935-08-09	1	01단	産業界の恩人野口氏を表影施政二十五周年に

일련번호	판명		간행일	면	단수	기사명
265594	朝鮮朝日	西北版	1935-08-09	1	01단	球戰の跡を語る(3)/優勝候補の噂に自負する勿れ仁商に呈する苦言(善商對京中戰/京商對仁商戰/京師對善商戰)
265595	朝鮮朝日	西北版	1935-08-09	1	03단	竹內知事漁村視察
265596	朝鮮朝日	西北版	1935-08-09	1	03단	普通江河口に船溜開鑿總面積六萬坪
265597	朝鮮朝日	西北版	1935-08-09	1	04단	公私消息(故富田雄作翁胸像授與式/滿洲事變論章傳道式)
265598	朝鮮朝日	西北版	1935-08-09	1	04단	濠洲の緬羊群雄基く安着直ちに各道へ配給
265599	朝鮮朝日	西北版	1935-08-09	1	05단	天然氷も卅噸平壤から京城へ
265600	朝鮮朝日	西北版	1935-08-09	1	06단	話の種
265601	朝鮮朝日	西北版	1935-08-09	1	06단	生活難の盜み
265602	朝鮮朝日	西北版	1935-08-09	1	06단	下關驛頭に若き感激初陣の主將同士固き劇的握手佐商ナインと同列車で勇躍・新商軍の上阪
265603	朝鮮朝日	西北版	1935-08-09	1	07단	家屋建築願前年の三割增平壤の躍進譜
265604	朝鮮朝日	西北版	1935-08-09	1	08단	長津江貯水池有效水量に達す十月上旬から送電
265605	朝鮮朝日	西北版	1935-08-09	1	09단	平南の人口六月末現在
265606	朝鮮朝日	西北版	1935-08-09	1	09단	平壤の細窮民四萬人を超す七月末現在の調べ
265607	朝鮮朝日	西北版	1935-08-09	1	09단	運動競技界(橫濱高商辛勝對平實野球戰/龍鐵大勝す對滿俱野球戰)
265608	朝鮮朝日	西北版	1935-08-09	1	09단	樂浪小話
265609	朝鮮朝日	西北版	1935-08-09	1	10단	各地から(淸津/咸興)
265610	朝鮮朝日	南鮮版	1935-08-09	1	01단	史眼に照破する闇の監察使時代本府と大邱府が協力散逸の資料蒐集に乘出す(總督官邸引越し)
265611	朝鮮朝日	南鮮版	1935-08-09	1	01단	米穀研究會
265612	朝鮮朝日	南鮮版	1935-08-09	1	01단	球戰の跡を語る(4)/末節に拘泥せず基本を練習せよ京商に欲しい重厚味(京商對京師戰)
265613	朝鮮朝日	南鮮版	1935-08-09	1	02단	下關驛頭に若き感激初陣の主將同士固き劇的握手佐商ナインと同列車で勇躍・新商軍の上阪
265614	朝鮮朝日	南鮮版	1935-08-09	1	04단	蠶島遭難遭難追悼法要
265615	朝鮮朝日	南鮮版	1935-08-09	1	04단	名所スタンプを利用しませう週間は十日から
265616	朝鮮朝日	南鮮版	1935-08-09	1	05단	總督府辭令
265617	朝鮮朝日	南鮮版	1935-08-09	1	06단	降雨渴望の餘り迷信頻りに流行全南農村に笑へぬナンセンス
265618	朝鮮朝日	南鮮版	1935-08-09	1	06단	全鮮の水防團二百六十三組に上る
265619	朝鮮朝日	南鮮版	1935-08-09	1	07단	物の强制檢查に織込む民間の聲十月一日から實施
265620	朝鮮朝日	南鮮版	1935-08-09	1	08단	平北江原へ義金發送朝鮮社會事業協會から
265621	朝鮮朝日	南鮮版	1935-08-09	1	08단	一日に十八名傳染病患者京城に續發
265622	朝鮮朝日	南鮮版	1935-08-09	1	08단	醉っ拂ひ絶命
265623	朝鮮朝日	南鮮版	1935-08-09	1	08단	通り魔の共犯も捕はる
265624	朝鮮朝日	南鮮版	1935-08-09	1	08단	金貨から詐取
265625	朝鮮朝日	南鮮版	1935-08-09	1	09단	朝日映畵の夕
265626	朝鮮朝日	南鮮版	1935-08-09	1	09단	仁川、開城のモヒ患者收容

일련번호	판명		간행일	면	단수	기사명
265627	朝鮮朝日	南鮮版	1935-08-09	1	09단	各地から(京城/釜山)
265628	朝鮮朝日	南鮮版	1935-08-09	1	10단	公私消息(神谷弘氏(新任東京憲兵隊本部警務課長)/池田警務局長/極口鐵道次官/澤鐵道局理事/野口朝室社長/本部崎朝鮮麥酒酒氷豊浦工場長/淸井同技師/三浦新任朝鮮軍參謀/向日平壤飛行第六騎隊附/川島近術師團軍醫部員/慶家騎兵第五聯隊附/平松電信第一聯隊附/大石齊々哈爾術成病院附/粟屋高射砲第一聯隊附/天野普通寺第十一師團軍醫部長/東京文理科大學陸競選手)
265629	朝鮮朝日	南鮮版	1935-08-09	1	10단	下關水産市況(八日)
265630	朝鮮朝日	西北版	1935-08-10	1	01단	鮮滿隨一の大ゴルフリンクス酒巖山の形勝地十五萬坪を買收觀光都市平壤に相應しく理想的の新施設
265631	朝鮮朝日	西北版	1935-08-10	1	01단	式典に先立ちまづ遙拜式擧行平南の國體明徵策
265632	朝鮮朝日	西北版	1935-08-10	1	01단	道路鋪裝費約十萬圓平壤明年度の分
265633	朝鮮朝日	西北版	1935-08-10	1	01단	球戰の跡を語る(4)/末節に拘泥せず基本を練習せよ京商に欲しい重厚味(京商對京師戰)
265634	朝鮮朝日	西北版	1935-08-10	1	02단	平北の被害總額五百萬圓に達す水害復舊策折衝に上城の大竹知事本府で語る
265635	朝鮮朝日	西北版	1935-08-10	1	03단	城津落葉松需要頗る旺盛
265636	朝鮮朝日	西北版	1935-08-10	1	04단	平壤東本願寺盆踊
265637	朝鮮朝日	西北版	1935-08-10	1	05단	新義州飛行場十一日から使用引續き恒久的復興
265638	朝鮮朝日	西北版	1935-08-10	1	05단	製絲工場吉州に設置
265639	朝鮮朝日	西北版	1935-08-10	1	05단	中部滿洲地方へ平壤商圈を擴張明年度に經濟調査
265640	朝鮮朝日	西北版	1935-08-10	1	06단	元山制限給水廢止
265641	朝鮮朝日	西北版	1935-08-10	1	07단	各地から(沙里院/元山/平壤/海州)
265642	朝鮮朝日	西北版	1935-08-10	1	07단	合電大停電
265643	朝鮮朝日	西北版	1935-08-10	1	08단	話の種
265644	朝鮮朝日	西北版	1935-08-10	1	08단	不凍港鎭南浦を誇る碎氷船竣工十月末までに回航
265645	朝鮮朝日	西北版	1935-08-10	1	08단	火事で重傷
265646	朝鮮朝日	西北版	1935-08-10	1	08단	一億五千萬圓悠々と突破せん鎭南浦港の貿易額
265647	朝鮮朝日	西北版	1935-08-10	1	08단	開城署改築費六萬圓を要求
265648	朝鮮朝日	西北版	1935-08-10	1	09단	平南一面一校十一月完成簡易校も充實
265649	朝鮮朝日	西北版	1935-08-10	1	10단	樂浪文化研究の雜誌を發行
265650	朝鮮朝日	西北版	1935-08-10	1	10단	鎭商生溺死
265651	朝鮮朝日	西北版	1935-08-10	1	10단	平壤刑務所のボヤ
265652	朝鮮朝日	西北版	1935-08-10	1	10단	運動競技界(橫商再び快勝對平鐵野球戰)
265653	朝鮮朝日	西北版	1935-08-10	1	10단	樂浪小話
265654	朝鮮朝日	南鮮版	1935-08-10	1	01단	本社後援能樂の精華盛り京城で初演奏脇寶生家元新氏も加入一世一代の名調
265655	朝鮮朝日	南鮮版	1935-08-10	1	01단	寶生宗家の至藝((上)「安宅」のワキ寶生新氏(下)「窒月」の舞台面、シテは寶生軍英氏)

일련번호	판명		간행일	면	단수	기사명
265656	朝鮮朝日	南鮮版	1935-08-10	1	01단	釜山放送局は九月に正式放送近く送信機到着
265657	朝鮮朝日	南鮮版	1935-08-10	1	01단	輸出協會の具體案協議十三日釜山で
265658	朝鮮朝日	南鮮版	1935-08-10	1	02단	球戰の跡を語る(5)/極度の緊張感に審判の氣苦勞安念が起きたら駄目(邱商對大中戰/新商對京商戰)
265659	朝鮮朝日	南鮮版	1935-08-10	1	03단	海水浴列車月尾島と安業プールへ
265660	朝鮮朝日	南鮮版	1935-08-10	1	04단	資源調査係員增員
265661	朝鮮朝日	南鮮版	1935-08-10	1	04단	京城消防員規定を改正
265662	朝鮮朝日	南鮮版	1935-08-10	1	05단	各地から(釜山/浦項/京城/大邱)
265663	朝鮮朝日	南鮮版	1935-08-10	1	05단	流失の木材百萬圓局長會義で報告
265664	朝鮮朝日	南鮮版	1935-08-10	1	05단	黑字の連續線鐵道局の本年度收入は實に一千六百萬圓
265665	朝鮮朝日	南鮮版	1935-08-10	1	06단	初等教員の採用免許制度に改む大體三種類に規定
265666	朝鮮朝日	南鮮版	1935-08-10	1	06단	京城質屋の利下げ決定九月から實施
265667	朝鮮朝日	南鮮版	1935-08-10	1	07단	山林開發の前提林道を開設愈よ明年度から着手
265668	朝鮮朝日	南鮮版	1935-08-10	1	08단	警務局長に飛んだ二セ乾兒
265669	朝鮮朝日	南鮮版	1935-08-10	1	08단	運動競技界(全大邱對全內地庭球/西南學院野球部十一日來釜)
265670	朝鮮朝日	南鮮版	1935-08-10	1	08단	會と催(師團對抗演習管理事務打合會/少年團指導者實習會)
265671	朝鮮朝日	南鮮版	1935-08-10	1	08단	公私消息(橋本大阪商船東洋課長/本社京城支局來訪)
265672	朝鮮朝日	南鮮版	1935-08-10	1	09단	旅客機で家出慶南の向學青年
265673	朝鮮朝日	南鮮版	1935-08-10	1	09단	下半期興業費百八十五萬圓武者京電專務談
265674	朝鮮朝日	南鮮版	1935-08-10	1	09단	朝日映畫の夕
265675	朝鮮朝日	南鮮版	1935-08-10	1	10단	母親の德へ棄兒戾る(街の悲劇)
265676	朝鮮朝日	南鮮版	1935-08-10	1	10단	下關水産市況(九日)
265677	朝鮮朝日	南鮮版	1935-08-10	1	10단	話の種
265678	朝鮮朝日	西北版	1935-08-11	1	01단	*災害復舊に努め聖旨に應へん御內帑金の御下賜に宇垣總督の謹話/鮮展寫眞帖近く獻上今年の作品を全部收錄*
265679	朝鮮朝日	西北版	1935-08-11	1	01단	*咸興大轢殺事件の詳報氣動車の警笛も轟音に搔消さる避難所が忽ち生地獄/踏切番なしが慘劇の一因川崎咸興署長語る/善後處置に萬全を期す小松原主任談*
265680	朝鮮朝日	西北版	1935-08-11	1	02단	寧遠郡凶作
265681	朝鮮朝日	西北版	1935-08-11	1	03단	球戰の跡を語る(5)/極度の緊張感に審判の氣苦勞安念が起きたら駄目
265682	朝鮮朝日	西北版	1935-08-11	1	05단	*申譯がない朝鐵派出員談/半弦の月光蒼く悽慘な死の街戶外に洩る哀號の聲/夢のやう遺族の歎き*
265683	朝鮮朝日	西北版	1935-08-11	1	08단	朝鐵側では不可抗力と觀る直に遺族へ弔慰金
265684	朝鮮朝日	西北版	1935-08-11	1	08단	國境第一線の重責を痛感高橋聯隊長羅南入り
265685	朝鮮朝日	西北版	1935-08-11	1	08단	平壤商工祭近く準備委員會
265686	朝鮮朝日	西北版	1935-08-11	1	08단	酒類の造石方針を統制
265687	朝鮮朝日	西北版	1935-08-11	1	09단	新職員も揃ひ十一日に店開き平壤鐵道建設事務所
265688	朝鮮朝日	西北版	1935-08-11	1	09단	平南の火田冒耕を禁止

일련번호	판명		간행일	면	단수	기사명
265689	朝鮮朝日	西北版	1935-08-11	1	09단	崇賞専門の小作人騒ぐ
265690	朝鮮朝日	西北版	1935-08-11	1	10단	各地から(平壤/沙里院/羅南)
265691	朝鮮朝日	西北版	1935-08-11	1	10단	匪賊鮮內へ侵入を企つ
265692	朝鮮朝日	西北版	1935-08-11	1	10단	劇と映畫
265693	朝鮮朝日	南鮮版	1935-08-11	1	01단	災害復舊に努め聖旨に應へん御内帑金の御下賜に宇垣總督の謹話/鮮展寫眞帖近く獻上今年の作品を全部收錄
265694	朝鮮朝日	南鮮版	1935-08-11	1	01단	半島に最初のローカル・ライン京城から江陵へ處女空を一飛び二日を一時間半に短縮將來群山、木浦へ
265695	朝鮮朝日	南鮮版	1935-08-11	1	01단	能樂報國の一行賑かに京城入り先づ朝鮮神宮に參拜
265696	朝鮮朝日	南鮮版	1935-08-11	1	01단	命令航路の九年度業績
265697	朝鮮朝日	南鮮版	1935-08-11	1	03단	暑熱のため事故增加す慶南の調べ
265698	朝鮮朝日	南鮮版	1935-08-11	1	03단	球戰の跡を語る(6)/敗れたりと言へ悔いなき試合玉に瑕國行の體力不足
265699	朝鮮朝日	南鮮版	1935-08-11	1	05단	聯絡船も列車も暴風雨に阻まる慶南農村には滋雨
265700	朝鮮朝日	南鮮版	1935-08-11	1	05단	教員赤化事件九月初め公判
265701	朝鮮朝日	南鮮版	1935-08-11	1	06단	代作不能に陷り自暴自棄の風潮全南の旱魃深刻化す
265702	朝鮮朝日	南鮮版	1935-08-11	1	08단	獎忠壇の綠蔭に童心の天國よく學び、よく遊ぶ
265703	朝鮮朝日	南鮮版	1935-08-11	1	08단	京仁間貨物自動車合同なほ相當の波瀾
265704	朝鮮朝日	南鮮版	1935-08-11	1	09단	三千圓橫領安城郡農會書記
265705	朝鮮朝日	南鮮版	1935-08-11	1	09단	朝日映畫の夕
265706	朝鮮朝日	南鮮版	1935-08-11	1	09단	各地から(全州/大邱)
265707	朝鮮朝日	南鮮版	1935-08-11	1	10단	二人組強盜捕はる
265708	朝鮮朝日	南鮮版	1935-08-11	1	10단	會と催(京城商議商業部會/早川淸州高普校良追悼會)
265709	朝鮮朝日	南鮮版	1935-08-11	1	10단	公私消息(大竹平北知事/朴春琴代議士/古賀前大田鐵道事務所長/伊藤穀物協會理事/岡田茂山營林署長/坂本大邱步兵第八十聯隊附/西崎步兵第三十八聯隊附/豊山水戸衛戍病院長/滿洲學徒研究團)
265710	朝鮮朝日	南鮮版	1935-08-11	1	10단	下關水産市況(十日)
265711	朝鮮朝日	西北版	1935-08-13	1	01단	自動車ギャング忽ち逮捕さる平南各署疾風の活動/突然首を絞っけ短刀を胸元へ盧運轉手恐怖を語る
265712	朝鮮朝日	西北版	1935-08-13	1	03단	凄い捨台詞「密告したら殺すぞ」金運轉手語る/渡滿の旅費に窮しての犯行
265713	朝鮮朝日	西北版	1935-08-13	1	03단	球戰の跡を語る(6)/敗れたりと言へ悔いなき試合玉に瑕國行の體力不足
265714	朝鮮朝日	西北版	1935-08-13	1	04단	訓戒、黃坡間復舊
265715	朝鮮朝日	西北版	1935-08-13	1	05단	各地から(淸津/平壤/咸興/海州/開城/新義州/安東/沙里院)
265716	朝鮮朝日	西北版	1935-08-13	1	06단	朝鐵轢殺事件運轉手は無過失十三日に合同慰靈祭
265717	朝鮮朝日	西北版	1935-08-13	1	08단	優勝候補愛商と新商初陣の一戰「朝鮮の名譽にかけて」小畑主將悲壯の決意
265718	朝鮮朝日	西北版	1935-08-13	1	10단	犯人逮捕で嬉しい安全タクシー主人李源贊氏談

일련번호	판명		간행일	면	단수	기사명
265719	朝鮮朝日	南鮮版	1935-08-13	1	01단	伸びるぞ電話網明年度に百萬圓投じ一躍、五千個を增設
265720	朝鮮朝日	南鮮版	1935-08-13	1	01단	紐育の富豪一行美術觀賞に來鮮夏の旅行團の豪華版
265721	朝鮮朝日	南鮮版	1935-08-13	1	01단	氷價の山京城の需給平衡
265722	朝鮮朝日	南鮮版	1935-08-13	1	01단	宇垣總督の大邱教員講習會視察
265723	朝鮮朝日	南鮮版	1935-08-13	1	02단	全北の傳染病根絶やしに大童演習色日增しに濃厚
265724	朝鮮朝日	南鮮版	1935-08-13	1	03단	裁判所の職員增員
265725	朝鮮朝日	南鮮版	1935-08-13	1	03단	辯護士豫備試驗
265726	朝鮮朝日	南鮮版	1935-08-13	1	03단	球戰の跡を語る(7)/京商のベンチが一番良かった揷話邱商涙の拍手
265727	朝鮮朝日	南鮮版	1935-08-13	1	04단	落穗獻金
265728	朝鮮朝日	南鮮版	1935-08-13	1	04단	神品的演能！
265729	朝鮮朝日	南鮮版	1935-08-13	1	04단	朝鮮人副領事各地配屬を陳情新京の聯合會から
265730	朝鮮朝日	南鮮版	1935-08-13	1	05단	各地から(京城/釜山/大邱/光州)
265731	朝鮮朝日	南鮮版	1935-08-13	1	06단	優勝候補愛商と新商初陣の一戰「朝鮮の名譽にかけて」小畑主將悲壯の決意
265732	朝鮮朝日	南鮮版	1935-08-13	1	06단	小麥優良種急速に普及京畿の計劃更新
265733	朝鮮朝日	南鮮版	1935-08-13	1	07단	金組の經營方針銀行化をふせぐ庶民金融の機能發揮
265734	朝鮮朝日	南鮮版	1935-08-13	1	09단	農業に躍進間島の白衣同胞
265735	朝鮮朝日	南鮮版	1935-08-13	1	09단	墳墓を發掘遺骨を捨つ
265736	朝鮮朝日	南鮮版	1935-08-13	1	09단	運動競技界(全大邱惜敗對橫商野球戰)
265737	朝鮮朝日	南鮮版	1935-08-13	1	09단	會と催(京城見本市/講演の夕/高田せい子舞踊の夕/アマチュア寫眞展/京城淸釣會例會/各道術生技術官會談/宗教文學講演會)
265738	朝鮮朝日	南鮮版	1935-08-13	1	10단	公私消息(務津平壤步兵第三十九旅團長/酒井大日本少年團/矢鍋金組聯合會長/在米第二世同胞柔道武者修業團/池田忠康氏(新任全州地方法院檢事)/村野新任大邱憲兵隊長/增永法務局長/矢島農林局長)
265739	朝鮮朝日	南鮮版	1935-08-13	1	10단	下關水産市況(十二日)
265740	朝鮮朝日	南鮮版	1935-08-13	1	10단	鷄林かゞみ
265741	朝鮮朝日	西北版	1935-08-14	1	01단	普通文官試驗の一番は秀才巡査中等學校生徒も三名混り堂々と難關を突破
265742	朝鮮朝日	西北版	1935-08-14	1	01단	國旗、大會旗揭揚式の壯觀全國中等優勝野球大會畫報(本社電送)
265743	朝鮮朝日	西北版	1935-08-14	1	01단	球戰の跡を語る(7)/京商のベンチが一番良かった揷話邱商涙の拍手
265744	朝鮮朝日	西北版	1935-08-14	1	03단	大同門練光亭修理決定
265745	朝鮮朝日	西北版	1935-08-14	1	04단	七月中の郵便貯金
265746	朝鮮朝日	西北版	1935-08-14	1	05단	淸津、雄基兩港無料貸付で移管實現は十一月頃
265747	朝鮮朝日	西北版	1935-08-14	1	06단	遠來の新商ナインに雨と注ぐ聲援半島代表の紫旆も高く入場式に見る晴姿

일련번호	판명		간행일	면	단수	기사명
265748	朝鮮朝日	西北版	1935-08-14	1	06단	旅費を盜まれ盜む方に早變りギャングも悔悟の涙
265749	朝鮮朝日	西北版	1935-08-14	1	07단	小畑商主將「運命の抽鐵」
265750	朝鮮朝日	西北版	1935-08-14	1	08단	道廳の改築は平南を眞っ先に松井期成會長の報告
265751	朝鮮朝日	西北版	1935-08-14	1	09단	三ヶ月間に一萬六千增平南の人口
265752	朝鮮朝日	西北版	1935-08-14	1	09단	タクシーの新會社平壤に設立
265753	朝鮮朝日	西北版	1935-08-14	1	09단	二人組強盜
265754	朝鮮朝日	西北版	1935-08-14	1	09단	盲目少年の强盜
265755	朝鮮朝日	西北版	1935-08-14	1	10단	咸南知事官舍荒し犯人大阪で捕はる
265756	朝鮮朝日	西北版	1935-08-14	1	10단	各地から(江界/城津)
265757	朝鮮朝日	南鮮版	1935-08-14	1	01단	普通文官試驗の一番は秀才巡査中等學校生徒も三名混り堂々と難關を突破
265758	朝鮮朝日	南鮮版	1935-08-14	1	01단	國旗、大會旗揭揚式の壯觀全國中等優勝野球大會畵報(木社電送)
265759	朝鮮朝日	南鮮版	1935-08-14	1	01단	球戰の跡を語る(8)/ピンチの一步前緊張して戰ぐ優秀選手は誰々か
265760	朝鮮朝日	南鮮版	1935-08-14	1	03단	定期敍勳
265761	朝鮮朝日	南鮮版	1935-08-14	1	04단	鐵道野球大會
265762	朝鮮朝日	南鮮版	1935-08-14	1	05단	稻垣編輯課長の滿洲國入り
265763	朝鮮朝日	南鮮版	1935-08-14	1	05단	小畑商主將「運命の抽鐵」
265764	朝鮮朝日	南鮮版	1935-08-14	1	05단	遠來の新商ナインに雨と注ぐ聲援半島代表の紫旆も高く入場式に見る晴姿
265765	朝鮮朝日	南鮮版	1935-08-14	1	06단	公債の手控へで四苦八苦の態特別會計豫算の編成に關し林財務局長の苦衷
265766	朝鮮朝日	南鮮版	1935-08-14	1	07단	痲藥取締令の旅行規則を公布違反者は嚴罰に處す
265767	朝鮮朝日	南鮮版	1935-08-14	1	08단	第廿師團野外演習
265768	朝鮮朝日	南鮮版	1935-08-14	1	08단	今井田總監十六日朝歸城
265769	朝鮮朝日	南鮮版	1935-08-14	1	08단	漢銀異動
265770	朝鮮朝日	南鮮版	1935-08-14	1	08단	仁川の火事消防手重傷
265771	朝鮮朝日	南鮮版	1935-08-14	1	08단	下關水産市況(十三日)
265772	朝鮮朝日	南鮮版	1935-08-14	1	09단	けふの話題
265773	朝鮮朝日	南鮮版	1935-08-14	1	09단	密航團檢擧
265774	朝鮮朝日	南鮮版	1935-08-14	1	09단	赤痢菌を撒くルンペン取締
265775	朝鮮朝日	南鮮版	1935-08-14	1	09단	梁山騷擾事件の一味捕はる
265776	朝鮮朝日	南鮮版	1935-08-14	1	09단	京城に馬鼻疽發生
265777	朝鮮朝日	南鮮版	1935-08-14	1	10단	義城面市內電話
265778	朝鮮朝日	南鮮版	1935-08-14	1	10단	各地から(釜山/京城/大田/大邱/馬山)
265779	朝鮮朝日	南鮮版	1935-08-14	1	10단	鷄林かゞみ
265780	朝鮮朝日	西北版	1935-08-15	1	01단	秋の考古學界に待望の二大發掘樂浪文化神祕の謎解きに平壤へ集る學者群
265781	朝鮮朝日	西北版	1935-08-15	1	01단	外國人が巧妙に土地の買占め明年度土地法强行か

일련번호	판명		간행일	면	단수	기사명
265782	朝鮮朝日	西北版	1935-08-15	1	01단	晴れの入場式に新商ナインの行進
265783	朝鮮朝日	西北版	1935-08-15	1	03단	新義州の幹線本年中に擴張
265784	朝鮮朝日	西北版	1935-08-15	1	04단	郵便所改編
265785	朝鮮朝日	西北版	1935-08-15	1	04단	鮮滿三鐵道事故くらべ鮮鐵が最少
265786	朝鮮朝日	西北版	1935-08-15	1	04단	平壤商工會議所移轉新築に決る明年度十萬圓を計上
265787	朝鮮朝日	西北版	1935-08-15	1	04단	球戰の跡を語る(8)/ピンチの一步前緊張して戰へ優秀選手は誰々か
265788	朝鮮朝日	西北版	1935-08-15	1	05단	墜落、火を發した平壤機
265789	朝鮮朝日	西北版	1935-08-15	1	06단	平南府郡の交通量調査
265790	朝鮮朝日	西北版	1935-08-15	1	06단	平壤放送局本格的に運動
265791	朝鮮朝日	西北版	1935-08-15	1	07단	成牛卅四頭斃死す家畜車で輸送中
265792	朝鮮朝日	西北版	1935-08-15	1	07단	深夜の八時間展開する捕物陣「ギャング現る」の急報に平壤署の活動振り
265793	朝鮮朝日	西北版	1935-08-15	1	08단	平壤驛增收
265794	朝鮮朝日	西北版	1935-08-15	1	08단	京義線の魔所へ陸橋を架設十萬圓を投じて
265795	朝鮮朝日	西北版	1935-08-15	1	09단	父子窒息瓦期の井戶で
265796	朝鮮朝日	西北版	1935-08-15	1	10단	一千圓寄附平南武積投資金に金基者氏から
265797	朝鮮朝日	西北版	1935-08-15	1	10단	數十年前の銃彈を發見
265798	朝鮮朝日	西北版	1935-08-15	1	10단	謝禮金詐取軍醫にしてやらうと欺いて
265799	朝鮮朝日	西北版	1935-08-15	1	10단	社金拐帶事件口頭辯論
265800	朝鮮朝日	西北版	1935-08-15	1	10단	二萬六千枚平南秋蠶掃立
265801	朝鮮朝日	西北版	1935-08-15	1	10단	運動競技界(咸興少年競泳大會)
265802	朝鮮朝日	南鮮版	1935-08-15	1	01단	*施政廿五周年に侍從御差遣を稟請十五日本府で打合會開き記念日の行事協/統治功勞者表彰中央へ折衝/設計審査員は權威者揃ひ綜合博物館*
265803	朝鮮朝日	南鮮版	1935-08-15	1	01단	晴れの入場式に新商ナインの行進
265804	朝鮮朝日	南鮮版	1935-08-15	1	01단	球戰の跡を語る(完)/放送の心構へは全く無色透明自由に選手が選べたら編成したい理想チーム
265805	朝鮮朝日	南鮮版	1935-08-15	1	04단	大興電氣新營案區域
265806	朝鮮朝日	南鮮版	1935-08-15	1	04단	一日に卅名續發京城の傳染病猖獗し遂に恐怖の最高記錄
265807	朝鮮朝日	南鮮版	1935-08-15	1	04단	九年度鮮米移出高
265808	朝鮮朝日	南鮮版	1935-08-15	1	05단	お月さんの下で老若男女大うかれミナト・釜山の盆踊り
265809	朝鮮朝日	南鮮版	1935-08-15	1	05단	群山を中心に道路の改修斷行今秋の演習に備へて
265810	朝鮮朝日	南鮮版	1935-08-15	1	06단	漸く立候補仁川商議選擧
265811	朝鮮朝日	南鮮版	1935-08-15	1	07단	普通文官試驗の合格者
265812	朝鮮朝日	南鮮版	1935-08-15	1	07단	三千圓寄附椎木はな子さん
265813	朝鮮朝日	南鮮版	1935-08-15	1	07단	仁川港七月中の貿易額
265814	朝鮮朝日	南鮮版	1935-08-15	1	07단	金鎚流では人は救へぬ龍山署員の水難者救助訓練
265815	朝鮮朝日	南鮮版	1935-08-15	1	08단	溺死體は滿洲國官吏か
265816	朝鮮朝日	南鮮版	1935-08-15	1	08단	新東京出張所に半島の縮圖陳列九月早々に發送

일련번호	판명		간행일	면	단수	기사명
265817	朝鮮朝日	南鮮版	1935-08-15	1	08단	アイスケーキー錢の凉味も俎上に上す衛生技術官會議の議題決る
265818	朝鮮朝日	南鮮版	1935-08-15	1	08단	下關水産市況(十四日)
265819	朝鮮朝日	南鮮版	1935-08-15	1	09단	渡航運動費捲上ぐ現職巡査關係か
265820	朝鮮朝日	南鮮版	1935-08-15	1	09단	會と催(森林指導講習會/納凉演習大會/盆踊の夕)
265821	朝鮮朝日	南鮮版	1935-08-15	1	09단	口論から刺劇
265822	朝鮮朝日	南鮮版	1935-08-15	1	10단	駐在所脱走犯人捕はる
265823	朝鮮朝日	南鮮版	1935-08-15	1	10단	各地から(京城/釜山)
265824	朝鮮朝日	南鮮版	1935-08-15	1	10단	鷄林かゞみ
265825	朝鮮朝日	西北版	1935-08-16	1	01단	豪勢なトンネル平元線の山岳地帶で金、銀、亞鉛鑛を貫通
265826	朝鮮朝日	西北版	1935-08-16	1	01단	灼熱の甲子園に嚴寒スピリット「必ず出場します」と病床に誓ふ加藤中堅手
265827	朝鮮朝日	西北版	1935-08-16	1	01단	球戰の跡を語る(完)/放送の心構へは全く無色透明自由に選手が選べたら編成したい理想チーム
265828	朝鮮朝日	西北版	1935-08-16	1	02단	漁港の修築期待に副ひたい竹内咸北知事視察談
265829	朝鮮朝日	西北版	1935-08-16	1	03단	小場所長辭意表明
265830	朝鮮朝日	西北版	1935-08-16	1	04단	元山實彈射擊演習
265831	朝鮮朝日	西北版	1935-08-16	1	05단	黃海道に生れるサンド・スキー場明夏から海水浴客誘致
265832	朝鮮朝日	西北版	1935-08-16	1	05단	東紡工場は多小遅れる鐵紡は近く解決
265833	朝鮮朝日	西北版	1935-08-16	1	06단	前途に光明鎭南浦取引所
265834	朝鮮朝日	西北版	1935-08-16	1	06단	安全地帶建設案容認されよう大竹平北知事語る/平北の被害
265835	朝鮮朝日	西北版	1935-08-16	1	07단	發見された化石林牡丹台公園に
265836	朝鮮朝日	西北版	1935-08-16	1	07단	十五日正午現在咸北の水禍
265837	朝鮮朝日	西北版	1935-08-16	1	07단	煉炭合同海軍へも折衝
265838	朝鮮朝日	西北版	1935-08-16	1	08단	各地から(平壤/沙里院/新義州)
265839	朝鮮朝日	西北版	1935-08-16	1	08단	雄基附近復舊
265840	朝鮮朝日	西北版	1935-08-16	1	08단	平壤水防團近く發會式
265841	朝鮮朝日	西北版	1935-08-16	1	09단	平壤電車通の兩側步道を鋪裝半額は受益者の負擔
265842	朝鮮朝日	西北版	1935-08-16	1	09단	高瀬船の船夫十五名を拉致共匪團逃ぐ
265843	朝鮮朝日	西北版	1935-08-16	1	09단	街の話題
265844	朝鮮朝日	西北版	1935-08-16	1	09단	選手の喧嘩で部落民の激昂
265845	朝鮮朝日	西北版	1935-08-16	1	10단	公私消息(本社平壤通信部來訪)
265846	朝鮮朝日	西北版	1935-08-16	1	10단	會と催(平南、北、黃海三道郡面技術員講演會)
265847	朝鮮朝日	西北版	1935-08-16	1	10단	樂浪小話
265848	朝鮮朝日	南鮮版	1935-08-16	1	01단	全南の水稻被害一千萬圓を超ゆ三十年振りの大旱魃/天惠薄き全南降雨も時期すでに遅く田面に絶望の龜裂
265849	朝鮮朝日	南鮮版	1935-08-16	1	01단	釜山輸出協會成る會長は香椎源太郎氏
265850	朝鮮朝日	南鮮版	1935-08-16	1	01단	鮮銀異動

일련번호	판명		간행일	면	단수	기사명
265851	朝鮮朝日	南鮮版	1935-08-16	1	02단	京城大阪間増設電話線近日中に開通
265852	朝鮮朝日	南鮮版	1935-08-16	1	02단	新装凝らして廿四日に落成式大邱税務監督局
265853	朝鮮朝日	南鮮版	1935-08-16	1	03단	鮮滿拓殖會社は豫定通り設立今井田總監の土産話/移出牛檢疫一向制陳情下關で業者から/明年度豫算十九日頃に局課へ通知
265854	朝鮮朝日	南鮮版	1935-08-16	1	04단	京東鐵道の上半期決算
265855	朝鮮朝日	南鮮版	1935-08-16	1	04단	學徒研究團釜山で解團式
265856	朝鮮朝日	南鮮版	1935-08-16	1	04단	網紀振肅慶南に事務整理委員會生る
265857	朝鮮朝日	南鮮版	1935-08-16	1	05단	各地から(釜山/馬山/京城/大邱/大田/春川)
265858	朝鮮朝日	南鮮版	1935-08-16	1	05단	灼熱の甲子園に嚴寒スピリット「必ず出場します」と病床に誓ふ加藤中堅手/電波で見る甲子園眞畫の夢京城に高鳴る野球調
265859	朝鮮朝日	南鮮版	1935-08-16	1	06단	印鑑僞造
265860	朝鮮朝日	南鮮版	1935-08-16	1	06단	手癖の惡い美男の混血兒挑色の話題も振撒く
265861	朝鮮朝日	南鮮版	1935-08-16	1	07단	飛降りの母娘重傷
265862	朝鮮朝日	南鮮版	1935-08-16	1	07단	幼女ヌクテに咬殺さる
265863	朝鮮朝日	南鮮版	1935-08-16	1	07단	二人組辻强盜
265864	朝鮮朝日	南鮮版	1935-08-16	1	08단	下關で盜まる
265865	朝鮮朝日	南鮮版	1935-08-16	1	08단	釜山署巡査免職
265866	朝鮮朝日	南鮮版	1935-08-16	1	08단	七月の煙
265867	朝鮮朝日	南鮮版	1935-08-16	1	08단	アサヒ・スポーツ八月十五日程第二十一回全國中學校優勝野球地方豫選號
265868	朝鮮朝日	南鮮版	1935-08-16	1	09단	運動競技界(朝鮮代表選手の選拔競技會/陸上朝鮮豫選)
265869	朝鮮朝日	南鮮版	1935-08-16	1	09단	市街地計劃令施行規則近く公布先づ新興羅津に實施
265870	朝鮮朝日	南鮮版	1935-08-16	1	10단	公私消息(田中新任羅南第三十八旅團長/本間新任軍司令部裁判官/樋口鐵道省政務次官/美座新任朝鮮憲兵隊高級副官/安藤安東電氣社長/渡邊殖銀理事/堀江朝運咸興支店長/中野丸神大邱支店長/入江朝運群山支店長/村田本社員夫人母堂)
265871	朝鮮朝日	南鮮版	1935-08-16	1	10단	會と催(第二回鐵道局排球大會/龍山署水永講習會納會/通信體協武道度中務古/京城府財源間査委員會)
265872	朝鮮朝日	南鮮版	1935-08-16	1	10단	下關鮮魚市場休業
265873	朝鮮朝日	南鮮版	1935-08-16	1	10단	鷄林かゞみ
265874	朝鮮朝日	西北版	1935-08-17	1	01단	愛商との搏撃戰花々しく玉碎す精魂傾け盡して快技續出新商軍に絕讚の嵐
265875	朝鮮朝日	西北版	1935-08-17	1	01단	本壘に憤死愛知、新義州試合
265876	朝鮮朝日	西北版	1935-08-17	1	02단	ラヂオに集る全半島の球神經新商の健鬪を熱禱
265877	朝鮮朝日	西北版	1935-08-17	1	04단	七月中の城津港貿易額
265878	朝鮮朝日	西北版	1935-08-17	1	04단	絢爛海の繪卷滿船飾の漁港海上を壓し沸返る清津漁港祭
265879	朝鮮朝日	西北版	1935-08-17	1	05단	明春平壤で靑年團大會日本精神發揚

일련번호	판명		간행일	면	단수	기사명
265880	朝鮮朝日	西北版	1935-08-17	1	05단	鮮銀咸興支店朝室も勢望
265881	朝鮮朝日	西北版	1935-08-17	1	06단	泥海に化した雄基西町附近
265882	朝鮮朝日	西北版	1935-08-17	1	06단	平壤都計調査に近く委員會組織官民有力者を網羅/水運改善に委員會を設く
265883	朝鮮朝日	西北版	1935-08-17	1	06단	京圖線の安全感文士の手で宣傳田中貢太郎氏來る
265884	朝鮮朝日	西北版	1935-08-17	1	08단	各地から(平壤/元山/沙里院)
265885	朝鮮朝日	西北版	1935-08-17	1	08단	獻身的に御奉公田中旅團長羅南入り
265886	朝鮮朝日	西北版	1935-08-17	1	08단	けふの話題
265887	朝鮮朝日	西北版	1935-08-17	1	08단	農産物取扱ひの産組を組織さす明年度平南各地に
265888	朝鮮朝日	西北版	1935-08-17	1	09단	實現は至難新義州の水害避難民收容所
265889	朝鮮朝日	西北版	1935-08-17	1	09단	アサヒ・スポーツ八月十五日程第二十一回全國中學校優勝野球地方豫選號
265890	朝鮮朝日	西北版	1935-08-17	1	10단	武裝馬賊團放火掠奪住民二百名鮮內へ避難
265891	朝鮮朝日	西北版	1935-08-17	1	10단	樂浪小話
265892	朝鮮朝日	南鮮版	1935-08-17	1	01단	愛商との搏擊戰花々しく玉碎す精魂傾け盡して快技續出新商軍に絶讚の嵐/ラジオに集る全半島の球神經新商の健鬪を熱禱
265893	朝鮮朝日	南鮮版	1935-08-17	1	01단	明治節獻詠歌朝鮮新宮で募集
265894	朝鮮朝日	南鮮版	1935-08-17	1	01단	本壘に憤死愛知、新義州試合
265895	朝鮮朝日	南鮮版	1935-08-17	1	04단	京畿道辭令
265896	朝鮮朝日	南鮮版	1935-08-17	1	04단	南海、晉州を宇垣總督視察
265897	朝鮮朝日	南鮮版	1935-08-17	1	04단	新規事業の豫算約一億圓を要求流石の財務局も驚く
265898	朝鮮朝日	南鮮版	1935-08-17	1	05단	京電異動
265899	朝鮮朝日	南鮮版	1935-08-17	1	06단	日本空輸の德留氏滿洲國入り決定本月下旬頃定式に赴任
265900	朝鮮朝日	南鮮版	1935-08-17	1	06단	京城稅監局長の勅任制實現に努む
265901	朝鮮朝日	南鮮版	1935-08-17	1	06단	最新型水産船明年から活躍
265902	朝鮮朝日	南鮮版	1935-08-17	1	06단	四つの代表名所同日に移動放送二十五DKから
265903	朝鮮朝日	南鮮版	1935-08-17	1	07단	對抗演習管理部の職制職員內定す三十一日に第三回打合會催し軍司令官も現地視察
265904	朝鮮朝日	南鮮版	1935-08-17	1	07단	更に殖える三つの綠地帶京城に街のオアシス/光化門廣場に綠の小公園九月中旬完成
265905	朝鮮朝日	南鮮版	1935-08-17	1	07단	各地から(京城/釜山/大邱)
265906	朝鮮朝日	南鮮版	1935-08-17	1	08단	運動競技界(全鮮庭球大會)
265907	朝鮮朝日	南鮮版	1935-08-17	1	10단	會と催(全京城野球團歡迎會/仁川商議役員會/朝鮮穀聯第二次大會/京城商議元學名博閱覽)
265908	朝鮮朝日	南鮮版	1935-08-17	1	10단	下關水産市況(十六日)
265909	朝鮮朝日	南鮮版	1935-08-17	1	10단	鷄林かゞみ
265910	朝鮮朝日	南鮮版	1935-08-17	1	10단	公私消息(白石光治郎氏(前慶尙南道警察部長)/金瑞圭氏(前慶北道知事)/野中關東軍々務部長/吉田新任龍山衛成病院長/渡邊殖銀理事/小川三井物産京城支店長/東京奬健會/本社京城支店來訪)

일련번호	판명		간행일	면	단수	기사명
265911	朝鮮朝日	西北版	1935-08-18	1	01단	清津から新京へ朗秋の空一飛び懸案、十月から實現
265912	朝鮮朝日	西北版	1935-08-18	1	01단	自力更生の家憲平南十七萬の農家に盡く家計簿を備へさす
265913	朝鮮朝日	西北版	1935-08-18	1	01단	我等の代表新商のファイン・プルー(甲子園から)
265914	朝鮮朝日	西北版	1935-08-18	1	03단	木材運賃割引
265915	朝鮮朝日	西北版	1935-08-18	1	03단	妓生の待遇改善
265916	朝鮮朝日	西北版	1935-08-18	1	04단	榮えゆく海洋朝鮮
265917	朝鮮朝日	西北版	1935-08-18	1	04단	內鮮各地に通信員常置平南特産販組
265918	朝鮮朝日	西北版	1935-08-18	1	05단	日本空輸の德留氏滿洲國入り決定本月下旬頃定式に赴任
265919	朝鮮朝日	西北版	1935-08-18	1	05단	樟腦の代用品でセルロイド生産朝鮮火藥工業の特色
265920	朝鮮朝日	西北版	1935-08-18	1	06단	燒酒工場の合同成る內地産を驅逐
265921	朝鮮朝日	西北版	1935-08-18	1	06단	廿二、三日ごろ會社の正式回答大興電氣報償金のもつれ委員長から中間報告
265922	朝鮮朝日	西北版	1935-08-18	1	07단	老人と牛轢殺
265923	朝鮮朝日	西北版	1935-08-18	1	07단	平南全道に漲る日本精神すでに十社建立さる
265924	朝鮮朝日	西北版	1935-08-18	1	08단	於赤島附近被害深刻知事も實地視察
265925	朝鮮朝日	西北版	1935-08-18	1	08단	滿洲國でも鴨緑江式の流筏熟練筏夫の幹施依賴
265926	朝鮮朝日	西北版	1935-08-18	1	08단	廿日以後も使用危まる新義州飛行場
265927	朝鮮朝日	西北版	1935-08-18	1	08단	ギャング送局
265928	朝鮮朝日	西北版	1935-08-18	1	08단	林檎試驗場明年度に設く
265929	朝鮮朝日	西北版	1935-08-18	1	09단	辻強盜現る
265930	朝鮮朝日	西北版	1935-08-18	1	09단	殺人鬼慈城署で逮捕
265931	朝鮮朝日	西北版	1935-08-18	1	09단	各地から(元山/咸興)
265932	朝鮮朝日	西北版	1935-08-18	1	09단	重圍を拔けて鬼態逃走か血塗れの食刀發見
265933	朝鮮朝日	西北版	1935-08-18	1	10단	樂浪小話
265934	朝鮮朝日	南鮮版	1935-08-18	1	01단	顯官、將星を招き燦やかな祝賀式秋風爽涼の十月一日ト し施政廿五周年壽ぐ
265935	朝鮮朝日	南鮮版	1935-08-18	1	01단	我等の代表新商のファイン・プルー(甲子園から)
265936	朝鮮朝日	南鮮版	1935-08-18	1	02단	商銀異動
265937	朝鮮朝日	南鮮版	1935-08-18	1	02단	鄉軍式に改組し銃後の活動國防婦人會京城分會
265938	朝鮮朝日	南鮮版	1935-08-18	1	04단	總督十九日に歸城
265939	朝鮮朝日	南鮮版	1935-08-18	1	04단	總督府辭令
265940	朝鮮朝日	南鮮版	1935-08-18	1	04단	財務畑異動
265941	朝鮮朝日	南鮮版	1935-08-18	1	05단	印度航路船釜山寄港每月一回づつ
265942	朝鮮朝日	南鮮版	1935-08-18	1	05단	お待兼ねの放送機到着釜山放送局
265943	朝鮮朝日	南鮮版	1935-08-18	1	05단	全北警察署長會談
265944	朝鮮朝日	南鮮版	1935-08-18	1	06단	京城白米値上
265945	朝鮮朝日	南鮮版	1935-08-18	1	06단	京畿の靑年團組織方針決定
265946	朝鮮朝日	南鮮版	1935-08-18	1	06단	全鮮主要都市に細民地區設けよ近く釜山から提唱
265947	朝鮮朝日	南鮮版	1935-08-18	1	07단	港內のブイ十個新設を建議釜山商工會議所から

일련번호	판명		간행일	면	단수	기사명
265948	朝鮮朝日	南鮮版	1935-08-18	1	08단	工事傳票の僞造團檢擧
265949	朝鮮朝日	南鮮版	1935-08-18	1	08단	原蠶種製造所掃立數量
265950	朝鮮朝日	南鮮版	1935-08-18	1	08단	接られて絕命
265951	朝鮮朝日	南鮮版	1935-08-18	1	08단	電話線の盜難慶南に頻發
265952	朝鮮朝日	南鮮版	1935-08-18	1	09단	大邱水泳大會
265953	朝鮮朝日	南鮮版	1935-08-18	1	09단	少年枕探し釜山で捕はる
265954	朝鮮朝日	南鮮版	1935-08-18	1	09단	各地から(京城/全州/大邱/釜山)
265955	朝鮮朝日	南鮮版	1935-08-18	1	09단	會と催(印度ラツラ師範迎接茶話會/自動式電話宣傳映畵會/各道棉作主任官打合會/殖銀重役懇談會/京城道路施設統制委員會/仁川府勢振興役員會)
265956	朝鮮朝日	南鮮版	1935-08-18	1	10단	公私消息(三宅第二十師團長/樋口鐵道省政務次官/岡田北鮮鐵道文書主任/三井不二興業專務/河口朝運專務/舞藤廣島第五師團軍務部長/中村京畿高等課長/本社京城支局來訪)
265957	朝鮮朝日	南鮮版	1935-08-18	1	10단	下關水産市況(十七日)
265958	朝鮮朝日	南鮮版	1935-08-18	1	10단	鷄林かゞみ
265959	朝鮮朝日	西北版	1935-08-20	1	01단	トンネル廿一本一齊に電化計劃狗峴嶺征服の壯擧/十月中に導抗貫通
265960	朝鮮朝日	西北版	1935-08-20	1	01단	莊嚴無比の社殿平壤神社の御造營成り十月二日御遷座祭/赤の關門北鮮に完璧の移動警察警務局で具體案急ぐ
265961	朝鮮朝日	西北版	1935-08-20	1	03단	咸南高山公園來春に着エドライヴ・ウエイから
265962	朝鮮朝日	西北版	1935-08-20	1	04단	七月末ラヂオ聽取者數
265963	朝鮮朝日	西北版	1935-08-20	1	04단	咸南ホップ有望を實證
265964	朝鮮朝日	西北版	1935-08-20	1	04단	製絲工場平南産組の手で明年度設置
265965	朝鮮朝日	西北版	1935-08-20	1	05단	淸津漁港祭の壯觀
265966	朝鮮朝日	西北版	1935-08-20	1	05단	國民精神作興に一段の拍車平壤教化團體聯合會
265967	朝鮮朝日	西北版	1935-08-20	1	05단	普通江を附替へ別に新河拓く生れ出る大工場地帶
265968	朝鮮朝日	西北版	1935-08-20	1	05단	僅か四月間に黑字卅五萬圓夏枯れ知らずの平鐵
265969	朝鮮朝日	西北版	1935-08-20	1	07단	鎭南浦プール行の運賃割引
265970	朝鮮朝日	西北版	1935-08-20	1	07단	男女靑年團の擴充を計る近く初打合會
265971	朝鮮朝日	西北版	1935-08-20	1	07단	植物檢查所三ヶ所增設
265972	朝鮮朝日	西北版	1935-08-20	1	07단	七月中の平壤港貿易額
265973	朝鮮朝日	西北版	1935-08-20	1	08단	七月までの鎭南浦港貿易額
265974	朝鮮朝日	西北版	1935-08-20	1	08단	鮮滿直通電話中繼所着工
265975	朝鮮朝日	西北版	1935-08-20	1	08단	二少女溺死
265976	朝鮮朝日	西北版	1935-08-20	1	08단	樂浪小話
265977	朝鮮朝日	西北版	1935-08-20	1	09단	各地から(平壤/沙里院)
265978	朝鮮朝日	西北版	1935-08-20	1	09단	平壤から順川へ九月一日頃移轉平南原蠶種製造所
265979	朝鮮朝日	西北版	1935-08-20	1	09단	平元線工事順調に進む
265980	朝鮮朝日	西北版	1935-08-20	1	09단	繁榮の裏に咲く惡の花平南の犯罪激增

일련번호	판명		간행일	면	단수	기사명
265981	朝鮮朝日	西北版	1935-08-20	1	10단	馬賊四十名放火掠奪す
265982	朝鮮朝日	西北版	1935-08-20	1	10단	豆滿江沿岸に共匪出沒
265983	朝鮮朝日	西北版	1935-08-20	1	10단	人妻誘拐
265984	朝鮮朝日	南鮮版	1935-08-20	1	01단	勅使參向秋を飾る朝鮮神宮記念祭盛大な行事きまる
265985	朝鮮朝日	南鮮版	1935-08-20	1	01단	明眼警察官揃へ治安第一線を強化各道衛生機關を總動員し春秋二回健康調べ
265986	朝鮮朝日	南鮮版	1935-08-20	1	01단	版畵・甲子園風景(三西英氏作)
265987	朝鮮朝日	南鮮版	1935-08-20	1	02단	安田銀行異動
265988	朝鮮朝日	南鮮版	1935-08-20	1	03단	植田軍司令官東上二十三日京城驛發
265989	朝鮮朝日	南鮮版	1935-08-20	1	04단	漢江舊人道橋二度の勤め兩水里渡船場へ轉架
265990	朝鮮朝日	南鮮版	1935-08-20	1	04단	師團對抗演習で半ドンお流れ全北道廳の精進振り/警備打合せ
265991	朝鮮朝日	南鮮版	1935-08-20	1	04단	壯擧を前に心は燃える女流飛行家季貞喜孃京城で抱負を語る
265992	朝鮮朝日	南鮮版	1935-08-20	1	05단	鮮銀新陣容
265993	朝鮮朝日	南鮮版	1935-08-20	1	05단	京城各學校始業式
265994	朝鮮朝日	南鮮版	1935-08-20	1	05단	釜山輸出協會役員
265995	朝鮮朝日	南鮮版	1935-08-20	1	05단	會社異動狀況
265996	朝鮮朝日	南鮮版	1935-08-20	1	06단	待機の文化使節
265997	朝鮮朝日	南鮮版	1935-08-20	1	06단	國勢調査に軍部の準備
265998	朝鮮朝日	南鮮版	1935-08-20	1	07단	調教手溺死
265999	朝鮮朝日	南鮮版	1935-08-20	1	07단	夫妻喧譁で女房絶命後悔、自殺企つ
266000	朝鮮朝日	南鮮版	1935-08-20	1	07단	親子轢殺
266001	朝鮮朝日	南鮮版	1935-08-20	1	07단	本家の裁判所へ代理事務を返す警察はとても忙しい
266002	朝鮮朝日	南鮮版	1935-08-20	1	08단	自由積取後も悲觀みは及ばぬ有賀殖銀頭取語る
266003	朝鮮朝日	南鮮版	1935-08-20	1	08단	強盜捕はる
266004	朝鮮朝日	南鮮版	1935-08-20	1	08단	娼妓劇藥自殺
266005	朝鮮朝日	南鮮版	1935-08-20	1	08단	會と催(鐵道局野球大會/步兵七九聯隊機國銃隊演習/名曲鑑賞會/京城府炭軍人分會野營/京仁線布商組合緊急役員會/第二回全鮮アマ野球大會/國防婦人會映畫會/鐵道局遠足會)
266006	朝鮮朝日	南鮮版	1935-08-20	1	09단	各地から(釜山/京城)
266007	朝鮮朝日	南鮮版	1935-08-20	1	09단	手錠をはめて逃亡十一日駐在所脫走犯人逮捕
266008	朝鮮朝日	南鮮版	1935-08-20	1	10단	公私消息(酒井京城憲兵隊長/色部鮮銀理事/本田三和銀行京城支店長/矢野總督府祕書官/佐藤朝鮮穀聯會事長/龍山野砲第二十六聯隊將士/龍山中學水泳選手十名/本社京城支局來訪/鮮滿支陸上競技會朝鮮選手/利田鮮銀本店次席/坂本三郎氏/碓井總督府土地改良課長母堂)
266009	朝鮮朝日	南鮮版	1935-08-20	1	10단	下關水産市況(十九日)

일련번호	판명		간행일	면	단수	기사명
266010	朝鮮朝日	西北版	1935-08-21	1	01단	京城を凌駕して全鮮一の大世帯平壤府の本年度豫算總額五百廿萬圓に上る
266011	朝鮮朝日	西北版	1935-08-21	1	01단	暴風に備へよ咸南沿岸各漁港に警報台續々と設置
266012	朝鮮朝日	西北版	1935-08-21	1	01단	寒冷山地帯も養鱉が成功する高柳咸南技師語る
266013	朝鮮朝日	西北版	1935-08-21	1	01단	煙突男現はる
266014	朝鮮朝日	西北版	1935-08-21	1	03단	冷害の長津郡へ農試分場を設く實地に卽し根本救濟
266015	朝鮮朝日	西北版	1935-08-21	1	04단	高橋新任平南學務課長挨拶傳報
266016	朝鮮朝日	西北版	1935-08-21	1	04단	豊作を豫想咸北農作物
266017	朝鮮朝日	西北版	1935-08-21	1	04단	平壤稅務署官內の第三種所得稅
266018	朝鮮朝日	西北版	1935-08-21	1	05단	各地から(平壤/沙里院/羅南/新義州/開城)
266019	朝鮮朝日	西北版	1935-08-21	1	05단	西北鮮の郵便物二日以上の速達自動車遞送始まる
266020	朝鮮朝日	西北版	1935-08-21	1	05단	平壤貯金管理所明後年度實現
266021	朝鮮朝日	西北版	1935-08-21	1	05단	水害罹災地へ無料の巡廻診療平北道から公醫派遺
266022	朝鮮朝日	西北版	1935-08-21	1	06단	けふの話題
266023	朝鮮朝日	西北版	1935-08-21	1	06단	白米密輸安東から新義州へ每夜五石
266024	朝鮮朝日	西北版	1935-08-21	1	06단	鄕軍平壤支部に西鮮三道を配屬管轄區域變更さる
266025	朝鮮朝日	西北版	1935-08-21	1	06단	明夏に完成平北の一面一枚
266026	朝鮮朝日	西北版	1935-08-21	1	07단	異彩放つ羅津署新廳舍
266027	朝鮮朝日	西北版	1935-08-21	1	07단	咸興と光州師範設置有力
266028	朝鮮朝日	西北版	1935-08-21	1	08단	馬賊高瀨舟を掠奪
266029	朝鮮朝日	西北版	1935-08-21	1	08단	平鐵七月中の業績
266030	朝鮮朝日	西北版	1935-08-21	1	08단	古墳を盜掘
266031	朝鮮朝日	西北版	1935-08-21	1	09단	公金費消の驅落男女逮捕
266032	朝鮮朝日	西北版	1935-08-21	1	09단	九月から開通惠山線と白茂線
266033	朝鮮朝日	西北版	1935-08-21	1	09단	平北奧地に郵便所設置
266034	朝鮮朝日	西北版	1935-08-21	1	09단	河川改修の效果を調査
266035	朝鮮朝日	西北版	1935-08-21	1	10단	貨物專用ホーム平壤驛に新設
266036	朝鮮朝日	西北版	1935-08-21	1	10단	大吉里駐在所を馬賊射擊す
266037	朝鮮朝日	西北版	1935-08-21	1	10단	金鐘泰氏
266038	朝鮮朝日	西北版	1935-08-21	1	10단	樂浪小話
266039	朝鮮朝日	南鮮版	1935-08-21	1	01단	總督府の調査旱害千八百萬圓罹災者五十萬人/矢島農林局長の報告/旱魃の全南農村を行く梶山特派員/六萬人の食糧が僅か二萬五千石胸打つ苦難胸服の姿咸平郡/貯水池も減減水し苦心する鯉の群稻の枯死を拱手傍觀(靈光郡)/關係各當局の諒解は十分得た近藤全南知事語る
266040	朝鮮朝日	南鮮版	1935-08-21	1	01단	輝く施政廿五周年トピックリレー月給二百五十圓珍・貨車で赴任若き日の「半島經濟の母」殖銀頭取有賀光豊さん(アクセント/今日の感慨/伊藤さんが/金に代へて/次のバトンは辻本嘉三郎氏)
266041	朝鮮朝日	南鮮版	1935-08-21	1	04단	總督歸城延期

일련번호	판명		간행일	면	단수	기사명
266042	朝鮮朝日	南鮮版	1935-08-21	1	05단	要求の新規事業容認は二割程度財務局大鉈を揮ふ/復活絶望か
266043	朝鮮朝日	南鮮版	1935-08-21	1	06단	釜山の國勢調査員任命
266044	朝鮮朝日	南鮮版	1935-08-21	1	06단	活況の大敷網漁業
266045	朝鮮朝日	南鮮版	1935-08-21	1	07단	運輸改善問題協議
266046	朝鮮朝日	南鮮版	1935-08-21	1	08단	野球大會映畫京城で一齊封切
266047	朝鮮朝日	南鮮版	1935-08-21	1	09단	五人で袋叩き
266048	朝鮮朝日	南鮮版	1935-08-21	1	09단	自稱スリの大親分御用
266049	朝鮮朝日	南鮮版	1935-08-21	1	09단	滿腹の聯絡船釜山に貨客の大洪水/臨時急行廿日から運轉
266050	朝鮮朝日	南鮮版	1935-08-21	1	09단	京仁間トラックの合同成立
266051	朝鮮朝日	南鮮版	1935-08-21	1	10단	會と催(夏期林間保養所閉所式/水泳、漕艇納會競技會)
266052	朝鮮朝日	南鮮版	1935-08-21	1	10단	下關水産市況(二十日)
266053	朝鮮朝日	西北版	1935-08-22	1	01단	カーバイト工場十一月末に完成矢繼早に事業を擴大
266054	朝鮮朝日	西北版	1935-08-22	1	01단	滿浦線敷設工事順調に進捗す十月に价古まで開通
266055	朝鮮朝日	西北版	1935-08-22	1	01단	平壤會議所へ建築資金を寄附本紙の記事を讀んで
266056	朝鮮朝日	西北版	1935-08-22	1	01단	白衣の凱旋廿九名宇品へ
266057	朝鮮朝日	西北版	1935-08-22	1	01단	碎氷船進水式岡山で擧行
266058	朝鮮朝日	西北版	1935-08-22	1	02단	判檢事異動
266059	朝鮮朝日	西北版	1935-08-22	1	02단	輝く施政廿五周年トピックリレー/月給二百五十圓珍・貨車で赴任若き日の「半島經濟の母」殖銀頭取有賀光豊さん
266060	朝鮮朝日	西北版	1935-08-22	1	03단	停電四時間動力線開閉器の故障から平壤全市暗黑化
266061	朝鮮朝日	西北版	1935-08-22	1	03단	黃水院江水力年內に許可調査を急ぐ
266062	朝鮮朝日	西北版	1935-08-22	1	04단	春杳傳撮影
266063	朝鮮朝日	西北版	1935-08-22	1	04단	西鮮三道の鑛山數
266064	朝鮮朝日	西北版	1935-08-22	1	04단	安州高普に國庫補助申請
266065	朝鮮朝日	西北版	1935-08-22	1	05단	大同江に飛込み濁流を逃ぐ追はれた強盜容疑者
266066	朝鮮朝日	西北版	1935-08-22	1	05단	屋根も滿疊
266067	朝鮮朝日	西北版	1935-08-22	1	06단	浚渫船購入十月初め平壤へ
266068	朝鮮朝日	西北版	1935-08-22	1	07단	軌條竊盜團一味に判決
266069	朝鮮朝日	西北版	1935-08-22	1	07단	浦潮の赤い放送強力電波で驅逐放送網完備の新使命
266070	朝鮮朝日	西北版	1935-08-22	1	09단	けふの話題
266071	朝鮮朝日	西北版	1935-08-22	1	09단	安武知事相手に損害賠償の訴へ道廳自動車に轢殺された踏切番の女房から
266072	朝鮮朝日	西北版	1935-08-22	1	09단	鬼熊も人の親子供見たさに現はる
266073	朝鮮朝日	西北版	1935-08-22	1	09단	林檎の出廻り順調
266074	朝鮮朝日	西北版	1935-08-22	1	10단	平壤秋季競馬
266075	朝鮮朝日	西北版	1935-08-22	1	10단	面當て自殺
266076	朝鮮朝日	西北版	1935-08-22	1	10단	公私消息(高橋英夫氏(新任平南道學務課長)/本社平壤通信部來訪)

일련번호	판명		간행일	면	단수	기사명
266077	朝鮮朝日	西北版	1935-08-22	1	10단	各地から(開城/平壤)
266078	朝鮮朝日	南鮮版	1935-08-22	1	01단	浦潮の赤い放送强力電波で驅逐放送網完備の新使命
266079	朝鮮朝日	南鮮版	1935-08-22	1	01단	勳功嘉せられ敕使御差遣故金瑞圭氏の葬儀
266080	朝鮮朝日	南鮮版	1935-08-22	1	01단	赤十字社員大募集に着手
266081	朝鮮朝日	南鮮版	1935-08-22	1	01단	輝く施政廿五周年トピックリレー/お客を振り落す雛壇擬ひの電車折角の保稅市場も失敗辻本嘉三郎さん
266082	朝鮮朝日	南鮮版	1935-08-22	1	02단	由緣の吹島に海戰記念碑二十三日に落成式
266083	朝鮮朝日	南鮮版	1935-08-22	1	03단	新顏三名立つ仁川商議選擧
266084	朝鮮朝日	南鮮版	1935-08-22	1	03단	燃料節約京城で講習會
266085	朝鮮朝日	南鮮版	1935-08-22	1	04단	(全州)
266086	朝鮮朝日	南鮮版	1935-08-22	1	04단	要塞地帶の惱み空の交通から見放され釜山に對策要望の聲
266087	朝鮮朝日	南鮮版	1935-08-22	1	05단	東海中部線の廣軌完成に邁進要路へ決議文打電
266088	朝鮮朝日	南鮮版	1935-08-22	1	05단	環狀線の完成で貨客の直通運輸鮮滿交通の不便一掃
266089	朝鮮朝日	南鮮版	1935-08-22	1	06단	大邱府營瓦斯近く正式に申請廿三萬圓を起債
266090	朝鮮朝日	南鮮版	1935-08-22	1	06단	混血兒の餘罪續々發覺す
266091	朝鮮朝日	南鮮版	1935-08-22	1	07단	測量艦仁川へ入港
266092	朝鮮朝日	南鮮版	1935-08-22	1	07단	水産共進會地鎭祭擧行
266093	朝鮮朝日	南鮮版	1935-08-22	1	07단	慶南各地で産米改良打合會
266094	朝鮮朝日	南鮮版	1935-08-22	1	08단	公州署長印の渡航證僞造釜山水上署の元巡査
266095	朝鮮朝日	南鮮版	1935-08-22	1	08단	少年工燒死
266096	朝鮮朝日	南鮮版	1935-08-22	1	08단	運動競技界(朝鮮神宮野球慶南豫選/鐵道局友水上運動會/水聯選手權大會/鐵道局內野球大會/昭和館優勝す軟式野球慶南豫選)
266097	朝鮮朝日	南鮮版	1935-08-22	1	09단	朝日映畫の夕
266098	朝鮮朝日	南鮮版	1935-08-22	1	09단	けふの話題
266099	朝鮮朝日	南鮮版	1935-08-22	1	09단	仁川の船火事鎭火
266100	朝鮮朝日	南鮮版	1935-08-22	1	10단	案內狀發送釜山の見本市
266101	朝鮮朝日	南鮮版	1935-08-22	1	10단	赤化に潛入の怪靑年捕はる
266102	朝鮮朝日	南鮮版	1935-08-22	1	10단	會と催(京城初等教員講習會/京城商議役員會/商店經營講習會)
266103	朝鮮朝日	南鮮版	1935-08-22	1	10단	公私消息(植田軍司令官、大野高級參謀、山田高級副官/三宅師團長/田中總督府外事課長/鈴木東拓事業課長/村上總督府稅務課長/色部京城駐在鮮銀理事/中村京城高等警察課長/木部崎朝鮮麥酒永登浦工場長/中馬鄕軍京城聯合分會理事/本社京城支局來訪)
266104	朝鮮朝日	南鮮版	1935-08-22	1	10단	下關水産市況(廿一日)
266105	朝鮮朝日	西北版	1935-08-23	1	01단	五千六百七十名譽れの功績表彰施政廿五周年記念に
266106	朝鮮朝日	西北版	1935-08-23	1	01단	十五萬圓で新築平壤鐵道建設事務所
266107	朝鮮朝日	西北版	1935-08-23	1	01단	府電の變電設備至急擴張を警告近く遞信局から/四時間停電は府電の失態俄然非難の聲高まる

일련번호	판명		간행일	면	단수	기사명
266108	朝鮮朝日	西北版	1935-08-23	1	01단	輝く施政廿五周年トピックリレー/お客を振り落す雛壇擬ひの電車折角の保税市場も失敗辻本嘉三郎さん
266109	朝鮮朝日	西北版	1935-08-23	1	02단	國旗揭揚台瑞氣山に建設
266110	朝鮮朝日	西北版	1935-08-23	1	03단	納稅功勞者特別表彰平壤稅監局から
266111	朝鮮朝日	西北版	1935-08-23	1	04단	七月の滿洲宛郵便爲替
266112	朝鮮朝日	西北版	1935-08-23	1	04단	十一月より送電開始長津江水電から合電へ
266113	朝鮮朝日	西北版	1935-08-23	1	04단	大同江の沙っ原で眞っ裸の野球試合ユニホームはうるし色
266114	朝鮮朝日	西北版	1935-08-23	1	05단	對滿金融政策の意見對立す鮮銀に積極、消極兩派
266115	朝鮮朝日	西北版	1935-08-23	1	06단	鮮産パルプ良質の折紙
266116	朝鮮朝日	西北版	1935-08-23	1	06단	南鮮の移住農民收穫絶望に陷る平南道救濟に乘出す
266117	朝鮮朝日	西北版	1935-08-23	1	07단	スパイ近く送局
266118	朝鮮朝日	西北版	1935-08-23	1	07단	明年度、羅津に府昇格の歡び財務局の査定を通過
266119	朝鮮朝日	西北版	1935-08-23	1	07단	健全財政を實現平壤府の明年度豫算資料提出期を繰上げ
266120	朝鮮朝日	西北版	1935-08-23	1	07단	沈沒米國船の引揚げ開始鎭南浦の森音三郎氏
266121	朝鮮朝日	西北版	1935-08-23	1	07단	全鮮稻作狀況
266122	朝鮮朝日	西北版	1935-08-23	1	08단	自動車府電に追突
266123	朝鮮朝日	西北版	1935-08-23	1	08단	松毛蟲驅除の針瀾混合林明年度から造成
266124	朝鮮朝日	西北版	1935-08-23	1	08단	新京へ移轉奉天朝鮮人民會聯合會
266125	朝鮮朝日	西北版	1935-08-23	1	09단	幼兒轢殺さる
266126	朝鮮朝日	西北版	1935-08-23	1	09단	五十米プール明年度に設ける船橋里に候補地物色
266127	朝鮮朝日	西北版	1935-08-23	1	09단	學校荒しを數十件自白若松校へ忍込み捕はる
266128	朝鮮朝日	西北版	1935-08-23	1	09단	七月中の內鮮郵便爲替取組
266129	朝鮮朝日	西北版	1935-08-23	1	10단	各地から(新義州/平壤)
266130	朝鮮朝日	西北版	1935-08-23	1	10단	樂浪小話
266131	朝鮮朝日	南鮮版	1935-08-23	1	01단	專門家が驚く程巧妙極まる僞造本店も安心して渡す商銀一萬圓詐取事件の詳報/使込み發覺から初めて不審抱く毒皿式の大膽な犯罪/小切手受取人は架空の人物鮮滿へ搜査の主力/勞働者風で卅五、六歲替玉の人相/恐縮の至り堀專務語る
266132	朝鮮朝日	南鮮版	1935-08-23	1	02단	輝く施政廿五周年トピックリレー/店の露台の下で囚人達が晝寢店員達に聽かせる祕話丁字屋社長小林源六さん
266133	朝鮮朝日	南鮮版	1935-08-23	1	03단	故金瑞圭氏の永訣式
266134	朝鮮朝日	南鮮版	1935-08-23	1	04단	運輸改善案を可決京城商工會議所總會
266135	朝鮮朝日	南鮮版	1935-08-23	1	04단	十五名立つ木浦商議選擧/吉田會頭は結局引退か仁川商議選擧
266136	朝鮮朝日	南鮮版	1935-08-23	1	05단	棉作主任會議
266137	朝鮮朝日	南鮮版	1935-08-23	1	05단	共濟無盡仁川支店開業
266138	朝鮮朝日	南鮮版	1935-08-23	1	06단	仁川の船火事
266139	朝鮮朝日	南鮮版	1935-08-23	1	06단	大邱府營瓦斯は明秋から使へる先づ初年度は一千戶
266140	朝鮮朝日	南鮮版	1935-08-23	1	07단	五千六百七十名譽れの功績表彰施政廿五周年記念に

일련번호	판명		간행일	면	단수	기사명
266141	朝鮮朝日	南鮮版	1935-08-23	1	07단	元巡査の賊巡査を滅多斬り重傷に屈せず逮捕
266142	朝鮮朝日	南鮮版	1935-08-23	1	08단	線路に横臥の少年重傷
266143	朝鮮朝日	南鮮版	1935-08-23	1	08단	婦人(八月號/定價十錢)
266144	朝鮮朝日	南鮮版	1935-08-23	1	08단	各地から(京城/釜山/木浦/大邱/淸州/水原)
266145	朝鮮朝日	南鮮版	1935-08-23	1	09단	公私消息(暹羅國文部大臣兼軍令局長ルアンシン大佐一行六名/佐賀縣武德會支部鮮滿劍道修行團二十一名/矢野總督府祕書官/村田總督府陸軍御用掛/森京電仁川支店長/佐脇京電庶務課長/山本簑作氏/龍山步兵第七十八聯隊八十名/本社京城支局來訪)
266146	朝鮮朝日	南鮮版	1935-08-23	1	09단	朝日映畫の夕
266147	朝鮮朝日	南鮮版	1935-08-23	1	10단	下關水産市況(廿二日)
266148	朝鮮朝日	南鮮版	1935-08-23	1	10단	雞林かゞみ
266149	朝鮮朝日	南鮮版	1935-08-23	1	10단	會と催(衛生博覽會/對馬探勝會)
266150	朝鮮朝日	西北版	1935-08-24	1	01단	旱水害の救濟に七百萬圓を要求極力希望に副ふ方針
266151	朝鮮朝日	西北版	1935-08-24	1	01단	高地帶産業の試驗場設置を力說湯村咸南知事の歸來談/「湯村知事と語る會」開催
266152	朝鮮朝日	西北版	1935-08-24	1	01단	建設を急ぐ洋灰工場
266153	朝鮮朝日	西北版	1935-08-24	1	03단	新驛と普通驛昇格
266154	朝鮮朝日	西北版	1935-08-24	1	03단	新商選手一行母校へ歸る平安神社へ參拜
266155	朝鮮朝日	西北版	1935-08-24	1	03단	輝く施政廿五周年トピックリレー/店の露台の下で囚人達が晝寢店員達に聽かせる祕話丁字屋社長小林源六さん
266156	朝鮮朝日	西北版	1935-08-24	1	04단	忠魂碑除幕式
266157	朝鮮朝日	西北版	1935-08-24	1	04단	武德殿建設に一萬六千圓補助
266158	朝鮮朝日	西北版	1935-08-24	1	04단	第二線警官應援か國境警備冬の陣
266159	朝鮮朝日	西北版	1935-08-24	1	05단	練光亭と轉錦門修復に決定す古代建築に春蘇る
266160	朝鮮朝日	西北版	1935-08-24	1	05단	鎧馬墳の盜掘嚴重取締る
266161	朝鮮朝日	西北版	1935-08-24	1	06단	各地から(平壤/新義州/沙里院)
266162	朝鮮朝日	西北版	1935-08-24	1	06단	北滿へ行く花嫁群廿九日淸津へ
266163	朝鮮朝日	西北版	1935-08-24	1	07단	山中の彷徨十日鬼熊捕はる妹を訪ね人里に出づ
266164	朝鮮朝日	西北版	1935-08-24	1	07단	平壤近郊の面廢合を斷行府域擴張を機會に
266165	朝鮮朝日	西北版	1935-08-24	1	07단	平南道路審査
266166	朝鮮朝日	西北版	1935-08-24	1	08단	豆タクシー近く認可申請
266167	朝鮮朝日	西北版	1935-08-24	1	08단	自働式交換平壤にも設ける財務局、承認に內定
266168	朝鮮朝日	西北版	1935-08-24	1	09단	醋酸で悶死
266169	朝鮮朝日	西北版	1935-08-24	1	09단	石垣崩潰し四名下敷何れも重輕傷
266170	朝鮮朝日	西北版	1935-08-24	1	10단	三務學校の盟休解決す
266171	朝鮮朝日	西北版	1935-08-24	1	10단	平壤驛手重傷
266172	朝鮮朝日	西北版	1935-08-24	1	10단	咸北武德殿落成式九月十九日に
266173	朝鮮朝日	西北版	1935-08-24	1	10단	樂浪小話

일련번호	판명		간행일	면	단수	기사명
266174	朝鮮朝日	南鮮版	1935-08-24	1	01단	罪の恐怖に戰き自動車を乘廻すー萬圓詐取犯人、情婦を訪ね裡里で遊興中捕はる/湖南銀行から千八百圓詐取同じく僞造小切手で/商銀康津支店へ謎の小切手費消行金の辨償か/手配解除
266175	朝鮮朝日	南鮮版	1935-08-24	1	01단	揉め拔いた揚句懸案實現す門脇府尹のお手柄
266176	朝鮮朝日	南鮮版	1935-08-24	1	01단	海の納涼大會關釜聯絡船で二十四日開催
266177	朝鮮朝日	南鮮版	1935-08-24	1	03단	刑務所長會議
266178	朝鮮朝日	南鮮版	1935-08-24	1	03단	瓦電のバス九月から營業
266179	朝鮮朝日	南鮮版	1935-08-24	1	03단	輝く施政廿五周年トピックリレー/齋藤總督の異名午前樣の由來公ッぴらに遊んだ伊藤公千代本女將葉山ちかさん
266180	朝鮮朝日	南鮮版	1935-08-24	1	04단	公私消息(古莊新任光州稅務監督局長/美座朝鮮憲兵隊司令部高級副官/松井米倉社長/鮮滿支國際陸競朝鮮代表選手)
266181	朝鮮朝日	南鮮版	1935-08-24	1	04단	新設釜山放送局の初代アナウンサー巖尾、川崎、異三氏に決定
266182	朝鮮朝日	南鮮版	1935-08-24	1	05단	旱水害の救濟に七百萬圓を要求極力希望に副ふ方針
266183	朝鮮朝日	南鮮版	1935-08-24	1	05단	又も豪雨禍京畿道に被害續出/慶北の被害
266184	朝鮮朝日	南鮮版	1935-08-24	1	06단	旱害の上に鹽害盡く死滅の田野一桶の飲料水も賣買 務安郡/慶北海岸地帶も水稻枯死に瀕す頻りに雨乞ひ行はる
266185	朝鮮朝日	南鮮版	1935-08-24	1	08단	各地から(釜山/大邱/京城)
266186	朝鮮朝日	南鮮版	1935-08-24	1	09단	朝日映畫の夕
266187	朝鮮朝日	南鮮版	1935-08-24	1	09단	幼女轢殺さる
266188	朝鮮朝日	南鮮版	1935-08-24	1	09단	總督府の別館增築に決定廿七萬圓で構內に
266189	朝鮮朝日	南鮮版	1935-08-24	1	09단	轢逃げ逮捕
266190	朝鮮朝日	南鮮版	1935-08-24	1	10단	下關水産市況(廿三日)
266191	朝鮮朝日	西北版	1935-08-25	1	01단	秋を飾る二大催し 花やかな商工祭繁榮平壤の豪華版に白眉・五千の假裝行列/集る業者數百名米穀大會の賑ひ歡迎準備急ぐ鎭南浦
266192	朝鮮朝日	西北版	1935-08-25	1	01단	夜はガラあき晝は超滿員匪禍に怯える京圖線
266193	朝鮮朝日	西北版	1935-08-25	1	01단	京義線の超特急實現は至難少くとも千萬圓要す
266194	朝鮮朝日	西北版	1935-08-25	1	03단	急ぐ貨物の通關簡易化稅關辦公處のサーヴィス
266195	朝鮮朝日	西北版	1935-08-25	1	03단	輝く施政廿五周年トピックリレー/齋藤總督の異名午前樣の由來公ッぴらに遊んだ伊藤公千代本女將葉山ちかさん
266196	朝鮮朝日	西北版	1935-08-25	1	04단	號外發行(二十四日解禁された朝鮮共産黨事件の記事を滿載した本紙四半裁(週刊朝日型)の不再錄號外を發行いたしました)
266197	朝鮮朝日	西北版	1935-08-25	1	04단	山水畫の快觸雄渾な大壁畫小場所長の手で再生
266198	朝鮮朝日	西北版	1935-08-25	1	05단	各地から(平壤)
266199	朝鮮朝日	西北版	1935-08-25	1	05단	咸南農作狀況
266200	朝鮮朝日	西北版	1935-08-25	1	06단	石炭から重油へ機關車の改造北鐵の山火事を解消

일련번호	판명		간행일	면	단수	기사명
266201	朝鮮朝日	西北版	1935-08-25	1	07단	平壤へ移轉朝無事務所
266202	朝鮮朝日	西北版	1935-08-25	1	07단	二工事區新設
266203	朝鮮朝日	西北版	1935-08-25	1	08단	慶源國際橋梁九月から本工事竣工は昭和十二年春
266204	朝鮮朝日	西北版	1935-08-25	1	08단	平南の國勢調査員任命
266205	朝鮮朝日	西北版	1935-08-25	1	08단	十一月初め大會を開く鄉軍平壤支部
266206	朝鮮朝日	西北版	1935-08-25	1	09단	女の密輸團平壤署に捕はる
266207	朝鮮朝日	西北版	1935-08-25	1	09단	夫を撲殺し死體を棄つ姦夫姦婦の兇行
266208	朝鮮朝日	西北版	1935-08-25	1	09단	海軍燃料廠を赤化の出鼻挫く平壤署の大活動
266209	朝鮮朝日	西北版	1935-08-25	1	10단	新義州港七月の貿易額
266210	朝鮮朝日	西北版	1935-08-25	1	10단	公私消息(福島莊平氏(平壤商工會議所會頭)/津森思一氏(同理事)/中原史郎氏(平壤專賣支局長))
266211	朝鮮朝日	西北版	1935-08-25	1	10단	樂浪小話
266212	朝鮮朝日	南鮮版	1935-08-25	1	01단	一萬圓の受取人は意外、犯人の實兄裡里署疾風の活動に白日下に發かれた詐取事件
266213	朝鮮朝日	南鮮版	1935-08-25	1	01단	明年度豫算は三億二千萬圓難產の編成全く終る/大邱飛行場設置に確定す明年度豫算に計上
266214	朝鮮朝日	南鮮版	1935-08-25	1	01단	大邱稅監局落成式盛大に擧行
266215	朝鮮朝日	南鮮版	1935-08-25	1	02단	輝く施政廿五周年トピックリレー/惡貨が良貨を驅逐したお話太い儲けの白銅紳士朝鮮取引所小杉謹八さん
266216	朝鮮朝日	南鮮版	1935-08-25	1	03단	飛行場廢止に蔚山の猛反對
266217	朝鮮朝日	南鮮版	1935-08-25	1	04단	號外發行(二十四日解禁された朝鮮共產黨事件の記事を滿載した本紙四半裁(週刊朝日型)の不再錄號外を發行いたしました)
266218	朝鮮朝日	南鮮版	1935-08-25	1	04단	前知事を偲び床しい追悼會大邱で營まる
266219	朝鮮朝日	南鮮版	1935-08-25	1	04단	三種の兩切煙草五十本鑵入發賣愛煙家に贈るニュース
266220	朝鮮朝日	南鮮版	1935-08-25	1	04단	「のぞみ」延着
266221	朝鮮朝日	南鮮版	1935-08-25	1	06단	苦學の體驗から社會制度に疑問三宅教授赤化の動機/口で語れぬ苦心をした吉野警部談
266222	朝鮮朝日	南鮮版	1935-08-25	1	06단	光榮の日に備へスピード明粧京城府土木課着工す
266223	朝鮮朝日	南鮮版	1935-08-25	1	06단	木浦の火事
266224	朝鮮朝日	南鮮版	1935-08-25	1	06단	補助金增額關麗聯絡船へ
266225	朝鮮朝日	南鮮版	1935-08-25	1	07단	宇垣總督水産試驗場を視察
266226	朝鮮朝日	南鮮版	1935-08-25	1	07단	橫領二萬圓山本元小頭收容さる
266227	朝鮮朝日	南鮮版	1935-08-25	1	08단	牛列車を止む
266228	朝鮮朝日	南鮮版	1935-08-25	1	08단	劍道試合引分
266229	朝鮮朝日	南鮮版	1935-08-25	1	08단	各地から(仁川/釜山/京城/大邱)
266230	朝鮮朝日	南鮮版	1935-08-25	1	09단	公私消息(井上遞信局長/白石警務局圖書課事務官/讚井鮮銀前支店課長/岸山鮮銀支配人/立石釜山商議會頭/上田同理事/村上京城稅務監督局經理部長/井芹新義州營林署長/辻元阪大講師、殿村大阪府技師/本社京城支局來訪)

일련번호	판명		간행일	면	단수	기사명
266231	朝鮮朝日	南鮮版	1935-08-25	1	09단	朝日映畫の夕
266232	朝鮮朝日	南鮮版	1935-08-25	1	10단	會と催(朝鮮都市經營總會/朝鮮商議理事會/佛教夏季大學)
266233	朝鮮朝日	南鮮版	1935-08-25	1	10단	下關水産市況(廿四日)
266234	朝鮮朝日	南鮮版	1935-08-25	1	10단	雞林かゞみ
266235	朝鮮朝日	西北版	1935-08-27	1	01단	新線紙上案内北鮮の大密林に伸びる文化の動脈惠山線と白茂線の沿道に絢爛な高山植物のお花畑/兩新線の驛長發令
266236	朝鮮朝日	西北版	1935-08-27	1	01단	秋風の訪れに豊作の豫想嬉しい平南農會の報告
266237	朝鮮朝日	西北版	1935-08-27	1	01단	羊毛製織を企業化平南で計劃
266238	朝鮮朝日	西北版	1935-08-27	1	02단	續々立候補元山商議選擧
266239	朝鮮朝日	西北版	1935-08-27	1	02단	輝く施政廿五周年トピックリレー/惡貨が良貨を驅逐したお話太い儲けの白銅紳士朝鮮取引所小杉謹八さん
266240	朝鮮朝日	西北版	1935-08-27	1	03단	軍用地拂下げ近く正式指令平壤公會堂九月末から着工
266241	朝鮮朝日	西北版	1935-08-27	1	04단	公私消息(近藤康雄氏(東大農學部教授)/本社平壤遞信部來訪
266242	朝鮮朝日	西北版	1935-08-27	1	05단	各地から(平壤/海州/元山/鎭南浦/羅南/咸興)
266243	朝鮮朝日	西北版	1935-08-27	1	05단	滿洲事變記念日に夜間の防空演習軍都平壤の催し決る
266244	朝鮮朝日	西北版	1935-08-27	1	05단	鮮滿拓殖會社の首腦部天降りか取沙汰に色めく官界
266245	朝鮮朝日	西北版	1935-08-27	1	07단	平壤局團旗を制定
266246	朝鮮朝日	西北版	1935-08-27	1	07단	碎氷船鎭南丸の進水式(岡山縣日比町玉三井造船所にて)
266247	朝鮮朝日	西北版	1935-08-27	1	08단	咸興放送局準備整へば實現井上遞信局長語る
266248	朝鮮朝日	西北版	1935-08-27	1	08단	線路の通行人列車を脱線さす咸鏡線一時不通/京圖線の貨物列車轉覆
266249	朝鮮朝日	西北版	1935-08-27	1	09단	共同井戸改造黄海道から六萬圓補助
266250	朝鮮朝日	西北版	1935-08-27	1	10단	咸北木炭檢査九月から實施
266251	朝鮮朝日	西北版	1935-08-27	1	10단	平壤驛元雇員に二年半判決
266252	朝鮮朝日	西北版	1935-08-27	1	10단	中和署優勝
266253	朝鮮朝日	西北版	1935-08-27	1	10단	劇と映畫(平壤 キネマ)
266254	朝鮮朝日	西北版	1935-08-27	1	10단	樂浪小話
266255	朝鮮朝日	南鮮版	1935-08-27	1	01단	參謀總長宮殿下に光榮・御視閲を仰ぐ十月中旬に龍山練兵場で鄕軍、學生ら一萬人/湖南地方の事故嚴戒鐵道局大童/師團對抗演習で警備の大評定二十七日本府で開く/大演習に備ふ釜山水上署
266256	朝鮮朝日	南鮮版	1935-08-27	1	01단	懸案の土性調査明年度から着手經費漸く承認さる
266257	朝鮮朝日	南鮮版	1935-08-27	1	01단	輝く施政廿五周年トピックリレー/英國製の綿布に壓倒された貿易商品陳列所建設の苦心釜山の元老迫間房太郎翁
266258	朝鮮朝日	南鮮版	1935-08-27	1	04단	總督儒城へ
266259	朝鮮朝日	南鮮版	1935-08-27	1	04단	海戰記念碑落成式を擧行
266260	朝鮮朝日	南鮮版	1935-08-27	1	04단	水原高農改築二ヶ年繼續で

일련번호	판명		간행일	면	단수	기사명
266261	朝鮮朝日	南鮮版	1935-08-27	1	05단	各地から(京城/釜山/大邱/大田/開城)
266262	朝鮮朝日	南鮮版	1935-08-27	1	05단	十月一日期し一瞬間に切替へ京城の自動式電話(電話番號變更)
266263	朝鮮朝日	南鮮版	1935-08-27	1	06단	鍊士號受與者發表
266264	朝鮮朝日	南鮮版	1935-08-27	1	06단	ハイキングの秋京城遠足聯盟を設け老若男女を健康線へ動員
266265	朝鮮朝日	南鮮版	1935-08-27	1	07단	「何校が優勝するか？」入賞者決る
266266	朝鮮朝日	南鮮版	1935-08-27	1	08단	郵便局長異動
266267	朝鮮朝日	南鮮版	1935-08-27	1	08단	新長距離通話區域
266268	朝鮮朝日	南鮮版	1935-08-27	1	09단	朝日映畫の夕
266269	朝鮮朝日	南鮮版	1935-08-27	1	09단	マイト爆發四名重傷す全南光陽山で
266270	朝鮮朝日	南鮮版	1935-08-27	1	09단	京城中央部の幹線道路擴張
266271	朝鮮朝日	南鮮版	1935-08-27	1	09단	京城府の部制明年度から施行
266272	朝鮮朝日	南鮮版	1935-08-27	1	09단	運動競技界(三クラブ野球戰/朝鮮神宮野球慶南豫選)
266273	朝鮮朝日	南鮮版	1935-08-27	1	10단	會と催(京城名所スタンプ・サーヴィス/京城商工聯合、卸商聯盟委員會)
266274	朝鮮朝日	南鮮版	1935-08-27	1	10단	公私消息(靑柳新三郎氏/小田前城大教授/巖谷朝鮮商事取締役)
266275	朝鮮朝日	南鮮版	1935-08-27	1	10단	下關水産市況(廿六日)
266276	朝鮮朝日	南鮮版	1935-08-27	1	10단	雞林かゞみ
266277	朝鮮朝日	西北版	1935-08-28	1	01단	國家總動員に備へ半島の資源調査各省委員揃って來鮮
266278	朝鮮朝日	西北版	1935-08-28	1	01단	西鮮と北鮮結ぶ平元線の工事を急ぐ十三年度完成目指して
266279	朝鮮朝日	西北版	1935-08-28	1	01단	*下賜金傳達平北罹災民へ/飮食物の一齊檢査*
266280	朝鮮朝日	西北版	1935-08-28	1	01단	輝く施政廿五周年トピックリレー/英國製の綿布に壓倒された貿易商品陳列所建設の苦心釜山の元老迫間房太郎翁
266281	朝鮮朝日	西北版	1935-08-28	1	02단	澄淸閣移轉
266282	朝鮮朝日	西北版	1935-08-28	1	02단	工場建築には知事の承認要す平南の取締方針通牒
266283	朝鮮朝日	西北版	1935-08-28	1	04단	鮮銀羅津支店九月から開業
266284	朝鮮朝日	西北版	1935-08-28	1	04단	日章旗の下國歌齊唱平南農村に新しい感激
266285	朝鮮朝日	西北版	1935-08-28	1	04단	貴重な處女墳の發掘に着手權威揃ひで九月から
266286	朝鮮朝日	西北版	1935-08-28	1	05단	九月下旬に試運轉熙川、价古間
266287	朝鮮朝日	西北版	1935-08-28	1	05단	苦戰の皇軍を身を挺して救ふ隱れた朝鮮同胞の義烈三年後に世に現る
266288	朝鮮朝日	西北版	1935-08-28	1	06단	*咸興平野中心に壯烈な秋季演習第十九師團で實施/步工聯合演習美林で擧行*
266289	朝鮮朝日	西北版	1935-08-28	1	07단	借金申込み國境警官に多い共組の貸出金增額
266290	朝鮮朝日	西北版	1935-08-28	1	08단	大同江改修の繼續を要望重大事業期成會から
266291	朝鮮朝日	西北版	1935-08-28	1	08단	平壤觀光協會の改革を計る
266292	朝鮮朝日	西北版	1935-08-28	1	08단	兇惡な寺荒し追跡の山狩り巡査を斬って逃走す
266293	朝鮮朝日	西北版	1935-08-28	1	08단	窯業會社平壤に設立

일련번호	판명		간행일	면	단수	기사명
266294	朝鮮朝日	西北版	1935-08-28	1	09단	各地から(沙里院)
266295	朝鮮朝日	西北版	1935-08-28	1	09단	政治ゴロ清津署で取調べ
266296	朝鮮朝日	西北版	1935-08-28	1	10단	南鮮移住民人夫に使ふ東拓で救濟
266297	朝鮮朝日	西北版	1935-08-28	1	10단	輯安縣派出所へ匪賊團襲擊
266298	朝鮮朝日	西北版	1935-08-28	1	10단	運動競技界(平實１５平鐵１４京日野球豫選)
266299	朝鮮朝日	西北版	1935-08-28	1	10단	樂浪小話
266300	朝鮮朝日	南鮮版	1935-08-28	1	01단	國家總動員に備へ半島の資源調査各省委員揃って來鮮
266301	朝鮮朝日	南鮮版	1935-08-28	1	01단	京釜間ケーブル六回線敷設遞信省の手で着工/電話增設實施
266302	朝鮮朝日	南鮮版	1935-08-28	1	01단	朝鮮神宮大祭分擔決る
266303	朝鮮朝日	南鮮版	1935-08-28	1	01단	御接待委員會廿九日に開く
266304	朝鮮朝日	南鮮版	1935-08-28	1	02단	關釜聯絡船卅周年を迎ふ九月十一日に記念式
266305	朝鮮朝日	南鮮版	1935-08-28	1	02단	鐵道通信競技
266306	朝鮮朝日	南鮮版	1935-08-28	1	02단	輝く施政廿五周年トピックリレー/釜山と馬山浦へ露西亞の魔手土地の買收戰に勝つ續・迫間房太郎翁の思ひ出
266307	朝鮮朝日	南鮮版	1935-08-28	1	03단	十四名立つ仁川商議選擧
266308	朝鮮朝日	南鮮版	1935-08-28	1	03단	問題の石塔國有に歸す博物館へ安置
266309	朝鮮朝日	南鮮版	1935-08-28	1	04단	會と催(寶生流梁謠會)
266310	朝鮮朝日	南鮮版	1935-08-28	1	04단	海上の交通訓練明年度全鮮主要港で一齊に安全デー催す
266311	朝鮮朝日	南鮮版	1935-08-28	1	04단	コドモ協會釜山に生る
266312	朝鮮朝日	南鮮版	1935-08-28	1	05단	大邱の街路お化粧
266313	朝鮮朝日	南鮮版	1935-08-28	1	05단	新羅祭九月十四日から三日間
266314	朝鮮朝日	南鮮版	1935-08-28	1	06단	浮塵子發生慶南稻作の脅威
266315	朝鮮朝日	南鮮版	1935-08-28	1	06단	小作官會議九月十七日から
266316	朝鮮朝日	南鮮版	1935-08-28	1	06단	飯米缺乏す
266317	朝鮮朝日	南鮮版	1935-08-28	1	07단	猛威を揮ふ傳染病京城の防疫陣
266318	朝鮮朝日	南鮮版	1935-08-28	1	07단	運動競技界(釜山實業優勝朝鮮神宮野球慶南豫選/大邱水泳大會)
266319	朝鮮朝日	南鮮版	1935-08-28	1	08단	朝汽の「鳳丸」暗礁に乗上ぐ乘客ら救はる
266320	朝鮮朝日	南鮮版	1935-08-28	1	08단	五百五十餘名罷業に入る釜山の三和ゴム
266321	朝鮮朝日	南鮮版	1935-08-28	1	08단	海事審判二審制度
266322	朝鮮朝日	南鮮版	1935-08-28	1	09단	老人轢死
266323	朝鮮朝日	南鮮版	1935-08-28	1	09단	秋の競馬日割
266324	朝鮮朝日	南鮮版	1935-08-28	1	09단	雞林かゞみ
266325	朝鮮朝日	南鮮版	1935-08-28	1	10단	各地から(京城/釜山/大邱)
266326	朝鮮朝日	南鮮版	1935-08-28	1	10단	下關水産市況(廿七日)
266327	朝鮮朝日	西北版	1935-08-29	1	01단	西鮮林檎同士で烈しい販賣競爭黃海の有力業者參加せず統制に一抹の暗影
266328	朝鮮朝日	西北版	1935-08-29	1	01단	北鮮、滿洲國間の電話網を整備明年度から回線增加

일련번호	판명		간행일	면	단수	기사명
266329	朝鮮朝日	西北版	1935-08-29	1	01단	九月三、四日頃平壤府會を招集府電問題の對策討議
266330	朝鮮朝日	西北版	1935-08-29	1	01단	製絲工場は順川に設置
266331	朝鮮朝日	西北版	1935-08-29	1	01단	平壤トラック業者組合近く發會式
266332	朝鮮朝日	西北版	1935-08-29	1	02단	無煙炭合同事務所引繼協議
266333	朝鮮朝日	西北版	1935-08-29	1	02단	輝く施政廿五周年トピックリレー/釜山と馬山浦へ露西亞の魔手土地の買收戰に勝つ續・迫間房太郎翁の思ひ出
266334	朝鮮朝日	西北版	1935-08-29	1	04단	公私消息(岸川平南道高等課長/本社平壤通信部來訪)
266335	朝鮮朝日	西北版	1935-08-29	1	04단	古蹟愛護日平壤の催し
266336	朝鮮朝日	西北版	1935-08-29	1	05단	簡易保險牛優良農村へ寄贈
266337	朝鮮朝日	西北版	1935-08-29	1	05단	儀禮準則設定平壤教化團體で
266338	朝鮮朝日	西北版	1935-08-29	1	05단	施政二十五周年記念全鮮各道ナンバー・ワン競べ
266339	朝鮮朝日	西北版	1935-08-29	1	06단	姉妹を襲ひ所持金を強奪平壤白晝の怪事件
266340	朝鮮朝日	西北版	1935-08-29	1	07단	咸南山間部に又も奇病流行假名奇肥關病
266341	朝鮮朝日	西北版	1935-08-29	1	07단	二人組の寺荒し頓馬な大詰め警官と知らず凄文句飛びつかれて逮捕さる
266342	朝鮮朝日	西北版	1935-08-29	1	08단	運動競技界(平實優勝す京日野球豫選)
266343	朝鮮朝日	西北版	1935-08-29	1	08단	無機配合肥料平南で製造
266344	朝鮮朝日	西北版	1935-08-29	1	09단	匪賊跳梁
266345	朝鮮朝日	西北版	1935-08-29	1	09단	各地から(平壤)
266346	朝鮮朝日	西北版	1935-08-29	1	10단	朝鮮に船籍のある船舶調べ
266347	朝鮮朝日	西北版	1935-08-29	1	10단	有罪と決定吳辯護士事件
266348	朝鮮朝日	西北版	1935-08-29	1	10단	「のぞみ」に飛込み自殺光城高普生
266349	朝鮮朝日	西北版	1935-08-29	1	10단	平壤稅監局管內の地稅
266350	朝鮮朝日	西北版	1935-08-29	1	10단	樂浪小話
266351	朝鮮朝日	南鮮版	1935-08-29	1	01단	一堂に網羅する生ける半島の姿綜合博物館內容決る/寺內元帥の坐像九月末に除幕式拓相らへ參列を交涉/在滿同胞の篤行者表彰三名決定す
266352	朝鮮朝日	南鮮版	1935-08-29	1	01단	大京城の構成美
266353	朝鮮朝日	南鮮版	1935-08-29	1	02단	新設の電話數は二千五百に決定例年より千個も多い
266354	朝鮮朝日	南鮮版	1935-08-29	1	03단	新株拂込み歡迎されん有賀殖銀頭取談
266355	朝鮮朝日	南鮮版	1935-08-29	1	03단	輝く施政廿五周年トピックリレー/不便な一釐錢で一切合財の取引馬の背一杯で僅か百圓米穀商井谷儀三郎さん
266356	朝鮮朝日	南鮮版	1935-08-29	1	04단	公私消息(松田鮮銀理事/早大劍道部遠征軍/本社京城支局來訪)
266357	朝鮮朝日	南鮮版	1935-08-29	1	04단	二便續けて關釜聯絡絶ゆ旅客は釜山に立往生
266358	朝鮮朝日	南鮮版	1935-08-29	1	05단	街路樹を愛しませう京城で戶每に植込み獎勵
266359	朝鮮朝日	南鮮版	1935-08-29	1	05단	主要河川の水電調查明年度から着手
266360	朝鮮朝日	南鮮版	1935-08-29	1	05단	施政二十五周年記念全鮮各道ナンバー・ワン競べ
266361	朝鮮朝日	南鮮版	1935-08-29	1	06단	衛生技術官打合會開かる
266362	朝鮮朝日	南鮮版	1935-08-29	1	07단	內地の眠り病釜山で食ひ止む檢疫を嚴重に勵行

일련번호	판명		간행일	면	단수	기사명
266363	朝鮮朝日	南鮮版	1935-08-29	1	07단	各地から(開城)
266364	朝鮮朝日	南鮮版	1935-08-29	1	08단	國庫補助慶南の割當額
266365	朝鮮朝日	南鮮版	1935-08-29	1	08단	運動競技界(青坡9清溪7三クラブ野球戰)
266366	朝鮮朝日	南鮮版	1935-08-29	1	08단	下關水産市況(廿八日)
266367	朝鮮朝日	南鮮版	1935-08-29	1	09단	釜山の博覽會岐路に迷ふ本府の補助を貰へぬ
266368	朝鮮朝日	南鮮版	1935-08-29	1	09단	會と催(龍山水防團發會式/京畿道青年講習會)
266369	朝鮮朝日	南鮮版	1935-08-29	1	09단	朝日映畵の夕
266370	朝鮮朝日	南鮮版	1935-08-29	1	10단	東洋工業會議後援團體打合せ
266371	朝鮮朝日	南鮮版	1935-08-29	1	10단	氣違ひ轢死
266372	朝鮮朝日	南鮮版	1935-08-29	1	10단	雞林かゞみ
266373	朝鮮朝日	西北版	1935-08-30	1	01단	*朝鮮軍は緊張續き他に心が散らぬ病氣のない者に藥は不要肅軍會議の歸途植田軍司令官語る/訓示を全軍に徹底*
266374	朝鮮朝日	西北版	1935-08-30	1	01단	私立中堅農民校初めて設立さる江西郡の指導部落に
266375	朝鮮朝日	西北版	1935-08-30	1	01단	國體明徵講座平壤で催す
266376	朝鮮朝日	西北版	1935-08-30	1	01단	空の服報に羅南の賑ひ
266377	朝鮮朝日	西北版	1935-08-30	1	02단	輝く施政廿五周年トピックリレー/不便な一釐錢で一切合財の取引馬の背一杯で僅か百圓米穀商井谷儀三郎さん
266378	朝鮮朝日	西北版	1935-08-30	1	04단	咸興府會
266379	朝鮮朝日	西北版	1935-08-30	1	04단	水稻代作に悲觀的結論咸南の試驗で
266380	朝鮮朝日	西北版	1935-08-30	1	05단	林檎加工品近く製造開始
266381	朝鮮朝日	西北版	1935-08-30	1	05단	北鮮の狩獵場で東西對抗腕較べ雉子の最盛期當てこみ內地から大擧遠征
266382	朝鮮朝日	西北版	1935-08-30	1	06단	米穀大會の唄レコードに吹込み
266383	朝鮮朝日	西北版	1935-08-30	1	06단	自動車專用道路個人經營が擡頭淸津、羅津間を申請
266384	朝鮮朝日	西北版	1935-08-30	1	08단	九月七日にプール開き競技會も催す
266385	朝鮮朝日	西北版	1935-08-30	1	08단	赤卅餘名訓戒署で檢擧
266386	朝鮮朝日	西北版	1935-08-30	1	08단	突然、五刑務所へ福の神舞込む良くて安い囚人の製品を關東軍から大量注文
266387	朝鮮朝日	西北版	1935-08-30	1	08단	放火掠奪平北對岸に匪賊跳梁す
266388	朝鮮朝日	西北版	1935-08-30	1	09단	墓を掘返し死體を切斷迷信の犯行か
266389	朝鮮朝日	西北版	1935-08-30	1	09단	罰金七萬三千圓燒酎の大脫稅發覺す
266390	朝鮮朝日	西北版	1935-08-30	1	09단	特殊傳染病殆んど終熄
266391	朝鮮朝日	西北版	1935-08-30	1	10단	三人姉妹を濁流に救ふ勇敢な少年を咸南知事表彰
266392	朝鮮朝日	西北版	1935-08-30	1	10단	龍岳面職員給料不拂ひ
266393	朝鮮朝日	西北版	1935-08-30	1	10단	公私消息(持永少將(朝鮮憲兵隊司令官)/中村良三海軍大將(艦政本部長))
266394	朝鮮朝日	南鮮版	1935-08-30	1	01단	*朝鮮軍は緊張續き他に心が散らぬ病氣のない者に藥は不要肅軍會議の歸途植田軍司令官語る/訓示を全軍に徹底*
266395	朝鮮朝日	南鮮版	1935-08-30	1	01단	製絲業令廿八日に發布

일련번호	판명		간행일	면	단수	기사명
266396	朝鮮朝日	南鮮版	1935-08-30	1	01단	輝く施政廿五周年トピックリレー/東萊溫泉の深夜月に咆える猛虎日露役後に色街も繁昌釜山消防組頭小宮萬次郎さん
266397	朝鮮朝日	南鮮版	1935-08-30	1	03단	まだ十九名仁川商議選擧
266398	朝鮮朝日	南鮮版	1935-08-30	1	04단	文廟秋期釋典
266399	朝鮮朝日	南鮮版	1935-08-30	1	04단	遞信分掌局長會議九月五日から三日間
266400	朝鮮朝日	南鮮版	1935-08-30	1	05단	鮮米運賃の打合會
266401	朝鮮朝日	南鮮版	1935-08-30	1	05단	全南警察部異動
266402	朝鮮朝日	南鮮版	1935-08-30	1	05단	突然、五刑務所へ福の神舞込む良くて安い囚人の製品を關東軍から大量注文
266403	朝鮮朝日	南鮮版	1935-08-30	1	05단	旅客を滿載し難航の關釜聯絡大混雜の釜山棧橋
266404	朝鮮朝日	南鮮版	1935-08-30	1	06단	九月二十一日花々しく開局式釜山放送局準備成る
266405	朝鮮朝日	南鮮版	1935-08-30	1	07단	道別水稻作況
266406	朝鮮朝日	南鮮版	1935-08-30	1	08단	街の話題
266407	朝鮮朝日	南鮮版	1935-08-30	1	08단	朝日映畫の夕
266408	朝鮮朝日	南鮮版	1935-08-30	1	08단	全鮮高等課長會議
266409	朝鮮朝日	南鮮版	1935-08-30	1	08단	慶北郡守異動
266410	朝鮮朝日	南鮮版	1935-08-30	1	08단	大邱の怪火
266411	朝鮮朝日	南鮮版	1935-08-30	1	09단	幼女壓死
266412	朝鮮朝日	南鮮版	1935-08-30	1	10단	公私消息(本社京城支局來訪/本社光州通信所來訪)
266413	朝鮮朝日	南鮮版	1935-08-30	1	10단	下關水産市況(廿九日)
266414	朝鮮朝日	南鮮版	1935-08-30	1	10단	雞林かゞみ
266415	朝鮮朝日	南鮮版	1935-08-30	1	10단	コックが赤痢
266416	朝鮮朝日	西北版	1935-08-31	1	01단	大咸興の建設案理論から實行へ近く期成委員會設置
266417	朝鮮朝日	西北版	1935-08-31	1	01단	國境警備の蔭に美しい融和古川警察部長の視察談
266418	朝鮮朝日	西北版	1935-08-31	1	01단	輝く施政廿五周年トピックリレー/東萊溫泉の深夜月に咆える猛虎日露役後に色街も繁昌釜山消防組頭小宮萬次郎さん
266419	朝鮮朝日	西北版	1935-08-31	1	02단	公會堂敷地の經緯に疑惑府會で表面化せん
266420	朝鮮朝日	西北版	1935-08-31	1	04단	國防獻金
266421	朝鮮朝日	西北版	1935-08-31	1	04단	施政二十五周年記念全鮮各道ナンバー・ワン競べ
266422	朝鮮朝日	西北版	1935-08-31	1	05단	新義州繫筏場竣工式を擧行
266423	朝鮮朝日	西北版	1935-08-31	1	05단	震災記念日平壤の催し
266424	朝鮮朝日	西北版	1935-08-31	1	05단	電力制霸の巨腕更に咸北へ伸ぶ北鮮にも安價な送電
266425	朝鮮朝日	西北版	1935-08-31	1	06단	今年は歐洲へ林檎の試驗輸出三菱の手を通じて
266426	朝鮮朝日	西北版	1935-08-31	1	07단	咸南別東面に親指大の降雹
266427	朝鮮朝日	西北版	1935-08-31	1	07단	サ聯勞働者採用に浦潮へ
266428	朝鮮朝日	西北版	1935-08-31	1	08단	各地から(淸津/平壤/咸興/新義州)
266429	朝鮮朝日	西北版	1935-08-31	1	08단	五百ヶ所で一齊に夜學會農民讀本を使はせて
266430	朝鮮朝日	西北版	1935-08-31	1	08단	生徒激減し結局閉鎖か平高女補習科

일련번호	판명		간행일	면	단수	기사명
266431	朝鮮朝日	西北版	1935-08-31	1	09단	けふの話題
266432	朝鮮朝日	西北版	1935-08-31	1	09단	報償金とは別に一萬四千圓寄附大興電氣が咸興府へ
266433	朝鮮朝日	西北版	1935-08-31	1	10단	女學生襲った怪盗捕はる賑町遊廓で
266434	朝鮮朝日	西北版	1935-08-31	1	10단	樂浪小話
266435	朝鮮朝日	南鮮版	1935-08-31	1	01단	三億千七百萬圓明年度豫算成る新規事業は總花式/財務局長東上
266436	朝鮮朝日	南鮮版	1935-08-31	1	01단	下賜金傳達水害罹災者へ
266437	朝鮮朝日	南鮮版	1935-08-31	1	01단	一名超過す木浦商議選擧
266438	朝鮮朝日	南鮮版	1935-08-31	1	02단	總督府辭令
266439	朝鮮朝日	南鮮版	1935-08-31	1	02단	三萬人を動員し米穀の資料調査統制の萬全を期す
266440	朝鮮朝日	南鮮版	1935-08-31	1	02단	拂下古米に鮮米も包含有力筋の觀測
266441	朝鮮朝日	南鮮版	1935-08-31	1	02단	輝く施政廿五周年トピックリレー/女は居留地から物騒で出られぬ釜山婦人會の誕生は奧村五百子女史の賜物(大池ますさん/福田つねさん)
266442	朝鮮朝日	南鮮版	1935-08-31	1	03단	施政二十五周年記念全鮮各道ナンバー・ワン競べ
266443	朝鮮朝日	南鮮版	1935-08-31	1	04단	會と催(京城商議役員會/ロータリー例會講演會/關東大震災第十三回忌法要)
266444	朝鮮朝日	南鮮版	1935-08-31	1	04단	慶北道議補選
266445	朝鮮朝日	南鮮版	1935-08-31	1	04단	救濟を陳情全南大田面/旱害救濟會議
266446	朝鮮朝日	南鮮版	1935-08-31	1	05단	二千名馳せ參じ純眞の意氣揚ぐ十月に全鮮靑年團大會
266447	朝鮮朝日	南鮮版	1935-08-31	1	06단	施政記念日遞信局の催し決定す
266448	朝鮮朝日	南鮮版	1935-08-31	1	06단	罷業解決せん三和ゴム會社
266449	朝鮮朝日	南鮮版	1935-08-31	1	07단	慶北トラック合同成立
266450	朝鮮朝日	南鮮版	1935-08-31	1	08단	新患者十八名京城の傳染病
266451	朝鮮朝日	南鮮版	1935-08-31	1	08단	大牛轢殺さる
266452	朝鮮朝日	南鮮版	1935-08-31	1	08단	全女工就業大田郡是製絲
266453	朝鮮朝日	南鮮版	1935-08-31	1	08단	步工聯合演習九月三、四兩日に擧行
266454	朝鮮朝日	南鮮版	1935-08-31	1	08단	蔚山橋竣工近く開通式
266455	朝鮮朝日	南鮮版	1935-08-31	1	08단	仁川少年刑務所職員は約百名
266456	朝鮮朝日	南鮮版	1935-08-31	1	08단	街の話題
266457	朝鮮朝日	南鮮版	1935-08-31	1	08단	公私消息(山本總督府農産課技師/佐脇京電庶務課長/加藤學務局囑託/石川金生氏/稻川正一氏)
266458	朝鮮朝日	南鮮版	1935-08-31	1	09단	精神病者縊死
266459	朝鮮朝日	南鮮版	1935-08-31	1	09단	工業會議內地側參加者日程
266460	朝鮮朝日	南鮮版	1935-08-31	1	09단	關大招聘野球
266461	朝鮮朝日	南鮮版	1935-08-31	1	09단	各地から(京城/釜山)
266462	朝鮮朝日	南鮮版	1935-08-31	1	09단	朝日映畫の夕
266463	朝鮮朝日	南鮮版	1935-08-31	1	10단	下關水産市況(卅日)

1935년 9월 (조선아사히)

일련번호	판명		간행일	면	단수	기사명
266464	朝鮮朝日	西北版	1935-09-01	1	01단	晴れの演習控へ全軍の士氣振肅司令官、團隊長を招集し陸相の訓示を嚴達
266465	朝鮮朝日	西北版	1935-09-01	1	01단	半徑二里以上に擴がる平壤十日頃から最終調査
266466	朝鮮朝日	西北版	1935-09-01	1	01단	漸く白熱化元山商議選擧
266467	朝鮮朝日	西北版	1935-09-01	1	01단	平壤放送局出資は好成績
266468	朝鮮朝日	西北版	1935-09-01	1	01단	古蹟保存會平南で組織
266469	朝鮮朝日	西北版	1935-09-01	1	02단	電信の料金時間改正要望を提案全鮮米穀大會へ
266470	朝鮮朝日	西北版	1935-09-01	1	02단	輝く施政廿五周年トピックリレー女は居留地から物騷で出られぬ釜山婦人會の誕生は奧村五百子女史の賜物(大池ますさん/福田つねさん)
266471	朝鮮朝日	西北版	1935-09-01	1	03단	二十九掛七平南秋繭値段
266472	朝鮮朝日	西北版	1935-09-01	1	04단	順安郵便所に電信音響機を裝置
266473	朝鮮朝日	西北版	1935-09-01	1	04단	黃金時代謳ふ鮮內の建築土木界動く總額七千萬圓
266474	朝鮮朝日	西北版	1935-09-01	1	04단	成川の電話開通
266475	朝鮮朝日	西北版	1935-09-01	1	05단	竣工した咸北武德殿
266476	朝鮮朝日	西北版	1935-09-01	1	05단	朝鮮神宮陸上平北豫選
266477	朝鮮朝日	西北版	1935-09-01	1	05단	咸南に群生の松葉百合米國へ輸出か
266478	朝鮮朝日	西北版	1935-09-01	1	07단	貨物出廻期に平鐵の早手廻し
266479	朝鮮朝日	西北版	1935-09-01	1	07단	純白の鍾乳石に目も覺める新坑偶然、蝀龍窟で發見
266480	朝鮮朝日	西北版	1935-09-01	1	07단	晝寢の幼女二名燒死加平面の火事
266481	朝鮮朝日	西北版	1935-09-01	1	08단	愛汗社一味三名を送局
266482	朝鮮朝日	西北版	1935-09-01	1	08단	雄基羅津線に重油機關車十一月から運轉
266483	朝鮮朝日	西北版	1935-09-01	1	09단	幼兒の怪死
266484	朝鮮朝日	西北版	1935-09-01	1	09단	鎭南浦取引所認可
266485	朝鮮朝日	西北版	1935-09-01	1	09단	日程を變更平壤の商工祭
266486	朝鮮朝日	西北版	1935-09-01	1	09단	トラック轢殺
266487	朝鮮朝日	西北版	1935-09-01	1	10단	貨物列車に匪賊發砲す/駐在所に發砲
266488	朝鮮朝日	西北版	1935-09-01	1	10단	四月目に傷害致死判明
266489	朝鮮朝日	西北版	1935-09-01	1	10단	各地から(元山/平壤)
266490	朝鮮朝日	西北版	1935-09-01	1	10단	會と催(道立鎭南浦醫院病棟地鎭祭/平壤トラック業組合發會式/赤沼智善師(大谷大學敎授)講演會)
266491	朝鮮朝日	南鮮版	1935-09-01	1	01단	晴れの演習控へ全軍の士氣振肅司令官、團隊長を招集し陸相の訓示を嚴達
266492	朝鮮朝日	南鮮版	1935-09-01	1	01단	殖産契令大綱
266493	朝鮮朝日	南鮮版	1935-09-01	1	01단	輝く施政廿五周年トピックリレー瑞氣山の上から囚人に施し物新市街の先驅は娘子軍平壤府議內田錄雄さん
266494	朝鮮朝日	南鮮版	1935-09-01	1	02단	鐵道局小異動
266495	朝鮮朝日	南鮮版	1935-09-01	1	02단	德留氏の後任は神津中佐に內定本月早々に京城へ着任
266496	朝鮮朝日	南鮮版	1935-09-01	1	03단	機械に封緘全鮮製絲業者一割操短開始
266497	朝鮮朝日	南鮮版	1935-09-01	1	04단	沿岸出入汽船

일련번호	판명		간행일	면	단수	기사명
266498	朝鮮朝日	南鮮版	1935-09-01	1	04단	釜山慶南兩無盡合併す
266499	朝鮮朝日	南鮮版	1935-09-01	1	04단	黃金時代謳ふ鮮內の建築土木界動く總額七千萬圓
266500	朝鮮朝日	南鮮版	1935-09-01	1	04단	震災記念日釜山の催し
266501	朝鮮朝日	南鮮版	1935-09-01	1	05단	各地から(京城/釜山/木浦/淸州/大邱/開城)
266502	朝鮮朝日	南鮮版	1935-09-01	1	05단	故白石氏の追悼祭
266503	朝鮮朝日	南鮮版	1935-09-01	1	05단	天然資源開發の根本方策を立つ生れる産業調査委員會
266504	朝鮮朝日	南鮮版	1935-09-01	1	06단	超特急も實現し十六列車を增發黑字鐵道の新規事業
266505	朝鮮朝日	南鮮版	1935-09-01	1	07단	慶南ア式蹴球大會九月二十一、二兩日大新町球場にて(大會要項)
266506	朝鮮朝日	南鮮版	1935-09-01	1	07단	佐川、蔚山間レール敷設一日から着手
266507	朝鮮朝日	南鮮版	1935-09-01	1	07단	質屋利下げ十月一日實施
266508	朝鮮朝日	南鮮版	1935-09-01	1	08단	雇員講習會京畿道で催す
266509	朝鮮朝日	南鮮版	1935-09-01	1	08단	平年に比較し八百萬圓の減收慘澹たる全北の水稻
266510	朝鮮朝日	南鮮版	1935-09-01	1	08단	雨中の辻强盜
266511	朝鮮朝日	南鮮版	1935-09-01	1	09단	三和ゴム罷業續く
266512	朝鮮朝日	南鮮版	1935-09-01	1	09단	談合事件の上告公判卅日から開廷
266513	朝鮮朝日	南鮮版	1935-09-01	1	09단	朝日映畵の夕
266514	朝鮮朝日	南鮮版	1935-09-01	1	10단	公私消息(井上遞信局長/松田鮮銀理事/角田新任安銀平壤支店長/西本殖産局水産課長/篠田李王職長官/丸山壽雄氏(總督府人事課理事官))
266515	朝鮮朝日	南鮮版	1935-09-01	1	10단	下關水産市況(卅一日)
266516	朝鮮朝日	西北版	1935-09-03	1	01단	全鮮各道ナンバーワン競べ 半島飛躍への一大指針を示す施設に人物にまた勝景を名響に賭けて選定/微笑ましき姿態文化躍進に力强き寄與今井田政務總監談/新興朝鮮の豪華な縮圖宇垣總督の讚辭
266517	朝鮮朝日	西北版	1935-09-03	1	01단	ゲ・ペ・ウ遭難手記富久丸・網師本機關長軍事スパイだと苛酷なる審問沿海州で拿捕監禁
266518	朝鮮朝日	西北版	1935-09-03	1	02단	輝く施政廿五周年トピックリレー瑞氣山の上から囚人に施し物新市街の先驅は娘子軍平壤府議內田錄雄さん
266519	朝鮮朝日	西北版	1935-09-03	1	04단	茂山の寒さ
266520	朝鮮朝日	西北版	1935-09-03	1	05단	京圖線國際列車雄基を始發驛一日から實施さる雄羅線開通まで暫定的に
266521	朝鮮朝日	西北版	1935-09-03	1	06단	カーバイト共販理事會
266522	朝鮮朝日	西北版	1935-09-03	1	07단	二名溺死す大同江で遊泳中
266523	朝鮮朝日	西北版	1935-09-03	1	08단	平壤プール開き
266524	朝鮮朝日	西北版	1935-09-03	1	08단	平壤驛改築等盛澤山の事業平鐵明年度豫算は一千六十萬圓に達す
266525	朝鮮朝日	西北版	1935-09-03	1	08단	猪と間違へ勢子を射殺とんだ猪狩の珍事
266526	朝鮮朝日	西北版	1935-09-03	1	08단	五年の判決自動車ギャング
266527	朝鮮朝日	西北版	1935-09-03	1	09단	穩やかな厄日元山地方

일련번호	판명		간행일	면	단수	기사명
266528	朝鮮朝日	西北版	1935-09-03	1	09단	都市美實現の建築物規則二日府令で發布
266529	朝鮮朝日	西北版	1935-09-03	1	10단	公私消息(本社平壤通信部來訪/第二十師團兵器部長宇和川砲兵中佐/前廿師團長梅崎延太郎中將)
266530	朝鮮朝日	西北版	1935-09-03	1	10단	赴戰湖畔のホテル近く建設着手
266531	朝鮮朝日	西北版	1935-09-03	1	10단	樂浪小話
266532	朝鮮朝日	南鮮版	1935-09-03	1	01단	全鮮各道ナンバーワン競べ 半島飛躍への一大指針を示す施設に人物にまた勝景を名譽に賭けて選定/微笑ましき姿態文化躍進に力強き寄與今井田政務總監談/新興朝鮮の豪華な縮圖宇垣總督の讚辭
266533	朝鮮朝日	南鮮版	1935-09-03	1	01단	ゲ・ペ・ウ遭難手記富久丸・網師本機關長軍事スパイだと苛酷なる審問沿海州で拿捕監禁
266534	朝鮮朝日	南鮮版	1935-09-03	1	02단	輝く施政廿五周年トピックリレー金剛山の飛瀑に悲戀の身投げ女流文學者も多數輩出妓生を語る王琦花さん
266535	朝鮮朝日	南鮮版	1935-09-03	1	04단	道會議員補選
266536	朝鮮朝日	南鮮版	1935-09-03	1	05단	全南の旱害に義捐金を募集罹災民救助に奔走
266537	朝鮮朝日	南鮮版	1935-09-03	1	05단	小學教員異動慶北で發表
266538	朝鮮朝日	南鮮版	1935-09-03	1	07단	舊馬山驛に男の捨子處置に大弱り
266539	朝鮮朝日	南鮮版	1935-09-03	1	07단	橋上から嬰兒を捨つ？大田川中橋下流に浮ぶ遺棄犯人は內地人か
266540	朝鮮朝日	南鮮版	1935-09-03	1	08단	朝日映畫の夕
266541	朝鮮朝日	南鮮版	1935-09-03	1	08단	都市美實現の建築物規則二日府令で發布
266542	朝鮮朝日	南鮮版	1935-09-03	1	08단	好色爺の放火大邱署で嚴重取調
266543	朝鮮朝日	南鮮版	1935-09-03	1	09단	大邱の小火
266544	朝鮮朝日	南鮮版	1935-09-03	1	09단	女兒三人を生む母子とも頗る元氣
266545	朝鮮朝日	南鮮版	1935-09-03	1	09단	公私消息(高山東拓總裁/佐方同理事/色部鮮銀理事/河口同大連支店支配人/高山拓務省拓務局長)
266546	朝鮮朝日	南鮮版	1935-09-03	1	10단	京城府會四日招集
266547	朝鮮朝日	南鮮版	1935-09-03	1	10단	竊盜六人組釜山署へ擧る
266548	朝鮮朝日	南鮮版	1935-09-03	1	10단	下關水産市況(二日)
266549	朝鮮朝日	西北版	1935-09-04	1	01단	半島資源開發にお歷々の大評定川久保資源局長官らを迎へて總督府で近く開催
266550	朝鮮朝日	西北版	1935-09-04	1	01단	平壤商工祭の祝賀歌出來上るお客花なら店は月と市中を練步く計劃
266551	朝鮮朝日	西北版	1935-09-04	1	01단	漸次に還元悲鳴の三事務
266552	朝鮮朝日	西北版	1935-09-04	1	01단	林檎試驗所設置猛運動二つ實現を期待さる
266553	朝鮮朝日	西北版	1935-09-04	1	02단	師團對抗演習統監部所在決る
266554	朝鮮朝日	西北版	1935-09-04	1	02단	渭、唐氏らと會見範氏近く歸任宇垣總督と會見後上京
266555	朝鮮朝日	西北版	1935-09-04	1	02단	輝く施政廿五周年トピックリレー金剛山の飛瀑に悲戀の身投げ女流文學者も多數輩出妓生を語る王琦花さん
266556	朝鮮朝日	西北版	1935-09-04	1	03단	理髮師や時計工を養成平壤に珍しい公立職業學校

일련번호	판명		간행일	면	단수	기사명
266557	朝鮮朝日	西北版	1935-09-04	1	03단	天主教百五十年祭平壤で下旬擧行全鮮から信者殺到か
266558	朝鮮朝日	西北版	1935-09-04	1	04단	公私消息(松澤正雄氏(茂山國境守備隊長))
266559	朝鮮朝日	西北版	1935-09-04	1	04단	蛤汁から醬油申分ない風味、香り、榮養價値この秋、愈よデビュー
266560	朝鮮朝日	西北版	1935-09-04	1	05단	三港改修工事總工費五百萬圓
266561	朝鮮朝日	西北版	1935-09-04	1	05단	新方法のシネマ教育京畿道學務課も大乘氣
266562	朝鮮朝日	西北版	1935-09-04	1	05단	江岸一帶の遊園地化計劃平壤土木が進む
266563	朝鮮朝日	西北版	1935-09-04	1	06단	林檎の事なら何でも御座れ學界が匙を投げた粗皮病も日高氏、治療に成功
266564	朝鮮朝日	西北版	1935-09-04	1	06단	巡査駐在所を警察協會へ讓渡面の財政緩和のため平南で目下手續中
266565	朝鮮朝日	西北版	1935-09-04	1	07단	巨費七千萬圓で八ヶ所に架橋滿洲國側の方針決る
266566	朝鮮朝日	西北版	1935-09-04	1	08단	モヒ患者收容所落成す
266567	朝鮮朝日	西北版	1935-09-04	1	08단	マツノキクヒ蟲猖獗當局、驅除に大童
266568	朝鮮朝日	西北版	1935-09-04	1	08단	急場凌ぎの大空の新陣容國境警備陣に新サルムソン二機
266569	朝鮮朝日	西北版	1935-09-04	1	08단	全鮮米穀大會西鮮丸ナ穀物協會の提案
266570	朝鮮朝日	西北版	1935-09-04	1	08단	各地から(茂山/平壤)
266571	朝鮮朝日	西北版	1935-09-04	1	09단	西鮮三道の鑛産額
266572	朝鮮朝日	西北版	1935-09-04	1	09단	見本展示會平壤公會堂で
266573	朝鮮朝日	西北版	1935-09-04	1	09단	アサヒ・スポーツ(九月一日號)
266574	朝鮮朝日	西北版	1935-09-04	1	10단	國體明徵講座平壤で開催
266575	朝鮮朝日	西北版	1935-09-04	1	10단	繭檢定所設置平南道に
266576	朝鮮朝日	西北版	1935-09-04	1	10단	運材牛に豫防注射北鮮三道にて
266577	朝鮮朝日	西北版	1935-09-04	1	10단	平壤土木組優勝平南道體育大會男子庭球
266578	朝鮮朝日	西北版	1935-09-04	1	10단	劇と映畫(平壤 偕樂館)
266579	朝鮮朝日	南鮮版	1935-09-04	1	01단	半島資源開發にお歷々の大評定川久保資源局長官らを迎へて總督府で近く開催
266580	朝鮮朝日	南鮮版	1935-09-04	1	01단	滿洲事變四周年早くも京城で記念催し計劃白眉、龍山の攻防戰
266581	朝鮮朝日	南鮮版	1935-09-04	1	01단	洼、唐氏らと會見範氏近く歸任宇垣總督と會見後上京
266582	朝鮮朝日	南鮮版	1935-09-04	1	01단	輝く施政廿五周年トピックリレー乙女の肌に紅さし遠く海外へ進出風土と豐渓に年々大增産林檎王、日高氏談
266583	朝鮮朝日	南鮮版	1935-09-04	1	02단	三港改修工事總工費五百萬圓
266584	朝鮮朝日	南鮮版	1935-09-04	1	02단	鯨三頭を捕獲日本捕鯨大喜び
266585	朝鮮朝日	南鮮版	1935-09-04	1	03단	林道開設の國庫補助を申請
266586	朝鮮朝日	南鮮版	1935-09-04	1	03단	刑務所に咲いた人間愛の美花自暴自棄の老無期囚を慰め暖い手で待つ出獄
266587	朝鮮朝日	南鮮版	1935-09-04	1	04단	公私消息(梅崎中將(二十師團長))
266588	朝鮮朝日	南鮮版	1935-09-04	1	04단	高値に歡呼慶南道夏秋蠶

일련번호	판명		간행일	면	단수	기사명
266589	朝鮮朝日	南鮮版	1935-09-04	1	05단	榮の當選者決る慶州、榮州、醴泉三郡道會議員補缺選擧(慶州郡 金性權/榮州郡 全河景/醴泉郡 金碩熙)
266590	朝鮮朝日	南鮮版	1935-09-04	1	05단	輝やく當選者木浦新商工議員(森田泰吉/任鐘文/金承太/村上直助/金成龍/米澤嘉一郎/伊藤關太郎/高橋信一/八冢喜代一/福田有造/李同根/森誠一/車南鎭/橋本平八郎/濱島廣吉/金聲振/荻野柳太郎/今西政一/二木松次郎)
266591	朝鮮朝日	南鮮版	1935-09-04	1	06단	師團對抗演習統監部所在決る
266592	朝鮮朝日	南鮮版	1935-09-04	1	06단	司法保護週間
266593	朝鮮朝日	南鮮版	1935-09-04	1	06단	戰慄の眠り病慶南道に發生患者は六つの少女當局、檢病戸口調査を實施/二人目はお婆さん釜山で發病
266594	朝鮮朝日	南鮮版	1935-09-04	1	07단	注射か內服を京城府民に强制總督府の惡疫豫防陣
266595	朝鮮朝日	南鮮版	1935-09-04	1	07단	日本畫陳列替德壽宮美術殿で
266596	朝鮮朝日	南鮮版	1935-09-04	1	08단	アサヒ・スポーツ(九月一日號)
266597	朝鮮朝日	南鮮版	1935-09-04	1	08단	船鼠捕はる
266598	朝鮮朝日	南鮮版	1935-09-04	1	09단	朝日映畫の夕
266599	朝鮮朝日	南鮮版	1935-09-04	1	09단	京城の火事
266600	朝鮮朝日	南鮮版	1935-09-04	1	09단	京城福岡一回線を增加査定も通過す
266601	朝鮮朝日	南鮮版	1935-09-04	1	10단	レール枕に少年、死の午睡急停車も及ばず轢き殺さる
266602	朝鮮朝日	南鮮版	1935-09-04	1	10단	雞林かゞみ
266603	朝鮮朝日	南鮮版	1935-09-04	1	10단	下關水産市況(三日)
266604	朝鮮朝日	西北版	1935-09-05	1	01단	全鮮各道ナンバーワン競べ日本一の撮影行竹內知事自ら乘り出して白熱氣分の咸北道
266605	朝鮮朝日	西北版	1935-09-05	1	01단	現職檢事と教頭が忌はしの贈收賄犯罪の裏に咲いた美人妓生曺仁煥ら九名起訴/處分寬大を願ひ二千圓を贈賄京城法學專門校教頭の金思永昵懇の曺に請託/妓生を妾に花街に日每豪遊不正の噂に晉州署の活躍事件發覺の端緖/被告中の紅一點同情の方錦仙
266606	朝鮮朝日	西北版	1935-09-05	1	04단	梅崎中將講演日程
266607	朝鮮朝日	西北版	1935-09-05	1	04단	輝く施政廿五周年トピックリレー乙女の肌に紅さし遠く海外へ進出風土と豊潢に年々大增産林檎王、日高氏談
266608	朝鮮朝日	西北版	1935-09-05	1	05단	『農村更生讀本』圖解入り四六判、五百頁全鮮に率先、咸南で/ホップ亞麻の增産を獎勵近く總督府で打合せ會/出廻高の盛況豫想鳳山郡の夏秋蠶繭共販/家畜監視所の增設研究/三つ巴の祕策に全滿に溢る蜜柑輸送續って必死の爭奪戰需要も倍加を期待/旅行と出荷の秋鮮滿客貨誘致の大評定
266609	朝鮮朝日	西北版	1935-09-05	1	05단	川島新陸相に大喜びの朝鮮軍和かな噂話に持切る/愛誦される歌朝鮮軍司令官時代の川島新陸相
266610	朝鮮朝日	西北版	1935-09-05	1	06단	八月に初霜咸北道に十數年來の奇現象
266611	朝鮮朝日	西北版	1935-09-05	1	07단	漁港臨港線敷設に決定將來は軍都羅南をも結ぶ伸びる大淸津府

일련번호	판명		간행일	면	단수	기사명
266612	朝鮮朝日	西北版	1935-09-05	1	07단	肅軍訓示傳達
266613	朝鮮朝日	西北版	1935-09-05	1	08단	爆彈動議で注視平壤臨時府會迫る
266614	朝鮮朝日	西北版	1935-09-05	1	08단	半島最初の高層氣象觀測所開く
266615	朝鮮朝日	西北版	1935-09-05	1	09단	京畿道辭令(八月三十一日付/以上九月三日付)
266616	朝鮮朝日	西北版	1935-09-05	1	09단	地方振興事業三道割當決る
266617	朝鮮朝日	西北版	1935-09-05	1	10단	松興線一部の線路修理
266618	朝鮮朝日	西北版	1935-09-05	1	10단	好記錄續出す第一回北鮮鐵道局內對抗陸上競技
266619	朝鮮朝日	西北版	1935-09-05	1	10단	公私消息(山田朝郵營業課長/林財務局長/範中國駐城總領事)
266620	朝鮮朝日	南鮮版	1935-09-05	1	01단	全鮮各道ナンバーワン競べ日本一の撮影行竹內知事自ら乘り出して白熱氣分の咸北道
266621	朝鮮朝日	南鮮版	1935-09-05	1	01단	蒼海を衝く(1)/激浪を征服して燈台守を驚かす滿船飾の大同丸に一行七名六時間で姉妹島へ
266622	朝鮮朝日	南鮮版	1935-09-05	1	02단	神祕の扉を開く遺蹟行脚の旅民俗學者、加藤灌覺氏が謎の國、江原道へ/古蹟愛護デー/京城三越で古蹟名勝寫眞展
266623	朝鮮朝日	南鮮版	1935-09-05	1	04단	辯護士試驗合格者
266624	朝鮮朝日	南鮮版	1935-09-05	1	04단	肅軍訓示傳達
266625	朝鮮朝日	南鮮版	1935-09-05	1	04단	元山公立商業校商業實踐室竣成す
266626	朝鮮朝日	南鮮版	1935-09-05	1	05단	月給を割いて北平から獻金元龍山の上等兵
266627	朝鮮朝日	南鮮版	1935-09-05	1	05단	現職檢事と教頭が忌はしの贈、收賄犯罪の裏に咲いた美人妓生曺仁煥ら九名起訴/處分寬大を願ひ二千圓を贈賄京城法學專門校教頭の金思永昵懇の曺に請託/妓生を妾に花街に日每豪遊不正の噂に晉州署の活躍事件發覺の端緒/被告中の紅一點同情の方錦仙
266628	朝鮮朝日	南鮮版	1935-09-05	1	06단	涼しかった半島の夏總督府觀測所の總決算
266629	朝鮮朝日	南鮮版	1935-09-05	1	06단	川島新陸相に大喜びの朝鮮軍和やかな噂話に持切る/國境警備隊員に愛誦される歌朝鮮軍司令官時代の川島新陸相
266630	朝鮮朝日	南鮮版	1935-09-05	1	08단	大邱庭球選手權大會
266631	朝鮮朝日	南鮮版	1935-09-05	1	08단	全北教員赤化事件大公判の幕開く看守、警官で物々しい警備陣本月中に結末か
266632	朝鮮朝日	南鮮版	1935-09-05	1	09단	釜山驛前に宣傳塔國勢調査の完璧を期す
266633	朝鮮朝日	南鮮版	1935-09-05	1	09단	乃木神社例祭詩吟、劍舞大會を開催
266634	朝鮮朝日	南鮮版	1935-09-05	1	09단	赤布橋竣工式
266635	朝鮮朝日	南鮮版	1935-09-05	1	09단	眠り病のお婆さん死亡
266636	朝鮮朝日	南鮮版	1935-09-05	1	10단	最高三圓四十五錢最低二圓四十三錢順川の秋繭初取引
266637	朝鮮朝日	南鮮版	1935-09-05	1	10단	トラック激突し人夫死亡す仁川港町で
266638	朝鮮朝日	南鮮版	1935-09-05	1	10단	京畿道辭令(八月三十一日付/以上九月三日付)
266639	朝鮮朝日	南鮮版	1935-09-05	1	10단	下關水産市況(四日)

일련번호	판명		간행일	면	단수	기사명
266640	朝鮮朝日	南鮮版	1935-09-05	1	10단	公私消息(巖村總督府編輯課長/佐脇京電庶務課長、橋詰京城郵便局通常郵便課長/白石光治郎氏(本府事務官)/林財務局長/巖村總督府編輯課長)
266641	朝鮮朝日	西北版	1935-09-06	1	01단	初代總督寺内元師の像施政廿五周年を記念して本月末に除幕式/記念博物館一等五千圓で設計圖案公募/全鮮のエキスパート一堂に期待の商工座談會/京城三越で古蹟名勝寫眞展/遞信文化展平壤で開く
266642	朝鮮朝日	西北版	1935-09-06	1	01단	全鮮各道ナンバー・ワン競べ寶の島に羽搏く壯麗、美鳥の群棲國境督軍、千古の原始林など候補續出の平北道
266643	朝鮮朝日	西北版	1935-09-06	1	01단	增員警官百名は西北鮮に配置黃海道海州に快速の警備船パスした警務局新事業/警官八十八名を滿洲國から注文軍隊出を望み待遇は倍以上希望者を取纏め中
266644	朝鮮朝日	西北版	1935-09-06	1	03단	蒼海を衝く(1)/激浪を征服して燈台守を驚かす滿船飾の大同丸に一行七名六時間で姉妹島へ
266645	朝鮮朝日	西北版	1935-09-06	1	04단	平壤栗の檢査を嚴重化道外進出の聲價發揚に
266646	朝鮮朝日	西北版	1935-09-06	1	04단	家庭に神棚警務局、猛運動
266647	朝鮮朝日	西北版	1935-09-06	1	05단	珍味・佳肴の粹に豪華な山の饗宴赴戰高原・湖畔の山のホテル觀光咸南に新異彩
266648	朝鮮朝日	西北版	1935-09-06	1	06단	ガソリン積んだトラック全燒す
266649	朝鮮朝日	西北版	1935-09-06	1	08단	公判は十月初旬開廷賣檢査の瀆職
266650	朝鮮朝日	西北版	1935-09-06	1	08단	愈よ明年度から五年計劃で實施鑛業朝鮮の資源調査
266651	朝鮮朝日	西北版	1935-09-06	1	08단	模範兩警官に見舞ひ金
266652	朝鮮朝日	西北版	1935-09-06	1	09단	野生萩で美麗な細工平北で有望な農村副業
266653	朝鮮朝日	西北版	1935-09-06	1	09단	牡丹台公園の中秋名月を放送京城局から全國へ
266654	朝鮮朝日	西北版	1935-09-06	1	09단	元山公立商業校商業實踐室竣成す
266655	朝鮮朝日	西北版	1935-09-06	1	09단	運動競技界(朝鮮神宮奉贊水上競技大會)
266656	朝鮮朝日	西北版	1935-09-06	1	10단	各地から(元山)
266657	朝鮮朝日	西北版	1935-09-06	1	10단	會と催(遞信局分掌局長會議)
266658	朝鮮朝日	西北版	1935-09-06	1	10단	公私消息(宇垣總督/森朝郵社長/エリッヒ・ウィルベルグ獨逸新聞聯盟極東通信員/持永憲兵隊司令官)
266659	朝鮮朝日	西北版	1935-09-06	1	10단	樂浪小話
266660	朝鮮朝日	南鮮版	1935-09-06	1	01단	初代總督寺内元師の像施政廿五周年を記念して本月末に除幕式/記念博物館一等五千圓で設計圖案公募/全鮮のエキスパート一堂に期待の商工座談會/全鮮敎化團體の聯合會組織施政記念日に發會式
266661	朝鮮朝日	南鮮版	1935-09-06	1	01단	全鮮各道ナンバー・ワン競べ寶の島に羽搏く壯麗、美鳥の群棲國境督軍、千古の原始林など候補續出の平北道
266662	朝鮮朝日	南鮮版	1935-09-06	1	01단	蒼海を衝く(2)/海岸から12哩でやっと海を發見泥と靑を區切る自然の一線
266663	朝鮮朝日	南鮮版	1935-09-06	1	02단	進水式異變漁夫卽死す

일련번호	판명		간행일	면	단수	기사명
266664	朝鮮朝日	南鮮版	1935-09-06	1	02단	慶南靑年團聯合會組織
266665	朝鮮朝日	南鮮版	1935-09-06	1	03단	赤布橋竣工
266666	朝鮮朝日	南鮮版	1935-09-06	1	04단	切なる勸說空し吉田氏辭退す吉木、朱兩氏受諾、韓氏當選仁川次代會頭は誰
266667	朝鮮朝日	南鮮版	1935-09-06	1	05단	旱害調査に五係官全南視察
266668	朝鮮朝日	南鮮版	1935-09-06	1	05단	刑務所に發生京城の腸チフス
266669	朝鮮朝日	南鮮版	1935-09-06	1	06단	公判は十月初旬開廷書檢事の瀆職
266670	朝鮮朝日	南鮮版	1935-09-06	1	06단	傳馬船轉覆し少年溺死
266671	朝鮮朝日	南鮮版	1935-09-06	1	07단	靑陽に追剝
266672	朝鮮朝日	南鮮版	1935-09-06	1	07단	牛を奪ふ爲子供を絞殺す大邱署に捕る
266673	朝鮮朝日	南鮮版	1935-09-06	1	07단	愈よ明年度から五年計劃で實施鑛業朝鮮の資源調査
266674	朝鮮朝日	南鮮版	1935-09-06	1	08단	鐵路に轢斷死體
266675	朝鮮朝日	南鮮版	1935-09-06	1	08단	警官八十八名を滿洲國から注文軍隊出を望み待遇は倍以上希望者を取纏め中/家庭に神棚警務局、猛運動
266676	朝鮮朝日	南鮮版	1935-09-06	1	09단	朝日映畫の夕
266677	朝鮮朝日	南鮮版	1935-09-06	1	09단	各地から(釜山)
266678	朝鮮朝日	南鮮版	1935-09-06	1	09단	雞林かゞみ
266679	朝鮮朝日	南鮮版	1935-09-06	1	10단	白米値上げ
266680	朝鮮朝日	南鮮版	1935-09-06	1	10단	運動競技界(朝鮮神宮競技京畿道豫選兼京畿道陸競選手權大會/同軟式庭球、卓球京畿道豫選/第二回京畿道男子中等陸上競技大會)
266681	朝鮮朝日	南鮮版	1935-09-06	1	10단	公私消息(宇垣總督/森朝郵社長/エリッヒ・ウィルベルグ獨逸新聞聯盟極東通信員/持永憲兵隊司令官)
266682	朝鮮朝日	南鮮版	1935-09-06	1	10단	會と催(遞信局分掌局長會議/大邱府會/全羅南道水産技術員および漁業組合役職員打合會)
266683	朝鮮朝日	南鮮版	1935-09-06	1	10단	下關水産市場(五日)
266684	朝鮮朝日	西北版	1935-09-07	1	01단	全鮮各道ナンバーワン競べ 多過ぎるお剋元富永知事、NO・1の選定に四つに組む京畿道/慶會樓で大祝賀會 晴の日壽ぐ總督府
266685	朝鮮朝日	西北版	1935-09-07	1	01단	東洋主義の宇垣政治に全支擧げて感服蔣介石氏と重要會見遂げて範京城總領事歸任
266686	朝鮮朝日	西北版	1935-09-07	1	01단	龍塘浦と多獅島修築計三百八十八萬圓で明年度から
266687	朝鮮朝日	西北版	1935-09-07	1	02단	十二、三日頃に逸品、續々出土か樂浪で發掘の塼槨墳三基は共に貴重な處女墳
266688	朝鮮朝日	西北版	1935-09-07	1	02단	蒼海を衝く(2)/海岸から12哩でやっと海を發見泥と靑を區切る自然の一線
266689	朝鮮朝日	西北版	1935-09-07	1	04단	平南夏秋蠶
266690	朝鮮朝日	西北版	1935-09-07	1	04단	北鮮裏日本の空路愈よ實現か明年度豫算、査定を通過
266691	朝鮮朝日	西北版	1935-09-07	1	05단	平南秋蠶にギャング襲ふ共販一割が被害/籾檢査に實地講習/見本市好成績平壤卸商組合/漁獲の鯖を船內で鹽藏咸北水試の劃期的試み

일련번호	판명		간행일	면	단수	기사명
266692	朝鮮朝日	西北版	1935-09-07	1	05단	武道の華ひらく本社からもメダルを寄贈咸北武德殿落成式
266693	朝鮮朝日	西北版	1935-09-07	1	05단	觀光咸興の大評定
266694	朝鮮朝日	西北版	1935-09-07	1	07단	一年後に獵奇犯罪の發覺火藥六貫掘らる開けて吃驚り、中味は粉炭と沙時節柄、當局大緊張/掘られたのは特殊の火藥漁業用密賣か
266695	朝鮮朝日	西北版	1935-09-07	1	08단	トンネル廿三橋梁は實に卅二明年度更に七百十九萬圓で滿浦線の延長工事
266696	朝鮮朝日	西北版	1935-09-07	1	09단	中和邑に上水道を敷設豫算六萬圓で
266697	朝鮮朝日	西北版	1935-09-07	1	09단	合併を決定兩學校組合協議會
266698	朝鮮朝日	西北版	1935-09-07	1	10단	六氏表彰さる平壤醫院記念式
266699	朝鮮朝日	西北版	1935-09-07	1	10단	結核豫防へ悲壯な第一步豫算削減に衛生課へこまず
266700	朝鮮朝日	西北版	1935-09-07	1	10단	長槍十本を鹵獲合流匪團逃走す
266701	朝鮮朝日	西北版	1935-09-07	1	10단	運動競技界(第四回全鮮庭球選手權大會)
266702	朝鮮朝日	西北版	1935-09-07	1	10단	公私消息(神津新任日本空輸京城支所長、滿航に榮轉の德留前支所長披露宴/本社京城支局來訪)
266703	朝鮮朝日	南鮮版	1935-09-07	1	01단	全鮮各道ナンバーワン競べ 多過ぎるお剩元富永知事、NO・1の選定に四つに組む京畿道/慶會樓で大祝賀會晴の日壽ぐ總督府
266704	朝鮮朝日	南鮮版	1935-09-07	1	01단	東洋主義の宇垣政治に全支擧げて感服蔣介石氏と重要會見遂げて範京城總領事歸任
266705	朝鮮朝日	南鮮版	1935-09-07	1	01단	滿洲硫安を仁川へ輸入相場に變動か
266706	朝鮮朝日	南鮮版	1935-09-07	1	02단	六百萬圓を投じ地方振興土木事業
266707	朝鮮朝日	南鮮版	1935-09-07	1	02단	蒼海を衝く(3)/巖の疊の上に賑やかな朝餉一夜の無作法者に劇的な歡送船は蹴る60哩の波
266708	朝鮮朝日	南鮮版	1935-09-07	1	04단	新刊紹介(『海都』)
266709	朝鮮朝日	南鮮版	1935-09-07	1	04단	來月七日から三日間盛大に大田の祝賀會
266710	朝鮮朝日	南鮮版	1935-09-07	1	05단	盛り澤山の催しを擧行大田の滿洲事變記念日
266711	朝鮮朝日	南鮮版	1935-09-07	1	05단	漸次に還元
266712	朝鮮朝日	南鮮版	1935-09-07	1	05단	結核豫防へ悲壯な第一步豫算削減に衛生課へこまず
266713	朝鮮朝日	南鮮版	1935-09-07	1	05단	十數年來の記錄京城府內の傳染病
266714	朝鮮朝日	南鮮版	1935-09-07	1	06단	小宮、福本兩氏召喚、收容さる共に背任橫領の嫌疑釜山消防組の首腦部全滅す
266715	朝鮮朝日	南鮮版	1935-09-07	1	07단	疑似眠り病六名發生江原道江陵郡に/京畿道は七名
266716	朝鮮朝日	南鮮版	1935-09-07	1	07단	豪華プロの編成に大童迫る釜山放送局のデビュー
266717	朝鮮朝日	南鮮版	1935-09-07	1	07단	晝は吳服店主夜は怪盜京城で發覺
266718	朝鮮朝日	南鮮版	1935-09-07	1	08단	身投人姿の死體漂着す
266719	朝鮮朝日	南鮮版	1935-09-07	1	08단	府郡は明治節道は天長節平安の聯合靑年團盛大な發會式擧行
266720	朝鮮朝日	南鮮版	1935-09-07	1	08단	平南、慶南にも武德殿を建設半島全道に武道朝鮮の本據

일련번호	판명		간행일	면	단수	기사명
266721	朝鮮朝日	南鮮版	1935-09-07	1	09단	朝日映畵の夕
266722	朝鮮朝日	南鮮版	1935-09-07	1	09단	全委員會で答申案作成大京城の建設總督府の諮問
266723	朝鮮朝日	南鮮版	1935-09-07	1	09단	農村に稔りの秋慶南一帶、稀有の好況來に更生運動へ拍車
266724	朝鮮朝日	南鮮版	1935-09-07	1	09단	下關水産市況(六日)
266725	朝鮮朝日	南鮮版	1935-09-07	1	10단	運動競技界(慶南代表水泳選手決る/第四回全鮮庭球選手權大會)
266726	朝鮮朝日	南鮮版	1935-09-07	1	10단	公私消息(本社京城支局來訪/加納金三郎大佐(海軍軍監局第三課長))
266727	朝鮮朝日	南鮮版	1935-09-07	1	10단	雞林かゞみ
266728	朝鮮朝日	南鮮版	1935-09-07	1	10단	會と催(朝鮮古蹟名勝寫眞展)
266729	朝鮮朝日	西北版	1935-09-08	1	01단	全鮮各道ナンバーワン競べ天下に示したい産業勃興の雄姿半島、躍進道の面目にかけお自慢、嚴選の咸南
266730	朝鮮朝日	西北版	1935-09-08	1	01단	南鮮地方一帶に大警戒が必要沖繩附近に發生の猛颱風迫り氣遣はる二百廿日
266731	朝鮮朝日	西北版	1935-09-08	1	01단	蒼海を衝く(3)/巖の疊の上に賑やかな朝餉一夜の無作法者に劇的な歡送船は蹟る６０哩の波
266732	朝鮮朝日	西北版	1935-09-08	1	02단	宇垣總督近く長津江水電へ
266733	朝鮮朝日	西北版	1935-09-08	1	02단	府郡は明治節道は天長節平安の聯合青年團盛大な發會式擧行
266734	朝鮮朝日	西北版	1935-09-08	1	04단	會と催(鐵道從業員修養講習會/工場管理刷新打合會/京仁各署衛生主任會議)
266735	朝鮮朝日	西北版	1935-09-08	1	04단	煉炭合同の機運切迫海軍平壤鑛業拂下げか
266736	朝鮮朝日	西北版	1935-09-08	1	05단	羅津說有力東拓北鮮支店
266737	朝鮮朝日	西北版	1935-09-08	1	05단	根據地へ歸らず敦賀へ陸揚げ鯖漁の白洋丸が注目の試み
266738	朝鮮朝日	西北版	1935-09-08	1	05단	汽車電車の稼ぎ高
266739	朝鮮朝日	西北版	1935-09-08	1	05단	朝鮮總督府施政二十五周年記念寫眞競技自由なる腕くらべ
266740	朝鮮朝日	西北版	1935-09-08	1	06단	中村大將淸津視察
266741	朝鮮朝日	西北版	1935-09-08	1	07단	北滿地方へ集團的に收容鮮滿拓殖への補助は卅萬圓/北鮮の新天地へ旱害罹災民を送る
266742	朝鮮朝日	西北版	1935-09-08	1	07단	本宮から淸津へ野口大豆工場移轉か
266743	朝鮮朝日	西北版	1935-09-08	1	08단	國勢調査のスタンプ平壤局で捺印
266744	朝鮮朝日	西北版	1935-09-08	1	08단	名探偵を盜む三ヶ月の監禁から逃歸って仇討、見事に果す
266745	朝鮮朝日	西北版	1935-09-08	1	08단	夜盜蟲被害意外に甚大
266746	朝鮮朝日	西北版	1935-09-08	1	08단	病院增改築平壤、鎭南浦で
266747	朝鮮朝日	西北版	1935-09-08	1	09단	伸び行く咸興府地價は鰻上り
266748	朝鮮朝日	西北版	1935-09-08	1	09단	平壤偕行社の三校試驗日割
266749	朝鮮朝日	西北版	1935-09-08	1	09단	三代表歸淸報告會

일련번호	판명		간행일	면	단수	기사명
266750	朝鮮朝日	西北版	1935-09-08	1	09단	平壤府臨時府會
266751	朝鮮朝日	西北版	1935-09-08	1	10단	ラヂオ聽取者激增
266752	朝鮮朝日	西北版	1935-09-08	1	10단	國民精神の振作振り採點平南道の優良部落表彰
266753	朝鮮朝日	西北版	1935-09-08	1	10단	各地から(咸興/沙里院)
266754	朝鮮朝日	西北版	1935-09-08	1	10단	運動競技界(京日主催全鮮野球爭霸戰/京城實業野球聯盟秋季戰)
266755	朝鮮朝日	南鮮版	1935-09-08	1	01단	全鮮各道ナンバーワン競べ天下に示したい産業勃興の雄姿半島、躍進道の面目にかけお自慢、嚴選の咸南
266756	朝鮮朝日	南鮮版	1935-09-08	1	01단	南鮮地方一帶に大警戒が必要沖繩附近に發生の猛颱風迫り氣遣はる二百廿日
266757	朝鮮朝日	南鮮版	1935-09-08	1	01단	原案、太明洞を實地に調査飛山洞派と猛烈な議論戰紛糾した大邱府會
266758	朝鮮朝日	南鮮版	1935-09-08	1	02단	舊盆控へ節約の宣傳釜山府がお祭り騷ぎに注意
266759	朝鮮朝日	南鮮版	1935-09-08	1	02단	北滿地方へ集團的に收容鮮滿拓殖への補助は卅萬圓/北鮮の新天地へ旱害罹災者を送る
266760	朝鮮朝日	南鮮版	1935-09-08	1	03단	國勢調査宣傳塔見事出來上る
266761	朝鮮朝日	南鮮版	1935-09-08	1	04단	丁氏の補選は十月五日
266762	朝鮮朝日	南鮮版	1935-09-08	1	04단	局鐵最初のバス六線來春から實施/交通道德宣揚京城消防署で/南洋航路が寄港躍進する釜山國際港
266763	朝鮮朝日	南鮮版	1935-09-08	1	05단	朝鮮總督府施政二十五周年記念寫眞競技自由なる腕くらべ
266764	朝鮮朝日	南鮮版	1935-09-08	1	05단	會頭は森田鯛吉氏副會頭は森、車兩氏木浦新商議の初顔合せで決る
266765	朝鮮朝日	南鮮版	1935-09-08	1	05단	レプラ患者が漁船を襲擊す十數名の處置に釜山署弱る
266766	朝鮮朝日	南鮮版	1935-09-08	1	06단	釜山港八月貿易
266767	朝鮮朝日	南鮮版	1935-09-08	1	06단	火事は一・一・九番へ京城消防署電話も自動式へ
266768	朝鮮朝日	南鮮版	1935-09-08	1	06단	拐帶店員捕る
266769	朝鮮朝日	南鮮版	1935-09-08	1	06단	店の時計三十六個を入質
266770	朝鮮朝日	南鮮版	1935-09-08	1	07단	忠南辭令(六日付)
266771	朝鮮朝日	南鮮版	1935-09-08	1	07단	賀田京城商議會頭本社來訪
266772	朝鮮朝日	南鮮版	1935-09-08	1	07단	東光生絲會社誕生
266773	朝鮮朝日	南鮮版	1935-09-08	1	07단	長城の强盜捕はる
266774	朝鮮朝日	南鮮版	1935-09-08	1	07단	各地から(京城/釜山/仁川)
266775	朝鮮朝日	南鮮版	1935-09-08	1	08단	朝日映畫の夕
266776	朝鮮朝日	南鮮版	1935-09-08	1	08단	光州にまた一名戰慄の眠り病
266777	朝鮮朝日	南鮮版	1935-09-08	1	08단	運動競技界(京日主催全鮮野球爭霸戰/京城實業野球聯盟秋季戰)
266778	朝鮮朝日	南鮮版	1935-09-08	1	08단	黑字に躍る鐵道旅客も貨物も收入も豫想外の物凄い激增振り
266779	朝鮮朝日	南鮮版	1935-09-08	1	08단	迷信から流産兒を遺棄大田獵奇事件の謎解く

일련번호	판명		간행일	면	단수	기사명
266780	朝鮮朝日	南鮮版	1935-09-08	1	08단	公私消息(梅崎前第二十師團長/室前第二十師團長/松田鮮銀理事/名倉東拓技師/小城釜山遞信分掌局長/有元元山遞信分掌局長/倉島平壤遞信分掌局長/稻川正一氏(新任釜山鐵道事務所營業主任)/高山慥爾氏/緣川洽氏/三澤京城聯合靑年團副團長)
266781	朝鮮朝日	南鮮版	1935-09-08	1	09단	慶南道教育界總會
266782	朝鮮朝日	南鮮版	1935-09-08	1	09단	汽車電車の稼ぎ高
266783	朝鮮朝日	南鮮版	1935-09-08	1	10단	ラヂオ聽取者激增
266784	朝鮮朝日	南鮮版	1935-09-08	1	10단	下關水産市況(七日)
266785	朝鮮朝日	南鮮版	1935-09-08	1	10단	蒼海を衝く本日休載
266786	朝鮮朝日	南鮮版	1935-09-08	1	10단	難林かゞみ
266787	朝鮮朝日	西北版	1935-09-10	1	01단	全鮮各道ナンバーワン競べお國自慢が多過ぎ選定にも一苦勞全鮮をアッといはす趣向自信滿々の平南道
266788	朝鮮朝日	西北版	1935-09-10	1	01단	火力發電に邁進調査委員會と府會へ蕙場技師から有利な報告
266789	朝鮮朝日	西北版	1935-09-10	1	01단	蒼海を衝く(完)/孤島への珍客は海泳いで來る猪水が生命、絶海の燈台守生活
266790	朝鮮朝日	西北版	1935-09-10	1	02단	第二人道橋自力で架設か國庫補助には難色
266791	朝鮮朝日	西北版	1935-09-10	1	04단	宇垣總督國境視察
266792	朝鮮朝日	西北版	1935-09-10	1	04단	天然記念物に蝀龍窟指定波多江技師調査に來壤
266793	朝鮮朝日	西北版	1935-09-10	1	04단	高句麗古墳にまた雄大な壁畵我考古學界、稀に見る逸品平壤府內で發見/盜掘を防ぎ古墳保存平壤に新名所
266794	朝鮮朝日	西北版	1935-09-10	1	05단	後任羅津邑長田口氏を任命
266795	朝鮮朝日	西北版	1935-09-10	1	05단	新羅王の金冠古蹟愛護デーに平壤で公開
266796	朝鮮朝日	西北版	1935-09-10	1	06단	運動競技界(陸に水にスポーツ繪卷平壤の各競技/六十翁や紅一點の力泳盛大極めた平壤公設プール開き)
266797	朝鮮朝日	西北版	1935-09-10	1	06단	國境特別警備本府も贊成古川警察部長語る
266798	朝鮮朝日	西北版	1935-09-10	1	06단	またぶり返す平南道內の腦脊髓膜炎
266799	朝鮮朝日	西北版	1935-09-10	1	07단	二人、轢き殺さる
266800	朝鮮朝日	西北版	1935-09-10	1	07단	平壤日糖側は樂觀萬一の場合は北支新市場開拓滿洲の沙糖自給自足問題
266801	朝鮮朝日	西北版	1935-09-10	1	08단	トラック斷崖から墜落運轉手助手奇蹟的に助かる
266802	朝鮮朝日	西北版	1935-09-10	1	08단	眠り病二名平南にも發生
266803	朝鮮朝日	西北版	1935-09-10	1	08단	棍棒で撲り實父を慘殺發作的の兇行
266804	朝鮮朝日	西北版	1935-09-10	1	09단	牛の足から一日に七千圓鰯豊漁の清津でモー一君全盛時代
266805	朝鮮朝日	西北版	1935-09-10	1	10단	各地から(平壤/元山)
266806	朝鮮朝日	西北版	1935-09-10	1	10단	劇と映畵(平壤 偕樂館)
266807	朝鮮朝日	西北版	1935-09-10	1	10단	會と催(平南道農村振興研究會)
266808	朝鮮朝日	西北版	1935-09-10	1	10단	公私消息(渡邊學務局長)

일련번호	판명		간행일	면	단수	기사명
266809	朝鮮朝日	南鮮版	1935-09-10	1	01단	皇化普き半島の山河に一段の輝き官民共に決意を新にせん甚し・侍從御差遺に宇垣總督謹話(貴賓として記念式列席德大寺侍從の日程)
266810	朝鮮朝日	南鮮版	1935-09-10	1	01단	日滿支を結ぶ空から親善の旅半島の誇る鳥人、愼氏が十六日京城を出發
266811	朝鮮朝日	南鮮版	1935-09-10	1	01단	御宿舍決定
266812	朝鮮朝日	南鮮版	1935-09-10	1	01단	蒼海を衝く(完)/孤島への珍客は海泳いで來る猪水が生命、絶海の燈台守生活
266813	朝鮮朝日	南鮮版	1935-09-10	1	02단	蔚山郡民大會で氣勢を揚ぐ飛行場存置問題
266814	朝鮮朝日	南鮮版	1935-09-10	1	03단	南鮮を荒廻る季節の暴君農作物被害憂慮さる/交通杜絶す慶南各地に浸水
266815	朝鮮朝日	南鮮版	1935-09-10	1	04단	警視級異動廿日頃に發令
266816	朝鮮朝日	南鮮版	1935-09-10	1	05단	全鮮各道ナンバーワン競べお國自慢が多過ぎ選定にも一苦勞全鮮をアッといはす趣向自信滿々の平南道
266817	朝鮮朝日	南鮮版	1935-09-10	1	06단	國防婦人聯合分會十日京城で發會式
266818	朝鮮朝日	南鮮版	1935-09-10	1	07단	林檎騷動春川高普一二年生盟休
266819	朝鮮朝日	南鮮版	1935-09-10	1	07단	續發する眠り病法定傳染病に準じ各道へ嚴重防疫を通牒
266820	朝鮮朝日	南鮮版	1935-09-10	1	08단	鮮滿通信聯絡會議
266821	朝鮮朝日	南鮮版	1935-09-10	1	08단	寄附金中の五千餘圓に疑ひ釜山消防組事件の取調べ關係者近く召喚か
266822	朝鮮朝日	南鮮版	1935-09-10	1	09단	飛降り男負傷
266823	朝鮮朝日	南鮮版	1935-09-10	1	09단	京城に二人强盜出刃庖丁と鑿を携へ質屋を襲ひ捕はる
266824	朝鮮朝日	南鮮版	1935-09-10	1	10단	宇垣總督國境視察
266825	朝鮮朝日	南鮮版	1935-09-10	1	10단	賀田會頭九州支社來訪
266826	朝鮮朝日	南鮮版	1935-09-10	1	10단	下關水産市況(九日)
266827	朝鮮朝日	西北版	1935-09-11	1	01단	全鮮各道ナンバーワン競べ 異彩を放つ誇り豊かな天然資源を擁して餘裕綽々の黃海道/初秋の日本海に釣りの醍醐味ナンバー・ワンに推したい竹內知事の腕前
266828	朝鮮朝日	西北版	1935-09-11	1	04단	公私消息(袁慶淸氏(滿洲國間島州公署教育廳長))
266829	朝鮮朝日	西北版	1935-09-11	1	04단	大同江左岸の築堤を設く五萬圓投じて
266830	朝鮮朝日	西北版	1935-09-11	1	04단	起債認可あれば自家發電できる發電所の設置候補地は酒巖山附近が有力/火力發電邁進の報告を可決緊張の平壤府會
266831	朝鮮朝日	西北版	1935-09-11	1	05단	陳情委員の報告會
266832	朝鮮朝日	西北版	1935-09-11	1	05단	鼠色の團服に燃える日本精神平南青年團準備進む
266833	朝鮮朝日	西北版	1935-09-11	1	06단	朝鮮總督府施政二十五周年記念寫眞競技自由なる腕くらべ
266834	朝鮮朝日	西北版	1935-09-11	1	06단	資産家から捲上ぐ詐欺賭博で
266835	朝鮮朝日	西北版	1935-09-11	1	06단	街の話題
266836	朝鮮朝日	西北版	1935-09-11	1	06단	無競爭で當選か新義州商議選擧

일련번호	판명		간행일	면	단수	기사명
266837	朝鮮朝日	西北版	1935-09-11	1	07단	平南道廳舞台に不敵な籠拔け高橋學務課長の名を騙って樂器店員から詐取
266838	朝鮮朝日	西北版	1935-09-11	1	07단	平壤觀光協會の改革案擡頭
266839	朝鮮朝日	西北版	1935-09-11	1	08단	職業學校は多分平壤へ設置渡邊學務局長語る
266840	朝鮮朝日	西北版	1935-09-11	1	08단	南山普通校の國旗製作好評
266841	朝鮮朝日	西北版	1935-09-11	1	08단	七百萬圓、十年の大工事完成近し新義州、惠山鎭間國境道路軍事、産業に大福音
266842	朝鮮朝日	西北版	1935-09-11	1	08단	また實現延期平壤府廳舍增築
266843	朝鮮朝日	西北版	1935-09-11	1	09단	立間組優勝平壤老童庭球
266844	朝鮮朝日	西北版	1935-09-11	1	10단	猫イラズの差入れ
266845	朝鮮朝日	西北版	1935-09-11	1	10단	各地から(平壤/元山/咸興)
266846	朝鮮朝日	西北版	1935-09-11	1	10단	樂浪小話
266847	朝鮮朝日	南鮮版	1935-09-11	1	01단	議長の採決で原案通り太明洞綜合運動場問題を俎上に大混亂の大邱府會
266848	朝鮮朝日	南鮮版	1935-09-11	1	01단	優秀國産映畫內地人側で獨占統制は全く有名無實
266849	朝鮮朝日	南鮮版	1935-09-11	1	01단	高値を唱ふ慶南夏秋蠶
266850	朝鮮朝日	南鮮版	1935-09-11	1	02단	仁川商議の初總會
266851	朝鮮朝日	南鮮版	1935-09-11	1	02단	全鮮各道ナンバーワン競べ異彩を放つ誇り豊かな天然資源を擁して餘裕綽々の黃海道
266852	朝鮮朝日	南鮮版	1935-09-11	1	03단	蔚山橋落成式賑やかに擧行
266853	朝鮮朝日	南鮮版	1935-09-11	1	03단	台灣博に素敵な朝鮮館半島文化産業の全貌を紹介
266854	朝鮮朝日	南鮮版	1935-09-11	1	04단	公私消息(袁慶淸氏(滿洲國間島州公署教育廳長))
266855	朝鮮朝日	南鮮版	1935-09-11	1	04단	全國鑵詰業大會協議事項決定す
266856	朝鮮朝日	南鮮版	1935-09-11	1	04단	朝鮮總督府施政二十五周年記念寫眞競技自由なる腕くらべ
266857	朝鮮朝日	南鮮版	1935-09-11	1	04단	忠北の旱害
266858	朝鮮朝日	南鮮版	1935-09-11	1	05단	朝鮮警察官引張り凧滿洲國から斡旋依賴相次ぐ
266859	朝鮮朝日	南鮮版	1935-09-11	1	05단	滿洲國目指し鹽魚を輸出十九日釜山で協議會
266860	朝鮮朝日	南鮮版	1935-09-11	1	06단	各地から(京城/開城/大邱/釜山/統營/光州/仁川)
266861	朝鮮朝日	南鮮版	1935-09-11	1	06단	大型ナイフ揮ひ賊、斬って掛る尼子巡査止なく拔刀/當然正當防衛だ佐伯警察部長語る/熱心の結果木村署長談/二軒を襲ふ
266862	朝鮮朝日	南鮮版	1935-09-11	1	07단	社會事業大會十月三、四の兩日開催
266863	朝鮮朝日	南鮮版	1935-09-11	1	07단	百十八萬圓七月下旬の京畿道水害
266864	朝鮮朝日	南鮮版	1935-09-11	1	07단	大同煉炭は脫退表明合同會議開かる
266865	朝鮮朝日	南鮮版	1935-09-11	1	08단	移出牛激增
266866	朝鮮朝日	南鮮版	1935-09-11	1	08단	運動競技界(朝鮮神宮競技慶南卓球豫選/慶南角力豫選)
266867	朝鮮朝日	南鮮版	1935-09-11	1	08단	十一月廿日に一齊に執行新三府の府議選擧
266868	朝鮮朝日	南鮮版	1935-09-11	1	08단	「雪之丞變化」愛讀者優待釜山で上映
266869	朝鮮朝日	南鮮版	1935-09-11	1	09단	會と催(蔚山戰史講演/歐洲映畫ポスター・スチール展覽會)

일련번호	판명		간행일	면	단수	기사명
266870	朝鮮朝日	南鮮版	1935-09-11	1	10단	公私消息(石川金生氏(元釜山鐵道事務所營業主任)/西尾虎之助氏(釜山府會議員))
266871	朝鮮朝日	南鮮版	1935-09-11	1	10단	下關水産市況(十日)
266872	朝鮮朝日	南鮮版	1935-09-11	1	10단	雞林かゞみ
266873	朝鮮朝日	西北版	1935-09-12	1	01단	全鮮各道ナンバーワン競べ 水産こそ獨擅場貿易額でも群を拔き他道を脅かす慶南自慢の種/筆頭は鴨綠江國境警備陣も加へ平北のベスト５決定す/地球を八回卷く謎の怪物？咸北の資料本府へ
266874	朝鮮朝日	西北版	1935-09-12	1	01단	左寶貴將軍は乙密台で戰死生き殘りの八十二翁が日淸役史蹟に異說
266875	朝鮮朝日	西北版	1935-09-12	1	02단	一萬頭突破か平南北の移出牛
266876	朝鮮朝日	西北版	1935-09-12	1	02단	宣教費復活の哀願電報を打つ基督教長老會から
266877	朝鮮朝日	西北版	1935-09-12	1	03단	收穫少し磚槨墳の發掘
266878	朝鮮朝日	西北版	1935-09-12	1	03단	一般家庭にも神棚を普及―基二圓位
266879	朝鮮朝日	西北版	1935-09-12	1	04단	(新義州)
266880	朝鮮朝日	西北版	1935-09-12	1	04단	施政二十五周年と大阪朝日(施政廿五周年記念全鮮鐵道早廻りリレー)
266881	朝鮮朝日	西北版	1935-09-12	1	07단	頓挫の心田開發慧眼總督の巡視近づき平南、微妙な緊張
266882	朝鮮朝日	西北版	1935-09-12	1	08단	上海航路の直航を陳情鎭南浦から
266883	朝鮮朝日	西北版	1935-09-12	1	08단	一切朝鮮式に轉錦門の復舊
266884	朝鮮朝日	西北版	1935-09-12	1	09단	咸南農村に夜盜蟲發生被害頗る甚大/平北にも害蟲
266885	朝鮮朝日	西北版	1935-09-12	1	10단	腦脊髓膜炎西鮮に猖獗一週間に四十二名發生/眠り病平南に猖獗
266886	朝鮮朝日	西北版	1935-09-12	1	10단	男心に秋風山形縣の女大同江へ身投げ
266887	朝鮮朝日	西北版	1935-09-12	1	10단	樂浪小話
266888	朝鮮朝日	南鮮版	1935-09-12	1	01단	全鮮各道ナンバーワン競べ 水産こそ獨擅場貿易額でも群を拔き他道を脅かす慶南自慢の種/大京城を初め超弩級ばかり京畿道の最有力候補
266889	朝鮮朝日	南鮮版	1935-09-12	1	01단	乃木神社境內に露軍の主砲初例祭に除幕式擧行
266890	朝鮮朝日	南鮮版	1935-09-12	1	03단	川久保長官ら列席資源調査の討議本府で大評定開かる
266891	朝鮮朝日	南鮮版	1935-09-12	1	04단	仁川商議會頭太田氏受諾せん
266892	朝鮮朝日	南鮮版	1935-09-12	1	04단	施政二十五周年と大阪朝日(施政廿五周年記念全鮮鐵道早廻りリレー)
266893	朝鮮朝日	南鮮版	1935-09-12	1	05단	飛山洞派から食って掛る大邱府會第三日
266894	朝鮮朝日	南鮮版	1935-09-12	1	06단	關釜聯絡卅周年のお祝ひ
266895	朝鮮朝日	南鮮版	1935-09-12	1	06단	尼子巡査に處罰なし當然の職務執行と檢事認む
266896	朝鮮朝日	南鮮版	1935-09-12	1	07단	下關水産市況(十一日)
266897	朝鮮朝日	南鮮版	1935-09-12	1	08단	新移民會社へ東亞勸業を合倂錦織事務ら來城す
266898	朝鮮朝日	南鮮版	1935-09-12	1	09단	小宮氏商議を辭任
266899	朝鮮朝日	南鮮版	1935-09-12	1	09단	無事故誇る賞牌優良機關區へ贈らる

일련번호	판명		간행일	면	단수	기사명
266900	朝鮮朝日	南鮮版	1935-09-12	1	09단	腦脊髓膜炎軍馬に感染
266901	朝鮮朝日	南鮮版	1935-09-12	1	10단	逃亡の怪盗鍾路署に捕はる
266902	朝鮮朝日	南鮮版	1935-09-12	1	10단	刑事補償法初めて適用婦女誘拐の嫌疑晴れて
266903	朝鮮朝日	南鮮版	1935-09-12	1	10단	會と催(釜山工業俱樂部總會/公州基督教講演會/軍司令官招宴/朝鐵定時總會)
266904	朝鮮朝日	南鮮版	1935-09-12	1	10단	公私消息(羅馬法王使節ポールマレラ氏/鈴木文治氏/池田新任總督府祕書官/高井共益社長/山田朝郵營業課長/原商工省水産局長/稲川正一氏(新任釜山鐵道事務所營業主任)/今田朝郵副參事令息)
266905	朝鮮朝日	南鮮版	1935-09-12	1	10단	運動競技界(朝鮮神宮競技卓球の京畿道代表/第七回全鮮中等蹴球大會)
266906	朝鮮朝日	西北版	1935-09-13	1	01단	全鮮各道ナンバーワン競べ 全鮮一の鉢合せ惠まれ過ぎて詮考難勿體ない全南の愚癡/蘋果や溫泉鄉道政の新しき指標として大乘氣の黄海道當局/大京城初め超弩級揃ひ京畿道の最有力候補/躍進の姿求めカメラの總動員寫眞競技絶讃の聲
266907	朝鮮朝日	西北版	1935-09-13	1	02단	新義州商議新議員(表谷佐平/宋寬哲/松隈六太郎/森本定治郎/中込精一/鄭京碩/河野惠治/加藤銕治郎/盧炳熙/中山商治/近藤清一/藤田房助/藤本嘉三治/金大鉉/阿部繁男/龜山東吉/高木延藏/垣見賢三/金履深/朴龍雲)
266908	朝鮮朝日	西北版	1935-09-13	1	04단	成川市內電話開通
266909	朝鮮朝日	西北版	1935-09-13	1	04단	總督國境へ十二日夜出發/羅南軍旗祭十五日に擧行
266910	朝鮮朝日	西北版	1935-09-13	1	04단	新籾出廻る西鮮は豐作
266911	朝鮮朝日	西北版	1935-09-13	1	05단	各地から(新義州/沙里院/平壤/咸興/羅南)
266912	朝鮮朝日	西北版	1935-09-13	1	05단	燐寸分工場咸興に新設
266913	朝鮮朝日	西北版	1935-09-13	1	05단	九十萬圓を投じ十三年春に開通平壤の自働交換電話
266914	朝鮮朝日	西北版	1935-09-13	1	05단	約三萬箱を支那へ輸出北鮮の鹽鰯
266915	朝鮮朝日	西北版	1935-09-13	1	06단	僅か二年間に蘇った農村平南に見る更生の姿
266916	朝鮮朝日	西北版	1935-09-13	1	06단	又中毒騷ぎ一名死亡す
266917	朝鮮朝日	西北版	1935-09-13	1	06단	學友を裝ひ上りこんで盗む訪問竊盗團捕はる
266918	朝鮮朝日	西北版	1935-09-13	1	06단	漁獲減少し却って高値平北の水産
266919	朝鮮朝日	西北版	1935-09-13	1	07단	平南金組支部提案
266920	朝鮮朝日	西北版	1935-09-13	1	08단	府電の活路明示自家發電の報告書
266921	朝鮮朝日	西北版	1935-09-13	1	09단	京城秋季競馬會
266922	朝鮮朝日	西北版	1935-09-13	1	09단	平壤分掌局管內簡保募集高
266923	朝鮮朝日	西北版	1935-09-13	1	09단	平師附屬普通明年度に實現
266924	朝鮮朝日	西北版	1935-09-13	1	09단	混合列車廢し貨客に分離平鐵輸送刷新を要望
266925	朝鮮朝日	西北版	1935-09-13	1	10단	朝鮮の瀬戶平壤に建設
266926	朝鮮朝日	西北版	1935-09-13	1	10단	樂浪小話
266927	朝鮮朝日	西北版	1935-09-13	1	10단	公私消息(川越對滿事務局次長/齋藤北鐵管理局長)

일련번호	판명		간행일	면	단수	기사명
266928	朝鮮朝日	南鮮版	1935-09-13	1	01단	師團對抗演習に三段構への警備張り切る全鮮査察陣/電線竊盜事件南鮮各地に頻發慶北、忠南へ捜査嚴命
266929	朝鮮朝日	南鮮版	1935-09-13	1	01단	總督國境へ十二日夜出發
266930	朝鮮朝日	南鮮版	1935-09-13	1	01단	滿洲事變記念日各地の催し(京城/釜山)
266931	朝鮮朝日	南鮮版	1935-09-13	1	01단	正式放送近し釜山放送局
266932	朝鮮朝日	南鮮版	1935-09-13	1	02단	全鮮各道ナンバーワン競べ 全鮮一の鉢合せ惠まれ過ぎて詮考難勿體ない全南の愚癡/筆頭は鴨綠江國境警備陣も加へ平北のベスト５決定す
266933	朝鮮朝日	南鮮版	1935-09-13	1	03단	仁川商議會頭太田氏就任
266934	朝鮮朝日	南鮮版	1935-09-13	1	03단	乃木神社大祭
266935	朝鮮朝日	南鮮版	1935-09-13	1	04단	英艦寄港日程
266936	朝鮮朝日	南鮮版	1935-09-13	1	04단	大邱府會流會
266937	朝鮮朝日	南鮮版	1935-09-13	1	04단	資源調査委員會終了す
266938	朝鮮朝日	南鮮版	1935-09-13	1	05단	各地から(京城/釜山/仁川/光州)
266939	朝鮮朝日	南鮮版	1935-09-13	1	05단	開城の溫泉試掘有望
266940	朝鮮朝日	南鮮版	1935-09-13	1	05단	全國鑵詰大會
266941	朝鮮朝日	南鮮版	1935-09-13	1	06단	軍馬の腦脊髓膜炎二頭續發
266942	朝鮮朝日	南鮮版	1935-09-13	1	07단	國勢調査心得帖十月一日午前零時期し全國一せいに施行/流石は玄關口お骨折一入釜山で宣傳に大童
266943	朝鮮朝日	南鮮版	1935-09-13	1	08단	金庫破り二少年門司で御用
266944	朝鮮朝日	南鮮版	1935-09-13	1	09단	京城秋季競馬會
266945	朝鮮朝日	南鮮版	1935-09-13	1	09단	狩獵十五日解禁手具脛ひく天狗達
266946	朝鮮朝日	南鮮版	1935-09-13	1	09단	交通規則違反拔打ち檢擧京畿道に忽ち十二件
266947	朝鮮朝日	南鮮版	1935-09-13	1	10단	自動車內のラヂオは不許可
266948	朝鮮朝日	南鮮版	1935-09-13	1	10단	運動競技界(神宮競技漕艇大會/門鐵ラグビー來征)
266949	朝鮮朝日	南鮮版	1935-09-13	1	10단	會と催(子規忌句會竝に法要)
266950	朝鮮朝日	南鮮版	1935-09-13	1	10단	下關水産市況(十二日)
266951	朝鮮朝日	南鮮版	1935-09-13	1	10단	公私消息(山澤總督府農産課長/林殖銀理事/箱崎鮮銀支店課長)
266952	朝鮮朝日	西北版	1935-09-14	1	01단	全鮮各道ナンバーワン競べ玉手箱の中で知事さんの微笑任期の長さなら全鮮一と秀拔な全北の着想
266953	朝鮮朝日	西北版	1935-09-14	1	01단	平壤神社の待たれる祭典十月一日から六日間
266954	朝鮮朝日	西北版	1935-09-14	1	01단	宇垣總督元山を視察
266955	朝鮮朝日	西北版	1935-09-14	1	02단	林檎業者は糠喜び台灣進出は掛聲ばかり
266956	朝鮮朝日	西北版	1935-09-14	1	02단	職業學校を返上僅か千圓の補助では教育費負擔に耐へられぬ
266957	朝鮮朝日	西北版	1935-09-14	1	03단	施政二十五周年と大阪朝日(施政廿五周年記念全鮮鐵道早廻りリレー)
266958	朝鮮朝日	西北版	1935-09-14	1	03단	電波に偲ぶ故鄕の名月尾道の朝鮮人大喜び
266959	朝鮮朝日	西北版	1935-09-14	1	04단	元山の氣溫急降下

일련번호	판명		간행일	면	단수	기사명
266960	朝鮮朝日	西北版	1935-09-14	1	05단	米穀大會へ珍客六百餘人早速新米を御馳走
266961	朝鮮朝日	西北版	1935-09-14	1	05단	珍しい貯金記念式
266962	朝鮮朝日	西北版	1935-09-14	1	06단	風雨に誘はれて早くも冬の走りカンカン帽照れ氣味/咸南に初雪
266963	朝鮮朝日	西北版	1935-09-14	1	06단	送電祝賀會十一月初め平壤で
266964	朝鮮朝日	西北版	1935-09-14	1	07단	土木事業は總倒れ平壤府の申請財務局で削除
266965	朝鮮朝日	西北版	1935-09-14	1	07단	刑事夫婦で竊盜犯逮捕
266966	朝鮮朝日	西北版	1935-09-14	1	08단	飛乘り損ね二職工重傷
266967	朝鮮朝日	西北版	1935-09-14	1	08단	鬼のゐぬ間に洗濯强敵青森林檎の減收で高値唱へる鎭南浦林檎
266968	朝鮮朝日	西北版	1935-09-14	1	08단	國境の不安增大八ヶ月間の匪賊襲來數五百十四件に達す
266969	朝鮮朝日	西北版	1935-09-14	1	09단	空の勇士冬仕度千米の上空は零度しびれる程の寒さ
266970	朝鮮朝日	西北版	1935-09-14	1	09단	京城秋季競馬會
266971	朝鮮朝日	西北版	1935-09-14	1	10단	平南稅制整理
266972	朝鮮朝日	西北版	1935-09-14	1	10단	平南に眠り病また一名發生
266973	朝鮮朝日	西北版	1935-09-14	1	10단	公私消息(原農林省水産局長/吉川工學博士(元內務技監)/山村京城中央試驗場長/倉島至氏(平壤遞信分掌局長)/甘蔗義邦氏(平壤稅務監督局長)/坂本晃氏(新義州稅務署長))
266974	朝鮮朝日	西北版	1935-09-14	1	10단	樂浪小話
266975	朝鮮朝日	南鮮版	1935-09-14	1	01단	全鮮各道ナンバーワン競べ玉手箱の中で知事さんの微笑任期の長さなら全鮮一と秀拔な全北の着想
266976	朝鮮朝日	南鮮版	1935-09-14	1	01단	全國罐詰業大會二百五十名參集し京城で盛大に開催
266977	朝鮮朝日	南鮮版	1935-09-14	1	02단	海事審判の二審制明年度に實施
266978	朝鮮朝日	南鮮版	1935-09-14	1	03단	施政二十五周年と大阪朝日(施政廿五周年記念全鮮鐵道早廻りリレー)
266979	朝鮮朝日	南鮮版	1935-09-14	1	03단	破傷風菌に五つの種類福田囑託第二の發見死病治療へ貢獻
266980	朝鮮朝日	南鮮版	1935-09-14	1	04단	齒科醫學會の總會
266981	朝鮮朝日	南鮮版	1935-09-14	1	05단	司法保護デー京城の宣傳
266982	朝鮮朝日	南鮮版	1935-09-14	1	05단	京城見本市十六、七日に開催
266983	朝鮮朝日	南鮮版	1935-09-14	1	05단	釜山埠頭は貨物洪水驛員悲鳴揚ぐ
266984	朝鮮朝日	南鮮版	1935-09-14	1	06단	叺協會合倂十七日委員會
266985	朝鮮朝日	南鮮版	1935-09-14	1	06단	囂々と非難の聲綜合運動場問題に敗れ橫車押す飛山洞派
266986	朝鮮朝日	南鮮版	1935-09-14	1	06단	遞信局辭令
266987	朝鮮朝日	南鮮版	1935-09-14	1	06단	朝鮮神宮獻詠歌會
266988	朝鮮朝日	南鮮版	1935-09-14	1	06단	八名を起訴全南赤色勞組事件
266989	朝鮮朝日	南鮮版	1935-09-14	1	07단	釜山の舊盆景氣一番の戎顔は吳服屋さん平常より五、六倍の賣行き
266990	朝鮮朝日	南鮮版	1935-09-14	1	07단	下關水産市況(十三日)
266991	朝鮮朝日	南鮮版	1935-09-14	1	08단	博物館の寄附七十四萬圓筆頭は三井、三菱
266992	朝鮮朝日	南鮮版	1935-09-14	1	08단	揚口農蠶生徒一時盟休騷ぎ

일련번호	판명		간행일	면	단수	기사명
266993	朝鮮朝日	南鮮版	1935-09-14	1	09단	怪盜安昌德
266994	朝鮮朝日	南鮮版	1935-09-14	1	09단	鐵道の黑字
266995	朝鮮朝日	南鮮版	1935-09-14	1	09단	公私消息(馬場勸銀總裁/關屋前宮內次官/高橋東拓總裁/田中早大總長/三宅第二十師團長/荻原鐵道局庶務課長/本田朝鮮金聯金融部長/松島忠北內務部長/橫井實郞氏(元鐵道局汽車課長))
266996	朝鮮朝日	南鮮版	1935-09-14	1	09단	各地から(京城/釜山/開城)
266997	朝鮮朝日	南鮮版	1935-09-14	1	10단	埠頭のダニ
266998	朝鮮朝日	南鮮版	1935-09-14	1	10단	難林かゞみ
266999	朝鮮朝日	西北版	1935-09-15	1	01단	本社主催全鮮鐵道早廻りリレー　名士から稱讃の花束/記念事業の白眉課題も亦興味が多い成功を祈る宇垣總督談/交通文化の明示總督府でも大いに歡迎今井田政務總監談/産業朝鮮の全貌紹介、期して待つべし穗積殖産局長談/恰も社是の如く實のある快擧産業、勝景に絶好の宣傳齋藤北鐵管理局長談/正に本壘打社を擧げて熱援新田朝鐵專務談/千變萬化の祕策の面白さ佐藤鐵道營業課長談
267000	朝鮮朝日	西北版	1935-09-15	1	01단	滿腔の敬意極力後援する吉田鐵道局長談
267001	朝鮮朝日	西北版	1935-09-15	1	04단	總督咸興視察
267002	朝鮮朝日	西北版	1935-09-15	1	04단	紹介してほしい更生の姿相矢島農林局長談
267003	朝鮮朝日	西北版	1935-09-15	1	05단	會と催(農事懇談會)
267004	朝鮮朝日	西北版	1935-09-15	1	05단	全鮮各道ナンバーワン競べ何んでも御座れ岡崎知事初め大手を擴げ莞爾と他道へ挑戰
267005	朝鮮朝日	西北版	1935-09-15	1	07단	國境に聳える連峰に初雪旭日に映える美觀
267006	朝鮮朝日	西北版	1935-09-15	1	08단	敬神觀念普及に眞っ向から反對基督教長老會の申合せに當局、事態を重大視/朝鮮人側に委任經營か長老派各校危機に直面
267007	朝鮮朝日	西北版	1935-09-15	1	08단	名月宴軍司令官招待
267008	朝鮮朝日	西北版	1935-09-15	1	08단	三千圓盜難間組淸津出張所
267009	朝鮮朝日	西北版	1935-09-15	1	09단	加藤氏當選新義州商議會頭
267010	朝鮮朝日	西北版	1935-09-15	1	09단	古場坂坪間吉野組落札
267011	朝鮮朝日	西北版	1935-09-15	1	10단	平南は豊作
267012	朝鮮朝日	西北版	1935-09-15	1	10단	轢死頻々
267013	朝鮮朝日	西北版	1935-09-15	1	10단	偽刑事の暴行
267014	朝鮮朝日	西北版	1935-09-15	1	10단	公私消息(西村泰次郎氏(咸南農務課長))
267015	朝鮮朝日	西北版	1935-09-15	1	10단	各地から(淸津/平壤)
267016	朝鮮朝日	南鮮版	1935-09-15	1	01단	本社主催全鮮鐵道早廻りリレー　名士から稱讃の花束/記念事業の白眉課題も亦興味が多い成功を祈る宇垣總督談/交通文化の明示總督府でも大いに歡迎今井田政務總監談/産業朝鮮の全貌紹介、期して待つべし穗積殖産局長談/正に本壘打社を擧げて熱援新田朝鐵專務談/恰も社是の如く實のある快擧産業、勝景に絶好の宣傳齋藤北鐵管理局長談/千變萬化の祕策の面白さ佐藤鐵道營業課長談

일련번호	판명		간행일	면	단수	기사명
267017	朝鮮朝日	南鮮版	1935-09-15	1	01단	滿腔の敬意極力後援する吉田鐵道局長談
267018	朝鮮朝日	南鮮版	1935-09-15	1	04단	會と催(故關野博士追悼茶話會/米倉支店長會議/第六回貨物協議會/基督教傳道會)
267019	朝鮮朝日	南鮮版	1935-09-15	1	04단	全鮮各道ナンバーワン競べ何んでも御座れ岡崎知事初め大手を擴げ莞爾と他道へ挑戰
267020	朝鮮朝日	南鮮版	1935-09-15	1	05단	司法官會議
267021	朝鮮朝日	南鮮版	1935-09-15	1	05단	紹介してほしい更生の姿相矢島農林局長談
267022	朝鮮朝日	南鮮版	1935-09-15	1	05단	新羅祭賑ふ
267023	朝鮮朝日	南鮮版	1935-09-15	1	06단	國境地帶に初雪舞ふ早くも冷害の心配
267024	朝鮮朝日	南鮮版	1935-09-15	1	06단	雞林かゞみ
267025	朝鮮朝日	南鮮版	1935-09-15	1	08단	慶南警察部の留置場に赤痢
267026	朝鮮朝日	南鮮版	1935-09-15	1	08단	飛山洞派の反對打切り
267027	朝鮮朝日	南鮮版	1935-09-15	1	09단	名月宴軍司令官招待
267028	朝鮮朝日	南鮮版	1935-09-15	1	09단	總督府辭令(十四日)
267029	朝鮮朝日	南鮮版	1935-09-15	1	10단	鑵詰業大會終る
267030	朝鮮朝日	南鮮版	1935-09-15	1	10단	殖銀優勝す京日野球戰
267031	朝鮮朝日	南鮮版	1935-09-15	1	10단	第廿師團夜間演習
267032	朝鮮朝日	南鮮版	1935-09-15	1	10단	開業醫の盜み
267033	朝鮮朝日	南鮮版	1935-09-15	1	10단	溺死體漂着
267034	朝鮮朝日	南鮮版	1935-09-15	1	10단	公私消息(三宅龍山第二十師團長、今村第四十旅團長/持永憲兵司令官/川久保資源局長官/大串軍參謀長/山田軍管理部長/榛葉總台府土木課長/本社京城支局來訪/不破鮮銀祕書役)
267035	朝鮮朝日	南鮮版	1935-09-15	1	10단	下關水産市況(十四日)
267036	朝鮮朝日	西北版	1935-09-17	1	01단	全鮮鐵道早廻りリレー 胸に完璧の祕策重任擔ふ四選手/北へ、南へ、走る筆陣/淡彩畫の海港や秋酣の金剛山山田記者の作戰如何？南廻り第一コース/現地報告書大田鐵道事務所長鈴木敏氏談
267037	朝鮮朝日	西北版	1935-09-17	1	04단	英艦寄港日程
267038	朝鮮朝日	西北版	1935-09-17	1	04단	飲酒賭博を斷ち模範部落に更生平南の生きた實例
267039	朝鮮朝日	西北版	1935-09-17	1	05단	總督平北視察
267040	朝鮮朝日	西北版	1935-09-17	1	05단	全鮮各道ナンバーワン競べ道勢發揚の好機自信たっぷりの沈默裡に祕策を練る江原道
267041	朝鮮朝日	西北版	1935-09-17	1	05단	夜間爆擊防ぐ燈火管制滿洲事變記念日の軍都平壤(新義州)
267042	朝鮮朝日	西北版	1935-09-17	1	07단	各地から(平壤/沙里院/淸津/鎭南浦/羅南/新義州)
267043	朝鮮朝日	西北版	1935-09-17	1	07단	新義州電氣增資
267044	朝鮮朝日	西北版	1935-09-17	1	08단	陽德松茸不作
267045	朝鮮朝日	西北版	1935-09-17	1	08단	狩獵シーズン十五日から幕開く
267046	朝鮮朝日	西北版	1935-09-17	1	08단	消防組講習會近く平壤で開く
267047	朝鮮朝日	西北版	1935-09-17	1	09단	滿支の空へ愼飛行士飛ぶ盛んな歡送受けて

일련번호	판명		간행일	면	단수	기사명
267048	朝鮮朝日	西北版	1935-09-17	1	09단	咸興中學の設立に邁進
267049	朝鮮朝日	西北版	1935-09-17	1	10단	朝鮮神宮奉贊會軟式野球大會咸北豫選
267050	朝鮮朝日	西北版	1935-09-17	1	10단	樂浪小話
267051	朝鮮朝日	南鮮版	1935-09-17	1	01단	全鮮鐵道早廻りリレー 胸に完璧の祕策重任擔ふ四選手/北へ、南へ、走る筆陣/淡彩畫の海港や秋酣の金剛山山田記者の作戰如何？南廻り第一コース/現地報告書大田鐵道事務所長鈴木敏氏談
267052	朝鮮朝日	南鮮版	1935-09-17	1	03단	全南北の旱害へ百五十二萬圓國庫から救濟費補助
267053	朝鮮朝日	南鮮版	1935-09-17	1	04단	會と催(朝鮮教育會代議員會/故横井元鐵道局汽車課長追悼會/朝鮮神宮鎭座祭委員會/鮮米協會例會)
267054	朝鮮朝日	南鮮版	1935-09-17	1	05단	瓦斯府營可決大邱府會
267055	朝鮮朝日	南鮮版	1935-09-17	1	05단	全鮮各道ナンバーワン競べ 道勢發揚の好機自信たっぷりの沈默裡に祕策を練る江原道/群靑の空の下躍るカメラ寫眞競技の人氣沸騰
267056	朝鮮朝日	南鮮版	1935-09-17	1	05단	慶州新羅祭の新羅踊りに群る觀衆
267057	朝鮮朝日	南鮮版	1935-09-17	1	06단	運動競技界(慶南陸上大會/朝鮮神宮競技慶南庭球豫選/慶北陸上選手權獲得者/門鐵局ラグビー部招聘試合/全鮮鐵道相撲大會/忠南陸上庭球豫選/開城陸上大會)
267058	朝鮮朝日	南鮮版	1935-09-17	1	06단	群山商議役員
267059	朝鮮朝日	南鮮版	1935-09-17	1	06단	密航ブローカー六名を檢擧
267060	朝鮮朝日	南鮮版	1935-09-17	1	07단	東一銀行異動
267061	朝鮮朝日	南鮮版	1935-09-17	1	07단	各地から(群山/麗水/釜山/開城/晉州/仁川/京城/浦項/春川)
267062	朝鮮朝日	南鮮版	1935-09-17	1	09단	滿支の空へ愼飛行士飛ぶ盛んな歡送受けて
267063	朝鮮朝日	南鮮版	1935-09-17	1	09단	公私消息(池田警務局長/黑田遞信局技師/小松京大教授/藤原北鮮製紙社長/本社京城支局來訪/京城銀行團有志)
267064	朝鮮朝日	南鮮版	1935-09-17	1	09단	下關水産市況(十六日)
267065	朝鮮朝日	西北版	1935-09-18	1	01단	本社主催全鮮鐵道早廻りリレー スピードの魅惑快擧、目前に迫るポスター前に街の座談會前奏曲の急調高し/西北鮮繫ぐバス波瀾のダイヤバスクレ峠や難物の奥地北廻りコース展望/出發時刻決定す南廻り午前五時廿分北廻り午前十時廿分二十日京城驛から/待望の壯擧元山鐵道事務所長伊藤旺氏
267066	朝鮮朝日	西北版	1935-09-18	1	04단	飛六の檢閱廿日から二日間
267067	朝鮮朝日	西北版	1935-09-18	1	04단	施政二十五周年と大阪朝日(施政廿五周年記念全鮮鐵道早廻りリレー)
267068	朝鮮朝日	西北版	1935-09-18	1	05단	運動競技界(平南陸上大會)
267069	朝鮮朝日	西北版	1935-09-18	1	05단	宇垣總督平北から平南へ
267070	朝鮮朝日	西北版	1935-09-18	1	06단	全鮮各道ナンバーワン競べ宛ら霸者の氣魄名高い湯の街溫陽、儒城や金銀の資源唸る忠南
267071	朝鮮朝日	西北版	1935-09-18	1	07단	咸南の鰯漁業活況を呈す豐漁の上に高値維持

일련번호	판명		간행일	면	단수	기사명
267072	朝鮮朝日	西北版	1935-09-18	1	09단	平壤の戰歿者慰靈祭(昨紙參照)
267073	朝鮮朝日	西北版	1935-09-18	1	09단	平南視察日程
267074	朝鮮朝日	西北版	1935-09-18	1	09단	六道冷害の根本對策を樹つ廿日から本府で協議
267075	朝鮮朝日	西北版	1935-09-18	1	09단	朝日映畫の夕
267076	朝鮮朝日	西北版	1935-09-18	1	10단	婦人(九月號/定價十錢)
267077	朝鮮朝日	西北版	1935-09-18	1	10단	交戰八時間匪賊三百名高瀬船襲撃
267078	朝鮮朝日	南鮮版	1935-09-18	1	01단	本社主催全鮮鐵道早廻りリレー スピードの魅惑快擧、目前に迫るポスター前に街の座談會前奏曲の急調高し/西北鮮繋ぐバス波瀾のダイヤバスクレ峠や難物の奧地北廻りコース展望/出發時刻決定す南廻り午前五時廿分北廻り午前十時廿分二十日京城驛から/待望の壯擧元山鐵道事務所長伊藤旺氏/會社で、家庭で地圖と首っ引き釜山に見るリレー風景
267079	朝鮮朝日	南鮮版	1935-09-18	1	04단	寺內伯の銅像十八日に發送
267080	朝鮮朝日	南鮮版	1935-09-18	1	04단	施政二十五周年と大阪朝日(施政廿五周年記念全鮮鐵道早廻りリレー)
267081	朝鮮朝日	南鮮版	1935-09-18	1	05단	公私消息(對椙山女學園水上競技成績/崇實第一戰に勝つ2-5對農大蹴球戰/朝鮮神宮競技慶南代表決定/門鐵ラグビー都遠征)
267082	朝鮮朝日	南鮮版	1935-09-18	1	05단	撲殺して逃走
267083	朝鮮朝日	南鮮版	1935-09-18	1	06단	全鮮各道ナンバーワン競べ宛ら霸者の氣魄名高い湯の街溫陽、儒城や金銀の資源唸る忠南
267084	朝鮮朝日	南鮮版	1935-09-18	1	09단	雞林かゞみ
267085	朝鮮朝日	南鮮版	1935-09-18	1	10단	小作官會議
267086	朝鮮朝日	南鮮版	1935-09-18	1	10단	電車と自動車にバス挾まる
267087	朝鮮朝日	南鮮版	1935-09-18	1	10단	婦人(九月號/定價十錢)
267088	朝鮮朝日	南鮮版	1935-09-18	1	10단	會と催(朝鮮醫學會第二十三會總會/專賣局支局長會議)
267089	朝鮮朝日	南鮮版	1935-09-18	1	10단	下關水産市況(十七日)
267090	朝鮮朝日	西北版	1935-09-19	1	01단	本社主催全鮮鐵道早廻りリレー 出發は廿日朝だ電波、兩選手を追ひ每夜、ラヂオで放送/この意氣、この熱壯途を前に四選手の手記/全鮮鐵道早廻競走南廻り選手大阪朝日新聞社晴れの選手章/南廻り選手の度膽拔くぞ北廻り班1船越精之助/バス背負ひ徒步聯絡の意氣北廻り班2永濱修/伸縮自在のゴムコース南廻り班1山田俊雄/健康は上乘ペンよ、滑かに南廻り班2河村重隆
267091	朝鮮朝日	西北版	1935-09-19	1	02단	北鮮電氣事業素晴しい發展川久保長官談
267092	朝鮮朝日	西北版	1935-09-19	1	03단	全鮮各道ナンバーワン競べ炭酸泉と葉煙草港のない不利も知らぬ顔異色を盛上ぐ忠北
267093	朝鮮朝日	西北版	1935-09-19	1	04단	光成高普籠球チーム出發す
267094	朝鮮朝日	西北版	1935-09-19	1	04단	審査委員會成る各方面の權威者を網羅して(早廻り禮讃鶴野審査委員談)

일련번호	판명		간행일	면	단수	기사명
267095	朝鮮朝日	西北版	1935-09-19	1	05단	アサヒ・スポーツ(九月十五日號)
267096	朝鮮朝日	西北版	1935-09-19	1	07단	官舍街の道路に道費快費の譏り平南道議間に起る
267097	朝鮮朝日	西北版	1935-09-19	1	07단	平壤府內初等校運動會日割
267098	朝鮮朝日	西北版	1935-09-19	1	07단	滿洲事變偲び英靈を慰む平壤に高鳴る軍國調
267099	朝鮮朝日	西北版	1935-09-19	1	08단	線路實測隊
267100	朝鮮朝日	西北版	1935-09-19	1	08단	朝日映畫の夕
267101	朝鮮朝日	西北版	1935-09-19	1	09단	貴重な遺品續々發掘さる
267102	朝鮮朝日	西北版	1935-09-19	1	10단	各地から(淸津)
267103	朝鮮朝日	西北版	1935-09-19	1	10단	樂浪小話
267104	朝鮮朝日	南鮮版	1935-09-19	1	01단	本社主催全鮮鐵道早廻りリリレー 出發は廿日朝だ電波、兩選手を追ひ每夜、ラヂオで放送/この意氣、この熱壯 途を前に四選手の手記/全鮮鐵道早廻競走南廻り選手大阪朝日新聞社晴れの選手章/南廻り選手の度膽拔くぞ北廻り班1船越精之助/バス背負ひ徒步聯絡の意氣北廻り班2永濱修/伸縮自在のゴムコース南廻り班1山田俊雄/健康は上乘ペンよ、滑かに南廻り班2河村重隆
267105	朝鮮朝日	南鮮版	1935-09-19	1	03단	全鮮各道ナンバーワン競べ炭酸泉と葉煙草港のない不利も知らぬ顏異色を盛上ぐ忠北
267106	朝鮮朝日	南鮮版	1935-09-19	1	03단	御視閱式は十月十六日一萬人參加
267107	朝鮮朝日	南鮮版	1935-09-19	1	04단	公私消息(片岡孫九郎氏(新任咸北警務課長)/內務省警官講習所生百五十名/本社京城支局來訪)
267108	朝鮮朝日	南鮮版	1935-09-19	1	04단	審査委員會成る各方面の權威者を網羅して(早廻り禮讚鶴野審査委員談)
267109	朝鮮朝日	南鮮版	1935-09-19	1	05단	滿洲事變偲ぶ壯烈な夜間演習記念日に龍山で擧行
267110	朝鮮朝日	南鮮版	1935-09-19	1	07단	商銀異動
267111	朝鮮朝日	南鮮版	1935-09-19	1	07단	廿一日から米穀大會主なる提出案
267112	朝鮮朝日	南鮮版	1935-09-19	1	07단	新任裡里邑長諸田萬壽男氏
267113	朝鮮朝日	南鮮版	1935-09-19	1	07단	密陽に眠り病
267114	朝鮮朝日	南鮮版	1935-09-19	1	08단	各地から(開城/京城/裡里/釜山)
267115	朝鮮朝日	南鮮版	1935-09-19	1	08단	アサヒ・スポーツ(九月十五日號)
267116	朝鮮朝日	南鮮版	1935-09-19	1	08단	飛込み自殺
267117	朝鮮朝日	南鮮版	1935-09-19	1	08단	女の轢死體
267118	朝鮮朝日	南鮮版	1935-09-19	1	08단	機關手重傷
267119	朝鮮朝日	南鮮版	1935-09-19	1	08단	運動競技界(朝鮮神宮競技弓道慶南代表/京畿道陸上競技選手權大會/朝鮮神宮競技水上大會/第七回全鮮中等蹴球大會)
267120	朝鮮朝日	南鮮版	1935-09-19	1	10단	公私消息(安井專賣局長/鈴木拓務省殖産局理事官/小島鮮銀監事/野口朝窒社長/武井佐世保鎭守府經理部長/川越對滿事務局次長/フランク・ヘン・スミス神學博士/三浦關東局警務廳長/原農林省水産局長)

일련번호	판명		간행일	면	단수	기사명
267121	朝鮮朝日	南鮮版	1935-09-19	1	10단	下關水産市況(十八日)
267122	朝鮮朝日	西北版	1935-09-20	1	01단	本社主催全鮮鐵道早廻リリレー 行け我等の選手歡呼の鯨波に送られ廿日スタートを切る/何處の家庭でも寵兒の懸賞課題「南北兩班の所要時間？」應募される人々の御參考/兩コース共數ヶ所のバス列車時刻表で判る/兩選手の語る鐵壁の決意京城支局で壯行會/締切り近づきカメラの白熱戰平壤の寫眞競技點描
267123	朝鮮朝日	西北版	1935-09-20	1	01단	大規模の殿址を發掘
267124	朝鮮朝日	西北版	1935-09-20	1	03단	戰歿者慰靈祭に又參列を拒否基督教の聖母普通
267125	朝鮮朝日	西北版	1935-09-20	1	04단	公私消息(神戸市立校長團一行十六名/津聯隊島鮮浦部隊慰間一行二十名)
267126	朝鮮朝日	西北版	1935-09-20	1	04단	滿洲事變記念日新義州の市街戰/元山で模擬戰實施
267127	朝鮮朝日	西北版	1935-09-20	1	05단	各地から(平壤/羅南/鎮南浦/新義州/沙里院/元山)
267128	朝鮮朝日	西北版	1935-09-20	1	05단	電氣收入の財源根本的に間違ひ火力發電に反對を仄かす宇垣總督の重大意見/宛ら救世主狂喜する農民總督、熱心に視察す
267129	朝鮮朝日	西北版	1935-09-20	1	05단	北鮮、內地間に五隻の臨時配船清津港の移出激增
267130	朝鮮朝日	西北版	1935-09-20	1	07단	平壤全市にお祭氣分商工祭近づく
267131	朝鮮朝日	西北版	1935-09-20	1	08단	黑板博士一行廿四、五日頃來壤本格的發掘に着手
267132	朝鮮朝日	西北版	1935-09-20	1	09단	朝日映畫の夕
267133	朝鮮朝日	西北版	1935-09-20	1	10단	羅津の開港指定決定す
267134	朝鮮朝日	西北版	1935-09-20	1	10단	北鮮漁村に歡聲滿つ豊漁の鰯漁撈
267135	朝鮮朝日	西北版	1935-09-20	1	10단	丸山平壤府議襲った賊逮捕
267136	朝鮮朝日	西北版	1935-09-20	1	10단	樂浪小話
267137	朝鮮朝日	南鮮版	1935-09-20	1	01단	本社主催全鮮鐵道早廻リリレー 行け我等の選手歡呼の鯨波に送られ廿日スタートを切る/何處の家庭でも寵兒の懸賞課題「南北兩班の所要時間？」應募される人々の御參考/兩コース共數ヶ所のバス列車時刻表で判る/兩選手の語る鐵壁の決意京城支局で壯行會
267138	朝鮮朝日	南鮮版	1935-09-20	1	01단	朝鮮神宮奉贊殿殆んど竣工
267139	朝鮮朝日	南鮮版	1935-09-20	1	03단	祝賀二重奏光州の行事決る
267140	朝鮮朝日	南鮮版	1935-09-20	1	03단	金組理事會八百餘名參集
267141	朝鮮朝日	南鮮版	1935-09-20	1	04단	會と催(穀聯役員會/鐵道局課長會議)
267142	朝鮮朝日	南鮮版	1935-09-20	1	04단	賑かな記念放送お待ち兼ねの釜山放送局二十一日に開局式
267143	朝鮮朝日	南鮮版	1935-09-20	1	05단	慶南ア式蹴球大會七チーム參加すけふ釜山府廳で抽籤
267144	朝鮮朝日	南鮮版	1935-09-20	1	05단	慶南の風水害罹災者を救濟
267145	朝鮮朝日	南鮮版	1935-09-20	1	05단	旱水害救濟に土木事業を起す財務局へ經費を要求
267146	朝鮮朝日	南鮮版	1935-09-20	1	06단	滿洲事變記念日大邱で模擬戰(馬山)
267147	朝鮮朝日	南鮮版	1935-09-20	1	06단	第廿師團管內教練査閱

일련번호	판명		간행일	면	단수	기사명
267148	朝鮮朝日	南鮮版	1935-09-20	1	06단	羅津の開港指定決定す
267149	朝鮮朝日	南鮮版	1935-09-20	1	07단	各地から(釜山/仁川/開城/大邱/京城)
267150	朝鮮朝日	南鮮版	1935-09-20	1	07단	寺内伯の坐像三十日に除幕式關係者名簿を密藏
267151	朝鮮朝日	南鮮版	1935-09-20	1	07단	十月廿一日に樂園落成式總監らも列席せん
267152	朝鮮朝日	南鮮版	1935-09-20	1	08단	慶南陸地棉一日から共販
267153	朝鮮朝日	南鮮版	1935-09-20	1	08단	結婚費を稼ぐ箱師
267154	朝鮮朝日	南鮮版	1935-09-20	1	08단	古蹟保存に萬全を期す
267155	朝鮮朝日	南鮮版	1935-09-20	1	08단	尊德翁銅像京城に建立
267156	朝鮮朝日	南鮮版	1935-09-20	1	09단	所澤の八機原隊へ歸る京城に翼休めて
267157	朝鮮朝日	南鮮版	1935-09-20	1	09단	週刊朝日臨時增刊
267158	朝鮮朝日	南鮮版	1935-09-20	1	09단	光化門通に安全地帶數ヶ所設ける
267159	朝鮮朝日	南鮮版	1935-09-20	1	09단	下關水産市況(十九日)
267160	朝鮮朝日	南鮮版	1935-09-20	1	10단	公私消息(吉田鐵道局長/有賀殖銀頭取/門鐵ラグビー選手一行/本社京城支局來訪/林定之助氏(昌德宮警察署長))
267161	朝鮮朝日	南鮮版	1935-09-20	1	10단	雞林かゞみ
267162	朝鮮朝日	西北版	1935-09-21	1	01단	南へ北へ兩選手勇躍出發す本社主催全鮮鐵道早廻りリレー始まる 天高く紺靑に晴れ列車心あり一路驀進旭日の社旗の波、壯行の乾杯京城驛頭熱狂の歡送/親愛と鬪志籠め首途の劇的握手山田記者、曉の先發/兩選手進む/萬歲の爆發だ胸に選手章も鮮やか輕快飛乘る船越記者/激勵の聲よ我が胸を打てり北廻り選手般越記者手記/間道から間道へ思はず微笑南廻り選手山田記者手記/出發の飛報に今や遲しと待つ早朝から緊張の釜山
267163	朝鮮朝日	西北版	1935-09-21	1	02단	朝鮮神宮例祭に立花子を御差遣二十日仰せ出さる/德大寺侍從二十日來鮮
267164	朝鮮朝日	西北版	1935-09-21	1	02단	入江拓務次官記念式に出席
267165	朝鮮朝日	西北版	1935-09-21	1	03단	JBAKの誕生廿一日官民數百名を招待し花々しく開局式
267166	朝鮮朝日	西北版	1935-09-21	1	06단	朝鮮總督府施政二十五周年記念寫眞競技印畵提出は二十五日限
267167	朝鮮朝日	西北版	1935-09-21	1	08단	廿八日試運轉熙川、价古間
267168	朝鮮朝日	西北版	1935-09-21	1	09단	朝日映畫の夕
267169	朝鮮朝日	西北版	1935-09-21	1	10단	凄い野口景氣
267170	朝鮮朝日	西北版	1935-09-21	1	10단	長津江水電通水式十月十日に擧行
267171	朝鮮朝日	南鮮版	1935-09-21	1	01단	南へ北へ兩選手勇躍出發す本社主催全鮮鐵道早廻りリレー始まる 天高く紺靑に晴れ列車心あり一路驀進旭日の社旗の波、壯行の乾杯京城驛頭熱狂の歡送/親愛と鬪志籠め首途の劇的握手山田記者、曉の先發/兩選手進む/萬歲の爆發だ胸に選手章も鮮やか輕快飛乘る船越記者/激勵の聲よ我が胸を打てり北廻り選手般越記者手記/間道から間道へ思はず微笑南廻り選手山田記者手記/出發の飛報に今や遲しと待つ早朝から緊張の釜山

일련번호	판명		간행일	면	단수	기사명
267172	朝鮮朝日	南鮮版	1935-09-21	1	02단	朝鮮神宮例祭に立花子を御差遣二十日仰せ出さる/德大寺侍從二十日來鮮
267173	朝鮮朝日	南鮮版	1935-09-21	1	02단	入江拓務次官記念式に出席
267174	朝鮮朝日	南鮮版	1935-09-21	1	03단	JBAKの誕生けふ官民數百名を招待し花々しく開局式
267175	朝鮮朝日	南鮮版	1935-09-21	1	06단	朝鮮總督府施政二十五周年記念寫眞競技印畵提出は二十五日限
267176	朝鮮朝日	南鮮版	1935-09-21	1	08단	慶南警察部異動
267177	朝鮮朝日	南鮮版	1935-09-21	1	09단	下關水産市況(二十日)
267178	朝鮮朝日	南鮮版	1935-09-21	1	10단	湖南旱害地に地稅免除
267179	朝鮮朝日	西北版	1935-09-22	1	01단	施政廿五周年記念全鮮鐵道早廻りリレー 眠らぬ一夜明け奇襲に次ぐ奇襲意氣軒昂の兩班選手/鴨綠江を眺めて楚山へ楚山へ强行軍の船越記者/バスに乘り新義州を發つ/ダイヤの妙味を遺憾なく發揮釜山で河村記者中繼/驛長さんの說く不老長壽の良藥北廻り選手船越記者手記/普通學校生徒が質問の一齊射擊南廻り選手山田記者手記
267180	朝鮮朝日	西北版	1935-09-22	1	04단	公私消息(三宅第二十師團長/宇垣總督/越川第二十師團軍醫部長)
267181	朝鮮朝日	西北版	1935-09-22	1	05단	元山新商議廿日選擧執行さる(岡本淸兵衛/藤尾淸次/佐々木準三郎/松本五郎/小島彦右衛門/三隅義一/神宮興太郎/金利錫/李容奎/魏楨鶴/太田省一/杉野多市/鄭學龍/北谷德一/藤岡喜一郎/金景俊/韓君弼/金用斌/金鎭國/韓永奭)
267182	朝鮮朝日	西北版	1935-09-22	1	05단	廿三日締切全鮮鐵道早廻りリレー懸賞投票二十三日の消印あるものは有效
267183	朝鮮朝日	西北版	1935-09-22	1	07단	米穀會館の建設滿場一致で可決米穀大會ひらかる
267184	朝鮮朝日	西北版	1935-09-22	1	08단	朝日映畵の夕
267185	朝鮮朝日	西北版	1935-09-22	1	10단	劇と映畵(「雪之丞變化」愛讀者優待平壤で上映)
267186	朝鮮朝日	南鮮版	1935-09-22	1	01단	施政廿五周年記念全鮮鐵道早廻りリレー 眠らぬ一夜明け奇襲に次ぐ奇襲意氣軒昂の兩班選手/鴨綠江を眺めて楚山へ楚山へ强行軍の船越記者/バスに乘り新義州を發つ/ダイヤの妙味を遺憾なく發揮釜山で河村記者中繼/驛長さんの說く不老長壽の良藥北廻り選手船越記者手記/普通學校生徒が質問の一齊射擊南廻り選手山田記者手記/裡里で乾杯
267187	朝鮮朝日	南鮮版	1935-09-22	1	01단	德大寺侍從聖旨傳達總督府にて/府內を視察
267188	朝鮮朝日	南鮮版	1935-09-22	1	04단	會と催(道商秋季運動會/川柳忌句會/朝鮮商品祭)
267189	朝鮮朝日	南鮮版	1935-09-22	1	04단	廿三日締切全鮮鐵道早廻りリレー懸賞投票二十三日の消印あるものは有效
267190	朝鮮朝日	南鮮版	1935-09-22	1	10단	釜山放送局開局式花々しく擧行

일련번호	판명		간행일	면	단수	기사명
267191	朝鮮朝日	西北版	1935-09-24	1	01단	施政廿五周年記念全鮮鐵道早廻りリレー 南廻り河村記者金剛の嶮を征服北廻り永濱記者交代/慶州、逸る胸にも蘇る王城の夢釜山へ峻嶮山越えを敢行南廻り第一コース選手山田記者手記/兩選手を中心に高橋府尹の招宴平壤驛頭、歡送迎の渦/水禍の跡に嬉しい豊年滿作洛東江岸の明朖風景南廻り第二コース選手河村記者手記/江界の歡迎/新銳の意氣永濱記者猛進/殘るは仁川金剛山へ登る
267192	朝鮮朝日	西北版	1935-09-24	1	02단	德大寺侍從北鮮を視察
267193	朝鮮朝日	西北版	1935-09-24	1	04단	公私消息(武內文彬氏(本社東亞問題議査會幹事))
267194	朝鮮朝日	西北版	1935-09-24	1	04단	バス新記錄の感動を語る京城驛の河村記者
267195	朝鮮朝日	西北版	1935-09-24	1	07단	發電所設置費の起債は認可困難總督府は反對の意向
267196	朝鮮朝日	西北版	1935-09-24	1	07단	盛大を極む咸北武道大會
267197	朝鮮朝日	西北版	1935-09-24	1	07단	熙川价古間新線卅キ口來月から營業生れる三つの新驛
267198	朝鮮朝日	西北版	1935-09-24	1	08단	二十五日限り寫眞競技印畫締切京城府南大門通二丁目一五大阪朝日新聞通信局宛
267199	朝鮮朝日	西北版	1935-09-24	1	09단	色仕掛けで同志獲得に狂奔一味十七名送局さる
267200	朝鮮朝日	西北版	1935-09-24	1	09단	平鐵辭令
267201	朝鮮朝日	西北版	1935-09-24	1	09단	朝日映畫の夕
267202	朝鮮朝日	西北版	1935-09-24	1	10단	老江鎭漁港竣工式を擧行
267203	朝鮮朝日	西北版	1935-09-24	1	10단	不用品貰受け週間
267204	朝鮮朝日	南鮮版	1935-09-24	1	01단	施政廿五周年記念全鮮鐵道早廻りリレー 南廻り河村記者金剛の嶮を征服北廻り永濱記者交代/慶州、逸る胸にも蘇る王城の夢釜山へ峻嶮山越えを敢行南廻り第一コース選手山田記者手記/水禍の跡に嬉しい豊年滿作洛東江岸の明朖風景南廻り第二コース選手河村記者手記/兩選手を中心に高橋府尹の招宴平壤驛頭、歡送迎の渦/新銳の意氣永濱記者猛進/讚辭の速射光州の大歡迎/殘るは仁川金剛山へ登る
267205	朝鮮朝日	南鮮版	1935-09-24	1	04단	會と催(全鮮新聞通信代表懇談會/東洋畫展覽會/刑務所職員武道大會)
267206	朝鮮朝日	南鮮版	1935-09-24	1	04단	バス新記錄の感動を語る京城驛の河村記者
267207	朝鮮朝日	南鮮版	1935-09-24	1	06단	全馬山連勝す朝鮮神宮競技へ出場慶南ア式蹴球選手權大會
267208	朝鮮朝日	南鮮版	1935-09-24	1	07단	對滿問題懇談川越事務局次長
267209	朝鮮朝日	南鮮版	1935-09-24	1	08단	明二十五日限り寫眞競技印畫締切京城府南大門通二丁目一五大阪朝日新聞通信局宛
267210	朝鮮朝日	南鮮版	1935-09-24	1	08단	釜山實業野球/釜山實業10釜山鐵道5/十二人會7A釜山稅關3
267211	朝鮮朝日	南鮮版	1935-09-24	1	09단	本社優勝旗爭奪全北驛傳競走十一月十七日に擧行
267212	朝鮮朝日	南鮮版	1935-09-24	1	10단	寶物保存會權威集めて開催

일련번호	판명		간행일	면	단수	기사명
267213	朝鮮朝日	南鮮版	1935-09-24	1	10단	會と催(朝鮮社會事業大會/京師運動會)
267214	朝鮮朝日	南鮮版	1935-09-24	1	10단	下關水産市況(廿三日)
267215	朝鮮朝日	西北版	1935-09-25	1	01단	施政廿五周年記念全鮮鐵道早廻りリレー　全コース完走し南廻り先づ凱歌永濱記者得意の北鮮攻略に無念、意外の番狂はせ/宛ら凱旋將軍の花かなお國入り河村記者を取り巻いて京城驛に揚る歡聲/深夜の金剛冒險、一氣に驅下る河村記者の決死行/バスに故障新邑に引返す永濱記者斷腸の思ひ
267216	朝鮮朝日	西北版	1935-09-25	1	04단	施政廿五周年平南で記念式
267217	朝鮮朝日	西北版	1935-09-25	1	04단	爽秋の落日可憐な少女の生活詩
267218	朝鮮朝日	西北版	1935-09-25	1	05단	床しい敬老會三十日平壤で
267219	朝鮮朝日	西北版	1935-09-25	1	05단	咸興を視察德大寺侍從
267220	朝鮮朝日	西北版	1935-09-25	1	06단	總督府辭令
267221	朝鮮朝日	西北版	1935-09-25	1	07단	二郡に分割か廣過ぎる江界郡
267222	朝鮮朝日	西北版	1935-09-25	1	07단	玄界灘大荒れ聯絡船二回續け缺航旅客は釜山で立往生
267223	朝鮮朝日	西北版	1935-09-25	1	07단	自力更生の神樣部落民が醵金して頌德碑を建てる
267224	朝鮮朝日	西北版	1935-09-25	1	07단	國境警備の冬の陣を協議近く鮮滿聯合會議
267225	朝鮮朝日	西北版	1935-09-25	1	07단	第三普通新設明年度咸興に
267226	朝鮮朝日	西北版	1935-09-25	1	08단	サイダー箱で火藥を輸送危險な新戰術
267227	朝鮮朝日	西北版	1935-09-25	1	09단	朝日映畵の夕
267228	朝鮮朝日	西北版	1935-09-25	1	09단	農夫絞殺さる
267229	朝鮮朝日	西北版	1935-09-25	1	09단	各地から(新義州/平壤/元山)
267230	朝鮮朝日	西北版	1935-09-25	1	09단	本社寫眞班競寫
267231	朝鮮朝日	西北版	1935-09-25	1	10단	十周年記念式四檢疫所で
267232	朝鮮朝日	西北版	1935-09-25	1	10단	樂浪小話
267233	朝鮮朝日	南鮮版	1935-09-25	1	01단	施政廿五周年記念全鮮鐵道早廻りリレー　全コース完走し南廻り先づ凱歌永濱記者得意の北鮮攻略に無念、意外の番狂はせ/宛ら凱旋將軍の花かなお國入り河村記者を取り巻いて京城驛に揚る歡聲/深夜の金剛冒險、一氣に驅下る河村記者の決死行/バスに故障新邑に引返す永濱記者斷腸の思ひ
267234	朝鮮朝日	南鮮版	1935-09-25	1	04단	會と催(朝鮮文化展覽會/扶桑敎ひとのみち敎團京城支部本殿落成式)
267235	朝鮮朝日	南鮮版	1935-09-25	1	04단	總督府辭令
267236	朝鮮朝日	南鮮版	1935-09-25	1	05단	運動競技界(第十回京城府體育日運動競技會/施政記念祝賀庭球大會/朝鮮神宮競技全北代表選手)
267237	朝鮮朝日	南鮮版	1935-09-25	1	05단	急テンポの秋仁川測候所の調査
267238	朝鮮朝日	南鮮版	1935-09-25	1	06단	大角海相から優しい贈り物海軍文明琦號獻納式に花環贈った少年少女へ

일련번호	판명		간행일	면	단수	기사명
267239	朝鮮朝日	南鮮版	1935-09-25	1	06단	男女生徒六萬人祝賀の旗行列施政記念日に京城で/美しい電飾施し神宮前で祝賀會京城府の催し決定/二百餘氏表彰/遞信文化展釜山で開催/農事回顧座談會朝鮮農會で開く
267240	朝鮮朝日	南鮮版	1935-09-25	1	08단	新區域通話
267241	朝鮮朝日	南鮮版	1935-09-25	1	08단	盛會豫想さる釜山商品見本市
267242	朝鮮朝日	南鮮版	1935-09-25	1	08단	玄界灘大荒れ聯絡船二回續け缺航旅客は釜山で立往生
267243	朝鮮朝日	南鮮版	1935-09-25	1	08단	國庫補助を一年分計上新移民會社へ
267244	朝鮮朝日	南鮮版	1935-09-25	1	09단	雞林かゞみ
267245	朝鮮朝日	南鮮版	1935-09-25	1	09단	自宅に放火女房の家出に逆上して
267246	朝鮮朝日	南鮮版	1935-09-25	1	09단	農夫絞殺さる
267247	朝鮮朝日	南鮮版	1935-09-25	1	09단	本社寫眞班競寫
267248	朝鮮朝日	南鮮版	1935-09-25	1	10단	朝鮮纖維會社機械据付け終る
267249	朝鮮朝日	南鮮版	1935-09-25	1	10단	十周年記念式四檢疫所で
267250	朝鮮朝日	南鮮版	1935-09-25	1	10단	公私消息(齋藤實子夫妻/入江拓相代理/上內警務局保安課長)
267251	朝鮮朝日	西北版	1935-09-26	1	01단	施政廿五周年記念全鮮鐵道早廻りリレー 山地惡路の彼方蓨然開く日本海永濱記者北鮮へ獨走/難關突破を稿ひ元山に歡呼爆發勇を鼓し更に咸興へ/本社京城支局で完走祝す歡迎會南廻り兩選手所要時間百七時間四十六分/苦闘を語る左手の繃帶河村記者迎へ仁川驛の乾盃
267252	朝鮮朝日	西北版	1935-09-26	1	01단	梨本宮殿下の御視閲仰ぐ十月十五日本府構內で全鮮消防組の譽れ
267253	朝鮮朝日	西北版	1935-09-26	1	04단	平南無煙炭移出高減少
267254	朝鮮朝日	西北版	1935-09-26	1	04단	任用順位を試驗委員が決定平南で規程を改正
267255	朝鮮朝日	西北版	1935-09-26	1	05단	高鳴る羅津建設譜
267256	朝鮮朝日	西北版	1935-09-26	1	05단	立遲れの漁村を十年計劃で振興平南で明年度から
267257	朝鮮朝日	西北版	1935-09-26	1	05단	「はまなす」で毛絲を生産
267258	朝鮮朝日	西北版	1935-09-26	1	06단	海龍線測量完了す
267259	朝鮮朝日	西北版	1935-09-26	1	06단	八月中の城津港貿易額
267260	朝鮮朝日	西北版	1935-09-26	1	07단	毎年百數十頭緬羊を增殖平南道立種羊場で
267261	朝鮮朝日	西北版	1935-09-26	1	08단	籾强制檢査萬全を期す
267262	朝鮮朝日	西北版	1935-09-26	1	08단	酒の品評會優位を目指す
267263	朝鮮朝日	西北版	1935-09-26	1	08단	活況の北鮮に人手不足の悲鳴是非一千名は必要
267264	朝鮮朝日	西北版	1935-09-26	1	08단	新義州港八月中の貿易額
267265	朝鮮朝日	西北版	1935-09-26	1	09단	朝日映畫の夕
267266	朝鮮朝日	西北版	1935-09-26	1	09단	樂浪小話
267267	朝鮮朝日	西北版	1935-09-26	1	10단	醉っ拂ひ暴る
267268	朝鮮朝日	西北版	1935-09-26	1	10단	無煙炭船夫逃亡續出生活難から
267269	朝鮮朝日	西北版	1935-09-26	1	10단	各地から(平壤)

일련번호	판명		간행일	면	단수	기사명
267270	朝鮮朝日	南鮮版	1935-09-26	1	01단	施政廿五周年記念全鮮鐵道早廻りリレー 山地惡路の彼方藹然開く日本海永濱記者北鮮へ獨走/難關突破を犒ひ元山に歡呼爆發勇を鼓し更に咸興へ/本社京城支局で完走祝す歡迎會南廻り兩選手所要時間百七時間四十六分/苦闘を語る左手の繃帯河村記者迎へ仁川驛の乾盃
267271	朝鮮朝日	南鮮版	1935-09-26	1	01단	梨本宮殿下の御視閲仰ぐ十月十五日本府構內で全鮮消防組の譽れ
267272	朝鮮朝日	南鮮版	1935-09-26	1	04단	朝鮮語獎勵第二種試驗
267273	朝鮮朝日	南鮮版	1935-09-26	1	04단	武道高揚に三種の對抗試合朝鮮神宮競技に新味
267274	朝鮮朝日	南鮮版	1935-09-26	1	05단	高鳴る羅津建設譜
267275	朝鮮朝日	南鮮版	1935-09-26	1	05단	颱風一過化客を滿載して聯絡船漸く出帆二百餘名取殘さる
267276	朝鮮朝日	南鮮版	1935-09-26	1	05단	記念式の花陸軍戶山學校軍樂隊二十五名演奏に來鮮/重なる歡び全州の行事
267277	朝鮮朝日	南鮮版	1935-09-26	1	06단	關釜間貨物運賃引下げ一日から實施
267278	朝鮮朝日	南鮮版	1935-09-26	1	07단	毎年百數十頭緬羊を增殖平南道立種羊場で
267279	朝鮮朝日	南鮮版	1935-09-26	1	08단	怨恨か强盗か死體を發見慶南三東面の加藤氏
267280	朝鮮朝日	南鮮版	1935-09-26	1	08단	山遊びに誘ひ少女を絞殺京城電氣學校生の犯行
267281	朝鮮朝日	南鮮版	1935-09-26	1	08단	擴張計劃道路京城府で決定
267282	朝鮮朝日	南鮮版	1935-09-26	1	09단	官民五百名列席せん樂園竣工式
267283	朝鮮朝日	南鮮版	1935-09-26	1	09단	釜山實業優勝釜山實業野球
267284	朝鮮朝日	南鮮版	1935-09-26	1	09단	下關水産市況(廿五日)
267285	朝鮮朝日	南鮮版	1935-09-26	1	10단	各地から(開城/釜山/仁川/京城)
267286	朝鮮朝日	西北版	1935-09-27	1	01단	施政廿五周年記念全鮮鐵道早廻りリレー 熱火の闘魂燃え追撃の北鮮巡歷永濱記者ひた走り/お守り握り占めバスの超特急原稿紙も激動、ペンも激動南廻り第二コース選手河村記者手記/國境の峠に立ち風光に快哉叫ぶ羊腸の山道六十五里北廻り第一コース選手船越記者手記/窓外に過ぎ去る灰色の稻田秋風悲し羅州郡/眠るにも巻脚絆警備の辛苦空腹耐へ江界へ/國境の街に朝日旗南下を志す/咸興の大歡迎知事も激勵
267287	朝鮮朝日	西北版	1935-09-27	1	04단	平毎社長に稻葉氏就任
267288	朝鮮朝日	西北版	1935-09-27	1	05단	德大寺侍從朝窯工場視察
267289	朝鮮朝日	西北版	1935-09-27	1	06단	牡丹台と佛國寺最初の名勝指定總數百六十點に上る
267290	朝鮮朝日	西北版	1935-09-27	1	07단	茂山の慰靈祭
267291	朝鮮朝日	西北版	1935-09-27	1	07단	二チーム招聘野球
267292	朝鮮朝日	西北版	1935-09-27	1	08단	和信百貨店平壤へ進出俄然、商店街に衝擊
267293	朝鮮朝日	西北版	1935-09-27	1	10단	讀者慰安の夕沙里院で催す

일련번호	판명		간행일	면	단수	기사명
267294	朝鮮朝日	南鮮版	1935-09-27	1	01단	*施政廿五周年記念全鮮鐵道早廻りリレー 熱火の闘魂燃え追撃の北鮮巡歴永濱記者ひた走り/お守り握り占めバスの超特急原稿紙も激動、ペンも激動南廻り第二コース選手河村記者手記/國境の峠に立ち風光に快哉叫ぶ羊腸の山道六十五里北廻り第一コース選手船越記者手記/窓外に過ぎ去る灰色の稻田秋風悲し羅州郡/眠るにも巻脚絆警備の辛苦空腹耐へ江界へ/國境の街に朝日旗南下を志す*
267295	朝鮮朝日	南鮮版	1935-09-27	1	04단	會と催(全鮮綿糸布商聯合會/赤井前鐵道學校長謝恩會/朝鮮藥學九月例會/大楠公銅像除幕式)
267296	朝鮮朝日	南鮮版	1935-09-27	1	07단	仁川の大火(廿三日夜)
267297	朝鮮朝日	南鮮版	1935-09-27	1	07단	牡丹台と佛國寺最初の名勝指定總數百六十點に上る
267298	朝鮮朝日	南鮮版	1935-09-27	1	08단	中央電話局廿八日落成式
267299	朝鮮朝日	南鮮版	1935-09-27	1	08단	胎兒の死體漂着
267300	朝鮮朝日	南鮮版	1935-09-27	1	09단	絞殺された京畿道始興郡北面濱口かよさん昨紙參照
267301	朝鮮朝日	南鮮版	1935-09-27	1	09단	城大最初の醫博
267302	朝鮮朝日	南鮮版	1935-09-27	1	10단	記念スタンプ
267303	朝鮮朝日	南鮮版	1935-09-27	1	10단	公私消息(林總督府財務局長/水田司計課長/高山東拓總裁/渡邊東拓理事/新貝警務局警務課長/志立産組中央會願)
267304	朝鮮朝日	南鮮版	1935-09-27	1	10단	下關水産市況(廿六日)
267305	朝鮮朝日	西北版	1935-09-28	1	01단	*全鮮鐵道早廻リレー 新記錄樹立して覇圖逐に成れり北廻りも颯爽テープ切り今錦繡の幕を閉づ/永濱記者ゴールイン/永濱記者を包圍雨、雨、握手の雨歡迎大衆のスクラムにあゝ感激の乾杯だ/惡道路に搖られ狗峴嶺を仰ぐ寒村に聽く文化の足音北廻り第一コース選手船越記者手記/奮闘讃へる歡迎會本社京城支局で/二百七十九時間四十一分南北兩班所要時間合計/清津で歡迎宴/稔りの秋心樂し待望の金剛山へ南廻り第二コース選手河村記者手記*
267306	朝鮮朝日	西北版	1935-09-28	1	01단	德大寺侍從平壤を視察
267307	朝鮮朝日	西北版	1935-09-28	1	02단	*成功を祝す(1) 新興半島の映像見る思ひ宇垣總督談/永遠に輝く今井田總監談/記念の豪華版穗積殖産局長談/貴い記念塔伊達京城府尹談/バス大活躍朝鮮自動車協會聯合會吉田會長談*
267308	朝鮮朝日	西北版	1935-09-28	1	04단	京城に降電
267309	朝鮮朝日	西北版	1935-09-28	1	06단	平南寧遠郡に女眞族の末裔校倉式家屋に住む
267310	朝鮮朝日	西北版	1935-09-28	1	08단	生徒一萬人お祝ひの旗行列平壤の記念催し決る
267311	朝鮮朝日	西北版	1935-09-28	1	08단	自責の念で精神異狀獄中の自動車ギャング
267312	朝鮮朝日	西北版	1935-09-28	1	09단	崇實優勝す西鮮中等蹴球
267313	朝鮮朝日	西北版	1935-09-28	1	09단	朝日映畫の夕
267314	朝鮮朝日	西北版	1935-09-28	1	10단	總督府辭令

일련번호	판명		간행일	면	단수	기사명
267315	朝鮮朝日	西北版	1935-09-28	1	10단	黑板博士ら一行來壤本格的に發掘
267316	朝鮮朝日	西北版	1935-09-28	1	10단	半ボギー電車十一月初旬にお目見へ
267317	朝鮮朝日	南鮮版	1935-09-28	1	01단	全鮮鐵道早廻リレー 新記錄樹立して霸圖逐に成れり北廻りも颯爽テープ切り今錦繡の幕を閉づ/永濱記者ゴールイン/永濱記者を包圍雨、雨、握手の雨歡迎大衆のスクラムにあゝ感激の乾杯だ/文化の色增す狗峴の峰々無類の惡路を突走る北廻り第二コース選手船越記者手記/二百七十九時間四十一分南北兩班所要時間合計
267318	朝鮮朝日	南鮮版	1935-09-28	1	01단	小鹿島視察關屋前宮內次官
267319	朝鮮朝日	南鮮版	1935-09-28	1	02단	成功を祝す(1) 新興半島の映像見る思ひ宇垣總督談/永遠に輝く今井田總監談/記念の豪華版穗積殖産局長談/貴い記念塔伊達京城府尹談/バス大活躍朝鮮自動車協會聯合會吉田會長談
267320	朝鮮朝日	南鮮版	1935-09-28	1	04단	大田鐵道野球チーム來釜
267321	朝鮮朝日	南鮮版	1935-09-28	1	05단	稔りの秋心樂し金剛山へ快走丹彩鮮かな驛舍の美南廻り第二コース選手河村記者手記/奮鬪讚へる歡迎會本社京城支局で
267322	朝鮮朝日	南鮮版	1935-09-28	1	08단	汪兆銘氏にメッセーヂ手交南京の愼飛行士
267323	朝鮮朝日	南鮮版	1935-09-28	1	08단	エンボイ機試乘會
267324	朝鮮朝日	南鮮版	1935-09-28	1	08단	京城に降雹
267325	朝鮮朝日	南鮮版	1935-09-28	1	09단	鈍器で撲殺加藤氏の死體を解剖に付す
267326	朝鮮朝日	南鮮版	1935-09-28	1	09단	名士續々來鮮
267327	朝鮮朝日	南鮮版	1935-09-28	1	10단	特急「ひかり」機關車の車軸燃え一時運轉下能
267328	朝鮮朝日	南鮮版	1935-09-28	1	10단	總督府辭令
267329	朝鮮朝日	南鮮版	1935-09-28	1	10단	下關水産市況(廿七日)
267330	朝鮮朝日	南鮮版	1935-09-28	1	10단	公私消息(遠藤前滿洲國總務廳長/宇佐美前滿洲國顧問/丸山貴族院議員/川村東京調布高等女學校長/八田前滿鐵副總裁/松田十八銀行常務/猪田滋賀縣農工銀行頭取/赤井直吉氏(元京城鐵道學校長))
267331	朝鮮朝日	西北版	1935-09-29	1	01단	輝く施政二十五周年 內鮮融和の土壤に撩亂ひらく靑春の花大祝典に歡喜の胸慄はせて新舊半島の姿を見る/懷しい搖籃の唄我等の街の步める道/新と舊の階調瑞西を髣髴見惚れる外人觀光團/海に挑む都會美玄關口の威容/工業都へ異色ある躍進
267332	朝鮮朝日	西北版	1935-09-29	1	04단	來鮮の名士
267333	朝鮮朝日	西北版	1935-09-29	1	06단	黃金塔を打建つ三大記念事業進む(綜合大博物館/二十五年史/記念映畵)
267334	朝鮮朝日	西北版	1935-09-29	1	07단	施政廿五周年と大阪朝日(額面用「健康十則」寄贈/全鮮鐵道早廻リリレー/全鮮各道ナンバーワン競べ/寫眞個人競技)

일련번호	판명		간행일	면	단수	기사명
267335	朝鮮朝日	南鮮版	1935-09-29	1	01단	*輝く施政二十五周年 內鮮融和の土壌に撩亂ひらく靑春の花大祝典に歡喜の胸慄はせて新舊半島の姿を見る/懷しい搖籃の唄我等の街の步める道/新と舊の階調瑞西を髣髴見惚れる外人觀光團/海に挑む都會美玄關口の威容/工業都へ異色ある躍進*
267336	朝鮮朝日	南鮮版	1935-09-29	1	04단	來鮮の名士
267337	朝鮮朝日	南鮮版	1935-09-29	1	06단	黃金塔を打建つ三大記念事業進む(綜合大博物館/二十五年史/記念映畵)
267338	朝鮮朝日	南鮮版	1935-09-29	1	07단	施政廿五周年と大阪朝日(額面用「健康十則」寄贈/全鮮鐵道早廻りリレー/全鮮各道ナンバーワン競べ/寫眞個人競技)

1935년 10월 (조선아사히)

일련번호	판명		간행일	면	단수	기사명
267339	朝鮮朝日	西北版	1935-10-01	1	01단	本社京城支局主催今こそ天下に誇る郷土愛の精華を見よ産物に人に風致に施設に燦然たり新版朝鮮(京畿道/平安南道/平安北道/慶尚南道/慶尚北道/忠淸南道/忠淸北道/咸鏡南道/咸鏡北道/黃海道/全羅南道/全羅北道/江原道)
267340	朝鮮朝日	西北版	1935-10-01	1	01단	施政廿五周年記念「全鮮各道ナンバーワン競べ」發表
267341	朝鮮朝日	西北版	1935-10-01	1	01단	全鮮鐵道早廻りリレー壯擧完成を祝す(2) 定時運轉を立證吉田鐵道局長談/最高の歡び新田朝鐵事務談/新しい道標佐藤鐵道局營業課長談/正確に關所通過審査委員會で吉田委員長の宣言
267342	朝鮮朝日	西北版	1935-10-01	1	04단	平南道辭令(廿八日付)
267343	朝鮮朝日	西北版	1935-10-01	1	06단	野に鈴蘭の褐炭鑛を車窓に送迎北廻り第一コース選手船越記者手記/宵闇に浮ぶ美貌の少女群北廻り第二コース選手永濱記者手記/足音に飛立つ雉物凄い暗夜行路南廻り第二コース選手河村記者手記/新記錄樹つ轉るやうに下山
267344	朝鮮朝日	西北版	1935-10-01	1	09단	朝日映畫の夕
267345	朝鮮朝日	西北版	1935-10-01	1	10단	夫婦合葬の大槨墳
267346	朝鮮朝日	西北版	1935-10-01	1	10단	公私消息(本社平壤通信部來訪)
267347	朝鮮朝日	南鮮版	1935-10-01	1	01단	本社京城支局主催今こそ天下に誇る郷土愛の精華を見よ産物に人に風致に施設に燦然たり新版朝鮮(京畿道/平安南道/平安北道/慶尚南道/慶尚北道/忠淸南道/忠淸北道/咸鏡南道/咸鏡北道/黃海道/全羅南道/全羅北道/江原道)
267348	朝鮮朝日	南鮮版	1935-10-01	1	01단	施政廿五周年記念「全鮮各道ナンバーワン競べ」發表
267349	朝鮮朝日	南鮮版	1935-10-01	1	01단	全鮮鐵道早廻りリレー壯擧完成を祝す(2) 全交通機關の定時運轉を立證吉田鐵道局長談/動く經濟地圖賀田朝鮮商議會頭談/最高の歡び新田朝鐵事務談/記事を保存荒井京城驛長談/新しい道標佐藤鐵道局營業課長談/選擇眼賞讚鶴野營業課旅客掛長談/兩班いづれも正確に關所通過審査委員會で吉田委員長の宣言
267350	朝鮮朝日	南鮮版	1935-10-01	1	04단	記念トーキー映寫
267351	朝鮮朝日	南鮮版	1935-10-01	1	07단	足音に飛立つ雉物凄い暗夜行路毘盧峰で思はず萬歳南廻り第二コース選手河村記者手記/新記錄樹つ轉るやうに下山
267352	朝鮮朝日	南鮮版	1935-10-01	1	08단	運動競技界(大田鐵道勝つ釜山の野球戰/大田鐵道１７釜山實業９/大田鐵道７Ａ釜山鐵道６/釜山中學大勝對邱中ラグビー)
267353	朝鮮朝日	南鮮版	1935-10-01	1	08단	戶山學校軍樂隊の演奏
267354	朝鮮朝日	南鮮版	1935-10-01	1	09단	名士京城へ
267355	朝鮮朝日	南鮮版	1935-10-01	1	09단	土木談合事件上告公判始る
267356	朝鮮朝日	南鮮版	1935-10-01	1	10단	下關水産市況(卅日)

일련번호	판명		간행일	면	단수	기사명
267357	朝鮮朝日	西北版	1935-10-02	1	01단	半島の活天地歡喜滿つ 朝野の名士三千名施政廿五周年を慶祝秋晴れの空の下本府構內に統治史上空前の盛儀/日本酒とするめ萬歲を唱和豪華な記念祝賀會/記念式雜觀/朝鮮神宮境內で施政記念祭官民約六百名參列す
267358	朝鮮朝日	西北版	1935-10-02	1	02단	閑院若宮同妃兩殿下慶南御巡覽
267359	朝鮮朝日	西北版	1935-10-02	1	02단	祝典に寺內初代總督の微笑
267360	朝鮮朝日	西北版	1935-10-02	1	04단	滿洲事變の勳章傳達式
267361	朝鮮朝日	西北版	1935-10-02	1	05단	國旗揭揚塔落成式
267362	朝鮮朝日	西北版	1935-10-02	1	06단	表彰された人々(1)/(民間功勞者)
267363	朝鮮朝日	西北版	1935-10-02	1	07단	熙川、价古間一日から開通車窓に迫る溪谷美
267364	朝鮮朝日	西北版	1935-10-02	1	07단	各地の祝賀(平壤/淸津/羅南/咸興)
267365	朝鮮朝日	西北版	1935-10-02	1	08단	朝日映畵の夕
267366	朝鮮朝日	西北版	1935-10-02	1	09단	西鮮樂壇飾る恒例の音樂大會十一月九日に開催
267367	朝鮮朝日	西北版	1935-10-02	1	10단	處女列車走る
267368	朝鮮朝日	西北版	1935-10-02	1	10단	南浦高女連勝平南女子庭球
267369	朝鮮朝日	南鮮版	1935-10-02	1	01단	半島の活天地歡喜滿つ 朝野の名士三千名施政廿五周年を慶祝秋晴れの空の下本府構內に統治史上空前の盛儀/日本酒とするめ萬歲を唱和豪華な記念祝賀會/記念式雜觀/朝鮮神宮境內で施政記念祭官民約六百名參列す
267370	朝鮮朝日	南鮮版	1935-10-02	1	02단	閑院若宮同妃兩殿下慶南御巡覽
267371	朝鮮朝日	南鮮版	1935-10-02	1	02단	祝典に寺內初代總督の微笑
267372	朝鮮朝日	南鮮版	1935-10-02	1	04단	德壽宮陳列替
267373	朝鮮朝日	南鮮版	1935-10-02	1	05단	新三府の管轄區域
267374	朝鮮朝日	南鮮版	1935-10-02	1	06단	表彰された人々(1)/(民間功勞者)
267375	朝鮮朝日	南鮮版	1935-10-02	1	07단	各地の祝賀(京城/釜山/大邱/光州/鎭海)
267376	朝鮮朝日	南鮮版	1935-10-02	1	07단	府昇格の脚光も眩しい三都市躍進トリオの構顏/日毎に濃き工業色張切る光州府/全市に漲る新興奮躍進の全州府/四通八達の交通網大田府の貫祿
267377	朝鮮朝日	南鮮版	1935-10-02	1	10단	下關水産市況(一日)
267378	朝鮮朝日	西北版	1935-10-03	1	01단	隱れた功勞、善行畏し天聽に達す佳話花壻のない花嫁
267379	朝鮮朝日	西北版	1935-10-03	1	01단	秋の歡喜二重奏御遷座奉祝祭と商工祭に沸返る平壤の販ひ
267380	朝鮮朝日	西北版	1935-10-03	1	01단	祝賀グラフ(1施政二十五周年記念式の式場2宇垣總督の日韓倂合詔書奉讚3本社を代表して參列した原田九州支社長4勳政殿における物故功勞者竝びに殉職者の招魂祭5京城の女學生旗行列6京電の花電車7大邱公會堂の記念式8慶南道廳の祝賀會)
267381	朝鮮朝日	西北版	1935-10-03	1	03단	梨本宮殿下台臨を仰ぐ光榮の催し/閑院若宮同妃兩殿下
267382	朝鮮朝日	西北版	1935-10-03	1	04단	表彰された人々(2)/オイローバ號歸還
267383	朝鮮朝日	西北版	1935-10-03	1	05단	戶山學校軍樂隊の演奏日程

일련번호	판명		간행일	면	단수	기사명
267384	朝鮮朝日	西北版	1935-10-03	1	05단	施政廿五周年に絶好の記念出版物好評の本紙特輯頁
267385	朝鮮朝日	西北版	1935-10-03	1	06단	平壤の敬老會
267386	朝鮮朝日	西北版	1935-10-03	1	06단	天嶮馬息越えで俯瞰する青海原希望に輝く元山、鎭南浦北廻り第二コース選手永濱記者手記
267387	朝鮮朝日	西北版	1935-10-03	1	08단	興味の疑問符早廻りリリレーの懸賞投票十日付紙上に發表
267388	朝鮮朝日	西北版	1935-10-03	1	09단	公債一萬六千圓構領犯人捕はる咸興へ高飛び潜伏中
267389	朝鮮朝日	西北版	1935-10-03	1	09단	朝日映畫の夕
267390	朝鮮朝日	西北版	1935-10-03	1	10단	カトリック教百五十年祭盛大に擧行
267391	朝鮮朝日	西北版	1935-10-03	1	10단	天井に吊し女房を虐待情癡に狂ふ夫
267392	朝鮮朝日	西北版	1935-10-03	1	10단	平壤鄕軍競技
267393	朝鮮朝日	西北版	1935-10-03	1	10단	公私消息(寺坂正雄氏(新任平原署長)/武藤治助氏(新任大同署長)/本社平壤通信部來訪)
267394	朝鮮朝日	南鮮版	1935-10-03	1	01단	隱れた功勞、善行畏し天聽に達す佳話花壻のない花嫁
267395	朝鮮朝日	南鮮版	1935-10-03	1	01단	昂まる奉祝氣分朝鮮神宮鎭座十周年大祭十四日から始まる
267396	朝鮮朝日	南鮮版	1935-10-03	1	01단	祝賀グラフ(1施政二十五周年記念式の式場2宇垣總督の日韓併合詔書奉讚3本社を代表して參列した原田九州支社長4勤政殿における物故功勞者竝びに殉職者の招魂祭5京城の女學生旗行列6京電の花電車7大邱公會堂の記念式8慶南道廳の祝賀會)
267397	朝鮮朝日	南鮮版	1935-10-03	1	02단	梨本宮殿下台臨を仰ぐ光榮の催し/閑院若宮同妃兩殿下
267398	朝鮮朝日	南鮮版	1935-10-03	1	03단	施政廿五周年に絶好の記念出版物好評の本紙特輯頁
267399	朝鮮朝日	南鮮版	1935-10-03	1	04단	全南の異動
267400	朝鮮朝日	南鮮版	1935-10-03	1	05단	野邊に鈴蘭の花炭鑛を車窓に送迎北廻り第一コース選手船越記者手記
267401	朝鮮朝日	南鮮版	1935-10-03	1	06단	表彰された人々(2)/オイローバ號歸還
267402	朝鮮朝日	南鮮版	1935-10-03	1	06단	水原から仁川へ新線免許さる十五キロ國鐵より短縮
267403	朝鮮朝日	南鮮版	1935-10-03	1	08단	興味の疑問符早廻りリリレーの懸賞投票十日付紙上に發表
267404	朝鮮朝日	南鮮版	1935-10-03	1	09단	罷業を決行大陸ゴム女工
267405	朝鮮朝日	南鮮版	1935-10-03	1	10단	故橘香橘氏十七回忌四日京城で執行
267406	朝鮮朝日	南鮮版	1935-10-03	1	10단	下關水産市況(二日)
267407		西北版	1935-10-04	1	01단	聖旨を奉體して大衆教化に努む勤政殿に代表四百餘名參集教化團體聯合會成る
267408	朝鮮朝日	西北版	1935-10-04	1	01단	閑院若宮同妃兩殿下お揃ひにて總督府へ台臨北鮮へ向はせらる
267409	朝鮮朝日	西北版	1935-10-04	1	01단	慶祝三景((上)施政二十五周年記念日に平壤府廳前で女學生の萬歲三唱(中)咸南道廳で湯村知事から永年勤續者として表彰を受ける川崎咸興署長(向って右)(下)咸興神社における祝賀式)
267410	朝鮮朝日	西北版	1935-10-04	1	02단	送電線完成祝ひ廿日頃平壤で擧行

일련번호	판명		간행일	면	단수	기사명
267411	朝鮮朝日	西北版	1935-10-04	1	03단	內務課長級平南で異動
267412	朝鮮朝日	西北版	1935-10-04	1	04단	公私消息(高山東拓總裁)
267413	朝鮮朝日	西北版	1935-10-04	1	04단	總督府辭令
267414	朝鮮朝日	西北版	1935-10-04	1	04단	天然の寶庫拔け人工の光源帶へ爽風そよぐ泉都朱乙の朝北廻り第二コース選手永濱記者手記/日本海時代に羽搏く三港印象的な國境の夕燒/永濱記者の歡迎會北鮮鐵道で開催
267415	朝鮮朝日	西北版	1935-10-04	1	05단	遞信局辭令
267416	朝鮮朝日	西北版	1935-10-04	1	05단	引水計劃調査近く鎭南浦で
267417	朝鮮朝日	西北版	1935-10-04	1	05단	約三割減收鎭南浦林檎
267418	朝鮮朝日	西北版	1935-10-04	1	05단	男女十二組共同で結婚式平南農村の民風改善
267419	朝鮮朝日	西北版	1935-10-04	1	06단	咸興府歌募集
267420	朝鮮朝日	西北版	1935-10-04	1	06단	平南の全靑年團橫に結ぶ聯合會十二月十日頃に結成
267421	朝鮮朝日	西北版	1935-10-04	1	07단	各地から(熙川/新義州/羅南/咸興)
267422	朝鮮朝日	西北版	1935-10-04	1	07단	美術の秋西鮮中等學校待望の繪畵展十一月初め平壤で
267423	朝鮮朝日	西北版	1935-10-04	1	07단	二萬圓橫領
267424	朝鮮朝日	西北版	1935-10-04	1	08단	朝日映畵の夕
267425	朝鮮朝日	西北版	1935-10-04	1	09단	新義州法院新廳舍十二日に落成式擧行
267426	朝鮮朝日	西北版	1935-10-04	1	10단	樂浪小話
267427	朝鮮朝日	西北版	1935-10-04	1	10단	石工貓自殺
267428	朝鮮朝日	南鮮版	1935-10-04	1	01단	聖旨を奉體して大衆敎化に努む全鮮の代表四百餘名參集敎化團體聯合會成る/社會事業大會
267429	朝鮮朝日	南鮮版	1935-10-04	1	01단	卅五年、世に送る有爲の材三千名最古の學園の誇り高く京城第一高普けふ記念式
267430	朝鮮朝日	南鮮版	1935-10-04	1	01단	全鮮各道ナンバーワン競べ京畿道の卷 正體を謎に包み精力增進の卓效支那、南洋で大持て/四季を通じて動く自然美三露艦を呑んだ戰史
267431	朝鮮朝日	南鮮版	1935-10-04	1	04단	閑院若宮同妃兩殿下お揃ひにて總督府へ台臨北鮮へ向はせらる
267432	朝鮮朝日	南鮮版	1935-10-04	1	05단	總督府辭令
267433	朝鮮朝日	南鮮版	1935-10-04	1	05단	天嶮馬息越えで俯瞰する靑海原希望に輝く元山、鎭南浦北廻り第二コース選手永濱記者手記
267434	朝鮮朝日	南鮮版	1935-10-04	1	06단	德大寺侍從淸州を視察
267435	朝鮮朝日	南鮮版	1935-10-04	1	07단	遞信局辭令
267436	朝鮮朝日	南鮮版	1935-10-04	1	07단	全北辭令(一日付)
267437	朝鮮朝日	南鮮版	1935-10-04	1	07단	列車から飛降り逃走を企つ咸北の阿片密賣犯人
267438	朝鮮朝日	南鮮版	1935-10-04	1	07단	國調申告洩れの人々へ便法
267439	朝鮮朝日	南鮮版	1935-10-04	1	08단	大陸ゴムの女工就業す
267440	朝鮮朝日	南鮮版	1935-10-04	1	09단	大連滿俱來征

일련번호	판명		간행일	면	단수	기사명
267441	朝鮮朝日	南鮮版	1935-10-04	1	09단	會と催(斡旋就職者慰安會/丸山會發會式/釜山將棋大會/施政二十五周年記念運動會/城大豫科秋季運動會/社會教化講演會/大邱喜多會秋季大會/專賣京城支局表彰式/遞信記念日式典/釜山無盡、慶南無盡兩社合併披露宴/朝吹帝國生命保險會社長の招宴)
267442	朝鮮朝日	南鮮版	1935-10-04	1	10단	公私消息(眞野食平氏/件格夫氏(新任慶南土木課長)/杉山茂一氏/朴基順氏(朴商銀頭取嚴父))
267443	朝鮮朝日	南鮮版	1935-10-04	1	10단	下關水産市況(三日)
267444	朝鮮朝日	西北版	1935-10-05	1	01단	寫眞競技入選發表本社京城通信局主催新興の機運漲る半島寫壇の黎明應募總數二百十六點から選ばれた優秀印畫
267445	朝鮮朝日	西北版	1935-10-05	1	01단	閑院若宮、同妃兩殿下咸北を御視察
267446	朝鮮朝日	西北版	1935-10-05	1	01단	全鮮各道ナンバーワン競べ京畿道の卷 正體を謎に包み精力增進の卓效支那、南洋で大持て/四季を通じて動く自然美三露艦を呑んだ戰史
267447	朝鮮朝日	西北版	1935-10-05	1	02단	竹田宮同妃兩殿下御來鮮/御宿舍決る
267448	朝鮮朝日	西北版	1935-10-05	1	03단	師團對抗演習の準備全く成る植田統監は七日出發/電波に乘せる血沸く戰況DK得意の現地放送
267449	朝鮮朝日	西北版	1935-10-05	1	04단	公私消息(入江拓務次官、本多事務官、大久保首相祕書官)
267450	朝鮮朝日	西北版	1935-10-05	1	05단	審査評
267451	朝鮮朝日	西北版	1935-10-05	1	06단	森嚴な平壤神社御遷座祭
267452	朝鮮朝日	西北版	1935-10-05	1	08단	施政廿五周年記念貯金
267453	朝鮮朝日	西北版	1935-10-05	1	08단	夜來の雨霽れて大賑ひの商工祭平壤神社に官民參列し商工都市の繁榮祈願
267454	朝鮮朝日	西北版	1935-10-05	1	09단	朝日映畫の夕
267455	朝鮮朝日	西北版	1935-10-05	1	09단	萬歲聲裡に勇躍渡滿す鎌田、石田兩部隊
267456	朝鮮朝日	西北版	1935-10-05	1	10단	富豪相手に慰藉料請求「處女の代償に」
267457	朝鮮朝日	南鮮版	1935-10-05	1	01단	寫眞競技入選發表本社京城支局主催新興の機運漲る半島寫壇の黎明應募總數二百十六點から選ばれた優秀印畫
267458	朝鮮朝日	南鮮版	1935-10-05	1	01단	全鮮各道ナンバーワン競べ京畿道の卷 統治の步み映し綜合都市へ飛躍靑空を衝くビル群府民は完成した都會人だ/工業人時を得て痛快な爆笑年産一億二千萬圓/國檢實施の貴い賜物驚異の增産
267459	朝鮮朝日	南鮮版	1935-10-05	1	02단	朝鮮神宮に御參拜の閑院若宮同妃兩殿下(二日謹寫)
267460	朝鮮朝日	南鮮版	1935-10-05	1	04단	全州商議認可
267461	朝鮮朝日	南鮮版	1935-10-05	1	04단	師團對抗演習の準備全く成る植田統監は七日出發/見學の將星/電波に乘せる血沸く戰況DK得意の現地放送
267462	朝鮮朝日	南鮮版	1935-10-05	1	04단	竹田宮同妃兩殿下御來鮮/御宿舍決る
267463	朝鮮朝日	南鮮版	1935-10-05	1	05단	審査評
267464	朝鮮朝日	南鮮版	1935-10-05	1	08단	大義に本づき平和確立を期す海軍協會支部發會式

일련번호	판명		간행일	면	단수	기사명
267465	朝鮮朝日	南鮮版	1935-10-05	1	09단	全滿本紙主要販賣店主招待會出席者(三日京城商工會議所內で開催)
267466	朝鮮朝日	南鮮版	1935-10-05	1	10단	下關水産市況(四日)
267467	朝鮮朝日	西北版	1935-10-06	1	01단	拂下米の申込み四十萬石內外か新米出鼻で高くない
267468	朝鮮朝日	西北版	1935-10-06	1	01단	未完成全線に路盤工事を施す平元線に建設譜高し
267469	朝鮮朝日	西北版	1935-10-06	1	01단	閑院若宮、同妃兩殿下羅津雄基御視察
267470	朝鮮朝日	西北版	1935-10-06	1	01단	全鮮各道ナンバーワン競べ京畿道の卷 統治の步み映し綜合都市へ飛躍靑空を衝くビル群府民は完成した都會人だ/工業人時を得て痛快な爆笑年産一億二千萬圓/國檢實施の貴い賜物驚異の增産
267471	朝鮮朝日	西北版	1935-10-06	1	02단	壯烈な遭遇戰城津平野に展開
267472	朝鮮朝日	西北版	1935-10-06	1	03단	朝鮮沙金鑛の怠業解決
267473	朝鮮朝日	西北版	1935-10-06	1	03단	旱水害救濟費約百廿萬圓國庫補助に大削減
267474	朝鮮朝日	西北版	1935-10-06	1	04단	本社寫眞競技特選「伸びゆきもの」咸南興南富永國太
267475	朝鮮朝日	西北版	1935-10-06	1	04단	判任官級に活を入れる平南の異動
267476	朝鮮朝日	西北版	1935-10-06	1	06단	松尾氏內定平南官選道議の補缺
267477	朝鮮朝日	西北版	1935-10-06	1	07단	還曆祝をやめ學校へ寄附朴理楨翁の美擧
267478	朝鮮朝日	西北版	1935-10-06	1	07단	咸中創設費續々集まる
267479	朝鮮朝日	西北版	1935-10-06	1	08단	朝日映畫の夕
267480	朝鮮朝日	西北版	1935-10-06	1	09단	碎氷船を迎へ盛んな港祭鎭南浦の準備進む
267481	朝鮮朝日	西北版	1935-10-06	1	09단	立體美展開平壤體育デー
267482	朝鮮朝日	西北版	1935-10-06	1	09단	公私消息(入江拓務次官)
267483	朝鮮朝日	西北版	1935-10-06	1	10단	豆タクシー營業許可申請
267484	朝鮮朝日	南鮮版	1935-10-06	1	01단	竹田宮、同妃兩殿下大邱より御北行遊ばさる
267485	朝鮮朝日	南鮮版	1935-10-06	1	01단	德大寺侍從慶北を視察
267486	朝鮮朝日	南鮮版	1935-10-06	1	01단	健康の秋を讚へ若人の意氣揚る冷雨一過して日本晴れ壯快・京城の體育デー
267487	朝鮮朝日	南鮮版	1935-10-06	1	01단	全鮮各道ナンバーワン競べ忠淸北道の卷 昔乍らの靈泉に宿る近代的味覺斷然東洋一を誇る/遠く英米へ續々出荷廿年增産計劃/他道を凌いで不動の地位反當二百圓を越す
267488	朝鮮朝日	南鮮版	1935-10-06	1	02단	盛大な記念式京城第一高普
267489	朝鮮朝日	南鮮版	1935-10-06	1	02단	旱水害救濟費約百廿萬圓國庫補助に大削減
267490	朝鮮朝日	南鮮版	1935-10-06	1	04단	三ケ所着陸撫順訪問飛行の齋藤飛行士
267491	朝鮮朝日	南鮮版	1935-10-06	1	04단	瓦電のバス六日から營業
267492	朝鮮朝日	南鮮版	1935-10-06	1	04단	本社寫眞競技特選「伸びゆきもの」咸南興南富永國太
267493	朝鮮朝日	南鮮版	1935-10-06	1	05단	日本海時代に羽搏く三港北廻り第二コース選手永濱記者手記
267494	朝鮮朝日	南鮮版	1935-10-06	1	07단	橘氏追悼法要思ひ出新たに京城で營まる
267495	朝鮮朝日	南鮮版	1935-10-06	1	09단	拂下米申込み四十萬石內外か新米出鼻で高くない

일련번호	판명		간행일	면	단수	기사명
267496	朝鮮朝日	南鮮版	1935-10-06	1	09단	釜山中等野球
267497	朝鮮朝日	南鮮版	1935-10-06	1	10단	下關水産市場(五日)
267498	朝鮮朝日	南鮮版	1935-10-06	1	10단	公私消息(本社京城支局來訪)
267499	朝鮮朝日	西北版	1935-10-08	1	01단	全鮮の初等校へ健康十則寄贈本社から施政廿五周年記念に兒童へプレゼント/健康の祕傳御厚意に感謝する宇垣總督談/新しい示唆今井田總監談/好個の記念品渡邊學務局長談
267500	朝鮮朝日	西北版	1935-10-08	1	01단	全鮮各道ナンバーワン競べ忠淸北道の卷 昔乍らの靈泉に宿る近代的味覺斷然東洋一を誇る/遠く英米へ續々出荷廿年增産計劃/他道を凌いで不動の地位反當二百圓を越す
267501	朝鮮朝日	西北版	1935-10-08	1	03단	百五十萬圓超す平壤府明年度豫算の主なる新規事業
267502	朝鮮朝日	西北版	1935-10-08	1	04단	本社寫眞競技準特選「躍進の半島を描く」平壤府大和町福島柳也
267503	朝鮮朝日	西北版	1935-10-08	1	05단	平壤商工祭の式典
267504	朝鮮朝日	西北版	1935-10-08	1	06단	呼物の假裝行列
267505	朝鮮朝日	西北版	1935-10-08	1	07단	二百十萬圓旱水害救濟補助決る
267506	朝鮮朝日	西北版	1935-10-08	1	07단	滿浦線不通機關車脫線す
267507	朝鮮朝日	西北版	1935-10-08	1	08단	朝日映畫の夕
267508	朝鮮朝日	西北版	1935-10-08	1	09단	林檎五十箱試驗輸送今年も倫敦へ
267509	朝鮮朝日	西北版	1935-10-08	1	09단	平壤に初霜
267510	朝鮮朝日	西北版	1935-10-08	1	10단	實費診療所咸興に新設/江原道中心に長距離行事咸興聯隊で實施
267511	朝鮮朝日	西北版	1935-10-08	1	10단	樂浪小話
267512	朝鮮朝日	南鮮版	1935-10-08	1	01단	全鮮の初等校へ健康十則寄贈本社から施政廿五周年記念に兒童へプレゼント/健康の祕傳御厚意に感謝する宇垣總督談/新しい示唆今井田總監談/好個の記念品渡邊學務局長談
267513	朝鮮朝日	南鮮版	1935-10-08	1	01단	竹田宮、同妃兩殿下金剛山へ向はせらる
267514	朝鮮朝日	南鮮版	1935-10-08	1	01단	全鮮各道ナンバーワン競べ忠淸南道の卷 夜每日每に結ぶ眩い山吹色の夢傳說、今は世紀の現實/底光り放つ多彩の景觀古き日本との親交史
267515	朝鮮朝日	南鮮版	1935-10-08	1	04단	本社寫眞競技準特選「躍進の半島を描く」平壤府大和町福島柳也
267516	朝鮮朝日	南鮮版	1935-10-08	1	06단	飛行機を借用改めて飛び直し朴君、母待つ羅州へ
267517	朝鮮朝日	南鮮版	1935-10-08	1	08단	二百十萬圓旱水害救濟補助決る
267518	朝鮮朝日	南鮮版	1935-10-08	1	09단	商品見本市盛大に開催
267519	朝鮮朝日	南鮮版	1935-10-08	1	09단	植田統監出發
267520	朝鮮朝日	南鮮版	1935-10-08	1	10단	光州第二普通本社優勝旗獲得全南初中等陸上
267521	朝鮮朝日	南鮮版	1935-10-08	1	10단	大田神社へ新馬を奉納

일련번호	판명		간행일	면	단수	기사명
267522	朝鮮朝日	南鮮版	1935-10-08	1	10단	公私消息(森矗昶氏/內田馨氏(大阪每日新聞大邱通信部員)/吉峰敬吉氏(新任大阪每日新聞大邱通信部員)/本社京城支局來訪)
267523	朝鮮朝日	南鮮版	1935-10-08	1	10단	下關水産市況(七日)
267524	朝鮮朝日	西北版	1935-10-09	1	01단	硫化礦石の燒滓電熱で鐵材抽出朝室の大規模な硏究で廢物も時代の花形
267525	朝鮮朝日	西北版	1935-10-09	1	01단	雄基軍馬補充部支部御視察の閑院若宮、同妃兩殿下
267526	朝鮮朝日	西北版	1935-10-09	1	01단	*全鮮各道ナンバーワン競べ忠淸南道の卷 夜每日每に結ぶ眩い山吹色の夢傳說、今は世紀の現實/底光り放つ多彩の景觀古き日本との親交史*
267527	朝鮮朝日	西北版	1935-10-09	1	03단	內地視察團十日咸興出發
267528	朝鮮朝日	西北版	1935-10-09	1	03단	最終の隧道に貫通の凱歌二千圓の賞金つきで五十日も豫定早めて
267529	朝鮮朝日	西北版	1935-10-09	1	04단	本社寫眞競技準特選『伸びゆきもの』沙里院駒泉里白倉德明
267530	朝鮮朝日	西北版	1935-10-09	1	06단	*蟲害と霜害八萬町步超ゆ咸南山地帶の農作物/平南は豊作*
267531	朝鮮朝日	西北版	1935-10-09	1	08단	新會社に反抗礦夫動搖す無煙炭合同の紛糾
267532	朝鮮朝日	西北版	1935-10-09	1	08단	平壤公會堂の基礎工事入札
267533	朝鮮朝日	西北版	1935-10-09	1	08단	朝日映畫の夕
267534	朝鮮朝日	西北版	1935-10-09	1	09단	アサヒ・スポーツ(十月一日號)
267535	朝鮮朝日	西北版	1935-10-09	1	10단	次の米穀大會咸興で開く
267536	朝鮮朝日	西北版	1935-10-09	1	10단	運動競技界(平高普優勝男子中等陸上)
267537	朝鮮朝日	西北版	1935-10-09	1	10단	劇と映畫(平壤 偕樂館)
267538	朝鮮朝日	南鮮版	1935-10-09	1	01단	本社寫眞競技準特選『伸びゆきもの』沙里院駒泉里白倉德明
267539	朝鮮朝日	南鮮版	1935-10-09	1	01단	廿六名立つ京城商議選擧
267540	朝鮮朝日	南鮮版	1935-10-09	1	01단	皇族方には特産品獻上光榮の全北
267541	朝鮮朝日	南鮮版	1935-10-09	1	01단	總督府構內勤政殿御成りの竹田宮同妃兩殿下(六日謹寫)
267542	朝鮮朝日	南鮮版	1935-10-09	1	03단	*全鮮各道ナンバーワン競べ全羅北道の卷 落人の內職に咲出た日本情緒東京方面からの注文で我れ勝てりの乾杯/貯水池に放流し鮎王國復活全國無比の繁殖振り*
267543	朝鮮朝日	南鮮版	1935-10-09	1	04단	京城の白米値下げ
267544	朝鮮朝日	南鮮版	1935-10-09	1	05단	兩師團首腦部に最初の腕試し湖南に高し軍國調
267545	朝鮮朝日	南鮮版	1935-10-09	1	05단	十日に決行本社寄贈優勝旗爭奪仁川商店訪問リレー
267546	朝鮮朝日	南鮮版	1935-10-09	1	06단	圖書館大會內、鮮、滿、台の代表集り盛大に城大で開催
267547	朝鮮朝日	南鮮版	1935-10-09	1	06단	府制奉告式大賑ひの大田
267548	朝鮮朝日	南鮮版	1935-10-09	1	07단	賑かに蓋明け十一日から廿日迄浦項で慶北水産振興共進會(地元の行事)
267549	朝鮮朝日	南鮮版	1935-10-09	1	08단	大田の栗拾ひ大會
267550	朝鮮朝日	南鮮版	1935-10-09	1	09단	裝甲列車觀覽十日京城驛で

일련번호	판명		간행일	면	단수	기사명
267551	朝鮮朝日	南鮮版	1935-10-09	1	09단	運動競技界(東高１０釜中一釜山中等野球)
267552	朝鮮朝日	南鮮版	1935-10-09	1	10단	下關水産市況(八日)
267553	朝鮮朝日	南鮮版	1935-10-09	1	10단	柔道選士決定
267554	朝鮮朝日	西北版	1935-10-10	1	01단	本社寫眞競技入選『躍進の半島を描く』木浦府本町二 藤井雅雄
267555	朝鮮朝日	西北版	1935-10-10	1	01단	閑院若宮同妃兩殿下樂浪古墳を御視察
267556	朝鮮朝日	西北版	1935-10-10	1	01단	新義州御視察
267557	朝鮮朝日	西北版	1935-10-10	1	02단	全鮮各道ナンバーワン競べ全羅北道の卷 落人の內職に 咲出た日本情緒東京方面からの注文で我れ勝てりの乾 杯/貯水池に放流し鮎王國復活全國無比の繁殖振り
267558	朝鮮朝日	西北版	1935-10-10	1	04단	天勝退院す
267559	朝鮮朝日	西北版	1935-10-10	1	05단	僅か一分違ひが十一名の多數本社主催全鮮鐵道早廻り リレー懸賞投票の入賞者
267560	朝鮮朝日	西北版	1935-10-10	1	06단	入賞者の觀び 十四の少年ラヂオがとても好き一等中村 耕一君/計算なき計算二等小林勝藏君/締切まで研究二 等飯野三四治君
267561	朝鮮朝日	西北版	1935-10-10	1	07단	宇垣總督十日演習地へ
267562	朝鮮朝日	西北版	1935-10-10	1	07단	第八回全鮮學生卓球大會
267563	朝鮮朝日	西北版	1935-10-10	1	08단	新義州、惠山鎭完全に聯絡江岸二等道路竣工す
267564	朝鮮朝日	西北版	1935-10-10	1	09단	朝日映畵の夕
267565	朝鮮朝日	西北版	1935-10-10	1	09단	平南府郡異動
267566	朝鮮朝日	西北版	1935-10-10	1	09단	滿洲特産出廻り六割の激增腴かな北鮮の豫想
267567	朝鮮朝日	西北版	1935-10-10	1	09단	內部抗爭から再び假死狀態鎭南浦取引所
267568	朝鮮朝日	西北版	1935-10-10	1	10단	平南奧地の死亡率倍加深刻な食糧缺乏
267569	朝鮮朝日	西北版	1935-10-10	1	10단	失業苦の自殺往年の海の勇士
267570	朝鮮朝日	西北版	1935-10-10	1	10단	學校荒し平壤署で逮捕
267571	朝鮮朝日	南鮮版	1935-10-10	1	01단	僅か一分違ひが十一名の多數本社主催全鮮鐵道早廻り リレー懸賞投票の入賞者
267572	朝鮮朝日	南鮮版	1935-10-10	1	01단	全鮮各道ナンバーワン競べ全羅北道の卷 詩人蘇東坡も 惚れ込んだ雅趣近代生活に結びつき拓けゆく新販路/今 猶生彩放つ不老長壽の靈藥裏に潜む耕作の苦心
267573	朝鮮朝日	南鮮版	1935-10-10	1	02단	入賞者の觀び 十四の少年ラヂオがとても好き一等中村 耕一君/計算なき計算二等小林勝藏君/締切まで研究二 等飯野三四治君
267574	朝鮮朝日	南鮮版	1935-10-10	1	04단	本社寫眞競技入選『躍進の半島を描く』木浦府本町二 藤井雅雄
267575	朝鮮朝日	南鮮版	1935-10-10	1	06단	第八回全鮮學生卓球大會
267576	朝鮮朝日	南鮮版	1935-10-10	1	07단	朝鮮新宮の獻穀式
267577	朝鮮朝日	南鮮版	1935-10-10	1	08단	宇垣總督十日演習地へ
267578	朝鮮朝日	南鮮版	1935-10-10	1	08단	數學講演會

일련번호	판명		간행일	면	단수	기사명
267579	朝鮮朝日	南鮮版	1935-10-10	1	08단	黑字新記錄四月以降の鐵道收入前年より四百萬圓增
267580	朝鮮朝日	南鮮版	1935-10-10	1	08단	運動競技界(第二高女優勝女子オリンピック/一商１１東萊２釜山中等野球)
267581	朝鮮朝日	南鮮版	1935-10-10	1	09단	慶北警察部異動
267582	朝鮮朝日	南鮮版	1935-10-10	1	09단	大邱に初霜
267583	朝鮮朝日	南鮮版	1935-10-10	1	09단	會と催(遞信文化展覽會/陸軍戶山學校軍樂隊大演奏)
267584	朝鮮朝日	南鮮版	1935-10-10	1	09단	アサヒ・スポーツ(十月一日號)
267585	朝鮮朝日	南鮮版	1935-10-10	1	10단	公私消息(三谷一三氏(三菱鑛業取締役會長)/杉山茂一氏(新任光州府尹))
267586	朝鮮朝日	南鮮版	1935-10-10	1	10단	下關水産市況(九日)
267587	朝鮮朝日	西北版	1935-10-11	1	01단	師團對抗演習の序曲荒木特派員發(群山十日) 光榮の日を待ちはためく日章旗感激と興奮の軍隊色/南北兩軍對峙す統監部すでに設置され發火點に立つ戰線/廿九萬九千圓支出に勅裁奉迎送と御警衛費
267588	朝鮮朝日	西北版	1935-10-11	1	01단	全鮮各道ナンバーワン競べ全羅北道の卷 詩人蘇東坡も惚れ込んだ雅趣近代生活に結びつき拓けゆく新販路/今猶生彩放つ不老長壽の靈藥裏に潜む耕作の苦心
267589	朝鮮朝日	西北版	1935-10-11	1	03단	閑院若宮同妃兩殿下定州の古戰場御視察
267590	朝鮮朝日	西北版	1935-10-11	1	04단	人夫拂底で工事遲る雙芳、別河間
267591	朝鮮朝日	西北版	1935-10-11	1	05단	施設の對象は敦賀と新潟北鮮諸港と聯絡
267592	朝鮮朝日	西北版	1935-10-11	1	05단	雹害甚大大同中和兩郡
267593	朝鮮朝日	西北版	1935-10-11	1	06단	本社寫眞競技入選「伸びゆくもの」咸南咸興府軍營通一笹沼末雄
267594	朝鮮朝日	西北版	1935-10-11	1	07단	奧地の鐵道延長猛運動起す咸南北協力して
267595	朝鮮朝日	西北版	1935-10-11	1	09단	百五十萬圓投じ鴨綠江に新鐵橋鮮鐵と滿鐵の合辦で
267596	朝鮮朝日	西北版	1935-10-11	1	09단	朝日映畵の夕
267597	朝鮮朝日	西北版	1935-10-11	1	10단	列車の火事
267598	朝鮮朝日	西北版	1935-10-11	1	10단	樂浪小話
267599	朝鮮朝日	南鮮版	1935-10-11	1	01단	本社寫眞競技入選「伸びゆくもの」咸南咸興府軍營通一笹沼末雄
267600	朝鮮朝日	南鮮版	1935-10-11	1	01단	全鮮各道ナンバーワン競べ全羅南道の卷 量で來い、質で來い稔る金色の寶庫/上戶黨、垂涎の雄町/苦鬪の跡に立つ南棉の焦點目指す一億一千萬斤
267601	朝鮮朝日	南鮮版	1935-10-11	1	04단	師團對抗演習の序曲荒木特派員發(群山十日) 光榮の日を待ちはためく日章旗感激と興奮の軍隊色/南北兩軍對峙す統監部すでに設置され發火點に立つ戰線/廿九萬九千圓支出に勅裁奉迎送と御警衛費
267602	朝鮮朝日	南鮮版	1935-10-11	1	06단	閑院參謀總長宮殿下御來鮮/後藤侍從武官來鮮
267603	朝鮮朝日	南鮮版	1935-10-11	1	07단	國體明徵決議鄕軍大邱分會
267604	朝鮮朝日	南鮮版	1935-10-11	1	07단	神前に誓ひ立て力强い街頭行進十三日の全鮮靑年團大會に集る若人一千五百

일련번호	판명		간행일	면	단수	기사명
267605	朝鮮朝日	南鮮版	1935-10-11	1	08단	大田神社の秋祭り
267606	朝鮮朝日	南鮮版	1935-10-11	1	08단	腸チフス感染京城府廳公衆食堂のボーイ
267607	朝鮮朝日	南鮮版	1935-10-11	1	09단	獻穀の行事嚴肅に擧行
267608	朝鮮朝日	南鮮版	1935-10-11	1	10단	釜中３ー商２釜山中等野球
267609	朝鮮朝日	南鮮版	1935-10-11	1	10단	會と催(進明女高普運動會/京城府內初等學校敎員の稻刈/晉州神社秋季大祭/全州神社秋季大祭)
267610	朝鮮朝日	南鮮版	1935-10-11	1	10단	下關水産市況(十日)
267611	朝鮮朝日	西北版	1935-10-12	1	01단	千古の處女林に伐採の斧を揮ふ大巖山の鴨綠江材を森林鐵道で平壤まで運搬
267612	朝鮮朝日	西北版	1935-10-12	1	01단	輝ける皇軍迎へ赤心こめて奉仕演習地に話題の麗花群山にて荒木特派員十一日發/南から北から兩軍進撃す統監部發表の想定
267613	朝鮮朝日	西北版	1935-10-12	1	01단	全鮮各道ナンバーワン競べ全羅南道の卷 量で來い、質で來い稔る金色の寶庫/上戶黨、垂涎の雄町/苦鬪の跡に立つ南棉の焦點目指す一億一千萬斤
267614	朝鮮朝日	西北版	1935-10-12	1	04단	公私消息(植原平壤憲兵隊長/平壤道立醫院看護婦十七名)
267615	朝鮮朝日	西北版	1935-10-12	1	04단	經濟調査團國境へ派遣
267616	朝鮮朝日	西北版	1935-10-12	1	05단	本社寫眞競技入選「躍進の半島を描く」咸興府軍營通ー山田義人
267617	朝鮮朝日	西北版	1935-10-12	1	06단	枸杞を增産山村副業に咸南で獎勵
267618	朝鮮朝日	西北版	1935-10-12	1	07단	陸上競技場を船橋里に設ける明年度十五萬圓奮發
267619	朝鮮朝日	西北版	1935-10-12	1	08단	平南道辭令(五日付)
267620	朝鮮朝日	西北版	1935-10-12	1	08단	出張地で萬引
267621	朝鮮朝日	西北版	1935-10-12	1	08단	馬賊百餘名高瀨船襲撃
267622	朝鮮朝日	西北版	1935-10-12	1	09단	朝日映畵の夕
267623	朝鮮朝日	西北版	1935-10-12	1	09단	儲けたら返す强盜の遠慮？
267624	朝鮮朝日	西北版	1935-10-12	1	10단	樂浪小話
267625	朝鮮朝日	西北版	1935-10-12	1	10단	辻强盜現る
267626	朝鮮朝日	南鮮版	1935-10-12	1	01단	兩殿下御南行/兩妃殿下
267627	朝鮮朝日	南鮮版	1935-10-12	1	01단	輝ける皇軍迎へ赤心こめて奉仕演習地に話題の麗花群山にて荒木特派員十一日發/南から北から兩軍進撃す統監部發表の想定
267628	朝鮮朝日	南鮮版	1935-10-12	1	01단	全鮮各道ナンバーワン競べ全羅南道の卷 食通の江戶ッ子も一杯食はされる半島全産額の九十一風味に科學的檢討/天と地の大畫布瀨戶內海を髣髴千姿萬態ー千七百島/涅しく謳ふ生活の歌島を育てる娘
267629	朝鮮朝日	南鮮版	1935-10-12	1	03단	京電値下げ
267630	朝鮮朝日	南鮮版	1935-10-12	1	04단	第七回鮮滿中等校美術展覽會第十八回朝鮮南畫展
267631	朝鮮朝日	南鮮版	1935-10-12	1	04단	辭令
267632	朝鮮朝日	南鮮版	1935-10-12	1	05단	本社寫眞競技入選「躍進の半島を描く」咸興府軍營通ー山田義人

일련번호	판명		간행일	면	단수	기사명
267633	朝鮮朝日	南鮮版	1935-10-12	1	08단	神前に繰展ぐスポーツ繪卷奉讚體育大會始まる/一商4A釜中1釜山中等野球
267634	朝鮮朝日	南鮮版	1935-10-12	1	10단	下關水産市況(十一日)
267635	朝鮮朝日	西北版	1935-10-13	1	01단	聖旨將兵無上の光榮
267636	朝鮮朝日	西北版	1935-10-13	1	01단	野外統監部にて荒木特派員二十日發秋の湖南大平野忽ち砲火の洗禮空に飛行機、地に野砲師團對抗演習火蓋を切る/四殿下迎へ奉り群山全府民の赤誠
267637	朝鮮朝日	西北版	1935-10-13	1	01단	全鮮各道ナンバーワン競べ全羅南道の卷 食通の江戸ッ子も一杯食はされる半島全産額の九十一風味に科學的檢討/天と地の大畫布瀨戸内海を髣髴千姿萬態一千七百島/涅しく謳ふ生活の歌島を育てる娘
267638	朝鮮朝日	西北版	1935-10-13	1	04단	記念スタンプ
267639	朝鮮朝日	西北版	1935-10-13	1	05단	本社寫眞競技入選「躍進の半島を描く」裡里京町清水尚
267640	朝鮮朝日	西北版	1935-10-13	1	07단	新義州法院落成式
267641	朝鮮朝日	西北版	1935-10-13	1	08단	第七回鮮滿中等校美術展覽會第十八回朝鮮南畫展
267642	朝鮮朝日	西北版	1935-10-13	1	08단	響れの裡里農林兩殿下台臨鄉軍、消防組を御視閱
267643	朝鮮朝日	西北版	1935-10-13	1	08단	平壤農學校に日本一の折紙生産品の驚異的好成績を文部省が全國へ紹介
267644	朝鮮朝日	西北版	1935-10-13	1	10단	婦人(定價十錢/十月號)
267645	朝鮮朝日	西北版	1935-10-13	1	10단	饅頭代から四人に重傷
267646	朝鮮朝日	西北版	1935-10-13	1	10단	公金を拐帶
267647	朝鮮朝日	西北版	1935-10-13	1	10단	大工自殺
267648	朝鮮朝日	南鮮版	1935-10-13	1	01단	聖旨將兵無上の光榮
267649	朝鮮朝日	南鮮版	1935-10-13	1	01단	野外統監部にて荒木特派員二十日發秋の湖南大平野忽ち砲火の洗禮空に飛行機、地に野砲師團對抗演習火蓋を切る/四殿下迎へ奉り群山全府民の赤誠/御熱心に御觀戰統監部御成り/響れの裡里農林兩殿下台臨鄉軍、消防組を御視閱
267650	朝鮮朝日	南鮮版	1935-10-13	1	01단	全鮮各道ナンバーワン競べ慶尙北道の卷 街全體を擧げて新羅藝術の精美詩心湧く波瀾興亡史/御自慢の種は芳味と多産颯爽と內地へ進軍
267651	朝鮮朝日	南鮮版	1935-10-13	1	04단	公私消息(上野彥八氏(新任釜山府理事官)/本社平壤通信部來訪/本社京城支局來訪)
267652	朝鮮朝日	南鮮版	1935-10-13	1	05단	本社寫眞競技入選「躍進の半島を描く」裡里京町清水尚
267653	朝鮮朝日	南鮮版	1935-10-13	1	06단	愈よ十三日全鮮學生卓球大會
267654	朝鮮朝日	南鮮版	1935-10-13	1	08단	十周年壽ぐ朝鮮神宮大祭盛大に十四日から
267655	朝鮮朝日	南鮮版	1935-10-13	1	08단	結成十周年京城府聯合靑年團で記念式
267656	朝鮮朝日	南鮮版	1935-10-13	1	08단	「雪之丞變化」第二篇來る京城の讀者優待
267657	朝鮮朝日	南鮮版	1935-10-13	1	09단	記念スタンプ/徒步參拜を警察側希望
267658	朝鮮朝日	南鮮版	1935-10-13	1	09단	府制實施祝賀光州の大賑ひ

일련번호	판명		간행일	면	단수	기사명
267659	朝鮮朝日	南鮮版	1935-10-13	1	10단	婦人(定價十錢/十月號)
267660	朝鮮朝日	南鮮版	1935-10-13	1	10단	台灣へ遠征全京城野球團
267661	朝鮮朝日	南鮮版	1935-10-13	1	10단	會と催(京商美術展/釜山公立初等學校聯合體育會/工業展覽會/馬山公立小學校秋季運動會/社會敎化講演會/京城府副業展覽會)
267662	朝鮮朝日	南鮮版	1935-10-13	1	10단	下關水産市況(十二日)
267663	朝鮮朝日	西北版	1935-10-15	1	01단	近代兵器を動員物凄い威力發揮師團對抗演習終了す野外統監部にて荒木特派員十四日發/觀兵式の盛觀秋空麗かな群里街道に蜿蜒二里長蛇の陳
267664	朝鮮朝日	西北版	1935-10-15	1	01단	全鮮各道ナンバーワン競べ慶尙北道の卷 街全體を擧げて新羅藝術の精美詩心湧く波瀾興亡史/御自慢の種は芳味と多産颯爽と內地へ進軍
267665	朝鮮朝日	西北版	1935-10-15	1	04단	會と催(慶源國際橋梁渡初式/鏡城原蠶種製造所創立二十五周年記念)
267666	朝鮮朝日	西北版	1935-10-15	1	06단	全鮮青年團大會聯合實現を決議
267667	朝鮮朝日	西北版	1935-10-15	1	06단	謹訂
267668	朝鮮朝日	西北版	1935-10-15	1	07단	朝鮮神宮大祭賑かに始まる
267669	朝鮮朝日	西北版	1935-10-15	1	08단	朝鮮神宮競技(軟式野球/蹴球)
267670	朝鮮朝日	西北版	1935-10-15	1	08단	平壤公會堂地鎭祭
267671	朝鮮朝日	西北版	1935-10-15	1	08단	咸南の十魚組一丸に統制月末に聯合會を結成
267672	朝鮮朝日	西北版	1935-10-15	1	08단	咸南道廳竣工廿四日祝賀會
267673	朝鮮朝日	西北版	1935-10-15	1	09단	大阪朝日新聞縮刷版(九月號)
267674	朝鮮朝日	西北版	1935-10-15	1	09단	又も大停電
267675	朝鮮朝日	西北版	1935-10-15	1	09단	東洋紡工場明春着工近く敷地買收
267676	朝鮮朝日	西北版	1935-10-15	1	10단	水組改修落札
267677	朝鮮朝日	西北版	1935-10-15	1	10단	學生卓球大會
267678	朝鮮朝日	西北版	1935-10-15	1	10단	林務技手留置
267679	朝鮮朝日	西北版	1935-10-15	1	10단	各地から(咸興)
267680	朝鮮朝日	西北版	1935-10-15	1	10단	劇と映畫(平壤 偕樂館)
267681	朝鮮朝日	西北版	1935-10-15	1	10단	公私消息(公森太郎氏以下一行十五名/麻布聯隊區將校滿洲視察團)
267682	朝鮮朝日	西北版	1935-10-15	1	10단	寫眞競技作品本日休載
267683	朝鮮朝日	南鮮版	1935-10-15	1	01단	近代兵器を動員物凄い威力發揮師團對抗演習終了す野外統監部にて荒木特派員十四日發/觀兵式の盛觀秋空麗かな群里街道に蜿蜒二里長蛇の陳
267684	朝鮮朝日	南鮮版	1935-10-15	1	01단	全鮮各道ナンバーワン競べ慶尙北道の卷 流石は養蠶王國內地より優勢樹齡二百年桑の化物/山河も燒かん熱血爺さん溜飮の下る人生哲學/競爭舞台は世界市場野望は大きい
267685	朝鮮朝日	南鮮版	1935-10-15	1	04단	會と催(仁川府第二敎育部會/山本京大花山天文台長講演會/杯歐子女史講演會)

일련번호	판명		간행일	면	단수	기사명
267686	朝鮮朝日	南鮮版	1935-10-15	1	06단	全鮮靑年團大會聯合實現を決議
267687	朝鮮朝日	南鮮版	1935-10-15	1	07단	謹訂
267688	朝鮮朝日	南鮮版	1935-10-15	1	07단	朝鮮神宮競技(軟式野球/蹴球)
267689	朝鮮朝日	南鮮版	1935-10-15	1	08단	新町靑年團に本社優勝旗輝く仁川商店訪問リレー
267690	朝鮮朝日	南鮮版	1935-10-15	1	08단	學生卓球大會
267691	朝鮮朝日	南鮮版	1935-10-15	1	08단	朝鮮神宮大祭賑かに始まる
267692	朝鮮朝日	南鮮版	1935-10-15	1	09단	大阪朝日新聞縮刷版(九月號)
267693	朝鮮朝日	南鮮版	1935-10-15	1	09단	「雪之丞變化」好評
267694	朝鮮朝日	南鮮版	1935-10-15	1	10단	定員を超過京城商議選擧
267695	朝鮮朝日	南鮮版	1935-10-15	1	10단	公私消息(阿部信行大將/宇佐美貴族院議員/曰井梨本宮家事務官/岡村拓務事務官/大志摩東拓理事/西崎總督府理財課長/三谷三菱鑛業會長/上野彦八氏(新任釜山府理事官)/田中總督府外事課長/權京城府社會課長/竹內一銀京城支店長/孫滿洲國財務部大臣/本社京城支局來訪)
267696	朝鮮朝日	南鮮版	1935-10-15	1	10단	寫眞競技作品本日休載
267697	朝鮮朝日	南鮮版	1935-10-15	1	10단	下關水産市況(十四日)
267698	朝鮮朝日	西北版	1935-10-16	1	01단	梨本總裁宮殿下御言葉を賜はる光榮の消防御視閱式/有功章の御親授式輝く武道の擧れ
267699	朝鮮朝日	西北版	1935-10-16	1	01단	師團對抗演習畫報
267700	朝鮮朝日	西北版	1935-10-16	1	01단	全鮮各道ナンバーワン競べ慶尙北道の卷 流石は養蠶王國內地より優勢樹齡二百年桑の化物/山河も燒かん熱血爺さん溜飮の下る人生哲學/競爭舞台は世界市場野望は大きい
267701	朝鮮朝日	西北版	1935-10-16	1	04단	立花勅使來鮮
267702	朝鮮朝日	西北版	1935-10-16	1	04단	神樂奉奏日割
267703	朝鮮朝日	西北版	1935-10-16	1	05단	朝鮮神宮競技(軟式野球/ラグビー/庭球/卓球)
267704	朝鮮朝日	西北版	1935-10-16	1	06단	本社寫眞競技入選「伸びゆくもの」平壤若松町一川原映至
267705	朝鮮朝日	西北版	1935-10-16	1	06단	若き畫壇の花鮮滿中等美術展の入選九十七點發表さる
267706	朝鮮朝日	西北版	1935-10-16	1	09단	大日本紡の工場平壤へ食指動く小寺副社長近く視察
267707	朝鮮朝日	西北版	1935-10-16	1	09단	洪原郡廳出火
267708	朝鮮朝日	西北版	1935-10-16	1	10단	鎭南浦取人所近く認可取消
267709	朝鮮朝日	西北版	1935-10-16	1	10단	咸興の停電
267710	朝鮮朝日	西北版	1935-10-16	1	10단	運動競技界(全平壤快勝對日鐵庭球戰)
267711	朝鮮朝日	西北版	1935-10-16	1	10단	各地から(平壤/淸進)
267712	朝鮮朝日	西北版	1935-10-16	1	10단	會と催(平壤農學校生徒實習生産品品評會/菊花大會)
267713	朝鮮朝日	南鮮版	1935-10-16	1	01단	梨本總裁宮殿下御言葉を賜はる光榮の消防御視閱式/有功章の御親授式輝く武道の擧れ
267714	朝鮮朝日	南鮮版	1935-10-16	1	01단	師團對抗演習畫報
267715	朝鮮朝日	南鮮版	1935-10-16	1	01단	古今類を見ざる世界一の寶物忽然浮ぶ彌陀の世界

일련번호	판명		간행일	면	단수	기사명
267716	朝鮮朝日	南鮮版	1935-10-16	1	04단	立花勅使來鮮
267717	朝鮮朝日	南鮮版	1935-10-16	1	04단	神樂奉奏日割
267718	朝鮮朝日	南鮮版	1935-10-16	1	04단	全鮮各道ナンバーワン競べ慶尙南道の卷 風情添へる美しい綠の花嫁水禍征服の五大橋梁
267719	朝鮮朝日	南鮮版	1935-10-16	1	05단	朝鮮神宮競技(軟式野球/ラグビー/庭球/卓球)
267720	朝鮮朝日	南鮮版	1935-10-16	1	05단	半島の飾り窓に伊達な陳列品
267721	朝鮮朝日	南鮮版	1935-10-16	1	06단	本社寫眞競技入選「伸びゆくもの」平壤若松町一川原映至
267722	朝鮮朝日	南鮮版	1935-10-16	1	06단	若き畫壇の花鮮滿中等美術展の入選九十七點發表さる
267723	朝鮮朝日	南鮮版	1935-10-16	1	10단	天文博士呆る
267724	朝鮮朝日	南鮮版	1935-10-16	1	10단	會と催(慶南道敎育會總會/釜山遞信分掌局保險事務打合會/道立大邱醫院二十五周年記念式/朝鮮穀聯幹事會)
267725	朝鮮朝日	南鮮版	1935-10-16	1	10단	公私消息(上野彥八氏(新任釜山府理事官))
267726	朝鮮朝日	南鮮版	1935-10-16	1	10단	下關水産市況(十五日)
267727	朝鮮朝日	西北版	1935-10-17	1	01단	閑院宮殿下の御前天地搖がす萬歳榮光燦たり御視閱式/赤十字社有功章御親授式へお成拜受者九百二十三名/光榮のお茶會
267728	朝鮮朝日	西北版	1935-10-17	1	01단	古今類を見ざる世界一の寶物忽然浮ぶ彌陀の世界
267729	朝鮮朝日	西北版	1935-10-17	1	03단	中等美術展入選の變り種/力作ぞろひ南畫展十七日蓋開け
267730	朝鮮朝日	西北版	1935-10-17	1	03단	朝鮮神宮大祭
267731	朝鮮朝日	西北版	1935-10-17	1	04단	公私消息(淸水平南道地方議長/內田錄雄(平南道會議員)/倉島平壤遞信分掌局長/馬場平南道警務課長/松井大將)
267732	朝鮮朝日	西北版	1935-10-17	1	04단	全鮮各道ナンバーワン競べ慶尙南道の卷 風情添へる美しい綠の花嫁水禍征服の五大橋梁
267733	朝鮮朝日	西北版	1935-10-17	1	05단	半島の飾り窓に伊達な陳列品
267734	朝鮮朝日	西北版	1935-10-17	1	06단	本社寫眞競技入選「伸びゆくもの」平壤館後里徐淳三
267735	朝鮮朝日	西北版	1935-10-17	1	06단	勅使御參向
267736	朝鮮朝日	西北版	1935-10-17	1	07단	沸返る京城神宮大祭第二日
267737	朝鮮朝日	西北版	1935-10-17	1	10단	海州高普の朴君優勝卓球個人戰
267738	朝鮮朝日	西北版	1935-10-17	1	10단	卅周年祝賀平壤の鐘路普通
267739	朝鮮朝日	西北版	1935-10-17	1	10단	妻を滅多斬り
267740	朝鮮朝日	西北版	1935-10-17	1	10단	車中の盜難
267741	朝鮮朝日	南鮮版	1935-10-17	1	01단	閑院宮殿下の御前天地搖がす萬歳榮光燦たり御視閱式/赤十字社有功章御親授式へお成拜受者九百二十三名/光榮のお茶會
267742	朝鮮朝日	南鮮版	1935-10-17	1	01단	全鮮各道ナンバーワン競べ慶尙南道の卷 投じた二千萬圓大陸の玄關口裏と表ミナトの表情/仰げば高し白堊塔勝利の海に日本海々戰記念塔/調味に佃煮に何でもこい年から年中シーズン
267743	朝鮮朝日	南鮮版	1935-10-17	1	03단	中等美術展入選の變り種/力作ぞろひ南畫展十七日蓋開け

일련번호	판명		간행일	면	단수	기사명
267744	朝鮮朝日	南鮮版	1935-10-17	1	03단	朝鮮神宮大祭
267745	朝鮮朝日	南鮮版	1935-10-17	1	04단	公私消息(井上商銀取締役/澤田元東拓理事/和田鄉軍副會長)
267746	朝鮮朝日	南鮮版	1935-10-17	1	06단	本社寫眞競技入選「伸びゆくもの」半壤館後里徐淳三
267747	朝鮮朝日	南鮮版	1935-10-17	1	06단	勅使御參向
267748	朝鮮朝日	南鮮版	1935-10-17	1	07단	沸返る京城神宮大祭第二日
267749	朝鮮朝日	南鮮版	1935-10-17	1	09단	海州高普の朴君優勝卓球個人戰
267750	朝鮮朝日	南鮮版	1935-10-17	1	10단	京城府會
267751	朝鮮朝日	南鮮版	1935-10-17	1	10단	晉州農業生紙幣を僞造
267752	朝鮮朝日	南鮮版	1935-10-17	1	10단	不義の子壓殺
267753	朝鮮朝日	南鮮版	1935-10-17	1	10단	強盜は僧侶
267754	朝鮮朝日	南鮮版	1935-10-17	1	10단	會と催(朝買協會理事會/朝鮮商議常議員會/開城人蔘第/靑年團令旨奉戴記念式前に靑年大會)
267755	朝鮮朝日	南鮮版	1935-10-17	1	10단	下關水産市況(十六日)
267756	朝鮮朝日	西北版	1935-10-18	1		休刊
267757	朝鮮朝日	南鮮版	1935-10-18	1		休刊
267758	朝鮮朝日	西北版	1935-10-19	1	01단	警官四名を射殺平南道廳へ爆彈強盜も各地方で二百餘件鬼畜、朴棕植公判へ
267759	朝鮮朝日	西北版	1935-10-19	1	01단	朝鮮神宮例祭立花勅使參向諸儀終了す
267760	朝鮮朝日	西北版	1935-10-19	1	01단	全鮮各道ナンバーワン競べ慶尙南道の卷 投じた二千萬圓大陸の玄關口裏と表ミナトの表情/仰げば高し白堊塔勝利の海に日本海々戰記念塔/調味に佃煮に何でもこい年から年中シーズン
267761	朝鮮朝日	西北版	1935-10-19	1	03단	京城の中樞に野口ビルを建設同系諸會社を統制
267762	朝鮮朝日	西北版	1935-10-19	1	04단	公私消息(林財務局長)
267763	朝鮮朝日	西北版	1935-10-19	1	04단	宛ら健康兒平南の財政
267764	朝鮮朝日	西北版	1935-10-19	1	05단	本社寫眞競技入選「伸びゆくもの」■■吉水前
267765	朝鮮朝日	西北版	1935-10-19	1	05단	一ケ月二千人殖える平壤の人口名實ともに鮮內第二位
267766	朝鮮朝日	西北版	1935-10-19	1	06단	悲しき喪の凱旋
267767	朝鮮朝日	西北版	1935-10-19	1	08단	大成功裡に發掘終る收穫の數々
267768	朝鮮朝日	西北版	1935-10-19	1	09단	警察機身代り藤田飛行士獻納
267769	朝鮮朝日	西北版	1935-10-19	1	09단	トラック墜落三名死傷す平南溫泉面の珍事
267770	朝鮮朝日	西北版	1935-10-19	1	09단	さいべりや丸清津埠頭に衝突
267771	朝鮮朝日	西北版	1935-10-19	1	10단	馬賊七十名鮮內へ發砲對岸で放火掠奪/武裝共匪擊退
267772	朝鮮朝日	西北版	1935-10-19	1	10단	親類泣かせの放蕩老人
267773	朝鮮朝日	西北版	1935-10-19	1	10단	乞食の放火
267774	朝鮮朝日	西北版	1935-10-19	1	10단	各地から(鎭南浦/清津/沙里院)
267775	朝鮮朝日	南鮮版	1935-10-19	1	01단	朝鮮神宮例祭に立花勅使參向諸儀滯りなく終了す/快晴に惠まれ底拔け騷ぎ京城神社の秋祭り

일련번호	판명		간행일	면	단수	기사명
267776	朝鮮朝日	南鮮版	1935-10-19	1	01단	全鮮各道ナンバーワン競べ黄海道の巻 耕地面積５４萬４０００町歩全鮮の八分の一―度は見せたい廣漠たる人爲の美/今後に生れる水組三十一增收に次ぐ增收
267777	朝鮮朝日	南鮮版	1935-10-19	1	03단	全州初府議戰
267778	朝鮮朝日	南鮮版	1935-10-19	1	04단	本社寫眞競技入選「伸びゆくもの」■■吉水前
267779	朝鮮朝日	南鮮版	1935-10-19	1	04단	警官四名を射殺平南道廳へ爆彈强盜も各地方で二百餘件鬼畜、朴棕植公判へ
267780	朝鮮朝日	南鮮版	1935-10-19	1	08단	今井田總監十九日小鹿島へ
267781	朝鮮朝日	南鮮版	1935-10-19	1	08단	祝賀三重奏全州府の賑ひ
267782	朝鮮朝日	南鮮版	1935-10-19	1	08단	觀覽者殺到中等美術展
267783	朝鮮朝日	南鮮版	1935-10-19	1	09단	アサヒ・スポーツ十月十五日號
267784	朝鮮朝日	南鮮版	1935-10-19	1	09단	慶南棉花共販
267785	朝鮮朝日	南鮮版	1935-10-19	1	09단	未練の兇刃
267786	朝鮮朝日	南鮮版	1935-10-19	1	09단	會と催(朝鮮工業資源展覽會開會式/北鮮製絲第一回株主總會/有馬大五郎氏獨唱會/米倉總會/朝郵株主總會/第六回貨物協議會/朝鮮藥學會總會/朝鮮綿糸布商聯合會總會/朝鐵株主總會/北鮮製紙第一回總會)
267787	朝鮮朝日	南鮮版	1935-10-19	1	10단	公私消息(田中農林省經濟更生部總務課長/荒木本社員)
267788	朝鮮朝日	南鮮版	1935-10-19	1	10단	下關水産市況(十八日)
267789	朝鮮朝日	西北版	1935-10-20	1	01단	金屬マグネシウム愈よ製造に着手年産二千噸の大計劃
267790	朝鮮朝日	西北版	1935-10-20	1	01단	日滿木材協會總會盛大に雄基で開かる
267791	朝鮮朝日	西北版	1935-10-20	1	01단	全鮮各道ナンバーワン競べ黄海道の巻 耕地面積５４萬４０００町歩全鮮の八分の一―度は見せたい廣漠たる人爲の美/今後に生れる水組三十一增收に次ぐ增收
267792	朝鮮朝日	西北版	1935-10-20	1	02단	前年度より三倍に激增咸南輸移出入品
267793	朝鮮朝日	西北版	1935-10-20	1	03단	待望の雄羅鐵道來月一日に開通船車聯絡も始まる
267794	朝鮮朝日	西北版	1935-10-20	1	03단	米國種林檎平南で獎勵
267795	朝鮮朝日	西北版	1935-10-20	1	04단	農用林地の擔任者會議
267796	朝鮮朝日	西北版	1935-10-20	1	04단	慶源種馬牧場近く開所式
267797	朝鮮朝日	西北版	1935-10-20	1	05단	鮮滿中等學校美術展の特選(本社京城通信局後援)
267798	朝鮮朝日	西北版	1935-10-20	1	05단	窯業原料に無煙炭使用實地試驗に着手
267799	朝鮮朝日	西北版	1935-10-20	1	05단	日本海時代謳ふ新銳の三隻就航第一船は廿三日處女航海整備する商船航路
267800	朝鮮朝日	西北版	1935-10-20	1	06단	新義州の生命線避難道路を新設明年度卅萬圓投じて
267801	朝鮮朝日	西北版	1935-10-20	1	08단	手不足の平鐵約三百名を增員明春の中等卒業生採用
267802	朝鮮朝日	西北版	1935-10-20	1	08단	鮮銀咸興支店商議、誘致に蹶起
267803	朝鮮朝日	西北版	1935-10-20	1	09단	アサヒ・スポーツ十月十五日號
267804	朝鮮朝日	西北版	1935-10-20	1	09단	水道から蚯蚓
267805	朝鮮朝日	西北版	1935-10-20	1	09단	週刊朝日臨時增刊昭和十年美術の秋
267806	朝鮮朝日	西北版	1935-10-20	1	10단	樂浪小話

일련번호	판명		간행일	면	단수	기사명
267807	朝鮮朝日	南鮮版	1935-10-20	1	01단	閑院宮殿下から御慰勞のお言葉師團對抗演習の蔭に咲く全北警察官の赤誠
267808	朝鮮朝日	南鮮版	1935-10-20	1	01단	京城、清津間に地均し飛行定期航空に備へて
267809	朝鮮朝日	南鮮版	1935-10-20	1	01단	全鮮各道ナンバーワン競べ黃海道の巻 有名なものだけ九つある溫泉道御參考に紙上ガイド/七十萬本に實る世界的の人氣者産組で經營の合理化/風致と實益一擧両得量も無盡藏
267810	朝鮮朝日	南鮮版	1935-10-20	1	03단	尊德先生銅像廿日に除幕式
267811	朝鮮朝日	南鮮版	1935-10-20	1	03단	褒賞授與式慶北水産共進會で擧行
267812	朝鮮朝日	南鮮版	1935-10-20	1	04단	公私消息(朴彰緒氏(朝鮮中央日報社取締役))
267813	朝鮮朝日	南鮮版	1935-10-20	1	04단	各地の地價昂騰暗礁に乘上ぐ行惱みの自作農創定
267814	朝鮮朝日	南鮮版	1935-10-20	1	05단	鮮滿中等學校美術展の特選(本社京城通信局後援)
267815	朝鮮朝日	南鮮版	1935-10-20	1	05단	林業經營の基礎確立廿一日から擔任者會議
267816	朝鮮朝日	南鮮版	1935-10-20	1	05단	無人島で紅蔘を密造一味四名檢擧
267817	朝鮮朝日	南鮮版	1935-10-20	1	06단	書道展延期
267818	朝鮮朝日	南鮮版	1935-10-20	1	06단	慶南の両産組認可
267819	朝鮮朝日	南鮮版	1935-10-20	1	07단	運動競技界(城大クルー近く東京へ)
267820	朝鮮朝日	南鮮版	1935-10-20	1	07단	週刊朝日臨時增刊昭和十年美術の秋
267821	朝鮮朝日	南鮮版	1935-10-20	1	08단	半島商工業の繁榮偲ぶ座談會京城商議で開かる
267822	朝鮮朝日	南鮮版	1935-10-20	1	08단	國民精神作興週間京城で本年も設定
267823	朝鮮朝日	南鮮版	1935-10-20	1	09단	徐廷權對ジョーの拳鬪試合
267824	朝鮮朝日	南鮮版	1935-10-20	1	09단	總督を迎へ落成式本府東京出張所
267825	朝鮮朝日	南鮮版	1935-10-20	1	09단	鮮內の聽取者增加
267826	朝鮮朝日	南鮮版	1935-10-20	1	09단	四戸を全燒春陽面の火事
267827	朝鮮朝日	南鮮版	1935-10-20	1	10단	釜山の火事
267828	朝鮮朝日	南鮮版	1935-10-20	1	10단	各地から(大田/大邱)
267829	朝鮮朝日	南鮮版	1935-10-20	1	10단	下關水産市況(十九日)
267830	朝鮮朝日	西北版	1935-10-22	1	01단	海の希望雙肩に一と睨み一萬圓鰯景氣の爆發する北鮮に重役以上の漁撈長/咸南の鰮豊漁天井知らず昨年の凡そ五倍半
267831	朝鮮朝日	西北版	1935-10-22	1	01단	全鮮各道ナンバーワン競べ黃海道の巻 有名なものだけ九つある溫泉道御參考に紙上ガイド/七十萬本に實る世界的の人氣者産組で經營の合理化/風致と實益一擧両得量も無盡藏
267832	朝鮮朝日	西北版	1935-10-22	1	04단	雄羅鐵道の試運轉
267833	朝鮮朝日	西北版	1935-10-22	1	04단	表通りの家屋は二階以上に限る平壤の市街美增進案
267834	朝鮮朝日	西北版	1935-10-22	1	04단	平壤遊覽バス明年から運轉
267835	朝鮮朝日	西北版	1935-10-22	1	05단	遞信文化展平壤三中井で
267836	朝鮮朝日	西北版	1935-10-22	1	06단	北鐵大異動
267837	朝鮮朝日	西北版	1935-10-22	1	06단	來月から使用新義州飛行場

일련번호	판명		간행일	면	단수	기사명
267838	朝鮮朝日	西北版	1935-10-22	1	06단	盗んだ金を溫突に塗込む赤行囊犯人捕はる
267839	朝鮮朝日	西北版	1935-10-22	1	07단	三年掛りで全工場移轉平壤專賣支局
267840	朝鮮朝日	西北版	1935-10-22	1	07단	逸民含資王君城含資縣の所在を立證する塼二枚安岳邑附近から發掘
267841	朝鮮朝日	西北版	1935-10-22	1	07단	平壤各校の近視眼調べ
267842	朝鮮朝日	西北版	1935-10-22	1	08단	强盗殺人の犯人模範囚に更生獄窓の友情に感化され十七年振りに假出獄
267843	朝鮮朝日	西北版	1935-10-22	1	09단	移出牛の奇病各地で續發す
267844	朝鮮朝日	西北版	1935-10-22	1	09단	蝀龍窟スキー本腰で宣傳
267845	朝鮮朝日	西北版	1935-10-22	1	09단	劇と映畫(平壤 偕樂館)
267846	朝鮮朝日	西北版	1935-10-22	1	10단	公私消息(滿鮮水産業視察團/相川不盡夫氏(新任黃海道農務課長))
267847	朝鮮朝日	西北版	1935-10-22	1	10단	樂浪小話
267848	朝鮮朝日	南鮮版	1935-10-22	1	01단	猛焰と戰ふ勇士五萬四千を算す力强い全鮮消防機關
267849	朝鮮朝日	南鮮版	1935-10-22	1	01단	李沂樣御參內/恩賜救療藥慶南各地へ配給
267850	朝鮮朝日	南鮮版	1935-10-22	1	01단	全鮮各道ナンバーワン競べ平安南道の卷 香氣高き古都に近代工業の勃興遊覽地の白眉牡丹台/第二の大望は千萬噸出炭不景氣知らずの寵兒
267851	朝鮮朝日	南鮮版	1935-10-22	1	02단	光化門通附近へ二年掛りで新築立退く專賣局廳舍
267852	朝鮮朝日	南鮮版	1935-10-22	1	02단	林業打合會
267853	朝鮮朝日	南鮮版	1935-10-22	1	03단	故丸山氏後任河瀨修氏に決定
267854	朝鮮朝日	南鮮版	1935-10-22	1	03단	全鮮春蠶狀況
267855	朝鮮朝日	南鮮版	1935-10-22	1	04단	公私消息(黑田吉夫氏(遞信局技師))
267856	朝鮮朝日	南鮮版	1935-10-22	1	04단	六百萬斤豫想京畿道の棉作
267857	朝鮮朝日	南鮮版	1935-10-22	1	04단	乙な豆自動車旣に六十台を突破小型時代出現の兆
267858	朝鮮朝日	南鮮版	1935-10-22	1	05단	迎日郡內七消防組聯合演習の放水競技
267859	朝鮮朝日	南鮮版	1935-10-22	1	05단	大田府議選擧
267860	朝鮮朝日	南鮮版	1935-10-22	1	05단	鮮內汽船調査
267861	朝鮮朝日	南鮮版	1935-10-22	1	06단	昌慶苑の河馬孃大阪へお輿入れ壻引出物は珍獻五十三頭
267862	朝鮮朝日	南鮮版	1935-10-22	1	06단	開城人蔘祭大賑ひ
267863	朝鮮朝日	南鮮版	1935-10-22	1	06단	特急から墜落
267864	朝鮮朝日	南鮮版	1935-10-22	1	07단	お宅のラヂオはよく聽えますか釜山放送局から巡廻調査
267865	朝鮮朝日	南鮮版	1935-10-22	1	07단	釜山の秋競馬
267866	朝鮮朝日	南鮮版	1935-10-22	1	07단	旅費を捲上ぐ
267867	朝鮮朝日	南鮮版	1935-10-22	1	08단	危險な惡戲線路に大石
267868	朝鮮朝日	南鮮版	1935-10-22	1	08단	京城の火事
267869	朝鮮朝日	南鮮版	1935-10-22	1	08단	『雪之丞變化』第二篇讀者優待釜山で上映
267870	朝鮮朝日	南鮮版	1935-10-22	1	09단	仁川の滯貨完全に一掃す
267871	朝鮮朝日	南鮮版	1935-10-22	1	09단	釜山輸出電球
267872	朝鮮朝日	南鮮版	1935-10-22	1	10단	各地から(京城/光州)

일련번호	판명		간행일	면	단수	기사명
267873	朝鮮朝日	南鮮版	1935-10-22	1	10단	下關水産市況(廿一日)
267874	朝鮮朝日	西北版	1935-10-23	1	01단	二千萬圓投じて平壤驛を大擴張明年度先づ操車場用地を近郊に卅萬坪買收
267875	朝鮮朝日	西北版	1935-10-23	1	01단	硫燐安と燐安餘剰電力で製造朝窒の新しい試み
267876	朝鮮朝日	西北版	1935-10-23	1	01단	宮中三殿へ李沂樣御參拜純白の御服召されて
267877	朝鮮朝日	西北版	1935-10-23	1	01단	全鮮各道ナンバーワン競べ平安南道の卷 香氣高き古都に近代工業の勃興遊覽地の白眉牡丹台/第二の大望は千萬噸出炭不景氣知らずの寵兒
267878	朝鮮朝日	西北版	1935-10-23	1	03단	金組貯金週間
267879	朝鮮朝日	西北版	1935-10-23	1	04단	討匪行で戰死
267880	朝鮮朝日	西北版	1935-10-23	1	04단	中央卸賣市場を卅萬圓で新設平壤府の計劃進む
267881	朝鮮朝日	西北版	1935-10-23	1	05단	清津飛行場上棟式を擧行
267882	朝鮮朝日	西北版	1935-10-23	1	05단	經濟視察團國境へ派遣
267883	朝鮮朝日	西北版	1935-10-23	1	05단	府營葬祭場平壤で計劃
267884	朝鮮朝日	西北版	1935-10-23	1	06단	平鐵管內九月中の事故
267885	朝鮮朝日	西北版	1935-10-23	1	06단	一面二校計劃を十年掛りで實現四年制は六年制延長
267886	朝鮮朝日	西北版	1935-10-23	1	07단	各地から(平壤/羅南/鎮南浦/海州/新義州/沙里院)
267887	朝鮮朝日	西北版	1935-10-23	1	07단	愛婦慰問團國境各地を巡行
267888	朝鮮朝日	西北版	1935-10-23	1	08단	京城、羅津間の直通列車を運轉雄基行兩急行を延長
267889	朝鮮朝日	西北版	1935-10-23	1	10단	水産試驗船平南で新造
267890	朝鮮朝日	西北版	1935-10-23	1	10단	入學難緩和
267891	朝鮮朝日	西北版	1935-10-23	1	10단	平南棉作擴張
267892	朝鮮朝日	西北版	1935-10-23	1	10단	武德殿の寄附豫定額に達す
267893	朝鮮朝日	西北版	1935-10-23	1	10단	馬賊高瀬舟二隻を襲擊
267894	朝鮮朝日	西北版	1935-10-23	1	10단	二百圓强奪二人組强盜
267895	朝鮮朝日	南鮮版	1935-10-23	1	01단	御召列車伏拜み感極まり男泣き師團對抗演習の重大責務見事果した全北幹部(宇垣總督談)
267896	朝鮮朝日	南鮮版	1935-10-23	1	01단	宮中三殿へ李沂樣御參拜純白の御服召されて
267897	朝鮮朝日	南鮮版	1935-10-23	1	01단	全鮮各道ナンバーワン競べ平安南道の卷 家族竝みに愛し惜みなく賣る徹底した商品主義/五ヶ年計劃で二千萬圓を實現甘栗と同意語の甘味/世界市場へ颯爽進軍半島印も勇しく
267898	朝鮮朝日	南鮮版	1935-10-23	1	04단	公私消息(今井田政務總監)
267899	朝鮮朝日	南鮮版	1935-10-23	1	05단	來月一日は臨時休日熱田神宮の御遷座祭で
267900	朝鮮朝日	南鮮版	1935-10-23	1	05단	大邱稅監局異動
267901	朝鮮朝日	南鮮版	1935-10-23	1	05단	小鹿島患者達に總監から訓話盛大な本館落成式
267902	朝鮮朝日	南鮮版	1935-10-23	1	06단	浦項の忠魂碑竣工
267903	朝鮮朝日	南鮮版	1935-10-23	1	06단	鮮內の製絲業も許可を要す施行規則公布さる
267904	朝鮮朝日	南鮮版	1935-10-23	1	08단	物置で縊死若い燕と逃避行の揚句
267905	朝鮮朝日	南鮮版	1935-10-23	1	08단	助手避け切れず二少年死傷トラックの前へ飛出す

일련번호	판명		간행일	면	단수	기사명
267906	朝鮮朝日	南鮮版	1935-10-23	1	08단	「教育必携」配布
267907	朝鮮朝日	南鮮版	1935-10-23	1	08단	各地から(釜山/大田)
267908	朝鮮朝日	南鮮版	1935-10-23	1	10단	自動車に刎らる
267909	朝鮮朝日	南鮮版	1935-10-23	1	10단	下關水産市況(廿二日)
267910	朝鮮朝日	西北版	1935-10-24	1	01단	第二の四半世紀光明へ邁進せん重大行事滯りなく終了し凜然！總督の抱負
267911	朝鮮朝日	西北版	1935-10-24	1	01단	全鮮各道ナンバーワン競べ平安南道の卷 家族竝みに愛し惜みなく賣る徹底した商品主義/五ヶ年計劃で二千萬圓を實現甘栗と同意語の甘味/世界市場へ颯爽進軍半島印も勇しく
267912	朝鮮朝日	西北版	1935-10-24	1	02단	肥料五十萬叺平北で購入
267913	朝鮮朝日	西北版	1935-10-24	1	02단	合電と新電合同の機運濃厚近く兩社代表會見か
267914	朝鮮朝日	西北版	1935-10-24	1	04단	殖産局長一行咸興へ向ふ
267915	朝鮮朝日	西北版	1935-10-24	1	04단	代表的の逸品靑銅製の水さし塼槨墳から現はる
267916	朝鮮朝日	西北版	1935-10-24	1	04단	平南の火田
267917	朝鮮朝日	西北版	1935-10-24	1	05단	優勝の譽れ朝鮮神宮競技終る
267918	朝鮮朝日	西北版	1935-10-24	1	05단	山本氏を任命平南官選道議に
267919	朝鮮朝日	西北版	1935-10-24	1	06단	又も籠拔け詐欺三中井平壤支店へ僞注文商品券と八十五圓を騙取不敵、稅監局を舞臺に
267920	朝鮮朝日	西北版	1935-10-24	1	07단	美貌の人妻桑畑で絞殺さる癡情關係の兇行か
267921	朝鮮朝日	西北版	1935-10-24	1	10단	豆タクシー廿台許可さる
267922	朝鮮朝日	南鮮版	1935-10-24	1	01단	第二の四半世紀光明へ邁進せん重大行事滯りなく終了し凜然！總督の抱負
267923	朝鮮朝日	南鮮版	1935-10-24	1	01단	全鮮各道ナンバーワン競べ平安北道の卷 汪洋流る二百里櫂一本の男渡世鼻唄混りの國境景物/自然の奇蹟悉くこゝに集る世界一の地下金剛
267924	朝鮮朝日	南鮮版	1935-10-24	1	02단	學務課長會議廿四日から開催
267925	朝鮮朝日	南鮮版	1935-10-24	1	02단	定期貨客列車全線に增發來月から輸送陣整備/サービス第一改正旅客規則來月から實施
267926	朝鮮朝日	南鮮版	1935-10-24	1	04단	殖産局長一行咸興へ向ふ
267927	朝鮮朝日	南鮮版	1935-10-24	1	05단	優勝の譽れ朝鮮神宮競技終る(陸上競技/中等野球/籠球/排球)
267928	朝鮮朝日	南鮮版	1935-10-24	1	05단	內地資本の進出阻む地價昂騰近く對策委員會開く
267929	朝鮮朝日	南鮮版	1935-10-24	1	06단	五十周年壽ぐ仁川小學校
267930	朝鮮朝日	南鮮版	1935-10-24	1	08단	兒童の聯合學藝會廿四、五兩日京城で
267931	朝鮮朝日	南鮮版	1935-10-24	1	08단	京電兩支店瓦電が買收契約認可さる
267932	朝鮮朝日	南鮮版	1935-10-24	1	09단	海苔病原體徹底的に驅除
267933	朝鮮朝日	南鮮版	1935-10-24	1	09단	九月の製造煙草賣渡高
267934	朝鮮朝日	南鮮版	1935-10-24	1	09단	京城の白米値下げ
267935	朝鮮朝日	南鮮版	1935-10-24	1	09단	銅線泥棒逮捕

일련번호	판명		간행일	면	단수	기사명
267936	朝鮮朝日	南鮮版	1935-10-24	1	09단	京元線一時不通
267937	朝鮮朝日	南鮮版	1935-10-24	1	10단	會と催(朝郵株主總會)
267938	朝鮮朝日	南鮮版	1935-10-24	1	10단	公私消息(今井田政務總監/矢島農林局長/堂本京城商工會長/本社京城支局來訪)
267939	朝鮮朝日	南鮮版	1935-10-24	1	10단	下關水産市況(廿三日)
267940	朝鮮朝日	西北版	1935-10-25	1	01단	神佛兩方面から精神運動に拍車神社整備案を通牒
267941	朝鮮朝日	西北版	1935-10-25	1	01단	學務課長會議
267942	朝鮮朝日	西北版	1935-10-25	1	01단	全鮮各道ナンバーワン競べ平安北道の卷 汪洋流る二百里櫂一本の男渡世鼻唄混りの國境景物/自然の奇蹟悉くこゝに集る世界一の地下金剛
267943	朝鮮朝日	西北版	1935-10-25	1	02단	樂浪古墳の發掘終了大收穫をあぐ
267944	朝鮮朝日	西北版	1935-10-25	1	03단	サービス第一改正旅客規則來月から實施
267945	朝鮮朝日	西北版	1935-10-25	1	04단	箕林公普の落成式
267946	朝鮮朝日	西北版	1935-10-25	1	04단	梧野里が最適放送局の敷地
267947	朝鮮朝日	西北版	1935-10-25	1	04단	納稅功勞者明治節に表彰
267948	朝鮮朝日	西北版	1935-10-25	1	05단	地域を擴張し料金引下げ來月から規則を改正して速達郵便の大衆化
267949	朝鮮朝日	西北版	1935-10-25	1	05단	獨自の生彩放つ平壤中等學校繪畫展各校とも納入の準備
267950	朝鮮朝日	西北版	1935-10-25	1	06단	三橋川架橋竣工近づく
267951	朝鮮朝日	西北版	1935-10-25	1	06단	刀錢千餘枚前川面で發見
267952	朝鮮朝日	西北版	1935-10-25	1	07단	新銳洛東丸處女航海に就く
267953	朝鮮朝日	西北版	1935-10-25	1	08단	靑年團續々と結成
267954	朝鮮朝日	西北版	1935-10-25	1	09단	平南栗增植先づ種栗買上げ
267955	朝鮮朝日	西北版	1935-10-25	1	09단	日穀の玉蜀黍購入調印
267956	朝鮮朝日	西北版	1935-10-25	1	09단	强盗捕はる
267957	朝鮮朝日	西北版	1935-10-25	1	09단	馬賊七十名富豪を襲擊
267958	朝鮮朝日	西北版	1935-10-25	1	09단	無賃乘車の老婆飛降り
267959	朝鮮朝日	西北版	1935-10-25	1	10단	各地から(平壤/新義州/江東/元山)
267960	朝鮮朝日	西北版	1935-10-25	1	10단	會と催(簡易保險宣傳映畫大會)
267961	朝鮮朝日	西北版	1935-10-25	1	10단	公私消息(小田島嘉吉氏(平壤稅務監督局經理部長)/井上三之介氏(平壤遞信分掌局監督課長)/安武平南道知事/本社平壤通信部來訪)
267962	朝鮮朝日	南鮮版	1935-10-25	1	01단	神佛兩方面から精神運動に拍車神社整備案を通牒
267963	朝鮮朝日	南鮮版	1935-10-25	1	01단	國幣社創設京城神社と龍頭山神社
267964	朝鮮朝日	南鮮版	1935-10-25	1	01단	全鮮各道ナンバーワン競べ平安北道の卷 到る所これ密林咆哮する快傑一人十九役人間放れ/酷寒零下卅度警備の辛苦感謝と尊敬を捧げん/地下を縫ふ黃金廻廊驚異北鎭金鑛
267965	朝鮮朝日	南鮮版	1935-10-25	1	02단	學生の處分は警察と相談學生監會議
267966	朝鮮朝日	南鮮版	1935-10-25	1	03단	學務課長會議

일련번호	판명		간행일	면	단수	기사명
267967	朝鮮朝日	南鮮版	1935-10-25	1	03단	香椎翁壽像に萬雷の拍手功績讚へる除幕式
267968	朝鮮朝日	南鮮版	1935-10-25	1	04단	會と催(京城公立職業學校實習狀況公開/北鮮製絲總會)
267969	朝鮮朝日	南鮮版	1935-10-25	1	05단	地域を擴張し料金引下げ來月から規則を改正して速達郵便の大衆化
267970	朝鮮朝日	南鮮版	1935-10-25	1	06단	京城秋季種痘
267971	朝鮮朝日	南鮮版	1935-10-25	1	06단	初の榮冠目指し早くも競ひ立つ大田、光州の府議選擧(大田/光州)
267972	朝鮮朝日	南鮮版	1935-10-25	1	07단	奉讚武道大會廿六、七兩日京中で開催
267973	朝鮮朝日	南鮮版	1935-10-25	1	08단	退職教諭の復職を要求
267974	朝鮮朝日	南鮮版	1935-10-25	1	09단	朝日映畵の夕
267975	朝鮮朝日	南鮮版	1935-10-25	1	09단	人夫を使ひ鐵筋を盗む
267976	朝鮮朝日	南鮮版	1935-10-25	1	10단	線路震動調査
267977	朝鮮朝日	南鮮版	1935-10-25	1	10단	公私消息(今井田政務總監/慶北僧侶團/大島駐滿海軍參謀長/植村少將)
267978	朝鮮朝日	南鮮版	1935-10-25	1	10단	下關水産市況(廿四日)
267979	朝鮮朝日	西北版	1935-10-26	1	01단	西北鮮高地帶の冷害救ふ大評定智囊動員、本府で開催
267980	朝鮮朝日	西北版	1935-10-26	1	01단	一戸殘らず日の丸普及平南の精神作興運動
267981	朝鮮朝日	西北版	1935-10-26	1	01단	全鮮各道ナンバーワン競べ平安北道の巻 到る所これ密林咆哮する快傑一人十九役人間放れ/酷寒零下卅度警備の辛苦感謝と尊敬を捧げん/地下を縫ふ黄金廻廊驚異北鎭金鑛
267982	朝鮮朝日	西北版	1935-10-26	1	03단	慰問袋六千內地愛婦から國境へおくる
267983	朝鮮朝日	西北版	1935-10-26	1	03단	貨物出廻期に平鐵の備へ
267984	朝鮮朝日	西北版	1935-10-26	1	04단	陽德面點燈
267985	朝鮮朝日	西北版	1935-10-26	1	04단	冬遠からじ銀嶺の快報頻り滿浦線龍登驛附近に絶好のスキー場
267986	朝鮮朝日	西北版	1935-10-26	1	05단	『健康兒童十則』本社から各初等校へ寄贈
267987	朝鮮朝日	西北版	1935-10-26	1	05단	首陽山丸竣工黄海水産試驗船
267988	朝鮮朝日	西北版	1935-10-26	1	06단	樂浪時代の天文學研究米大學教授
267989	朝鮮朝日	西北版	1935-10-26	1	07단	バカ貝養殖平南漁村に獎勵
267990	朝鮮朝日	西北版	1935-10-26	1	07단	林檎業者へ服報內地の有力果汁會社平壤に工場を設置か
267991	朝鮮朝日	西北版	1935-10-26	1	07단	二十六日落成式擧行の平壤公立箕林普通學校新校舍
267992	朝鮮朝日	西北版	1935-10-26	1	08단	無爆發發動機光成生發明
267993	朝鮮朝日	西北版	1935-10-26	1	08단	二千キロワット雄電からも受電朝電の需要激增す
267994	朝鮮朝日	西北版	1935-10-26	1	08단	備荒貯金は着々好成績
267995	朝鮮朝日	西北版	1935-10-26	1	09단	記念スタンプ平壤遞信文化展
267996	朝鮮朝日	西北版	1935-10-26	1	09단	優良從業員明治節に表彰
267997	朝鮮朝日	西北版	1935-10-26	1	10단	斗團島運河を視察
267998	朝鮮朝日	西北版	1935-10-26	1	10단	モヒ患者激減療養所を縮小
267999	朝鮮朝日	西北版	1935-10-26	1	10단	索線なし平壤の若妻殺し

일련번호	판명		간행일	면	단수	기사명
268000	朝鮮朝日	西北版	1935-10-26	1	10단	各地から(平壤/沙里院)
268001	朝鮮朝日	南鮮版	1935-10-26	1	01단	國體の精華發揚官民協力、善處せよ總督府より通牒出づ
268002	朝鮮朝日	南鮮版	1935-10-26	1	01단	第二安全農村明春營口に建設
268003	朝鮮朝日	南鮮版	1935-10-26	1	01단	精神作興週間京城の行事決定
268004	朝鮮朝日	南鮮版	1935-10-26	1	01단	全鮮各道ナンバーワン競べ江原道の卷 變幻極まる絶勝天下に冠たり群る支峰一萬二千/埋藏量三億噸炭界の顔役新しき太陽は移出港
268005	朝鮮朝日	南鮮版	1935-10-26	1	02단	『健康兒童十則』本社から各初等校へ寄贈
268006	朝鮮朝日	南鮮版	1935-10-26	1	04단	南山周遊道路實地視察
268007	朝鮮朝日	南鮮版	1935-10-26	1	04단	光榮の八氏傳達式擧行
268008	朝鮮朝日	南鮮版	1935-10-26	1	04단	馬政計劃原案通り決定
268009	朝鮮朝日	南鮮版	1935-10-26	1	05단	各地から(釜山/仁川/木浦/京城)
268010	朝鮮朝日	南鮮版	1935-10-26	1	05단	京春鐵道實現の機運熱す
268011	朝鮮朝日	南鮮版	1935-10-26	1	05단	西北鮮高地帶の冷害救ふ大評定智囊動員、本府で開催
268012	朝鮮朝日	南鮮版	1935-10-26	1	06단	海事出張所群山にも設置
268013	朝鮮朝日	南鮮版	1935-10-26	1	07단	「振興讀本」慶南の邑面振興學院で使用
268014	朝鮮朝日	南鮮版	1935-10-26	1	07단	溺死體漂着
268015	朝鮮朝日	南鮮版	1935-10-26	1	08단	菊
268016	朝鮮朝日	南鮮版	1935-10-26	1	08단	元町小學校落成式三十日盛大に擧行
268017	朝鮮朝日	南鮮版	1935-10-26	1	08단	壽像除幕式場で杉村建設委員長から目錄を受ける香椎源太郎翁昨紙參照(鎭海要塞司令部檢閱濟)
268018	朝鮮朝日	南鮮版	1935-10-26	1	08단	國防獻金
268019	朝鮮朝日	南鮮版	1935-10-26	1	09단	朝日映畫の夕
268020	朝鮮朝日	南鮮版	1935-10-26	1	09단	啞、刎らる
268021	朝鮮朝日	南鮮版	1935-10-26	1	09단	來月十七、八兩日釜山で開催決定全鮮工業者大會
268022	朝鮮朝日	南鮮版	1935-10-26	1	09단	會と催(京城地方法院戸籍事務打合會/鐵道局友會音樂會/釜山遞信分掌局管內三道郵便所長聯合會總會/開城消防組秋季演習/局友會釜山支部ボートレース/釜山愛國婦人慰安會)
268023	朝鮮朝日	南鮮版	1935-10-26	1	09단	公私消息(今井田政務總監/吉田鐵道局長/矢島農林局長/堂本總督府商工課長/武者京電專務/京師排球部內地遠征團/京城第一高女內地遠征團/神宮卓球大會朝鮮代表選手一行/石田前鎭海要塞司令官/光永星郎氏(電通社長)/本社釜山通信部來訪/杉村逸樓氏(香椎源太郎翁壽銅建設委員長))
268024	朝鮮朝日	南鮮版	1935-10-26	1	10단	九人組竊盜團一網打盡
268025	朝鮮朝日	南鮮版	1935-10-26	1	10단	掏って豪遊
268026	朝鮮朝日	南鮮版	1935-10-26	1	10단	下關市産市況(廿五日)
268027	朝鮮朝日	西北版	1935-10-27	1	01단	懸案の寶物古蹟全部指定さる總數百五十八件
268028	朝鮮朝日	西北版	1935-10-27	1	01단	平壤か否か調査して決める小寺大日本紡副社長談

일련번호	판명		간행일	면	단수	기사명
268029	朝鮮朝日	西北版	1935-10-27	1	01단	御眞影下賜近く羅南中學と清津高女へ
268030	朝鮮朝日	西北版	1935-10-27	1	01단	全鮮各道ナンバーワン競べ江原道の巻 變幻極まる絶勝天下に冠たり群る支峰一萬二千/埋藏量三億噸炭界の顔役新しき太陽は移出港
268031	朝鮮朝日	西北版	1935-10-27	1	02단	電燈料の引下げ總督府の勸めに從ひ平壤府電で研究
268032	朝鮮朝日	西北版	1935-10-27	1	03단	窯業會社月末に發起人會
268033	朝鮮朝日	西北版	1935-10-27	1	04단	新廳舍で嚴かな移廳式歡びの咸南道廳
268034	朝鮮朝日	西北版	1935-10-27	1	04단	樂浪、帶方の遺蹟耕作や採土禁止總督府から通牒出づ
268035	朝鮮朝日	西北版	1935-10-27	1	05단	無煙炭合同を謳歌の鑛夫達
268036	朝鮮朝日	西北版	1935-10-27	1	07단	各地から(平壤/沙里院/咸興)
268037	朝鮮朝日	西北版	1935-10-27	1	07단	平南の農村潤す山吹色の慈雨産繭六萬石に達す
268038	朝鮮朝日	西北版	1935-10-27	1	07단	離宮正殿の移轉を計劃酒巖山附近へ
268039	朝鮮朝日	西北版	1935-10-27	1	08단	羅南招魂祭盛大に擧行
268040	朝鮮朝日	西北版	1935-10-27	1	08단	貯金功勞者に感謝狀を傳達
268041	朝鮮朝日	西北版	1935-10-27	1	08단	公私消息(東京府滿洲國第二回移民團/孫滿洲國財政部大臣)
268042	朝鮮朝日	西北版	1935-10-27	1	09단	樺太へ移出平壤の燒酎躍進
268043	朝鮮朝日	西北版	1935-10-27	1	09단	滿浦線延長で寂れる熙川トラック俄かに減る
268044	朝鮮朝日	西北版	1935-10-27	1	10단	飛込み自殺夫婦喧嘩の妻
268045	朝鮮朝日	西北版	1935-10-27	1	10단	府有地を賣却教育費充實
268046	朝鮮朝日	西北版	1935-10-27	1	10단	平南射擊大會
268047	朝鮮朝日	西北版	1935-10-27	1	10단	會と催(咸北道蠶絲業品評會/清津消防組秋季演習)
268048	朝鮮朝日	南鮮版	1935-10-27	1	01단	東亞の戰雲反映俄然、內地の傭船料昂騰し新米輸送に澁滯懸念
268049	朝鮮朝日	南鮮版	1935-10-27	1	01단	可決の諸案件達成に協力鮮滿卸賣市場總會
268050	朝鮮朝日	南鮮版	1935-10-27	1	01단	全鮮各道ナンバーワン競べ江原道の巻 不景氣知らずに年毎に肥る漁村漁港施設も面目一新/栃木縣に斷然對抗絶好の栽培適地/農村更生陣に大役を勤む各地から注文殺到
268051	朝鮮朝日	南鮮版	1935-10-27	1	02단	驛長異動
268052	朝鮮朝日	南鮮版	1935-10-27	1	02단	教練査閱期待裡に始る
268053	朝鮮朝日	南鮮版	1935-10-27	1	03단	伊藤博文公廿七回忌嚴かに營まる
268054	朝鮮朝日	南鮮版	1935-10-27	1	03단	小鹿島更生園更に千名を收容周防所長本府と打合
268055	朝鮮朝日	南鮮版	1935-10-27	1	04단	今井田總監歸任
268056	朝鮮朝日	南鮮版	1935-10-27	1	04단	十四名立つ大田府議選擧
268057	朝鮮朝日	南鮮版	1935-10-27	1	04단	郵便所長會議
268058	朝鮮朝日	南鮮版	1935-10-27	1	05단	郵便局所も一日は休業
268059	朝鮮朝日	南鮮版	1935-10-27	1	05단	懸案の寶物古蹟全部指定さる總數百五十八件
268060	朝鮮朝日	南鮮版	1935-10-27	1	06단	出廻り旺盛全南の棉花
268061	朝鮮朝日	南鮮版	1935-10-27	1	06단	私鐵敷設に贊意京春鐵道の請願に吉田鐵道局長答ふ

일련번호	판명		간행일	면	단수	기사명
268062	朝鮮朝日	南鮮版	1935-10-27	1	06단	貯金盡力者へ掛額を贈與
268063	朝鮮朝日	南鮮版	1935-10-27	1	07단	本年度採鹽高
268064	朝鮮朝日	南鮮版	1935-10-27	1	07단	「のぞみ」脱線石に乘上ぐ
268065	朝鮮朝日	南鮮版	1935-10-27	1	08단	朝日映畫の夕
268066	朝鮮朝日	南鮮版	1935-10-27	1	08단	肱鐵から自殺
268067	朝鮮朝日	南鮮版	1935-10-27	1	08단	各地から(京城/釜山/開城)
268068	朝鮮朝日	南鮮版	1935-10-27	1	09단	桃山遊廓で心中女は絶命、男は危篤
268069	朝鮮朝日	南鮮版	1935-10-27	1	09단	會と催(博文寺新任住職招待會/土地改良會社淸算總會/商工從業員第三回表彰式/朝鮮神宮奉贊武道大會/京城西大門小學校後援會總會/地方通信競技會/鐵道局庶務主催會議)
268070	朝鮮朝日	南鮮版	1935-10-27	1	09단	下關水産市況(廿六日)
268071	朝鮮朝日	南鮮版	1935-10-27	1	10단	雞林かゞみ
268072	朝鮮朝日	西北版	1935-10-29	1	01단	空を衝く六百尺東洋一の大煙突日鑛鎭南浦製錬所に增設し年額二千萬圓を精錬
268073	朝鮮朝日	西北版	1935-10-29	1	01단	琿春、北鮮兩鐵道便利な連帶輸送來月一日から始める
268074	朝鮮朝日	西北版	1935-10-29	1	01단	全鮮各道ナンバーワン競べ江原道の卷 不景氣知らずに年每に肥る漁村漁港施設も面目一新/栃木縣に斷然對抗絶好の栽培適地/農村更生陣に大役を勤む各地から注文殺到
268075	朝鮮朝日	西北版	1935-10-29	1	02단	國境經濟調査團來月一日出發
268076	朝鮮朝日	西北版	1935-10-29	1	04단	平南衛生展
268077	朝鮮朝日	西北版	1935-10-29	1	04단	大同江改修も旗印に加ふ同江期成會を解散し平南重大事業期成會へ合流
268078	朝鮮朝日	西北版	1935-10-29	1	05단	晴れの代表選手明治神宮外苑に活躍/朝鮮神宮奉讚武道大會/高商優勝す專門對抗陸上
268079	朝鮮朝日	西北版	1935-10-29	1	05단	第七回西鮮女子中等學校聯合音樂會
268080	朝鮮朝日	西北版	1935-10-29	1	06단	自稱安重根の遺族長連邑へ現はる山中に潜伏中を逮捕
268081	朝鮮朝日	西北版	1935-10-29	1	07단	一萬圓寄附日糖から綜合博物館基金に
268082	朝鮮朝日	西北版	1935-10-29	1	08단	支那人パン屋強盜に殺害さる犯人は山中で逮捕
268083	朝鮮朝日	西北版	1935-10-29	1	09단	溺るゝ實父を姉弟で救ふ實父は更に老人を救助し二つの生命蘇る
268084	朝鮮朝日	西北版	1935-10-29	1	09단	會と催(在鄉軍人元山第一分會射擊會/元山東本願寺別院追悼會)
268085	朝鮮朝日	西北版	1935-10-29	1	10단	鮮銀元山支店地鎭祭
268086	朝鮮朝日	西北版	1935-10-29	1	10단	遞信文化展觀覽者殺到
268087	朝鮮朝日	西北版	1935-10-29	1	10단	各地から(元山)
268088	朝鮮朝日	南鮮版	1935-10-29	1	01단	空を衝く六百尺東洋一の大煙突日鑛鎭南浦製錬所に增設し年額二千萬圓を精錬
268089	朝鮮朝日	南鮮版	1935-10-29	1	01단	勤續從業員京城商議が表彰

일련번호	판명		간행일	면	단수	기사명
268090	朝鮮朝日	南鮮版	1935-10-29	1	01단	全鮮各道ナンバーワン競べ咸鏡南道の巻 北を見よ、新しき繁榮の花は滿開だ/全世界に誇らん激動日本の雄姿 朝窒諸工場の力學美/北海道凌ぐのももう直ぐでせうミス・亞麻の自慢話
268091	朝鮮朝日	南鮮版	1935-10-29	1	02단	釜山秋競馬初日から熱狂
268092	朝鮮朝日	南鮮版	1935-10-29	1	03단	通信競技慶南豫選
268093	朝鮮朝日	南鮮版	1935-10-29	1	04단	會と催(朝鮮土地信託淸算總會/朝鮮土地改良第一回淸算總會/朝鮮石油第一回總會/德壽宮菊花陳列)
268094	朝鮮朝日	南鮮版	1935-10-29	1	04단	教員赤化事件判決言渡さる
268095	朝鮮朝日	南鮮版	1935-10-29	1	05단	晴れの代表選手明治神宮外苑に活躍/朝鮮神宮奉讚武道大會/高商優勝す專門對抗陸上
268096	朝鮮朝日	南鮮版	1935-10-29	1	05단	僞少尉軍服姿で籠拔けに失敗師團對抗演習の歸りがけ豫備一等兵の狂言
268097	朝鮮朝日	南鮮版	1935-10-29	1	08단	朝日映畫の夕
268098	朝鮮朝日	南鮮版	1935-10-29	1	08단	鐵道局異動
268099	朝鮮朝日	南鮮版	1935-10-29	1	08단	列車に衝突しトラック轉覆
268100	朝鮮朝日	南鮮版	1935-10-29	1	10단	齋藤金藏氏
268101	朝鮮朝日	南鮮版	1935-10-29	1	10단	公私消息(林總督府財務局長)
268102	朝鮮朝日	南鮮版	1935-10-29	1	10단	下關水産市況(廿八日)
268103	朝鮮朝日	西北版	1935-10-30	1	01단	日滿聯絡の新紀元 海陸施設共に成り大羅津誇らかに開港待機の雄羅鐵道も開通し大陸政策實を結ぶ/血淚の建設五年創造の世界記錄總工費三千五十萬圓/內地先進都市の粹を集める市街市街地計劃令を適用し昭和十二年秋迄に完成/開港の初日に晴れの入港御祝儀荷物と船車聯絡/稅關支所開設
268104	朝鮮朝日	西北版	1935-10-30	1	04단	(平壤)
268105	朝鮮朝日	西北版	1935-10-30	1	06단	羅津開港を祝す 大連と拮抗羅津邑長田口禎熹氏談/國策に立つ北鮮鐵道管理局長齋藤固氏談/眞に感慨無量羅津建設事務所長桑原利英氏談/提携して進む淸津商工會議所會頭元元嘉平次氏談
268106	朝鮮朝日	西北版	1935-10-30	1	07단	冷害對策決定す更に各道で實行案を練り速かに罹災地へ實施
268107	朝鮮朝日	西北版	1935-10-30	1	10단	平壤でも八名を檢擧金密輸出事件
268108	朝鮮朝日	西北版	1935-10-30	1	10단	朝鮮神宮武道大會(柔道/劍道)
268109	朝鮮朝日	西北版	1935-10-30	1	10단	ナンバーワン競べ本日休載
268110	朝鮮朝日	南鮮版	1935-10-30	1		缺號
268111	朝鮮朝日	西北版	1935-10-31	1	01단	十一月九日から祝ひ拔く三日間名士千四百名を招待し羅津に歡喜沸く/總督代理に學務局長參列/列車ダイヤ(京城、羅津直通)
268112	朝鮮朝日	西北版	1935-10-31	1	01단	開港公布

일련번호	판명		간행일	면	단수	기사명
268113	朝鮮朝日	西北版	1935-10-31	1	01단	全鮮各道ナンバーワン競べ咸鏡南道の巻 北を見よ、新しき繁榮の花は滿開だ/全世界に誇らん激動日本の雄姿朝窒諸工場の力學美/北海道凌ぐのももう直ぐでせうミス・亞麻の自慢話
268114	朝鮮朝日	西北版	1935-10-31	1	02단	飛六空の行事掉尾の各隊演習晝夜軍都平壤を震駭
268115	朝鮮朝日	西北版	1935-10-31	1	02단	林檎試驗場自力で設ける鎭南浦産組で決定
268116	朝鮮朝日	西北版	1935-10-31	1	04단	(沙里院)
268117	朝鮮朝日	西北版	1935-10-31	1	04단	轉錦門修築直ちに着工
268118	朝鮮朝日	西北版	1935-10-31	1	05단	記念スタンプ
268119	朝鮮朝日	西北版	1935-10-31	1	05단	嬉しい除隊
268120	朝鮮朝日	西北版	1935-10-31	1	05단	卒業生が醵金し師恩讚へる贈り物平高普廿五周年の佳話
268121	朝鮮朝日	西北版	1935-10-31	1	06단	女子青年團平南に續々結成
268122	朝鮮朝日	西北版	1935-10-31	1	06단	斗團島運河工事現場を視察改修期成會のお歷々
268123	朝鮮朝日	西北版	1935-10-31	1	08단	お台所異變漬物シーズンに入り品薄から野菜類昂騰
268124	朝鮮朝日	西北版	1935-10-31	1	08단	行方不明が十七隻咸南の遭難漁船
268125	朝鮮朝日	西北版	1935-10-31	1	08단	印鑑僞造し劇藥を購入
268126	朝鮮朝日	西北版	1935-10-31	1	09단	富豪の死體大同江に浮く他殺後水中に遺棄か
268127	朝鮮朝日	西北版	1935-10-31	1	10단	喧嘩で蹴殺す
268128	朝鮮朝日	西北版	1935-10-31	1	10단	匪賊十數名三名を拉致
268129	朝鮮朝日	西北版	1935-10-31	1	10단	劇と映畫(平壤 キネマ)
268130	朝鮮朝日	西北版	1935-10-31	1	10단	千圓盜まる
268131	朝鮮朝日	西北版	1935-10-31	1	10단	會と催(崇義女學校創立第三十二周年記念/平壤醫專秋季運動會/平女高普音樂會、展覽會、バザー)
268132	朝鮮朝日	西北版	1935-10-31	1	10단	公私消息(福島莊平氏(平壤商議會頭)/李昌根氏(平壤稅務監督局稅務部長)/內田錄雄氏(平壤府會議員))
268133	朝鮮朝日	南鮮版	1935-10-31	1	01단	國語を普及せよ國體明徵の先決要件學務當局積極的に乘出す
268134	朝鮮朝日	南鮮版	1935-10-31	1	01단	歸鄉すればまだ伸びるキャラメル大將の長い氣焰
268135	朝鮮朝日	南鮮版	1935-10-31	1	01단	全鮮各道ナンバーワン競べ咸鏡南道の巻 夜の寒波と闘ひ打たてる大漁幟無駄知らず效用隨一/情熱の銀盤雪量豊か施設は完備新豊里と三防峽/四國と比べ優に二倍全部智惠の塊
268136	朝鮮朝日	南鮮版	1935-10-31	1	02단	おめでた
268137	朝鮮朝日	南鮮版	1935-10-31	1	02단	覆面の強盗
268138	朝鮮朝日	南鮮版	1935-10-31	1	03단	齋藤氏告別式
268139	朝鮮朝日	南鮮版	1935-10-31	1	04단	大邱府會
268140	朝鮮朝日	南鮮版	1935-10-31	1	04단	大田鐵道の運動會
268141	朝鮮朝日	南鮮版	1935-10-31	1	04단	光る鮮産電球明年二月までに英國へ三百萬の大量輸出
268142	朝鮮朝日	南鮮版	1935-10-31	1	06단	明治神宮競技 養正快勝(籠球)/京師勝つ(排球)
268143	朝鮮朝日	南鮮版	1935-10-31	1	07단	專門對抗陸上/大學專門卓球

일련번호	판명		간행일	면	단수	기사명
268144	朝鮮朝日	南鮮版	1935-10-31	1	07단	指紋の威力四年前の殺人犯判明
268145	朝鮮朝日	南鮮版	1935-10-31	1	08단	ラヂオへ進出舞踊の如月社
268146	朝鮮朝日	南鮮版	1935-10-31	1	09단	朝日映畵の夕
268147	朝鮮朝日	南鮮版	1935-10-31	1	10단	九月中の外國郵便爲替
268148	朝鮮朝日	南鮮版	1935-10-31	1	10단	會と催(第二回仁川靑年雄辯大會/第三回軍用犬訓練競技會/故繪山鎭泰遺作展/大麻曆頒布奉告祭および頒布式/熱田神宮本殿遷座祭遙拜式)
268149	朝鮮朝日	南鮮版	1935-10-31	1	10단	公私消息(孫基昌氏(滿洲國財政府大臣)/今井田政務總監夫人、渡邊學務局長夫人/高木靜太氏(新任慶北道善山署長)/干滿洲國軍政部大臣/李章雨氏(慶北道農會長)/小川三井物産支店長/調武男氏(新任慶北道農務課長)/白石貞子さん(白石前慶南道警察部長令孃))
268150	朝鮮朝日	南鮮版	1935-10-31	1	10단	下關水産市況(三十日)

1935년 11월 (조선아사히)

일련번호	판명		간행일	면	단수	기사명
268151	朝鮮朝日	西北版	1935-11-01	1	01단	學齡兒童全部に知識の門を開く普校增設と學級增加實現平壤府の十年計劃
268152	朝鮮朝日	西北版	1935-11-01	1	01단	總監も參列海軍協會元山支部發會式へ
268153	朝鮮朝日	西北版	1935-11-01	1	01단	全鮮各道ナンバーワン競べ咸鐘南道の巻 夜の寒波と闘ひ打たてる大漁幟無馱知らず効用隨一/情熱の銀盤雪量豊か施設は完備新豊里と三防峽/四國と比べ優に二倍全部智惠の塊
268154	朝鮮朝日	西北版	1935-11-01	1	02단	無煙炭が高く規模を決め難い津田鐘紡社長語る
268155	朝鮮朝日	西北版	1935-11-01	1	04단	運動競技界(マラソン大會)
268156	朝鮮朝日	西北版	1935-11-01	1	04단	正副組頭を正式任命平壤消防組
268157	朝鮮朝日	西北版	1935-11-01	1	05단	洛東丸入港
268158	朝鮮朝日	西北版	1935-11-01	1	05단	瀕死の一人夫溫情に蘇る平師職員の醵金に感動道立醫院も無料で手術
268159	朝鮮朝日	西北版	1935-11-01	1	06단	文廟落成式全鮮の儒林三百名參列し賑やかに大會開く
268160	朝鮮朝日	西北版	1935-11-01	1	06단	盜掘令に限らず昔から行はれた梅原京大助教授の報告
268161	朝鮮朝日	西北版	1935-11-01	1	08단	火田民救濟案打合會で決定
268162	朝鮮朝日	西北版	1935-11-01	1	08단	首魁禹承昌ら二名に死刑卵山事件の判決
268163	朝鮮朝日	西北版	1935-11-01	1	08단	死因は謎富豪怪死事件
268164	朝鮮朝日	西北版	1935-11-01	1	10단	內地資本の割込み防止窯業會社は地元業者で
268165	朝鮮朝日	西北版	1935-11-01	1	10단	八千圓出せ匪賊から脅迫狀
268166	朝鮮朝日	西北版	1935-11-01	1	10단	各地から(平壤/沙里院/羅南)
268167	朝鮮朝日	南鮮版	1935-11-01	1	01단	三旬の戰塵收り審判の日來る榮冠誰ぞ、三十七名京城商議選擧の大詰め
268168	朝鮮朝日	南鮮版	1935-11-01	1	01단	結局は受諾城大の總長推薦にトボける高山博士
268169	朝鮮朝日	南鮮版	1935-11-01	1	01단	朝鮮神宮授菊の式
268170	朝鮮朝日	南鮮版	1935-11-01	1	01단	全鮮各道ナンバーワン競べ咸鐘北道の巻 八億六千萬噸桁外れの埋藏量 オイル製造へ先驅/鰯の大群見ゆ忽ち活動陣群立する魚油工場
268171	朝鮮朝日	南鮮版	1935-11-01	1	03단	活躍する半島チーム
268172	朝鮮朝日	南鮮版	1935-11-01	1	04단	消防功勞者明治節に表影
268173	朝鮮朝日	南鮮版	1935-11-01	1	05단	陽氣な酒祭全鮮酒類品評會を祝って大邱で三日から催す
268174	朝鮮朝日	南鮮版	1935-11-01	1	07단	簡保諮問委員會
268175	朝鮮朝日	南鮮版	1935-11-01	1	08단	朝日映畫の夕
268176	朝鮮朝日	南鮮版	1935-11-01	1	08단	十八名有罪大野元書記等公判廻付
268177	朝鮮朝日	南鮮版	1935-11-01	1	08단	仁川沖で衝突發動機船沈沒す船員乘客全部救はる
268178	朝鮮朝日	南鮮版	1935-11-01	1	08단	楊事務官北滿視察
268179	朝鮮朝日	南鮮版	1935-11-01	1	09단	親子喧嘩で飛込み自殺
268180	朝鮮朝日	南鮮版	1935-11-01	1	09단	大邱の火事
268181	朝鮮朝日	南鮮版	1935-11-01	1	09단	拳固で撲殺す

일련번호	판명		간행일	면	단수	기사명
268182	朝鮮朝日	南鮮版	1935-11-01	1	10단	會と催(淨化作業奉仕打合會/龍山小學校學藝會/鮮滿商業學校長會談/鄉軍釜山聯合分會總會ならびに招魂祭/京城の明治節奉祝式/忠南道廳の明治節拜賀式/全鮮學生弓道秋季小會/在鄉軍人會大田第一分會射擊會/大邱老兵會發會式/國防婦人會永登浦分會發會式)
268183	朝鮮朝日	南鮮版	1935-11-01	1	10단	公私消息(權京城府社會課長/池田警務局長/篠田李王職長官/小胖朝郵取締役/山田朝郵營業課長/武者京電專務)
268184	朝鮮朝日	南鮮版	1935-11-01	1	10단	下關水産市況(卅一日)
268185	朝鮮朝日	西北版	1935-11-02	1	01단	*ケイソン工場に世界一の誇り開港の歡喜讚へる羅津港滿鐵獨創の大施設/埠頭は滿鐵直營淸雄兩港と根本的に異る/暫定規則*
268186	朝鮮朝日	西北版	1935-11-02	1	01단	*全鮮各道ナンバーワン競べ咸鐘北道の卷 八億六千萬噸桁外れの埋藏量 オイル製造へ先驅/鰯の大群見ゆ忽ち活動陣立する魚油工場*
268187	朝鮮朝日	西北版	1935-11-02	1	04단	下聖面に點燈
268188	朝鮮朝日	西北版	1935-11-02	1	05단	演習宿舍料そっくり獻金賴母し非常時農村
268189	朝鮮朝日	西北版	1935-11-02	1	06단	榮えの特選にアサヒ賞授與平壤府內中等學校繪畫展三日から花やかに開催
268190	朝鮮朝日	西北版	1935-11-02	1	08단	東昌金山へ送電
268191	朝鮮朝日	西北版	1935-11-02	1	08단	羅南射擊大會
268192	朝鮮朝日	西北版	1935-11-02	1	08단	七十七聯隊管下の教練査閱
268193	朝鮮朝日	西北版	1935-11-02	1	09단	秋本校長に謝恩の催し元山第二公普で
268194	朝鮮朝日	西北版	1935-11-02	1	10단	黑字の平鐵
268195	朝鮮朝日	西北版	1935-11-02	1	10단	病兒を殘して父親行方不明
268196	朝鮮朝日	西北版	1935-11-02	1	10단	五年振りに强盜捕はる
268197	朝鮮朝日	西北版	1935-11-02	1	10단	資産家の息溺死
268198	朝鮮朝日	西北版	1935-11-02	1	10단	樂浪小話
268199	朝鮮朝日	南鮮版	1935-11-02	1	01단	朝鮮女性の譽れ御前試合に出場大邱女高普の李福喜孃卓球の妙技揮ふ
268200	朝鮮朝日	南鮮版	1935-11-02	1	01단	明治神宮大會(勇名を馳す裡里農村/京都に制勝崇仁商業/中國勢一蹴京城蹴球團/關東に惜敗養正高普/神二中に勝つ崇仁商業/秋田を粉碎朝鮮代表/千葉商に大勝崇仁商業)
268201	朝鮮朝日	南鮮版	1935-11-02	1	01단	「明治節の夕」社會館で開催
268202	朝鮮朝日	南鮮版	1935-11-02	1	01단	*全鮮各道ナンバーワン競べ咸鐘北道の卷 殖えよ、地に滿て國策の實現へ確立された獎勵計劃/雲表に聳ゆ標高二千五百米大樹海には斧の音/帝國唯一の土字牌默々歷史を語る*
268203	朝鮮朝日	南鮮版	1935-11-02	1	04단	國防獻金
268204	朝鮮朝日	南鮮版	1935-11-02	1	07단	讀み上げられる一票に一喜一憂京城商議選擧總決算

일련번호	판명		간행일	면	단수	기사명
268205	朝鮮朝日	南鮮版	1935-11-02	1	07단	副會頭を繞り一波瀾は免れぬ役員選擧は十日前後
268206	朝鮮朝日	南鮮版	1935-11-02	1	10단	慰勞金決らず釜山府會
268207	朝鮮朝日	南鮮版	1935-11-02	1	10단	公私消息(立石朝運監理課長母堂)
268208	朝鮮朝日	西北版	1935-11-03	1	01단	咸南の電氣統制成る四社打って一丸北鮮合同電氣の誕生一日から店びらき
268209	朝鮮朝日	西北版	1935-11-03	1	01단	海軍協會支部元山に生る四日盛大は發會式
268210	朝鮮朝日	西北版	1935-11-03	1	01단	全鮮各道ナンバーワン競べ咸鏡北道の巻 殖えよ、地に滿て國策の實現へ確立された獎勵計劃/雲表に聳ゆ標高二千五百米大樹海には斧の音/帝國唯一の土字牌默々歷史を語る
268211	朝鮮朝日	西北版	1935-11-03	1	02단	人絹製絲バルブ北鮮製絲で製出
268212	朝鮮朝日	西北版	1935-11-03	1	03단	創立十周年祝賀會清津商議で擧行
268213	朝鮮朝日	西北版	1935-11-03	1	03단	六千圓投出し橋を架ける韋元謙氏の美擧
268214	朝鮮朝日	西北版	1935-11-03	1	04단	北鮮の遙拜式
268215	朝鮮朝日	西北版	1935-11-03	1	04단	初陣に優勝して凱旋の橫關四段「朝鮮の意氣天下に示す」京城で痛快な武勇譚
268216	朝鮮朝日	西北版	1935-11-03	1	05단	芙蓉堂修築帶方時代の遺物を陳列
268217	朝鮮朝日	西北版	1935-11-03	1	05단	牛島內務局長雄羅鐵道開通式に參列
268218	朝鮮朝日	西北版	1935-11-03	1	06단	軍國色漲る鄕軍創立廿五周年平壤で記念の催し
268219	朝鮮朝日	西北版	1935-11-03	1	06단	第七回西鮮女子中等學校聯合音樂會
268220	朝鮮朝日	西北版	1935-11-03	1	07단	北鮮材續々滿洲進出二日も六萬丁
268221	朝鮮朝日	西北版	1935-11-03	1	08단	地稅免除長白面の冷害地六百町步に
268222	朝鮮朝日	西北版	1935-11-03	1	08단	更生策を講ぜよ閉鎖同樣の鎭南浦取引所へ近く道知事から嚴命
268223	朝鮮朝日	西北版	1935-11-03	1	09단	貯金泥棒逮捕
268224	朝鮮朝日	西北版	1935-11-03	1	09단	若人は歌ふ平南男女靑年團に剛健の團歌を制定
268225	朝鮮朝日	西北版	1935-11-03	1	10단	公營課新設か平壤府で研究
268226	朝鮮朝日	西北版	1935-11-03	1	10단	公私消息(甘庶義邦氏(平壤稅務監督局長)/小田島嘉吉氏(同經理部長)/高橋壽三氏(同會計課長)/本社平壤通信部來訪)
268227	朝鮮朝日	西北版	1935-11-03	1	10단	樂浪小話
268228	朝鮮朝日	南鮮版	1935-11-03	1	01단	崇仁商業優勝す新潟師範との籠球決戰に凱歌高し神宮外苑/初めての霸權金禎滿氏談/大田鐵道敗る對全大邱野球戰
268229	朝鮮朝日	南鮮版	1935-11-03	1	01단	光榮の傳達式慶北道廳で擧行/表彰される消防功勞者
268230	朝鮮朝日	南鮮版	1935-11-03	1	01단	咲き誇る菊花陳列
268231	朝鮮朝日	南鮮版	1935-11-03	1	02단	初陣に優勝して凱旋の橫關四段「朝鮮の意氣天下に示す」京城で痛快な武勇譚
268232	朝鮮朝日	南鮮版	1935-11-03	1	03단	戶島、田川兩派對立尖銳化京城商議の副會頭
268233	朝鮮朝日	南鮮版	1935-11-03	1	03단	京城商議當選者(一級/二級)

일련번호	판명		간행일	면	단수	기사명
268234	朝鮮朝日	南鮮版	1935-11-03	1	04단	號外發行(一日執行された京城商工會議所議員選擧の結果は、直に寫眞入り號外として一部讀者へ速報しました)
268235	朝鮮朝日	南鮮版	1935-11-03	1	04단	黃州林檎取寄せ突如大邱で競賣販賣戰線に大異狀
268236	朝鮮朝日	南鮮版	1935-11-03	1	05단	菊薰る明治節獻詠歌の披講式DKから實況放送
268237	朝鮮朝日	南鮮版	1935-11-03	1	05단	驛長辭令
268238	朝鮮朝日	南鮮版	1935-11-03	1	05단	謝恩の肖像畫京城醫專の職員卒業生が勤績２５年の佐藤校長へおくる
268239	朝鮮朝日	南鮮版	1935-11-03	1	05단	全南警察部異動
268240	朝鮮朝日	南鮮版	1935-11-03	1	07단	全釜山勝つ對全大邱庭球
268241	朝鮮朝日	南鮮版	1935-11-03	1	07단	農林局長東上
268242	朝鮮朝日	南鮮版	1935-11-03	1	07단	三名超過す大田府議選擧
268243	朝鮮朝日	南鮮版	1935-11-03	1	07단	朝日映畫の夕
268244	朝鮮朝日	南鮮版	1935-11-03	1	07단	天狗列車動く
268245	朝鮮朝日	南鮮版	1935-11-03	1	07단	本社寄贈優勝旗爭奪釜山實業野球リーグ戰
268246	朝鮮朝日	南鮮版	1935-11-03	1	07단	麻浦公普の落成式
268247	朝鮮朝日	南鮮版	1935-11-03	1	07단	綿糸布商の第一回大會四日木浦で
268248	朝鮮朝日	南鮮版	1935-11-03	1	08단	聯絡船でお産
268249	朝鮮朝日	南鮮版	1935-11-03	1	08단	防波堤修祓式麗水で擧行
268250	朝鮮朝日	南鮮版	1935-11-03	1	08단	和信デパート元店員へ判決
268251	朝鮮朝日	南鮮版	1935-11-03	1	08단	創立十周年盛大に祝賀仁川移出牛檢疫所
268252	朝鮮朝日	南鮮版	1935-11-03	1	09단	人騒がせの足
268253	朝鮮朝日	南鮮版	1935-11-03	1	09단	劇と映畫(エンタツ鮮內巡業日割)
268254	朝鮮朝日	南鮮版	1935-11-03	1	09단	公私消息(本社京城通信局來訪)
268255	朝鮮朝日	南鮮版	1935-11-03	1	10단	會と催(對馬祝祭團/京城都市計劃研究會幹事會/龍山署秋季致綜實彈射擊大會/朝郵株主總會/副業品展示卽賣會/鐵道高明治節祝賀式/時中會正德院落成式/忠南專務檢閱/釜山の精神作興週間/京畿道警察對抗競點射擊大會/京畿道巡査敎習所卒業式/熱田神宮御遷座祭/釜山消防組秋季演習/浦項邑誓願寺落成慶讚祝賀會/第廿師團管下在龍衛生隊演習/龍山工兵第二十大隊戰鬪射擊)
268256	朝鮮朝日	南鮮版	1935-11-03	1	10단	下關水産市況(二日)
268257	朝鮮朝日	西北版	1935-11-05	1	01단	籾の强制檢査に果然物議を釀す百姓は祕かに放賣
268258	朝鮮朝日	西北版	1935-11-05	1	01단	府勢發展に備へ三課を新設平壤府の機構擴充
268259	朝鮮朝日	西北版	1935-11-05	1	01단	晩秋に歌ふコーラス團立ち懐しき荒城の月期待の獨唱天野さん/綜合美發揮哀しい歌、勇壯な歌蔭に金先生の苦心
268260	朝鮮朝日	西北版	1935-11-05	1	02단	鄕軍記念催し成績
268261	朝鮮朝日	西北版	1935-11-05	1	03단	咸中鐵道の期成會を創立近く役員會ひらく
268262	朝鮮朝日	西北版	1935-11-05	1	04단	公私消息(堀中將(陸軍航空本部長))
268263	朝鮮朝日	西北版	1935-11-05	1	04단	「死ぬ積りで」マラソンに優勝の孫君世界新記録を語る

일련번호	판명		간행일	면	단수	기사명
268264	朝鮮朝日	西北版	1935-11-05	1	05단	勤續優良店員
268265	朝鮮朝日	西北版	1935-11-05	1	05단	平壤の文廟落成式(一日)
268266	朝鮮朝日	西北版	1935-11-05	1	06단	三傑嶺トンネル十二年夏に開通豫定短縮に不眠不休
268267	朝鮮朝日	西北版	1935-11-05	1	07단	身投げを救助
268268	朝鮮朝日	西北版	1935-11-05	1	07단	菊花大會入賞
268269	朝鮮朝日	西北版	1935-11-05	1	08단	定員三十名に四百餘名が應募平南巡査教習所試驗
268270	朝鮮朝日	西北版	1935-11-05	1	08단	ゴム靴値上げ伊工戰爭から原料騰貴し平壤各工場で實施
268271	朝鮮朝日	西北版	1935-11-05	1	08단	消防功勞者
268272	朝鮮朝日	西北版	1935-11-05	1	10단	おめでた
268273	朝鮮朝日	西北版	1935-11-05	1	10단	畑本昇氏
268274	朝鮮朝日	西北版	1935-11-05	1	10단	劇と映畫(平壤 借樂館)
268275	朝鮮朝日	西北版	1935-11-05	1	10단	運動競技界(男女卓球大會)
268276	朝鮮朝日	西北版	1935-11-05	1	10단	記者團辛勝對平壤府廳舍堂軍軟式野球
268277	朝鮮朝日	南鮮版	1935-11-05	1	01단	各社の公稱資本十億圓突破せん驚異・資源開發の躍進
268278	朝鮮朝日	南鮮版	1935-11-05	1	01단	人生勉强の祕訣善隣商業で卒業生へ本紙を教材に授ける
268279	朝鮮朝日	南鮮版	1935-11-05	1	01단	慶南教育會總會六日から三日間
268280	朝鮮朝日	南鮮版	1935-11-05	1	01단	「死ぬ積りで」マラソンに優勝の孫君世界新記錄を語る/相內氏惜敗明治神宮軍刀術
268281	朝鮮朝日	南鮮版	1935-11-05	1	02단	新興鐵道成績
268282	朝鮮朝日	南鮮版	1935-11-05	1	03단	櫻さへ咲く氣粉れ暖氣仁川測候所の發表
268283	朝鮮朝日	南鮮版	1935-11-05	1	03단	圓盤にのる讀本普校兒童の可愛い聲で正しい朝鮮語を吹込む
268284	朝鮮朝日	南鮮版	1935-11-05	1	04단	官有財産主任會議
268285	朝鮮朝日	南鮮版	1935-11-05	1	04단	精神作興の催し各地同時に實施(慶南/全南/全北)
268286	朝鮮朝日	南鮮版	1935-11-05	1	05단	美術の秋を飾る
268287	朝鮮朝日	南鮮版	1935-11-05	1	05단	「失業者を救へ」求職の戶別訪問人生の港釜山職紹
268288	朝鮮朝日	南鮮版	1935-11-05	1	06단	名士の放送
268289	朝鮮朝日	南鮮版	1935-11-05	1	06단	組合せ決定釜山實業野球リーグ戰三チームで爭霸
268290	朝鮮朝日	南鮮版	1935-11-05	1	07단	籾と玄米の貯藏を獎勵鮮米移出調節を計る
268291	朝鮮朝日	南鮮版	1935-11-05	1	07단	旭町公普訓導謎の失踪懲戒免職に附さる
268292	朝鮮朝日	南鮮版	1935-11-05	1	07단	二工事區新設
268293	朝鮮朝日	南鮮版	1935-11-05	1	08단	高値を呼ぶ本年の鰯油
268294	朝鮮朝日	南鮮版	1935-11-05	1	08단	失業時代國調に反映
268295	朝鮮朝日	南鮮版	1935-11-05	1	09단	消防功勞者
268296	朝鮮朝日	南鮮版	1935-11-05	1	09단	會と催(京城府會常任委員會/佛教研究會綠應聯盟主催/朝鮮窯業會聯合總會/京城國防婦人聯合會映畫會/釜山警察署秋季實彈射擊大會)
268297	朝鮮朝日	南鮮版	1935-11-05	1	09단	朝日映畫の夕

일련번호	판명		간행일	면	단수	기사명
268298	朝鮮朝日	南鮮版	1935-11-05	1	10단	公私消息(植田朝鮮軍司令官/大串朝鮮軍參謀長/齋藤安田銀行常務取締役/本社京城通信局來訪/本事通信部來訪/秋田道正氏(元釜山鐵道事務所營業係員)/桶田隆吉氏(全州府八達町印刷業))
268299	朝鮮朝日	南鮮版	1935-11-05	1	10단	下關水産市況(四日)
268300	朝鮮朝日	西北版	1935-11-06	1	01단	1785萬2331石農村は脹らか第二回鮮米收穫豫想は五、八年に次ぐ豊作/素晴しい豊作麥は昨年より八割六分增咸北農村に歡聲揚る/冷害準備の積立豊作の平南水組で
268301	朝鮮朝日	西北版	1935-11-06	1	01단	平南も增收
268302	朝鮮朝日	西北版	1935-11-06	1	01단	晩秋に歌ふ 湖畔の夕を偲ぶ民謠月の御船纖細な情感こめて/聽衆を魅する二つの明星姜善運、安和順兩孃
268303	朝鮮朝日	西北版	1935-11-06	1	02단	通信競技會入賞者/町里會長表彰
268304	朝鮮朝日	西北版	1935-11-06	1	04단	遞信文化展八日から元山で
268305	朝鮮朝日	西北版	1935-11-06	1	04단	軍令部出仕に江坂少將榮轉清水大佐は德山へ
268306	朝鮮朝日	西北版	1935-11-06	1	05단	平元線は明秋開通十一年振りに
268307	朝鮮朝日	西北版	1935-11-06	1	05단	平壤府內の繁榮度調査
268308	朝鮮朝日	西北版	1935-11-06	1	06단	清津署移轉九日新廳舍へ
268309	朝鮮朝日	西北版	1935-11-06	1	06단	國境警備冬の陣三道から警務當局へ豫算十三萬圓を要求
268310	朝鮮朝日	西北版	1935-11-06	1	07단	北鮮の海軍施設充實要望を決議海軍協會元山支部發會式
268311	朝鮮朝日	西北版	1935-11-06	1	07단	十餘名の馬賊寬甸縣へ襲來
268312	朝鮮朝日	西北版	1935-11-06	1	07단	最新刊南遊記
268313	朝鮮朝日	西北版	1935-11-06	1	07단	各地から(平壤/沙里院/元山)
268314	朝鮮朝日	西北版	1935-11-06	1	08단	三倍の增收元山りんご
268315	朝鮮朝日	西北版	1935-11-06	1	08단	煙草葉減收
268316	朝鮮朝日	西北版	1935-11-06	1	08단	漁船の遭難數減少
268317	朝鮮朝日	西北版	1935-11-06	1	09단	簡保割當額
268318	朝鮮朝日	西北版	1935-11-06	1	09단	バスが殖える電車も殖える便利になる平壤府內
268319	朝鮮朝日	西北版	1935-11-06	1	09단	楽浪小語
268320	朝鮮朝日	西北版	1935-11-06	1	10단	大源鑛山警戒
268321	朝鮮朝日	西北版	1935-11-06	1	10단	主要局の市內特別取扱郵便
268322	朝鮮朝日	南鮮版	1935-11-06	1	01단	1785萬2331石農村は脹らか第二回鮮米收穫豫想は五、八年に次ぐ豊作
268323	朝鮮朝日	南鮮版	1935-11-06	1	01단	廿四日仁川で都市防護の演習市街地氣流も觀測
268324	朝鮮朝日	南鮮版	1935-11-06	1	01단	釜山町洞總代勤績者を表彰
268325	朝鮮朝日	南鮮版	1935-11-06	1	01단	互ひに必勝期し火を吐く猛練習釜山實業野球リーグ戰の試合實況を中繼放送/全鮮庭球大會
268326	朝鮮朝日	南鮮版	1935-11-06	1	02단	國際スパイ?四名を檢擧
268327	朝鮮朝日	南鮮版	1935-11-06	1	02단	朝鮮カラー濃き浮彫石窟庵菩薩像大邱の新しいお土產品
268328	朝鮮朝日	南鮮版	1935-11-06	1	03단	慶北表彰の消防功勞者

일련번호	판명		간행일	면	단수	기사명
268329	朝鮮朝日	南鮮版	1935-11-06	1	04단	新刊紹介「城大文學」
268330	朝鮮朝日	南鮮版	1935-11-06	1	04단	府民館落成式賑かに十日擧行催し物は舞踊大會
268331	朝鮮朝日	南鮮版	1935-11-06	1	04단	釜山御自慢の名所繪葉書近くお目見得
268332	朝鮮朝日	南鮮版	1935-11-06	1	04단	移民會社の折衝に東上近く外事課長も
268333	朝鮮朝日	南鮮版	1935-11-06	1	05단	各地から(全州/釜山/大邱/京城)
268334	朝鮮朝日	南鮮版	1935-11-06	1	05단	水道取締り強力な法規制定
268335	朝鮮朝日	南鮮版	1935-11-06	1	05단	病都の汚名雪ぐ都市衛生調査委員會愈よ京城に設置決定/內服藥、豫防注射無效說は早合點當局、巷說否定の辯
268336	朝鮮朝日	南鮮版	1935-11-06	1	06단	津田鐘紡社長大田、大邱を視察(大田/大邱)
268337	朝鮮朝日	南鮮版	1935-11-06	1	06단	飛込み自殺女給風の女
268338	朝鮮朝日	南鮮版	1935-11-06	1	07단	アサヒ・スポーツ十一月一日號
268339	朝鮮朝日	南鮮版	1935-11-06	1	07단	鯖の大群慶南沿岸へ襲來不漁から大漁に一變
268340	朝鮮朝日	南鮮版	1935-11-06	1	07단	遭難漁夫救助さる無等山丸歸着
268341	朝鮮朝日	南鮮版	1935-11-06	1	08단	二人を殺傷
268342	朝鮮朝日	南鮮版	1935-11-06	1	08단	出廻り旺盛忠南の陸地棉
268343	朝鮮朝日	南鮮版	1935-11-06	1	08단	朝日映畫の夕
268344	朝鮮朝日	南鮮版	1935-11-06	1	08단	勇しい消火演習京城消防署で擧行
268345	朝鮮朝日	南鮮版	1935-11-06	1	08단	警部、警部補試驗
268346	朝鮮朝日	南鮮版	1935-11-06	1	09단	會と催(慶北鑛山協會總會/慶北道地方通信競技會/第二回家事家社講習會/釜山府第二回學校學級經營研究會)
268347	朝鮮朝日	南鮮版	1935-11-06	1	09단	佐川蔚山間來月中旬に開通遊覽線として宣傳
268348	朝鮮朝日	南鮮版	1935-11-06	1	09단	公私消息(本社釜山通信部來訪/李至弘氏(新任大邱驛長))
268349	朝鮮朝日	南鮮版	1935-11-06	1	10단	下關水産市況(五日)
268350	朝鮮朝日	南鮮版	1935-11-06	1	10단	雞林かゞみ
268351	朝鮮朝日	西北版	1935-11-07	1	01단	本宮の曹達工場操業の準備成る原料巖鹽も戰禍の東阿から既に到着して待機
268352	朝鮮朝日	西北版	1935-11-07	1	01단	林檎の海外輸出近年稀な活況國光もロンドンへ
268353	朝鮮朝日	西北版	1935-11-07	1	01단	委員會を設け都計の調査研究名方面の權威網羅
268354	朝鮮朝日	西北版	1935-11-07	1	01단	晩秋に歌ふ 雙手擧げて待つ來れ音樂の友お土産は熱意と努力/錦上花を添へる妙手ぞろひ渾然融和、詩の魅惑
268355	朝鮮朝日	西北版	1935-11-07	1	03단	養貝獎勵計劃倉茂技師が調査
268356	朝鮮朝日	西北版	1935-11-07	1	04단	公私消息(廿庶義邦氏(平壤稅務監督署局長)/小田島嘉吉氏(同經理部長)/高橋壽三氏(同會計課長)/坂田浪重氏(平南道衛生課長))
268357	朝鮮朝日	西北版	1935-11-07	1	04단	車庫の地鎭祭執行
268358	朝鮮朝日	西北版	1935-11-07	1	04단	羅津港の船車聯絡
268359	朝鮮朝日	西北版	1935-11-07	1	05단	判檢事盜難平壤の旅館で
268360	朝鮮朝日	西北版	1935-11-07	1	05단	飛六の空爆演習物凄い威力發揮
268361	朝鮮朝日	西北版	1935-11-07	1	05단	北鮮製絲工場年末か明春着工
268362	朝鮮朝日	西北版	1935-11-07	1	06단	雲山楚山道路北鎭から陳情

일련번호	판명		간행일	면	단수	기사명
268363	朝鮮朝日	西北版	1935-11-07	1	06단	バス電車殖やし循環線路を實現平壤府電の計劃進む/半ボギー電車來月から運轉
268364	朝鮮朝日	西北版	1935-11-07	1	07단	先づ一郡一社本年中に實現
268365	朝鮮朝日	西北版	1935-11-07	1	07단	妓生を襲ふ
268366	朝鮮朝日	西北版	1935-11-07	1	07단	腐朽の遺蹟を二年掛りで修理保存委員會で決定
268367	朝鮮朝日	西北版	1935-11-07	1	08단	平壤放送局は梧野里に決定す來月早々から假放送
268368	朝鮮朝日	西北版	1935-11-07	1	08단	醫生講習會新知識吹込む
268369	朝鮮朝日	西北版	1935-11-07	1	08단	納稅功勞者
268370	朝鮮朝日	西北版	1935-11-07	1	08단	飛込に自殺
268371	朝鮮朝日	西北版	1935-11-07	1	09단	觀光團體調べ
268372	朝鮮朝日	西北版	1935-11-07	1	09단	飛降りて絶命宣川穀檢所長
268373	朝鮮朝日	西北版	1935-11-07	1	09단	樂浪小話
268374	朝鮮朝日	西北版	1935-11-07	1	10단	精神作興週間咸南の催し
268375	朝鮮朝日	西北版	1935-11-07	1	10단	各地から(平壤)
268376	朝鮮朝日	南鮮版	1935-11-07	1	01단	大型船時代來る小型、中型が漸次姿を沒し近海航路に新傾向
268377	朝鮮朝日	南鮮版	1935-11-07	1	01단	「しっかりやれ」督勵の農村行脚本府の課長動員して
268378	朝鮮朝日	南鮮版	1935-11-07	1	01단	大邱飛行場負擔準備進む敷地は結局十四萬坪
268379	朝鮮朝日	南鮮版	1935-11-07	1	01단	生産品種共著しい飛躍全南の麥作
268380	朝鮮朝日	南鮮版	1935-11-07	1	02단	鑛業講演會大邱で開かる
268381	朝鮮朝日	南鮮版	1935-11-07	1	02단	十一日開く京城商議初總會
268382	朝鮮朝日	南鮮版	1935-11-07	1	02단	返らぬ五萬圓伊東ハン二の犯罪糺明に大阪から槐島警部等來城
268383	朝鮮朝日	南鮮版	1935-11-07	1	03단	專賣局異動
268384	朝鮮朝日	南鮮版	1935-11-07	1	03단	熱意に副ふ全州工場豫定地を視察津田鐘紡社長談
268385	朝鮮朝日	南鮮版	1935-11-07	1	04단	三千圓寄附京城から馬山へ
268386	朝鮮朝日	南鮮版	1935-11-07	1	04단	由緣の牙山に記念碑を建立植田軍司令官も寄附
268387	朝鮮朝日	南鮮版	1935-11-07	1	04단	盛大な落成式鐘紡全南工場
268388	朝鮮朝日	南鮮版	1935-11-07	1	04단	遊びに出た幼女松林で慘殺さる忠南宋巡査の愛孃
268389	朝鮮朝日	南鮮版	1935-11-07	1	04단	遊戲中刎らる
268390	朝鮮朝日	南鮮版	1935-11-07	1	04단	朝日映畫の夕
268391	朝鮮朝日	南鮮版	1935-11-07	1	05단	各地から(釜山/京城/馬山)
268392	朝鮮朝日	南鮮版	1935-11-07	1	05단	慶南漁船の六名死亡その他消息不明
268393	朝鮮朝日	南鮮版	1935-11-07	1	06단	最新刊南遊記
268394	朝鮮朝日	南鮮版	1935-11-07	1	06단	慶南沿岸の海況調査三年計劃で實施
268395	朝鮮朝日	南鮮版	1935-11-07	1	06단	慶南沿岸襲ふ煎子鰯の大群二百餘隻大漁を謳歌
268396	朝鮮朝日	南鮮版	1935-11-07	1	06단	第三回全北驛傳競走大會

일련번호	판명		간행일	면	단수	기사명
268397	朝鮮朝日	南鮮版	1935-11-07	1	06단	公私消息(三宅第二十師團長/鈴木第十九師團長/稻垣關東軍顧問/持永憲兵司令官/大內第二十師團經理部長/越川第二十師團軍醫部長/西本總督府水産課長/田中大田鐵道事務所長/佐方東拓理事/矢田滿州國參議府參議/本社京城通信局來訪)
268398	朝鮮朝日	南鮮版	1935-11-07	1	07단	城大豫科書庫と閲覽室增築
268399	朝鮮朝日	南鮮版	1935-11-07	1	07단	精神作興週間鐵道局の催し/釜山では交通宣傳
268400	朝鮮朝日	南鮮版	1935-11-07	1	07단	會と催(東洋工業會議準備委員會/朝鮮貿易協會理事會/救世軍育兒女子ホーム作品展覽會/京城四溫吟社十一月例會/ライカ作品展覽會/第八十聯隊射擊會/朝鮮酒造業者聯合會第十五回定期總會)
268401	朝鮮朝日	南鮮版	1935-11-07	1	08단	光化門通りに出現する官廳街法專を郊外へ移轉し專賣局を新築か
268402	朝鮮朝日	南鮮版	1935-11-07	1	08단	お酒品評會褒賞授與式擧行
268403	朝鮮朝日	南鮮版	1935-11-07	1	08단	慶南初等校長會議三百卅六名列席す
268404	朝鮮朝日	南鮮版	1935-11-07	1	08단	運動競技界(第九回朝鮮專門學校蹴球大會)
268405	朝鮮朝日	南鮮版	1935-11-07	1	08단	維林かゞみ
268406	朝鮮朝日	南鮮版	1935-11-07	1	09단	慶北僧侶團視察から踊る
268407	朝鮮朝日	南鮮版	1935-11-07	1	09단	美容院にも取締規則制定
268408	朝鮮朝日	南鮮版	1935-11-07	1	10단	劇と映畫(「雪之丞變化」第一篇光州で要讀者優待)
268409	朝鮮朝日	南鮮版	1935-11-07	1	10단	下關水産市況(六日)
268410	朝鮮朝日	西北版	1935-11-08	1	01단	滿浦線難工事物語一等道路建設費のザッと三十九倍狗峴嶺隧道に使用のセメント袋を積み重ねると白頭山の二十倍价古、前川間の五工區竣工
268411	朝鮮朝日	西北版	1935-11-08	1	01단	鐵道運轉業務改善協議會七、八兩日開催さる
268412	朝鮮朝日	西北版	1935-11-08	1	01단	高鳴る胸に描く晴れのステーヂ西鮮女子中等學校音樂會花やかに九日開催
268413	朝鮮朝日	西北版	1935-11-08	1	01단	國境警備を充實最後的打合せ行はる
268414	朝鮮朝日	西北版	1935-11-08	1	02단	特に盛大に平南精神作興週間
268415	朝鮮朝日	西北版	1935-11-08	1	03단	京阪神へ著しい進出平壤の金千代
268416	朝鮮朝日	西北版	1935-11-08	1	03단	銀嶺は招く急テンポな冬の訪れにスキーヤーの心は躍る
268417	朝鮮朝日	西北版	1935-11-08	1	03단	平壤、釜山の警官增員新設の代りに
268418	朝鮮朝日	西北版	1935-11-08	1	04단	咸北の初雪
268419	朝鮮朝日	西北版	1935-11-08	1	04단	平壤驛構內へ稅關移轉を交涉驛の改築を機會に
268420	朝鮮朝日	西北版	1935-11-08	1	04단	近く落成式平壤專賣支局の分工場
268421	朝鮮朝日	西北版	1935-11-08	1	04단	アサヒ・スポーツ十一月一日號
268422	朝鮮朝日	西北版	1935-11-08	1	05단	實父の訃報にも歸らずに軍務精勵國境守備隊の雁野一等兵非常時の父子
268423	朝鮮朝日	西北版	1935-11-08	1	05단	朝室の石鹼明年度から本格的に賣出す
268424	朝鮮朝日	西北版	1935-11-08	1	06단	靑年團の旗の下若人悉く集ふ平南に漲る日本精神

일련번호	판명		간행일	면	단수	기사명
268425	朝鮮朝日	西北版	1935-11-08	1	06단	平壤府內に猩紅熱猖獗
268426	朝鮮朝日	西北版	1935-11-08	1	06단	「しっかりやれ」督勵の農村行脚本府の課長動員して
268427	朝鮮朝日	西北版	1935-11-08	1	07단	詐欺の發覺虞れ河中へ投込む富豪怪死の謎解く
268428	朝鮮朝日	西北版	1935-11-08	1	07단	專賣局異動
268429	朝鮮朝日	西北版	1935-11-08	1	08단	四千五百圓を遊興に費消か朝鮮運送の支店員四名咸興署へ留置さる
268430	朝鮮朝日	西北版	1935-11-08	1	08단	模範田設け普及させる西北鮮高地帶へ
268431	朝鮮朝日	西北版	1935-11-08	1	08단	鴨綠江標識十日頃設定協議
268432	朝鮮朝日	西北版	1935-11-08	1	09단	武道通じて日本精神發揚
268433	朝鮮朝日	西北版	1935-11-08	1	09단	成績優秀の養鼈小組表彰咸南の鼈業振興計劃
268434	朝鮮朝日	西北版	1935-11-08	1	10단	各地から(平壤)
268435	朝鮮朝日	西北版	1935-11-08	1	10단	會と催(淸津署落成式/羅南消防組秋季演習)
268436	朝鮮朝日	西北版	1935-11-08	1	10단	公私消息(國境經濟視察團)
268437	朝鮮朝日	西北版	1935-11-08	1	10단	楽浪小語
268438	朝鮮朝日	南鮮版	1935-11-08	1	01단	新政策を掲げず不易の方針充實第二次宇垣統治展望
268439	朝鮮朝日	南鮮版	1935-11-08	1	01단	鐵道運轉業務改善協議會七、八兩日開催さる
268440	朝鮮朝日	南鮮版	1935-11-08	1	01단	鮮滿通信會議新京で開く
268441	朝鮮朝日	南鮮版	1935-11-08	1	01단	職業科成績展參觀者押寄す
268442	朝鮮朝日	南鮮版	1935-11-08	1	02단	慶南整理水組の打合會日程
268443	朝鮮朝日	南鮮版	1935-11-08	1	02단	勳章傳達式
268444	朝鮮朝日	南鮮版	1935-11-08	1	03단	國民精神作興慶南道議の行事
268445	朝鮮朝日	南鮮版	1935-11-08	1	03단	朝鮮人側參拜者多いのが目立つ神宮と京城神社で奉告祭精神作興週間始まる/神前で創立京城旭町一丁目に國防婦人會の分會
268446	朝鮮朝日	南鮮版	1935-11-08	1	03단	內地からの移入五千萬圓を超す新興朝鮮語る新記錄/寵兒は鑛物類
268447	朝鮮朝日	南鮮版	1935-11-08	1	04단	會と催(京畿道農村振興委員會/京畿道警察部射擊會/京城消防正副部長披露會)
268448	朝鮮朝日	南鮮版	1935-11-08	1	04단	名譽の褒賞酒類品評會で授與/審査は完璧淸水審査長談
268449	朝鮮朝日	南鮮版	1935-11-08	1	04단	司法官異動の噂に上る顔觸れ月末か來月早々發令
268450	朝鮮朝日	南鮮版	1935-11-08	1	05단	運動競技界(ラグビー戰/大邱ラグビー試合スケヂュール)
268451	朝鮮朝日	南鮮版	1935-11-08	1	05단	故尹澤榮候返虞式
268452	朝鮮朝日	南鮮版	1935-11-08	1	06단	剃刀心中果さず服毒して飛込む女は轢死、男は命拾ひ
268453	朝鮮朝日	南鮮版	1935-11-08	1	06단	美しい國防獻金師團對抗演習以來愛國熱更に昂まる
268454	朝鮮朝日	南鮮版	1935-11-08	1	06단	京城組銀有價證券手持
268455	朝鮮朝日	南鮮版	1935-11-08	1	06단	醫師試驗第二部合格者
268456	朝鮮朝日	南鮮版	1935-11-08	1	06단	新米移出增加
268457	朝鮮朝日	南鮮版	1935-11-08	1	07단	自殺女の身許
268458	朝鮮朝日	南鮮版	1935-11-08	1	07단	本社寄贈優勝旗爭奪釜山實業野球リーグ戰

일련번호	판명		간행일	면	단수	기사명
268459	朝鮮朝日	南鮮版	1935-11-08	1	07단	十九名發生の城大病院看護婦奇宿舍のチフスは殖える一方
268460	朝鮮朝日	南鮮版	1935-11-08	1	07단	釜山臨時競馬
268461	朝鮮朝日	南鮮版	1935-11-08	1	07단	朝日映畫の夕
268462	朝鮮朝日	南鮮版	1935-11-08	1	08단	孝行息子の輪禍
268463	朝鮮朝日	南鮮版	1935-11-08	1	08단	全鮮のラヂオ聽取者數激增
268464	朝鮮朝日	南鮮版	1935-11-08	1	08단	女の轢死體
268465	朝鮮朝日	南鮮版	1935-11-08	1	09단	各地から(大邱/釜山/光州)
268466	朝鮮朝日	南鮮版	1935-11-08	1	09단	公私消息(今井田政務總監/大和田城津鐵道事務所長/井上通信局長/嚴男通信局管理課長/中村和産氏(新任大田鐵道事務所營業主任))
268467	朝鮮朝日	南鮮版	1935-11-08	1	09단	會と催(城大時局講演會/龍山敎化區國民精神作興講演會/草の官吟社例會/農村振興展示會)
268468	朝鮮朝日	南鮮版	1935-11-08	1	10단	雞林かゞみ
268469	朝鮮朝日	南鮮版	1935-11-08	1	10단	下關水産市況(七日)
268470	朝鮮朝日	西北版	1935-11-09	1	01단	大空に不景氣なし腕に覺えの勇士物凄い引張り凧社會空襲の飛六除隊兵安月給は眞つ平/「選定に困るよ」副官、腹らかに困る
268471	朝鮮朝日	西北版	1935-11-09	1	01단	飛行機一台五十圓也咸南北の警備機使用計劃にザックバラン飛六の打明話
268472	朝鮮朝日	西北版	1935-11-09	1	01단	次の府議選擧は定員卅名か咸興の人口激增す
268473	朝鮮朝日	西北版	1935-11-09	1	01단	盛況を豫想咸南藥令市
268474	朝鮮朝日	西北版	1935-11-09	1	02단	平南初等校長會議十一日から三日開催く
268475	朝鮮朝日	西北版	1935-11-09	1	02단	牛島內務局長北鮮視察日程
268476	朝鮮朝日	西北版	1935-11-09	1	03단	西城公普落成
268477	朝鮮朝日	西北版	1935-11-09	1	03단	新政策を揭げず不易の方針充實第二次宇垣統治展望
268478	朝鮮朝日	西北版	1935-11-09	1	04단	高原電話開通
268479	朝鮮朝日	西北版	1935-11-09	1	04단	移出旺盛豐作の平壤栗
268480	朝鮮朝日	西北版	1935-11-09	1	04단	平壤の都計案は本府へお願ひ地元委員會に掛けぬ
268481	朝鮮朝日	西北版	1935-11-09	1	05단	清津稅關支署收入增加
268482	朝鮮朝日	西北版	1935-11-09	1	05단	保險模範部落表彰
268483	朝鮮朝日	西北版	1935-11-09	1	06단	自轉車盜難防止を宣傳
268484	朝鮮朝日	西北版	1935-11-09	1	06단	大村滿鐵副總裁の來咸に期待咸中鐵道の初工作
268485	朝鮮朝日	西北版	1935-11-09	1	06단	ヘロイン密賣
268486	朝鮮朝日	西北版	1935-11-09	1	06단	水運輸送も新會社が直營船夫生活難解消せん
268487	朝鮮朝日	西北版	1935-11-09	1	07단	密輸船に乘移り短刀揮って搭鬪死傷者四名を出す
268488	朝鮮朝日	西北版	1935-11-09	1	07단	美しい國防獻金師團對抗演習以來愛國熱更に昂まる
268489	朝鮮朝日	西北版	1935-11-09	1	07단	司法官異動の噂に上る顔觸れ月末か來月早々發令
268490	朝鮮朝日	西北版	1935-11-09	1	07단	判檢事から盜んだ犯人逮捕
268491	朝鮮朝日	西北版	1935-11-09	1	08단	滿洲ペストに嚴重な防疫陣國境名道で

일련번호	판명		간행일	면	단수	기사명
268492	朝鮮朝日	西北版	1935-11-09	1	08단	學童殆んど全部寄生蟲に蝕まる平南の調査で判明
268493	朝鮮朝日	西北版	1935-11-09	1	08단	平壤の貿易額
268494	朝鮮朝日	西北版	1935-11-09	1	09단	水産試驗船明年度に建造
268495	朝鮮朝日	西北版	1935-11-09	1	09단	强盗殺人に死刑の判決
268496	朝鮮朝日	西北版	1935-11-09	1	10단	一日に二千人內鮮往來旅客
268497	朝鮮朝日	西北版	1935-11-09	1	10단	各地から(鎭南浦)
268498	朝鮮朝日	西北版	1935-11-09	1	10단	公私消息(野田遼吉氏(朝鮮鐵道支配人)/大村勇藏氏(平壤實業家)/河野平南道內務部長/安武平南道支事/本社平壤通信部來防)
268499	朝鮮朝日	西北版	1935-11-09	1	10단	楽浪小語
268500	朝鮮朝日	南鮮版	1935-11-09	1	01단	桁外れの大儲け統計線の常識無視四月から一直線の黑字に鐵道收入二千八百萬圓
268501	朝鮮朝日	南鮮版	1935-11-09	1	01단	李鍵公殿下關門御視察大演習地へ
268502	朝鮮朝日	南鮮版	1935-11-09	1	02단	精神作興週間外地の催し(大邱/大田)
268503	朝鮮朝日	南鮮版	1935-11-09	1	02단	京城商議副會頭田川派に有利？特別議員任命の影響/特別議員任命
268504	朝鮮朝日	南鮮版	1935-11-09	1	02단	津田鐘紡社長大邱の實地路査
268505	朝鮮朝日	南鮮版	1935-11-09	1	03단	釜山高女の學制改革注目の委員會
268506	朝鮮朝日	南鮮版	1935-11-09	1	04단	長箭港の燈台點燈
268507	朝鮮朝日	南鮮版	1935-11-09	1	04단	功績者表彰慶南教育會總會で/被表彰者
268508	朝鮮朝日	南鮮版	1935-11-09	1	04단	三年連續優勝し庭球チーム凱旋先づ朝鮮神宮へ報告
268509	朝鮮朝日	南鮮版	1935-11-09	1	05단	下關水産市況(八日)
268510	朝鮮朝日	南鮮版	1935-11-09	1	06단	白菜と大根昂騰台所にＳ・Ｏ・Ｓ京城府助け船を依賴
268511	朝鮮朝日	南鮮版	1935-11-09	1	06단	公園で縊死
268512	朝鮮朝日	南鮮版	1935-11-09	1	07단	海軍協會の支部各地に續々生る永野軍縮全權の通過に力强い聲援の準備
268513	朝鮮朝日	南鮮版	1935-11-09	1	07단	ラヂオ體操指導者へ記念品
268514	朝鮮朝日	南鮮版	1935-11-09	1	07단	トラック十社年內に合同資本金は五十萬圓
268515	朝鮮朝日	南鮮版	1935-11-09	1	08단	軍馬貸付け/鮮産軍馬購入
268516	朝鮮朝日	南鮮版	1935-11-09	1	08단	鐵道の永年勤續者十二日に百十名を表彰
268517	朝鮮朝日	南鮮版	1935-11-09	1	08단	仁川少年刑務所建築に着手
268518	朝鮮朝日	南鮮版	1935-11-09	1	08단	幼女殺し自白
268519	朝鮮朝日	南鮮版	1935-11-09	1	09단	朝日映畵の夕
268520	朝鮮朝日	南鮮版	1935-11-09	1	09단	事變論功行賞軍鷹の分/第廿師團/越境部隊
268521	朝鮮朝日	南鮮版	1935-11-09	1	09단	專用車使用料の低減を陳情
268522	朝鮮朝日	南鮮版	1935-11-09	1	09단	土沙の下數
268523	朝鮮朝日	南鮮版	1935-11-09	1	10단	なまけ者の夫を絞殺か開城署へ引致
268524	朝鮮朝日	南鮮版	1935-11-09	1	10단	公私消息(大村滿鐵副總裁/澤鐵道局理事/尾崎農村局技師/片山元總督府土地改良課技師/伊森貯銀頭取/研朝鮮建築會長一行)

일련번호	판명		간행일	면	단수	기사명
268525	朝鮮朝日	南鮮版	1935-11-09	1	10단	會と催(甲子倶樂部物故會員追悼法會/サ關創立記念日祝賀/施政二十五周年記念總督府局道會大會/京城商議新議員懇親會/大邱商工會議務所臨時總會/慶北道報物協會總會/釜山鼓友會秋季演能大會)
268526	朝鮮朝日	南鮮版	1935-11-09	1	10단	けふの語題
268527	朝鮮朝日	西北版	1935-11-10	1	01단	千餘の名士參列開港謳ふ祝賀祭最高潮羅津の歡喜/競って入港
268528	朝鮮朝日	西北版	1935-11-10	1	01단	海軍協會の支部各地に續々生る永野軍縮全權の通過に力強い聲援の準備
268529	朝鮮朝日	西北版	1935-11-10	1	01단	四百六十五人一ヶ月に生れる殖える平壤の人口
268530	朝鮮朝日	西北版	1935-11-10	1	03단	アパートも投資の對象に京城に見る新動向
268531	朝鮮朝日	西北版	1935-11-10	1	03단	元山に初霜
268532	朝鮮朝日	西北版	1935-11-10	1	03단	安滿二等道路支障箇所付替へ
268533	朝鮮朝日	西北版	1935-11-10	1	04단	公私消息(三宅第二十師團長/金丸直利氏(平壤實業家)/本社平壤通信部來訪)
268534	朝鮮朝日	西北版	1935-11-10	1	04단	北鐵線の賃銀割引
268535	朝鮮朝日	西北版	1935-11-10	1	04단	事變論功行賞軍屬の分(第廿師團/越境部隊)
268536	朝鮮朝日	西北版	1935-11-10	1	04단	授業料納め得ず續出する退學者咸南農村不況の現れ
268537	朝鮮朝日	西北版	1935-11-10	1	05단	平壤專賣支局西平壤工場
268538	朝鮮朝日	西北版	1935-11-10	1	05단	桁外れの大儲け統計線の常識無視四月から一直線の黑字に鐵道收入二千八百萬圓
268539	朝鮮朝日	西北版	1935-11-10	1	06단	怖しい水禍から新義州を絶緣六十萬圓投じ本提防
268540	朝鮮朝日	西北版	1935-11-10	1	07단	遞信局辭令
268541	朝鮮朝日	西北版	1935-11-10	1	07단	樂浪古墳發掘に俄然、地元から反對
268542	朝鮮朝日	西北版	1935-11-10	1	07단	鐵道の永年勤續者十二日に百十名を表彰
268543	朝鮮朝日	西北版	1935-11-10	1	07단	南鮮の移住民不平鳴らして歸鄕斡旋態度に非難の聲
268544	朝鮮朝日	西北版	1935-11-10	1	07단	ラヂオ體操指導者へ記念品
268545	朝鮮朝日	西北版	1935-11-10	1	08단	平鐵上半期の責任運轉事故
268546	朝鮮朝日	西北版	1935-11-10	1	08단	三百四十の指導部落增設社會係も陣容整備
268547	朝鮮朝日	西北版	1935-11-10	1	08단	軍馬貸付け
268548	朝鮮朝日	西北版	1935-11-10	1	08단	各地から(平壤)
268549	朝鮮朝日	西北版	1935-11-10	1	09단	匪賊に拉致さる
268550	朝鮮朝日	西北版	1935-11-10	1	09단	畜舍取締規則平南で起案
268551	朝鮮朝日	西北版	1935-11-10	1	09단	平壤舊市街に補助道路新設明年度二、三本
268552	朝鮮朝日	西北版	1935-11-10	1	10단	高工が首位平中卒業生の志望調べ
268553	朝鮮朝日	西北版	1935-11-10	1	10단	硫安購入割當
268554	朝鮮朝日	西北版	1935-11-10	1	10단	ホロ醉ひ泥棒
268555	朝鮮朝日	西北版	1935-11-10	1	10단	樂浪小話
268556	朝鮮朝日	南鮮版	1935-11-10	1	01단	小作調停令改正の眼目調停機關確立し强制力を與へる岸事務官、法制局と折衝原案通るか疑問

일련번호	판명		간행일	면	단수	기사명
268557	朝鮮朝日	南鮮版	1935-11-10	1	01단	大演習地に御到着の李健公殿下
268558	朝鮮朝日	南鮮版	1935-11-10	1	01단	初めて實施する社會事業週間來月十六日から六日間一齊に氣勢を擧ぐ
268559	朝鮮朝日	南鮮版	1935-11-10	1	01단	工場設置か入念に下檢分大邱の津田鐘紡社長/印象は上乘岡崎知事談
268560	朝鮮朝日	南鮮版	1935-11-10	1	03단	宇垣總督十七日頃歸任/今井田總監月末に東上
268561	朝鮮朝日	南鮮版	1935-11-10	1	04단	醫生講習會
268562	朝鮮朝日	南鮮版	1935-11-10	1	04단	穀聯の常任幹事會十五、六日ごろに開催
268563	朝鮮朝日	南鮮版	1935-11-10	1	04단	全、群、裡の三地競って猛練習全北驛傳競走せまる/戰ひを前に上田朴氏語る
268564	朝鮮朝日	南鮮版	1935-11-10	1	05단	京城の敬老會/開城精神作興週間行事
268565	朝鮮朝日	南鮮版	1935-11-10	1	05단	意見纏らず三トラック合同打合會
268566	朝鮮朝日	南鮮版	1935-11-10	1	05단	各地から(京城/釜山/全州/大邱/仁川)
268567	朝鮮朝日	南鮮版	1935-11-10	1	05단	一日に二千百人玄界灘を往ったり來たり新記錄示すお客さん
268568	朝鮮朝日	南鮮版	1935-11-10	1	05단	棉作景氣を謳歌慶南の共販高激增す
268569	朝鮮朝日	南鮮版	1935-11-10	1	06단	綜合博物館近く地鎭祭
268570	朝鮮朝日	南鮮版	1935-11-10	1	07단	大興電氣異動
268571	朝鮮朝日	南鮮版	1935-11-10	1	07단	謎を祕して二度目の自殺釜山草梁海岸に浮く
268572	朝鮮朝日	南鮮版	1935-11-10	1	07단	車中の婦人から金簪を拔く前中樞院參議の次男
268573	朝鮮朝日	南鮮版	1935-11-10	1	08단	京城軍勝つ對全大邱蹴球
268574	朝鮮朝日	南鮮版	1935-11-10	1	08단	棟折れて壓死
268575	朝鮮朝日	南鮮版	1935-11-10	1	08단	三度目の心中添はれぬ嘆き
268576	朝鮮朝日	南鮮版	1935-11-10	1	08단	遞信局辭令
268577	朝鮮朝日	南鮮版	1935-11-10	1	09단	朝日映畫の夕
268578	朝鮮朝日	南鮮版	1935-11-10	1	09단	喧嘩で蹴殺す
268579	朝鮮朝日	南鮮版	1935-11-10	1	09단	三千圓詐取
268580	朝鮮朝日	南鮮版	1935-11-10	1	09단	荷車に轢かる
268581	朝鮮朝日	南鮮版	1935-11-10	1	09단	佛道養成所の同盟休講
268582	朝鮮朝日	南鮮版	1935-11-10	1	10단	會と催(京城孝昌公普唱歌會/京畿道公立初等學校長會議/義州鋼山株主總會/電話從業員競技會)
268583	朝鮮朝日	南鮮版	1935-11-10	1	10단	公私消息(小林鎭海要港部司令官/淸水滿鐵々道次部長一行/大上北鮮製油專務/伊森貯銀頭取/高橋利原鐵山專務/李紹庚氏(滿洲國交通部大臣)/大村滿鐵副總裁)
268584	朝鮮朝日	南鮮版	1935-11-10	1	10단	下關水産市況(九日)
268585	朝鮮朝日	西北版	1935-11-12	1	01단	妙なる樂の音に鳴り止まぬ拍手西鮮女子中等學校聯合音樂會晝夜超滿員の盛況
268586	朝鮮朝日	西北版	1935-11-12	1	01단	冬愈よ來る打水も片っぱしから凍り平壤地方は零下五度/水道栓凍結元山地方に初氷
268587	朝鮮朝日	西北版	1935-11-12	1	01단	橫關四段の祝勝會

일련번호	판명		간행일	면	단수	기사명
268588	朝鮮朝日	西北版	1935-11-12	1	02단	今井田總監月來に東上
268589	朝鮮朝日	西北版	1935-11-12	1	02단	綜合博物館近く地鎮祭
268590	朝鮮朝日	西北版	1935-11-12	1	03단	穀聯の常任幹事會十五、六日ごろに開催
268591	朝鮮朝日	西北版	1935-11-12	1	03단	新醫學博士平南出身の韓得曛學士
268592	朝鮮朝日	西北版	1935-11-12	1	04단	公私消息(下村進氏(平南道警察部長)/稻葉若山博士(總督府修史官))
268593	朝鮮朝日	西北版	1935-11-12	1	04단	空の寵兒少年航空兵四名初めて飛六へ
268594	朝鮮朝日	西北版	1935-11-12	1	05단	沙里院第二高普の寄附取調
268595	朝鮮朝日	西北版	1935-11-12	1	05단	帆船漂流一名救はる
268596	朝鮮朝日	西北版	1935-11-12	1	05단	北鮮武道大會十七日開催に決定約五百名出場せん
268597	朝鮮朝日	西北版	1935-11-12	1	05단	首陽山丸の竣工式
268598	朝鮮朝日	西北版	1935-11-12	1	06단	羅津の開港祝賀式((上)孫滿洲團財政部大臣の祝辭眼讀(下)歡喜沸き立つ市街)
268599	朝鮮朝日	西北版	1935-11-12	1	06단	咸南教育會總會
268600	朝鮮朝日	西北版	1935-11-12	1	07단	李泰滿上海で射殺さる
268601	朝鮮朝日	西北版	1935-11-12	1	07단	初めて實施する社會事業週間來月十六日から六日間一齊に氣勢を擧ぐ
268602	朝鮮朝日	西北版	1935-11-12	1	07단	共同作業所の設置に反對平壤の荷主結束して
268603	朝鮮朝日	西北版	1935-11-12	1	08단	逆恨みの放火
268604	朝鮮朝日	西北版	1935-11-12	1	08단	東京大學野球リーグ戰號
268605	朝鮮朝日	西北版	1935-11-12	1	08단	各地から(平壤/新義州)
268606	朝鮮朝日	西北版	1935-11-12	1	09단	內地へ躍進平壤の淸酒
268607	朝鮮朝日	西北版	1935-11-12	1	10단	劇と映畵(平壤 借樂館)
268608	朝鮮朝日	西北版	1935-11-12	1	10단	樂浪小話
268609	朝鮮朝日	南鮮版	1935-11-12	1	01단	民衆警察のお手本大衆の不滿希望遠慮なしに開陳座長さんは氣易い駐在所員全南の警察座談會
268610	朝鮮朝日	南鮮版	1935-11-12	1	01단	各地から(京城/釜山/群山)
268611	朝鮮朝日	南鮮版	1935-11-12	1	02단	織物檢査を近く慶南で實施
268612	朝鮮朝日	南鮮版	1935-11-12	1	02단	副議長選擧は特別議員に一任戶島、田川兩派妥協
268613	朝鮮朝日	南鮮版	1935-11-12	1	02단	來月試運轉八所の肥料共同配合所
268614	朝鮮朝日	南鮮版	1935-11-12	1	03단	李滿洲國交通相
268615	朝鮮朝日	南鮮版	1935-11-12	1	03단	遞信事業會館十八萬圓で建設
268616	朝鮮朝日	南鮮版	1935-11-12	1	03단	半月以上も遲れ冬、俄かに驅足京城地方初めて結氷(大邱地方も初氷)
268617	朝鮮朝日	南鮮版	1935-11-12	1	04단	國防獻金
268618	朝鮮朝日	南鮮版	1935-11-12	1	04단	映畵時代現出娛樂界の寵兒
268619	朝鮮朝日	南鮮版	1935-11-12	1	04단	第三回全北驛傳競走大會
268620	朝鮮朝日	南鮮版	1935-11-12	1	05단	奮へ國民精神!((上)總督府の國民精神作興詔書奉讀式で詔書を奉讀する今井田政務總監(下)朝鮮神宮廣場における京城府主催の同奉讀式)

일련번호	판명		간행일	면	단수	기사명
268621	朝鮮朝日	南鮮版	1935-11-12	1	05단	麥優良品種普及は好成績
268622	朝鮮朝日	南鮮版	1935-11-12	1	05단	滿洲行と鮮內の移民統制を斷行鮮滿拓殖會社の手で
268623	朝鮮朝日	南鮮版	1935-11-12	1	05단	二割値上げ釜山の七船會社
268624	朝鮮朝日	南鮮版	1935-11-12	1	06단	滿鮮觀光團體調べ
268625	朝鮮朝日	南鮮版	1935-11-12	1	06단	御難のボックスカフェ取締規則に睨まれ師走限り姿を消す
268626	朝鮮朝日	南鮮版	1935-11-12	1	06단	會と催(京畿道警察部秋季射擊會/第八回學生馬術大會/京城仁峴公普增築校舍上棟式/日粉仁川工場開業式/朝鮮送電總會/第二十師團遠乘會/鐵道局旅客事務打合會/本能敬老會/日連上人大法要/京城淸雲公普學藝會/京城健兒團入團式/釜山士道館武道大會)
268627	朝鮮朝日	南鮮版	1935-11-12	1	08단	神社法規脫稿
268628	朝鮮朝日	南鮮版	1935-11-12	1	08단	１３－５釜鐵の打棒冴ゆ對釜山實業野球戰
268629	朝鮮朝日	南鮮版	1935-11-12	1	08단	牛商人殺し洪川署に捕はる
268630	朝鮮朝日	南鮮版	1935-11-12	1	08단	公私消息(齊藤安銀常務/矢島農林局長/棟居審議室事務官/有賀鎭海參謀/朴商銀頭取/嚴切前商工政務次官/木村朝石常務/秋山朝取常務令息結婚)
268631	朝鮮朝日	南鮮版	1935-11-12	1	09단	短刀で抵抗
268632	朝鮮朝日	南鮮版	1935-11-12	1	09단	朝日映畫の夕
268633	朝鮮朝日	南鮮版	1935-11-12	1	10단	女の溺死體
268634	朝鮮朝日	南鮮版	1935-11-12	1	10단	軍隊調理演練
268635	朝鮮朝日	南鮮版	1935-11-12	1	10단	下關水産市況(十一日)
268636	朝鮮朝日	西北版	1935-11-13	1	01단	滿洲國幣で買物お釣りは日本貨はやくも國境都市新義州で日滿貨幣の固い握手
268637	朝鮮朝日	西北版	1935-11-13	1	01단	政府の現物出資北鐵線を提供か滿鐵の新株拂込みに
268638	朝鮮朝日	西北版	1935-11-13	1	01단	平壤の國民精神作興詔書奉讀式
268639	朝鮮朝日	西北版	1935-11-13	1	02단	咸南明太肝油に檢査を實施値上り豫想さる
268640	朝鮮朝日	西北版	1935-11-13	1	03단	綜合博物館へ平南の大口寄附
268641	朝鮮朝日	西北版	1935-11-13	1	03단	咸南の三郡農林校要望道當局時期尚早と見る
268642	朝鮮朝日	西北版	1935-11-13	1	04단	淸津
268643	朝鮮朝日	西北版	1935-11-13	1	04단	馬鈴薯の工業化理研酒や無水酒精を製造マグネサイト工場で
268644	朝鮮朝日	西北版	1935-11-13	1	04단	林野の利用厚生農林局積極的に乘出す
268645	朝鮮朝日	西北版	1935-11-13	1	04단	主要道路の鋪裝明年度全部終る面目一新の平壤市街
268646	朝鮮朝日	西北版	1935-11-13	1	05단	寄生蟲退治春秋二回驅蟲藥を服用さす
268647	朝鮮朝日	西北版	1935-11-13	1	05단	廿一日送電下岐川平壤間
268648	朝鮮朝日	西北版	1935-11-13	1	05단	六驛舍改築着々進捗す
268649	朝鮮朝日	西北版	1935-11-13	1	05단	故關野博士記念碑十五日ごろに除幕式
268650	朝鮮朝日	西北版	1935-11-13	1	05단	明年度から農事改良江西干拓地
268651	朝鮮朝日	西北版	1935-11-13	1	06단	高橋壽三

일련번호	판명		간행일	면	단수	기사명
268652	朝鮮朝日	西北版	1935-11-13	1	06단	硅沙鑛採取の東邦産業會社を創立資本金は二百萬圓/合同をよそに煉炭工場設く片倉殖産會社
268653	朝鮮朝日	西北版	1935-11-13	1	06단	無認可夜學會嚴重取締る
268654	朝鮮朝日	西北版	1935-11-13	1	06단	校長さん達に神前行事を傳授一面一社が實現の場合神主になるお稽古
268655	朝鮮朝日	西北版	1935-11-13	1	07단	國境警備陣固む平北の計劃決定す
268656	朝鮮朝日	西北版	1935-11-13	1	07단	新築激增で錬瓦大拂底工場增設を急ぐ
268657	朝鮮朝日	西北版	1935-11-13	1	07단	敗殘者續く滿洲の夢破れて
268658	朝鮮朝日	西北版	1935-11-13	1	07단	各地から(羅南/平壤/海州)
268659	朝鮮朝日	西北版	1935-11-13	1	08단	畑中に死體
268660	朝鮮朝日	西北版	1935-11-13	1	08단	裁いた身も法廷で裁かる曺元檢事らの公判
268661	朝鮮朝日	西北版	1935-11-13	1	08단	平壤稅監局管內の酒稅
268662	朝鮮朝日	西北版	1935-11-13	1	09단	平壤府の人口七八、三八三名明年末に廿萬突破
268663	朝鮮朝日	西北版	1935-11-13	1	09단	犯意を否認專賣局疑獄公判
268664	朝鮮朝日	西北版	1935-11-13	1	10단	轢死二つ
268665	朝鮮朝日	西北版	1935-11-13	1	10단	樂浪小話
268666	朝鮮朝日	南鮮版	1935-11-13	1	01단	東洋工業會議權威者お揃ひで賑やかな乘込み先づ京城で第一聲
268667	朝鮮朝日	南鮮版	1935-11-13	1	01단	全北驛傳競走は七チームで爭霸任實、勇躍出場せん/全州チーム/8A－7釜山實業辛勝す對釜山稅關野球戰/全鮮蹴球大會
268668	朝鮮朝日	南鮮版	1935-11-13	1	01단	潑剌、大中敎練査閱
268669	朝鮮朝日	南鮮版	1935-11-13	1	02단	田川、朴兩氏副會頭に當選會頭豫想通り賀田氏/盥廻しで妥協
268670	朝鮮朝日	南鮮版	1935-11-13	1	02단	各地から(釜山/京城/大田/大邱/開城)
268671	朝鮮朝日	南鮮版	1935-11-13	1	04단	會と催(藍綬褒章披露)
268672	朝鮮朝日	南鮮版	1935-11-13	1	05단	朴永煥、能勢組本社優勝旗を獲得全鮮庭球選手權大會
268673	朝鮮朝日	南鮮版	1935-11-13	1	06단	鮮滿の交換放送AKの手を煩はさずに來月から直接實施
268674	朝鮮朝日	南鮮版	1935-11-13	1	06단	城大總長就任確實視さる高山博士、急遽東上
268675	朝鮮朝日	南鮮版	1935-11-13	1	06단	下關水産市況(十二日)
268676	朝鮮朝日	南鮮版	1935-11-13	1	07단	日滿交通の進展に努力李交通相談
268677	朝鮮朝日	南鮮版	1935-11-13	1	07단	朝日映畫の夕
268678	朝鮮朝日	南鮮版	1935-11-13	1	08단	新海苔養殖場慶南で選定
268679	朝鮮朝日	南鮮版	1935-11-13	1	08단	第一に審議する大京城の建設案市街地計劃委員會で
268680	朝鮮朝日	南鮮版	1935-11-13	1	08단	人蔘の對支輸出好成績
268681	朝鮮朝日	南鮮版	1935-11-13	1	08단	千八百戶は明春移植外事課で準備
268682	朝鮮朝日	南鮮版	1935-11-13	1	09단	けふの話題
268683	朝鮮朝日	南鮮版	1935-11-13	1	09단	裁いた身も法廷で裁かる曺元檢事らの公判
268684	朝鮮朝日	南鮮版	1935-11-13	1	10단	叺代を詐取
268685	朝鮮朝日	南鮮版	1935-11-13	1	10단	犯意を否認專賣局疑獄公判

일련번호	판명		간행일	면	단수	기사명
268686	朝鮮朝日	南鮮版	1935-11-13	1	10단	雞林かゞみ
268687	朝鮮朝日	南鮮版	1935-11-13	1	10단	公私消息(堺ふさ子刀自(大毎大邱獨賣店主佐々木靈導氏夫人の母堂))
268688	朝鮮朝日	西北版	1935-11-14	1	01단	豪勢な話題の主投出す二百萬圓日窒創立三十周年記念に全社員へ大盤振舞
268689	朝鮮朝日	西北版	1935-11-14	1	01단	農閑期を利用し一齊に教育點呼普通學校で覺えた國語を忘れぬやう試驗實施
268690	朝鮮朝日	西北版	1935-11-14	1	01단	カーバイト生産明春に延期專ら曹達工業に努む
268691	朝鮮朝日	西北版	1935-11-14	1	01단	大演習御陪觀中の李鍵公殿下(上)(十二日審日野外統監部附近にて)愛兒を抱いて赤誠の奉迎(下)(都城市にて)
268692	朝鮮朝日	西北版	1935-11-14	1	03단	松岡滿鐵總裁十九日來鮮
268693	朝鮮朝日	西北版	1935-11-14	1	04단	公私消息(孫滿洲國財政部大臣/李滿洲國交通部大臣)
268694	朝鮮朝日	西北版	1935-11-14	1	04단	清津飛行場開場迫る愈よ來月二日
268695	朝鮮朝日	西北版	1935-11-14	1	04단	基教に代り佛教興隆平南に一萬餘
268696	朝鮮朝日	西北版	1935-11-14	1	04단	鮮滿の交換放送AKの手を煩はさずに來月から直接實施
268697	朝鮮朝日	西北版	1935-11-14	1	05단	通信競技會の西鮮選手
268698	朝鮮朝日	西北版	1935-11-14	1	05단	咸北弓道團體選手權大會
268699	朝鮮朝日	西北版	1935-11-14	1	06단	早くも積雪一尺咸南山地帶は零下廿度最初の凍死者出づ
268700	朝鮮朝日	西北版	1935-11-14	1	06단	懸案の森林鐵道明春敷設に着手古仁驛裏には貯木場
268701	朝鮮朝日	西北版	1935-11-14	1	06단	紀州蜜柑の滿洲進出去年の約二倍
268702	朝鮮朝日	西北版	1935-11-14	1	06단	輸送能力を一割五分增加平鐵に機關車增配
268703	朝鮮朝日	西北版	1935-11-14	1	07단	後追ひ自殺
268704	朝鮮朝日	西北版	1935-11-14	1	07단	兩貯水池を結ぶ遊覽道路に着工咸南の天然公園進捗
268705	朝鮮朝日	西北版	1935-11-14	1	08단	曺元檢事らの公判に入廷する妓生方錦善(昨紙參照)
268706	朝鮮朝日	西北版	1935-11-14	1	08단	飛六除隊式廿九日に擧行
268707	朝鮮朝日	西北版	1935-11-14	1	08단	三長署對岸に共匪襲擊
268708	朝鮮朝日	西北版	1935-11-14	1	08단	銀貨を僞造
268709	朝鮮朝日	西北版	1935-11-14	1	08단	牛肉中毒結婚式の餅から
268710	朝鮮朝日	西北版	1935-11-14	1	09단	清津府會
268711	朝鮮朝日	西北版	1935-11-14	1	09단	妓生方へ侵入
268712	朝鮮朝日	西北版	1935-11-14	1	09단	黑色か鶯色の詰襟の制服平南初等校全職員に
268713	朝鮮朝日	西北版	1935-11-14	1	10단	地下ケーブル落雷で熔解す
268714	朝鮮朝日	西北版	1935-11-14	1	10단	各地から(平壤/沙里院)
268715	朝鮮朝日	西北版	1935-11-14	1	10단	樂浪小話
268716	朝鮮朝日	南鮮版	1935-11-14	1	01단	大演習御陪觀中の李鍵公殿下(上)(十二日審日野外統監部附近にて)愛兒を抱いて赤誠の奉迎(下)(都城市にて)
268717	朝鮮朝日	南鮮版	1935-11-14	1	01단	全鮮で一番高い忠魂碑を建設大邱の鄕軍が總出動で二萬圓の募金運動
268718	朝鮮朝日	南鮮版	1935-11-14	1	01단	軍縮全權の一行十七日夜釜山へ上陸ステートメントを發せん

일련번호	판명		간행일	면	단수	기사명
268719	朝鮮朝日	南鮮版	1935-11-14	1	01단	松岡滿鐵總裁十九日來城
268720	朝鮮朝日	南鮮版	1935-11-14	1	01단	京城の報恩感謝日
268721	朝鮮朝日	南鮮版	1935-11-14	1	01단	營林局新設か
268722	朝鮮朝日	南鮮版	1935-11-14	1	02단	簡保の大邱貸付額
268723	朝鮮朝日	南鮮版	1935-11-14	1	02단	賣行き頭は斷然大衆煙草愛煙家の嗜好調べ
268724	朝鮮朝日	南鮮版	1935-11-14	1	03단	京春鐵道の期成會成る
268725	朝鮮朝日	南鮮版	1935-11-14	1	04단	郵便貯金增加
268726	朝鮮朝日	南鮮版	1935-11-14	1	04단	自作農創定戶數二千戶に減少か地價昂騰から買收難
268727	朝鮮朝日	南鮮版	1935-11-14	1	04단	七五三お祭朝鮮神宮でお守授ける
268728	朝鮮朝日	南鮮版	1935-11-14	1	05단	刑事講習會一ヶ月開催
268729	朝鮮朝日	南鮮版	1935-11-14	1	05단	記念物保存令慶南の初違反
268730	朝鮮朝日	南鮮版	1935-11-14	1	05단	練達の警察官を第一線へ配置警務局各道へ通牒
268731	朝鮮朝日	南鮮版	1935-11-14	1	05단	鍼治療で死亡中風の元敎員
268732	朝鮮朝日	南鮮版	1935-11-14	1	06단	各地から(京城/春川/開城/釜山/大邱)
268733	朝鮮朝日	南鮮版	1935-11-14	1	06단	景品付煙草來月から賣出す小賣人協會の試み
268734	朝鮮朝日	南鮮版	1935-11-14	1	06단	府營宿泊所の勞働者減少す
268735	朝鮮朝日	南鮮版	1935-11-14	1	06단	曺元檢事らの公判に入廷する妓生方錦善(昨紙參照)
268736	朝鮮朝日	南鮮版	1935-11-14	1	08단	海難防止標語懸賞募集
268737	朝鮮朝日	南鮮版	1935-11-14	1	08단	光州の初氷
268738	朝鮮朝日	南鮮版	1935-11-14	1	08단	鹽賣掛代拐帶
268739	朝鮮朝日	南鮮版	1935-11-14	1	08단	支那料亭全燒
268740	朝鮮朝日	南鮮版	1935-11-14	1	08단	台章の强盜
268741	朝鮮朝日	南鮮版	1935-11-14	1	08단	會と催(鐵道局檢車區長會議/全鮮學生弓道聯盟秋季小會/共生結衆/大邱卸商組合創立十周年記念祝賀會)
268742	朝鮮朝日	南鮮版	1935-11-14	1	08단	街の話題
268743	朝鮮朝日	南鮮版	1935-11-14	1	09단	朝日映畫の夕
268744	朝鮮朝日	南鮮版	1935-11-14	1	09단	公私消息(大村滿鐵副總裁/矢島農林局長/服部總督府駐滿事務官/田中總督府外事課長/西本本府水産課長/武安滿洲中銀理事/小林鎭海要港部司令官/江坂海軍燃料廠平壤鑛業部長/保阪放送協會理事長/李滿洲國交通部大臣一行)
268745	朝鮮朝日	南鮮版	1935-11-14	1	09단	火災シーズン！各官廳のトップを切って遞信局で消防演習
268746	朝鮮朝日	南鮮版	1935-11-14	1	09단	雞林かゞみ
268747	朝鮮朝日	南鮮版	1935-11-14	1	10단	下關水産市況(十三日)
268748	朝鮮朝日	西北版	1935-11-15	1	01단	鮮滿拓植會社の首腦悉く天降り春の官界は大搖れ
268749	朝鮮朝日	西北版	1935-11-15	1	01단	木枯荒む蒼穹に弦音高く猛練習各地に白熱的の人氣呼ぶ咸北弓道團體選手權大會/隱れた名手世に出す機會村上大會審判長談
268750	朝鮮朝日	西北版	1935-11-15	1	01단	滿洲事變論功行賞

일련번호	판명		간행일	면	단수	기사명
268751	朝鮮朝日	西北版	1935-11-15	1	03단	西北鮮高地帶に有畜農業を奬勵本府、各道農會へ通牒
268752	朝鮮朝日	西北版	1935-11-15	1	03단	十一組の花嫁花壻一緒に結婚式
268753	朝鮮朝日	西北版	1935-11-15	1	04단	公私消息(甘蔗義邦氏(平壤稅務監督局長)/高橋壽三氏(同會計課長)/內田錄雄氏(平壤府會議員))
268754	朝鮮朝日	西北版	1935-11-15	1	04단	匪賊討伐に無電使用咸北警察部
268755	朝鮮朝日	西北版	1935-11-15	1	04단	海難防止標語懸賞募集
268756	朝鮮朝日	西北版	1935-11-15	1	04단	咸南高原郡の無煙炭鑛を採掘片倉殖産の準備進む
268757	朝鮮朝日	西北版	1935-11-15	1	04단	三階建の事務所新築平壤商議が十萬圓計上
268758	朝鮮朝日	西北版	1935-11-15	1	05단	原隊へ歸る嚴越、澁谷兩本部隊(十二日淸津通過)
268759	朝鮮朝日	西北版	1935-11-15	1	05단	平壤の瓦斯事業明春早々に認可新市街三千戶へ供給
268760	朝鮮朝日	西北版	1935-11-15	1	05단	營林局新設か
268761	朝鮮朝日	西北版	1935-11-15	1	05단	十四萬圓投じ職業學校を開設明年度平壤に
268762	朝鮮朝日	西北版	1935-11-15	1	05단	厭世自殺未遂
268763	朝鮮朝日	西北版	1935-11-15	1	06단	軒竝に荒した賊遂に斬伏せらる盜犯防止令適用か
268764	朝鮮朝日	西北版	1935-11-15	1	07단	畜舍を驅逐平壤府外へ
268765	朝鮮朝日	西北版	1935-11-15	1	07단	第二人道橋は自力架設か國庫補助案握潰さる
268766	朝鮮朝日	西北版	1935-11-15	1	07단	景品付煙草來月から賣出す小賣人協會の試み
268767	朝鮮朝日	西北版	1935-11-15	1	08단	西鮮稅務署五ヶ所新築明年度內に
268768	朝鮮朝日	西北版	1935-11-15	1	08단	賑町遊廓へ登樓校長さん大暴れ懇親會崩れの數名で
268769	朝鮮朝日	西北版	1935-11-15	1	08단	國際殺人事件淸津で公判
268770	朝鮮朝日	西北版	1935-11-15	1	08단	街の話題
268771	朝鮮朝日	西北版	1935-11-15	1	09단	第八期決算報告笏洞鑛業株式會社
268772	朝鮮朝日	西北版	1935-11-15	1	10단	幼兒轢殺さる
268773	朝鮮朝日	西北版	1935-11-15	1	10단	各地から(沙里院/平壤)
268774	朝鮮朝日	西北版	1935-11-15	1	10단	樂浪小話
268775	朝鮮朝日	南鮮版	1935-11-15	1	01단	滿鮮拓植會社の首腦悉く天降り春の官界は大搖れ/多分に織込む本府の監督條項法規に原案を審議
268776	朝鮮朝日	南鮮版	1935-11-15	1	01단	高山博士東上
268777	朝鮮朝日	南鮮版	1935-11-15	1	01단	基金廿萬圓作り伯林遠征も援助朝鮮體協募集に決定
268778	朝鮮朝日	南鮮版	1935-11-15	1	01단	殆んど竣工慶北の高靈橋
268779	朝鮮朝日	南鮮版	1935-11-15	1	02단	專賣參考館建設に內定
268780	朝鮮朝日	南鮮版	1935-11-15	1	02단	府廳の移轉新築馬山府會で豫算可決
268781	朝鮮朝日	南鮮版	1935-11-15	1	03단	事變論功行賞
268782	朝鮮朝日	南鮮版	1935-11-15	1	03단	郵便所員の登龍門判任官待遇の通信手を配屬
268783	朝鮮朝日	南鮮版	1935-11-15	1	03단	仁川港十月の貿易狀況
268784	朝鮮朝日	南鮮版	1935-11-15	1	04단	綜合博物館十九日地鎭祭
268785	朝鮮朝日	南鮮版	1935-11-15	1	04단	京城商議部屬決る
268786	朝鮮朝日	南鮮版	1935-11-15	1	04단	赤十字デー各地で一齊に大宣傳(京城/大邱)
268787	朝鮮朝日	南鮮版	1935-11-15	1	04단	けふの話題

일련번호	판명		간행일	면	단수	기사명
268788	朝鮮朝日	南鮮版	1935-11-15	1	04단	お台所へ送られる牛が一日に八十五頭京城府民は牛肉がお好き
268789	朝鮮朝日	南鮮版	1935-11-15	1	05단	各地から(京城/仁川/晉州/馬山)
268790	朝鮮朝日	南鮮版	1935-11-15	1	05단	防疫大評定
268791	朝鮮朝日	南鮮版	1935-11-15	1	06단	大阪府協和會員視察日程
268792	朝鮮朝日	南鮮版	1935-11-15	1	06단	醫師試驗第三部合格者
268793	朝鮮朝日	南鮮版	1935-11-15	1	06단	赤く染った魂を鍛へ直す道場來月起工式を擧げる
268794	朝鮮朝日	南鮮版	1935-11-15	1	06단	漸進主義でゆく日滿通貨統制問題に關し武安滿洲國中銀理事語る
268795	朝鮮朝日	南鮮版	1935-11-15	1	07단	積荷保險證券を勝手に發行一流海運業者を召喚
268796	朝鮮朝日	南鮮版	1935-11-15	1	07단	慶南産組の聯合會近く設立認可
268797	朝鮮朝日	南鮮版	1935-11-15	1	08단	大田公州間郵便自動車
268798	朝鮮朝日	南鮮版	1935-11-15	1	08단	賣掛代金橫領
268799	朝鮮朝日	南鮮版	1935-11-15	1	08단	內坪普校の負傷者快癒
268800	朝鮮朝日	南鮮版	1935-11-15	1	08단	永年勤續者鐵道局、百十名を表彰
268801	朝鮮朝日	南鮮版	1935-11-15	1	08단	會と催(朝運重役會/朝鮮土信最終淸算報告總會/仁川工俱役員會/仁川工俱定期總會/鐵道局精神作興講演會/滿洲事變戰歿將兵忠魂碑除幕式/龍山步兵第七十八聯隊で十八日午前十一時半から執行/釜山公立高女音樂演奏會)
268802	朝鮮朝日	南鮮版	1935-11-15	1	09단	第八期決算報告笏洞鑛業株式會社
268803	朝鮮朝日	南鮮版	1935-11-15	1	09단	全北中等庭球野球リーグ戰
268804	朝鮮朝日	南鮮版	1935-11-15	1	10단	判決は廿日專賣局疑獄公判
268805	朝鮮朝日	南鮮版	1935-11-15	1	10단	鐵道局貨物協議會十八、九兩日に開催
268806	朝鮮朝日	南鮮版	1935-11-15	1	10단	公私消息(植田軍司令官/大患軍滲謀長/持永憲兵司令官/本田朝金聯合會金融部長/松田鮮銀理事/本社京城通信局來訪)
268807	朝鮮朝日	南鮮版	1935-11-15	1	10단	雞林かゞみ
268808	朝鮮朝日	西北版	1935-11-16	1	01단	蘇る廿年の昔寺內總督を偲ぶ手植ゑの赤松咸南道廳舊廳舍の一隅にゆくりなくも發見
268809	朝鮮朝日	西北版	1935-11-16	1	01단	石器時代の遺品梧野里から發掘さる小泉館長が徹底的に調査/樂浪郡治址の發掘中止か賣られた貴重な封泥
268810	朝鮮朝日	西北版	1935-11-16	1	01단	金的を射る人々　咸北弓道團體選手權大會前記/六尺豊かの巨漢神技に狂ひなし陸軍の誇り根岸二段羅南師團一組/學生時代から鳴らした腕油の乘った初段揃ひ羅南道廳組
268811	朝鮮朝日	西北版	1935-11-16	1	04단	水源地擴張竣工式海州で三十日に擧行
268812	朝鮮朝日	西北版	1935-11-16	1	04단	盛大な祝勝會崇仁商業で開催
268813	朝鮮朝日	西北版	1935-11-16	1	05단	滿鐵副總裁へ陳情
268814	朝鮮朝日	西北版	1935-11-16	1	05단	宇垣總督十六日歸鮮
268815	朝鮮朝日	西北版	1935-11-16	1	05단	郵便所員の登龍門判任官待遇の通信手を配屬

일련번호	판명		간행일	면	단수	기사명
268816	朝鮮朝日	西北版	1935-11-16	1	05단	四倍强に擴がり廿萬を突破せん平壤府の府域擴張係員派遣して調査實施
268817	朝鮮朝日	西北版	1935-11-16	1	05단	不通や雜音で頻發の電話事故鮮滿直通線工事手遠ひに市外電話は大困り
268818	朝鮮朝日	西北版	1935-11-16	1	06단	氷年勤續者鐵道局、百十名を表彰
268819	朝鮮朝日	西北版	1935-11-16	1	07단	自作農創定戸數二千戸に減少か地價昂騰から買收難
268820	朝鮮朝日	西北版	1935-11-16	1	08단	促進大會を來月早々開く咸中鐵道期成會役員會
268821	朝鮮朝日	西北版	1935-11-16	1	08단	年賀葉書平壤局だけで二百廿四萬枚用意
268822	朝鮮朝日	西北版	1935-11-16	1	08단	法廷の艶種妻の持つ艶書は夫への重大侮辱離婚望む夫に勝訴の判決/不貞の妻は添ひ難し教授から訴ふ
268823	朝鮮朝日	西北版	1935-11-16	1	09단	宿舍料を獻金
268824	朝鮮朝日	西北版	1935-11-16	1	10단	嘆きの孫選手慈父遂に逝く
268825	朝鮮朝日	西北版	1935-11-16	1	10단	駐在所全燒
268826	朝鮮朝日	西北版	1935-11-16	1	10단	各地から(沙里院/海州)
268827	朝鮮朝日	南鮮版	1935-11-16	1	01단	問題の米穀法案結局有名無實か成行を總督府は靜觀
268828	朝鮮朝日	南鮮版	1935-11-16	1	01단	十七日榮冠誰ぞ?陸聯公認コース約十三里互ひに必勝期すチーム全北驛傳競走大會
268829	朝鮮朝日	南鮮版	1935-11-16	1	01단	軍神麾下の勇士亡き戰友へ餞け大邱忠靈塔に寄附
268830	朝鮮朝日	南鮮版	1935-11-16	1	02단	鱈の繁殖ねらひ十億粒を放流下旬から鎭海灣へ
268831	朝鮮朝日	南鮮版	1935-11-16	1	03단	宇垣總督十六日歸鮮
268832	朝鮮朝日	南鮮版	1935-11-16	1	03단	打倒傳染病京畿の打合會
268833	朝鮮朝日	南鮮版	1935-11-16	1	04단	石炭の荷動き活況
268834	朝鮮朝日	南鮮版	1935-11-16	1	04단	國調の結果續々と判明す(慶南/全北/京畿)
268835	朝鮮朝日	南鮮版	1935-11-16	1	04단	緊張の反動鐵道事故增加注意喚起の警告出づ
268836	朝鮮朝日	南鮮版	1935-11-16	1	04단	大興麗水兩電氣送電線新設
268837	朝鮮朝日	南鮮版	1935-11-16	1	05단	陸軍の測量に便宜與へる新法規作成して
268838	朝鮮朝日	南鮮版	1935-11-16	1	05단	第二の十萬人新しく武德會員を募集し京城に大武德殿建設
268839	朝鮮朝日	南鮮版	1935-11-16	1	05단	技術員を派遣し金山の現地指導三班とも一齊に出發
268840	朝鮮朝日	南鮮版	1935-11-16	1	05단	嘆きの孫選手慈父遂に逝く
268841	朝鮮朝日	南鮮版	1935-11-16	1	06단	釜山實業野球リーグ戰無勝負につき十七日日曜再試合擧行
268842	朝鮮朝日	南鮮版	1935-11-16	1	06단	狐浦川橋梁成り再び車輪の響き水禍の跡に列車開通
268843	朝鮮朝日	南鮮版	1935-11-16	1	06단	北米倉町に日用品市場明春から開業
268844	朝鮮朝日	南鮮版	1935-11-16	1	06단	東洋工業會議京城で賑やかに開催
268845	朝鮮朝日	南鮮版	1935-11-16	1	07단	百十五萬人ラヂオ體操參加者總數
268846	朝鮮朝日	南鮮版	1935-11-16	1	07단	合格者は早く任官させる警部、警部補試驗の受驗者例年より二、三割增加
268847	朝鮮朝日	南鮮版	1935-11-16	1	07단	各地から(釜山)
268848	朝鮮朝日	南鮮版	1935-11-16	1	08단	旣に七十八團全鮮の水防團

일련번호	판명		간행일	면	단수	기사명
268849	朝鮮朝日	南鮮版	1935-11-16	1	08단	怪盗奉天か本町署留置場內に人相酷似の男
268850	朝鮮朝日	南鮮版	1935-11-16	1	08단	農村振興課慶南道に新設各郡には勸業係
268851	朝鮮朝日	南鮮版	1935-11-16	1	08단	內地宛小包郵便物
268852	朝鮮朝日	南鮮版	1935-11-16	1	08단	流産か墮胎か
268853	朝鮮朝日	南鮮版	1935-11-16	1	09단	全鮮九年度の火災調査
268854	朝鮮朝日	南鮮版	1935-11-16	1	09단	京城府內倉庫貨物出入狀況
268855	朝鮮朝日	南鮮版	1935-11-16	1	09단	第廿師團の遠乘會總勢二百餘名參加して二十三日に碧蹄館往復
268856	朝鮮朝日	南鮮版	1935-11-16	1	09단	拐帶犯人逮捕
268857	朝鮮朝日	南鮮版	1935-11-16	1	10단	會と催(今井田總監招待午餐會/合同錬炭創立總會/朝運定時總會/京農社稷祭/京城第一高女音樂會/京城藥劑師會例會/慶北金泉稅務署新廳舍落成式/大邱高等小學校兒童作品殿)
268858	朝鮮朝日	南鮮版	1935-11-16	1	10단	公私消息(小池軍將總監/湯本大藏省國庫課長/山際大藏省銀行局事務官/荻原鐵道局庶務課長/松田鮮銀理事/大志摩東拓理事/西鮮總督府理財課長/井上巢洋工業會長一行/大冢鮮銀祕書課長/宇利川第二十師團兵器部長/京城藥劑師會新役員)
268859	朝鮮朝日	南鮮版	1935-11-16	1	10단	雞林かゞみ
268860	朝鮮朝日	西北版	1935-11-17	1	01단	神社の參拜拒否今後は斷乎處分安武知事、決意を語る
268861	朝鮮朝日	西北版	1935-11-17	1	01단	大型機の聯絡を早く實現したい宇垣總督下關で語る
268862	朝鮮朝日	西北版	1935-11-17	1	01단	平壤、滿浦鎭間直通電話を要望明年度實現を期す
268863	朝鮮朝日	西北版	1935-11-17	1	02단	鰮油に福音咸興に生れる化學油肥會社
268864	朝鮮朝日	西北版	1935-11-17	1	03단	一鴨丸進水
268865	朝鮮朝日	西北版	1935-11-17	1	03단	緊張の反動鐵道事故增加注意喚起の警告出づ/鐵道收入增加/平壤驛の業績
268866	朝鮮朝日	西北版	1935-11-17	1	03단	金的を射る人々 弓道三昧の卅年草分け指南番壯者を凌ぐ古谷三段羅南民間一組/男性常勝の相場覆へす決心花はづかしき麗人群
268867	朝鮮朝日	西北版	1935-11-17	1	04단	羅津ホテルは建設中止
268868	朝鮮朝日	西北版	1935-11-17	1	04단	多少削減か平壤土木課の新規事業
268869	朝鮮朝日	西北版	1935-11-17	1	04단	堀中將來壤飛六の演習査閱
268870	朝鮮朝日	西北版	1935-11-17	1	05단	スキー列車運轉を陳情
268871	朝鮮朝日	西北版	1935-11-17	1	05단	本府の指示仰ぎ合電へ引下交涉平壤府電、用意の切札/紛糾の問題も値下げで落着か府會の面目も立つ
268872	朝鮮朝日	西北版	1935-11-17	1	06단	貨物も二月から連帶輸送を開始貨客の日滿直通實現
268873	朝鮮朝日	西北版	1935-11-17	1	07단	恨めしい鑛山景氣監田擴張の人夫集まらず西鮮三道から大募集
268874	朝鮮朝日	西北版	1935-11-17	1	08단	運輸委員會五年振りに復活
268875	朝鮮朝日	西北版	1935-11-17	1	08단	合格者は早く任官させる警部、警部補試驗の受驗者例年より二、三割增加

일련번호	판명		간행일	면	단수	기사명
268876	朝鮮朝日	西北版	1935-11-17	1	08단	相當激戰か平壤商議選擧
268877	朝鮮朝日	西北版	1935-11-17	1	08단	東拓の新溪農場に活路開く
268878	朝鮮朝日	西北版	1935-11-17	1	08단	手提金庫破る
268879	朝鮮朝日	西北版	1935-11-17	1	09단	ゲ・ペ・ウに通じ軍の機密を賣るスパイ慶源署で逮捕
268880	朝鮮朝日	西北版	1935-11-17	1	09단	街の話題
268881	朝鮮朝日	西北版	1935-11-17	1	10단	各地から(淸津/沙里院/羅南)
268882	朝鮮朝日	西北版	1935-11-17	1	10단	公私消息(倉島至氏(平壤遞信分掌局長)/諸岡榮治氏(平壤實業家)/松岡滿鐵總裁)
268883	朝鮮朝日	西北版	1935-11-17	1	10단	婦人(定價十錢/十一月號)
268884	朝鮮朝日	南鮮版	1935-11-17	1	01단	大邱女高普に重なる光榮生徒の刺繡額面畏し天覽を賜る德大寺侍從からの通知に全校擧げて感激
268885	朝鮮朝日	南鮮版	1935-11-17	1	01단	內地人蔘が續々箔をつけに移入遂に十一萬圓を超す
268886	朝鮮朝日	南鮮版	1935-11-17	1	01단	國有財産法施行に決定原案脫稿す
268887	朝鮮朝日	南鮮版	1935-11-17	1	02단	海苔のハシリ鳥島から出る
268888	朝鮮朝日	南鮮版	1935-11-17	1	02단	持越しの優勝旗爭奪の三試合日曜の釜山球場で擧行
268889	朝鮮朝日	南鮮版	1935-11-17	1	02단	取引所の籾上場來米穀年度から實施
268890	朝鮮朝日	南鮮版	1935-11-17	1	03단	軍縮全權一行總督も出迎へ
268891	朝鮮朝日	南鮮版	1935-11-17	1	04단	京城府會十八日招集
268892	朝鮮朝日	南鮮版	1935-11-17	1	04단	大型機の聯絡を早く實現したい宇垣總督下關で語る
268893	朝鮮朝日	南鮮版	1935-11-17	1	04단	珠算競技大會
268894	朝鮮朝日	南鮮版	1935-11-17	1	05단	各地から(大邱/開城/裡里/京城)
268895	朝鮮朝日	南鮮版	1935-11-17	1	05단	卅四名立ち必死の攻防戰光州府議戰ゴールへ
268896	朝鮮朝日	南鮮版	1935-11-17	1	05단	馬山沙里院兩支廳年內竣工
268897	朝鮮朝日	南鮮版	1935-11-17	1	05단	けふの話題
268898	朝鮮朝日	南鮮版	1935-11-17	1	06단	巡査に殺された金昌善は僞名二度の前科を祕して結婚裏切られた妻の嘆き
268899	朝鮮朝日	南鮮版	1935-11-17	1	06단	十二月初旬に試驗郵便飛行湖南航空路も具體化
268900	朝鮮朝日	南鮮版	1935-11-17	1	07단	初等敎員試驗
268901	朝鮮朝日	南鮮版	1935-11-17	1	08단	燈台附近の通過船舶數
268902	朝鮮朝日	南鮮版	1935-11-17	1	08단	赤の靑年二人仁川署で逮捕
268903	朝鮮朝日	南鮮版	1935-11-17	1	08단	保險金欲しさに夫婦共謀の放火資金に窮した菓子商
268904	朝鮮朝日	南鮮版	1935-11-17	1	08단	一杯喰った强盜金簪を眞鍮簪と差代へた素早い妻女の氣轉
268905	朝鮮朝日	南鮮版	1935-11-17	1	09단	服毒縊死の內鮮心中添はれぬを悲觀
268906	朝鮮朝日	南鮮版	1935-11-17	1	09단	京城府內公立靑訓査閱
268907	朝鮮朝日	南鮮版	1935-11-17	1	10단	公私消息(堂本本府商工課長/安井專賣局長/淸水滿鐵々道部次長/大內軍經理部長/開口京城專賣支局長/淸水鐵道局工務課長/有賀殖銀頭取/齋藤安銀常務/賀田京城商議會頭/伊藤京城商議會頭/小杉朝取理事長代理/曺京畿道地方課囑託)

일련번호	판명		간행일	면	단수	기사명
268908	朝鮮朝日	南鮮版	1935-11-17	1	10段	會と催(小學校體操教授研究會/朝鮮藥學會/大邱師範秋季音樂演奏會/大邱素人會劇および音樂の夕)
268909	朝鮮朝日	南鮮版	1935-11-17	1	10段	雞林かゞみ
268910	朝鮮朝日	南鮮版	1935-11-17	1	10段	婦人(定價十錢/十一月號)
268911	朝鮮朝日	西北版	1935-11-19	1	01段	北鐵線の納付金二分二釐に引下明年度から約半減
268912	朝鮮朝日	西北版	1935-11-19	1	01段	全員命懸けで難路を突破飛六地上部隊の苦心
268913	朝鮮朝日	西北版	1935-11-19	1	02段	國境警備打合せ會十九日に惠山鎭で開く
268914	朝鮮朝日	西北版	1935-11-19	1	02段	都計委員會鎭南浦にも組織工業都市の施設完備
268915	朝鮮朝日	西北版	1935-11-19	1	02段	金的を射る人々 羅南勢に復讐誓ひ火を吐く演技淸津の五チーム出場(淸鐵一組/淸鐵二組/淸鐵三組/淸鐵四組/淸鐵五組)
268916	朝鮮朝日	西北版	1935-11-19	1	03段	平壤都計調査
268917	朝鮮朝日	西北版	1935-11-19	1	04段	平壤敎化團體聯合會一周年
268918	朝鮮朝日	西北版	1935-11-19	1	04段	乳牛中心の農業經營法平農で實施
268919	朝鮮朝日	西北版	1935-11-19	1	04段	*參拜拒否問題を中央機關に諮る根本的に硏究し盡した上安武知事へ回答/神社參拜日平壤の基督敎諸校も一人殘らず參拜さす*
268920	朝鮮朝日	西北版	1935-11-19	1	05段	千五百餘軒平壤の新築數
268921	朝鮮朝日	西北版	1935-11-19	1	05段	五渡船場に全部架橋平南の五年計劃
268922	朝鮮朝日	西北版	1935-11-19	1	06段	微笑する街
268923	朝鮮朝日	西北版	1935-11-19	1	07段	停電の虞れあり又もや警告遞信局、平壤府電へ
268924	朝鮮朝日	西北版	1935-11-19	1	08段	大豆粉末の特定運賃哈爾濱、北鮮間
268925	朝鮮朝日	西北版	1935-11-19	1	08段	問題の米穀法案結局有名無實か成行を總督府は靜觀
268926	朝鮮朝日	西北版	1935-11-19	1	08段	街の話題
268927	朝鮮朝日	西北版	1935-11-19	1	08段	長津江逆流水氾濫し道路沒す水電工事に伴ふ失態
268928	朝鮮朝日	西北版	1935-11-19	1	08段	新義州
268929	朝鮮朝日	西北版	1935-11-19	1	09段	陸軍の測量に便宜與へる新法規作成して
268930	朝鮮朝日	西北版	1935-11-19	1	10段	既に七十八團全鮮の水防團
268931	朝鮮朝日	西北版	1935-11-19	1	10段	樂浪小話
268932	朝鮮朝日	南鮮版	1935-11-19	1	01段	鮮鐵たゞ獨り跳躍的の利益金鐵道省、台灣顔色なし
268933	朝鮮朝日	南鮮版	1935-11-19	1	01段	最後の五分間廿日に迫った三地府議戰違反防止の眼光る
268934	朝鮮朝日	南鮮版	1935-11-19	1	01段	凄い北鮮の發展伊森貯銀頭取視察談
268935	朝鮮朝日	南鮮版	1935-11-19	1	01段	忠魂碑除幕式七八聯隊で擧行
268936	朝鮮朝日	南鮮版	1935-11-19	1	01段	蔬菜洗滌場四ヶ所設ける
268937	朝鮮朝日	南鮮版	1935-11-19	1	02段	慶南棉花出廻り既に千萬斤突破昨年の約二倍を豫想
268938	朝鮮朝日	南鮮版	1935-11-19	1	02段	*躍進鮮滿の工業 海に注ぐ流れは悉く金貨に富る內地投資家は高所に着目せよ松氷工政會常務理事談/工業の前に先づ農村問題松田日本工學會主事談*
268939	朝鮮朝日	南鮮版	1935-11-19	1	03段	京城の防疫案
268940	朝鮮朝日	南鮮版	1935-11-19	1	04段	總督、十九日登廳

일련번호	판명		간행일	면	단수	기사명
268941	朝鮮朝日	南鮮版	1935-11-19	1	04단	熊上面に決る慶南農民訓練所
268942	朝鮮朝日	南鮮版	1935-11-19	1	04단	動物の靈に哀しき弔辭落葉散りしく昌慶苑で二度目の慰靈祭
268943	朝鮮朝日	南鮮版	1935-11-19	1	05단	調査既に終り近く認可を申請朝鮮電力の大工事
268944	朝鮮朝日	南鮮版	1935-11-19	1	05단	大型新造船の三回就航を要望鮮、廣兩鐵道局で折衝
268945	朝鮮朝日	南鮮版	1935-11-19	1	06단	スピード檢擧犯行二時間後に強盗を逮捕
268946	朝鮮朝日	南鮮版	1935-11-19	1	07단	卅日に判決檢事瀆職事件
268947	朝鮮朝日	南鮮版	1935-11-19	1	08단	京城の火事
268948	朝鮮朝日	南鮮版	1935-11-19	1	08단	十月中の郵便爲替增加
268949	朝鮮朝日	南鮮版	1935-11-19	1	08단	逃走中轉覆怪貨物自動車
268950	朝鮮朝日	南鮮版	1935-11-19	1	08단	滿洲國第一線で完璧の勤務振り流石、半島出の警察官
268951	朝鮮朝日	南鮮版	1935-11-19	1	08단	朝鮮置籍船不便除かる
268952	朝鮮朝日	南鮮版	1935-11-19	1	09단	阿片密賣發覺
268953	朝鮮朝日	南鮮版	1935-11-19	1	09단	佐川、蔚山間來月十六日開通
268954	朝鮮朝日	南鮮版	1935-11-19	1	09단	公私消息(穗積殖産局長/兒島本府會計課長/西田天香氏/靑村軍獸醫部長/橫山第二十師團獸醫部長/中野朝通社長/日滿實業協會滿洲支部副會長李明遠氏(哈爾賓道外商會副會頭)/東洋觀光團/渡透元京城商議會頭夫人)
268955	朝鮮朝日	南鮮版	1935-11-19	1	09단	各地から(釜山/京城/木浦)
268956	朝鮮朝日	南鮮版	1935-11-19	1	09단	會と催(城大法文學部法學科同窓會/朝鮮海事協會總會/朝鮮自動車協聯臨時總會/朝鮮送電定時株主總會/朝鮮自動車協會評議員會/丸仁穀協定時總會/京城師範學總會/京城鼇村靑年團發會式)
268957	朝鮮朝日	南鮮版	1935-11-19	1	10단	雞林かゞみ
268958	朝鮮朝日	西北版	1935-11-20	1	01단	皇太后陛下の御仁慈に感泣癩患者へ有難き御下賜金宇垣總督謹んで語る
268959	朝鮮朝日	西北版	1935-11-20	1	01단	河川改修工事に奇拔な空中撮影平北警察機を一寸借用平壤土木出張所の妙案
268960	朝鮮朝日	西北版	1935-11-20	1	01단	明眼濶達の武人須田新任平壤鑛業部長二十二日に着任
268961	朝鮮朝日	西北版	1935-11-20	1	01단	成果を期待日本海商業委員會の協商に
268962	朝鮮朝日	西北版	1935-11-20	1	02단	秋季遠乘會
268963	朝鮮朝日	西北版	1935-11-20	1	02단	金的を射る人々 大人を負かせと勇しい少年軍羅南高女の名花弓團
268964	朝鮮朝日	西北版	1935-11-20	1	03단	入營者汽車賃內地割引延長
268965	朝鮮朝日	西北版	1935-11-20	1	03단	繁忙期に入り荷動き旺盛平鐵が全鮮の四割五分
268966	朝鮮朝日	西北版	1935-11-20	1	04단	九曲金山へ供電
268967	朝鮮朝日	西北版	1935-11-20	1	04단	水利組合費一、二割增徵豊作の平南
268968	朝鮮朝日	西北版	1935-11-20	1	05단	東海水産設立に防衛運動を起す弱小業者に死活問題
268969	朝鮮朝日	西北版	1935-11-20	1	05단	古建築物復舊の設計急ぐ
268970	朝鮮朝日	西北版	1935-11-20	1	05단	冬へ、冬へ急ぎ足(平壤箕林里所見)

일련번호	판명		간행일	면	단수	기사명
268971	朝鮮朝日	西北版	1935-11-20	1	06단	鎮南浦新安州間産業鐵道を敷設一兩日中に認可申請
268972	朝鮮朝日	西北版	1935-11-20	1	07단	北鮮鐵道に枕木を増加全線で二萬本
268973	朝鮮朝日	西北版	1935-11-20	1	07단	窮民に配給
268974	朝鮮朝日	西北版	1935-11-20	1	07단	阿片一貫目清川江岸で發見
268975	朝鮮朝日	西北版	1935-11-20	1	07단	將來北鮮三港は大連を壓倒せん松岡滿鐵總裁談
268976	朝鮮朝日	西北版	1935-11-20	1	07단	足錠の鍵盜み病院から逃走す軒なみ荒しの強盗
268977	朝鮮朝日	西北版	1935-11-20	1	08단	各地から(平壤/清津)
268978	朝鮮朝日	西北版	1935-11-20	1	08단	街の話題
268979	朝鮮朝日	西北版	1935-11-20	1	09단	揮發油に引火四名燒死す親和炭鑛內の珍事
268980	朝鮮朝日	西北版	1935-11-20	1	09단	公私消息(福島英朔氏(平壤商議會頭))
268981	朝鮮朝日	西北版	1935-11-20	1	10단	平壤
268982	朝鮮朝日	西北版	1935-11-20	1	10단	樂浪小話
268983	朝鮮朝日	南鮮版	1935-11-20	1	01단	皇太后陛下の御仁慈に感泣癩患者へ有難き御下賜金宇垣總督謹んで語る
268984	朝鮮朝日	南鮮版	1935-11-20	1	01단	各地から(大邱/釜山)
268985	朝鮮朝日	南鮮版	1935-11-20	1	01단	全北驛傳競走畫報
268986	朝鮮朝日	南鮮版	1935-11-20	1	02단	*群山A組連勝す所要時間三時間二十分十八秒熱狂の全北驛傳競走/チーム順位/再試合戰績釜山實業野球*
268987	朝鮮朝日	南鮮版	1935-11-20	1	02단	*河龍南主將に本社優勝旗を授與中間賞は裡里A組へ/全大邱勝つ對釜山ラグビー*
268988	朝鮮朝日	南鮮版	1935-11-20	1	04단	記念博物館地鎮祭
268989	朝鮮朝日	南鮮版	1935-11-20	1	04단	突如臨時總會招集を要請仁川商議波瀾？
268990	朝鮮朝日	南鮮版	1935-11-20	1	04단	農業校長會議
268991	朝鮮朝日	南鮮版	1935-11-20	1	05단	米穀法案に反對されよ朴春琴代議士から大邱へ打電
268992	朝鮮朝日	南鮮版	1935-11-20	1	05단	先生を約二百人內地から補充激增する就學兒童
268993	朝鮮朝日	南鮮版	1935-11-20	1	06단	工業者大會可決の議案
268994	朝鮮朝日	南鮮版	1935-11-20	1	06단	廿五年瞼の父は意外にも刑務所大邱署の調査で判る
268995	朝鮮朝日	南鮮版	1935-11-20	1	08단	偽滿洲國兵站部員逮捕さる
268996	朝鮮朝日	南鮮版	1935-11-20	1	08단	けふの話題
268997	朝鮮朝日	南鮮版	1935-11-20	1	08단	千六百圓拐帶
268998	朝鮮朝日	南鮮版	1935-11-20	1	09단	十八名生埋め
268999	朝鮮朝日	南鮮版	1935-11-20	1	09단	龍仁署巡査突如取調收賄の容疑か
269000	朝鮮朝日	南鮮版	1935-11-20	1	09단	火事の原因本町署調査
269001	朝鮮朝日	南鮮版	1935-11-20	1	10단	懲役の判決一流妓生の阿片吸飲事件
269002	朝鮮朝日	南鮮版	1935-11-20	1	10단	牧童殺し死刑
269003	朝鮮朝日	南鮮版	1935-11-20	1	10단	博文公を盜む
269004	朝鮮朝日	南鮮版	1935-11-20	1	10단	鮮鐵大勝す對滿俱ラグビー
269005	朝鮮朝日	南鮮版	1935-11-20	1	10단	劇と映畫(エンタツー座京城、釜山で公演)
269006	朝鮮朝日	南鮮版	1935-11-20	1	10단	會と催(朝鮮無煙重役會/無煙合同報告會/朝石定時總會/釜山刑務所武道大會)

일련번호	판명		간행일	면	단수	기사명
269007	朝鮮朝日	西北版	1935-11-21	1	01단	進出する北鮮炭價格低廉を武器に內地席卷の大計劃
269008	朝鮮朝日	西北版	1935-11-21	1	01단	元山倉庫買收交涉成立す日本海へ進出の米倉
269009	朝鮮朝日	西北版	1935-11-21	1	01단	過剩電力で硫安製造今夏の三倍
269010	朝鮮朝日	西北版	1935-11-21	1	01단	咸南鑛産額
269011	朝鮮朝日	西北版	1935-11-21	1	02단	竹內知事茂山視察
269012	朝鮮朝日	西北版	1935-11-21	1	02단	金的を射る人々各地から馳參じ多彩な爭霸戰待望の弓道大會來る(羅南混合軍 俊藤二段/高女教諭組 河野二段/雄基軍 小池二段/城津郡/會寧鐵道軍/明川軍)
269013	朝鮮朝日	西北版	1935-11-21	1	03단	産業共勵組合咸南普校に明年度設置
269014	朝鮮朝日	西北版	1935-11-21	1	03단	西平壤更に埋立
269015	朝鮮朝日	西北版	1935-11-21	1	03단	長津江水電から第二發電所申請約九百萬圓の大工事
269016	朝鮮朝日	西北版	1935-11-21	1	04단	會と催(咸興高女音樂會)
269017	朝鮮朝日	西北版	1935-11-21	1	04단	仕込み待機の酒樽
269018	朝鮮朝日	西北版	1935-11-21	1	05단	寺洞校休校猩紅熱發生
269019	朝鮮朝日	西北版	1935-11-21	1	05단	運動家に重點平鐵の採用方針
269020	朝鮮朝日	西北版	1935-11-21	1	05단	朦朧會社で契約金詐取
269021	朝鮮朝日	西北版	1935-11-21	1	06단	平元線全通後本格的稼行咸南水洞の往友金山
269022	朝鮮朝日	西北版	1935-11-21	1	06단	警察官に福音平南警務課に保險部設け生命保險に便宜計る
269023	朝鮮朝日	西北版	1935-11-21	1	07단	誤まれる神社觀平南で本義を明らかにし基督教關係者の反省促す/天主教系諸校の不祥事絶滅せん法王使節が遺憾の意
269024	朝鮮朝日	西北版	1935-11-21	1	07단	土地や鑛山の外人所有を制限取締法規の審議終る
269025	朝鮮朝日	西北版	1935-11-21	1	08단	平壤消防隊の放火宣傳
269026	朝鮮朝日	西北版	1935-11-21	1	08단	重輕傷五名朝窒合成工場の油拔爆發す
269027	朝鮮朝日	西北版	1935-11-21	1	08단	日露戰友會近く平壤で發會
269028	朝鮮朝日	西北版	1935-11-21	1	08단	山中で逮捕病院脱走犯人
269029	朝鮮朝日	西北版	1935-11-21	1	09단	各地から(平壤/鎭南浦/羅南/沙里院)
269030	朝鮮朝日	西北版	1935-11-21	1	10단	樂浪小話
269031	朝鮮朝日	南鮮版	1935-11-21	1	01단	赤收容の鐵窓に日本精神の勝關旣に六割以上は轉向/免囚者にも愛の手保護協會を明春に設立
269032	朝鮮朝日	南鮮版	1935-11-21	1	01단	全北驛傳競走に優勝の群山A組(昨紙參照)
269033	朝鮮朝日	南鮮版	1935-11-21	1	01단	北鮮諸港の發展想像より速いよ松岡滿鐵總裁語る
269034	朝鮮朝日	南鮮版	1935-11-21	1	03단	初の府議選擧にふさはしい緊張大田、全州、光州三府に躍る晴れの一票
269035	朝鮮朝日	南鮮版	1935-11-21	1	03단	粒より選手の通信競技會廿四日京城で開催
269036	朝鮮朝日	南鮮版	1935-11-21	1	04단	公私消息(牛島內務局長/高橋貞夫中將/鷲津鉛平少將/穗積殖産局長)
269037	朝鮮朝日	南鮮版	1935-11-21	1	04단	火藥講習會明年度各地で
269038	朝鮮朝日	南鮮版	1935-11-21	1	04단	駒田上告棄却

일련번호	판명		간행일	면	단수	기사명
269039	朝鮮朝日	南鮮版	1935-11-21	1	05단	馬山中學設立期成會生る
269040	朝鮮朝日	南鮮版	1935-11-21	1	05단	內地の朝鮮認識特に深まる宇垣總督のお土産話
269041	朝鮮朝日	南鮮版	1935-11-21	1	05단	けふの話題
269042	朝鮮朝日	南鮮版	1935-11-21	1	06단	鎭海の新陳容
269043	朝鮮朝日	南鮮版	1935-11-21	1	06단	金鳥山の淨域に八十八ヶ所の靈場廿三日に大法會を執行
269044	朝鮮朝日	南鮮版	1935-11-21	1	06단	米穀法案に答申朝鮮商議から發送す/百五十萬圓追加豫算を要求
269045	朝鮮朝日	南鮮版	1935-11-21	1	07단	金海鐵山調査日鐵部長一行
269046	朝鮮朝日	南鮮版	1935-11-21	1	07단	「健康兒童十則」遺憾なく意義發揚
269047	朝鮮朝日	南鮮版	1935-11-21	1	07단	各地から(釜山/馬山/大田/大邱/仁川)
269048	朝鮮朝日	南鮮版	1935-11-21	1	08단	街の騷音征伐座談會開く
269049	朝鮮朝日	南鮮版	1935-11-21	1	08단	若林製絲工場の繭扱場全燒
269050	朝鮮朝日	南鮮版	1935-11-21	1	09단	放火の疑ひ
269051	朝鮮朝日	南鮮版	1935-11-21	1	09단	口論で蹴殺す
269052	朝鮮朝日	南鮮版	1935-11-21	1	10단	國境警備の機具費勸募愛婦で實行
269053	朝鮮朝日	南鮮版	1935-11-21	1	10단	線路に蹲り癩患者自殺
269054	朝鮮朝日	南鮮版	1935-11-21	1	10단	會と催(朝鮮織物總會/朝取重役會/貯銀新館落成披露/朝鮮第六豫後備役將校團發團式/製炭講習會/鶴嶺高女報賽祝賀會/月照上人祭粢料拜戴奉告祭/女子興業成績品展覽會)
269055	朝鮮朝日	南鮮版	1935-11-21	1	10단	公私消息(安井專賣局長/淸水鐵道局工務課長/田川京商副會頭/安井殖銀祕書課長/佐藤金融課長/鈴木三菱生野鑛業所長/森觀光協會京城案內所主任/今村少將(第四十旅團長)/廣岡忠男少佐/西田天香氏/本社京城通信局來訪)
269056	朝鮮朝日	南鮮版	1935-11-21	1	10단	運動競技界(相撲選手權大會優勝者)
269057	朝鮮朝日	西北版	1935-11-22	1	01단	半島の總人口約二千三百萬國調の集計成る
269058	朝鮮朝日	西北版	1935-11-22	1	01단	鬪志滿腹の諸豪相見ゆる檜舞台咸北弓道團體選手權大會廿四日花々しく擧行/精神修養の效果も大きい竹內咸北知事語る/北鮮最初の大試合下飯坂部長談
269059	朝鮮朝日	西北版	1935-11-22	1	02단	今次の好景氣妙用すべし總監から各道へ通牒
269060	朝鮮朝日	西北版	1935-11-22	1	03단	平安南道辭令(十八日付)
269061	朝鮮朝日	西北版	1935-11-22	1	03단	接梨塾閉鎖補助金復活を平北へ陳情か
269062	朝鮮朝日	西北版	1935-11-22	1	04단	本年中に開局新義州航空無電局
269063	朝鮮朝日	西北版	1935-11-22	1	04단	總督の命令一下歷史的の送電開始長津江水電の諸施設成り二十五日から西鮮三道へ
269064	朝鮮朝日	西北版	1935-11-22	1	05단	各地から(平壤/沙里院/羅南/新義州)
269065	朝鮮朝日	西北版	1935-11-22	1	05단	七七聯隊射擊演習
269066	朝鮮朝日	西北版	1935-11-22	1	05단	成川署新廳舍廿六日落成式
269067	朝鮮朝日	西北版	1935-11-22	1	06단	齋藤氏救はる

일련번호	판명		간행일	면	단수	기사명
269068	朝鮮朝日	西北版	1935-11-22	1	06단	咸南躍進の方策實行期に入る撩亂花咲くその前途(湯村咸南知事)
269069	朝鮮朝日	西北版	1935-11-22	1	08단	街の話題
269070	朝鮮朝日	西北版	1935-11-22	1	09단	「健康兒童十則」遺憾なく意義發揚
269071	朝鮮朝日	西北版	1935-11-22	1	09단	林檎試驗場鎭南浦附近に明年度實現か
269072	朝鮮朝日	西北版	1935-11-22	1	09단	黃海道暗黑化の犯人捕はる
269073	朝鮮朝日	西北版	1935-11-22	1	10단	西鮮地方水力發電調査
269074	朝鮮朝日	西北版	1935-11-22	1	10단	關野博士の功績を偲ぶ記念碑除幕式
269075	朝鮮朝日	西北版	1935-11-22	1	10단	樂浪小話
269076	朝鮮朝日	南鮮版	1935-11-22	1	01단	半島の總人口約二千三百萬國調の集計成る
269077	朝鮮朝日	南鮮版	1935-11-22	1	01단	滿鐵は羅津に大きい期待松岡滿鐵總裁と會見後宇垣總督語る
269078	朝鮮朝日	南鮮版	1935-11-22	1	02단	好景氣に付物の民心弛緩を警告總監から各道へ通牒
269079	朝鮮朝日	南鮮版	1935-11-22	1	03단	一萬三千人の武德會員募集慶南警察部
269080	朝鮮朝日	南鮮版	1935-11-22	1	03단	惡材料押切り米の輸送は增加出荷の最高記錄示す/遲延防止を全線驛長へ通牒
269081	朝鮮朝日	南鮮版	1935-11-22	1	04단	稷山驛新設
269082	朝鮮朝日	南鮮版	1935-11-22	1	04단	京仁間直通電話線增設廿六日から通話
269083	朝鮮朝日	南鮮版	1935-11-22	1	05단	三府々議當選者(大田府定員二十七名/全州府定員二十七名/光州府 定員卅名)
269084	朝鮮朝日	南鮮版	1935-11-22	1	05단	優秀取締船慶南で新造
269085	朝鮮朝日	南鮮版	1935-11-22	1	05단	師走を前に京城で防犯週間巷に咲く惡の花に備へ機先を制す警備陣/陳列窓破壞し商品を强奪數時間後に犯人捕はる
269086	朝鮮朝日	南鮮版	1935-11-22	1	06단	放火を自白
269087	朝鮮朝日	南鮮版	1935-11-22	1	07단	各地から(大邱/京城/釜山)
269088	朝鮮朝日	南鮮版	1935-11-22	1	07단	けふの話題
269089	朝鮮朝日	南鮮版	1935-11-22	1	07단	蹴殺して自首
269090	朝鮮朝日	南鮮版	1935-11-22	1	08단	三百圓騙取
269091	朝鮮朝日	南鮮版	1935-11-22	1	08단	高靈郵便所に電信音響機を裝置
269092	朝鮮朝日	南鮮版	1935-11-22	1	08단	伊工開戰寫眞畵報
269093	朝鮮朝日	南鮮版	1935-11-22	1	09단	公私消息(高橋貞夫中將/巖男遞信局監理課長/鵜池本府海軍御用掛/野口朝窒社長/狩野小野田洋灰專務/中村日粉專務/佐藤東拓金融課長/小貫慶北道社會主事/第三回史蹟名勝見學旅行團)
269094	朝鮮朝日	南鮮版	1935-11-22	1	10단	號外發行
269095	朝鮮朝日	南鮮版	1935-11-22	1	10단	會と催(遞信分掌局工事課長會議/武德祭および劍道大會/京城神社神嘗祭/松岡總裁披露宴/産業調査會第二部會二十日京城府廳/鐵道局貨物協議會)
269096	朝鮮朝日	南鮮版	1935-11-22	1	10단	雞林かゞみ

일련번호	판명		간행일	면	단수	기사명
269097	朝鮮朝日	西北版	1935-11-23	1	01단	全國基督教徒の重大問題に發展神社に參拜か、拒否するか總意定め回答せん/長老派と管理派解釋を一にせず管理派に參拜の實例
269098	朝鮮朝日	西北版	1935-11-23	1	01단	三年振りに好轉北鮮鐵道局愁眉開く
269099	朝鮮朝日	西北版	1935-11-23	1	01단	除隊兵歡迎平鐵が驛手に
269100	朝鮮朝日	西北版	1935-11-23	1	02단	前回の國調より百八十四萬增加都市の第二位は釜山
269101	朝鮮朝日	西北版	1935-11-23	1	03단	教導學校の優等卒業生
269102	朝鮮朝日	西北版	1935-11-23	1	03단	豫算は樂觀東上を前に總監語る(今井田總監)
269103	朝鮮朝日	西北版	1935-11-23	1	04단	會と催(羅南高女、羅南女高普合同音樂會)
269104	朝鮮朝日	西北版	1935-11-23	1	04단	牡丹台の怪奇？千七百年前の面影を再現博榔墳を築く苦心
269105	朝鮮朝日	西北版	1935-11-23	1	05단	平南農村に更生歌高らか第二年目の方策成る
269106	朝鮮朝日	西北版	1935-11-23	1	05단	伊工開戰寫眞畫報
269107	朝鮮朝日	西北版	1935-11-23	1	06단	銃後の人々に辛苦を認識さす愛婦本部が全鮮で開催の國境警備後援デー/匪賊の被害
269108	朝鮮朝日	西北版	1935-11-23	1	06단	新邑、陽德間延長明年度も休止か鐵道局豫算削減さる
269109	朝鮮朝日	西北版	1935-11-23	1	06단	放火犯人に六年を九刑
269110	朝鮮朝日	西北版	1935-11-23	1	06단	銅線泥棒逮捕
269111	朝鮮朝日	西北版	1935-11-23	1	07단	就職好成績平商卒業生
269112	朝鮮朝日	西北版	1935-11-23	1	07단	赤收容の鐵窓に日本精神の勝鬨既に六割以上轉向す
269113	朝鮮朝日	西北版	1935-11-23	1	08단	線路に大巖石
269114	朝鮮朝日	西北版	1935-11-23	1	08단	道廳の火事だ！鳴渡る警報、書類の持出し知事さん指揮で放火演習
269115	朝鮮朝日	西北版	1935-11-23	1	08단	拉致された滿人十一名を奪還す急襲して匪賊を擊退
269116	朝鮮朝日	西北版	1935-11-23	1	08단	朔州一帶は非常に向上大竹知事談
269117	朝鮮朝日	西北版	1935-11-23	1	09단	右足を轢斷
269118	朝鮮朝日	西北版	1935-11-23	1	10단	各地から(平壤/鎭南浦)
269119	朝鮮朝日	西北版	1935-11-23	1	10단	公私消息(須田稔海軍少將(新任寺洞海軍鑛業部長)/桑田信助氏(平壤實業家)/竹內咸北知事)
269120	朝鮮朝日	西北版	1935-11-23	1	10단	樂浪小話
269121	朝鮮朝日	南鮮版	1935-11-23	1	01단	出る惱み、入る惱み內地から割込み型破りのはやい就職戰線防戰にも一苦勞/登龍門打診/悲痛な負けじ魂試驗シーズンに追ひたてられ各小學校とも負擔過重の宿題お正月忘れた兒童
269122	朝鮮朝日	南鮮版	1935-11-23	1	02단	宇垣總督と會談の松岡滿鐵總裁(向って右)二十日總督官邸にて
269123	朝鮮朝日	南鮮版	1935-11-23	1	02단	各地から(大邱/釜山/京城)
269124	朝鮮朝日	南鮮版	1935-11-23	1	04단	運動競技界(ラグビー豫選)
269125	朝鮮朝日	南鮮版	1935-11-23	1	04단	固すぎる善導法學生のカフエ街閉出しは角を矯めて牛を殺す

일련번호	판명		간행일	면	단수	기사명
269126	朝鮮朝日	南鮮版	1935-11-23	1	04단	朝日映畫の夕
269127	朝鮮朝日	南鮮版	1935-11-23	1	05단	太刀魚豊漁慶北東海岸
269128	朝鮮朝日	南鮮版	1935-11-23	1	06단	豫算は樂觀東上を前に總監語る(今井田總監)
269129	朝鮮朝日	南鮮版	1935-11-23	1	06단	司法官と懇談釜鐵で催す
269130	朝鮮朝日	南鮮版	1935-11-23	1	06단	懸賞景品に融通が利く
269131	朝鮮朝日	南鮮版	1935-11-23	1	06단	前回の國調より百八十四萬増加都市の第二位は釜山
269132	朝鮮朝日	南鮮版	1935-11-23	1	07단	ボーナス當込み活氣づく商店街歳末賣出の準備急ぐ
269133	朝鮮朝日	南鮮版	1935-11-23	1	07단	日本製粉工場落成
269134	朝鮮朝日	南鮮版	1935-11-23	1	07단	京城の水道擴張工費四百萬圓を投じ四年繼續事業で實現
269135	朝鮮朝日	南鮮版	1935-11-23	1	08단	江原初等校長會議
269136	朝鮮朝日	南鮮版	1935-11-23	1	08단	ビール飲みつゝ暴れる强盗一刀浴びて參る
269137	朝鮮朝日	南鮮版	1935-11-23	1	09단	教導學校の優等卒業生
269138	朝鮮朝日	南鮮版	1935-11-23	1	09단	赤色勞組公判
269139	朝鮮朝日	南鮮版	1935-11-23	1	09단	釜山府會
269140	朝鮮朝日	南鮮版	1935-11-23	1	10단	タクシー値下げ具體化せん京城に要望熾烈
269141	朝鮮朝日	南鮮版	1935-11-23	1	10단	會と催(朝鮮神宮新嘗祭/鐵道局課所場長會議/京城商議工業部會/同貿易部會/ひかり舞踊會發表會/教練査閱/趣味の手工藝染色講習會/開城府第一部特別經濟會計檢査委員會)
269142	朝鮮朝日	南鮮版	1935-11-23	1	10단	公私消息(井上遞信局長/今井電氣課長/持永憲兵司令官/河合朝運專務/增田朝運庶務課長/川島喜彙氏(前釜山府會議員))
269143	朝鮮朝日	西北版	1935-11-24	1	01단	植田大將の後任小磯中將に決定大串少將の後へ佐枝少將軍首腦部更送す/子供達も慕った童貞將軍の溫容惜しまれる植田大將/半島の靑年層に軍事思想を扶植大串少將の輝く功績/流石包み切れぬ榮轉の歡び佐枝新任軍參謀長
269144	朝鮮朝日	西北版	1935-11-24	1	01단	米倉元山進出に反對の叫び揚る咸興當業者に大衝擊
269145	朝鮮朝日	西北版	1935-11-24	1	01단	鴨綠江の上流完全に結氷江上の人車道渉始る/圖們江薄氷
269146	朝鮮朝日	西北版	1935-11-24	1	02단	一級と二級に分離は困難平壤商議で研究
269147	朝鮮朝日	西北版	1935-11-24	1	03단	落葉松苗木滿洲進出元山の二百萬本
269148	朝鮮朝日	西北版	1935-11-24	1	03단	通信機關擴充
269149	朝鮮朝日	西北版	1935-11-24	1	04단	愛國獻金
269150	朝鮮朝日	西北版	1935-11-24	1	04단	伊エ戰爭の餘波平壤栗を米國へ輸出目論む伊太利栗に代って
269151	朝鮮朝日	西北版	1935-11-24	1	04단	サーヴィス週間
269152	朝鮮朝日	西北版	1935-11-24	1	05단	牡丹も冬支度
269153	朝鮮朝日	西北版	1935-11-24	1	05단	夏休みを全廢し冬休み延長か全鮮農業學校長會議に宇垣總督から提議
269154	朝鮮朝日	西北版	1935-11-24	1	06단	金組手形交換殖銀が代理平壤で來年から
269155	朝鮮朝日	西北版	1935-11-24	1	06단	船中の盗難羅南の嶺川曹長

일련번호	판명		간행일	면	단수	기사명
269156	朝鮮朝日	西北版	1935-11-24	1	07단	農民中堅校數校を增設明年度平南で
269157	朝鮮朝日	西北版	1935-11-24	1	07단	畜牛の生飼ひ飼育獎勵
269158	朝鮮朝日	西北版	1935-11-24	1	08단	貯金管理所平壤から要望
269159	朝鮮朝日	西北版	1935-11-24	1	08단	改良木炭好評ドシドシ大連へ
269160	朝鮮朝日	西北版	1935-11-24	1	08단	空路開通祝し三機が欣舞來月三日清津上空で
269161	朝鮮朝日	西北版	1935-11-24	1	08단	安岳面から樂浪時代の遺品
269162	朝鮮朝日	西北版	1935-11-24	1	08단	琿春鐵道好成績
269163	朝鮮朝日	西北版	1935-11-24	1	08단	劇と映畵(平壤 偕樂館)
269164	朝鮮朝日	西北版	1935-11-24	1	09단	各地から(平壤/羅南/新義州/淸津/鎭南浦/沙里院)
269165	朝鮮朝日	南鮮版	1935-11-24	1	01단	植田大將の後任小磯中將に決定大串少將の後へ佐枝少將軍首腦部更送す/子供達も慕った童貞將軍の溫容惜しまれる植田大將/半島の靑年層に軍事思想を扶植大串少將の輝く功績/流石包み切れぬ榮轉の歡び佐枝新任軍參謀長
269166	朝鮮朝日	南鮮版	1935-11-24	1	01단	警備專用電話殆んど完成慶南警備陣に大威力
269167	朝鮮朝日	南鮮版	1935-11-24	1	01단	廿六日發會思想犯保護會
269168	朝鮮朝日	南鮮版	1935-11-24	1	02단	道立工藝指導所實現の曙光岡崎知事も大贊成
269169	朝鮮朝日	南鮮版	1935-11-24	1	03단	慶南の沙防工事好成績
269170	朝鮮朝日	南鮮版	1935-11-24	1	04단	愛國獻金
269171	朝鮮朝日	南鮮版	1935-11-24	1	04단	京城三中井白晝の怪事件高價な銀狐毛皮一瞬間に消ゆ容疑者の店員檢擧
269172	朝鮮朝日	南鮮版	1935-11-24	1	04단	朝日映畵の夕
269173	朝鮮朝日	南鮮版	1935-11-24	1	05단	牡丹も冬支度
269174	朝鮮朝日	南鮮版	1935-11-24	1	05단	ギャング擊退虎の卷配布銀行、會社へ
269175	朝鮮朝日	南鮮版	1935-11-24	1	06단	各地から(大邱/釜山/京城)
269176	朝鮮朝日	南鮮版	1935-11-24	1	07단	夏休みを全廢し冬休み延長か全鮮農業學校長會議に宇垣總督から提議
269177	朝鮮朝日	南鮮版	1935-11-24	1	07단	押送の途中自殺を企つ咽喉に小刀突き刺して
269178	朝鮮朝日	南鮮版	1935-11-24	1	08단	貨物自動車に刎られて絶命
269179	朝鮮朝日	南鮮版	1935-11-24	1	08단	浦項に溺死體
269180	朝鮮朝日	南鮮版	1935-11-24	1	08단	第一ス井ツチは總督自ら入れる長津江水電の工事完成し二十五日送電開始
269181	朝鮮朝日	南鮮版	1935-11-24	1	09단	釜山の火事
269182	朝鮮朝日	南鮮版	1935-11-24	1	09단	インテリ漫才釜山で本紙愛讀者割引
269183	朝鮮朝日	南鮮版	1935-11-24	1	09단	十月中の郵便振替貯金
269184	朝鮮朝日	南鮮版	1935-11-24	1	10단	けふの話題
269185	朝鮮朝日	南鮮版	1935-11-24	1	10단	運動競技界(皮肉！同士打高專蹴球大會)
269186	朝鮮朝日	西北版	1935-11-26	1	01단	長津江水電から處女電力の奔流總督の歷史的スイッチに實現す科學の誇り/火電から水電へ一瞬に急旋回動力機も歡喜の咆哮

일련번호	판명		간행일	면	단수	기사명
269187	朝鮮朝日	西北版	1935-11-26	1	01단	落葉松からパルプを抽出北鮮製紙で事業化
269188	朝鮮朝日	西北版	1935-11-26	1	01단	空中撮影成功
269189	朝鮮朝日	西北版	1935-11-26	1	02단	平鐵管內十月中の業績
269190	朝鮮朝日	西北版	1935-11-26	1	02단	營業取締規則漸次整理統一
269191	朝鮮朝日	西北版	1935-11-26	1	02단	空の握手記念し日滿交歡祝賀會首途の三日、清津で
269192	朝鮮朝日	西北版	1935-11-26	1	04단	十月中の無煙炭移出高
269193	朝鮮朝日	西北版	1935-11-26	1	05단	府電問題の方針を聽く遞信局長から
269194	朝鮮朝日	西北版	1935-11-26	1	05단	專用鐵道敷設出願增加
269195	朝鮮朝日	西北版	1935-11-26	1	05단	産業課長會議諮問事項
269196	朝鮮朝日	西北版	1935-11-26	1	05단	ミッション會の緊急總會を開く紛糾の參拜拒否問題/自發的に辭職か兩校長板挾みに陷る/神社の否定は國家の否定吉田朝鮮神宮權宮司談
269197	朝鮮朝日	西北版	1935-11-26	1	05단	新通話區域
269198	朝鮮朝日	西北版	1935-11-26	1	05단	田園へ還元農業校卒業生を
269199	朝鮮朝日	西北版	1935-11-26	1	06단	ホームスパン內地からも注文殺到會寧農會工場に嬉しい悲鳴/牛島さん感心優秀な咸南産
269200	朝鮮朝日	西北版	1935-11-26	1	06단	日鑛の大煙突高さ世界一産金朝鮮シンボル
269201	朝鮮朝日	西北版	1935-11-26	1	06단	南滿瓦斯が新義州進出問題は稅關
269202	朝鮮朝日	西北版	1935-11-26	1	07단	第八回明治神宮體育大會號
269203	朝鮮朝日	西北版	1935-11-26	1	08단	物騷な歲末外勤巡査を增員し平壤に張る警戒陣
269204	朝鮮朝日	西北版	1935-11-26	1	09단	北鮮の鰯粕盛んに廣まる新しい金肥の寵兒
269205	朝鮮朝日	西北版	1935-11-26	1	10단	平商優勝す學生劍道試合
269206	朝鮮朝日	西北版	1935-11-26	1	10단	各地から(沙里院/平壤)
269207	朝鮮朝日	西北版	1935-11-26	1	10단	樂浪小話
269208	朝鮮朝日	南鮮版	1935-11-26	1	01단	長津江水電から處女電力の奔流總督の歷史的スイッチに實現す科學の誇り/火電から水電へ一瞬に急旋回動力機も歡喜の咆哮
269209	朝鮮朝日	南鮮版	1935-11-26	1	01단	無敵京城醫專軍堂々の活躍振り高專蹴球大會に連勝し廿六日晴れの凱旋/亡き前首將も地下で歡ばん崔監督語る
269210	朝鮮朝日	南鮮版	1935-11-26	1	01단	譽れの賜金を公共事業へ寄附憲兵隊司令部高地少佐
269211	朝鮮朝日	南鮮版	1935-11-26	1	04단	新通話區域
269212	朝鮮朝日	南鮮版	1935-11-26	1	04단	軍人遺家族の救恤を徹底第二十師團で
269213	朝鮮朝日	南鮮版	1935-11-26	1	04단	醫專優勝す慶北ラグビー/全鮮蹴球大會/全成鐘君優勝全鮮卓球大會/大中釜中職員交歡試合
269214	朝鮮朝日	南鮮版	1935-11-26	1	04단	各地から(釜山/大邱/京城/鎭海)
269215	朝鮮朝日	南鮮版	1935-11-26	1	05단	朝運代行營業所の發券改善
269216	朝鮮朝日	南鮮版	1935-11-26	1	05단	湖南空路開拓に裡里へ處女着陸試驗飛行の愼飛行士
269217	朝鮮朝日	南鮮版	1935-11-26	1	06단	けふの話題
269218	朝鮮朝日	南鮮版	1935-11-26	1	06단	素晴しい緊張通信競技會

일련번호	판명		간행일	면	단수	기사명
269219	朝鮮朝日	南鮮版	1935-11-26	1	06단	巨大な數字彈く鮮か指先の三昧境京城で內鮮滿算盤競技會
269220	朝鮮朝日	南鮮版	1935-11-26	1	07단	空の握手記念し日滿交歡祝賀會首途の三日、淸津で
269221	朝鮮朝日	南鮮版	1935-11-26	1	08단	第八回明治神宮體育大會號
269222	朝鮮朝日	南鮮版	1935-11-26	1	08단	徵兵檢査の御參考
269223	朝鮮朝日	南鮮版	1935-11-26	1	08단	捕繩の儘逃走押送中の竊盜犯
269224	朝鮮朝日	南鮮版	1935-11-26	1	08단	鱈の大群襲來
269225	朝鮮朝日	南鮮版	1935-11-26	1	08단	道立安城醫院明年度に實現
269226	朝鮮朝日	南鮮版	1935-11-26	1	08단	赤色勞組事件の第二回公判
269227	朝鮮朝日	南鮮版	1935-11-26	1	09단	各競馬俱樂部成績好轉
269228	朝鮮朝日	南鮮版	1935-11-26	1	09단	發動機船燒く
269229	朝鮮朝日	南鮮版	1935-11-26	1	09단	鐵道局作業費豫算
269230	朝鮮朝日	南鮮版	1935-11-26	1	09단	朝日映畫の夕
269231	朝鮮朝日	南鮮版	1935-11-26	1	10단	電線切斷
269232	朝鮮朝日	南鮮版	1935-11-26	1	10단	小宮氏重體
269233	朝鮮朝日	南鮮版	1935-11-26	1	10단	公私消息(吉田鐵道局長/新貝警務局課長/有賀殖銀頭取/淺川石川島造船所專務/中野國際通運社長/本社京城通信局來訪)
269234	朝鮮朝日	南鮮版	1935-11-26	1	10단	會と催(金剛山電鐵總會/米穀生産費調査會/中央物産總會/京城府歲末同情週間打合會/朝鮮穀物協會聯合會代表者幹事會)
269235	朝鮮朝日	南鮮版	1935-11-26	1	10단	雞林かゞみ
269236	朝鮮朝日	西北版	1935-11-27	1	01단	優勝楯は微笑む霸者師團二組個人優勝は淸津の三浦氏咸北弓道團體選手權大會(優勝團體/個人優勝)
269237	朝鮮朝日	西北版	1935-11-27	1	01단	參拜拒否問題を本府も重大視「神社は宗敎に非ず」/安武知事まで回答猶豫を懇請ミッション會から/遷延を許さず安武知事談/丹羽氏ら本府訪問
269238	朝鮮朝日	西北版	1935-11-27	1	04단	武德祭劍道大會入賞者
269239	朝鮮朝日	西北版	1935-11-27	1	04단	府電の火力發電認可せぬ方針井上遞信局長の言明に合電へ値下げ交涉/貯金管理所實現を要望
269240	朝鮮朝日	西北版	1935-11-27	1	05단	宇垣總督の祝辭放送
269241	朝鮮朝日	西北版	1935-11-27	1	05단	ボーナス狙ひ景品付大賣出し平壤に開く商戰三巴
269242	朝鮮朝日	西北版	1935-11-27	1	05단	煙が持逃する金粉を防ぐ世界一大煙突の生立
269243	朝鮮朝日	西北版	1935-11-27	1	07단	廢物利用の壓卷雲山金鑛から鑛滓を購入ザクザク山吹色に再生産
269244	朝鮮朝日	西北版	1935-11-27	1	07단	滿浦線列車にスチーム
269245	朝鮮朝日	西北版	1935-11-27	1	07단	街の話題
269246	朝鮮朝日	西北版	1935-11-27	1	08단	列車に衝突しトラック粉碎す運轉手と助手死傷
269247	朝鮮朝日	西北版	1935-11-27	1	08단	外務省巡査兼任內定す
269248	朝鮮朝日	西北版	1935-11-27	1	09단	定時運轉勵行

일련번호	판명		간행일	면	단수	기사명
269249	朝鮮朝日	西北版	1935-11-27	1	10단	警察參考館來月早々開館式
269250	朝鮮朝日	西北版	1935-11-27	1	10단	運動競技界(黃致玉君優勝西鮮卓球大會)
269251	朝鮮朝日	西北版	1935-11-27	1	10단	各地から(平壤)
269252	朝鮮朝日	西北版	1935-11-27	1	10단	樂浪小話
269253	朝鮮朝日	南鮮版	1935-11-27	1	01단	赤の尖銳分子に垂れる大慈悲心就職の斡旋や精神的指導昭道會京城に生る
269254	朝鮮朝日	南鮮版	1935-11-27	1	01단	定例局長會議
269255	朝鮮朝日	南鮮版	1935-11-27	1	01단	騷音防止懇談會開かる
269256	朝鮮朝日	南鮮版	1935-11-27	1	01단	先生と警察官敬神思想が旺盛半數以上が神棚を希望
269257	朝鮮朝日	南鮮版	1935-11-27	1	01단	宇垣總督の祝辭放送
269258	朝鮮朝日	南鮮版	1935-11-27	1	02단	飢餓線上の業者更生の第一步慶南海苔の成育良好
269259	朝鮮朝日	南鮮版	1935-11-27	1	03단	大波瀾なし仁川商議總會
269260	朝鮮朝日	南鮮版	1935-11-27	1	03단	空襲防護演習仁川で擧行
269261	朝鮮朝日	南鮮版	1935-11-27	1	03단	參拜拒否問題を本府も重大視「神社は宗教に非ず」/安武知事まで回答猶豫を懇請ミッション會から/遷延を許さず安武知事談/丹羽氏ら本府訪問
269262	朝鮮朝日	南鮮版	1935-11-27	1	04단	武德祭劍道大會入賞者
269263	朝鮮朝日	南鮮版	1935-11-27	1	04단	通信競技會入賞者
269264	朝鮮朝日	南鮮版	1935-11-27	1	05단	朝鮮第六豫後備役將校團の發團式(龍山射擊場にて)
269265	朝鮮朝日	南鮮版	1935-11-27	1	05단	邑面振興學院慶南に續々開校
269266	朝鮮朝日	南鮮版	1935-11-27	1	06단	十周年祝賀昭和工科學校
269267	朝鮮朝日	南鮮版	1935-11-27	1	06단	鮮滿交歡放送(來月一日から)
269268	朝鮮朝日	南鮮版	1935-11-27	1	06단	出迎への父に勇士、死の對面列車から飛降り卽死
269269	朝鮮朝日	南鮮版	1935-11-27	1	07단	各地から(京城/晉州/大田/開城/群山/釜山)
269270	朝鮮朝日	南鮮版	1935-11-27	1	07단	街の話題
269271	朝鮮朝日	南鮮版	1935-11-27	1	07단	大田一組優勝湖南弓道大會
269272	朝鮮朝日	南鮮版	1935-11-27	1	07단	除夜の鐘放送に奉德寺の鐘も參加全國に響く新羅時代の音
269273	朝鮮朝日	南鮮版	1935-11-27	1	08단	消防自動車を一婦人轉覆さす消防手ら四名重傷
269274	朝鮮朝日	南鮮版	1935-11-27	1	09단	朝日映畫の夕
269275	朝鮮朝日	南鮮版	1935-11-27	1	09단	珠算競技會優勝者
269276	朝鮮朝日	南鮮版	1935-11-27	1	09단	手工用の切出しで幼兒死亡
269277	朝鮮朝日	南鮮版	1935-11-27	1	10단	十月の傳染病
269278	朝鮮朝日	南鮮版	1935-11-27	1	10단	會と催(鐵道局弓道大會/釜山穀物輸出同業組合臨時總會/大邱醫專寫眞展/貯銀本店新築落成式/京畿道農會肥育牛品評會)
269279	朝鮮朝日	南鮮版	1935-11-27	1	10단	雞林かゞみ
269280	朝鮮朝日	西北版	1935-11-28	1	01단	平壤から京城へ大送電線を架設六百萬圓投じ明春に着工國營移管後は料金引下げ/西鮮の電氣統制完成の期近し合電と新義州電氣の合同準備工作開始さる/明年は一億キロ樂々と突破せん合電の送電量激增

일련번호	판명		간행일	면	단수	기사명
269281	朝鮮朝日	西北版	1935-11-28	1	01단	彼女の人生展望(A)/流石半島の女性官吏がお好きだが御注文の性格には應じ得る者幾人ぞ
269282	朝鮮朝日	西北版	1935-11-28	1	04단	李昌根氏優勝平壤ゴルフ戰
269283	朝鮮朝日	西北版	1935-11-28	1	04단	清津署落成式盛大に擧行
269284	朝鮮朝日	西北版	1935-11-28	1	04단	全鮮の鰯油生産五百萬鑵を待望咸北は空前の大豊漁
269285	朝鮮朝日	西北版	1935-11-28	1	04단	神社と宗教の別論議の餘地なし各權威明快に斷定
269286	朝鮮朝日	西北版	1935-11-28	1	05단	朝鮮送電會社開所式の祝辭朖讀二十五日平壤にて
269287	朝鮮朝日	西北版	1935-11-28	1	06단	汽動車超滿員旅客取殘さる
269288	朝鮮朝日	西北版	1935-11-28	1	07단	ボーナス打診筆頭は又も鎭南浦製錬所八十割下らぬ豪勢さ
269289	朝鮮朝日	西北版	1935-11-28	1	07단	鮮鐵の滿鐵移管無根の虛說總督キッパリ否定
269290	朝鮮朝日	西北版	1935-11-28	1	08단	北鮮の大雪
269291	朝鮮朝日	西北版	1935-11-28	1	08단	街の話題
269292	朝鮮朝日	西北版	1935-11-28	1	09단	第六回全鮮酒類品評會優等賞受領
269293	朝鮮朝日	西北版	1935-11-28	1	09단	來年八月には製品を發賣朝鮮石油の工事進捗
269294	朝鮮朝日	西北版	1935-11-28	1	09단	嫉妬の放火
269295	朝鮮朝日	西北版	1935-11-28	1	10단	農夫黑焦げ
269296	朝鮮朝日	西北版	1935-11-28	1	10단	竊盜三名逮捕
269297	朝鮮朝日	西北版	1935-11-28	1	10단	盛裝して拳銃自殺羅南の質商
269298	朝鮮朝日	西北版	1935-11-28	1	10단	各地から(平壤/沙里院)
269299	朝鮮朝日	南鮮版	1935-11-28	1	01단	平壤から京城へ大送電線を架設六百萬圓投じ明春に着工國營移管後は料金引下げ
269300	朝鮮朝日	南鮮版	1935-11-28	1	01단	前主將の靈に我ら誓ひ果せり朝日優勝カップを捧げて京城醫專蹴球チーム凱旋
269301	朝鮮朝日	南鮮版	1935-11-28	1	01단	銀嶺へ！御用意はいかゞ？
269302	朝鮮朝日	南鮮版	1935-11-28	1	02단	三百五十萬圓で上水道を擴張京城の委員會で決る
269303	朝鮮朝日	南鮮版	1935-11-28	1	03단	鎔鑛爐火入れ豫定より遲る長項製錬所
269304	朝鮮朝日	南鮮版	1935-11-28	1	03단	盛大な祝賀會大邱卸商組合の創立十週年
269305	朝鮮朝日	南鮮版	1935-11-28	1	04단	慶南靑訓査閱
269306	朝鮮朝日	南鮮版	1935-11-28	1	04단	山田總長重任か本府と大學の意向對立今後或ひは問題化
269307	朝鮮朝日	南鮮版	1935-11-28	1	05단	各地から(大邱/釜山)
269308	朝鮮朝日	南鮮版	1935-11-28	1	05단	けふの話題
269309	朝鮮朝日	南鮮版	1935-11-28	1	06단	佐川、蔚山間開通祝賀協贊會生る官民約五百名を招待/蔚山上水道同じ日に通水式
269310	朝鮮朝日	南鮮版	1935-11-28	1	06단	現職判事も混る麻雀賭博發覺大邱檢事局で取調べ
269311	朝鮮朝日	南鮮版	1935-11-28	1	06단	熊岡畵伯個展
269312	朝鮮朝日	南鮮版	1935-11-28	1	06단	朝日映畵の夕
269313	朝鮮朝日	南鮮版	1935-11-28	1	07단	二千萬斤突破せん慶南の棉花共販旺盛
269314	朝鮮朝日	南鮮版	1935-11-28	1	07단	窓口サービス週間
269315	朝鮮朝日	南鮮版	1935-11-28	1	08단	荒っぽい釣錢詐欺九圓を強奪

일련번호	판명		간행일	면	단수	기사명
269316	朝鮮朝日	南鮮版	1935-11-28	1	08단	朝鮮氣分は又格別宇垣總督上機嫌で語る
269317	朝鮮朝日	南鮮版	1935-11-28	1	08단	鮮鐵の滿鐵移管無根の虚說總督キッパリ否定
269318	朝鮮朝日	南鮮版	1935-11-28	1	09단	第六回全鮮酒類品評會優等賞受領
269319	朝鮮朝日	南鮮版	1935-11-28	1	10단	京畿道警察部異動
269320	朝鮮朝日	南鮮版	1935-11-28	1	10단	會と催(京城商議工業、交通兩部會/朝鮮信託重役會/龍山工作臨時總會/關口京城專賣支局長送別會/大邱醫專音樂大會)
269321	朝鮮朝日	南鮮版	1935-11-28	1	10단	小川德長氏
269322	朝鮮朝日	南鮮版	1935-11-28	1	10단	雞林かゞみ
269323	朝鮮朝日	西北版	1935-11-29	1	01단	本社慶祝第一電に全鮮歡喜の一色宇垣總督はお慶びの參拜戶每に輝く日章旗/親王樣の御健康神かけて祈念二千萬民衆の祝意代表し宇垣總督謹んで語る/御祝詞御電送李王家から申出でらる
269324	朝鮮朝日	西北版	1935-11-29	1	01단	彼女の人生展望(B)/見合結婚の希望意外！斷然多い夫の月給は百圓が手頃現實を直視する眼
269325	朝鮮朝日	西北版	1935-11-29	1	04단	奉祝訓話京城各初等校で
269326	朝鮮朝日	西北版	1935-11-29	1	04단	國旗揭揚を通牒本府から各官公署へ
269327	朝鮮朝日	西北版	1935-11-29	1	04단	機上撮影の合流地點
269328	朝鮮朝日	西北版	1935-11-29	1	05단	各地の奉祝(平壤/大邱)
269329	朝鮮朝日	西北版	1935-11-29	1	06단	三陟保留炭田電力聯盟が開發穗積殖産局長歸來談
269330	朝鮮朝日	西北版	1935-11-29	1	06단	滿浦線の北進譜梧毛老から終端まで明年度建設をいそぐ
269331	朝鮮朝日	西北版	1935-11-29	1	06단	値下げ交渉に合電の態度如何府會はあくまで擁護
269332	朝鮮朝日	西北版	1935-11-29	1	07단	各地から(平壤/新義州)
269333	朝鮮朝日	西北版	1935-11-29	1	07단	開場は困難鎮南浦取引所
269334	朝鮮朝日	西北版	1935-11-29	1	07단	福島會頭返電
269335	朝鮮朝日	西北版	1935-11-29	1	08단	載寧江上流もやがて改修本間技師談
269336	朝鮮朝日	西北版	1935-11-29	1	08단	郵便行囊竊取の有力な容疑者捕はる
269337	朝鮮朝日	西北版	1935-11-29	1	08단	街の話題
269338	朝鮮朝日	西北版	1935-11-29	1	09단	緬羊七十四頭平北四郡農會へ
269339	朝鮮朝日	西北版	1935-11-29	1	09단	本府の方針道と同一高橋學務課長談
269340	朝鮮朝日	西北版	1935-11-29	1	09단	酒喧嘩で刺殺
269341	朝鮮朝日	西北版	1935-11-29	1	09단	鹽船轉覆
269342	朝鮮朝日	西北版	1935-11-29	1	10단	十月中の航空郵便激增
269343	朝鮮朝日	西北版	1935-11-29	1	10단	スパイ逮捕
269344	朝鮮朝日	西北版	1935-11-29	1	10단	千四百圓持逃げ
269345	朝鮮朝日	西北版	1935-11-29	1	10단	樂浪小話
269346	朝鮮朝日	南鮮版	1935-11-29	1	01단	本社慶祝第一電に全鮮歡喜の一色宇垣總督はお慶びの參拜戶每に輝く日章旗/親王樣の御健康神かけて祈念二千萬民衆の祝意代表し宇垣總督謹んで語る/御祝詞御傳送李王家から申出でらる/伊達府尹奉祝電報

일련번호	판명		간행일	면	단수	기사명
269347	朝鮮朝日	南鮮版	1935-11-29	1	01단	京城府都計委員會
269348	朝鮮朝日	南鮮版	1935-11-29	1	01단	歲末同情週間京城で來月十一日から
269349	朝鮮朝日	南鮮版	1935-11-29	1	01단	洗浦郵便所に電信音響機
269350	朝鮮朝日	南鮮版	1935-11-29	1	02단	ハチ切れる初等校これ以上入れぬ明年度の收容を苦慮/校舍增築にも國庫補助を支給第二擴充計劃に伴ひ
269351	朝鮮朝日	南鮮版	1935-11-29	1	04단	奉祝訓話京城各初等校で
269352	朝鮮朝日	南鮮版	1935-11-29	1	04단	各地の奉祝(平壤/大邱)
269353	朝鮮朝日	南鮮版	1935-11-29	1	04단	事業と役員生れた昭道會
269354	朝鮮朝日	南鮮版	1935-11-29	1	04단	けふの話題
269355	朝鮮朝日	南鮮版	1935-11-29	1	05단	國旗揭揚を通牒本府から各官公署へ
269356	朝鮮朝日	南鮮版	1935-11-29	1	05단	公金橫領發覺か
269357	朝鮮朝日	南鮮版	1935-11-29	1	06단	三陟保留炭田電力聯盟が開發穗積殖産局長歸來談
269358	朝鮮朝日	南鮮版	1935-11-29	1	06단	一日平均百枚叺製造機械の改良完成
269359	朝鮮朝日	南鮮版	1935-11-29	1	06단	朝日映畫の夕
269360	朝鮮朝日	南鮮版	1935-11-29	1	07단	自動車に衝突新聞配達死亡
269361	朝鮮朝日	南鮮版	1935-11-29	1	07단	自殺未遂
269362	朝鮮朝日	南鮮版	1935-11-29	1	07단	加藤主任殺し犯人送局さる
269363	朝鮮朝日	南鮮版	1935-11-29	1	08단	各地から(大邱/大田/釜山/京城)
269364	朝鮮朝日	南鮮版	1935-11-29	1	08단	京仁トラック合同會社創立
269365	朝鮮朝日	南鮮版	1935-11-29	1	08단	原動機規則を改正
269366	朝鮮朝日	南鮮版	1935-11-29	1	08단	教員檢定合格者
269367	朝鮮朝日	南鮮版	1935-11-29	1	08단	雞林かゞみ
269368	朝鮮朝日	南鮮版	1935-11-29	1	09단	京城府民館開館記念の催し
269369	朝鮮朝日	南鮮版	1935-11-29	1	09단	大邱府內から癩患者を一掃
269370	朝鮮朝日	南鮮版	1935-11-29	1	10단	校庭で賭博開帳
269371	朝鮮朝日	南鮮版	1935-11-29	1	10단	自宅に放火し燒死を計る生活難から
269372	朝鮮朝日	南鮮版	1935-11-29	1	10단	公私消息(衛藤鐵道局運轉課長/荻原同庶務課長/持永憲兵隊司令官/野口朝窒社長/佐方東拓理事/佐藤同金融課長/中野通運社長/本田三和銀行京城支店長/高橋日本マグネ副社長/伊藤京城商議理事/福島總督府事務官/福井鳳泉炭鑛專務/門脇大邱府尹/伊藤慶北道警察部長)
269373	朝鮮朝日	南鮮版	1935-11-29	1	10단	會と催(義州鑛山株主總會/西鮮合電株主總會/釜山邦樂協會演奏會/大邱煙草小賣人表彰式/團體明徵講演會)
269374	朝鮮朝日	西北版	1935-11-30	1	01단	御誕生を奉祝し囚人にも赤飯四日の御命名式當日
269375	朝鮮朝日	西北版	1935-11-30	1	01단	新義州の奉祝
269376	朝鮮朝日	西北版	1935-11-30	1	01단	火力發電案繞り府議の意見對立平壤府會に波瀾豫想/合電は引下げの肚
269377	朝鮮朝日	西北版	1935-11-30	1	01단	開場式迫る淸津新京定期飛行の祝福のプラン決定す
269378	朝鮮朝日	西北版	1935-11-30	1	02단	鮮米短期貯藏平南の割當
269379	朝鮮朝日	西北版	1935-11-30	1	03단	强力匪團の歸順式漸次肅正の實

일련번호	판명		간행일	면	단수	기사명
269380	朝鮮朝日	西北版	1935-11-30	1	03단	各地から(平壤/新義州/元山/沙里院)
269381	朝鮮朝日	西北版	1935-11-30	1	04단	大豆增産平北の三年計劃
269382	朝鮮朝日	西北版	1935-11-30	1	04단	平壤稅監局管內酒類生産額
269383	朝鮮朝日	西北版	1935-11-30	1	04단	彼女の人生展望(C)/子供を少く生み全力注いで養育夫婦和合の祕訣色いろ胸に描く生活設計
269384	朝鮮朝日	西北版	1935-11-30	1	05단	回答遷延せば改めて期日指示業を煮やす平南當局
269385	朝鮮朝日	西北版	1935-11-30	1	05단	街の話題
269386	朝鮮朝日	西北版	1935-11-30	1	06단	ガソリンカー十本明春から北鮮に動く
269387	朝鮮朝日	西北版	1935-11-30	1	06단	日糖平壤工場新販路拓く大連から大口注文
269388	朝鮮朝日	西北版	1935-11-30	1	07단	原蠶種製造所落成
269389	朝鮮朝日	西北版	1935-11-30	1	07단	平北郡守異動
269390	朝鮮朝日	西北版	1935-11-30	1	07단	平南の遠洋漁業好成績
269391	朝鮮朝日	西北版	1935-11-30	1	07단	鮮滿交歡放送初日のプロ決定す
269392	朝鮮朝日	西北版	1935-11-30	1	08단	モルヒネ中毒者國境地方へ移動撲滅運動に暗影投ず
269393	朝鮮朝日	西北版	1935-11-30	1	08단	水運利用荷主に特典取消し朝運、貨物爭奪の火蓋
269394	朝鮮朝日	西北版	1935-11-30	1	10단	トラックを賣り飛ばす
269395	朝鮮朝日	西北版	1935-11-30	1	10단	公私消息(山脇金五郎氏(三中井平壤支店長)/八島茂氏(平壤土木出張所長)/見野槌藏氏(平壤遞信分掌局監督課長))
269396	朝鮮朝日	西北版	1935-11-30	1	10단	樂浪小話
269397	朝鮮朝日	南鮮版	1935-11-30	1	01단	御誕生を奉祝し囚人にも赤飯四日の御命名式當日
269398	朝鮮朝日	南鮮版	1935-11-30	1	01단	釜山の奉祝
269399	朝鮮朝日	南鮮版	1935-11-30	1	01단	中小商工業振興が中心伊藤理事談
269400	朝鮮朝日	南鮮版	1935-11-30	1	01단	鐵道局辭令
269401	朝鮮朝日	南鮮版	1935-11-30	1	01단	各地から(大邱/開城/釜山/京城)
269402	朝鮮朝日	南鮮版	1935-11-30	1	02단	トラックから理髮業も經營慶南の産組で目論む
269403	朝鮮朝日	南鮮版	1935-11-30	1	02단	年産百萬圓超す金山が旣に六つ殖える大資本の經營
269404	朝鮮朝日	南鮮版	1935-11-30	1	02단	林野設營の面積を擴張慶南で奬勵
269405	朝鮮朝日	南鮮版	1935-11-30	1	04단	棉作も繭も忠南はホクホク/江原道も豊作
269406	朝鮮朝日	南鮮版	1935-11-30	1	04단	街を彩る歲末色 榮える大衆向釜山カフエ、料理屋は落ち目目立つお手輕時代/例月の三倍京城力む本屋さん正月を招く日記帳
269407	朝鮮朝日	南鮮版	1935-11-30	1	04단	慶北教員異動
269408	朝鮮朝日	南鮮版	1935-11-30	1	04단	朝日映畫の夕
269409	朝鮮朝日	南鮮版	1935-11-30	1	05단	鐘紡から忠南へ種兎を寄贈
269410	朝鮮朝日	南鮮版	1935-11-30	1	05단	結婚披露宴釜山の迫間家
269411	朝鮮朝日	南鮮版	1935-11-30	1	05단	女給風の溺死體
269412	朝鮮朝日	南鮮版	1935-11-30	1	06단	鮮滿交歡放送初日のプロ決定す
269413	朝鮮朝日	南鮮版	1935-11-30	1	06단	けふの話題
269414	朝鮮朝日	南鮮版	1935-11-30	1	06단	明年度の競馬日程

일련번호	판명		간행일	면	단수	기사명
269415	朝鮮朝日	南鮮版	1935-11-30	1	07단	二三割の減少慶南のボーナス
269416	朝鮮朝日	南鮮版	1935-11-30	1	07단	十月中の外國郵便爲替
269417	朝鮮朝日	南鮮版	1935-11-30	1	08단	北支との聯絡鮮鐵側も研究
269418	朝鮮朝日	南鮮版	1935-11-30	1	08단	溫泉騷動
269419	朝鮮朝日	南鮮版	1935-11-30	1	08단	共組積立金を新改築へ運用か本府經費捻出に苦慮
269420	朝鮮朝日	南鮮版	1935-11-30	1	08단	三重衝突
269421	朝鮮朝日	南鮮版	1935-11-30	1	09단	武道教育視祭
269422	朝鮮朝日	南鮮版	1935-11-30	1	09단	鰊、鱈の繁殖三道協議會開く
269423	朝鮮朝日	南鮮版	1935-11-30	1	09단	仲裁役を蹴殺す
269424	朝鮮朝日	南鮮版	1935-11-30	1	09단	鎭海灣鱈放流一月十日實行
269425	朝鮮朝日	南鮮版	1935-11-30	1	10단	間島共産黨公判來月三日に延期
269426	朝鮮朝日	南鮮版	1935-11-30	1	10단	年末年始臨時列車
269427	朝鮮朝日	南鮮版	1935-11-30	1	10단	公私消息(井上遞信局長/土師慶南知事/淺川石川島造船所專務/築島國際運輸專務/野口朝窒社長/木村朝石專務/福田京城覆審法院檢事/本田昇氏(元慶北道善山署長))
269428	朝鮮朝日	南鮮版	1935-11-30	1	10단	會と催(義川鑛山總會/第二回新斗美會/釜山教育會卓球大會/第三回釜山鐵道運輸委員會)
269429	朝鮮朝日	南鮮版	1935-11-30	1	10단	雞林かゞみ

색인

색인

ㄱ								
加納(陸軍少將)	259867							
加納, 加納金三郎大佐(海軍軍監局第三課長)	266726							
街の話題	260745	260766	260960	261011	261042	262238	262307	264125	265843
	266406	266456	266835	268742	268770	268880	268926	268978	269069
	269245	269270	269291	269337	269385				
加藤(東大敎授)	262145	262166							
加藤(東拓社長)	261916								
加藤(釜山憲兵分隊長)	265588								
加藤(仁川荷主代表)	264832								
加藤(前殖銀江景支店長)	261613								
加藤, 加藤敬三郎(鮮銀總裁)	261370	261461	261501	261566	261597	261916	262279	262873	263676
	263693	264502	264647						
加藤, 加藤灌覺(民俗學者, 學務局囑託)	266457	266622							
加藤, 加藤銕治郎(新義州商議會頭)	266907	267009							
可野(樺太廳鑛務課長)	262919								
家屋基本調査	265023								
嘉義丸	263340	263964							
家畜防疫	261269								
角力	260906	266866							
閣議	257233	257242							
角フ協會	261204								
懇談會	258176	258251	259125	259277	259373	259629	259906	261447	261542
	261660	261732	261942	262024	262606	263425	263726	264680	264831
	264869	264905	265026	265173	265185	265360	265493	265955	267003
	267205	269255							
間島	258046	258080	258922	259715	259791	260165	260737	260769	260811
	261969	262123	262550	262610	262631	262653	262669	262686	263529
	265734	266828	266854	269425					
簡保, 簡易保險	258770	259180	260828	261083	261125	261674	261772	261867	262042

	262346	262379	262508	262513	262708	263214	263398	263771	263909
	264073	264218	264788	264936	266336	266922	267960	268174	268317
	268722								
簡保宣傳映畫會, 簡易保險映畫, 簡易保險宣傳映畫	261772	263214	264073	267960					
幹線道路	257889	258086	258096	261146	263655	266270			
肝油	260066	264882	265228	268639					
簡易觀測所	263915								
懇親會	258168	265026	268525	268768					
看護婦	259541	261093	267614	268459					
監督	257543	257573	259103	259141	260526	260651	261461	261587	262086
	262194	262235	262354	262365	262590	262701	262806	262884	263283
	263647	263862	264385	264585	264610	264646	264831	265852	266180
	266230	266973	267961	268132	268226	268753	268775	269209	269395
感冒	260307								
甘庶義邦, 甘蔗義邦(平壤稅務監督局長)	266973	268226	268753						
感染	258788	260042	262218	266900	267606				
甘藷出荷組合	263154								
甲子俱樂部	259890	261711	268525						
甲子園	258238	262154	264325	264347	264370	264383	264533	264565	265033
	265088	265282	265293	265304	265312	265356	265379	265532	265826
	265858	265913	265935	265986					
姜, 姜弼成(全南産業部長, 前咸南道議)	260526	263062	263088						
江界	257814	257822	258383	258582	258627	259508	259999	260937	261278
	261300	261830	262426	263712	264250	264399	264616	265756	267191
	267221	267286	267294						
岡崎, 岡崎哲郎(慶北知事)	260655	260750	260838	267004	267019	268559	269168		
江東	258591	259558	259782	261266	263103	267959			
江頭(京城府水道課長)	259387								
江陵	264844	264865	265694	266715					
岡本三德(覆審法院檢事長)	264184								
岡部, 岡部長景(貴族院議員)	263190								

江上正士(朝鮮總督府文書課囑託)	260026	260130						
江西	259736	260731	263747	266374	268650			
江原	258479	258517	259158	259290	259458	260655	260660	260750	260795
	260838	261051	261564	261651	261774	261998	265144	265159	265339
	265428	265457	265481	265542	265591	265620	266622	266715	267040
	267055	267339	267347	267510	268004	268030	268050	268074	269135
	269405								
江原道會	259290								
岡田(茂山營林署長)	265709								
岡田(日本首相)	264702	264727							
强制收容	263186	263579	263705						
岡村(拓務事務官)	267695								
江坂(海軍燃料廠平壤鑛業部長)	268744								
江戶	267628	267637							
開口(京城專賣支局長)	268907								
開商廉賣會	262836								
開城	257739	257772	258020	258333	258387	258690	258756	258932	258993
	259046	259274	259287	259303	259501	260442	260889	261187	261340
	261433	261555	261621	261675	261676	261878	261987	262322	262530
	263170	263298	263382	263388	263404	263550	263621	263772	263809
	263972	263976	264075	264213	264244	264313	264351	264352	264487
	265040	265355	265467	265626	265647	265715	266018	266077	266261
	266363	266501	266860	266939	266996	267057	267061	267114	267149
	267285	267754	267862	268022	268067	268523	268564	268670	268732
	268894	269141	269269	269401					
開城の釋尊降誕花祭	262322								
開城府	258690	259287	261621	261675	261987	262530	263976	264352	269141
開城府教育會	262530	263976							
開城府議	264352								
開城府會	259287	261675							
開城商工聯合大運動會	262322								
開城神社	258333								
改修工事	257323	258196	259904	260193	263508	266560	266583	268959	
個人所得稅	262745	264873	264889						
改正委員會	261377								

開拓	257225	258243	258286	258313	258475	258503	258706	258782	258811
	258915	259000	260124	263045	263095	266800	269216		
价川線	263968								
開港規則	263629								
開港記念日	261658								
開港記念祭	263244								
更生運動	257399	257418	266723						
更生園	257590	257612	258065	258265	258748	259315	259925	260312	268054
健康相談所	259180	261788	262043						
健康兒, 健康優良兒	260610	260637	261092	261113	261130	261157	262137	262157	263081
	263105	263128	263155	263179	263195	263220	263236	263256	263280
	263307	263335	263779	264059	264078	264349	264372	265229	267763
	267986	268005	269046	269070					
健康朝鮮	260610	260637	262988	263008	264057	264077			
健康增進運動	264944								
健康診斷	263797	264047							
件格夫(慶南土木課長)	267442								
建國祭	258079	258229	258504	258550					
乾畓調査	264021								
乾明(慶南産業課長)	260838								
建議案デー	259938								
建築記念博物館	264531								
建築協會	261557	261578	263086						
劍道	257308	257538	261048	261434	261456	262180	262355	262417	263596
	263791	264169	264303	265103	266145	266228	266356	268108	269095
	269205	269238	269262						
檢病戶口調査	266593								
檢事局	258920	260690	269310						
檢査制度	264882								
檢疫	261093	261121	264808	265853	266362	267231	267249	268251	
繭價協定下打合會	262649								
繭檢定所	266575								
見本市	259725	262711	262749	263517	263692	263791	263804	264344	264430
	265344	265493	265737	266100	266691	266982	267241	267518	
見本展示會	265510	266572							
見野槌藏(平壤遞信分掌局監督課長)	269395								

絹布	261688							
結氷爆破演習	258240							
缺食兒童	257942	259110	262518					
結核	257425	258457	259327	263814	265113	266699	266712	
結核療養所	257425	258457	259327	263814				
結婚	257350	257361	257447	257508	257552	257592	257907	258613	258774
	260367	260378	260388	260488	261450	261855	261868	261876	267153
	267418	268630	268709	268752	268898	269324	269410		
警官講習所	259937	264225	267107					
警官狙擊事件	262981							
警官村	260702							
京畿	257251	257486	257615	257668	257890	258028	258124	258561	258614
	258772	258852	258864	258891	258944	258964	259120	259268	259380
	259388	259519	259754	259881	260183	260326	260380	260382	260423
	260482	260525	260614	260738	260795	260838	260865	260881	260915
	260941	261434	261456	261457	261508	261656	261667	261893	261916
	261969	262018	262065	262069	262113	262210	262274	262279	262290
	262324	262420	262446	262477	262501	262513	262569	262595	262629
	262679	262699	262707	262735	262739	262764	262879	262919	263184
	263218	263263	263419	263462	263477	263885	263953	264053	264168
	264230	264281	264415	264557	264686	264738	264944	264988	265134
	265138	265732	265895	265945	265956	266183	266368	266508	266561
	266615	266638	266680	266684	266703	266715	266863	266888	266905
	266906	266946	267119	267300	267339	267347	267430	267446	267458
	267470	267856	268255	268447	268582	268626	268832	268834	268907
	269278	269319							
京畿警察部, 京畿道警察部, 京畿道警察署	258964	262324	262679	262764	263953	264053	268447	268626	269319
景氣上向	264818							
京畿徵兵檢査	264168							
慶南, 慶尙南道	257282	257426	257429	257430	257572	257625	257659	257748	257842
	257843	257983	257995	258023	258096	258132	258133	258194	258245
	258295	258345	258406	258550	258639	258641	258649	258653	258767
	258777	258808	258816	258861	258961	258963	259217	259267	259323
	259338	259382	259434	259475	259483	259575	259849	259852	259884
	259938	259978	260193	260234	260329	260380	260408	260475	260578
	260641	260655	260712	260738	260795	260825	260837	260838	260878
	260879	260881	260988	261093	261140	261143	261202	261307	261315
	261447	261493	261607	261654	261659	261768	261811	261816	261965
	262065	262161	262162	262164	262340	262399	262405	262456	262551
	262679	262879	262910	263004	263083	263131	263132	263357	263373
	263517	263534	263624	263625	263682	263780	263834	263846	264046
	264048	264113	264226	264229	264237	264336	264406	264456	264543
	264556	264676	264940	265011	265020	265056	265090	265192	265204

	265294	265300	265432	265445	265504	265538	265542	265672	265697
	265699	265856	265910	265951	266093	266096	266272	266314	266318
	266364	266498	266505	266588	266593	266664	266720	266723	266725
	266781	266814	266849	266866	266873	266888	267025	267057	267081
	267119	267143	267144	267152	267176	267207	267279	267339	267347
	267358	267370	267380	267396	267441	267442	267718	267724	267732
	267742	267760	267784	267818	267849	268013	268092	268149	268279
	268285	268339	268392	268394	268395	268403	268442	268444	268507
	268568	268611	268678	268729	268796	268834	268850	268937	268941
	269079	269084	269166	269169	269258	269265	269305	269313	269402
	269404	269415	269427						
慶南警察部, 慶南道警察部	257748	258245	258649	260193	260825	260878	261447	262162	262679
	262879	264229	265090	265192	265204	265300	265432	267025	267176
	268149	269079							
慶南金組	263534								
慶南農會	259434								
慶南道教育會	267724								
慶南道女子棉作練習所	260578								
慶南道體育協會, 慶南體育協會	260380	260837	260879						
慶南北	258641	259884	261202	264046	264336				
慶南産組協會	262456								
慶南水産會	264226	265056							
慶南巡査教習所	264556								
慶南漁組	262161								
慶南聯合會	264406								
慶南衛生課	261654								
京南鐵道	257587	257750	258252	259067	261770				
慶南靑年團	266664								
慶南後援會	257625								
京都	268200								
京圖線	260961	263701	265883	266192	266248	266520			
京東鐵道	265854								
敬老會	258387	261824	262016	262449	267218	267385	268564	268626	
競馬	259932	260280	261074	261144	261237	261267	261297	261414	261448
	261545	261679	262004	262278	262956	263839	266074	266323	266921
	266944	266970	267865	268091	268460	269227	269414		
警務局	257568	258143	258311	258505	259230	259339	259388	259557	259723
	259806	260881	261939	262279	262354	262517	262648	263676	263693
	264602	264743	264832	264989	265033	265284	265295	265491	265628
	265668	265960	266230	266643	266646	266675	267250	267303	268183
	268730	269233							

景福宮	261030							
京釜	260185	261458	264219	264279	264641	264980	266301	
京釜線	260185	261458	264279	264641	264980			
慶北警察	257796	258574	262164	267581				
慶北救濟會	262404							
慶北國防義會	261205							
慶北國勢調查事務打合會	263263							
慶北道農民デー	263740							
慶北道主催露林視察團	260193							
慶北線不正事件	258815							
慶北水産振興共進會	267548							
慶北初等學校	259529							
警備飛行士	263498							

京商	263177	265049	265246	265264	265287	265298	265304	265310	265312
	265318	265356	265379	265535	265555	265572	265594	265612	265633
	265658	265726	265743	267661	269055				

慶尙北道, 慶北	257428	257702	257722	257796	257834	257835	257894	257977	258087
	258089	258091	258181	258416	258560	258574	258648	258730	258738
	258813	258815	258896	258994	259068	259210	259263	259270	259339
	259380	259442	259529	259538	259761	259843	259895	259980	260099
	260188	260193	260323	260339	260578	260655	260750	260838	260984
	261201	261205	261305	261613	261659	261893	262069	262120	262164
	262281	262355	262404	262595	262732	262764	262780	262828	262879
	263095	263148	263149	263218	263263	263269	263472	263507	263740
	264229	264700	264729	264861	265148	265163	265581	265910	266183
	266184	266409	266444	266449	266537	266928	267057	267339	267347
	267485	267548	267581	267650	267664	267684	267700	267811	267977
	268149	268229	268328	268346	268406	268525	268778	268857	269093
	269127	269213	269372	269407	269427				

京城	257239	257240	257248	257285	257291	257331	257342	257375	257382
	257389	257395	257465	257475	257479	257485	257514	257620	257640
	257661	257714	257721	257735	257752	257753	257757	257808	257832
	257884	257885	257900	257931	257935	257941	257949	257977	257988
	258025	258026	258031	258041	258045	258065	258077	258084	258086
	258093	258094	258130	258141	258145	258202	258207	258251	258281
	258284	258307	258400	258405	258407	258408	258412	258463	258499
	258504	258550	258577	258596	258613	258615	258651	258693	258695
	258700	258703	258752	258772	258774	258776	258814	258821	258825
	258852	258891	258902	258907	258909	258912	258951	258953	258962
	258963	258998	258999	259011	259056	259104	259116	259117	259119
	259125	259161	259219	259221	259225	259264	259326	259332	259333

259364	259368	259372	259378	259387	259428	259438	259490	259521
259530	259531	259543	259594	259648	259659	259662	259693	259695
259712	259714	259746	259762	259800	259806	259841	259842	259844
259850	259882	259888	259899	259928	259931	259935	259937	259942
259969	259983	260010	260014	260043	260050	260054	260083	260093
260097	260100	260108	260128	260129	260137	260144	260170	260193
260194	260204	260224	260233	260240	260241	260273	260281	260291
260317	260327	260407	260410	260427	260461	260464	260471	260482
260484	260513	260518	260520	260525	260625	260633	260634	260658
260664	260668	260696	260720	260734	260740	260743	260746	260758
260774	260826	260838	260872	260873	260874	260878	260881	260920
260937	260978	260982	260994	261033	261047	261051	261084	261093
261098	261140	261144	261153	261173	261189	261206	261209	261211
261237	261258	261260	261267	261269	261271	261297	261306	261310
261315	261321	261350	261369	261400	261414	261418	261421	261447
261448	261450	261461	261489	261545	261553	261560	261565	261592
261596	261600	261602	261603	261604	261607	261610	261613	261617
261648	261656	261657	261667	261699	261703	261705	261711	261727
261728	261735	261760	261770	261772	261787	261813	261818	261819
261826	261850	261859	261861	261904	261916	261954	261959	261964
261968	261969	262001	262004	262018	262050	262053	262057	262063
262065	262069	262107	262148	262155	262162	262185	262193	262197
262220	262262	262264	262279	262289	262316	262329	262331	262344
262354	262355	262411	262420	262457	262463	262504	262505	262513
262564	262568	262569	262600	262611	262633	262636	262644	262678
262680	262697	262705	262716	262720	262730	262731	262774	262828
262870	262879	262880	262894	262903	262911	262919	262942	262952
262962	262966	263002	263003	263005	263032	263037	263040	263086
263087	263095	263099	263101	263126	263143	263177	263182	263188
263190	263211	263221	263224	263230	263233	263263	263311	263313
263314	263315	263326	263365	263409	263418	263419	263420	263426
263472	263475	263477	263514	263516	263526	263531	263532	263570
263576	263601	263639	263646	263677	263686	263691	263692	263693
263694	263729	263736	263783	263784	263791	263792	263794	263832
263841	263856	263879	263886	263893	263895	263896	263930	263934
263946	263947	263951	263952	263989	264003	264005	264008	264044
264047	264053	264055	264064	264081	264127	264134	264163	264170
264173	264184	264216	264220	264225	264274	264295	264296	264301
264325	264327	264329	264333	264344	264345	264347	264370	264372
264378	264383	264405	264408	264411	264415	264417	264427	264442
264450	264452	264460	264464	264496	264505	264536	264538	264539
264542	264555	264556	264557	264561	264582	264583	264596	264597
264632	264639	264644	264673	264679	264691	264738	264739	264774
264784	264821	264827	264831	264837	264864	264869	264896	264903
264905	264948	264970	264973	264988	265007	265019	265024	265025
265026	265027	265049	265050	265061	265065	265085	265089	265094
265095	265097	265103	265104	265108	265128	265134	265138	265144

265159	265214	265231	265241	265251	265268	265269	265279	265301
265307	265315	265338	265340	265384	265391	265398	265426	265450
265453	265491	265498	265503	265537	265544	265548	265550	265561
265578	265582	265586	265599	265621	265627	265654	265661	265662
265666	265671	265694	265695	265708	265721	265730	265737	265776
265778	265806	265823	265851	265857	265858	265871	265900	265904
265905	265907	265910	265937	265944	265954	265955	265956	265988
265991	265993	266005	266006	266008	266010	266046	266084	266102
266103	266134	266144	266145	266185	266222	266229	266230	266261
266262	266264	266270	266271	266273	266317	266325	266352	266356
266358	266412	266443	266450	266461	266495	266501	266546	266580
266594	266599	266600	266605	266622	266627	266640	266641	266653
266668	266685	266702	266704	266713	266717	266722	266726	266754
266762	266767	266771	266774	266777	266780	266810	266817	266823
266860	266888	266906	266921	266930	266938	266944	266970	266973
266976	266981	266982	266996	267034	267061	267063	267065	267078
267107	267114	267122	267137	267149	267155	267156	267160	267162
267171	267194	267198	267206	267209	267215	267233	267234	267236
267239	267251	267270	267280	267281	267285	267305	267307	267308
267319	267321	267324	267330	267339	267347	267349	267354	267375
267380	267396	267405	267429	267441	267444	267457	267465	267486
267488	267494	267498	267522	267539	267543	267550	267606	267609
267651	267655	267656	267660	267661	267694	267695	267736	267748
267750	267761	267775	267797	267808	267814	267821	267822	267868
267872	267888	267930	267934	267938	267963	267968	267970	268003
268009	268022	268023	268067	268069	268089	268111	268167	268182
268183	268200	268204	268215	268231	268232	268233	268234	268238
268254	268255	268296	268298	268333	268335	268344	268381	268385
268391	268397	268400	268445	268447	268454	268503	268510	268525
268530	268564	268566	268573	268582	268610	268616	268620	268626
268666	268670	268679	268720	268732	268785	268786	268788	268789
268806	268838	268844	268854	268857	268858	268891	268894	268906
268907	268939	268947	268954	268955	268956	269005	269035	269055
269085	269087	269095	269123	269134	269140	269141	269171	269175
269209	269214	269219	269233	269234	269253	269269	269280	269299
269300	269302	269320	269325	269347	269348	269351	269363	269368
269372	269401	269406	269427					

京城健兒團	260872	264869	268626
京城見本市	265737	266982	
京城公立職業學校	267968		
京城公普校	258031		
京城工業	264325	264347	265007
京城公益質屋	262344	264738	
京城工場	265027	265095	
京城俱樂部	262148	262185	

京城南部幹線道路	258086							
京城の白米値下げ	261206	267543	267934					
京城道路施設統制委員會	265955							
京城東部教化委員會	261269							
京城無電局	257514							
京城紡績	260978							
京城防護聯盟	259368							
京城法學專門校	266605	266627						
京城府	257884	257977	258026	258041	258130	258251	258281	258284	258408
	258772	258953	259264	259387	259882	259928	259935	259969	260010
	260014	260050	260097	260410	260520	260634	260878	260982	261084
	261093	261448	261489	261610	261727	263005	263182	263419	263576
	263791	263792	263841	263886	263893	263930	264415	264831	264905
	264988	265019	265026	265138	265251	265269	265340	265586	265871
	266005	266222	266271	266546	266594	266713	267198	267209	267236
	267239	267281	267307	267319	267606	267609	267655	267661	267695
	267750	268183	268296	268510	268620	268788	268854	268891	268906
	269095	269234	269347	269368					
京城府公立初等學校	263419							
京城府民館	264831	269368						
京城府議	258130	260520	261448	261489	263792	263841	263886	263893	265026
京城佛教倶樂部	261093							
京城不動産	262065	262879	262962					
京城飛行場	260224	260872						
京城事件	263086							
京城師範	262279	263532	264325	265007	268956			
京城社會館	260281							
京城商工會議所, 京城商議	257661	257900	259662	260482	260525	260878	261093	261209	261211
	261269	261315	261369	261421	261461	261969	262220	262289	262513
	263095	263190	263692	263794	264225	264344	264496	264831	265026
	265103	265708	265907	266102	266134	266443	266771	267465	267539
	267694	267821	268089	268167	268204	268232	268233	268234	268381
	268503	268525	268785	268907	268954	269141	269320	269372	
京城商業	264370	264383	265050					
京城商議工業	269141	269320						
京城線	264081							
京城消防署	258951	262018	263947	264411	266762	266767	268344	

京城神宮	267736	267748						
京城神社	260193	267775	267963	268445	269095			
京城驛	258821	260170	260696	261450	263143	263639	264869	265988	267065
	267078	267162	267171	267194	267206	267215	267233	267349	267550
京城郵便局	260291	266640						
京城醫專	263365	268238	269209	269300				
京城電氣, 京電	257587	258550	258651	258772	259216	259386	261603	261877	261957
	261969	262517	262678	262680	263310	263472	263531	264294	264599
	265278	265423	265435	265453	265673	265898	266145	266457	266640
	267280	267380	267396	267629	267931	268023	268183		
京城專門學校	263419							
京城電話局, 京城中央電話局, 中央電話局	257475	258084	264452	267298				
京城第二高女	264134							
京城第一高普	261916	267429	267488					
京城朝鮮人辯護士會	260878							
京城組合銀行	263326	264536						
京城中央高普	259116							
京城中學	261448	261916	264405	264427	265050			
京城地方法院	260108	260240	268022					
京城質屋	265666							
京城淸雲公普	268626							
京城春競馬	261144	261448						
京城測候所	264827	265024	265214					
京城土木談合事件	257285	258405						
京城通信局	258703	265307	265315	267444	267797	267814	268254	268298	268397
	268806	269055	269233					
京城風政計劃委員會	264905							
京城刑務所	257757	265231	265241					
京城訓練院	261850							
警視廳	257936	262324						
慶源	258745	262252	266203	267665	267796	268879		
慶源署	268879							
京元線	267936							
京義	260258	260893	262039	262275	264872	265144	265159	265321	265406
	265794	266193						
京義線	260893	265144	265159	265321	265406	265794	266193	

京仁	257712	259472	260048	262673	265703	266005	266050	266734	269082
	269364								
慶全線	263468								
經濟	258180	258553	258614	258783	258991	258995	259072	259074	259269
	259345	259530	259794	259971	260056	260083	260261	260303	260917
	261410	261468	261539	262342	262348	262388	265365	265639	266040
	266059	267349	267615	267787	267882	268075	268436	269141	
經濟視察	258783	259971	267882	268436					
經濟調査	265365	265639	267615	268075					
慶州	257579	257902	259319	259533	260786	261097	261663	261817	262265
	262768	266589	267056	267191	267204				
慶州共産黨	261097								
慶州赤色事件	261663								
警察	257402	257477	257480	257618	257625	257748	257796	257841	257848
	257849	257862	257891	257936	258010	258021	258024	258097	258120
	258160	258239	258245	258325	258430	258464	258497	258561	258564
	258574	258616	258631	258649	258652	258760	258779	258798	258852
	258869	258942	258964	259023	259093	259113	259139	259192	259196
	259201	259227	259253	259339	259360	259387	259422	259441	259464
	259483	259507	259644	259674	259811	259852	260031	260100	260112
	260170	260193	260215	260318	260352	260386	260503	260526	260649
	260702	260825	260867	260878	260887	260915	260937	260944	261022
	261115	261129	261183	261269	261427	261447	261449	261467	261478
	261497	261518	261541	261569	261598	261682	261730	261738	261757
	261847	261873	261998	262069	262124	262126	262162	262164	262205
	262241	262324	262378	262387	262399	262433	262513	262608	262629
	262679	262764	262783	262797	262812	262822	262879	262889	262932
	262974	263071	263110	263149	263317	263419	263534	263538	263715
	263733	263797	263865	263889	263898	263953	264045	264053	264142
	264193	264229	264277	264290	264440	264588	264666	264732	264879
	264891	265060	265070	265090	265192	265204	265214	265300	265320
	265432	265451	265910	265943	265960	265985	266001	266103	266401
	266417	266564	266797	266858	266861	267025	267160	267176	267581
	267657	267768	267807	267965	268149	268239	268255	268296	268447
	268592	268609	268626	268730	268754	268950	268959	269022	269079
	269249	269256	269319	269372					
警察官	257477	257618	257625	258464	258616	258652	258852	258869	259093
	259196	259201	259227	259253	259360	259483	259507	259644	259674
	259852	260386	260702	260867	260887	260915	260944	261115	261269
	261682	261730	261738	261757	262124	262205	262241	262797	262812
	262932	263071	263419	263715	263797	264290	265060	265451	265985
	266858	267807	268730	268950	269022	269256			
警察官講習所	261269	265451							
警察機	259113	259139	259507	260112	262433	265320	267768	268959	
警察部	257402	257748	257796	257841	257862	257891	257936	258010	258021

258024	258120	258245	258497	258564	258574	258649	258798	258964
259023	259192	259339	259464	259507	260100	260170	260193	260526
260825	260878	261115	261427	261447	261449	261467	261497	261518
261541	261569	261598	262069	262162	262164	262324	262679	262764
262822	262879	263149	263953	264053	264193	264229	264277	264588
264879	264891	265070	265090	265192	265204	265214	265300	265432
265910	266401	266417	266797	266861	267025	267176	267581	268149
268239	268447	268592	268626	268754	269079	269319	269372	

警察署

257480	258160	258631	258760	259387	260649	260937	261022	261998
262126	262378	262513	262679	262783	262889	262974	263110	263534
263538	263865	263889	263898	264142	264440	265943	267160	268296

警察協會

259483	259507	260867	260887	262399	266564

警察後援會

258430	260215

輕鐵

257727	258591	259782

京春鐵道

268010	268061	268724

輕便鐵道

259315	264748

鷄林

257223	257254	257293	257344	257397	257441	257489	257537	257588
257632	257764	257806	257857	258002	258047	258098	258144	258209
258253	258472	258530	258575	258618	258663	258704	258742	258781
258826	258866	258913	258965	259015	259071	259126	259182	259232
259282	259341	259390	259496	259546	259597	259661	259717	259764
259809	259859	259903	259945	259985	260029	260063	260102	260145
260196	260247	260294	260340	260384	260436	260485	260534	260581
260636	260675	260753	260797	260840	260885	260939	260996	261155
261213	261273	261324	261422	261464	261515	261616	261670	261776
261798	261865	261917	261971	262023	262072	262222	262291	262323
262357	262718	262784	262965	263007	263053	263377	263428	263480
263536	263600	263649	263796	263857	265354	265402	265455	265507
265552	265590	265740	265779	265824	265873	265909	265958	

鷄林かゞみ, 雞林かゞみ

257223	257254	257293	257344	257397	257441	257489	257537	257588
257632	257764	257806	257857	258002	258047	258098	258144	258209
258253	258472	258530	258575	258618	258663	258704	258742	258781
258826	258866	258913	258965	259015	259071	259126	259182	259232
259282	259341	259390	259496	259546	259597	259661	259717	259764
259809	259859	259903	259945	259985	260029	260063	260102	260145
260196	260247	260294	260340	260384	260436	260485	260534	260581
260636	260675	260753	260797	260840	260885	260939	260996	261155
261213	261273	261324	261422	261464	261515	261616	261670	261776
261865	261917	261971	262023	262072	262222	262291	262323	262357
262422	262466	262521	262572	262646	262718	262784	262965	263007
263053	263377	263428	263480	263536	263600	263649	263796	263857
263955	264009	264185	264236	264298	264423	264559	264604	264649
264698	264745	264794	264909	264951	264991	265281	265354	265402
265455	265507	265552	265590	265740	265779	265824	265873	265909
265958	266148	266234	266276	266324	266372	266414	266602	266678
266727	266786	266872	266998	267024	267084	267161	267244	268071

	268350	268468	268686	268746	268807	268859	268909	268957	269096
	269235	269279	269322	269367	269429				
季節託兒所	263975								
古谷(大邱取引所理事長)	262279								
高橋(東拓總裁)	266995								
高橋(三井物産京城支店長)	259543	262018							
高橋(陸軍省築城本部長)	258208								
高橋(利原鐵山專務)	268583								
高橋(藏相,日本銀行總裁)	265335								
高橋(拓務省事務官)	264647								
高橋(七十六聯隊長)	265361	265684							
高橋(平南學務課長)	266015	266076	266837	269339					
高橋, 高橋敏(平壤府尹)	257203	257415	257440	257830	259686	267191	267204	259286	259812
	259906								
高橋, 高橋壽三(平壤稅務監署會計課長)	268226	268356	268651	268753					
高橋, 高橋英夫(平南道學務課長)	266076	266015	266837	269339					
高橋龜吉(經濟評論家)	259074								
高橋信一(木浦新商工議員)	266590								
高橋貞夫(中將)	269036	269093							
高句麗	257825	258424	260843	265521	266793				
高等法院	264281								
高等普通學校, 高普	257711	257799	258063	258604	258677	259016	259030	259116	259224
	259551	259590	259688	259828	260059	260085	260292	260361	260377
	260835	260908	261457	261607	261641	261771	261787	261819	261886
	261916	261996	262108	262128	262279	262659	263230	263372	263532
	263617	263816	264032	264096	264362	264373	264383	264391	264417
	264533	264565	264585	264610	264630	264656	264673	264730	264749
	264776	264797	264819	264835	264855	264874	264934	264954	264971
	264992	264993	265007	265050	265425	265708	266064	266348	266818

	267093	267429	267488	267536	267609	267737	267749	268120	268131
	268199	268200	268594	268884	269103				
高麗	258975	260844							
高靈	260987	262216	263583	268778	269091				
高齡者	258387	258892	259047	259208	259241	259571	260014	260585	260592
	263633								
高瀬船, 高瀬舟	261436	261833	262882	263028	263066	264028	265477	265842	266028
	267077	267621	267893						
高木靜太(慶北道善山署長)	268149								
高尾(慶北警察部長)	258574								
高尾(新京駐在總督府事務官)	259339								
古墳	257304	262840	263451	265521	266030	266793	267555	267943	268541
高山(東拓總裁)	263099	263411	263577	263687	263791	263952	264055	266545	267303
	267412								
高山(拓務省拓務局長)	266545								
高山公園	264560	264846	265961						
高山博士(城大總長)	268168	268674	268776						
高松(遞信局海軍課長)	263005								
高松宮殿下	264035								
古蹟	257905	258710	264116	264207	265383	265581	265584	266335	266468
	266622	266641	266728	266795	267154	268027	268059		
古蹟愛護デー, 古蹟愛護日	266335	266622	266795						
高田せい子	265737								
高地, 高地少佐(朝鮮憲兵隊司令部員)	260526	269210							
古川, 古川兼秀(平北警察部長)	264879	264891	266417	266797					
古賀(前大田鐵道事務所長)	265709								
谷(前黃海道高等課長)	265123	265139							
谷(駐滿大使館附參事官)	265279								

谷, 谷多喜磨 (朝鮮信託社長)	257488	257950						
穀檢支所	260239	261388						
穀物協會	263789	265709	266569	269234				
穀聯	262289	265392	266008	268562	268590			
攻擊演習	257230							
空の港	264214							
公立高普	259016							
公立商業校	266625	266654						
攻防演習	257296	257762						
公私消息	261243	261271	261315	261370	261421	261461	261487	261560	261587
	261613	261667	261728	261735	261770	261811	261891	261916	261969
	262018	262069	262120	262164	262192	262220	262228	262279	262354
	262417	262463	262496	262517	262569	262590	262605	262648	262680
	262716	262721	262787	262793	262828	262880	262919	263005	263058
	263099	263108	263149	263190	263233	263265	263283	263325	263426
	263454	263478	263532	263545	263597	263622	263676	263693	263719
	263738	263791	263862	263896	263952	264011	264034	264055	264076
	264085	264159	264184	264229	264268	264295	264345	264408	264428
	264464	264488	264502	264557	264602	264647	264700	264743	264832
	264870	264907	264989	265027	265043	265062	265083	265104	265123
	265139	265143	265158	265192	265204	265214	265279	265300	265398
	265453	265480	265487	265588	265597	265628	265671	265709	265738
	265845	265870	265910	265956	266008	266076	266103	266145	266180
	266210	266230	266241	266274	266334	266356	266393	266412	266457
	266514	266529	266545	266558	266587	266619	266640	266658	266681
	266702	266726	266780	266808	266828	266854	266870	266904	266927
	266951	266973	266995	267014	267034	267063	267081	267107	267120
	267125	267160	267180	267193	267250	267303	267330	267346	267393
	267412	267442	267449	267482	267498	267522	267585	267614	267651
	267681	267695	267725	267731	267745	267762	267787	267812	267846
	267855	267898	267938	267961	267977	268023	268041	268101	268132
	268149	268183	268207	268226	268254	268262	268298	268348	268356
	268397	268436	268466	268498	268524	268533	268583	268592	268630
	268687	268693	268744	268753	268806	268858	268882	268907	268954
	268980	269036	269055	269093	269119	269142	269233	269372	269395
	269427								
共産黨	257894	261097	261142	262779	266196	266217	269425	
共産主義	262123							
公森太郎(元朝 鮮銀行副総裁)	267681							
公設市場	257987	258139	258872	260226	260552	261961		
工業展覽會	267661							
工業組合令	258644	260142						

工業協會	258506	259180	259856	263534	263898	264053	264294	264778	
工藝指導所	260194	269168							
共濟組合	257477	258852	259644	259674	260702	262205	262241	264746	264771
公州	262768	263984	265492	266094	266903	268797			
公州署	266094								
公州地方法院	263984	265492							
公會堂	257461	257819	257958	258007	258078	258154	259504	259864	261139
	261816	263567	263607	263679	265072	265520	265565	266240	266419
	266572	267380	267396	267532	267670				
寡婦收容所	262992								
椰墳	258316	258839	261737	261832	263247	264202	264517	266687	266877
	267345	267915	269104						
觀光	257735	257753	257829	257905	257957	258135	258541	258731	259456
	259826	259968	260128	260157	260198	260341	260633	260843	260845
	260881	261084	261176	261376	261994	262053	262162	262279	262417
	263397	263456	264454	265341	265630	266291	266647	266693	266838
	267331	267335	268371	268624	268954	269055			
觀光客	257735	257753	257829	258541	260157	260843	261084	261376	263397
觀光協會	257905	257957	258731	259826	261994	262053	262162	263456	265341
	266291	266838	269055						
關東局	257422	257896	267120						
關東軍	257808	257832	260194	260240	261587	265214	265519	265588	265910
	266386	266402	268397						
管理局	257593	258257	258312	258691	262130	263806	266927	266999	267016
	268105								
觀兵式	257210	257214	257258	257286	257322	257357	260539	261191	261247
	261642	261730	261755	261816	261826	262635	262950	267663	267683
關釜聯絡船	266176	266304							
關稅	258536	259077	259354	260300	263766	264310			
關水武(前慶南道知事)	260795	260881							
關野博士	265463	267018	268649	269074					
管原喜祿(朝鮮總督府理事官)	264055								
菅村(大藏省主計局事務官)	261770	261916	262192						
觀測所	258340	259632	260730	263915	265144	265159	265254	266614	266628
廣告	257778	257916	258402	261563	263073	263096			
廣梁灣	263055	264748							
鑛山	258272	258473	258920	259103	259111	259123	259141	259143	259196
	259651	260477	260987	260994	261100	261105	261134	261211	261250
	261292	261370	261392	261461	261790	261993	262070	262086	262164

	262182	262216	262257	262293	262365	262439	262468	262570	262806
	262880	264385	264712	265103	265456	266063	268320	268346	268873
	269024	269373	269428						
鑛産額	262468	263246	266571	269010					
鑛山鐵道	265456								
鑛床	257345	257469							
光成高普	264533	264565	267093						
鑛業	257786	258772	259375	259782	260054	260057	260219	260259	260853
	260902	261000	261728	262000	262120	262683	262829	263319	265103
	265139	266650	266673	266735	267585	267695	268380	268744	268771
	268802	268960	269055	269119					
鑛業開發會社	263319								
光永星郎(日本電報通信社創業者)	268023								
光州	257433	257619	258311	258608	258810	259010	259648	260012	260099
	260132	260330	260515	260523	260924	261027	261139	261447	262043
	263307	263335	264007	264127	264216	264333	264739	264821	264855
	264874	264890	264912	264978	265050	265092	265134	265453	265534
	265571	265730	266027	266180	266412	266776	266860	266938	267139
	267204	267375	267376	267520	267585	267658	267872	267971	268408
	268465	268737	268895	269034	269083				
光州高普	264855	264874	265050						
光州農學校	264007								
光州小學校	263307	263335							
光州中學	264890	264912	265050						
光州通信所	257433	258311	266412						
光州學組	260515								
光州刑務所	260523								
光化門	265904	267158	267851	268401					
光熙門	261653								
教導學校	269101	269137							
蕎麥	258593	258678	265571						
蕎麥屋騷動	258593								
教員講習會	264869	265011	265722	266102					
教員赤化事件	265700	266631	268094						
教育	257276	257443	257887	257989	258127	258230	258251	258267	258380
	258510	258626	258639	258655	258701	258772	259085	259094	259119
	259162	259198	259376	259494	259501	259799	259821	259905	260099
	260199	260537	260574	260600	260602	260721	261003	261093	261145
	261824	262030	262124	262230	262420	262527	262530	262536	262715
	262871	263181	263253	263262	263477	263484	263532	263597	263622
	263843	263929	263956	263976	264295	264575	264832	264870	264905
	264952	265116	265138	265188	265586	266561	266781	266828	266854

	266956	267053	267685	267724	267906	268045	268279	268507	268599
	268689	269421	269428						
教育令の改正	260574	260602							
教育費	258639	258772	259094	259198	261003	262230	263956	266956	268045
交通	257236	257347	257544	257759	257765	257871	258651	258735	258790
	258891	260482	260503	260866	261052	261201	261461	261587	261671
	261813	261890	262113	262337	262395	262420	262804	262841	262885
	263140	263405	264187	264496	264831	264958	265134	265321	265491
	265789	266086	266088	266310	266762	266814	266946	266999	267016
	267349	267376	268399	268583	268614	268676	268693	268744	269320
交通杜絶	257236	257871	261201	261890	264958	265134	265321	266814	
交通部	260482	264496	264831	268583	268693	268744			
交通安全デー	262113	262337	262804						
交通訓練	265491	266310							
教化	257264	259818	260880	261269	261366	262513	262567	263409	263534
	263625	264151	264183	264406	264628	264905	265462	265966	266337
	266660	267407	267428	267441	267661	268467	268917		
教化團體	260880	263625	264406	265462	265966	266337	266660	267407	267428
	268917								
橋詰(京城郵便局通常郵便課長)	266640								
久留米	257457	257762	257975	258191	260523				
久留米戰車隊	257762	257975	258191						
歐米	257262	261922	261948						
救世軍	258610	264053							
具益均	263819								
舊正	257717	258407	258604						
救濟計劃	261062								
救濟事業	257995	261895	261924	264269					
九州	257659	258032	258218	258237	258261	258274	258292	258309	258625
	258647	258699	261185	261969	262545	263951	263952	264139	264162
	265024	266825	267380	267396					
歐洲	258914	259285	260560	260582	260831	260940	262130	262168	262883
	266425	266869							
歐洲大戰	260560	260582	260831						
驅逐隊	259645	262227	262341	262554	262639				
驅逐艦	262151								
狗峴嶺	260022	260639	260677	260717	260755	260804	263798	264710	265959
	267305	268410							
國家	260035	261452	263118	266277	266300	269196			
國家總動員	261452	266277	266300						
國境	257444	257470	257565	257567	257664	257761	257808	257832	257897

	258006	258007	258078	258376	258384	258470	258585	258621	258874
	258887	259113	259139	259201	259227	259253	259265	259300	259328
	259344	259360	259402	259447	259505	259583	259611	259725	259770
	259816	259845	259855	259863	259907	259948	259988	260031	260034
	260037	260067	260105	260112	260223	260251	260489	260639	260641
	260754	260762	260943	261052	261682	261972	262852	263286	263490
	263766	264448	264666	264880	264921	265060	265365	265458	265684
	266158	266289	266417	266558	266568	266629	266642	266661	266791
	266797	266824	266841	266873	266909	266929	266932	266968	267005
	267023	267224	267286	267294	267414	267615	267882	267887	267923
	267942	267982	268075	268309	268413	268422	268436	268491	268636
	268655	268913	269052	269107	269392				
國境警官	259845	266289							
國境警備	257444	257470	257565	257567	257664	257897	258007	258078	259265
	259300	259328	259344	259505	259583	259611	260762	260943	261682
	264448	264666	266158	266417	266568	266629	266873	266932	267224
	268309	268413	268655	268913	269052	269107			
國境警察	259201	259227	259253	259360	265060				
國境守備	258384	266558	268422						
國境特別警備	266797								
國庫	258878	261294	263193	264270	264868	266064	266364	266585	266790
	267052	267243	267473	267489	268765	268858	269350		
國庫補助	258878	261294	263193	264270	264868	266064	266364	266585	266790
	267243	267473	267489	268765	269350				
國旗	258490	258693	261478	262191	264350	264770	265742	265758	266109
	266840	267361	269326	269355					
國旗揭揚	258490	262191	264350	266109	267361	269326	269355		
國旗揭揚の獎勵	258490								
國立公園	259989	262538							
菊名仙吉(平壤 繁榮會長)	259398								
國防	257280	257335	257337	257410	257599	257690	257931	257985	258053
	258125	258738	258952	259054	259279	259469	259497	259502	260011
	260373	260524	260556	260851	261205	261300	261595	261596	261678
	261700	261758	261791	261850	261882	261978	262102	262198	262615
	262679	262754	262962	262995	263240	263356	263375	263922	264114
	265937	266005	266420	266817	268018	268182	268203	268296	268445
	268453	268488	268617						
國防機獻金	262615								
國防婦人聯合, 國防婦人會	258053	261596	265937	266005	266817	268182	268296	268445	
國防飛行機獻 納會	257335	263356							
國防思想普及	263922								

國防義會	257410	258738	259054	259279	260011	261205	261678	261700	261850
	262679	262962	262995						
國防獻金	257690	257985	258125	258952	259469	259497	260524	260556	260851
	261595	261791	261882	261978	262198	263356	264114	266420	268018
	268203	268453	268488	268617					
國産映畫	266848								
國産自動車宣傳隊	258534	258557							
國勢	258015	262343	262890	262904	263263	263477	265234	265997	266043
	266204	266632	266743	266760	266942	268200			
國語	257471	259829	261782	263594	263906	268133	268689		
國運	264852	264875							
國有財産法	268886								
局長會議	257370	258727	259366	259393	259636	259972	260470	260700	262333
	263308	263477	263898	264081	264407	266399	266657	266682	267088
	269254								
國籍法	258622								
國際	257796	257929	258035	258254	258312	258565	258745	258953	259019
	259230	259274	259303	259345	260194	260274	260295	261052	261189
	261361	261671	262517	262713	262781	262814	263325	264247	264429
	264507	265473	266180	266203	266520	266762	267665	268326	268769
	269233	269427							
國際橋	258745	261052	261671	266203	267665				
國際橋架設	258745								
國際貿易港	261361								
國際キリスト教聯盟	259230	260194							
菊池(殖銀監事)	263325								
菊池中將(貴院)	265083								
國鐵	259929	263925	264408	267402					
國體	261142	261333	261355	264831	265530	265631	266375	266574	267603
	268001	268133							
國華デー, 國華日	260543	260699							
軍犬, 軍用犬	259090	259618	261701	261998	262016	262343	262420	262826	263467
	268148								
軍官學校	258100	258122	258640						
軍國	257258	257280	257931	258550	259498	259688	259746	261225	261472
	261730	261755	262903	263482	263612	264020	264141	267098	267544
	268218								
軍國色	257931	258550	261225	261472	262903	264020	268218		
軍國調	259746	261755	263612	267098	267544				
軍旗祭	260496	260719	260800	260936	261088	261252	261278	261309	261364
	261379	261384	261401	264537	264685	266909			

軍馬	257707	264287	266900	266941	267525	268515	268547		
軍民	259912	260114	260800	261309	262924	264532			
軍部	257461	257958	259104	259469	259497	259509	259813	259864	259977
	260058	260288	260754	262631	262653	265997			
軍事	258817	259096	259494	260750	263004	263918	266517	266533	266841
	269143	269165							
軍事功勞者	263918								
軍事映畫會	259494	263004							
群山	258351	259929	260709	260916	261319	261402	261457	261897	261905
	263679	264044	265694	265809	265870	267058	267061	267587	267601
	267612	267627	267636	267649	268012	268610	268986	269032	269269
群山公會堂	263679								
群山港	258351	259929	261905						
軍需	257700	258620	261244	263278	263957	265519			
軍人	257966	258614	258817	260088	260200	261888	266005	268084	268182
	269212								
軍艦	259806	262613	263684	263870	264097				
堀(商銀專務)	261051	263952	264345	266131					
堀內朋(平南道視察官)	260846								
堀中將(陸軍航空本部長)	268262	268869							
窮救事業	258629	262557	264195						
宮崎中佐	263870								
窮民	257229	257264	257274	257995	258013	258018	258066	258215	258353
	258433	258436	258816	259155	259343	259839	260047	260454	261895
	261924	262127	262478	262482	264269	265606	268973		
窮民救濟	257995	258436	258816	260454	261895	261924	264269		
窮民同情週間	257264								
宮本謙助(朝鮮金融組合聯合會參事)	262164								
宮中三殿	267876	267896							
權(京城府社會課長)	267695	268183							
勸學祭	260701								
貴族院	257617	257701	261728	262517	262787	263190	263693	267330	267695
劇	257287	257384	257393	257524	257714	257881	258145	258571	258731
	260279	260611	260645	260679	260956	261194	261441	261444	261846
	261954	262190	262442	262691	262696	262755	262877	262900	263095
	263175	263452	263826	264092	264108	264367	264626	264928	265121
	265262	265479	265602	265613	265675	265679	265692	265821	266004

	266253	266578	266707	266731	266806	267162	267171	267185	267537
	267680	267845	268125	268129	268253	268274	268408	268607	268908
	269005	269163							
劇と映畫	257714	258145	261444	261846	262190	262442	262696	262900	263175
	263452	263826	264108	264367	264626	264928	265121	265262	265479
	265692	266253	266578	266806	267185	267537	267680	267845	268129
	268253	268274	268408	268607	269005	269163			
近代都市	260611	260679							
近藤, 近藤常尚 (全南知事)	259220	259230	259388	259659	262909	264079	266039		
近藤康雄(東大 農學部教授)	266241								
勤勞獎勵	257914								
勤政殿	267407	267541							
錦江	258196	258343	264587						
金剛山	257381	257838	260181	261036	262398	262464	262470	262962	263635
	263677	264115	266534	266555	267036	267051	267191	267204	267305
	267321	267513	269234						
金鑛	257777	258676	260413	260438	262145	262166	262459	263589	267472
	267964	267981	269243						
金塊密輸	258223	259221	259832	260118	261067	262666	263921	264617	
金融	257477	257631	258143	258208	259262	259388	259644	259674	260494
	261607	262164	262205	262241	262244	262414	262879	263095	263099
	263149	263692	264055	264184	264225	264345	265733	266114	266995
	268806	269055	269093	269372					
金融政策	266114								
今井(遞信局電 氣課長)	261211	264295	269142						
金井金山慘事	258416								
今井安太郎(江 西署長)	260731	263747							
今井田, 今井田 淸德(政務總監)	257294	257499	257519	257906	257933	259796	260795	260863	262731
	263089	263268	263688	263725	263890	263992	264085	264119	264144
	264161	264567	264704	264870	265062	265151	265166	265453	265768
	265853	266516	266532	266999	267016	267307	267319	267499	267512
	267780	267898	267938	267977	268023	268055	268149	268466	268560
	268588	268620	268857	269102	269128				
金組, 金融組合	257377	257675	257904	258054	259044	259073	259138	259960	260494
	261131	261217	261254	261289	261727	261826	261850	261880	261946
	262176	262286	262496	262513	262662	262691	262739	262880	262901
	263004	263083	263534	263899	264322	264831	264832	265122	265138
	265150	265733	265738	266919	267140	267878	269154		
今村(佐世保鎭 守府司令長官)	263870	264046	264295	264304					

今村, 今村少將 (第四十旅團長)	260058	260473	261969	263870	267034	269055			
金鵄勳章	261975								
機關車	257723 266482	257741 267327	257951 267506	258169 268702	260365	260398	260486	264128	266200
基教, 基督教	262297 269023	265410 269097	266876	266903	267006	267018	267124	268695	268919
磯崎榮太郎(新任 慶南道理財課長)	260712								
騎兵	258355	259079	259334	263952	264184	264537	264685	265103	265628
妓生	257608 263661 268711	258114 264643 268735	259673 265915 269001	259810 266534	260452 266555	260502 266605	260957 266627	263019 268365	263606 268705
寄生蟲	268492	268646							
妓生學校	260502								
紀元節	257638	257666	258079	258218	258237	258550	258661		
氣腫疽	262054								
汽車	257693 267053	259152 268964	259335	259442	260282	264356	266738	266782	266995
吉本興業	257524								
吉永(平壤鐵道 事務所長)	258934	259686	259866	264159					
吉田(電興專務, 合電專務)	261098	264229							
吉田(鐵道局長)	259230 268023	260126 268061	262569 269233	262828	263190	267000	267017	267160	267341
吉田(海軍軍務 局長)	260937	261098	261770						
金瑞圭(前慶北 道知事)	260655	260750	260984	265910	266079	266133			
金時權(慶北産 業部長)	257722								
金仁泰	261606								
金鐘泰	266037								
金海	257659	269045							

ㄴ								
羅州	262768	267286	267294	267516				
羅津港	257634	259470	260536	268185	268358			
癩患者,レプラ患者	257590	257612	259684	262559	262963	266765	268958	268983	269053
	269369								
洛東江	257274	258851	259166	259222	260047	260971	261202	261659	261768
	262060	262872	263273	264854	265093	267191	267204		
難波(憲兵司令官)	258311	262018							
南京	260083	267322							
南棉	263394	267600	267613	267784	267891	268937			
南山	257747	259747	261529	261549	261625	261930	263263	264847	266340
	266840	267530	268006	268699					
南鮮, 南朝鮮	257243	257420	257425	257663	259378	259458	259578	260008	260296
	260521	261166	261209	261370	261395	261502	261945	262099	262175
	262338	262566	262682	262697	262773	262837	262862	262866	263049
	263353	263597	263723	263852	264233	264730	264737	264749	264776
	264795	264797	264817	264819	264835	265007	265013	265049	265085
	265105	265125	265141	265156	265171	265183	265190	265202	265216
	265423	265545	266116	266296	266730	266756	266814	266928	268543
南鮮勞働者	263723								
南洋	262168	266762	267430	267446					
南陽驛	264515								
南鐵	257587	257750	258252	258277	259067	260126	260916	261770	265233
	265243								
南浦	257256	257305	257740	257771	257783	258050	258051	258156	258168
	258213	258256	258370	258474	258680	258711	259136	259284	259285
	259297	259345	259396	259399	259407	259408	259450	259499	259507
	259509	259548	259604	259607	259721	259765	259777	259951	260042
	260074	260110	260115	260164	260249	260253	260269	260356	260497
	260560	260582	260727	260901	260940	261061	261123	261182	261388
	261424	261516	261530	261568	261620	261629	261803	261891	261918
	261919	261935	262090	262140	262168	262227	262237	262279	262313
	262369	262423	262425	262480	262496	262531	262618	262729	262829
	262839	262845	262901	263117	263488	263697	263860	263865	263903
	264022	264034	264070	264440	264529	264672	264677	264706	264725
	264752	264763	264883	264927	264992	265253	265332	265355	265509
	265511	265558	265569	265644	265646	265833	265969	265973	266120
	266191	266242	266484	266490	266746	266882	266967	267042	267127
	267368	267386	267416	267417	267433	267480	267567	267708	267774
	267886	268072	268088	268115	268222	268497	268914	268971	269029
	269071	269118	269164	269288	269333				
南浦米檢所	258051								
南漢山	257839								
南海	258765	259967	264633	265476	265896	269258			

南畫展	267630	267641	267729	267743					
拉賓線	260953								
娘子軍	262049	266493	266518						
奈良	262354	263938							
乃木神社	266633	266889	266934						
內務部	258024	261081	261123	262069	262120	262828	263545	263557	264014
	264700	266995	268498						
內務省	257748	257934	258097	267107					
內鮮	257268	257353	258211	258286	258535	258551	258925	259102	259128
	259262	259568	259691	259718	259720	259973	259997	260015	260148
	260275	260378	260460	260487	260716	260917	260999	261043	261853
	262409	262593	262731	262802	262811	262842	264274	264285	264291
	265917	266128	267331	267335	268496	268905	269219		
內鮮滿台	264274								
內鮮融和	267331	267335							
內鮮人	258925	259973	259997	262731					
內田錄雄(平壤府會議員)	263242	267731	268132	268753					
內地	257346	257371	257458	258090	258135	258153	258464	258616	258924
	259044	259073	259157	259185	259209	259217	259240	259276	259378
	259415	259522	259554	259703	259726	259799	259821	259916	260066
	260173	260228	260336	260385	260421	260526	260562	260570	260625
	260682	260685	260825	260830	260831	260917	260961	261032	261118
	261141	261174	261223	261318	261411	261516	261539	261580	261622
	262130	262153	262206	262212	262384	262417	262569	262680	262714
	262797	263070	263456	263749	263752	264034	264149	264279	264557
	264882	265053	265066	265257	265330	265342	265544	265669	265920
	266362	266381	266459	266539	266848	267129	267527	267650	267664
	267684	267700	267928	267982	267990	268023	268048	268103	268164
	268446	268606	268851	268885	268938	268964	268992	269007	269040
	269121	269199							
內地密航	260825								
內地博覽會	259217								
內地產業視察團, 內地視察團	258616	260336	260526	260625	262569	262680	264034	264557	267527
耐寒演習	257811	257817	257935	257975	258040	258259	258355	258404	
耐寒行軍	264512								
冷害	257198	258440	259127	259192	259194	259235	259458	259555	259599
	259738	259742	260310	260453	260456	260589	260802	261108	261741
	261780	261843	262315	262485	262927	263336	263393	263606	265368
	266014	267023	267074	267979	268011	268106	268221	268300	
勞働移民	260959	260986							
勞働者	257894	259196	259652	259775	259923	259954	260454	260536	260959

	260986	261223	261250	261411	262070	262182	263103	263723	263978
	266131	266427	268734						
勞銀	257827	258323	259839	259954	260047	260319	261062	262478	262557
	264195								
露店營業取締	258458								
勞組	266988	269138	269226						
農家	258091	258963	258991	259072	263950	264069	264746	265571	265912
籠球	258935	259008	260875	261841	261964	262713	263472	264377	264696
	264765	265301	267093	267927	268142	268228			
農林局	257488	258574	258577	258596	258996	259159	259230	259339	260654
	260750	261503	261534	262279	263190	263370	263509	265738	266039
	267002	267021	267938	268023	268241	268630	268644	268744	
農林省	261461	261613	261770	263265	266973	267120	267787		
農牧林	264703								
農民	257224	257591	257873	257894	258023	258589	258816	259156	259184
	260948	260955	262485	262609	262837	262862	263027	263263	263462
	263534	263572	263582	263725	263740	265214	265398	265563	266116
	266374	266429	267128	268941	269156				
農民デー	263263	263462	263534	263582	263725	263740			
農民校	257224	257591	257873	258589	266374				
農民讀本	265563	266429							
農民夜學校	257894								
農民中堅校	260948	262609	269156						
農繁期	262060	263598							
農事改良資金	257960								
農事試驗場	259869	260323	260447	260644	261370	263058	263165	263725	264308
農漁村振興	264728								
農業	257833	259054	259055	259091	259160	259193	259195	259627	259672
	259744	259761	259822	259844	259870	260501	261001	261044	262321
	262463	262485	262495	262716	263157	263471	263609	263656	263725
	263950	264197	264585	264610	264620	265117	265734	267751	268751
	268918	268990	269153	269176	269198				
農業校, 農業學校	259054	259055	259627	259822	259870	263157	263471	268990	269153
	269176	269198							
農地令	258944	262853							
農村	257201	257220	257442	257491	257516	257682	257777	257842	258023
	258182	258481	258584	258837	258858	258949	259051	259187	259214
	259236	259288	259589	259753	259769	259840	259851	259865	259949
	260162	260386	260522	260854	261009	261143	261223	261282	261289
	261411	261494	261524	261635	261778	261806	261826	261842	261849
	261850	261866	261869	261898	262033	262364	262384	262397	262405
	262557	262585	262609	262945	262953	263253	263304	263353	263626
	263667	263780	263969	264035	264055	264102	264124	264229	264269

	264407	264444	264468	264702	264727	264823	264824	264841	264868
	264932	265109	265117	265129	265272	265481	265514	265571	265617
	265699	266039	266284	266336	266608	266652	266723	266807	266884
	266915	267418	268002	268037	268050	268074	268188	268200	268300
	268322	268377	268426	268447	268467	268524	268536	268850	268938
	269105								
農村更生	258182	258584	259589	260386	264702	264727	266608	268050	268074
農村指導	262585	264468							
農村振興	257201	257220	257491	257516	257842	258023	259051	259214	259753
	259769	259840	259865	260162	260522	261009	261143	261282	261635
	261778	261806	261826	261842	261849	261850	261869	261898	262033
	262557	263353	263626	264444	264823	264932	265109	265129	265272
	266807	268447	268467	268850					
農會	258183	258231	258342	258701	258813	258963	258994	259254	259434
	259465	259777	260099	261152	262455	262469	262495	262962	263477
	263725	263773	263937	265704	266236	267239	268149	268751	269199
	269278	269338							
腦膜炎, 腦炎, 腦	259170	260111	260218	260241	260504	260564	260606	260988	261077
脊髓膜炎, 流腦	262062	262218	264737	266798	266885	266900	266941		
腦溢血	260104								
紐育	261361	261862	262553	265720					
能樂	265065	265089	265388	265574	265654	265695			
尼港事件	264117								
羅南	257723	257936	258053	258327	258664	259079	259351	259621	259699
	259729	259734	259828	260250	260361	260499	260501	260555	260593
	260719	261280	261378	261379	262029	262045	262426	262617	263113
	263546	264351	264844	264865	265120	265411	265684	265690	265870
	265885	266018	266242	266376	266611	266682	266909	266911	267042
	267127	267339	267347	267364	267421	267600	267613	267628	267637
	267886	268029	268039	268166	268191	268435	268658	268810	268866
	268881	268915	268963	269012	269029	269064	269103	269155	269164
	269297								
羅南野砲隊	262617								
癩豫防令	259276	261412	261552						
癩豫防協會	261300								
羅津	257362	257366	257388	257634	257729	258102	258157	258177	258217
	258665	258759	258760	258828	258887	258969	258977	259053	259134
	259457	259470	259671	259780	260536	260803	261073	261225	261472
	261571	262428	262532	262833	263063	263965	264247	264507	264618
	265036	265408	265869	266026	266118	266283	266383	266482	266736
	266794	267133	267148	267255	267274	267469	267888	268103	268105
	268111	268185	268358	268527	268598	268867	269077		
樂浪研究所	265517								
露木大村(海軍 航空隊司令官)	260881								

樂浪	257304	257952	259080	259663	259766	259767	259876	259921	259965
	260005	260046	260080	260123	260220	260315	260406	260459	260510
	260559	260609	260652	260695	260733	260771	260843	260848	260861
	260914	261024	261082	261128	261188	261301	261328	261335	261399
	261429	261445	261538	261640	261697	261752	261892	261938	261999
	262097	262144	262253	262394	262548	262591	262667	262763	262810
	262855	262895	262902	262987	263030	263080	263114	263176	263217
	263301	263455	263505	263569	263698	263720	263927	263974	264110
	264160	264207	264368	264401	264441	264489	264581	264627	264670
	264726	264930	264968	265039	265048	265084	265124	265149	265236
	265260	265334	265375	265422	265517	265528	265570	265608	265649
	265653	265780	265847	265891	265933	265976	266038	266130	266173
	266211	266254	266299	266350	266434	266531	266659	266687	266846
	266887	266926	266974	267050	267103	267136	267232	267266	267426
	267511	267555	267598	267624	267806	267847	267943	267988	268034
	268198	268227	268373	268541	268555	268608	268665	268715	268774
	268809	268931	268982	269030	269075	269120	269161	269207	269252
	269345	269396							
樂浪小話	259876	259921	259965	260005	260046	260080	260123	260220	260315
	260406	260459	260510	260559	260609	260652	260695	260733	260771
	260861	260914	261024	261082	261128	261188	261301	261399	261445
	261538	261640	261697	261752	261892	261938	261999	262097	262144
	262253	262394	262548	262591	262667	262763	262810	262855	262902
	262987	263030	263080	263176	263217	263301	263455	263505	263569
	263720	263927	264110	264160	264368	264401	264441	264489	264581
	264627	264670	264726	264930	264968	265048	265084	265124	265149
	265236	265260	265334	265375	265422	265528	265570	265608	265653
	265847	265891	265933	265976	266038	266130	266173	266211	266254
	266299	266350	266434	266531	266659	266846	266887	266926	266974
	267050	267103	267136	267232	267266	267426	267511	267598	267624
	267806	267847	268198	268227	268373	268555	268608	268665	268715
	268774	268931	268982	269030	269075	269120	269207	269252	269345
	269396								
露軍	266889								
露西亞	266306	266333							
瀧脇子爵(貴族院議員)	263597								
牟田口(金組聯合總務部長)	262880								
瀬戸	261770	266925	267628	267637					

ㄷ								
多木(製肥副社長)	264184							
多獅島	258216	258256	259306	259548	260901	260951	261727	261919	264569
	265362	266686						
丹下, 丹下郁太郎 (慶南道警察部長)	258798	259505	264584	264879	264891	265090	265192	265204	265300
談合事件	257285	257852	258405	258642	259169	259484	261039	266512	267355
堂本(總督府商 工課長)	259715	259894	262069	267938	268023	268907			
大串(朝鮮軍參 謀長)	258097	258780	260750	261401	261613	262330	262354	262517	263478
	263896	265027	267034	269143	269165				
大邱	257330	257531	257581	257624	257665	257758	257788	257845	257855
	258027	258033	258178	258189	258199	258232	258233	258243	258294
	258359	258420	258453	258506	258601	258603	258614	258737	258772
	259373	259383	259431	259525	259531	259541	259573	259580	259586
	259647	259942	259968	260016	260058	260086	260173	260176	260182
	260194	260288	260321	260322	260373	260435	260528	260570	260615
	260732	260751	260774	260837	260934	261252	261306	261308	261357
	261364	261417	261489	261499	261709	261711	261769	261772	261809
	261850	261961	262011	262018	262021	262119	262120	262270	262279
	262289	262335	262452	262461	262595	262630	262731	262766	262783
	262819	262879	262912	262916	262917	262920	262952	262993	263004
	263043	263134	263145	263257	263258	263319	263328	263419	263420
	263477	263526	263570	263592	263594	263634	263647	263694	263729
	263740	263786	263842	263879	263898	263938	263991	264004	264036
	264081	264086	264127	264134	264214	264296	264328	264333	264377
	264417	264421	264505	264561	264583	264730	264734	264739	264749
	264778	264784	264805	264819	264821	264835	264893	264897	264904
	264907	264948	264950	265007	265013	265025	265097	265576	265582
	265586	265588	265610	265662	265669	265706	265709	265722	265730
	265736	265738	265778	265852	265857	265870	265905	265952	265954
	266089	266139	266144	266185	266213	266214	266218	266229	266261
	266312	266318	266325	266410	266501	266542	266543	266630	266672
	266682	266757	266847	266860	266893	266936	267054	267146	267149
	267375	267380	267396	267441	267484	267522	267582	267603	267724
	267828	267900	268139	268173	268180	268182	268199	268228	268235
	268240	268327	268333	268336	268348	268378	268380	268450	268465
	268502	268504	268525	268559	268566	268573	268616	268670	268687
	268717	268722	268732	268741	268786	268829	268857	268884	268894
	268908	268984	268987	268991	268994	269047	269087	269123	269175
	269214	269278	269304	269307	269310	269320	269328	269352	269363
	269369	269372	269373	269401					
大邱高普	264730	264749	265007						
大邱高女	260176								
大邱公會堂	267380	267396							

大邱國防義會	261850								
大邱宮多會	262879								
大久保(首相祕書官)	267449								
大邱府	257624	258033	258178	258232	258294	258359	259580	259942	260086
	260615	261308	261709	262120	262452	265576	265586	265610	266089
	266139	266682	266757	266847	266893	266936	267054	268139	269369
	269372								
大邱府會	259580	260615	261308	262452	266682	266757	266847	266893	266936
	267054	268139							
大邱飛行場	257788	263419	264893	266213	268378				
大邱師範	258737	268908							
大邱商工會議所, 大邱商議	258027	260435	262120	262783	263004				
大邱商業	264134	264778	264819	264835	265007				
大邱稅監局, 大邱稅務監督局	257845	259647	262916	263647	265852	266214	267900		
大邱神社	260288	264004	264904						
大邱女高普	268199	268884							
大邱醫院	262270	267724							
大邱醫專	269278	269320							
大邱日報社	263592	264081							
大邱林檎	264734								
大邱中等, 大邱中等學校, 大邱中學	258772	262018	263647	263898	264134	264328	264377	264417	264819
	264835	265007							
大邱測候所	258453								
大邱憲兵隊	265588	265738							
大楠公展覽會	262785	262805	263072						
大島(朝窒取締役)	263597	264229							
大島(駐滿海軍參謀長)	267977								
大同江	257540	257589	257651	257771	257807	257892	258156	258326	258545
	259086	259258	259293	259499	259511	259606	259719	259730	259783
	260073	261430	261533	262083	262085	262294	262314	262584	262613
	262723	263070	263380	263903	263977	264394	265037	265321	266065
	266113	266290	266522	266829	266886	268077	268126		
大同門	265744								
大豆	259357	259775	260737	261066	261620	263282	263381	265197	265403
	265477	265516	266742	268924	269381				
大豆工業會社	261066								
大豆工場	259357	259775	265197	265403	266742				

大連	257290	260799	261748	262069	262787	263050	264040	264055	264084
	266545	267440	268105	268975	269159	269387			
大寧	259998	265232	265367	265591					
大寧江	259998	265591							
對滿貿易	257354	263724							
大西良慶師	263087	263143	264492						
大乘佛教	265052								
大野(新京城副議長)	263576	263627							
大野(新任軍高級參謀)	260058	260526	266103						
大野(元警視總監)	261051								
大野幹平(新任慶南道會計課長)	260712								
大淵(滿鐵理事)	262569								
大榮丸事件	257497								
大田	257386	258191	258398	258701	259174	259225	259338	259370	259491
	260180	260467	260634	260740	261088	261316	261369	261850	262116
	262119	262355	262402	262417	262449	262459	262463	262561	262870
	262959	262994	263037	263189	263263	263321	263406	263420	263467
	263533	263643	263776	263946	263984	264044	264055	264123	264132
	264555	264821	264934	264954	264973	265050	265136	265348	265441
	265450	265488	265492	265582	265709	265778	265857	266261	266445
	266452	266539	266709	266710	266779	267036	267051	267320	267352
	267376	267521	267547	267549	267605	267828	267859	267907	267971
	268056	268140	268182	268228	268242	268336	268397	268466	268502
	268670	268797	269034	269047	269083	269269	269271	269363	
大田敬神婦人會	262119								
大田局友會射擊會	264123								
大田小學校	263776								
大田神社	267521	267605							
大田電氣事業擴張	260467								
大田中學	262463	264934	264954	265050					
大田鐵道事務所	263189	263263	263406	265709	267036	267051	268397	268466	
大竹(大藏省銀行局事務官)	262517								
大竹, 大竹十郎(新任平北知事, 總督府保安課長)	258252	258311	258368	259230	260641	260750	260962	261315	265634
	265709	265834	269116						
大志摩(東拓理事)	267695	268858							

大震災	261426	261451	266443						
大昌織物	261210	261262							
大川(朝鐵社長)	261051	261421							
大村(關東軍交通監督部長, 滿鐵副總裁)	261461	261587	268484	268524	268583	268744			
大冢(鮮銀祕書課長)	268858								
大阪	257510	257524	257530	258218	258237	258261	258292	258616	258653
	259230	259874	259897	260300	260526	260634	260974	261443	261592
	262010	262640	262785	263564	263619	263644	263856	264139	264162
	264176	264694	264792	264922	264949	265307	265315	265671	265755
	265851	266230	266880	266892	266957	266978	267067	267080	267090
	267104	267198	267209	267334	267338	267522	267673	267692	267861
	268382	268791							
大河原(新任忠南內務部長)	261014	261123							
大學	259761	259821	261238	261265	262958	263002	263095	264869	265326
	265628	266232	266490	267988	268143	268604	269306		
大和田(城津鐵道事務所長)	268466								
大興電氣	263185	263235	263637	265000	265805	265921	266432	268570	
德大寺	266809	267163	267172	267187	267192	267219	267288	267306	267434
	267485	268884							
德壽宮	259798	262594	262706	263034	266595	267372	268093		
圖佳線	264876								
都計研究會	258754								
圖寧線	263769	263828	264058	264072					
道路品評會	260354								
道路擴張	263989	266270							
道立大邱醫院	262270	267724							
道立安城醫院	269225								
渡滿	263089	263171	263688	264186	265712	267455			
賭博	257318	257743	258276	258612	259039	259061	259069	259486	259838
	260396	264205	265101	266834	267038	269310	269370		
渡邊(殖銀理事)	265870	265910							
渡邊(中央物産社長)	264085								
渡邊, 渡邊福藏(新任釜山刑務所長)	260526								
渡邊, 渡邊忍(農林局長, 東拓理事)	257488	258577	258596	259762	259942	260026	260562	265398	267303

渡邊, 渡邊豊日子(總督府學務局長, 朝鮮體育協會長)	259376 265033	259425 265088	259440 266808	260194 266839	260990 267499	263952 267512	264268 268149	264382	264464
渡邊圓(庶務課長)	265453								
圖書館	258220	258580	259399	259957	262372	263313	267546		
都城市	268691	268716							
道勢展覽會	265469								
都市計劃	257633	260064	260982	268255					
都市振興	264572								
跳躍・半島物語	257326 257749	257371	257421	257471	257515	257565	257617	257662	257701
稻葉, 稻葉善之助(平壤府會副議長, 平每社長)	263484	263622	267287						
稻葉若山博士(總督府修史官)	268592								
稻垣(關東軍顧問)	265214	268397							
稻垣(總督府編輯課長)	262828	265762							
島田(鎭南捕商銀支店長)	260846								
島田繫太郎中將, 島田中將, 島田海軍中將(軍司令部出仕)	259490	259543	259666	259715					
陶土	263752	264713							
渡航運動	265819								
蟲島	260827	261303	261604	265134	265614				
禿山	257274	260421	264287						
豚	257559	258167	258983	260952	262251	262317	262647	263293	264069
豚疫	258167	262647							
豚コレラ	258983								
棟居(總督府審議室事務官)	259230	259543	260382	261271	262220	263830	264602	268630	
東京	257545 261238 264073 267557	257669 261265 264267 267819	257731 261751 265453 267824	257748 261916 265628 268041	258486 262417 265816 268604	258516 262463 265910	258822 262655 266103	258998 262893 267330	259402 262933 267542
東京出張所	264267	265816	267824						
東大	258935	259008	259870	260848	262145	262166	264184	266241	

東大門	258695	260407	261448	264053	264344				
東萊	258354	260659	260837	261771	261787	261819	263413	264681	264776
	264797	265007	266396	266418	267580				
東萊高普	261771	261787	261819	264776	264797	265007			
東萊受信所	263413								
東萊溫泉	260659	266396	266418						
蝀龍窟	257905	259680	260209	261391	264522	266479	266792	267844	
東林	263296								
東滿	257356	259397	261018	262130					
同盟罷業	260987	262319	264920						
同民會	261093								
東紡, 東洋紡, 東洋紡績	257725	258379	258674	260068	260857	261779	265832	267675	
東邊道	260201	264186	264240						
東伏見宮大妃	257444	257470							
東北革命軍	258757								
銅線	267935	269110							
東星商業	262417								
東亞勸業	264222	266897							
東洋	257366	257388	257725	258485	258498	258674	259319	259470	259533
	260068	261156	261457	261779	262197	262424	262445	263095	263531
	263951	264010	265671	266370	266685	266704	267205	267487	267500
	267675	268072	268088	268400	268666	268844	268954		
東洋工業會	262197	266370	268400	268666	268844				
東洋畜産	263095	264010							
東原	263532								
東一銀行	259976	267060							
童貞將軍	269143	269165							
東朝	262425	262531	264284						
東津水利	261023								
東拓	257540	257631	257856	258147	258208	258577	258596	258616	258915
	258964	259000	259135	259375	259543	259659	259762	259780	259782
	259942	260026	260054	260152	260219	260562	261421	261728	262120
	262175	262417	262787	262818	262828	262919	263099	263411	263687
	263722	263791	263952	264055	264085	264229	264295	264345	264408
	264574	264907	265027	265398	266103	266296	266545	266736	266780
	266995	267303	267412	267695	267745	268397	268858	268877	269093
	269372								
東畜	263794								
東海岸	258896	259177	260933	261998	262563	263650	263659	263870	269127
東海中部線	260193	264116	266087						
豆溪	264128	264130							

斗團島	267997	268122						
豆滿江	259948	261220	263813	265982				
痘瘡, 天然痘	257875	258042	258087	258170	258382	258465	258494	258520	258549
	258572	258654	258720	259120	259658	260115	260269	260564	261069
	261182	261477	261863	261935	262264	262277	262729	262796	263371
	263422	263424	263566	263878	264314	264398	264485	264737	265547
豆タクシー	266166	267483	267921						
痘禍	258137	258435	258796	259251	259309	259419	260042	261345	261947
	262090	262140	263074	263616					
藤岡, 藤岡喜一郎(元山會議所新副會頭)	259299	267181							
藤谷作次郎(仁川商議理事)	264979								
藤原, 藤原銀次郎(北鮮製紙社長, 王子製紙社長)	260043	260054	267063						
藤原, 藤原喜藏(北鮮製紙京城駐在專務, 北鮮製紙副社長, 平南道知事)	257415	257440	257495	257750	260003	260608	260722	260847	261051
	261461	263099	264063	264229					
藤田(飛行士)	263498	267768							
藤田(吳鎭守府司令長官)	262018	262279	262534	262605					
藤田(咸南知事)	257538								
藤田鑛作(平壤驛長)	264189								
藤井(不二興業社長)	263149								
藤井(平壤府會議員)	260393	260440	261676	262897	263024				

ロ								
馬の檢疫	261093								
馬の鼻疽, 馬鼻疽	257291	258140	259228	265776					
馬山	257845	258457	258555	258566	258603	259327	259531	260696	263842
	263898	264216	264739	264978	265423	265778	265857	266306	266333
	266538	267146	267207	267661	268385	268391	268780	268789	268896
	269039	269047							
馬山公立小學校	267661								
馬山中學	269039								
麻藥	257745	257851	257865	261180	261187	261583	261612	262242	262308
	262500	265482	265545						
麻藥協會, 痲藥豫防協會, 麻藥中毒豫防協會	257865	259180	259481	261187	264330				
麻藥取締令	261583	261612	265482						
馬場(勸銀總裁)	266995								
馬場(平南道警務課長)	267731								
麻疹	257454	259148	259946						
麻浦線	261703								
麻布聯隊區	267681								
滿蒙	263431								
滿船飾	265878	266621	266644						
滿鮮拓植會社	268775								
滿人	260275	260686	262390	263429	269115				
滿洲	257283	257309	257313	257334	257390	257515	257568	257618	257836
	257887	258046	258162	258177	258217	258277	258280	258283	258325
	258536	258544	258565	258856	258915	259000	259018	259109	259130
	259133	259243	259354	259357	259442	259505	259583	259659	259751
	259757	259776	259806	259867	259973	259975	259997	260300	260523
	260526	260584	260953	260959	260986	261018	261119	261141	261174
	261295	261560	261667	262016	262018	262069	262130	262443	262467
	262494	262517	262612	262680	262716	262849	262882	262962	263012
	263200	263282	263327	263381	263389	263431	263472	263517	263532
	263597	263763	263828	263933	263987	264076	264099	264144	264161
	264222	264239	264312	264404	264408	264448	264775	264905	265012
	265027	265361	265540	265597	265639	265709	265762	265815	265899
	265918	265925	266111	266243	266328	266565	266580	266643	266675
	266705	266710	266800	266828	266854	266858	266859	266930	267041
	267098	267109	267126	267146	267330	267360	267566	267681	267695
	268041	268149	268220	268491	268583	268598	268614	268622	268636
	268657	268693	268701	268744	268750	268794	268801	268950	268954
	268995	269147							
滿洲見本市	263517								

滿洲國	257568	257618	257836	258046	258177	258217	258277	258280	258283
	258536	259133	259505	259583	259659	259806	260300	260523	260584
	261119	261141	261174	261560	261667	262443	262467	262680	262716
	262882	262962	263200	263327	263532	263597	263763	264076	264161
	264239	264312	264408	264448	265762	265815	265899	265918	265925
	266328	266565	266643	266675	266828	266854	266858	266859	267330
	267695	268041	268149	268583	268614	268636	268693	268744	268794
	268950	268995							
滿洲國皇帝	258283								
滿洲大移民	259109	259130							
滿洲博覽會	257313	257390							
滿洲事變	259751	259867	265361	265597	266243	266580	266710	266930	267041
	267098	267109	267126	267146	267360	268750	268801		
滿洲事變記念日	266243	266710	266930	267041	267126	267146			
滿洲稅關, 滿洲國稅關	258177	258217	259018	259133	261119	263200	264239		
滿洲守備隊	258544	258565							
滿洲語科	263431								
滿洲移民	257515	258856	264144	264222					
滿洲特産	263282	263381	267566						
滿洲學徒研究團	265709								
滿鐵	257512	258969	259089	260890	261153	261332	261580	261742	261982
	262192	262517	262569	262787	263472	263693	263701	264247	264268
	264647	264832	264907	265515	265533	267330	267595	268185	268484
	268524	268583	268637	268692	268719	268744	268813	268882	268907
	268975	269033	269077	269122	269289	269317			
滿浦	258323	259354	259357	259601	259923	260022	260296	260756	260804
	261349	262028	262742	264022	264310	264478	264510	264710	264883
	265044	266054	266695	267506	267985	268043	268410	268862	269244
	269330								
滿浦鑛線	259357								
滿浦線	258323	260022	260296	260756	260804	261349	262028	264022	264310
	264478	264710	264883	265044	266054	266695	267506	267985	268043
	268410	269244	269330						
滿浦鎭	259354	259601	259923	262742	264510	268862			
滿浦鎭線	259354	259923							
末廣(平壤覆審法院長, 平壤地方法院長)	259868	260240	260347	261977					
望月恒雅(新任慶北道視學官)	261613								
梅崎, 梅崎中將(前第二十師團長)	258277	258384	259543	260108	266529	266587	266606	266780	

猛運動	257679	258085	259598	259765	259798	261715	261853	264017	264061
	264716	265233	265243	265522	266552	266646	266675	267594	
盟休, 同盟休校	257711	259116	259590	259636	259700	260025	263685	264025	264135
	264204	264210	264692	266170	266818	266992	268581		
眠り病	266362	266593	266635	266715	266776	266802	266819	266885	266972
	267113								
免囚保護協會	264259	264783							
緬羊	257201	257220	258537	258624	258628	258746	259138	259140	259254
	260350	260495	260544	260807	260946	261034	261152	261385	261420
	262432	262884	263429	263687	264191	264753	265370	265598	267260
	267278	269338							
緬羊獎勵	258628	260807							
緬羊增殖	257201	257220	258537	258746					
棉作	257645	258963	260234	260578	260735	262183	263394	264746	265103
	265420	265538	265571	265955	266136	267856	267891	268568	269405
棉作獎勵	257645								
綿蟲	260323								
棉花	258099	258642	259966	260234	264518	264771	265385	267784	268060
	268937	269313							
棉花共販不正事件	258642								
明年度豫算	258836	259129	259246	259500	259947	261745	261753	261827	263562
	263928	263981	264231	264674	264844	264865	265853	266119	266213
	266435	266524	266690	267501					
明服女性陣	257860	257907	257953	258005	258048	258109	258148		
命令航路	260554	261605	261628	265696					
明石將軍	262058	262177							
明治	265893	266719	266733	267947	267996	268078	268095	268142	268172
	268182	268200	268201	268236	268255	268280	269202	269221	
明治神宮	268078	268095	268142	268200	268280	269202	269221		
明治節	265893	266719	266733	267947	267996	268172	268182	268201	268236
	268255								
明太	258667	260066	261468	263817	264759	268639			
母國	260316	261040	261065	262814					
母國留學	261040	261065							
母の日	262411	262420							
牡丹台	257295	258049	258391	258541	259144	259989	260155	260587	261006
	261103	261176	261294	261479	261519	261575	262491	262656	262929
	265835	266653	267289	267297	267850	267877	269104		
牡蠣	259790	262036							
模範部落	259093	260828	267038	268482					
模擬國家總動員	261452								

模擬戰	258158	267126	267146						
木工組合罷業, 木工罷業	264157	264480							
木商軍	265085								
木村(日本石油顧問 朝鮮石油重役)	262220	262787	268630	269427					
木村(朝鮮貯蓄銀行商務)	259230	259806	260881	262164					
木炭	260819	262612	263706	263764	264154	266250	269159		
木浦	258550	258653	259649	260375	260426	260916	260974	261402	261916
	262354	262561	262599	263032	263090	263729	263779	264057	264077
	264079	264083	264162	264386	264403	264541	264636	264822	264824
	264890	264912	265050	265481	265694	266135	266144	266223	266437
	266501	266590	266764	267554	267574	268009	268247	268955	
木浦商業	264890	264912	265050						
木浦商議	266135	266437							
木浦小學校	263779	264057	264077	264162					
蒙古	260823								
妙香山	259680	261531	262191	262233	263296	263653	263915		
武居(裡里土木出張所長)	258574								
武德殿	262045	262273	262471	264071	264878	265432	266157	266172	266475
	266692	266720	267892	268838					
武德祭	261209	263953	269095	269238	269262				
武德會	262298	263064	263537	266145	268838	269079			
武道	257402	257594	258136	258792	258963	260193	260878	260915	260941
	260944	261152	261164	261256	261286	261316	261434	261456	261544
	261607	261765	261785	262142	262273	262298	262699	263095	263199
	263205	263419	263472	263515	263534	263596	263778	264150	264344
	264440	265015	265871	266692	266720	267196	267205	267273	267698
	267713	267972	268069	268078	268095	268108	268432	268596	268626
	269006	269421							
武道大會	258792	258963	260193	260878	260915	260944	261164	261256	261286
	261316	261434	261456	261544	261607	262142	263095	263199	263419
	263472	263515	263534	263596	263778	264440	265015	267196	267205
	267972	268069	268078	268095	268108	268596	268626	269006	
舞藤(廣島第五師團軍務部長)	265956								
無免許醫檢擧	261883								
武士道	264919								
茂山	257207	257733	258664	259295	261007	261384	261744	261888	262091
	262246	262257	262293	263565	264262	265220	265456	265471	265475
	265709	266519	266558	266570	267290	269011			

無線電話	262001	264175						
撫順炭	260402							
貿易	257256	257354	257522	259137	259284	259435	259794	259937	260336
	260812	260901	261361	261919	261936	262207	262220	262480	262798
	262820	262967	263230	263434	263463	263532	263724	263794	263803
	264717	264772	264806	265014	265154	265168	265283	265374	265376
	265646	265813	265877	265972	265973	266209	266257	266280	266766
	266873	266888	267259	267264	268400	268493	268783	269141	
無煙炭	257401	257490	257724	257899	258159	258785	258804	258830	258926
	258981	259407	259973	259997	260320	260371	260568	261304	261326
	261799	261993	262616	262683	263548	263749	264614	264764	264812
	266332	267253	267268	267531	267798	268035	268154	268756	269192
武者(京電專務)	261969	262517	265673	268023	268183				
無電局	257514	259131	260672	260687	269062				
無盡	257345	257469	259409	259617	260568	261222	261420	262016	262162
	262328	262354	262464	262490	264089	264325	264348	264606	265026
	266137	266498	267441	267809	267831				
文錄役	263709								
文明琦	258952	259693	260089	260144	260224	260527	260872	262598	265444
	267238								
文部省	267643								
門脇(大邱府尹)	259573	259942	260090	261556	262120	266175	269372		
文化	257199	257213	257398	257575	257617	258023	258699	259216	259332
	259521	259663	259766	260093	260621	260671	261743	262057	262224
	262788	262864	263015	265039	265649	265780	265996	266235	266516
	266532	266641	266853	266999	267016	267234	267239	267305	267317
	267583	267835	267995	268086	268304				
文化展	259521	260621	266641	267234	267239	267583	267835	267995	268086
	268304								
米	257256	257262	257434	257457	257596	257668	257762	257783	257975
	258051	258097	258191	258272	258446	258461	258493	258525	258610
	258696	258775	258858	258916	258929	258959	258992	259006	259017
	259285	259320	259337	259353	259365	259377	259392	259450	259480
	259523	259524	259541	259567	259614	259634	260023	260110	260166
	260285	260346	260407	260413	260418	260431	260438	260523	260697
	260881	260953	260998	261093	261147	261185	261206	261226	261269
	261271	261300	261354	261356	261461	261542	261561	261613	261629
	261647	261728	261764	261770	261789	261922	261948	261959	262047
	262074	262134	262148	262185	262259	262358	262374	262396	262398
	262417	262470	262518	262541	262596	262619	262648	262735	262787
	262803	262849	263216	263265	263359	263370	263433	263493	263698
	263730	263979	264055	264268	264289	264454	265039	265045	265143
	265158	265392	265451	265485	265611	265738	265807	265944	266023
	266093	266120	266126	266180	266191	266316	266355	266377	266382
	266400	266439	266440	266469	266477	266569	266590	266679	266960

	266969	267018	267053	267111	267183	267467	267487	267495	267500
	267535	267543	267786	267794	267934	267988	268048	268202	268210
	268290	268300	268322	268456	268827	268843	268889	268925	268991
	269008	269044	269080	269144	269150	269234	269378		
米穀	257434	258097	259320	259353	259365	259392	259480	259523	259541
	259567	259614	260023	260110	260431	260998	261356	261461	261613
	262148	262185	263265	263433	265451	265611	266191	266355	266377
	266382	266439	266469	266569	266960	267111	267183	267535	268827
	268889	268925	268991	269044	269234				
米穀大會	260110	263433	266191	266382	266469	266569	266960	267111	267183
	267535								
米穀部	259365	259392	259480	259567	259614	263265			
米穀硏究會	260023	265451	265611						
米穀自治管理法	259523	259541							
米穀自治管理案	259320	259353							
米穀自治統制	257434								
米穀會館	262148	262185	267183						
米國	257668	257783	259285	259524	260346	260881	262358	262396	263698
	263730	264055	265039	266120	266477	267794	269150		
米國船	266120								
米露	258992	259017	262541						
微粉炭機	262035								
美術館	262510	262525							
美術展覽會	264595	264615	267630	267641					
米人	260413	260438	262374	264454					
美座(新任朝鮮憲兵隊高級副官)	265870	266180							
米倉	258916	261461	261770	262417	262648	265045	266180	267018	267786
	268843	269008	269144						
米倉總會	267786								
米澤 米澤喜久松(東拓平壤支店長)	262787	264268							
美化聯合會	261068								
民謠	258454	268302							
民衆警察	258942	263733	268609						
民衆運動	260114								
密賣	257605	258222	258417	263620	264552	264963	265397	265545	266694
	267437	268485	268952						
密輸	257290	257311	257406	257697	257744	257761	258171	258223	258266
	258268	258536	258621	259221	259274	259303	259466	259487	259832
	259934	260118	260139	260604	260726	260911	260913	261067	261085
	262174	262312	262556	262666	263764	263803	263921	264133	264617
	266023	266206	268107	268487					

密陽	260238	260332	261251	265097	267113
密陽署	260238	260332			
密漁	260189	260933	261651	262158	263401
密造	258301	259647	260183	267816	
密航	257584	260138	260825	265773	267059

	ㅂ							
朴(商業銀行頭取)	260881	263952	264345	267442	268630			
博覽會	257313	257390	258345	259217	260150	265142	265157	266149	266367
博物館	257199	257204	257213	258049	258316	259663	259767	259798	260786
	260843	261408	261487	261942	262200	262224	262510	262525	262886
	262933	263120	263160	263292	263405	263709	263847	263892	264494
	264531	264802	265248	265266	265802	266308	266351	266641	266660
	266991	267333	267337	268081	268569	268589	268640	268784	268988
朴棕植	267758	267779						
朴贊珠姬	257518							
朴春琴(代議士)	258446	260795	260881	261461	265709	268991		
半島	257199	257201	257213	257220	257247	257326	257371	257398	257419
	257421	257450	257471	257515	257565	257617	257662	257700	257701
	257749	257790	257798	257810	257833	257859	257887	257930	257973
	258100	258122	258135	258182	258219	258242	258254	258339	258378
	258476	258486	258516	258533	258550	258586	258640	258693	258699
	258735	258992	259017	259168	259210	259262	259296	259632	259746
	259847	259915	259966	260006	260040	260060	260128	260328	260367
	260561	260610	260637	261130	261157	261216	261372	261400	261539
	261575	261730	261757	262013	262812	262932	263082	263827	263844
	264035	264057	264077	264121	264249	264267	264605	264795	
半島警察界	261730	261757						
半島物産	263844							
半ボギー電車	261181	267316						
發破研究所	264198							
防空	257419	259368	260252	260764	263491	263661	265147	265162	266243
防空演習, 防空の演習	259368	260764	263491	265147	265162	266243		
防空獻金	260252							
放浪患者	261552							
芳林(滿洲國民政部囑託)	259659							
防犯デー	261258							
放送	257439	257574	257622	257840	258007	258078	258128	258247	258807
	258887	259104	259402	259640	259816	259842	260017	260125	260147
	260594	261706	262154	262838	262947	262962	263036	263287	263303
	263361	263465	263483	263582	263725	264425	264443	264470	264495
	264548	264612	264628	264634	264676	264729	264747	264858	264999
	265003	265053	265066	265180	265213	265363	265415	265562	265656
	265790	265804	265827	265902	265942	266069	266078	266181	266247
	266404	266467	266653	266716	266931	267090	267104	267142	267190
	267448	267461	267864	267946	268236	268288	268325	268367	268673
	268696	268744	269240	269257	269267	269272	269391	269412	

放送協會	258807	262962	268744						
防水演習	264440								
防疫	261269	261500	262874	263835	264359	264450	264532	265270	266317
	266819	268491	268790	268939					
防疫週間	262874	263835	264450						
紡績女工	261411								
方致規	257398								
防火	257550	257885	258134	258197	258447	264300			
放火	257799	257880	258068	258165	258365	258383	258390	258638	258658
	258823	259087	259441	259708	260119	260211	260290	260357	260455
	260500	260553	260664	260769	260935	260963	260993	261013	261837
	261887	262033	262255	264397	264414	264524	264986	265005	265890
	265981	266387	266542	267245	267771	267773	268603	268903	269025
	269050	269086	269109	269114	269294	269371			
排球	263472	263647	263816	264010	264460	265323	265871	267927	268023
	268142								
白繭	264007								
白頭山	257514	257658	257756	260327	260420	260463	260464	260668	260688
	260817	261015	261076	261240	261396	261721	261739	261912	262163
	262515	264042	264227	268410					
百武(第步七十八聯隊長)	259751	262648							
白茂線	258797	261750	266032	266235					
白米	258610	259634	261206	261959	265944	266023	266679	267543	267934
白米密輸	266023								
白米値下げ	259634	261206	267543	267934					
白兵戰	257296	258607	262193	263864					
白濱	264805								
白石(朝窒總務)	257631								
白石, 白石光治郎(慶南警察部長, 警務局圖書課事務官)	257748	264229	264277	264584	265192	265204	265910	266230	266640
	268149								
白堊殿	262066	262075	262498						
白衣同胞	258858	265734							
繁昌頭	264292								
范(在京城支那總領事)	258341	259574	263004						
犯罪搜査規定	261129								
法院	257526	258842	258852	259868	260108	260240	260347	260526	260538
	261977	263984	264184	264281	264752	265073	265453	265480	265492
	265738	267425	267640	268022	269427				

法醫學會	260823								
僻地	262933								
變電所	257765	263241							
邊村(咸南知事)	262787								
辯護士	259933	260690	260878	261033	262044	262133	263186	263591	264503
	264943	265725	266347	266623					
兵器	257599	258158	258190	258327	258834	259746	262102	262403	263343
	263491	263957	266529	267663	267683	268858			
兵器廠出張所	258834								
兵器獻納式	257599	262403							
兵隊	257467	257830	258355	258542	259402	259549	259746	260054	260526
	260750	260765	261111	261278	261364	261369	262018	262065	262069
	262219	262225	262263	262329	262582	262601	262787	263012	263283
	263532	263896	265434	265588	265628	265738	265870	266008	266180
	266393	266658	266681	267614	269210	269372			
病牛肉	264963								
病院	257314	257339	257423	258320	258933	259059	259436	262203	262472
	264354	264389	265571	265628	265709	265910	266746	268459	268976
	269028								
病原體	267932								
步工聯合演習	266288	266453							
普校, 普通校, 普通學校	257338	257620	257639	257642	257754	258031	258380	258639	258681
	258772	258938	259242	259451	260173	260498	260537	261178	261608
	261627	261998	262695	263167	263230	264796	264834	265708	266840
	267179	267186	267991	268151	268283	268689	268799	269013	
寶物	258598	258695	258728	258766	258805	258893	258943	258993	259046
	259158	259210	259263	259319	259367	259423	259473	264207	264796
	265584	267212	267715	267728	268027	268059			
寶物カメラ探訪	258598	258695	258728	258766	258805	258893	258943	258993	259046
	259158	259210	259263	259319	259367	259423	259473		
步兵八十聯隊演習	262420								
步飛演習	264651								
步飛聯合演習	264997	265112	265376						
普成專門	259540	263126							
補習學校	259156	259184							
保安課	257251	258252	258311	258368	259107	259147	259230	259271	260194
	260731	260838	261022	261274	261969	262279	262517	264989	267250
保養所	265052	265138	265505	266051					
保育所	261494	261524	262013	262147					
普通文官試驗	265741	265757	265811						
步砲兵聯合演習	264081								

保險	257342	258151	259180	261772	262162	262481	263909	264414	264831
	264929	265453	266336	267441	267724	267960	268482	268795	268903
	269022								
福岡	263951	266600							
福江(總督府警務局理事官)	260881								
福德無盡總會	265026								
福島	258385	259109	259130	259238	260651	260822	260857	261177	263532
	263719	264385	266210	267502	267515	268132	268980	269334	269372
福島, 福島莊平(平壤商工會議所會頭)	258385	259238	260651	260822	260857	261177	263532	263719	264385
	266210	268132	269334						
福島商工會議所	260822								
服毒	257992	261995	263639	263891	264643	268452	268905		
服部(總督府新京駐在所事務官)	262569	268744							
服部昇治(平北保安課長)	261022								
福田(慶北高等課長)	260208								
本官飛行場	264092								
本島	263196	263979							
本道戶山學校	260240								
本田(朝鮮金聯金融部長)	264184	266995							
本田昇(元慶北道善山警察署長)	269427								
奉告祭	258126	258288	263510	264770	268148	268445	269054		
奉德寺	259319	259533	269272						
蜂屋孝之(慶北安東邑長)	260339								
奉讚	257943	263459	267380	267396	267633	267972	268078	268095	
奉天	257931	258550	259137	259746	260973	261020	264055	264085	266124
	268849								
奉天大會戰, 奉天會戰	257931	258550							
奉天總領事	264085								
奉祝大祭	257200	257217	259922	262269	264080				
奉祝尚武祭	261851								
部落	257224	257601	258062	258091	258116	258230	258267	258542	258735
	258840	259093	259138	259288	259784	260828	261007	261009	261254

	261274	261478	263733	263977	264045	264608	265001	265144	265159
	265844	266374	266752	267038	267223	268482	268546		
部落民	263977	264045	265844	267223					
浮浪者	259925								
釜山	257218	257250	257435	257437	257439	257517	257528	257564	257576
	257622	257628	257629	257655	257663	257670	257675	257704	257735
	257751	257754	257791	257801	257840	257851	257886	257889	257937
	257938	257979	257981	257985	258125	258128	258180	258195	258229
	258247	258248	258396	258410	258456	258459	258529	258553	258554
	258556	258568	258605	258610	258614	258729	258732	258773	258822
	258835	258860	258941	259001	259005	259110	259121	259162	259174
	259180	259213	259278	259281	259324	259329	259334	259436	259477
	259482	259485	259491	259531	259535	259541	259637	259648	259650
	259789	259805	259854	259930	259932	259937	259939	259971	260017
	260024	260051	260053	260056	260099	260138	260193	260227	260276
	260278	260285	260368	260376	260380	260414	260462	260478	260519
	260526	260566	260612	260661	260712	260740	260837	260863	260882
	260937	260985	261034	261086	261093	261152	261166	261249	261306
	261310	261361	261366	261370	261447	261457	261460	261489	261553
	261660	261706	261718	261755	261756	261771	261787	261809	261816
	261819	261824	261862	261863	261916	261943	262008	262016	262018
	262062	262102	262136	262150	262154	262164	262210	262266	262271
	262281	262286	262289	262355	262402	262403	262504	262508	262517
	262553	262568	262603	262638	262640	262668	262677	262703	262704
	262705	262713	262731	262764	262772	262777	262817	262861	262863
	262870	262873	262903	262910	262917	262944	262948	262952	262957
	262992	263003	263036	263044	263051	263095	263130	263134	263187
	263188	263189	263190	263229	263254	263262	263312	263315	263328
	263364	263408	263415	263419	263420	263425	263456	263475	263478
	263518	263525	263526	263570	263578	263594	263628	263643	263678
	263729	263734	263740	263774	263788	263842	263845	263855	263879
	263888	263946	263948	263949	263986	264008	264044	264081	264086
	264120	264122	264126	264134	264182	264183	264184	264216	264271
	264331	264333	264343	264369	264413	264418	264442	264446	264451
	264461	264463	264496	264502	264505	264534	264548	264549	264644
	264675	264681	264697	264730	264736	264739	264749	264772	264776
	264784	264797	264821	264857	264864	264894	264897	264903	264948
	264950	264978	265007	265054	265085	265097	265143	265144	265152
	265154	265158	265159	265165	265168	265270	265274	265275	265299
	265320	265341	265344	265348	265376	265391	265431	265439	265493
	265503	265550	265577	265582	265588	265627	265656	265657	265662
	265730	265778	265808	265823	265849	265855	265857	265865	265905
	265941	265942	265946	265947	265953	265954	265994	266006	266043
	266049	266086	266094	266100	266144	266181	266185	266229	266230
	266255	266257	266261	266280	266306	266311	266318	266320	266325
	266333	266357	266362	266367	266396	266403	266404	266418	266441

	266461	266470	266498	266500	266501	266547	266593	266632	266677
	266714	266716	266758	266762	266765	266766	266774	266780	266821
	266859	266860	266868	266870	266903	266904	266930	266931	266938
	266942	266983	266989	266996	267061	267078	267114	267142	267143
	267149	267162	267171	267179	267186	267190	267191	267204	267210
	267222	267239	267241	267242	267283	267285	267352	267375	267441
	267496	267551	267580	267608	267633	267651	267661	267695	267724
	267725	267827	267864	267865	267869	267871	267907	268009	268021
	268022	268023	268067	268091	268182	268206	268240	268245	268255
	268287	268289	268296	268298	268324	268325	268331	268333	268346
	268348	268391	268399	268417	268458	268460	268465	268505	268525
	268566	268571	268610	268623	268626	268628	268667	268670	268718
	268732	268801	268841	268847	268888	268955	268984	268986	268987
	269005	269006	269047	269087	269100	269123	269131	269139	269142
	269175	269181	269182	269214	269269	269278	269307	269363	269373
	269398	269401	269406	269410	269428				
釜山敬老會	262016								
釜山高等小學校	260099								
釜山公立高等小學校	264496								
釜山公立高女	268801								
釜山公立初等學校	267661								
釜山觀光協會	265341								
釜山教育部會	263262								
釜山放送局	257622	257840	258128	258247	260017	261706	262154	263036	265656
	265942	266181	266404	266716	266931	267142	267190	267864	
釜山府立病院	259436								
釜山婦人會	266441	266470							
釜山府電	263855								
釜山府會	260051	260227	260368	260414	260462	260519	260612	260661	266870
	268206	269139	269142						
釜山分掌局	262508								
釜山商工會議所, 釜山商議	257937	263190	263312	263425	263628	263948	263986	264184	264369
	264418	264463	264736	265947	266230				
釜山稅關	261034	263095	265143	265158	267210	268667			
釜山消防組	264126	266396	266418	266714	266821	268255			
釜山水産會社	263678								
釜山水上署	257628	260024	264857	266094	266255				
釜山輸出協會	265849	265994							
釜山驛	266632								
釜山一商	261771	261787	261819	264776	264797	265007			
釜山中央市場	263518	263578	263774	263888	264331				

釜山中學	261771	261787	261819	261916	262517	264730	264749	265007	267352
釜山職紹	258556	259485	259637	268287					
釜山職業學校	257886	258860							
釜山鐵道事務所	262355	263189	264681	264697	266780	266870	266904	268298	
釜山體育協會	261306								
釜山通信部	260712	262164	268023	268348					
釜山港	257791	258941	261460	262150	264772	265154	265168	266766	
釜山刑務所	260526	264081	269006						
釜山會議所	259324	262281							
副業展覽會	267661								
富永(京畿道知事)	260382	262069	266684	266703					
府營バス	257494								
富永繁行(平壤專賣支局庶務課長)	261487								
府營電氣	259913	261829							
府營鐵道	259929	261905							
府外居住者	258902	259094	259198	259452	259815				
府議選擧	261310	261660	262942	262966	266867	267859	267971	268056	268242
	268472	269034							
婦人	257227	257352	257565	257853	258053	259338	259706	259832	259958
	259982	260091	260128	260162	260746	260827	260958	261045	261047
	261303	261596	261646	261758	262119	262192	262358	262396	263539
	263670	263786	263861	263958	263992	264129	264887	264906	264982
	265937	266005	266143	266441	266470	266817	267076	267087	267644
	267659	268022	268182	268296	268445	268572	268883	268910	269273
婦人報國祭	259338								
婦人會	257352	258053	260091	260827	261596	261646	262119	263786	265937
	266005	266441	266470	268182	268445				
富田(朝鮮軍參謀)	258780	259440							
府電買收	259986	261012	261746	263400					
府電問題	261465	266329	269193						
府政刷新大會	261829								
不正株屋	258093								
富澤平商普教諭	261487								
府會懇談會	259373	259906	263726						
北滿	260823	266162	266741	266759	268178				
北鮮	257283	257345	257539	257544	257556	257557	257634	257677	257858
	257871	257920	257951	257962	258147	258153	258211	258257	258475
	258503	258511	258702	258706	258745	258747	258782	258792	258811
	258829	258837	258853	258881	258917	259018	259075	259089	259140
	259183	259202	259302	259317	259350	259458	259557	259560	259665
	259772	259923	259973	259997	260043	260310	260359	260402	260554

	260594	260684	260744	260760	260850	260890	260906	261018	261051
	261058	261161	261166	261221	261243	261339	261461	261564	261570
	261576	261580	261677	261683	261685	261751	261925	261974	261991
	262130	262132	262224	262427	262532	262533	262540	262575	262614
	262621	262682	262697	262711	262743	262749	262798	262800	262801
	262820	262837	262862	262951	262977	263045	263099	263346	263481
	263532	263687	263723	263748	263791	263806	263873	263878	263902
	264063	264089	264190	264229	264251	264255	264309	264344	264352
	264388	264395	264429	264477	264493	264509	264513	264515	264571
	264618	264646	265077	265331	265956	265960	266019	266235	266278
	266328	266381	266424	266576	266618	266643	266690	266736	266741
	266759	266914	267063	267065	267078	267091	267129	267134	267192
	267215	267233	267251	267263	267270	267286	267294	267408	267414
	267431	267566	267591	267786	267830	267968	267979	268011	268073
	268105	268208	268211	268214	268220	268310	268361	268430	268475
	268583	268596	268751	268924	268934	268972	268975	269007	269033
	269058	269098	269187	269204	269290	269386			
北鮮景氣	264251								
北鮮線	262621								
北鮮紹介所	261751								
北鮮視察團	259772	260359	261974						
北鮮新潟航路	261161	263346							
北鮮製絲總會	267968								
北鮮製紙	259973	259997	260043	260744	260760	261051	262132	263099	263532
	263791	264063	264229	264255	264513	264646	267063	267786	269187
北鮮鐵道	257951	261221	261243	261683	262130	263806	265956	266618	267414
	268105	268972	269098						
北鮮鐵道局, 北鮮鐵道管理局	262130	263806	266618	268105	269098				
北鮮炭	257634	261580	262800	269007					
北鎭金鑛	267964	267981							
北鐵	257734	258312	262507	262892	263408	264675	264852	264875	265456
	266200	266927	266999	267016	267836	268534	268637	268911	
北鐵管理局, 北鐵局	257734	258312	266927	266999	267016				
北鐵代償金	263408								
北鐵線	268534	268637	268911						
北漢山	257275								
北海道	257678	268090	268113						
粉の搬出檢査	260969								
分掌局	257704	257786	259950	261125	261674	262042	262508	262590	263287
	263477	263490	263862	263898	264065	264095	264103	264435	264646
	264929	265480	266399	266657	266682	266780	266922	266973	267724
	267731	267961	268022	268882	269095	269395			

不景氣	267850	267877	268050	268074	268470			
不敬事件	262663	262897						
佛教	258286	259568	259691	259720	261056	261093	261162	262050	262297
	263219	264324	264492	264869	265052	266232	268296	268695	
佛教勝友會	264869							
佛教研究會	268296							
佛教夏季大學	266232							
佛國,フランス	261473	261650	267289	267297				
佛軍艦	263684							
不良水組	260784	261550	262194	262235	262497			
不良水組の整理	260784	261550						
不良支那人	258863							
不二興業	261051	261209	261211	261727	263149	264870	265956	
不況	259617	261118	268536					
肥料	257294	258991	259072	259434	259581	259602	259750	260228	260895
	261591	261631	261815	261839	262364	262397	262641	263383	263521
	263937	264482	266343	267912	268613				
肥料統制令	259581	259602	260228					
飛山洞派	266757	266893	266985	267026				
鼻疽	257291	257547	258140	258687	259228	261502	264808	265776	
飛行	257231	257335	257367	257382	257531	257640	257658	257668	257788
	257863	258359	258361	258418	258718	258782	258811	259219	259351
	259403	259507	259621	259665	259702	259705	259729	259737	259968
	260031	260032	260083	260089	260112	260224	260264	260279	260558
	260577	260723	260767	260799	260872	261158	261225	261472	261491
	261523	261855	261876	261937	262069	262435	262541	263356	263419
	263498	264036	264092	264348	264619	264861	264893	265406	265419
	265556	265628	265637	265926	265991	266213	266216	266813	267047
	267062	267322	267490	267516	267636	267649	267768	267808	267837
	267881	268378	268471	268694	268899	269216	269377		
飛行機	257335	257668	263356	267516	267636	267649	268471	
飛行士	257658	258359	258418	258782	258811	259351	259621	260279	261855
	261876	262435	263498	264861	267047	267062	267322	267490	267768
	269216								
飛行場	257531	257788	257863	259665	259729	260224	260767	260872	262069
	263419	264036	264092	264893	265556	265637	265926	266213	266216
	266813	267837	267881	268378	268694				
飛行第六聯隊	261158	261937	262541					
貧農救濟	261689							
氷上警戒陣	257406	257769						

人									
射擊	262065	262162	262289	262879	263618	263651	263786	263794	264123
	265505	265830	266036	267179	267186	268046	268084	268182	268191
	268255	268296	268400	268447	268626	269065	269264		
沙金	257697	257807	257892	260737	260970	267472			
寺內伯, 寺內元帥, 寺內總督	260737	262498	263407	266351	266641	266660	267079	267150	267359
	267371	268808							
師團對抗演習	259421	261026	261053	264111	264137	264637	265491	265670	265990
	266255	266553	266591	266928	267448	267461	267587	267601	267636
	267649	267663	267683	267699	267714	267807	267895	268096	268453
	268488								
寺洞線	260362	261377							
辭令	257545	258438	259226	259264	260018	260098	260127	260229	260263
	260465	260517	260588	260618	260643	260646	260657	260663	260706
	260728	260759	260775	261132	261255	261360	261454	261559	261594
	261630	261644	261645	261687	261725	261733	261762	262272	262301
	262418	262460	263133	264376	264955	264977	265055	265067	265071
	265087	265091	265127	265181	265443	265461	265616	265895	265939
	266438	266615	266638	266770	266986	267028	267200	267220	267235
	267314	267328	267342	267413	267415	267432	267435	267436	267619
	267631	268237	268540	268576	269060	269400			
沙里院	258154	258428	258489	258927	260299	262016	262429	262751	263161
	263252	263404	263488	263550	263621	263660	263712	263809	263877
	264033	264075	264101	264250	264399	264432	264439	264528	264585
	264610	264616	264672	264704	264725	264758	264884	264927	264992
	265355	265467	265641	265690	265715	265838	265884	265977	266018
	266161	266294	266753	266911	267042	267127	267293	267529	267538
	267774	267886	268000	268036	268116	268166	268313	268594	268714
	268773	268826	268881	268896	269029	269064	269164	269206	269298
	269380								
沙防工事	257274	259222	260047	261202	261659	262009	269169		
沙防事業	257274	258956	259839						
師範學校	259756								
事變	259469	259497	259751	259867	260058	261031	262812	262932	265221
	265289	265361	265597	266243	266580	266710	266930	267041	267098
	267109	267126	267146	267360	268520	268535	268750	268781	268801
事變論	265597	268520	268535	268750	268781				
思想檢察	260172								
思想犯	262494	263118	263555	269167					
思想惡化	259464								
卸商聯盟委員會	266273								
私設裁判	264606	264757							
蓑田(平壤刑務所長)	259950								

寫眞	257574	257658	257952	259102	259128	260376	260464	260668	260688
	260817	260872	260892	261015	261076	261240	261396	261401	261448
	261721	261739	261826	261850	261868	261912	262163	262225	262263
	262515	262720	263051	263725	264516	264856	264863	264877	265030
	265229	265361	265678	265693	265737	266622	266641	266728	266739
	266763	266833	266856	266906	267055	267122	267166	267175	267198
	267209	267230	267247	267334	267338	267444	267457	267474	267492
	267502	267515	267529	267538	267554	267574	267593	267599	267616
	267632	267639	267652	267682	267696	267704	267721	267734	267746
	267764	267778	268234	269092	269106	269278			

沙川事件	263476							
私鐵	259067	262400	262473	268061				
社會教化	259818	262513	263534	264406	267441	267661		
社會事業	257686	257980	258347	258614	258946	261494	261524	262147	265378
	265591	265620	266862	267213	267428	268558	268601		
産繭	257607	260894	263132	263543	264007	265109	265129	268037	
産繭絲	264007							
山口(農林局理事官)	258574							
山口(殖銀産業金融課長)	257631	258143	258208	263099				
山口前高級副官	260011							
産金獎勵	259111	259143	260613	260737				
産米改良打合會	266093							
山本, 山本犀藏(西鮮合電社長)	261117	261153	261243	263190				
山本正誠(新任元山商業學校長)	261022							
山森少佐(全州高普配屬將校)	260292							
山上, 山上逸(朝鮮銀行祕書課長)	257396	262279						
山岳會	257658	260464						
産業開發	259823	264714						
産業道路	259447	261703						
産業博	258374	258399	259005	260015	261084	261165		
産業審議會	257700							
産業調査會	262811	262842	265145	265160	265195	265207	265386	269095
産業組合	257635	257660	262065					
山田(軍管理部長)	267034							
山田(朝鮮軍高級副官)	266103							

山田(朝郵營業課長)	266619	266904	268183					
山際(大藏省銀行局事務官)	268858							
山中(海軍燃料所長)	262605							
山中大吉(府會議員)	261613							
山川(貴族院議員)	261728							
山澤(總督府商工課長, 農林局農産課長)	258577	258596	258616	260750	264085	264229	266951	
森(專賣局庶務課長)	263265							
森(朝郵社長)	257950 266681	258311	258616	260838	261560	262069	263099	264085 266658
三谷一三(實業家)	267585	267695						
森島(獨逸大使館一等書記官)	262463							
三輪和三郎(新任元山警察署長)	261022							
杉山茂一(新任光州府尹)	267442	267585						
三上東拓參事	263952							
森重(拓務省企劃課長)	264345							
三陟炭田	257243							
森矗昶(昭和肥料社長)	257294	267522						
三宅(龍山第二十師團長)	259751 261401 263862 268533	259773 261487 264502	260233 262069 265062	260276 262116 265956	260731 262164 266103	260822 262635 266995	261051 262680 267034	261211 261300 262950 263478 267180 268397
三浦(關東局警務廳長)	267120							
三浦(新任朝鮮軍參謀)	265628							
商工省	260194	265220	266904					
商工會議所, 商議	257298 258810 260584 261211	257490 258931 260651 261269	257661 259354 260822 261315	257700 259398 260857 261369	257900 259662 260878 261421	257937 260300 261000 261461	258027 260435 261093 261584	258152 258783 260482 260525 261152 261209 261666 261969

	262065	262120	262220	262289	262365	262513	262570	262630	262679
	262783	262851	262934	263004	263095	263151	263189	263190	263286
	263312	263419	263425	263532	263604	263628	263692	263702	263719
	263794	263948	263953	263986	264087	264184	264217	264225	264344
	264369	264418	264463	264496	264631	264653	264736	264831	264957
	264979	265026	265103	265708	265786	265810	265907	265947	266083
	266102	266134	266135	266210	266230	266232	266238	266307	266397
	266437	266443	266466	266764	266771	266836	266850	266891	266898
	266907	266933	267009	267058	267181	267349	267460	267465	267539
	267694	267754	267802	267821	268089	268105	268132	268167	268204
	268212	268232	268233	268234	268381	268503	268525	268757	268785
	268876	268907	268954	268980	268989	269044	269141	269146	269259
	269320	269372							
箱崎(鮮銀支店課長)	266951								
上內(總督府警務局保安課長)	261969	262517	264989	267250					
上瀧(總督府人事課長)	260526								
相續法	260862	260886							
相續稅	261600								
上水道	262423	264921	265534	266696	269302	269309			
上野(平壤府內務課長)	263719								
上野(咸南警務課長)	257307								
上野彦八(新任釜山府理事官)	267651	267695	267725						
商業組合令	262770								
商業學校	261022	268182							
商銀	260202	260846	261051	262069	262490	262873	262905	262910	263044
	263442	263692	263952	264180	264345	264606	264623	264757	265936
	266131	266174	267110	267442	267745	268630			
相川不盡夫(新任黃海道農務課長)	267846								
上海	257554	257783	258653	259388	260058	260480	260550	260624	261795
	263142	263819	265494	266882	268600				
上海事變	260058								
上海朝鮮人會	260480								
色服獎勵, 色服の獎勵	257598	258132							
色部(東京駐在鮮銀理事)	261370	261461	265279	266008	266103	266545			

生活改善	258963	260162	263071	263976					
生活難	261270	261347	265387	265601	267268	268486	269371		
西龜(總督府衛生課長)	258143	259276	263265						
西崎(財務局理財課長)	259762	263597	267695						
西大門署	259487	261210							
西大門刑務所	263460								
庶民金融	265733								
西本(殖産局水産課長)	262018	262787	266514	268397	268744				
西北鮮	257677	259458	260310	260594	261166	262540	262837	262862	263045
	264089	266019	266643	267065	267078	267979	268011	268430	268751
西鮮	257261	257404	257498	258010	258623	258745	258929	259204	259462
	259467	259949	260072	260305	260535	261100	261122	261153	261211
	261243	261334	261519	261626	261866	261919	262024	262294	262368
	262664	262693	262754	262844	262883	262926	262968	263015	263019
	263054	263190	263226	263241	263297	263383	263398	263654	264096
	264840	264859	266024	266063	266278	266327	266569	266571	266885
	266910	267312	267366	267422	268079	268219	268412	268585	268697
	268767	268858	268873	269063	269073	269250	269280	269373	
西鮮合電	257261	257404	258010	259204	260535	261243	269373		
西日本	263073	263096							
西田敬三(總督府水産試驗場長)	258471	258529							
西村泰次郎(咸南農務課長)	267014								
敍勳	257982	265760							
釋迦降誕祭, 釋尊降誕祭	261430	261531	261931						
石油	257570	258660	258901	258992	259017	260863	260999	261043	261460
	262220	262325	262787	262825	263594	264224	268093	269293	
石田, 石田保道少將(鎭海要塞司令官)	260499	260750	268023						
石田, 石田千太郎(總督府鑛山課長)	261211	261370	261461	261993	262164	262880			
石炭	257700	258161	259228	260402	262802	262831	263246	266200	268833
石灰窒素工場	263384								
選擧	258057	258210	258369	258396	258505	258859	259178	259324	259788
	260133	260154	260389	260865	260950	261196	261261	261276	261281

	261299	261310	261372	261400	261516	261660	261893	261918	261943
	262029	262125	262210	262281	262339	262340	262501	262574	262633
	262682	262697	262719	262730	262741	262764	262942	262943	262966
	263093	263109	263134	263425	263628	263948	263986	264369	264418
	264525	265038	265148	265163	265256	265810	266083	266135	266238
	266307	266397	266437	266466	266589	266836	266867	267181	267539
	267694	267859	267971	268056	268167	268204	268205	268234	268242
	268472	268612	268876	269034					
選擧違反	261893	261918	262125	262210	262719	262730	262741	262764	262943
	265256								
宣敎師	261732								
鮮農	258183	258231	258342	258701	258963	259791	259949	261152	262862
	263477	263688	263725	263937	264240	265278	267239	269153	269176
鮮農救濟	264240								
善隣商業	264405	264427	265007	268278					
鮮滿	257353	257372	257500	257522	257756	257779	258784	258967	259022
	259045	259102	259128	259718	259909	260275	260937	261059	261420
	261490	261613	261671	262120	262593	262727	262738	263095	263528
	263675	263967	263998	264186	264274	264285	264595	264615	265277
	265321	265630	265785	265853	265974	266008	266088	266131	266145
	266180	266244	266608	266741	266759	266820	267224	267630	267641
	267705	267722	267797	267814	268049	268182	268440	268622	268673
	268696	268748	268817	268938	269219	269267	269391	269412	
鮮滿郵便爲替	261490	263998							
鮮滿直通電話線	264285								
鮮滿拓殖會社	265853	266244	268622						
鮮米	258446	258696	258929	259337	259523	261093	261269	261271	261300
	261354	261356	261542	262047	262134	262259	263359	263370	264289
	265485	265807	266400	266440	266469	266569	267053	268290	268300
	268322	269378							
鮮米運賃	262047	262134	263359	266400					
鮮米協會	261093	261269	261271	261300	267053				
船運勞働組合	257827								
鮮銀	257329	257396	258291	258726	258769	258809	259262	260009	261370
	261461	261501	261540	261566	261597	261770	261916	262162	262279
	262873	263594	263676	263693	264502	264647	264733	264989	265279
	265398	265487	265522	265575	265850	265880	265992	266008	266103
	266114	266230	266283	266356	266514	266545	266780	266951	267034
	267120	267802	268085	268806	268858				
鮮展	260149	260186	260206	260472	260491	260531	262159	262247	262260
	262358	262396	262417	262424	262445	265678	265693		
鮮航同盟會	261259	262047	262134	264289	265485	265573	265588		
鮮航會	261204								
雪之丞變化(小說)	266868	267185	267656	267693	267869	268408			

暹羅	261954	262868	266145						
暹羅舞踊劇團	261954								
暹羅議員團	262868								
纖維工業	259114	259391	263260						
城大	257423	259321	259638	259761	260175	260239	260416	260823	261271
	262330	263587	263782	263856	263951	264005	264010	264040	264081
	264084	264404	265139	265851	266274	267301	267441	267546	267819
	268168	268329	268398	268459	268467	268674	268956		
聖德太子堂	265384								
性病	262570								
城津	257730	258018	258429	258433	258753	258973	259780	261060	262319
	262751	263009	263038	263284	263872	264566	264765	265283	265327
	265332	265474	265635	265756	265877	267259	267471	268466	269012
城津小學校	263284								
城津港	265283	265877	267259						
成川	258165	263331	266474	266908	269066				
成川署	269066								
猩紅熱	257203	260433	268425	269018					
稅監局	257845	259647	259810	260947	261588	261927	262333	262375	262754
	262916	263308	264251	265092	265900	266110	266214	266349	267900
	267919	268661	269382						
世界一周	260213	261084							
世界キリスト教青年會同盟	260194								
稅關	257522	257628	258157	258177	258217	258561	259018	259133	259137
	260901	261034	261119	262334	262593	262798	262820	263095	263200
	263237	263464	264134	264239	264312	265143	265158	266194	267210
	268103	268419	268481	268667	269201				
細農	258473	262099							
稅務監督局	257543	257573	260651	262354	263283	263647	265852	266180	266230
	266973	267961	268132	268226	268753				
稅務署	258362	258555	259408	260304	261406	261600	262065	262230	262322
	262464	262754	262901	263647	264109	266017	266973	268767	268857
稅制	257789	262100	262511	263268	263358	263766	264889	265016	265138
	266971								
少年救護法	259846								
少年勞働者	261223	261411							
少年赤十字團	258509								
少年航空兵	258318	261856	268593						
少年刑務所	259844	260442	262055	262111	266455	268517			
小島(鮮銀監事)	257543	257573	265398	267120	267181				
昭道會	269253	269353							

小鹿島	257590	257612	258765	259269	259582	259925	260331	260474	261558
	267318	267780	267901	268054					
小柳(新潟市長)	264295								
小林(鎮海要港部司令官)	257327	257419	259806	260100	264085	264295	264304	264464	268583
	268744								
小林(鐵道局經理課長)	263791								
小林博(釜山府庶務課長)	261370								
巢立つ花形選手	258426	258476	258532	258578	258623	258669	258707		
小麥	261794	265732							
小暮海軍大佐	264229								
消防	257208	257250	257638	257666	257733	257773	257885	257932	257936
	258028	258097	258107	258344	258550	258951	259315	259325	259644
	259674	259714	259811	260082	260287	260415	260448	260837	260931
	261093	261187	261194	261209	261269	261482	261607	261793	261822
	261903	261941	262018	262065	262103	262879	262955	263159	263419
	263594	263947	264126	264245	264411	264514	264732	265526	265661
	265770	266396	266418	266714	266762	266767	266821	267046	267252
	267271	267642	267649	267698	267713	267848	267858	268022	268047
	268156	268172	268229	268255	268271	268295	268328	268344	268435
	268447	268745	269025	269273					
消防講習會	259315	261093	261269						
消防組	257208	257638	257666	257733	257932	258097	258550	259325	259811
	260287	260448	260837	261187	262065	262879	262955	263159	263594
	264126	264245	265526	266396	266418	266714	266821	267046	267252
	267271	267642	267649	267858	268022	268047	268156	268255	268435
消防協會	259714								
小城(釜山遞信分掌局長)	266780								
小林中將(鎮海要港部司令官)	260100								
小作權	259613	262853							
小作人	257797	258599	259613	262486	263304	263351	264786	265689	
小作爭議	265466								
小田(東拓庶務課長)	263952	264055							
篠田(李王職長官)	257294	258964	261560	263005	263988	265104	266514	268183	
小田島嘉吉(平壤稅務監督局經理部長)	267961	268226	268356						
燒酎	258266	259827	260071	263402	266389	268042			

小泉, 小泉親彦 (陸軍省醫務局長)	258208	261487						
小泉顯夫(平壤 博物館長)	261487	263451	268809					
昭和	257294 268103	258614 269266	259694	262348	262388	266096	266203	267805	267820
小丸源左衛門 (大田刑務所長)	260634							
孫基昌(滿洲國 財政府大臣)	268149							
孫文	259692	259980						
孫永穆(新任江 原道知事)	260750	260795						
宋, 宋文憲(新任 京畿道産業課長)	260795	260881						
松岡(滿鐵總裁)	268692	268719	268882	268975	269033	269077	269095	269122	
松岡修二(咸北 警務課長)	263911							
頌德碑	257797	257959	258012	267223				
松島(忠北內務 部長)	266995							
松都高普	264032							
松濤園	263650	263914	264708	264711	264731	265079		
松本(前殖産局長)	262220							
松本(朝鮮製錬 社長)	262919	263190						
松山(遞信局海 事課長)	260881							
松原(鮮銀副總裁)	261540	261566	261597	261770	265279	265487	265575	
松田(鮮銀理事)	258726	266356	266514	266780	268806	268858		
送電線	257261 261957	257360 262492	257819 263250	259097 264203	260262 264712	261617 267410	261699 268836	261790 269280	261877 269299
松井(米倉社長)	261770	262417	262648	266180				
松井大將	267731							
松井民次郎(平 壤府會副議長)	259398							
宋鎭禹(東亞日 報社長)	257396							
松澤正雄(茂山 國境守備隊長)	266558							
碎氷船	257305	264070	265644	266057	266246	267480		

水飢饉	258334	262436	262489	263362				
水難者救助訓練	265814							
水道	257633	259372	259387	260010	260278	262423	262830	262978	263419
	263886	264921	265040	265338	265511	265534	266696	267804	268334
	268586	269134	269302	269309					
隧道工事	258323	261391							
水道協會	262830	262978	263419						
水魔	265458	265508	265541						
水防團	261768	263849	264456	264472	265144	265159	265382	265430	265618
	265840	266368	268848	268930					
水防組合	260869	260926							
水産共進會	266092	267811							
水山面	260647								
水産試驗場	258529	266225							
水産獎勵館	258351								
修身教科書	257376								
水野(釜山商議理事)	263190								
修養講演會	262289	262355							
水泳	264321	264440	264813	264843	265952	266008	266051	266318	266725
水泳場, プール	257448	258294	258389	259401	260600	260682	261343	262979	263135
	263182	263189	263710	264149	264163	264244	264763	264805	264843
	265019	265580	265659	266126	266384	266523	266796		
穗積(總督府殖産局長)	258616	258780	260240	261211	261271	261304	261326	262806	263738
	266999	267016	268954	269036	269329	269357			
水電	257631	259183	259317	259619	261373	261854	262743	263597	264203
	265114	265146	265161	266112	266359	266732	267170	268927	269015
	269063	269180	269186	269208					
須田, 須田稔海軍少將(新任寺洞海軍鑛業部長)	268960	269119							
水組, 水利組合	257355	257911	258331	258889	260784	261550	261908	261965	262065
	262194	262235	262497	263095	264256	264527	267676	267776	267791
	268300	268442	268967						
輸出協會	265376	265657	265849	265994					
修學旅行	259942	260411	261122	261969	262018	262045	262716		
水害, 水禍	257274	257428	257429	257638	257666	257977	258104	258133	258194
	258344	258391	258602	259166	259222	259378	259475	259849	259904
	259998	260047	260136	260655	260735	261071	261075	261202	261599
	261633	261768	262060	263374	264854	264958	265074	265134	265357
	265404	265440	265457	265481	265634	265836	265888	266021	266150
	266182	266436	266863	267144	267145	267191	267204	267473	267489
	267505	267517	267718	267732	268539	268842			

水害避難民收容所	265888							
受驗地獄	258737	260452						
淑明女高普	260085	262108	263532					
巡査	257234	257244	257252	257281	257361	257473	257716	258138	258466
	258488	258523	258982	259236	259275	259731	260545	260551	260628
	260854	260943	261116	261167	261397	261712	261847	261873	261990
	262124	262218	262395	262441	262665	262757	263010	263017	263363
	263579	263762	263822	264258	264556	264625	265211	265346	265741
	265757	265819	265865	266094	266141	266292	266564	266861	266895
	268255	268269	268388	268999	269203	269247			
巡査中等學校	265741	265757						
順安	266472							
殉職	257234	257821	257965	258749	259218	259245	260193	260223	260251
	260415	261209	261682	261822	262218	262441	262679	263419	263689
	263746	263811	264245	264732	265440	265587	267380	267396	
殉職勇士	263811							
順川	263075	264613	265978	266330	266636			
順化院	257431	258029	261963	263473				
巡廻講習會	264761							
巡廻農業展	262495							
巡廻診療	259528	261654	266021					
崇義女學校	268131							
崇仁商業	268200	268228	268812					
市街戰	259104	259364	259618	267126				
市街地計劃令	259536	263905	264582	265869	268103			
矢鍋(朝鮮金組聯合會長)	257904	262880	262919	265738				
矢島(農林局長)	258996	259159	259230	259339	260654	263509	264055	265738	266039
	267002	267021	267938	268023	268630	268744			
矢本(海州地方法院長)	265480							
矢野(總督府祕書官)	258964	260026	262463	266008	266145			
矢野, 矢野桃郎(全南內務部長, 總督府遞信事務官)	257543	257573	258024					
矢野, 矢野惰太(第一生命社長)	262721	262517						
施政記念事業	264783							
施政記念日	265448	266447	266660	267239				

施政二十五周年記念, 施政廿五周年記念	257616	266105	266140	266338	266360	266421	266442	266739	266763
	266833	266856	266880	266892	266957	266978	267067	267080	267166
	267175	267179	267186	267191	267204	267215	267233	267251	267270
	267286	267294	267340	267348	267380	267396	267409	267441	267452
	267499	267512	268525						
試驗飛行	258782	258811	259507	260031	269216				
食糧不足	260310	261413							
植物檢査	257920	259514	263095	265971					
植民地	257493								
殖産	257882	257904	258164	258616	258780	260240	260320	260409	261211
	261271	261304	261326	261763	261784	262220	262325	262806	263738
	265427	266492	266514	266999	267016	267120	267307	267319	267914
	267926	268652	268756	268954	269036	269329	269357		
殖産局	258780	260240	260320	261211	261271	261304	261326	262220	262325
	262806	263738	266514	266999	267016	267120	267307	267319·	267914
	267926	268954	269036	269329	269357				
殖産銀行, 殖銀	257253	257488	257631	257882	257904	257950	258143	258164	258208
	258780	260369	260881	260932	261421	261540	261572	261613	261802
	261899	262517	262569	262605	262661	262678	263099	263149	263325
	263472	263531	263646	263686	263693	263791	263896	264557	264832
	265870	265910	265955	266002	266040	266059	266354	266951	267030
	267160	268907	269055	269154	269233				
植田, 植田謙吉(朝鮮軍司令官)	257202	257215	257322	257396	257420	257587	257631	257663	257751
	257856	258236	258422	258780	259070	259159	260240	260994	261315
	261401	261816	262648	262795	263058	263290	264085	264408	264428
	264750	264832	264952	264989	265034	265988	266103	266373	266394
	267448	267461	267519	268298	268386	268806	269143	269165	
植村(貴族院議員)	263693								
申(飛行士)	258359	258418	264861						
新刊紹介	259108	259229	260671	266708	268329				
新見(總督府警務課長)	262417								
新京	258366	259137	259339	260554	260738	260973	261020	261339	262438
	262443	262467	262569	263890	264085	264119	265729	265911	266124
	268440	269377							
新京の聯合會	265729								
神谷弘(新任東京憲兵隊本部警務課長)	265628								
神宮	257200	257217	257747	257943	258126	258136	258260	258290	258698
	259792	259922	259980	260366	260701	260936	261207	261593	261707
	261816	261851	262453	262867	263306	263459	263510	263732	264080
	264293	264294	264543	264770	265695	265984	266096	266272	266302
	266318	266476	266680	266866	266905	266948	266987	267049	267053

	267057	267081	267119	267138	267163	267172	267181	267207	267236
	267239	267273	267357	267369	267395	267459	267654	267668	267669
	267688	267691	267703	267719	267730	267736	267744	267748	267759
	267775	267899	267917	267927	268023	268069	268078	268095	268108
	268142	268148	268169	268200	268228	268255	268280	268445	268508
	268620	268727	269141	269196	269202	269221			
新羅南女高普	260361								
神道聯盟	263510	265442							
新羅	257249	257894	258728	260361	262010	262265	263938	266313	266795
	267022	267056	267650	267664	269272				
新羅佛	262010								
新羅藝術	262265	267650	267664						
新羅祭	257894	266313	267022	267056					
新聞	257510	257530	258218	258237	258261	258292	258445	259659	259874
	259897	260747	261370	262016	262169	262199	262785	263107	263136
	263564	263644	264315	264338	264922	264949	265307	265315	266658
	266681	267090	267104	267198	267205	267209	267522	267673	267692
	269360								
新府會	262722	263400	263496						
新生活運動	259574								
新潟	258665	260554	261161	263346	264295	267591			
信原(專賣局事業課長)	262164								
新邑	267215	267233	269108						
新義州	257231	257352	257364	257407	257411	257647	257726	257809	257824
	257863	258007	258078	258258	258268	258330	258423	258443	258469
	258714	258920	259447	259600	259618	259779	260672	260687	260758
	261105	261564	262322	263106	263159	263197	263443	264533	264565
	264992	265035	265286	265297	265374	265406	265532	265556	265637
	265715	265783	265838	265875	265888	265894	265926	266018	266023
	266129	266161	266209	266230	266422	266428	266836	266841	266879
	266907	266911	266973	267009	267041	267042	267043	267126	267127
	267179	267186	267229	267264	267421	267425	267556	267563	267640
	267800	267837	267886	267959	268539	268605	268636	268928	269062
	269064	269164	269201	269280	269332	269375	269380		
新義州法院	267425	267640							
新義州飛行場	257863	265556	265637	265926	267837				
新義州商議新議員	266907								
新義州電氣	259779	261105	263197	263443	267043	269280			
新井孫平(平南道土木課長)	261243								
新貝(總督府警務局警務課長)	260750	267303	269233						

新韓村靑年會	259304				
神戶戰蹟視察團	260937				
申和會	259541				
實補校	257443				
實費診療所	267510				
實彈射擊	263786	263794	265830	268255	268296
審議會	257700	263742			
辻本嘉三郎(實業家)	263532	266040	266081	266108	
氏家長明少將(佐世保海軍工廠長)	259316				

○								

兒島, 兒嶋高信 (總督府會計課長)	257856	261969	268954					
兒童	257375	257620	257942	258023	258034	258082	258088	258236	258431
	259110	259127	259502	259599	259664	260158	260537	260587	261037
	261108	261140	261178	261723	261756	261906	262188	262513	262518
	262527	262695	262725	262734	262988	263008	263253	263775	263843
	264083	264468	265113	265138	267499	267512	267930	267986	268005
	268151	268283	268857	268992	269046	269070	269121		
兒童保健運動	264083								
兒童愛護週間	261140	261756	261906						
亞麻	260392	261529	264248	265564	266608	268090	268113		
阿部, 阿部信行 (陸軍大將)	260595	260731	260750	260803	260838	267695			
阿部, 阿部千一 (慶北道內務部長)	262120	262828							
亞鉛鑛	263331	265825							
阿片	257605	258222	259058	259149	260604	260726	264133	264552	267437
	268952	268974	269001						
阿片の密輸入	260604								
阿片中毒者	259058	259149							
岸, 岸勇一(總督府審議室事務官)	257234	257274	257307	257633	257795	258156	258208	258268	258429
	258878	258896	259177	259197	259320	259353	259416	259607	259998
	260329	260401	260560	260582	260731	260881	260933	260971	261061
	261689	261998	262032	262060	262299	262563	262742	262852	262919
	262931	263124	263288	263396	263629	263650	263659	263719	263870
	263973	263977	263994	264074	265476	265490	265591	265982	266011
	266184	266230	266334	266387	266497	266562	266662	266688	266829
	267191	267204	267563	267771	268339	268394	268395	268556	268571
	268707	268810	268974	269127					
安東	257311	257627	259442	260339	262014	262296	262768	263513	263532
	264029	264096	264574	265715	265870	266023			
安武, 安武直夫 (新任平南知事)	260583	260641	260731	260838	260888	261110	261243	261315	261587
	261732	261782	261826	261891	262024	262228	263108	263379	263454
	263906	264102	264192	265235	265325	266071	267961	268498	268860
	268919	269237	269261						
安部, 安部浩資 (慶北道內務部長)	262069	264700							
安城	265704	269225							
安岳	267840	269161							
岸田(朝鮮金聯 總務課長)	262919								
安田銀行	262577	265987	268298						

安井, 安井誠一郎(專賣局長)	257294	257856	258368	258876	259388	262605	263023	263099	263738
	263866	267120	268907	269055					
安井, 安井淸(殖銀祕書課長)	263791								
安州	260501	262463	263609	263617	266064	268971			
安州高普	263617	266064							
安州農業	260501	262463	263609						
安昌鎬	260548								
岸川於菟松(新任平南高等課長)	260731								
巖男, 岩男省三(遞信局監理課長)	268466	269093							
巖城, 岩城彌太郎(忠南警察部長)	257748	257936	258564	260100					
巖佐, 巖佐祿郎(關東軍憲兵司令官)	257808	257832	257896						
巖村, 岩村俊雄(總督府編輯課長)	266640								
巖海苔, いわのり	257685	261382	263966						
鴨綠江	257347	257538	257732	257954	258423	258439	258545	259411	259515
	261085	261171	261331	261564	261671	261833	262362	262882	263957
	263967	264028	264958	264959	265286	265297	265925	266873	266932
	267179	267186	267595	267611	268431	269145			
愛犬	263492								
愛國	257245	257270	257352	257792	258185	258337	258712	258738	259054
	259469	259497	259704	260224	260279	261596	261646	261715	262598
	263786	264705	264809	265444	265523	268022	268453	268488	269149
	269170								
愛國機	258185	261715							
愛國婦人會	257352	261646	263786						
愛國熱	257270	258738	259054	259469	259497	268453	268488		
愛國獻金	269149	269170							
愛婦洗濯講習會	264371								
愛婦慰問團	267887								
愛兒	257549	258348	261535	261906	262638	265041	268691	268716	
愛知	265875	265894							
愛護週間	260225	261140	261455	261475	261740	261756	261906	261987	
櫻井大佐	265411								
夜間飛行	264348								
夜間演習	265058	267031	267109						

野球	260634	260787	260837	260930	260985	261150	261238	261265	261306
	261334	261655	261760	261771	261787	261819	262063	262107	262564
	262678	262693	262713	262958	263002	263101	263177	263314	263472
	263531	263605	263646	263681	263686	263734	263777	263823	263853
	263951	263952	264015	264041	264086	264134	264184	264199	264223
	264238	264325	264347	264370	264377	264381	264383	264402	264405
	264417	264427	264445	264467	264493	264509	264533	264565	264585
	264601	264610	264630	264645	264656	264677	264706	264730	264749
	264776	264795	264797	264817	264819	264835	264840	264855	264859
	264874	264875	264877	264890	264910	264912	264919	264934	264953
	264954	264956	264969	264971	264993	265008	265026	265029	265030
	265031	265032	265033	265053	265066	265085	265105	265125	265139
	265141	265156	265171	265183	265188	265190	265198	265202	265210
	265216	265218	265225	265237	265246	265257	265264	265294	265426
	265607	265652	265669	265736	265742	265758	265761	265858	265867
	265889	265907	266005	266046	266096	266113	266272	266298	266318
	266342	266365	266460	266754	266777	267030	267049	267210	267283
	267291	267320	267352	267496	267551	267580	267608	267633	267660
	267669	267688	267703	267719	267927	268228	268245	268276	268289
	268325	268458	268604	268628	268667	268803	268841	268986	
野口, 野口三郎 (木浦府尹)	264079								
野口, 野口遊 (朝窒社長)	260994	261211	261421	261728	262220	262787	262880	263149	263693
	263952	264229	264989	265593	265628	267120	269093	269372	269427
夜盜蟲	264518	264686	264888	266745	266884				
野村, 野村登龜江(新任龍山步兵第七十九聯隊長)	265380	265588							
野砲聯合練習	264426								
野砲兵	262426	262635							
夜學講習所	257546								
夜學會	265563	266429	268653						
鰯油	257678	258794	260277	268293	269284				
鰯油統制	257678	258794							
陽德	258705	262744	264754	267044	267984	269108			
羊毛	265414	265421	266237						
梁山騷擾事件	265775								
養成所	258023	263182	263685	264050	264135	268581			
養蠶	258633	259400	260542	266012	267684	267700	268433		
釀造	259968	260146	261588	262739					
洋灰工場	265475	266152							
漁業組合, 漁組	258730	259180	259552	259569	259575	259607	259624	260680	261266
	262036	262161	264504	266682					

漁業取締	261109								
魚油	263659	264395	268170	268186					
御下賜金傳達	258614	264444							
御下賜金品傳達式	264215								
旅, 旅行	257353	257512	257535	257596	257801	257875	258541	258604	258613
	258660	258869	258941	259019	259166	259442	259830	259847	259907
	259915	259942	259968	260058	260110	260192	260198	260213	260282
	260312	260411	260473	260558	260577	260633	260696	260757	260829
	261059	261122	261916	261969	261995	262018	262045	262120	262212
	262279	262417	262463	262494	262517	262569	262605	262621	262716
	262828	262919	263169	263190	263233	263248	263353	263532	264159
	264161	264200	264404	264598	265261	265329	265357	265361	265672
	265712	265720	265738	265748	265766	265870	265885	266357	266403
	266608	266622	266778	266810	267034	267222	267242	267349	267866
	267925	267944	268359	268496	268626	269055	269093	269287	
女高普	258063	258604	258677	259030	259551	259828	260085	260361	260908
	261457	261641	262108	262128	262659	263532	263816	264362	267609
	268131	268199	268884	269103					
女工	261411	262520	263520	266452	267404	267439			
女給	257385	257972	258226	258499	258924	260286	260627	261692	262271
	262493	265288	265390	268337	269411				
女流飛行家	265991								
女流畫家	259936								
女房	259963	260290	260367	261270	261441	262141	265999	266071	267245
	267391								
女性	257493	257860	257907	257953	258005	258048	258109	258148	258338
	258432	261596	261641	262358	262396	263067	263891	265583	268199
	269281								
麗水	258725	258854	260620	260916	261041	261854	262768	263232	263936
	264044	264733	265097	267061	268249	268836			
麗水公普	263936								
麗水水産學校	261041								
麗水港	260916								
女子蠶業講習所	261005								
女眞族	262788	267309							
女車掌	265435								
女學校	267330	268131							
旅行團	259942	259968	261916	261969	262018	262120	262279	262417	262463
	262517	262569	262605	262716	262828	262919	263190	263233	263532
	265720	269093							
驛	257226	257712	257741	257774	258169	258200	258239	258544	258565
	258821	258934	259035	259417	259586	259615	259812	259830	259866

	259927	259952	260170	260193	260194	260257	260282	260696	260893
	261008	261120	261450	261536	261589	261611	261759	261871	262031
	262096	262170	262417	262532	262975	263035	263143	263249	263554
	263639	263658	263798	264081	264082	264189	264242	264392	264442
	264515	264594	264869	265046	265554	265602	265613	265793	265988
	266035	266153	266171	266235	266251	266520	266524	266538	266632
	266983	267065	267078	267162	267171	267179	267186	267191	267194
	267197	267204	267206	267211	267215	267233	267251	267270	267321
	267349	267550	267874	267985	268051	268237	268348	268396	268419
	268563	268619	268648	268667	268700	268828	268865	268985	268986
	269032	269080	269081	269099					
轢逃げ	257945	266189							
歴史教科書	258803	258898	259331						
歴史圖書調査委員會	264600								
鍊金祕聞	258213	258317	258373						
聯絡船	257963	259426	260929	265699	266049	266176	266224	266304	267222
	267242	267275	268248						
沿線	258447	258586	260945	262312	263123	264442			
軟式野球大會	260837	260930	267049						
煙草	257411	258454	260070	261563	261695	261837	262208	262310	265366
	266219	267092	267105	267933	268315	268723	268733	268766	269373
煉炭	258830	260305	265837	266735	266864	268652			
延坪島	264657								
年賀郵便	257209								
年賀狀	259007	259026							
連合演習	264998								
聯合靑年團	260878	265138	266719	266733	266780	267655			
聯合會	257264	257500	257603	257904	258730	259937	260526	260880	260968
	260977	261068	261131	261521	261727	261728	261826	261850	261861
	261880	261946	261965	261973	262164	262497	262774	262879	262880
	263004	263214	263594	263625	264187	264406	264650	265122	265138
	265729	265738	265966	266124	266660	266664	267224	267295	267307
	267319	267407	267420	267428	267671	267786	268022	268296	268400
	268796	268806	268917	269234					
沿海州	257766	260034	261064	262032	266517	266533			
熱田神宮	267899	268148	268255						
列車	257416	257533	257604	257784	258188	258305	258393	258711	258897
	259042	259292	259437	259755	260061	260128	260185	260210	260402
	260532	260669	260790	260829	260845	260922	260929	261037	261231
	261374	261409	261458	261531	261571	261639	261686	261690	261723
	261750	262061	262169	262199	262200	262231	262245	262349	262685
	262808	262809	262827	262876	262906	262986	263061	263107	263136
	263139	263185	263251	263487	263613	263645	263891	263971	264002

	264148	264167	264234	264300	264340	264442	264498	264507	264872
	264900	265022	265144	265159	265311	265319	265478	265602	265613
	265659	265699	266227	266248	266487	266504	266520	266924	267122
	267137	267162	267171	267367	267437	267550	267597	267888	267895
	267925	268099	268111	268244	268842	268870	269244	269246	269268
	269426								
列車事故	257784	261690							
列車時刻改正	259437								
列車轉覆事件	261374	261409							
鹽	257681	258228	258235	258252	258302	258357	258415	258479	258517
	258527	258818	259777	259877	260466	261137	261969	262191	262423
	263055	263442	263764	264276	264295	264479	264683	264748	265007
	265252	265271	265540	266184	266691	266859	266914	268063	268351
	268738	269341							
鹽田(總督府文書課長)	258252	264295							
鹽澤(海軍航空本部長)	259440								
獵奇事件	263062	263088	266779						
永訣式	266133								
英國	263233	266257	266280	268141					
營農法	264703								
盈德	257380	258560							
永登浦	257239	261363	261772	264539	265104	266103	268182		
永明寺	260691	260852	261162	261276					
鈴木(拓務省殖産局理事官)	264408	266103	267120						
鈴木, 鈴木美通(新第十九師團長)	260204	260233	260342	261891	262246	263389	263546	268397	
鈴木文治	266904								
永富(平壤郵便局電話課長)	260003	261243							
寧北	259292	261571							
營業稅	260947	261927	262375						
寧遠郡	258705	262625	264751	265680	267309				
寧遠産組	264511								
永井, 永井淸(間島總領事)	259715								
映畵	257350	257685	257714	257773	257966	257973	258145	258211	258410
	259176	259336	259384	259439	259479	259492	259494	259545	259591
	259657	259709	259714	259759	259807	259857	259900	259940	259981
	260030	260281	260327	260333	260379	260420	260432	260464	260479

	260530	260579	260631	260673	260711	260734	260761	260868	260873
	261027	261091	261247	261300	261369	261444	261772	261846	262190
	262379	262442	262696	262854	262899	262900	262918	262938	262985
	262989	263004	263016	263022	263076	263122	263172	263175	263212
	263214	263294	263347	263399	263450	263452	263503	263675	263826
	263922	263929	264027	264042	264053	264073	264104	264108	264156
	264201	264227	264261	264317	264353	264358	264367	264626	264687
	264742	264787	264828	264867	264901	264928	264942	264981	265018
	265057	265100	265103	265121	265137	265164	265212	265242	265262
	265395	265449	265479	265496	265549	265585	265625	265674	265692
	265705	265955	266005	266046	266097	266146	266186	266231	266253
	266268	266369	266407	266462	266513	266540	266578	266598	266676
	266721	266775	266806	266848	266869	267075	267100	267132	267168
	267184	267185	267201	267227	267265	267313	267333	267337	267344
	267365	267389	267424	267454	267479	267507	267533	267537	267564
	267596	267622	267680	267845	267960	267974	268019	268065	268097
	268129	268146	268175	268243	268253	268274	268296	268297	268343
	268390	268408	268461	268519	268577	268607	268618	268632	268677
	268743	269005	269126	269163	269172	269230	269274	269312	269359
	269408								
永興灣要塞	260750	262901	265409						
預金	257956	258741	258937	259044	259073	260785	261166	261539	262417
	262490	262778	263876	264355					
藝妓	258462	262954							
豫防	257232	257745	258928	259180	259276	259481	261187	261300	261412
	261552	262054	262940	262996	263947	264330	265476	266576	266594
	266699	266712	268335						
豫防宣傳	262940								
豫防注射	257232	265476	266576	268335					
禮拜	264204								
藝術	260149	261328	261376	261429	261473	261517	262265	263095	263549
	265469	267650	267664						
五萬圓事件	259448	259588	261504	261724	261913				
汚物調査	265209								
奥村五百子	266441	266470							
墺太利	261560	262461							
玉蜀黍	259034	259077	263753	267955					
溫泉	257228	257625	258484	260550	260659	262404	263266	263333	266396
	266418	266906	266939	267769	267809	267831	269418		
瓦斯	259373	259576	259620	260013	261749	263580	263726	263757	263894
	266089	266139	267054	268759	269201				
瓦斯事業令	259576	259620							
瓦電	257424	265423	266178	267491	267931				
窪田(京城測候所長)	265214								

窪井(參與官)	261098							
王壽福	265562							
倭城台	257199	257213	259798	262502	262537			
外國	257539	261043	261782	263794	265154	265168	265781	268147	269416
外國語	261782							
外務省	269247							
外鹽不正事件	261137							
外鹽輸入	258228							
外人	260550	260843	261732	263386	264192	265410	267331	267335	269024
要望委員會	261294							
遙拜式	262597	262901	265631	268148	268214			
要塞法	257656	257673	258300					
要塞地帶	264454	266086						
療養所	257425 257998	257625	257851	258457	258566	259327	260395	262404	263814
窯業	264614	264664	266293	267798	268032	268164		
鎔鑛爐	258373	258957	263278	269303				
龍塘浦	260448	266686						
龍頭山神社	267963							
勇士	258597 260874 264493	259078 261280 264509	259165 261523 265289	259207 261643 266969	259234 262392 267569	259549 262406 267848	259688 263811 268470	260279 264092 268829	260685 264303 269268
龍山	257214 260099 261643 263574 265007 265910 268182	257322 260233 261816 264445 265103 266008 268255	257975 260526 261916 264467 265382 266145 268467	258040 260936 261969 264493 265430 266255 268801	258597 261309 262065 264499 265434 266368 269264	258602 261369 262089 264509 265489 266580 269320	258607 261394 262417 264537 265588 266626	258963 261401 262775 264594 265814 267034	259117 261457 263189 264970 265871 267109
龍山加藤神祠 春季大祭	261457							
龍山工兵隊	262065	265434						
龍山工兵隊水 中爆破演習	262065							
龍山騎兵聯隊	264537							
龍山步兵	261369	261401	265588	266145	268801			
龍山署	259117	265814	265871	268255				
龍山小學校	268182							
龍山水防團	265382	265430	266368					
龍山野砲聯隊	262065							
龍山中學	261916	262417	264493	264509	265007	266008		

龍山鐵道	261394	263189							
龍山鄉軍分會	258602								
龍川郡	259255								
牛島, 牛島省三 (總督府內務局長)	257294 269036	262733 269199	264055	264229	265104	265123	265139	268217	268475
宇都宮	265486								
牛痘	264074								
雨量觀測所	260730								
優良部落	258062	266752							
優良兒	257572 262988 263236	261092 263008 263256	261113 263081 263280	262285 263105 263307	262513 263128 263335	262652 263155	262671 263179	262725 263195	262734 263220
宇垣, 宇垣一成 (朝鮮總督)	257212 258939 260468 261707 262773 264078 265588 266581 266954 267396 268814 269153	257326 258975 260490 261816 262798 264085 265678 266658 266999 267499 268831 269176	257370 259229 260720 261826 262820 264425 265693 266681 267016 267512 268861 269240	257371 259696 260740 261850 262866 264443 265722 266685 267069 267561 268892 269257	257421 259735 260872 262345 262908 264474 265896 266704 267128 267577 268958 269316	257499 260075 261116 262502 263131 264500 266225 266732 267180 267895 268983 269323	257519 260125 261333 262537 263353 264662 266516 266791 267307 268438 269040 269346	257929 260147 261355 262720 264039 264684 266532 266809 267319 268477 269077	258855 260420 261446 262731 264059 265342 266554 266824 267380 268560 269122
牛乳	262321								
宇佐美, 宇佐美 寬鶴(滿鐵理事, 滿鐵總局長)	263693	264268	264408						
宇佐美, 宇佐美 勝夫(貴族院議員, 滿洲國顧問)	257701	267330	267695						
郵便	257209 258172 259073 260207 260925 261928 262901 263931 264731 266266 268321 269183	257300 258204 259248 260291 261122 261998 263127 263998 265135 266472 268725 269336	257302 258409 259272 260374 261159 262232 263224 264018 265472 266640 268782 269342	257306 258662 259476 260390 261199 262481 263403 264130 265745 267948 268797 269349	257374 258668 259642 260457 261339 262519 263414 264275 265784 267969 268815 269416	257465 258690 259679 260516 261490 262643 263528 264291 266019 268022 268851	257479 258936 259768 260642 261823 262702 263568 264459 266033 268057 268899	257484 259044 259885 260772 261870 262782 263900 264633 266111 268058 268948	257903 259062 260003 260798 261885 262807 263914 264708 266128 268147 269091
郵便局	257300	257306	257465	257479	258690	259642	259679	260003	260291

	260390	260772	260798	261159	261998	262481	262702	262807	262901
	263403	263414	263931	264708	264731	266266	266640	268058	
郵便物	261339	263900	264275	264291	265472	266019	268851		
郵便所	257302	257374	257484	258409	258662	258668	259248	259768	260374
	260457	260642	261122	261823	261885	261928	261998	262232	263224
	264018	264130	264633	265784	266033	266472	268022	268057	268782
	268815	269091	269349						
郵便爲替	260925	261490	262643	263127	263528	263998	266111	266128	268147
	268948	269416							
郵便貯金	259044	259062	259073	259885	260516	260772	260798	262519	263568
	264459	265745	268725						
郵便振替	259272	261199	269183						
運動競技	261964	262063	262419	262420	262693	262713	263002	263174	263297
	263447	263472	263531	263816	263897	263951	263979	264096	264134
	264164	264293	264328	264377	264400	264417	264460	264645	264673
	264696	264765	264852	264897	264987	265244	265544	265607	265652
	265669	265736	265801	265868	265906	266096	266272	266298	266318
	266342	266365	266655	266680	266701	266725	266754	266777	266796
	266866	266905	266948	267057	267068	267119	267236	267352	267536
	267551	267580	267710	267819	268155	268275	268404	268450	269056
	269124	269185	269250						
運動場	257739	258033	258083	261189	261565	261585	261602	262452	262529
	262896	262979	263365	264445	264467	265138	266847	266985	
運輸改善	264842								
雲山金鑛	260413	260438	269243						
運送改善	264957								
運輸部	262229	262930	263338	263707					
雲巖發電所	264233								
運炭輕便鐵道 開通祝賀式	259315								
運炭施設	263166								
鬱陵島	257759	264844	264865						
蔚山	259180	259266	259481	261710	262679	262879	262955	262995	263725
	265025	266216	266454	266506	266813	266852	266869	268347	268953
	269309								
蔚山農業實習 學校	263725								
蔚珍	263836								
熊谷, 熊谷保佐 (東拓京城支店長)	263952	264295	264345						
雄基	257346	257354	257500	257604	258177	258217	259257	260033	260770
	260858	261121	261580	263244	263281	263437	264073	264191	264239
	264300	264571	265370	265598	265746	265839	265881	266482	266520
	267469	267525	267790	267888	269012				

雄基の火事	259257	260770	260858						
雄基本町	264571								
雄羅隧道	257450	257504	257692	258102	260075				
雄羅鐵道	257723	267793	267832	268103	268217				
熊本	258558	259942	263950						
袁金鎧	259696	259735							
遠藤, 遠藤柳作 (前滿洲國總務 廳長)	267330								
元山	257236	257351	257362	257507	257878	258574	258793	258847	258930
	258931	258938	258971	258978	258987	259252	259299	259308	259309
	259346	259362	259419	259503	259510	259678	259681	260065	260069
	260209	261010	261016	261022	261291	261694	261739	261781	261828
	261835	261980	261990	261998	262036	262045	262191	262279	262605
	262828	262851	263029	263069	263238	263431	263539	263544	263550
	263619	263650	263660	263675	263801	263809	263817	263918	263925
	263926	263972	264020	264022	264033	264075	264097	264101	264105
	264138	264147	264213	264250	264258	264302	264303	264324	264351
	264439	264475	264493	264509	264579	264672	264755	264759	264768
	264845	265050	265147	265162	265326	265418	265467	265640	265641
	265830	265884	265931	266238	266242	266466	266489	266527	266625
	266654	266656	266780	266805	266845	266954	266959	267065	267078
	267126	267127	267181	267229	267251	267270	267386	267433	267959
	268084	268085	268087	268152	268193	268209	268304	268310	268313
	268314	268531	268586	269008	269144	269147	269380		
元山防空演習	265147	265162							
元山寶生會	263675								
元山商業	261022	261980	262279	262605	262828	263431			
元山商議	266238	266466							
元山署	261990	264845							
元山郵便局	261998								
元山赤化事件	261291								
元山中學	262279	264493	264509	265050					
元山鐵道事務所	263925	267065	267078						
元山測候所	259678								
元山港	262851	263238							
元山會議所	259299								
遠洋漁業	264019	269390							
園遊會	258303	261642	261755	261826	261850	264192	264258		
原蠶種製造所	265949	265978	267665	269388					
援助後援會	261466								
原俊一(新任東 拓大邱支店長)	264907								

月尾島	264708	264731	265659						
越智, 越智好平大佐(鎭海要港部參謀長)	259014	261461							
蝟島	260991	262003	262049	262101					
衛藤, 衛藤祐盛(鐵道局運轉課長)	269372								
慰靈祭	258891	259692	259744	260415	261093	261369	261618	261783	261830
	261901	262225	262263	262420	263199	263477	263689	264646	264820
	264988	265440	265716	267072	267124	267290	268942		
慰問	257315	257333	257462	257567	258007	258078	258265	258338	258392
	258509	258738	258812	258869	258874	259227	259253	259265	259295
	259300	259402	259529	259611	259770	259845	259855	260092	260283
	260774	261205	261646	262026	262392	262406	263895	265060	265098
	267887	267982							
慰問金	257315	257333	259845	260092	260283	261646	265098		
慰問袋	258738	259265	259300	261205	265060	267982			
衛生	257371	257437	258134	258143	258427	259276	260106	260868	261521
	261654	261973	262082	262336	262429	262879	263051	263265	263339
	263341	264174	264220	264359	264371	265010	265142	265157	265201
	265229	265817	265985	266149	266361	266699	266712	266734	268076
	268255	268335	268356						
衛生技術官	265817	266361							
衛生博覽會	265142	265157	266149						
衛生施設	257437	258427							
衛生展	260106	262082	262429	265201	265229	268076			
衛生組合	261521	261973	262879	264359					
衛生打合會	262336								
僞造貨幣	263736								
位牌	263765								
有價證券	268454								
流感, 流行性感冒	257454	258648	260307						
柔劍道	263596	264169	264303						
柳京日記	257211	257238	257273	257320	257368	257417	257468	257513	257562
	257611	257657	257699	257746	257787	257831	257883	257928	257971
	258022	258076	258121	258174	258227	258278	258336	258692	258722
	258763	258802	258850						
有權者	257555	258130	260716	260950	261275	261299	261357	261400	261424
	261809	261918	262281	262731	263231				
柔道	257587	261369	261370	261434	261456	261507	262048	262069	262713
	263596	263692	263898	263911	265738	267553	268108		
儒道大會	261727								

柳本, 柳本朝光 (內務部産業課長)	258497	258691	259348	260822	263545			
柳本, 柳本朝光 (平南道産業課長)	258497	258691	259348	260822	263545			
柳生, 柳生繁雄 (總督府圖書課長)	257908	257936	258024	258208	258368	263791		
遊仙炭鑛	261338	261525	261632	262040				
有線通信機關	264175							
硫安配給組合	263982							
有元, 有元正義 (元山遞信分掌 局長)	266780							
遊園地	257771	259503	266562					
維持法違反事件	263079							
有賀, 有賀光豊 (殖銀頭取)	257253 263896 269233	257488 264557	258780 264832	260881 266002	261421 266040	262569 266059	262605 266354	263693 267160	263791 268907
柳下, 柳下重治 (第十九師團參 謀長)	262354							
遊廓	259249	266433	268068	268768				
陸軍	257214 258817 259640 261026 262605 265336	257322 259104 259690 261053 262930 265425	257357 259207 259727 261461 263693 265487	257523 259234 259841 261559 263707 266145	257931 259338 259860 261816 263952 267276	258041 259346 259879 262229 264111 268262	258189 259368 260081 262354 264137 268810	258208 259498 260103 262463 264952 268837	258359 259541 260838 262517 265324 268929
陸軍機	258359							
陸軍記念日	257523 259368	258041 259498	258189 259541	258817 259640	259104 259727	259207 259841	259234 259860	259338 259879	259346
陸軍省	258208	261026	261053	262517	262605	263693		
陸軍運輸部	262229	262930	263707					
陸軍展覽會	257931							
陸軍定期異動	260081	260103	265324	265336				
陸軍戶山學校	267276							
陸上競技大會	259909	262419	262879	263419	263472	263897	264053	266680
育英會	258947	261040	261065	262637	263692	263935		
陸車戶山學校	267583							
尹泰彬(京畿道 參與官兼産業 部長)	260838							
栗里	258800	259291						

栗本新一郎(前開城少年刑務所長)	260442								
銀水騷動	264599								
銀行	257396	257882	257904	258164	258891	259230	259448	259453	259976
	260785	260881	260937	261166	261271	261764	261770	261789	261969
	262018	262045	262046	262088	262162	262279	262517	262577	262605
	262680	263149	263326	264355	264447	264536	264556	265733	265987
	266008	266174	267060	267063	267330	268298	268858	269174	269372
乙女の春	257206	257225	257257	257299	257350	257400	257447	257493	257541
	257592	257637	257728	257767	257810				
乙密台	265288	266874							
乙種工業	259765								
義金, 義損金, 義捐金	257229	257241	257331	257362	257655	257670	257708	257813	257868
	257869	257942	258013	258034	258118	258193	258215	258234	258263
	258287	258473	258888	258973	259378	259402	259425	259555	259599
	259951	260158	260453	261075	261108	261426	261451	261474	261495
	261592	261741	261773	262202	262393	262408	262415	263336	263606
	265508	265591	265620	266536					
醫療機關	261930								
醫療網	263944								
醫師試驗	259432	261457	261614	261636	261915	262353	262672	263084	268455
	268792								
義昭學校	264204								
醫藥	261930								
義勇團	258295	262550	262610						
醫專	257492	258539	260104	260309	260545	261937	261969	262192	262483
	263177	263182	263314	263365	263793	263951	263956	264314	264396
	264440	265039	265113	268131	268238	269209	269213	269278	269300
	269320								
義州	257231	257352	257364	257407	257411	257647	257726	257809	257824
	257863	258007	258078	258258	258268	258272	258330	258423	258443
	258469	258714	258920	259447	259600	259618	259779	260672	260687
	260758	261105	261392	261564	262322	262570	263106	263159	263197
	263443	264533	264565	264992	265035	265286	265297	265374	265406
	265458	265532	265556	265637	265715	265783	265838	265875	265888
	265894	265926	266018	266023	266129	266161	266209	266230	266422
	266428	266836	266841	266879	266907	266911	266973	267009	267041
	267042	267043	267126	267127	267179	267186	267229	267264	267421
	267425	267556	267563	267640	267800	267837	267886	267959	268539
	268582	268605	268636	268928	269062	269064	269164	269201	269280
	269332	269373	269375	269380					
義州鑛山	258272	261392	262570	269373					
李, 李紹庚(滿洲國交通部大臣)	263280	265218	268583	268614	268676	268693	268744		

李康元(樞院参議)	258903							
李鍵公殿下	268501	268691	268716					
李根哲(少年航空兵最初合格者)	258378							
伊達, 伊達四雄(京城府尹)	259882	261592	263005	263791	265251	265269	267307	267319	269346
伊藤, 伊藤泰吉(慶北道警察部長)	259339	262069	263149	264229				
伊藤博文, 博文, 博文公	261269	268053	268069	269003				
裡里	258574	258812	259052	259057	260931	263737	264971	264974	264993
	265050	266174	266212	267112	267114	267186	267639	267642	267649
	267652	268200	268894	268987	269216			
裡理農林學校	262120							
移民	257515	258280	258856	259109	259130	259160	259193	259584	259736
	259757	259776	259975	260152	260165	260811	260895	260955	260959
	260986	261786	262945	263089	264144	264161	264222	266897	267243
	268041	268332	268622					
移民計劃	263089	264144	264161					
李範益(新任忠南知事)	260937	261770						
李範益(忠南知事)	260937	261770						
梨本宮, 梨本總裁宮	267252	267271	267381	267397	267695	267698	267713	
梨本宮殿下	267252	267271	267381	267397				
李聖根(咸北內務部長)	263557							
李完用	257569	257790	258025					
李完用侯十年祭	257569							
李王妃殿下	260085							
李 王 垠 殿 下, 李垠	258282	265486						
李王殿下	257563							
李鍝公	263883	264326						
李元柱	263714							
異儀田(平壤無盡軍役)	261222	262354	264919					
裏日本	257963	266690						
罹災民	262485	263393						
罹災者	259235	259425	261062	265428	265508	266039	266436	266759	267144
里潮に踊るアレグロ	258747	258784	258871	258917	258969			

李埈公妃殿下	262474	262503							
伊集院, 伊集院文吾(京城地方法院判事)	260108	260240							
李昌根	264400	268132	269282						
移出牛檢疫	265853	268251							
伊太利	269150								
籾	257676	258296	258959	259377	259949	259990	260166	261057	261295
	261503	261534	261852	261872	262383	262606	262619	264574	266691
	266910	267261	268257	268290	268889				
人(人事)	257253	257294	257327	257396	257415	257440	257467	257488	257495
	257587	257631	257675	257722	257750	257786	257830	257856	257882
	257904	257950	258021	258046	258097	258120	258143	258164	258208
	258252	258277	258311	258368	258422	258445	258471	258497	258529
	258574	258616	258691	258703	258732	258780	258964	259014	259070
	259159	259230	259316	259339	259348	259388	259398	259440	259490
	259543	259659	259686	259715	259762	259806	259817	259899	259928
	259942	259950	259983	260003	260026	260054	260100	260108	260130
	260170	260194	260240	260271	260292	260339	260347	260382	260442
	260484	260509	260526	260558	260577	260608	260634	260651	260712
	260731	260750	260795	260822	260838	260846	260881	260937	260965
	260994	261022	261051	261081	261098	261123	261153	261211	
籾懇談會	262606								
籾强制檢查	258296	261852	261872	267261					
籾の希望檢查	261503	261534							
人蔘	257707	260889	261187	261878	263170	264311	267754	267862	268680
	268885								
仁川	257290	258081	258083	258123	258228	258340	258527	258724	258725
	258740	259125	259211	259273	259322	259429	259632	259639	259893
	260560	260582	260620	260742	261089	261135	261136	261152	261313
	261402	261561	261650	261727	261857	262065	262111	262207	262285
	262327	262337	262341	262639	262715	262739	262861	262903	263360
	263419	263463	263570	263588	263636	263684	263789	263794	263985
	264289	264292	264333	264421	264445	264467	264535	264538	264784
	264832	264979	265007	265014	265134	265144	265159	265451	265503
	265582	265626	265770	265810	265813	265907	265955	266083	266091
	266099	266135	266137	266138	266145	266229	266307	266397	266455
	266637	266666	266705	266774	266850	266860	266891	266933	266938
	267061	267149	267191	267204	267237	267251	267270	267285	267296
	267402	267545	267685	267689	267870	267929	268009	268148	268177
	268251	268282	268323	268517	268566	268626	268783	268789	268801
	268902	268989	269047	269259	269260				
仁川穀物協會	263789								
仁川工俱樂部, 仁川工業俱樂部	261561	262065							

仁川觀測所	258340	259632	265144	265159				
仁川教育會	262715							
仁川交通安全デー	262337							
仁川埠頭	263588	263636						
仁川府會	259322	261136	263360					
仁川商工會議所, 仁川商議	261152	262065	263419	263794	264979	265810	265907	266083	266135
	266307	266397	266850	266891	266933	268989	269259		
仁川商業	264445	264467	265007					
仁川少年刑務所	266455	268517						
仁川小學校	267929							
仁川驛	267251	267270						
仁川鹽共販組合, 鹽共販	258228	258302						
仁川入港	261313	262341						
仁川中學	258083	259211	259429	261135	261727	261857		
仁川港	258724	259273	262207	263463	263985	264292	265014	265813	266637
	268783							
仁川會議所	259125							
燐寸	266912							
引火事件	260576							
日穀	259034	262374	263753	267955				
日鑛罷業	264960	265004						
日の丸デー	264679							
一道一社主義	264769							
日露役, 日露戰役	257296	257652	258158	258753	258868	259078	259207	259234	259239
	259364	259690	259746	260291	261744	262907	263067	263759	266396
	266418							
日露戰役記念展	259239							
日露戰役三十周年記念合祀祭	261744							
日露戰友會	269027							
日露海戰	260676							
日滿	257954	258535	258551	258887	259018	259233	259892	260193	260758
	261025	261101	261112	261189	261302	261306	261334	261336	261530
	261565	261602	261919	262351	262550	262610	262798	262820	263692
	263788	265406	266810	267790	268103	268636	268676	268794	268872
	268954	269191	269220					
日滿實業協會	259892	260193	263692	268954				
日滿聯絡飛行	265406							
日滿聯合	259233							

日滿協定案	259018							
日紡, 日本紡績	258434	259391						
日本	257366	257388	257675	257688	257700	257864	257962	257963	258123
	258143	258214	258434	258454	258535	258551	258747	259075	259574
	259991	260067	260149	260231	260240	260413	260438	260441	260471
	260610	260637	260723	261101	261219	261421	261472	261478	261523
	261543	261732	261969	262069	262124	262129	262220	262279	262463
	262605	262614	262787	262828	262974	262988	263008	263073	263096
	263194	263205	263221	263597	263964	264010	264057	264077	264083
	264121	264139	264162	264301	264329	264495	264541	264589	264636
	264914	264938	264988	265052	265284	265295	265505	265563	265738
	265802	265879	265899	265918	265923	266255	266584	266595	266604
	266620	266690	266702	266827	266832	267251	267252	267270	267271
	267357	267369	267414	267486	267493	267514	267526	267542	267557
	267643	267706	267742	267760	267799	268028	268090	268113	268424
	268432	268636	268938	268961	269008	269031	269112	269133	269372
日本空輸	260231	260723	265899	265918	266702				
日本シンヂケート銀行團	262605								
日本電氣工業	263597								
日本電力	257700	261969							
日本精神	261478	261732	262124	262129	262974	263205	264988	265052	265505
	265563	265879	265923	266832	268424	268432	269031	269112	
日本精神講演會	264988								
日本精神作興	265563								
日本海	257366	257388	257688	257864	257962	258123	258214	258535	258551
	258747	259075	259991	260067	261101	261219	261472	261523	262614
	263194	263964	264914	266827	267251	267270	267414	267493	267742
	267760	267799	268961	269008					
日本海時代	257366	257388	259075	263194	263964	267414	267493	267799	
日本海一周飛行	261472	261523							
日本海戰	258123								
日銀	259262								
日章旗	261939	262669	262686	266284	267587	267601	269323	269346	
一條, 一條實孝 (貴族院議員)	262787								
日支親善, 日支の親善	258341	260261							
日韓併合	257749	262058	262177	267380	267396				
林, 林茂樹 (殖銀理事)	266951								
林, 林博太郎 (滿鐵總裁)	260075	264647	264832	264907	265515	265533			

林, 林繁藏(總督府財務局長)	257587 266619	257675 266640	260795 267762	260994 268101	264231	264464	264853	265043	265765
林, 林陸相 (軍司令官)	261031	262330	263437	263457	263481	263546	263677	263732	
林檎	257321 260323 262369 265509 266607 268235	257554 260905 262655 265928 266818 268352	257783 260940 262692 266073 266955 269071	258653 260964 264734 266327 266967	258835 260980 264995 266380 267417	258914 261006 265222 266425 267508	259285 261530 265328 266552 267794	259509 262024 265360 266563 267990	260253 262168 265470 266582 268115
林檎懇談會	262024	265360							
林檎試驗所	266552								
林檎試驗場	265928	268115	269071						
林檎統制	265222								
林檎販賣組合	265328								
痲毒	262940								
臨時利得稅令	261320	261505							
林業試驗場	260421								
林定之助(昌德宮警察署長)	267160								
入江, 入江海平 (拓務次官)	267164	267173	267250	267449	267482				
入隊式	263634								
立石炭鑛	259228								
立松大連飛行場長	262069								
入營兵	257348	257576	257760	258101	263366	263469	263574	263699	
笠井, 笠井淳 (東拓京城支店總務課長)	263952								
立川, 立川六郎 (米倉專務)	261461								
入學難	257443	258480	259728	259908	260199	267890			

ス								
自警團	261513							
自動式電話	257729	262256	265955	266262				
自動車	257251	257544	257648	257716	257885	257895	257918	257945	257988
	258376	258534	258547	258557	258562	258592	258795	258884	258891
	258936	258977	258979	258997	259035	259053	259107	259147	259280
	259519	259935	259937	259968	260020	260141	260179	260404	260407
	260482	260497	261084	261094	261102	261561	262318	263148	263642
	264306	264356	264412	265119	265703	265711	266019	266071	266122
	266174	266383	266526	266947	267086	267307	267311	267319	267857
	267908	268797	268949	268956	269178	269273	269360		
自動車協會	259937	260179	263148	267307	267319	268956		
自力更生	257268	257370	258771	264572	265912	267223		
慈城鑛業所	260259							
慈城署	265930							
慈愛旗	262013	262909	263255	263575	264232			
資源調査	259000	259209	259240	265660	266277	266300	266650	266673	266890
	266937							
自衛團	259199							
自由移民	259757	259776						
自作農	258116	258666	265020	267813	268726	268819		
自轉車盜難の防止を宣傳	259413							
自治防疫陣	264359							
蠶絲品評會	262171							
蠶業	259980	261005	268433					
潛行運動	259178	260549	261310					
張(新任忠南産業課長)	260881							
長岡(關東局總長)	257422							
長谷川(總督)	264066							
將校團	258337	262415	269054	269264				
將校夫人團	262392	262406						
長崎	258463	261874						
長老派	267006	269097						
長尾(滿洲國警務局長)	264448							
長尾(航空官)	259631							
長津江	257360	257631	259183	259317	259619	261373	262743	263597	264203
	265114	265146	265161	265604	266112	266732	267170	268927	269015
	269063	269180	269186	269208				

獎忠壇	261678	261700	265702						
腸チフス	263473	265498	266668	267606					
長鄕(元山土木 出張所長)	258574								
長興	259603	264177	265233	265243					
齋藤(飛行士)	267490								
齋藤, 齋藤實 (總督)	257833	266179	266195	267250					
齋藤淸治(平南 金組支部長)	262496								
在滿金融機關	262244	262414							
在滿機關	264240								
在滿同胞	262598	262637	266351						
在滿鮮農	263688								
在滿朝鮮人	261322	262443	262467	263996	264278				
財務局	257587	257675	260795	260994	261547	262400	262557	262580	263597
	264231	264464	264853	264975	265043	265096	265765	265897	266042
	266118	266167	266435	266619	266640	266964	267145	267303	267762
	268101								
裁判所	265724	266001							
災害	257983	258697	265678	265693					
在鄕軍人	258614	260088	261888	268084	268182				
爭議	257736	258678	261389	262070	262182	265466			
貯金	257956	258771	259044	259062	259073	259248	259272	259885	260516
	260772	260798	261199	262519	263568	264459	265046	265523	265745
	266020	266961	267452	267878	267994	268040	268062	268223	268725
	269158	269183	269239						
貯金管理所	266020	269158	269239						
貯金獎勵	257956								
貯水池	257911	263748	264233	264560	264607	265114	265604	266039	267542
	267557	268704							
貯銀	257631	257950	259806	260194	260881	261051	261968	262164	262420
	264831	264869	265306	265314	268583	268934	269054	269278	
低資融通	258116								
荻根, 荻根大佐 (關東軍司令部 附, 前京城憲兵 隊長)	260054	260194	260240						
赤痢	263674	265774	266415	267025					
赤色	257796	257894	261663	266988	269138	269226			
赤十字	258509	258922	259528	259541	260750	263305	263432	265505	266080
	267727	267741	268786						

赤十字社巡廻診療	259528							
荻原(鐵道局庶務課長)	258143	263791	266995	268858	269372			
赤井直吉(元京城鐵道學校長)	267330							
赤化	259304	259590	260038	260377	260475	261291	261996	265700	266101
	266208	266221	266631	268094				
赤化事件	260475	261291	265700	266631	268094			
塼槨墳	258316	261832	263247	266687				
全關西寫眞聯盟大會	264516							
轉錦門	258710	258839	260341	264707	266159	266883	268117	
電氣	257325	258550	258651	258701	258772	259779	259913	260013	260344
	260385	260467	260765	260813	260903	261093	261105	261153	261211
	261340	261375	261603	261672	261798	261829	261854	262065	262338
	262459	262566	262879	262920	262962	263185	263189	263190	263192
	263197	263235	263352	263443	263597	263637	263807	263995	264081
	264233	264295	264488	265000	265174	265423	265441	265488	265805
	265870	265921	266432	267043	267091	267128	267280	268208	268570
	268836	269142	269280					
電氣課	260903	261211	263352	264295	269142			
電氣料金値下	261340							
電氣統制	261672	263807	265423	268208	269280			
全南, 全羅南道	257590	257612	257800	257936	258024	258401	258511	258571	258728
	258766	258899	258996	259010	259220	259230	259369	259388	259473
	259494	259589	259633	259652	259659	259736	259801	259878	259966
	259967	260087	260152	260422	260526	260568	260788	260878	261044
	261093	261244	261411	262069	262500	262828	262909	263261	263304
	263355	263534	263682	263833	264045	264079	264083	264336	264588
	264591	264786	264824	264931	265571	265617	265701	265848	266039
	266269	266401	266445	266536	266667	266682	266906	266932	266988
	267052	267339	267347	267399	267520	267600	267613	267628	267637
	268060	268239	268285	268379	268387	268609			
全南警察	258024	260526	263534	264588	266401	268239		
全南農業實習學校	261044							
全南北	258401	260152	263261	264786	267052			
全南女子中等教育	259494							
全羅北道, 全北	258082	258097	258285	258403	258507	258645	258904	258947	259049
	259325	259367	259488	259587	259749	260194	260419	261096	261254
	261370	261711	262103	262164	262606	262822	262861	262946	263095
	263515	263530	264773	264780	265099	265491	265723	265943	265990

	266509	266631	266952	266975	267211	267236	267339	267347	267436
	267540	267542	267557	267572	267588	267807	267895	268285	268396
	268563	268619	268667	268803	268828	268834	268985	268986	269032
展覽會	257903	257931	258963	261897	262420	262606	262785	262805	262826
	262962	263072	264595	264615	264774	264831	264837	264905	265122
	265138	265469	266869	267205	267234	267583	267630	267641	267661
	267786	268131	268400	269054					
專賣局	257294	257856	258368	258876	259388	259570	259877	260229	261644
	261687	262164	262605	263023	263099	263265	263419	263738	263866
	264935	267088	267120	267851	268383	268401	268428	268663	268685
	268804	268907	269055						
專賣支局	258020	258043	259312	259316	259410	261243	261487	262310	262430
	263758	264523	264715	266210	267839	268420	268537	268907	269320
戰歿者	261710	267072	267124						
電報	257218	257517	257675	259611	259747	260697	261426	261451	263767
	266876	269346							
全北警察部	262822								
全北警察署	265943								
全北育英會	258947								
戰史碑石	264807								
戰傷兵	262026								
傳書鳩	257849	261792	262694						
戰線	258402	259840	259865	260950	261758	262340	262402	262574	267587
	267601	268235	269121						
全鮮脚戲鞦韆大會	262901								
全鮮工業者大會	265577	268021							
全鮮弓道大會	262119	264839							
全鮮金組議會	262513								
全鮮聯合會	260880								
全鮮儒林大會	260036								
全鮮陸上	265502								
全鮮酒類品評會	268173	269292	269318						
全鮮鐵道	257481	264175	266880	266892	266957	266978	266999	267016	267036
	267051	267057	267065	267067	267078	267080	267090	267104	267122
	267137	267162	267171	267179	267182	267186	267189	267191	267204
	267215	267233	267251	267270	267286	267294	267305	267317	267334
	267338	267341	267349	267559	267571				
全鮮靑年團	266446	267604	267666	267686					
全鮮蹴球大會	261902	261926	262211	262234	262611	262636	263032	263126	263177
	263182	263365	268667	269213					
全鮮憲兵隊長會議	261369								

全鮮刑務所	259161	261457	262016	263419	263963	263997		
全鮮刑務所作品々評會, 全鮮刑務所製品品評會	261457	262016						
田植祭	264004							
電信	257372	257774	258690	258998	259291	260758	263912	264103	265144
	265159	265628	266469	266472	269091	269349			
田淵(東拓理事)	257631	257856	258208	258616	258964	259543	259659	261421	262417
	263952								
傳染病	257279	257463	259171	259712	260218	261038	261500	262336	262869
	262936	262996	263418	264327	264546	265621	265723	265806	266317
	266390	266450	266713	266819	268832	269277			
畑作	261843	262186	262223	264145	264686	264830			
前田利爲少將 (陸軍參謀本部計劃部長)	261461								
全州	257314	257339	258513	258604	258810	258903	259054	259121	259174
	259265	259279	259300	259479	259531	260292	260370	260417	261091
	262007	262065	262464	262504	262962	263784	263794	263946	264182
	264216	264421	264784	264934	264954	265050	265377	265503	265706
	265738	265954	266085	267276	267376	267460	267609	267777	267781
	268298	268333	268384	268566	268667	269034	269083		
全州岬靑年雄辯大會	262962								
全州高普	260292	264934	264954	265050					
全州國防義會	259279								
田中(總督府外事課長)	258856	259339	260838	261770	262569	264295	264976	266103	267695
	268744								
電車	257765	257802	258550	258646	259001	260362	260717	260794	261181
	262204	262444	264549	265841	266081	266108	266738	266782	267086
	267316	267380	267396	268318	268363				
田村崎(巡査)	257234								
戰鬪	258036	259608	259689	260279	262631	262653	264249	268255	
戰鬪演習	264249								
電話	257300	257372	257433	257475	257623	257729	258084	258690	258709
	258739	258880	258927	258950	258967	258968	259045	259163	259291
	259349	259355	259381	259507	259537	259556	259671	259924	259955
	260003	260260	260758	260974	260975	261025	261112	261170	261245
	261283	261302	261336	261337	261567	262001	262039	262256	262275
	262311	262351	262368	262682	262689	262698	263490	263630	263788
	263848	263856	264065	264103	264175	264285	264452	264481	264564
	264633	265093	265268	265407	265719	265777	265851	265951	265955
	265974	266262	266301	266328	266353	266474	266767	266908	266913
	267298	268478	268582	268817	268862	269082	269166		

電話開通	259291	260975	261170	263490	265407	266474	266908	268478
電話網	257623	264103	265719	266328				
電話線	259163	261337	262275	263630	263856	264285	264481	265851	265951
	269082							
電話增設	264065	266301						
竊盜事件	262624	266928						
庭球	261306	261395	262693	262713	262917	263297	263314	263472	263594
	263609	263897	264096	264134	264400	264417	265026	265544	265669
	265906	266577	266630	266680	266701	266725	266843	267057	267236
	267368	267703	267710	267719	268240	268325	268508	268672	268803
井口米治郎(釜山稅關檢查課長)	265143	265158						
靖國神社	258749	260223	260251					
町洞會	261853	263409	264597					
精鍊會社	262630							
定例局	258727	259972	260700	264407	269254			
貞柏炭鑛	259259							
政府	259523	259747	261795	262443	262467	268149	268637	
井上(遞信局長)	260194	260347	260526	261728	262354	262880	263359	263532	266230
	266247	266514	269142	269239	269427			
井上三之介(平壤遞信分掌局監督課長)	267961							
精神作興	265514	265563	265966	267822	267980	268003	268255	268285	268374
	268399	268414	268444	268445	268467	268502	268564	268620	268638
	268801							
正義女高普	264362							
停電	259986	261239	262492	264318	265642	266060	266107	267674	267709
	268923							
正田(保安課長)	261274							
情操敎育	263929							
偵察機	264379							
情痴殺人事件	261747							
諸岡榮治(商工會社平壤支店長, 平壤實業家)	260271	268882						
帝國	258614	261529	264248	267441	268202	268210		
除隊式	261316	261369	261378	268706				
製鍊所	258156	258213	258272	262829	263091	265558	268072	268088	269288
	269303							
製絲	261461	263095	264663	264831	265026	265638	265964	266330	266395
	266452	266496	267786	267903	267968	268211	268361	269049	

第三回軍用犬審查展覽會	262420								
第二十師團,第廿師團	257322	258277	259388	259459	259543	259751	259773	260108	260276
	260731	260822	261051	261191	261211	261300	261401	261487	261755
	261816	262069	262116	262164	262354	262680	263478	263512	263542
	263862	264502	265062	265103	265767	265956	266529	266780	266995
	267031	267034	267147	267180	268255	268397	268520	268533	268535
	268626	268855	268858	268954	269212				
製材工場	258877	262014							
製造工場	261591	261631							
濟州	257472	257517	258137	258654	259654	262819	264451	264983	
製炭講習會	269054								
第八十聯隊	260792	263647	265709	268400					
操短, 操業短縮	265437	266496							
朝買協會	267754								
調武男(新任慶北道農務課長)	268149								
朝貿協會	264081								
詔書奉讀式	260366	260441	268620	268638					
朝鮮	257200	257202	257215	257217	257313	257321	257348	257390	257393
	257396	257424	257458	257473	257488	257522	257524	257565	257570
	257573	257700	257747	257748	257792	257894	257904	258001	258030
	258032	258037	258097	258126	258175	258183	258185	258210	258231
	258283	258290	258337	258342	258374	258399	258432	258454	258457
	258486	258516	258541	258620	258698	258701	258729	258773	258780
	258788	258845	258865	258963	259108	259159	259190	259288	259345
	259376	259471	259647	259659	259664	259715	259792	259796	259806
	259901	259922	259977	259980	259986	260013	260022	260050	260084
	260125	260147	260193	260221	260239	260240	260267	260275	260336
	260365	260366	260380	260382	260398	260421	260435	260464	260477
	260480	260497	260526	260535	260583	260590	260601	260610	260625
	260637	260696	260701	260716	260732	260750	260751	260779	260837
	260878	260897	260936	260949	260950	260973	260994	261020	261025
	261034	261093	261098	261112	261119	261131	261152	261153	261209
	261306	261322	261370	261375	261420	261457	261516	261593	261607
	261621	261622	261685	261698	261707	261727	261729	261742	261772
	261816	261824	261851	261939	261968	261998	262001	262016	262018
	262058	262065	262145	262153	262162	262164	262166	262177	262219
	262220	262225	262263	262289	262325	262354	262420	262437	262443
	262453	262462	262464	262467	262507	262513	262517	262527	262566
	262570	262649	262679	262701	262709	262742	262783	262787	262867
	262879	262882	262913	262919	262920	262961	262962	262988	263008
	263064	263095	263189	263190	263230	263263	263303	263306	263419
	263459	263472	263477	263510	263532	263534	263539	263594	263605
	263681	263692	263696	263721	263725	263732	263738	263750	263773

	263779	263794	263844	263867	263898	263909	263937	263953	263996
	264010	264015	264041	264053	264055	264057	264077	264080	264081
	264087	264199	264217	264223	264225	264233	264278	264293	264294
	264324	264325	264347	264370	264381	264383	264402	264405	264427
	264428	264445	264463	264464	264467	264492	264493	264509	264533
	264543	264557	264565	264585	264586	264598	264610	264630	264646
	264656	264677	264706	264730	264749	264770	264776	264795	264797
	264817	264819	264831	264832	264835	264840	264855	264859	264869
	264870	264874	264890	264905	264907	264912	264934	264940	264954
	264971	264993	265008	265026	265027	265031	265033	265088	265105
	265122	265125	265138	265141	265156	265171	265183	265190	265202
	265216	265225	265237	265246	265264	265324	265336	265342	265384
	265410	265451	265553	265591	265620	265628	265695	265717	265729
	265731	265868	265870	265893	265907	265916	265919	265984	266008
	266096	266103	266124	266180	266196	266215	266217	266232	266239
	266272	266274	266287	266302	266318	266346	266373	266393	266394
	266476	266516	266532	266609	266629	266650	266655	266673	266680
	266720	266728	266739	266763	266833	266853	266856	266858	266866
	266883	266905	266925	266958	266987	266995	266999	267006	267016
	267049	267053	267057	267081	267088	267119	267138	267163	267166
	267172	267175	267188	267207	267213	267234	267236	267239	267248
	267272	267273	267295	267307	267319	267339	267347	267349	267357
	267369	267395	267459	267472	267576	267630	267641	267654	267668
	267669	267688	267691	267703	267719	267724	267730	267744	267754
	267759	267775	267786	267812	267917	267927	268023	268069	268078
	268093	268095	268108	268169	268199	268200	268215	268231	268283
	268296	268298	268327	268400	268404	268429	268445	268446	268498
	268508	268524	268620	268626	268727	268777	268801	268908	268943
	268951	268956	269006	269040	269044	269054	269141	269196	269200
	269234	269264	269286	269293	269316	269320			
朝鮮家屋	258541	264940							
朝鮮建築會	260380	268524							
朝鮮警察	266858								
朝鮮禊會	262016								
朝鮮穀物協會	269234								
朝鮮穀聯	262289	265907	266008	267724					
朝鮮共産黨	257894	266196	266217						
朝鮮工業展	265138								
朝鮮工業協會	263534	263898	264053	264294					
朝鮮館	260590	266853							
朝鮮教育會	259376	264870	265138	267053					
朝鮮軍	257202	257215	257396	258097	258780	259159	260240	260382	260994
	262354	264428	264832	265324	265336	265628	266373	266394	266609
	266629	268298							
朝鮮金組	257904	265122	265138						

朝鮮汽船	263477	264081						
朝鮮農會	258183 267239	258231	258342	258701	258963	261152	263477	263725	263937
朝鮮動物愛護會	263898							
朝鮮同胞	258337	260973	261020	266287				
朝鮮買易協會, 朝鮮貿易協會	257522	260336	261607	262220	263230	263532	268400	
朝鮮麥酒	262164	265628	266103					
朝鮮緬羊協會	261034							
朝鮮綿業團	259715							
朝鮮無煙	261098	263794	264010	269006				
朝鮮無盡協會	262016	262162	262464					
朝鮮文化	267234							
朝鮮物産	262507	263844						
朝鮮みそぎ會	261998							
朝鮮民謠	258454							
朝鮮放送協會	262962							
朝鮮社會事業協會	265591	265620						
朝鮮産業博	258374	258399						
朝鮮商工會議所, 朝鮮商議	262570 267349	262679 267754	263189 269044	263419	263953	264087	264217	264463	266232
朝鮮石油會社	262325							
朝鮮纖維	267248							
朝鮮送電	260535	262513	268626	268956	269286			
朝鮮送電社重役會	262513							
朝鮮繩叺協會	261209	264869						
朝鮮神宮	257200 260366 263306 265695 266905 267172 267668 267775 268620	257217 260701 263459 265984 266987 267207 267669 267917 268727	257747 260936 263510 266096 267049 267236 267688 267927 269141	258126 261593 263732 266272 267053 267273 267691 268069 269196	258290 261707 264080 266302 267057 267357 267703 268078	258698 261816 264293 266318 267081 267369 267719 268095	259792 261851 264294 266476 267119 267395 267730 268108	259922 262453 264543 266680 267138 267459 267744 268169	259980 262867 264770 266866 267163 267654 267759 268508
朝鮮神宮鎭座十周年奉祝大祭	257200	257217						
朝鮮藥劑師試驗	263263	263738						
朝鮮藥學會	258001	260239	261772	262783	263898	267786	268908	
朝鮮女性	258432	268199						

朝鮮運送	262289	262464	264324	268429					
朝鮮醫學會	267088								
朝鮮人	257458	257473	258210	258729	259471	259664	259796	260050	260275
	260480	260583	260716	260878	260897	260950	261322	261516	261621
	261622	261742	261939	262437	262443	262462	262467	262527	263064
	263909	263996	264278	264492	265410	265729	266124	266958	267006
	268445								
朝鮮人民會	266124								
朝鮮自動車協會	267307	267319	268956						
朝鮮蠶種業組合	260837								
朝鮮電氣	261093	261375	262065	262566	262879	262920	263189		
朝鮮酒造協會	260732	260751	263263						
朝鮮中等學校	263605	263681	264015	264041	264199	264223			
朝鮮織物總會	264053	269054							
朝鮮鐵道協會	261727								
朝鮮憲兵隊	260526	260750	262018	262225	262263	262787	263532	265870	266180
	266393								
朝鮮憲兵隊創立記念日	262225	262263							
朝鮮ホテル	260084	260477							
朝鮮火藥工業	265919								
朝鮮火災保險	262162								
朝鮮火災新館上棟式	263692								
朝鮮火災總會	265026								
朝鮮化學會	262464	263953							
朝鮮興業	260750								
朝郵	257950	258311	258616	260554	260838	261560	262069	263099	264085
	266619	266658	266681	266904	267786	267937	268183	268255	
朝運	259230	260240	261370	261461	261560	261916	262120	262220	262513
	263190	263265	263692	263738	264055	264081	264184	264324	264510
	265870	265956	268207	268801	268857	269142	269215	269393	
朝窒, 朝鮮窒素	257631	258004	258270	258620	261153	261211	261421	261728	262220
	262880	263597	263693	263748	263952	264229	264989	265403	267120
	267288	267524	267875	268090	268113	269026	269093	269372	269427
朝倉文夫	263407								
朝鐵	258032	261051	261421	261561	265682	265683	265716	266903	266999
	267016	267341	267349	267786					
組合銀行	260785	263326	264536						
從價稅	260300	260584							
宗教	257201	257220	257268	257575	257597	257614	258023	258176	260019
	263302	263831	264600	264950	265267	265737	269237	269261	269285

種痘	258978	259124	259309	261344	262524	262982	267970	
鐘路	261722	262556	267738					
鐘路署	261722	262556						
鐘紡	257725	257878	258674	259190	259573	260780	261117	261556	261613
	261623	262034	262352	263351	263907	264692	265095	265104	265377
	268154	268336	268384	268387	268504	268559	269409		
鐘城	264309							
綜合博物館	259798	261408	263847	265802	266351	268081	268569	268589	268640
	268784							
佐藤(東拓金融課長)	264055	264345	269055	269093	269372			
佐藤(滿鐵建設局長)	261153							
佐藤(鐵道局營業課長)	262863	265487	266999	267016	267341	267349		
佐方(東拓理事)	262818	262919	263099	265027	266545	268397	269372	
左翼表現團體	263840							
佐々木高治(新任咸南內務部長)	261081							
佐々木光雄(清津稅關長)	263237							
佐枝少將, 佐枝義重	269143	269165						
酒類品評會	258401	268173	268448	269292	269318			
駐滿海軍	267977							
酒稅	261626	262258	262309	263667	264251	268661		
朱榮煥(新任慶南道參與官)	260838							
駐在所	260686	260909	262569	263565	264655	265447	265822	266007	266036
	266487	266564	268609	268825				
住宅難	260702							
住宅組合	261163							
竹內(總督府社會課囑託)	261211							
竹內, 竹內健郎(咸北知事)	260442	262847	265828	266604	266620	269011	269058	269119	
竹田宮	267447	267462	267484	267513	267541			
中京會	264917							
中國	260124	262803	266619	268200				
重大事業委員會	263869							
中島(侍從武官)	258425	258449	259105	259318	259349	259371		

中毒	257559	257609	257851	258928	259058	259149	259878	261187	262242
	262308	262317	263293	263608	264963	266916	268709	269392	
中東學校盟休	259700								
中等校, 中等學校, 中學校	257277	257443	257615	257890	258083	258406	258507	258772	259294
	260619	260678	260681	260705	260973	260985	261020	261306	262045
	262193	262487	262775	262879	263297	263537	263605	263647	263681
	263744	263837	263898	264015	264041	264053	264199	264223	264328
	264595	264615	264691	265198	265210	265741	265757	265867	265889
	267422	267630	267641	267797	267814	267949	268079	268189	268219
	268412	268585							
中等教員講習會	264869								
中等教育研究會	257276	259494							
中富(新飛行第 六聯隊長)	260558	260577	261868	264619					
中産階級	262834	263969							
中央高普	257799	259116	259224	259590	260059	260377	260835	263372	
中央高普事件	260059	263372							
中央物産	264081	264085	264869	269234					
中央電話局	258084	264452	267298						
中原, 中原史郎 (平壤專賣支局長)	259316	266210							
衆議院議員	264011	264054							
重田不二子孃 音樂會	259662								
中井(東拓新京 支店長)	262517	264085							
中川(台湾總督)	262737								
中村(遞信局副 事務官)	263426	264184							
中村良三海軍 大將(艦政本部長)	266393								
中樞院	258903	259471	260446	261095	261425	261459	261613	261619	261649
	264295	268572							
中樞院參議	258903	259471	260446	261425	261459	261613	264295	268572	
中和	262173	264812	266252	266696	267592				
中華民國	258925								
曾尸茂梨神社	258186								
增永(法務局長)	261969	263460	265738						
池(遞信局庶務 課長)	260881	261315	262279	262605					
支那	257501	257527	258035	258863	259405	259530	260613	261398	263978
	266914	267430	267446	268082	268739				

支那人	257501	257527	258863	261398	263978	268082		
支那人勞働者	263978							
池內勝太郎(鎭南浦警察署長)	263865							
指導部落	257224	258840	259138	261009	261478	266374	268546	
地方放送局	260594							
地方法院	257526	258852	260108	260240	260347	263984	265453	265480	265492
	265738	268022						
地方事務檢閱	263745							
地方稅	257789	261907	261929	262100	262326	262511	262712	263268	263358
	264889	265016	265138					
持永, 持永少將, 持長(朝鮮憲兵隊司令官)	259699	259734	260708	260750	260878	262069	262225	262263	262787
	263532	263896	266393	266658	266681	267034	268397	268806	269142
	269372							
地場銀行	262046	262088	264447	264556				
池田(朝鮮總督府警務局長)	257568	258143	258311	258869	259339	259557	259723	259806	261939
	262354	262517	262648	263676	263693	264602	264743	264832	265491
	265628	267063	268183					
池田忠康(新任全州地方法院檢事)	265738							
地鎭祭	259114	260017	261824	264523	265095	266092	266490	267670	268085
	268357	268569	268589	268784	268988			
地質學	260317	262098	262122	262172	262463			
紙幣偏造	260313							
稷山	269081							
職紹所, 職業紹介所	258233	258556	264246					
職業教育	260537							
職業學校	257886	258581	258860	264382	266556	266839	266956	267968	268761
鎭南浦	257256	257305	257740	257771	257783	258050	258156	258213	258256
	258370	258474	258680	259284	259408	260042	260249	260253	260356
	260497	260560	260582	260727	260901	260940	261061	261123	261388
	261424	261516	261568	261620	261629	261803	261891	261918	261919
	261935	262090	262140	262237	262279	262425	262480	262496	262531
	262618	262829	262839	262845	262901	263117	263488	263697	263865
	264034	264070	264440	264529	264672	264677	264706	264725	264752
	264763	264883	264927	264992	265253	265332	265355	265509	265511
	265558	265569	265644	265646	265833	265969	265973	266120	266191
	266242	266484	266490	266746	266882	266967	267042	267127	267386
	267416	267417	267433	267480	267567	267708	267774	267886	268072
	268088	268115	268222	268497	268914	268971	269029	269071	269118
	269164	269288	269333					

鎭南浦警察署	263865	264440						
鎭南浦税務署	262901							
鎭南浦税務署竣工式	262901							
鎭南浦醫院	260042	266490						
鎭南浦製錬所	258156	258213	262829	265558	268072	268088	269288	
鎭南浦取引所	261629	263697	265833	266484	267567	268222	269333	
鎭南浦港	257305	258370	259284	260356	260497	261061	261803	261919	262480
	265646	265973						
鎭南浦港灣研究會	258370							
鎭南浦會議所	260727	264883						
進藤博馬(新任慶南道晉州郡守)	260795							
進明女高普	261457	261641	267609					
進明女高普開校三十年記念式	261457							
榛葉(總督府土木課長)	261728	267034						
眞人會記念短歌會	264600							
震災	261426	261451	261474	261495	261592	261646	262202	266423	266443
	266500							
震災記念日	266423	266500						
震災慰問金	261646							
震災義金	261474	261495	262202					
津田(鐘紡社長)	260090	261613	268154	268336	268384	268504	268559	
津田(海軍中將)	259350							
晉州	257663	259491	259641	260670	260795	261510	261607	262158	262464
	263051	263258	263375	263784	264182	264819	264835	265007	265896
	266605	266627	267061	267609	267751	268789	269269		
晉州高普	264819	264835	265007					
晉州署	259641	266605	266627					
晉州税務署	262464							
鎭海	257327	257419	257976	258504	258703	259014	259806	259891	260088
	260096	260100	260193	260424	260623	260750	260838	261401	261461
	261756	261811	261814	261816	261901	262342	262555	262705	262731
	262999	263037	263315	263650	263725	263879	264085	264295	264304
	264464	264644	264781	265423	267375	268017	268023	268583	268630
	268744	268830	269042	269214	269424				
鎭海要塞司令部	261401	261816	262731	263725	268017			
鎭海航空隊	257419							

振興運動	257224	257491	257516	258023	258485	258498	258538	258552	261009
	262033	265109	265129	265272					
振興後援會	262038								
徴兵	261090	261114	261359	261469	262332	262799	262817	262957	264168
	269222								
徴収	259905	260177	260246	262115	263423				

ㅊ								
借地組合	257917								
昌慶苑	257279	257369	257438	257534	258450	259006	260135	260833	260972
	261362	261756	262499	263783	267861	268942			
昌慶丸	259901	264006							
娼妓	257992	259872	262020	266004					
倉島, 倉島至(平壤遞信分掌局長)	257786	259950	260488	262590	265480	266780	266973	267731	268882
處女墳	258424	266285	266687						
拓務	257731	257748	258691	261211	262701	264345	264647	266545	267120
	267164	267173	267449	267482	267695				
拓務省	257731	257748	258691	261211	262701	264345	264647	266545	267120
拓植	268748	268775							
川崎	257959	264677	264706	265679	266181	267409			
川島(朝鮮軍司令官)	266609	266629							
川島警視(新任江界警察署長)	260937								
天道敎	260193	264295							
天理敎講演會	263594								
川面(遞信省無線課長, 遞信局監理課長)	260194	262279	265104						
川上松五郞(江原道保安課長)	260838								
天安	258945	262768							
天然記念物	266792								
天然資源	258175	266503	266827	266851					
天長節, 天長の佳節	260539	260867	260887	261191	261457	261607	261642	261666	261707
	261727	261755	261824	261826	261845	261850	261939	266719	266733
天災地變	261365	261393							
天主公敎會	260395								
天主敎, カトリック敎	266557	267390	269023						
天津	259827	259966	260261	261413	261470	261496	261748	262657	
鐵工業懇談會	264680								
鐵道	257324	257332	257403	257481	257571	257574	257587	257626	257679
	257722	257723	257750	257801	257951	258143	258238	258252	258270
	258306	258312	258335	258356	258456	258948	259067	259230	259306
	259315	259448	259455	259460	259541	259686	259775	259929	259968
	260126	260128	260194	260198	260380	260696	260750	260792	260829

	260930	260951	261084	261093	261209	261221	261243	261260	261316
	261374	261394	261409	261457	261683	261727	261770	261905	261919
	261964	262130	262169	262174	262199	262200	262231	262268	262312
	262355	262476	262569	262593	262742	262767	262787	262823	262828
	262879	262976	262989	262990	262994	263002	263016	263032	263050
	263090	263101	263126	263182	263189	263190	263201	263263	263405
	263406	263440	263472	263478	263527	263632	263679	263715	263748
	263791	263806	263848	263860	263887	263903	263925	263928	264062
	264081	264093	264175	264183	264227	264374	264469	264569	264622
	264658	264681	264682	264697	264748	264791	264946	265044	265054
	265138	265327	265357	265456	265461	265487	265586	265628	265664
	265687	265709	265761	265785	265854	265870	265871	265956	266005
	266096	266106	266255	266305	266494	266504	266618	266734	266778
	266780	266870	266880	266892	266904	266957	266978	266994	266995
	266999	267000	267016	267017	267036	267051	267053	267057	267065
	267067	267078	267080	267090	267104	267122	267137	267141	267160
	267162	267171	267179	267182	267186	267189	267191	267204	267210
	267215	267233	267251	267270	267286	267294	267295	267305	267317
	267320	267330	267334	267338	267341	267349	267352	267414	267559
	267571	267579	267594	267611	267793	267832	268010	268022	268023
	268061	268069	268073	268098	268103	268105	268140	268217	268228
	268255	268261	268281	268298	268397	268399	268411	268439	268466
	268484	268498	268500	268516	268524	268538	268542	268626	268700
	268724	268741	268800	268801	268805	268818	268820	268835	268858
	268865	268907	268932	268944	268971	268972	269012	269055	269095
	269098	269108	269141	269162	269194	269229	269233	269278	269372
	269400	269428							
鐵道警備演習	258312	259460	260792	263440					
鐵道共組事件	264791								
鐵道局	257324	257332	257571	257574	257722	257750	258143	258335	258356
	258948	259230	259448	259455	259541	259968	260126	260128	260194
	260380	260750	260930	261084	261093	261964	262200	262231	262569
	262787	262828	262976	262990	263182	263189	263190	263478	263527
	263748	263791	263860	264081	264183	264227	264374	265044	265138
	265487	265586	265628	265664	265871	266005	266096	266255	266494
	266618	266995	267000	267017	267053	267141	267160	267341	267349
	268022	268023	268061	268069	268098	268399	268524	268626	268741
	268800	268801	268805	268818	268858	268907	268944	269055	269095
	269098	269108	269141	269229	269233	269278	269372	269400	
鐵道記念日	262476								
鐵道の夕	262879	262989	263016	263263					
鐵道運輸	261243	264658	264682	269428					
鐵路	258038	258277	258423	258784	260387	262069	263031	263828	264408
	264498	266674							
靑郊靑年團	260203								

靑年	257252	257272	257315	257333	257671	258463	258533	259156	259184
	259258	259288	259304	259427	259433	259482	259672	259704	260034
	260076	260174	260194	260203	260378	260526	260666	260715	260854
	260878	261208	261209	261669	261726	262191	262448	262609	262840
	262962	263099	263444	263594	263611	263730	263840	263917	264150
	264228	264466	265015	265117	265138	265514	265672	265879	265945
	265970	266101	266368	266446	266664	266719	266733	266780	266832
	267420	267604	267655	267666	267686	267689	267754	267953	268121
	268148	268224	268424	268902	268956	269143	269165		
靑年團	258463	259427	260203	260878	263099	263840	265138	265879	265945
	265970	266446	266664	266719	266733	266780	266832	267420	267604
	267655	267666	267686	267689	267754	267953	268121	268224	268424
	268956								
靑年士官	264466								
靑年運動	263840								
靑年訓練所	258533	261669	262191						
淸凉里	260883								
淸水(鐵道局工務課長)	263478	265487	268907	269055					
淸水(總督府圖書課長, 內務省警察講習所教授)	257748	257856	257934	257950	258097	258143			
淸州	257667	258701	258894	259060	259701	261461	261462	262008	262156
	262779	262962	263879	264555	264971	264993	265050	265139	265348
	265550	265708	266144	266501	267434				
淸州學祖	259701								
淸進	267711								
淸津飛行場	267881	268694							
淸津署	258829	258853	259302	266295	268308	268435	269283		
淸津漁港	258058	263902	265473	265878	265965				
淸津郵便局	260390								
淸津出張所	263338	263707	267008						
淸津港	257408	257920	258011	258747	261101	263964	264061	264717	267129
靑訓	257820	260069	260471	260919	261466	262038	262775	263744	268906
	269305								
遞信	257372	257543	257573	257704	257786	258665	258690	258967	259045
	259102	259128	259226	259950	260194	260263	260347	260526	260646
	260656	260663	260736	260864	260881	260991	261025	261112	261211
	261315	261487	261607	261728	261841	262063	262279	262354	262590
	262605	262678	262880	262951	262977	263002	263005	263101	263287
	263359	263419	263426	263477	263532	263791	263851	263862	263887
	263898	263939	264043	264184	264283	264295	264637	264646	264831
	264863	264911	264929	265009	265026	265103	265104	265194	265206
	265381	265448	265453	265480	266107	266230	266241	266247	266301

	266399	266447	266514	266641	266657	266682	266780	266973	266986
	267063	267239	267415	267435	267441	267583	267724	267731	267835
	267855	267961	267995	268022	268086	268304	268540	268576	268615
	268745	268882	268923	269093	269095	269142	269193	269239	269395
	269427								
遞信局	257372	258967	259045	260194	260347	260526	260656	260736	260864
	260881	260991	261211	261315	261607	261728	262279	262354	262605
	262880	262951	262977	263005	263359	263419	263426	263477	263532
	263791	263851	263898	263939	264043	264184	264295	264831	264863
	264911	265009	265026	265103	265194	265206	265381	265448	265453
	266107	266230	266247	266447	266514	266657	266682	266986	267063
	267415	267435	267855	268540	268576	268745	268923	269093	269142
	269193	269239	269427						
遞信文化展覽會	267583								
遞信分掌局	257704	257786	259950	262590	263287	263862	264646	264929	265480
	266399	266780	266973	267724	267731	267961	268022	268882	269095
	269395								
遞信省	261025	261112	265104	266301					
體育展覽會	264905								
體育協會, 體協	259653	260380	260837	260879	261242	261257	261284	261306	265033
	265088	265871	268777						
體操	263898	263931	264681	265103	265133	265345	268513	268544	268845
	268908								
初等敎員	257378	259887	263477	265665	266102	268900			
初等敎育	257989	258772	262527	262871	263181	263843			
初等學校, 初等校	257643	257812	258690	259529	259664	260667	260678	261648	261859
	262335	262879	262923	263253	263419	263832	264839	267097	267499
	267512	267609	267661	267986	268005	268403	268474	268582	268712
	269135	269325	269350	269351					
招魂祭	259218	259245	260616	261209	261710	261727	261772	261814	261850
	262679	262832	263419	263511	264245	267380	267396	268039	268182
髑髏隊	265361								
村林堪作(平壤遞信分掌局工事課長)	262590								
村上(遞信局經理課長)	262279								
村野(新任大邱憲兵隊長)	265588	265738							
村永(新任朝鮮憲兵隊司令官)	260526								
村田(總督府陸軍御用係, 總督府陸軍御用掛)	262463	265487	266145						

總監	257294	257499	257519	257731	257748	257906	257933	259567	259614
	259796	260526	260795	260863	261051	261426	261451	262502	262537
	262642	262731	262737	262947	263089	263268	263682	263688	263725
	263992	264085	264119	264144	264161	264186	264375	264567	264608
	264704	264801	264870	264952	264975	265062	265151	265166	265194
	265206	265343	265453	265768	265853	266516	266532	266999	267016
	267151	267307	267319	267499	267512	267780	267898	267901	267938
	267977	268023	268055	268149	268152	268466	268560	268588	268620
	268857	268858	269059	269078	269102	269128			
總監官邸	262502	262537							
總督	257233	257242	257243	257326	257370	257371	257399	257418	257421
	257499	257519	257543	257573	257574	257833	257856	257911	257929
	257974	258143	258208	258252	258296	258311	258368	258529	258606
	258616	258780	258845	258865	258901	258939	258963	258964	259218
	259230	259245	259339	259366	259378	259388	259393	259440	259543
	259568	259636	259691	259713	259715	259720	259753	259762	259769
	259937	259974	260026	260075	260098	260125	260127	260147	260194
	260240	260382	260420	260460	260465	260468	260470	260487	260490
	260511	260517	260526	260618	260634	260643	260657	260720	260737
	260740	260741	260750	260759	260775	260795	260838	260872	260881
	260994	261028	261046	261116	261138	261153	261169	261200	261209
	261211	261247	261255	261271	261333	261355	261358	261360	261370
	261426	261446	261451	261454	261543	261594	261630	261645	261707
	261728	261733	261755	261762	261770	261772	261816	261821	261826
	261850	261969	262018	262069	262073	262105	262109	262164	262220
	262272	262301	262417	262431	262463	262502	262517	262537	262569
	262697	262720	262730	262731	262737	262773	262787	262798	262820
	262828	262866	262880	262908	262949	263131	263133	263233	263261
	263265	263353	263495	263572	263676	263716	263737	263791	264039
	264055	264059	264066	264078	264085	264295	264375	264376	264425
	264443	264474	264491	264500	264531	264562	264602	264662	264684
	264702	264727	264955	264977	264985	265033	265055	265067	265071
	265087	265088	265091	265104	265127	265181	265220	265230	265240
	265284	265295	265305	265313	265342	265386	265431	265443	265487
	265490	265522	265588	265610	265616	265678	265693	265722	265896
	265938	265939	266008	266039	266041	266103	266145	266179	266188
	266195	266225	266258	266438	266457	266514	266516	266532	266549
	266554	266579	266581	266594	266608	266628	266640	266641	266658
	266660	266681	266684	266703	266722	266732	266739	266763	266791
	266809	266824	266833	266856	266881	266904	266909	266929	266951
	266954	266999	267001	267016	267028	267039	267069	267128	267166
	267175	267180	267187	267195	267220	267235	267303	267307	267314
	267319	267328	267359	267371	267380	267396	267408	267413	267431
	267432	267499	267512	267541	267561	267577	267695	267824	267895
	267910	267922	268001	268023	268031	268034	268111	268397	268524
	268525	268560	268592	268620	268744	268808	268814	268827	268831
	268858	268861	268890	268892	268925	268940	268958	268983	269040

	269063	269077	269122	269153	269176	269180	269186	269208	269240
	269257	269289	269316	269317	269323	269346	269372		
總督官邸	259568	259713	261028	261169	261200	261247	265610	269122	
總督府	257233	257242	257399	257418	257543	257573	257856	257974	258143
	258208	258252	258296	258311	258368	258529	258606	258616	258780
	258845	258865	258963	259218	259230	259245	259339	259378	259388
	259440	259543	259715	259762	259937	259974	260026	260098	260127
	260194	260240	260382	260420	260465	260517	260526	260618	260634
	260643	260657	260750	260759	260775	260795	260838	260881	260994
	261046	261138	261153	261211	261255	261271	261358	261360	261370
	261454	261543	261594	261630	261645	261728	261733	261755	261762
	261770	261772	261826	261850	261969	262018	262069	262073	262109
	262164	262220	262272	262301	262417	262431	262502	262517	262537
	262569	262787	262828	262880	263133	263233	263265	263495	263572
	263676	263716	263737	263791	264055	264085	264295	264376	264425
	264443	264531	264562	264602	264955	264977	265033	265055	265067
	265071	265087	265088	265091	265104	265127	265181	265284	265295
	265443	265487	265522	265616	265939	266008	266039	266103	266145
	266188	266438	266457	266514	266549	266579	266594	266608	266628
	266640	266684	266703	266722	266739	266763	266833	266856	266904
	266951	266999	267016	267028	267166	267175	267187	267195	267220
	267235	267303	267314	267328	267408	267413	267431	267432	267541
	267695	268001	268023	268031	268034	268397	268524	268525	268592
	268620	268744	268827	268858	268925	269372			
總督府辭令	260098	260127	260465	260517	260618	260643	260657	260759	260775
	261255	261360	261454	261594	261630	261645	261733	261762	262272
	262301	263133	264376	264955	264977	265055	265067	265071	265087
	265091	265127	265181	265443	265616	265939	266438	267028	267220
	267235	267314	267328	267413	267432				
總督府異動	257543	257573	258845	258865					
寵兒嘉義丸	263964								
總花鐵道局	263527								
崔麟(中樞院參議)	264295								
追悼會	258025	258573	259980	265708	266218	267053	268084		
秋山(第十師團參謀長)	260240								
萩原(鐵道局庶務課長)	258577	258596	258691	260750					
萩原,萩原彦三(前咸南知事,拓務省管理局長)	257593	257731	257748	258577	258596				
秋蠶	265290	265800	266588	266608	266689	266691	266849		
蹴球	259405	261470	261496	261667	261902	261926	262211	262234	262611
	262636	262894	262911	263032	263033	263126	263177	263182	263221
	263314	263365	263587	263782	263952	264005	264040	264328	264897

	264950	266505	266905	267081	267119	267143	267207	267312	267669
	267688	268200	268404	268573	268667	269185	269209	269213	269300
畜産共進會	262690								
畜牛	258885	260345	263489	264068	269157				
春繭	261511	261526	262928	263470	263507	263610	263919	264146	264654
	264841	265200	265542						
春窮期	258473	259953	261224	261365	261393	264709			
春蠶	261573	261949	261985	261997	262440	262843	263060	265542	267854
春川	258186	258479	258517	259627	261406	261824	261955	263879	263995
	265857	266818	267061	268732					
春川農業學校	259627								
春川稅務署	261406								
春川電氣	263995								
出淵(前駐米大使)	261728								
出入船	257634	261605	261628						
出張所	258177	258217	258474	258477	258501	258574	258725	258834	259018
	260620	260634	260640	260822	262229	262794	262930	263283	263338
	263707	263716	264073	264267	264708	264731	264804	265232	265816
	267008	267824	268012	268959	269395				
出版	257934	257952	261831	263082	267384	267398			
出版法	257934								
忠南, 忠淸南道	257837	257936	258184	258564	258768	258772	258776	259802	260099
	260100	260706	260740	260881	260937	261123	261770	261824	262214
	262513	262783	262879	262949	263138	263416	263419	263477	263511
	263571	263594	263725	263733	263899	264011	264593	264634	264694
	264892	265059	265132	265433	266770	266928	267057	267070	267083
	267339	267347	267514	267526	268182	268255	268342	268388	269405
	269409								
忠南道敎育會	263477								
忠南道農會	260099	263725							
忠南北道	263594								
忠北, 忠淸北道	258701	258806	259526	259579	259853	260704	260824	260838	260881
	261152	261461	262164	262212	262279	262513	262962	263141	263597
	264858	266857	266995	267092	267105	267339	267347	267487	267500
忠北道會	258806	263597							
沖繩	266730	266756							
忠魂碑	259079	260088	261280	263067	264904	266156	267902	268717	268801
	268935								
取引所	260968	260977	261629	262279	263594	263697	263859	263932	263961
	265833	266215	266239	266484	267567	268222	268889	269333	
就職難	259842	260749	260877	262041	264228				
就職の宣傳ビラ	260437								

鷲津, 鷲津鉛平少將(第三十九旅團長)	260558	260577	264159	269036					
取締	257602	257684	257916	258090	258127	258134	258143	258301	258369
	258396	258458	258499	258514	258567	258683	258701	258891	258997
	259107	259117	259147	259178	259757	259776	259788	259968	260054
	260178	260825	260865	260933	261104	261109	261447	261552	261568
	261583	261601	261612	261651	261660	261770	261875	262158	262276
	262303	262407	262889	262895	263401	263597	263624	263738	264037
	264112	264163	264230	264337	264735	264898	265104	265453	265482
	265766	265774	266160	266274	266282	267585	267745	267812	268183
	268298	268334	268407	268550	268625	268653	269024	269084	269190
就學難	257986	259664	261508	264305					
測候所	258453	258491	258878	259678	260937	264827	265024	265064	265214
	267237	268282							
稚鼈共同飼育所	261985								
親族法	260862	260886							

E								
墮胎	257630	258684	268852					
打合會	257353	258322	258475	258503	258528	258690	258948	258963	259180
	259761	259980	260869	260968	260977	261007	261152	261457	261666
	261968	262065	262162	262336	262339	262359	262649	263095	263263
	263302	263477	263534	263654	263713	263737	264540	264620	264933
	265136	265138	265540	265670	265802	265903	265955	265970	266093
	266361	266400	266682	266734	267724	267852	268022	268161	268182
	268442	268565	268626	268832	269234				
卓球	258428	260169	260245	262045	262191	263148	264673	265122	265138
	266680	266866	266905	267562	267575	267653	267677	267690	267703
	267719	267737	267749	268023	268143	268199	268275	269213	269250
	269428								
託兒所	257686	258060	259883	262147	262909	263193	263255	263575	263598
	263975	264232							
炭鑛部落	261274								
炭酸泉	267092	267105							
炭疽病	262287								
炭田	257243	257634	261993	262338	262723	265196	265208	269329	269357
湯川又夫(水原農事試驗場長)	263058								
湯村,湯村辰二郞(咸南道知事)	258372	258397	258574	258780	258791	258921	259237	263486	263676
	263742	264703	266151	267409	269068				
台灣	257920	258282	260787	261426	261451	261474	261495	261592	261782
	262024	262202	262517	262701	265024	266853	266955	267660	268932
台灣震災義金	261474	261495	262202						
澤, 澤慶治郞(鐵道局理事)	257571	257573	257750	265628	268524				
澤田, 澤田豊丈(元東拓理事)	267745								
土留工事	262093								
土幕民	257641	259332							
土木談合事件	257285	257852	258405	258642	261039	267355			
土木事業	257633	257861	262551	262557	264269	264868	265404	265457	265481
	266706	266964	267145						
土木出張所	258474	258477	258501	258574	258725	260620	260640	260822	262794
	263283	263716	264804	265232	268959	269395			
土師, 土師盛貞(新任慶南道知事)	260641	260881	261143	261816	269427				
土性調査	261591	261631	266256						
土地改良	259388	264905	266008	268069	268093	268524			
土地收用令	260928	260942	264607	265196	265208				

統監部	266553	266591	267587	267601	267612	267627	267636	267649	267663
	267683	268691	268716						
通信教育	262030								
通信局	258703	265307	265315	267198	267209	267444	267797	267814	268254
	268298	268397	268466	268806	269055	269233			
通信部	260170	260403	260688	260712	260965	261735	262164	262192	262793
	262828	265845	266076	266334	266529	267346	267393	267522	267651
	267961	268023	268226	268298	268348	268498	268533		
統營	257663	259491	266860						
通川署落成式	262065								
統治功勞者表彰	257982	265802							
統治殉職者	259218	259245							
堆肥增産	259095	263908							
特別警戒	257452	259374	259394						
特産品	261054	261165	261979	263328	263504	264675	267540		

ㅍ								
破傷風菌	266979								
罷業	258630	260905	260987	261392	262189	262319	263070	263588	263636
	264157	264266	264480	264920	264960	265004	266320	266448	266511
	267404								
坂田浪重(平南道衛生課長)	268356								
板倉邦介(鎭南浦公立商工學校長)	262496								
八島, 八島茂(平壤土木出張所長)	262794	263283	269395						
八田(前滿鐵副總裁)	262517	262533	262642	262787	267330				
敗血症	257279								
片岡孫九郎(新任咸北警務課長)	267107								
編隊飛行	265419								
片山三成(釜山社長)	263478								
平高普	264096	264673	267536	268120					
平高女	264580	266430							
平南, 平安南道	257198	257224	257232	257265	257267	257268	257349	257355	257402
	257405	257415	257440	257454	257463	257495	257542	257591	257600
	257639	257645	257679	257686	257750	257777	257812	257818	257861
	257869	257873	257877	257914	257921	257923	257956	257961	258021
	258059	258120	258146	258160	258165	258255	258260	258334	258375
	258438	258440	258442	258481	258497	258537	258583	258584	258589
	258616	258624	258633	258691	258705	258750	258787	258836	258870
	258873	258918	258966	258976	258979	259029	259076	259093	259095
	259127	259145	259148	259192	259194	259196	259238	259294	259298
	259342	259347	259348	259400	259406	259464	259465	259507	259555
	259558	259617	259628	259669	259818	259819	259949	259961	260003
	260074	260170	260210	260212	260216	260255	260350	260453	260493
	260494	260544	260585	260588	260592	260641	260647	260649	260725
	260728	260731	260802	260813	260846	260881	260888	261077	261108
	261110	261115	261123	261160	261165	261172	261175	261179	261217
	261230	261243	261289	261299	261315	261341	261380	261389	261441
	261478	261517	261537	261568	261573	261587	261635	261672	261676
	261679	261688	261738	261792	261797	261826	261828	261843	261891
	261918	261979	261983	262024	262124	262126	262172	262176	262183
	262223	262228	262237	262297	262298	262315	262440	262468	262479
	262482	262485	262495	262496	262527	262543	262574	262609	262625
	262657	262662	262726	262741	262744	262796	262853	262889	262923
	262974	263018	263060	263064	263065	263108	263165	263193	263199

263205	263218	263240	263246	263334	263337	263379	263394	263436
263438	263439	263449	263454	263485	263489	263504	263540	263545
263548	263553	263615	263706	263719	263749	263752	263773	263812
263874	263956	264068	264069	264071	264090	264146	264193	264195
264197	264252	264322	264400	264468	264471	264472	264473	264479
264508	264518	264562	264572	264575	264659	264664	264709	264714
264751	264761	264805	264916	265001	265116	265179	265200	265226
265238	265250	265290	265321	265325	265368	265405	265420	265462
265470	265476	265514	265553	265563	265592	265605	265631	265648
265688	265711	265750	265751	265789	265796	265800	265846	265887
265912	265917	265923	265964	265978	265980	266015	266076	266116
266165	266204	266236	266237	266282	266284	266334	266343	266468
266471	266564	266575	266577	266689	266691	266720	266752	266787
266798	266802	266807	266816	266832	266837	266875	266881	266885
266915	266919	266971	266972	267011	267038	267068	267069	267073
267096	267216	267253	267254	267256	267260	267278	267309	267339
267342	267347	267368	267411	267418	267420	267475	267476	267530
267565	267568	267619	267731	267758	267763	267769	267779	267794
267850	267877	267889	267891	267897	267911	267916	267918	267954
267961	267980	267989	268037	268046	268076	268077	268121	268224
268269	268300	268301	268356	268414	268424	268474	268492	268498
268550	268591	268592	268640	268695	268712	268921	268967	269022
269023	269060	269105	269156	269378	269384	269390		

平南江東金組	259558						
平南警察官表彰	261738						
平南警察部	257402	258497	259192	259464	259507	261115	264193
平南警察署	260649	262126	262889	262974			
平南金組	261217	262176	262496	262662	266919		
平南農民校	258589						
平南農會, 平南道農會	259465	262495	263773	266236			
平南レース俱 樂部	261679						
平南無煙炭	263548	263749	267253				
平南産組	265964						
平南線	260210	264508					
平南巡査教習所	262124	268269					
平南窯業組合	264664						
平南畜産會	258624						
平女高普	263816	268131					
平北, 平安北道	257776	258009	258067	258383	258544	258565	258673	258844	259191
	259254	259255	259409	259611	259771	259992	260348	260443	260641
	260648	260750	260813	260881	260904	260962	261022	261153	261167
	261171	261292	261315	262139	262164	262223	262279	262433	262612

	263201	263385	263494	263662	264808	265111	265119	265131	265258
	265286	265297	265358	265362	265457	265481	265508	265591	265620
	265634	265709	265834	266021	266025	266033	266279	266387	266476
	266642	266652	266661	266873	266884	266918	266932	267039	267069
	267339	267347	267912	267923	267942	267964	267981	268655	268959
	269061	269338	269381	269389					
平北道農會	259254								
平北産業獎勵館	261292								
平北前川公普	260443								
平北航空陣	262433								
平山(京城駐在ベルギー名譽領事)	262919								
平安神社	265465	266154							
平壤	257203	257204	257208	257209	257210	257226	257227	257230	257231
	257258	257259	257264	257295	257296	257297	257298	257300	257303
	257306	257309	257346	257356	257357	257360	257362	257404	257409
	257412	257415	257440	257443	257446	257459	257461	257462	257467
	257490	257492	257505	257540	257550	257595	257603	257633	257640
	257641	257643	257646	257687	257725	257735	257737	257741	257745
	257765	257767	257768	257770	257785	257786	257816	257817	257819
	257823	257825	257829	257830	257859	257866	257905	257910	257912
	257918	257935	257950	257958	258003	258008	258014	258017	258055
	258060	258068	258069	258103	258105	258108	258110	258112	258113
	258149	258152	258155	258158	258164	258169	258170	258210	258220
	258259	258314	258321	258329	258423	258424	258428	258430	258434
	258445	258480	258486	258487	258491	258494	258516	258520	258576
	258580	258581	258664	258671	258681	258690	258711	258752	258754
	258827	258893	258919	258924	258933	258934	258988	259027	259029
	259030	259035	259036	259038	259059	259074	259080	259081	259083
	259084	259087	259091	259094	259129	259138	259144	259189	259195
	259196	259198	259200	259249	259250	259289	259309	259312	259316
	259349	259354	259355	259357	259391	259398	259401	259405	259408
	259410	259415	259455	259504	259548	259551	259559	259561	259562
	259564	259615	259664	259673	259686	259721	259722	259725	259737
	259741	259765	259766	259767	259774	259810	259813	259814	259816
	259820	259824	259826	259833	259834	259861	259862	259866	259868
	259870	259914	259950	259955	259957	259962	259995	260003	260032
	260038	260041	260064	260074	260104	260114	260146	260148	260151
	260159	260170	260199	260240	260261	260271	260279	260298	260309
	260341	260344	260346	260347	260360	260385	260393	260403	260437
	260440	260445	260446	260455	260486	260488	260492	260509	260526
	260539	260541	260545	260547	260558	260577	260584	260586	260594
	260638	260640	260651	260688	260716	260722	260754	260761	260764
	260765	260767	260799	260812	260843	260853	260857	260892	260901
	260903	260947	260965	261000	261001	261008	261054	261055	261067
	261104	261106	261122	261125	261162	261166	261181	261216	261242

261243	261275	261278	261290	261293	261298	261325	261327	261328
261376	261384	261423	261429	261437	261444	261465	261466	261470
261473	261487	261496	261517	261521	261567	261577	261581	261584
261587	261588	261617	261622	261674	261676	261699	261735	261740
261742	261787	261793	261826	261829	261834	261841	261846	261867
261916	261918	261927	261934	261936	261937	261973	261982	262037
262042	262077	262078	262086	262087	262090	262125	262129	262133
262175	262181	262190	262191	262192	262230	262239	262249	262304
262310	262321	262354	262362	262365	262373	262374	262375	262377
262430	262442	262484	262487	262488	262490	262492	262528	262536
262538	262577	262579	262590	262624	262627	262659	262661	262663
262682	262683	262720	262722	262724	262747	262754	262787	262790
262793	262794	262807	262831	262841	262846	262860	262887	262897
262901	262922	262929	262934	262971	262973	262980	263012	263025
263104	263118	263120	263151	263153	263157	263160	263163	263174
263175	263193	263196	263241	263242	263249	263252	263279	263283
263285	263286	263287	263289	263295	263296	263298	263300	263332
263343	263386	263387	263392	263397	263404	263430	263434	263435
263441	263442	263446	263452	263453	263483	263484	263488	263490
263491	263501	263532	263538	263550	263552	263554	263604	263607
263621	263655	263658	263660	263664	263666	263674	263697	263699
263702	263710	263716	263719	263754	263757	263758	263760	263767
263772	263773	263802	263804	263809	263814	263826	263858	263859
263860	263862	263877	263903	263913	263919	263926	263957	263972
264014	264023	264033	264062	264064	264065	264095	264103	264108
264140	264149	264150	264189	264200	264212	264213	264238	264250
264254	264263	264305	264310	264313	264314	264353	264355	264359
264367	264389	264390	264392	264396	264400	264434	264435	264440
264469	264481	264487	264488	264510	264514	264523	264528	264561
264564	264568	264577	264579	264580	264583	264585	264605	264610
264611	264616	264626	264630	264656	264660	264677	264706	264715
264720	264725	264747	264754	264756	264768	264799	264800	264802
264804	264806	264807	264816	264834	264842	264848	264849	264877
264884	264917	264927	264928	264929	264956	264957	264966	264967
264992	264994	265006	265030	265032	265035	265046	265064	265073
265113	265121	265150	265174	265180	265201	265232	265234	265262
265311	265319	265320	265321	265327	265332	265355	265365	265406
265415	265418	265421	265453	265460	265464	265467	265468	265479
265480	265510	265519	265520	265525	265526	265527	265554	265557
265560	265561	265562	265565	265569	265599	265603	265606	265628
265630	265632	265636	265639	265641	265651	265685	265687	265690
265715	265738	265752	265780	265786	265788	265790	265792	265793
265838	265840	265841	265845	265879	265882	265884	265960	265966
265972	265977	265978	266010	266017	266018	266020	266024	266035
266055	266060	266067	266074	266076	266077	266106	266110	266119
266129	266161	266164	266167	266171	266191	266198	266201	266205
266206	266208	266210	266240	266241	266242	266243	266245	266251

	266253	266291	266293	266329	266331	266334	266335	266337	266339
	266345	266349	266375	266423	266428	266465	266467	266485	266489
	266490	266493	266514	266518	266523	266524	266529	266550	266556
	266557	266562	266570	266572	266574	266577	266578	266613	266641
	266645	266691	266698	266735	266743	266746	266748	266750	266780
	266793	266795	266796	266800	266805	266806	266830	266838	266839
	266842	266843	266845	266911	266913	266922	266925	266953	266963
	266964	266973	267015	267041	267042	267046	267072	267097	267098
	267122	267127	267130	267135	267185	267191	267204	267218	267229
	267269	267292	267306	267310	267346	267364	267379	267385	267392
	267393	267409	267410	267422	267451	267453	267481	267501	267502
	267503	267509	267515	267532	267537	267570	267611	267614	267643
	267651	267670	267680	267704	267706	267710	267711	267712	267721
	267731	267734	267738	267765	267833	267834	267835	267839	267841
	267845	267874	267880	267883	267886	267919	267949	267959	267961
	267990	267991	267995	267999	268000	268028	268031	268036	268042
	268104	268107	268114	268129	268131	268132	268151	268156	268166
	268189	268218	268225	268226	268258	268265	268270	268274	268276
	268307	268313	268318	268356	268359	268363	268367	268375	268415
	268417	268419	268420	268425	268434	268479	268480	268493	268498
	268529	268533	268537	268548	268551	268586	268602	268605	268606
	268607	268638	268645	268647	268658	268661	268662	268714	268744
	268753	268757	268759	268761	268764	268773	268816	268821	268862
	268865	268868	268871	268876	268882	268916	268917	268919	268920
	268923	268959	268960	268970	268977	268980	268981	269014	269025
	269027	269029	269064	269118	269119	269146	269150	269154	269158
	269163	269164	269203	269206	269241	269251	269280	269282	269286
	269298	269299	269328	269332	269352	269376	269380	269382	269387
	269395								
平壤高普	264585	264610	264992						
平壤高射砲隊	260764	263430							
平壤高女	258480	258919	259862	261122	260360				
平壤公普	259722								
平壤工業	261290								
平壤公會堂	257461	257958	259504	263607	265565	266240	266572	267532	267670
平壤觀光協會	259826	266291	266838						
平壤鑛業所	262683								
平壤教育部會	263484								
平壤教化聯合會	257264								
平壤救貧園	263802								
平壤局	257209	257306	259349	259355	260488	261867	263767	264564	266245
	266743	268821							
平壤急設電話	261567								
平壤機	258752	264756	264800	265788					

平壤農業	259091	259870	261001	262321	263157				
平壤農學校	267643	267712							
平壤道立醫院	263664	264023	264140	267614					
平壤圖書館	258220	258580	259957						
平壤無盡會社	262490								
平壤博物館	257204	261487	263120	263160	264802				
平壤發電所	262492								
平壤放送局	259816	263483	264747	265180	265562	265790	266467	268367	
平壤防衛演習	264848								
平壤繁榮會	259398								
平壤辯護士會	262133								
平壤兵器製造所	263343	263491							
平壤步兵	261384	261826	265738						
平壤覆審法院	259868	265073							
平壤府	257203	257404	257415	257440	257446	257462	257595	257687	257737
	257765	257768	257816	257819	257825	257830	257910	258149	258170
	258487	259027	259083	259094	259129	259398	259401	259559	259664
	259686	259995	260298	260344	260393	260440	260492	260541	260547
	260716	260722	260903	261181	261275	261293	261327	261423	261465
	261581	261676	262191	262484	262488	262536	262538	262663	262724
	262897	263153	263279	263484	263655	263719	263814	263913	264305
	264434	264605	264660	264799	265460	265520	266010	266119	266329
	266493	266518	266750	266793	266830	266842	266964	267097	267135
	267409	267501	267502	267515	267880	268031	268132	268151	268189
	268225	268258	268276	268307	268318	268363	268425	268662	268753
	268764	268816	268871	268923	269376				
平壤府議	257462	257737	257768	257910	258487	260716	261423	261465	262488
	262663	262897	264799	266493	266518	267135			
平壤府電讓渡問題	257404								
平壤分掌局	261125	261674	262042	264065	264095	264103	264435	266922	
平壤飛行隊	259737								
平壤飛行聯隊	260032								
平壤卸商組合	263804	266691							
平壤商工祭	265685	266550	267503						
平壤商工會議所, 平壤商議	257298	257490	258152	259354	259398	260584	260651	260857	261000
	261584	262934	263151	263286	263532	263604	263702	263719	264957
	265786	266210	268132	268757	268876	268980	269146		
平壤尙武會	264568								
平壤商業	264677	264706	264992						
平壤署	257303	257770	257823	257918	259196	259833	259950	260170	260545
	261067	261104	261934	261982	262077	262125	263666	264150	264212
	264254	265792	266206	266208	267570				

平壤稅監局	259810 269382	260947	261588	261927	262375	262754	266110	266349	268661
平壤稅務署	262230	266017							
平壤消防隊	261793	264514	269025						
平壤消防組	257208	265526	268156						
平壤水防團	265840								
平壤授産場	262037								
平壤新府會	262722								
平壤神社	259561	260151	261106	262901	263858	265960	266953	267451	267453
平壤若松普校	264834								
平壤女高普	259030	259551	262659						
平壤驛	257226 263658 266524	257741 264189 267191	258169 264392 267204	258934 265046 267874	259035 265554 268419	259615 265793 268865	259866 266035	261008 266171	263249 266251
平壤聯隊	257210	257230							
平壤外人村	263386								
平壤郵便局	257300	260003	262807	262901					
平壤衛生展	265201								
平壤醫院	259029	262720	266698						
平壤醫專	257492 268131	260104	260309	261937	262192	264314	264396	264440	265113
平壤林間學校	264580								
平壤專賣支局	259312 264715	259316 266210	259410 267839	261243 268420	261487 268537	262310	262430	263758	264523
平壤中學, 平壤中等學校	262487	264630	264656	264992	267949				
平壤鐵道	259686	265687	266106						
平壤初府會	263242	263332							
平壤測候所	265064								
平壤治維法違反事件	260038								
平壤土木出張所	260640	262794	263283	263716	264804	265232	268959	269395	
平壤通信部	260170 266334	260403 266529	260688 267346	260965 267393	261735 267651	262192 267961	262793 268226	265845 268498	266076 268533
平壤港	260812	261936	263434	264806	265972				
平壤鄕土藝術	261328	261376	261429	261473	261517				
平壤刑務所	259950	262129	262922	263118	263392	264389	265464	265519	265651
平壤會議所	259081	261834	266055						
平元線	257874 267468	258146 268306	258484 269021	258519	260945	263123	265825	265979	266278
平田(第二十師團參謀長)	262354								

平川神社臨時大祭	263773								
平鐵	257498	257905	258934	258974	259021	259305	259456	259629	259830
	259866	260259	260638	260724	261120	261124	261348	261391	261690
	261888	261931	262296	262305	262361	262693	262838	262885	263248
	263297	263602	263653	263715	263755	263764	263979	264067	264094
	264096	264159	264508	265118	265406	265652	265968	266029	266298
	266478	266524	266924	267200	267801	267884	267983	268194	268545
	268702	268965	269019	269099	269189				
平鐵軍	262296								
平賀(前平壤博物館長)	261487								
肺結核療養所	263814								
褒賞	257982	258875	260234	261152	261187	267811	268402	268448	
砲彈	260288	262848	264498						
浦項	257579	258661	258730	260937	261133	262065	262162	263419	263946
	264127	264271	264948	265662	267061	267548	267902	268255	269179
浦項消防組摸擬火災演習	262065								
浦項初邑會	263419								
砲丸列車	264872								
爆擊飛行	261158	264619							
爆彈	257617	258531	258762	259098	259737	260834	265520	266613	267758
	267779								
爆彈事件	258531								
暴風	265699	266011							
表滿洲	263987								
表彰式	257525	257809	257898	258614	260878	261457	264057	264083	264162
	264284	264301	264329	267441	268069	269373			
楓井普通學校	260498								
風土病	263743								
避難農民	260955								
避難民	258067	265186	265888						
皮膚科學會	262409	262549	262828						
彼女の人生展望	269281	269324	269383						

ㅎ								
荷見(農林省米穀局長)	261356	261461	261542	261613	261770			
夏季宗教講座	264950							
下關	258548	258570	258594	258613	258617	258635	258656	258716	258743
	258758	258778	258799	258820	258843	258867	258883	258905	258940
	258960	258990	259009	259043	259065	259100	259122	259154	259181
	259205	259231	259260	259283	259311	259340	259363	259389	259420
	259444	259468	259495	259518	259544	259566	259596	259630	259660
	259687	259716	259808	259837	259858	259873	259902	259918	259944
	259964	259984	260004	260024	260028	260045	260062	260079	260101
	260121	260143	260171	260195	260272	260293	260300	260314	260337
	260363	260383	260405	260434	260458	260483	260533	260580	260635
	260674	260710	260752	260796	260839	260884	260938	260949	260995
	261049	261099	261154	261212	261272	261323	261371	261416	261463
	261562	261615	261668	261720	261825	261864	261914	261970	262022
	262071	262121	262165	262221	262292	262356	262421	262465	262523
	262571	262607	262650	262681	262717	262740	262786	262824	262881
	262921	262964	263006	263052	263102	263150	263191	263234	263276
	263329	263376	263427	263479	263535	263599	263648	263695	263741
	263795	263854	263901	263954	264012	264056	264088	264136	264178
	264235	264297	264346	264380	264422	264465	264506	264558	264603
	264648	264701	264744	264793	264833	264871	264908	264947	264990
	265028	265063	265102	265140	265170	265189	265215	265245	265280
	265303	265343	265353	265401	265454	265506	265551	265589	265602
	265613	265629	265676	265710	265739	265771	265818	265853	265864
	265872	265908	265957	266009	266052	266104	266147	266190	266233
	266275	266326	266366	266413	266463	266515	266548	266603	266639
	266683	266724	266784	266826	266871	266896	266950	266990	267035
	267064	267089	267121	267159	267177	267214	267284	267304	267329
	267356	267377	267406	267443	267466	267497	267523	267552	267586
	267610	267634	267662	267697	267726	267755	267788	267829	267873
	267909	267939	267978	268026	268070	268102	268150	268184	268256
	268299	268349	268409	268469	268501	268509	268584	268635	268675
	268747	268861	268892						
下關水産市況	258548	258570	258594	258617	258635	258656	258716	258743	258758
	258778	258799	258820	258843	258867	258883	258905	258940	258960
	258990	259009	259043	259065	259100	259122	259154	259181	259205
	259231	259260	259283	259311	259340	259363	259389	259420	259444
	259468	259495	259518	259544	259566	259596	259660	259687	259716
	259808	259837	259858	259873	259902	259918	259944	259964	259984
	260004	260028	260045	260062	260079	260101	260121	260143	260171
	260195	260272	260293	260314	260337	260363	260383	260405	260434
	260458	260483	260533	260580	260635	260674	260710	260752	260796
	260839	260884	260938	260995	261049	261099	261154	261212	261272
	261323	261371	261416	261562	261615	261668	261720	261825	261864

	261914	261970	262022	262071	262121	262165	262221	262292	262356
	262421	262465	262523	262571	262607	262650	262681	262717	262740
	262786	262824	262881	262921	262964	263006	263052	263102	263150
	263191	263234	263276	263329	263376	263427	263479	263535	263599
	263648	263695	263741	263795	263854	263901	263954	264012	264056
	264088	264136	264178	264235	264297	264346	264380	264422	264465
	264506	264558	264603	264648	264701	264744	264793	264833	264871
	264908	264947	264990	265028	265063	265102	265140	265170	265189
	265215	265245	265280	265303	265353	265401	265454	265506	265551
	265589	265629	265676	265710	265739	265771	265818	265908	265957
	266009	266052	266104	266147	266190	266233	266275	266326	266366
	266413	266463	266515	266548	266603	266639	266724	266784	266826
	266871	266896	266950	266990	267035	267064	267089	267121	267159
	267177	267214	267284	267304	267329	267356	267377	267406	267443
	267466	267523	267552	267586	267610	267634	267662	267697	267726
	267755	267788	267829	267873	267909	267939	267978	268070	268102
	268150	268184	268256	268299	268349	268409	268469	268509	268584
	268635	268675	268747						
下賜	257278	257444	257470	258425	258449	258614	261446	262816	263010
	263623	264215	264444	265678	265693	266279	266436	268029	268958
	268983								
下水改良	258314								
河野, 河野節夫 (平南道內務部長)	263545	268498							
下村, 下村進(平 南道警察部長)	258021	258120	258497	260170	268592				
河村慶平(總督 府林政課事務官)	262828								
學校增設	261608	261627	264305						
學務局	259376	259848	260194	263952	264268	264382	264464	264674	265088
	265267	266457	266808	266839	267499	267512	268111	268149	
學術研究	264404								
學術振興會	265517								
漢江	257709	257997	258400	259064	263273	263728	264540	264646	264820
	264896	265134	265989						
漢江水死者慰 靈祭	264646	264820							
漢江增水	264896	265134							
旱魃	260998	262223	263552	264931	265429	265701	266039		
漢藥	260302	263341							
閑院宮	264111	264137	267727	267741	267807				
閑院若宮	267358	267370	267381	267397	267408	267431	267445	267459	267469
	267525	267555	267589						
漢銀	259379	263099	264988	265769					

旱害, 旱水害	261075	262294	265099	265404	266039	266150	266182	266184	266445
	266536	266667	266741	266759	266857	267052	267145	267178	267473
	267489	267505	267517						
咸鏡線	261374	261409	261589	261611	266248				
函館	259022								
咸南, 咸鏡南道	257262	257307	257538	257593	257600	257607	257678	257683	257731
	257748	257766	257878	257959	257964	258111	258313	258325	258372
	258380	258382	258397	258427	258435	258473	258574	258666	258720
	258746	258780	258791	258796	258805	258921	259023	259031	259251
	259307	259500	259555	259603	259610	259947	259960	259990	260037
	260162	260214	260355	260392	260763	260768	260810	260818	260854
	260902	261062	261080	261081	261156	261180	261224	261345	261382
	261434	261456	261468	261482	261528	261529	261625	261796	261800
	261930	261998	262032	262069	262478	262489	262658	262687	262690
	262787	262788	262864	262933	262967	263062	263074	263088	263109
	263110	263203	263208	263216	263288	263339	263341	263391	263432
	263486	263494	263543	263566	263656	263676	263703	263742	263744
	263866	263966	263975	264100	264145	264194	264248	264308	264433
	264520	264521	264527	264560	264620	264622	264654	264661	264703
	264719	264753	264831	264846	264847	264882	264888	264999	265085
	265115	265371	265403	265466	265469	265484	265513	265564	265755
	265961	265963	266011	266012	266151	266199	266340	266379	266391
	266426	266477	266608	266647	266729	266755	266884	266962	267014
	267071	267339	267347	267409	267474	267492	267530	267593	267594
	267599	267617	267671	267672	267792	267830	268033	268090	268113
	268124	268135	268208	268374	268433	268471	268473	268536	268599
	268639	268641	268699	268704	268756	268808	269010	269013	269021
	269068	269199							
咸南高原地帶, 咸南高地	262864	263656							
咸南藁利用副業	262687								
咸南鑛業調査	260902								
咸南金組	259960	264831							
咸南北	257600	263866	264999	267594	268471				
咸南北洋丸	264999								
咸南産繭	263543								
咸南山地帶	261529	261625	261930	264847	267530	268699			
咸南水産會	260214	261382							
咸南水組	264527								
咸北, 咸北道, 咸鏡北道	257413	257553	257598	257828	258018	258063	258433	258561	258690
	258690	258829	258853	258869	259241	259828	259875	259920	259953
	259953	260002	260213	260345	260442	260715	261063	261277	261288
	261330	261385	261482	261574	261637	261798	261998	262069	262125
	262308	262608	262797	262847	262882	262931	263027	263245	263429
	263557	263659	263745	263911	264074	264099	264142	264154	264196

	264245	264245	264387	264762	264839	264839	264958	265074	265175
	265199	265828	265836	266016	266172	266250	266424	266475	266604
	266604	266610	266610	266620	266620	266691	266692	266873	267049
	267107	267196	267339	267347	267437	267445	268047	268047	268300
	268418	268698	268749	268754	268810	269058	269119	269236	269284

咸北事務檢閱	264387								
咸商軍	265080								
咸商記念日	261070								
含鉛白粉禁止	259157	259185							
咸興	257205	257738	257959	257968	258161	258313	258320	258423	258478
	258631	258783	258795	258889	259186	259237	259242	259246	259665
	259667	259668	259775	259867	259991	260039	260122	260167	260211
	260594	260800	261015	261069	261080	261182	261485	261622	261634
	261731	261886	261995	261996	262123	262128	262472	262529	262688
	262756	262886	262891	263152	263167	263235	263344	263453	263488
	263551	263560	263661	263712	263972	264141	264250	264251	264351
	264354	264424	264445	264467	264651	264663	264816	264881	265000
	265050	265254	265522	265609	265679	265715	265801	265870	265880
	265931	266027	266242	266247	266288	266378	266416	266428	266432
	266693	266747	266753	266845	266911	266912	267001	267048	267219
	267225	267251	267270	267286	267364	267388	267409	267419	267421
	267510	267527	267535	267593	267599	267616	267632	267679	267709
	267802	267914	267926	268036	268429	268472	268863	269016	269144
咸興高普	261886	261996							
咸興高普事件	261996								
咸興大轢殺事件	265679								
咸興道立病院	258320	262472	264354						
咸興放送局	266247								
咸興飛行場	259665								
咸興商業	264445	264467	265050						
咸興署	257205	257738	257959	259668	261485	262123	262688	263167	263235
	264881	265000	265679	267409	268429				
咸興稅監局	264251								
咸興女高普	262128								
咸興女子普通學校	259242								
咸興聯隊	261731	264141	267510						
咸興醫院	259667	262891							
咸興刑務所	263344								
合電	257261	257404	257819	258010	259204	259913	259986	260205	260535
	261012	261017	261243	261519	261746	261790	263015	263390	263547
	263757	264316	265178	265642	266112	267913	268871	269239	269280
	269331	269373	269376						

合電供給區域	265178								
合戰大邱瓦斯府營問題	263580								
航空	257419	257564	257788	258318	258378	258535	258551	258782	258784
	258811	259440	259476	259631	259665	259675	260207	260754	260881
	261472	261483	261856	261870	262433	264036	264741	264760	264844
	264865	264893	265254	267808	268262	268593	268899	269062	269342
航空氣象觀測所	265254								
航空路	257788	258782	258811	264036	268899				
航空兵	258318	258378	261856	268593					
航空陣	262433	264893							
港灣協會	258429								
海關	258150								
海軍記念日	261691	261859	262078	262401	262599	262613	262679	262702	262705
	262861	262903	262924	262944	262973	262997			
海軍基本演習	264020	264466							
海軍獻納機祈願式	264344								
海軍協會	261131	265451	267464	268152	268209	268310	268512	268528	
海星公普	264105								
海星普校	262695								
海外	260469	260940	261844	264122	264566	264663	265065	265089	265376
	266582	266607	268352						
海外貿易	265376								
海外進出	261844	264663	265065	265089					
海雲台溫泉	257625	262404							
海員養成所	263685	264050	264135						
海底電話線增設	263630								
海戰	258123	260676	262078	262555	262924	263650	263870	266082	266259
海戰記念碑	266082	266259							
海戰鎭海要港部	263650								
海州	257403	257766	259986	260034	261064	261781	261790	262032	262082
	262542	264616	264630	264656	264801	264927	264967	264992	265006
	265222	265480	265641	265715	266242	266517	266533	266643	267737
	267749	267886	268658	268811	268826				
海州高普	264630	264656	264992	267737	267749				
害蟲	264016	266884							
海苔	257710	258039	258851	259269	259790	259967	260571	261382	261689
	263966	267932	268678	268887	269258				
海苔養殖	263966	268678							
行政區域擴張	260520								

鄕軍	257652	258602	258614	259714	260088	260288	261621	261850	261888
	263794	265937	266024	266103	266205	266255	267392	267603	267642
	267649	267745	268084	268182	268218	268260	268717		
鄕軍聯合分會 主催招魂祭	261850								
香椎, 香椎源太 郞(釜山輸出協 會會長)	265849	267967	268017	268023					
鄕土訪問飛行	258359	264861							
鄕土愛	259016	259076	260561	267339	267347				
鄕土藝術調査	263549								
向學靑年	265672								
獻金	257410	257690	257792	257915	257985	258125	258952	259469	259497
	259704	260078	260252	260451	260524	260556	260851	261142	261595
	261715	261791	261882	261978	262198	262615	262754	262861	263057
	263240	263356	263661	263756	264114	265107	265727	266420	266626
	268018	268188	268203	268453	268488	268617	268823	269149	269170
獻納式	257599	259693	260089	261093	262102	262403	263014	264563	267238
獻納運動	258037	265444							
憲兵	257467	257808	257830	257832	258311	258542	258963	259699	259734
	260054	260240	260526	260708	260750	260878	261111	261369	261969
	262018	262069	262219	262225	262263	262426	262582	262601	262787
	263012	263283	263532	263896	265588	265628	265738	265870	266008
	266180	266393	266658	266681	267034	267614	268397	268806	269142
	269210	269372							
玄間直人(平壤 農業學校長)	263157								
縣人會	261853								
血書	257315	257333	262448						
協和會, 協和クラブ	259806	260526	260625	264653	268791				
刑務所	257398	257464	257590	257612	257757	258332	258390	259161	259844
	259950	260232	260256	260442	260523	260526	260634	261457	262016
	262052	262055	262111	262129	262654	262922	263095	263118	263344
	263392	263419	263460	263963	263997	264081	264389	265231	265241
	265464	265519	265651	266177	266386	266402	266455	266586	266668
	267205	268517	268994	269006					
刑務所製作品 品評會	263095	263419							
刑務所職員永 年勤續者表彰式	261457								
刑事課	258852	264193							
刑事補償法	266902								

惠山	257255	258006	258479	258517	259387	259447	261890	264921	265457
	266032	266235	266841	267563	268913				
惠山線	266032	266235							
惠山鎭	257255	259447	261890	266841	267563	268913			
湖南	257478	259421	260633	260916	261026	261316	261404	261759	261770
	263226	264111	264128	264137	264795	264817	264855	264874	264890
	264912	264931	264934	264954	264971	264973	264993	265008	265031
	265050	265105	265125	265141	265156	265171	265183	265190	265202
	265216	265225	265237	265429	266174	266255	267178	267544	267636
	267649	268899	269216	269271					
湖南線	261759	264128							
湖南神職會總會	261316								
湖南銀行	261770	266174							
戶別訪問禁止	258106	258130	258452	259890	259995				
戶別稅	261079	261249	261709	264873	264889				
戶山學校	260240	267276	267353	267383	267583				
豪雨	261201	261519	263226	263744	264196	264237	264958	265141	265156
	265171	265183	265258	265339	265429	266183			
濠洲	260350	261385	262432	262884	263281	264122	264191	264357	264534
	264753	265370	265598						
呼吸器病	260897								
混保制度	257858								
琿春	260955	264477	268073	269162					
混血兒	265860	266090							
笏洞鑛業株式會社	268771	268802							
紅軍匪	259784	265111	265131						
紅卐會	259572								
紅蔘密輸團, 紅蔘の國際密輸團	259274	259303	260139	262556					
洪水	260829	266049	266983						
洪原	257968	267707							
花嫁學校	261316								
火力發電	257700	259622	261017	261481	264716	264918	266788	266830	267128
	269239	269376							
貨物大量輸送	264508								
貨物線	261905								
貨物列車	259292	260185	266248	266487					
貨物自動車	265703	268949	269178						
火事, 火災	257314	257339	257485	257578	257582	257740	257785	257799	257855
	257902	257968	257993	258068	258131	258202	258248	258390	258408
	258420	258495	258526	258568	258608	258740	258909	258932	259038

	259257	259320	259353	259489	259708	259713	259834	259875	259920
	259999	260002	260122	260211	260242	260402	260573	260576	260670
	260709	260729	260770	260818	260858	260883	260934	260935	261288
	261346	261387	261438	261460	261462	261482	261510	261528	261532
	261564	261590	261637	261718	261800	261801	261955	262014	262021
	262065	262143	262162	262214	262249	262417	262777	263025	263029
	263145	263519	263563	263692	264263	264529	264577	264720	264762
	265026	265027	265115	265645	265770	266099	266138	266200	266223
	266480	266599	266767	267597	267826	267827	267868	268180	268745
	268853	268947	269000	269114	269181				
和順	260568	268302							
和信デパート, 和信百貨店	258077	258131	267292	268250					
化粧	259136	260197	264115	266312					
火災防止	264720	265115							
火田	258831	259609	260850	261386	263810	265688	267916	268161	
火田民	258831	259609	260850	261386	263810	268161			
和田滋穗(總督府農事試驗場南鮮支場長)	261370								
和田前商銀頭取	262069								
花祭	261937	262011	262050	262262	262322	262331	262373	262464	
樺太	262919	268042							
靴下	257679	259354	259547	259778	260300	260306	260584	262304	
化學工業	259183	259317	265474						
確井(總督府土地改良課長)	259388	266008							
丸山壽雄(總督府人事課理事官)	266514								
環狀線	266088								
活動國防婦人會	265937								
皇軍	257315	257333	257462	258509	258812	259529	260283	260774	266287
	267612	267627							
皇軍慰問	260283								
黃金狂時代	260613	260697	260737	260777	260831	260866	260920	260981	261032
	261085	261134	261195	261250	261358	262070	262182		
黃金時代	258966	260052	264493	264509	266473	266499			
黃乙秀	259760								
黃疸	258933	259059							
黃州	260905	261006	263333	268235					
荒川(大藏省銀行局檢査課長)	263149								

皇太子殿下	260274	260295						
皇太后, 皇太后陛下	261446	262146	268958	268983				
皇太后陛下記念品御下賜	261446							
黄海	257228	257263	257328	257451	257835	259423	259454	259612	259849
	260808	261126	261689	262477	262623	263054	263493	264567	264608
	264841	265123	265139	265214	265831	265846	266249	266327	266643
	266827	266851	266906	267339	267347	267776	267791	267809	267831
	267846	267987	269072						
會(모임, 행사, 단체)	257745							
會寧電氣	261798							
栃木	268050	268074						
會と催	261269	261300	261316	261369	261395	261420	261457	261521	261561
	261607	261666	261679	261727	261772	261824	261845	261888	261897
	261937	261968	261998	262016	262045	262065	262119	262162	262191
	262219	262289	262322	262355	262420	262426	262464	262495	262513
	262570	262606	262649	262679	262715	262739	262783	262817	262879
	262901	262920	262962	263004	263012	263051	263095	263148	263189
	263214	263230	263263	263328	263375	263419	263477	263534	263594
	263647	263675	263692	263740	263773	263794	263801	263875	263898
	263925	263953	264010	264053	264073	264081	264109	264118	264183
	264225	264245	264294	264304	264324	264344	264371	264440	264463
	264496	264556	264580	264600	264646	264697	264778	264831	264839
	264853	264869	264905	264929	264950	264988	265026	265052	265103
	265122	265138	265142	265157	265278	265451	265505	265586	265670
	265708	265737	265820	265846	265871	265907	265955	266005	266051
	266102	266149	266232	266273	266309	266368	266443	266490	266657
	266682	266728	266734	266807	266869	266903	266949	267003	267018
	267053	267088	267141	267188	267205	267213	267234	267295	267441
	267583	267609	267661	267665	267685	267712	267724	267754	267786
	267937	267960	267968	268022	268047	268069	268084	268093	268131
	268148	268182	268255	268296	268346	268400	268435	268447	268467
	268525	268582	268626	268671	268741	268801	268857	268908	268956
	269006	269016	269054	269095	269103	269141	269234	269278	269320
	269373	269428							
横井實郎(元鐵道局汽車課長)	266995	267053						
訓示	257370	257399	257418	257961	261333	261355	261826	261850	266373
	266394	266464	266491	266612	266624				
徽文高普	264373	264383	264391	265050				
揮發油	268979							
携帶用放送機	262838							

凶作	257229	257267	257405	257600	257646	257655	257670	257708	257710
	257813	258018	258193	258234	258377	258473	258837	258851	258888
	258929	258973	259555	259953	261062	261175	261866	262186	265012
	265680								
凶作義金	257229	257655	257670	257813	258888	258973			
黑斑病	264518								
黑船	259677	260311	261285	261867	262294	262584			
黑船騷動	261285								
黑字	257494	258974	260605	260864	260876	260896	261217	261547	261753
	261827	262200	262231	262502	262537	262557	262580	263031	263405
	263755	263887	264410	265664	265968	266504	266778	266994	267579
	268194	268500	268538						
黑田(陸軍省徵募課長)	259659	263478	263693						
興南	258795	259732	259795	261634	262471	262751	264424	267474	267492
興南武德殿	262471								
犧牲者	257651	258891	261151	261632	262420	264466			
熙川	266286	267167	267197	267363	267421				

기타								
DK改善案	263465							
JBAK	264548	265213	267165	267174				
アイスホッケー	258206							
アウリティ氏(駐日イタリー大使)	262828							
アサヒ・スポーツ	259512	259542	261440	261509	262620	262645	263209	263228	263823
	263853	264483	264501	265524	265546	265867	265889	266573	266596
	267095	267115	267534	267584	267783	267803	268338	268421	
あじあ, アジア	258341	263890							
アパート	260178	260329	263193	268530					
アマチュア寫眞展	265737								
アメリカ	260128	260217	260244	263541					
アメリカン・フットボール	260217	260244							
イルズ嬢	258361								
インチキ	257432	259039	259486	264809					
インチキ賭博	259039	259486							
インテリ	260476	263891	269182						
オウリッチ(駐日伊國大使)	263190								
オモニ學校	259829								
オリンピック	258254	267580							
カーバイト	266053	266521	268690						
ガス	259688	263873							
ガソリン	257367	264306	266648	269386					
ガソリンカー	264306	269386							
カフェ	257884	258455	258499	259310	261450	262271	264254	268625	269125
	269406								
カフェ取締	258499	268625							
キネマ	259868	261444	262190	264367	266253	268129			
ギャング	264834	265711	265748	265792	265927	266526	266691	267311	269174
キリスト	259230	260194	260526						
クリスマス	258349								
クロースン(香港駐在英國武官)	263233								
ケーブル	264481	266301	268713						
けふの話題	260900	261233	261450	261563	261681	261767	261860	261909	261933
	261962	262019	262067	262118	262217	262288	262345	262413	262516
	263264	263474	264155	264253	264288	264319	264815	265182	265497

	265772	265886	266022	266070	266098	266431	268682	268787	268897
	268996	269041	269088	269184	269217	269308	269354	269413	
コドモ協會	266311								
ゴム	257679	259243	259455	259547	260306	261118	262363	265459	266320
	266448	266511	267090	267104	267404	267439	268270		
ゴム罷業	266511								
ゴム靴	257679	259243	259547	260306	261118	268270			
ゴム會社	266448								
ゴルフ	261089	263196	263594	263979	264096	264400	265557	265630	269282
ゴルフリンクス, ゴルフ・リンクス	261089	265630							
コレラ	258983	262760	263821	265476	265494				
サイベリヤ丸, さいべりや丸	260891	267770							
サラリーマン	260605								
サルムソン機	263378								
シネマ	266561								
シンボル	269200								
スキー	257498	257566	257658	257905	258006	258219	258242	258393	258421
	258484	258519	258586	258688	259032	265831	267844	267985	268416
	268870								
スキー場	257498	257905	258484	258519	258586	259032	265831	267985	
スケート	257589	257709	257794	258254	258324	258460			
スパイ	258565	258887	259793	262983	266117	266517	266533	268326	268879
	269343								
スポーツ	257350	257486	257712	257846	258136	259512	259542	259804	261150
	261189	261440	261509	261787	261819	261841	262529	262599	262620
	262645	263209	263228	263823	263853	264057	264079	264483	264501
	264630	264656	265524	265546	265867	265889	266573	266596	266796
	267095	267115	267534	267584	267633	267783	267803	268338	268421
スリ	257879	258094	258321	258653	259524	260607	261093	261507	261521
	261722	262761	263523	264785	264866	266048			
セルロイド	265919								
ソップ(大連駐 孖獨逸領事)	262787								
タクシー	258721	258736	260461	262682	264497	265439	265718	265752	266166
	267483	267921	269140						
チフス	257232	258788	261349	263473	263585	264524	264941	265498	266668
	267606	268459							
チンビラ	259854								
チンピラ掏摸團	262761								
デパート	258077	258131	258951	260509	263152	268250			

テロ	263611							
テント村	263653	264243						
トラック	257269	258019	259710	260261	261021	263369	263999	264112	264471
	266050	266331	266449	266486	266490	266637	266648	266801	267769
	267905	268043	268099	268514	268565	269246	269364	269394	269402
トルコ	261758	262828	264709						
ドレッジャー	260970							
ニュース	257514	258317	264996	266219				
ヌクテ	265862							
ヌルデ	264194							
ネオン塔	260833							
バザー	262959	268131						
バス	257494	257633	257765	257905	257922	261766	261796	261817	263207
	264112	264206	264497	266178	266762	267065	267078	267086	267090
	267104	267122	267137	267179	267186	267194	267206	267215	267233
	267286	267294	267307	267319	267491	267834	268318	268363	
バナナ	260153							
パノラマ	260015	264666						
パリ	263910	269289	269317					
バリューム	262175							
ハルビン	260550							
パルプ	262850	263703	266115	269187				
ハンスキルク 墺太利醫學博士	261560							
ピアノ演奏會	263953	264131						
ビール	259968	269136						
ひかり舞踊會	269141							
ビラ	257778	258829	258853	259746	259854	260437	265331	
ビラ撒き事件	258829 258853							
フーヴァ(前米 大統領)	260697							
プーマ	259006							
プール	257448	258294	258389	259401	260600	260682	261343	262979	263135
	263182	263189	263710	264149	264163	264244	264763	264805	265019
	265580	265659	266126	266384	266523	266796			
プス・モス機	263378							
プレーントラスト	265356	265379						
プロペラ船	259397	260489	265472					
ペスト	268491							
ヘロイン	268485							

ホームスパン	260493	262750	269199					
ポスター	262269	264080	264165	266869	267065	267078		
ホテル	258871	260084	260198	260477	261560	263266	264200	264247	264846
	265220	266530	266647	268867					
マイト	262216	266269						
マイト爆發	262216	266269						
マグネサイト工場	268643							
マグネシウム	263009	263038	267789					
マラソン	261150	268155	268263	268280				
マンドリン(合奏團)	261607	262355						
メーター制	260461							
メリケン粉	259953	265369						
モスリン	261093	261521						
モスリン宣傳座談會	261521							
モダン	257641	257986	258774	259302	261808	264051		
モヒ	258273	258417	258849	259487	259560	265397	265626	266566	267998
モヒ密賣	258417	265397						
モヒ密輸	259487							
モヒ患者	259560	265626	266566	267998				
もよほし	257222	257227	257259	257352	257395	257586	257903	257955	258001
	258142	258183	258251	258310	258428	258470	258528	258573	258614
	258661	258690	258939	258963	258995	259048	259125	259180	259213
	259315	259338	259387	259438	259494	259541	259629	259662	259714
	259744	259761	259805	259937	259980	260027	260099	260193	260239
	260291	260336	260380	260435	260482	260525	260578	260633	260837
	260878	260936	260968	260977	261034	261093	261122	261152	261164
	261187	261209							
モルヒネ	263620	269392						
モルヒネ密賣	263620							
ラグビー	259592	259804	266948	267057	267081	267160	267352	267703	267719
	268450	268987	269004	269124	269213				
ラヂオ	259842	260748	262160	263417	263727	263931	263997	264681	264937
	265103	265133	265345	265876	265962	266751	266783	266947	267090
	267104	267560	267573	267864	268145	268463	268513	268544	268845
ラヂオ體操會	264681							
ラヂオ・ビーコン	260748							
ラ京城駐在米國總領事	264055							
リシウム	260824							
リンゴ	260131	262883	262926	262968	263019			

ルシュチュ氏 (トルコ大使館 附武官)	262828						
ルンペン	258546	258569	264826	265774			
レコード	258048	258310	258640	259937	262879	264118	266382
レプラ患者	257590	257612	266765				
ロータリー倶 樂部	259805						
ロシア	257662						
ロンドン	268352						

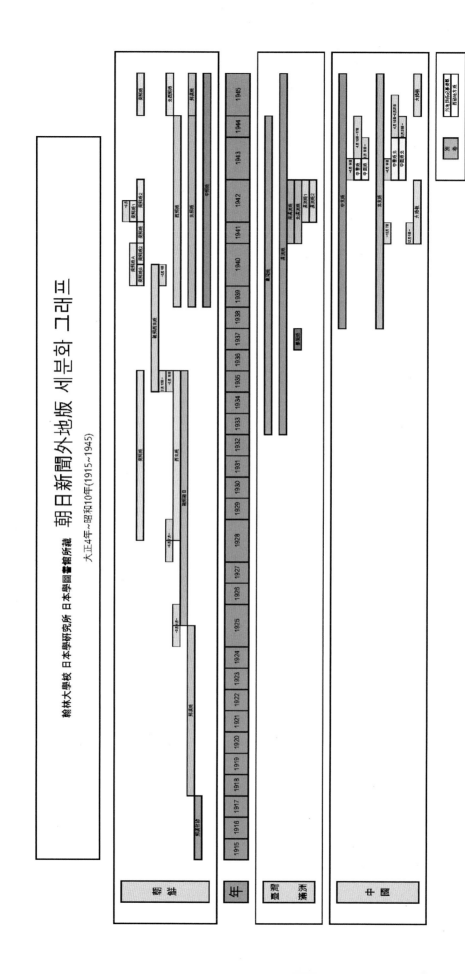

翰林大學校 日本學研究所 日本學圖書館所藏 朝日新聞外地版 세분화 그래프
大正4年~昭和10年(1915~1945)

한림일본학자료총서 아사히신문 외지판 19

아사히신문
외지판(조선판)
기사명 색인_제14권

초판인쇄 2024년 03월 15일
초판발행 2024년 03월 15일

지은이 한림대학교 일본학연구소
　　　　연구소장 서정완(연구소장, 총괄) 심재현(연구원, 기획관리)
　　　　〔연구보조원〕
　　　　고성준(18) 김선균(18) 김세은(19) 김은경(18) 김주영(20) 김지연(19)
　　　　김채연(17) 김혜진(18) 문희찬(16) 박종후(21) 박철웅(18) 백지훈(22)
　　　　신현주(20) 여현정(19) 안덕희(16) 윤석희(18) 이용승(20) 이상민(19)
　　　　이영석(18) 이하림(17) 조지혜(19)
　　　　* ( ) 안은 입학 연도
기획 한림대학교 일본학연구소
펴낸이 채종준
펴낸곳 한국학술정보㈜
주소 경기도 파주시 회동길 230(문발동)
전화 031) 908-3181(대표)
팩스 031) 908-3189
홈페이지 http://ebook.kstudy.com
전자우편 출판사업부 publish@kstudy.com
등록 제일산-115호(2000. 6. 19)

ISBN 979-11-7217-217-6 91070